블랙 아테나

서양 고전 문명의 아프리카 · 아시아적 뿌리

제1권

날조된 고대 그리스 1785~1985

블랙 아테나 서양 고전 문명의 아프리카·아시아적 뿌리
제1권 날조된 고대 그리스, 1785~1985

1쇄 발행일 2006년 1월 10일
4쇄 발행일 2011년 1월 20일

지은이   마틴 버낼
옮긴이   오흥식

펴낸이   유재현
교열   김윤창
기획편집   전창림 이혜영 장만
마케팅   박수희
디자인   김장환
필름출력   ING
종이   한서지업사

펴낸곳   소나무
등록   1987년 12월 12일 제2-403호
주소   121-830 서울시 마포구 상암동 11-9, 201호
전화   02-375-5784
팩스   02-375-5789
전자우편   sonamoopub@empas.com
책값   30,000원

ISBN   89-7139-547-8 93920

소나무 머리 맞대어 책을 만들고 가슴 맞대고 고향을 일굽니다.

블랙 아테나

서양 고전 문명의 아프리카 · 아시아적 뿌리

마틴 버낼 지음 · **오홍식** 옮김

제1권
날조된 고대 그리스, 1785~1985

소나무

제3장 이집트의 승리, 17세기와 18세기_239

제4장 이집트에 대한 적의, 18세기_277

머리말과 감사의 말

이 책의 집필에 얽힌 뒷이야기는 길고 복잡하며, 내 생각에 지식 사회학의 연구 과제로서도 대단히 흥미로울 수 있어, 장황하게 서술할 만하겠다. 하지만 머리말에서는 개요를 기술하는 데 그치겠다.

나는 중국학을 공부했다. 거의 20년 동안 중국을 가르치는 한편, 20세기라는 전환기에 처한 중국과 서방의 지적 관계 및 현대 중국 정치를 연구했다. 1962년 이후에는 인도차이나 전쟁에 관심을 기울였는데, 영국에 베트남 문화를 다룬 진지한 학문적 연구가 없다는 것을 알고는 그에 전념해야겠다고 다짐했다. 베트남 문화에 대한 연구는 미국의 압제에 대항하는 베트남인의 운동에 일조해야겠다는 뜻도 있었지만, 그 자체로도 사람의 마음을 끄는 힘이 있었다. 베트남 문화는 혼합 문명이면서도 뚜렷한 특색을 지닌 문명이었다. 베트남과 일본 역사에 관한 연구는 여러 모로 그리스 연구를 위한 모델로 활용되었다.

1975년에 나는 중년의 위기를 맞았다. 각별히 흥미로울 만한 개인적인 사연은 없었다. 위기는 정치적으로 인도차이나에서 미국의 개입이 끝났다는 점, 그리고 중국에서 마오쩌둥 시대가 막바지에 다다르고 있다는 점을 깨달으면서 더 깊어졌다. 이제 세계에서 위험과 관심이 집중하는 곳은 더 이상 동아시아가 아니라 동부 지중해 연안 지역이었던 것이다.

이러한 변화는 내게 유대인의 역사에 대한 관심을 불러일으켰다. 내 핏줄 속에 일부 흐르고 있는 유대인의 피는 뉘른베르크 법*을 적용하려는 재판관의 입장에서 보면 악몽 같은 일이었으리라. 유대인의 피가 얼마간 섞여 있다는 것이 기쁘기는 했지만, 예전에는 유대인이나 유대 문화에 대해 깊이 있게 생각한 적이 없었다. 이 때쯤에 이르러서야 비로소 나는 자신의 '뿌리'에 대해 낭만적인 호기심을 품고, 고대 유대 역사에 관심을 가졌다. 또한 나 자신이 주변인인 탓인지 이스라엘과 주변 민족(특히 가나안*인과 페니키아*인)의 관계를 들여다보기 시작했다. 페니키아인이 셈어*를 사용했다는 것은 알고 있었지만, 히브리인과 페니키아인이 서로의 말을 알아들을 수 있었으며, 진지한 언어학자라면 두 언어를 가나안어의 방언으로 함께 취급한다는 사실이 무척이나 놀라웠다.

이 시기에 나는 히브리어*를 공부하기 시작했다. 그러면서 히브리어와 그리스어 사이에 수많은 유사점을 발견했는데, 단순한 우연의 일치라고 볼 수만은 없는 일이었다. 두 가지 요인 때문이었다. 첫째, 중국어와 일본어, 베트남어, 작은치케와어(잠비아와 말라위에서 사용하는 반투어*)를 공부한 경험에 비추어볼 때, 두 언어에서 나타나는 수많은 유사점은 양자의 접촉을 가정하지 않고서는 있을 수 없는 것이었다. 둘째, 히브리어나 가나안어는 팔레스타인 산맥 지대에 고립된 작은 부족의 언어가 아니라 페니키아인이 바다를 건너 정착한 모든 지역, 즉 지중해 전역에 걸쳐 사용된 언어라는 사실이다. 그렇다면 그리스어와 히브리어에서 유사한 발음과 의미를 지니는 수많은 중요 단어(또는 적어도 인도유럽어 어근을 가지지 않는 방대한 단어)가 가나안어와 페니키아어에서 그리스어로 유입된 것이 아니라고 단정할 수는 없었다.

이 단계에서 친구인 데이비드 오언을 통해 알게 된, 셈족 문화와 그리스 문화의 통상적인 접촉에 관한 사이러스 고든*과 마이클 애스터*의 저술이 내게 큰 영향을 주었다. 특히 애스터의 저술은 고대 그리스의 테베*(고대 이집트의 테베가 아닌)를 페니키아인 카드모스*가 건설했다는 전설의 핵심에 진실이 있다는 확신을 가져다주었다. 그러나 애스터와 마찬가지로 나 역시, 이집트인의 그리스 정착에 관한 전설을 완전한 판타지이거나 정착민의 정체를 잘못 안 것이라고 보아 대수롭지 않게 넘겼다. 그리스인이 뭐라고 기록했든, 그 정착민이 실제로는 셈어를 사용하는 사람이었다고 믿은 것이다.

이러한 노선을 따라 4년 동안 연구한 끝에, 그리스어 어휘의 1/4 가량이 셈어에 기원을 두고 있다는 확신에 이르렀다. 인도유럽어로 보이는 단어를 40~50퍼센트로 보면, 그리스어 어휘 중에서 아직도 1/4~1/3을 해명하지 못한 셈이었다. 한동안 나는 이 부분을 전통적 견해에 따라 선先헬레네스*어로 보아야 할지, 또는 제3의 외부 언어(아나톨리아어*나 후르루어*)로 보아야 할지를 놓고 주저했다. 당시에는 후르루어 쪽인 것 같았다. 그러나 그 언어를 모두 살펴본 결과, 실제로는 어느 쪽도 가망성 있는 대안이 아니었다.

1979년에 체르니Jaroslav Černy의 『콥트어 어원 사전』을 일견하고 나서야 그것이 후기 고대 이집트어일지도 모른다는 감을 잡을 수 있었다. 나는 거의 즉각적으로 고대 이집트어가 제3의 외부 언어라는 것을 깨달았다. 그러면서 몇 달 안에 대다수 그리스 신의 이름과 여러 지명을 비롯하여 그리스어 어휘 가운데 20~25퍼센트의 어원을 이집트어에서 발견할 수 있으리라고 확신했다. 그리고 인도유럽어와 셈어, 이집트어의 어근을 함께 놓고 연구한 결과, 앞으로 연구를 더 진행해 나간다면 그리스어 어휘의 80~90퍼센트(다른 어떤 언어보다도 높은 비율이다)에 대한 타당성 있는 설명을 제공할 수 있다는 믿음을 갖게 되었다. 선先헬레네스어라는 모호한 말은 더 이상 필요 없게 된 것이다.

연구를 해 나가면서 한 가지 의문이 들었다. "모든 것이 그렇게 단순하고 명백한 것이라면, 왜 전에는 어느 누구도 그렇게 생각하지 않았던 것일까?" 그 의문에 대한 답은 고든과 애스터의 책을 통해 얻을 수 있었다. 그들은 동부 지중해 지역을 하나의 문화적 통일체로 보았으며, 특히 애스터는 반反 유대주의가 그리스의 형성에서 페니키아인의 역할을 부정했다고 언급했다.

이집트에 생각이 미친 후에는 "왜 전에는 이집트에 대해 생각하지 못했을까?"라는 문제에 더욱 심각하게 빠져들었다. 너무나 명백했다! 그리스가 생기던 수천 년 동안 이집트는 동부 지중해에서 가장 거대한 문명을 가지고 있었다. 그리스 작가들은 자신이 이집트의 종교 및 여타 문화에 빚졌음을 길게 기록했다. 이집트학 학자이신 외할아버지(앨런 가디너*) 밑에서 어릴 적부터 고대 이집트에 대단한 흥미를 가졌음에도 그러한 생각을 하지 못했다는 사실이 더더욱 당혹스러웠다. 그리스와 이집트를 연계시키는 것을 방해하는 매우 뿌리 깊은 문화적 억압이 존재하는 것이 분명했다.

이 때부터 나는 그리스의 기원에 관한 연구사를 조사하기 시작했다. 그리스인 스스로 이집트인과 페니키아인이 그리스를 식민화했다고 믿었을까? 또는 훨씬 후에 지중해 동부 연안의 레반트* 식민지로부터 문화의 대부분을 취했다고 믿었을까? 이러한 것을 확인하기 위해서였다.

나는 또 한 번 크게 놀랐다. 내가 이 책에서 '고대 모델'이라고 부르는 것은 19세기 초까지 지속했으며, 지금껏 배워온 그리스 역사는 기껏해야 1840~1850년대의 산물이었던 것이다. 애스터는 반유대주의가 페니키아인에 대한 연구 태도를 심각하게 훼손했다고 가르쳤다. 따라서 이집트인에 대한 침묵과 19세기 북유럽에서 폭증한 인종주의*를 연계시키는 것은 손쉬운 일이었다. 낭만주의와의 관련성 그리고 이집트 종교와 그리스도교 사이의 긴장이라는 문제를 풀어나가는 데는 더 긴 시간이 필요했다.

결국 이 책에 담긴 기본적인 생각을 구체화하는 데 10여 년이 걸렸다. 이 기간 동안 나는 케임브리지대학과 코넬대학의 골칫덩어리였다. 나는 마치 고대의 해적인 양, 설익은 생각을 쏟아붓기 위해 순진한 행인을 불러 세웠다. 그들은 주례사를 경청하는 '결혼식 축하객'마냥 끈기 있게 나의 말을 들어주었다. 그것만으로도 나는 큰 빚을 진 셈이다. 그 소중한 제언에 깊이 감사한다. 그 제언은 내게 한없이 큰 도움을 주었다. 비록 내가 그 일부만 받아들였다 하더라도 말이다. 특히 나의 연구 주제에 호기심을 보이면서, 그렇게 많은 분야의 권위에 도전하는 것이 미친 짓은 아니라는 믿음을 불어넣어 준 것에 대해 감사한다. 그들은 내가 말하는 바를 믿는 듯했으며, 비록 몇몇 생각은 세부적으로 잘못된 것일지라도 전체 골격은 타당하다고 확신시켜 주었다.

전문가에게는 다른 종류의 감사를 전해야겠다. 그들은 이 연구에서 결코 부수적인 역할을 한 것이 아니었다. 나는 그들을 쫓아 거처에까지 쳐들어가서는, 그들의 생각이나 전통적인 학설을 떠받치는 근거에 관한 기본적인 정보와 설명을 요구하며 들볶았다. 내가 귀중한 시간을 **빼앗고** 때로는 가장 소중한 믿음을 혼란시켰음에도 불구하고, 그들은 한결같이 정중하고 우호적이었으며 종종 나를 위해 수고를 아끼지 않았다. 결혼식 축하객과 전문가의 도움은 이 계획의 중심을 차지하는 필수적인 부분이었다.

여러 가지 점에서 이 연구 전반은 개인적인 노력이라기보다는 집단적인 노력의 결실이라 할 수 있다. 나 혼자서는 수많은 관련 분야 모두를 망라할 수 없었을 것이다. 그러나 나는 이처럼 막대한 외부의 도움에도 불구하고 전문적인 연구에 합당한 철저함이 모자랐다. 더욱이 내게 주어진 최상의 조언 가운데 많은 부분은 이해하지 못하거나 적절히 소화하지 못했다. 아래 언급한 사람 가운데 누구도 독자가 발견할 많은 실수에 아무런 책임이 없다. 그럼에도 이 저서에 믿을 만한 점이 있다면 모두 그 덕분이다.

우선, 이 저서를 완성하는 데 없어서는 안 될 역할을 해주신 분께 감사를 표하고자 한다. 프레더릭 알, 그레고리 블루, 삼가 애도를 표하는 고故 로버트 볼가, 에드워드 폭스, 에드먼드 리치, 솔 레빈*, 조지프 나베, 조지프 니덤, 데이비드 오언, 바브라 리브즈. 다른 분야에 종사하는 이들은 내게 정보와 충고, 생산적인 비판, 그리고 지원과 격려를 아끼지 않았다. 모두가 대단히 중요하고 매혹적인 프로젝트를 수행하는 몹시 바쁜 와중이었음에도 많은 시간을 할애하여 이 책의 초고를 읽어준 것에 대해 나는 이루 말할 수 없는 깊은 감동을 간직하고 있다.

또한 나는 시간과 수고를 아끼지 않고 도와주신 다음의 신사숙녀 여러분에게, 그리고 이제는 고인이신 분께 감사를 표하고자 한다. 아누아르 아브델 말렉, 린 아벨, 요엘 아르바이트먼, 마이클 애스터, 슐로모 아비네리, 윌프레드 바너, 앨빈 번스타인, 루스 블레어, 앨런 바머드, 짐 분, 맬컴 보위, 수전 벅 모스, 앤터니 불로우, 캐럴 캐스키, 앨런 클러스턴, 존 콜먼, 메리 콜린스, 제럴드 쿠퍼, 도로시 크로퍼드, 탐 크리스티나, 조너선 쿨러, 안나 데이비스, 프레더릭 그라프, 루스 에드워즈, 예후다 엘카나, 모제스 핀리, 마이어 포티스, 헨리 게이츠, 샌더 길먼, 조 글래드스턴, 조슬린 고드윈, 잭 구디, 사이러스 고든, 요나스 그린필드, 마고트 하이네만, 로버트 호버먼, 칼턴 호지, 폴 호흐, 레너드 호버그, 수전 홀리스, 클라이브 홈스, 니콜라스 자딘, 제이 야사노프, 알렉스 조페, 피터 칸, 리처드 칸, 조엘 쿠퍼먼, 우디 켈리, 피터 코로세, 리처드 클라인, 다이앤 쾨스터, 아이작 크람니크, 피터 커니홈, 안느마리 쿤즐, 케네스 라르센, 르로이 로드리, 필립 로마스, 제프리 로이드, 브루스 롱, 릴리 맥코맥, 존 맥코이, 로리스 맥키, 에드문드 멜처, 로리 밀로리, 리비아 모건, 존 페어먼 브라운, 조반니 페티나토, 조 피아, 막스 프라우스니츠, 자밀 라겝, 앤드루 레미지, 존 레이, 데이비드 레스닉, 존 로빈슨, 에드워드 사이드, 수전 샌드먼, 잭 새슨, 엘리노어 셰이퍼, 마이클 섭, 퀜틴 스키너, 탐 스미스, 앤터니 스노드그래스, 라헬 스타인버그, 배리 스트라우스, 마릴린 스트래선, 카렌 스완, 하임 태드모어, 로밀라 태퍼, 제임스 터너, 스티븐 터너, 로버트 타넨바움, 이반 세르티마, 코르넬리우스 베르묄, 에밀리 베르묄, 게일 워하프트, 피터 워런, 린다 워, 게일 와인스타인, 제임스 와인스타인, 하인즈 위스만. 이 가운데 몇 분에게 각별한 감사를 전한다. 그들은 내가 하고자 하는 일에 강력히 반대하면서도 흔쾌히 매우 유용한 도움을 주셨다.

코넬대학 정치학과에 계시는 모든 분에게도 심심한 감사를 표한다. 그들은 내가 정치학과의 일반적인 관심과는 거리가 먼 프로젝트에 관여하는 것을 용인했을 뿐만 아니라 북돋아주기까지 했다. 마찬가지로, 텔루라이드 하우스에 계시는 모든 분께 감사드린다. 그들은 여러 해 동안 나를 환대해 주었으며, 또한 새로운 분야로 향할 수 있는 지적 자극을 주었다. 코넬 인문학 연구소에 계시는 모든 분께 심심한 감사를 드린다. 그곳에서 나는 1977부터 1978년까지 매우 생산적이고 행복한 한 해를 보냈다.

출판인 로버트 영에게도 깊이 감사드린다. 그는 이 프로젝트에 대한 확신을 끊임없이 불어넣어 주었고 도움과 격려를 아끼지 않았다. 동시에 편집자 앤 스콧에게도 감사를 표한다. 이 한 권에 쏟아 부은 그녀의 한량없는 수고와 인내, 그리고 나의 못된 자존심을 존중하면서도 원문의 질을 한껏 개선한 그녀의 깊은 이해심에 대해 감사한다. 두 명의 전문 교정자인 닐 플래너건과 홀퍼드 스트레븐스 박사에게도 깊은 사의를 표하며, 원고 정리 편집자인 질리언 뷰먼에게도 감사한다. 이 책 속에 여전히 잠복해 있는 많은 실수와 모순, 부적절한 표현은 전문적인 교정을 받기 전과 비교하면 아무 것도 아니다. 힘든 일 때문에 느끼는 좌절에도 불구하고 그들은 한결같이 극도의 인내심을 발휘하면서 나를 즐거운 마음으로 대해 주었다. 케이트 그리에에게도 고마움을 표해야겠다. 그녀는 지도와 도표의 초안을 그려 주었고, 내가 갈겨써 놓은 불명확한 지시를 해독解讀하는 데 비상한 솜씨를 보여 주었다. 나의 딸 소피 버널에게도 깊이 감사한다. 소피는 참고 문헌을 도와주었고, 끈기 있게 그리고 기분 좋게 잔심부름을 해주었다.

나의 어머니 마거릿 가디너에게도 헤아릴 수 없는 빚을 지고 있다. 어머니는 좋은 교육을 받게 해주셨고 자신감도 심어 주셨다. 좀더 구체적으로 말하면, 어머니는 이 첫 권을 완성할 수 있는 수단을 내게 제공해 주셨고, 서론에 대해 소중한 편집상의 조언도 해주셨다. 아내 레슬리 밀러-버널에게도 각별한 감사를 표한다. 아내는 유익한 판단과 비판을 제공했을 뿐 아니라, 방대한 지적 작업에 필수불가결한 따뜻한 정서적 기반을 마련해 주었다. 마지막으로, 소피, 윌리엄, 폴, 애덤, 패트릭에게 감사한다. 그들은 나를 사랑하며, 나로 하여금 정말로 중요한 것에 굳건히 뿌리내릴 수 있도록 해 주었다.

고대 문자의 알파벳 표기와 소리값

이집트어

이집트어 단어에 사용된 철자법은 현대 이집트학 학자들이 받아들이는 표준 철자법이다. 유일한 예외는 '대머리수리' 또는 '이중 알레프'를 나타내는 데 사용되는 '3'인데, 이는 종종 두 개의 쉼표가 세로로 연이어 붙어 있는 형태로 인쇄되곤 한다.

초기 이집트어에서 정확한 음이 무엇이었든 간에, 3는 셈어 문자로 r, l, 또는 심지어 n으로 표기되기도 한다. 이 자음 음가는 적어도 기원전 17세기의 제2중간기까지 유지되었다. 또 후기 이집트어에서는 알레프가 되었던 것으로 보이며, 나중에는 남부 영어의 r처럼 단지 인접한 모음들을 살짝 변형시키는 데 그쳤다. 3는 이집트학 학자들이 사용하는 알파벳의 첫 번째 철자다. 이제 모호한 또는 어려운 음가를 지닌 다른 철자들을 살펴보자.

이집트어의 i는 셈어의 알레프(')와 요드(ʸ)에 상응한다. 많은 언어에서, 그리고 거의 모든 아프리카아시아 언어에서 발견되는 알레프는 모음 앞에 오는 성문聲門 폐쇄음*으로, 예를 들어 런던 사투리 'bo'le(bottle)'이나 'bu'e(butter)'의 경우에서 찾아볼 수 있다.

역시 대부분의 셈어에서 나타나는 이집트어의 아인(ʻ)은 유성음화된 혹은 구어화된 알레프로, 그 형태는 후설後舌 모음인 o 및 u와 관련된 것으로 보인다.

새끼 메추리로 표기되는 w는 초기 이집트어에서 순수한 자음 음가를 가졌을지도 모르지만, 그리스어에 가장 많은 영향을 미친 후기 이집트어에서는 모음인 o나 u로 발음되는 경우가 빈번했던 것으로 보인다.

r로 표기되는 이집트어 철자는, 셈어와 그리스어의 경우 l로 음역되는 경우가 더 많았다. 후기 이집트어에서는 3의 경우처럼 단지 모음을 살짝 변형시키는 정도로 약화되었던 듯하다.

로마자 ḥ로 표기되는 이집트어와 셈어 철자는 h의 강세형[1]으로 발음되었던 것 같다.

이집트어와 셈어의 ẖ는 'loch'[2]의 ch와 유사한 소리를 나타내는데, 나중에는 철자 š와 완전히 혼동되었다.

이집트어 철자 ẖ는 ẖy의 소리를 나타냈던 것으로 보이는데, 이 역시 š와 혼동되었다.

여기서 s로 쓰인 철자는 s나 z로도 표기되었다.

š는 sh나 skh로 발음되었으며, 나중에는 ẖ 및 ẖ와 많이 혼동되었다.

ḳ는 k의 강세형을 나타내는데, 이와 달리 나는 셈어학 학자들의 일반적인 용례를 따라, 셈어에서 나오는 동일한 소리를 나타내는 데 q를 사용했다.

철자 ṯ는 본래 tʸ로 발음되었을 가능성이 높다. 그러나 이 철자는 심지어 중기 이집트어에서도 t와 혼동되었다.

마찬가지로, ḏ는 빈번하게 d로 대체되었다.

이집트어 이름

이집트 신의 이름은 가장 일반적인 그리스어식 표기에 따라 모음 삽입되었다. 예를 들어, 'Imn을 Amon으로.

---

1) 우리말로는 ㅋ에 가깝다
2) 게일어로 '호수' 또는 '가느다란 협만峽灣을 뜻한다. 발음기호는 [lɔx]이다.

왕의 이름은 대체로 가디너 식 그리스어 표기(1961)를 따른다. 예를 들어,
Ramessēs.

콥트어

대부분의 콥트어[*] 알파벳 철자들은 그리스어에서 유래하므로, 동일한 방식으로 표기한다. 그 외에 민용 문자[*]에서 파생한 여섯 개의 철자는 다음과 같이 표기한다.

ϣ š   ϩ ḫ   ⳁ ḏ
ϥ f   ϩ h   ϭ ǧ

셈어

셈어의 자음들은 비교적 전통적인 방식으로 표기한다. 복잡한 몇몇 경우는 앞서 이집트어와 관련하여 언급했다. 그 외의 표기 규칙은 다음과 같다.

가나안어에서 소리 ḫ는 ḥ와 합쳐지는데, 여기서는 때때로 후기의 ḥ보다 본래의 ḫ를 반영한다. ṭ는 t의 강세형이다.
보통 th로 표기되는 아랍어 소리는 여기서 tʸ로 표기한다. 마찬가지로 dh도 dʸ로 표기한다.
아랍어의 가인(ʿ)에 상응하는 우가리트어 철자는 ġ로 표기한다.
셈어의 강세형 k는 이집트어의 경우처럼 ḳ가 아니라 q로 표기한다.
거의 확실하게 ts로 발음되었던 셈어 철자 짜데(ṣ)는 ṣ로 표기한다.
기원전 1000년 이후의 히브리어에 등장하는 철자 쉰(w)은 š로 표기한다.
그러나 다른 곳에서는 š가 아니라 단순히 s로 표기되는데, 왜냐하면 š 발

음이 얼마나 오래된 것인지 또 그 범위가 어디까지였는지 의심스럽기 때문이다(Bernal, 1990, pp. 102~105). 그러나 그럴 경우 사멕(ㅁ)과 혼동되는데, 사멕도 s로 표기되기 때문이다. 신(ꟸ)은 ś로 표기한다.

베가드케파트3)와 다게쉬4)는 별도로 표기하지 않는다. 왜냐하면 이들이 고대에 나타나는 빈도와 그 범위가 의심스러울뿐더러 별반 대단치 않기 때문이다.

모음 삽입

성서의 마소라 모음 삽입법은 기원후 9세기와 10세기에 완성되었지만 훨씬 더 오래된 발음을 반영하는데, 그 표기는 다음과 같다.

철자이름		'y와 함께	וw와 함께	הh와 함께
파타흐	בַ ba	-	-	-
카메츠	בָ bå	בָּי bâ	-	בָה båh
히렉	בִ bi	בִּי bî	-	-
세레	בֵ bē	בֵּי bê	-	בֵה bēh
세골	בֶ be	בֶּי bê	-	בֶה beh
홀렘	בֹ bō	-	בוֹ bô	בֹה bōh
키부츠	בֻ bu	-	בוּ bû	-

약화된 모음들의 표기는 다음과 같다.

בְ bᵉ   חֲ ḥă   חֱ ḥĕ   חֳ ḥŏ

---

3) תפכדגב. 이 여섯 문자는 경우에 따라 파열음이나 치찰음으로 발음된다. 그 명칭은 우측에서부터 각각 베트, 김멜, 달레트, 카프, 페, 타우이며, 이들의 음가를 따서 베가드케파트 문자라고 일컫는다.

4) 베가드케파트 문자가 파열음으로 발음될 경우에는 각 문자의 중간에 점을 찍는데, 이를 다게쉬라 한다(תפכדגב).

액센트와 영창詠唱(cantillation) 부호는 보통 표시되지 않는다.

그리스어

자음 표기는 정통 방식을 따른다.
υ는 y로 표기한다.
장모음 η와 ω는 ē와 ō로서 표기하고, 장음 α는 의미의 차이를 가져올 경우 ā로 표기한다.
악센트는 대체로 표시하지 않는다.

그리스어 이름

그리스어 이름을 일관성 있게 알파벳으로 표기하기란 불가능하다. 왜냐하면 너무나 잘 알려진 이름들은 그리스어식이 아니라 라틴어식으로 표기해야 하기 때문이다. 예를 들어, Thoukydidēs나 Platōn이 아니라 Thucydides나 Plato로 표기해야 하는 것이다. 반면 잘 알려지지 않은 민족이나 지역을 라틴어식으로 표기한다는 것은 터무니없는 소리다. 따라서 보다 일반적인 이름들은 라틴어식으로 표기하고, 그 이외에는 그리스어식으로 표기한다. 나는 가능한 한 피터 레비Peter Levi의 파우사니아스 번역 방식을 따르려고 노력했다. 내가 보기에 레비의 방식은 적절한 균형을 이루고 있다. 그런데 그의 방식을 따를 경우, 이름을 표기할 때 상당수의 장모음이 표기되지 않는다.

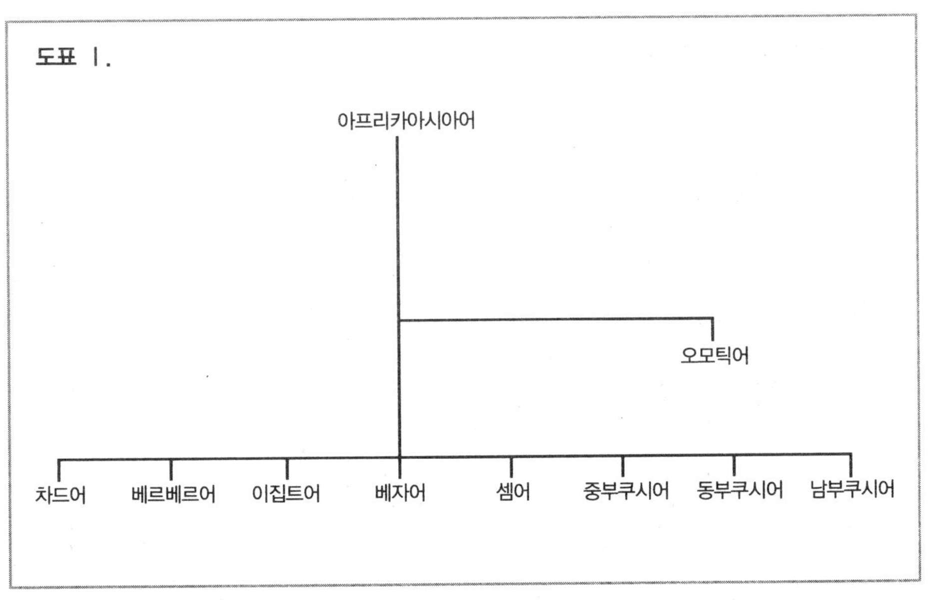

지도 Ⅰ.
아프리카아시아어의
확산

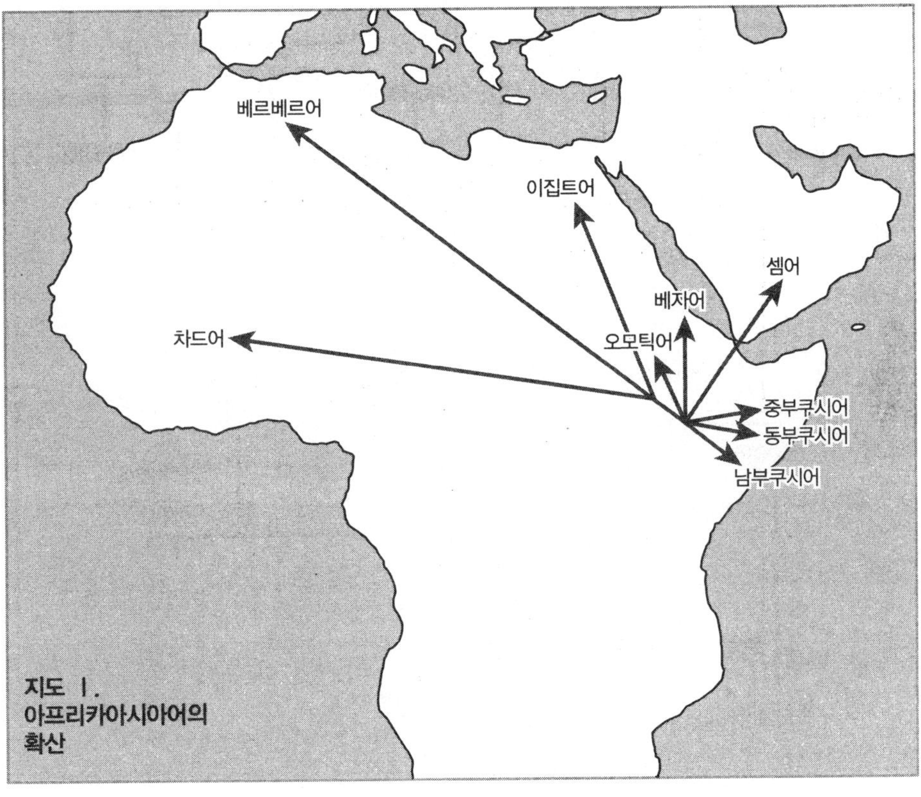

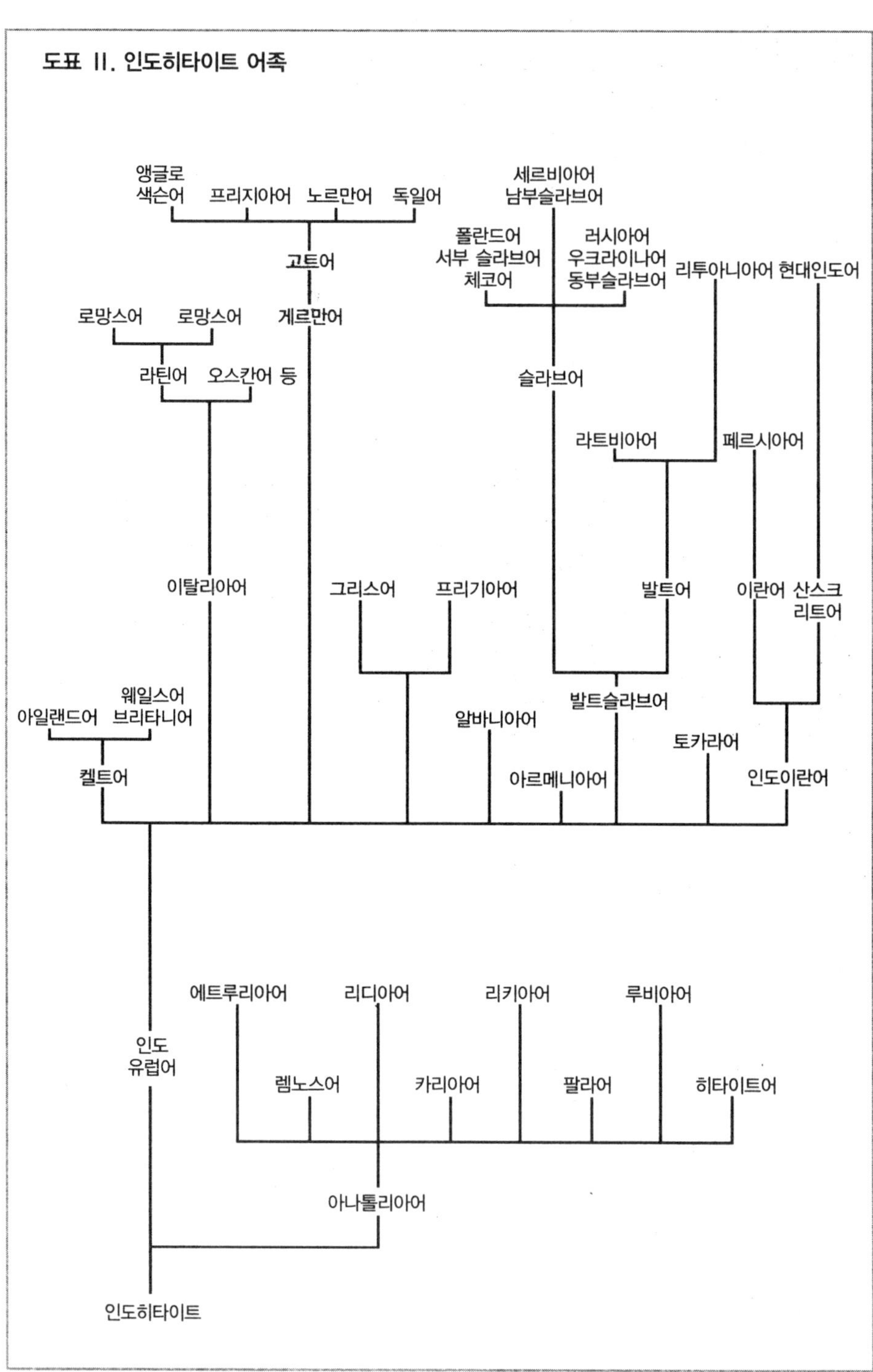

도표 II. 인도히타이트 어족

앵글로색슨어
프리지아어
노르만어
독일어
고트어
게르만어
로망스어
로망스어
라틴어
오스칸어 등
이탈리아어
아일랜드어
웨일스어
브리타니어
켈트어
그리스어
프리기아어
알바니아어
아르메니아어
세르비아어
남부슬라브어
폴란드어
서부 슬라브어
체코어
러시아어
우크라이나어
동부슬라브어
리투아니아어
현대인도어
슬라브어
라트비아어
페르시아어
발트어
이란어
산스크리트어
발트슬라브어
토카라어
인도이란어
인도유럽어
에트루리아어
렘노스어
리디아어
카리아어
리키아어
팔라어
루비아어
히타이트어
아나톨리아어
인도히타이트 어족

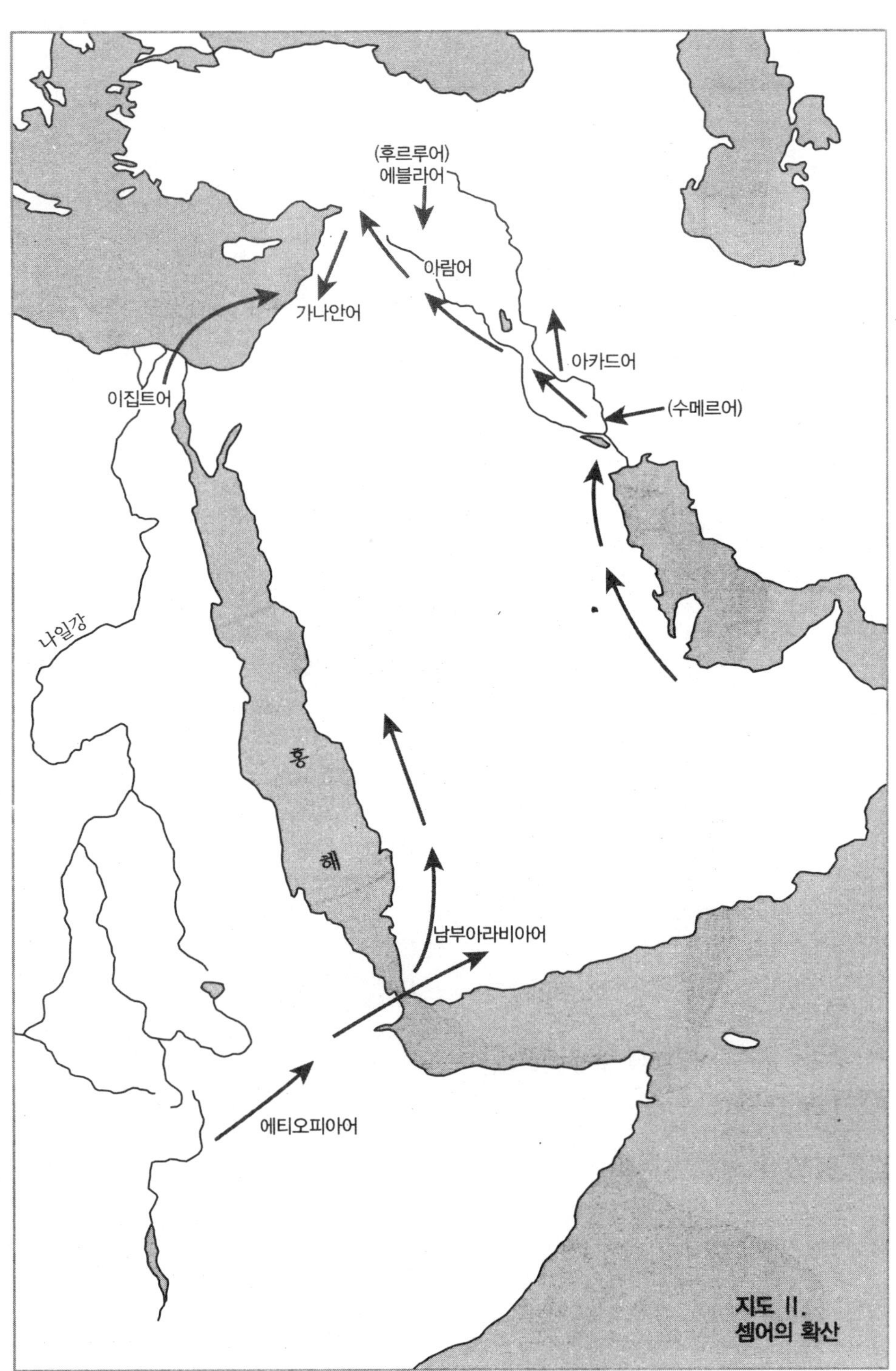

(후르루어)
에블라어
아람어
가나안어
이집트어
아카드어
(수메르어)
나일강
홍
해
남부아라비아어
에티오피아어
지도 II.
셈어의 확산

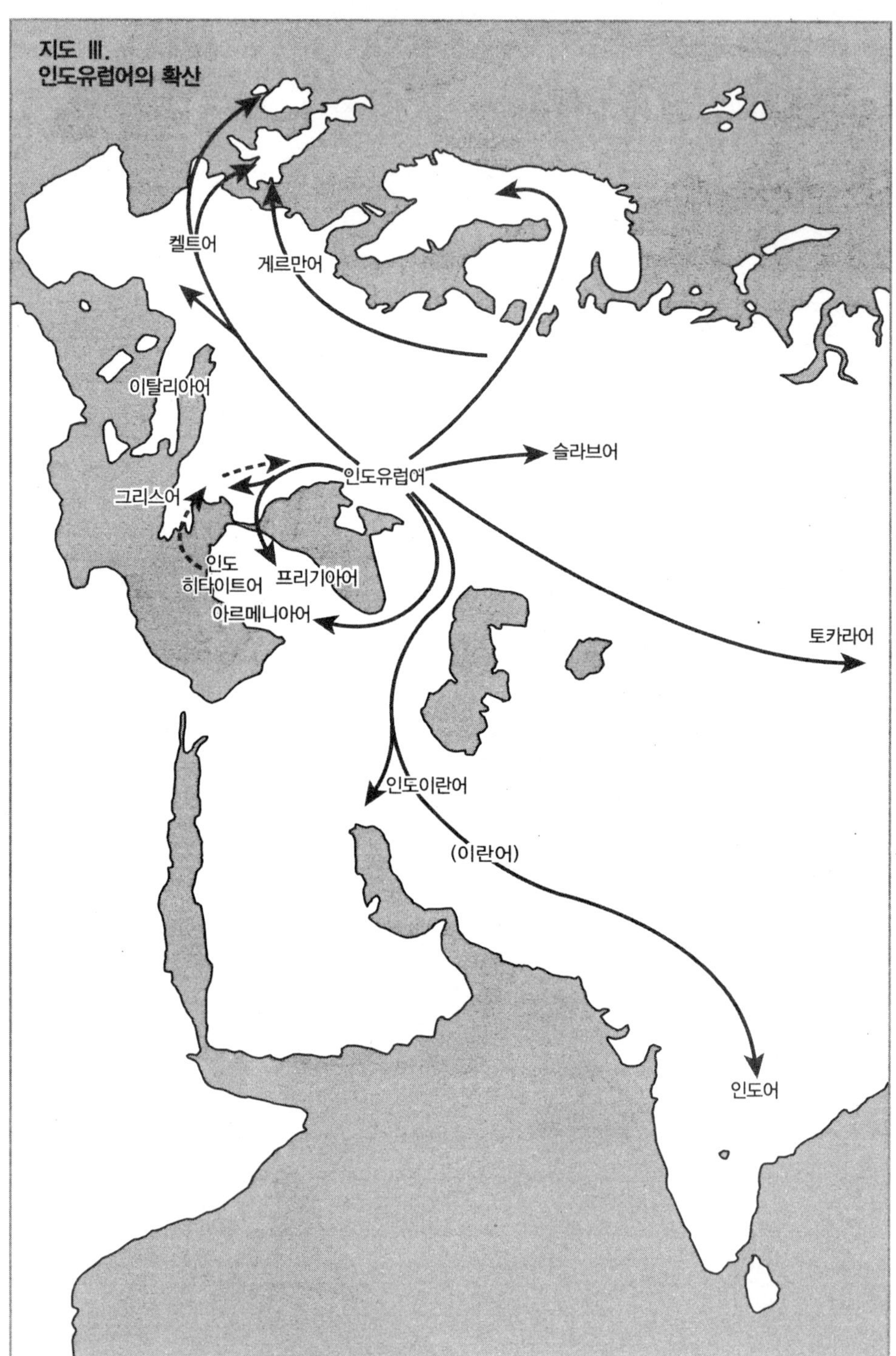
지도 Ⅲ.
인도유럽어의 확산
켈트어
게르만어
이탈리아어
인도유럽어
슬라브어
그리스어
인도
히타이트어
프리기아어
아르메니아어
토카라어
인도이란어
(이란어)
인도어

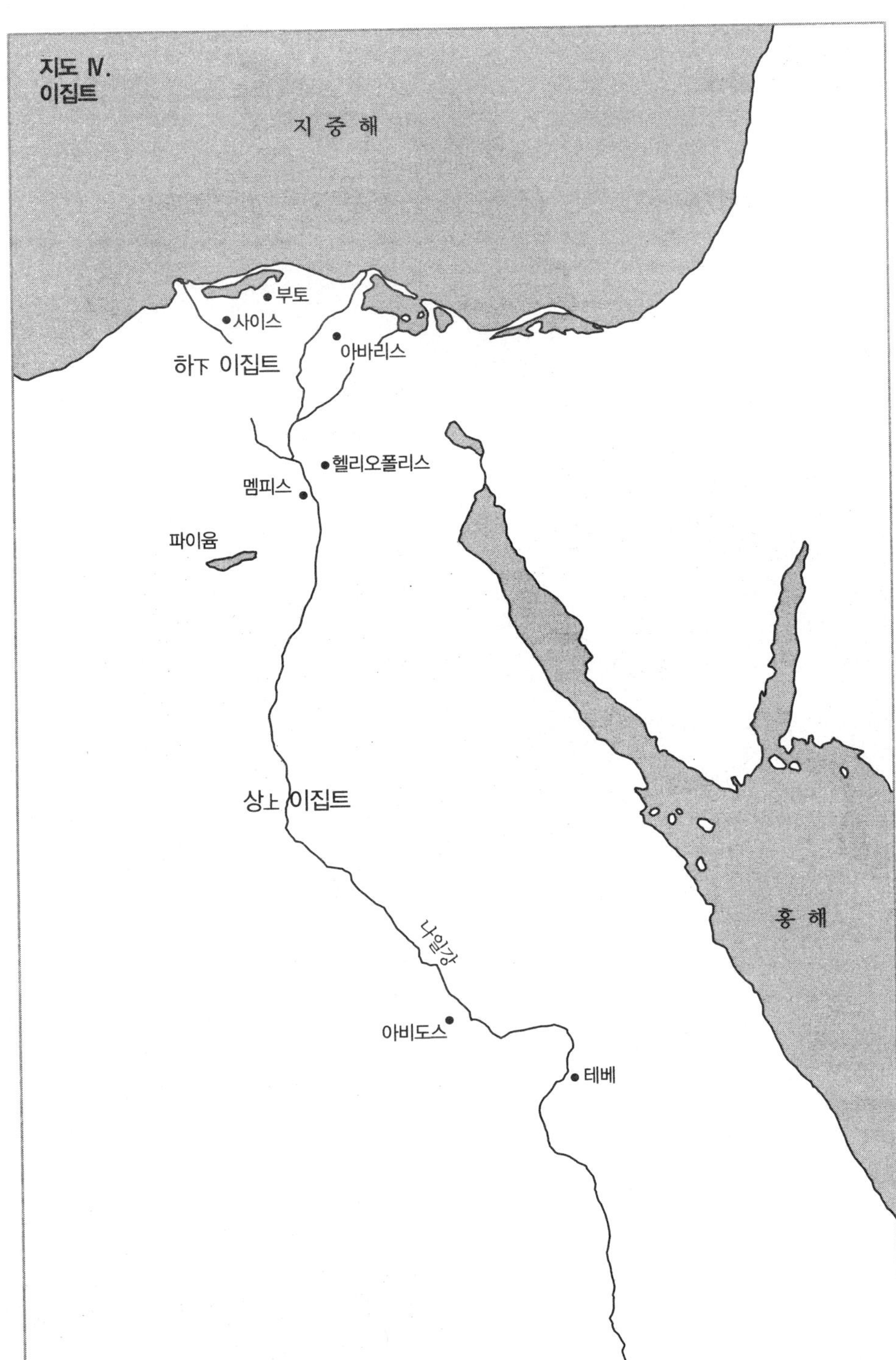

지도 Ⅳ.
이집트
지중해
부토
사이스
하下 이집트
아바리스
헬리오폴리스
멤피스
파이윰
상上 이집트
나일강
아비도스
테베
홍해
지중해

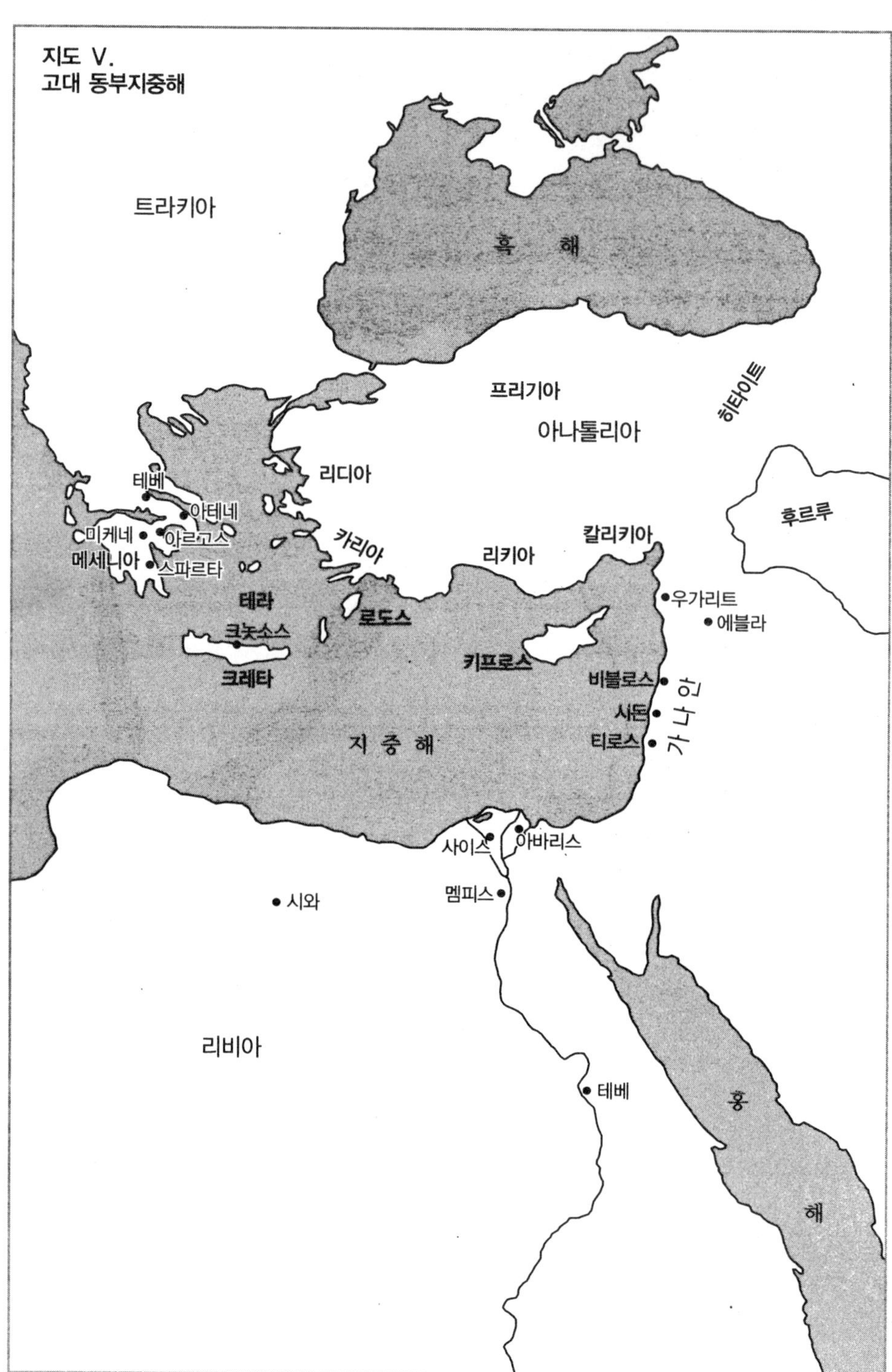
지도 V.
고대 동부지중해
트라키아
흑 해
프리기아
아나톨리아
히타이트
후르루
리디아
테베
아테네
미케네
아르고스
메세니아
스파르타
카리아
리키아
칼리키아
우가리트
에블라
테라
로도스
크놋소스
키프로스
비블로스
크레타
시돈
티로스
가나안
지 중 해
사이스
아바리스
멤피스
시와
리비아
테베
홍
해

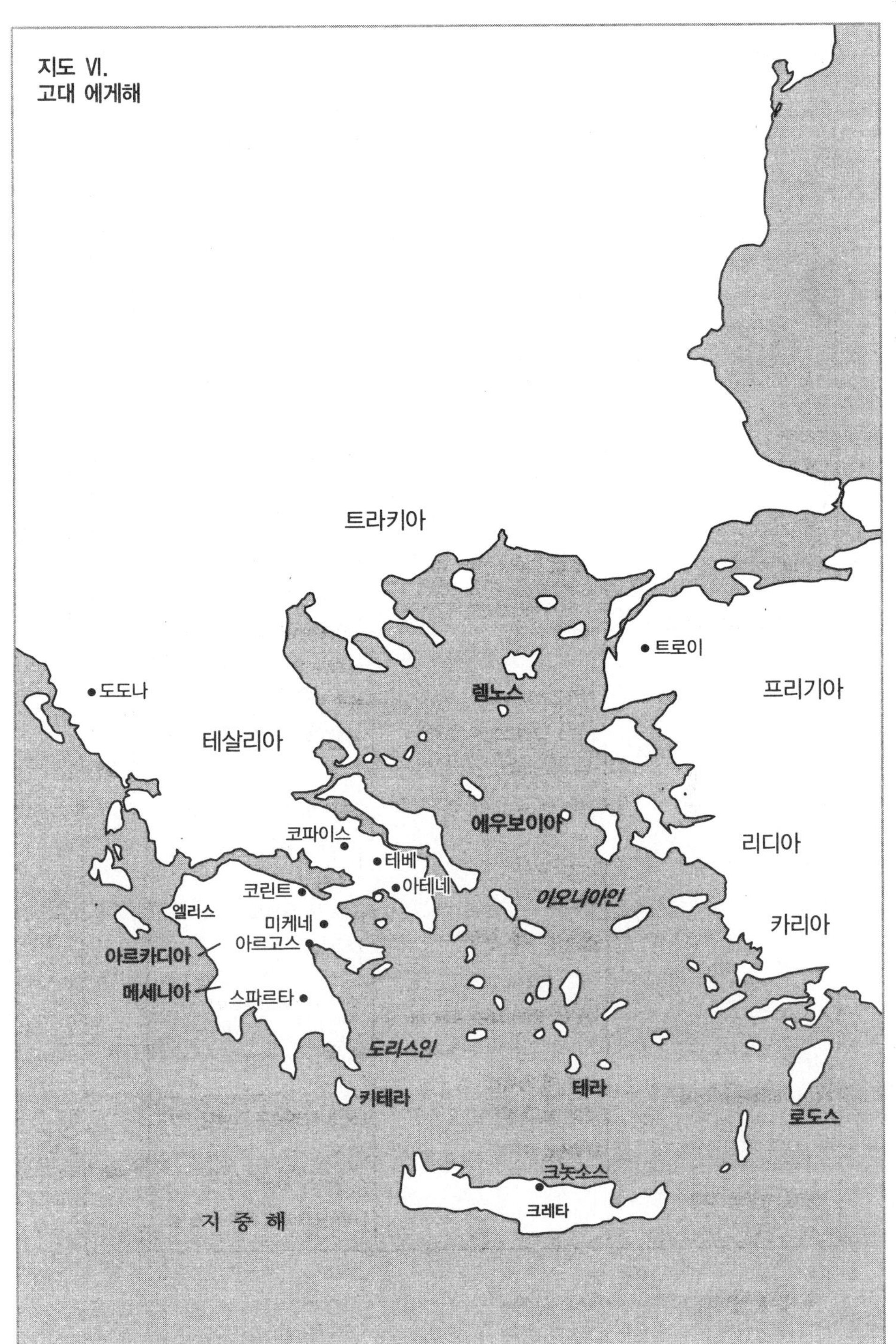

지도 VI.
고대 에게해
트라키아
도도나
렘노스
트로이
프리기아
테살리아
코파이스
에우보이아
테베
아테네
코린트
이오니아인
리디아
엘리스
미케네
아르고스
카리아
아르카디아
메세니아
스파르타
도리스인
테라
키테라
로도스
크놋소스
크레타
지 중 해

연대표

아리안 모델 (크레타)	아리안 모델 (그리스)	수정 고대 모델	BC
			3200
			3100
초기 미노아(Early Minoan) I		Early Minoan I	3000
	초기 헬라딕(Early Helladic) I	Early Helladic I	
			2900
			2800
			2700
			2600
EM II	EH II	EM II, EH II	2500
			2400
			2300
EM III	EH III 그리스인의 도래?	EM III, EH III	2200
			2100
MM I 최초의 왕궁들	MM I	멘트호트페(라다만티스)의 크레타 및 보이오티아 지배?	2000
	MH I 그리스인의 도래?	센우세레트(케페르 카 라), 케크롭스의 아티카* 지배?	1900
			1800
왕궁의 파괴		MM III 힉소스의 침입 다나오스와 카드모스	1700
MM III		최초의 수갱 분묘	
	MH III 최초의 수갱 분묘*	LM IA 알파벳 도입 테라 섬 폭발	
LM IA			1600
	LH IA 또는 Mycenaean IA		
LM IB		LM IB	1500
LM II 미케네의 정복	테라 섬 폭발?		
	테라 섬 폭발?	LM II 미케네의 크레타 정복,	
	LH/Myc. II		1400
크레타 왕궁의 최종적 파괴		이집트의 지배	
	LH/Myc. IIIB	LH/Myc. III 펠롭스의 침입?	

	미케네 왕국		
LH/Myc. IIIB	LH/Myc. IIIB	LH/Myc. IIIB	1300
	테베가 파괴되다	테베가 파괴되다	
트로이 전쟁	트로이 전쟁	트로이 전쟁	1200
	도리스인의 침입	헤라클레스 왕가의 복귀	
	미케네가 파괴되다	미케네가 파괴되다	
LH/Myc. IIIC	LH/Myc. IIIC	LH/Myc. IIIC	
		필리스티아인	
			1100
	이오니아인의 이주	이오니아인의 이주	
		헤시오도스	1000
			900
	바키아다이 가문이	바키아다이 가문이	
	코린토스를 지배하다	코린토스를 지배하다	
		호메로스	
	알파벳 도입?	리쿠르고스가	
	호메로스	스파르타를 개혁하다	800
	첫 번째 올림픽 경기	첫 번째 올림픽 경기	
		이탈리아와 시실리에	
	이탈리아와 시실리에	식민지가 건설되다	
	식민지가 건설되다		700
	헤시오도스		
	최초로 나타난 오리엔트의		
	영향	솔론*의 개혁	600
	아테네		
	페르시아의 아나톨리아 정복	페르시아의 아나톨리아 정복	
	페르시아의 그리스 침입	페르시아의 그리스 침입	500
	헤로도토스	헤로도토스	
	펠로폰네소스 전쟁	펠로폰네소스 전쟁	
	소크라테스	소크라테스	400
	플라톤, 이소크라테스*	플라톤, 이소크라테스	
	마케도니아의 발흥	마케도니아의 발흥	
	알렉산드로스 대왕	알렉산드로스 대왕	
	아리스토텔레스	아리스토텔레스	

일러두기

1. 본문에서 설명이 필요한 부분은 *로 표시했다. 여기에는 버널이 설명한 부분, 역자가 설명한 부분, 편집자가 설명한 부분을 함께 묶어 책 뒤쪽에 ‘블랙 아테나를 읽는 작은 사전’으로 올렸다.
   예 : 뉘른베르크 법*

2. 이집트어, 우가리트어, 페니키아어 등은 모음자 표기가 없으므로 정확한 발음을 재현하는 것은 불가능하다. 따라서 국제 학계에서 관용적으로 발음하는 것을 따랐으며 한글 표기는 괄호에 넣었다.
   예 : S-n-Wsrt(센우세레트)

3. 이집트어 등의 영문 표기 앞에 * 표시가 붙은 것은 그 용어를 재구성했다는 뜻이다. 즉 단어나 이름의 표기가 가설적인 또는 입증되지 않은 형태임을 나타내는 표시다. 이 경우도 한글 표기는 괄호에 넣었다.
   예 : *Atanait(아타나이트)

4. 발음이 유동적인 접사(접두사, 접미사)나 어간의 한글 표기도 괄호에 넣었다.
   예 : -isos(-이소스)

서론

근본적으로 새로운 패러다임을 발견하는 사람은
매우 젊거나 아니면 그 분야에 매우 생소한 자들이다.
— 토머스 쿤, 『과학혁명의 구조』

토머스 쿤*의 글을 인용한 것은, 중국사를 공부한 사람이 당돌하게 전공 분야와 무관한 주제의 글을 쓴 것을 정당화하기 위해서이다. 이 책에서 제안하는 관점의 교체가 엄격한 의미에서 패러다임과 관련한 것은 아닐지라도, 관점을 바꾼다는 것은 그래도 역시 근본적인 성격을 지니는 일이다.

이 책은 그리스사를 파악하는 두 모델을 다룬다. 한 모델은 그리스를 본질적으로 유럽인 혹은 아리안*과 연결짓는 반면, 다른 모델은 이집트와 셈족 문화의 주변부라는 시각에서 레반트와 연결짓는다. 이 두 모델을 각각 '아리안 모델'과 '고대 모델'이라고 부르겠다. 고대 모델은 고전기*와 헬레니즘* 시대의 그리스인이 지닌 전통적 견해였다. 이에 따르면, 그리스 문화는 기원전 1500년경 이집트인과 페니키아인이 그리스 원주민을 식민화한 결과 발생했다. 또한 이후에도 그리스인은 중동 문화를 계속해서 차용했다.

우리 대다수가 배워서 믿고 있는 아리안 모델이 겨우 19세기 전반에 만들어진 것임을 알면 대부분 놀라움을 금치 못한다. 아리안 모델의 초기 형태인 '광의의' 아리안 모델은 이집트인의 그리스 정착을 부정할 뿐만 아니라 페니키아인의 정착까지도 의문시한다. 반反유대주의가 한창이던 1890년대와 1920~1930년대에 융성한 '극단적' 아리안 모델은 페니키아의 문화적 영향조차 거부한다. 아리안 모델에 따르면, 고대 전승이 기록하지 않은 북부의 침입이 에게 문화* 또는 선先헬레네스 문화'를 전복시켰다고 한다. 아리안 모델이 지니고 있는 바로 이러한 조작성 때문에, 나는 제1권의 제목을 '날조된 고대 그리스, 1785~1985년'이라고 명명한 것이다.

이 책의 요지는, 약간의 수정이 필요하기는 하지만 고대 모델로 되돌아가야 한다는 것이다. 『블랙 아테나』 제2권에서 나는 이를 '수정 고대 모델'이라고 부를 것이다. 수정 고대 모델은 고대 모델이 말하는 이집트와 페니키아의 그리스 식민화에 사실적 근거가 있음을 받아들인다. 그러나 식민화의 시기는 고대 모델이 말하는 것보다 다소 이른 기원전 2000~1000년의 전반기로 추산한다. 물론 그리스 문명이 식민화 및 이후 동부 지중해 지역의 문화 차용에서 태어난 혼합 문화라는 점은 고대 모델과 동일하다.

　수정 고대 모델은 기원전 4000~3000년 혹은 기원전 3000~2000년의 어느 때인가 인도유럽어*를 사용하는 사람이 북쪽에서 침입했다고 주장하는 아리안 모델의 가설을 시험적으로 받아들인다. 그렇지만 초기 거주민이 인도히타이트어* 계통 언어를 사용하기는 했어도, 그 언어가 그리스어에 거의 흔적을 남기지 않았다고 본다. 어쨌든 아리안 모델은 후기 그리스어가 포함하는 많은 비非인도유럽어적인 요소를 설명하지 못한다.

　만약 아리안 모델을 전복하고 수정 고대 모델로 대체하자는 나의 주장이 옳다면, 이는 '서양 문명'의 근본적인 기반을 다시 생각해야 한다는 것이 된다. 뿐만 아니라 우리가 행한 모든 역사 연구와 역사 철학이 인종주의와 '유럽 쇼비니즘*'에 물들었음을 인정해야 한다는 것을 의미한다. 고대 모델은 주요한 '내재적' 결함도 없으며, 설득력이 약하지도 않다. 그런데도 외재적 이유로 폐기당했다. 유럽의 축소판이자 순수한 유년기로 여겨진 그리스가 원주민(유럽인)과 식민자(아프리카인 및 셈족)의 혼합에서 비롯했다는 사실은, 18~19세기의 낭만주의자와 인종주의자로서는 도저히 참을 수 없는 일이었다. 따라서 고대 모델을 좀더 마음에 드는 다른 모델로 대체해야만 했다.

　그런데 여기서 '모델'과 '패러다임'이란 무엇을 의미하는가? 사실 그런 용어를 정의定義함으로써 얻을 수 있는 유용성에는 한계가 있다. 그런 용어는 어쩔 수 없이 느슨하게 쓰이는 데다가, 어떤 단어의 정의란 결국 다른 단어, 즉 그 역시 무언가를 쌓아올릴 토대가 될 수 없는 다른 단어에 의지할 수밖에 없기 때문이다. 그럼에도 불구하고 그런 용어로 의도하는 의미를 정의하는 일은 반드시 필요하다. 나는 '모델'이란 용어를 복합적 실재를 축소하고 단순화한 개요라는 의미로 사용한다. 물론 그런 식의 치환은 '번역자는 반역자'라는 이탈리아 속담처럼 항상 왜곡을 일으키게 마련이다. 그럼에도 불구하고 모델은 단어와 마찬가지로 거의 모든 사상과 말에 필수적이다. 단, 모델이 인위적이며 다소 임의적이라는 점은 항상 유의해야 한다. 더욱이 빛의 서로 다른 국면을 파장과 입자를 통해 적절하게 설명하는 것처럼, 다른 현상 역시 서로 다른 두 가지 이상의 방법, 즉 서로 다른 두 가지 이상의 모델을 사용할 경우 더욱 효과적으로 이해할 수 있다. 그러나 대개는 한 모델이 다른 모델에 비해 '실재'의 특징을 더 잘 설명한다. 따라서 여러 모델 사이의 경쟁이라는 관점에서 생각하는 것이 좋다. 한편 '패러다임'이란 용어는 '실재'가 지닌 여러 국면 또는 모든 국면을 풀어가는 생각(개인이든 집단이든)의 일반적인 모델이나 유형이라는 의미로 사용할 것이다.

학설에 대한 근본적인 도전은 외부에서 제기되는 경향이 있다. 일반적으로 학생은 서서히 미스터리를 풀어나가듯 점차 자신의 연구 분야로 들어서게 된다. 그렇게 해서 자신의 주제를 전체적으로 조망할 수 있을 때가 되면, 이미 전통적인 선입견과 사고 방식에 완전히 물들어서 기초 전제를 의문시하기란 거의 불가능하다. 이러한 현상은 특히 고대사 관련 학문에서 두드러진다. 고대사 연구는 난해한 언어를 배우는 데에서 출발하며, 배우는 과정은 당연히 권위적이다. 불규칙 동사나 분사 활용에 대한 의문은 허용되지 않는다. 문법 규칙과 함께 배우는 사회적·역사적 정보 역시 유사한 심적 태도 속에서 가르치고 받아들이게 된다. 고대 언어는 일반적으로 유년기에 배우기 때문에 학생의 지적 수동성은 더욱 가중된다. 물론 유년기의 가르침이 배움을 용이하게 하고 그렇게 훈련한 학자가 그리스어나 히브리어에 뛰어난 **감각**을 지니는 것은 사실이지만, 어떤 개념이나 단어 혹은 형식을 **으레 그러려니** 하고 받아들이기 쉽다. 그 기능이나 기원에 대해 의문을 제기하기는 어려운 것이다.

의문을 품지 못하게 만드는 두 번째 이유는, '서구' 문명의 근원인 고전 문화나 유대 문화에 접근할 때 가지는 종교적 외경심이나 그에 가까운 감정이다. 아무리 연구에 도움이 된다 하더라도 '신성함을 더럽힐 수도 있는' 설명 방식은 꺼리게 된다. 물론 20세기 말 민담과 신화 분야에서 괄목할 만한 비교 연구의 성과를 남긴 제임스 프레이저*와 제인 해리슨* 같은 위대한 예외도 있다. 그러나 거의 대부분은 고대 모델을 파괴한 칼 오트프리트 뮐러[*]가 1820년대에 설정한 테두리 안에 머물러 왔다. 뮐러는 그리스 신화를 인간 문화 전체와 관련해 연구하도록 촉구했지만, 동방 문화의 차용이라는 관점은 결코 인정하길 거부했다.[1] 더 높은 수준의 문화에서 차용했다는 주장에 대해서는 아예 상세한 비교조차 기피했다.

그러나 이러한 상황이 가장 극단적으로 나타나는 곳은 언어와 이름의 영역이다. 1840년대부터 아리안 모델의 심장부에는 인도유럽어학, 또는 언어관계학 연구가 자리잡고 있었다. 그 때에도 지금과 마찬가지로 인도유럽어학자나 그리스어 학자는 그리스어와 고대 동부 지중해의 두 비非인도유럽어(즉 이집트어 및 셈어)의 관련성을 조금도 인정하지 않았다. 이집트어[*], 서부 셈어[*], 그리스어가 현대 제3세계 연구처럼 세 주요 인접 민족의 언어였다면 틀림없이 광범위한 비교 연구가 있었을 것이다. 그 결과 대부분의 언어학자는, 세 언어가 먼 일가 사이라고 해도 과언이 아니며 세 민족 사이에 상당한 언어적 및 여타 문화적 차용이 있었다고 틀림없이 결론지었을 것이다. 그러나 그리스어와 히브리어에 대한 깊은 존경심으로 말미암아 그들은 이러한 유형의 비교 연구를 온당치 못한 것으로 여겼다.

비전문가는 전문가가 그토록 서서히 고통스럽게 얻은 세부 사항을 결코 장악할 수 없다. 복합적인 배경을 전체적으로 이해할 수 없기 때문에 비전문가는 피상적인 유사성을 단순한 일치로 착각하는 경향이 있다. 그렇다고 해서 비전문가가 반드시 틀린다는 이야기는 아니다. 1870년대에 트로이[*]와 미케네[*]를 처음 발굴한 독일의 부호 슐리만[*]은 전설과 역사적 문헌, 지형학을 단순하게 연관지었지만 큰 성과를 얻었다. 그리하여 학자의 생각과는 달리, 금방 눈에 띄는 것이 항상 잘못된 것은 아님을 보여주었다.

전문가에게 나타나는 또 다른 경향은 내가 '상황 윤리'라고 부르는 것을 실재와 혼동한다는 점이다. 한 주제에 정통하기 위해 일생을 보낸 전문가가 성급한 신참보다 더 잘 안다는 것은 아주 당연한 이야기지만 꼭 그런 것은 아니다. 신참자는 **때때로** 조망의 이점, 즉 주제를 전체적으로 살펴보고 그로부터 유추類推할 수 있는 능력을 가진다. 아마추어가 하나의 모델 또는 패러다임 내부에서 학문적으로 기여할 수는 없지만, 종종 그 모델이나 패러다임에 도전하는 최상의 역할을 한다는 점은 역설적이다. 1850년 이래 고대 그리스 연구에서 가장 중요한 획기적인 진전은 미케네 문명*의 고고학적 발굴과 미케네 문자인 선형 문자 B*의 해독인데, 이는 모두 아마추어, 앞서 언급한 슐리만과 그리스계 영국인 건축가 마이클 벤트리스*에 의해 이루어진 것이다.

그러나 근본적이고 새로운 접근이 종종 외부에서 비롯했다고 해서 외부의 제안이 모두 올바르거나 도움이 된다는 이야기는 아니다. 대부분은 그렇지 않으며, 따라서 허무맹랑한 것으로서 거부하는 게 당연하다. 급진적인 도전의 다양한 유형을 구별하는 데는 두 가지 어려운 문제가 있다. 누가 구별해야 하는가? 구별은 어떻게 행해져야 하는가? 자문을 구할 첫 번째 그룹은 당연히 전문가다. 그들은 새로운 생각의 타당성과 효용성을 평가하는 데 필요한 지식을 가지고 있다.

만일 벤트리스의 선형 문자 B 해독의 경우처럼 전문가 대부분이 새로운 생각을 받아들인다면, 그 판정에 도전하는 것은 어리석은 짓이다. 반면 전문가가 표명하는 부정적인 견해를 무조건적으로 존중할 수는 없다. 왜냐하면 그들은 판단에 필요한 기술을 가지고 있지만, 또한 그 문제에 직접적인 이해 관계를 가지고 있기 때문이다. 그들은 학문을 현상 유지하는 보호자로서 그에 대해 지적인, 그리고 종종 정서적인 지분을 보유한다. 어떤 경우 학자들은 심지어 과거 그 분야에 기초를 놓은 아마추어의 영웅 시대는 이제 끝났다고 주장하면서 자신의 위치를 방어하려 든다. 그들은 비전문가가 그 분야를 확립했다 하더라도, 더 이상 그 분야에 공헌할 수는 없다고 주장한다. 이 경우 아마추어의 생각이 아무리 그럴듯하다 하더라도 실현되기란 근본적으로 불가능하다.

바로 이러한 이유 때문에, "전쟁은 군인에게만 맡겨 놓기엔 너무 심각한 문제다"라는 말이 나온다. 전문가의 견해만이 아니라 견문이 넓은 비전문가의 견해도 새로운 도전의 유용성을 평가하는 데 필수적이다. 지금까지는 관련 학자가 그러한 도전을 잘 거부해 왔지만 말이다. 일반적으로 전문가가 대중보다 더 잘 알고 있다고 여겨지지만, 그 반대의 사례도 있다. 19세기 말 알프레드 베게너*가 처음으로 제안한 '대륙 이동설*'을 예로 들어보자. 20세기 초에는 아프리카와 남미, 홍해의 양안, 그리고 그 밖의 많은 해안을 맞추면 꼭 들어맞는다는 설을 대부분의 지질학자가 거부했다. 그러나 이제는 정반대로 하나에서 쪼개진 여러 대륙이 따로따로 '떠 있다'는 설이 보편적으로 받아들여지고 있다. 마찬가지로 1880년대와 1890년대에 금본위제를 포기하자는 미국 인민주의*자의 제안을 당시 경제학자는 완전히 쓸모없는 것으로 여겼다. 이런 사례에서 대중은 옳았고 학자는 틀렸다. 따라서 전문적 견해란 조심스레 연구하고 존중해야 하지만 항상 옳다고 여겨서는 안 된다.

견문이 넓은 일반인은 어떻게 건설적인 외부의 급진적 혁신자와 허무맹랑한 자를 구별할 수 있는가? 크레타* 음절 문자를 해독한 벤트리스 같은 사람과, 복원된 모든 역사와 전혀 다른 식으로 사건과 재앙을 해석한 임마누엘 벨리코프스키* 같은 사람을 어떻게 구별할 수 있는가? 궁극적으로 일반인은 자신의 주관적·미적 판단에 근거한다. 그러나 판단에 도움을 주는 몇몇 단서가 있기는 하다. 허무맹랑한 자는 응집력 있는 설명을 보여주지만 학자의 관심을 끌지 못한다. 전혀 알려져 있지도 않고 또 알 수도 없는 요소, 즉 잃어버린 대륙이나 외계인, 행성의 충돌을 자신의 이론에 끌어들이는 경향 때문이다. 물론 때로는 가정한 미지의 요소가 발견됨으로써 이런 유의 가설이 극적으로 입증되는 경우도 있다. 예를 들어, 스위스의 위대한 언어학자 소쉬르*가 인도유럽어의 모음 변칙을 설명하기 위해 가정한 수수께끼 같은 음소(coefficients sonantique)를 히타이트어*의 후두음*에서 발견했다. 이전까지 소쉬르의 이론은 증명할 수 없는 것이었고, 그래서 거의 흥미를 끌지 못했다.

반면, 공상하기를 좋아하지 않는 혁신자는 요소를 첨가하기보다는 오히려 제거하는 경향이 있다. 벤트리스는 미지의 에게 언어(선형 문자 B는 에게 언어를 기록한 문자로 생각했다)를 제거하고서, 호메로스* 시대 및 고전기 그리스*어와 선형 문자 B로 쓴 서판이라는 두 실물만을 놓고서 대조했다. 그 결과 완전히 새로운 학문 분야를 활짝 열어놓았다.

이 책에서 제안하는 고대 모델의 복원은 이 두 번째 범주에 속한다. 미지의 요소나 또는 알 수 없는 요소가 더해지지 않는다. 대신 아리안 모델 지지자가 도입한 두 요소가 제거된다. (1) 비非인도유럽어를 사용한 선先헬레네스 : 그리스 문화의 설명할 수 없는 측면은 모두 이들에게 떠맡겨졌다. (2) 이집트 열풍, 이민족 애호*, 그리스적 해석*이라는 원인 불명의 악폐 : 아리안주의자의 주장에 따르면, 이러한 악폐가 똑똑하고 균형잡히고 박식한 고대 그리스인을 기만하여 이집트인과 페니키아인이 그리스 문화 형성에 중심 역할을 했다고 믿게끔 만들었다는 것이다. 이러한 '기만'이 그 희생자의 인종적 자부심과 무관했다는 것은 더더욱 놀라울 따름이다. 이 두 요소를 제거하고 고대 모델을 복원하면, 그리스와 서부 셈족 그리고 이집트의 문화와 언어는 서로 만나게 된다. 그럴 경우, 만약 A라는 개념이나 단어가 X라는 문화에 나타난다면 Y라는 문화에도 그에 상응하는 무엇이 발견된다는 식의 검증 가능한 가설이나 예상이 수천 가지는 안 되겠지만 족히 수백 가지는 나온다. 이러한 가설이 세 문명의 모양새, 특히 아리안 모델로는 설명할 수 없는 그리스 문화의 여러 모습을 밝혀줄 수 있다.

고대 모델과 아리안 모델, 그리고 수정 고대 모델은 하나의 패러다임, 즉 정복을 통해 언어와 문화가 확산 가능하다는 패러다임을 공유한다. 흥미롭게도 이는 자생적 발전을 강조하는 오늘날 고고학계의 지배적인 경향을 거스른다. 그러한 경향은 최근 '자생적 기원 모델'이라는 이름으로 그리스 선사 시대를 설명하고 있다.2 그러나 이 책에서는 고대 모델과 아리안 모델 가운데 어느 쪽이 더 우수한가에 초점을 맞출 것이다.

19세기와 20세기는 진보와 과학이라는 패러다임이 지배했다. 학문 영역에서는 꾸준히 축적된 학문적 발전이 양적 도약을 가능케 함으로써 '근대성' 혹은 '진정한 과학'으로 진입했다는 믿음이 있다. 고대 동부 지중해 연구사를 살펴보면, 그러한 양적 '도약'은 19세기에 일어난 것으로 인정된다. 그 이래로 학자들은 자신의 연구가 이전의 그 어떤 연구보다 질적으로 뛰어나다고 믿는 경향이 있다. 이 기간에 목도된 자연 과학의 괄목할 성공이 그러한 믿음에 확신을 심어주었을 것이다. 자연 과학의 확신을 역사학 분야까지 확대할 만한 근거가 없는데도 말이다. 그럼에도 불구하고 고대 모델의 파괴자들과 아리안 모델의 창안자들은 스스로 '과학적'이라고 믿었다. 이 독일과 영국의 학자들에게 이집트가 그리스를 식민지로 삼고 문명화시켰다는 이야기는 '인종학'을 위반하는 것이었다. 그것은 마치 세이렌*과 켄타우로스* 전설이 자연 과학 법칙을 깨는 것만큼이나 괴이한 일이었다. 그런 이야기는 모두 믿을 수 없는 것으로 폐기당했다.

과거 150년 동안 역사가는 자연 과학과 유사한 '방법'을 가지고 있다고 자부해 왔다. 사실 근대 역사가와 '전前과학적' 역사가 사이에 과연 방법적 차이가 존재하는지는 그다지 확실치 않다. 고대의 뛰어난 작가들은 강한 자의식과 타당성을 검증할 수 있는 수단을 가지고 있었으며, 내적 일관성을 확보하기 위해 노력했다. 게다가 그들은 사료를 인용하고 평가했다. 그에 비해 19세기와 20세기의 '과학적' 역사가는 '증거'를 확증하는 공식을 찾지도 못했고, 확고한 역사 법칙을 확립하지도 못했다. 오늘날 '불확실한 방법론'이라는 말은 쓸모없는 작업뿐만 아니라 달갑지 않은 작업을 비난할 때 사용된다. 그러나 그러한 비난은 정당하지 않다. 왜냐하면 그러한 비난은 방법론적으로 확실한 다른 연구가 있다는 것을 잘못 암시하기 때문이다.

이런 식으로 생각하다 보면 실증주의와 실증주의가 요구하는 '증거'에 대해 의문을 품게 된다. 증거와 확실성을 확보하기란 실험 과학에서나 문헌사학에서나 대단히 어렵다. 이 책이 관련하는 분야에서는 거의 불가능하다. 희망할 수 있는 것이라고는 오로지 얼마간의 그럴듯함뿐이다. 달리 말하자면, 학문 토론과 형사법의 유사함을 찾는 것은 잘못된 일이다. 형사법에서는 무고한 사람에게 유죄 판결을 내리는 것이 범죄자를 방면하는 것보다 훨씬 나쁘기 때문에, 유죄 판결을 내리기 전에 법정이 '심증 이상의' 증거를 요구하는 것은 정당하다. 그러나 전통 지식이나 현 학계가 학문적 피고에 대해 도덕적 권리를 주장할 수는 없다. 따라서 이러한 영역의 논쟁은 **증거**가 아니라 어느 것이 **더 그럴듯한가**를 근거로 판단해야 한다. 이 책에서 나는 아리안 모델이 '그르다'는 것을 입증할 수도, 또 입증하려고도 하지 않는다. 단지 아리안 모델이 수정 고대 모델에 비해 덜 그럴듯해 보이며, 수정 고대 모델이 앞으로의 연구를 위해 좀더 생산적인 틀을 제공한다는 점을 보이고자 할 따름이다.

20세기의 선사학先史學*은 강박적으로 증거를 확보하려 했다. 나는 이를 '고고학적 실증주의'라고 부를 것이다. '유물object'을 다루면 '객관적objective'이라는 생각, 즉 고고학적 해석이 고고학적 발견 자체만큼 확고하다는 믿음은 오류이다. 그러한 믿음이 고고학에 기초한 가설을 '과학'의 지위로 끌어올리면서, 다른 자료(전설과 지명, 제식祭式, 언어, 그리고 말과 글자의 방언 분포)로부터 얻어지는 과거에 관한 정보를 평가절하한다. 이 책에서는, 이 모든 자료가 대단한 주의를 요하는 것은 분명하지만 그로부터 얻어지는 증거는 고고학에서 얻어지는 증거에 비해 결코 가치가 떨어지지 않는다고 주장한다.

고고학적 실증주의자가 좋아하는 도구는 '침묵의 논증'이다. 즉 무엇을 발견하기 전까지는 의미를 부여해서는 안 된다는 믿음이다. 아주 가끔은 이러한 믿음이 유용할 때도 있다. 고고학자가 제한된 지역에서 철저한 발굴 작업을 수행했는데도 통설의 모델이 예견한 무엇인가를 전혀 발견하지 못한 경우이다. 예를 들어, 지난 50년간 테라*의 거대한 화산 폭발은 토기 시대 구분상 후기 미노아* 1B기에 일어났다고 생각했다. 그러나 이 작은 섬을 철저히 파 보았음에도 불구하고 화산 잔해 밑에서는 그 시기에 해당하는 유형의 토기 사금파리 하나 발견하지 못했다. 이는 이론을 재검토할 필요가 있음을 시사한다. 그러나 이 경우조차 그 유형의 토기가 출토될 가능성은 여전히 남아 있으며, 토기 유형의 정의에 관한 의문은 여전히 존재한다. 자연 과학과 마찬가지로 고고학의 거의 전분야도 '부재' **증명**은 실질적으로 불가능하다.

이러한 나의 비판이 기껏해야 허깨비나 이미 사라진 것을 대상으로 할 뿐이라고 비난할 수도 있을 것이다. "현대의 고고학자는 실증주의자가 되기에는 너무 세련되어 있다." "오늘날 진지한 학자라면 '인종'의 중요성은커녕 그 존재도 믿지 않는다." 어쩌면 이런 말은 사실일지 모른다. 그러나 이 분야의 고고학자와 고대사가는 여전히 전적으로 실증주의적이고 인종주의적인 사람이 세운 모델에 입각하여 연구하고 있다. 따라서 그런 사상의 영향을 받지 않았다는 주장은 전혀 설득력이 없다. 나는 모델을 왜곡하고자 하는 것이 아니다. 단지 그 생성 환경이 의심스럽게 보이는 지금, 그 모델을 매우 조심스럽게 검토해야 하며, 그것만큼 좋거나 더 나은 대안의 가능성을 심각하게 고려해야 한다는 것이다. 특히 고대 모델을 외부적인 이유로 폐기한 것이 드러나면, 아리안 모델이 그 자리를 대신한 것은 더 이상 이론의 우위 탓으로 돌릴 수 없다. 그러므로 두 모델을 경쟁시키거나, 아니면 서로 조화시키려고 노력하는 것이 합리적이다.

이 시점에서 서론의 나머지 개요를 밝히는 것이 유용하다고 생각한다. 이 책이 추구하는 것처럼 방대한 프로젝트의 경우, 각 주장의 개요와 그 주장을 뒷받침하는 증거에 대해 약간의 암시를 제공하는 것은 분명 도움이 될 것이다. 이 책을 구성하는 각 장의 개요를 소개하는 것은 바로 그러한 이유 때문이다. 나의 주장을 명확히하는 데 따르는 어려움은, 이 책이 위치하는 더 큰 맥락에 관한 나의 견해가 때때로 전통적인 지식과 다르다는 사실로 인해 배가된다. 그래서 나는 지난 1만 2천 년에 걸친 서양 고대 세계의 역사적 배경을 아주 간략하게 서술했다. 그런 다음 이 책이 주로 관여하는 기원전 2000~1000년대의 역사적 개요를 서술했다. 이는 내 견해가 다른 학자와 어떻게 다르며, 이 시기에 **실제로 일어났다고** 내가 생각하는 바를 보여주기 위한 것이다.

이어서 제1권 『날조된 고대 그리스』의 개요를 소개한 다음, 다른 두 권의 목차에 관한 좀더 상세한 기술을 할 것이다. 제2권 『고고학적·문헌적 증거』의 개요도 포함해, 활용 가능한 고고학적·언어학적 증거 및 기타 유형의 증거를 통해 고대 모델을 복원할 강력한 명분이 있음을 증명할 것이다. 나는 현재 집필중인 제3권 『스핑크스의 수수께끼 풀기』의 목차도 다소 개략적으로 서술했는데, 이는 그리스 신화의 불가해한 문제점에 수정 고대 모델을 적용함으로써 흥미로운 결과를 얻을 수 있다는 점을 보여주기 위한 것이다.

세 권의 책에 담겨 있는 이야기를 개관하기 앞서, 그 역사적 배경 특히 전통적인 지식과 다른 나의 견해를 일반적인 수준에서나마 밝히는 것이 유용할 것이다. 대다수 학자와 마찬가지로 나 역시 인간 언어의 일원 발생설과 다원 발생설 사이에서 판단을 내린다는 것은 불가능하다고 믿는다. 그럼에도 나는 일원 발생설 쪽에 기울어 있다. 아직 그 수가 많지는 않지만 점증하는 근래의 연구를 보면, 아프리카아시아어*라는 '상위 어족'에 속하는 언어와 인도유럽어 사이에 발생적 관계*가 있다는 확신이 든다.3 더 나아가 아직 논란의 여지가 있지만, 한 어족이 한 방언에서 발생한다는 전통적 견해를 받아들인다. 따라서 원元-아프리카아시아-인도유럽어를 사용한 어떤 민족이 있었음에 틀림없다고 믿는다. 그러한 언어와 문화는 아주 오래 전에 분화했음이 분명하다. 아무리 늦추어 잡더라도 분화 시점은 5만~3만 년 전인 구석기 무스테리안기*로 추정되며 훨씬 이를 수도 있다. 분화의 하한기는 인도유럽어와 아프리카아시아어의 내적 차이를 능가하는 두 어족 사이의 차이에 의해 결정된다. 나는 아프리카아시아어의 분화 시기가 기원전 9000~8000년으로 추정될 수 있다고 믿는다.

나는 아프리카아시아어가 동부 아프리카의 리프트 계곡*에서 확립된 문화가 마지막 빙하기 말(기원전 10000~8000년)에 확장됨에 따라 퍼져나갔다고 생각한다. 빙하기에는 수분이 극지방의 만년빙에 갇혀 있어 강수량은 오늘날보다 상당히 적었다. 당시 사하라와 아라비아 사막은 오늘날보다 훨씬 드넓고 훨씬 접근하기 어려운 곳이었다. 그 뒤 수세기에 걸쳐 기온이 상승하고 강수량이 증가하면서 이 지역 상당 부분이 사바나가 되었고, 그곳으로 인접 종족이 모여들었다. 이 가운데 리프트에서 온 원元아프리카아시아어 사용자가 가장 성공했을 것이다. 그들은 작살로 하마를 사냥하는 효과적인 기술을 지니고 있었을 뿐 아니라 가축과 식용 작물까지 길렀다. 사바나를 가로질러 차드어*를 사용하는 사람이 차드 호*에 이르렀고, 베르베르어*를 사용하는 사람은 마그리브*에, 원元이집트어를 말하는 사람은 상上이집트에 이르렀다. 원元셈어를 사용하는 사람은 에티오피아에 정착했고, 계속해서 아라비아 사바나로 이동했다(지도 1, 도표 1).

기원전 7000∼5000년경에 사하라에 오랜 건조기가 이어지면서 서부와 동부, 그리고 수단에서 이집트 나일 계곡으로 이동이 일어났다. 소수 의견이지만, 아라비아 사바나에서 남부 메소포타미아로 유사한 이주가 있었다는 주장에 나 역시 동의한다. 대다수 학자는 이 지역에 처음 거주한 사람이 수메르인* 혹은 원元수메르인이며, 기원전 3000∼2000년에 이르면 사막에서 셈족이 침입했다고 믿는다. 나는 기원전 6000∼5000년에 셈어가 소위 우바이드* 토기와 함께 아시리아*와 시리아 지역(대략 오늘날 셈어를 사용하는 서남아시아)에 퍼져나갔다고 생각한다(지도 2). 그리고 수메르*인이 북동쪽에서 메소포타미아에 도착한 것은 기원전 4000∼3000년 초라고 본다. 우루크*에서 발굴한 기원전 3000년경의 초기 원문을 통해 셈어와 수메르어를 함께 쓰는 관습이 이미 확립되었음을 알 수 있다.4

메소포타미아에서 소위 '문명'이 처음 결집했다는 점에는 거의 이론異論이 없다. 문자를 제외한 다른 문명의 요소(도시, 관개 농업, 금속 가공, 석조 건축, 수레바퀴와 토기 물레)는 그 이전이나 다른 곳에도 있었을 것이다. 그러나 여기에 문자가 덧붙여지면서 거대한 경제적·정치적 축적이 이루어짐에 따라 문명이 태동할 수 있었다.

문명의 발생과 확산을 논하기 전에, 우선 인도유럽어의 분리와 분파적 발전을 고려하는 것이 유용할 듯하다. 19세기 전반에는 인도유럽어가 아시아의 어떤 산맥에서 발생했다고 생각했다. 그러다가 19세기를 경과하면서 이 발원지가 서쪽으로 옮겨가더니, 마침내 흑해 북부 어딘가에 거주한 유목민이 원元인도유럽어를 최초로 사용했을 것이라는 데 합의가 이루어졌다. 최근 30년 동안은 이 문화가 기원전 4000~2000년에 이 지역에 있었다고 입증된 소위 쿠르간 문화*와 대체로 같다고 생각했다. 이 물질 문화를 가진 사람이 서쪽으로는 유럽까지, 북동쪽으로는 이란과 인도까지, 남쪽으로는 발칸과 그리스까지 퍼져나갔다는 것이다.

중앙 아시아나 스텝*에서 확장했을 것이라는 통설이 형성될 당시는 히타이트어*를 해독하지 못했고, 히타이트어가 '원시' 인도유럽어라는 사실도 몰랐으며, 아나톨리아어* 어족이 있다는 진전된 인식도 없었다. 오늘날 언어학자는 프리기아어*나 아르메니아어* 같은 언어를 '아나톨리아' 언어에 포함하지 않는다. 그 언어는 아나톨리아(오늘날의 터키)에서 사용했지만 분명 인도유럽어에 속한다는 것이다. 순수 아나톨리아어(히타이트어, 팔라어*, 루비어*, 리키아어*, 리디아어*, 렘노스*어, 그리고 아마도 에트루리아어*와 어쩌면 카리아어*까지)는 인도유럽어의 기원에 관한 기존 학설에 많은 문제점이 있음을 말한다(지도 3). 통설은 원元인도유럽어가 분화하기 전 원元아나톨리아어가 그로부터 갈라져 나왔다고 한다. 그러나 두 사건 사이의 시간적 간격은 장소에 따라 대략 500년에서 1만 년에 이른다. 그러한 간격 때문에 많은 언어학자는 인도유럽어(아나톨리아어는 여기서 제외된다)와 인도히타이트어(인도유럽어와 아나톨리아어가 모두 포함된다)를 구분하지 않을 수 없었다(도표 2).

역사 언어학이 가정하듯, 인도유럽어뿐만 아니라 인도히타이트어 또한 흑해 북부에서 기원했다면 아나톨리아어를 사용하는 사람은 언제 어떻게 아나톨리아로 들어왔는가? 몇몇 권위자는 기원전 3000~2000년 후반이라고 주장하는데, 메소포타미아 사료에 따르면 당시 아나톨리아에는 이민족의 침입이 수차례 있었다. 그러나 그 침입자는 프리기아어나 원元아르메니아어를 사용했을 가능성이 훨씬 더 높아 보인다. 히타이트어와 팔라어가 규명되기 이전 수세기 동안에는 인도유럽어와 아나톨리아어가 분화하고, 아나톨리아어 내부에도 상당한 분화가 있었다는 것은 거의 생각지도 못했을 것이다. 기원전 3000~2000년의 고고학 기록은, 극히 단편적이지만, 그러한 전면적 언어 교체에 부합하는 물질 문화의 명백한 단절을 보여주지 않는다. 그렇다고 침묵의 논증에 너무 의지해서는 안 되며, 기원전 5000~3000년에 아나톨리아 문화의 유입 가능성 또한 배제할 수 없다.

게오르기에프 교수와 렌프루* 교수의 제안은 좀더 매력적이다.5 그들에 따르면, 기원전 8000~6000년에 거대한 신석기 문화(코니아* 평원 카탈 휘이크*의 그 유명한 문화를 포함하여)를 건설한 사람이 이미 남부 아나톨리아에서 인도유럽어(나라면 인도히타이트어라고 말하겠다)를 사용했다. 게오르기에프와 렌프루는 기원전 7000년경 농업의 확산과 더불어 인도유럽어가 그리스와 크레타에 들어왔을 것이라고 말한다. 고고학에 따르면, 그 시기 그리스와 크레타에는 물질 문화의 현저한 단절이 있었다. 그렇다면 기원전 5000~3000년 그리스와 발칸 신석기 ‘문명’의 언어는 인도히타이트어의 방언이었을 것이다. 이 발칸 문화의 혼합 농경 체계로부터 쿠르간 유목민 문화가 유래했으며, 그 언어 역시 그로부터 유래했다는 미국인 교수 구디너프의 제안을 받아들이는 것이 좋을 듯하다.6 이런 식으로, 인도유럽어를 쓰는 쿠르간 문화가 발칸과 그리스로 다시 확산해 인도히타이트어를 사용하는 사람에게 미쳤다고 가정함으로써, 게오르기에프와 렌프루의 이론을 정통 인도유럽어 학자의 이론과 조화시킬 수도 있다.

기원전 9000~7000년에 아프리카의 농경과 더불어 아프리카아시아어가 확산되고 기원전 8000~6000년에 서남 아시아의 농경과 더불어 인도히타이트어가 확산되었다는 가설로 지중해 북안北岸과 남안南岸 사이의 근본적인 차이점을 어느 정도 설명할 수 있을 것이다. 이러한 이주는 대개 육로를 통해 이루어졌는데, 늦어도 기원전 9000~8000년에는 해상 여행이 가능했지만 아직은 위험하고 고된 일이었기 때문이다. 기원전 5000~3000년에 항해술의 발전과 더불어 상황이 크게 바뀌었다. 유목민은 계속해서 육상으로 특히 평원을 가로질러 이주했지만, 기원전 4000~3000년부터 기원후 19세기 철도의 발명에 이르기까지 운송과 통신은 대체로 육로보다는 수로를 통하는 편이 더 쉬웠다. 이 긴 시기 동안 강과 바다는 연결 고리를 제공한 반면, 강이 없는 사막이나 산맥은 땅을 고립시켰다. 처음에는 육로, 그 다음에는 해로를 통해 이주가 이루어졌다는 사실은 이 책이 관여하는 다음과 같은 일반적인 역설을 설명할 수 있을 것이다. 즉 지중해 전역의 거주민에게서 찾아볼 수 있는 놀랄 만한 문화적 유사성 사이의 뚜렷한 차별성, 그리고 지중해 남안과 북안 사람 사이의 근본적인 언어·문화적 분리를 설명할 수 있다.7

문명은 기원전 4000~3000년에 메소포타미아로부터 거대한 속도로 퍼졌나갔다. 메소포타미아가 설형 문자*를 체계화하기 전에 이미 동부 지중해의 여러 지역과 인도에서 문자에 대한 관념이 있었던 것으로 보인다. 우리가 아는 바대로, 상형 문자*는 기원전 4000~3000년의 3/4분기에 이르러 나일 계곡에서 발전했다. 그리고 증거가 부족하기는 하지만, 히타이트 상형 문자*가 형성된 시기는 질서정연한 설형 문자를 갖춘 어엿한 수메르-셈족 문화가 기원전 3000~2000년 초반 시리아에 나타나기 전이었을 것이다. 또한 레반트·키프로스·아나톨리아 음절 문자*의 원형도 마찬가지였을 것이다.

이집트 문명은 명백히 상上이집트와 누비아*의 비옥한 왕조 이전 문화에 뿌리를 두고 있다. 그 문화가 아프리카에서 기원했다는 점은 논쟁의 여지가 없다. 그럼에도 불구하고 왕조 이전 말기와 제1왕조 유물에 보이는 메소포타미아의 엄청난 영향은, 이집트가 동쪽으로 발전하는 과정에서 왕조의 통일과 확립(기원전 3250년경)이 촉발되었음을 확실하게 보여준다. 문화적 혼합은 더욱 복잡했다. 그것은 메소포타미아 문명을 이루는 셈족의 요소와 이집트 사이에 언어와 문화적으로 근본적인 연결 고리가 존재했기 때문이다.

기원전 4000~3000년의 기적적인 시기에 뒤이어 3000~2000년의 번영기가 도래했다. 시리아의 에블라*에서 새롭게 발견된 기원전 2500년경의 문서는 쿠르디스탄*에서 키프로스*까지 뻗어 있는 문자를 사용한 부유하고 세련된 국가들의 제휴를 묘사한다. 고고학이 알려 주는 바와 같이, 이 시기에 문명은 훨씬 더 멀리까지, 즉 인더스 강에서 아프가니스탄에 걸친 하라파* 문화, 그리고 카스피 해와 흑해, 에게 해의 금속 문화권까지 확장했다. 메소포타미아의 셈족-수메르 문명은 공동의 문자와 문화로 단단히 엮여 있었다. 그 주변부 문명 역시 동일하게 '문명화'했지만 고유의 언어와 문자, 그리고 문화적 독자성을 보유했다. 예를 들어 크레타에는 토기 시대 구분인 초기 미노아* 1기 초엽, 그러니까 기원전 3000~2000년의 시기로 접어들 무렵 레반트로부터 상당한 규모의 문화 유입이 있었던 것으로 보인다. 그럼에도 불구하고 설형 문자는 지배적인 문자가 되지 못했으며, 크레타는 결코 시리아-메소포타미아 문명에 완전히 통합되지 않았다. 물리적인 거리를 제외할 때 가장 그럴듯한 이유는 크레타 원주민 문화의 탄력성, 그리고 크레타가 문화적으로 셈족과 이집트의 영향권 사이에 위치했다는 사실에서 찾을 수 있을 것이다.

레반트와 아프리카 사이에서 동시에 관계를 가졌다는 사실은 고고학적 발견에도 그대로 드러난다. 크레타 및 에게 해의 여러 지역에서 시리아와 이집트 유물을 많이 찾아냈다. 근동과 마찬가지로 크레타에서도 기원전 3000년경 구리와 비소를 혼합해 청동을 만들기 시작했으며, 항아리 제조에 물레를 이용하기 시작했다. 또한 키클라데스 제도*의 축성술과 팔레스타인에서 발견된 같은 시기의 축성술은 놀랄 만큼 유사하다. 고고학자인 브리스톨대학의 워렌 교수와 케임브리지대학의 렌프루 교수는 이러한 발전이 독립적으로 일어났다고 역설한다. 동일한 변화가 근동에서 다소 일찍 발생한 것이 분명하고 두 지역의 접촉이 의심의 여지가 없음을 감안할 때, 이는 다소 어이없는 일이다.8 이 주장은 전혀 그럴듯하지 않다. 에게 해 지역의 발전을 설명하기 위해서는 레반트 사람이 교역과 정착을 통해 자극을 주었고, 그러한 자극에 반응해 독창적 지역 문화를 발전시켰다는 주장이 훨씬 그럴듯해 보인다.

기원전 3000~2000년에 청동기를 사용한 곳에서는 대부분 문자(설형 문자든 아니면 지역 문자든)를 사용했다. 그러나 이 시기 에게 해 지역에서는 문자를 사용한 흔적이 전혀 없다. 그렇다면 침묵의 논증을 심각하게 받아들여야 하는 걸까? 이 경우 침묵의 논증을 반박하는 몇 가지 유력한 논점이 있다. 우선, 그리스와 아나톨리아의 기후는 중동이나 북서 인도의 기후에 비해 점토판이나 파피루스를 보존하기에 훨씬 더 부적합하다. 심지어 중동이나 북서 인도와 같이 건조한 지역에서도 증거를 찾기 어려운 경우가 빈번하다. 1975년에 에블라에서 점토판을 발견할 때까지 시리아에서 기원전 3000~2000년에 문자를 사용했다는 증거는 전혀 없었다. 이제 우리는 당시 시리아에 교양을 갖춘 문자 사용 계층이 있었으며, 에블라의 학교에서 공부하기 위해 사람이 유프라테스에서 찾아왔다는 사실을 안다.

청동기 시대 초기 에게 해 지역에 문자가 있었음을 시사하는 보다 심화된 논점은 다음과 같다. 기원전 2000~1000년의 문자인 선형 문자 A*와 선형 문자 B, 그리고 키프로스 음절 문자*는 동일한 원형을 공유하는 것으로 보이지만 또한 커다란 차이점을 드러내기도 한다. 역사적으로 확인된 글자체의 발전 과정에 비추어볼 때, 그 정도의 차이가 나타나는 데는 많은 세기가 걸렸을 것이다. 그렇다면 이러한 글자체 '방언'의 본래 형태는 기원전 3000~2000년에 존재했을 것이며, 본래 형태로 발전한 것은 기원전 4000~3000년이었을 것이다. 앞서 제시한 근거에 따르면, 기원전 4000~3000년은 그러한 발전이 충분히 이루어질 만한 시기이다. 마지막으로, 내가 이미 다른 곳에서 주장했듯이, 알파벳은 늦어도 기원전 2000~1000년 중반에 에게 해에 이르렀을 것이다.9 만약 그렇다면, 알파벳의 전래에도 불구하고 음절 문자가 살아남았다는 사실은 음절 문자가 그 지역에 이미 단단하게 뿌리내리고 있었음을 의미한다. 따라서 이 경우 역시 음절 문자가 기원전 3000~2000년에 존재했음을 시사한다.

초기 청동기 문명은 기원전 23세기에 붕괴했다. 이 시기에 이집트는 제1중간기였다. 메소포타미아에서는 북쪽에서 구티족*의 침입이 있었다. 문명 세계 전체가 이민족의 침입과 내부의 폭동(둘 다 갑작스런 기상 악화 때문이었을 것이다)으로 고통을 겪었다. 아마 프리기아어나 원元아르메니아어를 사용했다고 여겨지는 집단이 아나톨리아를 침입한 것도 이 시기였을 것이다. 이 시기와 이후 몇 세기 동안 그리스 본토에서는 토기 시대 구분인 초기 헬라딕* 2기 말에 대규모 파괴가 있었다. 이를 '아리안'이나 '헬레네스*'의 침입과 연결할 수도 있지만, 중왕국 초기 이집트의 침입과 식민화의 결과로 볼 수도 있다. 3세기 후 초기 헬라딕 3기말인 기원전 1900년경에 비록 정도가 덜하기는 하지만 또 한 차례의 파괴가 있었는데, 이는 아마도 그리스인에게 세소스트리스*라고 알려진 이집트 파라오 센우세레트* 1세의 정복과 관련이 있을 것이다.

기원전 3000~2000년 에게 해와 근동 사이에 이런 접촉이 있었다고 가정하면, 이 책에서 다루는 이집트어와 셈어에 기원을 둔 그리스어 단어와 지명 그리고 종교 제식이 이 시기에 에게 해 지역으로 유입했을 가능성이 높다. 이렇게 유입된 것이 그리스 본토에서 살아남았을 가능성은 거의 없다. 북쪽의 침입 내지 침투로 혼란한 상황이었기 때문이다. 그러나 크레타와 키클라데스 제도는 그러한 혼란에서 비켜나 있었으며 대체로 셈어를 사용한 것으로 보이기 때문에 근동의 문화적 요소가 지속했을 가능성이 훨씬 높다.

지금까지의 개요는 이 책의 주제가 아니라 그 배경에 관한 나의 인식이라는 점을 다시 한 번 밝혀 둔다. 그렇기 때문에, 비록 내가 이 책의 제2권에서 언어와 관련한 여러 사안을 논의할 것이고 또 다른 측면에 대해서도 다른 지면을 통해 글을 쓴 적이 있기는 하지만, 지금까지 언급한 모든 주장에 대해 이 자리에서 충분한 증거를 제공할 수는 없다.10

　이 책은 기원전 2100~1100년의 천 년 동안 그리스가 이집트와 레반트에서 차용한 문화에 초점을 맞추고 있다. 어쩌면 일부는 더 일찍 차용한 것인지도 모른다. 또한 이후에 나타난 교류도 함께 고려할 것이다. 이 특정한 시간대를 선택한 것은, 우선 그 시기가 그리스 문화의 형성기로 보이기 때문이며, 또한 근동의 자료나 그리스의 전설·제식·어원 자료에서 이 시기보다 앞선 차용의 징후를 발견할 수 없기 때문이다.

　내가 제안하는 개요는, 이 시기에 근동이 에게 해에 지속적인 영향을 미친 것으로 보이는 한편, 때에 따라 강도는 상당히 달랐다는 것이다. 우리가 흔적이나마 가지고 있는 최초의 '절정기'는 기원전 21세기였다. 바로 이 때 이집트는 제1중간기의 와해에서 회복하여, 이른바 새로운 제11왕조가 중왕국을 확립했다. 제11왕조는 이집트를 재통합했을 뿐만 아니라 레반트를 공략했으며, 또한 고고학적 증거에 따르면 더 먼 지역까지 영역을 넓힌 것으로 보인다. 크레타는 확실히 그 범위 안에 드는데, 그리스 본토 역시 가능성이 전혀 없는 것은 아니다. 멘트호트페*라는 이름을 함께 쓴 검은 피부의 상上이집트 파라오들은 누대에 걸쳐 매와 황소의 신 멘추* 혹은 몬트를 신성한 후원자로 삼았다. 같은 세기 크레타에도 왕궁이 세워졌고 왕궁 벽에서는 황소 숭배가 발견되었다. 미노스* 왕과 크레타에 관한 그리스 신화에서 황소 숭배는 그 중심이었다. 그러므로 크레타의 발전이 이집트 중왕국의 융성을 직간접적으로 반영했다고 가정하는 것이 타당할 듯하다.

　그리스의 테베 바로 북쪽에 예로부터 암피온과 제토스의 무덤이라고 전해지는 큰 둔덕이 있다. 최근에 그 곳을 발굴한 저명한 고고학자 스피로풀로스에 따르면, 그 둔덕은 흙으로 만든 계단식 피라미드로 꼭대기는 벽돌로

되어 있고 그 안에는 기념비적인 무덤(지금은 도굴당한 상태)이 있다고 한다. 그는 무덤 근처에서 발견된 토기와 몇 점의 보석을 토기 시대 구분인 초기 헬라딕 3기(대략 기원전 21세기경으로 보인다)의 것으로 추정했다. 그와 더불어 이 때쯤 만들어진 것으로 보이는 인근 코파이스 호수*의 대단히 복잡한 관개 시설, 그리고 그 지역을 이집트와 연결시키는 상당량의 고전 문헌에 근거하여, 당시 보이오티아*에 이집트 식민지가 있었을 것이라고 추정했다.11 그의 가설을 지지하는 더 많은 증거는 이 책의 제2권과 제3권에서 인용할 것이다.

한편 호메로스가 언급한 고대 전승에 따르면, 암피온과 제토스가 테베의 최초 건설자였으며 그 도시가 파괴되고 오랜 시간이 지난 후에 또 다른 건설자인 카드모스가 근동에서 건너왔다고 한다. 이 점도 상당히 주목할 만하다. 이집트의 피라미드처럼 암피온과 제토스의 무덤은 태양과 관계가 있었고, 그리스의 테베도 스핑크스와 밀접한 관련을 맺고 있었다. 더욱이 테베는 12궁의 황소자리와 어떤 식으로든 연결된다. 또한 이미 많은 학자가 테베의 황소 숭배와 크레타의 황소 숭배의 유사점을 이끌어낸 바 있다. 그 어느 것도 확실하지는 않지만, 그 무덤과 테베의 첫 건설을 직간접적으로 제11왕조의 이집트와 연결시킬 만한 강력한 상황적 증거가 있는 것은 사실이다.

크레타가 그 이후로도 600년 동안 황소 숭배를 중심적인 제식으로 유지한 반면, 이집트는 기원전 2000년 직후 제12왕조의 발흥과 더불어 왕실의 멘추 숭배를 폐지했다. 새 왕조는 상上이집트의 숫양 신 아몬*을 수호신으로 삼았다. 아몬과 하下이집트의 멘데스(숫양/염소) 숭배에서 유래한 숫양 숭배가 에게 해 주변에서 발견되고 대개 제우스와 관련되는 것은 바로 이 시기의 영향인 듯하다.

헤로도토스*와 그 이후 작가들은 세소스트리스라고 불리는 한 파라오의 광범한 정복 활동에 관해 상세하게 기록했다. 그런데 그 이름은 제12왕조의 여러 파라오가 공유한 S-n-Wsrt(센우세레트) 또는 센워스레트라는 이름과 같다고 여겨졌다. 그러나 이러한 헤로도토스의 주장은 대단히 비웃음을 샀다. 에티오피아(혹은 이집트) 왕자 멤논*의 광범한 원정에 관한 고대 전설 역시 같은 취급을 받았다. 멤논이라는 이름은 제12왕조의 다른 중요한 파라오들의 이름인 'Imn-m-ḥ3t(이멘-엠-하트)에서 충분히 이끌어낼 수 있다. 후기 그리스 작가들은 그들을 암메네메스*라고 표기했다. 이제 두 전설은 멤피스*에서 발굴된 비문을 최근 해독함으로써 입증된 것으로 보인다. 그 비문은 제12왕조 파라오인 센우세레트 1세와 암메네메스 2세의 육·해로를 통한 정복을 상세하게 기록하고 있다. 센우세레트의 또 다른 이름인 Ḫpr k3 R'(케페르카 라)와 전설상의 아테네 건설자인 케크롭스* 사이에도 흥미로운 유사점이 눈에 띤다.12 일부 고대 사료는 그를 이집트인으로 기록하고 있다.

파급의 물결이 다시 인 것은 힉소스* 시기였는데, 이에 관한 전승은 더욱 명확하다. 힉소스라는 이름은 '외국 땅의 지배자'라는 뜻의 이집트어 Ḥk3 Ḫ3st(헤카 카세트)에서 유래한 것이다. 이들은 북쪽에서 온 침입자로 기원전 1720년부터 1575년까지 적어도 하下이집트를 정복하여 통치했다. 비록 후르루어* 같은 다른 요소가 섞여 있었다고 보이지만, 힉소스는 압도적으로 셈어를 사용했다.

고대 모델의 수정에 관한 나의 첫 번째 제안은, 기원전 4000~2000년에 인도유럽어를 말하는 사람이 북쪽에서 그리스로 침입 혹은 침투했다는 생각을 받아들이자는 것이다. 두 번째는, 다나오스*가 그리스에 도착한 시기를 고대 연대기가 기록한 바와 같이 힉소스 시대가 끝나는 기원전 1575년이나 그 이후로 잡을 것이 아니라, 힉소스 시대가 시작하는 기원전 1720년경으로 잡자는 것이다. 후기 고대(대략 기원후 3~6세기) 이래 작가들은 이집트 제18왕조가 증오의 대상이던 힉소스를 쫓아냈다는 이집트 기록과 이스라엘인이 이집트에 억류되었다 탈출했다는 성서의 전승, 그리고 다나오스가 아르고스*에 도착했다는 그리스 전설 사이에 관련성이 있다고 보았다. 그리스 전승에 따르면 다나오스는 이집트인 또는 시리아인이지만, 쌍둥이 형인 아이집토스*와 싸우던 와중에 혹은 그 이후에 분명 이집트로부터 건너왔다. 세 기록 사이의 관련성은 그럴듯해 보였고, 몇몇 권위자는 고고학적 증거를 가지고 세 기록을 조화시키기도 했다. 그러나 최근 방사성 탄소 연대 측정법과 수령 연대학*이 발전하면서 그리스에 새로운 정착민이 나타난 시기를 힉소스 시대 말기로 잡는 것은 불가능해졌다. 반면, 두 연대 측정법에 따른 결과와 크레타에서 발굴된 고고학적 증거는 그리스 도착 시점이 힉소스 시기 **초**인 기원전 18세기 말이라고 가리킨다.

카드모스가 그리스에 도착하여 '두 번째로' 테베를 건설한 시기에 대해 고대 연대기 작가들은 각기 다른 견해를 표명한다. 물론 좀더 뒤늦은 시기일 수도 있지만 나는 이 전설 역시 힉소스와 관련시키고자 한다. 그리스 전승은 다나오스를 관개의 도입과, 카드모스를 특정 유형의 무기와 알파벳 그리고 수많은 종교 의식의 도입과 연결짓는다. 수정 고대 모델에 따르면, 관개는 좀더 일찍 유입되었고 바로 뒤이어 전차와 칼(둘 다 힉소스 시기에 이집트에 도입되었다)을 포함한 다른 차용물이 에게 해 지역으로 유입되었다. 종교의 경우 이 단계에 도입된 제식은 포세이돈*과 아테나*에 집중되었던 것 같다. 나는 포세이돈이 황야와 바다의 신으로서 힉소스의 숭배를 받았던 이집트의 세트*, 그리고 셈족의 얌*(바다) 및 야웨Yahwe*와 일치한다고 생각한다. 아테나는 이집트의 네이트, 셈족의 신으로는 필시 아나트*였을 것이다. 이 신 역시 힉소스의 숭배 대상이었을 것이다. 그렇다고 해서 아프로디테*나 아르테미스* 같은 다른 신에 대한 숭배 의식이 이 시기에 도입되었다는 점을 부정하는 것은 아니다.

일반적으로 그리스어는 기원전 17세기와 16세기에 형성된 것으로 받아들여진다. 그리스어는 인도유럽어의 구조 및 기본 어휘에 복잡한 비非인도유럽어 어휘가 합쳐진 형태를 갖고 있다. 나는 그 비非인도유럽어 어휘의 상당 부분이 이집트어와 서부 셈어에서 유래한 것이라고 확신한다. 이는 오랜 시간 지속된 이집트-셈족 정복자의 지배와 잘 들어맞는다.

기원전 15세기 중반 제18왕조는 레반트에 강력한 제국을 확립한 후 에게 해 지역에서 공물을 받았다. 제18왕조의 유물이 그 지역에서 많이 발견되었는데, 나는 이를 이집트의 영향력이 다시 고조된 결과라고 믿는다. 아마도 바로 이 시기에 디오니소스 숭배(전통 학설은 '더 늦은' 시기에)가 그리스에 도입되었을 것이다. 특히 나는 데메테르*를 섬기는 엘레우시스 신비 의식*이 이 시기에 확립되었다는 고대 전승을 받아들인다.13 기원전 14세기 초 아나톨리아에서 펠롭스* 가문 혹은 아카이아*인이 그리스에 침입했고, 그로 인해 새로운 유형의 요새와 더불어 아마도 전차 경주가 도입된 것으로 보이지만, 이는 이 책의 직접적인 관심사는 아니다.

기원전 12세기에 더욱 파괴적인 역사 단절이 있었다. 오늘날 이 사건을 소위 '도리스인*의 침입'이라고 부르는데, 고대에는 '헤라클레스* 가문의 귀환'이라는 말이 훨씬 자주 쓰였다. 이 이주자는 그리스 북서 변경에서 온 것이 분명했으며, 그들이 파괴한 미케네 궁정의 중동 문화로부터 크게 영향을 받지 않았다. 그들이 스스로를 '헤라클레스 가문'이라고 칭했다는 점은 무척이나 흥미롭다. 왜냐하면 그 용어는 헤라클레스의 신성한 자손임을 주장하는 것일 뿐만 아니라, 펠롭스 가문에 의해 쫓겨난 왕가(이집트 및 페니키아 조상)에 대한 권리를 주장하는 것이기 때문이다. 이 정복자의 후손인 고전기와 헬레니즘 시기의 도리스계 왕들은 자신을 이집트인과 페니키아인의 후손이라고 믿었음에 틀림없다.14

제2권에서는 기원전 800~500년 스파르타 사회의 '이집트화'라고 볼 수 있는 현상을 고찰할 것이며, 제3권에서는 이집트의 오르페우스교* 제식이 기원전 6세기에 도입되는 과정을 논의할 것이다. 나는 폴리스 혹은 도시 국가와 마르크스*주의자가 말하는 '노예제 사회'가 기원전 9세기와 8세기 페니키아에서 기원했다는 점에 관해 이미 다른 곳에서 총괄적으로 서술한 바 있다. 또한 나는 언젠가 이집트와 페니키아의 과학, 철학, 이론 정치학이 이런

분야를 '창설한' 그리스인(대부분 이집트나 페니키아에서 공부했다)에 의해 전
달된 과정에 관해 연구할 수 있기를 희망한다. 그러나 이 책은 청동기 시대
중·후기 그리스의 형성 과정에서 이집트와 셈족이 행한 역할에 초점을 맞추
고 있다.

『블랙 아테나』 제1권 논점의 개요

『블랙 아테나』 제1권에서는 고대 모델과 아리안 모델의 발전 과정을 다룬다. 그 첫 번째 장인 '고대 시기의 고대 모델'은 고전기와 헬레니즘 시기 그리스인이 자신의 먼 과거를 어떻게 인식했는가에 관한 내용이다. 테베와 아테네에 있던 이집트 식민지를 언급함으로써 고대 모델을 확인해 주는 고대 작가들의 저술을 고찰하면, 이집트의 아르고스 정복과 페니키아의 테베 건설에 관한 상세한 이야기가 담겨 있다. 또한 고대 모델이 기원전 5세기에 날조된 것이라는 19세기와 20세기 '사료 비평*가'의 다양한 주장을 논하면서, 그러한 주장이 수세기 전부터 존재했음을 입증하는 도상학圖像學* 증거 및 이전의 수많은 언급을 인용할 것이다.

제1장은 아이스킬로스*의 『탄원자』에 각별히 주목한다. 이 작품에는 다나오스와 그 딸들이 아르고스에 도착한 이야기가 담겨 있다. 여기서 주장하고자 하는 바는, 수많은 어원 연구에 근거할 때 이 희곡에 쓰인 독특한 어휘에서 이집트의 영향을 상당 부분 발견할 수 있다는 점이다. 이는 아이스킬로스가 아주 오랜 고대 전승을 알고 있었음을 보여준다. 특히 이 작품의 주제 자체가 히케스/히케시오스hikes/hikesios(탄원자)와 힉소스Hyksos 사이의 동음이의同音異義 기교에 기초한다고 나는 주장한다. 한편 또 다른 차원에서 보면, 이집트에서 온 정착자가 탄원자였다는 생각은 그리스인의 민족적 자긍심에 부응하는 것이라고 할 수 있다. 충격을 완화하기 위한 유사한 시도를 『티마이오스』에서도 찾아볼 수 있다. 이 작품에서 플라톤은, 먼 옛날 이집트와 그리스 사이의 '발생적' 관계, 세부적으로는 나일 강 삼각주 북서 가장자리의 주요 도시인 사이스*와 아테네 사이의 관계를 받아들였다. 그러나 납득하기 어렵게도 그는 아테네의 우위를 주장했다.

다른 그리스인과 마찬가지로 아이스킬로스와 플라톤도 식민화 전설에 기분이 상했던 것으로 보인다. 전설에 따를 경우 헬레네스의 문화가 이집트인이나 페니키아인의 문화보다 열등한 위치에 놓이기 때문이다. 당시 대부분의 그리스인은 이집트인과 페니키아인에게 심히 상반되는 감정을 느낀 것으로 보인다. 경멸과 두려움의 대상인 동시에 오랜 역사와 잘 보존된 고대 종교 및 철학을 지닌 깊은 존경의 대상이기도 했다.

수많은 그리스인이 반감을 극복하고서 "민족적 편견에 따라 조정된 바가 거의 없는 (식민화) 전승"을 전했다는 사실은 18세기 역사가 미트퍼드*에게 깊은 인상을 주었다. 그는 이 사실을 근거로 "주요 정황으로 볼 때 그러한 전승은 의심할 바 없는 것으로 보인다"고 주장했다. 미트퍼드에 이르기까지는 그 누구도 고대 모델을 의문시하지 않았으며, 따라서 고대 모델을 옹호하기 위해 목소리를 높일 필요가 없었다. '민족적 편견'이라는 동기는 투키디데스*가 이러한 전설을 분명히 알고 있으면서도 왜 언급하지 않았는가를 설명하는 데 도움을 준다.

제1장은 계속해서 그리스와 이집트의 특정 신과 제식에 일치점이 있으며, 이집트 쪽이 더 오래된 형태이고 이집트 종교가 원조라는 일반적인 믿음에 관해 논의한다. 오로지 이러한 방식(고대의 본래 형태로 되돌아가려는 욕망)에 의해서만, 늦어도 기원전 5세기부터 그리스와 동부 지중해, 그리고 이후 로마 세계가 왜 이집트 신들을 이집트 이름으로 이집트 제식에 따라 경배했는가를 설명할 수 있다. 기원후 2세기에 이집트 종교가 몰락한 이후에야 다른 오리엔트 제식, 특히 그리스도교가 이집트 종교를 대체하기 시작했다.

제2장 '이집트의 지혜와 그리스인의 전달, 암흑기에서 르네상스까지'는 이집트에 대한 교부들의 태도를 고찰한다. 그리스도교 사상가들은 이집트 종교의 이교적 후예인 그리스적 신플라톤주의*와 유대-그리스도교적 신플라톤주의인 영지주의*를 분쇄한 후, 이집트 종교를 철학으로 변모시킴으로써 무력화無力化했다. 그 과정은 이집트 지혜의 신 토트*를 에우헤메로스*

혹은 합리적인 헤르메스 트리스메기스토스*로 바꾸는 과정이었다. 트리스메기스토스는 이집트 종교의 마지막 세기에 토트와 관련된 수많은 글을 쓴 저자로 추정되는 인물이다. 교부들은 그가 모세와 성서의 도덕 철학보다 시기적으로 앞서는지 여부에 따라 나뉘었다. 모세와 성서의 우선성, 즉 우월성을 지지하는 성 아우구스티누스의 비중 있는 견해가 확고히 자리잡기는 했다. 그러나 교부들은 고전기의 전승에 따라 그리스인이 그 철학의 대부분을 이집트인에게서 배웠다고 믿었다. 비록 이집트인은 그 철학 가운데 일부를 메소포타미아와 페르시아로부터 배웠을 테지만 말이다. 이처럼 중세 시대 내내 헤르메스 트리스메기스토스는 비非성서적 또는 '비非유대교적' 철학과 문화의 창시자로 알려졌다.

이러한 믿음은 르네상스 시기 내내 지속되었다. 15세기에 그리스에 관한 연구가 부활하자, 그리스 문학과 언어를 애호하고 스스로를 그리스인과 동일시하는 풍조가 일었다. 그리스인이 이집트인의 제자였다는 사실에 의문을 제기하는 사람은 아무도 없었다. 더 열정적이지는 않았지만, 어쨌든 이집트인에 대한 관심도 동등하게 존재했다. 그리스인에 대한 찬양은 고대 지혜의 일부분을 보존하여 전달했다는 점 때문이었다. 파라켈수스*와 아이작 뉴턴 같은 사람의 실험 기술은 일정 정도 이 잃어버린 이집트 혹은 헤르메스*의 지식을 되찾기 위해 개발된 것이었다. 헤르메스 원문* 가운데 일부는 그리스도교 암흑기*와 중세 시대 내내 라틴어 번역본으로 입수 가능했으며, 보다 많은 원문이 1460년에 발견되어 피렌체에 있는 코시모 디 메디치*의 궁정에서 마르실리오 피치노*에 의해 번역되었다. 이 번역물과 그 안에 담긴 생각은 피치노가 시작한 신플라톤주의 운동의 중심이 되었는데, 신플라톤주의 운동은 곧 르네상스 인문주의의 심장부였다.

비록 코페르니쿠스*의 수학이 이슬람 과학에서 유래한 것이기는 하지만, 그의 태양중심설은 헤르메스주의*라는 새로운 지적 환경 속에서 신성한 태양이라는 이집트적 개념이 부활함으로써 시작한 것으로 보인다. 16세기 말 그의 옹호자인 조르다노 브루노*는 보다 노골적인 태도를 보이면서, 피치노의 그리스도교적이고 신플라톤주의적이면서 착실한 헤르메스주의의 한계를 벗어났다. 종교 전쟁과 그리스도교의 불관용에 질린 그는 본래적이고 자연적인 종교, 즉 이집트 종교로 복귀할 것을 천명했다. 이 때문에 그는 1600년 종교 재판에 회부되어 화형에 처해졌다.

이 이야기는 제3장 '이집트의 승리, 17세기와 18세기'로 이어진다. 브루노의 영향은 그의 사후에도 지속되었다. 그는 신비에 싸여 잘 드러나지 않는 장미십자회*의 창설자와 얼마간 접촉했던 것으로 보이는데, 17세기 초에 장미십자회의 익명의 성명서는 사람의 마음을 매혹시켰다. 장미십자회 역시 이집트를 종교와 철학의 원천으로 보았다. 통상 헤르메스 원문은 1614년 위대한 학자 이자크 카조봉*이 신뢰할 수 없음을 밝혔다고 하는데, 카조봉은 헤르메스 원문이 아주 오랜 고대가 아니라 그리스도교 이후에 씌어진 것이라고 확신했다. 이러한 견해는 19세기부터 프랜시스 예이츠*와 같은 '급진적인' 학자조차 하나의 공리로 받아들였다. 그러나 제3장에서는, 가장 초기의 원문이 기원전 5세기까지 거슬러 올라간다는 이집트학 학자 플린더스 페트리 경*의 견해 쪽으로 마음이 기울 수밖에 없는 이유를 제시하고자 한다. 실제 연대가 어떠하든 카조봉이 헤르메스 원문의 신뢰성을 무너뜨렸다는 믿음은 잘못된 것이다. 헤르메스주의는 17세기 후반에 접어들어서도 여전히 주요한 영향력의 원천이었으며, 그 이후에도 상당한 영향을 미쳤다. 그러나 헤르메스 원문은 17세기 말 상류 계층에서 마술에 대한 믿음이 쇠퇴함에 따라 호소력을 잃게 되었다.

비록 헤르메스 원문이 계몽 시대 사상가들의 주목을 별반 받지 못했지만, 이집트에 대한 관심과 찬양은 줄어들지 않았다. 일반적으로 18세기는 고전주의의 시기이자 질서와 안정을 희구했던 시기였다. 그래서 대체로 그리스보다는 로마를 선호했다. 동시에 유럽의 봉건 제도와 미신적인 그리스도교로부터 벗어나기 위해 비유럽 문명에 대한 관심이 크게 일었다. 이 시대에 단연 돋보이는 영향력을 발휘한 것은 이집트와 중국 문명이었다. 이집트와 중국은 소리가 아니라 생각을 표현하는 월등한 문자 체계와 심오한 고대 철학을 가진 나라로 보였다. 그러나 가장 매력적인 면은 도덕성을 기준으로 선발된 사람들이 엄격한 입문식과 훈련을 거쳐 나라를 합리적으로 통치했다는 점이었을 것이다.

이집트의 사제 계층은 적어도 플라톤에 의해 이상 국가의 제2계급인 '수호자'의 모델이 된 이래 사실상 보수적 사상가의 관심을 끌어 왔다. 18세기 프리메이슨*은 이러한 노선을 채택했다. 심지어 프리메이슨은 중세 시대에도 이집트에 각별한 관심을 가졌던 것으로 보인다. 왜냐하면 그들은 고대 전승에 따라 이집트가 지리학 또는 석공술의 본고장이라고 믿었기 때문이다. 1700년경 전후 사변적 석공단*을 형성하면서, 프리메이슨은 장미십자회의 정신과 브루노의 사상을 끌어들여 '이중二重 철학'을 확립했다. '이중 철학'이란, 대중은 미신적이고 제한된 종교에 한정하고, 일루미나티illuminati (깨달은 자)는 본래의 순수한 이집트 종교(다른 종교는 이집트 종교의 파편에서 나온 것이다)로 복귀해야 한다는 것이었다. 계몽 시대의 주요 인물이 거의 모두 속해 있던 프리메이슨은 이렇듯 자신의 종교를 이집트 종교로 여겼고, 자신의 표식을 상형 문자로, 집회소를 이집트 신전으로, 그리고 자신 스스로를 이집트 사제 계층으로 여겼다. 게다가 학자들 사이에서 이집트의 품위가 퇴색한 이후에도 프리메이슨은 이집트 찬양을 계속했다. 어느 정도의 자기 비하와 더불어 프리메이슨은 오늘날까지도 그 제식을 유지하고 있다. '참된' 역사는 그리스인이 시작했다는 오늘날의 세계에서 볼 때 참으로 이례적인 일이다.

급진적인 프리메이슨주의가 절정에 달하고 그것이 그리스도교적 질서를 가장 날카롭게 위협한 시기는 프랑스 혁명기였다. 정치·군사적 위협과 더불어, 반反성직자적이고 친혁명적인 샤를 프랑수아 뒤퓌*의 지적 도전이 뒤따랐다. 헤로도토스를 따라 이집트 신화와 그리스 신화가 같다고 본 이 위대한 프랑스 학자는, 이집트 신화는 본질적으로 별자리의 움직임을 재구성한 것이며, 그리스도교는 이 웅대한 전승의 잘못 이해한 파편을 모아 놓은 것에 지나지 않는다고 주장했다.

제4장은 '이집트에 대한 적의, 18세기'이다. 그리스도교에 대한 이집트의 위협은 당연히 반작용을 불러일으켰는데, 브루노의 화형, 그리고 헤르메스 원문이 그렇게 오래된 것이 아니라는 카조봉의 공격은 모두 그러한 반작용의 초기 사례라고 볼 수 있다. 17세기 말 프리메이슨이 재편되면서 급진적인 성격을 띠자 상황은 다시 한번 첨예해졌다. 이 '급진적 계몽주의'가 제기한 위협은 이집트에 대한 뉴턴의 뚜렷한 태도 변화를 설명해 준다. 초기의 저서에서 뉴턴은 케임브리지의 신플라톤주의 스승들을 따라 이집트에 대해 경의를 표했다. 그러나 생애 마지막 몇 십 년 동안은 이집트의 건립 연대를 트로이 전쟁 직전으로 끌어내림으로써 이집트의 중요성을 감소시키고자 노력했다. 뉴턴은 물리적 질서라는 자신의 개념 및 그 신학적·정치적 함의(규칙성을 지닌 신성과 휘그*적인 입헌 군주제)에 대한 위협에 관심을 가졌다. 그러한 위협은 조정자나 심지어 창조자 없이도 스스로 움직이는 우주를 필연적으로 수반하는 범신론*에서 나왔다.

이러한 범신론은 스피노자에서 브루노를 넘어 신플라톤주의자와 이집트로까지 거슬러 올라갈 수 있다. 급진적 계몽주의의 도전에 대한 최초의 뚜렷한 거부(그리고 과학, 정치, 종교에서 뉴턴의 '휘그적' 기획이 처음으로 대중화된 것 역시)는 1693년 뉴턴의 친구이자 위대한 회의적 고전주의자인 리처드 벤틀리*에 의해 이루어졌다. 벤틀리가 자신 및 뉴턴의 적을 공격한 방법 중 하나는 카조봉의 전략을 이용하는 것이었다. 그는 자신의 비평적 학식을 통해 이집트인의 고대성 및 지혜에 관한 그리스 사료의 신뢰성을 무너뜨렸다. 이런 식으로 우리는 18세기와 19세기 내내 그리스도교 옹호라는 명목 아래 헬레니즘과 원문 비평이 실질적으로 연대하는 모습을 발견하게 된다. 이집트-프리메이슨의 위협에 비하면, 셸리*와 스윈번* 같은 헬레니즘적 무신론자가 이따금 야기한 소동은 하찮은 것이었다.

뉴턴은 단지 그리스도교와 관련해 이집트를 낮추고자 했을 뿐 그리스를 추켜올리려고는 하지 않았다. 그러나 18세기 중반에 이르자, 수많은 그리스도교 옹호자가 당시 막 떠오르던 '진보'라는 패러다임(그 전제는 '나중 것이 더 낫다'이다)을 이용해 이집트인을 낮추고 그리스인을 높이는 상황이 벌어졌다. 이러한 경향은 같은 시기에 힘을 얻어가던 다른 두 사상, 즉 인종주의 및 낭만주의와 곧바로 융합했다. 그런 까닭에 제4장은, 17세기 후반 영국에서 피부색을 근거로 발전한 인종주의 또한 개괄한다. 아메리카 원주민의 절멸과 아프리카 흑인의 노예화라는 양 국면과 더불어 점증하는 아메리카 식민지의 중요성과 나란히, 이러한 인종주의는 로크와 흄을 비롯한 영국 사상가의 생각에 스며들었다. 그들, 그리고 다른 대륙을 탐사한 새로운 유럽 탐험가들은 1734년 하노버 선제후*이자 영국 국왕인 조지 2세*가 건립해 영국과 독일의 문화적 가교를 형성한 괴팅겐대학에 중요한 영향을 미쳤다. 인종적 인간 분류에 관한 최초의 '학문적' 저작이 괴팅겐대학 교수인 블루멘바흐*에 의해 씌어졌다는 것은 전혀 놀라운 일이 아니다. 이 저작은 당연히 백인, 혹은 저자의 새로운 용어로 코카서스인*을 가장 높은 계급에 위치시켰다.

괴팅겐대학은 근대적인 분과 학문의 확립을 선도했다. 같은 시기의 10년 동안 괴팅겐대학의 다른 교수들은 개인의 역사가 아니라 민족과 인종 및 그 제도에 관한 역사를 출간하기 시작했다. 사료를 총망라하며 비평적으로 접근한 이 '근대적' 기획은 당시 독일과 영국 사회에서 유행하던 민족성에 관한 새로운 낭만주의적 관심이 학문적으로 표출된 것이라고 볼 수 있다. 18세기 낭만주의는 단지 감정의 앞섬과 이성의 불완전함에 대한 믿음만이 아니었다. 거기엔 풍경(특히 멀리 떨어진 황량하고 추운 곳)에 대한 감상과 그러한 풍경이 만들어 낸 혈기왕성하고 고결한 원시의 인간에 대한 찬양이 한 덩어리로 얽혀 있었다. 이러한 정서는 유럽의 풍경과 기후가 다른 대륙보다 더 좋기 때문에 유럽인이 우월함에 틀림없다는 믿음과 결합했으며, 특히 몽테스키외*와 루소*가 그것을 옹호했다. 그러나 이러한 정서가 가장 확고하게 뿌리내린 곳은 영국과 독일이었다.

18세기 말에 이르자 '진보'가 지배적인 패러다임이 되었고, 역동성과 변화가 안정보다 더 높이 평가되었으며, 세계는 공간이 아니라 시간을 통해 조망되기 시작했다. 그럼에도 불구하고 공간은 낭만주의자에게 여전히 중요한 요소로 남아 있었다. 민족 또는 '인종'의 지역적 형성이 그들의 관심사였기 때문이다. 이렇듯 인종은, 여러 시대를 거치면서 그 형태를 바꾸었지만 그러면서도 항상 불변의 개별적 본질을 보유하는 것이라 믿었다. 진정한 소통은 더 이상 이성(합리적인 사람이라면 그 누구에게나 와 닿을 수 있는)을 통해 이루어지는 것이 아니었다. 이제 그것은 감성(친족 관계 혹은 '혈연'으로 묶여 공동의 '유산'을 공유한 사람에게만 와 닿을 수 있는)을 통해 흐르는 것으로 여겨졌다.

인종주의라는 주제로 돌아가도록 하자. 많은 고대 그리스인은 오늘날 민족주의라고 부르는 것과 매우 흡사한 감정을 공유했다. 그들은 다른 민족을 경멸했으며, 아리스토텔레스* 같은 일부 사람은 그리스의 지리학적 위치를 근거로 헬레네스의 우월성을 주장함으로써 이러한 감정을 이론적인 단계로까지 끌어올렸다. 그러나 그러한 감정은 많은 그리스 작가들이 외국 문화, 특히 이집트와 페니키아, 메소포타미아의 문화에 대해 지닌 진정한 존경심 때문에 누그러졌다. 어쨌든 고대 그리스의 '민족주의' 강도는 18세기 말 낭만주의 운동으로 북유럽을 휩쓴 민족성과 인종주의의 파도에 비하면 거의 무시할 만한 수준이었다. 그 파도는 그리스도교를 믿는 유럽 및 북방에 대한 예찬과 연결되었다. '인종'의 육체적·정신적 자질이 본질적으로 동등하지 않다는 패러다임이 모든 인문학, 특히 역사학에 적용되었다. 이제 인종 혼합은 비록 재앙까지는 아니더라도 바람직하지 않은 것으로 여겨졌다. 문명이 창조적이기 위해서는 '인종적으로 순수할' 필요가 있었다. 따라서 낭만주의가 유럽의 축소판일 뿐만 아니라 유럽의 순수한 유년기라고 여긴 그리스가 유럽 원주민과 아프리카 및 셈족 식민자가 혼합된 결과일 수도 있다는 가능성은 점점 더 용납하기 어려워졌다.

제5장 '낭만주의 언어학 : 인도의 발흥과 이집트의 몰락, 1740~1880년'은 역사 언어학의 낭만주의적 기원과 18세기 말엽 고대 인도에 쏟아진 열정을 개괄하면서 시작한다. 이는 산스크리트어*와 유럽 언어의 근본 관계에 대한 인식에서 촉발되었다. 또한 중국과 유럽의 무역 수지가 유럽의 흑자로 돌아서고 영국과 프랑스가 중국을 대대적으로 침략하기 시작하면서, 중국에 대한 유럽의 평가가 내리막으로 접어든 점에 대해서도 살펴본다. 나는 바로 이러한 요소가 중국의 이미지를 세련되고 계몽된 문명 국가에서 마약과 오물, 부패, 고문으로 가득찬 나라로 바꿔 놓았다고 생각한다. 18세기에 중국과 매우 흡사하다고 여겨진 고대 이집트 역시, 다른 대륙을 향한 유럽의 점증하는 세력 확장과 나태한 민족에 대한 학대를 정당화하는 동일한 취지로 인해 고초를 겪었다. 이집트와 중국은 선사 시대에 갇힌 채 우월한 인종인 아리안과 셈족의 역동적 발전에 종사하는 무기력한 발판으로 전락하고 말았다.

이집트의 명성이 몰락했음에도 불구하고 이집트에 대한 관심은 19세기에도 지속되었다. 사실상 1798년 나폴레옹의 이집트 원정 이후 이집트에 관한 지식이 폭증함에 따라 관심이 늘기까지 했다. 가장 중요한 것은 샹폴리옹*이 이집트 상형 문자를 해독한 일이었다. 제5장에서 나는 샹폴리옹의 동기와 복잡한 학문적 이력을 프리메이슨 전승과 관련하여 살펴볼 것이다. 그리고 고대 이집트와 고대 그리스, 그리스도교 사이의 삼각 관계와 관련해서도 살펴볼 것이다. 여기서 우리는 1831년에 사망할 때까지 그의 이집트 옹호가 보수적 그리스도교 정치 세력 및 새롭고 열정적인 헬레니즘 학문 세력과 반목했음을 주목할 필요가 있다. 그런 까닭에 초기의 열광 이후 샹폴리옹의 상형 문자 해독은 4반세기 동안 경시되었다. 1850년대에 그의 해독解

讀이 되살아나자, 학자들은 이집트의 매력과 샹폴리옹의 빛나는 연구, 그리고 당대의 강렬한 인종주의 사이에서 갈팡질팡했다. 1880년대까지 학자들은 이집트 문화를 정적이며 창조력이 빈곤한 문화의 막다른 길로 보았다.

19세기 동안 수많은 수학자와 천문학자는 피라미드의 수학적 우아함에 '매혹'당해 피라미드가 보다 수준 높은 고대 지혜의 보고라고 믿었다. 그들은 19세기의 세 가지 기본 신념인 전문성과 인종주의, 그리고 '진보' 개념을 3중으로 위반함으로써 괴짜로 분류되었다. '건전한' 학자 사이에서 이집트인에 대한 평판은 여전히 하잘것없었다. 18세기 말과 19세기 초의 낭만주의 학자들은 이집트인이 본질적으로 병적이며 활기가 없다고 여겼다. 19세기 말, 이와는 상반되지만 마찬가지로 경멸적인 새로운 이미지가 생겨나기 시작했다. 당시 유럽인이 아프리카인을 바라보던 시각이 이제 이집트인에게도 그대로 적용되었다. 즉 이집트인은 방탕하고 쾌락을 좋아하며 유치하게 허풍을 떨어대는, 본래 유물론적인 사람으로 여겨졌다.

이러한 변화를 설명하는 또 다른 방식이 있다. **흑인 노예제와 인종주의의 발흥 이후 유럽 사상가들은 아프리카 흑인을 가능한 한 유럽 문명에서 배제하려 했다**고 추정하는 것이다. 중세와 르네상스 시대에는 이집트인의 피부색을 모르는 경우가 많았는데, 이집트를 애호하는 프리메이슨은 이집트인을 백인으로 여기는 경향이 있었다. 그 뒤 19세기 초 그리스 애호가는 이집트인의 백색 피부를 의심하면서, 그들이 문명인이었다는 사실을 부정하기 시작했다. 그리고 이집트가 철학적 명성을 완전히 박탈당한 19세기 말에 이르러서야 비로소 이집트와 아프리카의 유사성이 재확립될 수 있었다. **어떤 경우든 흑인과 문명 사이에 뚜렷한 경계선이 그어져 있다는 점에 주목하라.** 그러나 학계에서 헬레니즘이 승리하고 이집트가 자리를 잃었음에도 불구하고 '문명의 요람'이라는 이집트의 개념은 결코 완전히 사라지지 않았다. 게다가 당시 널리 퍼져 있던 이집트 종교와 철학에 대한 신비주의적 찬탄은 '진지한' 전문 이집트학 학자의 신경을 끊임없이 자극했다. 이러한 '비정통론'의 두 갈래, 즉 엘리엇 스미스*에 의해 주창된 '전파론傳播論'과 오랜 전통의 '피라미드학'은 제5장에서 논의할 것이다.

제6장의 제목은 '그리스 열풍 1: 고대 모델의 몰락, 1790~1830년'이다. 인종주의는 언제나 고대 모델에 대한 적의의 주요 원천이자 아리안 모델의 버팀목이었다. 하지만 18세기와 19세기 초 이집트 종교 혹은 '지혜'의 위협에 놀라 그리스도교도가 이집트의 지위에 대해 퍼부은 공격 역시 그에 못지않았다. 그리스도교도는 이집트의 역할을 적은 그리스 기록에 의문을 제기했으며, 이집트의 창조성을 약화시키기 위해 그리스의 독자적 창조성을 부각시켰다. 고대 모델이 1815~1830년에 처음으로 도전받았다는 사실은 깊은 의미가 있다. 왜냐하면 이 때는 프랑스 혁명의 배후로 여겨지는 프리메이슨 합리주의에 대한 강렬한 반동이 일어난 시기이자 낭만주의와 그리스도교가 되살아난 시기였기 때문이다. 그리스도교는 유럽과 동일시되었고, '늙은' 아시아인이자 이교도인 터키에 맞서 그리스도교 유럽인이자 '젊은' 그리스의 투쟁을 뒷받침한 친親그리스 운동이 일었다. 그 안에서 낭만주의와 그리스도교는 진보의 개념과 하나가 될 수 있었다.

1820년대에 괴팅겐대학의 칼 오트프리트 뮐러 교수는 사료 비평이라는 새로운 기법을 이용해 이집트가 그리스를 식민지화했다는 고대의 모든 언급에 의문을 제기했으며, 페니키아인에 관한 언급을 희석시켰다. 이러한 기법은 또한 이집트에서 공부한 그리스인이 남긴 기록을 공격하는 데에도 사용되기 시작했다. 고대 모델은 그리스 문화가 본질적으로 유럽적이며 철학과 문명이 그리스에서 기원했다는 새로운 믿음을 방해하는 장애물이었다. 이러한 장애물은 심지어 인도유럽어족이라는 개념이 일반적으로 받아들여지기도 전에 '과학적으로' 제거되었다.

제7장의 제목은 '그리스 열풍 2 : 새로운 학문의 영국 이전과 아리안 모델의 발흥, 1830~1860년'이다. 고대인과 달리 아리안 모델의 제안자들은 '진보'에 대한 확고한 신념을 지니고 있었다. 승자는 패자보다 진보한 것으로,

즉 '더 나은' 것으로 여겨졌다. 이러한 것이 아주 이례적인 단기 현상임에도 불구하고, 역사(이제 민족의 일대기로 여겨졌다)는 무력하고 유약한 민족에 대한 강하고 활기찬 민족의 승리로 구성되었다. '인종'이란 원거주지의 풍경과 기후에 의해 형성되는 것으로서, 새로운 시대마다 새로운 모습을 취하기는 하지만 영구불변의 본질을 지니는 것으로 여겨졌다. 이러한 견해를 지닌 학자의 입장에서 볼 때, 세계사에서 가장 위대한 '인종'이 유럽 인종 혹은 아리안 인종임은 자명했다. 오로지 유럽 인종만이 다른 모든 인종을 정복하고 진보적·역동적 문명(아시아인이나 아프리카인의 정적인 사회와 대조되는)을 창조할 능력을 가졌으며, 앞으로도 항상 그러할 것이었다. 슬라브인이나 스페인인 같은 주변부 유럽인이 다른 '인종'에 의해 정복될 수도 있지만, 그러한 지배는 유럽인이 '열등한 인종'을 정복할 때와는 달리 결코 영속적이거나 유익할 수 없었다.

'인종'과 '진보'의 패러다임 및 그러한 패러다임의 당연한 결과인 '인종적 순수성'이 강조되었다. 유익한 정복은 오로지 피지배 인종에 대한 '지배 인종'의 정복이라는 개념은 고대 모델을 용납할 수 없었다. 그런 까닭에 이집트인이 그리스를 식민화했다는 전설에 대한 뮐러의 논박은 재빨리 받아들여졌다. 그의 논박이 성공을 거둠에 따라 새로운 패러다임 내부에서 아리안 모델이 만들어졌는데, 이는 다음과 같은 수많은 요인에 의해 장려되었다. 즉 하나의 '인종'으로 여겨지는 인도유럽인 혹은 아리안에 부합하는 인도유럽어족의 발견, 인도유럽어의 본향이 중앙아시아라는 그럴듯한 가정, 그리고 그리스어가 근본적으로 인도유럽어였다는 점을 설명할 필요성 등이 바로 그것이다. 더군다나 바로 같은 시기인 19세기 초에, 기원후 5세기 게르만족의 서로마 제국 전복과 기원전 2000~1000년 아리안의 인도 정복에 대한 역사적 관심이 강하게 일었다. 북쪽에서 시작된 정복이라는 모델을 그리스에 적용하는 것은 당연할 뿐더러 아주 매혹적인 일이었다. 활기찬 정복자는 적당한 자극을 주는 원거주지로부터 그리스 북쪽으로 내려온 반면, '선先헬레네스' 토착민은 원거주지의 더 바랄 것 없는 자연 환경으로 인해 나약해졌다고 여겨졌다. 그리고 비록 그리스 문화에 내재하는 수많은 비非인도유럽적 요소가 완전한 아리안-헬레네스적 순수성이라는 이상과 조화를 이룰 수는 없었지만, 북쪽에서 시작된 정복이라는 개념은 불가피한 '인종적' 혼합을 가능한 덜 고통스럽게 만들었다. 더 순수하고 더 북쪽 출신인 헬레네스는 당연히 정복자였으며 지배 인종에 걸맞았다. 헬레네스 이전의 에게 해 거주민은 주변부 유럽인으로 여겨졌으나 어쨌든 코카서스인이었다. 이리하여 토착민조차 아프리카나 셈족 '혈통'에 의해 더럽혀지지 않은 존재가 되었다.

'셈족 혈통'이라는 문제는 우리를 제8장 '페니키아인의 흥망, 1830～1885년'으로 이끈다. 칼 오트프리트 뮐러는 1820년대 저작에서 페니키아인이 그리스에 영향을 미쳤다는 것을 전면 부정했다. 그는 극단적인 낭만주의자였으며, 인종적 본질에 관한 그의 강렬한 믿음은 시대를 앞선 것이었다. 따라서 페니키아인은 이집트인의 몰락으로 오히려 여러 점에서 이득을 보았다. 왜냐하면 이집트가 그리스를 식민화했다는 전설은 이제 페니키아와 관련해서 설명할 수 있었기 때문이다. 의식적으로든 무의식적으로든, 모든 유럽 사상가는 페니키아인을 고대 유대인(영리한 '셈족' 교역자)으로 여겼다. 19세기 중반의 지배적인 세계사관은 아리안과 셈족 사이의 변증법적 관계였다. 셈족은 종교와 시를 창조했고, 아리안은 정복·과학·철학·자유, 그리고 그 밖의 가치 있는 모든 것을 창조했다. '셈족'에 관한 이 제한된 인식은 서구에서 이른바 제한된 '기회의 창'이라고 부르는 것과 부합했다. 그러한 인식이 허용되는 기간은, 유대인에 대한 종교적 증오심이 소멸된 때부터 머지않아 '인종적인' 반유대주의가 발흥하기 이전까지였다. 반유대주의와 친유대주의의 혼합된 전통을 지닌 영국에서는, 페니키아인이 상당한 찬탄의 대상이었다. 왜냐하면 페니키아인의 옷감 무역과 탐험, 그리고 뚜렷한 도덕적 성실성은 외국인과 영국인 모두에게 거의 '빅토리아적'으로 보였기 때문이

다. 반면 페니키아인(그리고 다른 셈족)이 사치스럽고 잔인하며 배반을 일삼
는다는 정반대의 견해도 항상 존속했으며, 일반적으로 대륙에서 두드러졌
다.

'영국적'이자 오리엔트적인 페니키아인에 대한 증오는 프랑스의 위대한
낭만주의 역사가 쥘 미슐레*의 저서에서 특히 두드러졌다. 페니키아인에 대
한 미슐레의 견해는, 1861년 출간 후 어마어마한 판매 부수를 기록한 플로
베르*의 역사 소설 『살람보』를 통해 더욱 널리 유포되었다. 가장 퇴폐적인
시기의 카르타고*를 생생하게 묘사한 『살람보』는 이미 널리 퍼져 있던 반유
대적이고 반오리엔트적인 편견을 한층 강화했다. 크나큰 비난을 초래한 것
은 어린아이를 몰록* 신에게 희생 제물로 바치는 장면이었다. 플로베르는
눈부시도록 섬뜩하게 이 장면을 묘사했다. 카르타고인과 페니키아인에 대
한 혐오가 궁극적으로 성서에 근거하여 대중적으로 확고히 자리잡고 있던
탓에 그들을 옹호하기란 대단히 어려웠다. 1870년대와 1880년대 동안 페니
키아인에 대한 평판은 심지어 유대인에 대한 평판보다도 훨씬 더 급격하게
추락했다.

이는 제9장 '페니키아 문제의 최종 해결, 1880~1945년'으로 이어진다.
1880년대의 이러한 평판 및 반유대주의의 발흥과 더불어 페니키아인에 대
한 공격이 잇달았다. 특히 페니키아인이 그리스인(지금까지도 반신半神의 지위
를 부여받고 있는)과 접촉하면서 영향을 미쳤다는 전설에 대해서는 더더욱
맹렬한 공격이 가해졌다.

10년 후, 즉 1890년대에 짧지만 대단히 영향력 있는 두 편의 글이 출간되
었다. 글쓴이는 이탈리아에서 활동한 독일인 율리우스 벨로흐*와 파리 사교
계와 학계의 중심에 있던 알자스* 출신의 동화된 유대인 잘로몬 라이나흐*
였다. 두 사람은 뮐러를 선구자로 인정하면서, 그리스 문명이 순수하게 유
럽적이며 페니키아인은 알파벳 자음을 전해 준 것을 빼면 헬레네스 문화에
기여한 바가 아무 것도 없다고 주장했다. 비록 이후 20년 동안 많은 학자가

이러한 입장을 받아들이기를 꺼려했지만, 1900년경 전후에 이르면 내가 '극단적 아리안 모델'이라고 부르는 것의 기반이 확고히 자리잡았다. 예를 들어, 1870년대에 하인리히 슐리만이 미케네 문명을 발견했을 때의 반응과, 1900년에 아서 에번스*가 크노소스*의 크레타 문명에 관해 보고한 내용 사이에는 뚜렷한 차이가 있다. 앞의 경우, 몇몇 학자는 고전기 그리스의 유물과는 완전히 다른 발견이 페니키아의 유물일 수도 있다는 주장을 제기했다. 그러나 그러한 주장은 이후 몇 십 년 동안 강력하게 부정되었다. 반면 1900년의 경우, 크노소스의 문화는 '미노아'라는 새로운 이름의 꼬리표와 더불어 즉각 '선先헬레네스' 문화로, 즉 확실히 셈족 문화가 아닌 것으로 간주되었다. 크레타가 상당히 셈족의 영향을 받았다는 고대 전승은 무시되었다.

그리스에 대한 페니키아의 영향은 1920년대에 이르면 '신기루'에 지나지 않는 것으로 완전히 배제되었다. 이 때는 러시아 혁명과 제3인터내셔널에서 유대인이 수행했거나 또는 수행했음직한 역할로 인해 반유대주의가 점차 거세진 시기였다. 기원전 9세기와 8세기에 에게 해와 이탈리아에 페니키아인이 존재했다는 기록이 있음에도 불구하고, 1920년대와 1930년대에는 페니키아인이 그리스를 식민지로 삼았다는 모든 전설이 의문시되었다. 많은 그리스어 이름과 단어가 셈어에서 기원했다는 이전의 주장 또한 완전히 부정되었다.

이제 모든 노력은, 유일하게 셈족 문화에서 차용한 것을 부인할 수 없는 알파벳의 중요성을 제한하는 데 집중되었다. 우선, 그리스인이 모음을 발명했다는 추정이 크게 강조되었다. 모음이야말로 '진정한' 알파벳의 본질이라고 주장되었으며, 모음 없이는 논리적으로 생각하는 것이 불가능하다고 넌지시 암시되었다. 둘째, 알파벳을 차용해 온 지역이 로도스*에서 키프로스로 옮겨지더니 마침내는 그 존재마저 의심스러운 시리아 해안의 그리스 식민지라고 주장되었다. 이는 전설이 전하는 것처럼 알파벳을 '셈족'으로부터 수동적으로 받아들였다는 것보다 중동에서 가져왔다는 편이 '역동적인' 그리스인의 성격에 보다 걸맞게 보였기 때문이기도 하지만, 또한 차용이 사회적 혼합을 수반하는 것으로 인식되면서 그로부터 야기되었을지도 모르는 그리스의 인종적 오염을 용납할 수 없었기 때문이기도 하다. 셋째, 알파벳이 전래된 시기가 기원전 720년경으로, 즉 폴리스와 상고 그리스* 문화의 형성기 **이후로** 안전하게 낮춰졌다. 이로써 선형 문자(에번스가 발견했다)가 사라지고 나서 알파벳이 도입되기까지 오랜 문맹 시기가 열리게 되었는데, 이는 다시 이중의 이점을 가져왔다. 호메로스는 문맹 사회의 까막눈 방랑 시인*으로 여겨졌고, 미케네 시대와 상고 시대 사이에는 완전한 그리스 암흑기*라는 뜯어낼 수 없는 봉인이 설정되었던 것이다. 이렇게 하여 초기 역사에 관한 후기 그리스인의 기록과 고대 모델은 더더욱 의문시되었다.

1930년대는 실증주의가 본래 그 '견고한' 바탕인 과학 분야에서는 오히려 약화된 반면, 논리학이나 고대사 같은 주변부 분야에서는 그 한계를 넘어 힘을 얻은 시기였다. 그런 까닭에 페니키아 문제에 관한 고전학의 이러한 해법은 '과학적'이며 최종적인 것으로 여겨졌다. 즉 고전학 분야도 과학적으로 진전해, 오늘날의 표현으로 말하자면, 하나의 패러다임을 확립할 수 있었다는 것이다. 이를 부정하는 학자는 무능하거나 불건전한 자로서 혹은 골칫거리 괴짜로서 학계로부터 매장되었다. 이러한 견해는, 반유대주의가 초래한 결과가 1945년에 폭로되고 반反페니키아주의의 이데올로기적 기반이 밑바닥부터 뒤흔들린 뒤에도, 30여 년이나 더 지속되는 힘을 과시했다. 그러나 장기적으로 볼 때 극단적 아리안 모델은 한 걸음 뒤로 물러난 것이 분명했다. 그 과정은 제10장 '전후 상황 : 광의의 아리안 모델로의 회귀, 1945~1985년'에 기술되어 있다.

아마도 유대인 대학살보다는 이스라엘의 건국이 페니키아인의 복권에 보다 큰 영향을 미친 것으로 보인다. 1949년부터 유대인(또는 적어도 이스라엘인)은 점차 완전한 유럽인으로 받아들여졌으며, 셈어를 사용한다는 것이 군사적인 무능력을 뜻하지 않는다는 점이 명백해졌다. 더욱 1950년대에는 자신의 뿌리(셈족)에 대한 유대인의 자긍심 또한 눈에 띄게 증가했다.

이러한 맥락에서, 그리고 아마도 정통 유대주의나 시오니즘의 배타성을 받아들일 수 없었기 때문에, 위대한 셈학 학자인 사이러스 고든과 마이클 애스터는 서부 셈족 문명 전체를 옹호하면서 극단적 아리안 모델을 공격하기 시작했다. 현존하는 그 누구보다도 고대 동부 지중해의 언어에 정통한 고든은 히브리 문화와 헬레네스 문화 사이의 상호 교류를 증명하는 일을 늘 자신의 사명으로 여겼다. 이 과정에서 그가 상정한 가교는 시리아 해안의 고대 항구인 우가리트*와 크레타였다. 그는 기원전 14세기와 13세기에 우가리트에서 기록된 가나안 신화(1940년대와 1950년대에 번역되었다) 속에서 성서 및 호메로스와의 연결성을 발견했다. 이 주제에 관해 그가 1955년에 발표한 논문은 '건전한' 학자로서의 그의 명성을 해쳤지만, 고대사를 전공하지 않은 일부 역사가와 일반 대중을 매혹시켰다. 곧이어 그는 정통 견해를 거슬러 크레타의 선형 문자 A를 셈어로 읽어냄으로써 즉각 반론 공세에 직면했는데, 그러한 반론은 이후 연구에 의해 거의 모두 제거되었다. 그러나 대부분의 학자는 여전히 그의 해석을 받아들이지 않았다. 이보다 몇 년 앞서 벤트리스가 선형 문자 B를 그리스어로 해독한 것은 그리스 문화의 지리적 폭과 역사적 깊이를 확증했다는 점에서 환영받았다. 그러나 선형 문자 A, 그리고 결과적으로 미노아 문명을 셈어 사용자들의 자취로 받아들이는 것은, 헬레네스의 고유성, 따라서 유럽의 고유성에 관한 모든 개념을 뒤엎는 것이었다.

전통적인 학설의 지지자는 1967년에 처음으로 출간된 고든의 동료 마이클 애스터의 주저 『헬레노세미티카』에 대해서도 마찬가지로 당혹해 했다. 서부 셈족의 신화와 그리스 신화 사이의 놀랄 만한 유사성에 관한 일련의 연구인 『헬레노세미티카』는, 인간 정신의 유사한 발현으로 해명하기엔 너무나도 밀접한 구조와 명명 체계의 연결성을 보여주었다. 이러한 기본 논제가 제기하는 도전 외에도 애스터는 세 가지 근본적인 공격을 가했다. 첫째,

그가 그 책을 썼다는 사실 자체가 이미 기존 학계를 뒤흔드는 일이었다. 주류 고전학자가 그리스 및 로마와 관련하여 중동에 대해 논의하는 것은 허용할 수 있지만, 그 역은 성립하지 않았다. 셈학 학자는 그리스에 관해 글을 쓸 권리가 없다는 것이다. 둘째, 애스터는 선사 시대에 관한 다른 모든 사료(신화와 전설, 언어, 그리고 이름)를 압도하는 고고학의 절대적 우선성에 의문을 제기함으로써 고대사의 '과학적' 위상을 위협했다. 셋째, 그는 고전학과 관련하여 지식 사회학을 개괄하면서 학문의 발전과 사회의 발전 사이에 연결 고리가 있음을 지적했다. 심지어 그는 반유대주의와 페니키아인에 대한 적대감 사이의 연결고리를 시사하면서 지식이 꾸준한 축적을 통해 진보한다는 개념에 대해서까지 의문을 제기했다. 그러나 가장 심각한 위협은 다나오스와 카드모스의 전설이 그 핵심에 분명한 사실을 품고 있다는 그의 기본 메시지로부터 비롯했다.

그 많은 이론異論이 아무런 처벌도 받지 않은 채 통과할 수는 없었다. 애스터는 비평가들로부터 엄청난 혹평을 받고는, 결국 자신이 그토록 눈부시게 열어젖힌 분야에 관한 연구를 중단하고 말았다. 그럼에도 불구하고 그의 저서는 고든의 저서와 마찬가지로 깊은 영향을 미쳤다. 후기 청동기 시대와 초기 철기 시대에 속하는 에게 해 유적지에서 레반트 유물이 점점 더 많이 발견됨에 따라, 그의 저서는 극단적 아리안 모델을 전복시켰다. 1985년에 이르면 이 분야의 대다수 연구자가 이미 광의의 아리안 모델로 후퇴했다고 말하는 것이 옳을 듯하다. 즉 그들은 청동기 시대에 서부 셈족이 그리스의 섬뿐 아니라 본토(적어도 테베)에도 정착했다는 점을 받아들였다. 또한 철기 시대 그리스에 대한 페니키아의 영향이 족히 기원전 8세기 이전에, 아마도 이르게는 기원전 10세기에 시작한 것으로 믿게 되었다.

한편, 고든과 애스터는 지적 대담성에도 불구하고 아리안 모델 자체에는 도전하지 않았다. 둘 중 누구도 그리스어 어휘에 셈어의 요소가 상당량 포함되어 있을 가능성을 고려하지 않았다. 또한 셈어에 대해서만 전념한 탓인지, 이집트가 그리스를 식민화했을 가능성이나 이집트의 언어 및 문화가 그리스 문명의 형성 과정에서 셈족의 언어 및 문화 못지않게, 혹은 심지어 보다 중심적인 역할을 했다는 가설 역시 검토하지 않았다.

이집트가 그리스에 영향을 미쳤다는 전승을 부활시키려는 시도가 몇 차례 있었다. 1968년에 동독의 이집트학 학자인 모렌츠가 그 주제 및 그로부터 유럽 전체에 널리 파생된 효과에 관한 주저를 출간했지만, 독일 밖에서는 거의 주목을 받지 못했다. 기원전 21세기 테베에 이집트의 식민지가 있었다는 스피로풀로스 박사의 가설은 버젓한 모호함 속에 묻히고 말았다. 학자들은 그의 '괴팍한' 결론에 대해서는 가능한 한 언급을 피하면서 그의 연대 추정만을 표적으로 삼았다.15 그리스에 대한 이집트의 주요 영향을 고려한 사람은 대부분 학계의 주변부나 그 너머에 있었다. 톰프킨스(다양한 시사 문제를 다루었으며, 『대大피라미드의 비밀』이라는 대담한 제목이 붙여진 조심스런 책을 저술했다)나 아프리카계 미국 학자인 조지 제임스(작지만 매혹적인 그의 책 『도난당한 유산』은 그리스의 과학과 철학이 이집트에서 많은 부분을 차용했다는 그럴듯한 주장을 개진한다)와 같은 사람이 바로 그렇다. 『블랙 아테나』 제1권은, 비록 극단적인 아리안 모델보다 광의의 아리안 모델을 극복하는 데 다소 더 오랜 시간이 걸리기는 하겠지만, 고대 모델을 수정한 형태가 다음 세기 초에는 일반적으로 받아들여질 것이라는 예견과 더불어 끝을 맺는다.

지금부터 이어지는 서론의 나머지 부분은 상당량의 기술적인 논의를 포함하고 있으며, 제1권의 이해에 꼭 필요한 것은 아니다. 그러므로 역사 서술의 변천에 주로 관심을 가진 독자라면 제1장으로 건너뛰어도 무방하다.

그리스는 유럽적인가 아니면 레반트적인가?
그리스 문명을 구성하는 이집트와 서부 셈족의 요소

『블랙 아테나』 제2권은 두 모델의 상대적 효용성을 비교하는 데 집중할 것이다. 역사를 재구성하는 서로 다른 수많은 분야나 접근법, 즉 동시대의 문헌 사료와 고고학, 지명, 언어 및 종교 제식 등에서 두 모델을 비교할 것이다. 제2권의 서론은 두 모델의 내재적 타당성 비교이다.

고대 이집트에 관한 지식을 제외하면, 아리안 모델 지지자보다 고대 모델 지지자가 기원전 2000~1000년 시기에 관해 보다 많은 정보를 가지고 있음이 분명하다. 그러나 아리안 모델 지지자는 정보의 양이 아니라 자신의 '과학적인 방법'과 객관성을 근거로 우월성을 주장했다. 그 두 근거는 제1권 『날조된 역사, 고대 그리스』에서 근본적으로 의문시된다. 객관성의 문제에 관해서는, 그리스 작가들이 자기 문화에 역사적 깊이를 더하고자 하는 바람과 이웃 민족보다 모든 점에서 우월하고자 하는 욕망 사이에서 갈등했던 반면, 19세기 학자는 그러한 상반된 감정을 가지지 않았다는 점이 지적된다. 후자의 관심사는 오로지 유럽의 그리스를 드높이고 아프리카의 이집트인과 셈족의 페니키아인을 격하시키는 것뿐이었다. 이 점만으로도 고대인이 19세기와 20세기 초의 역사가보다 '객관적'이라고 믿기에 충분할 것이다.

그러나 보다 나은 정보 접근성과 객관성이 곧 고대 모델이 아리안 모델보다 우월한 설명적 가치를 지녔다는 것을 의미하지는 않는다. 내가 앞서 주장했고 또 제2권의 결론에서 되풀이하는 바와 같이, 아리안 모델을 구성하도록 고무한 동기가 이제 수상쩍게 여겨진다는 이유만으로 아리안 모델을 폐기해서는 안 된다. 예를 들어, 19세기 학자가 아리안의 인도 침입과 피부색에 기초한 카스트 제도의 형성에 관한 역사 서술에 몰두하였다고 해서 그러한 기획이 하나의 역사적 설명으로서 유용성을 지니지 않는 것은 아니다. 그러나 그리스와는 달리 인도에는 침입에 관한 고대 전승이 있음을 반드시 기억해야만 한다.

제1장은 우리가 관심을 가지고 있는 시기와 지역에 관한 문헌 증거를 개괄한다. 기원전 2000~1000년의 동부 지중해는 문맹 지역이 아니었다. 이집트인과 레반트인은 수세기 동안 글을 써 오고 있었으며, 크레타는 고유의 상형 문자와 선형 문자 A를 사용하고 있었다. 크레타의 상형 문자와 선형 문자 A는 키클라데스 제도에서도 사용되었다. 더욱이 기원전 2000~1000년 전반기 동안 그리스 본토에서 선형 문자 B가 발전했을 가능성이 대단히 높다. 또한 기원전 15세기에는 동부 지중해 지역 대부분이 알파벳을 사용하고 있었음에 틀림없다.[16] 이처럼 문자가 널리 퍼져 있었을 뿐만 아니라, 아리안 모델을 체계화한 사람들과는 달리 우리는 그 다양한 형태를 대부분 읽어낼 수 있다.

이렇게 말하기는 했지만, 이 시기 동부 지중해의 서로 다른 문화의 관계를 보여주는 문헌 증거는 충분히 남아 있지 않다. 거대한 조상彫像의 받침석에서 최근 발견된 미트 라히네 비문*은 기원전 20세기 이집트의 광범한 육로 원정 및 항해에 관해 상세히 알려준다.[17] 제18왕조 첫 파라오의 어머니인 Ahhotpe(아흐호테페) 여왕이 기원전 16세기 초에 외지 Ḥ3w Nbw(하우 네부)로부터 건너온 것으로 추정되는데, 그 외지는 에게 해 지역을 가리킬 가능성이 높다고 알려진 적이 있었다. 이는 그녀가 지닌 보석 중 일부가 에게 해 지역 디자인이었다는 점으로 인해 확증되는 듯하다. 그녀의 아들 아모세 1세* 또한 그 곳에 대한 일종의 종주권을 주장한 것으로 보이기는 하지만, 이후 한 세기 동안 이와 관련된 이야기는 더 이상 전하는 바가 없다. 아모세 1세와 외지 Ḥ3w Nbw(하우 네부) 사이의 관계가 어떠한 성격을 지니는 것이었든, 힉소스 시기 말과 제18왕조 초에 두 지역의 거주민이 일부 교환되었음은 분명하다. 이 시기 이집트에서 '크레타인'을 뜻하는 이름 P3 Kftiwy

(파 케페티위)가 나타나며, 같은 시기의 이집트 파피루스에서 발견되는 크레타인 이름 목록에는 이집트인과 레반트인이 등장한다. 기원전 17세기 남부에게 해 지역에서 거주민이 뒤섞인 이러한 상황은 테라 섬의 프레스코 벽화, 그리고 선형 문자 A와 B에서 발견되는 후기의 인명에 의해 확인된다.

에게 해 지역과의 접촉을 보여주는 이집트의 문헌 증거는 기원전 15세기와 14세기에 훨씬 더 풍부하다. 비문과 고분 벽화는, 기원전 15세기 중반 투트모세 3세*의 시리아 정복 이후 이집트인이 크레타 및 그 너머에 대해서까지 일종의 종주권(이 종주권은 이후 백 년 동안 여러 차례 갱신되었다)을 행사할 수 있다고 느꼈음을 분명히 보여준다. 이러한 관계가 확립된 직후 이집트의 문헌과 그림은 크레타의 세력 변화를 보여주는데, 이는 이 시기에 미케네 문명권 사람들이 미노아인을 정복했음을 시사하는 크노소스의 고고학적 증거와 일치한다. 이집트 원문에는 더 이상 에게 해 지역 Kftiw(케페티우)에 대한 언급이 나타나지 않는다. 대신 타-나-유Ta-na-yu 혹은 Tin3(티나)가 등장한다. 이것이 다나오스인Danaans과 그리스를 가리킨다는 점은 타나유의 여러 지명을 언급하고 있는 14세기의 비문으로 보아 거의 확실하다. 그 지명 가운데 몇몇은 충분히 크레타 및 그리스의 지명과 일치하는 것으로 여겨질 만했다. 더욱이 같은 시기에 티로스*의 페니키아 왕이 이집트 파라오에게 보낸 편지는, 그리스에 있었을 가능성이 높은 다-누-나Da-nu-na의 왕을 언급하고 있다.

기원전 14세기 레반트와 에게 해 사이의 접촉에 관한 언급이 우가리트 문자* 기록과 선형 문자 B 기록 모두에서 나타난다. 우가리트 상인은 크레타와 교역하고 있었는데, 나는 우가리트에서 발견된 인명 Dnn(다난)이 곧 '다나오스인'을 의미하며, 이는 그 항구에 그리스인이 있었음을 가리키는 것이라고 믿는다. 선형 문자 B로 기록된 서판은 크레타와 펠로폰네소스*에 그리스어로 소통하는 웅장한 사회와 경제(동시대 근동에 있었던 사회 및 경제와 대단히 흡사한)가 있었음을 보여준다. 또한 언어학적 측면에서, 선형 문자 B

로 기록된 비문은 14세기 그리스어에 이미 상당수의 셈어가 외래어로 자리 잡고 있었음을 보여준다. 분명 이 외래어는 셈족 교역자가 반입한 사치품의 '이데올로기적으로 물들지 않은' 의미 영역이다. 그러나 외래어 중에는 '옷'을 의미하는 표준어인 키톤chiton*과 신석기 시대부터 그리스 제식에서 가장 중요한 의미를 지녔던 금속을 의미하는 크리소스chrysos(금)가 포함되어 있으며, 이는 후기 청동기 시대까지 대단히 깊이 있는 접촉이 이루어졌음을 가리킨다. 게다가 '이집트식'이나 '티로스식' 인명도 상당수에 이른다. 대체로 문헌은 밀접한 접촉 및 어떤 유형의 인구 혼합을 가리키며, 이는 고대 모델과 상당히 일치한다. 한편 이 문헌은 아리안 모델과도 조화를 이룰 수 있으며, 전설상의 식민화를 입증하는 문헌 증거는 없다.

제2장은 고고학에 관한 내용으로, 보이오티아에 남아 있는 기원전 2000~1000년 초엽 이집트의 영향으로 보이는 흔적에서 시작한다. 그러나 제2장의 상당 부분은 크레타 북쪽 70마일에 위치한 테라 섬에서 거대한 화산 폭발이 일어난 연대를 추정하는 데에 할애된다. 테라 섬 한가운데에서 발생한 화산 폭발이 1883년 크라카토아*에서 발생한 거대한 화산 폭발보다도 몇 배나 더 큰 규모였다는 사실을 우리는 알고 있다. 크라카토아의 화산 폭발이 수백 마일 밖의 창문을 부수고 인도양을 가로지르는 해일을 일으켰던 것(그리고 세계로 퍼져나간 화산재가 인상주의의 발전을 촉진하고 북반구 전체의 기후에 영향을 미쳤던 것)으로 미루어 볼 때, 테라의 화산 폭발은 어마어마한 충격을 야기했음에 틀림없다. 전통적인 학설은 테라의 화산 폭발이 기원전 1450년경 미케네 문명권 그리스인의 도착과 관련된 크레타의 파괴와 같은 시기에 일어났다고 주장한다. 그러나 이러한 주장이 지니는 한 가지 난점은, 테라의 화산 퇴적물을 아무리 철저히 조사해 보아도 파괴가 자행되기 이전의 크레타 토기인 후기 미노아 1B기 유형의 토기가 발견되지 않았다는 것이다. 그래서 일부 고고학자는 두 사건을 분리하여, 화산 폭발이 미케네인의 파괴보다 50년 정도 일찍, 즉 기원전 1500년경에 일어났다고 주장했다.

나는 이 경우 미국 남서부에 서식하는 강털소나무의 나이테 측정에 이용했던 수령 연대학에 근거하여 테라의 화산 폭발이 보다 일찍, 즉 정확히 기원전 1626년에 일어났다고 믿는다. 크라카토아 폭발 정도 규모의 화산 폭발은 설선雪線(만년설의 하한선) 부근의 나무에 여름 서리의 흔적 및 수년 간의 성장 방해 흔적을 남긴다. 그런데 미국 남서부의 오래 된 강털소나무에는 기원전 15세기와 16세기에 세계를 뒤흔든 화산 폭발의 증거가 없다. 대신 기원전 1626년에 해당하는 증거가 하나 있다. 1626년은 아일랜드의 떡갈나무에게도 불운한 한 해였다. 그러한 '크라카토아 효과'는 세계 어느 곳의 또 다른 대규모 지진에 의해 야기된 것일 수도 있지만, 테라 화산 폭발의 기록을 찾는 문제에서 볼 때 1626년의 효과를 테라 화산 폭발에서 연유한 것으로 보는 것은 충분히 그럴듯하다.[18] 보다 이른 연대를 뒷받침하는 다른 증거가 있다. 파괴 지층면 바로 밑에서 발견된 물질의 탄소 연대가 화산 가스 때문에 왜곡된 것으로 보이기는 하지만, 정확한 정보를 제공하는 단명 식물의 탄소 연대는 기원전 15세기가 아니라 기원전 17세기를 가리킨다.[19]

중국에서 하夏 왕조의 마지막 황제 걸桀이 몰락할 때 노란 개구리, 여름 서리, 흐릿한 태양, 그리고 동시에 나타난 3개의 태양 같은 기이한 현상이 잇달았는데, 이러한 현상 모두 테라의 먼지 구름에서 기인한 것으로 설명할 수 있다. 그러나 이번에는 걸의 몰락 연대가 문제이다. 걸의 몰락은 기원전 15세기에 일어난 일이 아니었을 것이다. 일부 학자는 그 연대를 기원전 16세기로, 다른 학자는 기원전 1700년 이전으로 잡는다. 그러나 기원전 3세기의 연대기와 고고학적 증거를 종합해 보면, 기원전 17세기의 어느 시점이 도출된다.[20]

기원전 15세기에 관한 내용이 상세히 기록되어 있는 이집트의 문헌 또한 보다 이른 연대를 가리킨다. 테라 폭발 정도 규모의 사건이라면 틀림없이 하下이집트에 영향을 미쳤을 것이다. 그럼에도 그에 관해 전혀 기록을 남기지 않았다는 것은 이해할 수 없는 일이다. 더욱이 앞서 살펴본 바와 같이,

크레타는 정확히 이 시기, 즉 기원전 1450년경에 이집트에 공물 사절단을 파견하고 있었던 것으로 보인다. 반면 기원전 17세기에 씌어진 이집트 기록은 실질적으로 전혀 없는데, 이는 폭발에 관한 언급의 부재를 보다 쉽게 설명할 수 있도록 만든다. 재앙의 규모가 엄청났기 때문에 1450년 설의 경우엔 '침묵의 논증'을 예외적으로 적용할 수 있을 듯하다. 그러나 이러한 유형의 논증이 본질적으로 취약하다는 점을 부인하는 것은 아니다. 더욱이 수령 연대학과 탄소 연대 측정법, 그리고 '중국' 연대 측정 모두 의심의 여지가 있다. 그럼에도 불구하고 폭발이 기원전 15세기에 일어났다는 주장의 심각한 취약성을 감안할 때, 네 가지 사료에 기초한 기원전 1626년이라는 연대가 훨씬 더 그럴듯해 보인다.

테라의 화산 폭발이 후기 미노아 1A기에 일어났다는 점은 거의 의심의 여지가 없으므로, 이제 수많은 시대 구분과 관련된 절대 연대를 다소 상향 조정할 필요가 있다. 토기 유형의 변화에 근거한 표준 시대 구분에 대해 『케임브리지 고대사』가 제공하는 연대와, 여기서 제안하는 연대는 다음 표와 같다.

시대 구분	『케임브리지 고대사』	『블랙 아테나』
중기 미노아* 3기	1700~1600년	1730~1650년
후기 미노아 1A기	1600~1500년	1650~1550년
후기 미노아 1B기	1500~1450년	1550~1450년

크레타의 토기 시대 구분을 수정할 경우, 본토 그리스의 토기 시대 구분 또한 따라서 수정해야 한다. 본토 그리스의 토기 시대 구분은 미노아 시대 구분을 기반으로 작성되었으며, 여전히 그와 다소 관련되어 있기 때문이다.

여기에는 특히 수갱竪坑 분묘의 연대 변경(기원전 17세기 말에서 기원전 17세기 초로)이 수반된다. 이렇게 할 경우, 사실 고대 모델의 입장에서는 어려움이 늘게 된다. 고대 모델은 기원전 16세기에 이집트가 힉소스를 추방하면서 그 결과로 식민화(이로써 영웅 시대가 열렸다)가 시작되었다고 주장한다. 그러나 여기서 16세기라는 연대는 이 시기의 중대한 전면적 파괴를 보여주는 크레타의 고고학적 증거가 없다는 점과 상충된다. 이집트에서 온 식민자가 크레타를 그냥 지나쳤으리라고는 전혀 생각할 수 없는 일이다.

고고학적 증거와의 이러한 부조화는 고대 모델에서 수정되어야 할 두 가지 주요 사항 가운데 하나를 분명히 해준다. 수정 고대 모델은 힉소스의 권력이 붕괴한 기원전 1570년대가 아니라 힉소스가 처음으로 하下이집트를 장악한 기원전 18세기 말에 이집트-서부 셈족이 에게 해에 정착하기 시작했다고 주장한다. 우선 이러한 수정안을 받아들이게 되면, 그 다음에는 왜 고대인이 오래된 것에 대한 존경심에도 불구하고 상륙의 연대를 낮추어야만 했는가 하는 의문이 남게 된다. 그리스 본토 상륙을 아마도 기원전 16세기 초에 있었던 이집트의 힉소스 축출 및 이스라엘인의 이집트 탈출과 연결시키려는 욕구가 그 한 가지 이유였을지도 모른다. 또한 합리적이고 이성적으로 보이고자 하는 바람으로 연대를 낮추어 잡았을 수도 있다. 이러한 경향의 압박이 오늘날보다 고대에 덜했을 이유는 없기 때문이다. 마지막으로, ‘애국적인’ 감정과 히케시오스Hikesios/힉소스Hyksos 동음이의 기교가 유력하게 작용했을 수도 있다. 이주민을 힉소스 시기 초엽에 도착한 정복자가 아니라 힉소스 시기 말에 쫓겨온 난민이나 탄원자로 여기는 편이 그리스인의 자긍심을 덜 손상시키는 것이었을 테니까.

힉소스가 이집트에 도착한 직후 에게 해 지역으로 침입했을 것이라는 가설에 꼭 들어맞는 고고학적 증거가 있다. 크레타의 궁전은 기원전 18세기 말에 모조리 파괴된 뒤 다시 건축되었는데, 이 때의 건축 양식은 아주 약간, 그러나 충분히 의미 있을 정도로 달랐다. 그래서 초기 궁전 시기와 후기 궁전 시기 사이에는 관습상의 경계가 존재한다. 칼과 수갱 분묘, 그리고 왕의 의장에 사용된 그리핀*(세 가지 모두 보다 이른 시기부터 레반트에 존재했으며 미케네 그리스에서 중요성을 띠게 되었다)의 도입은 두 시기 사이의 변화 가운데 일부이다. 크노소스의 파괴 지층면에서 발견된 인장은 상당히 미케네적인 외양을 지닌 야만적이고 수염이 덥수룩한 왕을 보여준다.

중기 미노아 3기/중기 헬라딕* 3기 에게 해 지역의 유물과 힉소스 시기 및 제18왕조 초기 이집트에서 발견된 유물 사이에는 놀랄 만한 예술적 유사성이 존재한다. 문화의 흐름이 에게 해 지역에서 이집트로 향한다는 것이 일반적인 생각이지만, 이는 상당히 의심스럽다. 미케네 특유의 유물과 기술, 그리고 의장 장식 가운데 상당수가 레반트에 먼저 존재했기 때문이다. 기원전 18세기 말과 17세기 동부 지중해 주변에서 나타난 (적어도) 물질 문화의 거대한 혼합에 대한 가장 효과적인 유비는 기원후 13세기 '몽골의 평화'가 야기한 거대한 혼합이다. 이 시기의 몽골 지배자는 한쪽의 특성을 다른 쪽에 도입하고 보다 완고한 관습을 파괴하면서 중국과 페르시아, 그리고 아랍의 기술과 예술을 혼합했다. 힉소스의 경우, 이집트와 크레타의 전통처럼 오랜 기간 확립된 전통은 약간의 수정만을 겪었을 뿐 재빨리 회복되었지만, 그러한 전통이 없었던 그리스 본토에서는 절충적인 '힉소스 국제 양식'이 보다 오래 지속되었던 것으로 추정된다.

힉소스 이집트-가나안인의 크레타 정복이라는 가설과 기원전 18세기 말에 이루어진 보다 북쪽의 식민지 확립은 내가 앞서 언급한 고고학적 증거와 부합하는 하나의 그럴듯한 도식을 제공한다. 주로 미노아와 근동의 영향을 보여주는 새로운 무기와 여타 유물로 가득한 미케네의 수갱 분묘는 새로운 정복자의 무덤이었을 가능성이 높다. 케임브리지대학의 고대사가인 프랭크 스터빙스 교수도 『케임브리지 고대사』에 실린 수갱 분묘에 관한 논문에서 동일하게 주장했다. 비록 기원전 16세기라는 연대를 받아들이면서 힉소스 침입자가 그리스 문화에 지속적인 영향을 미치지 못했다고 주장하기는 했지만 말이다.21 그 논문이 1960년대에 출간된 이래, 소수파인 그의 견해를 강화하는 보다 많은 증거가 나타났다. 힉소스의 수도 아바리스*의 유적이 거의 확실한 동부 삼각주의 텔 에드 다바Tel ed Daba'a에서 나온 최근의 고고학적 발견으로, 수갱 분묘의 물질 문화와 아주 유사함을 갖는 복합적인 서부 셈족 및 이집트 문화가 그 모습을 드러냈다.22

미케네는 중기 청동기 시대 이후의 여러 토기 유형을 지속적으로 보여주는데, 이는 비교적 낮은 사회 수준의 초기 문화가 잔존했음을 가리키는 것으로 보인다. 이것이 바로 수정 고대 모델로 언어학적 증거를 해석할 경우 얻는 바를 시사한다. 이는 또한 원주민인 펠라스고이*가 새 이주자로부터 가르침을 받고서 다나오스인 혹은 아테네인이 되었다는 서술과도 부합한다. 그러나 이것이 그 고고학적 증거를 설명할 수 있는 유일한 해석은 아니다. 텔 에드 다바의 발견 이후에도 미케네의 물질 문화는 에게 해의 원주민 족장이 부와 권력을 거머쥐고 외국의 물건과 장인을 수입한 결과라거나, 또는 그리스 용병이 부와 새로운 유형의 시야를 갖고 이집트에서 귀환한 결과라는 주장이 여전히 가능하다. 이러한 해석을 뒷받침할 만한 언어학적 증거나 고대의 전거가 없음에도 불구하고, 오늘날 대부분의 고고학자는 그러한 해석을 따르고 있다.

앞서 언급했듯이, 이 시점에 나타나는 그리스 물질 문화의 급진적인 변화를 장기간의 성과를 남기지 못한 어떤 침입의 결과로 보는 사상 유파도 있다. 그러나 어느 경우든, 고고학자가 비非고고학적 논증에서 깊은 영향을 받았다는 점에는 거의 의심의 여지가 없다. 힉소스의 정착 자체를 부정하는 다수파 학자는 자신이 몸담고 있는 아리안 모델로부터 불가피하게 영향을 받았다. 마찬가지로, 힉소스의 정착을 믿는 소수파 학자는 고대 모델을 구성하는 전설로부터 영향을 받았다. 분명한 점은, 둘 중 어느 경우에도 유물이 곧장 하나의 개념 유형을 부과하지는 않는다는 것이다. 좋은 여건에서라면, 고고학은 인구 밀도나 정착 규모, 또는 지역 경제에 관한 매력적이고 중요한 정보를 제공할 수 있다. 그러나 고고학은 『블랙 아테나』가 관심을 기울이는 의문에 스스로 답하기에는 너무나 무딘 도구이다.

제3장 '강과 산의 이름'은 『블랙 아테나』에서 언어적 차용에 집중하는 첫 번째 장이다. 따라서 제3장은 현재 인정되고 있는 이집트어와 셈어, 그리고 그리스어 사이의 음성학적 일치점에 관한 논의로 시작된다. 이집트어와 셈어 사이의 일치점은 이미 꽤 상세한 부분까지 철저하게 연구되어 있으며, 두 언어와 그리스어 사이의 일치점에 관한 수많은 정보는 명백한 몇몇 차용어 및 다른 언어로 음역된 수백 개의 고유 명사로부터 추론해 낼 수 있다. 이 모든 것으로 볼 때, 음성학적 일치점이 엄청나게 넓은 범위에 걸쳐 있었음이 분명하다. 예를 들어, 셈어나 이집트어 단어 또는 이름이 그리스어로 음역된 방식의 그 폭넓은 다양성은 거의 당혹스러울 정도이다. 이러한 다채로운 변형이 나타난 것은, 부분적으로는 외국어의 음을 듣고 재생하는 데에 따르는 어려움과 다른 지역의 방언이나 제3의 언어를 통한 차용 때문이라고 설명할 수 있다. 그러나 가장 주된 원인은 차용이 엄청나게 오랜 시간에 걸쳐 이루어졌다는 점에서 비롯되는 것으로 보인다. 우리의 주요 관심사인 기원전 2100~1100년의 시기에 세 언어 모두, 특히 이집트어는 급격한 음의 변화를 겪었다. 그래서 나는 동일한 단어나 이름이 매우 상이한 결과를 낳으면서 두 차례 이상 차용되었을지도 모른다고 주장한다. 이와 관련하여 가장 유용한 유비가 될 수 있는 사례는, 비슷한 시기의 1천 년에 걸친 일본의 중국어 차용이다. 그러나 이 경우에는 문자 체계를 통해 어떤 것이 고유어인지를 식별할 수 있으며, 상이한 차용의 징후를 보여주는 것은 한자를 읽는 서로 다른 수많은 일본어 '독법'이나 발음이다.

이집트어나 서부 셈어의 문자 체계에는 모음을 나타내는 문자가 없다. 이 언어의 모음은 콥트어*와 마소라 사본*의 모음 삽입을 통해, 또한 설형 문자와 그리스어, 그리고 그 외의 다른 모음 음역을 통해 재구성해 볼 수 있다. 그럼에도 불구하고 상당수의 어원 추정은 오로지 자음 구조만을 기반으로 하여 이루어져야 한다. 그럴 경우, 자음 사이에서 분명히 나타나는 광범위한 등치로 인해 이집트어와 셈어, 그리고 그리스어 단어 및 이름 사이에 엄청나게 많은 음성학적 일치의 가능성이 생긴다. 그러나 어떠한 현상을 쉽게 추측할 수 있다는 것과, 그러한 현상이 실제로 일어났는가 하는 문제는 서로 아무런 관련이 없다. 그런데 다량의 언어적 차용이 일어났음을 뒷받침하는 강력한 외부 논증이 있다. 심지어 고대 모델을 끌어들이지 않더라도, 지리적·시간적 근접성과 더불어 밀접한 접촉에 대한 문헌적·고고학적 증거가 존재한다. 한 가지 덧붙이자면, 지난 160년 동안에 걸쳐 아리안 모델 내에서 연구해 온 학자들은, 그리스어 어휘의 50퍼센트와 고유명사의 80퍼센트를 '선先헬레네스어'와 동족어로 추정되는 인도유럽어나 아나톨리아어의 견지에서 설명하는 데 실패했다.

이러한 상황이라면, 이제 그리스어의 어원을 이집트어와 셈어에서 찾아봄직하다고 생각한다. 물론 그것은 가능한 한 엄밀한 작업이어야 한다. 우선, 일반적으로 받아들여지고 있는 인도유럽어 어원에 대해서는, 설령 그중 일부가 잘못되었다 하더라도 대체하지 않을 것이다. 이 책에서 제안하는 새로운 어원은 거의 대부분 정설과의 경쟁을 유발하지 않는다. 그러나 그러한 경우라 할지라도 극히 주의해야 하는 것은 마찬가지다. 음성학적인 측면에서는, 다른 가능성이 아무리 높아 보인다 할지라도 실제로 입증된 자음 일치에만 국한해야 한다. 마찬가지로 음위 전환*도 있어서는 안 된다. 단, 유음* 전환(l이나 r의 위치를 두 번째에서 세 번째로 또는 세 번째에서 두 번째로 바꾸는 것)은 예외이다. 그것은 세 언어 모두에서, 특히 이집트어와 그리스어에서 공통적으로 빈번하게 나타나는 현상이기 때문이다. 그러므로 이집트어 증인 mtrw(메테루)에서 그리스어 증인 마르티르martyr를 이끌어내거나 이집트어 무덤 또는 피라미드인 p3mr(파메르)에서 그리스어 피라미드(pyramis)를 이끌어 내는 것은 타당해 보인다. 그러나 잘못된 어원 추정을 피하기 위해서는 무엇보다도 먼저 의미가 일치하는지에 대해 엄격하게 점검해야 한다.

아리안 모델 내에서 연구하는 학자들이 이러한 측면에서 특히 느슨한 태도를 보였던 분야는 바로 지명이다. 그들은 그리스 지명과 아나톨리아 지명 사이의 느슨한 음성학적 일치만으로도 충분히 두 지명을 연결시킬 수 있다고 생각했다. 그 지명의 지리학적 또는 전설적 배경은 고사하고, 그 지명이 섬을 지칭하는 것인지, 아니면 산이나 강 또는 도시를 지칭하는 것인지조차 고려하지 않은 채 말이다. 이러한 적당주의 때문에 보다 엄격한 학자들은 이 주제 자체를 피하게 되었고, 지금까지도 이 분야에서는 1905년에 출간된 독일 고전학자 아우구스트 피크*의 개략적인 저서를 대체할 만한 연구 성과가 나오지 않고 있다. 이 놀라운 시간 간격은 에게 해 지역 지명에 대한 설명에서 보여준 아리안주의 학자들의 완전한 무능력(인도유럽어로는 그 지명 가운데 극히 일부만을 설명할 수 있을 뿐이다)에서 비롯한 불가피한 결과였다. 아리안주의자가 할 수 있는 일이라고는 왜 그 지명을 설명할 수 없는가를 설명하거나, 그것을 단순히 '선先헬레네스어'로 간주하는 것뿐이다.

아리안주의자는 이른바 '선先헬레네스어' 지명 접사인 -(i)ssos(-이소스)와 -nthos(-ㄴ토스 : 아무런 뜻도 없다고 여겨졌다)를 대단히 강조한다. 독일 고전어학자 파울 크레치머*가 최초로 이렇게 분류했으며, 이후 미국 고전학자 헤일리와 고고학자 칼 블레전*이 발전시켰다. 헤일리와 블레전은 -(i)ssos(-이소스)나 -nthos(-ㄴ토스)가 붙는 지명의 분포가 초기 청동기 시대 정착지와 일치한다고 주장했으며, 더 나아가 침입자가 중기 청동기 시대 초엽에 도착한 것으로 추정되므로 그 지명은 선先헬레네스의 정착지를 가리킨다고 주장했다. 고고학적으로 볼 때 이러한 이론은 근거가 빈약하다. 왜냐하면 그 지명의 분포는 초기 청동기 시대의 유적지 못지않게 후기 청동기 시대의 유적지와도 일치하기 때문이다. 지명 연구의 측면에서도 근거가 빈약하기는 마찬가지다. 헤일리와 블레전이 자신의 이론을 발표하기 이전에, 이미 크레치머는 그 접미사들이 인도유럽어 어근에 붙여질 수 있으며, 따라서 그 접미사들이 곧 선先헬레네스(만일 아리안 모델을 받아들인다면)의 징후가 될 수는 없다고 인정했다. 또한 그 접미사들은 셈어와 이집트어 어간 끝에서도 나타나기 때문에, 고대 모델의 입장에서 볼 때에도 토착성의 징후로 도움이 되지 못한다.

이렇듯 명백한 허점을 감안한다면, 블레전과 헤일리의 가설이 지금껏 계속해서 존중되고 있다는 사실에 놀라움을 금치 못할 수도 있을 것이다. 그러나 거의 불모지나 다름없는 고대 그리스 지명 연구 같은 분야에서는 아무리 하찮은 생각이라도 쉽게 파기할 수가 없다. 수정 고대 모델에 따르면 -nthos(-ㄴ토스)는 다양한 유래를 가지는데, 그 중 가장 일반적인 두 가지는 치음* 앞에서의 단순한 비음*화와 이집트어의 '신성하다'는 뜻의 -ntr(-네체르)이다. 한편 -(i)ssos(-이소스)는 적어도 청동기 시대 말까지 지속적으로 사용한 에게 해 지역 특유의 어미로 보인다.

앞서 언급했듯이, 제3장은 강과 산의 이름에 관한 내용이다. 강과 산의 이름은 어느 나라에서든 가장 영속적인 경향을 지니는 지명이다. 예를 들어 영국의 경우, 강과 산의 이름 대부분이 켈트어이며, 일부는 심지어 선先인도유럽어인 것으로 보인다. 따라서 이집트어나 셈어 산 이름이 현존한다는 것은 곧 매우 깊은 문화적 침투가 있었음을 암시한다. 이 분야에 관한 나의 제안을 제3장에서 모두 다룰 수는 없지만, 제3장은 상당히 폭넓게 입증된 지명을 포함한다. 그리스 전역에서 찾아볼 수 있는 강과 시내의 이름이지만 누구도 그에 관해 설명한 적 없는 케피소스Kēphisos/카피소스Kāphisos를 예로 들어 보자. 나는 이 이름을 이집트의 흔한 강 이름인 '신선하다'는 뜻의 Kbḥ(케베흐)와 -isos(-이소스)라는 접미사에서 이끌어낼 것이다. 이는 의미론적으로도 아주 잘 부합한다. '신선하다'는 뜻의 Kbḥ(케베흐)는 '차갑다'는 뜻의 ḳb(b)(케베[브]) 및 '정화하다'는 뜻의 ḳbḥ(케베흐)와 관련되는 것이 분명하다. 그리스어 케피소이Kēphisoi는 종종 정화 의식을 가리키는 용어로 사용되었다. ḳbḥ(케베흐)는 '야생 새들이 서식하는 호수'라는 부차적인 의미를 가지고 있었는데, 이는 물이 얕은 거대한 호수인 코파이스Kopais와 꼭 들어맞는다. 코파이스 호는 그리스 전승에서 이집트와 많은 관련을 가지며, 케피소스 강이 흘러드는 곳이기도 하다. 내가 아는 한, 이러한 어원 추정은 일찍이 그 누구도 제기한 적이 없다.

극단적 아리안 모델이 등장하기 전에는, 그리스의 강 이름인 이아르다노스Iardanos(크레타와 펠로폰네소스에서 발견된다)가 셈어의 야르덴Yardēn*이나 요르단Jordan에서 왔다는 추정이 일반적으로 받아들여졌다. 벨로흐와 피크조차도 그러한 추정이 '매혹적'이며 다른 대체안이 있을 수 없음을 인정해야만 했다. 그럼에도 불구하고 그러한 추정은 20세기 내내 부정당했다. 19세기 말 이전에 폭넓게 인정되던 또 다른 셈어 어원 추정은 사모스Samos*와 사모트라케Samothrace*, 그리고 사미콘Samikon 등에서 찾아볼 수 있는 그리스어 지명 접사 sam-(삼- : 어느 경우든 '높은 장소'를 의미한다)이 셈어 어근 '높다'는 뜻의 √smm(사맘)에서 유래했다는 것이다. 이것 역시 무시되거나 부정되어 왔다. 이 장에서 제안한 다른 어원 추정은 더욱 많은 논의를 필요로 한다.

제4장은 도시의 이름에 대해 다룬다. 자연의 이름보다는 도시의 이름이 문화에서 문화로 더 잘 전달된다. 그리스에 인도유럽어의 도시 이름은 거의 없고, 동시에 도시 이름의 경우 대부분 이집트어 및 셈어에서 그럴듯한 어원을 찾아낼 수 있다는 사실은 교역 차원으로 설명할 수 없는 강한 접촉이 있었음을 시사한다. 예를 들어, 가장 흔한 그리스 도시 이름 가운데 하나는 카리(아트)Kary(at)라는 어간을 갖는 이름이다. 이는 마을을 의미하는 표준 서부 셈어 단어 qrt(카라트 : 다양한 도시 이름에서 여러 가지 방식으로, 즉 Qart-[카르트-], 카레트Qaret 또는 키리야트Qiryah/at 등으로 발음된다)를 통해 그럴듯하게 설명할 수 있다. 사실 그것은 가장 흔한 페니키아어·히브리어 지명 가운데 하나로서 카르타고Carthago를 비롯한 다른 많은 도시 이름에서 찾아볼 수 있다.

나는 Kary-(카리-)의 용법과 '도시'를 의미하는 표준 그리스어 단어인 폴리스polis의 용법 사이에 엄밀한 의미의 유사성이 있음을 보여주는 사례를 제시할 것이다. 이 가운데 가장 눈에 띄는 것은 카리아티드Karyatids의 조상彫像을 아테나 폴리아스Athena Polias 신전 현관에 있는 아테네의 전설적 창시자 케크롭스의 무덤 주위에 위치시켰다는 점이다. 따라서 오늘날 카리아티드에 대한 유일한 설명인 '라코니아Lakonia*의 카리아이Karyai에서 온 아르테미스의 여사제' 혹은 '누트 요정Nut Fairies*'보다는 '도시의 딸'이 더욱 그럴듯한 설명으로 보인다. Kary-(카리-)라는 어간은 여러 가지 변형을 가지는데, 나는 코린토스Korinthos도 그 안에 포함한다고 생각한다.

코린토스 인근에 메가라Megara*라는 이름의 도시가 있었다. 기원후 2세기에 그리스 여행 안내서를 쓴 파우사니아스*는 그 이름이 '동굴' 또는 '지하실'을 뜻한다고 설명했다. 정확히 이런 뜻을 가진 서부 셈어 단어는 우가리트어 지명 Mġrt(메게레트)와 성서에 언급된 지명 메아라M^carah에 나타나는데, 이들은 달리 설명할 수 없는 그리스 도시 혹은 도시 행정 구역 이름인 메가라Megara와 메아라Meara의 설득력 있는 어원으로 보인다.

고대 이집트에 오랜 전통을 지닌 소 싸움이 있었다는 사실은 잘 알려져 있지 않다. 그러나 그 소 싸움이나 소 싸움이 벌어지는 경기장인 Mṭwn(메춘)이 있었다. 호메로스의 작품에서 모토스mothos(목적격은 모톤mothon)는 '전투의 소음'과 '동물들의 싸움'을 의미했다. 한편 모톤mothōn은 '방종한 춤'이나 '피리의 선율', 또는 '건방진 젊은이'를 의미할 수 있었다. Mṭwn(메춘)은 흔한 이집트 지명이었다. 그리스에서 모토네Mothōne이나 메토네Methōne, 또는 메타나Methana라는 지명이 사용되는 빈도도 거의 비슷했다. 이들은 모두 마치 극장 같다고 표현할 수 있는 만灣에 위치해 있다. 그러므로 그 항구를 극장으로 묘사하고 있는, 즉 그 항구를 명백히 Mṭwn(메춘)과 연결 짓고 있는 주화가 모토네Mothone에서 발견되는 것은 전혀 놀라운 일이 아니다.

미케나이Mykēnai(미케네)의 어원은 '버섯'을 의미하는 미케스mykes라고 여겨져 왔다. 보다 그럴듯한 것은 흔한 서부 셈어 지명인 마하네Maḥăneh(막사幕舍) 혹은 마하나임Maḥănayim(두 막사)이다. 한편 극단적 아리안 모델이 출현하기 전에는, 그리스 도시 이름인 테바이Thēbai가 가나안어 테바tēbah(방주, 궤)에서 유래했으며, 이는 다시 이집트어 tbi(테비) 혹은 '상자' dbt(데베트)에서 유래했다는 것이 일반론이었다. 이는 또 다른 관련 단어인 '버들가지 뗏목, 갈대 방주' db3(제바) 및 '궁전'이라는 뜻으로까지 파생된 '관, 사당' db3t(제바트)와 종종 혼동되었다. 콥트어로 트보Tbo(혹은 Thbo)라고 표기되는 Db3(제바)는 이집트의 도시 이름이었다. 그러나 흥미롭게도, Db3(제바)가 그리스인이 테바이Thēbai라고 불렀던 이집트 남부 수도의 명칭으로 사용되었다는 기록은 전혀 없다. 그럼에도 불구하고 그것은 아바리스에 있는 힉소스의 수도를 가리키는 명칭으로 사용되었던 것 같다. 만약 그렇다면 Db3(제바)/테베가 '이집트 수도'를 가리키는 그리스어 용어나 이름이 되어, 제18왕조가 이집트의 테베에 수도를 건설했을 때 그 곳에 붙여졌을지도 모른다. 어쨌든 그리스의 도시 이름이 서부 셈어 테바tēbah와 위에서 언급된 이집트어 자음군子音群에서 유래했다는 점은 의심의 여지가 없다.

제5장은 한 도시, 즉 아테네만을 집중적으로 다룬다. 여기서 나는 도시의 이름인 아테나이Athēnai와 신의 이름인 아테네Athēnē 혹은 아테나Athena가 이집트어 Ḥt Nt(헤트 네트)에서 유래했다고 주장한다. 고대에 아테나는 이집트 여신 Nt(네트) 혹은 네이트Nēit와 시종일관 동일시되었다. 두 여신 모두 전쟁과 길쌈, 지혜를 상징하는 처녀 신이었다. 네이트 숭배의 중심지는 서부 삼각주에 있는 사이스Sais라는 도시였는데, 사이스 시민은 아테네인에 대해 특별한 친근감을 가지고 있었다. 사이스는 세속적인 이름이었고, 그 도시의 종교적인 명칭은 Ḥt Nt(헤트 네트), 즉 네이트의 신전 또는 집이었다. 이 이름의 그리스어나 콥트어 표기는 입증되지 않았지만, 지명 접사 Ḥt-(헤트-)는 At-(아트-) 또는 Ath-(아트-)로 번역된다. 이집트 단어의 첫 자음 앞에 소위 전치 모음*이 오는 것 역시 매우 흔한 일이었다. 이 경우 Nt(네트)와 매우 유사한 서부 셈족 여신의 이름인 아나트'Anat로 인해, Nt(네트) 앞에 모음이

위치했을 가능성은 더욱 커진다. 따라서 *Atanait(아타나이트 : At-+전치모음 a+nait)를 Ht Nt(헤트 네트)의 모음 삽입 형태로 간주하는 것이 타당할 듯하다. 아테네Athēnē(도리스어 방언은 아타나Athānā, 선형 문자 B로는 아-타-나A-ta-na)에 i가 없다는 것이 한 가지 문제점으로 보인다. 그러나 아티카어와 도리스어에는 아테나이아Athēnaia와 아타나이아Athanaia라는 변형이 있으며, 호메로스식의 완전한 형태는 아테나이에Athēnaiē이다. 또한 단어 끝의 -t는 그리스어와 후기 이집트어에서 모두 생략되기 때문에, 아테나이Athēnai와 아테네Athēnē에서 t가 나타나지 않는 것은 충분히 예상할 수 있는 일이다.

음성학적 일치가 적절한 정도라면, 의미론적 일치는 완벽하다. 앞서 언급했듯이, 고대인은 네이트와 아테나를 동일한 신의 두 이름으로 여겼다. 이집트에서 신을 부를 때 보통 그 신이 거처하는 곳의 이름을 사용했다는 점은, 그리스어에서 여신의 이름과 그 여신의 도시를 지칭하는 이름이 혼동된 이유를 설명해 준다. 마지막으로, 기원후 2세기에 페르가몬Pergamon*의 카락스Charax가 "사이스 사람들은 자신들의 도시를 아테나이라고 불렀다"라고 진술한 기록이 있는데, 이는 사이스 사람이 Ht Nt(헤트 네트)를 사이스 이름으로 여긴 경우라야 비로소 이치에 맞는 이야기가 된다.23

제5장은 계속해서 네이트와 아테나 사이의 도상학적 연결성을 살핀다. 네이트는 왕조 이전 시기부터 막대기에 붙은 바퀴벌레로 상징화되었는데, 이는 종종 무기와 관련되는 8자형 방패로 발전했다. 이러한 상징화는 미노아 문명기 크레타에서 발견된 소위 '방패 여신'의 기원일 것이다. 일반적으로 '방패 여신'은 미케네에서 발견된 채색 석회석 판과 연결되는데, 그 석회석 판은 8자형 방패 뒤편에 서서 팔과 목을 드러내 보이고 있는 한 여신의 모습을 보여준다. 그런데 이러한 이미지는 팔라디온Palladion(팔라스Pallas 아테나 및 팔라스 아테나 숭배와 관련된 갑옷 입상立像)에 대한 초기의 묘사로 여겨져 왔다. 이런 식으로, 기원전 4000~2000년의 이집트로부터 2000~1000년의 크레타와 미케네를 거쳐 기원전 1000년 이후의 잘 알려진 여신에 이르

는 도상학적 발전(이는 전설로 내려오는 네이트와 아테나 사이의 연결성 및 앞서 행한 어원 추정과 정확히 일치한다)을 추적할 수 있다. 더욱이 아테네에서 아테나 여신에 대한 국가적 숭배가 정점에 이르렀던 시기는, 6세기 중반 사이스 출신 이집트 파라오 아모세 2세*가 동부 지중해의 다른 곳에서 아테나 숭배를 장려하던 시기와 일치한다.

사이스가 이집트와 리비아 접경 지역에 위치해 있었으며 도시의 일부가 때때로 리비아 영토에 속했다는 사실은, 아테나와 리비아의 관련성에 관한 헤로도토스의 상세한 기록을 설명해 준다. 이 위대한 최초의 그리스 역사가는 또한 이집트인과 일부 리비아인이 흑인이라고 생각했다. 반면 미케네에서 발굴된 초기 그리스의 아테나 초상에서는, 여신의 팔과 다리가 미노아 관습(이집트로부터 차용된 관습으로, 남자는 붉은색과 갈색, 여자는 황색과 백색으로 채색한다)에 따라 채색되어 있다. 그럼에도 불구하고 네이트/아테나의 이집트-리비아적 기원과 헤로도토스가 네이트와 아테나의 관련성을 알고 있었다는 점, 그리고 그가 이집트인을 흑인으로 묘사했다는 사실은 이 책의 제목에 영감을 불어 넣었다.

제6장은 스파르타Sparta만을 따로 다룬다. 나는 이 지명을 에게 해 유역 도처에서 찾아볼 수 있는 스파타Spata와 사르디스Sardis 같은 변형들을 포함하는 하나의 커다란 이름 군群으로 본다. 이 이름들 모두 이집트 지명 Sp(3)(t)(세파[트] : 노모스nomos*)로부터 직·간접적으로 파생되었음에 틀림없다. 여기서 '3'로 표기된 '독수리' 상형 문자는 초·중기 이집트어에서 유음으로 발음되었지만, 후기 이집트어에서는 단지 다른 모음들을 변형시키는 역할만을 담당했다. 이 이집트어 Sp(3)(t)(세파[트])는 특히 재칼 신 아누비스 Anubis*(죽음의 전령사이자 죽은 자들의 보호자)에게 바쳐진 멤피스 인근의 노모스를 가리켰다. 나는 이러한 관련이 적어도 사르디스와 스파르타에서 지속되었다고 주장한다. 왜냐하면 스파르타나 라코니아 문화는 개와 관련된 내용들로 가득하기 때문이다. 그 중에는 스파르타를 가리키는 또 다른 이름

인 라케다이몬Lakedaimōn*도 포함된다. '울부짖는/갉아먹는 영혼'으로 풀이될 수 있는 라케다이몬은, 아누비스에 더없이 걸맞은 형용 어구이자 나일 강 가장 서쪽 하구의 이름인 K3 'Inpw(카 인푸), 즉 아누비스의 영혼(그리스 이름은 카노포스Kanōpos)에 대한 정확한 어구 차용*이다. 그리스 신화에서 카노포스는 스파르타와 밀접한 관련을 맺고 있었으며, 둘 다 지하 세계의 입구로 여겨졌다. 따라서 나는 그리스의 아누비스 격인 헤르메스가 라코니아에서 가지는 종교적 중요성과 개과科 동물, 지하 세계, 죽음에 관한 스파르타의 각별한 관심을 조사했다. 그리고 이 모든 것이 청동기 시대까지 거슬러 올라간다고 확신한다.

제6장의 마지막 부분은 철기 시대 스파르타에 대한 이집트의 영향에 할애된다. 스파르타 특유의 정치적인 어휘 가운데 많은 부분을 후기 이집트어로부터 설득력 있게 이끌어낼 수 있다는 사실은, 스파르타의 입법자인 리쿠르고스*가 동방과 이집트를 방문하여 그 곳의 제도를 연구했다는 전승과 연결된다. 더구나 기원전 9세기와 8세기 스파르타에 이집트가 문화적으로 영향을 미쳤다는 생각은, 초기 스파르타 예술이 보여주는 놀랍도록 이집트적인 모습 때문에 강화된다. 이 모든 사항은 자신들이 헤라클레스의 혈통(따라서 이집트나 힉소스 혈통)을 이어받았다는' 스파르타 왕들의 믿음과 단단히 연결되며, 또한 아리안 모델에서 벗어나는 예외적인 증거들, 즉 스파르타의 '국가적' 성소聖所인 메넬라이온Menelaion*에 세워져 있는 피라미드라든가 스파르타의 마지막 왕들 가운데 한 명이 예루살렘의 대사제에게 쓴 편지(자신과 대사제와의 친족 관계를 주장하는 내용이 담겨 있다)와 같은 것들을 설명해 준다.

제7장은 다시 언어학으로 돌아가, 아프리카아시아어와 인도유럽어 사이에 발생적 관계가 있다는 주장에 대한 찬반 논증을 개괄한다. 여기서 나는 두 어족을 포괄하는 하나의 원元언어가 있었음에 틀림없다고 믿는 밤하드와 돌고폴스키, 칼턴 하지 및 여타 언어학자들의 소수파 견해를 분명하게

지지한다. 나는 또한 기원전 3000년 무렵 원元인도유럽어가 갈라져 나가기 이전에 이미 셈어와 이집트어로부터의 차용어가 있었을 것이라고 믿는다. 그러나 이 두 가지 결론 모두 나의 작업을 상당히 복잡하게 만들었다. 왜냐하면 이집트어 및 서부 셈어 단어와 그리스어 단어 사이의 유사점을 단순히 기원전 2000~1000년에 있었던 차용의 결과라고만 여길 수 없게 되기 때문이다. 그 유사점은 단지 우연의 일치가 아니라 발생적 관계나 보다 이른 시기의 차용에서 비롯한 결과일 수도 있다. 이러한 상황을 제어하는 최선의 방법은 튜튼어와 켈트어, 토카라어*에서 유사한 단어가 발견되는지 살펴보는 것이다. 이 언어들은 중동에서 멀리 떨어져 있어서, 아프리카아시아어로부터의 차용 가능성이 상대적으로 적기 때문이다. 그러나 그렇게 한다 하더라도 결코 확신할 수는 없다.

제8장의 제목은 '그리스어를 포함한 고대 근동 언어의 공통적인 특징'이다. 인도유럽어가 발견된 이래 역사 언어학은 주로 어족의 분기分岐와 차별화에 관심을 가져 왔다. 이웃해 있지만 '동족 관계가 아닌' 언어들 사이에서 유사점이 인지될 경우, 보통 이 '언어를 묶는 끈'은 후기 언어들의 기초가 되는 고대의 어떤 '기층 언어'에서 비롯한 것으로 간주된다. 그러나 최근 몇몇 언어학자는 발생적으로 무관한 인접 언어들 사이의 언어학적 수렴, 즉 언어학적 접경 지역 양측에서 일어나는 언어 변화에 눈을 돌리기 시작했다. 예를 들어, 한창 유행하던 불어의 'r'은 독일어와 상류층 영어로 확산되어 잘못된 'r' 발음을 유발했다. 또한 단순 과거 시제를 복합 과거 시제로 대체하려는 경향은 프랑스어에서 독일어·이탈리아어·스페인어의 인접 방언들로 퍼져 나간 것으로 보인다. 이러한 변화는 밀접한 접촉을 가리킬 뿐만 아니라, 17세기부터 19세기(이 시기에 언어 변화가 일어났다)에 걸친 프랑스의 드높은 정치적·문화적 위세를 반영한다.

제8장은 그러한 과정이 고대 근동에서 일어났을 가능성을 다룬다. 예를 들어, 어두의 s-가 h-로 바뀌는 것은 웨일스어*를 포함한 많은 언어에서 일어

나는 현상이기는 하지만, 그리스어와 아르메니아어, 이란어에서 그러한 현상이 나타나는 것은 인접한 아나톨리아어인 리키아어와 셈어인 가나안어 및 아람어*에서 나타나는 동일한 현상과 관련되어야 한다고 주장한다. 이러한 현상이 발생한 시기는 기원전 2000~1000년으로 보인다. 왜냐하면 그 지역의 보다 오래된 언어인 에블라어*와 아카드어*, 그리고 히타이트어에서는 그러한 현상이 나타나지 않기 때문이다. 게다가 기원전 14세기와 13세기의 산물로 추정되는 우가리트 원문에서는, 그러한 과정이 시작되기는 했지만 완결되지 않은 것으로 나타난다.

기원전 2000~1000년에 발생한 또 다른 변화는 정관사의 출현이다. 정관사는 생각만큼 그렇게 흔한 특성이 아니다. 그것은 오로지 인도유럽어와 아프리카아시아어에서만 입증되며, 언제나 해당 언어의 지시사指示詞가 약화된 형태로 나타난다. 그렇다고 해서 정관사라는 개념이 차용되었을 가능성까지 배제하는 것은 아니다. 정관사는 후기 이집트어, 즉 기원전 19세기의 구어로 보이는 언어에서 최초로 나타난다. 그리고 우가리트어나 초기 히브리 성서의 시詩에는 존재하지 않지만, 페니키아어와 성서의 산문에는 등장한다. 기원전 15세기와 14세기에 이집트 제국이 레반트를 지배하고 있었다는 점을 감안할 때, 정관사의 출현(그리고 다른 '가나안어' 특유의 언어 변화)은 당시 이집트의 영향에서 비롯한 것으로 보인다.

그리스어의 경우는 좀더 뒤늦게 정관사를 발전시킨 것으로 보인다. 선형문자 B 원문에는 정관사의 흔적이 전혀 없으며, 호메로스의 작품에도 거의 나타나지 않는다. 그러나 초기 철기 시대의 산문에는 등장하는데, 그리스어의 정관사가 사용되는 수많은 방식이 그리스어와 가나안어에서 특유하게 나타나는 현상이라는 사실은 정관사의 개념이 레반트로부터 차용되었음을 시사한다. 잘 알려진 바와 같이, 라틴어에는 정관사가 없지만 라틴어에서 유래한 언어에는 정관사가 있다. 정관사가 통속 라틴어에 널리 퍼진 것은, 아마도 로마 제국 시대에 라틴어 다음으로 영향력을 발휘했던 언어인 그리스어와 카르타고어*, 아람어에서 정관사가 사용됨에 따라 비롯한 결과로 보인다. 이후 정관사가 튜튼어, 서부 슬라브어로 퍼져나간 과정 역시 역사적으로 추적할 수 있다.

아프리카아시아어와 인도유럽어 사이의 발생적 관계, 그리고 수렴 현상의 결과로 나타나는 지역적 특색이라는 두 가설을 전제할 때에야, 비로소 히브리어의 하ha(영어의 the)와 그 단어의 주격에 해당하는 그리스어 호ho 및 헤hē 사이의 놀랄 만한 유사성과 같은 '우연의 일치'를 설명할 수 있다. 아프리카아시아어와 인도유럽어에는 *se(세)라는 지시사가 있었다. 그리스어와 가나안어 모두 어두의 s-를 h-로 바꾼 후, 지시사로부터 정관사를 발전시켰던 것으로 보인다. 그리스어의 정관사 형태가 셈어의 정관사 형태로부터 직접적인 영향을 받거나 혹은 그로 인해 '혼합'되었을지는 모르지만, 차용되었다고까지 하기에는 인도유럽어로부터의 그 유래 과정이 너무나 그럴듯하게 설명된다.

더더욱 복잡한 유형의 수렴 현상은 기원전 1500~1000년 그 지역 대부분에서 일어난 장음 ā 혹은 'a의 와해에서 찾아볼 수 있다. 이집트와 가나안에서 장음 ā는 장음 ō로 바뀌었다. 그러나 북부 레반트의 우가리트어와 남부 아나톨리아의 리키아어, 그리고 동부 그리스의 이오니아*어(다른 그리스어 방언에서는 장음 ā가 그대로 유지되었다)에서는 장음 ā가 장음 ē로 바뀌었다. ō와 ē의 이러한 분포는 당시 이집트 제국과 히타이트 제국 및 그 영향권 사이에서 벌어진 정치적 분할과 정확히 일치한다. 이는 서부 셈어와 그리스어의 역사적이고 발생적인 언어학적 경계와 어긋난다는 점에서 특히 흥미롭다. 기원전 2000~1000년에 널리 확산된 이러한 변화는 일반적으로 인식되지 않은 동부 지중해 지역에서의 어느 정도의 접촉을 암시하며, 또한 이집트와 가나안의 정치적·문화적 영향을 암시한다.

제9장의 제목은 '셈어와 그리스어의 순연구개음*'이다. 순연구개음은 말하자면 '쿠' 같은 소리로서, k나 g 같은 연구개음*에 둥근 입술 모양 혹은

w(우)가 더해진 것이다. 그러한 소리들이 원元인도유럽어에 존재했다는 점은 일반적으로 인정되고 있지만, 원元셈어에도 존재했는지에 대해서는 아직 인정된 바가 없다. 그러나 그 외의 아프리카아시아어들과 에티오피아의 셈어에서는 순연구개음이 흔하게 나타난다. 제9장에서 나는, 남부 에티오피아의 셈어를 기반으로 원元셈어를 재구성하는 것이 지금의 방식처럼 아랍어를 기반으로 하는 것보다 훨씬 더 유용하다고 주장한다. 특히 남부 에티오피아의 셈어 자체에서 도출되는 증거를 근거로 하여, 아시아 셈어에 순연구개음이 있었으며, 서부 셈어에서는 기원전 2000~1000년의 시기에 접어들어서도 순연구개음이 여전히 사용되었다고 주장한다. 그리스어의 순연구개음이 기원전 2000~1000년의 중엽에 소멸했다는 데에 일반적인 합의가 이루어져 있으므로, 나는 셈어에서 그리스어로 건너온 차용어가, 어떤 것은 셈어와 그리스어 모두에 순연구개음이 있었을 때 차용된 것이고, 어떤 것은 순연구개음이 그리스어에서는 탈락되고 서부 셈어에서는 아직 존속하고 있었을 때, 그리고 또 어떤 것은 두 언어 모두에서 순연구개음이 사라진 이후에 차용된 것이라고 주장한다. 따라서 순연구개음이 소멸되기 이전(즉 기원전 2000~1000년 중엽 이전)에 서부 셈족 문화와 그리스 문화 사이에 상당한 접촉이 있었다는 가정은, 그리스어의 어원 추정 과정에서 달리 설명되지 않는 많은 문제를 해결할 수 있다. 또한 이집트어와 셈어의 초기 형태를 재구성하는 데 도움이 되는 풍부한 그리스 자료를 이용함으로써 수정 고대 모델이 얼마나 많은 것을 성취할 수 있는지 보여준다.

여기서는 두 가지 사례만을 언급하겠다. 첫 번째는, 에블라어와 아카드어로 굽룸Gublu(m), 히브리어로 게발Gᵉbal, 그리고 아랍어로는 제벨Jebeil이라고 불린 페니키아의 어느 유명한 도시에 관한 것이다. 나는 서부 셈어에서 순연구개음이 지속적으로 사용되었다고 믿는다. 따라서 *Gʷeb(a)l(궤발)이라는 초기의 발음(이로부터 위의 변형들이 설명될 수 있다)을 가정하는 것이 타당하다고 생각한다. 이와 대조적으로, 그 도시의 그리스어 이름은 비블로스

Byblos/Biblos*이다. 이러한 수수께끼를 푸는 방법은, 그 이름이 에게 해 지역에 알려진 시점이 기원전 2000~1000년 중엽 이전이라고 가정하는 것이다. 순연구개음이 와해된 후 대부분의 방언에서 그리스어 귀g^wi가 비bi로 바뀌었다는 점이 이미 알려져 있으므로, 아직 그리스어에서 순연구개음이 사용되고 있을 때에는 *G^web(a)l(궤발)이 그리스어로 *G^wibl(귀블)이었다가 이후 정상적인 소리의 변천에 따라 비블로스로 바뀌었다고 생각하는 것이 타당할 듯하다.

두 번째 사례는 데메테르Demeter라는 수수께끼 같은 이름이다. 에티오피아어와 서부 셈어를 토대로 그 초기 형태를 재구성해 보면, '땅' 또는 '넓은 계곡'을 의미하는 *g^we(궤)와 *g^way(과이)를 도출해 낼 수 있다. 만약 이 단어가 순연구개음의 와해 이전에 그리스어에 도입되어 통상적인 소리 변화를 겪었다면 궤g^we는 *de(데)가 되었을 것이다. 이는 왜 그리스의 지모신地母神*이 *Gēmētēr(게메테르)가 아니라 데메테르Dēmētēr라고 불렸는가(이 문제는 2000년 동안 학자들을 애먹여 왔다)를 설명해 줄 수 있다. 물론 발음과 관련된 문제도 있고, 또 그 이름이 선형 문자 B에 나타나지 않는다는 사실과 관련된 문제도 있다. 그럼에도 불구하고 다른 대안이 없는 한 그러한 설명은 여전히 그럴듯하며, 더구나 아주 드물게 나타나는 단어인 기에스gyēs(토지 측량)의 존재로 더욱 강화된다. 기에스gyēs는 그리스어에서 순연구개음이 와해된 후 아직 음의 변화가 일어나기 이전에 가나안어에서 그리스어로 차용된 단어인 듯하다. 마지막으로, 순연구개음이 가나안어와 그리스어 모두에서 사라진 이후에, 인도유럽어로는 설명되지 않는 그리스어 단어인 가이아gaia와 게gē(땅)가 가나안어 가예gaye('구문' 형태나 수식 형태에서는 게gê'로 발음된다)로부터 차용된 것으로 보인다.

제10장과 제11장은 서부 셈어와 이집트어로부터의 언어학적 차용에 관한 내용이다. 여기에는, 예를 들어 후기 가나안어(페니키아어와 히브리어)와 그리스어의 유사한 정관사 용법과 같은, 구문론이나 어순에 관한 몇몇 언급

이 포함된다. 그 외에 형태론 혹은 단어의 변형에 대해서도 다루어진다. 그러나 대부분은 어휘 차용이나 차용 단어들을 연구하는 데 할애된다.

여기서는 우선 형태론, 혹은 수·성·격·시제 등에 따른 단어의 변화부터 시작해 보자. 히타이트어를 제외하면 그리스어는 가장 먼저 문자로 기록된 인도유럽어이며, 따라서 그 형태론적 '노후화'의 정도가 매우 두드러진다. 그리스어에는 본래의 인도유럽어 동사 체계가 고스란히 보존되어 있지만 명사의 격은 단지 5개만 남아 있다. 반면 그로부터 1000년 뒤에 처음으로 기록된 라틴어에는 명사의 격이 6개이며, 근대에 이르러서야 기록되기 시작한 리투아니아*어는 원元인도유럽어에 존재했던 것으로 추정되는 8개의 격이 모두 남아 있다. 그리스어의 형태론적 상실은 다른 언어들과의 강렬한 접촉을 시사하는데, 이는 어휘에서 나타나는 증거와 부합하면서 자생적 기원 모델을 약화시킨다. 그러한 상실은 고대 모델과 아리안 모델에 의해서 설명할 수 있다. 두 모델은 자생적 기원 모델과 달리 바로 그러한 접촉을 설명할 수 있는 것이다.

그러나 제10장과 제11장의 주요 관심사는 말의 차용이다. 앞서 언급했듯이 그리스어 어휘에서 인도유럽어적 요소가 차지하는 비율은 비교적 낮다. 예를 들어, 그리스어보다 2000년 뒤늦게 문자로 기록된 고대 교회 슬라브어*나 리투아니아어 같은 언어에서는 다른 인도유럽어와 동일한 어원을 가지는 어근의 비율이 훨씬 더 높다. 더구나 그리스어에서 인도유럽어 어근이 나타나는 의미론적 범위는 영어에서 앵글로색슨어 어근이 나타나는 의미론적 범위와 거의 같다. 따라서 대부분의 대명사와 전치사, 그리고 가족적인 생활(정치적인 생활이 아니라)과 자급자족적 농업(상업적 농업이 아니라)에서 사용되는 대부분의 기본 명사 및 동사와 관련된다. 반면 도시 생활과 사치, 종교, 행정, 그리고 추상과 관련된 어휘는 비非인도유럽어이다.

이러한 유형은 보통, 보다 수준 높은 문화와 관련된 단어를 제공하는 언어의 사용자가 기초 어휘만을 사용하는 자를 지배하는 장기적인 상황을 반영한다. 예를 들어, 영어에서 나타나는 앵글로색슨어와 불어의 관계나 스와 힐리어*의 형성 과정에서 나타나는 반투어와 아랍어의 관계, 혹은 근대 베트남어의 형성 과정에서 나타나는 베트남어와 중국어의 관계 역시 그러한 상황과 관련된다. 터키어와 헝가리어에서 나타나는 유형은 보다 드문 경우에 속하는데, 이 경우에는 정복자가 원주민의 세련된 어휘를 차용한다. 그러나 터키인과 헝가리인은 군사 기술 및 조직과 관련해서는 자신의 고유한 단어나 몽골 단어를 계속해서 사용했다. 반면 그리스어의 경우, 전차와 칼, 활, 진군, 갑옷, 전투 등과 관련된 단어는 모두 비非인도유럽어이다. 즉 아리안 모델에서 묘사되는 바의 그리스어는 터키어 유형의 언어와 유사하지 않은 것이다. 따라서 아리안 모델을 받아들이려면, 그리스어가 유형학적으로 특유한 언어라고 가정해야 한다. 고대 모델은 그리스어를 영어 및 베트남어와 마찬가지로 가장 흔한 혼합 언어의 범주에 둔다.

이제 제10장과 제11장 각각으로 눈을 돌려 보면, 우선 제10장은 서부 셈어에서 차용된 그리스어에 대해 고찰한다. 이 분야에서는 아리안 모델이 승리를 거두기 이전의 학문적 성과를 따를 수 있을 뿐만 아니라, 지난 20년간 주의 깊고 착실하게 이전의 어원 추정을 복원하고 거기에 자기 고유의 어원 추정까지 덧붙인 학자들의 성과를 따를 수도 있다. 그러나 이러한 진전에도 불구하고, 우리는 여전히 극단적 아리안 모델이 등장하기 이전의 상황에서 멀리 떨어져 있다. 예를 들어, 앞서 언급했듯이 향신료나 오리엔트 사치품과 관련된 단어가 셈어로부터 차용되었다는 점은 아무런 제한 없이 받아들여졌다. 그러나 셈어학 학자가 제안하는 보다 민감한 의미 영역의 어원 추정, 즉 예를 들어 그리스어 보모스bōmos가 셈어 바마bāmāh(두 단어 모두 '높은 곳' 혹은 '제단'을 의미한다)에서 유래했다는 추정은, 동일한 설득력을 지니고 있음에도 불구하고 아직까지도 고전학자에 의해 일반적으로 거부당하고 있다.

제10장에서 제기되는 종교 용어와 관련된 서부 셈어로부터의 어원 추정

에는 그리스어 하이마haima도 포함된다. 이 단어는 '피'라는 표준적인 의미 외에도, 호메로스의 작품에서 '영혼'과 '용기'라는 의미로도 사용되었다. '영혼'과 '용기'라는 의미는 그리스 과학에 반영되어, 하이마haima는 공기와 동일한 것(보통은 물이라고 예상하기 쉽지만)으로 여겨졌다. 하이마haima는 가 나안어 하임ḥayîm(생명)에서 이끌어낼 수 있다. 가나안 종교에서 피는 생명 의 저장소로 여겨졌다. 두 번째 사례는 너무나도 잘 알려진 셈어 어근 √qds (카다스 : 신성한)이다. 이 어근은 '신의 영광'을 뜻하는 쿠도스kudos에서 파생 된 일단의 그리스어 단어들과 의미론적으로 일치한다. 또한 흥미롭게도 '떨 어져 있는' '더러운'이라는 뜻의 qds(카다스)는 그리스어 쿠도스kudos(비열한) 와 쿠다조kudazo(욕하다)에 반영된 것으로 보인다. 그 외에 나이오naiō(거주하 다)와 나오스naos(거주지, 신전 혹은 사당)에서 파생된 종교적인 취지의 단어들 은, 동일한 일반적·특정적 함의를 지니는 셈어 어근 √nwh(나붸)로부터 유래 한 것으로 보인다. 또한 넥타르nektar가 셈어의 *niqtar(니크타르 : 연기를 쐬거 나 향이 첨가된 포도주 등등)로부터 유래했다는 것은 극단적 아리안 모델이 등 장하기 이전에 널리 받아들여졌으며, 최근 솔 레빈* 교수에 의해 다시금 제 기되었다.

　추상적인 어휘로 눈을 돌려 보자. 그리스어 어간 kosm(코슴 : 이로부터 영 어의 우주cosmos뿐만 아니라 화장품cosmetic도 파생된다)의 기본 의미는 '분배하 다' 혹은 '배열하다'이다. 셈어 어근 √qsm(카삼)은 '분할하다, 배열하다, 결 정하다' 등의 의미를 포괄한다. 한편 가나안어 셈sēm(표, 이름)은 그리스어로 두 번 차용된 것 같다. 처음에는 세마sēma(기호, 표, 증표)로, 그 다음에는 아 마도 셈s̆ēm이라는 형태로부터 스케마schēma(꼴, 모양, 모습, 외형)로. 또한 정 치 분야에서도, 데일deil-(비참한)과 둘doul-(예속 평민 또는 노예) 같은 단어군群 은 가나안어의 달dal 혹은 달dal(의존적인, 영락한, 혹은 가난한)에서 유래했을 가능성이 높다. 한편 그리스어 크세노스xenos(낯선 사람)는 서부 셈어의 √śn' (세나 : 미워하다, 적)에서 유래한 것으로 보인다.

군사 영역에서 제기되는 어원 추정에는, 파스간phasgan-(칼 또는 칼날)이 셈어 어근 √psg(파삭 : 쪼개다)로부터 유래하며, 하르마harma(전차 또는 마구) 가 셈어 어근 √hrm(하람 : 그물)에서 유래한다는 것 등이 있다. 마지막으로, 셈어 어원을 갖는 것으로 보이는 기본 단어들이 있다. 예를 들어, 메크리 (스)mechri(s)(~에 이르기까지, ~까지)는 셈어 어근 √mḫr(마하르 : 앞에 있다, 만 나게 되다)에서 유래한 것으로 보인다. 이러한 유래 가운데 어느 것도 확실하 지는 않지만, 모두가 어느 정도의 개연성을 띠고 있는 것은 사실이다. 그에 맞설 만한 인도유럽어의 어원 추정이 없다는 점과 기원전 2000년 이래 2천 년에 걸친 그리스에 대한 셈족의 영향을 지지하는 다른 모든 증거에 비추어 볼 때, 이러한 어원 추정은 매우 진지하게 고려되어야만 한다.

이는 제11장에서 제안되는 이집트어로부터의 어원 추정에도 똑같이 해 당된다. 셈어 어원에 관한 연구와는 달리, 이집트어에서 그리스어로 차용된 단어들에 대한 탐구는 단 한 번도 진지하게 전개된 적이 없다. 단순하게 보 면, 이는 고대 모델이 종말을 맞이했을 때에야 비로소 상형 문자가 해독되 었기 때문이다. 고대 이집트어 사전이 처음으로 발간된 1860년대는 아리안 모델이 이미 너무나 확고하게 자리를 잡은 탓에 학계 내에서 두 어휘를 비 교하기란 거의 불가능했다. 유일한 예외는 18세기에 바르텔르미* 신부가 과 감하게 시도한 그리스어 단어와 콥트어 단어의 비교였다. 오늘날 바리스 baris(소형 배)와 크시포스xiphos(칼), 그리고 마카르makar-(축복받은)를 제외하 고는, 그 어떠한 의미의 그리스어 단어도 이집트어 어원을 갖는 것으로 인 정되지 않고 있으며, 그나마 크시포스xiphos와 마카르makar-도 크게 의문시 되고 있다. 1969년에 발표된 두 개의 짧은 논문은 이집트어에서 유래한 것 으로 보이는 뚜렷한 외래어들을 상당수 수집하여 실증했다. 그러나 서부 셈 어의 경우처럼, 이 외래어들은 교역이나 우연한 접촉을 통해 쉽게 전달될 수 있는 것들이었으며, 따라서 아리안 모델에 수용될 수 있었다. 1971년에 는 더욱 부정적인 논문이 등장하여, 이미 인정된 몇몇 이집트어 어원 추정

마저 부정하거나 의문시했다.24

나는 이미 군사 어휘의 중요성을 강조한 바 있는데, 크시포스xiphos가 이집트어 sft(세페트 : 칼, 검)에서 유래했다는 점 역시 마찬가지로 매우 중요하다. 이는 검을 뜻하는 두 개의 그리스어 단어(둘 다 비非유럽인도어로 인정된다)가 하나는 셈어에서, 그리고 다른 하나는 이집트어에서 유래했다는 것을 의미한다. 검劍은 '영웅적인' 후기 청동기 시대에 새로이 도입된 경이로운 무기였다. 마카르makar-도 충분히 언급할 만하다. 이 단어는 심판의 과정을 통과한 축복받은 사자死者를 가리키는 이집트어 m3' ḫrw(마 케루 : 진실한 목소리)에서 유래한다. 그리스어의 법적 용어들 역시 이집트어 어원을 가지는 것으로 보이는데, 마르티르martyr가 mtrw(메테루 : 증인)에서 유래했음은 이미 언급한 바 있다. 전투와 법의 분야에서 모두 사용되는 티마tima-(명예)라는 어간은 민용 문자에서 tym3'(티마)로 나타나는 '진실이 되게 하다, 정당화하다'라는 뜻의 이집트어 *dỉm3'(디마)에서 유래했을 것이다.

정치 분야에서는, '통치' 또는 '왕'을 의미하는 기초적인 인도유럽어 어근 √reg(레그)가 인도어의 라자rajah와 갈리아어의 릭스rix, 그리고 라틴어의 렉스rex 및 아일랜드어의 리rí 등에서 광범위하게 나타나지만, 왕을 가리키는 고대 그리스어는 이 어근과 아무런 관련이 없는 와낙스(w)anax와 바실레우스basileus*이다. 제2권의 제1장에서 논의할 와낙스(w)anax는 살아 있는 파라오의 이름 뒤에 붙여진 'nḫ dt(안크 제트 : 부디 영생하기를!)라는 관용 표현에서 유래한 것으로 보인다. 초기 그리스어에서 바실레우스basileus는 왕이 아니라 와낙스(w)anax 예하의 관리였다. 이집트어에서 p3 sr(파 세르 : 관리)는 고관을 가리키는 표준 명칭이 되었으며, 아카드어에서는 파-쉬-이-아-(라)pa-ši-i-a-(ra)라고 번역되어 나타났다. 후기 이집트어에서는 p와 b가 구분되지 않았고, 이집트어 r은 그리스어에서 종종 l로 바뀌었으므로, 완전한 의미상의 일치를 저해할 만한 음성학적 어려움은 없다.

그리스어 소피아sophia(지혜)의 이집트어 어원은 제2권의 제1장에서 상술한다. 권력과 추상, 그리고 교양 영역에서의 모든 어원 추정은 고대 모델이 제시하는 유형, 즉 뒤떨어진 원주민에 대한 이집트 통치자의 지배라는 유형과 일치한다. 그러나 다른 차용어들은, 셈어의 경우와 마찬가지로 그리스인의 삶 속으로 보다 깊은 침투가 있었음을 시사한다. 그리스어 케라chēra(과부)가 이집트어 ẖ3rt(카레트 : 과부)에서 왔다거나, 불변화사不變化詞* 가르gar가 동일한 기능과 구문적 위치를 갖는 이집트어 grt(게레트)에서 유래했다는 점을 의심할 이유는 없다. 이미 언급했듯이, 단어 끝의 t는 후기 이집트어와 그리스어에서 탈락된다.

　　제2권의 결론은 이러하다. 문헌적·고고학적 증거는 아리안 모델보다 고대 모델을 지지하는 경향이 있지만, 결정적인 것은 아니다. 반면 언어와 모든 종류의 이름들로부터 도출되는 증거는 나름의 개연성을 지니는 고대 전승의 주장을 강하게 지지한다. 왜냐하면 어휘 및 이름 차용의 규모와 집중도는 그리스에 미친 이집트의 문화적 영향이 전면적이고 지속적이었음을 시사하기 때문이다. 그렇게 큰 규모의 차용이 반드시 정복의 결과일 필요는 없음을 보여주는 일본의 사례가 있기는 하지만, 정복 또는 식민화는 그러한 차용을 일으키는 통상적인 방식이다. 따라서 언어학적 증거는 고대 모델을 강하게 지지한다.

　　모든 종류의 증거를 종합해 보면, 아리안 모델은 무엇인가를 알아내는 데에 전혀 우월한 가치를 지니지 못한다. 제1권에서 제기된 바와 같이, 고대 모델에서 아리안 모델로의 대체가 19세기 초의 '세계관'을 통해 설명될 수 있다면 아리안 모델을 더 이상 유지할 필요는 없다. 간단히 말해, 제1권은 아리안 모델이 '죄 속에서 잉태되었음'을 보여준다. 제2권은 아리안 모델이 파산했음을 보여줄 것이다.

스핑크스의 수수께끼 풀기,
그리고 이집트-그리스 신화에 관한 다른 연구들

　『블랙 아테나』 제3권은 수정 고대 모델을 이용하여 그리스 종교와 신화 가운데 아직까지 설명하지 못하고 있는 측면, 그리고 특히 영웅이나 신의 이름을 해명하려는 시도이다. 제3권의 장들은 다양한 제식을 그리스에 전래된 연대순에 따라 배열하고 있지만, 이 분야의 다른 모든 것과 마찬가지로 그 순서 역시 매우 불확실하다.

　제1장은 기원전 21세기 크레타에서 왕궁의 건립과 동시에 이루어진 황소 숭배의 확립에 미친 식별 가능한 가장 이른 시기의 종교적 영향, 즉 매/황소 신 멘추 또는 몬트에 대한 이집트 제11왕조의 왕실 숭배의 영향을 다룬다. 초기 미노아 시기, 즉 기원전 3000~2000년에 크레타에서 황소 숭배의 증거가 나타나지 않는다는 점으로 볼 때, 기원전 7000~6000년 아나톨리아에서 발견되는 황소 숭배가 이어져 내려왔을 가능성은 거의 없다. 더욱이 산악 지형인 크레타는 결코 소를 기를 만한 지역이 아니라고 생각한다. 크레타에서 황소 숭배가 갑작스럽게 출현했다는 점과 시기적인 일치, 멘트호트페로 불린 제11왕조의 여러 파라오가 통치하던 시기 동안 이집트의 영향력이 확대되었다는 잘 알려진 사실, 그리고 이 시기에 이집트와 에게 해 지역 사이에 접촉이 있었음을 보여주는 고고학적 증거 외에도, 이 시기에 크레타가 이집트로부터 영향을 받았음을 시사하는 전설상의 증거가 있다. 나는 멘추와 멘트호트페라는 이름이 그리스 전설에서 그리스 섬들의 재판관이자 입법자이며 지배자로 등장하는 라다만티스Rhadamanthys*의 이름에 반영되어 있다고 믿는다. 이 이름은 이집트어 *Rdi M(a)nṯw(레디 멘추 : Mnṯw[멘추]가 주다)로부터 이끌어 낼 수 있다. 라다만티스는 또한 헤라클레스의 호전

적인 계부로서 그 영웅에게 활쏘기를 가르쳤다. 그런데 멘추는 궁술의 신이었다. 멘추는 여신 R't(라트)와 연결된다. 우리는 메소포타미아의 사료를 통해 R't(라트)에 모음이 삽입되어 리아Ria가 되었음을 알고 있다. 그렇다면 이는 크레타 종교에서 중심적인 역할을 담당한 여신인 레아Rhea*의 이름이 유래한 기원이라고 볼 수 있다.

에게 해 지역으로 유입된 이집트의 황소 숭배가 오로지 멘추 숭배뿐이었던 것은 아니다. 나는 크레타의 첫 번째 왕이자 입법자인 미노스라는 전설상의 인물을 기원전 3250년경의 인물로 추정되는 이집트의 첫 번째 입법자이자 파라오인 메네스Mēnēs*(헤로도토스는 메네스를 민Min이라고 불렀다)와 충분히 관련시킬 수 있다고 생각한다. 고대 시기에 민Min은 멤피스에서 황소신 아피스Apis*에 대한 숭배를 창시한 인물로 여겨졌다. 또 다른 이집트의 황소 숭배, 즉 로마인이 므네비스Mnevis*라고 불렀던 황소에 대한 숭배는 이집트의 *Mnewe(메네붸)에서 유래했다고 볼 수 있다. 이 황소 숭배는 크레타에서 처음으로 왕궁이 건축되기 수백 년 전인 이집트의 고왕국 시대부터 '나선형 성벽'과 관련되었다. 따라서 3중의 일치가 나타난다. 즉 민Min과 Mnewe (메네붸)라는 두 이름과 각각 관련된 두 가지 황소 숭배가 이집트에 존재했고, 민Min은 왕조 창시자의 이름이고 Mnewe(메네붸)는 '나선형 성벽'과 연결되었으며, 크레타에는 왕국 창시자인 미노스 왕 및 라비린토스 labyrinthos(미궁)*와 관련된 황소 숭배가 있었다. 그리스 전승은 라비린토스가 위대한 장인이자 건축가인 다이달로스Daidalos*에 의해 이집트의 원형을 본떠 만들어졌다는 점에 대해 의문의 여지를 남기지 않았다. '도끼'를 뜻하는 리디아어 단어라고 주장하는 라브리스labrys에서 라비린토스라는 이름을 이끌어 내려는 시도는 별반 그럴듯해 보이지 않는다. 그보다는 1860년대에 이집트학 학자가 제안한 것처럼, 헤로도토스를 비롯한 다른 고대 저자가 묘사한 거대한 이집트식 미궁 유적지를 가리키는 이집트 지명으로서 재구성된 *R-pr-n-hnt(레-페르-엔-헤네트)로부터 이끌어내는 것(20세기 이집트학 학자들은 이러한 제안을 거부했다)이 더욱 그럴듯해 보인다.

멘추 숭배뿐만 아니라 민과 므네비스, 그리고 아피스 숭배에서 유래한 황소 숭배가 그리스 전역에서 나타나기는 했지만 염소와 숫양 숭배가 등장하자 황소 숭배는 곧 퇴색하고 말았다. 제12왕조가 시작될 무렵 이집트 왕실은 매/황소 신 멘추 대신 숫양 신 아몬을 섬겼다. 이미 언급했듯, 'Imn-m-ḥ3t (이멘-엠-하트) 및 S-n Wsrt(센 우세레트)라는 이름의 제12왕조 파라오들은 그리스 전승에 등장하는 강력한 정복자 멤논 및 세소스트리스와 동일시할 수 있으며, 비문 증거에 따르면 이들은 동부 지중해 지역에 대한 광범한 원정을 수행했다. 따라서 제2장에서는 에게 해 유역 전체에서 널리 발견되는 예언적인 숫양/염소 숭배가 기원전 20세기에 이집트에서 두각을 나타낸 직후 도입되기 시작한 것이라고 주장한다. 이집트에서 숫양/염소 숭배는 아몬 및 오시리스Osiris*와 관련되었고, 에게 해 지역에서는 그리스의 아몬과 오시리스 격인 제우스 및 디오니소스와 관련되었다.

숫양과 염소 사이의 혼동은, 그리스인에게 멘데스라고 알려진 삼각주 도시의 신탁 제식과 관련된 우수한 혈통의 숫양 종이 다산의 상징으로서는 다소 당혹스럽게도 멸종되었다는 사실로부터 자연스럽게 유발된 것으로 보인다. 헤로도토스는 염소와 숫양이라는 표현을 번갈아 사용했으며, 이런 식으로 이후 수세기 동안 계속해서 혼동이 나타났다. 북서 그리스에 위치한 도도나Dodona는 이런 유형의 신탁소 가운데 가장 오래된 곳으로 인정받았다. 헤로도토스를 비롯한 그리스 저자들에 따르면, 도도나는 리비아 사막에 위치한 시와Siwa* 오아시스의 신탁소와 아몬을 숭배하는 테베 신탁소가 전래해 설립되었다. 고고학은 도도나와 시와 사이의 주목할 만한 유사성을 확인해 주었다. 더욱이 시와에서 행해진 아몬 숭배는 달리 설명할 수 없는 도도나Dodona라는 이름의 기원으로 보이는 신 Ddwn(다둔)과 관련되었다.

제우스와 디오니소스 사이의 혼동은 크레타(제우스가 죽은 곳으로 알려졌다)와 북부 그리스 변경, 즉 서쪽으로 도도나에서부터 동쪽으로 멀리 트라키아*와 프리기아*에 이르는 지역에서 특히 심했다. 다른 이유로 인해 특히 보수적이었다고 할 수 있는 이 지역은 미분화된 제식을 보존한 것으로 보이는데, 이 제식은 나중에 도입된(혹은 발생한) 보다 구체적인 제식으로 대체되었다. 그럼에도 불구하고 올림피아의 제우스 신전과 같은 많은 제식 중심지들은 초기의 요소를 보존했다. 숫양/염소 숭배에 관한 부분의 말미에서는 이집트 종교에서 오시리스의 수난을 재연再演하는 것과 그리스 극장의 유래 사이의 유사성을 고찰한다. 그리스에서 비극(본래 종교적이었다)이 디오니소스 및 염소, 즉 트라고스tragos와 관련되었다는 점은 충분히 주목할 만하다.

제3권의 제3장 '미녀'는 여신 아프로디테에 관한 내용이다. 아프로디테라는 이름은 아포르스aphors(거품)에서 유래한다고 전해져 왔다. 그러나 달리 알려진 바 없는 접미사 -ditē(-디테)에 대해서는 아무런 설명이 없었다.

거품에서 솟아오르는 여신이라는 고전적인 이미지는 그 전승이 오래 전부터 전해 내려 온 것임을 입증한다. 그럼에도 불구하고 그것은 동음이의 기교나 민속 어원처럼 보인다. 진짜 어원은 이집트어 Pr W3dyt(페르 와지트 : W3dyt[와지트]의 집)에서 왔음이 거의 확실하다. 이 이름이 두 도시, 즉 이후 그리스인에게 부토스Boutōs라고 알려진 나일 삼각주의 도시와 아프로디토폴리스Aphroditopolis라고 불린 상上이집트의 도시를 지칭했다는 사실은 W3dyt(와지트)와 아프로디테가 동일함을 증명한다. 이집트인이 신을 그 거처와 관련지었다는 점은 아테나 여신과 관련하여 이미 언급한 바 있다. 그러나 이 경우에는 Pr W3dyt(페르 와지트)가 주소로 사용되었음이 입증되었다. 여기에는 음성학적으로 약간의 문제점이 있다. pr의 r이 보존되는 경우가 달리 없기 때문이다. 그렇다 하더라도, 전치모음 a/i는 거의 습관적으로 첨가되었을 것이다. 어쨌든 아프로스aphros보다는 *aPr-W3dyt(아페르-와지트)에서 파생되었다고 보는 편이 음성학적으로 분명히 더 낫다.

아프로디테가 Pr W3dyt(페르 와지트)에서 유래한다는 주장은 의미론적으로 매우 강력하다. W3dyt(와지트)는 다산을 상징하는 여신이었으며, 범람 이후의 새로운 성장과 관련되었다. 마치 아프로디테가 봄, 그리고 청춘의 사랑과 관련되었던 것처럼 말이다. W3dyt(와지트)는 또한 그 계절에 나타났던 뱀과도 관련되었다. 공교롭게도 중기 미노아 크레타에서 발굴된 가장 놀랄 만한 이집트 유물들 가운데 하나는 W3dyt(와지트)를 숭배하는 사제의 조각상 받침대이다. 더더욱 놀라운 것은, 상형 문자가 불규칙한 것으로 보아 크레타에서 새겨졌을 가능성이 높다는 점이다. 어쨌든 그 발견은 당시 크레타에 W3dyt(와지트) 숭배가 존재했음을 시사한다. 그러므로 두 마리의 뱀을 쥐고 있는 아름답고 매혹적인 여신상, 즉 수많은 학자가 잠정적으로 아프로디테와 연결시키는 여신상들 몇몇을 이 시기로부터 발견하다는 것은 매우 인상적인 일이다. W3dyt(와지트) 숭배는 중기 미노아 말엽까지 번성했던 것으로 보인다. 그렇다면 그 여신의 도래를 기원전 18세기 말과 17세기 초 힉소스의 침입과 더불어 밀려들어 온 이집트-레반트-미노아의 영향과 관련시키는 것이 그럴듯해 보인다.

'미녀'에 뒤이은 제4장 '그리고 야수'는, 힉소스가 신봉했던 것으로 여겨지는 신인 세트Seth 혹은 수테크Sutekh에 관한 내용이다. 이집트 신화에서 세트는 외부 세계의 신이자 사막의 신이며, 그곳에 사는 야생적이고 예측할 수 없는 자들의 신이었다. 그리고 플루타르코스*에 따르면, 바다의 신이었다. 힉소스의 정복이 성서에 나오는 이집트 체류와 동일시될 수 있는 것과 마찬가지로, 힉소스의 세트가 곧 황야와 화산, 그리고 사나운 바다의 신인 이스라엘의 야웨였다고 여길 만한 충분한 근거가 있는 듯하다. 우가리트 신화에서 다신의 신 바알Ba'al*의 적수는 셈족의 야웨 격인 '바다'를 의미하는 얌Yam이었다. 헬레니즘 시대에 세트는 티폰Typhon*이 되었지만, 다른 모든 이집트 신들과는 달리 그에 해당하는 그리스 신은 없다. 그 이유는 명백해 보인다. 당시까지는 악의 전형인 세트가 존경받을 만한 신으로서 취급될 수 없었던 것이다.

한편, 그리스의 주요 신 가운데 그에 상응하는 이집트 신이 없는 경우는 포세이돈이 유일하다. 나는 해결되지 않은 이 두 부분을 서로 연결시켜야 한다고 주장한다. 두 신 모두 바다와 지진, 사냥, 전차, 그리고 말과 관련되었으며 대체로 심술궂었다. 힉소스가 세트에게 온전히 헌신한 것과 마찬가지로, 포세이돈은 미케네 문명기의 크레타와 그리스에서 발굴된 선형 문자 B 문자판에서 가장 자주 언급된 신이었다. s가 t로 교체된 포테이돈Poteidōn 같은 형태의 이름을 인도유럽어학자는 어근 √pot(포트 : 힘)와 관련지었다. 그러나 접미사 -d(e)ōn(-데온/돈)을 디오스dios(신성한)와 연결시키기는 어렵다. 고대 모델 내에서 연구하는 사람에게 s와 t의 교체는, ts의 형태였던 것으로 보이는 셈어 문자 짜데Ṣade(ץ)를 연상시킨다.

내가 제안하는 포세이돈의 어원은 p3(w)(파위 : ~의 그) 시돈 또는 Pr Sidôn (페르 시돈 : 시돈의 집)이다. 시드Sid는 시돈Sidon*의 수호신으로서, 그 이름은 어근 √swd(수드 : 사냥하다)에서 유래했다. 시드는 사냥과 고기잡이, 전차, 그리고 바다의 신이었다. 따라서 의미론적 일치는 완벽하다. 그러나 그러한 유래와 관련된 어려움은, 아직 입증되지 않은 유형의 이집트-셈어 형태가 요구된다는 것이다. 그러므로 단지 가설로서만 그러한 어원을 제안할 수 있을 뿐이다. 그러나 그러한 어원이 받아들여질 수 있든 없든, 나는 세트와 포세이돈 사이의 놀라운 유사성을 보여줄 수 있으며, 고전기에 그 두 신이 동일시되지 않았다는 바로 그 점 때문에 이러한 유사성이 특히 흥미롭다고 믿는다. 그러므로 두 신 및 두 신에 대한 숭배 제식 사이의 유사성은 결코 이후의 '이집트화'에서 비롯한 것이라고 볼 수 없다.

제5장 '굉장한 쌍둥이'는 쌍둥이인 아폴론*과 아르테미스에 관한 내용이다. 이집트에서 태양은 다양한 방식, 즉 라Ra*와 태양 원반을 상징하는 아톤 Aton*, 아침의 젊은 태양인 Ḫprr(케페레르)와 밤의 늙은 태양 Tm(템) 등으로 숭배되었다. 음성학적인 측면에서 Ḫprr(케페레르)로부터 아폴론을 이끌어내는 데 따르는 유일한 문제점은, ḫ가 ø로 음역되는 경우가 극히 드물다는 것이다. 다른 한편, 도입이 뒤늦게 그리고 페니키아인을 통해 이루어졌다면,

ḫ가 ḥ(그리스어에서 매우 빈번하게 ø로 전환된다)와 융합되는 차용도 가능하다. 공교롭게도 아폴론의 유래가 사실상 이러한 경우임을 나타내는 두 가지 징후가 있다. 뒤늦은 도입은 아폴론이라는 이름이 선형 문자 B에 나타나지 않는다는 사실에 의해 암시된다. 그리고 페니키아인을 통한 도입은 CaCoC식 모음 삽입*에 의해 암시되는데, 이는 그 이름이 ā가 ō로 바뀌는 '가나안어 모음 변천'을 거쳤음을 시사한다.

의미론의 측면에서 볼 때, Ḫprr(케페레르)에서 아폴론을 이끌어내는 것은 매우 적절하다. Ḫprr(케페레르)는 그리스어로 하르마키스Harmachis라고 표현되는 Ḥr m 3ḫt(호르 엠 아하트 : 떠오르는 태양으로서의 호루스*)와 동일시되었다. 호루스Horus는 적어도 핀다로스Pindaros* 시대(기원후 5세기)부터 아폴론과 동일시되어 왔지만, 날이 밝아오는 모습을 나타내는 이러한 형상은 언제나 젊은 모습으로 나타나는 아폴론에게 가장 잘 어울리는 측면인 듯하다. 호루스 신화의 중심 내용은 수중 괴물로 나타난 세트와 싸워 승리를 거둔다는 것이다. 그리스에서 아폴론 신화의 주 내용은 델포이Delphoe*에서 누이 아르테미스와 함께 피톤Python*을 죽인다는 것이다. 나는 델포이가 아델포스adelphos(형제)와 마찬가지로 '한 쌍' 또는 '쌍둥이'를 뜻하는 셈어 단어에서 유래한다고 주장한다. 따라서 아폴론의 별칭인 델피니오스Delphinios는 또 다른 별칭인 디디모스Didymos(쌍둥이)와 짝을 이루는 것이며, 아폴론이 쌍둥이라는 점은 그의 본성에 속하는 것으로 보인다.

오늘날의 그리스 종교사가들은 아폴론의 쌍둥이 누이 아르테미스가 오로지 달의 여신이었을 뿐이라는 관념에서 벗어나고 있다. 이제 아르테미스는 저녁과 밤에 활동하는 사냥의 여신으로 간주된다. 헬레니즘 시대에 아르테미스는 달과 동일시된 이집트의 고양이 여신 B3stt(바스테트)에 상응하는 신으로 여겨졌다. 그러나 B3stt(바스테트)는 불의 모습도 가지고 있었으며, 그러한 모습을 통해 호루스의 적들을 무찌르는 데 일조한 것으로 여겨졌다. 이러한 능력으로 B3stt(바스테트)는 암사자로 여겨졌고, 또한 라Ra와 저녁 태양

신 Tm(템)에 상응하는 여신으로 간주되었다. Ḫprr(케페레르)와 Tm(템)은 Ḥr 3ḫtwy(호르 아하투이 : 두 지평선의 호루스)의 쌍둥이 같은 두 측면을 이루었는데, Ḥr 3ḫtwy(호르 아하투이)는 곧 라Ra에 상응하는 존재였다. Tm(템)의 배우자인 Tmt(테메트)/B3stt(바스테트)는 어느 정도 독립성을 띠었던 것으로 보이며, 기원전 3000~2000년의 중반부터는 두 지평선의 호루스와 관련된 두 사자 여신과 연결되었다. 이집트의 가장 거대한 호루스 기념물은 기자Giza의 스핑크스였다. 비록 그 기념물은 한 마리의 사자로 구성되어 있지만, 건축 당시로부터 1천여 년이 지난 기원전 15세기 말 그 부근에 삽입된 헌정의 글은 Ḥr 3ḫtwy(호르 아하투이), 그리고 Tm(템) 자체를 가리키는 것이 거의 확실한 Ḥr(i) Tm(호리 템)을 언급한다. 음성학적 근거에서 볼 때, 여성형 *Ḥrt Tmt (헤레트 테메트)는 아르테미스에 대한 적절한 어원을 추정할 수 있게 해준다. 이집트어 단어의 마지막 음 -t는 흔히 그리스어 단어의 마지막 음 -is에 상응하며, 중간에 등장하는 t는 이집트어의 표준적인 발전에 따라 생략된다. 그리고 이집트어의 ḫ가 ø로 변경되므로, Ḥr(호르)가 (Ḥ)ar([ㅎ]아르)로 모음 삽입되는 것은 충분히 입증된다. 따라서 아폴론과 아르테미스의 쌍둥이적 성격은 Ḫprr(케페레르)와 Tm(템)의 쌍둥이적 성격, 즉 아침 태양과 저녁 태양 사이의 쌍둥이적 성격으로 볼 수 있다.

제5장은 계속해서 성이 변화된 이유와 더불어, 아폴론-아르테미스와 카드모스-에우로파Europa*(카드모스와 에우로파라는 이름은 각기 셈어 √qdm[카담 : 동쪽]과 √'rb[아라브 : 서쪽, 저녁]에서 유래한다) 사이의 유사성에 대해서도 조사한다. 그리스 테베의 제식과 신화는 이러한 측면에서 특히 중요하다. 왜냐하면 그것은 또한 스핑크스와 관련되면서 이집트 태양 종교에서 나타나는 동일한 측면과의 복잡한 연결망을 부가하기 때문이다. 나는 테베의 스핑크스가 에우로파와 아르테미스의 야만적이고 사자 같은 본성으로 확인될 수도 있지만, 두 스핑크스(기자의 스핑크스와 테베의 스핑크스) 사이의 보다 긴밀한 연결성은 그리스의 스핑크스에 의해 제기된 수수께끼('목소리는 하나인

데, 발은 두 개였다가 때때로 세 개가 되고 또 때로는 네 개가 된다. 발의 개수가 가장 많을 때 가장 약한 존재는 무엇인가?')로부터 제공된다고 주장한다. 오이디푸스Oedipus*의 대답은 인간의 삶을 언급했지만, 그 수수께끼는 세계 도처에서 발견되는 일단의 수수께끼에 속하는 것으로서, 그 대부분은 아침과 저녁에 나타나는 태양의 나약함과 한낮에 나타나는 태양의 강함을 가리킨다. 이집트의 스핑크스가 아침과 저녁의 태양에 봉헌되었다는 점에 비추어볼 때, 그러한 유사성은 상당히 주목할 만하다고 생각한다.

아폴론이라는 이름이 시기적으로 뒤늦은 것임에도 불구하고, 이집트와 셈족의 영향이 상호 작용했다는 점은 이 일군의 태양 신화가 힉소스 시기에 도입되었다는 믿음을 갖게 만든다. 한편 제6장의 주제였던 엘레우시스 신비 의식은 좀더 뒤늦게 도래한 것으로 보인다. 고대의 연대기 작가들은 데메테르와 디오니소스 숭배가 기원전 15세기 후반 아티카에 도래했다는 점에 대체로 합의하고 있다. 데메테르라는 이름(101쪽을 보라)이 기원전 2000~1000년의 초기에 기원했음에도 불구하고, 이는 상당히 그럴듯하게 보인다. 기원전 15세기 말은 투트모세 3세의 정복 이후 이집트의 국력이 절정에 달했던 시기이자, 이시스Isis*와 오시리스를 숭배하는 신비 의식이 이집트와 레반트에서 완전히 확립되었다고 여겨지는 시기였다. 신전 모퉁이 아래 놓인 이집트의 채색 장식판이 미케네에서 발굴되어 그 연대가 아메노피스Amenōphis* 3세의 치세(기원전 1405~1367년)로 추정됨에 따라, 상고 그리스의 엘레우시스 의식이 그곳에서 7백 년 앞서 만들어진 이집트적 토대로부터 비롯되었을 가능성을 받아들이는 데에는 아무런 어려움이 없다. 왜냐하면 그리스에서 유일하게 이 의식만이 가지고 있는 많은 양식 가운데 하나는, 이집트 신전처럼 정착된 사제 계층(이 경우에는 두 부족으로 구성되었는데, 헬레니즘 시기에 이 부족의 구성원은 이집트와 연결성을 가진다고 확신했다)이 존재했다는 점이기 때문이다.

이집트의 오시리스 신비 의식은 크게 이시스가 살해된 남편/오라비를 찾아다니는 내용과 그의 시신을 다시 조합하는 내용, 그리고 아들인 호루스가 아버지를 살해한 세트에 대해 승리를 거두는 내용으로 구성된다. 엘레우시스* 이야기는 일견 이와 매우 다른 것처럼 보인다. 거기에서는 데메테르가 지하 세계의 신 하데스Hades*에 의해 납치된 자신의 딸 페르세포네Persephone*를 찾아 나선다. 데메테르는 페르세포네를 찾아내지만 구출에는 실패하자 파업을 벌여 자연의 계절적인 성장을 방해한다. 마침내 거래가 성사되고, 그에 따라 페르세포네는 1년의 반을 하데스와, 그리고 나머지 반은 어머니와 보내게 된다. 그러나 이러한 차이는 그리스의 신비 의식이 이집트에서 유래했다는 고대의 증언을 무시하기에 충분치 않다.

이집트의 경우 오시리스가 의식의 초점이지만 그 의식의 주인공은 이시스였다. 그리스의 경우에는 데메테르 뒤에 디오니소스가 있음에 의심의 여지가 없다. 더욱이 이집트 신비 의식에는 사실상 한 명이 아니라 두 명의 여신이 등장한다. 이시스는 여동생인 네프티스Nephthys*와 늘 동행했으며, 네프티스는 오시리스를 찾아나서고 그의 죽음을 애도했을 뿐만 아니라 오시리스의 살해자인 세트와 결혼한 몸이기도 했다. 이런 식으로 네프티스는 사랑스러운 측면과 더불어 지옥과 같은 측면을 지니고 있는 페르세포네의 모호함에 정확히 상응한다. 그러나 무엇보다도 이러한 일군의 이집트 및 그리스 신화 안에서 발견되는 광범위한 변형은, 두 신비 의식 사이에서 수많은 세부적 유사점이 발견되는 한, 두 신화 사이의 차이점이 지나치게 중요시되어서는 안 된다는 점을 보여준다.

이 주제에 관한 20세기의 연구들은 폴 푸카르의 저서에서 시작된다. 그는 엘레우시스에 관한 상세한 연구와 이집트학에 관한 상당한 지식을 바탕으로 그 신비 의식이 이집트에서 유래했다는 고대 전승을 논박할 수 없다고 확신했다.[25] 어쨌든 엘레우시스 신비 의식의 핵심이 불멸성의 추구였으며, 그것이 죽음을 통해서만 성취될 수 있다는 역설적인 믿음이었다는 점에는 의심의 여지가 없다. 신비 의식에 입문함으로써 사람은 상징적인 죽음을 통해 불멸의 존재로 '다시 태어날' 수 있다고 믿었다. 이러한 관념은 고대 근동 전역에 널리 퍼져 있었지만 이집트에서 압도적으로 강하게 나타났다. 따라서 고대의 저자들은 영혼의 불멸성에 관심을 가졌던 피타고라스*와 오르페우스*, 소크라테스, 플라톤 등의 인물들이 그에 관해 이집트로부터 배웠다고 한결같이 이야기한다.

개인의 불멸성에 대한 관심은 오르페우스교에서 중심적인 위치를 차지했다. 오르페우스교는 청동기 시대 말에서 수백 년이 지난 상고기에 도입된 것으로 보이는 그리스 종교의 한 국면이다. 사실 이 시기에 대한 이 책의 관심사는 다른 측면에 관한 것이다. 그럼에도 불구하고 디오니소스 의식 및 엘레우시스 의식과의 밀접한 관련성 때문에 오르페우스교는 제3권에서 다루어진다. 오르페우스Orpheus라는 이름은 이집트어 ('I)rpʿt([이]레파트 : 세습 왕자)에서 유래한 것으로 보이는데, 이 이집트어는 그리스어로 오르파이스 Orpais라고 음역되었다. ('I)rpʿt([이]레파트)는 흔히 게브Geb*라고 알려진 이집트 신에게 붙여진 호칭이었다. 게브는 동식물로 뒤덮인 대지의 신이자 지하 세계의 신이었다. 이는 자연을 조화시키는 존재인 오르페우스의 위치와 그가 가지는 땅속과의 관련성에 부합한다. 게브는 오시리스와 밀접한 관련성을 지녔으며, 오시리스는 때때로 게브의 아들로 여겨졌으나 대개는 게브를 대신해 지하 세계의 주인이 되는 것으로 그려졌다. 오르페우스와 디오니소스는 많은 점에서 서로를 유사하게 복제한 것으로 보이지만, 그들 사이에는 일부 적대적인 측면도 있었다. 이집트 사회는 동성애에 대해 덜 관대했던 것으로 보이며, 오르페우스에게서 동성애적인 어떤 직접적인 유사성을 찾아내기도 어렵다. 그럼에도 불구하고 비록 ('I)rpʿt([이]레파트)가 여성형은 아니지만 그 한정 기호*로 알(卵)이 쓰이며, 그것이 거위의 모습을 한 게브가 낳은 우주를 배태한 알(종종 여성의 개입 없이 낳는 것으로 묘사된다)과 관련된 것으로 보인다는 점은 무척 흥미롭다. 여기에서도 그리스와의 놀랄 만한 유사성이 나타난다. 최초의 알은 또한 오르페우스교적 우주 생성의 출발점이었기 때문이다.

게브가 아주 오랜 고대의 신이었음에도 불구하고, 그리스의 오르페우스교 제식은 뒤늦게 도입되었을 것이다. 예를 들어, 헤시오도스의 『신들의 계보』에는 오르페우스나 오르페우스의 우주 창조에 관한 언급이 없으므로, ('I)rp't([이]레파트)에 모음을 삽입하여 오르파이스/오르페우스로 표기한 것도 뒤늦게 이루어진 일로 보인다. 그러므로 많은 고대인과 근대인이 어렴풋이 느꼈던 바와 같이, 비록 오르페우스가 아주 오랜 고대의 신이라 하더라도 오르페우스교는 기원전 6세기에 피타고라스주의*와의 긴밀한 협력 아래 확립되었을 가능성이 높다. 그리고 ('I)rp't([이]레파트)를 끌어들인 것은 새로운 제식에 고대의 명성을 부여하려는 시도였을 가능성이 높다. 그러나 이러한 개혁이 그리스에서 시작된 것인지 아니면 이집트에서 시작된 것인지를 결정하는 것은 불가능하다. 오르페우스교와 피타고라스주의가 강조한 영혼의 윤회와 채식주의 규정은 헬레니즘 시대와 로마 시대의 이집트 사제들에게도 널리 퍼져 있었다. 이러한 금욕이 얼마나 오래된 것인지는 말할 수 없지만, 이집트 종교의 일반적인 보수성을 감안한다면 족히 고왕국까지 거슬러 올라갈 수 있을 것이다. 반대로 그러한 금욕은 이후의 개혁에 의해 장려되었을 수도 있다.

오르페우스와 『사자의 서』* 사이에도 연결성이 있다. 신왕국 시대 및 그 이후의 이집트에서 『사자의 서』는 영혼으로 하여금 지하 세계의 위험을 지나 불멸에 이르도록 이끄는 안내자 역할을 담당했으며, 미라로 만들어진 시신과 함께 묻히곤 했다. 그리스와 이탈리아에서는 오르페우스 숭배자들의 시신 옆에 주문과 찬가가 새겨진 황금 나뭇잎이 놓여졌다. 이러한 연결성을 놓고 볼 때, 『사자의 서』의 한 이본異本이 '게브와 오시리스의 책들'을 언급한다는 점은 충분히 주목할 만하다.

고전기에는 오르페우스가 트라키아인이기는 하지만 그가 신비 의식을 배운 곳은 이집트라는 믿음이 일반적이었다. 고대 시기에는 모든 이들이 피타고라스와 이집트의 밀접한 관련을 받아들였다. 따라서 이집트 의식과 오르페우스교 및 피타고라스주의 의식 사이의 놀랄 만한 어원적·제의적 유사성은 고대 모델을 통해 매우 손쉽게 설명할 수 있다. 여기에 아리안주의자가 자신의 모델을 전체적으로 해치지 않고서도, 그러한 '후기' 양상의 이집트 기원을 충분히 인정할 수 있다는 점을 덧붙여야 한다. 그럼에도 불구하고 그렇게 하는 사람이 거의 없었다는 것은 의미심장한 일이다.

제3권의 결론은 본문에서 다루어진 어원 추정과 제식상의 유사성이 전후 관계와 관련하여 고찰되어야 한다는 나의 일반적인 견해를 되풀이한다. 그리스 종교와 비교할 수 있는 종교는 알공킨*이나 태즈메이니아*의 종교처럼 시공간적으로 아주 멀리 떨어져 있는 종교가 아니다. 그것은 동일한 시기에 지중해의 끄트머리라는 동일한 지역에 위치했던 두 체제 사이에 존재했던 종교이다. 더욱이 고전기와 헬레니즘 시기의 그리스인은 스스로 자신의 종교가 이집트에서 건너왔다고 주장했으며, 헤로도토스는 심지어 신들의 이름이 한두 개를 빼고는 모두 이집트어임을 일일이 언급하기까지 했다. 인도유럽어 문화로부터 그럴듯한 어원이나 제식상의 유사성을 이끌어 낼 수 없는 상황이라면, 이집트로 눈을 돌리는 것은 당연한 일일 것이다. 제3권에 수록된 자료는 제2권의 아테나와 헤르메스에 관한 부분과 결부될 경우, 그리스 종교를 이집트 및 가나안 종교와 병렬시킴으로써 예전에는 완전히 비밀에 싸였던 많은 부분을 이해할 수 있음을 보여준다. 그러나 더욱 중요한 것은, 이로써 수많은 흥미로운 문제가 새로이 제기되고 검증 가능한 수백 가지의 가설이 생성된다는 점이다. 이 책의 전체적인 서론 초두에서 말했듯이, 바로 이 점에서 생산적이고 급진적인 혁신이 결과를 낳지 못하는 괴짜의 방식과 구분된다. 제3권의 학문적인 목적은 다른 두 권의 경우와 마찬가지로, 나보다 훨씬 나은 자질을 갖춘 여러분을 위해 새로운 연구 분야를 열어젖히는 것이다. 그리고 『블랙 아테나』의 정치적인 목적은, 물론 유럽의 문화적 오만을 줄이는 것이다.

제 1 장

고대 시기의 고대 모델

이집트인이 어쩌다가 펠로폰네소스에 오게 되었는지,
그리고 어떻게 그곳에서 스스로 왕이 되었는지는
이미 다른 작가들의 연대기에 기록되어 있다.
그에 대해서는 덧붙일 것이 없다.
나는 다만 아직 어느 누구도 다룬 적 없는 몇몇 사항을 언급하고자 한다.
— 헤로도토스, 『역사』 VI. 551

　우리 대부분은 헤로도토스를 '역사의 아버지'라고 배웠다. 설령 플루타르코스의 견해대로 그를 '거짓말의 아버지'라고 여기는 사람이라 할지라도, 위의 인용문[1]이 언급한 연대기의 존재마저 부정할 수는 없을 것이다. 헤로도토스는 아득한 옛날 사람에 관해 입증할 수 없는 이야기를 하는 것이 아니다. 그가 이야기하는 바를 잘 모르는 독자라 하더라도 누구나 쉽게 그 진위를 검토할 수 있는 것에 대해 이야기하고 있는 것이다. 헤로도토스가 『역사』를 저술하기 이전의 1천 년 동안 실제로 어떤 일이 일어났든, 그의 기록은 영웅 시대 초기 그리스가 이집트의 식민지였다는 믿음이 기원전 5세기에 일반화되어 있었음을 강력히 시사한다. 이번 장에서는 이집트인과 페니키아인의 그리스 식민화에 관한 헤로도토스의 견해에 대해 비록 오늘날의 대다수 고전학자나 고대사학자들이 깔보거나 경멸하지만, 그의 견해는 그의 시대뿐만 아니라 상고기와 고전기, 그리고 후기 고대에 이르기까지 매우 통상적이었음을 입증하고자 한다.

이집트인을 비롯한 여타 민족의 그리스 침입설에 대한 고전기 그리스인의 견해를 탐구하기 위해서는, 우선 초기 그리스 거주민에 관한 그리스인의 생각을 살펴볼 필요가 있다. 그것은 곧 그리스인 스스로가 근동의 영향을 인정하는 근거가 되기 때문이다. 여기서 우리는 가장 널리 알려진 원주민인 펠라스고이라는 곤란한 문제에 맞닥뜨리게 된다. 왜냐하면 그리스 작가들은 이 이름을 제각기 다른 뜻으로 사용했기 때문이다. 호메로스에 따르면, 트로이 전쟁 당시 양측 진영 모두에 펠라스고이가 있었다. 헬레네스와 아카이아인으로 구성된 아킬레우스*의 군대에는 테살리아*에 위치한 '펠라스고이의 아르고스' 출신의 군사가 있었던 것으로 보인다.[2] 반면 트로이 진영에는 히포토오스Hippothoos의 전사들이 있었는데, 이들은 라리사* 출신 펠라스고이였다.[3] 라리사라는 지명은 필시 이집트어 지명 R-3ht(레-아하트 : 비옥한 땅으로 들어감)에서 유래한 것으로 보이는데, 이 이집트어 지명은 동부 나일 강 삼각주의 비옥한 지역에 위치한 힉소스의 수도 아바리스를 지칭한 듯싶다.[4] 라리사와 R-3ht(레-아하트)는 의미론적으로 굉장히 잘 들어맞는다. 더구나 호메로스가 다른 두 라리사에 붙인 형용어구는 에리볼락스eribōlax(기름진 토양의)였다.[5] 기원 전후에 걸쳐 살았던 지리학자 스트라본*이 지적했듯이, 라리사라는 이름을 가진 많은 그리스 도시는 모두 충적토 토양에 위치해 있었다.[6]

힉소스의 그리스 식민화를 연구 가설로 받아들일 경우, 펠로폰네소스에 위치한 아르고스(다나오스가 건설한 것으로 여겨지며, 이곳의 많은 제식이 그와 관련된다)의 아크로폴리스가 라리사로 불렸다는 점은 충분히 눈여겨볼 만하다.[7] 더군다나 스트라본은 자신의 저서 『지리학』의 또 다른 부분에서 아르고스가 그리스어로 '평지'를 의미한다고 주장했다.8 이는 힉소스의 수도를 지칭하는 이름인 '비옥한 땅으로 들어감'에서 유래한 라리사의 어원과 정확히 일치한다. 아르고스는 또한 '속도'와 '개' 또는 '늑대'를 의미하기도 했으며, 이러한 의미들은 펠로폰네소스 도시의 신화와 도상학圖像學에 반영되었다.9 아르고스의 핵심적인 의미는 '빛나는' 또는 '은銀'이었다. 이는 하下이집트의 수도인 멤피스의 이름으로 가장 많이 사용된 'Inb ḥd(이넵 헤즈 : 은빛 성벽)와 부합한다.10 테살리아에 있는 두 라리사 지역의 '펠라스고이의 아르고스'라는 존재가 펠라스고이와 라리사, 그리고 아르고스 사이의 연결성을 강화한다.11

호메로스는 에피로스*의 도도나*에 내려진 제우스의 위대한 고대 신탁에 '펠라스고이의'라는 형용어구를 덧붙였으며, 이후 다른 작가도 이 어구를 사용했다.12 호메로스는 또한 다른 곳에서 크레타인의 목록 안에 펠라스고이를 등장시키는데, 그 목록에는 아카이아인*과 에테오(순수한)크레타인, 키도네스Kydōnes*, 도리스인도 포함된다.13 헤시오도스*(혹은 밀레토스*의 케크롭스)에 따르면, "그리스의 세 부족, 즉 펠라스고이와 아카이아인, 그리고 도리스인이 크레타에 정착했다."14 훨씬 이후에 시실리 출신 디오도로스*는 펠라스고이가 에테오크레타인*보다는 뒤늦게, 그리고 도리스인보다는 먼저 크레타에 정착했다고 주장했다.15

설령 앞의 인용문이 헤시오도스의 시대(고대 모델에 따르면, 그는 기원전 10세기에 살았다)까지 거슬러 올라가지는 않는다 하더라도, 그것은 호메로스의 목록과 정확히 부합한다. 호메로스의 목록에서 펠라스고이는 에테오 혹은 '진짜' 크레타인과 구별된다. 에테오크레타인은 헬레네스어가 아니라 아마도 아나톨리아어나, 아니면 셈어를 사용했을 가능성이 더 높다.16 더군다나 호메로스는 크레타에 다나오스인이나 아르고스인이 거주했다고 언급한 적이 없다. 이러한 사실과 더불어 그 이름과 관련된 '원주민'이라는 일반적인 함의를 고려할 때, 펠라스고이가 크레타에 거주한 가장 초기의 그리스인이

거나 그리스어를 말하는 주민이었다는 주장은 상당히 그럴듯해 보인다. 따라서 '헤시오도스'의 언급 순서는 연대기적인 것으로 드러난다. 펠라스고이가 크레타에 정착했고, 그 후 기원전 14세기에 아카이아인의 침입이 있었으며, 그 다음으로 기원전 12세기에 도리스인이 침입했을 것이다. 그러므로 두 목록에서 펠라스고이는 다나오스인에 해당하는 것으로 보인다.

크레타의 펠라스고이가 헬레네스임을 시사하는 보다 뚜렷한 징후는, 펠라스고이를 기원전 12세기 팔레스타인에 정착한 필리스티아인*과 연결시킨 몇몇 학자의 연구에서 발견할 수 있다. 견실한 성서적 전통에 따르면, 필리스티아인은 크레타에서 온 것으로 여겨졌다. *Pelasg(펠라스그)가 *Pelast(펠라스트)와 같다는 것은, 본래 선先헬레네스어 단어의 마지막 폐쇄음이 그리스인에게는 g로 들리는 반면 이집트어나 셈어를 쓰는 사람에게는 t로 들렸을 것이라는 가정으로 설명할 수 있다. 그러나 선先헬레네스의 존재에 관한 의혹은 접어두고라도, g와 t 사이 어딘가에 위치하는 자음을 만들어 내기란 매우 어려운 일이다.

그러나 두 문자를 관련지을 수 있는 또 다른 방법이 있다. 1951년에 장 베라르*는 기원후 5세기 헤시키오스*의 거대한 사전과 『일리아스*』 제16권 233행의 주석에서 발견되는 '펠라스기콘Pelasgikon/펠라스티콘Pelastikon' 변형에 관심을 기울임으로써 두 문자의 연관성을 뒷받침했다.17 이는 Γ(g)와 T(t)의 표기 형태에서 혼동이 발생할 수 있음을 보여준다. 내가 다른 곳에서 주장했듯이 만약 그리스어 알파벳이 기원전 15세기부터 사용된 것이라면, 그러한 오류는 원문상의 변형뿐만 아니라 펠라스고이라는 이름까지도 설명해 줄 수 있다. 즉 펠라스고이는 가나안어 형태로 재구성된 발음인 *Pelast(펠라스트)에서 온 것일 수 있다.18 (헤부데스Hebudes를 잘못 읽어 헤브리데스Hebrides라는 이름이 된 사례는 이 경우에 대한 유비를 제공한다.19) 비록 필리스티아인이 실제로 사용한 언어가 무엇인지는 아직 불확실하지만, 리디아어나 그리스어 같은 서부 아나톨리아 언어일 가능성이 가장 높다. 내 생각에는 그리스어일 가능성이 더 높은 것 같다.[20] 따라서 펠라스고이와 필리스티아인 사이에 등치 관계가 성립한다면(가능성이 있다), 그리고 필리스티아인이 그리스어를 사용했다면(필시 그럴 것이다), 크레타의 펠라스고이가 헬레네스어를 사용했을 가능성은 더더욱 높아진다.

호메로스와 마찬가지로, 헤시오도스 역시 테살리아의 프티아*에서 펠라스고이를 본 듯하다.[21] 그는 또한 이들을 아르카디아*에서도 보았는데, 그곳에서 펠라스고이의 시조인 펠라스고스Pelasgos*는 토착민으로 일컬어졌다.[22] 기원전 6~5세기에 아쿠실라오스Akousilaos는 테살리아 남쪽의 그리스 전역을 '펠라스기아Pelasgia'라고 지칭했고, 기원전 5세기에 아이스킬로스는 그 용어의 범위를 확대해 북부 그리스까지 포함시켰다.[23] 한편 헤로도토스는 펠라스고이에 관한 흥미로우면서도 매우 혼란스러운 몇몇 구절을 남겼다. 그에 따르면, 펠라스고이가 그리스 전역에 거주했던 것은 사실이지만, 그들은 이오니아인*의 선조였을 뿐 '헬레네스'인 도리스인의 선조는 아니었다. 그는 펠라스고이가 그리스어를 사용하지 않았다고 주장했다. 이러한 주장은 펠라스고이의 거주지로 여겨지는 헬레스폰트*의 두 도시에서 사용된 언어가 외국어였다는 관찰에 근거한다. 따라서 헬레네스가 되기 전에 펠라스고이였던 것으로 여겨지는 아테네인 같은 사람은 언어를 바꾸었어야 했다는 것이다.[24]

헤로도토스가 아테네 이외에 펠라스고이와 관련지은 지역은 도도나, 펠로폰네소스와 렘노스 해안 지역, 사모트라케, 그리고 에게 해 북동 지역 전체이다.[25] 헤로도토스의 주장은 에트루리아어와 유사한 언어로 기록된 기념 석주가 렘노스에서 발견됨으로써 뒷받침되는 듯 보이며, 그가 언급했던 헬레스폰트의 도시들 또한 아나톨리아어를 사용했다고 여길 만한 충분한 근거가 있다.[26]

펠라스고이에 대한 헤로도토스의 묘사는 한 세대 이후에 투키디데스가 묘사한 내용과 대체로 흡사해 보인다. 두 사람에 따르면, 펠라스고이는 그리스와 에게 해 지역에 거주한 초기 인구의 전체는 아닐지라도 그 중 상당 부분을 형성했으며, 그들 대부분은 점차 헬레네스로 동화되어 갔다.27 헤로도토스는 이러한 변화가 다나오스의 침입(그는 이 침입을 기원전 2000~1000년 중엽의 일로 여겼다)이후에 일어난 것으로 보았으며, 이집트에서 온 다나오스의 딸들이 펠라스고이(헬레네스가 아니라)에게 신들에 대한 숭배를 가르쳤다고 기술했다. 디오도로스는 카드모스가 펠라스고이에게 페니키아 글자를 가르쳤다고 언급했다.28 더욱이 아테네의 건설자인 케크롭스가 이집트인이었다는 전승은 아마도 헤로도토스 시대에 널리 퍼져 있었던 것 같다. 따라서 아테네인은 아르고스인이나 테베인과 달리 토착민이었다는 헤로도토스의 주장에도 불구하고, 다음과 같은 흥미로운 구절을 찾아볼 수 있다.

> 지금 그리스(헬라스)라고 불리는 곳을 펠라스고이가 점령했을 때, 펠라스고이 민족인 아테네인은 크라나오이Kranaoi라고 불렀다. 케크롭스의 치세에 그들은 케크로피다이Kekropidai라는 이름을 얻었다. 에렉테우스Erechtheus*가 즉위했을 때는 자신들의 이름을 아테네인으로 바꾸었다.29

펠라스고이가 이집트 침입자에 의해 보다 그리스적인 모습으로 변화된 원주민이라는 생각은 헤로도토스의 『역사』와 비슷한 시기에 씌어진 아이스킬로스와 에우리피데스*의 희곡에서 좀더 명확하게 나타난다. 이에 따르면, 펠라스고이는 아르골리스*에서 다나오스와 싸워 패배한 토착민이었다.

> 50명의 딸을 둔 다나오스는 아르고스에 이르자 이나코스Inachos*의 도시에 자신의 거처를 마련하고는, 그때까지 펠라스고이라고 불린 모든 사람에게 다나오스인이라는 이름을 부여하는 법령을 그리스(헬라스) 전역에 선포했다.30

아이스킬로스에 따르면 펠라스고이는 후기 헬레네스와 명확히 일치한다. 그런데 그가 펠라스고이의 관습을 헬레네스적이라고 언급한 것은 시대착오

적이다.31

　기원 전후 1세기에 살았던 스트라본은 펠라스고이에 관한 많은 자료를 수집했으며, 거기에는 펠라스고이가 보이오티아에서 아티카로 이주한 일에 관한 상세한 이야기도 포함된다.32 기원후 2세기 파우사니아스는 아테네와 코린토스, 아르고스, 라코니아, 그리고 메세니아에 거주한 펠라스고이(메세니아의 펠라스고이는 테살리아로부터 온 것으로 여겨졌다)에 대해 언급했다.33 그러나 그는 그들과 아르카디아인 사이의 관련성을 강조했다. 파우사니아스는 펠라스고스를 아르카디아인의 시조로 여기면서, 기원전 6세기 사모스의 시인 아시오스Asios를 인용했다. "그리고 검은 흙이 신과 같은 펠라스고스를 낳았도다."34

　과연 이 다양한 언급들로부터 어떤 의미를 찾아낼 수 있을까? 그 언급들을 조화시키느라 애를 먹은 것은 헤로도토스와 스트라본 같은 고대 저자들만이 아니었다. 근대 학자들 역시 동일한 어려움으로 고통을 겪었다. 근대 고대 역사학의 창시자인 19세기의 박식가 바르톨트 니부어*가 말했듯이, "그들의 이름은 필시 민족의 이름이었을 것이다. 적어도 그 이름에 대한 그리스인의 설명은 조리에 맞지 않는다."35 그로부터 한 세기 후, 1900년경 전후에 고대사 학계를 지배한 에두아르트 마이어* 역시 동일한 절망감을 지니고 있었다.36 다른 20세기 역사가들은 이 문제를 방치한 채, 펠라스고이가 그리스 초기 주민 가운데 중요한 위치를 차지한다고 말하는 것 외에는 더이상 아무런 언급도 하려 들지 않았다.37

　헬레네스가 북쪽에서 내려와 그리스를 정복했다는 아리안 모델에 펠라스고이를 조화시키기란 확실히 어려운 일이다. 19세기 아리안 모델의 선구자인 에른스트 쿠르티우스* 같은 학자들은, 펠라스고이를 소수의 우월한 아리안-헬레네스에게 정복당한 '반半아리안'으로 간주했다.38 이는 펠라스고이가 아나톨리아어를 사용하는 북동 에게 해 지역에 있었다는 헤로도토스의 보고와 정확히 일치한다. 그러나 그러한 가설은, 만약 펠라스고이가 그토록 선명하게 기억되었다면 어째서 헬레네스가 그들을 정복했다는 기억이 없는지를 설명하기 어렵다. 심지어 투키디데스도 펠라스고이와 그 밖의 사람이 테살리아 부근 프티오티스(프티아)에서 자생적으로 발생한 '헬렌*의 아들들'과 점진적으로 '왕래'하면서 '헬레네스화되었다'고 말한다.39

20세기 초두에 고전 고고학계를 지배했던 윌리엄 리지웨이* 그리고 20세기 학자인 에른스트 그루마흐와 싱클레어 후드는 이 문제에 대한 한 가지 해법을 제안한다. 이들은 헬레네스의 정복이 '헤라클레스 가문의 귀환'과 '도리스인의 침입'이라는 모습으로 전승에 기록되어 있는데, 이것이 사실상 가리키는 것은 기원전 12세기에 일어난 북쪽에서 남쪽으로의 종족 이동이라고 주장한다.40 이러한 견해는 도리스인을 헬레네스와, 이오니아인을 펠라스고이와 연결한 헤로도토스의 기록과 일치한다.41 물론 '펠라스고이'인 아테네인이 헬레네스화되었다는 기록과 아테네가 결코 도리스인에게 정복된 적이 없다는 강력한 전승을 조화시키는 데는 약간의 문제가 있다. 그러나 이러한 어려움은 대다수 19세기 역사가와 거의 모든 20세기 역사가들이 받아들인 '사실'에 비하면 그저 미미할 따름이다. 그 사실이란 도리스인의 침입 이전에 미케네 문명을 일구어낸 사람들이 그리스어를 사용했다는 것이다. 따라서 '도리스인의 침입'을 '아리안의 정복'에 포함시킬 수 있는 유일한 방법은, 그것이 일련의 이주 물결 가운데 마지막이었다고 말하는 것뿐이다. 그러나 이는 그리스어나 원元그리스어*를 말하는 사람의 최초 그리스 도착을 이해하는 데에 하등의 도움이 되지 않는다.

앞서 그리스 작가들에 대한 언급에서 알 수 있듯이, 고대 모델 역시 펠라스고이라는 문제에서 어려움에 봉착한다. 오늘날의 수정 고대 모델 지지자에게 최선의 해결책은, 19세기 고대 사학의 주류(조지 그로트*와 빌라모비츠묄렌도르프* 같은 학자)를 따라 펠라스고이가 원주민 또는 토착민에게 붙여진 일반적인 이름이었다고 말하는 것이다.42 그러나 나는 펠라스고이가, 이집트-페니키아인의 침입에 의해 식민화되어 어느 정도 문화적으로 동화된, 인도유럽어를 말하는 토착민에게 널리 붙여진 이름이었다고 주장한다. 이는 앞서 언급한 아이스킬로스와 에우리피데스의 서술과 정확히 일치한다. 그 렇다면 펠라스고이로 하여금 다나오스인이 되도록 한 다나오스의 명령은 펠라스고이의 근동 문화 차용을 상징하는 것이 된다. 동화라는 개념 또한 아테네인이 필시 케크롭스와 에렉테우스 같은 매개자를 통해 펠라스고이에 서 이오니아인으로 전환한 과정과 부합한다.

따라서 고대 모델을 따를 경우에는, 어째서 고전 작가들이 펠라스고이를 그리스에 거주한 '이민족'임과 동시에 어떤 식으로든 헬레네스로 간주했는 지를 이해하는 과정에서 아리안 모델을 따르는 학자가 직면하는 문제점을 피할 수 있다. 펠라스고이가 나중에는 아르카디아와 에피로스, 그리고 테살 리아 변경 같은 먼 지역과 관련되었다는 점 또한 인상적이다. 이럴 경우, 펠 라스고이는 동화되지 않은 부분을 지닌 '원元그리스인'으로 여겨질 수 있다. (이에 대한 유비로서 홍강紅河* 삼각주 베트남인과 남부 산악 지대 무옹족* 사이의 다소 불분명한 구분을 예로 들 수 있다. 무옹족의 언어와 문화는 베트남과 유사하지 만, 중국에서의 문화적 차용은 베트남에 비해 훨씬 적다. 그러나 이 같은 추측을 뒷 받침할 증거는 없다.) 우리는 또한 아르카디아인이 적어도 미케네 시기 말엽 에 이르렀을 때는 이미 그리스어를 사용하고 있었다는 것을 안다. 더구나 아르카디아는 이집트와 셈족의 영향이 특히 충만했던 곳으로 보인다.[43] 이 는 아르카디아가 더디게, 그러나 완전히 동화되었다고 가정하면 설명할 수 있다. 즉 로마 지배에 저항한 웨일스인이 수많은 라틴어와 로마 그리스도교 를 보존한 것처럼, 아르카디아인이 자신이 저항한 수준 높은 문화로부터 내 려온 전승을 보존했다는 식으로 말이다. 그러나 이와는 반대로, 단지 그들이 늦게까지 전통을 고수했기 때문에 '펠라스고이'라는 수식어가 붙었다고 주 장할 수도 있다.

그리스인 가운데 오직 아르카디아인만이 미케네 문화의 요소를 철기 시 대까지 유지한 것은 아니다. 이오니아인과 아이올리아*인도 마찬가지라고

할 수 있다. 그런데 도리스인이 예외라는 점은 매우 중요하다. 왜냐하면 그로부터 도리스 문화의 성격이나 혹은 도리스 문화가 유래했다고 추정되는 북부 및 북서부 그리스의 성격에 관한 문제가 제기되기 때문이다. 이집트와 셈족의 종교적 영향이 북부 그리스와 트라키아 전역에 미쳤다는 점은 의심의 여지가 없다. 또한 그 지역에서 가장 중요하고 아마도 가장 오래된 신탁 중심지인 '펠라스고이의' 도도나와 시와 오아시스에 있는 이집트-리비아의 암몬Ammon* 신탁소, 그리고 테베의 아몬Amon 신탁소 사이에는 어떤 연결성이 있다. 이에 관해서는 제3권에서 논할 것이다.

더욱이 도리스 지도자들은 자신을 '헤라클레스 가문'이라고 주장했다. '헤라클레스 가문'은 다나오스인-이집트인 식민지 개척자의 후예로, 기원전 14세기에 아나톨리아로부터 건너온 것으로 보이는 후기 탄탈로스* 왕조 혹은 펠롭스 왕조를 대체한 사람이다. 분명 도리스 왕들은 헬레니즘 시대에 이르기까지 줄곧 자신들의 이집트-힉소스 선조에 대해 자부심을 가졌다.[44] 그럼에도 불구하고 북서 그리스에서는 미케네식 왕궁이 전혀 발견되지 않으며, 따라서 대체로 그 지역은 다른 그리스 지역에 비해 근동의 영향을 훨씬 덜 받았다고 추정하는 것이 그럴듯해 보인다. 게다가 도리스인의 '헤라클레스 가문의 복귀'는 다나오스인의 정통성을 주장하는 한편, 사회적으로나 민족적으로 혁명적인 양상을 띠고 있었을 것이다. 일부 고고학자들은 미케네 왕궁이 파괴된 후 미케네 이전의 중기 헬라딕 시기 물질 문화가 부활했다는 점에 주목했다. 따라서 동화되지 않은 도리스인의 침입과 단지 부분적으로만 동화된 왕궁 경제권 내 농민이 도리스인을 지지함으로써 미케네 시기가 종말을 맞았다고 해도 무방하다.[45]

그리스 본토의 펠라스고이에 대한 언급은 대체로 고대 모델과 상당히 잘 들어맞는다. 고대 모델에 따르면, '펠라스고이'는 그저 동화되지 않은 토착 그리스인에게 붙여진 이름이었다. 그렇다고 해서 그러한 개념이 크레타에 거주했던 초기의, 그러나 헬레네스였던 펠라스고이와 양립할 수 없는 것은 아니다.[46] 한편 수정 고대 모델이 갖는 큰 어려움은 펠라스고이가 그리스어를 사용하지 않았다고 확신한다는 헤로도토스의 명백한 진술에서 기인한다. 그는 오로지 북동 에게 해 지역의 증거에만 근거하여 그러한 주장을 개진한 것으로 보인다. 따라서 이 경우 '펠라스고이'는 '토착민'이라는 넓은 의미로 사용되었다고 보는 것이 적절할 듯하다. 고대와 현대 저자들이 혼란을 겪었던 것은 이토록 전혀 공통점이 없는 사람을 통합하려고 시도했던 탓으로 보인다.

이오니아인

이오니아인은 도리스인과 더불어 그리스의 두 주요 종족을 이룬다. 고전기에 이오니아인은 에게 해 중심부를 가로질러 아티카에서 아나톨리아 해안의 '이오니아'로 건너와 무리를 짓고 살았다. 그들은 자신들이 도리스인의 도래 이후 동방으로 이주했으며, 그 이전에는 그리스의 보다 넓은 지역에 퍼져 살았다는 강력한 전승을 가지고 있었다. 그보다 더 오래된 전승을 따르고 있음에 거의 틀림없는 헤로도토스는 펠라스고이를 이오니아인과 연결지었다.[47]

> 이오니아인은 … 그리스에 전해 오는 이야기에 따르면, 오늘날 펠로폰네소스의 아카이아라고 알려진 곳에서 살았을 때, 즉 다나오스와 크수토스*가 도착하기 전에는 바닷가의 펠라스고이라고 불렸다. … 섬사람 또한 … 펠라스고이였다. 나중에 그들은 아테네가 건설한 열두 도시에 거주한 사람과 같은 이유로 인해 이오니아인이라고 알려졌다.[48]

아티카 이오니아인과 아나톨리아 해안의 이오니아인은 자신의 오랜 토착적 기원을 대단히 강조했다. 선형 문자 B에서 야-오-네ia-wo-ne라고 표기되는 이(아)온I(a)ōn이 서부 셈어의 야완Yawan과 아시리아어의 야와니Yawani 혹은 야마니Yamani, 페르시아어의 야우나Yauna, 그리고 이집트 민용 문자의 Wynn(위넨)과 동일하다는 점은 아무도 부정하지 않는다. 이들 모두 '그리스인'을 의미한다. 그러나 이온Ion이라는 이름에 적합한 인도유럽어 어원이 없음에도 불구하고, 모든 전거는 그 이름이 그리스어라고 추정한다.[49] 이 일군의 이름, 그리고 보이오티아에 침입한 전설상의 이집트-페니키아인이 맞닥뜨린 원주민 이름인 아오네스Aones와 히안테스Hyantes의 가장 그럴듯한 기원은 이집트어 'Iwn(ty[w])(이윤[티우] : 궁수, 이민족)으로 보인다.50 이 단어는 다른 단어보다 족히 1천 년 이상 앞서 나타났을 뿐만 아니라 *iwnt*(이우네트 : 활)와 *iwn*(이운 : 기둥 혹은 나무줄기)이라는 명확한 어원을 갖는다.

이집트어 원문에서 'Iwn(ty[w])(이윤[티우])가 다른 아프리카인을 지칭할 때만 사용되고 그리스인을 지칭할 때는 그와 다른 이름이 쓰였다 하더라도 이러한 어원 추정을 심각하게 약화시키지는 못한다. 아무런 구분 없이 완전히 다른 두 민족을 지칭하는 '인디언Indian'이라는 영어 이름은, '원주민'이나 '이민족'을 뜻하는 용어가 얼마나 쉽게 바뀔 수 있는가를 보여준다. 이 경우에 우리는, 서부 셈어를 쓰는 사람이 적어도 기원전 1000년경에는 이미 그리스인만을 특정하게 지칭하는 놀랄 만큼 유사한 용어를 사용하고 있었다는 사실을 알고 있다. 서론에서 언급했듯이, 나일 계곡 너머의 사막과 황무지 곳곳에 거주한 사람들의 신은, 그리스어로 세트, 아카드어로 수테크라고 음역되는 St(세트)였다. 나는 제3권에서 세트가 포세이돈과 동일한 신이라고 주장할 것이다. 기원전 5세기 그리스의 전승이 크수토스라는 이름의 말썽꾸러기를 이온의 아버지로 전하고 있다는 점은 특히 주목할 만하다. 왜냐하면 크수토스라는 이름은 St(세트)로부터 음성학적으로 충분히 이끌어 낼 수 있기 때문이다. 두 이름 사이의 의미론적 연결성은 포세이돈이 이오니아인의 수호신이었다는 사실에 의해 뒷받침된다.51

이런 식으로 수정 고대 모델은 크수토스와 이온에 대한 그럴듯한 어원 추정을 제공할 수 있으며, 고대 작가가 인지했던 펠라스고이와 이오니아인 사이의 밀접한 관련을 설명할 수 있다. 대체로 수정 고대 모델을 통하면, 아리안 모델을 통해 해석을 시도한 많은 뛰어난 학자들에게 그저 가망 없는 뒤범벅으로 남은 자료들을 조금이나마 이해할 수 있다.

　식민화에 관한 그리스 전승을 다룰 때는 세 가지 범주로 나누어 살피는 것이 유용하다. 첫째, 아르고스의 이나코스 왕과 테베의 암피온과 제토스 같은 전설적인 인물에 관한 다소 막연하기는 하지만 모순적이라고는 말할 수 없는 전승이 있다. 둘째, 고대 시기에 논쟁거리였던 아티카의 케크롭스나 크레타와 이오니아의 라다만티스에 관한 전승이 있다. 셋째, 널리 받아들여진 카드모스와 다나오스, 그리고 펠롭스에 관한 기록이 있다. 앞서 언급했듯이, 나는 그리스인이 문화적 자부심 때문에 근동의 영향과 식민화의 정도를 가벼이 여겼다고 믿는다. 더군다나 모든 전설이 역사적 사실을 품고 있으며, 모호함의 정도는 시기의 관점에서 설명할 수 있다고 확신한다. 즉 나중에 일어난 식민화일수록 그에 대한 묘사는 더욱 명확하다. 제1권에서는 주로 다나오스와 카드모스에 관한 전승을 다룰 것이다. 왜냐하면 고대 모델이 몰락하고 아리안 모델이 승리를 거두는 과정에서 논쟁의 핵심이 되었던 것은 보다 최근의 식민화였기 때문이다.

　먼저 고찰해야 할 것은 카드모스의 테베 식민화이다. 이는 고대 모델의 거점이었다. 왜냐하면 그에 대한 입증이 무척 활발하고 폭넓게 이루어졌기 때문이며, 또한 셈족인 페니키아인에 대한 존경이 아프리카 이집트인에 대한 존경보다 수십 년이나 더 지속되었기 때문이다. 카드모스에 관한 영어권 고전학계의 학식은 1913년에 발표된 곰Gomme의 논문에 의해 주도되었다. 곰은 카드모스인이 이룬 식민화와 암암리에 그 밖의 식민화까지도 헤로도토스 바로 직전인 기원전 5세기 초의 '합리주의' 역사가들이 발명한 것이라고 주장했다.[52] 그러나 그러한 극단적인 입장을 옹호하기란 언제나 어려운 일이었으며, 오늘날의 경우에도 마찬가지다. 무엇보다도 먼저, 민족주의적인 분위기가 강렬했던 기원전 5세기에 그토록 상세하고 다채로운 비애국적 전설들이 급작스럽게 널리 나타났다는 것 자체가 전혀 그럴듯하지 않다. 둘째, 회화적 증거가 있다. 기원전 7세기의 부조 화병 조각에는 오리엔트 의상을 입은 에우로파가 그려져 있으며, 에우로파와 다나오스의 딸들을 그린 유사한 초기 초상들도 있다.[53]

주요 논거는 문학에서 비롯한다. 호메로스는 식민화에 대해 언급하지 않지만, 그가 반드시 언급해야할 이유는 없었다. 왜냐하면 그의 서사시가 초기의 자료를 포함하는 것은 거의 확실하지만, 미케네 시기 말의 자료를 다루었을 뿐 그보다 수백 년 앞선 미케네 시기 초의 자료를 다룬 것은 아니기 때문이다. 『일리아스』는 다나오스인과 카드모스인에 대한 언급으로 가득차 있는데, 적어도 후기 그리스인이라면 그 이름의 시조(다나오스와 카드모스)가 이집트나 페니키아로부터 왔다고 서슴없이 인정했을 것이다. 호메로스와 헤시오도스 모두 에우로파에 대해 언급했다. 에우로파는 항상 카드모스의 누이나 혹은 가까운 친척으로, 그리고 '포이닉스Phoinix*의 딸로 간주되었다. 이것이 페니키아Phoenicia와 어떤 식으로든 관련된다는 점을 인정하기 꺼려하는 칼 오트프리트 뮐러를 비롯한 사료 비평가들은, 포이닉스가 다른 여러 가지 의미를 나타내며 따라서 레반트와 직접적으로 관련지을 필요는 없다고 지적했다.[54]

그러나 호메로스가 포이닉스를 '페니키아인'이라는 의미로 빈번히 사용했으며 나중에는 에우로파와 카드모스가 페니키아와 보편적으로 동일시되었다는 점을 감안하면, 그리고 특히 헤시오도스가 포이닉스를 아도니스*의 아버지로 묘사했다는 점을 알고 있는 경우라면, 이런 주장은 다소 무리인 듯 보인다. 아도니스의 페니키아 혈통은 그 이름이 가나언어 아돈*adôn(군주)에서 유래했다는 것만큼이나 의심의 여지가 없다.[55] 게다가 곰의 논문이 쓰어진 이래 발간된 헤시오도스의 『여인 열전』 가운데 한 단편에서, 에우로파는 '고귀한 페니키아인'의 딸로 묘사되며 제우스는 그녀를 납치해 '바다'

건너로 데려간다.56 이는, 비록 고전 주석자가 『일리아스』 제12권 292행의
에우로파 이야기를 헤시오도스와 기원전 5세기 시인 바킬리데스* 둘 모두
의 것으로 돌리고 있지만, 그 이야기가 헤시오도스의 시대에 이미 존재했음
을 확증한다. .

다나오스에 관해서는, 다나오스와 그의 딸들이 아르고스를 위해 우물을
팠으며 그가 아이깁토스와 관련이 있음을 강하게 암시하는 헤시오도스의
증언이 있다. 또한 실전失傳된 서사시인 『다나이스*』의 한 단편은 다나오스
의 딸들이 나일 강 둑 옆에서 무장하는 모습을 묘사한다.57 따라서 설령 아
이스킬로스와 에우리피데스, 그리고 헤로도토스가 근거한 전거들이 과연
오래된 것인지 의심하려 해도, 다나오스와 카드모스에 관한 전승이 서사시
시대까지 거슬러 올라간다는 점은 다른 증거에 의해 거의 확실하게 뒷받침
된다.

지금 이야기하고 있는 바를 정확히 이해하기 위해서는, 호메로스의 생존
연대 및 그와 거의 동시대 사람인 헤시오도스의 생존 연대에 관한 각기 다
른 추정을 이 시점에서 검토하는 것이 유용하다. 고대인은 헤시오도스를 호
메로스 이전 사람으로 간주하면서, 두 사람 모두 기원전 1100년에서 850년
사이에 생존했으며, 적어도 첫 번째 올림픽 경기가 개최된 기원전 776년 이
전의 인물인 것만큼은 분명하다고 여겼다.58 오늘날의 학자들은 거꾸로 호
메로스를 헤시오도스 이전 사람으로 본다. 그리고 호메로스는 기원전 800년
에서 700년 사이의 인물로, 헤시오도스는 기원전 700년경의 인물로 여긴다.
이렇게 연대를 늦추어 잡는 것은 1930년대부터 지속되어 온 전통 학설이 알
파벳의 도입 시기를 기원전 8세기라고 주장하기 때문이다. 현대 학자인 조
지 포레스트는 다음과 같이 서술한 바 있다.

헤시오도스는 호메로스와 마찬가지로, 구전에서 문자 기록으로 옮겨가는 시기에
살았다. 게다가 두 사람 모두 각기 오랜 구전 전승을 나름대로 해석하여 기록한 최초

의 인물이었던 것 같다.[59]

그러나 이제는 심지어 고전학자까지도 페니키아 알파벳이 그리스에 도입된 시기를 대개 기원전 9세기나 10세기 말로 잡는다. 일부 셈어학 학자는 가나안 알파벳이 전래된 시기를 11세기라고 주장했지만, 나는 그 시기가 기원전 1400년 이전임에 틀림없다고 주장한다.[60] 따라서 알파벳은 고대인이 설정한 연대에 의문을 제기하는 근거로는 온당치 않은 듯 보인다. 『일리아스』에 등장하는 가장 세련된 상품들이 페니키아산産이며 『오디세이아』가 에게 해 지역의 페니키아인을 언급한다는 점 또한 호메로스의 생존 연대를 낮춰 잡는 근거가 된다. 즉 페니키아인이 에게 해 지역에 다다른 시기가 빨라야 기원전 9세기라고 추정되므로, 만약 호메로스라는 한 개인이 있었다면 그 이전에 살았을 리 없다는 것이다.[61] 그러나 최근의 고고학적 발견은 페니키아인이 11세기 말 아니면 10세기부터 에게 해 지역에 존재했음을 시사한다. 이 새로운 증거는 기원전 1000~850년에 페니키아의 팽창이 절정에 달했다는 강력한 역사적 주장과 일치한다.[62]

호메로스를 기원전 8세기 말이나 7세기의 인물로 보는 또 다른 근거는 『오디세이아』가 주로 그리스 서부를 무대로 삼고 있다는 점이다. 이 점이 근거가 되는 것은 8세기 말에 그리스가 시칠리아*와 남부 이탈리아를 식민화하기 전까지 그리스인이 지중해 중부에 대해 알지 못했다는 주장 때문이다.[63] 여기서 『오디세이아』를 이집트 『사자의 서』의 그리스 판으로 간주하는 것은 여러 모로 유용하다. 이집트와 그리스의 우주관에서, 해가 지는 서부의 섬들은 공히 지하 세계 내지 사자의 별이 머무는 영역과 관련되었다.[64] 그러나 굳이 이러한 가설을 세우지 않더라도, 청동기 시대에 미케네에서 서쪽으로 향하는 교역 물자가 상당량에 달했으며, 기원전 11~9세기에 페니키아인이 서부 지중해 지역과 벌인 교역에 대해 그리스인이 알고 있었다는 점 (비록 직접 참여하지는 않았지만)은 분명하다.

　헤시오도스를 호메로스 이후의 인물로 간주하는 첫 번째 근거로는 다음과 같은 추정이 있다.

또한 헤시오도스의 『신들의 계보』가 기원전 1100년 이후 비로소 형성된 근동 모델 유형에 근거한 것이 분명하므로, 시리아 해안 알 미나*에 그리스 식민지가 세워졌을 경우, 그 근동 모델은 기원전 800년 이후에야 비로소 그리스에 도입되었다는 주장도 있을 수 있다.[66] 헤시오도스의 『신들의 계보』는 기원전 3000~2000년 이래 중동 전역에서 찾아볼 수 있는 일반적인 유형에 속하며, 그와 유사한 형식이 미케네 시기 그리스에 존재했다는 점 역시 의심의 여지가 없다.[67] 그럼에도 불구하고 헤시오도스의 작품은 기원전 1000년경의 전승을 통해 가장 잘 설명할 수 있는 특색을 담고 있는 듯하다.[68] 반면 알 미나에 그리스 식민지가 있었는지는 상당히 의심스러우며, 헤시오도스와 그의 동시대인이 이 후기의 '신들의 계보'를 페니키아를 통해 접했다고 하는 편이 훨씬 그럴듯하게 보인다. 헤시오도스가 마침내 가장 마음에 드는 포도주를 얻었던 곳으로 보이는 페니키아를 통해서 말이다.[69]

　호메로스와 헤시오도스의 생존 연대에 관한 고대 전승에 의문을 제기하는 근거들은 대체로 매우 취약해 보인다. 헤시오도스가 호메로스 이전 인물이며, 헤시오도스는 기원전 10세기, 그리고 호메로스는 기원전 900년경 전후에 활약했다는 고전기와 헬레니즘 시기의 일치된 주장을 연구를 위한 가설로 받아들이는 것이 합당할 듯하다. 그러나 어떠한 연대를 설정하든, 이집트와 페니키아가 그리스를 식민화했다는 전설의 흔적이 현존하는 가장 오래된 그리스 전승에 나타난다는 점만큼은 의심의 여지가 없는 것으로 보인다.

그리스 비극에 나타난 식민화

　그 시기의 다른 희곡에서도 이집트인과 페니키아인 식민자에 대한 언급을 찾아볼 수 있지만, 여기서는 그리스 본토 식민화가 중심 주제로 등장하는 작품, 즉 아이스킬로스의 『탄원자』에 초점을 맞출 것이다. 『탄원자』는 3부작 혹은 4부작의 제1부이자 유일하게 현존하는 작품으로 알려져 있다. 실전된 작품은 『이집트인』과 『다나이스』, 그리고 풍자극인 『아미모네』라고 하는데, 전반적인 주제는 『탄원자』와 신화 및 전설에 관한 후기 저술을 보면 충분히 짐작할 수 있다.

　아르고스 왕 이나코스의 딸 이오*는 제우스의 사랑을 받았다. 그러자 격심한 질투에 사로잡힌 헤라*는 이오를 암소로 둔갑시킨 후 쇠파리로 괴롭혔다. 이오는 여러 곳으로 도망치다가 마침내 이집트에 정착해, 그곳에서 제우스의 아들 에파포스를 낳았다. 에파포스의 후손과 그 배우자는, 리비아와 포세이돈, 벨로스*, 티로스의 왕이자 카드모스와 에우로파의 아버지인 아게노르, 그리고 쌍둥이 형제인 다나오스와 아이깁토스 등이 있다.[70] 다나오스·는 50명의 딸을 두었고, 아이깁토스는 50명의 아들을 두었다. 형제는 서로 다투었지만 나중에는 형제의 자식들이 합동으로 결혼식을 치렀는데, 그날 밤 아이깁토스의 아들들은 단 한 명을 제외하고 모두 다나오스의 딸들에 의해 죽임을 당했다. 그 후 다나오스는 아르고스의 왕위를 손에 넣는다. 이 이야기는 다양한 판본에 매우 다르게 실려 있는데, 특히 이 일련의 사건에서 어떤 것이 이집트에서 일어난 일이고 어떤 것이 아르고스에서 일어난 일인가에 대해 매우 다르게 나온다.

　『탄원자』는 이 이야기의 한 토막, 즉 다나오스의 딸들이 아이깁토스의 아들들의 사악한 의도를 벗어나고자 이집트를 떠나 탄원자 신분으로 아르고스에 다다르는 일화를 담고 있다. 그곳에서 다나오스의 딸들은 원주민 왕 펠라스고스에 의해 '제우스 히케시오스Zeus Hikesios'의 신전으로 인도된다. 그러자 아이깁토스와 그의 아들들은 그들이 보낸 전령을 통해 다나오스의 딸들을 되돌려 보내라고 거만하게 명령한다. 그리스에 대한 굳건한 애국심을 지닌 펠라스고스가 그 명령을 거부하고, 다나오스와 다나오스의 딸들은 펠라스고스 및 그의 백성과 더불어 아르고스에 정착하기 위한 계획을 세우는 것으로 희곡은 끝을 맺는다.

이 희곡과 3부작에 대한 근대의 연구가 어느 정도까지 정치로 얼룩졌는지는 대체로 잘 실감되지 않고 있다. 독일의 낭만적 실증주의자와 그 이후의 학자들은 『탄원자』가 현존하는 아이스킬로스의 희곡 가운데 가장 초기의 작품이자, 그 주제에 관한 한 현존하는 모든 희곡 가운데 가장 초기의 작품이라고 주장했다. 이러한 연대 설정은 사실상 근대 고전학계의 시금석으로 자리 잡았다.

> 학자들은 지금껏 『탄원자』를 현존하는 아이스킬로스의 희곡 가운데 가장 초기의 작품으로 간주했다. 만약 우리가 이제 그 연대를 늦추어 잡는 데 동의한다면, 문학 연구를 위한 모든 시도가 쓸모없게 되고 말 것이다.[71]

그러나 1952년에 공표된 한 파피루스는 그 3부작이 기원전 464~463년에 상을 받았음을 보여준다. 따라서 그것은 이미 비극 작가로서 원숙한 단계의 작품임을 강력히 시사한다.[72] 이는 그 희곡이 기원전 5세기와 4세기 아테네에서 높은 칭송을 받으며 상연되었다는 점과 정확히 일치한다. 현대 고전학자 앨런 가비 박사는 운율과 어휘, 그리고 극적 구조를 근거로 하여, 그 희곡이 초기 작품이라는 주장의 취약성을 통렬하게 보여주었다.[73] 그렇다면 그 희곡의 '미숙함'에 대한 일관된 비난은 어디에서 기인한 것일까? 가장 그럴듯한 이유는, 전성기에 도달한 가장 위대한 그리스 비극 작가가 이집트인이 펠로폰네소스에 정착했음을 암시하는 이야기를 다루었다는 것이 어딘가 걸맞지 않은 일로 여겨졌다는 점이다.

작품에서 나타나는 이집트적인 측면(후에 고대 모델을 떠받치는 매우 중요한 버팀목이 되었다)을 감소하려는 시도 또한 마찬가지로 꾸준히 지속되었다. 예를 들어, 이오는 아르고스 출신으로 여겨지지만, 대부분의 전거들은 사실 그녀가 단지 아이깁토스와 다나오스의 먼 선조일 뿐이었다는 데 의견을 같이한다. 따라서 두 형제와 그 자녀들은 이집트화된 사람이거나 아니면 순수한 이집트인이었으며, 다나오스의 딸들은 '검은 피부색'을 가진 것으로 뚜렷하게 묘사했다.[74] 그러나 독일 학계의 주류는 두 형제를 이오 자신의 자녀로 볼 수 있다는 한 고전 주석자의 의심스런 주장을 선호했다. 또한 그 고전 주석자는 3부작에서 전개되는 모든 내용이 아르고스에서 일어난 일이라고 주장했다. 이러한 해석은 모든 전거보다 선호되었지만, 어떤 전거들(앞서 언급한 『다나이스』에서 인용된 시행을 포함하여)은 모두 다나이스가 이집트로부터 도착한 내용을 담고 있으며, 어떤 전거들은 모든 사건이 이집트를 배경으로 하고 있음을 말하고 있다.[75]

아리안주의 학자들의 이러한 비평에도 불구하고, 아이스킬로스가 소위 헬레네스 민족주의라고 할 수 있는 것을 마음속 깊이 간직하고 있었으며, 어떤 침입이든 간에 그 침입의 충격을 줄이고자 했다는 점은 의심의 여지가 없다. 그는 페르시아 전쟁이 절정에 달했던 시기를 겪었다. 아테네 귀족으로서 그는 페르시아의 전면적인 침입을 저지한 기원전 492년의 마라톤 전투에 참전했다. 그의 희곡 『페르시아인』은 그의 세대가 가지고 있던 극심한 이민족 혐오를 직접적으로 표현했다. 그러한 혐오는 『탄원자』에서도 별반 감춰지지 않는다.

이봐! 당신 뭐하는 거야? 대체 얼마나 오만하기에 펠라스고이가 사는 이 땅을 이토록 모욕하는 거야? 정말이지 여인네의 땅에 발을 디뎠다고 생각하기라도 하는 건가?

헬레네스와 관계하는 이민족 치고는, 당신 너무 오만하군.[76]

국수주의의 분위기가 그 정도로 팽배했다면, 아이스킬로스가 일군의 신화에 내재하는 이집트 요소들을 과장하기보다는 축소하고자 했다고 가정하는 편이 보다 그럴듯하다. 이러한 주장을 뒷받침하는 유력한 증거를 원문에서 찾아볼 수 있다. 그것을 입증하기 위해 현재의 논의를 앞질러 주로 제2권과 제3권에서 다루게 될 접근법을 언급해야겠다.

어떠한 전설이든, 전설의 구성 요소는 그 역사적 가치에 따라 대략적으로 등급을 매길 수 있다. 가장 가치가 떨어지는 요소는 모든 민담에 공통된 모티프인데, 이 경우에는 50명의 딸이 50명의 아들과 결혼해서 그들을 살해했다는 이야기가 그에 해당한다. 물론 중요한 위치를 차지하는 민간 전승의 주제도 있다. 시실리 출신의 디오도로스에게 정보를 제공한 이집트인은, 그리스인이 이오의 태생지를 이집트에서 아르고스로 옮겼다고 말했다.[77] 마이클 애스터는 이오와 제우스, 그리고 헤라의 이야기가 성서에 나오는 하갈 Hagar의 이야기와 얼마나 닮았는가를 잘 보여주었다. 하갈*(이 이름은 셈어 √hgr[하가르 : 방황하다]에서 유래한 것으로 보인다)은 아브라함*의 사랑을 받아 임신했는데, 그 바람에 그의 질투심 많은 아내 사라*에 의해 광야로 내쫓겼다. 그녀는 거의 죽을 뻔했지만, 신의 보살핌으로 오아시스에서 쉴 수 있게 되었고, 그곳에서 반은 사람이고 반은 짐승인 이스마엘*을 낳았다. 애스터는 또한 예레미야서로부터 "이집트는 아름다운 암소이지만, 북쪽에서 온 쇠파리가 덤벼들었다"라는 놀라운 구절을 인용하는데, 이는 예레미야의 이스라엘 청중이 그 전설을 알고 있었음을 시사한다. 애스터는 이 두 가지를 근거로, 다나오스의 정착을 둘러싼 전설들에서 셈족의 영향이 나타난다고 주장한다.[78]

그러나 이집트 신화의 징후는 그보다 훨씬 더 많은 것 같다. 예를 들어, 『탄원자』 212행에서 다나오스는 '제우스의 새'에 호소하고 합창단은 이에 대한 응창으로 '구원의 태양 광선'에 간원한다. 주석자들은 이것이 이집트의 제우스 격인 아몬-라의 '태양의 매'와 놀랄 만큼 유사하다는 점을 외면할 수는 없었지만, 그러한 유사성을 '이집트화'라고 부르면서 그 의의를 축소하려 한다. '이집트화'라는 말은 다소 뒤늦게 이루어진 피상적인 유사성이라는 뉘앙스를 풍긴다.[79] 또한 죽은 자들을 맞이하는 '지하 세계의' 제우스나 지하 세계에서 인간의 잘못을 판결하는 '또 다른 제우스'에 관한 언급도 찾아볼 수 있다. 이는 죽은 자에 대한 오시리스의 재판과 대단히 흡사하게 보이는데, '또 다른 제우스'에 관한 언급이 『오디세이아』에 나오는 구절, 즉 '오르페우스교적'이자 궁극적으로 이집트적이라고 널리 받아들여지는 구절과 비교한 것은 전혀 놀랄 만한 일이 아니다.[80]

이러한 언급이 시사하는 바는 상당하다. 그러나 전설에서 발견할 수 있는 '가장 확고한' 역사적 증거는 고유 명사에서 비롯하는데, 이 점에 대해서는 고전학자이자 문학비평가인 프레더릭 알의 최근 저작에 의지할 필요가 있다. 알은 고전 저자들이 고도의 복잡성과 정교함을 지니고 있으며, 따라서 그들의 원문에 접근할 때는 이를 테면 『피네건의 경야』*에 접근할 때처럼 해야 한다고 말한다. 즉 고전 저자들의 원문에 '일원론*적인' 혹은 하나의 조야한 의미만을 부과하는 짓(많은 고전학자들이 이런 짓을 한다)을 피해야 한다는 것이 그의 견해다. 그는 이를 실행하기 위해, 원문에 다중적이고 종종 모순된 의미나 '독법'을 부여하는 동음이의 기교와 철자 바꾸기*, 그리고 구조적 병치로 이루어진 두터운 망을 찾아내야 한다고 주장한다. 더욱이 동음이의 기교는 절대 가볍게 다루어서는 안 되며, 신성하지는 않더라도 심오한 관련성과 진실을 드러내는 것으로 보아야만 한다는 것이다.[81]

『탄원자』가 그런 식으로 다루어질 만하다는 것은 분명하다. 가비는 다음과 같이 말한다.

그 고유의 의미는 전혀 다르지만 그 소리나 형태가 어떤 모티프를 암시하는 단어들이 있다. 『탄원자』 117행에서 부닌βούνιν은 '구릉 지대'를 뜻하지만 '암소의 땅'을 암시하며(어간 bou-[부-]는 '소'를 뜻한다), 아피안Ἀπίαν은 이집트의 에파포스 격인 아피스를 떠올리게 한다(262행 참조). 이는 말장난의 수준을 훨씬 넘어선다. 왜냐하면 그 바탕에는, 이름이란 단순한 합의의 사안이 아니라 그 이름이 나타내는 사물의 밀접한 일부라는 생각이 깔려 있기 때문이다.[82]

가비는 계속해서 에파포스Epaphos와 어간 ephap-(에파프-) 사이의 명확한 유사성을 지적하는데, 희곡에서 종종 나타나는 어간 ephap-(에파프-)는 '잡다'와 '애무하다'라는 두 가지 의미를 갖는다. 또한 에피프노이아epipnoia라는 단어는 이오를 임신시킨 제우스의 부드러운 숨결과 더불어 나중에는 다나오스와 그 딸들을 위협하는 폭풍을 뜻하기도 한다.[83] 이들과 아피아(안)Apia(n) 외에도, 에파포스라는 이름과 관련한 또 다른 이름을 장 베라르가 제시한 바 있다. ’Ip.py(입피)라는 이름은 두세 명의 힉소스 파라오들에게 붙여진 이름이었으며, 그리스어로는 통상 아포피스Ap(h)ōphis라고 번역되었다.[84] 애스터가 지적하듯이, 모음 삽입 과정에서 나타나는 차이는 후기 이집트어가 기원전 2000~1000년의 말엽에 a가 o로 바뀌는 모음 변천을 겪었다는 사실을 통해 설명할 수 있다.[85] 이는 에파포스가 그 이전에 도입되었음을 시사함으로써, 나중에 '이집트화'되었다는 주장을 약화시킨다.

이 희곡 외에서는 거의 사용되지 않는 아피아Apia라는 지명은 일반적으로 아르고스를 뜻하지만, 다른 곳에서는 펠로폰네소스 반도 전체를 망라하는 의미로 사용된다. 아피아는 호메로스의 작품에 나오는 아피오스apios(먼) 또는 아피에 가이에apiē gaiē(먼 땅)와 그럴듯하게 연결되기도 했다.[86] 그러나 이로부터 아피아가 유래한 것 같지는 않다. 아피아는 다른 많은 관련들을 갖는다. 그 이름이 이집트의 황소 신 아피스를 상기시키며, 따라서 암소 이오 및 그녀의 이집트 아들 에파포스와 관련된다는 점은 고대인에게 너무나 명백했으며, 1911년부터 현대 학자들도 그 점을 뚜렷이 인식했다.[87] 멤피스의 아피스 황소 숭배는 제1왕조까지 거슬러 올라가지만 그 영향력이 절정에 달한 것은 제18왕조 이후였다. 그 이름의 본래 이집트어 형태는 Hpw(헤푸)인데[88], Hp(헵) 또는 Hpy(헤피)는 호루스의 아들 가운데 한 명의 이름이며, 『사자의 서』에서 두드러지는 그 아들은 북쪽을 지키는 책임을 맡고 있었다.[89] 따라서 그는 이집트인의 눈에 그리스와 관련된 인물로 비쳤을 것이다. 처음에는 그를 그리스의 아피아와 연결 짓는다는 것이 너무 억지스러워 보일 수도 있다. 그러나 『탄원자』에는 다음과 같은 구절이 나온다.

> 우리가 서 있는 땅이 바로 아피아 지방이며, 예로부터 불려온 그 이름은 한 의사를 기리기 위한 것이다. 아폴론의 아들이자 예언자이며 의사인 아피스가 먼 해안의 나우팍토스Naupaktos*로부터 와서 이 땅에 가득했던 치명적인 괴물들을 깨끗이 몰아냈다. 옛적의 유혈 행위로 더럽혀진 대지에서 솟아오른 그 괴물들은, 재앙을 가져오는 뱀의 무리, 즉 혹독한 역병이었다. 아피스는 수술과 주술로 역병을 치유하여 아르고스 지방에 평안을 가져왔다. …[90]

이집트 판테온에서 Hpy(헤피)는 작은창자를 담은 카노푸스 단지*의 수호자였으며, 『사자의 서』에서 그가 죽은 자들을 보호하면서 수행한 주요 역할은 뱀 모양의 악마들을 죽이는 것이었다.[91] 아폴론은 일반적으로 Hpy(헤피)의 아버지인 호루스와 동일시되었다. 이런 식으로 유사성이 얽히고설킴에 따라 아피스를 아피아와 연결 짓는 것은 더더욱 그럴듯하게 보인다. 그러나 에파포스라는 이름이 명백히 오래된 유래를 갖는 것과 달리, 아피스라는 이름은 적어도 이 맥락에서는 보다 최근에 유래한 것으로 보인다. 호메로스의 작품에서는 아피아라는 이름이 등장하지 않으며, 위에서 언급한 그 이름의 시조에 관한 이야기는 단지 그 구절에서만 나타날 뿐 보다 일반적인 전승에 속했던 것 같지는 않다.

에파포스와 아피아뿐만이 아니라 『탄원자』에 나오는 대부분의 이름들은 강한 이집트적인 함의를 지니는데, 그 중 몇 가지 예를 들어 보면 다음과 같다. 오늘날 대체로 이 희곡에서 가장 아르고스적인 이름처럼 보이는 이나코스는 아르고스의 왕이자 이오의 아버지로 여겨진다. 나중에 그는 아르고스의 주요 강이 되었고, 그 때문에 종종 이집트의 나일 강과 대조되었다. 그러나 18세기에는 그 태도가 매우 달랐다. 예를 들어, 대담하고 뛰어난 학자인 니콜라스 프레레*는, 그리스도교 교부인 유세비우스*에 근거하여 이나코스가 이집트에서 온 식민자였다고 다소 모호하게 주장했다.92 프레레는 그 이름이 중동에서 '힘과 용맹함으로 유명한 사람'을 뜻하는 흔한 이름이었다고 주장하면서, 『70인역』*에서 에나크Enak(또는 Enach)로 음역된 성서 용어 아나크ʿănâq와 함께 그리스어 아낙스anax, 아나크토스anaktos(왕)를 인용했다.

아나크ʿănâq라는 이름은 두 가지 뜻으로 해석된다. 그것은 히타이트로 보이는 키리야트 아르바Qiryat 'Arbaʿ의 지배자들을 지칭하는 이름으로 사용되었지만, 일반적으로는 에게 해 지역에서 온 것으로 널리 받아들여지는 키크고 힘센 필리스티아인을 가리켰다.93 와나크트(w)anakt-라는 단어가 그리스어뿐만 아니라 프리기아어에서도 나타나므로, 아나크ʿănâq는 그 단어로부터 파생되었을지도 모른다. 이러한 어원 추정의 모호함은 차치하고라도, 키리야트 아르바Qiryat 'Arbaʿ가 분명 기원전 17세기나 18세기에 건설된 것으로 보인다는 문제가 있다.94 그러나 내가 믿는 바와 같이 필리스티아인이 주로 그리스어를 사용했다면, 아나크ʿănâq는 당연히 와나크트(w)anakt-에서 유래한 차용어였을 것이다.95

어쨌든 프레레는 그의 일반적인 주장을 강력하게 뒷받침하는 이집트어 어근 √ʿnḫ(아나크)를 알지 못했다. √ʿnḫ(아나크)의 기본 의미는 안크(또는 앙크ankh)*라는 유명한 상징 의미와 마찬가지로 '생명'이지만, 그 확장 범위는 상당히 넓다. ʿnḫ ḏt(아나크 제트 : 그가 영원히 살기를)라는 표현은 생존하는 파라오의 이름 뒤에 붙여지는 공식적인 관용 표현이었는데, 이는 인도유럽어에서 그 어원을 발견하지 못한 그리스어 와낙스(w)anax, 와나크토스(w)anaktos(왕)의 그럴듯한 어원이 된다.96 ʿnḫ(아나크)는 또한 '관棺'이라는

뜻으로도 사용되었으며, 이는 엘레우시스 신비 의식의 중심지에 있는 성골
함聖骨函을 뜻하는 그리스어 아나크토론Anaktoron의 어원으로 보인다.

우리의 관심사와 더욱 깊은 관련을 갖는 것은, '살아 있는' 물을 묘사
하는 mw'nḫ(무안크)라는 어구에서 나타나는 'nḫ(안크)의 용례이다. 아낙토스
Anaktos는 특히 실전된 서사시 『다나이스』의 시행, 포타무 네일로이오 아나
크토스(ποταμοῦ Νείλοιο Ἄνακτος : 왕의/살아 있는 강 나일의)에서 이와 동
일한 방식으로 사용된다. 나일 강은 비옥함과 생명을 부여하는 힘으로 유명
했다. 더욱이 기원후 1세기에 살았던 것으로 보이는 신화 작가 아폴로도로
스Apollodoros*에 따르면, 아이깁토스와 다나오스의 어머니인 나일 강의 딸
은 안키노에Anchinoē라고 불렸다. 이 이름이 'nḫ nwy(안크 노이 : 살아 있는
바다 또는 물의 생명)라는 이집트어 형태에서 파생했을 가능성은, 그 이름
의 변형인 안키르로에Anchirrhoē 또는 안키로에Anchirhoē로 인해 더욱
커진다. 로에rhoē는 그리스어로 '시내 또는 흐름'을 뜻한다.97

왕권과 관棺, 그리고 흐르는 물과 관련된 그런 특정한 의미론적 자음군群
이 이집트어와 그리스어 모두에 존재한다는 것은 단순한 우연의 일치가 아
니다. 또한 왕이자 시조이며 강이라는 이나코스의 3중 역할 및 그와 나일
강 사이의 빈번한 대조는, 위에서 제시한 Hpw/y(헤푸/헤피) : Apis/Apia(아피스/
아피아) 같은 식의 유음법類音法paranomasia 혹은 동음이의 기교가 이집트어
와 그리스어에 뒤얽혀 있음을 시사한다. 그리고 서사시에 등장하는 아나크
토스Ἄνακτος의 용례에도 불구하고 호메로스와 헤시오도스 모두 이나코스
라는 이름을 사용하지 않으며 헤시오도스가 이오의 아버지를 지칭하는 또
다른 이름을 사용한다는 사실은, 이집트어와 그리스어 사이의 이러한 관계
가 사실상 뒤늦게 공들여 만들어진 것임을 시사한다.

이나코스의 딸 이오의 이름은 동사 이에나이ienai(방랑하다)에서 파생했는
데, 이는 하갈Hagar의 어원을 √hgr(하가르 : 방랑하다)라고 추정하는 것과
일치한다.98 그러나 마찬가지로 명백한 이집트어와 셈어 어원 추정도 있다.

근대의 주석자들은 희곡에서 계속 나타나는 이오 Ἰώ(이오)와 이온 Ἰων(이오니아인), 그리고 이온 Ἰον(제비꽃) 사이의 명백한 동음이의 기교를 인정한다.[99] 이오니아인이라는 이름의 이집트어 기원은 앞서 제시했다. 이오의 두 가지 어원 가운데 하나는 이집트어 iʿh(이아흐 : 달)로 보이는데, 이는 콥트어 방언인 보하이르어Bohairic*로 이오흐iōh라고 번역된다.[100] 더군다나 이오iō가 아르고스에서 사용된 '달'을 뜻하는 방언이었다는 전승들도 있었다. 프레더릭 알이 지적하듯이, 이오와 이시스 사이의 관련도 이와 연결된다. 이시스는 아주 후기의 이집트 종교에서 달과 관련되었다. 더 나아가 알은 '암소'에서 합체된 뿔과 여성성이 달과 연결된다고 지적한다.[101] 바로 여기에서 우리는 이오의 두 번째이자 내 생각으로는 오히려 보다 근본적인 이집트어 어원을 발견할 수 있다. 즉 iht(이헤트 : 암소, 복수형은 ihw[이후])와 iw3(이와 : 긴 뿔 달린 가축용 소)가 바로 그것이다.

이오의 자손들 이름 가운데 우리는 앞서 에파포스라는 이름을 살펴보았다. 후기 이집트어 Rb(레브)에서 유래한 리비아Libya는 아테나의 한 형태라고 생각한다.[102] 많은 학자들은 리비아의 아들인 벨로스Belos의 이름을 셈어 어근 √bʿl(바알)에서 이끌어냈다.[103] 바알은 일반적 의미로는 '주主'를 뜻하고, 구체적인 의미로는 그 이름을 지닌 신을 가리킨다. 포이닉스라는 이름은 명백히 페니키아와 관련된다.[104] 역설적이게도, 티로스의 왕 아게노르는 이 가문에서 유일하게 '남자다운' 또는 '대담한'이라는 뜻의 그리스어 이름을 가진 인물이었다. 아이깁토스라는 이름의 어원은 그다지 분명치 않다. 본래의 H(t)-K3-Pth(헤[트]-카-프타흐 : 프타Ptah 신의 정령이 깃든 신전)은 하下이집트의 수도 멤피스의 이름이었다. 그러나 후기 청동기 시대에 이르렀을 때에는 그 이름이 동부 지중해 전역에서 '이집트인'이라는 뜻으로 흔히 사용되었던 듯하며, 아이-쿠-피-티-요Ai-ku-pi-ti-jo라는 인명은 미케네 시기 그리스에서 언급된다.[105]

아이깁토스의 쌍둥이 형제이자 경쟁자인 다나오스의 이름은 선형 문자

B에서 다-나-요Da-na-jo로 나타나지만, 이는 훨씬 더 복잡하고 매혹적인 문제를 제공한다. 이집트 역사나 신화에서 이 이름을 가진 것으로 알려진 인물은 아무도 없다. 그러나 이 이름은 에게 해 지역과 오래전부터 관련되어 있었으며, 그 시기는 거의 기원전 3000~2000년에까지 이른다.[106] 다-다-네Da-na-ne는 선형 문자 A에서 입증된다. T'in3y(티나이) 또는 타-나-유ta-na-yu는 기원전 15세기부터 그리스를 지칭하는 이집트어 이름으로 등장하며, D3-in(다-인)은 기원전 13세기에 이르기까지 사용되었다.[107] 애스터는 다나오스라는 이름의 어간을 단엘Dan'el 또는 다니엘Daniel 같은 이름에서 찾아볼 수 있는 셈어 어근 √dn(n)(단[다난 : 재판관)과 관련지었으며, 또한 다나오스를 시조로 하는 다나오스인이 셈어를 사용하는 종족이었다고 주장한다. 그는 이들이 후기 청동기 시대에 필시 남동부 아나톨리아의 킬리키아Cilicia*에서 그리스로 왔다고 본다.[108] 나는 동부 지중해에서 다니/다나Dani/a 또는 타니/타나Tani/a라고 불린 여러 민족들 사이의 관련 가능성을 받아들이며, 킬리키아와 남부 에게 해 지역 모두 청동기 시대에 상당히 셈족화되었다고 믿는다. 한편 나중에 킬리키아에서 발견되는 Dnnym(단님)과 성서에 나오는 단Dan*이라는 종족이 에게 해 지역으로 간 것이 아니라 에게 해 지역에서 왔다고 주장하는 학자들을 지지한다.[109] 그러나 우리의 관심사인 식민지화는 상당히 일찍이 이루어졌으며, 이에 관한 모든 전설들은 다나오스가 그리스로 이주해온 사람이었다고 주장한다.

단Dan-이라는 이름을 둘러싼 치밀한 동음이의 기교가 이집트어와 서부 셈어, 그리고 그리스어에서 오래전부터 존재했음이 분명하다. 앨런 가디너는 D3-in(다-인) 또는 데네Dene라는 지명이 기원전 11세기에 이르러 허리가 굽은 노인을 표현하는 한정사나 그림 문자pictogram*와 함께 씌었다고 지적한다. 그는 이를 '늙은'과 '지친'을 뜻하는 이집트어 ṯni(체니 : 이는 나중에 ṯni[테니]라고 표기되었는데, 그 시기에는 d와 ṯ, t가 모두 동일하게 발음되었다)와 관련짓는다. 그래서 그는 D3-in(다-인) 또는 데네Dene를 '지친 땅'이라고 부른다.110 그러므로 『탄원자』를 비롯한 여러 희곡에서 나타나는 다나오스의 가장 큰 특징이 엄청나게 많은 나이와 피로라는 점은 주목할 만하다. 다나오스는 또한 아르골리스를 식민화한 현명한 재판관이자 입법가로 알려졌으며, 그와 그의 딸들은 관개와의 관련성 때문에 특히 유명했다. 따라서 그의 이름은 이집트어 dni(데니 : 배분하다, 관개하다)에서 파생된 형태인 *dniw(데니우 : 배분하는 사람, 관개하는 사람)인데, 이는 셈어 √dn(n)(단[다난] : 재판관)과 뚜렷이 관련되며 여기에서 유래했을 가능성이 높다. 여기서 동음이의 기교의 조직망은 너무나 치밀하기 때문에, 에게 해 지역의 다나오스인Danaan이 먼저인지 아니면 이집트-셈족의 식민지 토지 분배자이자 입법자이며 관개자인 다나오스Danaos가 먼저인지를 분간하는 것은 불가능해 보인다.

다나오스의 이름에서 이끌어낸 결론은 불가피하게 모호한 반면에 그와 아이깁토스의 분쟁에 관한 전설은, 적어도 기원전 3세기 이래로 이집트 제18왕조가 축출한 힉소스 족장이 그였음을 명확하게 가리키는 것으로 보인다.111 이러한 맥락에서 이제 『탄원자』의 그리스어 원제인 히케티데스 Hiketides로 돌아가 보자. 이 제목은 제우스(제우스는 이 희곡을 처음부터 끝까지 주관한다)의 주요 별칭인 히케시오스Hikesios(탄원자)와 분명하게 관련된다.112 다소 낯선 별칭인 히케시오스는 종종 다른 곳에서, 특히 남부 그리스에서 종종 사용된 것으로, 이방인을 보호하는 제우스의 일반적인 모습을 나타낸다.113 '히케티데스Hiketides'라는 제목이 붙여진 두 희곡 모두 나중에 특히 힉소스의 식민화와 관련되는 도시인 아르고스에 주의를 돌린다는 점 또한 주목할 만하다.114 히케시오스는 이집트어 Hk3 ḫ3st(헤카 카세트)와 놀랍도록 유사한데, 이 이집트어는 기원전 3세기에 그리스어로 힉소스 Hyksos라고 번역되었다.

앞서 제시했듯이 유음법이나 동음이의 기교가 희곡에 일반적으로 널리 퍼졌던 점을 감안하면, 아이스킬로스와 그가 사용한 전거들의 저자들이 아이깁토스와 다나오스 사이의 분쟁에 관한, 특히 다나오스가 이집트에서 아르고스로 건너온 일에 관한 삼부작 가운데 한 희곡에서 나타나는 이중 의미를 알고 있었음이 거의 확실한 것 같다. 또한 '힉소스'가 본뜻이며 그로부터 '탄원자'라는 개념이 파생되었다고 추정하는 것이 합당하게 보인다. 그러나 제우스 히케시오스의 증거가 널리 나타난다는 점은 그 동음이의 기교가 오래된 것임을 시사하며, 따라서 그것이 아이스킬로스의 착상일 가능성은 거의 없다.

그리스에 도착한 사람을 정복자로 그리는 것보다는 원주민들에게 호의적으로 받아들여진 다음 불가사의하게도 지배자가 된 망명자로 그리는 편이 헬레네스 민족주의의 입장에서는 훨씬 더 만족스러웠다는 점 또한 의심의 여지가 없다. 그 편이 고대 전승과 민족 자긍심 사이의 긴장을 완화하는 데 확실히 도움이 되었을 것이다. 실제로 기원전 2000~1000년에 힉소스가 아르고스를 식민화했는지 여부에 관한 문제는 제2권에서 논의할 것이다. 여기서 주장할 수 있는 것은, 아이스킬로스와 그의 전거들(이 전거들은 적어도 『다나이스』가 씌어진 기원전 7세기 혹은 그 이전까지 거슬러 올라간다)의 저자들이 힉소스의 식민화를 사실로 믿었다는 점뿐이다. 이는 『탄원자』의 주제와 그 안에 담긴 다량의 이집트 자료에 의해 입증된다.

마지막으로 한 가지 덧붙여야 할 것은, 『탄원자』가 식민화에 주목한 유일한 비극은 아니라는 점이다. 테베를 다루는 많은 비극이 카드모스의 페니키아 기원을 언급한다. 예를 들어, 에우리피데스의 『페니키아 여인』에서 페니키아 여인들의 코러스는 (카드모스가 티로스 출신이었기 때문에) 카드모스 왕조의 몰락을 알려준다.[115] 또한 그 전설에 대한 믿음이 기원전 5세기에 일반적이었음을 뒷받침하는 증거도 있다.[116]

　이러한 믿음을 가장 인상적으로 보여주는 인물은, 기원전 450년경에 위대한 저서 『역사』를 집필한 헤로도토스이다. 그의 주요 테마는 유럽(그에게 유럽은 일반적으로 그리스를 의미했다)과 아시아, 그리고 아프리카 사이의 관계였다. 그는 이를 유사함과 상이함의 관계이자 접촉과 갈등의 관계로 보았으며, 페르시아 제국*을 바빌로니아에서부터 이집트까지, 그리고 제국의 북쪽과 서쪽 변경으로는 에피로스와 그리스로부터 흑해에 이르기까지 널리 여행하면서 이러한 문제에 대해 많은 질문을 던졌다.

　이번 장을 시작하면서 제시한 인용문은 헤로도토스가 식민화에 대해 전혀 기술하지 않았음을 보여준다. 왜냐하면 그는 그 내용이 이미 다른 곳에 기술되어 있다고 믿었기 때문이다. 그러나 동시에 그 인용문은 식민화가 실제로 일어났던 일이라는 그의 확신을 분명하게 보여준다. 『역사』는 다음과 같은 식민화에 관한 언급으로 가득 차 있다.

　거기(로도스에 있는 린도스Lindos*)에 있는 아테나 신전은 다나오스의 딸들이 세웠다. 그들은 아이깁토스의 아들들에게서 도망치는 와중에 그 섬에 닿았다.[117]

　아게노르의 아들 카드모스는 에우로파를 찾아다니는 와중에 그곳(테라)에 닿았고 … 그곳에 많은 페니키아인을 남겨 놓았다.[118]

헤로도토스는 식민 정착 자체보다 그들이 이집트와 페니키아 문명을 그리스에 도입하는 데 어떻게 도움이 되었는지에 대해 더욱 흥미를 느꼈다.

나는 그리스인이 테스모포리아Thesmophoria라고 부르는 데메테르 신비 의식*에 대해 입을 다물 작정이지만 … 예를 들어, 바로 다나오스의 딸들이 이 의식을 이집트로부터 가져와 그곳에 있는 펠라스고이 여인들에게 가르쳤다는 점은 말해도 괜찮을 듯하다. …119

카드모스와 함께 온 페니키아인은 … 그 나라에 정착한 후 수많은 문물을 그리스에 도입했는데, 그 가운데 내 생각에 가장 중요한 것은 당시까지 그리스인이 모르던 기술인 글쓰기였다.120

다른 곳에서 그는 근동 문명의 도입을 정치적이고 군사적인 성격을 지닌 인물과 관련지었다. 그 과정은 최초의 식민화 이후로 지속되었다.

이제 내가 가지고 있는 생각은 멜람푸스*가 … 그리스에 디오니소스라는 이름과 더불어 그 신을 기리는 희생 의식과 남근 숭배 행렬을 도입했다는 것이다. 그러나 그는 그 교의를 완전히 이해하지 못했거나, 혹은 온전히 전달하지 못했다. 보다 완전하게 발전된 형태는 후기 교사들의 업적이었다. 그럼에도 불구하고 남근 숭배 행렬을 도입한 사람은 분명 멜람푸스였으며, 그리스인이 지금 수행하고 있는 의식을 가르친 사람도 바로 그였다. 내 생각에 멜람푸스는 유능한 사람으로서, 예언의 기술을 습득했으며 이집트에서 배운 수많은 것을 약간 변형해서 그리스 땅에 도입했다. 그 중에는 디오니소스 숭배도 있었다 … 아마도 멜람푸스는 티로스의 카드모스 및 그와 함께 페니키아로부터 오늘날 보이오티아라고 불리는 지역으로 이주해 온 사람을 통해 디오니소스에 관한 지식을 얻었을 것이다. **거의 모든 신들의 이름은 이집트에서 그리스로 왔다**(버널 강조). 나는 신들의 이름이 해외에서 유래했음을 연구를 통해 알고 있다. 이집트에서 유래했을 가능성이 가장 높은데, 왜냐하면 이집트에서는 모든 신들의 이름이 태초부터 알려져 있었기 때문이다 … 이러한 관례들, 그리고 내가 추후에 이야기할 다른 관례들은 그리스인이 이집트로부터 차용한 것이었다 … 내가 도도나에서 들었던 바와 같이, 오랜 옛날 펠라스고이는 모든 종류의 희생 제물을 바치면서 신들에게 기원했다. 그러나 그들은 신의 이름을 전혀 구분하지 않았다. 신의 이름이라는 것을 들어본 적이 없었던 것이다. 그들은 테오이theoi(적재적소에 배치하는 자들)

라는 그리스어 단어로 신들을 가리켰다 … 오랜 후에 이집트로부터 신들의 이름이 전해지면서 그제야 펠라스고이는 신들의 이름을 배우게 되었다 … 그러고서 또 시간 이 흐른 뒤에 그들은 도도나 신탁소(이곳은 그리스에서 가장 오래된, 그리고 당시 유 일한 신탁소였다)에 사람을 보내어, 해외에서 들어온 신들의 이름을 채택하는 것이 타당한지에 대해 조언을 구했다. 신탁은 그 이름을 사용하는 것이 정당하다고 응답했 다. 그때 이후로 펠라스고이는 그 이름을 가지고 희생 의식을 치렀으며, 그 이름은 그들을 통해 그리스로 전해졌다.[121]

더구나 헤로도토스는 근동 사상의 도입을 식민 이주자들에게 국한시키지 않았다. 에피로스에 있는 도도나 신탁소가 이집트와 리비아로부터 유래했 다는 그의 서술은, 도도나의 여사제들과 이집트 테베의 사제들에게서 들은 내용에 기초한 것으로서, 다나오스나 카드모스와 조금이라도 관련된 신화 들과는 전혀 무관했다.[122]

앞서 언급했듯이, 기원후 2세기에 플루타르코스는 헤로도토스를 '거짓말 의 아버지'라고 비난했으며, 오늘날 아리안 모델을 근거로 연구하는 학자들 은 그를 대수롭지 않게 취급하면서 특히 그가 아무 이야기나 쉽게 믿는다고 비웃곤 한다. 그러나 헤로도토스가 그리스의 관습을 대체로 동방에서, 그리 고 특히 이집트에서 이끌어내면서 오로지 전설에만 의지했던 것은 아니 다.[123]

나는 그리스와 이집트에서 수행된 의식의 유사성이 단순한 우연의 일치임을 결코 인정할 수 없다. 만약 그것이 우연의 일치였다면, 우리의 의식은 보다 그리스적인 특 성을 지녔을 것이며, 보다 오래된 기원을 가졌을 것이다. 또한 나는 이집트인이 그리 스로부터 이러한 관습이나 혹은 어떤 다른 관습을 일찍이 차용했다는 주장도 인정하 지 않을 것이다.[124]

따라서 헤로도토스는 전승에 대한 맹신이 아니라 이성에 근거했으며, 개연 성을 경쟁적으로 검토하는 그의 방법론은 그가 다룬 주제에 완벽하게 걸맞았던 것으로 보인다. 그러나 여기서 우리의 관심사는 그가 이끌어낸 결론의 옳고 그름이 아니라, 그 스스로가 자신의 결론을 믿었으며 그러한 믿음이 비교적 전통적 견해에 가까웠다는 사실이다. 헤로도토스의 믿음이 전통적 견해에 가까웠다는 주장은 식민화에 관한 초기의 언급에 의해, 그리고 후기 저자들 대다수가 식민화에 관한 헤로도토스의 견해를 수용했다는 사실에 의해 입증되는 것으로 보인다. 여기서 후기 저자들이 헤로도토스의 견해를 받아들였다는 사실은 특히 인상적이다. 왜냐하면 당시 그리스에는 국수주의적 분위기가 한창이었으며, 이집트인과 페니키아인보다 그리스인이 문화적으로 열등했다고 말하는 전승에 대한 불쾌감이나 혐오가 널리 퍼져 있었기 때문이다. 헤로도토스가 식민화의 사실 여부보다 이집트와 페니키아로부터 그리스로의 문화적 차용 정도에 대해 방어적이었던 것은 당연히 이런 이유 때문이었을 것이다. 우리를 기원전 460~400년 사이에 살았던 두 번째로 위대한 역사가 투키디데스에게로 이끄는 것도 바로 이러한 불쾌감이다.

19세기 초의 비평가들은 식민화에 대해 '침묵한' 몇몇 권위자들을 특별히 강조했는데, 그들이 염두에 두었던 역사가는 분명 투키디데스였다. 투키디데스는 자신의 역사서 서문에서 카드모스나 다나오스를 언급하지 않는다. 아나톨리아의 펠롭스가 그리스에 침입한 사실은 언급하면서도 말이다. 또한 투키디데스는 한때 "카리아*인과 페니키아인이 대부분의 섬들에 거주했다"고 진술했으며, 다나오스인과 카드메이스Kadmeis를 언급했다. 카드메이스는 보이오티아의 옛 이름으로서 거론한 것이었다.[125] 더불어 그는 펠롭스 왕조 이전의 아르고스 왕들을 페르세우스*(헤로도토스는 페르세우스를 '순수한 이집트인'이나 혹은 '아시리아인'으로 여겼다[126])의 후손으로 기술했다. 그럼에도 불구하고 카드모스나 다나오스, 또는 그들의 침입에 대해서는 아무런 언급이 없다.

헤로도토스의 저서와 그 이전의 수십 년간 씌어진 비극들에서 식민화에 대한 언급이 빈번하게 나타난다는 점으로 볼 때, 투키디데스는 그 전승들을 알고 있었음에 틀림없다. 따라서 그가 그 전승들을 의도적으로 빠뜨렸다고 보아야 한다. 그 전승들을 논박하는 증거가 있었기 때문에 그랬을 가능성은 거의 없다. 만일 그런 이유였다면, 역사가로서의 명성을 강화하기 위해서라도, 그리고 아래에서 논의하는 바와 같이 그러한 침입이 그의 역사 체계를 거슬렀기 때문에, 그는 틀림없이 논박 증거를 포함시켰을 것이다. 보다 관대하게 보자면, 자의식이 강한 '비판적' 역사가의 입장에서 입증 불가능한 전설들을 다루고 싶지 않았을 것이라고 설명할 수도 있다. 그러나 그가 헬렌Hellen(대홍수에서 살아남은 데우칼리온Deucalion*의 아들)에 관한 훨씬 먼 옛날의 신화를 언급하고 있다는 점은 이러한 설명의 설득력을 약화시킨다.[127]

지난 3세기 동안 투키디데스가 그토록 호소력을 가질 수 있었던 이유 가운데 하나는 그의 역사관이 '진보적'이었다는 점이다.[128] 그의 역사관에 따르면, 현재에 가까워질수록 더욱 거대하고 효율적인 정치 조직이 등장했다. 이로부터 그는 미케네의 업적을 경시하면서 미케네 사회의 불안정과 뒤이은 '암흑기'의 혼돈을 강조하는 경향을 나타냈다. 이는 호메로스가 헬레네스를 단일 민족으로 생각한 바 없다는 투키디데스의 주장을 이해하는 데 도움이 된다.[129] 투키디데스에 따르면, 역사가 축적되어 마침내 **그가** 역사의 두 주역으로 여기는 아테네와 스파르타의 전례 없는 권력으로 귀결되었고, 그리하여 그의 삶은 꿈틀거렸으며 그의 작품은 "대부분의 비非헬레네스 세계에까지 널리 영향을 미친, 그리고 거의 인류 전체에 영향을 미쳤다고 할 수 있는, 헬레네스 역사상 가장 거대한 격동"을 묘사했다.[130]

너무나 터무니없는 이러한 주장은, 헬레네스가 민족적인 차원에서 트로이 전쟁에 연루되었다는 생각과 양립할 수 없었다. 더구나 식민화를 받아들이는 것은 그의 역사 체계를 더더욱 뒤흔드는 일이었을 것이다. 전설상의 침입이 답파한 거리와 그 작전 규모, 그리고 그로부터 비롯한 장기간에 걸친 막대한 영향은, 오로지 투키디데스의 역사서에서만 거대한 전쟁으로 묘사된 펠로폰네소스 전쟁이 본래 사소한 사건이었음을 드러낼 수도 있기 때문이다.

소위 그의 '일시적인 쇼비니즘'보다 훨씬 더 중요한 억제 요소는 그의 민족주의(나는 이 단어를 신중하게 사용한다)이다. 투키디데스는 헬레네스와 '이민족'을 엄격하게 구분했으며, 그의 작품 전체는 그리스가 성취한 유일무이한 업적(심지어 파괴적인 업적까지도)에 대한 찬가였다. 따라서 이제 아테네인이 충분히 정복할 수 있는 이집트인이나 또는 페르시아 군사력의 가장 가공할 만한 부분(페르시아 함대)을 형성했던 페니키아인이 그리스 문화의 형성에 중심적인 역할을 담당했을 것이라는 생각은, 투키디데스의 동시대인이 볼 때 명백히 불온한 것이었다.

이러한 태도는, 전설을 거부했던 '비판적 역사가'인 투키디데스가 순수하게 민족적인 인물인 헬렌은 언급하면서도 왜 다나오스나 카드모스 또는 이집트인 케크롭스 같은 문명화된 외국인은 언급하지 않았는가를 설명해준다.(거슬리는 전설들을 제거하려는 욕구가 비판적 접근 자체를 촉진할 수 있는지 여부는 제4장과 제6장에서 논의할 것이다.) 이런 형태의 '민족주의'가 전형적인 모습을 드러낸 것은 기원전 5세기 초의 페르시아 전쟁이 끝나고 뒤이어 그리스 세력이 확장되던 시기였다고 할 수 있다. 이 때부터 대다수 그리스인에게서 '이민족'에 대한 증오와 경멸이 그 정도를 달리하며 지속적으로 나타난다. 이러한 분위기 속에서 그리스 작가들에게 기대할 수 있는 것이라고는, 그리스가 근동에 문화적으로 빚지고 있다는 전설을 경시하는 일뿐이었다. 그러므로 그리스인이 왜 외국인에 의한 식민화와 문명화에 관한 '새로운' 이야기를 만들어냈는가를 이해하는 것보다는, 예를 들어 케크롭스가 이집트와 관련된다는 암시가 왜 그를 그리스 토착민으로 여기는 견해로 대체되었는지, 또는 투키디데스가 왜 그 전설을 완전히 빠뜨렸는지를 이해하는 편이 보다 쉬울 것이다.

이소크라테스와 플라톤

기원전 4세기 초에 범汎헬레니즘과 그리스의 문화적 자긍심을 훌륭하게 대변한 인물은 아테네의 웅변가 이소크라테스Isokrates였다. 기원전 380년의 올림픽 제전*에 바친 유명한 찬사에서, 그는 스파르타인과 아테네인에게 상호 분쟁을 멈추고 페르시아와 이민족들에 맞선 범汎헬레네스 연합에 동참하라고 호소했다. 문화적 방위라는 새로운 차원에서 그는 다음과 같이 선언했다.

> 지금껏 우리의 도시[아테네]는 사고와 언변에서 인류 최고였으며, 아테네의 제자들은 다른 세계의 교사가 되어 왔습니다. 아테네로 말미암아, 이제 '헬레네스'라는 이름은 하나의 종족이 아니라 지성知性을 의미하게 되었고, 공동의 피를 나눈 자들보다는 오히려 우리의 문화를 공유한 자들이 '헬레네스'라고 불리게 되었습니다.[131]

기원전 4세기의 가장 위대한 수학자이자 천문학자였던 에우독소스*를 비롯한 많은 그리스 교양인이 여전히 이집트에서 배워야 한다고 느꼈던 점을 고려할 때, 이러한 진술에서 나타나는 오만함은 놀랄 만하다.[132]

반면 이소크라테스가 식민화에 관심을 가졌다는 점은 전혀 놀랍지 않다.

> 예전에는 불운을 겪은 몇몇 이민족 사람이 그리스 도시들을 지배한 것으로 여겨졌다. (예를 들어) 이집트에서 추방된 다나오스가 아르고스를 점령하고 시돈에서 온 카드모스가 테베의 왕이 되었다는 식으로…[133]

여기서 주목해야 할 것은, 침입설에 대한 명백한 반감에도 불구하고 이소크라테스가 침입의 역사적 사실성을 의문시하지 않았다는 점이다. 그러나 그는 그 사안에 대해 훨씬 더 상반된 감정을 지니고 있었다. 『부시리스*』에서 그는 이집트를 극도로 돋보이게 묘사한다. 어떤 차원에서 보면, 이 연설문은 외국인을 죽이는 관습으로 유명한 신화적인 한 왕을 옹호하는 수사적 걸작일 뿐이다. 그럼에도 불구하고 연설문은 설득력을 얻기 위해 전통적인 지혜에 호소해야만 했으며, 그러한 호소는 분명 상당히 진지한 양상을 띠고 있었다. 연설문에서 이집트의 땅과 사람들은 세계에서 가장 축복받은 존재로 묘사되었지만, 그것은 무엇보다도 신화적 입법자인 부시리스와 그가 이집트에서 고안해낸 완벽한 정체政體에 대한 찬사였다.134

이소크라테스는 신분제와 철학자들의 통치, 그리고 국가의 이익을 위해 뛰어난 지혜를 발휘할 아네르 테오레티코스anēr theōrētikos(관조적인 인간)를 양성하는 이집트 철학자들/사제들의 엄정한 파이데이아paideia(교육)에 찬탄했다.135 분업은 스콜레scholē(여가)를 가져다주었고, 그로써 스콜레scholē(학습)의 여지가 마련되었다. 무엇보다도 그는 필로소피아philosophia(철학)가 이집트의 산물이었다고, 이집트의 산물이었을 수밖에 없다고 주장했다.136 필로소피아라는 단어는 이집트적인 학설을 전파하는 피타고라스 학파*가 필시 기원전 6세기부터 한동안 사용했던 것으로 보이지만, 현존하는 가장 초기의 용례 가운데 하나는 『부시리스』에서 유래한다.137

사실, 이집트에 대해 깊은 경의를 표하는 이소크라테스의 이러한 태도와 강렬한 이민족 혐오 사이에는 아무런 논리적 모순이 없다. 그는 식민화를 부정하지 않았는데, 적어도 헤로도토스 이래 식민화는 이집트 종교가 그리스에 이식되는 과정과 관련되었다. 더욱이 아테네와 그리스의 문화적 승리에 대한 그의 찬가는 오로지 현재만을 지칭했을 뿐, 과거에도 그러했다는 주장은 개진한 바 없다. 그럼에도 불구하고 두 입장은 현저한 차이를 드러내는 것으로 보인다. 피상적인 수준에서 보면, 이러한 차이는 이소크라테스가 가장 관심을 가졌던 '이민족'이 페르시아인과 페니키아인이었다는 사실로써 설명할 수 있다. 페니키아인에 대한 관심은, 그들이 페르시아 함대의 주축을 이루었으며, 또한 이소크라테스의 후원자인 독재자 에바고라스*가 페니키아인에게서 키프로스의 살라미스*를 빼앗아 자신의 영지로 삼았기 때문이었다. 더욱이 『부시리스』가 쓰어진 기원전 390년경에 에바고라스와 이집트 파라오 아코리스Achōris, 그리고 아테네가 페르시아에 맞서 3자 동맹을 체결했다.138

그러나 나는 두 입장이 훨씬 더 근본적인 수준에서, 즉 페르시아에 맞서 아테네와 스파르타를 연합시키려는 이소크라테스의 의도 안에서 통합될 수 있다고 믿는다. 펠로폰네소스 전쟁이 끝난 기원전 400년경 전후에 아테네인이 자신들에게 패배를 안긴 적국인 스파르타의 정체에 매혹되었다는 점은 의문의 여지가 없다. 이 점을 근거로 하여, 위대한 19세기 독일 고전학자 빌라모비츠 묄렌도르프 같은 아리안 모델 진영 학자들은 이소크라테스로 하여금 『부시리스』를 쓰도록 고취했다는 『라케다이몬 정체론』의 존재를 가정했으며, 스파르타의 제도가 이집트에서 기인했다는 헤로도토스의 주장 때문에 이소크라테스가 부시리스를 모범으로 삼았다고 주장했다.139 근대 프랑스 학자 샤를 프루아드퐁은 이에 대해 이의를 제기했다. 이소크라테스가 상술한 바에 따르면 스파르타가 이집트에서 차용한 것은 단지 일부분이기 때문에, 또한 그의 세대에게 가장 인상적이었던 스파르타의 군사적인 측면은 리쿠르고스의 업적으로 돌려졌기 때문에, 『부시리스』는 크세노폰*이 쓴 『라케다이몬 정체론』과 전혀 유사하지 않다는 것이 그 근거였다. 훨씬 뒤인 기원후 2세기에 이르러서야 플루타르코스는 비로소 리쿠르고스가 이집트를 모방했다고 주장했다.140

나는 『라케다이몬 정체론』이라는 책을 가정할 필요가 없다는 프루아드퐁의 견해에 동의한다. 다른 한편, 우리는 '전후戰後' 아테네인이 스파르타의 성공 비결에 관심을 가졌다는 사실을 알고 있다. 더욱이 고대 모델의 틀 안에서 연구하는 학자들은 스파르타가, 특히 리쿠르고스가 이집트의 제도를 차용했다는 이야기가 진실이기 때문에 기원전 400년경 전후에 널리 퍼져 있었다는 점을 조금도 의심치 않는다. 즉, 그 전승은 스파르타 사회가 가지고 있는 어떤 측면의 본질적인 특성에 의해서뿐만 아니라, 스파르타의 상고기 예술에 미친 이집트의 강력한 영향력, 그리고 특히 스파르타 제도들의 명칭의 그럴듯한 어원으로 추정되는 많은 후기 이집트어에 의해 확증된다.[141]

이소크라테스는 스파르타인이 이집트의 분업 원리를 적용하는 데 실패했으며 그들의 정체는 이집트 정체의 완벽함에 미치지 못한다고 주장했다. "그러한 문제를 논의할 책임을 맡은 가장 위대한 명성을 지닌 철학자들은 다른 무엇보다도 이집트의 통치 형태를 선호한다…"[142]

이소크라테스는 누구를 가리키고 있었을까? 프루아드퐁은 그것이 피타고라스 학파를 가리키는 것이었으며, 이소크라테스가 '이집트의 정체'에 관한 피타고라스 학파의 개념을, 혹은 심지어 그에 관해 그들이 실제로 서술한 내용까지 옮겨 놓고 있었다는 그럴듯한 가정을 제시한다.[143] 피타고라스 같은 사람이 실존했으며 그가 이집트에서 오랫동안 연구한 바를 토대로 학파를 설립했다는 강력한 고대 전승(헤로도토스가 언급했으며 후기 저자들이 상세히 기술한 바 있는)은, 아리안주의자가 제아무리 탁월한 재능을 발휘한다 하더라도 부정하기 어렵다. 그럼에도 불구하고 그러한 시도가 행해진 바 있었다.[144] 어쨌든 이소크라테스는 뚜렷하게 명시했다. "그[피타고라스]는 이집트 방문 중에 그 민족의 종교를 배우는 학생이 되었으며, 그리스인에게 처음으로 온전한 철학을 가져다주었다."[145]

다소 개연성이 떨어지기는 하지만, 이소크라테스가 말한 '철학자들'이 그의 강력한 경쟁자인 플라톤과 플라톤의 저서 『국가』를 가리키는 것이었을 가능성도 있다.[146] 『국가』가 기원전 380년과 370년 사이에 씌어졌고, 『부시리스』가 그보다 앞선 기원전 390년경에 씌어졌다는 것이 일반적인 생각이다. 또한 『국가』는 여러 해에 걸친 사색과 가르침의 결과로서 필시 보다 이른 시기의 초고가 있었을 것이라고 여겨진다.[147] 그러나 『부시리스』가 시기적으로 앞선다고 보는 편이 옳을 듯하다. 그럼에도 불구하고 『부시리스』와 플라톤의 『국가』 사이에는 놀랄 만한 유사점이 있다. 『국가』에서도 신중한 선발 과정과 엄격한 교육을 통해 견식 있는 수호자들이 양성되고, 그들이 지배하는 신분제를 바탕으로 분업이 이루어진다. 플라톤은 소요를 일삼는 아테네 민주정에 대해 몹시 적대적이었기 때문에, 이러한 종류의 국가 모델에서 위안을 찾았음에 틀림없다.

그러한 국가 모델은 어느 정도까지 이집트와 관련될 수 있을까? 이집트 적인 성향이 명시적으로 드러나는 『부시리스』와의 유사성은 차치하고라도, 우리는 플라톤의 후기 작품에서 나타나는 주요 관심사가 이집트(플라톤은 아마도 기원전 390년경에 한동안 이집트에 머물렀을 것이다)였음을 알고 있다.148 『파이드로스』에서 플라톤은 소크라테스로 하여금 다음과 같이 선언하게 한다. "그(이집트 지혜의 신 테우트Theuth-토트)가 바로 수와 산술, 기하학 … 그리고 무엇보다 가장 중요한 문자를 발명했다."149

『필레보스』와 『에피노미스』에서 플라톤은 토트 신을 문자의 창안자이자 심지어 언어와 모든 학문의 창안자로서 상세히 언급했다.150 또한 다른 곳에서는 이집트의 미술과 음악을 칭찬하면서 그것을 받아들이는 데 찬성했다.151 사실, 플라톤의 『국가』가 이집트를 바탕으로 했다는 점에 의문을 제기하는 유일한 근거는, 그가 자신의 글에서 그렇게 말하지 않는다는 사실뿐이다. 그러나 그가 왜 그렇게 말하지 않았는가를 밝혀주는 고대 자료가 있다. 가장 이른 시기의 플라톤 주석자인 크란토르Krantor*는 플라톤에서 몇 세대 지나지 않은 시기에 다음과 같이 썼다.

> 플라톤의 동시대인은 그가 『국가』를 창안한 것이 아니라 이집트의 제도를 베꼈을 뿐이라고 말하면서 그를 비웃었다. 그는 사람의 비웃음에 너무 크게 신경 쓴 나머지 이집트인의 입을 빌려 아테네인과 아틀란티스*인에 관해 이야기했다. 그 내용은, 아테네인이 과거 어느 시점에 실제로 이러한 정체 하에서 살았다는 것이었다.152

이집트로부터의 유래를 뒷받침하는 이 모든 증거에 직면했을 때, 초기의 근대 학자들도 여전히 플라톤의 『국가』를 이집트와 관련지었다. 마르크스는 이렇게 말했다. "국가의 형성 원리로서의 분업에 관한 한, 플라톤의 『국가』는 단지 이집트 신분제의 아테네적 이상화에 지나지 않는다."[153]

플라톤을 싫어한 칼 포퍼라면 기꺼이 이집트라는 붓을 들어 플라톤을 먹칠하고도 남았을 것이다. 그러나 그는 보다 체계적인 아리안주의 시대에 글을 쓰고 있었으며, 그래서 크란토르의 비난을 잘 알고는 있었지만 각주에 언급하는 것으로 그쳤다. 그는 마르크스의 언급에 당혹스러워했던 것으로 보인다.[154] 플라톤에게 호의적인 일부 학자들은 플라톤이 이집트의 신분제를 지지했다는 견해를 강력히 비난했다. 대다수의 학자들은 『국가』와 관련하여 아예 이집트를 거론하지 않았다.[155]

『티마이오스』와 『크리티아스*』에서 플라톤은 사라진 아틀란티스 문명의 경이로움과 화염이 초래한 그 문명의 몰락에 대해 언급했다. 제2권에서는, 이것이 기원전 1626년의 화산 폭발로 말미암은 테라 섬의 몰락을 가리키며, 아틀란티스인이란 북방 민족, 즉 기원전 2000~1000년 중반에 이집트를 침입한 힉소스와 기원전 2000~1000년 말엽에 이집트를 공격한 '바다 민족'의 혼합체라고 주장한다. 그러나 여기서 우리의 관심사는 그리스와 이집트 사이의 역사적 관계에 관한 플라톤의 인식이다.

서론에서 언급했듯이, 서부 삼각주의 사이스에서 온 이집트인 케크롭스가 아테네를 건설했다는 전승(비록 뒤늦게 입증되기는 하지만)이 널리 퍼져 있었다. 또한 사이스의 여신인 네이트가 아테나와 동일하다는 인식도 있었다.[156] 아틀란티스 신화에 관한 그 유명한 구절에서, 플라톤은 크리티아스의 입을 빌려 다음과 같은 이야기를 들려준다. 즉 위대한 아테네의 입법자 솔론이 6세기 초에 당시 이집트 수도였던 사이스를 방문했을 때, 아테네인과 특별한 관계를 맺고 있다고 느낀 사이스인이 그를 친족으로 대접했다는 것이다. 그는 심지어 이집트 원로 사제와 이야기를 나누는 기회까지 얻을 수 있었는데, 그 자리에서 사제 가운데 한 명이 솔론을 나무라며 이렇게 말했다. "오, 솔론, 솔론. 당신네 그리스인은 항상 어린아이군요. 나이 든 그리스인이란 존재하지 않는군요." 그 사제는 계속해서, 아테나 여신이 사이스를 건설한 이후에 아테네를 건설한 것이 아니라 그 반대라고 말했다.[157] 그런 다음 아테네인이 이러한 사실을 알지 못하는 것과 더불어 그리스인이 대체로 자신의 과거에 대해 무지한 것은, 불과 물의 재앙이 주기적으로 그리스 문화를 파괴하면서 아테네의 영광을 나타내는 유물을 앗아간 탓이라고 설명했다. 반면 이집트는 지리적 이점 덕에 제도를 보존할 수 있었다는 것이다.[158]

따라서 플라톤의 경우, 고대 아테네의 제도로 돌아가려면 반드시 이집트로 눈을 돌려야 했다. 이 점에서 플라톤은 이소크라테스와 유사했는데, 두 사람 모두 아테네와 스파르타의 범汎헬레네스적 단결을 요청하면서 이집트 정체를 라케다이몬 정체의 보다 순수한 형태로서 칭송했다. **그리스의 진정한 헬레네스적 근원에 깊이 다가갈수록 그들은 더더욱 이집트에 가까워졌다.** 한 가지 이유를 들자면, 이소크라테스와 플라톤 모두 리쿠르고스와 솔론, 그리고 피타고라스 같은 위대한 입법자이자 철학자들이 이집트의 지식을 가지고 돌아왔다고 주장했기 때문이다. 더욱이 이소크라테스와 플라톤은 펠롭스와 카드모스, 아이깁토스, 그리고 다나오스의 식민화를 믿었다. 또한 이 '이민족 사람들'이 중요한 여러 문화와 함께 들어왔다는 헤로도토스의 견해를 받아들였던 것으로 보인다.[159] 심지어 아테네의 건립이라는 문제에 관해서도, 플라톤은 아테네와 사이스 사이에 문화와 관련된 '발생적' 관계가 있었다는 점을 받아들일 정도로 고대 모델의 범주에 속해 있었다. 따라서 그러한 견해에 대해 적대적이지는 않더라도 어쨌든 양면적인 감정을 지니고 있었음에도 불구하고, 기원전 4세기 초의 지도적인 두 지식인은 외국인에 의한 식민화의 결정적인 중요성과 더불어, 두 사람 모두 그토록 열렬히 사랑했던 헬레네스 문명의 형성 과정에서 이집트와 레반트로부터 대규모의 문화적 차용이 이루어졌음을 인정할 수밖에 없었다.

아리스토텔레스는 플라톤의 제자였을 뿐만 아니라 크니도스Knidos*의 에우독소스 문하 아카데미에서도 수학했다. 위대한 수학자이자 천문학자인 에우독소스는 16개월 동안 이집트에 머물면서 그곳 사제들과 함께 공부하기 위해 머리를 깎았다고 전해진다.160 아리스토텔레스는 이집트에 관한 헤로도토스의 글에서 크게 영향을 받았고, 그 나라에 매력을 느꼈음이 분명하다. 그는 간혹 메소포타미아와 이란 문명의 유구함을 강조했지만, 결국에는 이집트인을 가장 오래된 민족으로 여긴 것 같다.161 아리스토텔레스는 전파론에 관해서도 마찬가지로 모순적인 태도를 보였다. 어떤 경우는 서로 다른 문화가 독자적으로 발생한 가져온다는 믿음을 드러냈지만, 또 어떤 경우에는 이집트인이 신분제를 창안했으며 따라서 "사제 신분에게 주어진 많은 스콜레scholē(여가) 덕에 이집트가 수학의 요람이 되었다"고 주장했다.162 아리스토텔레스에 따르면, 사제들은 기하학과 대수학, 그리고 천문학을 포괄하는 마테마티카이 테크나이Mathēmatikai technai(수리數理 기술)을 발명했는데, 그리스인은 그제야 막 이 기술을 습득하기 시작한 상태였다.163 사실 이집트에 대한 그의 찬탄은 어떤 측면에서 볼 때 헤로도토스의 찬탄을 넘어선다. 이집트인이 실용적인 이유(나일 강의 범람으로 경계표가 씻겨나간 뒤에 토지를 측정하는 것)에서 기본 학문인 기하학을 발전시켰다고 믿었던 헤로도토스와 달리, 아리스토텔레스는 기하학을 사제들이 이론적으로 발전시켰다고 주장했다.164

식민화 이론과 헬레니즘 세계에서 이루어진 후기의 차용

아리스토텔레스는 알렉산드로스 대왕의 가정교사였다.165 기원전 330년대에 마케도니아가 페르시아 제국을 정복하자, 그리스인 사이에서 모든 오리엔트 문명, 특히 이집트 문명에 대한 폭발적인 관심이 일었다. 정복 직후 몇 년이 지나지 않아 이집트의 사제 마네토Manetho*는 그리스어로 이집트 역사를 쓰면서 이집트 왕조를 33개로 구분했는데, 이는 오늘날까지 고대 이집트의 역사를 편찬하는 기반으로 남아 있다.166 바로 이 무렵 아브데라*의 헤카타이오스*는, 이집트인의 힉소스 추방과 이스라엘인의 이집트 탈출, 그리고 다나오스의 아르고스 상륙이라는 전승이 동일한 이야기의 세 가지 변형이라는 견해를 표명했다.

> 그 땅의 원주민은, 만약 외국인을 내쫓지 못한다면 결코 문제가 해결되지 않을 것이라고 생각했다. 그리하여 외국인은 곧장 나라 밖으로 쫓겨났고, 그들 가운데 가장 탁월하고 활동적인 자들은 서로 단결하여, 누군가 말하듯이, 그리스와 그 밖의 어떤 지역 해안에 이르렀다. 그들을 가르친 사람은 저명한 인사들이었는데, 그들 가운데는 다나오스와 카드모스도 있었다. 그러나 대다수의 외국인은 오늘날 유대아Judaea*라고 불리는 곳으로 몰려났다. 그곳은 이집트로부터 멀지 않은 지역으로, 당시에는 사람이 전혀 거주하지 않았다. 그 무리를 모세라고 불린 사람이 인도했다.167

기원전 300년 무렵의 언젠가 스파르타의 왕 아레이오스Areios가 예루살렘으로 보낸 편지는 바로 이 기록(그리고 스파르타 왕의 선조가 힉소스 식민자까지 거슬러 올라간다는 헤로도토스의 믿음)에 기초한 것으로 보인다. 그 편지는 다음과 같이 시작한다.

대사제 오니아스Onias께 문안드립니다. 스파르타인과 유대인이 아브라함의 혈통을 이어받은 친족임을 보여주는 한 문서가 나타났습니다.[168]

헬레니즘 시기에는 이집트-페니키아의 식민화에 대한 언급이 여기에 전부 옮겨놓을 수 없을 만큼 너무나 빈번하게 나타난다. 논란이 된 것은 이민족 상륙했다는 사실이 아니라 그 세부 사항, 즉 상륙을 이끈 지도자들의 국적이나 그들이 출발한 지점, 또는 상륙 시기였다.[169]

그리스인의 문화적 자긍심과 고대 문명에 대한 존경 사이의 긴장감은 기원전 330년 이전에 있었던 알렉산드로스의 비상한 정복으로 훨씬 더 팽팽해졌던 것 같다. 이러한 긴장감은 예를 들어 기원전 300년경 전후에 스토아 철학*을 창시한 페니키아인 키티온의 제논*에 대한 반응에서 찾아볼 수 있다. 경쟁자들은 그를 '작은 페니키아인'이라고 부르며 비웃었지만, 그의 제자는 다음과 같이 기록했다.

크나큰 수고를 기울여 그대는 위대한 학파를 새로이 창시했나니,
두려움 없는 자유의 순결한 근원이여,
만약 그대의 고국이 페니키아라 하더라도,
무엇 때문에 그대를 경시하리요? 카드모스가 그곳에서 건너와,
페니키아의 책과 문자를 그리스에 전해주지 않았던가?[170]

기원전 1세기에 저술 활동을 한 시실리 출신 디오도로스는 방대한 저서 『세계사』 서두에서, 그리스를 문명화시킨 '이민족'이라는 문제에 관해 정신분열증이라고는 할 수 없지만 그와 비슷한 혼란을 드러냈다. 그는 다음과 같이 썼다.

가장 먼저 논해야 할 사람은 이민족들이다. 에포로스Ephoros*가 말한 것처럼, 그들이 그리스인보다 시기적으로 앞선다고 생각해서라기보다는, 그들에 관한 사실들을

먼저 언급해야, 그리스인이 다양하게 설명한 그리스의 초기 역사에 관한 서로 다른 이야기 속에, 다른 민족과 관련된 사건을 끼워 넣는 일을 피할 수 있기 때문이다.171

『세계사』제5권에서 디오도로스는 로도스의 역사가 제논을 인용했다. 제논은 그리스인(또는 로도스에서 온 신비로운 헬리아데스*)이 이집트인에게 문화를 전해주었지만 거대한 홍수가 일어나 그러한 기억을 말끔히 씻어가 버렸다고 주장했는데, 이는 마치 아테네가 사이스보다 앞서 건설되었다는 사실을 아테네인이 잊었다는 것과 마찬가지다.

　　이러한 이유 때문에, 여러 세대가 지난 뒤에는 아게노르*의 아들 카드모스가 페니키아에서 그리스로 문자를 들여온 최초의 인물로 여겨졌다.172

계속해서 디오도로스는 다나오스와 카드모스가 그리스를 식민화하러 가는 도중에 어떻게 로도스에 흔적을 남기게 되었는지 상술하는데, 이 역시 제논을 따랐을 것이다.173 사이스보다 아테네가 시기적으로 앞선다는 플라톤의 믿음과 마찬가지로, 제논의 생각 역시 아리안 모델에 속하는 형태라기보는 고대 모델을 뒤집어 놓은 형태이다. 그리스 북부에서 침입이 있었다는 어떠한 언급도 없이, 제논은 그리스 문명과 이집트-페니키아 문명 사이에 '발생적' 관계가 있다고 주장한다. 그리스가 이집트를 문명화했다는 견해는 가장 열렬한 아리안주의자의 입장에서 볼 때에도 너무나 지나쳤다. 근대의 디오도로스 번역자인 올드파더 교수는 이 지점에서 다음과 같이 지적한다.

　　제1권은 이집트 문명이 시기적으로 앞선다는 이집트인의 주장을 도처에서 보여준다. 이에 대한 그리스인의 반대 주장은 헛된 오만이다.174

디오도로스의 요점은 이집트와, 그 정도는 덜하지만 어쨌든 그 밖의 동방 문명이 세계 문명의 원천이라는 믿음이다.

이집트는 신화에 기록된 신들의 고향이자 천체 관측이 최초로 이루어졌다고 전해지는 곳이며, 더욱이 위대한 인물들의 주목할 만한 행위가 기록되어 있는 곳이므로, 우리는 이집트와 관련된 사건들을 우리 역사의 시발점으로 삼아야 할 것이다.[175]

디오도로스는 카드모스와 다나오스가 테베와 아르고스를 식민화했다는 것을 자주 언급했다. 뿐만 아니라 자신의 저서 서두에서 상당한 지면을 할애하여, 케크롭스 등 초기 아테네 왕들이 이집트인이었다는 사이스인의 주장을 소개하고 아테네와 이집트의 특별한 관계를 뒷받침하는 사이스인의 그럴듯한 논거까지 덧붙였다.[176]

이러한 식민화는 헬레니즘 시기와 로마 시대에 일반적으로 받아들여지지 않았지만, 동부 펠로폰네소스와 테베의 식민화에 대한 믿음은 보편적이었던 것으로 보인다. 기원후 2세기에 씌어진 파우사니아스의 『그리스 기행』은 동부 펠로폰네소스와 테베의 식민화에 대한 언급들로 가득 차 있다.

> (아르골리스에 있는) 트로이젠* 시민들은 … 자기 나라에 존재한 최초의 인물이 오로스Oros였다고 말한다. 내가 보기에 그것은 이집트 이름인 듯하며, 확실히 그리스 이름은 아니다.[177]

> 레르나*에서 해변으로 난 다른 길을 따라 내려가면 그들이 '게네시온Genesion(탄생지)'이라고 부르는 곳에 이른다. 그곳에는 '게네시오스Genesios(탄생)'라는 이름의 자그마한 포세이돈 신전이 해변에 자리잡고 있는데, 그들이 말하기를, 그 옆이 바로 다나오스와 그의 아들들이 처음으로 아르골리스에 상륙한 지점이라고 한다.[178]

전설상의 상륙 지점을 탄생과 연결짓는 것은 대단히 매혹적이다. 사실 포세이돈은 미케네인의 주신主神이었고, 이집트의 포세이돈 격인 세트는 힉소스의 주신主神이었기 때문이다.[179]

내 생각에 초기 나우플리아*인은 이집트인이었다. 그들은 다나오스의 함대를 따라
아르골리스에 도착했으며, 3세대가 지난 후 아미모네Amymone의 아들 나우플리오스
Nauplios가 나우플리아*에 정착했다.180

카드모스가 페니키아 군대를 이끌고 (테베로) 진군하여 그들(히안테스와 아오네스)
을 물리쳤을 때, 히안테스는 바로 다음날 밤 도망쳤지만 아오네스는 탄원의식을 행했
다. 그러자 카드모스는 그들을 머물게 해 주었고 페니키아인과 결혼까지 시켰다.181

히안테스Hyantes와 아오네스Aones라는 이름이 이오니아인이라는 이름 및
이집트어 ʾIwn(ty[w])(이윤[티우] : 이민족)과 관련된다는 점은 앞서 논의한
바 있다.182 그렇다면 식민화가 사실이고 또한 당시(기원후 2세기)에도 그 직
접적인 증거가 많이 남아 있다고 파우사니아스가 믿었다는 점은 의심의 여
지가 없다.

헤로도토스에 대한 플루타르코스의 공격

기원후 2세기에도 가히 고대 모델에 대한 공격이라고 할 만한 것이 있었다. 플루타르코스는 「헤로도토스의 악의에 관하여」라는 긴 에세이에서 헤로도토스를 향해 많은 비난을 퍼부었는데, 비난 가운데 하나는 그가 '친親이민족적'이라는 것이었다.

> 그는 그리스인이 올림포스 12신 숭배뿐만 아니라 숭배 행렬과 민족 제전에 관한 내용을 이집트인에게서 배웠다고 말한다. 디오니소스라는 이름은 멜람푸스가 이집트인에게서 배워 다른 그리스인에게 가르친 것이며, 데메테르 여신과 관련된 신비 의식은 다나오스의 딸들이 이집트에서 들여온 것이라고 한다. … 이뿐만이 아니다. 그는 헤라클레스의 가계家系를 페르세우스까지 거슬러 올라가면서, 페르시아인의 설명에 따르면 페르세우스가 아시리아인이었다고 말한다. "그리고 도리스인의 지도자들은 순수 혈통의 이집트인이었을 것이다…"라고 말한다. 그는 이집트인 헤라클레스와 페니키아인 헤라클레스를 만들어내고자 열망하는 것만이 아니다. 그는 우리의 헤라클레스가 다른 두 헤라클레스 이후에 태어났다고 말하면서, 그를 그리스 밖으로 옮겨 외국인으로 만들기를 원한다. 그러나 학식 있는 옛사람 가운데 호메로스도 헤시오도스도 … 이집트인 헤라클레스나 페니키아인 헤라클레스를 언급한 적이 없다. 그들 모두는 보이오티아인이자 아르고스인인 우리의 헤라클레스 단 한 명만을 알았을 뿐이다…[183]

플루타르코스는 사람들이 이 이야기를 들으면 헤로도토스의 생각에 대해 틀림없이 격분할 것이라고 믿었다. 그러나 그가 헤라클레스 문제에 관해 오로지 고대의 전거만을 인용한다는 점과 다나오스와 카드모스의 식민화에 직접적으로 맞서지 않는다는 점은 눈길을 끈다. 또한 그의 저서 『이시스와 오시리스』에 표현된 이집트 종교에 대한 깊이 있는 지식과 이해, 무엇보다도 이집트 종교가 본질적으로 그리스 종교와 일치한다는 그의 확신을 감안할 때, 그리스 문화 가운데 상당 부분이 외국에서 유래했다는 헤로도토스의 주장을 플루타르코스 스스로가 과연 믿지 않았는지에 대해서도 심각한 의문이 인다. 헤로도토스의 '친親이민족 성향'에 대한 플루타르코스의 비난은 단지 헤로도토스를 공격하기 위한 하나의 수단에 불과했을 가능성이 훨씬 높다. 오늘날 고대 모델을 비난하는 사람 가운데 그 누구도 플루타르코스의 이 에세이를 신뢰하지 않는다는 점 역시 눈에 띤다. 플루타르코스의 번역자 두 명이 기술했듯이, 그 이유는 다음과 같다.

> 이 에세이는 헤로도토스 애호가의 심기를 거슬렀지만, 플루타르코스 숭배자 역시 혼란스럽기는 마찬가지였다. 그토록 친절하고 선량한 플루타르코스가 그렇게 지독한 악의를 품고 글을 쓸 수 있으며, 그리하여 헤로도토스에게 퍼부은 비난에 자기 자신을 노정시켰다는 점을 도저히 믿기 어려웠던 것이다.[184]

더욱 중요한 것은, 근대 학자들이 '후기' 전거(기원후 5세기 이후의 작가들)보다는 '고대' 전거에 의지하고 싶어했다는 점이다. 이러한 경향의 기반은 아닐지라도 어쨌든 이러한 경향에 영향을 미친 것은, 후기 고전기와 헬레니즘 시기 그리스에서 나타나는 증언 가운데 식민화와 그리스 종교의 이집트 기원을 지지하는 쪽이 압도적으로 많다는 사실이다. 그러나 이 문제에 들어서기 전에, 먼저 헬레니즘 시기와 로마 시대에 이집트 종교가 그리스에 미친 영향을 살펴보아야 한다.

　　그리스인과 그 밖의 지중해 지역의 여러 민족 가운데서 이집트식 이름으로 신을 숭배하는 움직임이 일기 시작한 것은 알렉산드로스의 정복과 헬레니즘 시기의 통합주의 이전의 일이다. 기원전 5세기 초에 시인 핀다로스는 '올림포스의 왕 암몬'이라는 어구로 시작하는 『암몬 송가』를 썼다. 이집트 신 아몬의 리비아식 변형인 암몬에 대한 숭배는 핀다로스의 고향인 테베에서 주로 행해졌다.[185] 그러나 암몬 숭배는 스파르타에서도 두드러지게 나타났다. 파우사니아스는 스파르타의 아피티스Aphytis에 있는 암몬 신전에 대해 다음과 같이 썼다.

　　　　라코니아인은 애초부터 그리스에 있는 다른 어떤 신탁소보다도 리비아의 신탁소를 더 많이 이용했던 것으로 보인다. 아피티스의 암몬 숭배는 리비아 암몬 신자의 숭배에 못지않다.[186]

파우사니아스가 말한 '애초부터'가 무슨 뜻인지는 알 길이 없다. 어쨌든 위대한 스파르타 장군 리산드로스*의 형제가 리비스Libys라고 불린 것(리산드로스 가문이 전통적으로 암몬 신자들의 바실레우스Basileus[왕 또는 사제]들과 관계를 맺고 있었고 리산드로스 자신도 암몬 신에게 신탁을 구했기 때문에)은 기원전 5세기 말 이전이었음이 틀림없다.[187] 기원전 4세기에 이르렀을 때에는 이미 아테네에서 암몬(아몬) 신이 숭배되고 있었으며, 신성한 삼단노선trireme* 가운데 하나가 그에게 봉헌되었다.[188]

암몬의 아들 알렉산드로스

알렉산드로스 대왕은 분명 자기 자신을 암몬의 아들이라고 생각했다. 이 집트 정복 후 그는 리비아의 시와 오아시스에서 암몬의 위대한 신탁을 구하기 위해 사막으로 출발했다. 알렉산드로스에게 내려진 신탁은 그가 암몬의 아들이라는 것이었다. 이는 그때부터 알렉산드로스가 줄곧 뿔 달린 암몬의 모습으로 주화에 새겨진 이유를 설명해 준다.[189] 근대 역사가들은, 알렉산드로스가 생애 마지막 해에 수많은 남신과 여신의 복장을 한 채 자신에게 숭배를 요구했으며 "심지어 필리포스*가 아니라 암몬이 자신의 아버지라고 생각하면서 사람들이 자신 앞에 엎드려 절하기를 바랐다"는 많은 기록을 그에 대한 중상모략으로 여긴다.[190]

그렇다면 암몬의 아들은 누구였을까? 초기 이집트 전승에 따르면, 오시리스는 라의 아들이었다. 제12왕조에서 아몬 숭배가 융성하자 아몬과 라는 아몬-라로 합쳐졌다. 후기 신왕국 시대에 이르렀을 때에는, 라와 오시리스가 신비적인 융합을 이룬다고 여겨졌다.[191] 따라서 디오도로스 혹은 그가 이용한 기원전 2세기의 전거, 즉 알렉산드리아의 디오니시오스 스키토브라키온 Dionysios Skytobrachion에게서 찾아볼 수 있는 암몬과 디오니소스 사이의 완전한 혼동은, 이미 이집트 신학에 그 선례가 있었던 것으로 보인다.[192] 어쨌든 알렉산드로스는 스스로를 암몬과 암몬의 아들이 합쳐진 신성한 존재로서 여겼던 듯하다.

알렉산드로스가 이룬 현실상의 정복으로 디오니소스 혹은 오시리스(디오도로스는 디오니소스를 오시리스라고 불렀다)가 광대한 원정을 통해 동방을 문명화시켰다는 신화의 중요성이 더더욱 커졌음은 의심의 여지가 없다. 그러한 원정의 혼적은 제18왕조나 혹은 중왕국 시대부터 전해내려 온 이집트 전승에서 찾아볼 수 있다.[193] 제임스 프레이저가 지적했듯이, 심지어 그리스에서도 알렉산드로스가 태어나기 이전에 살았던 에우리피데스가 그러한 원정에 대해 개략적으로 서술한 바 있었다.[194] 디오니소스에 대해 알렉산드로스는 긴장감을 느꼈으며, 적어도 정복 이후에는 디오니소스에게 일종의 경쟁심을 느꼈다.[195] 알렉산드로스는 인도 북서부 산악 지대에 있는 니사Nysa*에 도착하여 원주민들로부터 니사가 디오니소스와 관련 있다는 이야기를 들었다. 당시의 일이 다음과 같이 전해진다.

> 그는 디오니소스의 여행에 관한 이야기를 기꺼이 받아들였다. 그는 또한 디오니소스가 니사를 건설했다는 이야기도 기꺼이 받아들였다. 그 이야기대로라면, 그는 디오니소스가 도달한 곳에 이미 도달한 것이며, 디오니소스보다 더 멀리 가게 될 것이었기 때문이다.[196]

또한 알렉산드로스의 인도 여행이 '디오니소스 주신제酒神祭를 흉내낸 것'이라는 믿을 수 없는 이야기도 전해진다.[197] 알렉산드로스가 수시로 벌인 긴 주연酒宴에는 정치적이고 제례적인 의도가 있었을 것이다. 이러한 취지에서 알렉산드로스의 행동에 결정적인 배경을 제공한 것이 오시리스(디오니소스)가 수행한 문명화 임무라는 점은 의심할 나위 없다. 따라서 디오니소스와 유사하며 그의 경쟁자이기도 한 암몬의 아들로 인정받는 것은 그가 세운 인생 계획의 핵심이었다. 아리안주의 역사가들이 애써 강조하는 것은 알렉산드로스가 크세노폰을 읽었다는 점과, 자신을 아킬레우스와 동일시하거나 그의 경쟁자로 여겼다는 점이다. 그런 점들이 알렉산드로스가 아시아를 침입하기로 결정하는 데 중요한 요인으로 작용했다는 데는 의심의 여지가 없다. 그러나 그러한 요인은 본질적으로 이집트적인 종교적 임무에 비해 중요성이 떨어졌다. 그의 시신이 그리스나 페르시아가 아니라 이집트에 묻혔다는 사실은 단순히 프톨레마이오스* 장군(알렉산드로스의 뒤를 이어 이집트를 통치했다)의 무례 탓으로 돌릴 수 없다. 그것은 알렉산드로스의 삶과 자기 이미지 한복판에 이집트가 자리잡고 있었다는 사실을 보여준다.[198]

프톨레마이오스와 그 후계자들(클레오파트라*까지)은 이집트 종교를 잘 활용함으로써 이집트 신민의 존경과 애정을 얻었을 뿐만 아니라, 알렉산드로스의 제국이 갈라지면서 생겨난 다른 나라들을 상대하는 과정에서는 문화적인 권력으로 삼았다.[199] 그럼에도 불구하고 이것만으로는 이 시기 동안 소위 '오리엔트 종교의 서방 정복'에서 일어난 이집트 종교의 거대한 확장을 설명하기에 충분치 않다.[200]

예를 들어, 이집트의 어머니 신인 이시스는 기원전 5세기부터 아테네에서 숭배되었다. 아테네에 거주하는 이집트인뿐만 아니라 아테네인도 이시스를 숭배했다.[201] 기원전 2세기에 이르렀을 때는 이미 아크로폴리스 근처에 이시스 신전이 들어섰고, 아테네는 이집트 제례를 거행할 신전 부속 건물 조성을 공식적으로 후원했다.[202] 심지어 아폴론에게 특별히 봉헌된 델로스*에서조차, 프톨레마이오스 왕국과는 전혀 무관하게 이시스와 아누비스 숭배가 공식화되었다. 그 시기에 프톨레마이오스 왕국은 이미 델로스에 대한 장악력을 잃은 상태였다.[203] 게다가 기원후 2세기에 파우사니아스는 다른 오리엔트 제례에 관해서는 아무런 언급도 하지 않으면서, 아테네와 코린토스, 테베, 그리고 아르골리스와 메세니아Messenia, 아카이아Achaia, 포키스Phokis* 등 여러 곳에 있는 이집트 신전이나 사당들을 기록했다.[204]

여기서 강조해야 할 것은, 그리스가 경험한 물결은 로마 제국 전역으로 퍼져나간 물결의 일부에 지나지 않았다는 점이다.[205] 예를 들어, 기원후 79년 베수비오* 화산 폭발로 파묻힌 폼페이*에서 발굴한 가장 중요한 사당은 이집트 사당이었다. 티베리우스*는 로마 시에서 이집트와 유대 종교를 추방했다. 그러나 그 제례는 곧 복원되었으며, 그 이후의 황제들 특히 도미티아누스*와 하드리아누스*는 이집트 신들을 열정적으로 섬겼다.[206] 하드리아누스는 심지어 자신이 아끼는 안티노우스*를 이집트 신으로 신격화하려 했다.

하드리아누스의 대단한 기쁨이던 로마 시 동쪽 티볼리의 정원은 여러 가지 점에서 볼 때 그의 신성한 연인을 위한 이집트식 장례 단지라고 여기는 편이 가장 적절할 것이다.207 마르쿠스 아우렐리우스*와 셉티미우스 세베루스*, 카라칼라*, 그리고 디오클레티아누스*를 비롯한 많은 황제들이 이집트를 방문했다. 이에 대해 남아있는 기록은 하나같이 그들이 이집트 종교와 문화를 향해 얼마나 깊은 존경을 표했는가를 강조했다.208 그들의 개인적인 느낌이 어떠했든, 제국 전역에 걸친 이집트 종교의 중심적인 역할을 감안할 때, 그러한 태도는 정치적으로 필수적이었던 것으로 보인다.

이러한 열광은 반발을 불러일으켰다. 그리스가 이집트 문화에 대해 품은 적대 사례를 수집하려 애쓴 근대 네덜란드 학자 스멜리크와 헤멜리예크는, 오히려 로마에서 그러한 사례를 보다 수월하게 얻었다. 이집트의 약점은 동물 숭배였다. 예를 들어, 키케로*는 "아주 오래된 사건들이 기록된 문서를 수호하는 가장 타락하지 않은 저 이집트인의 나라에" 동물 숭배란 전혀 걸맞지 않다고 생각했다.209 이후 풍자 시인인 유베날리스*와 루키아노스*는 동물 숭배에 대해, 그리고 이집트 전체에 대해 마음껏 공격을 펴부었다.210

대부분의 저자들은 동물 숭배가 상징적이고 비유적이라고 믿었는데, 이러한 견해는 플루타르코스가 그의 책 『이시스와 오시리스』에서 가장 뚜렷하게 제시했다. 이 작품을 심지어 아리안 모델 내에서 연구하는 학자들조차 이집트 종교에 관한 단 하나뿐인 가장 중요한 전거로 인정한다. 더욱이 그 작품에 대한 해석은 이집트학이 진전됨에 따라 점점 더 확실해졌다.211

플루타르코스는 적어도 기원전 4세기부터 교양 있는 그리스인이 공유한 것으로 보이는 이집트 종교에 대한 이미지를 상세히 기록했다. 이에 따르면, 이집트 종교에서 나타나는 동물 숭배와 명백한 미신은 단지 대중을 위한 비유적인 겉치장일 뿐이었다. 사제들, 그리고/또는 이집트 종교의 비전을 전수받은 자들은, 동물 숭배와 환상적인 신화들이 실제로 우주에 관한 깊이 있는 추상 개념들과 심오한 이해를 감추고 있다는 것을 알았다. 『이시스와 오시리스』에서 이집트 종교 철학의 근본적인 관심사는, 성장하고 쇠퇴하는 덧없고 물질적인 '생성'의 세계가 아니라 수數와 기하학, 그리고 천문학에서 특히 뚜렷하게 나타나는 불멸하는 '존재'의 영역이었다.

물론 이 모든 것은, 그 내용뿐 아니라 때때로 그 내용을 기술하기 위해 사용한 용어의 측면에서도 플라톤과 피타고라스 학파, 그리고 오르페우스교도의 사상과 놀랄 만큼 유사했다. 그리하여 19세기와 20세기 학자들은 플루타르코스의 저서를 이른바 '그리스적 해석'의 최초 사례로 여겼다.

그리스인은 이집트 종교를 그 내부로부터 이해할 수 있을 만한 처지가 아니었다. 최초의 장애물은 이집트 종교에 대한 무지였다. 이집트적인 현상에 대한 오해나 또는 그 현상과 유사한 그리스적인 현상 위에 덧씌워진 변형을 근거로 등치나 설명이 이루어지곤 했다. 근본적으로 벗어난 것이든 사소하게 벗어난 것이든, 이 모든 것은 참된 모습에서 멀어지는 데에 일조했다.212

근대의 한 일류 학자는 그리스가 가졌던 이집트에 관한 이러한 '망상'을 책 한 권 전체에 걸쳐 다루었다.213 이집트 종교와 철학은 필연적으로 조야하고 피상적이라는 게르만적 해석* 혹은 공리는 에우독소스 같은 뛰어난 지성인을 다룰 때 어려움을 겪는다. 모든 기록이 전하는 바에 따르면, 에우독소스는 사제들과 함께 살면서 이집트어를 배웠을 뿐 아니라 이집트 문화에 대한 커다란 존경과 열정을 지녔음이 분명하기 때문이다. 그러나 근대 학자들의 근본적인 약점은 자기 자신을 제대로 모르고 있다는 점과 근대인이 고대인보다 '더 잘 안다(Besserwissen)'는 실증주의적 의식이다. 이러한 의식은 심지어 근대인이 가장 사랑한 그리스인을 대할 때도 마찬가지였다. 그리스인은 모든 문화적 측면에서 우월했지만, 고대사 서술이나 그리스가 다른 문화와 맺은 관계에 대한 이해에서는 그렇지 못했다는 것이다.

플루타르코스의 동시대인, 그리고 고대 모델의 틀 안에 있던 후기 사상가의 입장에서 볼 때, 이집트 종교와 철학에 대한 플루타르코스의 묘사와 플라톤 및 피타고라스 학파의 묘사에서 나타나는 놀랄 만한 유사성은 전혀 곤란한 문제가 아니었다. 모든 이들이 알고 있듯이, 그러한 유사성은 플라톤과 피타고라스, 그리고 오르페우스가 그들의 생각을 이집트로부터 가져왔다는 사실의 결과일 뿐이다. 더구나 플루타르코스는 또한 이집트 종교와 그리스 종교 사이에 보다 근본적인 관련이 있다고 주장했다. 『이시스와 오시리스』를 클레아에게 바치는 헌사에서 그는 다음과 같이 썼다.

> 오시리스가 디오니소스와 동일한 신이라는 것을 어느 누가 클레아 당신보다 더 잘 알 수 있겠습니까? 당신은 델포이 무녀들(디오니소스에게 귀의한 자들)의 우두머리이며, 거룩한 오시리스 의식에서 당신의 아버지와 어머니에 의해 신께 바쳐졌기 때문입니다.

계속해서 그는 이집트 제식과 델포이 제식의 유사점을 상세히 서술했다.[214] 이 책에서 플루타르코스는 세 번에 걸쳐 디오니소스와 오시리스가 같다고 했다.[215] 이시스와 데메테르가 같음을 명시적으로 표현하지는 않았지만, 둘 또한 같다고 여겼음은 의심의 여지가 없다. 예를 들어, 이시스가 비블로스에서 겪은 어려움에 관한 그의 묘사와 데메테르가 엘레우시스에서 겪은 어려움에 관한 호메로스의 묘사(『데메테르 송가』) 사이에는 상당수의 세부적인 유사점이 존재한다. 이는 플루타르코스의 '그리스적 해석'을 보여주는 명백한 사례로서 아리안주의 학자들이 자주 이용했다.[216]

다음의 경우도 마찬가지일 것이다. 나는 고대인이 믿었던 바와 같이, 『데메테르 송가』와 분명히 연결되어 있는 엘레우시스 신비 의식이 필시 이집트에서 기원했을 것이라고 주장한다.[217] 설령 그렇지 않다 하더라도, 기원전 9세기에 이르러, 즉 『데메테르 송가』의 전통적인 추정 연대 이전에 엘레우시스에서 이시스가 데메테르와 동일시되었음을 보여주는 고고학적 증거가 있다.[218] 어쨌든 플루타르코스가 이시스와 데메테르를 동일한 신의 현현으로 보았다는 점을 의심할 이유는 전혀 없다. 대체로 볼 때 분명히 말할 수 있는 것은, 그리스 철학의 상당 부분이 이집트에서 도입되었으며 이집트 종교와 그리스 종교가 근본적으로 일치한다는 믿음을 플루타르코스가 가지고 있었다는 점이다. 나아가 그는 이집트 종교가 보다 순수하고 보다 오래된 것이라고 주장했다.

이집트 종교에 대한 이러한 견해는 기원후 2세기에 씌어진 중요한 두 '소설', 즉 헬리오도로스*의 『아이티오피카』와 아풀레이우스의 『변신』 혹은 『황금 당나귀』에서 중심적인 역할을 했다. 아름답고 고결한 에티오피아인(그러나 흑인은 아닌) 여주인공이 등장하는 도덕적으로 고양된 낭만적인 이야기 속에서, 헬리오도로스는 에티오피아인과 에티오피아의 나체 철학자 혹은 수도자들에 대해 크나큰 찬탄을 표했지만, 사실상 초점의 대상이 된 것은 이집트와 이집트 종교의 도덕적 우월성이었다. 『아이티오피카』는 또한 이집트 종교에 대한 그리스 사제들의 열정적인 관심을 강조하는데, 그들은 이집트 종교를 자신들의 제례를 이해하는 열쇠로 보았다. 방문중인 한 이집트인에게 질문 공세를 퍼붓는 델포이 사제들에 관해 이야기하면서 저자는 다음과 같이 서술했다.

> 간략히 말해서, 그들은 이집트의 흥미로운 모습을 어느 것 하나 잊지 않았다. 왜냐하면 그리스인은 그 어느 나라에 관한 이야기보다도 이집트에 관한 이야기를 더 좋아하기 때문이다.219

이와 달리 아풀레이우스*의 『황금 당나귀』는 풍자지만, 그 진정한 핵심에는 이집트의 신비 의식과 변장·변신의 여신인 이시스의 모습이 놓여 있으며, 이시스 뒤에는 오시리스/디오니소스가 있다. 그 책의 절정에서 이시스는 주인공에게 다음과 같이 이야기한다.

가장 이른 시기의 종족인 프리기아인은 나를 모든 신들의 어머니인 페시눈티아라고 부른다. 자신의 토양에서 솟아난 아테네인은 나를 케크롭스의 미네르바*라고 부르고, 바다에서 솟아난 키프로스인은 나를 파포스*의 비너스라고 부르며, 궁수인 크레타인은 디아나 또는 딕티나, 그리고 세 가지 언어를 말하는 시실리인은 프로세르피네*라고 부른다. 엘레우시스인에게 나는 고대의 여신 케레스*이고, 다른 자들에게는 유노*, 또 다른 자들에게는 벨로나*, 헤카테*, 그리고 람누시아이다. 그러나 매일 태어나는 태양신의 첫 햇살을 받는 에티오피아인은, 본래의 교리를 가지고 있다는 점에서 보다 탁월한 아프리카인 및 이집트인과 더불어, 나의 독특한 의식을 통해 내게 영광을 돌리며 여왕 이시스라는 나의 진정한 이름을 내게 부여한다.[220]

이집트 종교와 제례가 근원적이고 '참되다'는 믿음은 그리스를 비롯한 다른 지역의 양식을 부차적인 것으로 만들었는데, 이는 왜 많은 사람이 이집트 이외의 양식을 외면했는가를 설명해준다. 신플라톤주의 철학자 이암블리코스*는 이교도 시대 말엽인 기원후 4세기에 다음과 같이 썼다.

> 신들의 관여를 최초로 규정한 사람이 이집트인이었으므로, 이집트 제식으로 기원해야 신들이 기뻐한다고 생각하는 것이 옳다.[221]

이 장에서 반복과 인용이 잦아진 이유는 근대 고전학 연구의 정설과는 아주 다른 모습을 띤 고대의 정설을 반복적으로 역설할 필요가 있다고 느꼈기 때문이다. 이러한 접근 방식이 거의 사용되지 않았다는 사실 자체가 아리안 모델 지지자들이 자기 주장을 뒷받침하기 위해 사료를 두루 인용하지 않았다는 점을 분명히 반증해주는 것이다. 이 장에서 내가 주장하고자 하는 바는, 기원전 5세기 (바로 이 시기부터 고대 그리스인에 관한 실질적인 지식을 얻을 수 있다) 이후의 고대 그리스인이 (비록 스스로에 대해, 그리고 자신들이 최근에 이룬 업적에 대해 긍지를 느끼기는 했지만) 자신들의 정치 제도와 과학, 철학 또는 종교를 자신들 고유의 산물로 여기지 않았다는 것이다. 대신 그들은 그것들을 대체로 동방에서, 특히 이집트에서 가져왔다. 초기에는 이민족에 의해 식민화됨으로써, 그리고 나중에는 해외로 나가 직접 배워 옴으로써.

제2장

이집트의 지혜와 그리스인에 의한 전달

암흑기에서 르네상스까지

이번 장에서는, 그 고도의 문명이 몰락한 이후에도 여전히 잔존한 고대 이집트의 유산을 다룬다. 우선, 그리스도교 안팎에 모두 존재했던 영지주의 같은 이단 분파에서, 그리고 공공연하게 이교적이었던 헤르메스의 전승에서 이집트 종교의 유산이 발견된다. 그러나 이러한 직접적인 계승보다 훨씬 더 광범위했던 것은, 교양 엘리트 사이에서 일반적으로 나타난 고대 이집트에 대한 찬탄이었다. 이집트는 비록 종교와 도덕의 문제에 관한 한 그리스도교적이고 성서적인 전승에 종속되기는 했지만, '이교도적인' 혹은 세속적인 모든 지혜의 원천으로 분명하게 자리매김했다. 따라서 1600년 이전에는, 그리스 문명과 철학이 이집트에서 유래했다거나 그것들이 주로 이집트가 그리스를 식민화함으로써, 그리고 이후 그리스인이 이집트에서 수학함으로써 전해졌다는 믿음에 진지한 의문을 제기한 사람은 아무도 없었다.

기원후 390년 알렉산드리아의 세라피스* 신전과 그에 인접한 거대한 도서관이 그리스도교 폭도에 의해 파괴되었다. 25년 후 같은 도시에서, 철학자이자 수학자로서 명석하고 아름다운 히파티아*는 성 키릴루스*가 선동한 수도승들의 손에 무참히 살해되었다. 이 두 폭력 행위는 이집트-이교주의*의 종말과 그리스도교 암흑기의 도래를 보여주는 사건이었다.[1]

아리안 모델로 연구하는 학자들이 그리스도교적인 요소를 간과한 채 이 사건을 헬레니즘적 합리주의에 맞선 이집트적 오리엔트 광신주의의 부활로 간주했다는 것은 전혀 놀랄 만한 일이 아니다.[2] 그러나 유럽인은 광신적일 수 없다는 어리석인 암시를 무시한다면, 광신적인 폭도가 그리스도교도이자 이집트인이었다는 설명은 전혀 모순되지 않는다. 기원후 4세기에, 이집트는 로마 제국 내에서 가장 열성적이라고는 할 수 없더라도 어쨌든 열성적으로 그리스도교를 신봉했던 속주였다.

이집트-이교적 종교의 몰락

무슨 일이 일어났던 것일까? 이집트 종교는 기원후 130~230년에 급속도로 무너져 내렸다. 이교 신앙의 심장부가 어찌하여 로마의 다른 어떤 속주보다도 더욱 일찍 그리고 더욱 열렬하게 그리스도교로 개종했을까? 이는 보다 폭넓은 문제와 연결된다. 왜 이교 세계 전체가 그리스도교로 개종했을까? 그리스도교 역사가들의 입장에서 볼 때 이 사건은 전혀 문제될 것이 없다. 이집트인, 아니 다른 어떤 민족이라도, '진정한 종교'의 빛을 보았다면 우상 숭배적인 이교 신앙을 버리는 것은 당연했다. 그러나 그리스도교 신앙을 갖지 않은 역사가들의 입장에서는, 그러한 현상을 설명하기가 그리 수월하지 않다.

보다 넓은 차원에서 보면, 헬레니즘 제국과 로마 제국 안에서 전통적인 지역 구조가 와해되어 가치 혼란이 야기됨에 따라, 일신교(지상 세계의 제국이 천상으로 반영된)를 지향하는 자연스런 경향이 나타났다고 주장할 수 있다. 이는 우선 기원전 300년 이후에 주로 전도를 통해 지중해 전역으로 유대교가 엄청나게 확산되었다는 점에 의해 입증될 수 있다. 게다가 기원후 1세기 중반에 이르면, 유대인은 로마 제국 인구의 5~10퍼센트를 형성한다.3 어쨌든 116~117년 디아스포라*에서는, 유대 지방에서 66~70년과 132~135년에 일어난 열심당*과 바르 코크바*의 잘 알려진 폭동보다도 훨씬 더 큰 규모의 폭동이 있었다.

디아스포라 폭동은 키프로스와 키레네*, 그리고 무엇보다도 알렉산드리아의 민족 말살적 억압으로 이어졌고, 그리하여 그리스화된 유대 민족의 찬란한 문화는 완전히 파괴되었다.4 심지어 그 전에도, 비록 유대인이 이집트 인구의 상당 부분을 형성하기는 했지만, 이집트 문화를 흡수하기에는 유대교가 너무나 이질적이었다. 19세기와 20세기 식민 제국의 인도인과 중국인 또는 이후 동부 유럽의 유대인처럼, 이집트의 유대인은 그리스 지배층과 이집트인 사이의 중간층이었다. 그리고 이 모든 경우, 지배층의 입장에서는 원주민과 외국인 중간 계급인 알로게네스* 사이의 긴장 관계를 유지하는 편이 유리했다. 따라서 유대인의 제거는, 기원후 2세기의 나머지 기간 동안과 그 이후까지 그리스도교(어쨌든 그리스도교는 특정 민족과의 연대가 보다 느슨했다)에 견줄 만한 강력한 전도 경쟁자가 없음을 의미했다.

파라오 체제의 국가와 이집트의 민족성이 붕괴됨에 따라 이집트 종교도 함께 무너져 내렸다는 가정이 그럴듯해 보일 것이다. 그러나 이러한 주장은 강점뿐만 아니라 문제점도 안고 있다. 이집트는 기원전 700년부터 대부분의 기간 동안 외국인이 통치했다. 에티오피아인이나 프톨레마이오스 왕조* 시대의 그리스인 같은 외국인은 이집트를 근거지로 삼아 제국 전체를 통치했다. 한편 페르시아인은 로마인과 마찬가지로 이집트를 하나의 다소 특별한 속주로 간주했다. 대부분의 통치자들은 이집트 종교와 원만한 관계를 맺는 것이 그곳을 통제하는 데 필수적이라고 생각했다. 사실 페르시아인은 때때로 이집트 종교를 탄압했지만, 전체적으로는 그들 역시 이집트 종교를 통제 수단으로 삼았다.5 페르시아인의 뒤를 이은 마케도니아인의 대단히 호의적인 태도에 대해서는 제1장에서 서술한 바 있다. 이 시기 내내 이집트 종교는 계속해서 번창하며 널리 확산되었고, 외관상으로는 기원후 2세기 전반에 그 절정에 이르렀다. 이러한 역사 유형은 뒤이은 몰락을 훨씬 더 두드러지게 만든다. 만약 외국의 박해가 결정적인 요인이었다면, 이집트 종교는 로마 제국의 총애를 받은 기원후 2세기가 아니라 페르시아 치하였던 기원전 6세기나 4세기에 붕괴했을 가능성이 훨씬 높기 때문이다.

이집트의 프톨레마이오스 왕조는 오히려 중국의 몽골족이나 만주족처럼, 원주민 문명을 옹호하는 태도를 취하는 한편 그 문명에 흡수될 수도 있다는 위험성을 뚜렷이 자각하고 있었다. 그들은 자기 고유 문화의 보존과 그리스인을 통한 지배를 다짐했다. 마르쿠스 안토니우스*와 율리우스 카이사르*의 연인인 클레오파트라 7세는 프톨레마이오스 왕조에서 처음이자 마지막으로 이집트어를 배운 인물이었다. 따라서 이집트 사제들은, 비록 객관적으로는 새로운 외국 통치자와 협력했지만, 이전 통치자를 상대할 때에도 그러했듯이 개인적으로는 그들과 거리를 두려 했으며 어느 정도까지는 이집트 '민족주의'를 지속적으로 대변했다. 그러나 그리스인 치하의 400년이 지나고 기원후 2세기에 이르렀을 때, 로마 통치자들과 마케도니아 및 이집트의 상류 계급(사제 계층을 포함하여)은 이집트 종교를 보편적인 헬레네스 문명에 융합시켰다. 이집트의 수호자라는 사제들의 위치를 약화시킨 것은 바로 이집트 종교를 향한 그리고 '국제화'를 향한 로마 황제들의 열정이었던 것으로 보인다.

기원후 3세기와 4세기에 이르렀을 때에는 옛 종교에 대한 적의는 명확한 계급 기반을 가지고 있었으며, 다른 곳에서와 마찬가지로 그리스도교도가 부자에 맞서 우선 빈민을, 그 다음에 중간 계급을 대변했다는 점은 의심의 여지가 없다. 그러므로 널리 알려진 사제들의 검소한 생활 양식에도 불구하고, 신전 소유의 거대한 부와 빈민에 대한 사제 계층의 착취가 원성을 불러 일으켰을 가능성은 충분하다.6 따라서 기원후 2세기 이후 그리스도교는, 팔레스타인에서 기원했으며 국제적인 의식을 지녔다는 사실에도 불구하고, 이집트-이교적 종교를 지닌 세계주의적이고 그리스화된 상류 계급에 맞서 빈민층과 중간 계급을 대변하게 되었다.

이러한 사회적·민족적 요인이 체계적인 이집트 종교를 파괴하는 데 주된 역할을 담당했음은 거의 의심의 여지가 없다. 그러나 그러한 요인은 갑작스레 등장한 문제라기보다 오히려 천천히 불거져온 장기간의 긴장이나 갈등으로 보인다. 그리고 새로운 두 양상이 기원후 2세기에 나타나고 있었다. 첫째, 그리스도교의 유용성이었다. 전통적인 지혜가 올바르게 주장하듯이, 그리스도교는 일신교인 동시에 어떤 면에서 볼 때 유대교로서는 결코 획득할 수 없는 보편성을 지니고 있었다. 또한 조직을 키워나가는 열정과 능력도 비상했다. 둘째, 옛 세계가 종말을 고하고 이제 곧 새로운 시대가 열린다는 일반적인 믿음이었다.

메시아* 신앙이나 천년왕국*설은, 메시아와 성인들이 '지상으로 행진할' 때 조화롭고 정의로운 새로운 질서 혹은 천년기가 곧 도래한다는 믿음이다. 그것은 모든 종류의 고통에 대한 일반적인 응답이었지만, 특히 외국인에 의한 군사적 정복과 경제적·문화적 예속에 대한 응답이었다. 게다가 어떤 외부의 힘이 현재의 불법적인 지배자를 모조리 거꾸러뜨림으로써 '첫째는 꼴찌가 되고 꼴찌는 첫째가 될 것'이라는 이상은, 적어도 기원전 6세기 바빌론* 유수 이래 유대교의 근본이었다. 더구나 이러한 감정이 기원전 50년경 이후에 강렬해져 그 다음 200년 동안 매우 두드러졌음이 분명하다. 더욱이 종말이라는 관념은 유대인에게만 국한된 것이 아니었다. 위기는 부분적으로는 수많은 정치·경제적 변화를 통해 일부 설명할 수도 있다. 로마인은 지중해를 통합하는 데 유례없는 성공을 거두었으나 로마 장군 사이에 야만적인 내란이 벌어졌다. 마지막으로 기원전 31년에는 아우구스투스* 치하에서 로마 제국이 확립되었는데, 이는 종종 새로운 시대로 묘사되었다.

유대인의 입장에서는 로마 정책의 변화라는 또 다른 요인이 있었다. 처음에 로마는 공동의 적인 셀레우코스 왕조*(이들은 서남아시아 대부분을 지배했다)에 함께 맞서면서 유대인과 우호 동맹 관계를 맺었다. 그러다가 힘의 균형을 유지하기 위해 중립적인 태도를 취하더니, 헬레니즘 왕국들이 분쇄되어 제국 전체가 로마-그리스의 공동 통치권으로 전환되자 마침내 적대적인 태도를 보였다. 메시아 신앙은 오랫동안 유대 전승의 중심에 위치해 있었다. 성서에 등장하는 첫 번째 메시아는 바빌론 유수로부터 유대인(적어도 그곳에서 벗어나기를 원했던)을 해방시킨 페르시아의 왕 키루스*였다.7 유대인의 메시아 신앙은 구원이 동방에서, 특히 파르티아*인에게서 비롯되리라는 희망을 간직했던 것으로 보인다. 페르시아의 새로운 지배자인 파르티아인은 또한 메소포타미아(유대인은 메소포타미아 인구의 상당 부분을 차지했다)도 지배했으며, 유대인과 마찬가지로 셀레우코스 왕조에 맞서 독립 전쟁을 벌인 적도 있었다. 참여자들에게 분명 메시아적인 의미로 비친 기원후 115년과 116년의 봉기들이 그 해에 감행된 파르티아에 대한 트라야누스 황제의 대규모 공격과 관련된다는 점 또한 거의 의심의 여지가 없다.8

그러나 기원전 50년과 기원후 150년 사이의 메시아 신앙과 새로운 시대가 밝아오고 있다는 생각은 유대인에게만 국한된 것이 아니었으며, 또한 앞서 언급한 로마의 정치적 변화를 통해 완전히 설명할 수도 없다. 또 다른 요소는 양자리* 시대에서 물고기자리* 시대로 넘어가는 점성학적 변화였다. 춘분점세차春分點歲差를 언제 누가 발견했는가에 관한 논쟁을 벌이지 않더라도, 기원전 50년에 그것이 이미 폭넓게 알려져 있었다는 점에는 이견이 없다.9 이 맥락에서 중요한 것은, 기원전 50년과 기원후 150년 사이의 시기를 거치면서 춘분점이 양자리에서 물고기자리로 이동했다는 점이다. (세차*는 자전과 공전에 이은 제3의 지구 운동이다. 그것은 거의 2만 6천 년마다 일어나는 지구 회전축의 주기적인 흔들림을 말한다. 따라서 태양계를 기준으로 삼으면 항성이 이동하는 것처럼 보인다. 가장 흔히 사용되는 측정법에 따르면, 12궁宮의 견지에서 볼 때 춘분점이 점점 더 빨라지는 것으로 나타난다. 오늘날의 점성가들이 우리에게 물병자리* 시대를 준비하라고 말하는 것은, 춘분점이 대략 2천 1백 년마다 하나의 궁宮에서 그 앞의 궁宮으로 이동하기 때문이다. 한두 세기가 지나면 춘분점은 물병자리에서 나타날 것이다.)

이러한 정치·경제·사회·점성학적 변화의 연쇄 안에서 비로소 로마 시인 베르길리우스*의 네 번째 「목가」를 이해할 수 있다. 기원전 40년에 씌어진 이 작품은 서두에서 다음과 같이 말한다.

> 이제 … 위대한 세기들의 행렬이 새롭게 시작되나니 … 사랑스런 루키나Lucina여, 오로지 당신만이 한 아이의 탄생에 미소짓고 있도다. 그 아이의 통치하에 철 종족의 시대가 끝나고 황금 종족이 세계 도처에서 솟아오르리니! 아폴론이여, 이제 바로 당신이 왕이로다!

베르길리우스는 계속해서 그 아이의 아버지이자 콘술*인 폴리오*를 '영광스런 시대'를 불러오는 자로서 맞이한다. 그러나 역사는 반복될 것이고, 새로운 트로이 전쟁을 비롯한 거대한 역사적 사건이 일어날 것이다.10 그리스도의 강림을 예견하는 듯한 내용을 달가워하지 않는 근대의 성향 때문에, 대부분의 고전학자는 일원론적 접근법을 사용하여 이는 단지 친구의 아이가 태어난 일을 둘러싼 시적 착상일 뿐이라고 주장했다. 그러나 훨씬 더 그럴듯해 보이는 가정은, 베르길리우스가 시인으로서 서로 다른 차원의 의미를 사용했다는 것이다. 여기에는 폴리오의 아이가 태어난 일과 베르길리우스와 폴리오의 후원자인 아우구스투스 치세에서 평화 시대가 도래하리라는 서로 다른 의미가 중첩되었을 것이다. 그 이야기는 또한 새로운 젊은 신의 도래를 가리키는 것으로 보이기도 한다. 그것은 분명히 천체 혹은 별의 시대 변화, 즉 새로이 등장하는 물고기자리 시대를 가리킨다.

별은 종종 위대한 메시아적 지도자와 관련된다. 그러한 관련은 기원전 6세기에 페르시아 제국을 건설한 키루스로부터 기원후 8세기의 중국 반란군

지도자 안녹산까지 이른다.11 기원전 50년부터 기원후 150년에 이르는 위기의 시기에, 율리우스 카이사르의 영혼으로 여겨진 유성과 베들레헴의 별*, 그리고 하드리아누스의 새로운 신인 안티노우스와 관련된 별 등 얼마나 자주 주요 지도자들과 관련하여 이러한 별이 나타나는가는 특히 주목할 만하다. 한편 유대인 저항 운동 최후의 메시아적 지도자는, 적어도 그의 친구들에 의해 바르 코크바, 즉 '별의 아들'이라고 알려졌다. 게다가 주의 깊고 온건한 나이든 랍비이자 근대 유대교의 창시자인 아키바*(그는 기원후 70년에 있었던 예루살렘의 파국적인 패배와 그에 따른 파괴를 몸소 겪고 감내하며 살았다)는 바르 코크바가 거둔 최초의 성공에 너무나 감격한 나머지 그 성공을 새로운 시대의 개막이라고 여기면서 「민수기」 24장 17절을 인용했다. "야곱에게서 별 하나가 걸어 나왔도다."12

플루타르코스의 『이시스와 오시리스』를 통해 우리는 이 시대가 천체의 운행을 극히 중요시했음을 알고 있다. 그것은 이상적인 별의 세계와 기하학의 표식이자 적어도 후기 이집트 종교에서는 별과 신 사이에 존재한다고 여겨진 통합 관계의 표식이 되었다. 우리는 또한 헬레니즘 시기의 이집트 천문학자들이 세차歲差에 관심을 가졌다는 것도 안다. 기원후 2세기에 세차의 영향력은 의외의 천문학적 일치로 배가된 것으로 보인다.13 설명하자면 이렇다. 고대 이집트에는 다수의 정교한 역법曆法이 있었다. 가장 흔한 역년曆年은 속인들의 달력에 사용된 365일 역법과 시리우스*(천랑성)의 출현(이 별이 나타나면 나일 강의 범람이 시작된다고 여겼다)에 의존하는 '시리우스 역법'이었다.14 천문학상의 1년은 365.25일이 조금 못 되므로, 이것과 비교하면 365일 역법은 대략 4년에 하루 꼴로 앞서 나갔다. 두 역법은 1,460년마다 한 번씩 일치했는데, 그러한 일치가 일어날 것이라고 지목된 해는 기원후 139년이었다! 따라서 철저하게 별에 의존했던 이집트 사제 계층은 한 시대의 종말에 관한 이중의 메시지를 받은 셈이었다.

기원후 130년 하드리아누스 황제와 그의 젊은 연인 안티노우스는 헤르모폴리스*에 있는 지혜와 측량의 신 토트의 주성소主聖所에서 토트의 사제들과 오랜 시간 논의했다. 그 직후 안티노우스는 나일 강에서 익사체로 발견되었다. 이집트의 중요 전승은 오시리스가 익사했다고 했다.15 전체적인 사건은 신비에 둘러싸이도록 의도되었으며, 여전히 그렇게 남아 있다. 그러나 오늘날의 일치된 의견은, 그 사건이 일종의 재앙을 피하기 위한 자발적 희생이었다는 것이다.16 확실히 하드리아누스는 즉각 안티노우스를 새로운 오시리스로 선언했으며, 그가 장려한 제례는 비록 짧은 기간이나마 제국이 후원한 것 이상으로 큰 성공을 거두었다.

안티노우스가 새로운 시대의 새로운 구세주를 의미했는지 여부에 관한 논의는 공론에 지나지 않을 수도 있다. 그러나 그리스도교도가 자신들의 새로운 오시리스인 예수를 이런 식으로 보았다는 데에는 의심의 여지가 없다. 물론 전통적으로 그리스도에게 부여된 다른 많은 모습들이 있기는 하지만, 이 시점에서 나는 새로운 성상聖像, 즉 물고기의 성상을 거론하고자 한다. 이집트나 유대 종교의 전승에서는 물고기가 두드러지게 나타나지 않았다. 이집트의 경우, 몇몇 물고기가 신들과 관련되었고, 일부 노모스에서는 특별한 종류의 물고기가 숭배되거나 금기로 여겨졌다. 더욱이 후기에는 물고기가 오시리스의 성기를 삼켰다는 전설이 생겨났으며, bwt(부트 : 물고기)라고 씌어진 단어는 '혐오'를 뜻할 수도 있었다. 이렇듯 물고기가 이집트 종교에서 중심적인 위치를 차지했다고는 어떤 식으로도 생각할 수 없다.17

의심스러운 경우인 필리스티아인의 신 다곤*을 제외하면, 구약성서에서 물고기는 어떠한 종교적 함의도 지니지 않은 것으로 보인다.18 반면 신약성서에서는 눈에 띄게 두드러지는 역할을 담당한다. 핵심 사도들은 어부였으며, 고기잡이의 비유가 많이 나타난다. 두 마리 물고기와 다섯 덩이의 빵에 관한 기적도 있다. 더더욱 놀라운 것은, 요한복음에 기록되어 있는 바와 같이 그리스도가 상징적인 최후의 만찬에서 그의 제자들에게 물고기를 나눠 주었다는 점이다.19 이러한 주제, 그리고 물고기가 최후의 만찬에서 중심적인 위치를 차지했다는 생각은 초기 그리스도교 도상圖像의 표준을 이루었다.[20] 화체설*에서 나타나는 그리스도의 모습도 오시리스의 경우처럼 그저 빵이나 곡식이었던 것만은 아니다. 그는 또한 한 마리의 물고기이거나 혹은 두 마리의 물고기였다. 뛰어난 초기 그리스도 사상가인 테르툴리아누스*는 기원후 200년경에 이렇게 서술했다. "작은 물고기들인 우리는, 우리 이크투스’Ιχθυς(물고기)의 형상을 따라 물에서 태어난다."[21]

이러한 믿음은 물고기라는 상징을 이용하여 그리스도와 그리스도교도를 표현한 이유를 설명해준다. 물고기의 상징은 종종 ‘예수 그리스도, 하느님의 아들, 구세주(이에수수’Ιησοῦς 크리스토스Χριστὸς 테우Θεοῦ 휘오스υἱὸς 소테르σωτήρ)’에서 각 단어의 첫 글자를 모은 ’Ιχθυς(이크투스)에서 유래한다고 추정되곤 한다. 그러나 물고기의 상징은 그러한 철자의 단어보다 더욱 일찍이 나타나며, 따라서 그러한 단어 조합이 물고기의 상징을 설명해준다기보다는 그 반대일 가능성이 훨씬 더 높아 보인다. 흥미롭게도, 그리스도를 물고기로 표현한 최초의 사례는 2세기 초 알렉산드리아에서 나타난다. 대체로 볼 때, 예수를 둘러싼 숫양(어린 양)이라는 양자리 관련 상징 체계가 마찬가지로 강하게 자리잡고 있었음에도 불구하고 한 마리 물고기, 혹은 특히 12궁에서 나타나는 두 마리 물고기라는 상징을 사용한 것은, 초기 그리스도교도가 자타 모두에 의해 새로운 물고기자리 시대의 새로운 종교를 추종하는 자들로 여겨졌음을 나타냄에 틀림없다.

요점을 개괄하면 이렇다. 기원후 2세기에 나타난 양자리에서 물고기자리로의 변화와 시리우스 역법 주기와 365일 역법 주기의 완결 시점이 놀랍게 일치한다는 사실은, 이집트 종교에 가해진 장기간의 사회적·경제적·민족적 압박과 더불어 이집트 천문학의 심장부에 강력한 자기 파괴적 힘을 창출해냈다. 더욱이 이집트 종교는 심원한 주기적 의미를 담고 있었을 뿐만 아니라, 태어남과 죽음, 그리고 부활이라는 개념에 중점을 두고 있었다. 이는 비록 신들이 오래 살기는 하지만 불사의 존재는 아닐 수도 있다는 가능성까지 포함하는 것이었다. 호르눙 교수는 다음과 같이 쓰고 있다.

그러므로 우리가 추정할 수 있는 바로는, 이집트인들은 신들이 존재하지 않는 시
간의 가능성을 강하게 의식하고 있었다. 사실 그것을 시사하는 몇몇 뚜렷한 언급이
있기도 하지만, 이집트인들은 실제로 훨씬 더 강하게 그것을 의식하고 있었던 것 같
다. '신들의 영역에서'라는 뜻의 mdrw(메제루) ntrw(네체루) 같은 문구는 그리스-로마
신전의 원문에서 '신들이 거기에 있는 한'이라는 형태로 발견된다. … 그렇지 않을
경우 종말론은 … 마법적인 주문의 영역이다.[22]

헤르메스 원문 가운데 하나에서 발견되는 「애가哀歌」는 반드시 이러한 맥
락으로 읽어야 한다.

이집트인이 경건한 마음과 근면한 자세로 신들을 경배해온 것이 모두 헛되다고
여겨질 때가 올 것이다. 그들의 거룩한 숭배는 모조리 효험을 잃게 될 것이다. 지상을
떠난 신들은 하늘로 돌아갈 것이다. 그들은 이집트를 버려둘 것이고, 한때 종교의 고
향이었던 이 땅은 신들을 잃은 미망인으로 남겨질 것이다. 낯선 자들이 이 나라를
채울 것이며, 종교적인 견해에 대한 관심이 더 이상 존재하지 않을 뿐만 아니라, 더더
욱 고통스러운 것은, 소위 법령에 의해 신들을 향한 경건한 행위나 의례가 금지되어
이를 어길 시에는 고통스러운 처벌을 받게 될 것이라는 점이다. … 스키티아인*이나
인도인, 또는 그와 비슷한 이웃 이민족들이 이집트에 자리잡게 될 것이다.

어쨌든 성서에 등장하는 많은 예언 및 계시처럼, 진정한 종교에 대한 적들
의 '악의'는 파괴될 것이다.

주님이신 아버지 … 그리고 조물주이신 유일신이 … 대홍수로 쓸어버리거나 불로
태워버리심으로써, 또는 전염병으로 말살하심으로써 … 그런 다음 주님은 세상을 본
래의 아름다움으로 되돌려 놓으실 것이다. … 세상이 다시 태어나는 모습은 이러할
것이다. 모든 좋은 것들이 일신되고 자연 그 자체가 장엄하게 복원되고…[23]

이러한 주기성의 개념, 즉 탄생과 죽음에 뒤이은 부활이라는 개념은, 르네상스와 계몽 시대에 자칭 이집트 종교의 복원자들이 나타날 수 있는 여지를 남겨주었다. 그러나 동시에 우리는 이집트 종교가 초기 그리스도교 아래에서 변형된 형태로 잔존했음을 고려해야 한다. 일반적인 측면에서 볼 때, 그리스 저자들이 이집트인의 속성으로 생각한 일반인의 열정적인 신앙심과 사제들의 섬세한 철학 및 신학은 초기 그리스도교 시대에도 지속되었다. 더욱이 교회 조직과 교의의 차원에서 볼 때에도, 이집트의 그리스도교를 포함한 모든 그리스도교 신앙에는 이집트 종교가 깊이 스며들어 있었다.

이집트 종교의 잔재 :
헤르메스주의, 신플라톤주의, 그리고 영지주의

죽임을 당하고 애도되고 승리자로서 부활한 생장의 신들인 예수와 오시리스, 그리고 메소포타미아의 타무즈* 사이의 놀랄 만한 유사성을 언급하는 것으로 그치고, 이집트와 메소포타미아 종교의 자취가 그리스도교에 명확히 잔존한다는 매혹적인 주제에 관해서 더 이상 파고들지 않을 것이다. 자칫 이 책의 논제에서 너무 멀리 벗어나기 때문이다.24 여기서 우리의 관심사는 정통 그리스도교의 가장자리에 잔존하는 제도적인 이집트 종교의 유물이다.

기원후 150년부터 450년까지 이집트는 정치·종교적으로 대단히 불확실하고 가변적인 시기를 겪고 있었다. 더욱이 우리가 관심을 가지는 집단내에서는 개인 또는 비교秘敎 단체가 신성神性에 이르기 위해서 엄격하고 신비적인 전수 과정이 필요하다고 믿는 경향이 있었다. 전수 과정의 핵심 요소 가운데 하나는 무시무시한 비밀 서약이었다. 이 집단은 또한 명시적으로 기록하거나 '널리 공표하는' 행위를 적대시하는 경향이 있었다. 진정한 지혜란 오로지 외부 접촉이 오래 차단된 상태에서 스승이 제자에게 직접 전하는 것이라고 믿었기 때문이다. 그들은 '이루 말할 수 없는 그 무엇'을 글로 묘사하는 것은 고사하고 말로 표현하는 것조차 어렵다고 확신하면서, 신비의 중요성을 역설했다. 묘사 자체도 어렵지만, 설령 묘사할 수 있다 하더라도 그들의 사상을 이해할 수 있게 만든다는 것은 곧 그들의 사상을 근본적으로 배반하는 짓이었다. 그럼에도 불구하고 여기서는 몇몇 일반적인 유형을 소개할 수밖에 없다.25

후기 고대는 3이라는 수에 사로잡혔다. 이는 헤르메스 **트리스**메기스토스와 그리스도교의 삼위일체에서 찾아볼 수 있다.[26] 우리가 관심을 가지고 있는 집단, 즉 헤르메스주의자와 신플라톤주의자, 그리고 영지주의자에게는 두 가지 기본 유형의 삼위일체가 나타난다. 첫 번째 유형(그리스도교의 형태가 이 유형에 속한다)은 아버지 신과 그의 활동하는 지성知性인 아들, 그리고 그 둘을 매개하는 제3의 힘으로 구성된다.[27] 보다 혼한 변형인 두 번째 유형은, 유대인과 그리스도교도를 비롯한 많은 사람이 섬기는 조물주 또는 창조자와 그 배후의 '숨은 신'이라는 개념에 근거했다. 두 신은 서로 구별되거나 혹은 신비롭게 결합된 존재로 여겨졌다. 플라톤 사상의 '선善' 혹은 제1원리인 '숨은 신'은 창조자의 행위와 대립하는 순수한 사고였다. 삼위의 세 번째 일원은 '세계 영혼'이나 '신의 정신'으로, 혹은 심지어 세계나 우주의 활기찬 물질로까지 여겨지는 등 가장 가변적이지만, 그 핵심 기능은 삼위의 다른 두 일원을 매개하는 동시에 그 둘의 구분을 유지하는 변증법적인 것이었다.

역설적이게도, 첫 번째 신이 숨어 있으며 말로 표현할 수 없다는 사실은 우상 숭배를 정당화하는 데에 이용되었다. 인간은 오로지 유한한 것만을 파악할 수 있는데 '숨은 신'은 무한하므로, 그 신은 오로지 부분적으로만 인지될 수 있었다. 2세기의 소피스트인 막시무스는 다음과 같이 썼다.

> 신은 … 시간과 영원과 존재의 모든 흐름보다 더욱 위대하다. 어느 입법자도 그 이름을 붙일 수 없고, 어느 목소리로도 그를 형언할 수 없으며, 어느 눈으로도 그를 볼 수 없다. 그러나 우리는 비록 그의 본질을 파악할 수는 없지만, 소리와 이름과 형상의 도움을 얻고, 금박과 상아와 은의 도움을 얻고, 식물과 강, 산꼭대기와 격류의 도움을 얻으면서 그를 알기를 열망한다.

계속해서 그는, 말하자면 존 로크*까지 바로 연결되는 취지로, 종교적 관용을 지지하는 논변을 구사한다.

> 인간으로 하여금 신성함이란 무엇인지를 알게 하라. 그들로 하여금 알게 하라. 그

것이 전부이다. 그리스인이 페이디아스*의 작품을 통해 신을 떠올린다면, 이집트인은 동물 숭배를 통해, 또 다른 사람은 강을 통해, 그리고 또 다른 사람은 불을 통해 신을 떠올린다. 나는 그들의 일탈에 분노하지 않는다. 그들로 하여금 알게 하고, 사랑하게 하고, 기억하게만 하라.[28]

헤르메스주의와 신플라톤주의, 그리고 영지주의는 '이중' 철학, 즉 대중에게는 미신을, 엘리트에게는 진정한 지식 혹은 그노시스*를 부과하는 철학이었다. 그러나 그노시스는 "본래 이성적인 지식이 아니었다. … 우리는 그것을 '통찰'로 번역할 수 있는데, 왜냐하면 그노시스는 자기 자신을 알아가는 직관적인 과정을 포함하기 때문이다."[29]

창조된 세계 너머로 아무 것도 보지 못하는 대중에게는 선善 혹은 제1원인이 감춰져 있지만, 견식 있는 소수는 교육과 도덕적·종교적 훈련을 통해 그에 다가갈 수 있었다. 내성內省과 엘리트주의는 정통 유대교 및 그리스도교와 전혀 관계없는 또 다른 특징, 즉 인간이 현실적으로 혹은 적어도 잠재적으로 신성을 지닌다는 믿음과 연결되었다. 내 생각에, 이는 파라오가 죽어서 오시리스가 된다는 이집트의 믿음에서 기인하는 듯하다. 이 믿음은 후기 이집트 종교에서 '민주화'되는데, 즉 헌신과 훌륭한 가르침, 그리고 올바른 절차에 대한 지식과 함께한다면 누구나 오시리스가 되고 불사의 존재가 될 잠재성을 지닌다는 것이었다. 그러나 보다 심오하고 보다 모호한 차원에서 볼 때, 나는 이것이 유목 이스라엘인의 초월적인 목자 신과 구별되는 농경 이집트인의 범신론 및 '내재적 신성'이라는 관념에서 연유한다고 믿는다. 이집트인의 관념에서는 인간을 포함한 모든 것에 신이 깃들 수 있었다.

인간이 신이 될 수 있다는 생각은 종교를 벗어나 쉽사리 마법으로 이어진다. 종교에서는 도움과 인도를 간원하지만, 마법에서는 그런 것을 명할 수 있다. 신플라톤주의자인 플로티노스*가 말했듯이, "신들이 내게로 와야 하는 것이지, 내가 그들에게로 가야 하는 것이 아니다."[30] 이런 유형의 생각

은 신과의 동등성을 넘어 신을 지배하는 단계, 심지어 인간이 신을 만드는 단계에까지 이른다.31

이제 별에 관한 이야기로 돌아가자. 별은 이 모든 '영적 순례'에서 중심적인 역할을 담당했다. 서로 다른 수많은 천문학적 모델이 있었지만, 가장 영향력 있는 모델은 천문학자 프톨레마이오스가 설계한 것이었다. 프톨레마이오스가 살던 기원후 2세기 이집트는 옛 종교에서 새로운 제례로 막 전환하던 시기였다. 프톨레마이오스에 따르면, 태양, 달, 행성, 그리고 항성은 각기 고유의 천구天球 위에서 지구 주위를 돌았다. 따라서 이상적인 영역에 도달하기 위해서는 천구를 초월해야 했다. 헤르메스주의와 신플라톤주의는 또한 영혼의 선재先在와 윤회 전생*이라는 대단히 이집트적이고 비그리스도교적인 개념을 담고 있었다. 여기에는 천구를 벗어나는 과정이 포함되며, 영혼이 깃들게 될 새로운 육신의 형상은 그 탄생 시점에 발생한 '별과 행성의 합合'*에 의해 어느 정도 결정되었다.32

현대 학자인 페이젤은 영지주의자를 정치적인 측면에서 다루면서, 그들을 자유의 수호자이자 정통 교회의 완고함과 계급 제도 그리고 억압에 항거한 자들로서 호의적으로 평가한다. 영지주의자가 다양한 스승과 원문 그리고 복음서를 가지고 교회의 권위에 도전한 반면, 정통 교회는 주교가 통솔하고 승인한 가르침에 국한되었으며 오로지 정전正典으로 인정된 4복음서만을 사용할 수 있었다. 그러나 페이젤이 경시한 부분도 있다. 영지주의자가 대체로 정통파보다 부유했던 것으로 보이며, 원칙적으로는 그노시스가 모든 사람에게 개방되어 있었지만 그것을 습득하려면 부와 여가가 필요했다는 사실이다.33 1930~1980년에 헤르메스주의와 영지주의에 관한 연구를 선도했던 페스튀기에 신부는, 이러한 맥락에서 엘리트 헤르메스주의와 대중 헤르메스주의를 구분했으며, 그러한 구분을 통해 헤르메스 원문의 철학을 헤르메스주의와 관련된 마법 및 비학秘學과 대비시켰다. 그러나 다른 학자들이 이미 지적한 바 있듯이, "점성술과 연금술, 그리고 마법은 비밀스런 분야이며, 그러한 술법을 실행하는 일은 엘리트에게 맡겨졌다."34 이에 관한 극단적 사례가 바로 위대한 신플라톤주의 철학자이자 수학자인 히파티아였다. 그러나 그렇다고 해서 그녀가 상류 계급이거나 엘리트주의자였을 리는 없다. 신학적인 차원에서도, 영지주의자(그리고 신플라톤주의자와 헤르메스주의자)의 '이중 철학'은 본질적으로 고르지 못했다. 정통 교회는, 비록 계급 제도를 유지하면서 권위를 조작하고 억압을 행하기는 했지만, 모든 신자를 대상으로 한 가지 신앙만을 고수했다.

세 유파 모두에 나타나는 공식적인 조직의 결여와 내성을 강조하는 신념 체계의 필연적인 개인주의는 제도적인 이집트 종교가 몰락한 이후의 상황에 완벽하게 적응한 결과로 보일 수도 있다. 그러나 이집트의 다신교적 종교는, 그 뒤를 이은 일신교의 조직적인 혹은 신학적인 단일성을 가졌던 적이 없었다. 그러나 '원元헤르메스주의'가 적어도 기원후 2세기 이전에는 뚜렷하게 존재했다는 징후들이 있다.

지금까지의 논의를 요약해 보자. 이집트 종교의 파편에서 나타난 세 사상 유파는 헤르메스주의와 신플라톤주의, 그리고 영지주의였다. 헤르메스주의자는 대담하게도 여전히 이집트적이었고, 신플라톤주의자는 보다 그리스화되어 '신성한 플라톤'에 전력을 기울였으며, 영지주의자는 스스로를 그리스도교도로 여겼다. 물론 세 유파 사이에는, 그리고 각 유파 내부에는 다양성과 때로는 강렬한 경쟁 관계가 존재했다. 그럼에도 불구하고 세 유파는 형태상 서로 닮았을 뿐만 아니라, 각 유파의 창시자는 서로 관련을 맺으면서 상대방의 저서를 읽기도 했다.35

헤르메스주의의 성격

헤르메스주의가 세 유파 가운데 시기적으로 가장 앞서며 다른 두 유파의 형성에 결정적인 영향을 미친 것이 거의 확실하다.[36] 게다가 헤르메스주의에 그리스와 유대, 페르시아, 메소포타미아, 그리고 이집트의 영향이 담겨 있다는 점은 누구나 동의하는 바이다. 그러나 이 영향의 상대적인 폭과 깊이를 둘러싼 뜨거운 논쟁이 벌어지고 있기 때문에, 헤르메스주의의 이집트적 근원이라고 여겨지는 것을 검토하기에 앞서 우선 그 문제를 지식 사회학의 견지에서 고찰할 필요가 있다. 헤르메스주의와 고대 이집트 사상의 관계라는 문제는 물론 대단히 정치적이다. 문학사가이자 예술사가인 블룸필드가 1952년에 썼듯이, "학자들의 견해는 헤르메스주의의 이집트적 요소라는 이 문제에 따라 극단에서 극단으로 바뀌었다."[37] 이와 관련된 문제가 바로 헤르메스주의의 연대이다. 헤르메스주의 전문가인 블랑코는 이렇게 쓰고 있다. "(헤르메스) '전집'이 이집트에서 기원했다는 견해를 지지하는 사람은 또한 그 문헌의 연대를 보다 이르게 잡는 경향을 보인다."[38]

이 논쟁의 두 핵심 인물은 리하르트 라이첸슈타인과 페스튀기에였다. 라이첸슈타인은 1900년경 전후에 헤르메스주의를 주제로 여러 권의 책을 저술하면서, 헤르메스주의가 이집트에서 영감을 받았다는 주장을 최초로 제기했다. 그러나 시간이 흐르고 극단적 아리안 모델이 득세함에 따라 견해를 바꾸더니, 1927년에 이르러서는 헤르메스주의의 본질이 이란적이라고, 즉 아리안적이라고 주장했다.[39] 1930년대부터 아주 최근에 이르기까지 이 분야를 주도한 인물은 페스튀기에 신부였다. 그는 "헤르메티카(헤르메스 전집)에 미친 그리스의 영향에만 거의 온전히 집중하면서" 헤르메티카가 이집트 비교秘敎와 관련된다는 생각에 반대했다.[40]

　언뜻 보기에도, 조직화된 이집트 종교의 몰락 이전에 이집트에서 이집트인에 의해 민용 문자 혹은 콥트어로 문헌화된 전승에 미친 이집트의 영향력이 상당하다고 인정하는 것이 합당할 듯하다.[41] 더욱이 고대 사료들이 이란-조로아스터교* 및 칼데아*-메소포타미아의 영향을 언급했지만, 로마 시대에는 헤르메스주의의 본질이 이집트적이라는 생각에 어느 누구도 이의를 제기하지 않았다.

　나는 여기서 많은 부분이 문제가 됨을 강조하고자 한다. 헤르메스주의가 영지주의 및 신플라톤주의와 불가결하게 연결된다는 점뿐만 아니라, 헤르메스주의가 전체적으로 플라톤과 긴밀히 관련된다는 점 역시 그렇다. 헤르메스주의와 요한복음의 신학, 그리고 사도 바울로*의 일부 편지들이 서로 매우 흡사하다는 점 또한 마찬가지이다.[42] 일반적으로 받아들여지는 이러한 밀접한 관련은 헤르메스 원문의 연대와 '이집트적 성격' 모두에 결정적인 중요성을 부여한다. 만약 헤르메스 원문이 그리스도교보다 시기적으로 앞서고 이집트적 성격이 압도적으로 두드러진다면, 일반적으로 그리스도교 신학에 내재하는 그리스적, 즉 플라톤적 요소라고 여겨져 온 것의 기원에 관한 또 다른 가능성이 열린다. 또한 이집트 종교에 관한 플루타르코스의 '플라톤적'이고 '피타고라스적'인 묘사를 이집트 열풍이나 그리스적 해석에서 기인한 망상으로 설명해 버리기도 매우 어려워진다. 그럼에도 헤르메스 원문이 더 오래된 것으로 나타난다면, 플라톤과 피타고라스가 자신들의 사상을 이집트에서 가져왔다는 고대의 견해를 부정하기가 매우 힘들어질 것이다.

　헤르메스 원문의 연대에 관한 대부분의 연구는 프랑스의 위대한 프로테스탄트교 원문 비평가 이자크 카조봉이 17세기 초에 확립한 틀 안에 여전히 머물러 있다. 카조봉은 당시 널리 퍼져 있던 견해, 즉 헤르메스 원문이 이집트 지혜의 아주 오래된 보고라는 견해를 논박했다. 그는 1500년경 전후에 개발된 라틴 원문의 연대 추정술을 사용하여, 헤르메스 전집과 성 요한, 그리고 사도 바울로 사이의 신학적 유사성 및 헤르메스 송가와 시편 사이의 밀접한 관계로 볼 때 성서가 헤르메스 원문보다 시기적으로 앞선 것이 분명하다고 주장했다. 그렇게 따지면, 플라톤(특히 당시 플라톤의 저서 가운데 가장 널리 읽힌 『티마이오스』)과의 유사성은 틀림없이 플라톤에서 차용한 결과가 된다. 어쨌든 카조봉은 플라톤이나 아리스토텔레스, 그 밖의 다른 고대 저자들에게서 헤르메스 트리스메기스토스에 관한 언급이 전혀 나타나지 않는다고 지적했다.[43]

그리스도교적인 틀이 아니라 카조봉의 아리안 모델 내에서 연구하는 근대 학자들도, 단지 부차적인 수준에서 카조봉의 틀을 조정했을 뿐이다. 우선, 그들은 아무런 문제 의식 없이 신약 성서의 신학을 플라톤의 사상에서 이끌어냈다. 그보다 정도는 다소 약하지만, 헤르메스주의에 미친 이란, 혹은 심지어 인도의 초기 영향까지 기꺼이 받아들였다. 이런 식으로 아리안 모델은, 학자들이 헤르메스 원문의 연대를 기원전 3세기까지, 즉 플라톤 이후의 어느 시기까지 끌어올릴 수 있도록 허용했다. 예를 들어 페스튀기에는 다음과 같이 말했다.

(토트 숭배에 대한) 이러한 암시를 가지고는, 토트 신이 지은 것으로 여겨지는 서적들이 파라오 치세의 이집트 신전 문서 창고에 소장되었다고 결론내릴 수 없다. 정반대로, 프톨레마이오스 왕조 이래 그리스어로 씌어진 헤르메스 문헌이 있었던 것으로 보인다.[44]

다른 학자들은 이 기회를 이용조차 하지 않았다. 대신 헤르메스 원문을 영지주의 및 신플라톤주의 저서들과 나란히 기원후 2세기와 3세기의 산물로 추정하는 편을 보다 선호했다.

그럼에도 불구하고 사실상 많은 학자들은 헤르메스 전승이 기원전 3세기까지 소급될 가능성을 탐구했다. 1920년대에 독일의 역사가 크롤은 기원후

2세기에 쓰여진 것으로 추정된 헤르메스 원문에 묘사된 사회는 로마 시대의 이집트 사회가 아니라 헬레니즘 시기의 이집트 사회이며, 신전들이 최대한의 기능을 발휘하던 사회임이 분명하다고 주장했다.[45] 1930년대에 위대한 역사가 프란츠 퀴몽*(이란의 미트라교*와 후기 이교를 연구했다)은 새로 발견된 점성술 관련 헤르메스 원문을 편집하는 과정에서 크롤의 견해를 지지했다. 크롤을 지지하는 것에 덧붙여, 퀴몽은 원문에 점성술과 관련하여 나타나는 천문학적 징후들이 기원전 3세기를 가리킨다고 지적했다. 그러나 그는 여기서 그치지 않고 계속해서 다음과 같이 주장했다.

　　최초의 그리스-이집트 점성가들은 자신들이 그리스 세계에 점성술을 전수했다고 주장하지만, 그렇다고 해서 그들이 점성술을 발명한 것은 아니다. 그들이 이용한 이집트 전거는 페르시아 시기까지 거슬러 올라가며, 적어도 부분적으로는 고대 칼데아 문헌에서 유래한 것이었다. 이 원시 토대의 흔적은 우리가 가지고 있는 훨씬 이후의 원문, 즉 보다 최근의 토양으로 옮겨진 표석에 여전히 남아 있다. 거기에서 ‘왕 중의 왕’이나 ‘사트라프*’라는 언급을 발견하는 순간, 우리는 더 이상 이집트가 아니라 고대 오리엔트에 있게 된다. … 우리는 이집트 점성술의 창시자인 사제들이 어느 모로 보나 고대 오리엔트 전승에 비교적 충실했다는 점을 주목하게 된다.[46]

사실 퀴몽은 페르시아 종교를 연구하는 역사가였으며, 19세기 말과 20세기 초의 일부 북유럽인에게 이란인은 그리스인보다 더욱 ‘아리안’에 가까웠다. 그러나 이러한 사실은, 비록 이질적인 내용으로 구성된 헤르메스 전집이 각기 다른 시대에 씌어진 것임에는 틀림없다 하더라도 그 일부는 기원전 4세기 후반의 알렉산드로스 대왕보다 시기적으로 앞설 뿐만 아니라 플라톤보다도 50년이나 앞선다는 주장의 개연성을 크게 약화시키지는 않는다.[47] 퀴몽의 주장은 아리안 모델에 심각한 문제를 제공했다. 왜냐하면 그의 주장은 플라톤 사상이 헤르메스의 오리엔트-이집트 사상과 일치했다거나, 또는 고대 모델이 주장한 바대로 이집트에서 유래했다는 것을 의미하기 때문이다.

페르시아 기원설은, 페르시아가 이집트를 정복한 기원전 525년 이전에 이집트를 방문한 것으로 여겨지는 솔론과 피타고라스를 비롯한 여러 인물들의 사상이 플라톤과 플루타르코스의 사상과 매우 유사해 보인다는 점에서 그 자체로 문제가 있다. 따라서 페르시아 기원설보다는 이집트 기원설이 훨씬 더 그럴듯하다. 이집트 사상과 '오리엔트' 사상 사이의 상대적 중요성이라는 문제를 살펴보자면, 필시 기원전 6세기 훨씬 이전에 메소포타미아가 이집트에 상당한 영향을 미쳤을 것이다. 그러한 영향은 페르시아 점령기 동안 강화되었음에 틀림없으며, 필시 이 기간 동안 조로아스터교의 영향도 대부분 밀려들어왔을 것이다. 그러나 이집트 사제들의 악명 높은 보수주의와 국수주의는 차치하더라도, 나는 이집트 종교에 관한 그리스인의 견해가 페르시아의 정복 전후로 한결같이 지속된 것으로 보아, 초기 프톨레마이오스 왕조 시대 이집트 종교에 미친 '동방의' 영향을 과장했다고 주장하는 퀴몽의 견해가 그럴듯하다고 믿는다. 초기 프톨레마이오스 왕조 시대 이집트 종교는 이민족의 정복에도 불구하고 여전히 이집트적인 본질을 잃지 않았던 것으로 보인다.

그럼에도 불구하고 헤르메스 원문의 가장 이른 유적 층이 페르시아 시기로 거슬러 올라간다는 퀴몽의 주장은, 그보다 앞선 플린더스 페트리 경(그는 19세기 말과 20세기 초에 근대 이집트학을 창시했다)의 저서에 의해 강화되었다. 페트리는 역사적인 맥락에서, 적어도 헤르메스 원문의 몇몇 구절은 페르시아 시기의 것임에 틀림없으며, 이집트 종교의 위기가 이 시기에 시작되었다고 주장했다. 그리스도교가 기원후 390년 이교 금지를 선언하기 오래 전에 이집트 종교의 금지를 예언한 「애가哀歌」가 널리 유포되어 있었기 때문에, 그것은 오로지 페르시아 시기의 박해에 관련될 수 있었다는 것이다. 또한 그는, 인도인과 스키티아인이 전형적인 외국인으로 지칭된다는 점으로 볼 때, 보다 이른 연대가 걸맞을 수도 있다고 지적했다. 원문의 다른 부분에서는 '새롭게 그 땅을 차지한' 외국인이 언급되는데, 이는 로마에 의한 정복은 고사하고 그리스에 의한 정복에도 결코 적용될 수 없다. 원문에는 또한 이집트인 왕이 언급되는데, 이집트인 왕이 마지막으로 통치한 시기는 기원전 359~342년이었다.[48]

페트리의 주장이 아리안 모델 전체를 위기에 빠뜨린다는 점을 재빨리 간파한 학자들은 그의 주장을 터무니없는 것으로 간주했다. 헤르메스주의를 전문적으로 연구한 그리스학 학자 월터 스콧[*] 교수는 1924년에 다음과 같이 썼다. "만약 이 연도들이 옳은 것으로 입증된다면, 일반적으로 받아들여진 그리스 사상사에 관한 모든 견해가 전복될 수밖에 없을 것이다." 따라서 아리안 모델에 도전하는 증거는 그 가치가 상세히 검토되지도 않은 채 아리안 모델에 의해 분쇄당했다. 페트리의 주장은 대꾸할 필요조차 없는 것으로서 다음과 같이 무시당했다. "그러나 그가 주장하는 연대는 진지하게 주목할 만한 것이 못 된다." 마지막으로 스콧은 고전학이 다른 사소한 학문 분야보다 우월하다며 믿을 수 없을 정도로 뻔뻔하게 단언했다. "다른 분야에서 훌륭한 연구로 드높은 명성을 얻은 사람이, 이렇듯 자신의 위치가 어디쯤인지도 알지 못하는 연구 분야에 끼어들었다는 것은 유감스러운 일이다."[49]

스콧이 이집트어를 아는 것보다 페트리가 훨씬 더 그리스어를 잘 알았음은 전혀 의문의 여지가 없다. 어쨌든 스콧은 1880년대에 이집트학이 인도유럽학에 종속된 이래 암묵적으로 존재해온 위계를 명시화하고 있었을 뿐이다. 이 경우에 위계는 곧, 그리스학 학자들이 헤르메스 원문을 그리스적이라고 여겼기 때문에 이집트학 학자들은 헤르메스 원문에 관해 이야기할 것이 전혀 없음을 의미했다. 가설과 독점권을 주장하는 전문 지식은 서로를 강화하고 있었다.

페트리의 특수한 주장을 제외하더라도, 헤르메스가 이집트의 토트와 동일한 존재라는 데에 모든 학자들이 동의한다는 점은, 헤르메스 원문 가운데 가장 오래된 부분의 연대를 이르게 추정하는 중심적인 증거가 된다. 17세기에 헤르메스 원문을 헐뜯었던 카조봉은 헤르메스 트리메기스토스라고 불리는 고대 현인이 있었을지도 모른다는 점을 부인하지 않았다. 마찬가지로 근대의 저자들은 지혜의 신인 토트의 존재를 부정할 수 없다. 문제가 되는 것은 헤르메스 원문과 헤르메스 트리스메기스토스라는 인물이 과연 고대의 소산인가 하는 점이다.

그러나 전통적인 토트 숭배, 즉 헬레니즘 시기의 이른바 이란적인 혹은 그리스적인 숭배와 헤르메스 원문의 철학 사이에 명확한 선을 긋기란 그다지 쉽지 않다. 최근 스트릭커 교수와 데르셍 교수는 헤르메스 전집에서 나타나는 이집트적인 요소가 아리안 모델의 절정기에 연구했던 페스튀기에와 그 밖의 학자들이 가정했던 것보다 훨씬 더 두드러진다는 점을 상세히 보여주었다.[50] 더욱이 '토트의 저술'이라는 생각은 분명 매우 오래된 것이다. 그 생각은 제18왕조에 유행했던 『사자의 서』에 자주 등장한다. 1920년대에 토트에 관한 책을 썼던 보일런 신부는 '도서관에 있는 토트의 저술'에 대한 제19왕조의 언급을 거론한다.[51] 플루타르코스와 초기 그리스도교 저자인 티투스 플라비우스 클레멘스*는 '헤르메스의 저술'을 언급한다.[52] 비록 제18왕조와 제19왕조 시기의 이 저술들이 후기의 전집과 거의 유사점이 없을지도 모르지만, 나는 학자들이 너무나도 성급하게 그 둘 사이의 연결성을 부인한다고 믿는다.

또한 전에는 로마 시대에야 비로소 나타나기 시작했다고 생각했던 헤르메스 전집의 특징은 최근의 발견을 통해 보다 과거의 것으로 추정할 수 있게 되었다. 기원전 3세기 초에 씌어진 것으로 보이는 '세 배로 위대한 토트,' D̲hwty '3, '3, '3(제후티 아 아 아)라는 이름이 상上이집트의 에스나Esna에서 발견되었고, 멤피스 바로 외곽의 사카라*에서 발굴된 기원전 2세기 초의 민용문자 원문에는 '세 배로 위대한 토트,' D̲hwty p3 '3, p3 '3, p3 '3(제후티 파 아 파 아 파 아) 즉 헤르메스 트리스메기스토스라는 이름이 나타난다. 이 원문은 토트와 관련된 한 사제의 문서들 안에 들어 있었다. 『호루스의 보고寶庫』라는 이 모음집의 또 다른 항목에는 토트가 이시스의 아버지였다는 전승이 있는데, 이는 오로지 헤르메스 원문에서만 나타났다.53 헤르메스 전집과의 연결 고리인 이 두 가지 사항은, 그 둘을 소위 헤르모폴리스의 우주창조설과 연결짓는 다른 저술에서도 발견되었다. 그러한 연결의 근거는 우주창조설의 전통적인 뿌리, 그리고 토트 및 그의 신성한 새인 따오기에 대한 엄청난 대중적인 숭배와 관련이 있었다. 예를 들어, 어떤 해에는 사카라에 1만 마리의 따오기가 있었던 것으로 추산되었다.54 토트 숭배가 프톨레마이오스 왕조 시대에 크게 확장되기는 했지만, 그보다 1천 년 앞선 시기에 씌어진 『사자의 서』에서 토트는 이미 매우 강력한 신이었으며 사람이 자주 기도를 바치는 신이었다는 것이 일반적인 믿음이다.55 프톨레마이오스 왕조 시대의 토트 숭배가 고대 전승에 확고히 뿌리내리고 있었다는 데에는 대체로 의문의 여지가 없다.

고대의 숭배와 후기의 헤르메스주의를 뚜렷이 구분하는 주된 이유는 헤르메스주의의 추상적인 '플라톤' 철학이었다. 이집트인이 추상적이고 철학적인 사고를 할 수 없었다는 주장은 아리안 모델의 요체였으며, 따라서 거기에는 수많은 이데올로기적 인습이 실려 있다. 이는 이집트인이 추상적 종교의 견지에서 사고할 수 있었음을 보여주는 증거가 이미 80년 전에 출간되었음에도 그렇게까지 주목을 받지 못했던 유일한 이유일 수 있다. 그 증거는 일반적으로 『멤피스 신학』이라고 불리는, 기원전 2000~1000년 혹은 3000~2000년까지 거슬러 올라가는 원문에서 비롯한다. 『멤피스 신학』이 묘사하는 우주창조설에 따르면, 멤피스의 지역신인 프타*와 그에게서 나온 아툼*은 최초의 존재들이었다. 프타는 그의 정신이 위치한 심장에서 세계를 창조했으며, 그의 혀를 통해, 즉 말이라는 행위를 통해 세계를 실현했다. 비록 페스튀기에 신부와 보일런 신부가 서둘러 부정하기는 했지만, 이는 플라톤적이고 그리스도교적인 로고스*, 즉 '말씀'과 대단히 유사하게 보인다. "말씀은 하느님과 함께 계셨고 하느님과 똑같은 분이셨다. 말씀은 처음 천지가 창조되기 전부터 하느님과 함께 계셨다. 모든 것은 말씀을 통하여 생겨났 이집트학 학자 제임스 헨리 브리스테드*는『멤피스 신학』을 번역하여 출간한 후 다음과 같이 썼다.

> 위에서 언급한 세계라는 개념으로 미루어보건대, 이제껏 훨씬 뒤늦은 시기에 외국에서 이집트로 도입되었다고 여겨져 온 누스*와 로고스라는 후기의 개념이 이 이른 시기에 존재했음을 시사하는 충분한 기반을 형성한다. 따라서 그리스 철학이 이집트에서 기원했다는 그리스 전승은, 최근 인정된 것 이상의 진실을 담고 있음에 틀림없다.

그는 계속해서 이렇게 썼다.

> 나중에 그리스인 사이에서 널리 퍼진 습관, 즉 이집트 신들의 기능과 관계를 철학적으로 해석하는 습관은 … 최초의 그리스 철학자들이 태어나기 이전에 이미 이집트에서 시작되었다. 그리고 자신들의 신을 해석하는 그리스인의 관행이 이집트로부터 최초의 자극을 받았다는 것은 불가능한 일이 아니다.57

이 우주창조설에서 토트의 역할은 프타의 심장이었고, 프타의 혀는 호루스였다. 토트를 심장과 연결시키는 이러한 전승은 2천 년 후『호루스의 보고寶庫』에서도 여전히 찾아볼 수 있다.『호루스의 보고』의 출판자인 존 레이는 심장이 지성과 관련됨을 올바르게 지적하는데, 토트는 특히 지성의 주인으로 생각했다.58 그러나 다른 신학들에서, 토트는 문자의 발명자이자 수학의 창시자이며 주술의 주인이었고, 신들을 서로 관련짓고 신과 인간을 관련짓는 신성한 행위인 말이었으며, 심지어 세계의 창조주였다.59

토트가 위대한 전달자였다는 사실은 그를 죽은 자를 보호하는 재칼 신이자 영혼의 안내자이며 죽음의 사자인 아누비스와 통합시킨 한 요인이 되었다. 더더욱 중요한 것은 죽은 자를 심판하는 과정에서 토트와 아누비스가 서로 밀접하게 뒤얽힌 역할을 수행했다는 사실이다. 그 둘은 기원전 3000

~2000년의 시기로 소급되는 『피라미드 원문』에서도 이 역할과 긴밀하게 관련되었으며, 제19왕조 혹은 기원전 13세기의 것으로 추정되는 두 신의 통합 이미지가 발견된 바 있다. 그러나 프톨레마이오스 왕조 시대까지는 이집트 종교에서 공식적인 헤르마누비스 숭배*가 나타나지 않았다.60 이 마지막 발전 단계가 그리스 종교에서 토트와 아누비스의 역할을 겸하는 헤르메스의 존재와 관련되는지는 불분명하다. 그럼에도 불구하고 비록 본래의 결합이 이집트에서 시작되었다고 보이지만, 프톨레마이오스 왕조 시대의 통합 형태가 그리스 종교에서 유래했다는 데에는 거의 의문의 여지가 없는 듯하다.

이 복합적인 양상과 더불어, 헤르메스 트리스메기스토스는 앞(201쪽)에서 논의한 신학 혹은 '이중 철학'에서 모든 역할을 수행할 수 있었다. 신들의 아버지이자 지고의 지성으로서 그는 숨은 신일 수 있었고, 활동하는 지성 혹은 말이라는 행위로서 조물주일 수 있었으며, 전달자로서 숨은 신과 조물주를 연결하거나 분리하는 성령일 수 있었다. 마지막으로 그는 영혼을 불사로 이끌어 그들에게 우주의 경이를 설명해주는 사자 혹은 안내자일 수 있었다. 그러나 지배적인 후기 전승은 헤르메스가 철학자이자 도덕 교사임을 분명히 했다.

여기서 우리는 헤르메스의 에우헤메리즘화euhemerization, 즉 신에서 현인으로의 전환이라는 문제와 마주치게 된다. 많은 학자들은 이러한 에우헤메리즘화를 또 다른 후기의 특징으로 간주한다. 그러나 여기에도 보다 이른 시기의 선례들이 있다. 기원전 4세기 초에 플라톤은 테우트와 토트를 문자와 수, 그리고 천문학 등의 발명자로 일컫는다. 더욱이 테우트/토트는 신인 동시에 현인으로 나타난다.61 50년 후, 아브데라의 헤카타이오스는 헤르메스/토트를 위대한 발명을 이룬 인간으로 묘사했다.62 또한 헤르메스가 이른 시기에 에우헤메리즘화되고 합리화되었음을 강력히 시사하는 증거가 페니키아에서 나타난다. 기원후 1세기에 페니키아인인 비블로스의 필론은 고대 사제인 산구니아톤(필론의 주장에 따르면, 그는 트로이 전쟁 이전의 인물이었다)의 저작들 가운데 일부를 그리스어로 발췌·번역했다.[63] 19세기 초에 고전학이 확립된 이후, 고대 페니키아의 종교와 신화에 관한 필론의 저술들은 헬레니즘적 환상으로 여겨져 외면당했다. 그러나 1930년대에 필론의 신화와 기원전 13세기의 우가리트 원문에 담긴 신화 사이의 놀랄 만한 유사점이 발견됨에 따라 견해가 뚜렷하게 변했다. 따라서 올브라이트*와 아이스펠트 같은 셈학 학자들은 산구니아톤을 기원전 첫 번째 천년기 전반의 인물로 보려고 하면서, 그가 사용했던 전거들 가운데 일부를 기원전 2000~1000년의 것으로 여기는 경향이 있었다.[64] 보다 최근에 바움가르텐 교수는 고대 전승과 이 분야의 두 위대한 20세기 권위자에게 도전하면서 훨씬 늦은 연대를 주장했다. 그러나 그러한 이유는, 필론의 책에 담겨 있는 모든 것을 우가리트 사료로써 설명할 수는 없다고 보았기 때문이며, 둘째로는 필론의 책에 담겨 있는 이성적이고 과학적인 모든 생각이 그리스에서 기원한 것임을 자명한 것으로 받아들였기 때문이다. 왜냐하면 그는 이미 고전학자들에 의해 이성과 과학이 그리스에서 시작된 것으로 입증되었다고 믿었기 때문이다.[65] 이런 식으로, 필론의 에우헤메리즘이 그리스적이며 시기적으로 뒤늦었음에 틀림없다는 주장을 위해 본질적으로 순환적인 논증(그리스 이전에는 어떠한 과학이나 이성도 존재할 수 없었다. 왜냐하면 그리스 이전에는 과학이나 이성이 없었기 때문이다)이 사용되고 있다.

논의를 진전시키기 전에, 여기서 약간의 구분을 지을 필요가 있다. 에우헤메리즘의 첫 번째 유형, 즉 자연적인 힘들의 비인격적 추상화는 가장 이른 시기부터 이집트 사상에 존재했던 것으로 보인다. 이는 헤르모폴리스*의 우주창조설도 해당하는데, 헤르모폴리스의 우주창조설은 토트 및 산구니아톤이 기술한 타우토스*의 우주창조설과 연결되었다.[66] 헤르모폴리스의 옥도아드Ogdoad(헤르모폴리스의 여덟 신들로, 우주를 창조한 네 쌍의 존재 또는 힘) 중에서 어느 누구도 신전이나 제례를 가지고 있지 않다는 사실은 곧 추상화

를 나타낸다. 욱도아드가 때때로 신전이나 제례를 가진 신들과 때로는 동격으로 취급되었음에도 말이다.[67]

에우헤메리즘의 두 번째 유형(신과 여신을 인간 현인과 영웅 및 여자 영웅으로 전환하는 것)은 세계적인 현상이며, 주요 신들을 이집트의 첫 번째 왕으로 부르는 널리 보급된 전통은 적어도 기원전 13세기에 씌어진 왕들의 기록인 토리노 파피루스*까지 거슬러 올라간다.[68] 레반트의 경우 이 두 번째 유형은, 기원전 1000년경에 일어난 일신 숭배 및 일신교의 발흥과 관련된 것으로 보인다. 이유는 간단하다. 배타적인 제례는 심지어 급이 낮은 신들조차 포용할 수 없기 때문이다. 예를 들어 창세기의 경우, 신이었던 것으로 보이는 에녹과 노아 같은 존재들이 족장으로 바뀌는 과정에서 상당한 에우헤메리즘을 발견할 수 있는데, 창세기는 기원전 첫 천년기의 초기에 기록되거나 편집된 것으로 보인다. 더 나아가 19세기의 에른스트 르낭*에서 20세기의 올브라이트에 이르기까지, 학자들은 페니키아 종교가 에우헤메리즘 분석에 매우 적합하다고 주장했다.[69] 그러므로 에우헤메리즘의 창시자인 에우헤메로스를 시돈과 연결짓는 학자들의 견해를 글자 그대로 혹은 은유적으로 받아들이고, 산구니아톤과 모코스Mochos(이들의 시돈 우주창조설은 후기 신플라톤주의자인 다마스키오스*에 의해 보존되었다)를 기원전 6세기 이전의 인물로 여기는 올브라이트와 아이스펠트의 견해에 동의하는 것이 합당해 보인다.[70]

산구니아톤의 우주창조설은 표면상 타우토스의 실전된 저서들에 근거했다. 그러나 타우토스는 또한 필론의 책에서 문자를 발명한 페니키아의 문화적 영웅으로 언급되었다.[71] 그 책의 다른 곳에서 타우토스는 헤르메스 트리스메기스토스(이 이름이 그리스어로 언급된 것은 이것이 처음이다)로 나타나며, 신적인 영웅 크로노스*의 삶과 모험에 관한 완전히 에우헤메리즘화된 이야기에서 크로노스의 비서이자 교활한 신하로 등장한다.[72]

토트는 또한 성서에도 나타난다. 기원전 6세기 혹은 그 이전에 씌어진 것으로 추정되는 욥기 38장 36절에는 다음과 같은 구절이 있다.

> 누가 ṯhwt(투후트 : 따오기)에게 지혜를 불어넣었는가?
> 누가 śekwî(세크위 : 수탉)에게 분별력을 주었는가?

욥기에 대한 권위 있는 주석에서, 마빈 포프 교수는 이에 관해 다음과 같이
쓴다.

> 호프만이 ṯhwt(투후트)를 토트 신과 관련지은 것은 분명 옳았다. 자음의 순서가 제
> 18왕조에서 널리 유포되었던 이름의 형태인 ḏḥwty(제후티)와 꽤 긴밀하게 대응한다.
> 당시 토트 숭배는 정점에 이르렀고, 페니키아로까지 퍼져나갔다 … 비블로스의 필론
> 은 타우토스Taaut(os)라는 페니키아 발음을 제시하는데, 이는 타후트ṯāḥûṯ라는 형태를
> 반영한다 … 세크위śekwî를 수성Mercury의 콥트어 이름 수키souchi와 연결시키는 호프
> 만의 제안은, '수탉'과의 의문스런 연결보다 바람직스럽게 보인다. 알파벳의 발명자
> 이자 모든 지식의 창시자인 전지하고 현명한 토트-타우토스는, 헤르메스 트리스메기
> 스토스/트레막시무스라는 이름 하에 그리스-로마인의 헤르메스-메르쿠리우스와 동
> 일시되었다.73

ṯhwt(투후트)가 주主에게서 받은 지식으로 충만했으므로 현인이자 지혜의 전
형이었을 뿐 신이 아니었음은 반드시 강조해야 한다. 따라서 바움가르텐처
럼 그리스 이전의 합리성에 반대하는 입장을 견지하지 않는다면, 기원전 4
세기에 방대한 그리스의 영향이 이집트에 미치기 오래 전에 신을 현인과 영
웅으로 전환하는 에우헤메리즘화가 이집트 문화와 페니키아 문화 모두에서
이미 나타났다는 유력한 증거가 존재하는 것으로 보인다. 더군다나, 이는
특히 토트와 헤르메스 트리스메기스토스의 경우에 해당한다.

　지금까지의 주장을 정리해보자. 신플라톤주의와 영지주의는 제도적인 이
집트 종교의 몰락 이후 주로 이집트에서, 그리고 다소 그리스화된 이집트인
사이에서 번창했다. 기원후 2세기부터 4세기까지 헤르메스 단체나 숭배가

있었든 없었든, 헤르메스 사상은 이 철학들과 이단들, 그리고 그 귀의자를 결집시켰으며, 그 구심점으로 남아 있었다. 토트 숭배는 이집트 종교에서 언제나 중요했지만, 기원전 2000~1000년의 후반에 점점 더 중요해졌다. '토트의 저술'이라는 생각은 고대의 소산이며, 필시 기원전 2000~1000년의 후기에 이르렀을 때에는 그러한 저술이 존재했을 것이다. 그러나 현존하는 헤르메스 전집은 위기에 처한 이집트 종교를 대변하면서, 이란과 메소포타미아의 개념들을 담고 있는 것으로 보인다. 그러므로 기원전 525년의 첫 번째 페르시아 침입 이전에 씌어진 어떤 원문이 있을 것 같지는 않다. 헤르메스 전집은 확실히 다원 발생적이며, 필시 기원전 6세기부터 기원후 2세기에 이르는 오랜 기간에 걸쳐 씌어진 자료들을 담고 있다. 시기적으로 비교적 늦음에도 불구하고, 헤르메스 전집은 매우 오래된 종교적·철학적 개념들을 다수 담고 있으며 근본적으로 이집트적일 가능성이 압도적으로 높다. 이란과 칼데아의 영향은 위에서 이미 언급했다. 또한 적어도 후기의 원문에 미친 그리스의 영향은 의심의 여지가 없다. 그러나 나는 그리스의 영향을 찾아내기 어렵다고 믿는다. 왜냐하면 그리스의 피타고라스 및 플라톤 철학이 이집트의 종교와 사상에 너무나 크게 의존했기 때문이다.

초기 그리스도교, 유대교와
이슬람교 하에서 헤르메스주의와 신플라톤주의

4세기 말에 이르렀을 때, 영지주의는 정통 교회에 의해 대부분 말살된 상태였다. 이교적인 신플라톤주의는 보다 오래 살아남았지만, 그것 역시 630년대에 무슬림이 이집트를 정복하기 이전에 사라졌다. 반면 지혜의 전형이라는 헤르메스 트리스메기스토스의 형상은 그리스도교와 이슬람교에서도 지속되었다. 에우헤메리즘은 이제 본질적인 것이 되었다. 르네상스 시대에 남아 있는 이교적 잔재를 연구한 20세기의 위대한 역사가 장 세즈넥이 지적했듯이, 에우헤메리즘은 초기 그리스도교 시대에 '의외의 부흥'을 누렸다.[74] 가나안 일신교의 모든 후예처럼, 그리스도교 교회는 에우헤메리즘을 이용하여 이교 신들을 위축시키고 복종시키는 동시에 그들로 하여금 새로운 종교 안에서 살아남을 수 있도록 허용했다. 네이트/아테나는 성 카타리나*로 통합되었고, 호루스/페르세우스는 성 게오르기우스*로, 아누비스/헤르메스는 성 크리스토포루스*로 통합되었다.[75] 그러나 중요한 것은, 토트-아누비스/헤르메스가 이집트와 오리엔트 지혜의 현인이자 전형인 헤르메스 트리스메기스토스로서 교회 외부에 남아 있었다는 점이다.

헤르메스와 그리스도교의 관계는 특히 시기적 우선성의 문제에서 항상 미묘한 균형을 이루었다. 3세기의 교부 락탄티우스*는 헤르메스가 모세 이전에 살았던 인물이라고 주장했다. 한편 성 아우구스티누스의 주장은 달랐다. 천문학을 비롯한 정밀 과학이 이집트에서 일찍이 발전한 데 반해, 모세보다 약간 후대의 사람으로서 모세 및 성서에 등장하는 족장에게서 배운 트리스메기스토스의 시대 이전까지는 이집트에 어떠한 도덕적 가르침도 없었다는 것이다. 다른 많은 영역에서와 마찬가지로, 여기서도 아우구스티누스는 이후 18세기까지 영향을 미치게 될 정통설을 제시했다. 즉 시기적으로나 중요도에서나 성서의 지식이 헤르메스의 이집트 지식보다 앞서지만, 헤르메스의 이집트 지식은 모든 '이방異邦의' 지혜, 특히 그리스 지혜의 근원이라는 것이었다.[76]

이슬람교에서 헤르메스 트리스메기스토스는 에우헤메리즘화되어 코란에 등장하는 신실한 예언자 이드리스*와 동일시되었다. 이 전승에서도 그는 '철학자들의 아버지'이자 '세 배로 지혜를 갖춘 자'로 여겨졌다. 다른 이슬람교 전승에는 그가 세 명의 현인으로 나온다. 한 명은 대홍수 이전에 이집트에 살았던 인물이고, 다른 두 명은 대홍수 이후의 인물로서 그 중 한 명은 바빌론 출신이고 다른 한 명은 이집트 출신이었다. 그는 모든 기술과 과학, 특히 천문학과 점성술, 의학, 그리고 마법을 발명한 문화적 영웅으로 여겨졌다. 게다가 비록 초기 이슬람교에 미친 그(또는 이집트)의 영향이 주로 이 분야들에 미쳤다는 주장이 그럴듯하기는 하지만, 초기 이슬람교에도 철학적인 헤르메스주의가 있었다. 단 깊이 연구되지 못했을 뿐인데, 그것은 부분적으로 원문의 극단적인 불가해성 때문이었음에 틀림없다.[77]

7세기와 8세기에 이루어진 이슬람교의 광대한 정복(페르시아로부터 스페인에 이르는)은 유대인을 크게 부각시키면서 그들에게 번영을 가져다주었다. 유대교는 합리주의와 평등의 정신이 강했음에도 불구하고, 심지어 그리스도교가 나타나기 이전에도 비전秘傳 제례와 '이중 철학'을 모두 지니고 있었다. 기원전 2세기부터 유대 사막에 살았던 에세네파*를 비롯한 분파들은, 예루살렘의 사제나 일반인에게도 알려지지 않은 진리가 자신들에게 계시되었다고 확신했다. 예를 들어, 우리는 그들이 에녹서 등의 계시적 기록을 사용했다는 사실을 알고 있다. 점성술을 비롯한 예언의 방법에 관심을 가졌던 그들은, 또한 신의 옥좌라든가 엘리야*와 신비주의자를 하늘로 오를 수 있게 해주는 마차 등의 이미지들을 둘러싼 신비주의(후기에 보다 완전하게 나타난다)를 공유한 것으로 보인다.[78] 이 분파들과 그리스도교 사이의 의심할 바 없는 관계에 관한 논쟁은 지금껏 계속되어 왔고 앞으로도 끝없이 계속될 것이다. 그러나 독신 생활과 공산주의, 그리고 사막 생활을 지향하는 유대 분파들의 경향과 초기 그리스도교 수도원 제도가 이집트 사막에서 성장하던 시기에 가지고 있던 경향 사이의 유사성 및 인과 관계의 가능성에는 별반 관심을 기울이지 않았다.79 두 집단은 확실히 공통의 인민주의와 메시아 신앙, 격렬성을 공유했다.

상류 계급 헤르메스주의자 및 신플라톤주의자의 사상에 훨씬 더 근접한 내용은 알렉산드리아의 필론*이 저술한 방대한 저작에서 찾아볼 수 있다. 필론이 참여한 기원후 1세기의 부유하고 이집트적이며 그리스화된 유대인 단체는, 비유적이고 비전적이고 신비적인 해석을 통해 구약성서의 지혜를 플라톤-이집트 사상과 융합하려는 욕구를 가지고 있었다. 필론은 심지어 '하느님의 경배자'라는 교파 공동체의 존재를 언급하기까지 했다.80 필론 자신은 중기 플라톤주의와 신플라톤주의 사상의 발전에서 중요한 인물로 남아 있었으며, 그가 행한 플라톤 철학과 유대교의 혼합은 그리스도교에 내재한 플라톤 철학과 유대교의 혼합에 매혹적으로 공명했다. 그러나 그가 대변한 부유하고 교양 있는 그리스화된 유대인 단체는, 기원후 116년의 유대인 봉기를 진압하는 과정에서 자행된 동로마 제국 내 유대인 학살에 의해 영원히 붕괴되었다.

비록 필론이 기원후 70년의 예루살렘 성전 파괴 이전에 죽었다 할지라도, 디아스포라에서의 그의 삶은 본질적으로 회당*을 중심으로 한 유대인 공동체의 삶이었으며, 따라서 후기 유대인 사회의 삶과 흡사했다. 이 평범하고 민주적인 바리사이파 랍비 공동체에도 기원후 처음 몇 세기 동안은 비전적이고 신비적인 경향이 있었는데, 게르숌 숄렘* 교수는 이를 '유대 영지주의'라고 불렀다. 이러한 경향의 저술들에는, 왕좌와 전차, 그리고 히브리어 알파벳이나 성서 원문의 문자들이 지닌 신비적이고 수비학數秘學적인 의미 같은 유대인 특유의 관심사들이 담겨 있다. 또한 거기에는 헤르메스주의와 신플라톤주의, 그리고 영지주의의 가장 핵심적인 요소들, 즉 만물의 척도로서의 인간 개념, 초월 가능한 여덟 개의 천구 혹은 천계, 마법 지향적 경향 등도 대부분 포함된다.[81]

신비주의는 8세기와 10세기의 유대교에서도 나타난다. 예를 들어, 10세기의 카라이트Karaite* 혹은 유대 분파의 한 순수주의자는 필론의 저작에서 가져온 인용문을 잘 알고 있었다. 그러나 숄렘 교수는 다음과 같이 경고했다.

> 이를 가지고 중세 카발라* 형성기까지는 물론이고 이 시기에 이르기까지 지속적인 영향이 있었다고 추론해서는 안 된다. 필론과 카발라의 해석 사이에서 나타나는 구체적인 유사점은 그 해석 방법의 유사성에서 기인하는 것으로 보아야 한다. 유사한 해석 방법은 **때때로 동일한 결과를 초래하게 마련이다.**[82]

여기서 그는 이번 장에서 다시 한 번 등장하게 될 일반적인 문제, 즉 오랜 기간에 걸친 일반적인 적대감과 구체적인 박해에 직면한 비밀스런 신비주의 분파들의 생존 및 지속의 가능성이라는 문제를 제기했다. 그러한 집단은 심지어 번영기에도 거의 흔적을 남기지 않았으며, 다른 한편으로 숄렘이 주장했듯이 종종 동일한 원문과 유사한 해석 기법을 사용했다. 종종 독자적인 발명을 뒷받침하는 유력한 사례가 있지만, 이 경우에 독자적인 발명을 주장하는 것은 다소 극단적으로 보인다. 게다가 이 몇 세기에 걸쳐 정통 종교뿐만 아니라 민간 전승 같은 다른 많은 것이 유대 문화에 전달되었다는 점을 감안할 때, 신비주의의 지속적인 전승을 의심할 이유는 없다. 숄렘 자신도 유대 신비주의의 발전을 추적하면서 8세기와 9세기의 이집트와 팔레스타인에서 바빌로니아까지, 다시 지중해 유역으로 눈을 돌려 10세기의 이집트와 이탈리아, 그리고 11세기와 12세기의 독일 하시디즘*에 이른다.[83]

여기서 우리는 카발라의 역사를 개괄할 필요가 있다. 왜냐하면 카발라는 르네상스 시기 동안 헤르메스주의와 밀접하게 뒤얽히기 때문이다. 12세기와 13세기에 나타났던 프로방스*와 스페인의 카발라 신비주의는, 그리스도교와 이슬람교에 잔존하는 헤르메스주의 및 그 후예, 이 문화들에서 이루어진 새로운 발전, 카탈루냐*와 랑그도크*의 특수한 상황, 그리고 이 시기의 유대인이 경험한 박해의 강도와 (숄렘 교수가 주장했듯이) 위기의 시기에 나타나는 동일한 원문에 대한 신비적인 독법으로써 상당 부분 설명할 수 있다.

12세기와 13세기에 랑그도크는 창조적인 혼란 상태에 빠져 있었다. 랑그도크는 부유하고 문명화된 사회로서 여러 세기 동안 그리스도교와 이슬람교의 경계에 위치해 있었으며, 유대교 내에서 볼 때는 이슬람교 영향권에서 사는 세파르디* 유대인이 그리스도교 세계인 유럽에서 온 아슈케나지* 유대인과 만나는 접점이었다. 랑그도크의 주민은 특정 종교 형태에 대해 일종의 객관성을 유지하면서 그것을 초월할 수 있었다. 이는 유럽의 그리스도교 세계에서 가장 급진적인 이단, 즉 알비파* 혹은 카타르파Cathari*의 이단 사상이 왜 그 지역에서 구체화되었는가를 어떤 식으로든 설명해준다. 카타르파는 신도를 두 부류, 즉 평범한 크레덴테스Credentes(신도)와 페르펙티Perfecti(완전한 사람)로 구분했다는 점에서 이단이었다. 페르펙티는 정신적인 명상을 위해 물질 세계의 일상 생활에서 이탈했는데, 그들의 이상은 물질로부터의 완전한 분리와 죽음에 이르는 단식이었다. 카타르파를 수호하려는 투쟁은 북부 프랑스와 파리의 왕들의 지배로부터 스스로를 수호하려는 그 지역의 투쟁과 연결되었다. 파리의 왕들은 스스로 가톨릭교의 투사이자 이교도에 맞선 십자군으로 자임하면서 중앙 권력의 확대를 정당화했다. 그럼에도 불구하고 카타르파와 페르펙티는 대중적으로 엄청난 애호를 받았다. 페르펙티의 영성靈性이 공동체 전체에 유익하다고 느꼈던 것이다.84

분명 두 계급으로 이루어진 종교이고 앞서 언급한 신비적인 전승(예를 들어, 영혼의 윤회)과 일부 믿음을 공유하기는 했지만, 카타르파의 사상은 어떤 점에서 보면 전통적으로 이란적이거나 조로아스터교적 혹은 마니교*적으로 여겨지는 훨씬 더 뚜렷한 이원론이었다. 하느님과 사탄, 선과 악, 영과 육의 힘은 하나의 질서를 이루며, 동등한 균형 하에서 서로 끊임없이 투쟁하는 것으로 여겨진다. 이는 헤르메스 전승의 범신론적이고 인간 중심적인 시각과 매우 달랐다.[85] 그럼에도 불구하고, 비록 알비파와 카발라가 유럽 전역에 존재하기는 했지만, 그 둘이 랑그도크와 프로방스에서 동시에 번창했다는 사실은 놀랄 만한 것으로서, 사회 문화적 환경에 관한 예외적인 무엇인가를 암시한다. 알비파와 카발라가 서로에게 영향을 미치지 않았다고 믿기는 어려우며, 특히 사회 구조의 측면에서 그렇게 보인다. 페르펙티가 크레덴테스의 극심한 헌신으로써 부양과 보호를 받았던 것처럼, 신비주의적인 카발라 랍비들은 그들의 신성함이 공동체에 가져다주는 정신적인 유용함의 대가로 공동체로부터 부양을 받았던 듯하다. 그러나 카타르파가 가톨릭교를 신봉하는 프랑스에 의해 무자비하게 절멸된 데 반해, 카발라를 적대시하는 유대인에게는 그럴 만한 수단이 없었다. 그러한 상황에서 카발라는 스페인으로 퍼져나갔고, 1492년에 페르난도 2세*와 이사벨 1세*가 스페인에서 유대인을 축출할 때까지 비전적이지만 비교적 존중할 만한 요소로 인정받으며 스페인 유대교 내에서 번성했다.

카발라는 명백히 비전이다. 사실상 카발라의 전수는 일반적으로 40세가 넘은 선량하고 학식 있는 (남성) 유대인에게 국한되었다. 카발라는 흔히 성서를 '피상적으로' 읽는 전통과 정통의 합리성을 모두 거부하고 '내적인' 독법을 지지한다. 성서가 선량한 유대인에게 신비로운 우주의 투쟁을 계시함으로써 창조의 순간에 흩어졌던 최초의 빛을 재건하도록 해준다고 여기기 때문이다. 카발라는, 신비란 열정적인 학습을 통해 접근할 수 있는 것이며, 거기에는 성서에 등장하는 문자의 의미와 수비학數秘學 같은 것들이 포함된다는 점에서, 정통적인 탈무드적 접근의 연장이다. 그러나 그 신비는 그것을 넘어 왕좌와 전차, 그리고 무엇보다도 신의 이름에 대한 명상에 이르는데, 이 모든 것은 무아경으로 이어진다. 카발라는 또한 우리가 앞서 헤르메스주의와 그 후예에게서 보았던 모든 핵심 형태를 담고 있다. 즉 삼위일체, '자취를 감춘' 혹은 숨은 신이나 지성 개념, 행동하는 로고스 혹은 말, 중개하는 영혼, 여덟 개의 천구 혹은 천계와 잘 교육된 신비주의자에 의한 그 초월, 그리고 만물의 척도이자 심지어 때로는 신의 창조자이기까지 한 인간 개념 등. 이는 카발라의 초기 몇 세기 동안 점성술과 의학, 그리고 마법으로 이어졌으며, 유대인은 이 모든 것을 통해 중세 유럽 전역에서 명성을 떨쳤다.[86]

비잔티움과 그리스도교적 서유럽에서의 헤르메스주의

적어도 명목상으로 그리스도교의 일종인 신플라톤주의가 비잔틴 제국*에서 잔존했다고 보이며, 소위 11세기 르네상스를 맞아 그곳에서 부활했다. 그 주도적인 인물인 프셀로스*는 헤르메스 철학과 마법 모두에 관심을 가졌던 것이 분명하다. 20세기의 학자 체르보스 교수는 다음과 같이 썼다.

> 우리는 프셀로스가 헤르메스 문헌에 관해 얼마나 많은 책을 지었는지 알지 못한다. 현재 남아 있는 것으로는 '포이만드레스*'에 관한 주해가 유일하다. … '포이만드레스'의 우주창조설 형성에 미친 창세기의 영향을 주장한 다음, 프셀로스는 신에 관한 모든 그리스적 개념이 동방 모델에서 영향을 받는다고 확언한다. 그는 포르피리*(기원후 3세기의 신플라톤주의자)가 제1원인에 관한 가르침을 받기 위해 아네본이라는 이집트 사제에게 찾아갔다고 지적하면서, 그리스 철학에 대한 동방의 우위를 정당화한다.[87]

아우구스티누스의 경우와 마찬가지로, 여기서도 성서, 이집트와 오리엔트의 지혜, 그리스 순의 계급을 찾아볼 수 있다(관심은 두 번째에 집중되었다). 프셀로스의 저서들 가운데 일부가 15세기에 이탈리아로 유입되었다는 사실은, 비잔틴 제국의 마지막 400년 동안의 혼란 속에서도 그 저서들이 콘스탄티노플에서 보존되었음을 의미하며, 이는 곧 신플라톤주의와 헤르메스주의가 그곳에서 지닌 중요성을 보여주는 것이다.

가장 강력하지는 않더라도 어쨌든 마법의 강력한 중심지로서의 이집트에 대한 믿음은 서유럽이 그리스도교로 개종한 이후에도 잔존했다. 스카라바이우스*와 이마에 태양 원반을 지닌 황소(아피스와 동일시되었다)의 야만스런 머리 모두 클로비스 1세*의 아버지이자 프랑스 최초의 그리스도교도 왕인

힐데리히 1세*(481년에 사망했다)의 이교적인 무덤에서 발견되었다.88 3백여
년 후 샤를마뉴의 거대한 인장에는 후기 이집트의 제우스 세라피스의 머리
가 새겨졌다.89

비록 암흑기와 초기 중세 시대에, 이 시기의 다른 모든 문화적 활동의 경
우와 마찬가지로, 헤르메스 원문에 대한 흥미가 쇠퇴하기는 했지만 완전히
사라져 버린 것은 아니었다. 그러나 중세 사상가들이 헤르메스의 철학보다
마법과 점성술에 더욱 관심이 있었다는 점에는 거의 의심의 여지가 없다.
그럼에도 불구하고 철학 원문 가운데 하나인 『아스클레피오스』는 2세기에
라틴어로 번역된 이래 계속해서 널리 읽혔다.90 11세기와 12세기에 만들어
진 그 원문의 사본 부수는 그에 대한 관심이 소위 서유럽의 12세기 르네상
스를 맞아 증가했음을 시사한다.91 뒤이은 몇 세기에 걸친 인문주의의 증대
가 『아스클레피오스』 및 몇몇 입수 가능한 신플라톤주의 원문에서 영향을
받지 않았다고 믿기도 어렵다.

20세기 초의 역사가들은 르네상스를 그리스적으로, 그리고 15세기 후반에 신플라톤주의가 도입되기 전까지는 비록 플라톤의 영향을 받기는 했지만 어느 정도 '순수'했던 것으로 묘사하려는 경향이 있었다.92 그러나 이집트와 오리엔트에 대한 관심은 처음부터 르네상스 운동 전반에 걸쳐 필수적인 요소였다. 셰익스피어가 고대 그리스인을 말다툼하기 좋아하는 레반트인으로 여겼을 뿐 반신반인적인 존재로 여기지 않았던 것처럼, 이탈리아 르네상스의 학자와 예술가, 그리고 후원자들이 자신들을 그리스인과 동일시하기는 했지만 호메로스나 페리클레스*의 그리스에도, 혹은 심지어 올림포스의 신들에게도 주된 관심을 쏟지 않았다는 점은 아무리 강조해도 지나치지 않다. 그들은 이교적인 고대의 본연의 모습을 끄집어내는 데에 관심을 가졌다. 철학자이자 역사가인 데이비드 흄*은 18세기의 감성으로 다음과 같이 썼다. "다시 부흥한 이 학문은, 그것이 그리스인과 로마인 사이에서 쇠퇴해가던 시기에 입었던 것과 똑같은 부자연스러운 복장을 걸치고 있다."93

이 '쇠퇴'에 포함된 주요 사항들은 이집트와 동방에 대한 존경, '오리엔트적' 풍부함과 신플라톤주의 저서들의 난해함에 대한 찬탄, 그리고 이집트와 오리엔트의 신비를 향한 열정이었다. 그러나 인간이 무한한 잠재력을 가지고 있다는 르네상스의 가장 특징적인 시각과 인간이 만물의 척도라는 믿음은 바로 신플라톤주의와 헤르메스의 전승에서 비롯한 것이었다. 심지어 19세기와 20세기의 역사가들이 14세기와 15세기 초를 '남성적인' 시기라고 여긴 이유에는 이집트인에 대한 엄청난 존경이 들어 있었다.

15세기 초에 이르자, 이탈리아 학자들은 이집트와 헤르메스 원문이 자신들이 부흥시키고자 하는 고대 학문의 구심점임을 이미 잘 알고 있었다. 학자들은 『아스클레피오스』에 관해 오래 전부터 알고 있었으며 그것을 읽어왔다. 또한 아랍어로 씌어진 헤르메스 원문은 라틴어로 번역되고 있었다. 더욱이 이탈리아와 그리스의 접촉이 증가함에 따라, 비잔틴 르네상스를 촉진시킨 프셀로스 등의 신플라톤주의 및 헤르메스 관련 저서들이 입수 가능하게 되었다.[94] 1419년에는 상형 문자에 관한 5세기 후반의 저서인 『상형 문자』(상上이집트 사람인 호라폴로가 썼다)의 사본이 이탈리아로 유입되어 번역되었다.[95] 호라폴로는 수많은 기호들을 정확하게 해석하면서, "가장 기괴한 비유를 들어 그 의미들을 설명했다."[96] 『상형 문자』는 대단한 인기를 끎과 동시에, 그것이 비전의 문자이며 알파벳보다 우월하다(왜냐하면 하나의 기호가 풍부한 의미를 함축함으로써 세속적인 언어의 음성학에 지장을 받지 않는 것으로 보였기 때문이다)는 믿음을 확인해 주었다. 대체로 상형 문자와 그 문자에 담겨 있다고 추정되는 수수께끼는 15세기 초에 대단한 중요성을 띠게 되었다. 예를 들어, 때때로 '오염되지 않은' 초기 르네상스의 대표자로 간주되는 위대한 화가이자 건축가, 예술 이론가인 레오네 바티스타 알베르티*가 제작한, 명백히 이집트적인 그 유명한 날개 달린 눈 모양의 메달을 보라.[97]

이집트 사제는 상형 문자를 써서 비전의 비유 및 비유적 의미에 도달한다고 생각했는데, 이미 플루타르코스를 비롯한 그리스 저자들도 이집트 사제들이 그러한 신통력을 지닌다고 여긴 바 있었다. 이미 살펴보았듯이, 19세기와 20세기의 학자들은 그리스인이 '오해했다'고 주장한다. 그들은 르네상스 사상가들도 마찬가지로 오해했다고 믿는다. 20세기 초의 미술사가인 윈드 교수는 르네상스 사상가들에 관해 다음과 같이 썼다.

그들은 본래의 신비 의식보다 그것을 철학적으로 각색한 내용에 관심을 기울였다. 단지 분별력만으로 이렇듯 관심사에 제한을 가한 것은 아니었다. 그것은 대부분 행운에서 비롯한 일이었다. 왜냐하면 그것은 역사적인 오해에서 유래했기 때문이다. 그들은 비유적인 해석을 본래 비전의 일부분으로 여겼던 것이다.[98]

나는 15세기의 해석이 적어도 후기 이집트 종교에 관한 한 정확했다고 믿는다. 어쨌든 르네상스 시기의 이탈리아인은 그 해석의 진실성을 결코 의문시하지 않았다.

이집트를 향한 르네상스의 열정은, 비전과 신성한 전수가 처음으로 확립된 곳이라는 고대의 명성에서 처음 비롯했다. 더욱이 단지 희미한 개념으로만 남아 있던 페르시아의 조로아스터교도와 칼데아인을 제외할 경우, 이집트인은 모든 지혜와 기술의 기원으로 여겨졌다. 그리고 낭만주의 역사가들이 르네상스 시기의 사람을 진보 의식의 담지자로 여겼음에도 불구하고, 그들은 근본적으로 과거에 관심을 가졌으며 원천을 찾고 있었다. 그래서 그들은 그리스도교 이면의 이교적인 로마를 주시했고, 또 로마 이면의 그리스를 주시했다. 그러나 그리스 이면에는 이집트가 있었다. 조르다노 브루노는 그 다음 세기에 이렇게 말했다. "우리 그리스인은 문자와 고귀함을 지닌 웅대한 군주국인 이집트를 우리의 우화와 은유, 그리고 신조의 부모로 인정한다."99

그러나 브루노가 전형적인 경우는 아니었다거나, 또는 그가 부활한 신플라톤주의로 인해 '타락한' 세대에 속했다는 생각을 검토하기 위해서는, 새로운 신플라톤주의 학파의 확립에 관한 프랜시스 예이츠의 언급을 인용할 필요가 있다. 새로운 신플라톤주의 학파는 타락이 일어나기 **이전의** 이집트와 그리스에 대한 태도를 필연적으로 반영했다는 것이다.

1460년경에 그리스어 필사본 하나를 한 수사修士가 마케도니아로부터 피렌체로 들여왔다. 그 수사는 코시모 디 메디치에게 고용된 필사본 수집 대리인 가운데 하나였다. 그가 가져온 필사본에는 『헤르메스 전집』의 사본이 포함되어 있었다. … 플라톤의 수고手稿들이 이미 수집되어 번역을 기다리고 있었지만, 코시모는 피치노에게 그것들을 제쳐놓고 즉시 헤르메스 트리스메기스토스의 저작을 번역하라고, 그리고 나서 그리스 철학자들의 저서에 착수하라고 명했다. … 이집트가 그리스 이전이었으니, 헤르메스가 플라톤보다 먼저였다. 르네상스는 옛 것을 존중한다. … 신성한 진리

에 가장 가깝기 때문에 『헤르메스 전집』이 플라톤의 『국가』나 『향연』보다 먼저 번
역되어야 한다는 것이었다···100

새로운 번역물은 위대한 번역자이자 학자이며 철학자인 마르실리오 피치노
가 부활시킨 플라톤 아카데미(피렌체 외곽 카레지오에 있는 그의 별장에 마련되
었다)에서 가장 중요한 작품으로 사용되었다. 이탈리아의 모든 주요 도시와
그리고 이후 유럽 전역에 생긴 다른 아카데미의 경우에도 마찬가지였다. 비
록 이 아카데미들은 플라톤이 아테네에 설립한 아카데미를 의식적으로 본
뜬 것이었지만, 그 회원들은 플라톤 아카데미가 이집트 신전의 이상적인 사
제 제도를 본보기 삼았다고 믿었다. 유럽의 모든 아카데미는 새로운 회원의
선출을 아카데미의 주된 존재 근거를 삼았다. 예를 들어, 15세기와 16세기
로마의 아카데미에서 치러진 선출 과정에는 수많은 의식 장구가 동원되었
다.101 프랑스의 아카데미를 비롯한 여러 아카데미에서는 '불멸'의 반열로
올라가는 의식이 행해졌다. 이러한 의식은, 르네상스기에 후기 고대의 기록
을 기반으로 꾸며졌으며 (내 견해로는) 궁극적으로 고대 이집트에서 유래했
다고 믿어지는, 불멸성을 부여하는 비전과 신성한 전수로 거슬러 올라갈 수
있다.102 더구나 르네상스 학자들은 신플라톤주의자로부터 조직 편성 이상
의 것을 얻었다. 그들은 신플라톤주의자를 넘어 플라톤 자신과 피타고라스,
오르페우스, 그리고 이집트로 눈을 돌리면서 그들의 철학과 과학, 마법을
추구했다.

15세기 후반, 르네상스 사상가이자 신비주의자인 피코 델라 미란돌라*는
신플라톤주의 사상과 카발라 사상을 융합했다. 피코의 '정신적 마법'은 두
체계를 활용할 수 있었으므로, 이집트 상형 문자와 히브리 문자 및 수를 신
비적인 기반으로 하여 어떤 면에서는 그리스도교를 떠받칠 수도 있었다.103
당시 피코는 특히 보르자* 가문에 엄청난 영향을 미쳤는데, 보르자 가문은
이집트 종교에서 이집트인이 자신들의 상징으로 삼았던 아피스 황소를 찬

미하는 예술 작품을 의뢰했다. 그러나 장기적인 관점에서 훨씬 더 중요한 것은, 위대한 존재인 인간이 "마법과 카발라 모두를 사용하여 세계에 영향을 미칠 수 있으며, 과학으로 자신의 운명을 지배"[104]할 수 있다는 이집트적인 입장을 피코가 뚜렷이 표명했다는 점이다.

유대 전승과 이집트 전승(앞서 언급했듯이 두 전통은 서로 관련되었다)의 이러한 그리고 이와 유사한 융합은 1500년경 전후에 다시 나타났는데, 특히 르네상스 철학자 톰마소 캄파넬라*의 저서에서 두드러졌다. 카발라 또한 16세기와 17세기의 마법과 과학에 영감을 제공하는 주요 원천으로 지속되었다.[105] 그럼에도 불구하고 (프랜시스 예이츠가 지적했듯이) 카발라는, 성서적인 전승에 속하지 이교적인 전승에 속하지는 않는다는 이유로 결코 프리스카 테올로기아prisca theologia*(고대의 혹은 으뜸가는 신학)라고 불리지 않았다. 따라서 그리스도교를 초월하고자 한 르네상스 사상가들은 이집트 외에 아무런 대안이 없었다.[106]

코페르니쿠스와 헤르메스주의

프랜시스 예이츠는 코페르니쿠스에 관한 최근의 저술과 보조를 맞춰 1964년에 다음과 같이 주장했다.

> 코페르니쿠스는 토마스 아퀴나스*의 세계관 안에 머물고 있는 것이 아니라, 새로운 신플라톤주의, 헤르메스 트리스메기스토스를 수장으로 하는 프리스카 테올로기아, 그리고 피치노의 세계관 안에 머물고 있다. 이 새로운 세계관에서 나타나는 태양에 대한 집중적인 강조가 코페르니쿠스로 하여금 태양이야말로 행성계의 중심부라는 가설 아래 수학적인 계산에 착수할 수 있도록 한 정서적 추진력이라고 말할 수 있다. 또는 그가 자신의 발견을 이 새로운 태도의 틀 안에서 제시함으로써 설득력을 갖추고자 원했다고 말할 수도 있다. 아마도 두 설명 모두 옳거나, 아니면 각각 부분적으로 옳을 것이다.[107]

앞서 말했듯이, 헤르메스 원문은 지구 중심적인 프톨레마이오스 체계를 토대로 하지만, 어떤 부분에서는 태양 중심적인 우주론이 고찰된다. 더욱이 태양의 특별한 신성에 관한 언급이 반복되는데, 태양은 빛의 근원으로, 때로는 세 번째 신神인 살아 있는 세계 및 그 세계의 모든 생명을 다스리는 두 번째 신으로 여겨진다.[108] 이렇듯 헤르메스 원문은 고대 이집트와 마찬가지로, 주요 신이자 생명을 주는 힘으로서 태양에 집중했다.

프랜시스 예이츠가 앞서 인용한 글을 쓴 이래 코페르니쿠스 연구에서 많은 일이 일어났으며, 그녀의 전폭적인 제안을 완화시키려는 시도도 있었다. 과학사가인 로젠 교수가 제기한 것과 같은 일부 반대 의견은 계속해서 전통적인 견해를 따랐다. 그에 따르면 과학의 발전이란 위대한 인간이 이뤄내는 어둠에서 빛으로의 영웅적인 도약의 연속이었다. 즉 로젠의 입장에서 보면,

코페르니쿠스는 "플라톤주의자도 신플라톤주의자도, 또는 아리스토텔레스주의자도 아니며, 그저 코페르니쿠스주의자"였다는 것이다.[109] 더욱 의미심장하게도, 많은 근래 학자들은 코페르니쿠스의 수학적 모형이 거의 대부분 이슬람 전거들, 특히 13세기에 씌어진 나시르 웃딘 투시*의 저서와 14세기에 씌어진 이븐 알 샤티르의 저서에 근거했음을 보여주었다.[110] 그러나 그 저서는 태양 중심설 자체를 포함하지는 않는다. 코페르니쿠스가 태양 중심설이라는 생각을 가지게 된 것은 그가 그 생각을 수학적으로 증명하기 꽤 이전의 일이었다. 지금까지의 주장은 코페르니쿠스가 15세기 중엽의 학자 레기오몬타누스*에게서 태양 중심설을 이끌어냈다는 것이다. 이와 관련한 기술적인 논증은, 레기오몬타누스가 당시 플라톤주의의 한복판에 있었기 때문에 태양 중심설의 가능성을 열 수 있었을지도 모른다는 사실을 축소시키지 않는다. 그것이 사실이든 아니든, 예이츠 교수의 주장은 여전히 유효한 듯하다.[111]

16세기 헤르메스주의와 이집트

일반적으로 일단 헤르메스 원문을 읽고 나면 환멸이 밀려올 것이라는 암시가 주어지곤 하는데, 블랑코 교수가 다음과 같이 서술한 바 있는 서지학적 사실은 그러한 암시가 잘못임을 밝혀준다.

1471년과 1641년 사이에 마르실리오 피치노의 번역은 25판을 거듭했고, 파트리티우스*의 번역은 6판을 거듭했으며, 드 푸아 신부의 2개 언어 병용판은 두 차례 발간되었다. 『아스클레피오스』는 40판을 거듭했고, 『피만데르』에 관한 요하네스 파베르 스타플렌시스*의 주석서는 14판을 거듭했으며, 로셀리우스의 주석서는 6판을 거듭했다. 『아스클레피오스』에 관한 요하네스 파베르 스타플렌시스의 주석서는 11판을 거듭했다.[112]

서지학은 또한 그리스와 이집트에 대한 상대적인 관심에 관해서도 알려준다. 예를 들어, 빅토리아 낭만주의가 한창이던 시기의 작가 조지 엘리엇*은 이교적 아테네의 폐허에 대한 르네상스의 관심을 생생하게 묘사했다.[113] 그러나 이는 시대착오이다. 15세기부터 17세기까지 서유럽인은 그리스 여행보다 이집트 여행에 훨씬 더 관심을 가졌다. 최근 재간된 모음집의 편집자들은, 1400년과 1700년 사이에 이집트를 묘사한 서구 여행자의 글이 250여 편을 넘는다고 주장한다.[114]

사실 어떤 집단에서는, 지혜의 근원을 찾아 이집트를 여행했다는 것이 기존 지혜를 공격하는 데에 정당성을 제공했다. 16세기 초의 위대하고 독창적인 의사이자 광산 기술자인 파라켈수스는 이에 관한 가장 분명한 사례이다. 그는 (아마도 거짓으로) 이집트에 갔다 온 적이 있다면서 자신의 의술을 헤르메스 의술이라고 불렀다. 그러나 그는 뉴턴에 이르기까지 지속되고 또 뉴턴도 그에 속하게 되는 한 전통의 발단에 근접했을 뿐이었다. 그 전통 안에서 과학자들은 실험에 의지하는 것이 그리스인과 로마인이 보존하지 못한 이집트와 오리엔트의 지혜를 회복하는 방법이라고 생각했다.[115]

우리는 지난 150년 동안 르네상스가 유럽 문화의 두 정점 가운데 하나(기원전 5세기의 아테네에 아주 조금 못 미치는)로 여겨져 왔다는 사실을 기억해야 한다. 따라서 19세기와 20세기의 학자들은 이집트와 오리엔트에 대한 르네상스의 찬탄을 다루는 데에 상당한 어려움과 고통을 겪었다. 예를 들어, 르네상스 시기의 사람들은 비록 신들을 라틴어 이름으로 부르기는 했지만, 그들이 근본적으로 이집트 신이라고 믿었다. 고대에 남아 있는 이교적 잔재를 연구한 20세기의 지도적인 학자 장 세즈넥은 삽화와 함께 이교 신들을 소개하는 입문서에 관해 다음과 같이 말한다.

그러나 우리의 입문서들, 특히 카르타리의 입문서는 오리엔트 신들을 터무니없이 부각시킨다. 무엇보다도 이집트 신들 … 우리는 이미 피카토르의 입문서에서, 오리엔트 신들에게 주어진 마찬가지로 이상하고 심지어 전혀 어울리지 않는 위치를 살펴본 바 있다. 우리가 생각하기에, 이는 당대의 어떤 영향, 즉 인문주의자의 관심을 이집트와 오리엔트 전반으로 이끈 '상형 문자'의 영향 탓이다.[116]

그는 계속해서 말한다.

우리의 입문서들은 확실히 올림포스의 신들보다 동방의 신들을 더 선호한다. 그러한 선호는 당대의 이집트 열풍과 그것의 불가해성에 대한 기호로 인해 심화되었다. … 메르쿠리우스*에 관해 말하자면, 그는 뾰족한 고깔모자를 쓴 일종의 점성술사이다. 우물에서 솟아오르는 것으로 보이는 작은 날개를 지닌 존재들이 거대한 카두케우스*의 줄기를 붙잡고, 네 마리의 뱀이 그 지팡이를 휘감는다. 또 비슷하게 생긴 작은 소년들이 미끄러져 떨어지는 것처럼 보인다. 이리아르테Yriarte가 언급하듯이, 로마나 그리스, 아시리아, 또는 페르시아에도 속하지 않는 이러한 형상은 과연 무엇일까? 그것은 영혼을 지하 세계로 인도하는 안내자 혹은 프시코폼포스psychopompos인 헤르메

스와, 영혼으로 하여금 스스로를 고양시켜 신성한 것에 대한 지식에 이를 수 있도록
가르치는 이집트의 토트를 동시에 상기시킨다.[117]

전통적인 역사가들만이 르네상스의 이 '유감스러운' 양상을 멀리하고 싶어
하는 것은 아니다. 프랜시스 예이츠는 르네상스의 헤르메스주의에 관한 연
구를 개척했을 뿐만 아니라 여전히 그 분야의 최고봉이며, 또 모든 종류의
이설을 옹호했지만, 아리안 모델 진영 전체에 도전하지는 않았다. 그녀는
이집트의 헤르메스주의가 15세기와 16세기 이탈리아에 미친 막대한 생산적
영향을 다루면서, 자신이 그렇게까지 비정통적이지는 않기 때문에 당시의
사람을 동정적으로 서술하고 있는 것일 뿐 그들을 **신뢰하는** 것은 아니라는
점을 독자에게 확인시킬 필요가 있다고 느꼈던 듯하다. 그녀는 자주 이런
식으로 언급한다. "이 거대한 역사적 실수가 놀라운 결과를 가져왔던 것이
다."[118] 나는 이러한 묘사가 사실상 아리안 모델에 훨씬 더 잘 어울린다고
생각한다.

　16세기에 헤르메스주의가, 그리고 이집트에 대한 관심이 수준 높은 르네
상스 문화의 존경스런 부분으로서 번성했음은 의심의 여지가 없다. 그러나
그 이후 역사의 관점에서 보면, 그 시기 헤르메스주의의 가장 중요한 소산
은 한 명의 예외적인 인물, 즉 위대한 코페르니쿠스 옹호자인 조르다노 브
루노였다. 브루노는 19세기와 20세기 초의 과학사가들에 의해 지적 탐구의
자유와 과학의 개척자이자 순교자로서 높은 평가를 받았지만, 프랜시스 예
이츠는 그를 헤르메스의 전통 안에 확고히 위치시켰다. 브루노는 그 이전의
누구보다도 또 동시대인 가운데 누구보다도 더 멀리 나아갔다는 점에서 두
드러졌다. 엄청난 열정을 가지고 있었음에도 불구하고, 대부분의 초기 헤르
메스주의자는 진심으로 혹은 거짓으로라도 그리스도교 내에, 그리고 성 아
우구스티누스가 설정한 경계 안에 머물렀다. 그 경계란, 이집트 철학 및 그
로부터 파생된 이교 철학들이 성서의 지혜보다 시기적으로 뒤늦으며 열등

하다는 것이었다. 그러나 브루노는 그리스도교뿐만 아니라 유대교까지 넘어서서 이집트-이교주의에 이르렀다.

> 칼데아 마법의 능력이 유대인의 카발라에서 유래했다고 생각지 말라. 왜냐하면 유대인은 이집트의 배설물임에 틀림없으며, 이집트인이 히브리인으로부터 어떤 원리(좋은 것이든 나쁜 것이든)를 차용했다고 꾸며낼 수 있을 만한 일말의 개연성도 존재하지 않기 때문이다. 그리하여 우리 그리스인(여기서 '그리스인'은 이교도를 뜻하는 것으로 보인다)은 문자와 고귀함을 지닌 웅대한 군주국인 이집트를 우리 우화와 은유, 그리고 신조의 부모로 인정한다.[119]

그러한 급진주의의 사회적 배경은, 가톨릭교의 한계를 극복하고 서구 그리스도교 내부의 불화를 치유하고자 했던 1570년대 반종교개혁*의 실패와 16세기 후반에 유럽을 휩쓴 종교 전쟁이었다. 브루노는 정치적으로 온건하고 비교적 관용적이며 타협을 원한 지배자들 휘하로 들어가려고 노력했는데, 이러한 노력은 역설적이게도 그의 극단적인 지적·신학적 급진주의와 병행하였다. 따라서 브루노는 영육의 평화를 가져오기 위해 그리스도교를 지적으로뿐만 아니라 정치적으로 능가할 필요가 있다고 생각했다. 프랜시스 예이츠는 이렇게 말했다. "브루노의 헤르메스주의는, 단순히 그리스도교를 예시하는 프리스카 테올로기아가 아니라 실제 참된 종교로서의 헤르메스적인 이집트 종교와 더불어 순수하게 '이집트적인' 헤르메스주의가 된다."[120]

브루노가 그리스도교의 경계를 넘어섰고 그의 믿음 때문에 종교 재판에 회부되어 화형에 처해졌다는 사실을 가지고, 마치 그가 16세기 이탈리아에서 굉장히 특이한 인물이었던 양 과장해서는 안 된다. 원천을 향한 열정과 시간적 우선성이 곧 우월성이라는 믿음을 감안할 때, 헤르메스주의가 그리스도교를 능가한다는 주장은 헤르메스주의가 그리스도교보다 시간적으로 앞선다는 말에서 그다지 크게 도약한 것이 아니다. 그럼에도 불구하고, 성서-그리스도교와 이집트-헤르메스 원문 사이의 균형이 미묘하게 움직이고 있었던 반면, 이집트-헤르메스 원문과 고대 그리스 사이의 관계는 그 윤곽이 보다 뚜렷했다. 예를 들어, 헤르메스 원문의 연대에 관한 에라스무스*의 회의론은, 그리스의 시간적 우선성을 주장하려는 욕구가 아니라 그리스도교를 보호하려는 욕구에 근거한 것으로 보인다.121 종교개혁 이후, 칼뱅주의*자인 랑베르 다노는 심지어 그리스인의 스승이라는 이집트인의 명성을 이용하면서까지 '자연 철학'(대강 나중에 '과학'이라고 불리는 것에 해당한다)에서 모세와 성서 전승의 우월성을 입증하려 했다. 고대 자료를 인용하면서, 다노는 이집트인이 '시리아인'에게서 천문학을 배웠다는 전승을 확립할 수 있었다. 그는 또한 시리아인 모스코스*라는 학자가 있었음을 입증할 수 있었으며, 그런 다음 다노는 모스코스가 곧 모세라고 주장했다. 따라서 모세는 이집트인에게 천문학을 가르쳤으며, 이는 곧 그리스인에게 천문학을 가르친 셈이었다. 모세를 모스코스와 동일시하는 전승은 족히 18세기까지 지속되었다.122 따라서 이 단계에서는 이집트인이 그리스인보다 학문적으로 우월하다는 점에 도전할 이유가 없었다.

잘 알려진 예로 이번 장을 마무리하도록 하자. 셰익스피어가 『트로일러스와 크레시다』에서 묘사한 믿을 수 없고 교활한 인간으로서의 그리스인상은, 후기 중세의 전승에 확고히 근거한 것으로서 셰익스피어 시대에도 비전형적인 것은 아니었다. 내가 이번 장에서 보여주고자 했듯이, 대부분의 르네상스 사상가는 이집트가 본래의 창조적 원천이었으며 그 이후에 그리스가 이집트와 오리엔트 지혜의 일부분을 전달했다고 믿었다. 더불어 그들은 고대 모델의 진실성은 논쟁거리가 아니라고 믿었다.

제3장

이집트의 승리

17세기와 18세기

이번 장에서는 17세기에 지속된 헤르메스주의를 살펴볼 것이다. 대부분의 근대 학자는 카조봉의 원문 비평으로 헤르메스 전집의 신뢰성에 금이 갔다고 주장했지만, 나는 카조봉의 비평이 헤르메스 전집의 명성에 거의 영향을 미치지 못했다고 믿는다. 간단히 말해 헤르메스 원문은 계속해서 신뢰받았고, 18세기에 명성이 실추된 것은 어느 특정 비평의 결과가 아니라 일반적으로 지적 관심이 마법에서 멀어진 결과였다. 더욱이 헤르메스주의에 대한 흥미가 실종되었다고 해서 이집트에 대한 경외심이 감소한 것은 아니다. 17세기 말에 고대 이집트는 '급진적 계몽주의'와 관련이 있었으며, 그리스도교와 정치 현상現狀을 타파하는 데에 이용되었다. 이집트의 이미지는 18세기 지성계를 지배한 프리메이슨의 핵심으로 남아 있었다. 따라서 이집트(오랫동안 지속된 또 다른 대제국인 중국과 종종 연결된다)는 1780년대와 1790년대에 유럽의 정치적·지적 질서가 붕괴할 때까지 그 철학과 과학, 그리고 무엇보다도 정치 체제로 드높은 명성을 유지했다.

조르다노 브루노는 1600년 로마에서 산 채로 불태워졌다. 그러나 그의 죽음이 헤르메스주의에 미친 영향은 장기적으로 볼 때 이자크 카조봉(1614년 헤르메스 원문이 오래되지 않았다고 공격한 온건 프로테스탄트교 학자)의 저서가 미친 영향보다는 덜했다. 프랜시스 예이츠가 카조봉의 저작에 대해 놀라워한 점은, 15세기 후반부터 사용이 가능했던 원문 비평이라는 학문적 기술이 그토록 뒤늦게야 헤르메스 원문에 적용되었다는 사실이었다. 그러나 그러한 기술이 이후 정치적이고 이데올로기적으로 활용되는 필연적인 현실을 감안할 때, 16세기 말 헤르메스 원문이 가톨릭교뿐만 아니라 그리스도교 전체에 가한 위협 때문에, 한 학자로 하여금 그 원문을 적대적인 방식으로 면밀히 조사하도록 고무했다는 것은 그다지 놀라운 일이 아니다.[1]

카조봉은 헤르메스 원문과 플라톤의 저서, 그리고 신약성서의 구절 사이의 철학적이고 신학적인 유사성, 심지어 글 자체의 유사성까지 보여주었다. 그는 이집트 원문이 알 수 없는 무엇에서 파생된 것이라고 주장했다. 우선 성서나 혹은 플라톤과 아리스토텔레스를 비롯한 고대 저자의 저서에서 그 원문에 관한 언급을 전혀 찾아볼 수 없었기 때문이며, 또한 그 원문이 후기 제도를 언급하고 헬레니즘 시대의 저자들을 인용했기 때문이었다.[2] 헤르메스 전집은 기원전 1천년 경 어느 한 사람이 쓴 작품이라는 견해에 대한 카조봉의 조준 공격은 통렬한 것이었다. 그러나 카조봉의 학문적·이데올로기적 후예는 랠프 커드워스*가 1670년대에 제기한 반대 의견에 응수하지 않았다. 커드워스의 의견에 따르면, 후기에 속하는 요소가 있다고 해서 헤르메스 원문이 이집트 지혜의 근원이라는 가치를 잃는 것은 아니다. 왜냐하면 헤르메스 원문은 "이집트의 이교주의와 사제들의 전통이 아직 단절되기 전에"

씌어졌기 때문이다.3

　근대의 카조봉 추종자는 플린더스 페트리가 세운 틀에 역점을 두는 경우가 훨씬 적었는데, 페트리는 특정한 역사적 근거를 바탕으로 헤르메스 원문이 기원전 6세기에서 2세기에 걸쳐 씌어진 비교적 이질적인 모음집의 형태를 띤다고 주장했다.4 더욱이 헤르메스 원문과 플라톤의 저서, 그리고 신약성서의 '플라톤적' 부분 사이의 부정할 수 없는 유사점은, 후기 이집트 종교와 페니키아·메소포타미아·이란·그리스 사상에서 내려온 공동의 유산이 이 시기 동안 동부 지중해 유역 전역에 널리 퍼져 있었다는 견지에서 수월하게 설명할 수 있다.

　앞 장 끝부분에서 언급한 에라스무스의 회의론을 보면, 헤르메스주의가 그리스도교의 근원이라는 견해를 공격하는 카조봉의 '그리스도교 인문주의'는 전혀 새로운 것이 아니다. 그럼에도 불구하고 카조봉이 들춰낸 이야기는 과학사에 관한 19세기와 20세기 초의 신화(앞서 언급했듯이, 시대를 앞서 간 영웅적이고 고독한 과학적 천재가 미신의 암흑을 과학과 이성의 빛으로 바꿔놓는다는)와 문헌학적인 측면에서 완벽하게 짝을 이룬다.

　그러나 이러한 입장에서는 유감스럽게도, 이집트를 향한 열정과 헤르메스주의는 17세기 내내 끊임없이 번성했다. 더구나 프랜시스 예이츠는 다음과 같이 신화와 실재 사이의 혼동을 반영했다. 그녀는 "그것은 일격에 산산조각 났고…"라고 썼는데, 다음 절은 이렇게 이어졌다. "카조봉의 폭탄 선언이 즉각 효력을 나타내지는 않았다." 그리고 조금 뒤에 그녀는 그 충격을 훨씬 더 완화시켰다.

　　17세기에 다른 요인은 르네상스 전승에 역행하는 쪽으로 작용하고 있었지만, 내가 생각하기에 카조봉의 발견은 17세기 사상가를 마법에서 해방시킨 요인들 가운데 하나로서 그러나 중요한 요인으로서 간주되어야 한다.5

17세기 초 철학자이자 수학자인 마랭 메르센*이 카조봉의 연대 추정을 이용하여 엘리자베스 시대의 마법사인 로버트 플러드*의 헤르메스적 신비주의를 공격한 것은 사실이지만, 이러한 원문 비평이 사회 전반에 주요한 영향력을 행사했다고 주장하기는 어렵다.6 그보다는 다음과 같이 말하는 편이 더욱 그럴듯하며 본말을 전도하지 않는 것으로 보인다. 즉 17세기 말엽 발생한 대규모의 사회·경제·정치·종교적 요인이 마법에 대한 믿음을 약화시켰다. 이로 인해 헤르메스 원문에 대한 관심이 점차 줄어들었다. 관심이 쇠퇴한 만큼 헤르메스 원문의 고대성에 대한 믿음이 일반적으로 증가 추세에 있던 회의론에 의해 희생되었다.

17세기 사상 전반에 영향력을 행사했든 그렇지 않든, 카조봉의 비평은 17세기 헤르메스주의에 아무런 영향도 끼치지 못했다. 아타나시우스 키르허* 같은 일부 학자는 카조봉을 완전히 무시했으며, 케임브리지 플라톤 학파* 같은 경우는 카조봉의 비평을 마주 대하기는 했지만 헤르메스 원문이 여전히 고대의 가치 있는 자료를 담고 있다고 주장했다.

브루노를 희생시킨 목적은 직접적인 도전으로부터 교회를 수호하는 것이었다. 이집트에 대한 가톨릭교의 관심은 억누를 수 없을 만큼 너무나 강렬했는데, 17세기 로마의 가장 영향력 있는 지적·문화적 인물 가운데 한 사람인 독일인 예수회 성직자 아타나시우스 키르허는 고대 이집트에 완전히 사로잡히고 말았다. 키르허는 점성술과 피타고라스의 화성학, 그리고 카발라 같은 것들에 관심을 가진 그리스도교적 헤르메스주의자였다.7 그는 헤르메스 트리스메기스토스가 대단히 오래전 인물임을 전혀 의심하지 않고, 그가 아브라함의 시대 무렵에 살았다고 믿었다. 또한 그리스도의 이집트적 예표豫表를 아주 기꺼이 받아들였다. 그는 다음과 같이 썼다.

최초로 상형 문자를 만들었으며 그리하여 모든 이집트 신학과 철학의 왕자이자 부모가 된 헤르메스 트리스메기스토스는, 최초의 이집트인이자 가장 고대의 이집트인이었다. … 오르페우스와 무사이오스*, 리노스*, 피타고라스, 플라톤, 에우독소스,

파르메니데스*, 멜리소스*, 호메로스, 그리고 에우리피데스 등등의 인물들이 헤르메스 트리스메기스토스에게서 하느님과 신성한 것에 관해 올바르게 배웠다.[8]

키르허는 프리스카 테올로기아의 장소라는 점에서 이집트에 흥미를 느꼈을 뿐만 아니라, 그리스인이 그 대부분을 보존하지 못한 프리스카 사피엔티아 prisca sapientia, 즉 '본래의 지혜 혹은 철학'의 본고장으로서 이집트에 관심을 가졌다. 그는 당연히 이집트인의 것이었을 보편적 기준 척도라는 주제에 관해 갈릴레오와 서신을 교환했으며, 교황의 측근이라는 자신의 강력한 입지를 이용하여 이집트로 대리인을 보내 대大피라미드를 측정함으로써 보편적 기준 척도를 결정하도록 했다.[9] 그의 가장 크나큰 노력은 상형 문자의 비밀을 풀려는 시도(그는 여기에 그의 모든 생애와 비상한 언어학적 능력을 모조리 쏟아 부었다)였는데, 그는 상형 문자를 단지 고대 지혜의 보고일 뿐만 아니라 이상적인 문자로 여겼다. 호라폴로를 따라, 키르허는 상형 문자가 순수하게 상징적이며 그러므로 모든 알파벳보다 훨씬 우월하다고 믿었다. 비록 이집트 비문을 해독하려는 그의 시도는 실패로 돌아갔지만, 그는 콥트어가 고대 언어의 후예로서 음성학적 일치를 발견할 수 없었음에도 불구하고 해독解讀에 도움을 줄 수도 있다는 점을 깨달았다. 그러므로 콥트어가 이집트에서 구어로서의 위치를 상실해 가던 바로 그 시점에, 키르허는 로마에서 콥트어 연구를 체계적인 기반 위에 확립했던 것이다.[10]

장미십자회 사상 : 프로테스탄트교 국가의 고대 이집트

프로테스탄트교 역시 계속해서 이집트와 헤르메스주의에 흥미를 가졌다. 그 실체를 파악하기 어려운 장미십자회는 17세기에 독일, 프랑스, 영국에서 급작스럽게 나타났는데, 이들은 브루노(장미십자회는 당연히 브루노와 결부되었을 것이다)와 마찬가지로 엘리트를 위한 '참된' 종교를 장려했던 듯하다. 그것은 1618년부터 1648년까지 독일을 황폐화시킨 30년 전쟁에서 그토록 무시무시하게 분출된 가톨릭교도와 프로테스탄트교도 사이의 피비린내 나는 적대감을 피하기 위해 고안되었을 것이다.[11] 16세기 헤르메스주의자처럼, 장미십자회나 혹은 이들을 대변한다고 자임하는 자들은 참된 마법적·과학적 지식을 지닌 계몽된 엘리트가 사회를 이끌어가야 한다는 입장을 옹호했다. 그러면서 그들은, 이제 잘 알려져 있는 이집트 사제 계층에서 피타고라스 학파로, 그리고 다시 플라톤 학파로 이어지는 계승 과정을 따르고 있었다. 이러한 측면에서 프랜시스 예이츠는, 1650년대 영국 왕립협회 창설자들이 목격한 '보이지 않는 대학'의 배후에 장미십자회의 개념이 깔려 있었다는 그럴듯한 주장을 편다.[12]

영국 공화정이 출판의 자유를 허용하면서 1650년대에 다시금 헤르메스주의에 대한 엄청난 관심이 일었다. 역사가 크리스토퍼 힐에 따르면, "그 이전 한 세기 동안 출간된 것보다 많은 양의 파라켈수스적인 신비주의 화학 서적들이 1650년대에 출간되었다."[13] 영국의 헤르메스주의는 교회와 학술원의 연계를 공격하면서, 정치적이고 종교적인 급진주의와 제휴하였다.[14]

그러나 1660년에 왕정 복고가 이루어지자, 많은 사상가는 반혁명의 물결에 밀려 급진주의에서 한 걸음 물러났다. 더구나 영국 국교회의 수장인 국왕이 왕립협회의 후원자가 되어 조심스럽게 과학을 접수했다. 그럼에도 불구하고 공화정 시기에 헤르메스 선풍이 일었는데, 이는 이후 과학의 괄목할 진전에 중요한 유인을 제공했다. 헤르메스주의는 이제 17세기 영국에서 자라난 특유한 형태의 천년왕국설과 연관되는 경향을 띠었다. 이 천년왕국설은 모든 지식의 완전화 혹은 복원의 필요성에 집중했으며, 이는 새로운 천년왕국의 도래를 위한 전제 조건으로 여겨졌다.[15]

헨리 모어*와 랠프 커드워스를 중심으로 한 케임브리지 플라톤 학파 또한 헤르메스주의와 천년왕국설이 뒤얽힌 이러한 환경의 산물이었다.[16] 앞서 언급했듯이, 1660년대부터 1680년대까지 번성한 케임브리지 플라톤 학파는 카조봉의 비평을 속속들이 잘 알고 있었지만, 그럼에도 헤르메스 원문이 프리스카 사피엔티아의 요소들을 담고 있기 때문에 여전히 가치 있다고 주장했다. 그들은 헤르메스주의의 '플라톤적인' 양상을 그리스의 소산으로 돌릴 만한 근거를 찾지 못했기 때문에, 그들이 볼 때 그리스인의 핵심적인 역할은 고대 지혜의 부분적인 전달이었다. 모어는 다음과 같이 썼다.

> 플라톤 학파는 … 박식한 피타고라스,
> 이집트의 트리스메기스토스, 그리고 칼데아의 지혜를 담은
> 고대의 두루마리와 합치하나니, 세월이 이 모두를 찢어 놓았지만,
> 플라톤과 심오한 플로티누스가 복원한다.[17]

케임브리지 플라톤 학파의 제자 가운데 가장 유명한 인물은 단연 아이작 뉴턴이었으며, 그를 어느 정도까지 헤르메스주의자로 볼 수 있는가에 대해서는 지금까지도 격렬한 논쟁이 계속되고 있다.[18] 그러나 근대의 지성사가 프랭크 마누엘이 말하듯이, 뉴턴 또한 "이자크 카조봉이 들춰낸 이야기에 혼란스러워하지 않았다"는 점은 의심의 여지가 없다.[19]

더욱이 그가 헤르메스적인 프리스카 테올로기아를 받아들였든 그렇지 않든, 그는 분명 이집트적인 프리스카 사피엔티아를 믿었고 그 복원을 자신의

사명으로 여겼다. 예를 들어, 뉴턴의 중력 이론에 핵심적인 사항 가운데 하나는 지구의 원주를 정확히 측정하는 것이었다. 그가 아는 한, 당시에는 위도의 정확한 측정치가 없었다. 따라서 그는 헬레니즘 수학자이자 천문학자인 에라토스테네스*와 그 추종자의 수치에 의지할 수밖에 없었는데, 이 수치는 뉴턴 이론에 들어맞지 않았다. 그러자 뉴턴은, 에라토스테네스가 이집트에서 살기는 했지만 고대의 측정치를 정확히 보존하는 데에는 실패했다고 생각했다. 그러므로 그는 본래 이집트 큐빗*의 정확한 길이를 복원할 필요가 있었다. 그 길이로부터, 고전기 저자들이 지리학의 경·위도와 관련된다고 말한 이집트 스타디움*의 길이를 계산해낼 수 있을 것이기 때문이었다.

그보다 앞선 17세기 초, 키르허를 위해 일했던 이탈리아인 부라티니, 그리고 유사한 관심을 갖고 있던 영국 학자 존 그리브즈는 수년간에 걸쳐 대大피라미드의 정확한 측정치를 얻으려 노력했다. (고대로부터 올바르게도, 피라미드는 파이π나 '황금 비율' 피φ 같은 기하학적 비율뿐만 아니라 길이·면적·부피의 완벽한 단위를 간직하는 것으로 믿어져 왔다.) 그리브즈는 영국으로 돌아가 자신이 찾아낸 내용 전체를 출간했으며, 그로써 옥스퍼드대학 천문학 교수로 임명되었다. 뉴턴은 그리브즈의 수치들을 이용해 피라미드가 2큐빗을 기준으로 건설되었다고 추론했다. 이 수치들 가운데 하나는 그리스인의 수치에 비해 그가 필요로 했던 수치에 훨씬 더 가까웠다. 그러나 그것은 여전히 그의 이론에 들어맞지 않았다. 이는 필시 피라미드 기초에 관한 그리브즈와 부라티니의 측정치가 부정확했기 때문이었다. 그들은 대大피라미드 주변에 쌓여 있는 파편 더미를 파고들어갈 수 없었던 것이다. 프랑스인 장 피카르*가 북부 프랑스에서 위도를 정확히 측정해낸 1671년에 이르러서야 뉴턴은 중력에 관한 자신의 일반 이론을 증명할 수 있었다.[20]

측정치에 관한 이러한 문제는 고대 이집트의 프리스카 사피엔티아에 대한 뉴턴의 신뢰를 보여주는 한 가지 예일 뿐이다. 그는 또한 원자 이론과 태양 중심설, 그리고 중력이 이미 고대 이집트에 알려져 있었다고 확신했다.21 그는 『자연철학의 수학적 원리』의 초기 판본에서 다음과 같이 썼다.

> 철학에 전념한 사람의 가장 오래된 견해는, 항성들이 우주의 가장 높은 곳에서 움직임 없이 머물러 있다는 것, 항성들 아래에서 행성들이 태양 주위를 돈다는 것, 그리고 행성들 가운데 하나인 지구가 태양 주위를 1년에 한 바퀴씩 돈다는 것이었다. … 이집트인은 최초의 천체 관측자였으며, 필시 그들에게서 이러한 철학이 퍼져나갔을 것이다. 왜냐하면 바로 이집트인으로부터, 그리고 이집트 주변의 국가로부터, 자연에 관한 연구보다는 문헌학 연구에 더욱 심취한 그리스인이 자신의 최초이자 가장 견고한 철학 개념들을 이끌어냈기 때문이다. 베스타* 숭배 의식에서 우리는 이집트인의 정신을 감지할 수 있는데, 그들은 하층민의 능력을 넘어서는 비전을 종교 의식과 상형 문자의 상징 속에 감추었다.22

의미심장하게도, 이 구절은 우리가 관심을 갖고 있는 주제에 관한 17세기의 전통적인 견해를 축약해 보여준다. 여기서 위대한 과학자이자 철학자로서의 고대 이집트인에 대한 뉴턴의 찬사와 존경은 명백하다. 이러한 초기의 태도로 볼 때 그가 생애의 마지막 수년간을 자신이 『수정된 고대 왕국 연대기*The Chronology of Ancient Kingdoms Amended*』에서 제기한 주장을 옹호하는 데에 바쳤다는 것은 놀라운 일이다. 그의 주장이란, 이집트 문명이 트로이 전쟁 직전에 건설되었으며, 세소스트리스 대왕이 곧 솔로몬 시대 **이후에** 유대를 침입한 성서의 인물 시샤크*라는 것이었다. 뉴턴의 관점에서 볼 때, 이러한 설명은 이집트인을 비교적 뒤늦게 등장한 사람으로 깎아내리면서 훨씬 더 오래된 성서의 전승에 비해 뒤떨어진 존재로 만드는 것이었다. 그러나 뉴턴은 단지 이스라엘인의 시기적 우선성을 주장하는 데에 관심을 가졌을 뿐, 이집트가 그리스의 지혜의 원천임을 부인하려는 것은 아니었다. 따라서 이집트의 연대를 뒤늦게 잡은 만큼, 그는 모든 그리스 연표를 파기하고서 그리스인을 더욱 뒤늦게 등장한 사람으로 만들었다.23 다음 장에서 주장하겠지만, 이러한 시도는 오늘날의 지성사가인 마거릿 제이콥이 ‘급진적 계몽주의'라고 부른 것에 대한 그리스도교도와 뉴턴 같은 존경할 만한 이신론자 deist*의 반응의 일부로 보는 것이 가장 적절하다.

그러나 급진적 계몽주의와 프리메이슨의 개혁에 앞서, 우선 페니키아인의 중요성에 대한 후기 르네상스의 믿음을 살펴보는 것이 유용할 듯하다. 페니키아인은 프리메이슨 전설에서 매우 중요했다. 왜냐하면 절반은 페니키아인인 히람 아비프*가 세계의 상징이자 프리메이슨 의식과 신앙의 핵심인 예루살렘 성전을 건설했기 때문이다. 여기서 기억해야 할 것은, 이집트어가 상형 문자 속에 감추어진 신비로 남아 있는 데 반해, 종교개혁에 뒤따른 그리스도교도의 히브리어 학습 열풍은 히브리어와 페니키아어가 동일한 언어에서 나온 서로 소통 가능한 방언이라는 사실을 비교적 **빨리** 깨닫게 해주었다는 점이다.24 그러므로 18세기 중반에 바르텔르미 신부가 최초로 페니키아어 알파벳을 읽어내기 오래 전에, 학자들은 페니키아어에 관해 비교적 분명한 개념을 가지고 있었다.

물론 일반적으로 히브리어는 태고의 언어, 즉 아담과 바벨탑의 언어라고 여겨졌다. 따라서 다른 언어, 특히 유럽 언어에서 히브리 단어를 찾아내려는 열띤 시도가 있었다. 오늘날 대부분의 학자들이 단어 사이의 놀랄 만한 일치라고 부르며 이러한 시도를 북돋았다. 일치 가운데 일부는 사실상 순수한 우연의 결과일지도 모른다. 그러나 서론에서 말했듯이, 다른 일부는 아프리카아시아어에서 인도유럽어가 발생한 결과이며, 또 다른 일부는 그리스어나 에트루리아어, 혹은 라틴어가 가나안어나 페니키아어를 차용한 결과라고 나는 믿는다.25

페니키아인은 오늘날 셈족 문화 및 언어라고 부르는 히브리 등의 문화 및 언어를 유럽으로 끌어들이는 도관導管으로 여겨졌다. 예를 들어, 16세기의 정치 이론가 장 보댕*은 언어학적 증거를 이용하여 자신의 주장, 즉 모든 문명과 언어가 칼데아에서 퍼져나갔다는 주장을 뒷받침했다. 그는 다나오스와 카드모스의 침입을 이 과정의 본격적인 단계로 보면서, 모든 그리스인이 아시아나 이집트, 혹은 페니키아에서 기원했다고 주장했다.[26] 그러나 보댕은 비록 존경받는 정치 사상가로 남았지만, 그의 문헌학 이론 및 그와 유사한 이론은 1600년경 전후 요제프 스칼리게르*나 카조봉 같은 학자들의 연구에 의해 곧 밀려나고 말았다. 그들은 히브리와의 관련을 폭넓게 숙고하지 않았지만, 오늘날에도 고전학 연구의 규범으로 남아 있다. 그러나 박식하고 신중한 위그노* 학자 사무엘 보샤르*는 그 안에 속하지 않았다. 1640년대에 그는 히브리어와 페니키아어가 본질적으로 동일한 언어라는 올바른 가설을 근거로 지중해 주변에서 나타나는 셈어로 보이는 지명들을 조사했는데, 이를 능가할 만한 연구는 아직까지도 존재하지 않는다. 그는 또한 그리스어와 라틴어에 남아 있는 가나안어 차용어에 관한 심도 있는 연구를 수행했는데, 그 연구는 의미심장하게도 오직 1820년대에만 권위를 인정받지 못했다.[27]

뉴턴은 중추적인 인물이다. 그는 점성술과 연금술, 그리고 마법의 세계에서 태어나 그것들이 더 이상 존경받지 못하는 세계에서 죽었다. 물론 이러한 변화는 또한, 영국과 네덜란드에서 자본주의가, 그리고 프랑스에서 국가주의가 승리함에 따라 나타난 17세기 후반의 사회·경제·정치적 변환을 반영한다. 이 새로운 세계에는 헤르메스주의, 적어도 옛 형태의 헤르메스주의를 위한 자리는 없었지만, 그렇다고 해서 고대 이집트를 향한 열정이 조금이라도 누그러진 것은 아니었다. 이러한 열정은 1680년부터 1780년까지 한 세기 동안 급상승했다. 예를 들어, 이 시기 초반에 가장 유명했던 소설인 페늘롱*의 『텔레마크』(초판 1699년)는 그리스 왕자(오디세우스*의 아들 텔레마코스)를 주인공으로 다루지만, 그 소설에는 이집트인의 물질적인 부와 위대한 지혜, 철학, 그리고 정의에 관한 비평들로 가득하다. 이것은 특히 파라오 세소스트리스가 그리스인에게 호의를 보여 그들에게 법을 하사했음에도 불구하고, 그리스인의 열등함을 부각시켰다.[28]

18세기 중반은 친親이집트 성향의 정점이었다. 한 프랑스 저자는 1749년에 다음과 같이 말했다.

> 회자되는 것은 고대 도시인 테베와 멤피스, 리비아 사막, 그리고 테바이드의 동굴뿐이다. 나일 강은 많은 사람에게 센 강만큼 친숙하다. 심지어 어린아이조차 나일의 폭포와 그 광활함에 관한 이야기를 귀에 못이 박히도록 듣는다.[29]

이 저자는 아마도 이집트에 반발한 그리스도교(제4장을 보라) 진영의 일원이었을 것이다. 그러나 이 시기에는 심지어 19세기와 20세기의 선구자로 환영받는 유럽 중심주의적 저자들조차도 이집트에 경의를 표했다. 18세기 초 나폴리에서 활약한 조반니 바티스타 비코*는 낭만적이고 유럽 중심적이며 역사주의적인 역사관으로 말미암아 19세기 학자 사이에서 영웅으로 받들어지는데, 그는 여러 가지 면에서 이집트인에게 적대적이었다. 경건한 가톨릭교도로서 그는 유대인을 세속적인 역사에서 노골적으로 배제시키고, 그들의 역사를 창세기로 되돌렸다. 그는 이집트인을 단지 대홍수 이후의 가장 초기 민족 가운데 하나로 여겼다. 그럼에도 불구하고 그들은 그의 사상에서 중심적인 역할을 했다. 그는 자신의 3시대 세계사론이 헤로도토스가 기술한 이집트 역사(신의 시기, 영웅의 시기, 인간의 시기)에 근거한다고 주장했다. 그는 이 시기가 세 가지 유형의 '언어', 즉 상형 문자와 '기호 언어', 그리고 '서간체 언어'에 상응한다고 보았다. 그는 또한 카드모스 신화를 검토한 후 받아들이면서 그것을 이집트와 연결지었다.[30] 몽테스키외 역시 이렇게 인정할 수밖에 없었다. "이집트인은 세계에서 가장 뛰어난 철학자였다."[31]

영국과 프랑스에서 유행한 주류 견해는, 위의 인용문이 시사하듯이, 이집트에 대한 솔직한 열광이라고 보인다. 예를 들어, 18세기 중반 가장 유명한 영국 극작가의 한 사람은 에드워드 영*이었는데, 그의 이집트 관련 희곡은 그 때 이후로는 거의 주목을 받지 못했다. 1752년 15세의 에드워드 기번*은 '세소스트리스 시대'에 관해 첫 역사 수필을 씀으로써 이집트에 대한 열정을 보여주었다.[32]

이러한 호의적인 견해, 그리고 그리스 문화가 이집트와 페니키아에서 유래했다는 지속된 확신은 새로운 비非신비주의적 학문으로 환원되었다. 팔미라*어와 페니키아어를 해독한 바르텔르미 신부는 1763년에 「이집트어와 페니키아어, 그리고 그리스어 사이의 관계에 관한 일반적 고찰」이라는 논문을 제출했다. 이 논문에서 그가 첫 번째 취한 올바른 가정은 키르허(바르텔르미는 키르허의 다른 연구는 공상적이라고 여겼다)에 근거했는데, 그 가정이란 콥트어가 고대 이집트어의 한 형태였다는 것이다. 그는 또한 후에 셈어로 알려진 어족을 인지하고서, 그 어족을 '페니키아어'라고 불렀다. 이 두 가지에 근거하여 그는 이집트어가 비록 셈어는 아닐지라도 셈어족과 관련된다는 이론을 확립했다. 사실상 이제 그의 어휘적 증거 가운데 일부는 그릇된 것이었다고 볼 수 있다. 왜냐하면 일부 콥트어 단어는 셈어로부터 차용된 후기 이집트어에서 유래하기 때문이다. 그러나 대명사와 문법적 특징 사이의 유사성에 근거한 그의 주요 논점은 흠잡을 데 없다. 이러한 의미로 볼 때, 바르텔르미는 오늘날 우리가 아프리카아시아 연구라고 부르는 분야의 선구자였다.

바르텔르미는 콥트어와 그리스어 사이에서 그러한 문법적 유사성을 찾아볼 수 없다고 인정했다. 그럼에도 불구하고 그는 이집트가 그리스를 식민화하여 문명화시켰다고 믿었으며, "사상과 상품이 이런 식으로 교류되는 가운데 이집트어가 그리스어의 형성에 관여하지 않았다는 것은 불가능하다"고 주장했다.33 그런 다음 그는 이집트어에서 그리스어로 건너간 어원들을 나열했는데, 그 가운데 몇몇(예를 들어, 콥트어 호프hof나 민용문자 ḥfṭ[헤프]가 그리스어의 오피스ophis[뱀]가 되었다는 것 등등)은 오늘날에도 그럴듯하게 보인다.34

오로지 언어학자만이 이집트의 우선성과 중심성을 주장한 것은 아니었다. 고대 신화에 관한 18세기의 표준서인 바니에* 신부의 저서는 그리스와 로마의 신들을 이집트 신들에서 이끌어내는 고전기와 르네상스의 전승을 유지했다.35 18세기 말 제이콥 브라이언트는 사무엘 보샤르의 연구를 지속했다. 그러나 그는 보샤르가 완전하게 성공하지는 못했다고 지적했는데, 그 이유는 그가 그리스와 로마의 신화 및 언어를 구성하는 이집트적인 요소를 빠뜨렸다는 것이었다.36 따라서 브라이언트는 이집트와 페니키아의 요소들을 모두 담고 있는 '아몬적인' 문화의 견지에서 그리스·로마 신화 및 언어의 기원을 설명하려고 했다. 그의 연구에서 나타나는 환상적인 측면에도 불구하고, 나는 그의 접근 방법이 근본적으로 옳다고 믿는다. 다만 그가 실패한 것은, 이집트어가 아직 해독되지 않은 데다가 그가 콥트어를 이용하지 않았기 때문이다. 어쨌든 1774년에 출간된 그의 『새로운 체계, 혹은 고대 신화 분석』은 1800년 전후에 매우 주목받았다. 그 책은 낭만주의 시인, 특히 윌리엄 블레이크*가 사용한 주요 전거였다.[37]

철학사에서도 동일한 견해가 지배적이었다. 이미 언급한 바 있듯이, 몽테스키외 같은 유럽 중심주의자도 이집트인을 가장 위대한 철학자로 여겼다. 심지어 야코프 브룩커*(그가 저술한 방대한 철학사는 플라톤과 그의 이집트 스승들, 그리고 그들의 비교秘敎와 이중 진리론에 대한 일련의 공격이었다)조차도 이집트인에게서 '철학자'라는 칭호를 떼어낼 수는 없었다.[38]

17세기 말 유럽은 자신감으로 들끓었다. 1683년 빈 외곽에서 폴란드가 터키를 물리치고, 뒤이어 오스트리아가 재빨리 헝가리를 되찾았다. 게다가 러시아가 흑해로 진출함에 따라 유럽에 대한 터키의 위협은 말끔히 제거되었다. 그때부터 줄곧, 유럽인은 해로뿐만 아니라 육로를 통해서도 아시아를 향해 진격해 나갔다. 이렇듯 안전이 확보되자, 계몽주의 지도자들은 이제 마음 놓고 비유럽 문화에 대한 선호를 드러내면서 봉건제와 전통적인 그리스도교에 맞섰다. 가장 선호된 나라는 단연 이집트와 중국이었는데, 이 두 나라는 서로 직접적으로 연결되지는 않더라도 매우 유사하다고 여겨졌다. 두 문명국은 단지 반反유럽적인 이상향, 즉 터키나 페르시아 또는 휴런족*의 땅처럼 다소 모호한 고결성으로 물들여져 유럽을 풍자하고 비판하는 데에 이용된 이상향으로만 여겨진 것은 아니었다. 이집트와 중국은 훨씬 더 큰 중요성을 띠었다. 왜냐하면 두 나라는 보다 수준 높고 세련된 문명의 긍정적인 사례를 제공하기 때문이었다.[39] 두 문명 모두 방대한 물질적 성취와 심오한 철학, 그리고 우월한 문자 체계를 가진 것으로 여겨졌다.

그러나 가장 매력적인 면은 이상적인 국가 행정이었다. 두 나라의 국가 행정은, 도덕성과 지혜를 기준으로 모집되어 엄격한 선발 과정과 훈련을 거친 일단의 사람에 의해 미신적인 요소 없이 합리적으로 수행된 것처럼 보였다. 한편 세속적인 프랑스 중농학파*는 중국에 보다 친근감을 느꼈다. 그들은 루이 15세*를 중국 황제로, 그리고 자신들을 중국 지식 계급으로 여기기를 즐겨했다. 그들의 후원으로 중국은 프랑스에 주요한 문화적 영향력을 행사했으며, 18세기 중반에 일어난 정치·경제 개혁의 중앙 집권화와 합리화는, 그 대부분은 아닐지라도 많은 부분 중국을 모범으로 삼은 것이었다.[40]

18세기 : 영국과 이집트, 그리고 프리메이슨

중농학파가 중국으로 눈을 돌린 반면, 계몽주의의 주요 인물 대부분이 속해 있던 보다 신비적인 프리메이슨은 이집트를 선호했다. 프리메이슨의 전체 역사는 분명치 않으며, 18세기 초에 조합이 재조직되기 이전의 역사는 더욱 그러하다. 왜냐하면 프리메이슨의 역사는 신화적인 발전을 창출하려는 의도로 왜곡된 후대의 기록을 통해 수집할 수밖에 없기 때문이다. 그럼에도 불구하고 어느 정도는 인정할 만하다. 프리메이슨은 본래 중세 유럽에서 대성당을 비롯한 주요 건물을 짓는 일에 종사하던 석공들의 비밀 결사였다. 그들은 종교개혁과 종교전쟁 이후 유럽 대륙 대부분 지역에서 사라졌다. 영국에서 잔존하기는 했지만, 신사 계층이 입회하고 소위 '사변적 석공'이 발족함에 따라 전혀 다른 성격을 띠게 되었다.[41] 그러나 이러한 변화가 일어난 17세기 후반 이전에도, 프리메이슨은 이집트에 특별한 애착을 가졌다.

그리스도교도 백과사전 편찬자이자 역사가인 이시도루스*가 620년대에 저술한 『어원사전』에는, 나일 강의 범람 이후 경계선이 사라진 땅을 측량하기 위한 목적으로 이집트인이 기하학을 발명했다는 헤로도토스와 디오도로스의 진술이 실려 있었다. 이시도루스에게 기하학은 7학과 가운데 하나였을 뿐이지만, 석공들에게는 석공술 자체와 동일시할 만큼 대단히 중요한 것이었다.[42] 게다가 중세 프리메이슨의 몇몇 수고手稿에는 에우클레이데스(유클리드)가 이집트에서 이집트 영주들을 위해 석공술을 확립했다는 이야기가 언급되어 있다.[43] 이 기이한 이야기를 무시해 버리기 전에 반드시 기억해야 할 것은, 에우클레이데스가 평생 동안 이집트에서 살았던 것으로 보인다는 점이다.[44]

성서에서 이집트인과 긴밀히 연결되는 페니키아인(이집트인과 페니키아인 모두 함*의 자손으로 열거된다)은 프리메이슨 신화의 근저에 자리잡고 있다. 솔로몬 신전을 건축한 장인匠人인 반半페니키아인 히람 아비프는 16세기 무렵 필시 프리메이슨 전설의 일부였을 것이다.[45] 신전이 완성된 뒤에 살해된 것으로 여겨지는 그는, 18세기 초에 석공 조합이 다시 형성될 무렵 오시리스적인 유형의 중심 인물이었음에 틀림없다.

나는 이미 프랜시스 예이츠가 브루노를 통해 르네상스 헤르메스주의자와 17세기 장미십자회 사이의 연관을 보았다고 언급한 바 있다. 그녀는 또한 엘리아스 애시몰(옥스퍼드에 있는 애시몰 박물관의 창립자)이라는 사람에게서 17세기 장미십자회와 프리메이슨 사이의 연관을 발견했다. 에시몰은 장미십자회에 입회하기를 원했으며, 그는 또한 프리메이슨의 일원이었던 것으로 알려져 있다.[46] 프랜시스 예이츠는 더 나아가, 장미십자회와 프리메이슨 모두 솔로몬 신전이나 대大피라미드 같은 건축물의 치수와 비율을 이용하여 우주의 구조를 상징화했으며, 일루미나티(세상을 보다 바람직하고 보다 평화로우며 보다 관용적인 삶의 방식으로 인도할 수 있는 사람)의 단체를 창설하려고 열망했다는 점에서 서로 근본적인 유사성을 가진다고 보았다.[47] 반면 그녀는 이러한 전승을 천년왕국설(장미십자회와 프리메이슨에 널리 퍼져 있었다)과 연관짓지는 않았다. 이러한 연관은 이후의 학자들에 의해 확립되었다. 많은 천년왕국설 신봉자들은 천년왕국이 도래하기 전에 지식이 재결집되어야 한다고 믿었다.[48] 그러므로 학자는 종말론의 산파가 될 수 있었다. 17세기 후반의 영국 '과학 혁명'은 바로 이러한 사상을 가진 학파로부터 서서히 발전해 나간 것으로 보인다.

프리메이슨에 대한 신사 계층의 관심은 1670년대와 1680년대에 증가했다. 프리메이슨의 성장은 1666년의 대화재 이후에 이루어진 런던의 대규모 재건축 같은 우발적 요인을 반영할 뿐만 아니라, (당시에 증가한 커피하우스와 남성 클럽처럼) 도시화된 상인 계층과 상류 지주 계층에서 발생한 변화, 그리고 복고 왕정 밖에서 시작된 소위 '이면 정치' 활동을 반영한다. 가톨릭교도인 제임스 2세*의 치세 동안(1685~1688년), 그리고 1688년의 명예 혁명 이후에도, 심지어 1650년대 공화정의 일부 잔재까지 이끌어낸 급진주의의 부활이 있었다. 그러나 마거릿 제이콥이 급진적 계몽주의라고 부른 이 운동에서, 청교도주의와 보다 이른 시기의 조야한 천년왕국설은 이신론과 범신론, 그리고 무신론을 포함하는 보다 근대적인 사상으로 대체되었다.

1660년대와 1670년대에 무신론은 주로 토머스 홉스*와 관련되었다. 리바이어던*에 관한 홉스의 정치 사상은 그의 무신론에 비해 덜 충격적이었다. 그의 무신론은 데모크리토스의 원자론*과 유물론에 기초했으며, 위대한 라틴 시인인 루크레티우스*의 저서에서 가장 완전하게 표현된 에피쿠로스* 학파의 전승에 의거했다. 동시에 무신론은 네덜란드에서 성장하고 있었다. 그러나 긴 안목에서 볼 때, 17세기 중반 네덜란드에서 나타난 가장 영향력 있는 철학은 위대한 유대인 철학자 스피노자의 범신론이었으며, 그것은 카발라와 브루노에게서 영향을 받았다.[49]

1680년대에 이르자, 헤르메스와 장미십자회의 전승에 근거한 새롭고 급진적인 지적 세력이 영국에서 나타났다. 그 새로운 운동은 이중 철학, 즉 대중의 종교 분쟁을 넘어서는 엘리트의 초연함을 지지했다. 대중에게는 특유의 미신을 행할 수 있도록 관용이 베풀어져야 하지만, 정치적·지적 권력은 계몽된 소수의 수중에 확고히 놓여야 한다는 것이었다.

이 일반적인 태도는 18세기 영국 사회와 완벽하게 양립했다. 그러나 급진적 계몽주의 진영에는, 장미십자회와 프리메이슨의 전승에서 프리스카 테올로기아에 관한 개념을 이끌어냈을 뿐만 아니라 브루노의 저서를 읽은 존 톨런드* 같은 사상가도 포함되어 있었다. 톨런드는 살아 있는 물질과 세계 정신이라는 브루노의 헤르메스적이고 이집트적인 우주 창조 사상(이는 범신론이나 혹은 심지어 무신론으로까지 이어진다)을 상당 부분 흡수했다. 이보다 오래 전에 뉴턴 자신은 물질이 능동적인가 아니면 수동적인가라는 문제를 놓고서 개인적으로 주저했다. 그러나 뉴턴주의는 단지 과학적인 문제에 국한되지 않았으며 정치적·신학적 교의를 수반했는데, 그것은 외부로부터 가해지는 힘이 있어야만 움직이는 물질의 수동성에 의존했다. 만약 물질이 수동적이지 않다면, 신학적으로 볼 때 우주는 '시간의 주관자'는 말할 것도 없고 창조주나 조물주도 필요로 하지 않을 것이며, 정치적으로 볼 때 영국은 왕을 필요로 하지 않을 것이기 때문이었다. 톨런드는 자신의 사상이 지니는 공화주의적 함의를 충분히 인식하고 있었다.[50]

톨런드는 사변적 석공의 전설과 의례, 그리고 신학을 확립하는 데 중심적인 역할을 한 인물이었으며, 그의 사상 대부분은 1717년에 다양한 프리메이슨 및 장미십자회 그룹의 연합이 이루어짐으로써 표준화되어 정전正典으로 인정받았다.[51] 그러나 그 시기에 이르렀을 때, 그 운동은 이미 존경받는 뉴턴주의자에 의해 점거된 상태였다. 심지어 뉴턴의 대리인이자 계승자인 케임브리지의 윌리엄 휘스턴*(그는 스승과 달리 자신의 아리우스주의*, 즉 그리스도의 신성에 대한 불신을 공개적으로 선언했다)처럼 대담한 인물조차도, 톨런드와 그의 사상을 "경멸하면서 적극적으로 맞싸웠다."[52] 그럼에도 불구하고 급진적 계몽주의의 몇몇 양상은 여전히 남아 있었는데, 프리메이슨은 이중 철학의 본질적인 엘리트주의와 신플라톤주의(새로운 형태의)를 유지했다. 그러한 전승과 마찬가지로, 일반인과 심지어 대부분의 프리메이슨도 그리스도교 신앙을 부분적으로 따랐지만, 상위 계층은 그리스도교를 초월했다.

헤르메스주의자의 경우와 마찬가지로, 프리메이슨의 경우에도 숨은 신의 이름은 너무나 신성하거나 혹은 강력한 마법의 힘을 지니고 있어서 하위 계층의 조합원에게까지 노출할 수는 없었다. 그 이름은 야불론Jabulon으로서, 별로 놀라운 일은 아니지만 세 가지 이름이 합쳐진 것이었다. 야Ja는 이스라엘의 하느님인 야웨Yahwe를, 불Bul은 가나안 신 바알을 나타낸다.[53] 그리고 마지막 음절은, 그리스어로 헬리오폴리스Heliopolis*라고 지칭되며 오늘날의 카이로 외곽에 위치해 있는 이집트 도시 'Iwnw(이우누)의 히브리어 이름인 온'On에서 유래한다. 고전기 저자에 따르면, 헬리오폴리스는 학문의 주요 중심지로서 에우독소스 같은 인물이 그곳에서 수학했다.[54] 따라서 프리메이슨에게, 신의 이름은 곧 고대 비전을 이어받은 지혜의 축도였다.[55] 훨씬 더 중요한 것은, 그 도시가 태양 숭배의 주요 중심지로서 특히 라Ra와 관련되었다는 점이다. 앞서 언급했듯이, 라는 제18왕조에 이르러 오시리스와 관련되었다. 헤르메스 원문은 헤르메스 트리스메기스토스가 건설한 완벽한 도시를 반복해서 언급하는데, 그 도시는 태양과 밀접한 연관이 있었다. '태양의 도시'는 브루노가 사용한 용어였지만, 그와 동시대인인 캄파넬라가 저술한 『태양의 도시』를 통해 더욱 널리 알려졌다.[56]

캄파넬라의 도시에는 흰 옷을 입은 순수하고 종교적인 태양 숭배자들이 거주하였는데, 그들은 분명히 이집트인이었고, 그 건축물은 우주 혹은 태양 중심 행성계의 이상적인 전형을 이룬다.[57] 여기서 기억해야 할 것은, 프리메이슨의 이데올로기가 우주를 상징하는 신성한 건축물이라는 개념을 둘러싸고 형성되었다는 점이다. 태양의 도시에서는 모세와 그리스도, 그리고 마호메트 등 위대한 스승들이 마법사로서 숭배되었지만, 태양의 사제이자 철학자, 왕, 그리고 입법자인 헤르메스 트리스메기스토스가 그 도시를 통치했다.[58] 그렇다면 자신들의 전승을 고대 이집트에서 가져왔다는 프리메이슨의 주장은 사실상 근거가 있다. 헤르메스 원본과 브루노, 캄파넬라, 그리고 톨런드와 그의 친구들을 통해, 우리는 그들이 차마 입에 올리지 못하는 신의 이름 중 마지막 음절로부터 하下이집트의 라 숭배 중심지인 'Iwnw(이우누)에 이르는 도정을 추적할 수 있다.

유대-그리스도교 제의에서 가나안-페니키아 제의로, 또 이집트 제의와 상류층의 오시리스 제의로 거슬러 올라가는 야불론이 비전으로 남아 있었고 해서, 이집트가 프리메이슨에서 차지하는 중심적인 지위가 은폐되었던 것은 아니다. 프리메이슨의 신전들은 빈번하게 이집트 양식(건축은 프리메이슨에게 대단히 중요하다)으로 지어졌는데, 이는 그들의 집회소가 이집트 신전으로 여겨진다는 점을 보여준다. 또 그들이 사용한 상징은 18세기 개념에 부합하는 순수하게 논리적인 상형 문자이다(미국의 국새國璽와 달러 지폐에서 여전히 찾아볼 수 있는 피라미드와 눈 같은 상징은 이집트로부터 직접 가져온 것이다). 따라서 프리메이슨이 스스로를 플라톤의 '수호자' 및 그 원형인 이집트 사제의 계승자로 여겼다는 데에는 의심의 여지가 없다.

이집트와의 동일시를 촉진하는 유인誘因과 일부 종교적 상징이 보다 이른 전승에서 비롯한 것이라면, 18세기의 프리메이슨이 가지고 있던 이집트에 관한 일반적인 지식은 당대의 학문에서 비롯한 것이었다. 그러나 이 새로운 지식의 전거를 조사하기 전에, 우선 프랑스에서 이루어진 이 분야의 지적 발전을 살펴보고자 한다.

프랑스와 이집트, 그리고 '진보' : 고대인-근대인 논쟁

'진보'의 개념은 16세기부터 유럽에 존재했다. 16세기에 사람은, 자신이 이제 고대인이 가지지 못한 생산물과 발명품, 즉 설탕과 종이, 인쇄술, 풍차, 나침반, 그리고 화약 등등을 가지고 있다는 사실(모두 아시아에서 도입되었다)을 깨닫기 시작했다. 그러나 1560년부터 1660년까지 지속된 파괴적인 종교 전쟁 시기에는 그러한 견해가 널리 유포되거나 혹은 확고히 뿌리내리기 어려웠다. 그러나 1670년부터 1770년까지 한 세기 동안, 거대한 경제 팽창과 과학기술적 발전, 그리고 정치 권력의 점진적인 집중화가 이루어졌다. 대중적인 작가 샤를 페로*와 프랑스의 '근대인'은 단지 아첨을 위해 루이 14세* 시대를 아우구스투스 시대에 견준 것이 아니었다. 그들은 자신의 시대가 가지고 있는 장려함과 도덕이 고대인(특히 야만적인 호메로스의 영웅들)의 그것보다 더욱 위대하다고 생각했다.59

태양왕 루이 14세에 대한 숭배 제식은 그가 친정親政을 시작한 1661년에 설립된 것으로 보이는데, 이는 국가적인 제식을 창설함으로써 모든 프랑스인(가톨릭교도이건 프로테스탄트교도이건)을 규합하려는 시도의 일환이었던 듯하다.60 게다가 아폴론과 헤라클레스, 그리고 창조주 하느님의 삼중 신격이 부여된 그 기발한 숭배 제식은 분명 루이의 젊음과 프롱드의 난*의 종결로부터 이득을 보았다. 그 숭배 제식은 베르사유의 화려함과 세련됨의 중심이 되었고, 지상에서 가장 화려한 궁정에 걸맞은 장관과 쾌락으로 귀족들을 '매수'하려는 정치적인 목적에 부합했다.61 루이는 젊은 아폴론으로서 예술을 후원했으며, 헤라클레스로서 전투에 막강했다. 그는 전통적인 태양으로서, 그의 제식적인 하루는 해돋이 의식으로 시작해 해넘이 의식으로 끝났다. 그러나 그는 동시에 코페르니쿠스적인 태양으로서, 행성들이 그 주위를 돌았다. 그 숭배 제식은 또한 연금술의 양상을 띠고 있었다. 현대 역사가 루이 마랭은, 루이 14세가 눈부시게 빛나는 수면 위쪽에서 불꽃을 이용하여 공중으로 연기를 뿜어내는 광경은 태양인 그의 능력, 즉 4원소를 혼합하는 능력과 그것들을 초월하는 능력을 입증했다는 점을 보여주었다.[62]

그럼에도 불구하고, 비록 연금술과 태양 숭배, 그리고 태양과 관련된 신성한 군주의 이러한 결합이 매우 이집트적으로 보이기는 하지만, 나는 그 사이의 어떠한 직접적인 연결점도 발견할 수 없다. 반면 루이가 고대의 군주 가운데 특히 세소스트리스와 동일시되었다는 점을 볼테르*를 통해 알 수 있다.[63] 따라서 루이 14세와 15세 치세의 프랑스 저자들은 자신들 사회의 어떤 속셈을 품은 채 고대 이집트의 장려함을 묘사한 것이 틀림없다.

이는 18세기 동안 유럽 지성계를 지배한 고대인-근대인 논쟁으로 다시금 이어진다. 앞서 언급했듯이, 논쟁의 요지는 근대인이 과연 고대인보다 도덕적·예술적으로 우월한가 하는 것이다. 그 초점은 호메로스 서사시의 도덕적·예술적 수준에 모아졌다. 여기서 기억해야 할 것은, 고대 그리스인은 호메로스를 문화의 '창시자'로 여겼다는 점이다. 15세기부터 17세기 초까지 이집트인은 진정한 고대를 대변했지만, 동시에 아리스토텔레스나 갈레노스* 등의 고대 권위에 도전하는 혁신자들도 이집트의 권위를 이용했다. 이런 측면에서 당시 이집트는 소위 이중적인 이미지를 지니고 있었다. 17세기 후반과 18세기 초의 프랑스는 진보적인 국면이 지배적이었으며, 루이 14세의 프랑스와 동일시된 이집트는 확실히 근대인의 편에 서 있었다.

『텔레마크』의 저자 페늘롱은 어느 편에 서 있는지 종잡을 수 없는 인물이었다. 그는 호메로스를 사랑하고 그리스인의 단순성을 찬양했지만, 앞서 이야기했듯이 호메로스 시대의 그리스 문명과 비교하여 세소스트리스 시대 이집트 문명의 막대한 부와 문화적 우월성에 찬사를 보냈다. 이 점에서, 『일리아스』의 번역자이자 호메로스의 영원한 예술적·도덕적 완전성의 옹호자인 다시에* 부인과는 분명 거리가 있었다.[64]

반면 장 테라송 신부는 근대인 쪽으로 훨씬 더 기울었다. 그는 재능 있는 가톨릭 집안에서 태어났으며, 그의 아버지는 17세기 영국 과학계를 지배한 천년왕국설 신봉자의 관심사를 공유했다고 보인다. 아버지는 아들들이 '세상의 종말을 앞당기도록' 교육시켰다. 장 테라송은 신부가 되어 1690년대부터 1750년에 죽을 때까지 프랑스 지성계의 지도적인 인사로 머물렀다.65 콜레주 드 프랑스*의 그리스어 및 라틴어 교수로서 그리고 아카데미 프랑세즈*와 비문 연구 및 문학 아카데미*의 핵심적인 인사로서, 그는 18세기 초 프랑스 학계의 고대사 연구를 주도했다. 1715년에 『일리아스』를 공격하는 주요 작품을 발표했는데, 이로써 그는 근대인의 전위에 위치하게 되었다.66

테라송은 또한 디오도로스의 번역가로서, 그리고 이집트 및 이집트의 그리스 식민화에 대한 상세하고 호의적인 주석가로서도 명성을 얻었다. 그러나 그를 가장 유명하게 만든 것은, 1731년에 처음으로 출간된 소설 『세토스, 기념비적 건축물에서 끌어낸 그의 역사 혹은 생애 : 고대 이집트 이야기』였다. 비교적 얄팍한 겉치레로 꾸며가며, 테라송은 그 소설이 기원후 2세기에 알렉산드리아에 살았던 한 익명 작가의 작품이라고 주장했다. 비록 거짓으로 꾸민 것이기는 하지만, 그 소설은 실제로 기원후 2세기에 씌어진 것으로 보이는 소설 『아이티오피카』뿐만 아니라 주로 헤로도토스에서 교부들에 이르는 고대 저자들로부터 가져온 방대한 자료를 참고 문헌에 포함했다.

테라송의 주인공 세토스는 트로이 전쟁이 일어나기 한 세기 전에 태어난 이집트 왕자이다. 실제 기원전 13세기에 세티Seti(그리스어로 세토스Sethōs라고 번역된다)라는 이름을 가진 두 명의 파라오가 있었지만, 트로이 전쟁의 전통적인 연대는 기원전 1209년이었다. 테라송은 프톨레마이오스 왕조 시대의 이집트 역사가 마네토에게서 세토스라는 이름을 가져온 것으로 보이는데, 마네토가 그 이름으로 가리킨 인물은 세티 1세의 아들인 대大파라오 람세스 2세*였다. 그 이름과 연대가 합리적으로 정확하다는 사실은, 18세기 학자들이 이집트 역사의 재건을 위해 때때로 고전기의 자료들을 유용하게 이용할 수 있었음을 보여준다.[67] 그러나 소설의 구성은 허구이며, 고귀한 젊은 왕자의 모험과 교육을 다룬다는 점에서 『텔레마크』의 구성과 유사하다. 그러나 그것은 또한 오시리스의 문명화 정복에 관한 디오도로스의 이야기를 반영한다. 다양한 신비적 전수 과정을 거친 후, 세토스는 아프리카와 아시아를 여행하면서 도시들을 세우고 법을 확립하며, 나중에는 왕위에서 물러나 비전 전수자들과 함께한다.[68]

『세토스』는 『텔레마크』와 마찬가지로 이집트 문명의 위업에 관한 많은 비평을 담고 있었으며, 심지어 『텔레마크』보다도 더욱 강력하게 그리스에 대한 이집트의 우월성을 역설했다. 테라송은 멤피스의 아카데미를 아테네의 아카데미보다도 훨씬 더 훌륭한 곳으로 묘사하면서, 이집트인이 그리스인보다 앞서 있는 모든 예술과 과학을 상세히 서술했다. 또한 고전기의 문헌을 인용하면서, 그리스의 정치학과 천문학, 공학, 그리고 수학을 창시한 사람이 모두 이집트에서 수학했다는 점을 보여주었다. 더 나아가 그는 그리스와 이집트의 신화 및 제식 사이에 밀접한 유사성이 존재하며, 그리스인이 자신의 신화와 제식을 이집트에서 가져왔다고 주장했다.[69] 그는 이러한 문화 전달의 주된 요인이 그리스인의 이집트 유학이라고 생각했다. 그럼에도 불구하고 그는 또한 카드모스와 다나오스의 식민 활동을 언급했는데, 중요한 것은 그가 이집트 문명의 위업에 페니키아인을 확고히 가담시켰다는 점이다.[70]

프리메이슨은 즉시 『세토스』를 이집트에 관한 지식의 표준적인 전거로 삼았다. 프리메이슨이 유럽과 북아메리카 전역으로 퍼져나가자, 그 책은 영어와 독어로 번역 출간되어 18세기 내내 판을 거듭했다. 『세토스』는 대부분 프리메이슨적인 성격을 띤 많은 연극과 오페라의 전거가 되었는데, 그 가운데 가장 유명한 작품이 ≪마술피리≫이다. 에마누엘 시카네더*의 대본과 모차르트의 악보는 프리메이슨-이집트적인 상징으로 가득 채워졌다.[71] 한 세기가 넘도록 『세토스』는 프리메이슨 역사의 전거로 공공연히 사용되었으며,

지금까지도 프리메이슨의 전설과 의식의 주요 근원으로 남아 있다. 이집트가 으뜸이라는 전승이 너무나 중요하게 남아 있었기 때문에, 프리메이슨은 그 사안에 관한 대중적 혹은 학문적 유행에 굴복할 수 없었다. 친親그리스적 성향이 극에 달한 1830년대에, 한 프리메이슨 저자는 다음과 같이 썼다.

고대와 근대의 모든 역사가는 이집트가 본래 과학과 예술의 요람이었으며, 당대의 여러 민족이 자신의 종교적·정치적 원리를 이집트에서 끌어왔다는 데에 동의한다. 박식한 뒤퓌가 보여준 바 있듯이, "이 세상만큼 오래된 한 그루 나무처럼, 이집트는 영원의 카오스에서 자신의 장대한 머리를 들어올려 자신의 산물로 세상의 모든 부분을 풍요롭게 했다. 이집트는 서로 다른 형태와 다양한 모습으로 후세를 향해 뿌리를 뻗었지만, 변함없는 본질을 간직한 채 자신의 종교와 도덕, 그리고 과학과 함께 우리에게 이르렀다."[72]

신화가 역사적인 사건이나 자연 현상을 부분적인 진리만을 파악할 수 있는 대중에게 전달하는 비유적인 해석이라는 생각은 고대에 확고하게 자리 잡았다. 앞서 빈번하게 언급했듯이, 이러한 생각은 이중 진리 또는 이중 철학이라는 전반적인 틀의 일부분이다. 따라서 그것은 르네상스부터 17세기 말에 이르기까지 신화를 이해하는 지배적인 양식이었다.

프랭크 마누엘은 이러한 접근법이 18세기의 상식 지향적 경향 속에서 어떤 식으로 거부되고 폐지되었는가를 예리하게 서술했다. 프레레나 바니에 신부 같은 18세기의 일부 신화 작가는, 2천 년 전 에우헤메리즘을 따르는 그리스인들처럼 신화를 틀림없는 사실에 관한 서투른 이야기로 해석하려 했다.[73] 다른 대륙의 동시대인이 자신의 신화를 액면 그대로 믿는 것처럼 보이듯이, 이제 고대인도 신화를 액면 그대로 믿은 것으로 여겨졌다.

이러한 변화는 '진보' 관념의 성장, 그리고 퐁트넬*에게서 시작된 경향(고대에 성 아우구스티누스가 언급한 인류 역사와 어린아이의 성숙 과정 사이의 유비를 부활시키려는 경향)의 점증과 결부되었다.[74] 수준 높은 문명의 은밀한 기호라는 이전의 신화관이 완전히 전도되면서, 이제 신화는 유아기 인류의 시적 표현으로 여겨졌으며, 그 사실 내용에 따라 평가되지 않고 인간 심리에 관한 지식의 출처로서 평가되었다.

그러나 이 모든 움직임에도 불구하고, 신화를 고대 지혜에 대한 이집트 사제들의 표현이라고 보고 비유적으로 해석하는 방식은 계속해서 살아남아 프리메이슨과 장미십자회에서 번성했다. 마누엘은 신화에 대한 비유적 해석이 어떻게 쿠에르 드 제블랭*의 방대하고 매우 지루한 저서 속에서 활자로 부활하게 되었는가를 보여주었다.[75] 그러나 우리가 훨씬 더 관심을 가지고 있는 것은 학자이자 혁명가인 샤를 프랑수아 뒤퓌의 저서들이다.

위대한 20세기의 과학사가 조르조 드 산티야나가 지적했듯이, 뒤퓌가 오늘날 거의 알려지지 않은 것은 우연이 아니다. 그의 신념은 한 문화의 시작으로서의 그리스도교와 그리스 신화에 대한 일관된 도전이었다. 그런 까닭에 그와 그의 저서는 매장되어야만 했다.[76] 뒤퓌는 뛰어난 과학자로서 수기 신호를 발명했으며, 또한 프랑스 혁명기에는 정치 활동을 펼치기도 했다. 위대한 학자로서의 명성과 온건한 혁명 원리에 대한 헌신으로 말미암아, 그는 자연스레 총재정부*(1795~1799년)의 문화 담당 총재로 선출되었으며, 뒤이은 나폴레옹의 통령정부*에서는 입법부 의장이 되었다.

뒤퓌의 가장 유명한 저서는 1795년에 출간된 방대한 분량의 『모든 제례의 기원』이다. 그 책에서 그는 모든 신화와 종교가 하나의 근원, 즉 이집트로 거슬러 올라갈 수 있다고 주장했다. 더욱이 그는 거의 모든 신화가 두 원리, 즉 번식의 기적과 별들을 비롯한 천체들의 복잡한 운동 가운데 하나에 기초한다고 믿었다. 비록 장엄하고 환상적인 용어로 표현되기는 하지만, 그는 신화가 오직 과학의 견지에서만 설명할 수 있는 과학적 진리를 내부에 감추고 있다고 주장했다. 그의 방대한 저작이 담고 있는 대부분의 내용은 사실상 신화를 천문학과 세세히 조화시키는 것이었다. 아리안 모델 지지자에게는 유감스러운 일이지만, 그는 이후의 어느 고전학자보다도 천문학에 관해 훨씬 더 잘 알고 있었다. 뒤퓌가 다룬 주요 논제는 두 가지였다. 그 가운데 하나는 그리스도교에 대한 비판이었는데, 그는 복음서가 근동의 신화를 배경으로 하고 있음을 방대한 세부 사항을 통해 보여주었다. 그가 보기에, 그리스도교는 잘못 이해한 비유의 파편으로 지어진 것이었다. 두 번째 논제는 그리스 신화(그는 헤로도토스와 고대 전승을 따라 그리스 신화가 근본적으로 이집트 신화였다고 여겼다)를 천문학적 견지에서 설명하는 것이었다. 여기서 그는 헤라클레스의 12가지 노역 같은 신화와 1년을 주기로 12궁도를 통과하는 별의 운행 사이에서 나타나는 일련의 놀라운 상응 혹은 일치를 다시 한 번 제시했다.

프랭크 마누엘은 뒤퓌를 흥미롭게 여기기는 하지만 결국 어리석은 인물이라고 보았다.[77] 반면 산티야나는 다음과 같이 뒤퓌를 전혀 다르게 평가했다.

> 뒤퓌의 저서는 이제껏 상고기 천문학에 관해서 찾아낸 거의 모든 것을 담고 있다. 그는 오직 고전기의 전거만을 가지고 연구했을 뿐 정확한 오리엔트 원문은 거의 가지고 있지 않았으며, 다른 지역에 관해서는 이따금씩 접하게 되는 여행자의 기록만이 유일한 자료였다. … 이 부족한 연구 수단만을 가지고도, 그는 마치 근대의 연구자를 외면하는 듯한 문제를 풀어냈다. 소크라테스 이전 시기에 관한 그의 지식은 현행 학문의 경전인 헤르만 딜스Hermann Diels의 저서에서 끌어낼 수 있는 것보다 훨씬 더 광범위하지만, 그럼에도 잘못된 추측을 담고 있지 않다. 그의 『모든 제례의 기원』은 극단적이라고 평가할 수도 있지만, 건전하고 일관적이며 인상적이다.[78]

뒤퓌의 저서가 출간된 이래 20년 동안, 그의 견해는 프랑스 혁명의 정치적 도전에 버금하는 이데올로기적·신학적 도전으로 여겨지면서 엄청난 영향력을 행사했다. 그의 공격에 대한 그리스도교의 반응과 그리스를 바라보는 그의 견해에 대한 그리스학 학자들의 도전은 제5장에서 검토할 것이다. 그는 그리스를 이집트의 부속물로 보았는데, 이러한 견해는 다음과 같은 진술에서 찾아볼 수 있다. "이집트는 모든 신들의 계보의 모태이자 그리스인이 받아들여 윤색한(그들이 많은 부분을 스스로 창안한 것처럼 보이지는 않는다) 모든 허구의 근원으로 간주할 수 있다."[79]

이집트 원정

이집트 원정을 결정하는 데에 뒤퓌가 직접적인 역할을 했든 하지 않았든, 중요한 지적·정치적 인물로서 임석했다는 사실은 이집트 원정이 시작된 1798년 이전 나폴레옹 집단의 대체적인 친親이집트 분위기를 반영한다. 원정대가 상上이집트로 깊숙이 들어가게 된 것은 그의 영향이라고 알려져 있는데, 그는 상上이집트가 이집트 문화의 근원이자 세계 문화의 근원이었다고 믿었다.[80]

이집트를 식민화하려는 계획은 사실 혁명이 일어나기 오래 전인 1770년대, 즉 이집트를 향한 프랑스 프리메이슨의 열정이 정점에 달했던 시기에 수립된 것이었다. 중요한 정치·경제적 이유로 원정이 이루어진 것이기는 하지만, 로마가 파괴한 '문명의 요람'을 재건하는 프랑스라는 자부심과 이집트의 비전을 이해하려는 욕구 또한 중요한 동기를 제공했음에 틀림없다.[81]

나폴레옹 자신이 프리메이슨이었는지는 확실치 않다. 그러나 그가 프리메이슨의 일에 깊이 연루되었으며, 많은 수의 프리메이슨 단원들이 그의 군대에서 고위직을 차지하고 있었다는 점, 그리고 그의 치하에서 프리메이슨이 "지나치게 번성했다"는 점은 의문의 여지가 없다.[82] 그가 자기 제국의 상징(꿀벌)을 이집트로부터, 그리고 필시 프리메이슨의 전거를 통해 가져왔다는 점 또한 분명하다.[83] 그가 이집트에서 취한 최초의 행동 또한 이러한 영향을 시사한다. 예를 들어, 그는 그리스도교를 초월하여 이슬람교와 유대교의 옹호자로 보이고자 했으며, 공손한 태도로 대大피라미드에 들어가 신비적인 체험을 했다.[84]

이집트 원정은 동방에 대한 유럽의 태도가 전환되는 하나의 매혹적인 기점이다. 여러 가지 점에서 볼 때, 정교한 측량과 지도 및 그림의 작성, 그리고 유물과 문화적 기념물의 탈취는, 과학적 탐구를 통한 연구와 객관화의 표준적인 유형을 보여주는 초기 사례였다. 이러한 과학적 탐구는 유럽 제국주의의 특징이자 에드워드 사이드*가 훌륭하게 묘사한 19세기 '오리엔탈리즘*'의 기반이 되었다.85 반면 이집트에 대한 보다 오래된 태도를 보여주는 흔적도 여전히 많았다. 원정에 참여한 과학자들은 자신들이 이집트에서 세계에 관한, 그리고 이국적인 문화뿐만 아니라 자신들의 문화에 관한 본질적인 사실을 배움으로써 아프리카와 아시아에 관한 서양의 지식(그리고 지배)을 완성할 수 있으리라는 믿음을 가지고 있었다.

예를 들어, 수학자인 에드메 프랑수아 조마르*는 고대 전거를 근거로 피라미드의 상세한 치수를 산출하고 이집트의 측량도를 작성했다. 고대 전거에 따르면 이집트의 길이 척도는 지구의 둘레에 관한 상세한 지식에 근거했으며, 대大피라미드는 (앞서 뉴턴과 관련하여 언급했듯이) 위도를 분할하여 얻은 특정한 수치들을 구체화한 것이었다. 열정적인 헬레니즘의 시기였던 1829년에 조마르가 자신의 연구 결과를 발표했을 때, 그가 발견한 놀라운 상응점은 아무런 근거 없이 그저 부정확하다는 이유로 즉각 거부되었다. 그의 결론은 최근의 보다 정확한 측정치에 비추어 볼 때 훨씬 더 믿을 만한 것으로 드러났다.86

심지어 1798년에도 신新헬레니즘과 낭만주의는 이미 주요 세력이었다. 프리메이슨적인 관심사를 가지고 있음에도 불구하고, 나폴레옹은 더할 나위 없는 그 시대의 자식이었다. 그는 확실히 스스로를 알렉산드로스(매우 그리스적인 알렉산드로스)로 상상했으며, 그에 관한 고전적인 본보기를 제공하는 플루타르코스의 『영웅전』을 지니고 다녔다. 그는 또한 『일리아스』의 사본도 가지고 있었는데, 그 주인공인 아킬레우스는 알렉산드로스를 떠올리게 했다. 알렉산드로스와 보다 직접 관련된 것은, 유럽의 그리스인이 수많은 아시아 종족을 헤치고 나아가는 일련의 일화를 묘사한 크세노폰의 『아나바시스』 사본이었다. 이 알맞은 전거는 19세기와 20세기 초 제국주의의

'성서'가 되었다. 비록 그것이 고대 그리스어 연구의 표준 입문서인 데모스테네스*의 민주주의 연설과 『일리아스』를 대체하는 데에는 수십 년이 걸렸지만 말이다.[87]

나폴레옹이 읽은 다른 책들은 당시의 낭만주의적 취향을 보여주는 완벽한 사례를 제공한다. 그 중에는 오시안*의 시도 포함되는데, 그 시가 낭만주의 운동에서 차지하는 중심적인 중요성은 다음 장에서 논의할 것이다. 마지막으로 성서와 산스크리트어로 씌어진 『베다』가 있었는데, 『베다』는 낭만주의에서 비롯한 고대 인도에 대한 새로운 열광을 대변하는 것이었다. 이에 관해서는 제5장에서 이야기할 것이다.[88]

나폴레옹의 지위는 여느 때처럼 극적이었지만, 그의 입장(고대 모델의 틀 안에서 살고 있지만 '진보'와 낭만주의적 헬레니즘이라는 새로운 패러다임에 사로잡힌 사람)은 그야말로 그 시대의 전형이었다. 시카네더와 모차르트는 1791년에 쓴 《마술피리》에서 여전히 이집트의 지혜를 기리고 있었을지 모르지만, 그것은 멀리 떨어진 비엔나에서의 일이었다. 서유럽의 사정은 달랐다. 1780년에 에드워드 기번은 이미 단계적인 진보의 견지에서 '이집트의 신학과 그리스인의 철학'을 언급하고 있었으며, 이에 앞서 자신이 '어린 시절'에 썼던 세소스트리스에 관한 에세이를 불태우면서 다음과 같이 주장했다. "보다 원숙한 나이에 이르게 되니 이제 더 이상 고대의 그리스, 유대, 이집트를 연결지을 생각이 없다. 그것들은 머나먼 구름 속에서 사라진다."[89]

1780년대에 동일한 행동을 보인 또 다른 저명한 학자가 있었다. 페니키아어를 해독하고 콥트어와 히브리어, 그리고 그리스어를 비교한 바르텔르미 신부의 저서는 앞서 이미 언급한 바 있다. 긴 생애를 마감할 무렵인 1788년에 그는 자신의 가장 유명한 저서 『젊은 아나카르시스의 항해』를 출간했다. 기원 후 4세기에 한 젊은 스키티아 왕자가 그리스를 여행하는 이 이야기는 해박한 지식과 빽빽한 주석을 갖춘 소설로, 그 양식은 『세토스』(『텔레마크』와 더불어 이 소설에 영감을 제공했다)와 거의 동일했다.[90] 『아나카르시스』가 거둔 성공은 『세토스』가 거둔 성공에 못지않아, 불어판은 40판을 넘어섰고 총 8개 국어로 번역되었다.[91] 그러나 정말 매혹적인 것은 『아나카르시스』에서 묘사된 그리스의 상황이 전도顚倒되어 있다는 점이다. 페늘롱의 젊고 순수한 북부인인 텔레마크가 그리스를 떠나 고도로 세련된 이집트로 왔다면, 아나카르시스는 고결한 스키티아를 떠나 세련되고 타락한 그리스로 오는데, 그럼에도 불구하고 그리스는 여전히 위대한 문명의 유적지로 묘사된다.

바르텔르미는 그리스를 칭송하기는 했지만, 고대 모델에 확고히 뿌리내리고 있었기 때문에 문명화 과정에서 이집트와 페니키아가 담당한 역할을 등한시할 수 없었다. 『아나카르시스』의 서문에서, 그는 이집트인이 원시 그리스인의 입법자로서 그리스에 도착했다고 보았다. 그는 프레레를 따라, 이러한 도착을 단순히 케크롭스와 카드모스, 그리고 다나오스에게 귀착시키는 것이 아니라 그보다 3백 년 앞선 기원전 20세기의 이나코스와 포로네우스*(그리스 전승은 이들을 펠라스고이나 원주민으로 여기는 경향이 있었다)에게 귀착시킨다.[92] 더욱이 그는 흥미롭게도, 70년 뒤인 1850년대에 위대한 셈학 연구가 에른스트 르낭이 제기하는 주장, 즉 사막의 태양이 셈족의 가혹한 성격과 가혹한 일신교를 만들어냈다는 주장을 앞질러 했다. 바르텔르미는 타는 듯한 이집트의 태양과 그에 대비되는 짙은 그늘이 사상과 예술의 엄격한 단순성을 낳았으며, 그리스의 찬란한 빛이 그보다 더욱 경쾌하고 활기찬 것들을 낳았다고 주장했다.

그리하여 그리스인은 숲속에서 나와, 더 이상 무섭고 음침한 그늘 아래에서 사물을 바라보지 않게 되었고, 그리스에 체류한 이집트인은 그들의 회화에서 나타나는 엄격하고 긍지에 찬 표현을 점차 완화시켜 나갔다. 이제 하나의 민족을 이룬 두 집단은 생생한 표현으로 반짝거리는 하나의 언어를 창조했다. 그들은 자신들의 예전 견해에 색을 입혀, 단순한 모습을 보다 매혹적인 모습으로 변화시켰다.[93]

이러한 관점은 바르텔르미가 오늘날 우리가 과도기라고 부를 수 있는 국면에 처해 있었음을 보여준다. 즉 그는 빙켈만*의 낭만주의적 신新헬레니즘의 관점(이집트인을 완고하고 형식적이며 다소 생기 없는 사람으로 보는 한편 그리스 인을 웃음 띤 어린아이로 보는)을 받아들인 반면, 19세기 사람이 그랬던 것처럼 그리스의 인종적·언어적 순수성에 대한 절대적인 필요성의 견지에서 상황을 바라보지는 않았던 것이다. 따라서 그는 식민화에 관한 고대 모델의 묘사 때문에 어려움을 겪지는 않았던 것으로 보인다.

『아나카르시스』는 단지 프랑스 혁명기의 주요한 현실 도피 통로에 불과했던 것이 아니라, 필시 프랑스의 친親헬레니즘 경향이 정점에 달했던 시기에 가장 큰 영향력을 행사한 그리스 역사서였을 것이다. 영어로 씌어진 가장 영향력 있는 그리스 역사서는 기번의 친구인 윌리엄 미트퍼드가 저술한 방대한 분량의 『그리스사』였는데, 이는 보다 학술적이었다. 미트퍼드는 바르텔르미에 비해 그리스로부터 별다른 인상을 받지 못했다. 한결같은 보수주의자로서 그는 '진보' 관념을 거부했으며, 그리스가 이집트와 근동보다 뛰어났다고는 전혀 믿지 않았다. 그런데 사실 그는 대체로 이집트와 근동을 선호했다. 그는 1784년에 출간된 이래 1830년대까지 그리스 역사에 관한 표준서로 남아 있던 자신의 『그리스사』 제1권에서 다음과 같이 썼다.

> 아시리아는 강력한 제국이었고, 이집트는 대단히 세련된 행정 조직에 의해 통치된 가장 인구가 많은 나라였으며, 시돈은 수공업자가 넘쳐나고 대규모의 상업이 이루어진 부유한 도시였다. 당시 그리스인은 가장 쉽고 필수적인 기술조차 모르는 채 도토리를 먹고 살았다고 전해진다. 그러나 그리스는 야만 상태에서 벗어난 최초의 유럽 국가였다. 이러한 우월성은 그리스가 동방의 문명국들과 보다 적극적으로 교류한 데에서 전적으로 비롯되었던 듯하다.[94]

미트퍼드는 또한 그리스 식민화에 관한 고대 모델의 견해를 옹호했다.

> 아득히 먼 시기에 이집트에서 일어난 몇몇 변혁으로 말미암아 주민의 상당수가

외국에서 정착지를 찾을 수밖에 없었던 것으로 보인다. 그렇지 않았다면 그 변혁의 초기 과정은 우리에게 거의 알려지지 않았을 것이다. 크레타의 문명과 정체는 필시 이 사건에서 기인했을 것이다. **가장 근거 있는 몇몇 고대 그리스 전승은 그리스에 설립된 이집트 식민지들을 언급하고 있다. 그리스인의 민족적 자긍심을 거의 배려하지 않은 그 전승은 알려진 모든 역사와 완벽하게 일치하고 있다. 관련 상황의 본질로 보아 그 전승들은 의심할 바 없는 듯하다.**[95](버널 강조)

어떤 전승이나 전설이 널리 퍼져 있고, 다른 역사적 유형이나 외부 정보와 부합하며, 전달자의 이해 관계에 반할 경우, 그 전승이나 전설이 그럴듯하다는 논증은 여전히 강한 설득력을 갖는다. 그러나 이보다 이른 시기에 이루어진 고대 모델에 대한 옹호를 찾아볼 수 없다는 점은 주목할 만하다. 이는 미네르바의 올빼미가 해질녘에야 비로소 날아오르기 때문이다. 즉 도전 받을 때에야 비로소 전통적인 믿음이 자신의 모습을 분명히 드러낸다는 것이다. 전투 태세에 들어간 많은 현상 수호자의 경우와 마찬가지로, 미트퍼드는 진지한 모든 학자가 자신의 견해에 동의하며 자신과 마찬가지로 그리스 문명의 오리엔트 기원을 믿는다고 주장했다. 그는 그리스 문화의 자생성을 주장하는 새뮤얼 머스그레이브*를 '천박한' 학자라고 비판했다.[96] 우리가 제4장에서 주의를 기울여야 할 것이 바로 이런 종류의 생각이다.

제4장

이집트에 대한 적의

18세기

이제 우리는 제1권의 요점, 즉 마침내 고대 모델을 무너뜨리고 이집트 대신 그리스를 유럽 문명의 원천으로 삼은 힘의 뿌리에 접근해가고 있다. 나는 서로 연관된 네 가지 힘에 집중한다. 그리스도교의 반발과 '진보' 관념의 대두, 인종주의의 성장, 그리고 낭만주의적 헬레니즘이다. 유럽은 그리스도교 세계와 동일시할 수 있다. 그 정도로, '그리스도교의 반발'은 아시아와 아프리카에 대한 유럽의 적의 및 이집트 종교와 그리스도교 사이의 긴장 증대와 깊이 관련된다.

지배적인 패러다임으로 성장한 '진보' 관념은 두 가지 측면에서 이집트의 위상에 해를 입혔다. 이집트가 굉장히 오래된 옛 국가라는 점은 이집트 문명을 후기 문명보다 **열등한** 자리에 위치시켰고, 찬탄의 근원이었던 이집트의 길고 안정된 역사는 이제 정적이고 빈곤한 문명의 증거로서 경멸의 이유가 되었다. 장기적인 관점에서 볼 때, 이집트는 또한 인종주의의 대두 및 모든 아프리카 문화에 대해 비방해야 할 필요 때문에 피해를 당했다고 할 수 있다. 그러나 18세기에는 이집트의 '인종적' 위치가 모호했기 때문에, 이집트 지지자들은 이집트인이 본래 '백인'이었다고 주장할 수 있었다. 이와 반대로 그리스는 인종주의로 즉각 모든 점에서 이득을 보았으며, 곧장 '역동적인' '유럽 인종'의 '유년기'로 여겨졌다.

따라서 인종주의와 '진보'는 이집트와 아프리카의 정체성停滯性을 비난하고, 그리스와 유럽의 역동성과 변화를 칭송한다는 점에서 함께할 수 있었다. 그러한 평가는 지리적·민족적 특징의 중요성과 민족 사이의 명백한 차이를 강조할 뿐만 아니라, 역동성을 최고의 가치로 여기는 새로운 낭만주의와 완벽하게 일치했다. 게다가 그리스 국가들은 작고 아주 가난했으며, 민족 시인인 호메로스의 영웅 서사시는 북유럽의 담시譚詩(대부분 『일리아스』처럼 극히 잔혹한 내용이었다)를 향한 18세기의 낭만주의적 열정에 멋지게 들어맞았다. 여기서도 언어의 경우와 마찬가지로 그리스와 북유럽 사이에 어떤 특별한 관계가 발견되는데, 그 관계를 훼손하는 것은 단지 남동 지중해 유역에 자리 잡은 그리스의 지리적 위치와 고대 모델(고대 모델은 그리스와 중동 사이의 밀접한 관계를 강조했다)뿐이었다. 대체로 볼 때, 이집트는 중국 및 로마와 더불어 계몽주의의 모범 가운데 하나였던 반면, 그리스는 보다 작지만 18세에 성장하던 지적이고 정서적인 낭만주의의 흐름과 관련되어 있었다.

그리스도교의 반발

　여기서 강조해야 할 것은, 우리가 관심을 가지고 있는 2천 년의 기간 대부분 동안 그리스도교와 이집트 '이중' 철학 사이의 긴장 혹은 '모순'이 레닌주의나 마오쩌둥 사상에서 말하는 것처럼 '적대적인' 것은 아니었다는 점이다. 헤르메스주의와 프리메이슨은 엘리트에 국한된 운동으로서, 근본적으로 사회적이거나 정치적인, 혹은 종교적인 현상現狀을 위협하지 않았다. 그러나 유대교-그리스도교-이슬람교의 배타적인 일신교적 요구가 어떠한 종류의 불일치도 용납하기 어렵게 만들었기 때문에, 두 전승은 일정 기간 동안 극심한 경쟁 관계에 있었다.

　영지주의와 신플라톤주의를 초기 교회가 무자비하게 유혈적으로 파괴했다는 점은 제2장에서 이미 언급했다. 그러나 15세기와 16세기에 교회는 대체로 플라톤주의와 헤르메스주의를 관용하거나 심지어 장려하기까지 했다. 브루노의 처형은, 유대교-그리스도교 전승에 대한 그의 노골적인 공격과 이집트 종교로의 복귀 요구를 감안할 때, 그리 놀라운 일이 아니었다. 게다가 그의 화형에 뒤이은 것은 이집트 연구에 대한 금지령이 아니라, 프랜시스 예이츠가 아타나시우스 키르허의 '반동적 헤르메스주의' 혹은 좀더 관대한 표현으로, 교회가 인가한 '이집트학'(여기에는 키르허가 확립한 콥트어 연구도 포함된다)이라고 부른 것에 대한 장려와 대규모 자금 지원이었다.1 종종 북유럽의 지적 집단에 영향을 미치기는 했지만, 헤르메스주의와 장미십자회 사상은 독일에서 맹위를 떨친 30년 전쟁과 프랑스에서 발생한 프롱드의 난, 그리고 영국과 네덜란드의 반군주적 투쟁에서 그리 크게 대두되지 않았다. 가톨릭교와 프로테스탄트교 사이, 또는 고교회파*와 저교회파* 사이의 종교 분쟁은 헤르메스주의와 거의 혹은 전혀 관계가 없었다.

신플라톤주의와 헤르메스주의는, 앞서 말했듯이 당시의 맹렬한 정치·종교 투쟁을 초월하려는 시도로서 종종 온건주의자가 신봉한 철학이었다. 마찬가지로, 토머스 홉스와 관련된 원자론적 무신론은 경쟁적인 종교 유파들에 대한 절망감 속에서 자라난 것이었다. 따라서 1660년대와 1670년대 영국에서 두 주요 적수인 가톨릭교적 미신과 청교도적 광신에 관심을 기울였던 랠프 커드워스 같은 온건주의자는, 플라톤주의를 그 둘 모두에 대한 대안으로 여겼다.2 분파 싸움에 대한 초연함은 차치하고라도, 세계에 내재하는 빛 혹은 생명이 있다는 플라톤주의의 교의는 성령에 대한 광신주의자의 독점권 주장을 약화시켰다. 더욱이 커드워스는, 정신과 물질을 동일시하거나 창조주와 창조물을 동일시하는 이집트-플라톤적 사상에서 나온 무신론이 홉스의 기계적이고 원자론적인 무신론보다 덜 위험하다고 믿었다.3

뉴턴은 이러한 분위기 속에서 지적으로 성장한 인물로서, 그가 이집트인에 대해 보였던 초기의 찬탄은 바로 이러한 맥락에서 이해해야 한다. 그러나 이집트에 대한 그의 태도는 1690년대에 극적으로 변했으며, 그는 생애의 마지막 몇 해를 연대기적 저서들(이 가운데 가장 중요한 저서는 『수정된 고대 왕국 연대기』였다)의 집필에 바쳤다. 앞서 언급했듯이, 이 책에서 뉴턴은 성서와 천문학을 근거로 이집트인을 비롯한 다른 민족이 자칭한 고대성이 크게 과장되었으며, 이스라엘인이 다른 모든 민족보다 훨씬 앞서 존재했다는 점을 나름대로 입증했다.

가장 최근의 뉴턴 전기 작가인 웨스트폴 교수는 이 책을 '거대한 지루함을 자아내는 책'으로 묘사하면서, 뉴턴이 "분명한 논점도 분명한 형태도 갖추지 못한 책을 만들었다"고 확신한다. 이에 대해 웨스트폴이 제시할 수 있는 유일한 설명은, 그 책 안에 이신론理神論의 전언이 숨겨져 있다는 것이었다.4 그러나 뉴턴의 다른 저서 대부분에 대해서도 똑같이 이야기할 수 있기 때문에, 그러한 동기에서 뉴턴이 『연대기』에 그토록 막대한 노력을 쏟아 부었다고 생각하기는 어렵다. 게다가 『연대기』는 뉴턴이 저술한 가장 정통적인 저작이었다고 말할 수 있다. 뉴턴의 이신론적 양심이라고 할 수 있는 윌리엄 휘스턴은, 프랑스 무신론자인 프레레가 그랬던 것처럼 『연대기』를 맹렬히 공격했다.5 더욱이 웨스트폴이 지적했듯이, 생애 말년에 뉴턴은 사실상 국교회에 소속된 상태였다. 따라서 『연대기』를, 근대의 지성사가인 포코크 교수가 평하듯이, "고대 사상이 그리스도교 신학과 자연스레 일치한다는 점을 입증하려 했던 커드워스의 시도와 완전히 반대되는 것"으로 이해하는 편이 보다 유용하다고 생각된다.

포코크는 이를 어느 정도 '스피노자의 영향' 탓으로 돌리지만, 이러한 설명에는 문제가 있다. 왜냐하면 역사 교수인 콜리가 보여준 바 있듯이, 커드워스는 이미 1670년대에 스피노자의 사상을 숙지하고 있었으며, 그의 위대한 저서 『우주의 진정한 지적 체계』는 스피노자의 입장에 대한 공격을 담고 있었기 때문이다.6 그렇다고 해서, 1679년에 커드워스의 저서가 출간된 후에도 스피노자의 범신론이 여전히 그리스도교적 플라톤주의의 가능성을 약화시켰다는 점을 부정하는 것은 아니다. 그러나 1689년의 '명예혁명' 후에는 톨런드와 급진적 계몽주의라는 새로운 요인이 있었다. 내 생각에, 뉴턴의 후기 저서와 그가 이집트인을 비롯한 고대 민족들의 연대를 낮춰 잡은 것은, 급진적 계몽주의(급진적 계몽주의는 이집트와 오리엔트의 고대성을 이용했다)에 맞선 '존경받는' 이신론자이자 그리스도교도의 방어로 보아야 한다. 16세기에 있었던 브루노의 경우와 마찬가지로, 르네상스기 내내 지속된 그리스도교와 비전적인 이집트 종교 및 철학 사이의 평화로운 공존이 1690년대에 붕괴하면서 그리스도교도가 반격을 가했던 것이다.

‘삼각 관계’ : 이집트에 맞선 그리스도교와 그리스

뉴턴 사상을 옹호하면서 그리스 연구는 그리스도교와 제휴하게 되었는데, 이는 우리를 이 책(제1권)의 주요 관심사(이집트와 성서 양자 사이의 대립보다는 그리스도교와 이집트, 그리고 그리스 사이의 삼각 관계에 놓여 있다)로 이끈다. 그리스도교 시대 처음 몇 세기 동안의 주요 분쟁은 그리스도교도와 이교도 사이에 벌어졌다. 이 시기 동안 동부 지중해 지역의 지배적인 문화는 이집트에 근거한 종교를 지닌 그리스 문화였으므로, 그리스도교도와 이교도 모두(이 가운데 가장 큰 영향력을 행사한 사람은 신플라톤주의자였다)가 이집트와 오리엔트, 그리고 그리스 사이의 구별을 비교적 가볍게 여겼다. 반면 플라비우스 요세푸스* 같은 유대인과 티투스 플라비우스 클레멘스나 타티아노스* 같은 교부들은, 이집트와 페니키아, 칼데아, 페르시아, 그리고 이스라엘 문명에 비해 그리스 문명이 시기적으로 뒤늦으며 피상적이라는 점을 지적하면서 그리스인을 몰아세웠다. 그들은 또한 그리스가 자신들보다 시기적으로 앞선 고대 민족의 문화를 대규모로 차용했다고 역설했다.[7]

르네상스기 이전에는, 그리스도교를 방어하기 위해 그리스인을 이집트인과 칼데아인을 비롯한 다른 민족과 경쟁시키는 일이 일어날 수 없었다. 이미 지적한 바 있듯이, 16세기 초에 에라스무스가 헤르메스주의에 대해 보였던 적의는 근본적으로 마법에 맞서 그리스도교와 종교를 수호하려는 의도에서 비롯했다. 그러나 에라스무스는 또한 순수한 라틴적 특성과 그리스 연구의 옹호자이기도 했다.[8]

16세기 초의 수십 년 동안 독일인은 자신들의 언어와 그리스어 사이의 놀라운 유사성을 의식하고 있었다. 5개의 격을 갖는 라틴어 명사와 달리, 독일어와 그리스어 명사 모두 4개의 격을 가지고 있을 뿐이었다. 또한 두 언어 모두 정관사를 사용했으며, 다량의 불변화사와 전치사(동사와 더불어)를 사용했다. 종교개혁과 로마 가톨릭 교회로부터 독립한 이후 프로테스탄트교의 두 언어라는 새로운 이미지를 지니게 되면서, 두 언어 사이의 관계는 훨씬 더 긴밀해졌다. 마르틴 루터*는 그리스어로 씌어진 성서로써 로마 교회에 대항했다. 그리스어는, 그리스도교도가 라틴어보다도 더욱 믿을 만하다고 주장할 수 있는 신성한 그리스도교 언어였다. 종교개혁이 잉글랜드와 스코틀랜드, 그리고 스칸디나비아로 확산됨에 따라, 튜튼어를 사용하는 민족이 로망스어*를 사용하는 프랑스와 스페인, 그리고 이탈리아 민족보다 더욱 '훌륭하고' 더욱 '남성다우며', 튜튼어가 전반적으로 라틴어보다 우월하고 그리스어와 동등하다는 의식이 발전했다. 17세기의 한 영국 저자는 다음과 같이 썼다.

> 우리의 언어는 튜튼어의 한 방언이었다. 비록 당시에는 아직 미성숙한 상태였지만 생각만큼 조야하지는 않아서, 탄탄한 기초를 이루는 중요한 어근들과 조어祖語들이 가장 풍성했으며, 더욱이 그 어근을 그리스어의 경우처럼 다양한 갈래의 파생어와 합성어로 확대시키기에 적합하다는 점은, 라틴어와 라틴어에서 발생한 방언의 능력을 넘어서는 것이었다.9

그리스어 연구는 16세기와 17세기 내내 프로테스탄트교 학교와 대학에서 번성했다. 예를 들어, 17세기 프랑스의 수많은 주요 그리스 연구가(여기에는 이자크 카조봉과 마담 다시에가 포함되는데, 이들은 앞으로 호메로스 숭배와 관련하여 논의할 것이다)가 위그노로 성장했다는 사실은 매우 인상적이다.10 그리스어를 이용해 로마 가톨릭교의 미신을 공격하는 데서부터 그리스어를 가지고 이집트 마법에 맞서는 데 이르기까지는 그다지 오랜 행보가 필요치 않았다. 그럼에도 불구하고 헤르메스 원문의 고대성에 대한 카조봉의 비판은 합리적인 그리스와 마법적이고 미신적인 이집트를 병치시키지 않았다. 그것은 그리스어 원문에 대한 비판적인 접근법을 이용해 이집트 지혜와의 연대와 가치를 훼손했을 뿐이었다.

70년 후 리처드 벤틀리는 이와 유사한 접근법을 사용했다. 평생 케임브리지 트리니티 칼리지의 혐오스럽고 전제적인 교수로 알려져 있었지만, 사실 벤틀리는 디감마digamma*, 즉 일부 그리스어 알파벳에서 F로 표기되는 음가 w가 호메로스 시대의 다른 그리스어 방언에 존재했다(표기되지는 않았지만)는 사실을 발견한 고전학의 영웅이다. 이러한 발견은, 모음으로 시작되는 단어에서 때때로 모음이 생략되지 않거나 앞 음절과의 연음이 이루어지지 않는다는 점에 주목한 결과였다. 그는 엄격하고 비판적인 학문으로 훨씬 더 존경받았으며, 그의 학문은 비록 당대에 별다른 평가를 얻지 못했지만, 이후 그에게 모든 시대를 망라하여 가장 위대한 영국 고전학자라는 명성을 안겨주었다.11

리처드 벤틀리는 또한 뉴턴 물리학을 대중화하고 뉴턴 물리학의 신학적이고 정치적인 함의를 풀어낸 최초의 인물이었다. 그 함의란, 물질이 스스로 움직일 수 없으므로 우주를 창조하고 유지할 신(대체로 규칙적인 습관을 지닌)이 필요하며, 마찬가지로 휘그적인 입헌 군주제에도 왕이 필수불가결하다는 것이었다. 벤틀리는 1692년에 유명한 영국계 아일랜드 화학자인 로버트 보일* 경이 '악명 높은 불신자들, 즉 무신론자와 유신론자theist, 이교도, 유대교도, 그리고 이슬람교도'에 맞서 마련한 첫 일련의 강좌 혹은 설교에서 이러한 개요를 제시했다.12 벤틀리는 유대교도와 이슬람교도에 대해 거의 언급하지 않았다. 그의 관심사는 확실히 무신론자와 유신론자, 그리고 이교도였으며, 무엇보다도 급진적 계몽주의였다. 그는 급진적 사상가이자 프리메이슨의 개척자인 존 톨런드가 브루노의 살아 있는 물질이라는 이집트적 개념(급진주의자는 이 개념을 이용하여 뉴턴 물리학을 공격했다)을 사용했다는 점에 특히 관심을 가졌던 것으로 보인다. 벤틀리와 그가 속해 있던 집단은 또한 톨런드의 공화주의에 관해서도 알고 있었던 것으로 보인다. 톨런드는 자신의 물리학과 정치학 사이의 상호 관련을 충분히 의식하고 있었다.13 벤틀리는 자신의 막강한 지성과 고전에 관한 학식을 이용하여 뉴턴 체계 및 그 체계의 함의를 상술했을 뿐만 아니라, 이집트와 오리엔트의 지혜와 천문학을 언급하고 있는 그리스 전거들의 신뢰성과 연대에 의문을 제기했다.[14] 즉 그는 톨런드와 급진주의자가 가지고 있는 가장 강력한 정당성의 원천을 박탈하고자 했던 것이다.

그러나 여기서 가장 우리의 관심을 끄는 것은, 뉴턴과 벤틀리의 제휴, 그리고 현상現狀 수호를 위한 새로운 과학과 비판적 고전학의 결합이다. 아이러니컬한 것은, 아리우스주의나 이신론의 경계 안으로 들어가지는 않았다 하더라도 늘 그 가장자리에 머물렀던 뉴턴과 벤틀리가 기성 그리스도교의 가장 유력한 수호자 가운데 두 사람이 되었다는 점이다.[15]

그리스도교와 그리스 사이의 보다 정통적인 제휴는, 벤틀리의 웨이크필드 그래머 스쿨 동기생이자 나중에 캔터베리 대주교*가 된 존 포터의 저서에서 등장했다. 1697년에 포터는 그리스 정치 제도와 종교에 관한 4권 분량의 저서를 내놓았는데, 이 책은 1848년 스미스 박사의 『사전』에 의해 대체될 때까지 판을 거듭하면서 표준서로 남아 있었다.16 적어도 루크레티우스까지 거슬러 올라가는 전승에 근거하여, 포터는 아테네가 그리스의 다른 지역과 달리 이민족에 의해 정복된 적이 없었을 뿐만 아니라 그리스의 문화와 제도가 아테네에서 유래했다고 주장했다.17 이런 식으로 그는 침입에 관한 고대의 전거에 도전하지 않으면서 그리스를 근동에서 떼어놓을 수 있었다.

이러한 긴장 상태는 또한 그가 그리스 종교를 다룰 때에도 나타난다. 여기서 그는 트라키아를 이집트와 동등한 지위로 끌어올리려 했음에도 불구하고 그리스 종교가 이집트에서 유래했다는 점을 인정하기는 했지만, 그러면서도 여전히 그리스 종교를 마치 순수하게 그리스적인 것인 양 다루었다.18 18세기 내내 특히 그리스도교 옹호자에게서, 이집트를 가벼이 다루고 그리스를 드높이려는 욕구와 고대 모델에 맞서지 못하는 무능력 사이의 갈등을 조정하려는 이와 유사한 시도를 찾아볼 수 있다.

이집트에 맞선 '진보'

영국의 급진적 계몽주의 지지자는 이집트와 메소포타미아의 고대성을 이용하여 자신의 입지를 강화했지만, 한편으로는 프랑스의 근대인처럼 스스로를 '진보적'이라고 느꼈던 듯하다. 그러나 장기적인 관점에서 볼 때, 이집트는 '진보'라는 새로운 패러다임의 확립으로 손해를 볼 수밖에 없었다. 이로부터 초래된 변화는 1710년대에 이루어진 이집트와 동방의 고대성에 대한 뉴턴의 공격과 1730년대에 이루어진 윌리엄 워버턴 주교의 전혀 다른 접근을 대조하면 쉽게 알 수 있다. 워버턴은 자신의 『신이 파견한 모세』를 이신론자와 스피노자주의자, 그리고 범신론자에 맞선 투쟁의 일부분으로 여겼는데, 그는 그리스도교에 대한 이들의 적대감을 신플라톤주의자까지 소급했다.[19] 그리하여 워버턴은 급진적 계몽주의를 공격하는 한편, 그리스도교 옹호에 진보적인 칼날을 제공했다. 포코크는 워버턴의 입장을 다음과 같이 서술한다.

> 그는 근대 철학이 회의주의를 통해 종교를 위협한다고 보지 않았으며, 오히려 근대에 이르러서야 비로소 철학이 신앙과 양립할 수 있는 존엄과 중용을 얻게 되었다고 보는 편이었다. 심지어 근대의 무종교(그는 이를 야코프의 급진적 종교개혁[계몽주의]과 동일시했다)조차 워버턴에게는 '고대' 철학 방식의 의고적 부활처럼 보였다.[20]

이집트 종교에 관한 워버턴의 견해는 새로울 것이 없었으며, 뉴턴의 견해와 크게 다를 바 없었다. 그는 1730년대에 집필 활동을 하면서 이집트 종교가 한때 지고한 일신교였다는 점을 부정할 수는 없었지만, 그 일신교가 지독한 우상 숭배로 추락했다고 주장했다. 프랭크 마누엘이 한 주교가 품었던 '이집트 사제 계층과의 유대감'이 나타난다고 평한 대목에서, 워버턴은 이러한 타락을 정치가의 탓으로 돌렸다.[21] 그런데 워버턴에게 시기적 우선성은 전혀 우월함으로 비쳐지지 않았다. 그는 뉴턴의 연대기를 맹렬히 공격했다. 비록 이로 말미암아 그는 윌리엄 휘스턴 같은 악명 높은 이신론자 및 니콜라스 프레레 같은 무신론자와 어깨를 나란히 하게 되었지만 말이다.[22]

워버턴의 입장에서 볼 때, 그리스인이 뒤늦게 등장했다는 사실은 그들을 더욱 우월하게 만드는 것이었다. 그리스인은 자신의 스승을 능가했다. 그는 그리스인이 이집트인에게서 신들의 이름과 제식을 배웠다고 인정할 수밖에 없었지만, 그 이름과 제식이 동일하다는 점은 힘주어 부정했다.[23] 그는 또한 피타고라스가 21년 동안 이집트에서 수학하기는 했지만 그리스로 돌아온 후에야 비로소 자신의 일반 원리를 설계했다고 주장했다. 그리고 이를 근거로 이집트인이 가설을 세울 줄 몰랐다고 주장했는데, 이러한 주장은 오늘날까지도 하나의 규준으로 남아 있다.

18세기 중반의 위대한 독일 철학사가인 야코프 브룩커는 고대 이집트에 대해 이와 유사한 양면적 태도를 드러냈다.[24] 이집트인이 철학자였다는 방대한 고대 전승을 부정할 수는 없었지만, 그럼에도 불구하고 브룩커는 비유를 발명하고 조작한 '신神계보학자'라는 이름이 철학자라는 이름보다 훨씬 적절하다고 주장했다. 그에 따르면, 진정한 철학은 '소크라테스 이전의' 이오니아인에게서 시작되었지만, 신들의 계보와의 실질적인 단절은 소크라테스 자신과 더불어 시작되었다. 포코크 교수는 브룩커가 말하는 소크라테스의 승리를 다음과 같이 기술한다.

(소크라테스는) 자연을 알려는 시도를 포기하고 대신 경건한 회의주의적 태도로 자연을 바라보았으며, 철학을 그 고유의 목적, 즉 진정한 신에 대한 이해에 이르는 도덕적 진리를 발견하는 데에 집중시켰다.[25]

그러나 불운하게도 시칠리아에서 피타고라스 학파와 함께 수학하고 이집트에서 사제들과 함께 수학한 플라톤은 이러한 반反과학적인 '철학'을 저버렸다. 브룩커에 따르면, 플라톤은 이오니아인과 소크라테스가 벗어나려 했던 비유와 시, 그리고 비전을 다시 들여왔다.[26] 이처럼 소크라테스와 그의 헌신적인 제자이자 전기 작가인 플라톤 사이에 그다지 있음직하지 않은 명백한 단절을 만들어냄으로써, 브룩커는 모든 유형의 플라톤주의가 이집트 전승을 온전히 따르고 있다는 고대의 견해를 유지하는 동시에 그리스인의 우월성을 주장할 수 있었다.

'진보적인' 대륙, 유럽

1680년대에 잇따른 터키의 패배와 뉴턴 물리학의 폭넓은 수용은 유럽의 자기 이미지를 변형시켰다. 뉴턴 이후의 세계에서 몽테스키외 같은 저자들은 오리엔트의 '지혜'를 유럽의 '자연 철학'과 대비하기 시작했다.[27] 몽테스키외는 1721년에, 시간이 흐름에 따라 유럽의 경제와 산업이 진보하여 다른 대륙으로 팽창하면서 유럽이 우월하다는 생각이 증가했다고 썼다.

그러나 이러한 입장은 19세기에 제국주의가 승리를 거두면서 제시한 입장과는 거리가 멀었다. 왜냐하면 18세기의 유럽인은 유럽이 스스로를 창조했다고 주장할 수 없었기 때문이다. 그럼에도 불구하고 유럽은 이제 다른 어느 대륙보다 진보했으며, 이 점에서 기원전 4세기와 헬레니즘 시대에 보다 오래된 문명과 마주하고 있던 그리스의 상황과 대단히 유사하다고 주장했다. 예를 들어, 『에피노미스』에서 이집트와 시리아의 천문학을 상찬하는 서술에 뒤이어 플라톤이나 혹은 그의 제자 한 명이 자주 인용하는 다음과 같은 구절이 있다. "그리스인은 외국인에게 배운 것을 결국 보다 세련된 것으로 바꾼다는 점에 주목하자."[28]

수입 기술이나 개념 혹은 미적 양식에 말로 표현하기 어려운 어떠한 특질이 더한다는 주장은, 영국이나 독일, 일본, 한국 또는 베트남 같은 문화적 주변 국가에서 종종 나타난다. 외국에서 차용한 것이 너무 많아 차마 그 존재를 부인할 수 없을 경우나, 그러한 차용이 문화적 혹은 '인종적' 우월성의 계급 체계에 역행하는 경우, 문화적 자긍심을 수호할 필요가 생긴다.[29] 대중적인 저자 올리버 골드스미스*는 1774년에 쓴 『지구의 역사』에서 『에피노미스』의 구절을 다음과 같이 인상적으로 바꿔놓는다. "그러한 기술은 다른 인종이 발명했을지 모르지만, 거기(유럽)에서 완벽에 이르렀다."[30]

'진보'

　'진보' 관념에 관한 18세기의 가장 명료한 기술은, 1793년에 씌어진 콩도르세*의 『인간 정신의 진보에 관한 역사적 개관』에서 찾아볼 수 있다고 흔히 말한다. 그러나 콩도르세가 그 책에서 제의한 생각 대부분은, 이미 1750년 당시 19세의 튀르고*가 「인간 정신의 연속된 진보에 관한 철학적 개관」이라는 연설에서 제기한 것이었다. 후에 루이 16세*의 재정총감이 된 튀르고는, 지도적인 중농학파와 가까이 지내면서 중국적인 경제 사상을 주창했다. 그래서 그는 나중에 정치경제학의 창시자로 묘사되었다. 그의 연설과 미완의 역사서 초고들로 미루어 보건대, '진보'에 관한 그의 생각은 상당히 명료했다.[31]

　이러한 생각은 그 자체로도 중요할 뿐만 아니라, 튀르고와 그의 동시대인이 이집트인과 페니키아인, 그리고 그리스인에 대해 지녔던 견해를 엿볼 수 있게 한다는 점에서도 중요하다. 새로운 패러다임에 따르면, 문명은 인간 정신이 '진보'함에 따라 앞의 나열 순서대로 나타난다는 것이다. 그러나 역사 진화의 모든 도식(특히 헤겔*주의와 마르크스주의의 도식)과 마찬가지로, 각각의 단계는 '진보적으로' 유익하게 시작했다가 이후 어느새 쇠락하여 새로운 세력을 적대시하는 것으로 여겨졌다. 따라서 튀르고는 이집트와 중국을 최초의 선구자로 여겼다. "그들은 완벽함을 향하여 거대한 걸음을 내디뎠다."[32]

　이집트인과 중국인은 수학자와 철학자, 그리고 형이상학자로 인식되었다. 그러나 불운하게도, 두 문명 안에서 이러한 '과학들'은 미신과 사제의 독단으로 활력을 잃었다. 워버턴 주교가 '사제로서의 유대감' 때문에 이 사안에 관해 사제의 무죄를 입증하려 하였으나, 튀르고와 콩도르세 같은 지식인은 사제를 매질할 회초리를 하나 더 가지게 되어 기뻐했다. 왜냐하면 근대 세계와 마찬가지로 쇠락의 책임이 주로 사제에게 돌려질 수 있었기 때문이다.[33] 그러나 튀르고는 동시대의 중국을 찬양한 중농학파와 달리 중국을 과거에 못 박았다. 그리고 '진보' 도식의 이 부분 때문에, 늙고 퇴행적인 이집트인 상像, 즉 이집트인이 한때 순수하고 진정한 종교(필시 이스라엘인에게서 유래한)를 가지고 있었지만 결국 잃고 말았다는 견해와 매우 가깝게 되었다.

튀르고는 또한 쇠락을 이집트와 중국의 전제 정치가 초래한 결과로 여겼다. 그러나 치수治水를 실제적으로 개선시키려는 과정에서 전제 정치가 생겨난 것으로 여긴 몽테스키외처럼, 튀르고는 이집트 정부와 중국 정부가 그렇게까지 나쁘지는 않다고 주장했다.[34] 무더운 기후가 빚어낼 수 있는 결과나 이슬람 국가에서 실제로 나타난 결과보다는 낫다는 것이었다. 브룩커와 대부분의 18세기 사상가처럼, 튀르고는 피타고라스 학파와 신플라톤 학파, 그리고 묵시적으로 플라톤까지도 쇠락한 아시아 형이상학자의 무리에 포함시켰다.[35] 튀르고가 보기에, 인간 정신의 보다 수준 높은 진보 단계는 아리스토텔레스의 논리학에서 시작되어 곧장 베이컨*과 갈릴레오, 케플러*, 데카르트*, 뉴턴, 그리고 라이프니츠*에게로 이어졌다.[36] 그리스에 관한 한, 튀르고는 비록 그리스의 비통일성과 자유에 고무되기는 했지만, "많은 세기가 흐른 후에야 그리스에서 철학자들이 출현했다"고 믿었다.[37]

튀르고가 보기에 진정한 그리스의 영광은 시에 있었는데, 이는 그리스 언어의 풍성함에서 직접적으로 유래하는 것이었다. 이러한 풍성함이 나타게 된 이유는 다음과 같다.

불모의 해안에 거주하는 페니키아인은 민족들 사이의 교역자로 나섰다. 그들의 배는 지중해 전역으로 퍼져나갔다. 그들이 민족과 민족 사이의 장막을 걷어내기 시작하면서, 천문학과 항해술, 그리고 지리학이 함께 개선되었다. 그리스와 소아시아의 해안에는 식민지들이 가득했다. … 이 독립적인 식민지들이 그리스의 고대인, 그리고 연속된 이민족의 침입에서 살아남은 자들과 뒤섞이면서 그리스 민족을 형성하였다. … 이러한 다중 혼합에 의해, 모든 분야에서 풍부한 표현력을 드러내며 낭랑하게 울려 퍼지는 이 풍성한 언어가 형성되었다.[38]

페니키아인을 지지하는 가운데 나타나는 이집트인에 대한 자의적인 부정은, 두 민족의 상대적 중요성에 관한 미래의 태도를 예시하는 것이었다. 한편, 튀르고의 진술은 앞서 바르텔르미와 관련하여 언급한 당대의 언어학적 탐구를 반영한다. 또한 튀르고의 글은 불어가 켈트어, 라틴어, 게르만 언어의 혼합에서 기원했다는 그의 생각을 반영하는 것으로 보인다.[39] 그런데 그의 생각은, 이상화된 독일어의 경우처럼, 그리스어가 '순수한' 언어라는 주관적 이미지와는 거의 관련이 없다. 그리스어의 순수성이라는 것은 지리학적·역사적 근거에서만이 아니라, 튀르고가 지적했듯이 언어학적 근거에서도 전혀 있을 법하지 않다.

튀르고와 그의 동시대인은 '진보'라는 새로운 시각을 선언하고 명료화하면서도 여전히 이집트인과 페니키아인에 대한 존경을 유지했으며, 이들이 그리스를 식민화하고 문명화했다는 전설에 결코 의문을 제기하지 않았다.[40] 그럼에도 불구하고 '진보적인' 패러다임의 도입은 결국 이집트인의 명성에 치명적이었다. 한때 이집트인의 주요 자산 가운데 하나였던 고대성은 이제는 짐이 되었다.

이집트인의 몰락은 곧 그리스인의 지위 상승으로 이어졌다. 그러나 이 문제를 다루기에 앞서, 우선 고대 모델을 전복하는 과정에서 그리스도교의 반발과 '진보적인' 패러다임에 조력한 두 영향력, 즉 인종주의와 낭만주의를 살펴보아야 한다.

모든 문화는 평소 보지 못하는 모습을 지닌 사람에 대해 어느 정도의 편견(호의적이거나 혹은 더욱 빈번하게 적대적인)을 가지고 있다. 그러나 17세기부터 북유럽과 아메리카를 비롯한 여타 식민지에서 나타난 인종주의의 강도와 확산 속도는 특별한 설명을 요할 만큼 도를 넘어 지나친 것이었다.

북유럽인이 다른 대륙의 민족과 빈번한 접촉을 갖게 된 최초의 시기인 16세기 이전에도 인종주의가 유난히 강했는지는 말하기 어렵다. 살인으로 추정되는 '꼬마 성인 휴'*의 죽음에 관한 초기의 반유대주의적 담시에서는, 사악한 유대인이 두드러지게 어두운 피부색을 지닌 것으로 나오지는 않는다.41 심지어 노르만 정복 이후 영국에 프랑스인과 이탈리아인이 유입됨에 따라 어두운 피부색을 가진 사람이 높은 지위를 차지했을 수도 있다. 초기 담시들은 때때로 흰 살갖을 지닌 가난한 소녀를 갈색 피부의 부유한 소녀와 대비시킨다. 반면 '살갖이 흰 처녀'가 도덕적으로 우월하게 여겨진다는 점은 의심의 여지가 없다. 스칸디나비아인의 옛 조상으로 보이는 두 자매에 관한 담시는 흰 살갖의 선량한 소녀와 어두운 살갖의 사악한 소녀 사이의 대비를 강조한다.42

15세기에 이르면 어두운 피부색과 사악함 및 열등함 사이의 연관이 뚜렷하게 나타나는데, 당시 새롭게 도착한 집시들은 피부색이 어둡다는 점과 뛰어난 성적 능력을 발휘한다는 추측으로 인해 두려움과 증오의 대상으로 여겨졌다.43 어두운 피부색을 지닌 '타자'에 대한 이러한 관심과 혐오가 중세 북유럽에서 예외적으로 강렬했든 그렇지 않았든, 보다 뚜렷한 인종주의가 1650년 이후에 성장하여 북아메리카 식민화의 진전으로 인해 크게 강화되었다는 점은 일반적으로 받아들여진다. 북아메리카 식민화는 아메리카 원주민의 말살과 아프리카인의 노예화라는 쌍둥이 정책과 더불어 진전되었는데, 이 두 가지 정책은 프로테스탄트 사회에 도덕적인 문제들을 제기했다. 왜냐하면 프로테스탄트 사회는 하느님 앞에서 모든 사람의 평등과 개인의 자유를 중심적인 가치로 삼았기 때문이다. 이러한 가치들은 오로지 강력한 인종주의에 의해서만 편안하게 존재할 수 있었다.

노예 제도를 정당화하는 데에 가장 빈번히 동원된 고전 저자는 아리스토텔레스였는데, 이는 그가 노예 제도를 지지하면서 펼친 장황한 주장뿐만 아니라 그의 저서 전체에서 나타나는 그리스인의 본질적인 우월성에 관한 믿음과도 연관된 것이었다.

> 추운 지역에 사는 인종들과 유럽 인종들은 용기와 열정으로 가득 차 있지만 기술과 지력은 다소 모자라다. 이 때문에 그들은, 비록 대체로 독립을 유지하고는 있지만, 정치적인 응집력과 다른 인종을 지배할 능력은 가지고 있지 못하다. 반면 아시아 인종들은 지력과 기술을 모두 가지고 있지만 용기와 의지력이 모자란다. 그래서 그들은 노예화되고 종속된 상태로 남아 있다. 지리적으로 중간 지점에 위치한 그리스 인종은 두 가지 모두를 일정하게 가지고 있다. 그래서 그리스 인종은 계속해서 자유를 누려왔고 최상의 정치 제도를 지녀왔으며, 하나의 정체를 구성하기만 하면 다른 인종들을 지배할 수 있었다.[44]

이런 식으로 아리스토텔레스는 '인종적 우월성'을 다른 민족, 특히 '노예 근성'을 지닌 민족을 노예화할 수 있는 권리와 연결지었다.

'인종적' 차이에 관한 이와 유사한 인식이 17세기 후반의 휘그 철학자 존 로크의 사상에서도 중심적인 위치를 차지했던 것으로 보인다. 노예를 소유한 아메리카 식민지들과 개인적인 관련을 맺고 있던 로크가 소위 인종주의자였다는 점, 그리고 18세기의 위대한 철학자 데이비드 흄 역시 마찬가지였다는 점은 의심의 여지가 없다. 이러한 태도가 그들의 철학에 영향을 주었는지 여부는 논쟁의 여지가 많지만, 그러한 연관을 주장하는 해리 브랙킨과

노암 촘스키*의 논거는 매우 그럴듯해 보인다.45

아메리카 원주민에 대한 로크의 일관된 비방은 그의 정견政見을 이루는 핵심적인 부분이었다. 영국인을 비롯한 다른 식민 정착자들에게 유용한 미개지를 제공하려면 토착민들이 거주하고 있던 땅이 필요하기 때문이었다. 그러한 식민화가 가능해야만, 사회 계약의 명백한 불평등에도 불구하고 누구나 사회 계약에 참여할 선택권을 가지고 있다는 주장이 성립할 수 있었다.46 로크는 동족을 노예로 삼는 일을 정당화하려 하지 않았으며, 그러한 종류의 노예 제도를 단지 '천역賤役'일 뿐이라고 언급했다. 당시 대부분의 사상가와 마찬가지로, 그 역시 정당한 전쟁에서 죽여 마땅한 자를 산 채로 사로잡은 경우에만 노예 소유가 정당화된다고 생각했다.47 예를 들어, 이교도 아프리카인과 아메리카인에 대한 그리스도교도 유럽인의 공격은 '정당한 전쟁'으로 분류되었다. 왜냐하면 아프리카인과 아메리카인은 재산을 지키려는 것이 아니라 단지 '황무지'를 지키려는 것이었기 때문이다. 더욱이 로크는, 아프리카인과 아메리카인이 농사를 짓지 않았으며 땅에 대한 권리는 오로지 경작에서 비롯한다는, 흥미롭기는 하지만 자기 편의적인 믿음을 지니고 있었다.48 유럽인의 흑인 노예 소유는 전반적인 구도에서 고려되었다. 게다가 수많은 아프리카 노예의 존재는, 아프리카인이 아리스토텔레스가 말한 '태생적인 노예'라는 믿음으로 이어졌다.

1680년대에 이르렀을 때에는, 아프리카 흑인이 '존재의 거대한 사슬*'에서 아프리카 유인원 바로 위 단계에 위치한다는 견해가 사실상 널리 퍼져 있었다.49 이런 유형의 생각은 로크의 유명론*(그는 '종種'의 객관적인 타당성을 부정하면서 그것을 주관적인 개념으로 보았다)에 의해 보다 쉽게 풀이되었다. 그는 '인간'이라는 부자연스런 범주에 대해 특히 회의적이었다.

　　나는 우리가 지금껏 간직하고 있는 '인간'이라는 단어의 정의 가운데 그 어느 것도, 그리고 그 부류의 동물에 관한 정의 가운데 그 어느 것도 완전하거나 정확하지 않아서, 사려 깊고 탐구적인 한 개인조차 만족시키지 못한다고 생각한다. 하물며 일 반적인 동의를 얻어내기란…[50]

이러한 입장은, "하느님께서 당신의 모습대로 인간을 만드셨다"는 성서 구절뿐만 아니라, 생각하지 못하는 동물과 생각하는 인간 사이의 명백한 구별에 관한 데카르트의 주장과도 뚜렷하게 대비된다. 따라서 경험주의는 인종주의를 가로막고 있는 (취약하다고 인정된) 방벽을 제거하는 것으로 보인다. 그러나 경험주의와 인종주의 사이에 필연적인 연관이 있는 것은 아니다.[51]

요약해보자. 로크를 비롯하여 데이비드 흄이나 벤저민 프랭클린* 같은 대부분의 18세기 영어권 사상가들은 확실히 인종주의자였다. 그들은 어두운 피부색이 도덕적·정신적 열등성과 연관된다는 대중적인 견해를 공개적으로 표현했다. 흄의 경우에는 인종주의가 전통적인 종교를 능가했는데, 그는 인간의 창조가 단 한 차례가 아니라 여러 차례에 걸쳐 서로 다른 많은 인간이 창조되었다는 견해의 선구자였다.[52] 왜냐하면 "만약 자연이 이 인간 종들을 본질적으로 구별해놓지 않았다면, 그렇게 많은 나라와 여러 시대에 걸쳐 그토록 한결같고 항구적인 차이가 나타났을 리 없기" 때문이었다. 1700년 이후 인종주의가 유럽 사회에서 중심적인 위치를 차지했다는 점은, 인간의 기원에 관한 이 '다원 발생적' 견해가 19세기 초에도, 심지어 그리스도교의 부활 이후에도 계속해서 성장했다는 사실에서 나타난다.

18세기 프랑스에서는 인종주의의 윤곽이 그렇게 뚜렷하지 않았다. 그럼에도 불구하고, 16세기에 장 보댕의 저서로 스며들었던 아리스토텔레스 그리고 위僞플라톤의 (기후와 지형에 따른) 인종 결정론이 18세기에 이르러 몽테스키외에 의해 소생했다.[53] 몽테스키외는 1721년에 『페르시아인의 편지』로 유명해졌다. 어떤 면에서 보면 이 작품은 유명한 페르시아인의 입을 빌려 유럽을 비판·풍자하는 것이지만, 다른 면에서 보면 '과학적'이고 '진보적인' 대륙이라는 유럽의 이미지를 제안하는 것이었다. 이러한 탁월함은 유럽

의 은혜롭고 온화한 기후의 결과로 설명되었다. 그의 친親유럽적인 견해와
아시아 및 아프리카에 대한 적의는, 1748년에 출간된 『법의 정신』에서 보다
명료하게 나타났다.54

　　루소는 1762년에 출간된 『사회계약론』에서 노예제를 정당화하는 어떠한
견해에 대해서도 맹렬한 공격을 가했다. 반면 그는 지리적 결정론을 따라,
한 민족의 덕성과 정치적 능력이 기후와 지형에 달려있다고 믿었다. 그는
유럽 중심적이었으며, 이집트와 중국에 대해서는 조금의 흥미도 보이지 않
았다. 이러한 특징은 후기 낭만주의자에게서 지속되었다. 후기 낭만주의자
는 안개와 산이 많은 북유럽을 거의 언제나 편애했는데, 그들은 북유럽을
인간성의 진정한 보고로 여겼다.

낭만주의

나는 고대 모델을 전복시킨 주요 배후 영향력 가운데 그리스도교의 방어와 '진보' 관념에 뒤이은 세 번째 영향력이 인종주의였고, 그 다음이 낭만주의였다고 믿는다. 노골적으로 말하자면, 낭만주의는 계몽주의와 프리메이슨 전승에 맞서, 이성이 삶과 철학의 중요한 측면을 다루기에 적절치 않다고 주장한다. 낭만주의는 세계적이고 일반적인 것보다 오히려 지역적이고 특수한 것에 관심을 가진다. 또한 운동과 시간, 그리고 역사를 통한 '진보적인' 발전에 쏟아지는 낭만주의적 열정은, 안정과 공간 질서에 관심을 가지는 18세기 계몽주의와 대조를 이룬다. 이러한 대조는 비록 지나치게 단순화된 것이기는 하지만, 그럼에도 상당히 유용하다. 세계의 해안을 정확히 그려낸 지도, 린네*가 정리한 자연 種 체계, 그리고 영원히 지속되리라 여겨지는 아메리카 헌법은 계몽주의가 이룬 뛰어난 업적으로 손꼽힌다.

1790년부터 1890년까지 낭만주의 시기에는, 자연 과학의 비범한 업적은 물론이고 역사에 대한 관심도 대단히 높았는데, 두 분야 모두에서 사용된 주 모델은 '나무'였다. 다윈의 진화론과 인도유럽어, 그리고 대부분의 19세기 역사서에서 발견되는 나무는, 낭만주의의 이상적인 이미지를 제공한다. 나무는 자기 고유의 토양에 뿌리를 내리고, 자신 특유의 기후 속에서 자양분을 공급받는다. 그와 동시에 나무는 살아 있고 성장한다. 나무는 진보하며 결코 되돌아가지 않는다. 앞서 언급한 일대기라는 역사의 이미지처럼, 나무는 단순한 과거와 복잡하게 가지를 친 현재 및 미래를 갖고 있다. 그럼에도 불구하고 나무의 이미지는 유럽과 그리스의 역사를 묘사하기에 불리한데, 이 주제는 나중에 다시 다룰 것이다.[55]

명심해야 할 것은, 루소의 거대한 영향력에도 불구하고 프랑스의 낭만주의가 결코 영국이나 독일의 낭만주의만큼 강력하지 않았으며, 따라서 낭만주의 운동의 보다 발전된 양상은 영국과 독일에서 찾아야 한다는 점이다.

우선 독일을 살펴보자. 18세기 초반, 독일은 가장 심각한 축에 속하는 민족적 정체성의 위기를 한 차례 겪었다. 프랑스와 네덜란드 및 영국과는 완전히 대조적으로, 30년 전쟁의 종결(1648년) 이후 1백여 년 동안 독일에서는 군대의 붕괴와 정치적 분열, 그리고 경제적 후진성이 지속되었다. 같은 시기에 프랑스는 군사적·문화적으로 발흥하여, 이제 곧 '새로운 로마'로서 전 유럽을 흡수할 것처럼 보일 정도였다.[56] 독일 궁정(프로이센에 있는 프리드리히 대왕*의 궁정을 포함하여)의 언어와 문화는 프랑스어와 프랑스 문화였다. 18세기 전반 독일에서 출간된 대부분의 책들은 라틴어와 불어로 씌어졌다. 따라서 17세기 후반의 철학자이자 수학자인 라이프니츠와 그 이후의 애국자들이 표명한 우려, 즉 독일어가 결코 문화적·철학적 담론을 전개할 수 있는 언어로 발전하지 못할 것이라는 우려는 온당한 것이었다. 독일어는 심지어 초기 프랑스 지배자들이 구어로 사용했던 게르만-프랑크어*의 경우처럼, 불어에 밀려 완전히 사라져버릴지도 모를 일이었다. 독일 문화와 독일 민족은 사멸할 위험에 처한 것처럼 보였다.[57]

이 위기에 대해 독일 낭만주의 진영이 보인 가장 중요한 반응은, 독일인을 그들의 문화적 뿌리로 회귀시킴으로써 독일 토양과 독일 민족으로부터 진정한 독일 문명을 창조하려는 시도였다. 낭만주의적이고 진보적인 새로운 관점에 따르면, 이제 민족은 그 민족의 지리적·역사적 맥락에서 이해되어야 했다. 땅과 그 땅의 사람에게 속하는 민족적 특성이나 정신은 시대정신에 따라 그 형태가 바뀌었지만, 민족 고유의 본질은 늘 변함없이 유지되었다. 낭만주의 운동의 이러한 국면과 관련된 가장 유력한 인물은 요한 고트프리트 헤르더*였는데, 그는 또한 신新헬레니즘 및 언어학의 발전과도 중요한 관련이 있었다. 헤르더 자신은 계몽주의의 보편주의적 경계 안에 머무르면서, 독일 민족뿐만 아니라 모든 민족이 자기 고유의 특성을 발견하여 계발하도록 고무되어야 한다고 주장했다.[58] 그럼에도 불구하고 역사와 지역적 특수성에 대한 관심, 그리고 그의 견해 및 칸트*와 피히테*, 헤겔, 그리고 슐레겔 형제*를 비롯한 18세기 후반과 19세기 초의 다른 독일 사상가들의 견해에서 분명하게 나타나는 합리성 혹은 '순수 이성'에 대한 혐오는, 뒤이은 두 세기의 국수주의와 인종주의에 확고한 토대를 제공했다.

당시 독일 사상가들은 '인종'의 가장 순수한 두 가지 본질을 언어와 민요라고 생각했다. 언어와 민요는 소리로서, 공간적이 아니라 시간적이었다. 또한 '살아 있다'고 할 수는 없더라도 정체되어 있지 않고 유동적이며, 이성이 아니라 감정을 전달하는 것으로 여겼다. 더욱이 언어와 민요는 단순히 한 인종 전반에 관한 표현이 아니라 그 인종의 가장 특징적이고 활기찬 시기, 즉 그 인종의 '유년기'나 초기 단계에 관한 표현이라고 생각했다. 그럼 이제 민요와 담시에 초점을 맞춰보자.

노래와 서사시, 그리고 그것들과 민족의 관계에 대한 독일의 관심은 주로 영국, 보다 정확히 말해 스코틀랜드로부터 자극받은 것이었다. 잉글랜드와의 연합법(1707년), 제임스 에드워드*와 그의 아들 찰스 에드워드의 패배(1715년과 1745년), 그리고 하일랜즈Highlands 게일Gael* 문화의 파괴는 옛 민족주의의 대폭적인 재편성을 초래했다. 영어를 사용하는 상류계급 스코틀랜드인은 민족주의를 재빨리 문학적으로 안전하게 승화시켰는데, 거기에는 단순한 것, 옛 것, 그리고 아득한 것에 대한 예찬과 더불어 잃어버린 순수에 대한 향수가 담겨 있었다.59 이를 표현한 주요 예술 양식이 바로 전통적인 혹은 새로이 만들어진 담시나 민요였다.

이러한 움직임의 소산으로서 가장 큰 영향력을 미친 작품은, 단연 제임스 맥퍼슨*이 3세기 시인인 오시안의 작품이라고 주장한 (오시안의 아버지가 행한 영웅적인 행위에 관한) 일군의 게일 서사시였다. 『오시안』은 1762년에 출간된 이래, 비록 위작임이 곧 드러나기는 했지만, 향후 50년 동안 유럽에서 가장 널리 읽힌 시로 남았다. 『오시안』이 이집트 원정 중 나폴레옹이 휴대한 책 가운데 하나였다는 점은 앞서 언급한 바 있다. 『오시안』 이전에도, 토머스 퍼시* 주교가 펴낸 『고대 영국 시풍』이라는 책이 있었다. 스코틀랜드와 잉글랜드 경계 지방의 전통 민요 모음집인 이 책 또한 유럽 전역, 특히 독일에 강한 영향을 미쳤는데, 헤르더는 이 모음집에 고무되어 민요를 수집·발간하는 새로운 운동을 촉진했다.60 민요 운동은 괴테가 시작했던 소설 중심의 질풍노도 운동과 통합되었다('낭만주의Romanticism'라는 이름은 '소설'을 뜻하는 독일어 'Romane'에서 유래한다).

거의 18세기 후반 내내, 오시안은 호메로스보다 더 뛰어난 시인으로 여겨졌다. 그러나 그렇다고 해서 호메로스가 인기 없었다는 뜻은 아니다. 호메로스는 고대 그리스에서 매우 특별한 위치를 차지했다. 그는 '시인'이었으며, 그의 서사시는 모든 그리스어 교육과 '그리스적'이라는 관념의 핵심을 이루었다.61 로마 시대에 그리스어 교육은 언제나 호메로스에서 시작되었다. 르네상스 시대에는 플라톤-이집트 전승이 지배적이었음에도 불구하고, 특히 프로테스탄트 학자들이 신성한 비非로마 언어로서 그리스어에 애착을 느끼면서 호메로스에 대해 상당한 관심을 보였다. 지도적인 위그노 학자이자 다시에 부인의 아버지인 탄느기 르페브르는 1664년에 다음과 같이 썼다.

> 고대인(지리학자와 시인, 수사학자, 신학자, 의사, 도덕 철학자, 심지어 장군까지)은 호메로스를 각기 자신의 직업에 필요한 지혜의 궁극적인 근원으로 여겼다.62

다시에 부인은 호메로스를 불어로 번역하면서 근대인과 일반 대중에 맞서 그를 옹호했다. 그녀는 그들이 호메로스에 대해 좋지 않은 편견을 지니고 있다고 믿었다. 그녀와 그녀의 남편은 프로테스탄트가 금지되기 직전에 시의적절하게 가톨릭으로 개종했는데, 가톨릭으로의 개종은 도덕성과 고결한 신념에 대한 그녀의 관심과 조화를 이루기 어려웠다. 그러나 그러한 긴장 상태는, 그녀의 아버지가 호메로스를 향해 쏟았던 세속적인 열정을 이어받아 충실히 따름으로써 완화되었던 듯하다.

1714년 다시에 부인은 엄청난 영향력을 미친 저서 『취미 타락의 원인에 관하여』를 출간했다. 이 책에서 그녀는 테라송 같은 근대인을 공격했는데, 테라송은 호메로스와 그리스인이 근대 프랑스인이나 고대 이집트인 같은 문명인에 비해 너무 원시적이고 조야하다고 비판한 바 있었다. 그녀는 호메로스를 타락하지 않은 시대의 감정을 표현한 가장 초기의 시인으로 보았지만, 그를 가장 초기의 시인으로 만들기 위해 이집트 문명뿐만 아니라 '히브리' 문명의 중요성까지도 부정해야만 했다.63 그러나 다시에 부인과 고대인은 계몽주의의 중심지인 프랑스에서 그리스인을 드높이는 데에 성공하지 못했다. 볼테르는 18세기 중반에 이렇게 썼다. "내가 보기에 그리스인은 더 이상 인기가 없으며, 그 점은 다시에 부부 때부터 그러했다."64

다른 나라들에서는 사정이 달랐다. 1720년대에 활동한 이탈리아 학자이자 몽상가인 조반니 바티스타 비코가 보기에, 호메로스는 '신의 시대'와 '영웅의 시대'(비코의 역사 도식 가운데 처음 두 단계)의 '시적 지혜'를 고스란히 담고 있는 축도였다.65 또한 1730년대에 활동한 애버딘*의 토머스 블랙웰*(맥퍼슨의 스승)은 호메로스를 원시 시대의 시인으로, 그리고 그리스인을 유럽의 유년기로 보았다.66

18세기에 급격히 발전한 '유년기'라는 새로운 개념은 '진보'와 낭만주의의 교차점에서 비롯한다. 유년기는 이성 이전의 감정과 느낌의 시기로 여겨졌지만, 또한 성년기의 성욕과 타락이 배제된 시기로도 여겨졌다. 더욱이 유년기는 과거에 얽매이지 않고 미래를 향하는 잠재성의 시기였다. 따라서 유년기는 낭만주의 및 '진보'와 손잡고 성장해 나갔다. 어린아이로서의 그리스인 상像을 뒷받침하는 고전기의 근거는 플라톤의 『티마이오스』에서 유래했는데, 앞서 언급했듯이 이 책에서 플라톤은 한 나이든 이집트 사제가 솔론에게 한 말을 이렇게 전한다. "당신네 그리스인은 늘 어린아이이다. 나이든 그리스인이란 존재하지 않는다. … 당신들 모두 늘 젊은 영혼을 지니고 있다. 왜냐하면 … 당신들은 오래된 믿음을 단 하나도 가지고 있지 않기 때문이다."[67]

고대와 중세, 그리고 르네상스의 학자들이 볼 때, 이러한 진술은 그야말로 완전한 저주였다. 심지어 18세기 근대인조차 그리스인이 유치하고 하잘것없다고 선언할 수 있었다. '진보'라는 개념이 대두하면서, 이는 그리스인의 장점으로 바뀔 수 있었고, 그렇게 되었다.

그리스가 고전 세계의 일부분이므로 그리스에 대한 연구나 찬탄은 고전주의의 한 형태로 보아야 한다고 여겨지곤 한다. 그러나 18세기의 헬레니즘은 낭만주의 진영에 속했다고 보는 편이 훨씬 더 유익하다. 계몽주의 시대의 신사 계층은 광범위한 지역에 걸친 질서 정연함과 안정에 관심을 두었다. 당시 세계와 관련하여, 그들은 '커다란 일들'에 관여하는 경향을 보이면서 프랑스와 러시아, 그리고 프로이센의 개혁에 노력을 집중했으며, 고대 세계에 관련해서는 오랜 기간 지속된 중국과 이집트, 그리고 로마 같은 강력한 국가들을 선호했다. 그들은 고전학자로서 대부분의 라틴 작가를 읽었지만, 그리스 작가는 거의 혹은 전혀 읽지 않았다. 그러나 1790년대에 이르자 상류 계급에서 호메로스를 원전으로 읽기 시작했다. 그렇게 로마 제국에서 고전적이고 호메로스적인 그리스로 눈길을 돌림에 따라 이성에서 감성으로 초점이 옮겨졌다.

낭만주의자는 먼 추운 지방, 즉 스위스와 북부 독일, 그리고 스코틀랜드에 존재했던 고결하고 '순수한' 소규모 공동체를 동경했다. 과거를 고려할 때, 그리스는 당연한 선택이었다. 그리스는 소규모라는 점에서 확실한 자격이 있었으며, 그리스의 도시국가들은 조금만 상상의 나래를 편다면 충분히 고결하게 묘사할 수 있었다. 다른 측면에서 모자란 점은, 비록 장기적으로는 그럴 수 없었지만, 일시적으로는 무시할 수 있었다. 여러 가지 점에서 볼 때, 고대 모델의 파괴와 아리안 모델의 확립은 아득함과 추위, 그리고 순수성이라는 낭만주의적 이상을 가장 적절치 못한 후보에게 부과하려는 시도로 이해할 수 있다.[68]

낭만주의는 계몽주의가 시작할 때부터 존재해 왔으며, '감각'(미와 형식에 대한 경배와 결합된)을 신新헬레니즘과 관련지은 것은 바로 로크의 제자이자 세계주의자인 샤프츠버리 백작 3세*였다.69 게다가 1730년대에는, 호메로스를 스코틀랜드와 관련지은 블랙웰과 더불어 영국에서 낭만주의적 그리스 애호주의가 급증했다. 같은 시기에 딜레탕트회가 설립되었다. 그 명칭이 시사하듯이, 이 모임은 부유한 젊은이들을 위한 사교 클럽으로 시작했지만, 영국 귀족의 저택과 정원을 장식하기 위해 이탈리아로부터 고전 시대의 조각들을 수입하면서 보다 진지해졌다. 1750년에 딜레탕트회는 활동 범위를 넓혀, 아테네에 남아 있는 고대 예술 작품에 대한 철저하고 정확한 조사를 의뢰했다. 이는 그리스 예술에 대한 열정이 새로이 싹텄음을 반영하는 것이었는데, 그때까지 서유럽인은 오로지 로마 시대의 복제품을 통해서만 그리스 예술을 보아온 터였다. 같은 시기에 대담한 귀족들은 대여행* 코스를 이탈리아에서 레반트로 확대하기 시작했으며, 거기에는 그리스도 포함되었다.70

계몽주의 시대의 학자들은 서재에 앉아 편안히 책을 읽으면서 세계에 관한 일반적인 진리를 연구할 수 있었다. 그러나 느낌과 특정 현장에 관심을 가졌던 낭만주의자는 이런 식의 연구에 만족할 수 없었다. 그들은 자신들이 연구하고자 하는 시기와 장소의 원본 문서 및 유물들을 직접 마주 대하고 싶어했으며, 가능하다면 냄새까지 맡아보고 싶어했다.71 예를 들어, 1750년대에 로버트 우드*는 트로아스(트로이 부근 지역)로 가서, 그 본래의 장소에서 『일리아스』를 읽었다. 1775년에 출간된 『최초의 천재 호메로스와 그의 작품에 관한 수필』에서, 우드는 호메로스를 특정한 풍경 속에서 살았던 특정한 민족의 소산으로 보았다. 비록 후기 낭만주의자와는 달리 호메로스가 한 명의 인물이라고 주장하기는 했지만, 그는 호메로스가 장님이었다는 고대의 전승을 이용하여 그가 문맹이었음을 강조했다. 우드가 그려낸 호메로스의 모습은 거의 '오시안'에 가까웠다. 즉 그리스뿐만 아니라 전 유럽의 유년기 시인이자 옛 북부 방랑 시인의 모습이었다.72

18세기 중반에 이르렀을 때, 영국에서는 이미 낭만주의적 분위기와 유럽 중심주의, 그리고 '진보' 개념으로 말미암아 그리스인(세 가지 기준 모두에 부합하는 것으로 보였다)에 대한 열정이 상당히 크게 형성되고 있었다. 영국의 문법학자 제임스 해리스(그의 관심사는 구어였다)는 오리엔트인을 증오했으며, 로마인이 문화적으로 열등하다고 생각했다. 반면 그는 그리스인을 받들었는데, 1751년에 그는 그리스인에 대해 다음과 같이 썼다.

> 한 세기가 조금 넘는 짧은 시간 안에, 그들은 뛰어난 정치가와 전사, 웅변가, 역사가, 의사, 시인, 비평가, 화가, 조각가, 건축가, 그리고 (마지막으로) 철학자가 되었다. 누구라도 이 황금기를 신의 섭리로 여기지 않을 수 없으며, 인간 종족이 오를 수 있는 완벽의 경지를 보여준 그 인간 본성에 경의를 표하지 않을 수 없으리라.[73]

'신성한 그리스인'이라는 개념은 이렇듯 이미 형성되어 있었다. 그들의 발전이 뒤늦게 시작되어 급속하게 이루어졌다는 점은, 이제는 일천함의 징표가 아니라 비상한 위대함의 표식으로 여겨졌다. 1767년에 이미 영국인은 심지어 이집트인에 대한 그리스의 우월성을 주장하기 시작한 상태였다. 같은 해에 또 다른 애버딘 사람 윌리엄 더프는 다음과 같이 썼다.

> 그리스의 과학은 급격한 진보를 이루어 대단히 크게 향상되었다. … 만약 발명자가 이집트인이었다면 이는 이집트인의 발명 재주를 증명해줄 테지만, 그리스인은 자신들이 보다 우월한 천재성을 지니고 있음을 보여주었다. … 기술과 과학은 중국인에게 오랫동안 알려져 있었지만 … 그들은 아직 기술과 과학을 가지고 있지 못하다.[74]

고전학자인 새뮤얼 머스그레이브는 명예롭지 못한 삶을 살았으며, 앞 장에서 언급했듯이 미트퍼드는 그를 '천박한' 학자라고 불렀다. 그럼에도 불구하고 빌라모비츠 묄렌도르프는 자신의 저서 『고전학의 역사』에서 머스그레이브를 존경할 만한 학자로 언급했다.[75] 머스그레이브는 1782년에 「그리스 신화론」을 발표했는데, 거기에서 그는 그리스 문화가 자생적이라고 주장했으며, 심지어 그리스 종교가 이집트에서 유래한다는 방대한 전승마저 부정했다. 그는 루키아노스(많은 저작을 남긴 기원후 2세기의 소피스트이자 풍자 작가)의 작품에 실려 있는 간접적인 인용문을 근거로, 그리고 가장 잘 알려져 있는 이집트와 그리스 신들의 이름이 서로 유사하지 않다는 점을 들어 이러한 견해를 전개해 나갔다.[76] 그러나 앞서 보았듯이, 머스그레이브의 주장은 미트퍼드에 의해 논파되었으며, 고대 모델의 이러한 측면에 대한 낭만주의적 돌파구가 독일에서 마련되었다.

18세기 중반 그리스의 젊음과 순수함을 옹호한 가장 위대한 인물은 독일의 요한 빙켈만이었다. 강박적일 정도로 근면한 그는 16세기와 17세기의 그리스학이 사실상 사라진 시기에 그리스어를 독학했다. 또한 대단히 좋아하기는 했지만 한 번도 본 적 없는 그리스 예술 작품과 가까워지기 위해 가톨릭으로 개종하여 사제로서, 그리고 세련된 추기경들을 위한 예술 전문가로서 생애의 대부분을 로마에서 보냈다.

빙켈만은 그리스인이 철학을 독점했다는 생각에 특히 반대했다.[77] 그리스인의 승리는 그가 보기에 훨씬 더 중요한 다른 무엇, 즉 미학에서 거둔 것이었다. 일찍이 1697년에 위대한 르네상스 학자인 스칼리게르는 그리스 예술과 시를 네 단계의 시기로 구분하려 한 바 있는데, 빙켈만은 자신이 그 시기 구분에 힘입었음을 인정했다.[78] 그러나 그의 도식은 여러 가지 점에서 당대의 단계화된 역사 개념, 특히 튀르고의 『인간 정신의 진보』에 보다 가까운 것으로 보이는데, 튀르고에 따르면 인간 정신은 신학의 단계와 형이상학의 단계, 그리고 과학의 단계라는 세 단계(이는 80년 후에 오귀스트 콩트*가 이야기한 내용과 매우 흡사하다)를 거치며 진보했다.[79] 1764년에 발간된 빙켈만의 『고대 예술사』는 예술사를 전체 사회사의 일부분으로 통합하려는 최초의 시도였다. 빙켈만에 따르면, 이집트 예술은 단지 원시 단계에 이른 것이어서, 이집트 예술가들은 순전히 본질적인 것에만 주의를 집중할 수밖에 없었다.[80]

그의 주장은 이러했다. 즉 이집트 예술은 불완전했는데, 왜냐하면 불완전하지 않을 수 없었기 때문이었다. 불운한 자연적·사회적 상황이 이집트 예술의 발전을 가로막았던 것이다. 고대 이집트인에 대한 근대의 인종 차별을 보여주는 초기 사례에서, 빙켈만은 이집트인이 대부분 안짱다리에 들창코였다는 아리스토텔레스의 주장을 따랐다.[81] 따라서 이집트인에게는 예술적으로 표현할 만한 아름다운 모델이 없었던 것이다. 모든 고전기 전거들, 그리고 심지어 몽테스키외까지 어느 정도 거스르면서, 빙켈만은 이집트의 지리적 여건이 수준 높은 문화를 이끌어낼 만하지 못했다고 주장했다. 그는 또한, 이집트인의 열정적인 기쁨과 슬픔을 역설했던 헤로도토스와 플루타르코스, 디오도로스를 비롯한 다른 고대 저자들의 증언에도 불구하고, 이집트인이 염세적이었으며 전혀 열정적이지 않았다고 주장했다.

어떤 면에서 보면 이러한 확신은 당시 널리 유행하던 견해, 즉 그렇게 많은 다른 대륙의 사람이 유럽의 진격 앞에서 허물어진 것은 그들이 환경에 시달려왔으며, 그래서 자연히 약하고 수동적이었기 때문이라는 견해를 반영하는 것이었다.[82] 한편 다른 수준에서 보면, 그것은 죽음에 대한 이집트인의 매우 현실적인 관심을 나름대로 평가한 것이었다. 즉 '진보'의 패러다임에서 볼 때, 죽음에 대한 이집트인의 관심은 이집트가 보다 '활기찬' 문명에 의해 언제라도 추월당하게 될 운명이라는 사실을 반영하는 것으로 해석할 수 있다는 것이었다.[83]

빙켈만이 그리스 예술을 만족스럽게 여긴 것은, 단지 그것이 역사적으로 나중에 등장하기 때문만은 아니었다. 친親그리스 성향의 비상한 열정을 드러냈던 그는, 자신이 그려낸 그리스의 이미지(그 핵심은 자유와 젊음이었다)를 어느 한 측면도 빼놓지 않고 사랑했다.[84] 그에 따르면, 그리스는 자유의 전형이었던 반면, 전제주의와 보수주의로 인해 성장이 저해된 이집트 문화는 완고한 권위와 침체(이 또한 비유럽적인 것이었다)의 상징이었다. 그가 생각하기에, 그리스 도시 국가들이 자유로움을 유지하지 않았더라면 위대한 예술을 창조하기란 불가능했을 것이었다. 빙켈만과 그의 추종자들은 이러한 자유와 젊음이 발산하는 신선한 활력을 좋아했다. 그러나 그는 그리스 예술의 부드러운 고상함과 더불어 그리스 문화 전반의 '고결한 단순성'과 '고요한 위대함'을 역설하면서, 그것을 한결같은 그리스 기후의 결과로 여겼다. 게다가 그의 그리스 애호에서 중심적인 위치를 차지했던 것은 그리스의 동성애에 대한 존중이었다. 빙켈만 자신이 동성애자였으며, 근대 헬레니즘에서 지속된 주요한 동성애적 갈래는 계속해서 그와 관련되었다.[85]

그리스인을 자유롭고 고요하며 젊음을 사랑하는 사람으로 본 빙켈만의 해석은 그 이후로도 헬레니즘의 중심적인 논지로 남았지만, 심지어 18세기에도 그리스에 대한 다른 이미지들이 있었다. 그리스 문화에 비극적이고 '디오니소스적'인 특징이 존재한다는 믿음(19세기 말 니체의 작품에서 절정에 달했다)은, 이미 19세기 초의 횔덜린*과 하이네* 같은 시인뿐만 아니라 18세기 사상가들에게서도 명백히 나타났다.[86] 준엄하고 권위주의적인 도리스인에 대한 찬탄은 헬레니즘의 또 다른 갈래였다. 그럼에도 불구하고 18세기 후반과 19세기의 모든 사상 학파들은 이집트와 그리스의 관계에 대한 인식에서 일치했다. 즉 이집트는 인간 진화의 보다 초기이자 보다 낮은, 이상하리만치 활기 없는 단계를 대변하며, 헬라스의 유럽적인 정신은 인간 진화를 보다 수준 높고 보다 활기 있는 단계로 끌어올렸다는 것이었다.

빙켈만의 저서가 독일에 미친 영향은 자극적이었다. 고전학 역사가인 루돌프 파이퍼*는 다음과 같이 썼다.

인문주의의 라틴 전승이 단절되고 완전히 새로운 인문주의, 즉 새로운 진정한 헬레니즘이 자라났다. 빙켈만은 창시자였고, 괴테는 완성자였으며, 언어학과 역사학, 그리고 교육학에 관한 저서들을 집필한 빌헬름 폰 훔볼트*는 이론가였다. 마침내 훔볼트의 사상은, 그가 프로이센의 교육장관이 되어 새로운 베를린 대학과 새로운 인문주의적 김나지움*을 세웠을 때 실질적으로 실행되었다.[87]

스스로를 낭만주의의 창시자라고 믿은 괴테는, 18세기를 기꺼이 '빙켈만의 세기'라고 불렀다.[88] 1930년대의 보다 냉혹한 분위기 속에서, 영국의 뛰어난 독일학 학자인 버틀러는 빙켈만을 '독일 전역에 그리스의 폭압을 펼친' 최초

의 인물로 여겼다.89

진정한 독일의 뿌리로 회귀하려는 욕구와 더불어, 18세기 독일의 정체성 위기에 대한 두 번째 주요 반응은 신新헬레니즘이었다. 그리스어와 독일어 사이의 '특별한 관계'에 관한 오랜 인식, 그리고 가톨릭의 라틴어에 대립하는 프로테스탄트의 종교적 언어라는 그리스어의 입지는 앞서 이미 논한 바 있다. 18세기에 독일이 느낀 위협은 '새로운 로마'인 파리와 로망스어인 불어로부터 가해진 것이었다. 그리스어와 독일어 사이의 이 오랜 문화적 연대가 소생한 것 외에, 독일을 새로운 헬라스와 동일시하려는 새로운 동기가 있었다. 1770년대에 이미 독일은 하나의 주요한 문화적 중심이 될 만한 잠재력을 드러내고 있었지만, 그러한 잠재력은 정치적으로 반영되지 못했다. 프리드리히 대왕의 전쟁은 당대인에게, 프로이센이 독일을 통일할 수 없으며 마찬가지로 오스트리아 제국도 그러지 못하리라는 확신을 심어주었다. 정치으로 나약하고 분열되어 있지만 여기에 문화적인 힘이 결합한다면, 독일이 새로운 로마는 될 수 없지만 새로운 헬라스가 될 수는 있음을 시사하는 것처럼 보였다.

당대의 일류 극작가인 빌란트*는 1760년대와 1770년대에 그리스인에 관한 몇 편의 희곡을 썼다.90 괴테는 그리스인에게 완전히 매료되었으며, 비록 성공적이지는 못했지만 중년의 나이에 여러 차례 그리스어를 배우려고 시도했다.91 헤르더 역시 아테네의 자유와 예술적 창조성을 열정적으로 찬양했는데, 그는 그리스 시에 관한 글을 썼으며, 또한 괴테로 하여금 그리스어 공부를 다시 시작하도록 부추기기도 했다.92 이 사상가들과 예술가들은 빙켈만과 19세기의 신新헬레니즘 추종자들만큼 그리스에 사로잡히지는 않았다. 그러나 고대 그리스 및 그와 근대 독일 사이에서 감지할 수 있는 밀접한 관계가 독일의 문화계(새로이 형성된 '대학 학계'를 포함하여)에서 점점 더 중심적인 위치를 차지해가고 있었다는 점은 의문의 여지가 없다.

빙켈만은 대개 예술사 분야의 창시자로 인식되며, 괴테는 그를 학자로서 확실하게 받아들였다. 그럼에도 불구하고 18세기 후반 독일, 특히 괴팅겐에서 출현하기 시작한 새로운 종류의 '전문적인' 대학인은 그를 받아들이지 않았다. 괴팅겐대학은 그 이후에 출현한 근대의 다양하고 전문적인 모든 대학의 싹으로 간주할 수 있다. 괴팅겐대학은 1734년 잉글랜드 왕이자 하노버 선제후인 조지 2세가 설립했으며, 그의 충분한 기금을 바탕으로 운영되었다. 새로운 재단이 운영하는 만큼 다른 대학에서 지속된 중세의 종교적이고 스콜라 철학*적인 많은 제약에서 벗어날 수 있었다. 영국과 관련되면서 괴팅겐대학은 스코틀랜드 낭만주의뿐만 아니라 로크와 흄(이들의 인종주의는 앞서 언급한 바 있다)의 철학적이고 종교적인 사상을 받아들이는 도관이 되었다.93

배타적인 전문주의가 괴팅겐 학문의 독특한 형태였다면, 그 내용을 하나로 묶는 주요 원리는 사실상 민족성과 인종주의였다고 말할 수 있다. 이는 물론 단순히 영국과의 학문적 접촉에서 비롯한 결과가 아니라, 독일 교양 계층 전반에 널리 퍼져 있던 견해에서 비롯한 결과였다.94 괴팅겐 교수들이 자임한 높은 학문 수준과 학자적 초연함에도 불구하고, 그들은 빙켈만과 괴테, 그리고 레싱* 같은 '대중적인' 저자들의 영향을 피할 수 없었다.

유럽 중심주의는 괴팅겐대학의 설립자 가운데 한 사람인 크리스토프 아우구스트 호이만의 견해에서 두드러지게 나타났다. 호이만은 새로운 전문주의의 선구자로서 『철학 공보』라는 학술지를 창간했다. 1715년의 창간호에서 그는 이집트인이 많은 분야에 관한 교양을 지니고는 있었지만 '철학적'이지는 않았다고 주장했다. 이러한 주장(앞서 보았듯이, 그의 동시대인인 몽

테스키외와 브룩커는 감히 이러한 주장을 펼치지 못했다)은 예로부터 이어 내려
온 필로소피아와 이집트 사이의 강한 관련에 비추어볼 때, 눈에 띠게 대담
한 것이었다.[95] 호이만이 만들어낸 이집트의 '예술과 학문'과 그리스의 '철
학' 사이의 범주적인 구별은 다소 납득하기 어렵다. 왜냐하면 그는 그리스의
'철학'을 "이성에 근거하여 유용한 진리를 탐구하고 연구하는 것"이라고 정
의했기 때문이다.[96] 그럼에도 불구하고 그러한 구별이 불명확하다는 바로
그 점으로 인해, 그리스인이 최초의 '철학자들'이었다는 주장을 반박하기란
거의 불가능해졌고, 지금도 그러하다.

오직 그리스인만이 철학적으로 사색할 수 있다는 고대의 주장이 사실 있
기는 하다. 티투스 플라비우스 클레멘스*는 이를 에피쿠로스의 주장으로 여
겼는데, 곧이어 그는 그 주장이 전혀 그럴듯하지 않음을 보여주었다.[97] 또한
그리스인이 모든 것을 '보다 세련되게' 만든다는 『에피노미스』의 구절이 있
다.[98] 그러나 이러한 주장이 있었다고 해서, 이집트와 오리엔트를 지혜와 철
학의 본거지로 본 방대한 고대 및 근대의 전승을 반박한 호이만의 과감성이
조금이라도 훼손되는 것은 아니다.

이에 관한 호이만의 견해가 그의 독일 민족주의 및 유럽 중심주의와 연
관된다는 점은 거의 확실하다. 그는 철학을 독일어로 저술할 것을 주장하고
또 그러한 주장을 실천에 옮기려 노력했는데, 당시 이는 거의 전례가 없는
일이었다.[99] 그는 또한 몽테스키외보다도 먼저 기후 결정론을 주장했다. 호
이만에 따르면, 철학은 그리스에서 발생했다. 왜냐하면 철학은 너무 덥거나
너무 추운 기후에서 번성할 수 없기 때문이었다. 즉 오로지 그리스나 이탈
리아, 프랑스, 영국, 혹은 독일 같은 온화한 나라의 주민만이 진정한 철학을
창조할 수 있다는 것이었다.[100]

철학의 그리스 기원에 관한 호이만의 견해는, 독일어의 철학적 역량에 관
한 그의 견해와 마찬가지로 50년 이상 시대를 앞서간 것이었다. 철학사에
관한 그의 저서는 브룩커의 방대한 저서(앞서 보았듯이, 브룩커는 거기에서 절

충적인 입장을 취했지만 이집트인에게 부여된 '철학자'라는 호칭을 거부하지는 않았다)에 빛이 가렸다.101 그럼에도 불구하고 괴팅겐대학에서는 호이만의 영향이 지속되었는데, 1780년대에 새롭게 대두한 철학사가들의 물결을 선두에서 이끈 디트리히 티데만이 괴팅겐에서 수학했다는 사실은 전혀 놀랄 만한 일이 아니다.102 이 인종적이고 '과학적인' 학파에서, 그리고 그 주제에 관한 이후의 모든 저자에게서, '진정한' 철학이 그리스에서 시작되었다는 명제는 하나의 공리가 되었다.

1780년대에 역사 연구는 특히 괴팅겐에서 변혁을 겪고 있었다. 괴팅겐대학 교수인 가터러는 왕과 전쟁에 관한 역사가 아니라 민족들의 '일대기'로서의 역사를 저술하는 작업에 착수했다. 또 다른 교수인 스피틀러는 특정 민족의 표현이자 형성자라는 관점에서 제도를 연구했다.103 더더욱 중요한 것은, 역사가이자 인류학자이며 이후 나치가 인종론의 창시자로 추앙한 마이너스의 연구였다. 1770년과 1810년 사이에 마이너스는 '시대 사조'라는 이전의 일반 개념을 '시대 정신'이라는 학술 이론으로 발전시켰다.104 아마도 이러한 노선 위에 있는 비코의 앞선 저작을 알지 못했을 마이너스는, 각 시대와 장소마다 그 상황과 제도에 의해 결정되는 특별한 정신이 존재한다고 주장했다.105

이전의 역사가들이 이러한 접근법을 결여하고 있었다는 점은 도가 지나치게 과장되었지만, 1780년대 이후 진지한 역사가의 입장에서 어떠한 행위나 진술을 그 사회적·역사적 배경에 대한 고려 없이 판단한다는 것은 확실히 불가능해졌다. 이러한 발전과 밀접히 연관된 것이 마이너스의 또 다른 혁신, 즉 '사료 비평'이었다. 이는 사료의 저자와 사회적 맥락에 따라 상이한 사료들의 가치를 평가하여, 주로 혹은 오로지 믿을 만한 사료를 해석의 기반으로 삼는 것이었다. 마이너스는 부룩커 같은 이전 저자들이 시대 정신의 발현 여부에 대한 선택 과정 없이 역사적인 사료를 무비판적으로 분별없이 받아들였다고 비난했다.106

이는 괴팅겐의 새로운 '과학적' 정신 및 이미 갈릴레오에게서 명백히 나타난 전통에 완벽하게 부합하는 접근법이었다. 갈릴레오에 따르면, "일단 하나의 필연적인 이유가 발견되면, 단지 개연적일 뿐인 수천 가지의 이유는 모조리 파기된다." 이러한 표준은 실험 과학에서 대단히 유용한 것으로 입증되었다. 그러나 조르조 드 산티야나는 다음과 같이 지적했다.

직접적이고 지속적인 검사(갈릴레오가 특별히 시죄법試罪法*이라고 불렀던 것)의 영역을 떠나서 그것을 철학적 설명의 지침으로 택하게 되면, 곧 위험이 나타나기 시작한다.107

마이너스의 방식은 19세기와 20세기의 사료 편집을 지배했는데, 그러한 방식은 역사가를 연대기 작가와 구별하는 핵심으로 보였다. 사료에 따라 비중을 달리 두는 것은 불가피한 일이었다. 단, 관련 시기와 '어울리지 않는' 것처럼 보인다는 이유로 특정 사료를 무시하거나 거부함으로써 자신이 선택한 유형을 얼마든지 마음대로 덧씌울 수 있다는 점을 역사가가 자각하지 못할 경우 위험이 발생한다. 이는 그 시대와 역사가의 관심사를 단순하게 반영할 뿐인 역사 요소를 증대시켰다. 18세기 말의 경우, 자신들이 "더 잘 안다"는 근대 역사가의 확신으로 인해 상황은 더욱 악화되었다. 그들은 이전 학자들과 달리, 자신들이 객관적으로 기술하고 있다고 확신했다. 더욱이 마이너스와 그의 동료들은, 사료의 양이나 혹은 유추적인 그럴듯함보다는 자신들이 사료의 '질'이라고 확신하는 것을 믿으라고 역설했다.

본서의 관심 분야를 다루면서, 이 역사가들은 널리 유포된 다량의 그럴듯한 역사 기록들에 담겨 있는 정보를 거부했으며, 그로써 고대 모델을 부정할 수 있는 길을 열었다. 이집트와 페니키아에 의한 식민화 및 이후의 문화적 차용에 관한 수많은 고대의 언급들은 이제 '뒤늦게 기록된 것'이거나 '쉽게 속아 넘어간 것,' 혹은 단순히 '믿을 만하지 못한 것'으로서 기각할 수 있었다. 더욱이 이제 학자들은 많은 고대 원문들이 서로 모순되거나 혹은 새로이 확립된 자연 과학의 규범에 역행한다는 사실을 이용해, 자신들이 싫어하는 것은 그 무엇이든 믿을 만하지 못한 것으로 만들었다. 그럼에도 불구하고 고대 모델이 이후 40년 동안 무너지지 않은 것은, 오랫동안 사람의 마음을 장악해온 힘이 유지된 탓이기도 했고, 또 고대 모델에 도전할 만한 양질의 고대 사료가 없는 탓이기도 했다. 고대 모델이 전복되자, 이 새로운 학자들은 어떤 이유로든 식민화를 언급하지 않은 고대 저자들의 '묵시적 이의'와 '침묵을 통한 거부'에 의지할 수밖에 없었다.[108]

'사료 비평'과 새로운 과학 정신 사이의 관련에도 불구하고, 사료 비평이 실증주의의 프랑스나 경험주의의 영국이 아니라 낭만주의의 독일에서 발생했다는 점은 주목할 만하다. 예를 들어, 마이너스 자신은 새로운 학문 기법을 이용하여 '진보적인' 성향의 낭만주의적 민족사를 서술했다. 그는 민족을 흰 피부, 용감함, 자유로움 등등과 검은 피부, 추악함 등등의 범주로 세분했는데, 그 스펙트럼의 범위는 침팬지에서부터 호텐토트족*을 거쳐 독일인과 켈트인에게 이른다.[109]

보다 주의 깊고 체계적인 인종 서열은 괴팅겐의 자연사 교수인 블루멘바흐*가 확립했다. 1775년에 출간된 그의 『인종의 자연 기원』은, 수십 년 전 린네가 자연사를 대상으로 기술했던 유형 분류에 따라 인종을 '과학적'으로 연구한 첫 번째 시도였다. 그러나 블루멘바흐는 린네가 내린 종의 정의(생식 능력 있는 자손을 낳을 수 있는 개체군)를 인간에 적용할 수 없었다. 그는 진보주의자가 아니었으며, 또한 인간이 단 한 차례 창조되었다는 성서의 전승을 부정하면서 상이한 '인종들'이 제각기 창조되었다고 주장하는 다원 발생설의 신봉자도 아니었다. 블루멘바흐는 한 명의 완벽한 인간을 만들어낸 유일무이한 창조를 믿었다. 사실 블루멘바흐가 스스로 중요한 '인종적' 차이라고 인식한 것에 대해 제시한 설명은, 박물학자인 뷔퐁*이 18세기 초에 상술한 유럽 중심적인 양식을 따른 것이었다. 뷔퐁은 유럽에서 발견되는 표준적인 유형의 종들이 다른 대륙에서는 그곳의 좋지 않은 기후 여건으로 인해 퇴화했다고 주장했다. 개체들이 너무 커지거나 작아지고, 너무 약해지거나 강해지고, 너무 밝은 색을 띄거나 칙칙해졌다는 것이었다.110

블루멘바흐는 '코카서스인'이라는 용어를 최초로 널리 알린 인물이었다. 그는 그 용어를 그의 위대한 저서 제3판(1795년)에서 처음으로 사용했다. 그에 따르면, 백인 혹은 코카서스인은 최초의 인종이자 가장 아름답고 재능 있는 인종으로서, 이 인종이 퇴화하여 다른 모든 인종들, 즉 중국인이나 흑인 등이 생성되었다. 블루멘바흐는 '과학적'이고 '인종적인' 근거로 '코카서스인'이라는 기묘한 이름을 정당화했다. 왜냐하면 그루지야*인이 가장 훌륭한 '백인종'이라고 믿었기 때문이다. 그러나 거기에는 그보다 훨씬 더 많은 이유가 있었다. 우선, 인간이 대홍수 이후에 나타난 것으로 생각할 수 있다는, 그리고 노아의 방주가 남부 코카서스의 아라라트* 산에 상륙했다는 종교적인 믿음(이 믿음은 18세기에 비코에 의해 널리 알려졌다)이 있었다.111 또한 인류가 기원한 곳(그러므로 유럽인이 기원한 곳)을 고대인이 믿은 대로 나일 강이나 유프라테스 강의 계곡으로 보는 것이 아니라 동방의 산맥 지대로 보려는 독일 낭만주의의 경향이 점점 더 큰 중요성을 띠어가고 있었다. 헤르더는 이렇게 말했다. "열심히 산맥을 올라 아시아의 정상에 도달합시다."

헤르더는 인류가 기원한 곳을 히말라야 산맥으로 보았으며, 인류(적어도 인류의 가장 순수한 형태인 아리안)가 아시아 고지대에서 유래했다는 일반적인 믿음은 19세기 말까지 인류 기원에 관한 낭만주의적 탐구에서 지배적인 위치를 차지했다.112 아시아 기원설이 가지는 한 가지 이점은, 그로 인해 독일인이 서유럽인보다 인류의 순수한 초기 단계에 더욱 가까이 위치한다는 것이었다. 그러나 이는 19세기에 훨씬 더 효과적으로 이용되었다.

블루멘바흐는 셈족과 이집트인을 코카서스인에 포함시킨 점에서 당시로서는 비교적 진부한 편이었다. 그러나 그는 코카서스 산맥이 본질적으로 아리안(이는 1790년대부터 사용되기 시작한 새로운 용어이다)과 연관된다는 관념을 이미 얼마간 가졌던 것으로 보인다.113 비록 나는 이 점을 정확히 추적할 수 없었지만 말이다. 코카서스 산맥은 유럽의 축도로 여겨지는 프로메테우스*가 유배되어 가혹한 형벌을 받았다고 전해지는 곳이다. 프로메테우스가 지니는 의의는 단순히 이아페토스Iapetos(노아의 셋째 아들이자 유럽인의 조상인 야벳*과 동일시된다)의 아들이라는 점에 국한되지 않았다. 인류를 위해 불을 훔친 그의 영웅적이고 자기 희생적인 행위는 곧 전형적인 아리안의 행위로 여겨졌다. 고비노*는 그를 주요 백인 종족의 조상으로 보았으며, 20세기에 이르러 극단적 낭만주의자인 로버트 그레이브스*는 심지어 프로메테우스라는 이름이 '만자형 십자가*'를 의미한다고 시사하기까지 했다.114

1780년대에 또 다른 괴팅겐 교수인 슐뢰처*는 '야벳'이라는 이름의 어족을 새로이 만들려고 했는데, 거기에는 이후 인도유럽어라는 이름으로 묶이게 될 대부분의 언어들이 포함되었다. 비록 그는 '야벳어족'을 만들어내는 데에는 실패했지만, 대신 '셈어족'을 확립하는 데에 성공했다.115 그러나 괴팅겐에서 이루어진 셈어 연구는 그의 스승인 미하엘리스가 주도했다. 그는 당대의 가장 위대한 히브리어 학자인 동시에 완강하게 반유대주의를 표방한 인물이기도 했다.116

이제는 이미 너무나 명백한 이야기이지만, 1775년부터 1800년에 이르는 시기에 괴팅겐이 단지 이후의 대학들에서 나타나는 수많은 제도적 형태를 확립하는 데에 그친 것은 아니었다. 괴팅겐의 교수들은 이후 새로운 전문 분야의 연구와 출판의 토대가 된 지적 체제를 거의 확립했다. 이 뛰어난 학자들 사이에서 지적 효소의 역할을 한 학문이 고전 문헌학(이후 이 학문에는 '고대학Altertumswissenschaft'이라는 보다 위압적이고 근대적인 이름이 붙여졌다)이었다는 데에는 의문의 여지가 없다.117

그 분야를 주도한 인물은, 블루멘바흐의 처남인 크리스티안 고트로프 하이네*였다. 1763년에 교수가 되어 1812년에 사망할 때까지, 하이네는 괴팅겐 시와 대학의 중심 인물이었다. 그가 운영한 도서관은 곧 유럽에서 가장 훌륭한 도서관 가운데 하나가 되었으며, 그는 '근대적인' 전문 학문의 주요 지지자 가운데 한 명이었다.[118] 하이네는 소크라테스의 방식에서 따온 비종교적인 세미나를 장려했는데, 사료 비평은 그 세미나를 통해 발전했다.

사료 비평의 대상으로 가장 빈번하게 등장한 것 가운데 하나는 고대 모델과 그리스어 원문에 수록된 이집트에 대한 호의적 언급이었다.[119] 사료 비평은 인구 통계학*의 인자 분석법*이나 지능 측정법에 비유할 수 있는데, 이에 관해 스티븐 굴드*는 다음과 같이 말했다.

사실상 그 모든 절차는 개개의 지능 이론에 대한 정당화로서 발생했다. 인자 분석은 분명 순수한 귀납 수학에 속하지만, 사회적 맥락 안에서 뚜렷한 이유로 인해 발명된 것이었다. 그리고 비록 그 수학적 기초는 논쟁의 여지가 없다 하더라도, 지능의 물질 구조를 이해하기 위한 용도로 사용된 것은 처음부터 심각한 개념적 오류에 빠지는 일이었다.[120]

하이네는 젊은 시절 드레스덴에서 사서로 일하면서 빙켈만을 알았다. '전문적인' 대학인이 된 후 그는 빙켈만의 저술을 비판했지만, 그가 빙켈만의 열정적인 신新헬레니즘에서 크나큰 영향을 받았다는 점은 의문의 여지가 없다.[121] 루돌프 파이퍼는 다음과 같이 썼다.

하이네와 그의 동료 및 제자들의 학문이 당대의 다른 학자들의 학문과 구별되는 것은 바로 빙켈만의 영향 때문이었다.[122]

현대 과학사가인 스티븐 터너는, 전통적인 독일 교양 학자들이 '전문적인' 대학인으로 변화하는 과정을 다룬 중요한 저서에서, 이 점을 상세히 서술한다.

하이네를 통해 신新인문주의*는 고전학과 고전학의 '대중적 이미지'에 활기를 불어

넣는 유사한 효과를 거두었다. 하이네는 학자 생활 내내, 학교와 학술협회의 전통적인 문헌학과 학계 밖에서 쌓아올려진 미학적인 신新헬레니즘 및 바이마르 고전주의 사이에 새로운 연결고리를 만들려고 노력했다.123

하이네는 소위 '낭만주의적 실증주의'의 전형이었다. 프랭크 마누엘은 그에 관해 다음과 같이 썼다.

> 그의 학문은 나무랄 데 없었고, 그의 원문 편집은 위대한 전통 안에 머물렀지만, 배움에 따르는 그러한 부속물에도 불구하고, 그와 독일 교양 학자 세대를 움직인 정신은 18세기에 그의 문학 동료들을 사로잡은 것과 동일한 낭만주의적 헬레니즘이었다.124

하이네는 해외 여행과 이국인에 매료되었다. 독일 학계에서 교수의 딸과 결혼한다는 것의 중요성을 감안할 때, 블루멘바흐가 하이네의 자형이었다는 사실보다는 하이네의 두 사위들이 유럽 밖으로 여행하는 데에 관심을 가졌다는 사실이 더욱 중요하다. 둘 가운데 한 명인 헤렌은 제6장에서 논의할 것이다. 다른 한 명인 게오르크 포르스터는 18세기에 훨씬 더 유명했다. 포르스터는 쿡 선장과 함께 항해한 뒤 세계 일주에 관한 상세한 기록을 남겼다. 그는 정치적 급진주의와 착취(심지어 비非백인에 대한 착취까지)를 혐오하면서도, 다원 발생설의 가능성에 대한 폄훼를 거부하였다. 하이네와 포르스터는 서로에게 애착을 느끼면서 서신을 통해 다방면에 걸쳐 의견을 나눴는데, 그 대부분은 열대 지방과 인류학에 관한 것이었다.125

하이네는 그리스도교에 별다른 관심을 갖지 않았다. 그러나 1789년 이후 논쟁이 양극단으로 치달았을 때, 그는 현상 유지에 열정적으로 관여하게 되었다. 프랑스 혁명에 대한 그의 격렬한 비난을 단순히 게오르크 포르스터에 대한 분노 때문이라고 하기엔 아무래도 설명이 부족하다. 설령 포르스터가 단지 혁명에 참여하기 위해 파리에 간 것이 아니라, 아내(하이네의 딸)의 가장 친한 친구이자 셈학 학자 미하엘리스의 딸인 카롤리네와의 사랑을 위해 아내를 버린 것이라 할지라도 말이다.126

하이네의 격분은 그가 하노버와 독일의 현상現狀 유지에 깊이 연루되었다는 점에 근거하여 설명할 필요가 있다. 연루의 정도는 그가 자신의 사랑하는 대학을 보호하고자 프랑스 점령군과 함께 일하였다 하더라도 전혀 축소되지 않는다. 따라서 그렇게 많은 하이네의 학생들과 추종자들이 프로이센을 위해 프랑스와 혁명 사상에 맞서 투쟁했다고 보는 것이 맞다. 요컨대, 이후 영국과 아메리카로 건너가 '고전학'이라는 새로운 분야로 자리잡게 되는 고대학은, 전형적인 괴팅겐의 소산(혁명보다는 개혁에 대한 욕구, 민족성과 인종에 대한 깊은 관심, 그리고 철저한 학문 자세와 더불어)이었음에 틀림없다. 더욱이 고대학과 고전학 모두 프랑스 혁명(그리고 프랑스 혁명이 제기한 전통 질서와 종교에 대한 도전)에 반발했으며, 서로 다른 인종 사이의 차이와 불평등에 관심을 가졌다. 또한 고대학과 고전학은 18세기 후반의 진보적인 독일 집단에서 나타난 열정적인 낭만주의와 신新헬레니즘을 공유했다.

제 5 장

낭만주의 언어학 :
인도의 발흥과 이집트의 몰락

1740 ~ 1880

이제 고대 모델의 몰락을 살펴보자. 비록 비슷한 배경과 동일한 여러 사회적·지적 세력에서 영향을 받았지만, 고대 모델의 몰락과 그로부터 대략 20년 후에 대두한 아리안 모델의 발흥은 서로 구별해야 한다. 이번 장은 18세기의 마지막 4반세기 동안 많은 사람이 산스크리트어를 비롯한 인도 언어에 매혹당했으며, 이는 유럽 언어 사이의 관계를 이해하는 계기가 되었다는 사실을 출발점으로 삼는다. 이러한 이해로 인해 1830년대에 이르러 인도유럽어족에 관한 일반적인 인식이 형성되었는데, 이는 그 시대의 인종주의적 분위기 속에서 인도유럽 인종 또는 '아리안 인종'이라는 개념으로 급속히 발전했다. 인도를 향한 열정으로 인도는 이집트를 대신해 유럽의 이국異國 선조라는 위치에 올랐다. 그러나 당시 선조란 철학과 이성의 전달자가 아니라, '혈통'의 관점에서 본 낭만주의적 개념의 선조였다.

이제 고대 모델로 돌아가 보자. 1780년대 이후 고대 이집트 인식에서 결정적인 요인으로 작용한 것은 심화된 인종주의, 그리고 '민족성'이 역사 해명의 중심 원리라는 새로운 믿음이었다. '검은 피부색'과 아프리카적 본성을 한층 강조하는 가운데, 이집트인은 고귀한 코카서스인의 범주에서 점점 더 멀어졌다. 따라서 그들이 그리스인(유럽의 축도이자 순수한 유년)의 문화적 선조라는 생각은 더 이상 참을 수 없게 되었다. 또한 유럽의 사회 질서를 공격한 프랑스 혁명에 호응하여 유럽을 이데올로기적 혹은 신학적으로 공격한 뒤퓌의 저서는, 이집트 신화와 그리스도교 사이에 새로운 국면을 조성했다. 바로 이러한 배경을 알아야, 반동기(1815~1830년)의 샹폴리옹이 왜 험난하게 살 수밖에 없었는지 이해할 수 있다. 샹폴리옹은 공인된 혁명가이자 열정적인 보나파르트파*였지만, 그의 초기 발견 가운데 하나는 뒤퓌 지지자의 일부 이론을 신뢰할 수 없는 것으로 만들었다. 그리하여 샹폴리옹의 상형 문자 해독解讀은 교회와 복고 귀족의 환영을 받았다. 한편 이집트를 그리스보다 우위에 두는 샹폴리옹의 태도(이는 그의 정치적 신념과 결부되었다)는 그리스학 및 인도학 학자를 격분시켰다. 이 때문에 그들은 모든 수단을 동원하여 끊임없이 그의 학계 진출을 가로막으려 했다.

샹폴리옹은 1831년에 요절하기 직전, 고대 이집트의 연대를 상당히 끌어올림으로써 정통 그리스도교에 도전했다. 따라서 죽음에 이르렀을 당시 그는 이미 그리스도교도와 그리스학 학자 모두에게서 반감을 산 상태였다. 또한 이집트학은 이집트에 대한 대중의 매료와 프리메이슨에서 이어져온 얼마간의 존경심에도 불구하고 향후 25년 동안 급격히 쇠퇴했다. 이집트학은 1850년대 후반에 이르러서야 서서히 회복하기 시작했다. 1860~1880년의 시기에 샹폴리옹의 정신은 만연한 인종주의 및 그리스에 대한 열정과 한때 팽팽한 긴장 관계를 이루기도 했다. 그러나 1880년 이후 이집트학은 고전학이라는 지배적인 학문 분야에 순응하거나 종속하는 경향을 보였다.

그 이후에도 일각에는, 고대인이 주장하듯, 이집트 문명이 수준 높은 종교와 철학 그리고 과학을 부분적이지만 실제로 지니고 있었다는 목소리가 늘 존재했다. 그럼에도 불구하고, 이집트인이 기술적으로는 능숙했지만 '진정으로 문명화한' 것은 아니며, 이집트 문화에 대한 그리스인의 존경은 망상에서 비롯한 것이라는 견해가 여전히 지배적이었다. 이러한 '공식 노선'과 현존하는 기념물 및 고대 기록 사이의 모순은 수많은 반反문화 혹은 반反학문 분야의 출현을 야기했다.

이 가운데 두 가지는 이 장 말미에서 논의한다. 우선 해부학자이자 자연인류학자인 엘리엇 스미스가 주창한 '전파론'은 아시아에서 온 이주자가 이집트 문명을 확립한 다음 그것을 유럽 및 다른 세계로 유포했다고 주장한다. 다음으로 피라미드학 학파(이 학파의 보다 신중한 일원)는 대大피라미드를 천문학과 수학에 매우 정통한 건축가들이 건설했다고 주장한다. 이번 장은 이 '이단'이 정통 이집트학과 향후 합류할 가능성에 관한 논의로 끝을 맺는다.

인도유럽어의 탄생

언어는 언제나 낭만주의자의 중심 관심사였다. 그들에 따르면, 언어는 특유한 것, 즉 특정 장소와 풍경, 그리고 기후에 부속된 것이었다. 따라서 그들은 언어를 특정 민족의 독자적인 표현으로 보고 소중히 취급했다. 헤르더는 언어, 특히 말에 사로잡혔다. 그는 호메로스와 블랙웰 그리고 독일의 신비주의 철학자 요한 게오르크 하만*에 열광하는 영국의 예를 좇아, 생각과 이성이 말에 앞선다는 것을 부정했다. 그는 특정 음성학에 구애받지 않고 보편적인 이념을 표현한다고 여겨진 시각 기호, 즉 이집트 상형 문자나 중국 한자에 대한 계몽주의의 편애에 반대했다. 헤르더와 낭만주의자가 언어의 주된 목적으로 여긴 것은 이성의 전달이 아니라 감정의 표현이었으며, 독일어와 그리스어를 칭송한 것은 바로 그런 까닭이었다. 앞서 보았듯이, 그리스어는 18세기 중반에 철학의 도구로서가 아니라 시적 특성 때문에 높이 평가받았다.[1]

헤르더를 비롯한 낭만주의자가 언어에 대해 가진 관심은 역사 언어학의 형성에서 중요한 부분을 차지했다. 낭만주의의 영향은 역사 언어학의 두 주요 모델인 수형도樹型圖와 가계도家系圖에서 찾아볼 수 있다. 이 두 모델은 엄청난 미학적·진보적 호소력을 발휘하면서 19세기 학문과 과학 전반에 걸쳐 두루 확산되었다. 하나로 시작해 여러 갈래로 나뉜다는(특수하지만 규칙적인, 도표화 가능한 변화를 통해) 가정은 역사 언어학의 초기 단계에서 대단히 유용했다. 반면 수형도와 가계도는 '역행' 혹은 혼합과 수렴을 고려하지 않는 목적론의 경향을 보인다. 즉 각각의 언어는 초기 단계에 각인된 궁극적인 본성을 지니며, 이는 이후의 접촉에 의해서도 본질적으로 영향을 받지 않는다고 가정한다.[2] 제7장과 8장의 논의를 미리 고려한 것이기는 하지만,

여기서 우리는 주로 이러한 이유로 인해 역사 언어학이 19세기 말에 이르러 거의 소멸하다시피 했다는 점을 곧 알아차릴 수 있다.3

그러나 그 이전까지 언어학은 지성계를 가장 흥분시키는 분야의 하나였다. 슐뢰처가 셈어족을 확립했다는 점은 바르텔르미 신부의 저서 및 괴팅겐의 발전과 관련하여 이미 언급한 바 있다. 1820년에 이르렀을 때, 이미 학자들(특히 덴마크 학자 크리스티안 라스크*와 헤르더의 제자 프란츠 보프*)은 대부분의 유럽 언어에서 나타나는 음성학과 형태론의 관계를 체계적으로 조사해 놓은 뒤였다.

이러한 노력은 체계적인 새로운 인종 분류법과 관련이 있었던 것이 분명하다. 그들은 코카서스인이 아시아 산맥 지대에서 유래했으므로, 유럽 언어 역시 동일한 기원을 가진다고 생각했다. 중요한 것은, 독일인이 본래의 고향을 떠난 마지막 민족이기 때문에 보다 순수한 코카서스인으로 생각한 것처럼, 독일어 역시 다른 유럽 언어보다 더욱 순수하고 더욱 오래된 언어라고 그들이 생각했다는 점이다. 그리하여 새롭게 정의된 어족의 독일어 이름은 인도게르만어(독일의 인도학 학자 하인리히 율리우스 클라프로트*가 1823년에 만들어낸 신조어)가 되었다.4 그러나 프란츠 보프 자신은 다른 나라 학자의 견해를 따라, 1816년에 토머스 영*이 처음으로 사용한 '인도유럽어'라는 명칭을 선호했다.5

산스크리트어에 대한 열광

'인도유럽어'의 '인도'는 인도와 산스크리트어에 대한 새로운 열정과 연결되었다. 20세기 초의 프랑스 지식인 레이몽 슈바브*는 1950년에 출간한 매혹적인 저서『오리엔트 르네상스』에서, 프랑스와 영국의 인도 침입과 발을 맞춰 고대 인도와 이란에 대한 문화적·언어적 관심이 증폭하는 과정을 추적했다. 19세기의 수많은 예술적·지적 발전의 경우와 마찬가지로, '오리엔트 르네상스'라는 관념을 처음으로 도입한 인물은 언어학자이자 열렬한 낭만주의자인 프리드리히 폰 슐레겔*이었다. 그는『인도인의 말과 지혜』라는 저서에서 다음과 같이 썼다.

> 학생들과 후원자들은 인도 문학도 연구해야 한다. 15세기와 16세기에 이탈리아와 독일에서는 고전학의 아름다움에 대한 열렬한 감상이 급작스레 일어났다. 그토록 짧은 시간에 고전의 중요성이 광범위하게 부각되어, 모든 지혜와 과학 그리고 세계의 거의 모든 형태가 재각성된 지식의 영향으로 변화하고 쇄신되었다.[6]

슈바브의 책 제목 '오리엔트 르네상스'는 에드가 키네*의 저서(1841년 출간)의 장 제목을 따온 것이다. 키네와 슈바브는 매우 유사한 두 가지 토대에 의거했다. 그 가운데 첫 번째는 새로운 오리엔탈리즘이 신고전주의를 따라잡았다는 주장이었다.[7] 이러한 주장의 변용(오리엔탈리즘이 중세주의와 연합하여 고전주의를 능가하고 있다는 주장)은 비록 썩 그럴듯하지는 않더라도 1840년대에는 충분히 가능한 견해였다. 그러나 19세기 말에 그리스와 로마가 승리를 거두고 고대 인도가 폐기되자, 그 견해를 지탱하기란 완전히 불가능해졌다. 슈바브가 그 견해를 재생한 것은 단지 골동품 연구 차원에 지나지 않았다.

오리엔트 르네상스를 지탱하는 두 번째 개념은 과학사의 신화(영웅적 인물이 어둠과 혼동과 미신으로부터 빛과 질서와 과학을 창조하는 과정)의 범주에 속하는 것이었다. 즉 낭만주의 시대 이전에는 사람들이 '오리엔트'에 관해 알지 못하거나 관심조차 갖지 않았는데, 18세기 후반에 이르러서야 처음으로 오리엔트를 **발견했다**는 가정이다. 사실 계몽주의 시대에 이집트는 오리엔트가 아니라 서방 세계에 속하는 것으로 여겨졌다.[8] 반면 내가 앞 장에서 보여주었듯이, 이집트와 중국에 대한 강렬한 관심과 상당한 지식은 1750년 훨씬 이전부터 존재했다. 비록 이집트나 중국만큼 계몽주의 사상가의 중심적인 관심사가 되지는 못했지만, 인도 역시 17세기와 18세기 초에 이미 알려져 있었다. 인도의 브라만 계급은 이집트의 사제나 중국의 지식 계급만큼 칭송받지는 않았지만, 유럽의 제도와 종교에 대한 전반적인 비판이라는 측면에서는 거의 동등한 역할을 했다고 볼 수 있다.

물론 인도 학자는 자신의 고전어인 산스크리트어를 계속 연구했으므로, 서방은 산스크리트어에 관한 지식을 17세기 후반 이래 축적해왔다.[9] 이리하여 산스크리트어에 대한 일반적인 인상이 그려졌는데, 윌리엄 존스 경은 1786년에 그리스어 및 라틴어와 관련하여 이를 명시적으로 기술했다.

> '산스크리트어'는 동사 어근과 문법 형태 양 측면에서 '그리스어 및 라틴어'와 우연이라고 할 수 있는 수준 이상의 강한 친근성을 가진다. 어느 언어학자도 이 세 언어가 아마도 이제는 더 이상 존재하지 않는 어떤 공통 근원에서 발생한 것이라고 믿지 않고서는 이 언어들을 고찰할 수 없을 정도이다. 그만큼 유력하지는 않지만 어쨌든 유사한 이유로 인해, 고트어*와 켈트어(매우 다른 언어적 특질이 뒤섞여 있지만)도 산스크리트어와 동일한 기원을 가진다고 가정할 수 있다.[10]

19세기의 독일과 영국 학자는 자신의 언어가 순수하지 않은 혼합의 결과일 수도 있다는 점을 거부했다. 그러나 그 점을 인정한다고 하더라도 감탄을 자아내는 이 간명한 진술(이 진술이 그럴듯한 근거에서 비롯된다는 점은 반드시 주목해야 한다)은 이후 인도유럽어학을 비롯한 모든 역사 언어학의 토대가 되었다.

그러한 언어학적 관계는 인도 언어와 문화가 이제 이국적이면서도 친숙한 것(모태는 아니더라도)으로 여겨질 수 있음을 의미했다. 이러한 관념이 나타나게 된 것은 이 주제에 관한 존스의 신중한 태도(그는 산스크리트어와 유럽 언어가 아마도 알려지지 않은 공통의 원형에서 유래했을 것이라고 주장했다)에도 불구하고 산스크리트어 자체가 인도유럽어의 원형이라는 생각이 일반적이었기 때문이었다. 이러한 결합과 인도 전승을 통해 알려진 브라만 계급이 중앙아시아 고지대에서 온 '아리안 정복자의 후예라는 지식은 인류와 코카서스인이 중앙아시아 산맥 지대에서 기원했다는 독일 낭만주의의 신념과 놀랄 만큼 잘 들어맞았다.[11] 이는 1790년대부터 1820년대까지 인도 문화의 모든 양상에 대한 비상한 열광이 만연하게 된 하나의 거대한 배후 영향력이었다. 그러나 단기적으로 볼 때, 존스는 언어학보다 문학을 통해 훨씬 더 큰 영향력을 행사했으며, 그의 인도 시 번역은 유럽 전역에서 열광적인 환영을 받았다.[12] 영국의 호반 시인들은 모두 인도 시에 감동했으며, 괴테는 1791년에 이렇게 썼다. "『샤쿤탈라*Shakuntala*』(존스가 번역한 인도 시)에 대해 언급하자면, 그 안에 모든 것이 있다."[13] 1798년 이집트 원정 당시에 나폴레옹이 『베다』 사본을 지니고 있었음은 앞서 언급한 바 있다.[14]

이러한 열광의 결과, 학계에서는 수많은 강좌 개설과 더불어 산스크리트어가 하나의 학문 분야로서 기반을 다졌다. 이로써 산스크리트어 연구는 인도게르만어라는 견지에서 이루어진 게르만어 연구와 짝을 이루어, 유일한 고대 언어라는 라틴어와 그리스어의 독점적인 지위를 위협했다.[15] 그러나 그렇다고 해서 1820년대의 칼 오트프리트 뮐러와 1890년대의 잘로몬 라이나흐 같은 학자들이 생각한 것처럼, 산스크리트어와 게르만어 연구가 라틴어와 그리스어의 지위에 심각한 도전이 된 것은 아니었다.[16]

우선, 새로운 학술 연구는 인도에 대해 식민지적 이해 관계를 가지고 있던 영국과 프랑스에서 중심적으로 이루어졌다. 그러나 영국의 연구 노력은 곧 자취를 감추었으며, 프랑스의 연구도 산스크리트어와 고대 인도에 대한 독일 낭만주의자의 반응에 압도당하고 말았다. 독일 낭만주의의 지배적인 인물은 프리드리히 폰 슐레겔과 그의 형이자 본 대학 최초의 산스크리트어 교수인 빌헬름 폰 슐레겔*이었다. 빌헬름 폰 훔볼트 같은 덜 열성적인 인물조차 오랜 삶을 허락하여 『바가바드 기타』를 알게 해준 하느님께 감사했다.17

슐레겔의 낭만주의 언어학

1803년에 이미 프리드리히 슐레겔은 인도에 대해 다음과 같이 훨씬 개방적인 열정을 나타냈다. "모든 것은, 절대적으로 모든 것은, 인도에서 기원한다."[18] 슐레겔은 또한 바벨탑에 관한 성서의 전승과 대부분의 후기 사상가에 맞서 언어학적 다원 발생설을 주장한 최초의 인물이었다. 특히 그는 인도유럽어족이 다른 언어와 범주적으로 구별된다고 주장했으며, 인도어와 셈어가 관련이 있다는 윌리엄 존스와 동시대인의 주장을 공격했다.[19]

비록 슐레겔이 분명하게 언급한 적은 없지만, 아리안 인종이라는 개념은 그에게로 소급할 수 있다. 그의 낭만주의적 열정과 고대 인도 인종의 우월성에 대한 확신은 증거의 전적인 결여를 극복하고 '이집트인 문제'(아프리카인이 어떻게 그토록 수준 높은 문명을 만들어낼 수 있었을까?)에 수월한 해답을 제공하기에 충분했다. 슐레겔에 따르면, 해답은 인도인이 이집트를 식민화하고 문명화시켰다는 것이다. 그는 이러한 생각을 너무나 확신한 나머지, 이집트 건축의 장엄함을 인도 인종의 위대함에 대한 증거로 제시했다.[20] 이집트가 인도에서 기원했다는 이러한 생각은 19세기 내내 강력하게 유지되었는데, 우리는 이를 고비노에게서 다시금 발견하게 될 것이다.

슐레겔은 인종에 대한 관심에도 불구하고 결코 언어의 중심적인 위치를 망각하지 않았다. 그는 두 종류의 언어, 즉 '고결한' 굴절어*와 그에 비해 완결성이 떨어지는 비굴절어를 구별했다. 굴절어는 정신적인 기원을 지니는 반면, 비굴절어는 애초부터 '동물적인' 언어였다.[21] 그는 오로지 인도어에 기초한 언어들의 어형 변화(굴절)를 통해서만 명료하고 예리한 지성이나 수준 높고 보편적인 사상이 가능하다고 믿었다.[22]

그런데 슐레겔은 놀랍게도 나치로부터는 높은 점수를 얻지 못했다. 왜냐하면 유대인 해방을 옹호하는 그의 정치적 견해를 고려할 때, 그는 반유대주의자가 아니었다. 개인적으로는 유명한 유대인 철학자 모제스 멘델존*의 딸과 결혼했다는 점에서 반유대주의자로 볼 수 없었다.[23] 그는 '아랍어와 히브리어의 높은 권능과 활력'을 칭송했다. 그러나 그는 계속해서 "그 언어들은 실로 자신들이 속한 어족에서 가장 높은 자리에 위치한다"고 말했다.[24] 그는 그 언어들이 '정신적인' 언어와 '동물적인' 언어 사이의 혼성어라고 주장하기까지 했다.[25] 그러나 혼성어라고 해서 아랍어와 히브리어가 '동물적인' 언어의 범주에서 벗어난다는 뜻은 아니었다. 슐레겔은 또한 유대 문화가 인도인으로부터 수준 높은 문명을 전수받은 이집트인에게서 영향을 받았다고 생각했다.[26] 더욱이 프리드리히 슐레겔은 언어를 인종과 연결지은 최초의 인물 가운데 한 명이었다. 따라서 언어의 다원 발생설에 관한 그의 견해는 인간의 다원 발생설에 대한 당대의 태도와 관련된 것이 분명하다.[27]

슐레겔은 아리안 인종과 셈족이라는 개념의 초석을 다짐으로써 명확히 시대를 앞서 나갔다. 이 개념은 이후 40~50년 동안 진지하게 다뤄지지 않았다. 외부적으로는 인종주의적인 반유대주의 세력이 아직 충분한 힘을 갖추지 못했으며, 내부적으로는 슐레겔의 접근법에 커다란 모순이 있었기 때문이다.[28] 슐레겔은 단어에 접미사나 다른 불변화사를 별도로 부가하는 첨가affixing와, 그가 유기적이라고 여긴 방식에 따라 어근이 내부적으로 변화하는 굴절inflection 사이에 범주적인 차이가 있다고 역설했다.[29] 인도유럽어의 우월성을 지지하는 입장에서는 불운한 일이지만, 셈어는 정확히 굴절 방식으로 변화하며 '어근'이라는 용어 자체도 히브리어 문법에서 유래한 것이다.[30] 따라서 이후의 학자들은 셈어를 인도유럽어와 나란히 최고의 위치에 올려놓을 수밖에 없었다. 동시에 바르텔르미가 1760년대에 제기한 견해, 즉 '페니키아어'와 콥트어 사이에 근본적이고도 둘만의 고유한 관계가 있다는 견해를 19세기에는 거의 진지하게 고려하지 않았다. 게다가 셈어와 이집트어 및 그 밖의 여러 아프리카어를 포함하는 셈함어족 혹은 아프리카아시

아어족이라는 '상위 어족' 개념은 제2차 세계 대전 이후까지도 일반적으로 받아들여지지 않았다.[31]

19세기 중반의 언어학자가 슐레겔의 도식에 가한 또 다른 커다란 수정은 '진보'의 문제에 관한 것이었다. 슐레겔은 언어학을 언어의 역사에서 언어의 해석(역사를 만들어내는 힘으로서의 언어)으로 변모시키는 데에 중요한 역할을 담당했다. 그는 또한 '진보'를 자신의 사상에 부분적으로 끌어들였다. 그럼에도 불구하고 그가 '정신적인' 인도어를 퇴보하는 언어로 보았다는 점에서 그의 견해는 구시대적이다. 즉, 인도어는 완벽하게 만들어진 후 얼마간의 쇠퇴를 겪었다는 것이었다. 반면 '동물적인' 언어에서는 '진보'가 나타났다. 왜냐하면 그 언어는 더욱 복잡해졌기 때문이다.[32] '진보적인' 패러다임에 보다 철저하게 빠져 있던 후기의 학자는 이 지점에서도 슐레겔의 생각을 수정하여 언어의 우월성과 열등성을 그 언어가 진화에서 차지하는 상대적인 위치를 통해 설명해야만 했다.

인도유럽어가 다른 어떤 언어보다도 월등하다는 확신은 영국과 프랑스 학자의 경우에도 마찬가지였다. 그러나 그들 자신의 언어가 비교적 적은 어형 변화를 나타내기 때문에, 그들은 이 분야에 관한 슐레겔의 사상 및 그의 사상이 함축하는 것(산스크리트어와 그리스어, 라틴어, 그리고 독일어만이 철학과 종교에 적합한 유일한 언어이다)에 그다지 큰 열정을 내비치지 않았다. 대조적으로, 독일 학자들은 위에서 언급한 수정에도 불구하고 슐레겔의 새로운 도식을 부분적으로 공유하거나 받아들였다. 예를 들어, 빌헬름 폰 훔볼트는 첨가어 또는 교착어*에서 굴절어로의 진보를 인정하는 경향을 보였으며, 또한 그 두 가지 언어의 차이를 범주적인 것으로 생각했다.[33]

빌헬름 폰 훔볼트는 다방면의 천재이자, 다른 무엇보다도 바스크어*학과 말레이-폴리네시아어*학의 토대를 확립한 인물이었다. 그럼에도 불구하고 그는 이미 언급했듯이, 산스크리트어에 대해 색다른 차원의 열정을 지니고 있었다. 예를 들어, 그는 방대하고 복잡한 어형 변화를 나타내는 산스크리트어가 고립어*이자 심지어 영어보다도 어형 변화가 적은 중국어에 비해 훨씬 더 훌륭한 언어라고 생각했다. 홈볼트는 1820년대에 쓴 중국어에 관한 뛰어난 논문에서, 중국어 단어에 어형 변화가 나타나지 않음에도 불구하고 중국어가 인도유럽어(논리적인 사고의 수단으로 가장 적합한 언어)와 대등하다고 인정할 수밖에 없었다.[34] 반면 그는 중국어에 어형 변화가 없기 때문에 "사고의 자유로운 비상이 불가능하다"고 주장했다. 즉 중국어는 사고의 자유로운 비상을 이끌어줄 문법적인 형식을 결여하고 있다는 것이다.[35] 따라서 단지 한자가 정적인 것뿐만 아니라, 그 구어 자체가 독일 낭만주의자가 언어에 대해 요구하는 충만한 감성 능력을 결여한 것으로 생각했다. 영국과 프랑스의 낭만주의자는 아마도 자신의 언어에 어형 변화가 부족했기 때문에, 이 점을 중요하게 생각하지 않았던 것으로 보인다.

어형 변화와 자유의 동일시는, 인도인 친족을 사랑하는 낭만주의자의 자유로움과 계몽주의자의 엄격한 친親중국 성향 사이의 차이를 선명하게 보여주는 축도였다.[36] 1820년대에 이르자 중국어를 제한적으로나마 칭송하고 다른 비非인도유럽어를 연구했다는 점 때문에, 홈볼트는 구세대의 인물로 구분되었다. 계몽주의에서 떨어져 나온 젊은이들은 더욱 엄격했다. 그들 대부분은 인도유럽어에만 관심을 가졌다.

오리엔트 르네상스

키네와 슈바브는 인도 연구의 이러한 약진을 단지 '오리엔트 르네상스' 현상의 중심일 뿐이라고 주장했는데, 슈바브가 옳게 판단했듯 이는 전체적으로 낭만주의와 연관을 가졌다. 그런데 그들은 오리엔트 르네상스를 19세기의 위대한 해독解讀과 연결지었다.37 괴팅겐의 낭만주의 학자인 게오르크 프리드리히 그로테펜트*가 1800년에 페르시아 왕들의 이름을 읽어냄으로써 설형 문자 해독이 시작된 것은 사실이다. 그러나 이번 장에서는 훨씬 더 인상적인 상형 문자 해독이 낭만주의와 오리엔트 르네상스가 아니라, 주로 이집트-프리메이슨 전승과 프랑스 혁명의 과학 정신에서 비롯했음을 보여주고자 한다.38

한편 오리엔트 르네상스가 '오리엔탈리즘'이라는 학문 분과의 확립과 연관을 가진다는 슈바브의 주장은 부분적으로 옳은 것처럼 보인다. 초기 중세 유럽의 수준 높은 문화 언어였던 아랍어는 이후로도 때때로 전수되었다. 그러나 아랍어가 하나의 근대 학과로서 정식 지위를 획득하게 된 것은 1799년에 실베스트르 드 사시*가 '오리엔트 현대어 학교'(이집트 원정과 관련해 새로이 설립되었다)의 첫 번째 교사로 부임하면서 이루어진 일이었다. 드 사시가 새롭고 난해한 오리엔탈리즘의 교사이자 군주정의 지지자로서 낭만주의적이고 보수적인 유형의 오리엔트 르네상스와 아주 잘 어울린다는 점은 의문의 여지가 없다.39 프랑스가 이집트 원정과 1830년에 시작한 알제리 정복을 위해 아랍어를 필요로 했던 반면, 독일은 그러한 필요성이 없었기 때문에 아랍어에 거의 흥미를 느끼지 않았다. 더욱이 에드워드 사이드가 지적했듯이, 오리엔탈리즘은 그리스도교 세계의 적인 이슬람교에 대한 전통적인 증오를 상당 부분 물려받았다.40 이러한 맥락에서, 오리엔탈리즘의 형성에 결정적인 시기였던 1820년대가 또한 그리스도교도 그리스인과 회교도 터키인 및 이집트인 사이에서 발발한 그리스 독립 전쟁의 시기라는 점에 주목하는 것이 중요하다. 그러나 셈족 문화는 종교적이고 언어학적인 면에서 아리안 문화에 필적하지는 못하더라도 적어도 동렬에 놓인 것으로 여겨졌다(제7장을 보라).

중국은 오리엔트 르네상스에 포함되지 않았다. 16세기 이래 많은 예수회 회원이 중국어를 잘 알고 있었다. 1700년경 전후에 이르면 유럽인은 예수회 회원의 번역물과 여행자의 기록을 통해 중국에 관해 꽤 상세히 알 수 있었다.41 그 이후로 파리에서 간헐적으로 중국어 강좌가 열렸지만, 유럽의 다른 지역에서 중국어 정규 강좌가 개설된 것은 19세기 후반에 이르러서의 일이다. 산스크리트어 강좌가 1818년 베를린에서 처음 개설된 반면, 중국어 연구는 19세기 말에 이르러 독일에서 위태로운 처지에 놓였다는 점은 특히 인상적이다. 프랑스의 한 중국학 학자는 1898년에 이렇게 썼다. "독일과 오스트리아는 오리엔트 연구의 여러 분야에서 뛰어난 입지를 차지했지만, 중국학의 경우에는 그렇지 못했다."42

비록 독일 학자가 1880년대 이후 이집트학을 지배하기는 했지만, 오리엔트 르네상스 시기에 독일 학계의 주류는 새로운 분야와 전혀 관계가 없었다. 프랑스의 오리엔탈리즘 학자가 샹폴리옹에 대해 지닌 적대감은 아래에서 서술할 것이다. 여기서는 레이몽 슈바브가 자기 저서에 나오는 한 항목을 '이집트에 대한 편애'라고 부르면서, 그 항목에 다음과 같이 썼다는 점을 지적하는 것으로 충분하다. "이집트를 서방에 가해진 오리엔트의 첫 번째이자 핵심적인 영향력으로 보는 이러한 시각은 전적으로 잘못된 것이다. 사실 학자들이 생각하는 이집트는 비교적 최근에 즉 19세기에 비로소 나타난 것이다."43 슈바브는 각주를 통해 이 구절이 의미하는 바를 적시했는데, "이집트에 대한 19세기의 심취가 인도에 대한 심취를 대체했다"는 것이다.44

이러한 진술은 너무나 여러 방면에서 오해를 품고 있어, 어디서부터 바로 잡아야 할지 알 수 없을 정도다. 첫째, 이집트에 적대감을 품은 오리엔탈리즘 학자들이 있었다. 그들은 이집트학이 오랜 기간 서서히 확립되었다는 것도 못마땅해했다. 둘째, 앞서 보았듯이 고대부터 이집트는 '서방에 영향을 미친 오리엔트의 핵심'으로 인식되었다. 이에 비견할 만한 나라는 인도밖에 없지만, 인도에 대한 그 어떤 관심보다도 훨씬 더 오랫동안 이집트에 대한 관심이 지배적이었다. 셋째, 19세기 전반에는 상황이 바뀌어 이집트에 관한 호기심이 존재하기는 했지만, 이집트는 이국적이고 낯선 나라로 바뀌었다. 즉 유럽 문화의 선조라는 이집트의 예전 지위는 아예 사라졌다. 인도를 선호하는 낭만주의적 시각이 이집트의 그러한 지위를 박탈한 것이었다.

대체로 볼 때, 학문적인 오리엔탈리즘은 시작부터 명확한 한계를 지니고 있었음에 틀림없다. 그 점은 독일에서 가장 두드러졌지만 다른 곳에서도 역시 마찬가지였다. 초기의 오리엔탈리즘 학자가 존경을 표한 오리엔트 지역은 유럽의 본고향으로 여겨진 산악 지형의 중앙아시아, 그리고 유럽인 자신의 모습을 일깨워줄 혈족의 고향으로 여겨진 인도뿐이었다. 19세기 말에 이르면 이 지역에 대한 존경마저 자취를 감춘다.

에드워드 사이드와 라시드는 오리엔탈리즘이 근본적인 차원에서 그리고 애초부터, 아시아 사회에 대한 관심과 더불어 그 사회에 대한 경멸과 '오리엔트인'이 그 자신의 문화를 분석하고 정리하기에 적합하지 않다는 서구학자의 확신과 연결되어 있음을 보여주었다.[45] 오리엔탈리즘 학자는 다른 대륙의 고대 문명을 강조하는 동시에 중세와 근세에 걸친 그 문명의 지속과 발전을 경시했다.[46] 다른 고대 문명은 서구 학문에 의해 완전히 전유專有될 수 있었다. 왜냐하면 그 문명권의 근대 거주민은 새로운 침입자거나, 아니면 쇠락하는 과정에서 선조의 수준 높은 문화를 '잃어버린' 사람이라고 주장했기 때문이다. 이런 식으로 점거될 수 없는 후기의 문명은 논외로 배제하거나 묵살했다. 비록 거의 모든 경우에 유럽인은 오로지 그 후기 문명을 통해서만 고대 문명에 관해 배울 수 있었는데도 말이다.[47] 그들은 무엇보다도

압도적인 반대 증거에도 불구하고 오로지 유럽인만이 진정한 역사 감각을 지니고 있다고 주장했다.[48]

초기 오리엔탈리즘 학자의 비상한 노력과 길이 남을 위대한 업적에 대해서는 의문의 여지가 없다. 그럼에도 불구하고 키네와 슈바브가 주장했듯이 오리엔탈리즘의 성장이 단지 지평의 확장만을 동반한 것은 아니었다. 여러 가지 점에서 오리엔탈리즘의 성장은 상상력의 협소화를 가져왔으며, 유럽 문명이 내재적·범주적으로 우월하다는 정서를 강화했다. 또한 일정한 거리를 두고 비유럽 문화를 객관화하면서, 단지 유럽적이지 않다는 이유로 그 문화의 매우 다양한 특징을 '오리엔트적'이라는 하나의 일반 범주로 묶는 데에 일조했다. 이러한 특징은 '이국적'으로 보였으며, 유럽의 역동성과 비교할 때 생기 없거나 수동적인 모습으로 비쳐졌다. 게다가 19세기 이래 유럽인은 다른 대륙의 민족이 나름대로 '과학적'일 수 있다든가, 혹은 아시아인이나 아프리카인이 심오한 방식으로 유럽의 형성에 기여할 수 있었다고는 글자 그대로 상상조차 할 수 없었다.[49] 단, 여기서 고대 이란과 인도만은 분명한 예외였다. 물론 이 둘은 인도유럽어족의 일원으로 여겨졌다. 이로써 고대 이란과 인도는 그 이전에 이집트와 칼데아가 점하고 있던 '이국적인 선조'의 지위를 차지했다. 예를 들어, 고비노는 "이집트와 아시리아 국민은 힌두스탄* 사람보다 뒤쳐진다"고 확신했다.[50]

오리엔탈리즘이 제도적으로 대두하게 된 것은, 적어도 영국과 프랑스에서는, 그와 동시에 일어난 식민 정책의 거대한 확장 및 아시아와 아프리카에 대한 또 다른 형태의 지배와 관련이 있었음에 틀림없다. 비유럽 민족과 그 구어에 대한 체계적인 이해가 원주민을 통제하는 데 필요했을 뿐만 아니라, 그 문화를 파악하여 범주화한 지식은 원주민도 오로지 유럽 학문을 통해서만 자신들의 문화를 배울 수 있다고 느끼게 만들었다. 이것은 식민지 엘리트를 식민 본국에 묶어놓는 또 다른 끈으로 작용했다. 이러한 끈은 20세기 후반에 직접적인 식민 지배가 쇠퇴한 이후에도 유럽의 문화적 헤게모

니를 유지하는 요소로서 그 중요성이 점점 더 커져갔다.[51]

　레이몽 슈바브는 19세기 문화에 오리엔트 낭만주의의 주제가 얼마나 빈번히 등장하는가를 훌륭하게 보여주었다. 그러나 이것이 유럽 예술에서 나타난 새로운 현상이라는 그의 암시는 전적인 오해이다. 다른 대륙에 대한 관심은, 앞서 기술한 이집트와 아비시니아*, 그리고 중국에 대한 18세기의 열정보다 시기적으로 훨씬 앞선다. 더욱이 일반 교양인은 19세기에 오리엔탈리즘 학과가 설립됨에 따라 더 이상 오리엔트 문명과 씨름하면서 존경심을 가져야 할 필요가 없어졌다. 확실히 이집트와 중국을 매우 진지하게 받아들인 17세기와 18세기의 예술가 및 정치가와는 달리, 19세기의 예술가와 정치가는 별다른 고민 없이 토기를 수집하거나 이국의 낭만적인 주제를 자신의 문학과 예술에 도입할 수 있었다.

　이러한 지적·교육적 변화는 유럽이 다른 대륙을 식민화하고 팽창을 도모함에 따라 빚어진 특수한 국가적 상황과 연관될 수 있다. 예를 들어, 17세기와 18세기에 이루어진 고대 인도 연구의 초기 발전은 신민臣民과 '원주민' 협력자를 이해하려는 동인도회사의 필요에서 비롯한 것이었다. 인도에 대한 낭만적인 묘사가 그곳에서 아무런 직접적인 이권도 가지고 있지 않던 독일인에 의해 이루어졌다는 점 역시 마찬가지로 의미심장하다. 심지어 영국에서도 19세기 후반의 지도적인 인도학 학자는 독일 사람 막스 뮐러*였다. 그는 프로이센 대사인 크리스티안 분젠* 남작의 추천을 통해 옥스퍼드 인도어 교수가 되었고, 이후 50년 동안 줄곧 매우 독일적인 특성을 유지했다.[52]

인도 문화는 고대 셈족의 경우와 마찬가지로 19세기 말에 이르러 역사적인 지위를 상실했다. 여기서 우리의 관심사는 19세기 초에 이루어진 중국인과 이집트인의 지위 격하이다. 인종주의와 '진보'의 완전한 승리 및 유럽과 그리스도교로의 낭만주의적 '회귀'는 유럽의 제조업자가 가구와 도자기, 그리고 비단 같은 중국 사치품을 자신의 생산품으로 대체하기 시작하면서 일어났다. 이러한 대체가 유럽에 안겨준 것은 단지 문화적 만족감만이 아니었다. 영국이 랭커셔의 면제품과 인도의 아편으로 중국 시장에 침투하기 시작하자 중국의 무역수지가 적자로 돌아섰으며, 유럽의 상업 이익은 곧 군사 주도권으로 이어졌다.

영국과 프랑스를 비롯한 '열강'은 영국인이 중국의 공식 금지령으로부터 자신의 아편 무역을 보호하기 위해 전쟁에 돌입한 1839년부터 19세기 말까지 보다 많은 그리고 보다 큰 이권을 얻어내기 위해 중국에 대한 공격을 잇달아 감행했다. 전반적인 인종주의 및 '유럽으로의 회귀'와 더불어 이러한 침략 및 착취를 정당화할 필요성이 있었다. 이것이 중국 사회의 실질적인 와해(주로 유럽이 가한 압력의 결과)와 더불어 서구인이 지닌 중국의 이미지를 변모시킨 요인이었다. 합리적인 문명의 표본이던 중국은 온갖 종류의 고문과 부패가 만연한 추악한 나라로 그려졌다. 역겨운 아이러니이기는 하지만, 중국인이 특히 비난받은 것은 아편 소비 때문이었다. 1850년대에 글을 쓴 토크빌*은 18세기 중농학파가 왜 그토록 중국을 칭송했는지 도저히 납득할 수 없었다.[53]

중국의 명성이 몰락하는 모습은 언어학에서도 찾아볼 수 있다. 중국어(더불어 콥트어, 그리고 심지어 어느 정도는 영어까지도)는 고립어였기 때문에 훔볼

트가 제시한 교착어에서 굴절어에 이르는 진화 과정에 끼워 맞추기 어려웠
다. 훔볼트는 중국어가 유아어乳兒語이며 따라서 유아기 인류의 언어라는
생각을 떠올려 보곤 했지만, 그러한 생각을 받아들이지는 않았다.[54] 19세기
중반에 이르자, 위대한 인도유럽어 학자인 아우구스트 슐라이허* 같은 사람
은 더 이상 망설이지 않았다. 슐라이허는 고립어인 중국어에서 교착어인 우
랄알타이어(터키어와 몽골어)를 거쳐 굴절어인 셈어와 인도유럽어에서 최고
점에 달하는 3단계의 진화 체계를 상정했다.[55]

크리스티안 분젠 남작은 이집트에 대한 양면 감정 때문에 괴로와했지만
중국어의 언어학적·역사적 위치에 관해서는 주저하지 않았다. 그에 따르면,
중국이 세계사의 가장 원시적인 단계였고, 우랄알타이가 그 뒤를 이었으며,
그 다음이 이집트였다. 그 이후 대홍수가 발생했고, 셈족과 인도게르만족 사
이의 대립 과정에서 진정한 역사가 시작했다.[56] 즉 역사 언어학이라는 ‘과학’
을 기초로 하여 이집트와 중국 모두를 역사로부터 홍수 이전의 과거로 내쫓
은 것이었다. 앞서 강조했듯이, 19세기 내내 인종과 언어 사이의 관계는 극
도로 밀접했다. 따라서 이집트와 중국의 언어학적 지위가 몰락함에 따라 해
부학적·인종적 지위도 함께 몰락했다.

19세기 초에 인종주의가 놀라울 정도로 성장하면서 중국인과 이집트인을 점점 더 가치 없는 '인종'으로 분류했다. 프랑스 혁명에 대한 반동과 그리스도교의 부활에도 불구하고 인류의 단일성에 관한 교리 영역만큼은 그리스도교는 입지를 회복할 수 없었다. 심지어 다원 발생설마저 복음주의의 시대인 1820년대에 한 차례 저지된 이후 어느 정도 되살아났다. 또한 인종적 차이(교양 있는 유럽인이라면 누구나 그 존재를 '알고 있는')의 해부학적 기초를 밝혀내려는 활동이 대체로 1800년부터 1850년까지 열성적으로 전개되었다.[57] 이러한 탐구가 뚜렷한 성과를 거두지 못했다는 사실은 그 문제에 관한 일반적 견해에 영향을 미치지 않았다. 그러나 보다 주의 깊은 수많은 학자가 스스로 상이한 인종 사이의 명백한 이질성이라고 생각한 것을 설명하기 위해 언어를 이용하게 된 것은 그러한 성과의 부재 때문이었을 수도 있다. 어떠한 형태를 취했든 간에 민족성이라는 새로운 원리는 삶과 학문의 모든 영역에 스며들었다.[58]

르네상스 시기의 여행가인 안드레아 코르살리는 중국인이 '우리와 같은 특성'을 지녔다고 기술했다.[59] 대체로 17세기와 18세기의 저자들은 중국인을 별개의 인종으로 여겼지만 반드시 열등하다고 생각하지는 않았다.[60] 그러나 19세기 중반의 아편 전쟁 시기에 이르면 중국인은 인종적으로 멸시된다. 다음은 1858년 『펀치*Punch*』에 발표된 짤막한 노래이다.

존 차이나맨은 타고난 불한당,
그는 진리의 법칙을 경멸해,
거의 대지를 가로막을 만큼

거대한 짐승, 존 차이나맨.
　노래하라, 나의 무자비한 존 차이나맨,
　노래하라, 나의 완강한 존 차이나맨.
　코브던도 폐지할 수 없어,
　인류가 부과한 존 차이나맨 추방령.

작은 돼지 눈에 긴 돼지 꼬리(변발)를 하고서,
쥐와 개, 민달팽이, 달팽이를 먹으니,
모든 것이 프라이팬 안의 사냥감,
역겨운 먹성의 존 차이나맨.
　가짜 차를 노래하라, 나의 교활한 차이나맨,
　싸울 줄도 모르는, 나의 비겁한 존 차이나맨,
　존 불은 기회가 있다—할 수 있다면 그에게 맡겨라.
　존 차이나맨에게 도리를 깨우치는 일을.[61]

19세기 학자들의 악평 역시 별반 덜하지 않았다. 새로운 인류학자가 구상한 그 어떤 인류 구분에서도 '황인종'은 늘 중간 위치, 즉 백인종 아래편 흑인종 위편에 위치했다. 이제 중국인은 계몽주의가 감탄해 마지않던 그 안정성 때문에 비난받았다. 19세기 초의 위대한 박물학자인 퀴비에* 남작에 따르면, "이 인종은 중국과 일본에서 강력한 제국을 형성했다. … 그러나 그 문명은 오랫동안 정체된 채 지금에 이른다."[62] 인종주의의 선구자인 고비노 백작이 보기에 황인종은,

육체적인 활기가 적고 냉담한 편이며 … 욕구도 미미하고 극단적이라기보다는 완고한 의지를 지니고 있다. … 모든 일에서 그들은 평범함 쪽으로 기운다. 그들은 너무 고상한 것이 아니거나 너무 심오한 것이 아니라면 아주 쉽게 이해한다. … 황인종은 엄격한 의미에서 실제적인 사람들이다. 그들은 꿈을 꾸지 않으며 이론을 즐기지도 않는다. 그들은 거의 발명을 하지 않지만, 이용 가능한 것을 식별하여 채택하는 능력을 갖추고 있다. …[63]

여기서 기억해야 할 것이 있다. 고비노가 히틀러의 선조로 여겨지자 비로소 악명을 얻게 되었다는 점이다. 비록 그와 의견을 달리하는 사람이 있긴 했어도 19세기 내내 그는 괴상하지만 존경할 만한 학자로 받아들여졌다. 중국인의 새로운 인종적 위치는 낭만주의가 그린 역동적 세계사로부터 그들을 배제하기에 충분했으며, 누구나 '차이나맨'이 평범한 인종이라고 생각하게 되었다.

고대 이집트인의 피부는 무슨 색인가?

고대 이집트인의 인종적 위치는 중국인의 인종적 위치보다 훨씬 더 불안
정했다. 이유는 두 가지였다. '인종'에 관한 학자들의 견해가 대단히 상이했
을 뿐만 아니라, 이집트인 자체가 인류의 정점인 백인종과 그 나락인 흑인
종 사이에서 저울질되었기 때문이었다. 퀴비에에 따르면,

> 흑인종은 … 검은 피부색과 곱슬곱슬하고 텁수룩한 머리털, 편평한 두개골, 그리
> 고 납작코를 특징으로 한다. 돌출된 하관부와 두꺼운 입술은 흑인종이 원숭이 종족에
> 가깝다는 증거이다. 흑인종 유랑민은 언제나 가장 완전한 야만 상태에 머물렀다.[64]

한편 고비노에 따르면,

> 흑인종은 가장 비천한 인종으로 밑바닥 단계에 위치한다. 흑인종의 기본 외형에
> 부여된 동물적 특성은 수태의 순간부터 그들의 운명을 강제한다. 그러한 특성은 가장
> 제한적인 지적 영역조차 허용하지 않는다. … 흑인종의 사고 능력이 평범하거나 아
> 예 존재하지 않다고 한다면, 흑인종의 욕구와 그 결과로 나타나는 의지는 종종 무시
> 무시할 정도로 강렬하다. 흑인종의 감각, 특히 미각과 후각은 뛰어나게 발달했는데,
> 다른 두 인종으로서는 그러한 감각을 이해할 수 없을 정도이다. 흑인종의 열등성을
> 나타내는 가장 두드러진 표식은 바로 이 감각을 충족시키려는 탐욕에서 발견된다.
> …[65]

19세기 내내 그랬던 것처럼, 흑인을 그토록 혹독하게 다루려면 유럽인은
흑인을 동물이나 아니면 기껏해야 유인원으로 변모시켜야 했다. 그러나 고
결한 코카서스인이 다른 온전한 인간을 그런 식으로 다룰 수는 없었다. 이

러한 반전은 '이집트인 문제'의 인종적인 주요 국면을 마련한다. **만약 흑인의 문명화가 생물학적으로 불가능하다는 점이 과학적으로 '입증'된다면, 아프리카 대륙이라는 불리한 곳에 위치한 고대 이집트를 어떻게 설명할 수 있을까?**[66] **두 가지, 아니 보다 정확히 말하면 세 가지 해결책이 있었다. 첫째는 고대 이집트인이 흑인이라는 점을 부정하는 것이었고, 둘째는 고대 이집트인이 '진정한' 문명을 창조했다는 점을 부정하는 것이었다. 그리고 셋째는 두 가지 모두를 부정함으로써 이중으로 확실히 해두는 것이었다. 19세기와 20세기의 역사가 대부분은 마지막 해결책을 선호했다.**

그렇다면 고대 이집트인은 어느 '인종'에 속했을까? 나는 전반적으로 '인종'이라는 개념의 유용성에 대해 매우 미심쩍게 여긴다. 왜냐하면 인종에 관한 해부학적 정밀성을 획득하는 것이 어떤 식으로도 불가능하기 때문이다. 비록 사람들이 논쟁을 위해 '인종'이라는 개념을 받아들인다 하더라도, 특히 이 경우에 답을 찾아낼 가능성은 훨씬 더 회의적이다. 통상적으로 문제에 관한 탐구는 그 문제 자체보다 탐구자의 성향을 훨씬 더 많이 드러낸다. 그럼에도 불구하고 나는 적어도 지난 7천 년 동안 이집트 주민에 아프리카와 서남아시아, 그리고 지중해 유형의 사람이 포함되었다고 확신한다. 또한 보다 남쪽으로, 혹은 나일 강 상류로 거슬러 올라갈수록 주민이 점점 더 검은 피부를 띠면서 흑인종에 가까웠으며, 이는 지난 7천 년 동안 늘 그래왔음이 분명하다. 서문에서 말했듯이, 나는 이집트 문명이 근본적으로 아프리카 문명이며 아프리카적인 요소가 나중에 강해졌다기보다는 힉소스의 침입 이전인 고왕국과 중왕국 시기에 더욱 강했다고 믿는다. 더욱이 나는 상上이집트에 근거를 둔 가장 강력한 이집트 왕조 가운데 다수(제1왕조와 제11왕조, 제12왕조, 그리고 제18왕조)가 흑인이라고 말할 수 있는 파라오였다고 확신한다.[67]

그러나 이집트 문명의 실질적인 아프리카적 본성은 현 논의와 무관하다. 현 논의의 관심사는 이집트인의 '인종적' 위치에 대한 **인식**에서 나타나는 모호성이다. 고전기에 이집트인은 흑인으로 여겨지기도 하고, 백인이나 황인으로 여겨지기도 했다. 헤로도토스는 이집트인이 '검은 피부와 텁수룩한 머리털'을 지녔다고 언급했다.68 다른 한편으로, 출토된 항아리에 그려진 부시리스 초상은 비록 그의 곁에 백인 수행원뿐만 아니라 흑인 수행원도 함께 등장하지만 코카서스인으로 보인다.69

장 드비세 교수는 초기 그리스도교의 이집트인 초상화에 수많은 흑인이 등장한다는 사실에 대해 놀라움을 표했다.70 그는 또한 이집트인이 매우 드높게 칭송되던 15세기에 어떻게 해서 이집트인이 '흑인으로 표현'되었는지를 보여주었다. 거기에는 흑색과 이집트 지혜 사이의 어떤 관계가 개입한 것으로 보인다. 수많은 중세와 르네상스 회화는 동방박사 가운데 한 명(아마도 이집트인)을 흑인으로 묘사한다.71 반면 르네상스기의 헤르메스 트리스메기스토스 초상화는 비록 오리엔트인과 비슷한 모습이 어렴풋하게 드러나기는 하지만 그를 유럽인으로 그리고 있다.72

영국의 경우 북서 인도에서 온 사람에게 집시(혹은 이집트인)라는 이름이 붙여졌다는 사실은, 15세기에 이집트인이 검은 피부를 지닌 사람의 전형으로 여겨졌음을 나타낸다.73 성서에서 '함의 저주'(함은 가나안과 미스라임['이집트'를 뜻하는 히브리어]의 아버지이다)에 나오는 함이 '검은 피부'였다는 탈무드의 해석은 17세기에 널리 유포되었다.74 반면 17세기 후반 들어 인종주의가 증대하는 동시에 고대 이집트인에 대한 존경이 커져감에 따라 이집트인의 이미지는 백인 쪽으로 기울었다. 1684년에 출간된 『지구에 거주하는 상이한 종이나 인종에 의한 새로운 지구 분할』의 저자 프랑수아 베르니에는 이집트인이 백인종에 속한다고 주장했다.75

많은 프리메이슨이 인종주의자였다는 점은 거의 의심의 여지가 없다. 그들은 노예 무역에 직간접적으로 연루되었으며, 정통 그리스도교도에 비해 일원 발생설에 덜 얽매였다. 이는 그들의 인간 중심적 전통과 "모든 인류는 서약에 의해 맺어진 형제다"라는 프리메이슨의 교의를 뒤엎는 것으로 여겨질 만했다. 그들은 이집트에 집중적인 관심을 기울임에 따라 '동물적인' 흑인과 고귀한 이집트인을 철저히 분리할 필요가 있었다. 예를 들어, 『마술피리』에서 모차르트는 음탕한 무어인 모노스타토스와 이집트 철학자 자라스트로를 뚜렷하게 대비시켰다.76 『세토스』의 중심 주제는 이집트의 식민화가 가져온 이익을 강조하는 것이었다. 또한 18세기의 수많은 저술도 이집트인이 도래하기 전에 '도토리를 먹던' 펠라스고이와 도래 이후 그리스 문명의 위업을 노골적으로 대비했다. 이러한 대비에 주목한다면, 그것이 당시 유럽인의 활동을 정당화하는 데 어느 정도는 기여했다고 말할 수 있을 것이다.

그러나 18세기 후반에는 이집트인을 아프리카 쪽으로 되돌리려는 경향도 있었다. 이러한 경향은 에티오피아에 대한 열광(17세기에 씌어진 제롬 로보의 이집트 여행기를 번역했으며 소설 『라셀라스*Rasselas*』를 집필한 새뮤얼 존슨*은 이러한 열광을 반영한다)과 연관된 것이었다.77 비록 프레스터 요한*의 왕국(이슬람 너머에 있는 유럽의 그리스도교 동맹국)에 관한 중세 전설이 아시아와 아프리카의 여러 지역에 적용되기는 했지만, 에티오피아는 이국적이며 먼 산악 지대라는 점과 그리스도교 왕국이라는 점에서 유력한 후보지 가운데 하나였다. 더욱이 사람들은 에티오피아를 고대 이집트와 매우 그럴듯하게 연결지을 수 있었다.

그러나 여기서 확실히 해두어야 할 것은, 흑색과의 관련을 도저히 씻어낼 수 없는 '에티오피아'라는 이름을 피하기 위해 '아비시니아'라는 이름이 사용되었다는 점이다. 존슨의 소설이 1768년 필라델피아에서 미국 판으로 처음 발간되었을 때, 그 제목은 『아비시니아의 왕자 라셀라스의 역사 : 아시아 이야기』였다. 퀴비에 남작은 에티오피아인을 흑인과 동일시했지만, 아비시니아인은 아랍 출신 이주자로 생각하고 코카서스인의 범주에 포함시켰다.78 그럼에도 불구하고 이는 너무나 미묘한 구분이었기 때문에 효과적이지 못했다. 위대한 스코틀랜드 탐험가 제임스 브루스*는 아비시니아/에티오피아에 대한 환상에서 영감을 받아 나일 강의 수원지를 탐사했으며, 그로부터 많은 것을 배웠다. 그가 보기에 에티오피아 산맥 지대의 거주민은 흑인이었으며 대체로 아름다웠다. 그의 매혹적인 발견은 그 자신뿐만 아니라 여행자이자 석학인 볼네*, 뒤퓌, 그리고 샹폴리옹 같은 이집트 찬미가로 하여금 이집트 문명의 근원지로서 상上이집트 혹은 심지어 에티오피아가 차지하는 중요성을 강조하도록 고무했다.79

독일인은 에티오피아가 지니는 분명한 낭만주의적 매력에도 불구하고 그에 대한 열광에 휩쓸리지 않았다. 유럽 이외 지역에 대한 독일인의 환상은 언제나 아시아에 고정되어 있었다. 그들이 이집트를 검은 아프리카와 연결 지은 것은 이집트의 명예를 훼손하기 위한 것이었다. 이집트인의 외모에 대한 빙켈만의 혐오는 이미 언급한 바 있다. 다음의 인용문은 아프리카와의 관련성을 통해 그가 이집트를 어느 정도까지 매도할 수 있다고 믿었는지를 보여준다.

> 그 생김새의 바탕이 되는 원형이 전적으로 혹은 대부분 아프리카인의 모습을 가질 때, 그들의 모습에서 어떻게 한 점의 아름다움이나마 찾아낼 수 있겠는가? 정확히 말해 그들은 아프리카인처럼 튀어나온 입술과 우묵한 작은 뺨, 그리고 움푹 들어간 평평한 옆모습을 지녔다. 그리고 아프리카인뿐만 아니라 에티오피아인을 닮아서, 종종 납작한 코와 어두운 피부색을 띠기도 했다. … 따라서 미라 위에 그려진 모든 인물상은 짙은 갈색 얼굴을 지녔다.80

영국과 프랑스에서도 유사한 태도가 나타났다. 예를 들어, 빙켈만과 거의 같은 시기에 글을 쓴 샤를 드 브로스는 고대 이집트인의 동물 숭배(프리메이슨은 적어도 플루타르코스까지 거슬러 올라가는 전승에 따라 고대 이집트인의 동물 숭배를 비유적이라고 생각했다)가 단지 '흑인 물신物神 숭배'에 지나지 않는다는 점을 들어 고대 이집트인이 동시대의 흑인을 닮았다고 주장했다.81 그럼에도 불구하고 18세기 말의 지배적인 견해는 모차르트와 에마누엘 시카네더의 견해, 즉 이집트인이 흑인도 아니며 본질적으로 아프리카인도 아니라는 것이었다. 이와 유사하게 동방에 크나큰 찬사를 보냈던 헤르더는 이 집트인을 아시아인으로 생각했다.[82] 인류학자이자 인종학의 선구자이며 오 랑우탄을 인류에 포함시킨 것으로 유명한 몬보도* 경은 이집트인을 대단히 찬양했다.[83] 블루멘바흐는 아랍인 및 유대인과 함께 이집트인을 코카서스 인종에 포함시켰다.[84] 몇 십 년 후 퀴비에는 이집트인이 '필시' 백인이었을 것으로 추측했다.

에티오피아의 지배적인 언어는 셈어였다. 바로 이 점이 보다 우월한 인종 으로서의 지위를 이집트인보다 아비시니아인 쪽에 더욱 공고히 부여했던 것으로 보인다.[85] 고대 이집트인의 모습을 접할 수 있는 그림 자료가 19세기 전반 동안 급증하면서 그들이 아주 다양한 인종의 혼합체라는 사실이 드러 남에 따라 사람들은 이집트인이 점점 더 아프리카인이자 흑인으로 생각하 게 되었다.

19세기 중엽에 이르렀을 때, 고비노는 성서, 보다 정확히 말해 탈무드의 도식을 되살려 이집트인을 함족이자 사실상 흑인으로 이미 범주화하고 있 었다. 따라서 그는 슐레겔의 이론을 받아들이는 것이 유용하다고 생각했다. 즉 이집트 '문명'(고비노가 인정하는 한도 내에서)이 인도의 '아리안' 식민자에 의해 이식된 씨앗에서 유래한다는 이론을 수용했다.[86] 그에 앞서 이집트인 의 검은 피부와 수준 높은 문명을 절충하는 두 가지 타협안이 도출되었으며, 이를 가능하게 한 것은 '장기간'이라는 개념이었다. 첫 번째 타협안은 인도 에 대해 대체로 합의한 바와 동일한 내용이었다. 즉 본래의 '순수한' 이집트 인은 백인이었지만 이후 타인종과의 혼합이 상당 수준에 이르게 되었으며, 이러한 혼합이 그들의 쇠락을 초래한 주된 원인이라는 것이었다.[87]

두 번째 타협안은 19세기 초의 인류학자 윌리엄 찰스 웰스가 제안한 것 으로, 정반대의 내용이었다. 인도주의 운동에 관여했으며 극단적인 인종주 의와 다원 발생설을 부정했던 웰스는 흑인종의 점진적 변화를 주장했다. 그 는 피부색과 문명 수준 사이의 상관 관계를 받아들이는 한편, 피부색이 문명을 결정한다기보다 문명이 피부색을 결정하는 경향이 있다고 주장했다. 예를 들어, 그는 고대 이집트 예술이 분명 흑인으로 보이는 사람을 묘사하고 있기는 하지만, 근대 이집트인은 흑인이 아니라는 점에 주목했다. 그리하여 그는 문명이 진보함에 따라 이집트인의 피부색이 더욱 희게 변했을 가능성이 있다고 주장했다.[88]

웰스는 1818년에 쓴 글에서 계몽주의 이래 지적 분위기가 얼마나 철저하게 바뀌었는지를 보여준다. 고대 이집트 문명이 보다 수준 높다는 생각은 영속성에 관한 성서적 비유(에티오피아인이 제 피부색을 바꿀 수 있겠느냐? 표범이 제 가죽에 박힌 점을 없앨 수 있겠느냐?[89])조차 넘어설 정도로 완전한 승리를 거둔 '진보'에 의해 기각되었다. 그러나 웰스는 두 가지 점에서 옳았다. 우선, 18세기 말과 19세기 초에는 초기 이집트인이 흑인으로 인식되었다. 예를 들어, 나폴레옹 원정대의 과학자들이 스핑크스를 측정하는 모습을 담은 그 유명한 스케치를 보라.[90] 둘째, 웰스가 알고 있었든 그렇지 못했든, 1818년에 이집트에서는 막 '국가 부흥'이 일어나고 있었다.

근대 이집트의 국가 부흥

여기서 우리가 마주하게 되는 주제는 고대 이집트의 명성에 관한 역사에서 쟁점이 되지 않는 듯 보인다. 그러나 셜록 홈스 이야기에 나오는 '밤에 짖지 않았던 개'의 경우처럼, 이집트의 부흥이 고대 이집트인에 대한 학자들의 인종주의적 고정 관념에 영향을 미치지 못했다는 사실은 고대 이집트인에 관하여 매우 의미심장한 무엇인가를 말해준다.

이집트는 16세기 이래 터키 제국의 일부였다. 그러나 터키인은 이집트의 이전 통치자인 맘루크*를 그대로 유지시키면서 그들을 통해 이집트를 통치했다. 대부분 코카서스 출신의 노예 군인인 맘루크는 이집트 군대의 가장 막강한 부분을 이루었으며 13세기 이래 이집트를 지배했다. 맘루크의 역사는 그야말로 피의 역사로서 권력 변동이 매우 빈번했다. 그러나 18세기 말에 이르러 이집트는 상업 농경과 무역, 그리고 제조업이 상당 수준에 이르렀으며, 이로써 세계적인 부국의 위치에 오르게 되었다.[91]

그 후 맘루크의 통치와 터키의 종주권은 나폴레옹의 정복(1789년)으로 인해 극도로 약화되었다. 나폴레옹의 정복은 주로 이집트 사회의 계급적·종교적·인종적 분열을 교묘히 조종함으로써 이루어진 것이었다. 프랑스의 퇴각과 영국의 개입으로 인한 대혼란 이후인 1808년에 이르러 영국이 축출되면서 터키 군의 알바니아인 장군 무함마드 알리가 권력을 잡았다. 몇 년 후 그는 맘루크를 학살하고 총독이 되었으며 사실상 터키에서 독립했다.

무함마드 알리는 국가 주도 아래 이집트의 경제와 사회를 근대화하기 시작했다. 이에 비견될 수 있는 것은 오직 러시아의 표트르 대제*나 일본의 메이지 황제가 추진한 근대화뿐이다. 맘루크와 세금 징수인의 땅은 압수되어 직접 소작농에게 분배되었고 소작농은 지대와 세금을 국가에 납부했다. 대규모 관개 사업이 기획되었으며 목화와 설탕의 상업 재배가 대규모로 이루어졌다. 더욱이 이 작물을 가공 처리할 근대적인 공장을 외국 전문가의 도움으로 건설했다. 그러나 러시아 및 일본에서와 마찬가지로 산업의 중심부는 근대적인 군대에 군수품을 공급하고 외제 무기를 대체할 목적으로 설립된 병기창이었다.[92] 목화에 대한 국가 의존도를 지나치게 높였다는 점과 국가 발전에 유해한 영향을 끼친 부유한 상업 지주 계급을 형성했다는 점에서, 이러한 계획이 해로운 결과를 낳았다는 주장은 매우 정당하다. 그러나 단기적인 차원에서 거둔 성공은 가히 놀랄 만한 것이었다. 1830년대에 이르렀을 때 근대적인 산업 역량에서 이집트를 앞선 국가는 오직 영국뿐이었다.[93]

무함마드 알리는 이러한 경제적·정치적 기반 위에서 대외적으로 확장하는 이집트 제국을 건설하기 시작했다. 그의 근대적인 군대는 서부 아라비아에 있는 터키 속국을 다수 복속시켰으며 1822년에는 그의 장군들이 수단을 정복했다. 그는 또한 북쪽으로 눈을 돌려 시리아와 그리스를 넘보았다. 똑같이 오스만 제국*의 신민이던 많은 그리스인이 삼각주에 거주했으며, 그들은 특히 그곳 경제의 새로운 분야인 상업에 종사했다. 무함마드 알리가 권좌에 오른 이후 더욱 많은 그리스인이 그의 새 군대에 합류함과 동시에 경제 활황에 참여하게 되었다.[94]

터키 술탄은 1821년에 그리스 독립 전쟁이 발발하자 자포자기하는 심정으로 무함마드 알리에게 크레타와 모레아*(펠로폰네소스)의 파샤(총독) 자리를 내주면서 반역자 소탕의 임무를 부여했다. 이집트인은 능숙하고 용맹한 그리스 함대 때문에 4년 동안 그리스에 침입할 수 없었다. 그러나 그들은 1825년에 그리스 함대 내에서 급료 미지급 문제로 폭동이 일어나자 이를 틈타 무함마드 알리의 아들 이브라힘 파샤*가 지휘하는 잘 훈련된 군대를 상륙시켰다. 이 군대는 그리스 게릴라의 맹렬한 저항을 분쇄하기 위해서 점점 더 잔인한 진압 수단을 동원할 수밖에 없었다. 그 후 이브라힘은 북쪽으로 진군하여 메솔롱기온*에 이르렀다. 그곳에서 그리스 애국자들은 터키인에게 포위당했다.

보다 우세한 이집트 군대가 도착하자, 전세가 터키인에게 유리하게 기울면서 그리스 혁명의 중심지가 함락되었다. 그러나 그리스의 대의를 지지한 친親그리스적 성향의 학생과 예술가는 최후의 영웅적인 방어전과 이 방어전에 참여한 바이런*의 죽음을 통해 자신들의 입장을 유럽 정부에 결정적으로 납득시킬 수 있었다. 이제 그리스 봉기는 유럽을 한편으로 하고 아시아와 아프리카를 다른 한편으로 하는 대륙간 투쟁이 되었다.95 어떤 이에게는 기울어가는 터키보다 이집트가 그리스와 유럽에 더욱 위협적인 존재로 보였다. 오스트리아의 재상 메테르니히*는 이집트가 터키에서 완전한 독립을 얻어낼 가능성을 고려하면서 이렇게 썼다. "이런 식으로, 유럽에 가장 가공할 위험으로서 종종 이야기되던, 새로운 아프리카 열강이 현실로 나타날지도 모르겠다."96

영국과 프랑스 정부는 이러한 가능성을 막기 위해 이집트를 터키에서 떼어놓으려 했다. 그들은 또한 무함마드 알리가 모레아에서 철수하도록 설득하는 한편, 대신 그에게 시리아의 파샤 자리를 부여하도록 터키 정부를 압박했다. 1827년 영국과 프랑스, 그리고 러시아 해군의 연합 함대가 나바리노*에서 터키와 이집트 함대를 격파함으로써 그리스의 독립이 확보되었다. 협정이 체결되었고, 그에 따라 이집트는 펠로폰네소스에서 철수함과 동시에 그리스 노예를 풀어주었다. 이러한 굴욕과 패배에도 불구하고 무함마드 알리는 시리아를 손에 넣게 되었으며, 계속해서 경제적·군사적 팽창을 도모했다.

이집트인은 1830년대에 시리아를 지배하면서 그 지역의 근대화를 통해 새로운 권력 기반을 확립해나가기 시작했다. 동시에 무함마드 알리와 그의 아들 이브라힘은 크레타 전역에 식민 통치를 확립할 수 있었다. 크레타 주민은 그리스 독립 전쟁 당시 벌어진 그리스인과 터키인 사이의 잔인한 전투에서 엄청난 인명 손실을 입었다. 당시 비교적 전투가 뜸했던 시기는 이브라힘의 군대가 펠로폰네소스로 진입하기 위한 교두보를 확보하기 위해 크레타를 지배했던 18개월 동안뿐이었다.97

그리스도교도 크레타인은 1827년의 나바리노 해전의 패배 이후 유럽 함대의 보호 아래 다시 봉기했다. 그러나 영국은 세력 균형이 너무 한쪽으로 기우는 것을 원치 않았다. 따라서 크레타에 무함마드 알리 정부가 재차 수립되는 것을 용인했다(1829년). 3년간 비교적 잠잠하던 그리스도교도 크레타인은 다른 그리스인이 독립을 유지하는 반면 자신들은 이슬람교도에게 예속되어 있다는 데에 불만을 품고서 또 다시 폭동을 일으켰지만 무자비하게 진압당했다. 1834년 이후에는 이슬람교도라고 해서 편애하는 일 없는 공정한 식민 통치가 부과되었으며, 이집트에 거주하는 그리스인과의 접촉이 이루어졌다. 경제가 회복되고 무함마드 알리와 크레타인 모두에게 이익이 돌아가는 방향으로 발전을 이루었다. 또한 질병이 줄어들자 부와 인구도 크게 증가했다. 나중에 이 시기는 수십 년에 걸친 터키의 실정 이후 찾아온 크레타의 황금기로 여겨졌다.98

1839년 무함마드 알리는 쉬블림포르트*로부터의 독립을 선언한 이후 터키를 침입했다. 5일 후 술탄이 사망하자 곧이어 터키 함대가 폭동을 일으켜 이집트에 합류했다. 동부 지중해 지역이 비유럽인의 손아귀에 들어간다는 사실은 생각할 수 없을 정도로 끔찍한 위협이었다. 따라서 오스트리아와 영국, 프랑스, 프로이센 그리고 러시아가 터키를 도우러 왔다. 이 때 이들이 보여준 단결된 모습은 약 60년 후에 일어난 중국의 의화단 사건에 이르기까지 그 유례를 찾아볼 수 없는 것이었다. 해상 봉쇄의 위협으로 인해 무함마드 알리는 어쩔 수 없이 북시리아와 크레타를 되돌려주어야 했고 다시 한 번 터키의 봉신封臣이 될 수밖에 없었다.99

새로운 강화안이 이집트 경제에 가한 타격은 나바리노 해전 이후보다 훨씬 더 심각했다. 1830년대 무함마드 알리가 실시한 국가 중심적 경제 자립 정책은 유럽의 상업 침투로 인해 약화되었다. 1839년의 새로운 강화안 이후 이집트 경제는 전통적인 터키식 경제로 회귀할 수밖에 없었다. 그리하여 이집트 경제는 유럽의 제조업에 완전히 개방되었다. 그 여파로 이집트 산업은 약화되거나 종종 파괴되기까지 했다.[100] 그럼에도 불구하고 무함마드 알리의 후예는 영국에게 정치·군사적으로 패배할 때까지 상당한 부와 권력을 유지했다. 이집트의 근대 경제가 훨씬 더 심각하게 와해된 것은 사실상 영국이 이집트를 점령한 1880년 이후의 일이었다.[101]

근대사의 이러한 일화가 거의 알려져 있지 않다는 사실은 전혀 놀라운 일이 아니다. 이 일화는 능동적인 유럽이 수동적인 외부 세계로 팽창해나갔다는 패러다임에 부합하지 않는다. 19세기의 이집트 제국이란, 애팔레치아 산맥의 체로키 인디언과 뉴질랜드의 마오리족, 그리고 캘리포니아의 중국인이 거둔 짧은 기간 동안의 성공에 관한 불명료한 이야기와 같은 것이었다. 그것은 유럽인이 자랑하는 분야에서 비유럽인이 유럽인을 물리침으로써 유럽인으로 하여금 어쩔 수 없이 두 손 들게 만든 사례였다.[102] 유럽의 본질적인 우월성이라는 인종주의적 고정 관념이 먹혀들지 않을 경우에는 인위적인 개입을 통해 그러한 고정 관념을 유지시킬 필요가 있었다.

이러한 사건이 우리의 관심사와 부합하는 점은 람세스 2세 시기 이래 가장 위대한 이집트 제국에 관한 언급이 고대사에 관한 당시의 저술에 전혀 나타나지 않는다는 것이다. 더더욱 눈에 띄는 것은, 이집트인이 그리스의 대부분 지역을 장악하고 있던 바로 그 시기에 이집트 사람인 다나오스의 침입이 적어도 부분적으로는 '민족적인 특성'을 근거로 당연히 부정되었을 것이라는 점이다.[103] 여기에서 아무런 이상도 발견하지 못한 이유는 당시의 '대중 보도'를 통해 어느 정도 설명이 가능하다. 비록 공식적인 보고서는 이집트의 통치가 지닌 상대적인 효율성에 주목했지만, 대중적인 보도 기사는 이집트의 대학살 관여 사실을 터키인과 그리스도교도 그리스인에 의해 자행된 훨씬 더 광범위한 살인과 동격으로 취급했다. 더욱이 그리스 땅에 있는 흑인의 이미지는 각별히 소름끼치는 것으로 여겨졌다.[104]

당시의 고대사가는 이집트가 거둔 당대의 그럴 듯한 성공이나, 구체적으로는 이집트의 그리스 정복에 대해 언급하지 않았는데, 이는 근래의 사건이 직업적인 역사가의 관심사가 아니라거나, 이슬람교의 도래로 이집트 역사가 완전히 단절되었다는 점을 들어 해명할 수 있는 사안이 절대 아니다. 19세기 초의 역사가는 민족이 영속적인 본질과 특성을 지닌다고 여겨지던 낭만주의 시대의 한복판에 위치해 있었다. 예를 들어 그 시기에는 아무런 주저 없이 이교도인 고트족과 바이킹을 그리스도교도인 영국인과 독일인이 거둔 19세기의 승리와 관련지었다. 이중 잣대의 근거는 분명히 인종주의였다. 그 당시 아프리카인이 인종적·범주적으로 열등하다고 확신하던 역사가의 입장에서 이집트인이 나폴레옹이나 웰링턴*, 혹은 블뤼허*의 군대와 맞먹는 용맹한 정복군을 형성할 수 있다는 점(설령 기독교에서 이슬람교로 개종한 무함마드 알리와 이브라힘 같은 유럽인이 지휘했다 하더라도)을 인정하기란 여간 거북한 일이 아니었을 것이다.

뒤퓌, 조마르, 샹폴리옹

인종주의는 이집트인을 폄하하고 고대 모델을 몰아내는 데 처음부터 중요한 요소였으며, 1860년 이후에는 가장 중요한 요소가 되었다. 그러나 1820년대와 1830년대에는 이집트 종교와 그리스도교 사이의 오랜 경쟁 관계가 중요한 역할을 수행했다. 앞서 논한 바 있듯이, 샤를 프랑수아 뒤퓌는 혁명 정부의 문화 자문역으로서, 그리고 『모든 제례의 기원』이라는 저서를 통해 그리스도교에 위협을 가했다. 그의 저서는 방대하고 상세한 증거를 통해 그리스도교가 이집트 종교의 천문학적 비유에 대한 오해에서 발생했다고 주장했다.

그러한 생각은 프랑스 혁명 이후, 그리고 그리스도교가 사회 질서의 불가결한 보루로서 되살아난 이후, 저주받아 마땅한 것이 되었다. 노골적인 반동주의자뿐만 아니라 그리스도교에 대한 '비판적 옹호자'도 뒤퓌를 골칫거리로 여겼다. 콜리지*는 버클리*의 저서를 읽은 후 자신을 '버클리파'라고 선언했으며 복음서의 역사성에 대한 도전에 맞서 모든 역사가 신화라는 견지에서 복음서가 다른 원문만큼 신뢰할 만하다고 주장했다.[105] 뉴턴과 벤틀리, 그리고 휘스턴이 톨런드와 급진적 계몽주의를 두려워한 것과 마찬가지로, 19세기 초의 지식인도 뒤퓌에게서 위협을 느꼈다. 예를 들어, 대통령을 지낸 존 애덤스는 뒤퓌를 거의 강박적으로 꺼려했다. 그는 1816년에 친구인 토머스 제퍼슨*에게 보낸 편지에서 선교사에게 돈을 쓰지 말라면서 이렇게 말했다. "대신 우리는 뒤퓌를 모든 언어로 번역하기 위해 하나의 단체를 만든 다음, 그에 대해 가장 훌륭히 논박하는 사람이나 단체에게 부상으로 다이아몬드를 수여해야 한다."[106] 만일 그의 제안이 성사되었다면, 다이아몬드는 당연히 장 프랑수아 샹폴리옹에게 돌아갔을 것이다.

뒤퓌와 이집트-프리메이슨이 프랑스 혁명과 관련해 불러일으킨 공포의 강도는 그리스도교와 그리스, 그리고 고대 이집트 사이의 복잡한 삼각 관계와 함께 샹폴리옹의 험난한 이력에서 잘 나타난다. 오리엔트 르네상스의 안티테제인 샹폴리옹은 여러 가지 점에서 볼 때 틀림없이 프리메이슨 계몽주의의 정점으로 평가받아야 한다. 그는 프리메이슨 사상에 심취한 청년기에 상형 문자 해독을 자신의 사명으로 인식했던 듯하다. 그는 20세가 되었을 때에 그러한 작업을 위한 준비로서 이미 히브리어와 아랍어, 그리고 콥트어를 섭렵한 상태였다.[107]

새로이 발견된 로제타석*(여기에는 동일한 내용의 글이 그리스어와 민용 문자, 그리고 상형 문자로 새겨져 있다)을 포함한 새로운 원문의 사본을 손에 넣을 수 있게 되면서 이제 해독이 가능해졌다. 그러나 가디너가 말했듯이, 샹폴리옹은 "늘 상형 문자가 순전히 상징적인 성격을 띤다는 자신의 모순된 이론으로 되돌아가려는 경향이 있었다."[108] 프리메이슨에서 자극을 필요로 하기는 했지만 그가 이러한 경향을 극복했다는 사실은, 이집트의 이상에 금이 가기 시작하고 낭만주의 언어학이 승리하기 시작했을 때, 비로소 해독에 성공했다는 점을 예증한다. 그는 이 시점에서 비로소 상형 문자가 순전히 상징일 뿐 음성학적 기능이 없다는 프리메이슨의 중심적인 교의를 버릴 수 있었다.

더욱 아이로니컬하게도, 1822년에 샹폴리옹이 처음으로 일궈낸 실질적인 발견은 덴데라*에 있는 황도대黃道帶의 연대를 로마 시대로 추정한 일이었다. 뒤퓌의 추종자이자 나폴레옹의 원정에 참여했던 주도적인 학자 에드메 프랑수아 조마르는 그 연대를 기원전 수천 년으로 주장한 바 있었다.[109] 샹폴리옹의 연대 추정이 그리스도교에 어떠한 도움을 주었는지는 로마 주재 프랑스 대사가 작성한 교황의 태도에 관한 보고서에서 확인할 수 있다. 그 보고서에 따르면, 교황은

(이와 더불어) … 종교에 중요한 공헌이 이루어졌다고 말했다. "그(샹폴리옹)는 … 덴데라의 황도대에서 성서의 연대기보다 더 이른 시기의 연대기를 발견했다고 주장하는 이 철학의 오만한 콧대를 꺾어 버렸다." 그런 까닭에 교황은 고대학에 가장 박식한 인물인 테스타에게 청하기를, 샹폴리옹의 논거를 상세히 말해 달라고 했다. 그러한 논거를 통해 샹폴리옹이 입증한 사실은 다음과 같다. (1) 이 황도대는 네로 치세에 만들어졌다. (2) 기원전 2200년 이전의 기념물, 즉 아브라함 시대까지 거슬러 올라가는 기념물은 존재하지 않는다. 따라서 우리가 믿는 바대로, 대략 1800년의 기간이 여전히 어둠 속에 묻혀 있으며, 이 기간 동안 우리를 인도할 수 있는 것은 성서의 해석뿐이다.110

뒤퓌의 위협에 맞서도록 해준 이러한 도움은, 1822년 이후 최상위층 귀족뿐만 아니라 루이 18세와 샤를 10세에게서 나타난 샹폴리옹과 그의 형에 대한 놀라운 태도 변화(예전에 이들 형제는 자코뱅주의를 주장하고 나폴레옹을 지지한다는 이유로 미움을 샀다)를 설명해 준다. 또한 자신이 경멸한 체제로부터 샹폴리옹이 받은 상당한 후원을 설명해 준다. 샹폴리옹은 자신의 역사적 발견을 힉소스 이후의 왕조에 해당하는 것으로, 즉 그 연대를 기원전 2200년까지로 신중히 제한함으로써 성서의 우선성을 인정했다. 그는 이로 말미암아 그리스도교 옹호자의 지지를 얻었다. 그러나 그가 최초의 그리스 문명 훨씬 이전에 존재했던 이집트의 위업으로 주의를 돌린 것은 그리스학 학자의 증오를 불러일으켰다. 그리하여 그는 한동안 그리스도교와 헬레니즘 사이의 동맹을 갈라놓았다.

샹폴리옹은 학계에 많은 적을 두고 있었다. 거기에는 샹폴리옹으로 인해 자신이 추정한 황도대 연대에 타격을 입은 조마르와 낭만주의적이고 보수적인 오리엔탈리즘을 창시한 실베스트르 드 사시 같은 경쟁 관계의 이집트학 학자가 포함되었다. 그러나 그를 학술원과 콜레주 드 프랑스 밖으로 쫓아낸 반대 세력의 중추를 이룬 인물은 이 시기에 이르러 열정적인 반反이집트 성향을 드러낸 장 앙투안 레트론과 라울 로셰트 같은 그리스학 학자였다.111 그럼에도 불구하고 1829년에 이르러 샹폴리옹은 왕실의 후원 및 그의 해독이 지니는 타당성과 효용성이 그들 대다수를 설복시킴으로써 뒤늦게 비로소 인정을 받았다. 그런 다음 그는 1830년 7월 혁명 이후의 자유로운 분위기 속에서 이집트 역법, 즉 이집트 문명이 기원전 3285년까지 거슬러 올라간다는 자신의 결론을 거리낌 없이 발표했다. 그러자 그리스도교도와 그리스학 학자가 다시 결합하여 그에게 맞섰다. 1831년에 그가 사망한 이후 이집트학은 4반세기 동안 퇴보의 길을 걸었던 반면 그의 적인 그리스학 학자와 오리엔탈리즘 학자는 계속해서 프랑스 학술원을 지배했다. 게다가 역설적이게도 그를 기리는 송덕문이 샹폴리옹의 친구이자 후원자이며 학술원 상임간사인 다시에가 아니라 다시에의 후계자이자 샹폴리옹의 주적인 드 사시에 의해 낭독되었다.112

고대사가들은 1850년대 후반에 접어들기 전까지 이집트 원문의 번역물을 믿을 만한 것으로 생각하지 않았다. 이 책의 주제와 관련하여 1831년과 1860년 사이에 이집트학에 대한 진지한 고려가 없었다는 이러한 사실은 대단히 중요하다. 왜냐하면 바로 이 시기에 이집트에 근거한 고대 모델이 파괴되고 인도에 근거한 아리안 모델이 구축되었기 때문이다. 이러한 과정 및 고대 이집트에 부여된 명성의 전반적인 쇠락을 보여주는 훌륭한 예는 조지 엘리엇의 『미들마치』에서 찾아볼 수 있다. 이 소설은 비록 1860년대에 씌어지긴 했지만 1830년경의 지성계를 세심하게 재연했다. 소설에서 나이 든 학자 카조봉이 고대 이집트에 흥미를 보이는 모습은 그의 반계몽주의를 드러내는 전형으로 설정된 것이었다. 그와 대조되는 인물인 젊은 래디슬로(낭만주의의 중심지인 로마의 독일 공동체 출신)는 카조봉이 샹폴리옹의 새로운 해독을 고려하지 않는다는 이유로 그를 비난하지는 않는다. 대신 카조봉이 새로운 독일 학문을 연구하지 않으며 오로지 이집트에만 흥미를 가진다는 점을 경멸한다.113

1810년대와 1820년대에 로마의 독일 공동체를 이끈 공식 수장들은 로마사의 위대한 역사가이자 한동안 바티칸 주재 프로이센 공사를 지냈던 바르톨트 니부어와 그의 비서이자 후계자인 크리스티안 분젠이었다. 두 사람은 새로운 낭만주의와 민족성에 대한 열정을 전적으로 지지했다. 그럼에도 불구하고 그들은 알렉산더 및 빌헬름 폰 훔볼트와 더불어 1820년대에 이루어진 샹폴리옹의 해독을 확신한 몇 안 되는 독일 학자였다. 그러나 이들조차 이집트 문화에 대해 상당한 제한을 두고 있었다. 1833년에 빌헬름 폰 훔볼트는 새로운 베를린 국립 박물관의 창립자로서 다음과 같이 주장했다. 즉 이집트 유물이 그 자신을 포함한 학자들에게 가치 있는 것이기는 하지만, 대중의 수준 향상을 목적으로 하는 국립 박물관은 예술(그리스·로마의 고대 유물과 르네상스 예술)을 전적으로 중시해야 하며 이집트 유물을 그와 동등하게 취급해서는 안 된다는 것이었다.114

괴팅겐에서 수학한 크리스티안 분젠은 중차대한 시기인 1840년대에 영국 주재 프로이센 대사를 재임했다. 그는 상형 문자를 익혔으며 1830년대와 1840년대에는 '독일인의 철저한 불신과 무관심'에 맞서 이집트학을 옹호했다. 그러면서 그는 이집트학의 침체기 동안 그 명맥을 유지했으나, 그 과정에서 고대 이집트를 낯선 연구 대상으로 변모시키고 말았다.115 그는 이집트에 관한 연구를 처음 계획했을 때 니부어에게 보내는 편지에서 "한편으로는 그 연구가 꺼려진다"고 썼다.116 그는 로마 외곽의 알바니로 여행하면서 이렇게 기록했다. "아름답지 않거나 그리스적이지 않은 것은 쉽게 눈에 띄는데, 이집트적인 것은 애써 찾아야만 하는구나."117

분젠은 독일의 이집트학 학자인 리하르트 레프시우스*와 영국의 이집트학 학자이자 아시리아학 학자인 새뮤얼 버치에 대한 지원으로 말미암아 이집트학의 역사에 길이 남을 영예로운 지위를 얻게 되었다. 버치의 짧막한 『상형 문자 사전』(최초의 상형 문자 사전)은 1867년 출간 당시 분젠의 방대한 저서 『이집트의 보편사적 위치』 제5권의 제2판 부록이었다. 또한 다방면에 걸친 분젠의 학문 이력에 포함된 이집트학적인 일면이 알려진 것도 주로 이 저서를 통해서였다.

분젠은 『이집트의 보편사적 위치』를 1840년대에 집필했다. 그의 주장에 따르면, 그 주제에 관한 그의 기본적인 생각은 사실상 샹폴리옹의 해독이 있기 오래 전, 즉 괴팅겐의 학생 시절이던 1812년에 진전된 것이었다. 따라서 그러한 생각은 분젠이 만난 바 있는 하이네와 분젠의 스승이었던 블루멘바흐의 지적 세계로 거슬러 올라갈 수 있다. 그럼에도 불구하고 그의 도식에는 분명 이후의 지적 발전이 남긴 여러 흔적이 나타난다. 그의 도식에 따르면 이집트인은 아람족(셈족)과 인도-게르만족의 공통된 뿌리에서 유래한 아프리카 인종이었다. 분젠은 다음과 같이 주장했다.

> 인간 종족의 문명은 주로 거대한 두 민족 계열에서 기인하는데, 그 두 민족 계열이 연관된다는 사실은 그 둘이 일찍이 나뉘었다는 사실만큼이나 확실하다. 내가 보기에 우리가 보편사라고 부르는 것은 필연적으로 두 인종의 역사였다. … 이 가운데 인도-게르만 인종이 역사의 주류였던 것처럼 보이며, 아람 인종은 주류 역사를 가로지르면서 신성한 드라마의 일화를 형성했다.[118]

그는 다른 곳에서 이 점을 또 다른 형식으로 주장했다. "만약 히브리 셈족이 인류의 사제라고 한다면 그리스-로마 아리안은 인류의 영웅이며 앞으로도 영원히 그럴 것이다."[119]

두 '주요 인종' 사이에서 인지된 이러한 불균형은 앞으로 좀더 논의하겠지만 여기서 강조되어야 할 것은, 두 어족이 완전히 구분된다고 슐레겔이 일찍이 주장했음에도 불구하고 아리안과 셈족이 공통된 기원을 갖는다는 생각이 1840년대에도 여전히 받아들여질 수 있었다는 점이다. 그러한 생각은 시간이 지남에 따라 점점 더 받아들이기 어려운 것이 되어갔다. 그러나 1920년대와 1930년대에 반유대주의가 절정에 이르기 전까지는 지속되었다.[120] 분젠은 자신의 이론 구조가 샹폴리옹의 연구에서 비롯된 새로운 정보와 부합한다고 주장하면서, 이집트어와 셈어 사이의 명백한 관련, 그리고

그 두 언어와 인도유럽어 사이의 의미심장한 관련을 인정했다.[121]

『이집트의 보편사적 위치』의 대부분은 연대기에 관한 내용이다. 이를 위해 분젠은 고전기 전거와 성서적 전거에 새로운 이집트 자료와 천문학 자료를 첨가했다. 그는 이집트 역법이 기원전 3285년에 시작되었다는 샹폴리옹의 결론을 따랐다. 반면 그가 보편사에 적용한 연대는 이 체계와 아무런 관련이 없었으며, 오늘날의 시각에서 보자면 완전히 공상적이었다. 분젠은 새로운 극렬 그리스도교도의 세대에 속한 사람으로서 세계사가 대홍수 이전에 세 단계를 거쳤다고 주장했다. 즉 기원전 2만~1만 5천 년의 중국 단계와 기원전 1만 5천~1만 4천 년의 우랄알타이 단계, 그리고 기원전 1만 4천~1만 1천 년의 이집트 단계를 설정했다.[122]

중국에서 시작하여 중앙아시아와 이집트를 거쳐 마침내 유럽에 이르는 역사적 순서는 그가 초고에서 제시한 바와 다소 달랐다. 그가 초고에서 제시한 3단계는 동방, 그리스인과 로마인, 그리고 마지막으로 튜튼 민족*이었다. 두 도식을 종합하면 훔볼트가 말한 교착어에서 굴절어로의 '진보'라든가 헤겔이 말한 '세계사의 국면'의 거대한 진전과 매우 흡사해 보이는데, 이 두 이론 모두 거의 같은 때에 만들어진 것이었다. 헤겔은 태양이 동쪽에서 서쪽으로 움직이는 것과 마찬가지로 **국가**나 보편 이념은 몽골과 중국의 직관적인 '신정 전제 정치'에서 인도의 '신정 귀족 정치'와 페르시아의 '신정 군주 정치'로 움직였다고 주장했다. 그리고 이집트는 동방과 서방 사이의 전환점이었다고 주장했다. 이 모든 것은 헤겔이 명시적으로 유년기에 견주었던 인류의 최초 국면을 형성했다.[123] 헤겔은 두 번째 국면, 즉 인류의 청년기는 그리스로서, 이 때 처음으로 윤리적인 자유라는 것이 존재했으며, 세 번째 국면은 로마로서, 게르만 세계에서 그 마지막 절정에 이르렀다고 주장했다.

이 도식에서 이집트에 관한 헤겔의 언급이 상대적으로 적다는 점은 주목할 만하다. 그가 이집트를 인도보다 상위에 위치시킨 것은 보편 이념의 전면적인 방향성(동쪽에서 서쪽으로)을 유지하기 위한 얄팍한 수단이었던 것으로 보인다. 그는 1816년과 1830년 사이의 강의를 담은 『철학사 강의』에서 중국과 인도의 사상에 관해 상당히 길게 논했지만 이집트에 관한 언급이 나타나는 것은 그리스 철학의 기원을 다룰 때뿐이었다.[124] 유럽 문화가 오리엔트 문화를 넘어서는 것으로 설정된 역사 발전 단계설은 이렇듯 19세기 초 독일에서 크게 유행했다.

분젠에게로 돌아가 보자. 19세기 초에 그는 아리안-셈족주의와 이집트가 문명의 아득한 근원이라는 믿음을 확고히 했다. 그러나 그의 생각은 그가 살아 있는 동안(1791~1860) 근거를 잃었으며, 1880년 이후에는 학계에서 더 이상 받아들여지지 않았다. 분젠과 그의 동시대인은 중국인과 이집트인을 문명의 선구자로 여겼지만, 분젠은 그들을 훨씬 더 격하시켜 홍수 이전의 과거로 처박았다. 그는 19세기 중반의 거의 모든 역사가와 마찬가지로 진정한 역사가 아리안과 셈족 사이의 변증법적 관계로 구성된다고 보았다. 그러므로 분젠은 이집트인의 에게 해 정착에 관한 그리스 전설을 단호하게 부정했다.

그는 대부분의 동시대인처럼 그리스 신화가 일정 부분 셈족의 영향을 함유한다고 인정했다. 그러나 그는 당시의 최신 독일 학문을 따라 그 영향이 간접적이었다고 믿었다. 그의 도식에 따르면, 셈족인 힉소스가 펠레세트 혹은 펠라스고이라고 불린 것은 그들이 기원전 16세기에 이집트에서 추방되었을 때였다. 그들 가운데 일부는 크레타와 에게 남부에 정착하여 그 섬에 살고 있던 아리안을 몰아냈다. 이들 아리안은 자신들을 쫓아낸 자들의 이름을 가지고 그리스 본토로 이동했으며 그곳에서 이오니아인의 조상이 되었다. 바로 이들이 셈족의 영향을 받아 근동 문화의 편린을 그리스에 도입했다.[125]

분젠은 이 복잡하고 성가신 방식(이를 뒷받침하는 고대 전거는 전혀 없었다)으로 페니키아인의 정착에 관한 그리스 전설과 그리스에서 나타나는 명백한 셈족의 영향을 한데 뒤섞으려 했으며, 동시에 헬레네스-아리안의 순수성을 보존하려 했다. 여기서 우리는 제8장과 제9장에서 논의되는 반유대주의의 시기로 접어든다. 두 장에서는 이집트인·페니키아인과 이오니아인·도리스인 사이의 차이점이 상세하게 다루어질 것이다.

이 지점에서 중요하게 주목해야 할 것은, 이집트인이 그리스를 식민화했다거나 이집트 문화가 에게 해 지역에 큰 영향을 미쳤다는 생각이 학자들에 의해 단념된 지 수십 년이 지난 **후에야** 비로소 하나의 언어로서 이집트어에 관한 지식이 비교의 용도로 이용 가능해졌다는 점이다. 따라서 르네상스와 계몽주의 학자는 이집트어와의 비교 연구를 열망했지만 그럴 방도가 없었다. 반면 비교 연구의 수단을 소유하고 있던 19세기 후반의 학자는 어떠한 세부적인 비교도 헛된 일이라고 확신했다. 1840년대에 이르러 이집트의 언어와 문화는 위대한 아리안 문명 및 인도와 그리스, 그리고 로마의 고결한 언어에 기여할 만한 능력을 본질적으로 결여한 범주적으로 열등하고 보다 후진적인 인종의 산물로 여겨졌다.

이집트의 일신교 혹은 이집트의 다신교

　이집트의 명성이 추락한 주된 이유가 이집트 원문을 읽었을 때 치솟게 되는 환멸 때문이라는 주장이 종종 제기되곤 한다. 그러나 샹폴리옹의 경우에는 이러한 주장이 적용되지 않는다. 이집트를 향한 그의 열광은 세월이 지날수록 커져갔다. 이집트학 학자는 1850년대 후반에 이집트 연구가 되살아나면서 이집트학의 창시자인 샹폴리옹을 찬양하고 이집트에 대한 그의 존경을 수용하는 한편, 당시 널리 퍼져 있던 낭만주의적·실증주의적 풍조와 이집트 문화에 대한 경멸 및 폄하로 인해 갈등을 겪었다. 비록 양자 사이의 일치점이 정확하지는 않지만, 이러한 긴장이 뚜렷하게 대두된 핵심 사안은 이집트 종교의 본질에 관한 것이었다. 종교사가인 칼 베트는 1916년에 다음과 같이 썼다.

　　일신교인가 다신교인가? 이는 최초의 이집트 원문이 발견된 이래 이집트학의 커다란 문제였다. 여기서 내가 제공한 개요는 두 대답 모두 나름대로 타당하다는 점을 보여준다. 또한 양측 지지자 모두 이러한 개념을 마치 슬로건처럼 사용하고 있지만 어느 쪽도 이집트 종교의 진정한 개성을 특징지을 수 없다는 점을 보여준다.[126]

그가 그럴듯하게 주장하고 있듯이, 만약 이집트 원문의 전집이 둘 중 어느 의미로도 읽혀질 수 있다면, 그러한 논의는 과연 무엇을 둘러싼 것이었는가(것인가)? 그 핵심에는 이집트 종교와 그리스도교 사이의 오랜 싸움이 자리 잡고 있는 것으로 보인다. 만약 이집트 종교가 일신교라면, 그것은 그리스도교의 기반이나 기원으로 여겨질 수 있을 것이다. 그러나 19세기 후반에는 인종 문제가 더욱 두드러졌다. 만약 이집트 종교가 일신교라면, 그것은 아리안-셈족의 문명 독점을 침해할 것이다.

1860년대와 1870년대에 이집트학의 두 번째 물결을 이끈 에마누엘 드 루제와 하인리히 브루크시는 샹폴리옹과 그의 배후에 자리 잡은 헤르메스·플라톤 전승을 따라, 순수한 이집트 종교가 최상의 본질적 일신교라고 믿었다. 드 루제는 이렇게 말했다. "한 가지 관념이 두드러진다. 유일한 태고의 신. 어느 곳에서나 항상 스스로 존재하는 유일한 실체이자 접근이 불가능한 신."[127]

브루크시는 1868년 괴팅겐의 이집트학 교수로 임명되었다. 이는 샹폴리옹의 사망 이래 최초의 이집트학 교수 임용이었다. 브루크시는 또한 영국의 지도적인 이집트학 학자 피터 르 페이지 레노프경이 최초로 주장한 바와 같이, 이집트인이 본래 일신론자였다고 주장했다.[128] 그러나 레노프는 1880년에 자신의 『종교의 기원과 성장에 관한 강의』 제2판이 나왔을 때, 이미 마음을 바꾸어 "이집트인은 일신교로 시작했다"라고 말한 것을 부정한 상태였다.[129] 근대 이집트학 학자이자 이집트학사가인 에리히 호르눙처럼 내재적 요인을 중시하는 학자는 이러한 의견 변화가 고대 이집트에 관한 지식의 증대에서 비롯했다고 주장한다.[130] 나는 이집트의 일신교에 대한 부정을, 고전학과 고대사 전반에 만연한 인종주의와 낭만주의적 헬레니즘이 이집트학에 퍼져가는 과정의 일부분으로 보는 편이 보다 유용하다고 생각한다.

이 과정의 중간 단계는 옌스 리플라인* 교수의 저작 가운데 한 구절에서 찾아볼 수 있다. 리플라인은 1884년에 일신교에 관한 옛 견해를 새로운 언어학적·역사적 도식에 짜 맞추려고 시도하면서, 다음과 같이 이집트인에게는 기껏해야 원시적인 유일신이 있었거나 아예 유일신이 없었다는 타협안을 제시했다.

모든 것을 고려할 때, 유일신 개념은 필시 인도유럽어보다 이른 언어기에 자생적으로 발전했을 것이다. 미래에는 아마도 이를 입증하는 증거가 제공될 수 있을 것이다. 언어학은 선사 시대의 인도유럽어를 부분적으로나마 재구성할 수 있었으며, 어쩌면 선사 시대의 셈어와 함어도 재구성할 수 있을지 모른다. 또한 언어학은 이 세 선사 언어의 본래적인 연관을 단지 추측하는 것이 아니라 증명하기 시작하고 있는데, 아마도 조만간 선사 시대의 훨씬 이른 연관을 추출해낼 수 있을 것이라고 믿어진다. 이러한 연관은 어쩌면 노아의 언어라고 불릴지도 모르겠다. 여기까지 볼 때, 우리는 이 선사 언어에서 또한 유일신 개념을 표현하는 단어를 발견하게 될 가능성이 대단히 높다. 그러나 유일신 개념이 이 선사 언어에서 발생하지 않았을 가능성도 있다.[131]

따라서 리플라인은 이집트인이 아득한 원시 과거에 속한다고 보았다. 이집트를 존중했던 플라톤과 헤르메스, 그리고 프리메이슨에 대한 존경을 나타내는 마지막 흔적이 학계에서 추방되고 있었으며, 몇 년 후에는 프랑스의 이집트학 학자인 가스통 마스페로*에 의해 보다 오래된 이집트학에 대한 전면적인 공격이 개시되었다. 그는 1893년의 상황을 다음과 같이 묘사했다.

이제 25년이 되는 나의 학문 이력이 시작할 무렵부터 믿어왔고, 또 브루크시만큼 오랫동안 내가 주장해온 바는, 이집트인이 매우 이른 시기에 신성한 단일성이라는 개념에 이르렀으며, 그로부터 온전한 종교 체계와 상징적인 신화를 이끌어냈다는 점이다. … 이는 나 스스로 종교적인 원문을 해독하려는 노력 없이 단지 위대한 우리 스승들의 원문만을 재생산하고 있던 시기였다. 내가 종교적인 원문을 들고 씨름할 수밖에 없었을 때 … 나는 다른 이들이 그 원문에서 발견했다는 그 어떤 심오한 지혜도 찾아볼 수 없다고 인정해야만 했다. 내가 이집트인을 깎아내리고자 한다는 비난은 당치도 않다. 나는 이집트인이 위대한 민족 가운데 하나이자 가장 독창적이고 창조적인 민족 가운데 하나이지만, 늘 반+야만 상태에 머물러 있었다고 확신한다. … 그들은 예술과 과학, 그리고 산업에서 많은 것을 발명하고 산출했으며, 무엇보다도 많은 것을 기약했다. 그러나 그들의 종교는 다른 종교에서 찾아볼 수 있는 것과 동일한 조잡함과 세련됨의 혼합을 드러낸다.[132]

계몽주의의 계승자이자 자유주의적인 한 프랑스인의 이 진술에서 중요한 것은 이집트인에 관한 묘사(그 대부분은 눈에 띠게 공정한 것으로 보인다)가 아니라, 야만이라고는 찾아볼 수 없는 온전한 세련됨을 갖춘 다른 문명(아마도 인도유럽 문명과 그리스도교 문명)이 있다는 암시이다.133 그러나 마스페로는 동일한 구절의 다른 곳에서 자신의 인종주의적 색채를 꽤 분명하게 드러냈다.

> 다른 민족에게는 그토록 많은 해를 끼쳤던 시간이, 이집트인에게는 대단히 호의적인 모습으로 나타났다. 시간은 이집트인의 무덤과 신전, 조상彫像, 그리고 그들 가정생활의 궁지였던 수천 가지의 작은 물건을 앗아가지 않았고, 그럼으로써 우리로 하여금 그들이 만든 가장 아름답고 멋진 것을 통해 그들을 평가하게 만들었다. 마침내 시간은 그들의 문명을 로마인이나 그리스인의 문명과 동동한 지위에 올려놓도록 만들었다. 그러나 이집트 문명을 보다 가까이에서 주시해 보면 관점이 바뀐다. 아주 간단히 말해서, 투트모세 3세와 람세스 2세는 알렉산드로스나 카이사르를 닮기보다는 중앙아프리카의 므테사*를 더 많이 닮았다. ····134

단순한 외양에 속아 인종주의의 '과학적' 법칙을 어겨서는 안 된다는 주장은, 19세기 후반의 학자가 이해한 과학 시기와 전前과학 시기 사이의 완전한 결렬을 나타내는 징후라는 점에서 또한 흥미롭다. 마스페로와 그의 동시대인이 볼 때, 고대 이집트는 근대의 발견된 것이었다. 즉 나폴레옹의 원정과 샹폴리옹의 해독 이전에 씌어진 고대 이집트에 관한 기록은 전혀 타당성이 없는 것이었다.

더구나 마스페로는 계속해서 다음과 같이 썼다.

> 고대 이집트 신화의 대부분은 구세계와 신세계의 가장 야만적인 부족의 신화와 동일하다. 이집트인은 예민한 형이상학자의 정신을 지니고 있었다. 이러한 사실은 그리스도교가 이집트인의 예민한 능력에 걸맞은 주제를 제공했을 때 입증되었다.135

문명과 종교, 그리고 철학을 떼어내더라도 이집트인에게 약간의 형이상학이 부여될지 모른다고 생각할 수도 있다. 그러나 밀려드는 인종주의의 물결은 이조차 용납할 수 없었다. 10년 후인 1904년에 영국의 이집트학 학자인 윌리스 버지*는 다음과 같이 덧붙였다.

> 근본적으로 아프리카 사람인 이집트인은 북아프리카 인종을 대체적으로 특징짓는 모든 미덕과 악덕을 지녔으며, 그 어떤 아프리카 인종도 근대적인 의미의 형이상학자가 될 수 있다고는 잠시도 생각할 수 없다. 우선, 어떤 아프리카 언어도 신학적이고 철학적인 사색을 표현하기에 적합하지 않으며, 가장 높은 지적 수준에 이른 이집트 사제라 할지라도 아리스토텔레스의 논문을 별다른 가르침 없이 그의 형제 사제가 이해할 수 있는 언어로 번역하지 못했을 것이다. 단순한 언어 구조가 위대한 그리스 철학자의 사상을 전달할 수 없게 했으며, 그것은 이집트인에게 전적으로 이질적인 사상과 문화의 영역이었다.[136]

여기서 버지는 언어학적 근거를 통해 인종주의를 정당화하는 19세기의 일반적인 전략을 사용했을 뿐만 아니라 교묘한 구별을 삽입했다! 이집트 사상에서 아리스토텔레스 같은 사상이 나타나지 않는 것은 사실이지만, 버지는 이러한 부재를 이용해 그리스 사상과 이집트 사상 전반이 범주적으로 구별됨을 암시했다. 아마도 그 예로 플라톤을 이용할 수는 없었을 것이다.

다른 곳에서 버지는 브루크시의 주장, 즉 '신성한'을 뜻하는 가장 일반적인 이집트어 단어 ntr(네체르)가 그리스어 피시스φύσις 및 라틴어 나투라 natura와 일치한다는 주장을 논박했다.

> 뛰어난 이집트학 학자가 반半문명화된 아프리카 민족에 의해 형성된 유일신의 개념을 그리스인과 로마인과 같은 문명화된 민족의 유일신 개념과 비교한다는 것은 납득하기 어려운 일이다.[137]

이러한 경멸이 영국의 이집트 점령 및 이집트 주민에 대한 혐오와 일정 부분 관련된다는 것은 의심의 여지가 없다. 게다가 1880년 이후 이집트는 아일랜드와 소말릴란드* 다음으로 가장 말썽 많은 영국 식민지가 되었다. 제국주의에 대한 버지의 자기 동일시는 그가 자신의 위대한 저서 『이집트인의 신들』을 크로머* 경에게 헌정한 일에서 전형적으로 나타난다. 크로머는 '이집트의 쇄신자'로서 이집트 제조업의 파괴를 주도한 인물이었다.

독일 학자 역시 영국과 프랑스 학자 못지않게 이집트인에 대해 회의적이었다. 이집트의 일신교에 관한 리플라인의 의문에 이어 곧바로 이집트인이 고대의 지혜를 지녔다는 생각에 대한 비판과 경멸이 뒤따랐다.[138] 더구나 1880년대에 이르자 일부 이집트학 학자는 아리안의 언어학적 순수성이라는 인도유럽어학 학자의 개념을 공유했다. 인도유럽어 연구의 지도적 학술지 『인도게르만어학 소고』의 편집장인 아델베르트 베첸베르거 교수는 1883년의 상황을 다음과 같이 묘사했다.

이집트가 고대 그리스에 매우 중요한 영향을 미쳤다고 많은 사람이 주장한다. 그러나 지금껏 이러한 가설을 언어의 관점에서 뒷받침할 만한 증거는 전혀 존재한 바 없다. 의문의 심각성을 감안할 때, 그러한 증거가 요구되는 것은 당연하다. 그래서 나는 진정 이집트어에서 그리스어로 차용된 단어와 그렇다고 추측되는 단어를 수집해서 연구해 줄 것을 아돌프 에르만*(후에 독일 이집트학의 일인자가 된다)에게 요청했다.

과묵하면서도 훌륭한 유머 감각을 지닌 에르만은 이렇게 응답했다. "이론상으로는 당신의 제안에 기꺼이 따라야 마땅하지만, 제 생각에는 가장 중요한 필수 조건이 결여되어 있는 듯합니다. 바로 차용어 말입니다. 차용되었다고 '추측되는' 단어는 이집트학 저서에서 충분히 발견할 수 있습니다. 그러나 제 이해 수준에서는 확실한 차용어를 단 하나도 찾을 수 없습니다."[139]

에르만은 이집트 물건을 가리키는 일부 이집트어 단어가 그리스어에서 사용되었다고 인정했지만, 이들은 진정한 차용어가 아니었다. 『인도게르만어학 소고』 다음호에서 에르만은 이에 대한 도전을 받았는데, 그의 반응은 두 가지 양보였다.

나는 결코 이집트어에서 그리스어로 차용된 단어가 없다고 주장하지 않았다. 단지 확실한 사례를 알지 못한다고 말했을 뿐이다. 나는 그리스 작가의 글 여기저기에서 나타나는 이집트 물건의 이름을 그리스어에 수용된 차용어로 보아야 한다고 믿지 않는다.140

그의 두 번째 양보는 작은 배라는 뜻을 가진 바리스βάρις(확실히 후기 이집트어와 민용어의 br[베르]에서 유래했다)라는 단어가 그리스어로 동화되었음을 인정하는 것이었다. 그러나 그는 다음과 같이 도전적인 자세로 끝맺는다.

이것 이후로 남아 있는 모든 것은 본질적으로 부정적이다. 몇몇 '문화 어휘'와 필시 단 하나의 진정한 차용어인 바리스βάρις가 있을 뿐이다. 그것이 전부다. 이집트가 그리스에 깊은 영향을 미쳤다는 인습적인 견해는 이와 동일한 결말에 이르지 않는다. 마음 넓은 동료들이 내가 발견할 수 있는 것보다 실질적으로 더 많은 것을 발견할 수 있다는 점을 나는 조금도 의심하지 않는다. 본 사안의 경우, 나는 동료들에게 반드시 일깨워주어야만 한다. 모음이 표시되지 않은 문서에서, 그리고 그 의미가 매우 불확실한 어휘를 가지고서, 약간의 선의만 갖는다면 누구나 충분히 모든 그리스어 단어의 이집트어 어원을 찾아낼 수 있으리라는 점을 말이다. … 이것이 내가 즐거이 다른 이들에게 남겨놓는 재미이다.141

비록 이것이 당시와 그 이후의 이집트학 학자 사이에 나타난 전형적인 태도이기는 하지만, 고대 이집트인에 대한 에르만의 생색내는 듯한 태도가 이집트학 학자 사이에서 악명 높았다는 점은 반드시 인정해야만 한다. 앨런 가디너는 그에 관해 다음과 같은 이야기를 전했다.

한번은 에르만이 마스페로에게 『피라미드 원문』의 한 구절을 파리에 있는 그 탁

본과 대조해 달라고 부탁했다. 에르만은 대조한 결과를 받고 나서 마스페로에게 편지를 썼다. "이 이른 시기에도 이집트인은 올바르게 글을 쓸 수 없었다니, 이 얼마나 불쌍한 일이오!" 이를 보고서 마스페로는 빈정대며 말했다(물론 에르만에게 답장을 보낸 것은 아니다). "고왕국의 이집트인이 에르만의 문법책을 읽지 않았다니, 이 얼마나 불쌍한 일이오!"[142]

그러나 이에 관한 에르만의 극단주의에도 불구하고, 나는 이집트인의 위업에 대한 본질적으로 인종주의적인 이런 의심과 경멸의 태도가 제국주의의 절정기(1880~1950년) 내내 이집트학을 지배했다고 말하는 편이 옳다고 생각한다. 그러나 그것이 유일한 태도였다고 말한다면 지나친 단순화가 될 것이다. 학계 주변부나 그 너머에서 나타난 저항은 이 장 후반부에서 다루어질 것이다. 그러나 이집트학의 중심부에서도 예외는 있었다. 예를 들어, 제임스 헨리 브리스테드* 교수가 『멤피스 신학』을 출간한 것은 바로 인종주의의 절정기였던 1900년대였다. 그는 그 책에서 나타나는 세계 개념에 관해 다음과 같이 결론지었다.

그것은 지금껏 훨씬 후대에 외부로부터 이집트로 유입되었다고 여겨져 온 누스nous와 로고스logos 개념이 이 이른 시기에 이미 존재했다고 말할 수 있는 충분한 근거를 형성한다. 따라서 그리스 철학이 이집트에서 기원했다는 그리스 전승이 최근에 인정된 것보다도 더 많은 진실을 담고 있다는 점은 의심의 여지가 없다.

그는 계속해서 이렇게 썼다.

후에 그리스인 사이에서 그토록 널리 퍼졌던 습관, 즉 이집트 신들의 기능과 관계를 철학적으로 해석하는 습관은 … 가장 초기의 그리스 철학자들이 태어나기 이전에 이미 이집트에서 시작되었다. 자신의 신들을 해석하는 그리스인의 관행이 이집트에서 최초의 영향을 받았다는 것은 불가능한 일이 아니다.[143]

이러한 결론은 원문 자체로부터 어쩔 수 없이 도출되었던 것으로 보이지만, 브리스테드 자신이 생각하기에도 파격적인 것이었던 듯하다. 나중에 그는 자신의 『고대 이집트 종교와 사상의 발전』에서, 표준적인 언어학적 인종주의에 입각하여 다음과 같이 썼다.

> 이집트인은 추상적인 사고 체계를 표현할 용어도 가지고 있지 않았으며, 그리스인처럼 필수적인 용어를 만들어낼 능력도 계발하지 않았다. 이집트인은 구체적인 그림 안에서 사고했다.[144]

1900년경 전후의 학계 풍조에서 나타난 훨씬 더 눈에 띄는 예외는 프랑스 고전학자 폴 푸카르의 연구였다. 그는 이집트에 관한 상당량의 지식을 지니고 있었으며, 그의 아들 조르주도 이집트학 학자였다. 푸카르는 엘레우시스 신비 의식에 관한 상세한 연구를 통해 그것이 이집트에서 도입되었다는 결론에 이르렀을 뿐만 아니라, 다음 장에서 논의할 고대 모델을 확실히 방어할 수 있었다.

그러나 20세기 정통론의 입장에서 볼 때 푸카르는 골치 아픈 인물이었다. 왜냐하면 엘레우시스 비문에 관한 그의 연구가 너무나 뛰어나서 이 분야를 연구하는 후기 학자들이 그의 연구를 필수불가결하게 여겼기 때문이었다. 그리하여 이후의 연구자는 다음과 같이 괴팍한 이론가로서의 그의 모습과 훌륭한 비문 연구자로서의 그의 모습을 구별하는 경향을 보였다. "그렇게 중요한 학자가 이러한 오류를 지니고 있다는 점에 진정으로 유감을 표할 수밖에 없다."[145]

이러한 탈선 혹은 이단에도 불구하고, 20세기의 첫 2/3에 해당하는 기간 동안 가장 '건전한' 학자들이 이집트인을 그다지 진지하게 고려하지 않았다는 점은 의심의 여지가 없다. 그러나 흥미롭게도, 이집트인에 대한 경멸적인 이미지에 중요한 변화가 있었다. 대부분의 19세기 학자는 빙켈만을 비롯한 여타 학자에 의해 제기된 견해, 즉 이집트인이 이상하리만큼 생기 없는 오래된 민족이라는 견해를 받아들였다. 이집트인은 '진보' 패러다임의 확립 및 역사와 전기傳記의 구분이 모호해지면서 정반대의 위치로 떠밀렸다. 그들은 이제 어린아이로 여겨지기 시작했으며, 빙켈만이 언급한 '근심 없는 그리스인'과 다소 유사한 지위를 점하게 되었다. 앨런 가디너는 1927년에 출간되어 근대 이집트학의 고전으로 널리 알려진 그의 저서 『이집트어 문법』에서 다음과 같이 썼다.

> 그리스인이 이집트인에게 부여한 철학적 지혜의 명성에도 불구하고, 그들보다 더 사색하기 싫어하고 물질적인 관심사에 더 몰두한 민족은 없었다. 만일 그들이 장례 의식에 과도한 주의를 기울였다고 한다면, 그것은 지상에서의 일과 즐거움을 지속하는 데에 위기를 느꼈기 때문이지, 삶의 이유와 목적지에 관한 어떤 호기심에서 비롯된 것은 분명 아니었다.

나중에 그는 이집트인을 "명랑하고 예술적이며 재기가 넘치지만 깊이 있는 감정과 이상을 결여한, 쾌락을 사랑하는 사람으로 묘사했다."146

따라서 심오한 지혜를 지녔다는 고대의 명성과 수동적이고 침체되어 있다는 오랜 평판이 모두 뒤집혀졌다. 그럼에도 불구하고 이집트인은 여전히 유럽인보다 범주적으로 열등한 위치에 머물렀다. 그러나 가디너는 다른 곳에서 이집트학 학자가 느낀 어떤 압박감을 다음과 같이 인정했다. "과거에 고전학자는 그리스가 이집트 문명에 의지했다는 생각을 그다지 좋아하지 않았다."147

고전학이 대학 내에서 차지하는 중심적인 지위와 영향력을 감안할 때, 소규모의 주변부 학문에 지나지 않는 이집트학을 연구하는 학자가 이집트의 명예훼손에 맞서 뭔가 하고자 원했더라도 할 수 있는 일이 아무 것도 없었다. 뭔가 시도한 사람이 있다 하더라도 거의 없는 것이나 마찬가지였다. 그들 대부분은 이집트학을 시작하기 전에 고전 교육을 거친 사람들이었다. 따라서 다음과 같은 가디너의 언급은 확실히 그의 동료 대부분의 견해를 반영하는 것이었다. "그리스인이 이집트 철학에 의존했다는 추정은 조사 결과 헛소리에 지나지 않는 것으로 입증되었다."148

이집트 철학에 대한 부정과 이집트 종교에 대한 의혹이 1960년대까지 이집트학을 지배했다. 예를 들어, 호르눙은 이집트 종교의 근본적 성격에 관한 고찰이 '반세기 동안 금지'되었다고 언급했다.149 계속해서 이집트 종교를 진지하게 고려한 마거릿 머리 같은 한두 명의 학자가 있었던 것은 사실이지만, '건전한' 학자는 이들을 이집트학의 주변부로 취급했다.150

그러나 제2차 세계 대전 이후 정통론에 틈이 생기기 시작했다. 1948년에 이집트 유물 관리국 국장 에티엔 드리오통 신부는 이집트 지혜서에서 진정한 종교를 발견함으로써 보다 이른 시기에 일신교가 성립했을 가능성에 대해 고려하기 시작했다.151

1960년대 이래 이런 개방적인 태도가 특히 프랑스와 독일에서 자리잡기 시작했다. 이집트인이 영성과 독창성을 지닐 가능성을 다시 고려하기 시작했다. 독일의 헬무트 브루너 같은 일부 이집트학 학자는 심지어 '새로운 이집트 상'을 요구했다. 또한 브루너는 기원전 3000년경 이집트에서 질적인 지적·정신적 도약이 있었다고 주장했다.152 그러나 이 새로운 유연성에도 불구하고 여전히 이집트학이라는 학문 분야와 소위 '반反문화' 사이에는 상당한 간극이 존재했다.

고대 이집트에 대한 19세기와 20세기의 대중적 인식

계속해서 이집트의 지적·정신적 삶에 관한 이 만연한 견해를 거스르는 학계 주변부의 역류를 검토해 나가기 전에, 우선 고대 이집트에 대한 사회 전반의 태도를 고찰해 보고자 한다. 19세기 초에 나폴레옹의 원정에서 비롯한 이집트 열풍의 시기가 있었다는 것이 일반적인 믿음이다. 더구나 이러한 상황 파악은 레이몽 슈바브에 의해 가장 분명하게 표현된 일반적인 유형에 부합한다. 그 유형에 따르면 낭만주의적 실증주의자는 외부 세계를 올바르게 의식한 최초의 유럽인이었다. 이러한 견해는 유럽과 다른 대륙 사이의 적절한 관계가 뚜렷한 우월성의 관계뿐이라는 생각에 기인했으나, 19세기 이전까지는 그러한 생각이 존재하지 않았다. 그럼에도 불구하고 이집트 열풍의 시기를 바라보는 전통적인 관점은 한 가지 진실을 담고 있다. 사실 19세기 초에는 이집트에 관한 호기심이 대단했다.

그러나 우리가 이미 보았다시피, 이집트 열풍의 시기 오래 전부터 이집트에 대한 상당한 흥미와 지식이 존재했다.153 더욱이 이집트는 19세기보다 15~18세기에 훨씬 더 많은 영향을 유럽에 미쳤다. 또한 19세기의 '이집트 열풍'이 '인도 열풍'보다 약했으며, 같은 시기에 북유럽과 아메리카를 휩쓴 '그리스 열풍'에 비해 사소한 수준이었다는 점은 의심의 여지가 없다. 게다가 대부분의 사람이 보기에 그리스는 존경스럽고 사랑스런 선조였던 반면 이집트는 이제 본질적으로 이질적이거나 이국적인 것으로 인식되었다.

그러나 프랑스의 원정에 관한 출판물과 보다 진전된 탐험 및 발견의 결과에 대해 유럽 전역에서 강렬한 관심이 일었던 것만은 여전히 사실이다.154 이 결과물은 주로 피라미드와 분묘에 관한 것이었다. 19세기 후반에는 보통 『사자의 서』로 알려져 있는 이집트의 영혼 인도서 『낮에 나음에 관한 책*The*

Book of the Going Forth by Day』이 번역되었다. 이 모든 것이 이제 안정적으로 확립된 이집트의 인상(암울하고 생기 없는 왕국)을 한층 강화했으며, 그러한 인상은 19세기 중후반에 매우 중요했던 한 영역, 즉 죽음의 영역에 부여되었다. 이집트 양식은 유럽과 북아메리카의 모든 묘지에서 나타났다.155 더구나 1860년대와 1870년대 미국에서는 미라를 만드는 일이 널리 퍼졌다. 비록 이러한 사태가 종종 도시에서 요구되는 보다 철저한 위생의 결과로 여겨지기는 하지만, 미국(이집트)의 매장 방식을 같은 시기에 북유럽 대부분 지역에서 채택된 화장火葬(그리스의 시신 처리 방법)의 확산과 대비시키는 것은 여전히 흥미롭다.156 프리메이슨의 영향이 미국에서 훨씬 더 컸던 탓이었을까?

프리메이슨은 여전히 이집트에 대한 존경의 거대한 보고였다. 게다가 프리메이슨의 건축과 상징, 그리고 의례는 계속해서 학계 풍조가 아니라 자신의 이집트 전승을 따랐으며 지금도 마찬가지다.157 이집트와 상형 문자는 미국 프리메이슨 조직과 1820년대 모르몬교* 창설의 구심점이었으며, 19세기 중후반의 미국 작가에게 주요한 영향을 미쳤다. 멜빌*의 소설, 특히 『모비 딕』은 이집트의 상징과 상형 문자로 가득 차 있으며, 호손*의 『주홍 글씨』도 동일한 특징을 지닌다.158

프리메이슨은 유럽에서도 마찬가지로 매우 큰 영향력을 행사했다. 그러나 이집트에 대한 유럽 프리메이슨의 관심사는 내적 혹은 정신적 삶에 거의 전적으로 국한되었다. 다른 유럽 중상층과 마찬가지로 프리메이슨은 만연한 그리스 열풍에 훨씬 더 동조했다. 훨씬 규모가 작은 다른 집단 또한 이집트를 믿음의 구심점으로 삼고 있었다. 프리메이슨의 내부 일파이자 독립된 영적 조직인 장미십자회는 계속해서 이집트를 자신 믿음의 중심이자 기원으로 여겼으며, 지금도 그렇게 여기고 있다. 18세기와 19세기의 신비주의적인 스베덴보리주의자*와 그 이후의 신지학*자 및 인지학*자 또한 이집트에 중심적인 지위를 부여했다.159

그러나 19세기 전반에는 생시몽주의자의 영향력이 훨씬 더 강력했다. 선구적인 '사회주의자'이자 최초의 실증주의자인 클로드 앙리 콩트 드 생시몽의 제자인 이들은 전형적인 3단계 세계사론을 따랐는데, 그 세 번째이자 마지막 시기인 '실증 체계의 시대'는 세계의 통합을 동반했다. 그러한 통합을 위해서는 세계 전역을 망라하는 교류의 길이 열려야 했는데, 생시몽은 나폴레옹 및 당대의 대다수 사상가와 마찬가지로 이집트를 동방과 서방 사이의 가교로 여겼다.160 따라서 그와 그의 계승자인 앙팡탱*은 정신적인 관점에서뿐만 아니라 실제적인 관점에서도 이집트에 각별한 관심을 쏟았다.

1833년 앙팡탱은 기술자와 의사, 사업가, 그리고 작가를 포함하는 수많은 제자와 더불어 이집트에 도착했다. 그는 루이 필리프*가 이끄는 새로운 프랑스 정권에서 공식 인가를 얻어 스스로 프랑스의 두 번째 지적·과학적 원정이라고 여긴 이 여정을 시작했다. 그는 또한 오리엔트의 신비로운 '어머니'와 결혼하는 '아버지'로서의 신비주의적인 사명도 지니고 있었다. 그리고 그 사명은 다시 수에즈 운하 건설이라는 실제적인 계획과 연결되었다. 앙팡탱은 운하를 뚫는 이미지를 명료하게 표현하면서, 그리고 비유럽인에 대한 유럽의 지배가 여하튼 이성간의 성행위라는 일반적인 믿음을 희화화하면서 이렇게 썼다. "수에즈는 우리가 완수해야 할 일생의 사업 한가운데에 위치한다. 우리는 세계가 고대하는 그 일을 수행함으로써 우리가 남성임을 선언하게 될 것이다!"161 그러나 운하는 1860년대에 이르러서야 이 집단의 일원인 페르디낭 드 레셉스*가 건설했다. 그 동안 생시몽주의자는 기술자와 의사, 교사 등으로서 무함마드 알리의 국가 주도적 이집트 근대화에서 핵심적인 역할을 수행했다. 그곳에서 그들의 계획은 나폴레옹의 원정과 거의 흡사한 이미지(문명의 고대 근원인 이집트를 다시 일깨우는 프랑스)를 띠고 있었다.162

바로 이러한 생시몽주의의 분위기 속에서 무함마드 알리의 손자 이스마일은 이탈리아 통일 운동의 작곡가 베르디*에게 이집트의 민족적인 오페라 『아이다』를 창작해 달라고 의뢰했다. 오페라의 줄거리(이집트 정부에 고용된 프랑스의 이집트학 학자 오귀스트 마리에트*가 고안했다)는 고대 이집트를 서양의 방식으로 찬양하는 것이었다. 그러나 18세기 때와는 확연히 달랐다. 모차르트가 이집트의 지혜와 도덕을 지닌 사제를 찬양했던 반면, 베르디는 그들을 아이다 및 그녀의 연인 라다메스와 대치시켰다.[163]

『아이다』는 유럽 전역에서 대단한 성공을 거두었다. 이러한 성공은 이집트를 호의적으로 바라보는 관점(본질적인 백인으로서, 그리고 문명의 원천으로서)의 지속적인 수용을 의미했다. 특히 프랑스와 이탈리아에서 광범위하게 이루어졌으며 영국과 미국 예술에서도 그 자취를 찾아볼 수 있다.[164] 이는 1860년대와 1870년대의 제2세대 이집트학 학자에게서 나타나는 친親이집트 성향과 더불어, 앞서 마스페로와 에르만 같은 1880년대 학자의 진술에서 살펴본 방어적인 혹은 저항적인 태도를 설명해준다. 일반적인 대중과는 달리 그들은 고전학자와 마찬가지로 전체적이고 체계적인 견해를 지니고 있었으며, 너무나 호의적인 이집트 상이 그리스 문명과 유럽 문명 전반의 독창성에 위협을 가할 수 있다는 점을 인식할 수 있었다.

엘리엇 스미스와 '전파론'

그러나 새로운 전통적 지혜에 대한 또 다른 두 가지 위협이 학계 내부에서 발생했다. 우선 나중에 발생한 위협부터 살펴보고자 한다. 왜냐하면 적어도 지금까지는 이 위협으로부터 이집트학에 가해진 충격이 덜 심각하기 때문이다. 그것은 엘리엇 스미스의 '전파론'에서 비롯된 위협이었다. 1871년에 오스트레일리아에서 태어난 스미스는 의사 자격을 획득한 후 영국으로 건너가 그곳에서 유명한 해부학자가 되었다. 1901년에 그는 카이로 대학의 해부학 교수로 임명되었고 그곳에 의대를 설립했다. 그는 그곳에 8년을 머무는 동안 초기 이집트의 자연 인류학뿐만 아니라 그 문화에도 매료당했다.165 바로 이 시기에 그는 이집트가 근동과 유럽 문화의 근원이라고 확신하게 되었다.

엘리엇 스미스는 인종주의 시대의 사람이었다. 따라서 그는 한편으로 대부분의 이집트 주민이 동아프리카의 주민과 매우 흡사하다는 사실을 외면할 수 없었지만 '피라미드 시대'(고왕국 시대)에 폭 넓은 두개골을 지닌 아시아인(셈족이 아닌)의 대폭적인 유입이 있었다고 확신했다.166 그에 따르면, 이 혼합 인종은 지중해 유역으로 이주했다가 그가 피라미드의 반영이라 생각한 인상적인 거석 문화와 함께 계속해서 북유럽으로 옮겨갔다. 엘리엇 스미스의 이론 가운데 이 부분은 이제 더 이상 지탱할 수 없다. 왜냐하면 탄소 연대 측정법을 통해 유럽의 거석 문화가 피라미드 시대보다 1천 년 이상 일찍 시작되었다고 밝혀졌기 때문이다.167

영국 대중은 엘리엇 스미스의 견해를 흥미롭게 받아들였다. 왜냐하면 '전파론'이 당대의 제국주의에 정확히 부합했으며, 그가 묘사한 이집트인이 아프리카인이 아니었기 때문에, 그리고 그가 해부학자였기 때문이다. 해부학은 '견고한' 과학으로 인식된 반면, 역사와 고고학은 그러한 지위를 얻지 못했다. 전문적인 고대사가와 이집트학 학자는 당연히 훨씬 더 경계했다. 내가 아는 한 그들은 엘리엇 스미스의 이론을 자신들의 학문 분야에 끌어들이려 하지 않았다. 그럼에도 불구하고 그는 결국 심각한 난관에 봉착했다. 그것은 그가 범위를 넓혀 유럽 문화뿐만 아니라 다른 세계의 문화 역시 이집트를 근원으로 한다고 주장했기 때문이다. 그는 멕시코의 피라미드, 그리고 페루와 뉴기니 인근에 위치한 토러스 해협*의 여러 섬의 미라 제조 기술이 이집트에서 기원한다고 생각했다.

역설적이게도 그의 이론 가운데 이 부분은 오늘날에도 어느 정도 유효하지만, 유럽의 거석 문화에 관한 그의 이론은 그렇지 못하다. 한편으로, 한층 발전된 고고학과 탄소 연대 측정법은 서남아시아의 금속 문화와 유럽의 신석기 문화가 이집트의 경우보다 상당히 오래된 것임을 밝혀주었다. 따라서 그의 이론은 이 지역에서 더 이상 유효성을 지니지 못하게 되었다. 다른 한편, 기원전 1000년경 이후 콜럼버스 이전의 아메리카에 미친 아프리카의 영향을 보여주는 한층 강화된 증거, 그리고 중앙아메리카의 피라미드가 단지 신전의 토대가 아니라 매장지를 포함할 수도 있었다는 사실과 같은 발견은 이집트가 이러한 후기의 문명에 간접적인 영향을 미쳤을 가능성을 강화했다.168

그러나 그 당시 엘리엇 스미스가 이 분야에 대해 집필한 또 다른 위대한 저서 『고대 이집트인과 문명의 기원』(1923년 출간)은 지역적 특이성이라는 낭만주의적 견해를 보유한 보수주의자와 모든 문명이 순수한 아리안에게서 유래한다고 본 강경 노선의 인종주의자로부터 공격을 받았다. 자유주의자와의 분쟁은 훨씬 더 격렬했다. 그들은 인종주의의 본거지인 인류학(인류학을 인종주의의 본거지로 만든 이들은 제국을 값싸게 유지하는 데에 그것을 이용하였다)을 유럽에 문화적 상대주의를 납득시킬 수 있는 본거지로 바꾸기 시작하고 있었다. 그럼에도 불구하고 1920년대 내내 싸움의 향배는 어느 한쪽으로 기울지 않았다. 엘리엇 스미스는 그 자신의 분야에서 대다수의 지지를 얻었으며 그의 제자들은 자연 인류학에서 중요한 지위를 획득했다. 그는 심지어 사회 인류학의 창시자 가운데 한 사람인 리버스*를 전향시켜 그에게 자신의 믿음을 주입시켰다. 더욱이 당시에는 사회 인류학 분야에서 훈련받은 학자 가운데 스미스보다 윗자리에 앉을 수 있는 원로 사회 인류학자가 없었다.[169] 더더욱 중요한 것은, 그가 록펠러 가문과 좋은 관계를 맺고 있었다는 점이다. 록펠러 재단은 1920년대와 1930년대에 이집트학과 인류학 연구를 위한 막대한 기금을 제공했다. 이 모든 자원을 바탕으로 엘리엇 스미스는 학계 내에서 상당한 영향력을 행사했다.[170]

그렇다 하더라도 그에 맞선 연합 세력은 너무나 막강했다. 리버스는 1922년에 요절했고 엘리엇 스미스 자신은 1937년에 66세를 일기로 사망했다. 설령 그들이 더 오래 살았다 하더라도 그의 사상과 인종주의 사이의 관련은 제2차 세계 대전 기간과 그 이후에 일어난 인종주의에 대한 급격한 혐오를 결코 견뎌낼 수 없었을 것이다. 그럼에도 불구하고 인류학에 대한 위협, 즉 인류학의 발전 과정 가운데 취약한 단계에서 엘리엇 스미스가 표출한 위협은 여전히 찾아볼 수 있다. 그의 이름이나 '전파론'이라는 단어를 들을 때 몸서리치거나 얼굴을 찡그리는 것은 아직도 이 분야의 정통파나 '능력가'를 뜻하는 필수적인 표시이다.

조마르와 피라미드의 신비

이집트학 학자와 고대사가는 자신의 영역을 짓밟는 침입자를 대체로 싫어하기는 했지만 인류학 학자에 비해 이 싸움에 훨씬 덜 연루되었다. 아마도 엘리엇 스미스가 낭만주의적 실증주의의 지성소인 언어까지 손대지는 않았기 때문이었을 것이다. 그러나 그들은 이집트에 대한 두 번째 위협(이는 '전파론'보다 훨씬 더 오래 지속되었다)에 훨씬 더 많은 관심을 기울였다. 이 학문적 이단의 궁극적인 기원은 이집트인이 우월한 지혜의 소유자였으며 그리스인은 그 지혜를 온전히 배워 보존할 능력이 없었다는 고대의 관점이었다.

이러한 관점은 샹폴리옹과 평생에 걸친 경쟁 관계를 유지했던 에드메 프랑수아 조마르의 연구를 통해 19세기 초에 되살아났다. 앞서 살펴보았듯이 그는 수학자이자 측량사로서 나폴레옹의 원정에 참여했다. 조마르는 기자의 대大피라미드와 그 정확한 지리학적 위치를 직접 측량한 결과를 토대로 대大피라미드의 측정치에서 나타나는 수학적 의미에 관한 고대의 기록과 연결시켰다. 그는 고대 이집트인이 지구의 둘레를 정확하게 알고 있었으며 그것을 근거로 길이의 단위를 구성했음에 틀림없다고 확신했다. 이러한 확신은 그를 뒤퓌의 진영에 확고히 위치시켰다. 그의 연구에 대한 세부적인 비판이 있기는 했지만, 그의 견해는 나폴레옹 제국의 프리메이슨적인 분위기 속에서 매우 진지하게 다루어졌다. 그는 왕정 복고 이전에 프랑스 학술원 회원이 되었으며 왕정 복고 이후에도 살아남을 수 있었다.171

덴데라 황도대의 연대 추정과 관련된 조마르의 명성에 일격이 가해졌음에도 불구하고, 그의 사상은 잔존하거나 혹은 종종 재발견되어 19세기 내내 발전하였다.172 1860년대에 이집트학이 하나의 학과로 자리잡게 된 이후 이 이단 학파와 기존 학계의 이집트학은 뚜렷한 차이를 드러냈다. 이집트학이 고전학의 지배를 받아들인 이후인 1880년대에는 그 차이가 더욱 격심해졌다. 그러나 어떤 단계에서도 양자 사이의 공식적인 논쟁은 없었다. 이는 우선, 학계를 장악한 그룹이 굳이 논쟁을 일으켜 주변인에게 '무게를 실어줄' 이유가 없다는 일반 원칙 때문이었으며, 또한 두 집단이 서로 다른 학문 언어를 사용했기 때문이었다. 사실상 양측은 샹폴리옹과 조마르 사이의 차이를 반영했다. 이집트학 학자는 주로 언어학의 새로운 기법을 이집트의 문서 자료에 적용하는 문헌학자였다. 그러나 이단자는 수학자와 측량사, 그리고 천문학자로서 이집트어에 능숙한 사람이 거의 없었다. 반면 19세기 이집트학 학자는 이단자의 기술적인 논쟁을 논박하기는 고사하고 따라갈 능력조차 없었다.

애초부터 대등한 싸움이 아니었다. 왜냐하면 이단자는 19세기의 두 주요 패러다임인 '진보'와 인종주의에 맞서 싸우고 있었기 때문이다. 만약 그들이 옳다면, 고대 아프리카 민족이나 반半아프리카 민족은 19세기 이전까지 그 어떤 유럽인보다도 훌륭한 수학을 지니고 있어야 했다. 보다 세속적인 차원에서, 이단자들은 공식적으로 체계화된 학문적 지식에서 비롯되는 규율과 제재라는 것이 없었기 때문에 때때로 종교적 환상으로 빠져들곤 했다. 이러한 경향은 이단자가 고대 수학과 천문학에서 발견한 놀라운 업적을 설명하고자 할 때 맞닥뜨렸던 진정한 어려움으로 인해 한층 증대되었는데, 그들은 고대 수학과 천문학의 업적을 신성한 계시의 견지에서 설명하려 했다. 그리고 이는 다시 피라미드가 신성한 예언을 지니고 있다는 믿음을 북돋우곤 했다.[173] 이 모든 것이 '피라미드학'이라고 불리게 된 것의 신뢰성을 떨어뜨리는 데에 기여했다.

19세기 독일과 영국에서 고전학과 언어학이 수학보다 더 높은 지위를 차지했다는 점도 이단자에게 상당히 불리하게 작용했다. 프랑스에서는 에콜 폴리테크니크*로 인해 불균형이 훨씬 덜했다. 이곳에서 이집트학 학자는 조마르의 전통 안에 있는 논증을 고려해야 한다는 압력을 받았던 것으로 보인다. 예를 들어 19세기에 마스페로는 천문학자인 노먼 로키어* 경이 상세한 논증을 통해 이집트 신전이 천문학적인 용도로 매우 주의 깊게 건설되었다고 주장하는 것을 인정할 수밖에 없었다.[174] 그러나 놀라운 것은 그토록 많은 사람(스코틀랜드 왕실 천문학자인 피아치 스미스 교수와 노먼 로키어 경처럼 확고한 위치를 지닌 뛰어난 천문학자를 포함하여)이 자신들의 경력을 위험에 빠뜨리거나 포기하면서까지 이러한 사상을 추구했다는 점이다. 피아치 스미스의 경우는 종교적인 열정이라는 측면에서 부분적으로 설명 가능하지만, 여기서 주요한 동기는 로키어의 경우처럼 수학적 일치의 우아함에 대한 순수한 흥분이었던 것으로 보인다.[175]

'피라미드학 학자'는 플린더스 페트리(그가 헤르메스 원본의 연대를 이르게 잡았다는 사실은 앞서 209쪽에서 언급한 바 있다)의 변절로 인해 가장 큰 타격을 입었다. 페트리는 기술자이자 측량사로서의 경력을 지니고 있었을 뿐만 아니라 스미스를 비롯한 다른 조마르 후계자의 사상에 열광했다. 그는 1880년에 최신 측량 기구를 가지고 이집트로 건너가 이전 측정치의 정확성을 몸소 점검했다.

그의 결론은 확정적이지 않았다. 한편으로 그는 대大피라미드가 이후의 어느 건축물보다도 더욱 정확하게 나침반의 기본 방위에 따라 배치되었으며 내실의 치수는 파이π(22/7)와 피타고라스 삼각형에 관한 지식을 나타낸다고 주장했다. 대체로 그 역시 대大피라미드 건축에 투입된 기술적·수학적 기량에 경탄했다. 다른 한편, 그는 건축에 사용된 큐빗의 길이에 관해 피아치 스미스와 의견을 달리 했으며, 그 건축물이 1년의 정확한 길이를 반영한다는 스미스의 주장을 받아들이지 않았다.[176] 더구나 '피라미드학'은 1880년대에 이집트학 내부에서 일어난 변화와 1880년과 1960년 사이에 학계를 비롯한 여러 곳에서 진행된 일반적인 전문화로 인해 이상야릇한 이론이나 사이비 과학으로 몰리게 되었다.

페트리는 뛰어난 측량과 다양한 토기 양식을 순서대로 배열하는 유형학의 개발을 통해 이집트 고고학뿐만 아니라 모든 근대 고고학의 창시자가 되었다. 이후 그는 기사 작위를 받았으며 이집트학 학계의 일원으로서 학계에 필수불가결한 버팀목을 제공했다. 그럼에도 불구하고 관계는 결코 순탄치 않았다.[177] 그는 학계 외부 기부자에게 힘입어 대학 교수직을 얻어야 했으며, 1942년에 오랜 생애를 마감할 때까지 학계 안의 외톨이로 남아 있었다.

페트리의 변절이 피라미드를 비롯한 다른 이집트 건축물에 대한 연구(그러한 건축물이 보다 수준 높은 고대 지혜를 드러낼 수 있다는 믿음에 근거한)를 중단시키는 않았다. 로키어는 이집트 건축물이 예중하는 정교한 천문학 지식에 관한 생각을 계속해서 진전시켰다. 그의 생각은 20세기의 수많은 학자에게로, 그리고 뛰어난 아마추어인 슈월러 드 루비츠에게로 가장 두드러지게 이어졌다. 1950년대와 1960년대에 출간된 드 루비츠의 책은 특히 신비주의적인 집단에서 폭넓은 성공을 거두었지만 대중에게도 널리 읽혔다.[178]

한편, 피라미드에 대한 훨씬 더 정확한 측량이 1925년 기술자인 콜J. H. Cole에 의해 새로이 이루어짐으로써 초기 '피라미드학 학자'의 주장 가운데 많은 부분이 확증되었다. 그 중에는 심지어 조마르의 주장도 포함되어 있었다. 조마르는 서로 상쇄되는 두 가지 오류로 인해 이집트 치수 단위의 비교적 정확한 길이에 도달하게 되었던 것으로 보인다. 대大피라미드 맨 위에 뾰족한 끝 혹은 피라미디온pyramidion이 있다는 사실을 인식하지 못함으로써 측정치의 부정확성이 상쇄되었던 것이다. 더구나 1920년대 이래 '온전한' 학계를 벗어나 '피라미드학'의 입장으로 전환하는 중대한 두 사례가 발생했다. 첫 번째 사례는 독일에서 수학한 후 하버드에서 고대 측정법으로 박사 학위를 취득한 이탈리아인 리비오 카툴로 스테치니였다. 그는 1950년대와 1960년대에 발표한 수많은 연구를 통해 이집트인이 지구의 치수를 매우 정확히 알고 있었으며, 이러한 지식이 이집트를 비롯한 여러 곳에 대단히 정밀하게 적용되었음을 보여준다고 했다.[179]

고대 지혜가 보다 수준 높았다는 믿음으로의 두 번째 전향은 훨씬 더 볼 만했다. 그러한 전환을 이룬 인물은 위대한 르네상스 과학사가 가운데 한 명인 조르조 드 산티야나였다. 그는 갈릴레오에 관한 주저를 집필한 후 헤르메스적인 이집트 전승에 흥미를 가지게 되었으며 만년에는 뒤퓌의『모든 제례의 기원』을 읽은 후 고대 신화의 대부분이 사실상 과학적 천문학에 대한 비유라고 확신했다. 그러나 드 산티야나는 뒤퓌와 이집트에서 한 걸음 더 나아가 훨씬 더 이른 시기의 지식을 주장했다. 그러한 지식의 자취는 전 세계의 신화에서 발견될 수 있는데, 그는 춘분점 세차를 이용하여 그 지식의 연대를 기원전 6000년 이전으로 추정했다.

그와 그의 젊은 독일 동료들이 이러한 도식을 제기한 책『햄릿의 맷돌』은 드 산티야나의 대단한 명성에도 불구하고 대학 출판부에서 받아들여지지 않아 상업 출판사에서 출간되었다. 이는 그러한 연구가 존경받는 학자의 필수 고려 사항이 아님을 의미한다.[180] 게다가 드 산티야나가 스스로 위험을 자초한 바람에 뒤퓌와 조마르 학파를 지지하는 효과가 훨씬 감소했다. 더욱이 그의 연구는 스테치니와 톰프킨스의 연구와 마찬가지로 다소 '과격한 소수파'의 산물로 취급될 수 있었다. 이로 인해 정통파 학자는 그의 연구를 무시할 수 있거나 무시할 수밖에 없었다.

고고학의 영향으로 인해 이집트학 학자와 고대사가는 이제 50년이나 100년 전보다 더 수리적 사고를 하는 경향을 보인다. 그럼에도 불구하고 슈월러 두 루비츠나 스테치니, 혹은 드 산티야나의 매우 기술적인 논증을 다루는 데 필요한 시간과 노력, 그리고 숙련도를 겸비한 사람은 거의 없었다. 오히려 지난 30여 년 동안 이 분야는 또 다른 저명한 과학사가인 오토 노이게바우어(그의 이름은 현상 유지자 사이에서 거의 경전에 가까운 힘을 지닌다)의 논박에 의지하는 경향을 보였다.

노이게바우어의 연구 범위는 놀랄 만하다. 이미 코페르니쿠스와 관련하여 언급한 바 있지만, 그의 가장 유명한 연구는 고대 과학에 관한 것이었다. 여기서 그는 누구보다도 편견 없는 정신을 발휘하여 이슬람 과학이 코페르니쿠스의 배경을 이룬다는 점을 기꺼이 인정했던 것처럼 그리스의 수학과 천문학에 미친 메소포타미아의 중요한 영향을 진술했다.[181] 그는 또한 정통 이집트학 학자와 협력하여 이집트 천문학에 관한 몇몇 저서를 출간했다. 그러나 여기서 그는 메소포타미아를 다루는 태도와는 너무나도 다르게 그의 공동 연구자들이 드러내는 이집트와 헤르메스주의에 대한 경멸적인 태도를 공유했다.[182] 게다가 모든 저서에서 노이게바우어는 이집트인이 독창적이거나 추상적인 사상을 지닌 바 없다고 주장했다. 그는 다음과 같이 피라미드와 신전의 정확한 배치와 파이π의 사용에 대해 심오한 사고의 결과가 아니라 실용적인 솜씨의 결과로 설명했다. "반구半球의 면적이 모스크바 파피루스의 사례에서 정확히 발견된다는 주장이 있어 왔지만, 원문은 또한 훨씬 더 원시적인 해석을 허용하며, 그러한 해석이 **더 바람직하다**."[183] 그러나 흥미롭게도 노이게바우어는 피라미드 학파와 대결을 벌이지 않았다. 단지 그들을 비난할 뿐이었다.

> 예를 들어 사람들은 파이π의 정확한 값 같은 중요한 수학 상수와 심오한 천문학 지식이 이 건축물의 용적과 구조에 적용되었다고 가정한다. 이러한 이론은 고고학을 통해, 그리고 피라미드의 역사와 용도에 관한 이집트학의 연구를 통해 획득된 모든 건전한 지식과 명백히 모순된다.[184]

그런 다음 그는 '피라미드와 연관된 매우 복합적인 역사적·고고학적 문제'라고 인정하는 것에 관심 있는 사람이라면, 그 주제에 관한 에드워즈와 로에의 책을 읽어보라고 권했다.[185]

이집트 고고학을 연구한 에드워즈는 '피라미드학 학자'와 그들의 계산에 열중하지 않았다. 측량사이자 고고학자인 로에는 거기에 열중하다가 이집트학 학자의 반대에 부딪혔다. 그런데 이집트학 학자는 "이집트학의 세계에서 단 한 번의 신뢰도 받은 적 없는 이론에 대해 그토록 큰 중요성을 부여해야 한다는 데에 깜짝 놀랐다."[186]

모두 로에의 연구가 확실히 모순적이라고 말했다. 한편으로, 그는 측정치가 상당히 눈여겨볼 만한 특성을 드러내며, 그러한 특성에서 파이π와 피ϕ, 황금수*, 그리고 피타고라스 삼각형 등과의 관련을 발견할 수 있으며 이러한 관련은 헤로도토스를 비롯한 고대 작가들의 주장과 대체로 일치한다고 주장했다.187 다른 한편, 그는 조마르와 피아치 스미스의 '공상'을 비난했다. 그는 조마르가 재현한 큐빗에 대해 그다지 설득력 없는 공격을 가했으며 피라미드의 배치에 관여된 공식 및 항성 관련 수치의 범상치 않은 정확성이 순전히 '직관적이고 실용적인 경험주의'의 결과였다고 주장했다.188

대$_\star$피라미드의 비상한 수학적 정확성에 대한 수용과 그리스인이 최초의 '진정한' 수학자라는 '확신' 사이의 모순은 그 주제에 관한 로에의 수많은 저술 전체를 관류한다. 그러한 긴장 관계는 그리스인이 피라미드의 비상한 특징에 관한 수많은 이야기를 들어왔으며 이집트인을 최초의 수학자이자 천문학자로 믿었다는 사실로 인해 더더욱 유지되기 어려웠다. 마지막으로, 그토록 많은 그리스 수학자와 천문학자가 이집트에서 수학했다는 문제가 있다. 이러한 난관에 대처하는 로에의 정직한 시도는 다음과 같았다.

비록 지금껏 이집트의 비전 수학 문서가 발견된 적이 없다 하더라도, 만약 그리스 인을 신뢰할 수 있다면, 이집트 사제들이 자신들의 과학에 내재한 비밀을 지키느라 몹시 애썼으며, 아리스토텔레스가 이야기하듯, 그들이 수학에 몰두했다는 사실을 아는 셈이 된다. 그렇다면 그들이 신전에서 비밀리에 서서히 구축한 비전 과학을 기원전 2800년경의 피라미드 건축으로부터 그리스의 수학적 사고가 출현한 기원전 6세기에 이르는 오랜 세기 동안 간직해왔다고 보는 것이 필시 타당한 듯하다. 기하학에 관한 한 대$_\star$피라미드처럼 유명한 건축물에 대한 분석은 이 사제들의 연구에서 주목할 만한 위치를 차지했을 것이다. 그리고 아마도 건축물이 건립된 후 오랜 분석 과정에서 건축가에게 전혀 의문시된 바 없는 우연한 특성을 사제들이 발견해낼 수 있었으리라고 충분히 상상해볼 수 있다.189

로에는 단지 후기 이집트 전설로 치부되던 제3왕조의 건축가 임호텝*이 실존 인물이라는 점을 밝혀냈으며, 사카라에 있는 임호텝의 뛰어난 건축물 가운데 일부를 발굴했다. 그는 또한 일생에 걸쳐 피라미드의 엄청난 위업을 찬양했다. 그런 그가 왜 그랬는지는 알 수 없지만, 그는 가장 단순한 해법을 회피하고 그리스인을 믿었으며 독일의 이집트학 교수인 브루너를 따라 기원전 3000년경의 '기축 시대axial age'를 받아들였다. 즉 그는 정교한 수학 지식이 존재한 시기는 한두 세기 후인 제3왕조와 제4왕조였으며 이 지식의 일부가 대大피라미드 건축에 활용되었다고 주장했다. 그리고 이에 관한 전승이 후기 이집트인에 의해 유지되다가 그리스인 방문객에게 전해졌다고 주장했다.190

인종주의적이고 조야하게 '진보적인' 주장이 포기된다면, 이러한 가설이 기원전 4세기에 그리스인이 질적인 지적 도약을 이루었다는 가설만큼이나 그럴듯하지 않아야 할 이유가 무엇인가? 더구나 첫 번째 가설을 뒷받침하는 것으로는 실제의 피라미드가 있고 우월한 이집트 수학에 관한 일관된 고대 전승이 있지만, 두 번째 가설의 경우에는 이에 버금갈 만한 뒷받침거리가 전혀 없는데 말이다.

그러나 제국주의가 한창이던 시기의 전통적인 학자들은 이러한 시각을 고려할 수 없었다. 그럼에도 불구하고 분명한 것은, 로에가 그 문제에 관해 고뇌했으며, 궁극적으로는 사회적 영향력에 구속되었던 것으로 보인다는 점이다. 가장 단순한 해답을 받아들였다면, 그는 조마르나 피아치 스미스처럼 괴짜로 여겨졌을 것이다. 따라서 그는 대大피라미드에 내재한 정교한 수학적 관계 및 그 관계가 고대 전승에서 차지하는 위치에 대해 이집트 사제들이 나중에 발견하여 이용한 단순한 우연으로 돌리기를 선호했다.

그러나 로에의 해법은 후기 이집트인 일부가 비교적 진전된 사고 능력을 지니고 있었음을 여전히 인정하는 것이었다. 그는 계속해서 다음과 같이 말했다.

3천 년의 역사 내내 이집트는 그리스 학자를 위한 길을 서서히 준비했다. 그리하여 탈레스와 피타고라스, 그리고 플라톤 같은 그리스 학자가 알렉산드리아의 학교에서 공부하게 되었으며, 심지어 에우클레이데스 같은 학자는 그곳에서 가르치기도 했다. 그러나 기하학을 진정한 과학의 단계로 끌어올린 것은, 이집트인의 기술적 실증주의에 의해 축적된 보물을 가지고 추론해낼 줄 알았던 그리스인의 철학적 정신이었다.[191]

로에는 어떻게 이집트 사제의 영성과 탈속성을 주장한 고대 작가에 맞서 이집트의 비밀스런 지혜(그에게는 이에 관한 증거가 없었다)가 단지 '기술적 실증주의'에 불과하다고 확신할 수 있었을까? 이러한 확신은 아리안 모델 내에서 연구하는 모든 사람의 신조 때문이라고밖에 볼 수 없다.

'피라미드학' 이론에 관한 로에의 논의에 동의하지 않은 이름 없는 이집트학 학자들은 대단히 옳았다. '피라미드학 학자'와 싸우면서 로에는 그들을 닮게 되었거나, 아니면 적어도 그의 정통파 옹호가 희망 없는 귀찮은 일로 여겨질 만큼 그들의 주장 가운데 많은 부분을 받아들이게 되었다.

로에의 어려움은 그 혼자만의 일이 아니었다. 앞서 언급한 바와 같이 이집트인의 영성을 받아들였던 드리오통 신부는 이렇게 썼다. "피아치 스미스에 의해 되살아난 망상, 즉 대★피라미드의 측정치가 고대 이집트인의 신비적인 과학을 드러낸다는 망상에 … 주의를 기울여서는 안 된다."[192] 그러나 그는 다른 곳에서, '피라미드학 학자'에게 주의를 기울이지 않았기 때문에 이집트학 학자들이 "그들의 일상을 혼란에 빠뜨리곤 하는, 과학에 있어서의 고지식하고 맹목적이며 고집 센 인간으로" 취급받는다고 썼다.[193] 다수의 '존경받는' 이집트학 학자가 외부에서(아니면 그들이 취급한 자료에서?) 압력을 느끼면서 다소 오랜 기간 동안 이단을 염두에 두었다는 다른 징후가 있다.[194] 고대 모델과 아리안 모델 사이의 이 중요한 전초전에서, 나는 약간의 수정을 가할 경우 고대 모델이 우위를 점할 것이라고 믿는다. 그러나 그러한 와중에도 분명 그 분야 전체는 여전히 기본적으로 샹폴리옹의 언어학적 전통(자신들의 분야를 지배적인 낭만주의적 실증주의와 일치시킨 마스페로와 에르만을 비롯한 19세기 후반과 20세기 초의 학자에 의해 변형된)을 따를 것이며 수학과 측량에 중점을 두는 조마르 학파는 여전히 외곽에서 매우 중요한 역할을 할 것이다.

제6장

그리스 열풍 1 : 고대 모델의 몰락

1790~1830

이번 장은 개신교가 지배하던 북부 독일에서 40년 동안 이루어진 사회적·지적 발전을 주로 다룬다. 40년이라는 시간이 짧은 것일지도 모르지만, 이 기간은 프랑스 혁명과 나폴레옹의 정복, 프랑스에 맞선 독일 민족주의의 점진적인 강화, 반동기, 그리고 유력한 독일 국가이자 모든 독일 민족주의의 구심점이 된 프로이센의 확립을 포괄한다.

바로 이 중차대한 시기에 고대 언어학 혹은 고대학이라는 새로운 학문 분야가 근대 학문의 선구적인 분야로 자리잡았다. 고대학은 확실한 능력 본위의 학생-교사 관계망과 가능한 한 많은 국가 기금을 확보하는 쪽으로 운용될 수 있는 세미나 혹은 분과, 그리고 학문을 업으로 삼은 자들과 일반 대중 사이의 장벽을 유지하도록 고안된 전문 용어로 씌어진 학회지를 최초로 만든 학문 분야였다.

지적·학술적 발전은 사회·정치적 발전과 더불어 고찰되어야 한다. 언어학과 역사학 분야의 일부 핵심 지도자(예를 들어 훔볼트와 니부어)가 새로운 학문 분야의 설립뿐만 아니라 새로운 대학 체제 전반의 확립에서도 능동적인 역할을 수행했다는 점은 주목할 만하다. 그들은 또한 국가적 중대사를 다룬 중요한 정치가였다.

그들이 가장 큰 정치적 영향력을 발휘한 시기가 프로이센의 개혁기였다는 점은 대단히 의미심장하다. 1806년 예나에서 나폴레옹 군대에 대패한 후 프로이센 정부는 개혁의 필요성을 절감했다. 훔볼트가 자신의 교양 개념 중심부에 위치시킨 새로운 고대학의 발전과 광범위한 진전은 이러한 개혁 가운데 하나로 보아야 한다. 그와 그의 친구들은 '일반적으로 고대, 구체적으로는 그리스인'에 관한 연구를 학생과 국민 전체(이들의 삶은 근대 사회에 의해 파편화된 것으로 이해되었다)를 통합하는 수단으로 여겼다. 그리고 보다 직접적으로는, 그러한 연구를 독일로 하여금 프랑스와 같은 끔찍한 혁명을 피할 수 있도록 해주는 '진정한' 개혁을 증진시키는 방책으로 여겼다. 그래서 영국의 고대학 격인 고전학처럼 애초부터 독일의 고대학은 반동과 혁명 사이의 '제3의 길'로 인식되었다. 그러나 사실상 고대학이 가져온 효과는 현상 유지였다. 교육 제도와 거기에 주입된 고전적인 교양은 19세기 프로이센과 독일의 사회 질서를 떠받치는 기둥이 되었다.

고대학의 핵심에는 예술적이고 철학적인 신성한 그리스어의 이미지가 자리했다. 그리스인 또한 독일인 자신의 이상화된 이미지처럼 그리스 땅과 하나가 되어야 했으며 순수해야만 했다. 따라서 여러 차례의 침입과 잦은 문화적 차용, 그리고 인종적·언어적 혼합의 잠재적인 결과가 그리스라고 주장하는 고대 모델은 점점 더 용인될 수 없었다. 바로 이러한 정치·사회적 맥락 속에서야 비로소, 새로운 체제의 첫 소산 가운데 한 명인 칼 오트프리트 뮐러가 고대 모델의 압도적인 고대 전거에 가한 공격을 이해할 수 있다.

1821년, 즉 그의 논증이 담긴 『오르코메노스*와 미니아이』가 출간된 이듬해에 그리스 독립 전쟁이 발발했으며 그리스 애호주의가 서유럽을 휩쓸었다. 그러한 반反아시아-아프리카적 그리스 열풍 속에서 고대 모델을 방어한다는 것은 거의 생각할 수 없는 일이었다. 그런데 역설적이게도 유일한 고대 모델 옹호자는 역사 서술에 낭만주의와 인종주의를 도입한 장본인이라 할 수 있는 위대한 고대사가 바르톨트 니부어였다. 1831년에 니부어가 사망한 이후 '건전한' 학자의 입장에서 이집트인이 그리스를 식민화했다거나 그리스 문명 형성에 중요한 역할을 수행했다고 주장하기란 불가능하지는 않더라도 어려운 일이 되었다.

프리드리히 아우구스트 볼프*와 빌헬름 폰 훔볼트

이집트의 '몰락'을 고찰했으므로, 이제 그리스의 '발흥'으로 눈길을 돌릴 차례이다. 크리스티안 고트로프 하이네가 가르친 가장 유명한 학생인 프리드리히 아우구스트 볼프는 1777년부터 1779년까지 단 2년 동안 괴팅겐에서 수학했다. 그러나 그는 이 경력과 당시의 시대 정신으로 인해 여러 가지 점에서 낭만주의적 실증주의의 전형이 되었다.[1] 그는 빙켈만의 제자이자 단계적 역사의 신봉자였으며 그리스 애호가였다. 독일 애국주의자였던 그는 뿌리찾기 운동 및 그 운동의 민요 중시 경향에서 깊은 영향을 받았다. 그는 또한 자신이 호메로스 연구의 낭만주의적 전통(앞서 다시에 부인과 비코를 논하면서 마주친 바 있다)에 자리한다고 생각했으며, 이 점에서 자신이 벤틀리와 각별한 친근성을 갖는다고 믿었다.[2]

볼프는 이 모든 갈래를 결합시켰다. 그는 자신의 연구를 상세한 원문 분석의 맥락에 위치시키면서, 『일리아스』와 『오디세이아』를 그리스 인종 및 잠재적으로는 유럽 인종의 유년기에 만들어진 작품으로 파악했다. 볼프는 이러한 생각과 더불어 호메로스가 장님이었다는 고대 전승에 기초하여 그 서사시가 그리스인이 알파벳을 소유하기 오래 전에 구두로 지어졌다고 확신했다.[3] 그는 그 서사시가 문맹의 방랑 시인 한 사람의 작품이라고 보기에는 너무 길다고 생각했다. 그러므로 그 서사시는 수많은 민요 시인에 의해 창작되었다가 기원전 6세기 아테네에서 편집되었거나, 아니면 처음 글로 옮겨질 때 비로소 하나로 합쳐진 것임에 틀림없다고 생각했다. 이러한 가설을 통해 볼프는 완벽한 낭만주의적 결론에 도달했다. 호메로스의 서사시는 이제 한 저자의 작품이 아니라 그리스/유럽 민족 전체의 유년기 산물로 보아야 한다는 것이다.[4]

이러한 생각의 상당 부분은 스코틀랜드 저자로부터, 그리고 로버트 우드 (그가 그 본래의 장소에서 『일리아스』를 읽었던 낭만주의적 딜레탕트였음은 앞서 언급한 바 있다)로부터 유래한 것이었다. 그러나 볼프는 자신의 원문 관련 전문 지식과 교수라는 지위를 이용해 '전문적' 지식의 세계에서 필수불가결한 학술적 권위를 그러한 생각에 부여했다.[5] 다른 한편 우리는 적어도 저서에 나타나는 볼프의 학문이 다소 피상적으로 보인다는 사실을 간과해서는 안 된다. 극히 자극적이기는 하지만, 그의 『호메로스에 붙이는 서문』은 '급조된 단편'이며, 따라서 그의 저작은 전체적으로 '도서관에서 거의 찾아볼 수 없는 것'으로 간주되었다.[6]

볼프의 업적은 고대학의 전통을 확립한 것이다. 1777년 괴팅겐 대학 입학 당시, 그는 스스로를 당시 급진적 계층으로 간주되던 '문헌학 학생'이라고 칭했다.[7] 그러나 나중에 그는 고대 원문 연구(고전 예술 및 고고학과 더불어 완결되는)를 고대학Altertumswissenschaft이라고 불렀다. 볼프는 비록 학문 형식을 그의 스승인 하이네에게서, 그리고 내용을 궁극적으로 빙켈만에게서 이끌어낸 것이 확실함에도 불구하고 고대학의 창시자로 불려왔다. 한편 그 명칭은 독일에서 칸트에 의해 촉진된 과학과 진보의 새로운 어휘에서 가져온 것이었다.[8] 볼프는 가르치는 일에 강점을 드러냈다. 그는 1780년대에 할레 대학 교수로 재직하면서 새로운 학문을 촉진시킴과 동시에, 교수 방식이자 연구를 위한 제도적 기반으로서 세미나를 장려했다. 볼프의 명성은 젊은 프로이센 귀족 빌헬름 폰 훔볼트와의 친분 관계로 인해 확고해졌다.

그러나 그들의 우정과 그 우정이 낳은 비상한 학문적·제도적 결과를 살펴보기 전에, 우선 낭만주의적 헬레니즘과 괴팅겐 실증주의의 정치적 입지를 잠시 고찰하고자 한다. 내가 계속해서 주장하듯이, 양측의 정치적 입지는 서로 긴밀히 관련되었다. 양측의 옹호자는 스스로를 '진보적'이라고 생각했으며, 소규모의 '자유' 국가를 지지했다. 그러나 '자유'의 의미는 상당히 모호했다. 이러한 견해와 정서를 지닌 거의 모든 사람은 프랑스 혁명이라는 시험이 다가오자 거기서 물러났다. 왜냐하면 특권에 대한 혁명의 위협과 그 폭력성 때문이었고, 혁명을 '자유'에 이르는 '부자연스런' 혹은 '인위적인' 접근법으로 보았기 때문이었다. 그들이 계획하고 실행한 개혁은 바로 이러한 배경 아래에서 조망되어야 한다.

볼프와 훔볼트는 프랑스 혁명이 정점에 달했던 시기인 1792~1793년에 절친한 친구가 되었다. 훔볼트의 저서 『고대와 특히 그리스인에 관한 연구』는 두 사람 사이의 논의에서 비롯한 것이었다.9 이 초안은 그가 살아 있는 동안 출간되지는 않았지만, 볼프와 위대한 시인이자 극작가이며 철학자인 실러*가 이를 읽고 논평했다. 또한 나중에 훔볼트가 프로이센 교육장관을 지내면서 거기에 담긴 사상을 실행에 옮기려 함으로써 그 초안은 극도의 중요성을 띠게 되었다.

훔볼트는 고대 연구를 일반 교육의 중심으로 삼아야 하는 두 가지 이유를 제공했다. 그는 그리스인을 연구해야 할 분명한 미학적 근거가 있다고 주장했다. 그러나 그보다 훨씬 더 중요한 것은 현재로부터 유리되지 않은 고대인에 관한 지식이 오늘날 보다 나은 사람으로 구성되는 새로운 사회를 만들어낼 것이라는 그의 믿음이었다. 그는 그러한 연구가 교양 혹은 교육이나 윤리 형성에 중심이 될 것이라고 생각했다. 시간을 통한 성장과 형성에 관한 낭만주의적 관심을 지녔던 훔볼트는 고대인 연구를 목표가 아니라 과정으로 가치 매김했다. 그는 고대의 복잡한 유기적 발전을 파악함으로써 학생의 창의력이 어떻게든 확장·강화될 것이라고 믿었다.10

훔볼트가 본래는 모든 주민을 대상으로 이러한 교양 교육을 의도했을 가능성도 있다. 그러나 어쨌든 교양은 엘리트 계층의 특징이 되었다.11 그런 의미에서 교양은 귀족에 대한 도전이었다. 교양의 목적은 프랑스 혁명의 공포에서 벗어나 프로이센을 독일 문화 안에서 개혁하는 것이었다. 훔볼트는 『고대와 특히 그리스인에 관한 연구』를 루이 16세의 재판이 벌어지는 동안에 썼는데, 그 재판에 관해 이렇게 말했다. "이러한 처형과 무시무시한 재판은 결코 지워질 수 없는 흔적을 남겼다."[12] 프랑스의 상류 계급은 바르텔르미의 『아나카르시스』를 혁명의 긴장과 공포에서 도피한 것으로 이해했는데, 그리스인 연구 또한 훔볼트와 그의 친구인 실러에게 도피처를 제공했음에 틀림없다.[13] 그러나 훨씬 더 중요한 것은, 그들이 그리스인에 대한 연구와 모방을 혁명과 반동의 양극단을 넘어서는 길로 여겼다는 점이었다. 마찬가지로, 실러의 『인간의 미적 교육에 관한 서한』에 나오는 프랑스 혁명의 혼돈을 다룬 다섯 번째 편지에 뒤이은 여섯 번째 편지는 그리스인 연구에서 비롯되는 조화의 기능에 관한 내용이었다.[14]

훔볼트의 교육 개혁

주관적인 정치적 입장이야 어떠하든, 객관적으로 훔볼트와 실러는 현상 유지를 위해 서로 협력했다. 전통의 프로이센 정부와 그의 자랑스러운 군대가 1806년에 예나에서 나폴레옹에게 대패함으로써 굴욕을 겪은 이후, 프로이센의 군주정은 바로 이런 종류의 안전한 개혁으로 돌아섰다. 1809년에 훔볼트는 프랑스 혁명의 도전에 대처하기 위해 취해진 개혁 가운데 교육 체계의 재조직을 위임받았다. 그가 새로운 구조의 기초로 삼은 것은 교양이었다. 그는 궤멸에 가까운 패배를 겪은 독일 국민에게 교양이 다시금 활력을 불어넣을 것이라고 믿었다. 고등 교육에 관한 한 그는 수학과 자연 과학을 강조하는 프랑스의 에콜 폴리테크니크를 의식적으로 지양하고 훨씬 더 넓은 개념의 학문을 가르치는 학교를 지향했다. 새로운 프로이센 교과 과정은 표면상 수학과 역사, 그리고 언어의 세 과목을 포함했다. 그러나 그의 주요 창작품인 새로운 베를린대학에서 5년간 수학이 가르쳐지지 않았다는 사실은 훔볼트가 우선시한 것이 무엇인지를 보여준다.[15]

훔볼트가 베를린으로 영입한 지도적인 학자가 바로 볼프였다. 앞서 살펴보았듯이 볼프는 세미나를 도입했으며, 그 후 세미나는 그곳에서 프로이센으로, 그리고 독일과 그 너머로까지 확산되었다. 학생이 스스로의 탐구를 통해 능동적으로 배워나갈 것을 강조하는 이러한 체제는 전통적인 강의에 비해 학생에게 훨씬 더 많은 자유와 독창성의 여지를 부여하는 듯 보일 것이다. 그러나 그러한 체제는 지난 180여 년 동안 비록 위대한 학문적 업적을 생산해내기는 했지만 학계의 관심 주제를 선택하고 다루도록 통제하는 매우 효과적인 도구로 이용될 수 있으며 또한 그렇게 이용되었던 것이 분명하다.

볼프는 고대학을 연구하면서 하이네와 괴팅겐 학파의 관행을 따랐다. 그는 자신이 계몽주의의 태도라고 본 것, 즉 보편자를 개념화하여 추상적으로 탐구하는 태도를 거부했으며, 대신 개별자와의 직접적인 대면과 세부적인 사료 비평을 지지했다. 그는 나중에 보면 분명 강렬한 낭만주의로 여겨질 수 있는 자신의 일면을 전혀 의식하지 못한 탓에 이렇게 쓸 수 있었다. "우리의 모든 연구는 희망하는 바가 아니라 사실을 다루는 역사적이고 비평적인 연구이다. 예술은 마땅히 애호되어야 하지만, 역사는 숭배되어야만 한다."16

이 순진한 접근법은 그 후 내내 대부분의 역사학과 고전학의 관행을 지배했다. 훔볼트는 적어도 말년에는 훨씬 더 예민했다. 『역사가의 임무』라는 에세이에서, 그는 과거를 이해하려면 외면적 묘사 이상의 훨씬 더 많은 것이 필요하다고 인정했다. 그것은 곧 '합리적 관찰'과 '시적 상상력' 사이의 균형이었다. 그러나 역사가는 시인과 달리 자신의 상상력을 실재 탐구에 종속시켜야 하며, "형식의 힘에 굴복하면서도 형식의 법칙인 관념을 끊임없이 유의해야 한다"고 주장했다.17 19세기에 이러한 관념은 분명 '인종에 관한 과학적인 법칙'을 포함했다.

훔볼트는 또한 역사 탐구에서 주관과 객관 사이의 관계가 빚어내는 어려움과 맞싸우려 했다. 여기서 그는 독일과 고대 그리스 사이에 존재하는 것과 같은 일종의 혈족 관계라는 느낌이 요구된다고 믿었다. 그렇게 해서 그는 고대사를 저술하는 것이 가능했으나 동시에 그리스인은 역사를 초월하는 것으로 보았다. 그는 다른 글에서 다음과 같이 썼다.

그러므로 우리의 그리스사 연구는 그 밖의 역사 연구와 전혀 다른 문제이다. 우리가 보기에 그리스인은 역사의 테두리를 넘어선다. 비록 그들의 운명이 일반적인 사건의 연쇄에서 벗어나지 않는다 하더라도, 그 점은 우리에게 전혀 중요치 않다. 만일 그 외의 세계사에 적용하는 잣대를 감히 그들의 운명에 적용하려고 든다면, 우리는 그들의 운명과 우리 자신의 관계를 전혀 인식하지 못하게 된다. 그리스인에 관한 지식은 단순히 즐겁다거나 유용하다거나, 혹은 필수적인 것만은 아니다. 오로지 그리스인만이 우리가 되고자 하고 만들어내고자 하는 이상을 보여준다. 역사의 모든 부분이 그 인간적인 지혜와 경험으로 우리를 풍요롭게 한다면, 그리스인에게서 우리는 세속을 넘어서는, 즉 거의 신적인 무언가를 얻는다.[18]

그리스사의 초월적인 특성에 관한 훔볼트의 견해는 그리스어에 관한 그의 견해와 짝을 이루었다. 그는 그리스어를 산스크리트어 같은 태고의 언어가 아니라 젊은 활기와 철학적 성숙이 완벽한 균형을 이룬 언어로 보았다. 이는 1780년대 이래 그리스인에게 부여된 미학적이고 철학적인 자질을 반영하는 것이었다.[19]

낭만주의자가 언어가 중심적인 중요성을 지니며 민족 및 민족성과 근본적인 관련을 갖는다고 생각한 점, 그리고 언어·민족·민족성에 매혹당했다는 점은 이미 언급한 바 있다.[20] 다방면에 걸친 활동을 보이긴 했지만 본래 언어학자인 훔볼트는 언어를 본질적인 독립 상수로 간주하는 경향이 있었다.[21] 그에게는 그리스어의 본질이 가장 중요했다. 더욱이 항상, 혹은 적어도 15세기 이래 그러했듯, 그리스어에 대한 관심은 독일어에 대한 관심과 병행했다.[22] 따라서 나폴레옹에 맞선 해방 전쟁(1813~1814년)이 정점을 향해 치달음에 따라, 독일 민족주의가 고양되고 독일어도 점점 더 미화되어갔다. 불어와 달리 독일어의 주요 미덕으로 꼽힌 것은 근본이 확실하며 순수하다는 점이었다.[23]

훔볼트는 이보다 훨씬 이전인 1793년에 쓴 초안草案에서 외래적인 요소에 오염되지 않았다는 바로 그 점에서 그리스어의 우수성이 나타난다고 주장했다.[24] 따라서 언어 혼합의 복합성에 특히 매혹된 이 일급 언어학자는 그리스어에 관한 한 자신의 비판력을 유보시킨 채, 그리스어의 '순수성'을 하나의 신조로 삼았다. 근본적으로 말이 안 되는 이러한 생각은 낭만주의적 헬레니즘의 승리 이전에는 터무니없는 이야기로 치부되는 것이 당연했지만,

몇몇 단서와 더불어 이제 고대학과 근대 고전학의 규범이 되었다. 그 이후 확실한 오리엔트 사치품의 이름 외에는 아프리카아시아 차용어가 전혀 없는 것으로 되었다.

홈볼트를 비롯한 낭만주의자는 무한히 다양한 사회와 계몽주의에 의해 선언된 보편자의 부재를 역설하는 한편, 내적 질서나 지고한 힘 혹은 존재가 부여하는 전체적인 방향성을 인정했다.[25] 그리스인은 세속적인 혼돈을 초월하여 이루 형언할 수 없는 지고선에 보다 근접한 것으로 인식되었다. 그렇다면 어떤 의미에서 볼 때, 그리스인은 그 자체로 인간의 보편자였다.

그는 바로 이 점과 그리스인이 역사학과 언어학의 법칙을 초월한다는 가정을 통해 그리스인을 교양의 주된 관심사로 만들었으며, 독일의 젊은 지도자는 그러한 교양을 통해 스스로를 이해하고 개조해나갈 것이라고 생각했다. 이와 동일한 용도로, 고대학과 고전학은 다른 유럽 지역과 그 지류로 확산되었다. 고대학에 덧씌워진 학문적 치장에도 불구하고, 고대학은 역사학적·언어학적 탐구의 측면이 아니라 지배 계급의 이데올로기 형성을 담당하는 역할의 측면에서 더욱 큰 중요성을 유지했다. 따라서 19세기 초의 그리스 애호주의(시종일관 인종주의적이기는 했지만)가 급진적이고 반동적인 측면을 지녔던 반면, 고전학이라는 학문 분야는 처음부터 보수적이었다. 고전학이 중심을 이루는 교육 개혁은 혁명을 피하거나 저지하기 위한 체계적인 시도였다.[26]

그리스 애호주의자

1820년대에 고대 모델이 몰락한 일을 어느 정도 이해하기 위해서는 변화가 발생하게 된 전체적인 정치적·이데올로기적 배경부터 고려해야 한다. 가장 중심적인 것은 19세기에 낭만주의 운동의 '급진파'라고 불릴 수 있는 위치를 점했던 그리스 애호주의 운동이었다. 그리스 애호주의는 낭만주의와 마찬가지로 도시의 산업화와 계몽주의의 보편주의 및 합리성, 그리고 프랑스 혁명을 거부하는 경향이 있었다. 다른 한편, 낭만주의의 주류가 중세적 과거와 그리스도교(특히 가톨릭교)로 선회한 데 반해, 그리스 애호주의자는 때때로 종교적 회의주의자나 무신론자였으며 정치적 급진파였다.[27] 예를 들어, 젊은 시절 헤겔과 프리드리히 슐레겔은 그리스인을 좋아했지만 나이가 들어감에 따라 점점 더 보수적인 성향을 띠면서 그리스도교로 돌아섰다.[28] 마르크스를 포함한 헤겔 좌파*는 그리스에 대한 청년 헤겔의 열정적인 관심을 보존했다.

급진파가 그리스에 열광한 이유는 명확하다. 로마 혹은 이집트나 중국에 견주어볼 때, 그리스 국가들은 진정한 자유의 전형이었다. 더구나 낭만주의 운동 내부에서 이러한 긴장 관계가 지속되었다. 이교적인 고전학을 가르침으로써 미래의 영국 지도자를 '그리스도교적인 신사'로 양성해낼 퍼블릭 스쿨 제도의 부활과, 인도-게르만적이거나 그리스적인 그리스도교를 창조하려는 움직임은 모두 낭만주의 운동의 좌우익을 통합하려는 시도로 볼 수 있다.[29]

프랑스 혁명의 경험과 1815년 이후에 이루어진 반동의 승리는 상류 계급 낭만주의자에게 훨씬 더 쓰디쓴 환멸을 불러일으켰다. 그러나 1821년에 그리스 독립 전쟁이 발발하면서 자유에 대한 사랑(각기 유리된 형태로나마)이 되살아났으며, 독일 민족은 그 전쟁에 가장 빨리, 그리고 가장 깊이 몰두했다.[30] 3백여 명의 독일인이 그리스로 가서 싸웠지만, 이들은 대부분 학생과 대학인으로 구성된 수만 명의 사람이 참여한 운동에서 빙산의 일각일 뿐이었다.[31] 참으로 그들의 투쟁 지지 운동은 독일에서 자유주의의 유일한 주요 거점을 이루었다. 많은 프랑스인과 이탈리아도 다수의 친親그리스 성향 위원회의 후원을 받아 그리스로 갔다. 그리고 그러한 운동은 미국에서도 강력하게 일었다. 비록 그리스로 건너간 북아메리카인은 16명에 불과했지만, 전쟁으로 인해 널리 확산된 친親그리스 정서는 미국 학생 사이에서 '그리스어' 클럽 결성을 크게 부추겼다. 미국 학생 조직에 미친 또 다른 주요 영향은 독일 학생의 분서焚書 클럽에서 비롯했다. 이 클럽은 해방 전쟁의 낭만주의적 민족주의를 후원하기 위해 괴벽스러운 교사이자 '체조의 아버지'인 얀*이 1811년과 1819년 사이에 부활시킨 것이었다. 양국의 클럽은 그 창시자가 구상한 쇼비니즘, 즉 강한 육체를 지향하는 반지성적 성향의 쇼비니즘을 보존했다.[32]

영국인 역시 그리스의 대의에 깊이 몰두했다. 18세기 중반 이래 잉글랜드와 스코틀랜드 시인이 그리스에 열정적인 관심을 보여 왔다는 사실은 앞서 살펴본 바 있다. 1807년에 엘긴마블스*가 런던에서 전시되자 순수 그리스 예술에 대한 열광이 일었는데, 순수 그리스 예술이 런던에서 전시되기는 그때가 처음이었다.[33] 헨리 푸젤리*는 엘긴마블스를 보고서 이렇게 소리쳤다. "그리스인은 신이었구나. 그리스인은 신이었구나!"[34]

스위스 출신 예술가이자 역사가인 푸젤리는 런던에 거주하면서 빙켈만의 사상을 진척시켰다. 그가 품었던 그리스를 향한 열정과 이집트에 대한 증오는 둘 다 강렬했던 것으로 보인다. 그가 보기에 그리스는 "무지의 완화제인 임의적인 상형 문자가 없는 행복한 해안이었으며, 그곳에서 예술은 전제 정치의 도구 혹은 영원한 잠에 빠진 육중한 기념물에서 벗어나 삶과 운동 그리고 자유로 떠올랐다."[35]

그러나 여기서 반드시 주목해야 할 것은, 그리스가 이집트에서 출현했다
는 생각이 고대 모델(나중에 그리스 애호주의자는 고대 모델을 인정하려 들지 않
았다)의 수용을 함축한다는 점이다. 비록 푸젤리가 외국인이라 하더라도, 그
리스에 관한 그의 생각은 19세기 첫 4반세기의 교양적 견해 일반과 동떨어
진 것이 아니었다.

1821년에 전쟁이 발발하자 그리스에 대한 열광은 최고조에 달했다. 셸리
는 다음과 같이 썼다.

> 우리는 모두 그리스인이다. 우리의 법과 문학, 종교, 예술, 이 모든 것은 그리스에
> 뿌리를 두고 있다. 그리스가 없었다면 … 우리는 여전히 야만인이나 우상 숭배자로
> 남아 있을지 모른다 … 인간 형상과 인간 정신은 그리스에서 완벽에 이르렀다. 그리
> 스는 그 완벽한 이미지를 무결점의 작품(근대 예술은 이 작품의 단편에도 도저히 미치지
> 못한다)에 새겨놓았으며, 인류가 절멸할 때까지 명백하거나 혹은 인지할 수 없는 수천
> 가지 경로를 통해 끊임없이 인류에게 능력과 기쁨을 불어넣을 수 있는 자극을 널리
> 보급했다.[36]

그리스 열풍이 훌륭하게, 그리고 진정으로 개시되었다!

막 그리스로 떠나려던 때에 셸리가 토해낸 열변과 뒤이은 그의 극적인
익사에도 불구하고 낭만주의 시대의 가장 유명한 그리스 애호주의 시인은
바이런이었다. 그가 스코틀랜드 출신이라는 것은 우연의 일치가 아니었다.
18세기에 그 **북쪽** 나라가 낭만주의와 관련되었다는 점은 이미 언급한 바 있
다. 19세기 초에는 바이런뿐만 아니라 월터 스콧 경도 이러한 관련에 몰두
했다. 스콧은 중세 부활의 선구자이자 감상적인 민족 전설을 가상으로 꾸며
내는 일(심지어 스콧도 이 일을 망설였다)의 선구자였다.[37] 바이런은 비록 추악
한 섭정 시대(1811~1820년)의 방탕아였지만 스코틀랜드 낭만주의를 그리스
와 연결지었다. 그는 반란이 일어나기 10년 전에 그리스의 독립을 요구했으
며, 결국 복합적이지만 근본적으로는 낭만주의적인 동기에서 전쟁에 참여

했다가 목숨을 잃었다.[38]

그리스 독립 전쟁은 서유럽 전역에서 유럽의 젊은 활기와 아시아·아프리카의 퇴폐·부패·잔혹함 사이의 싸움으로 비쳐졌다.

칭기즈 칸과 티무르의 야만족이 19세기에 되살아난다. 유럽의 종교와 문명에 맞서 결사 항전이 선포되었다.[39]

심지어 18세기에도 일부에서는 그리스와 발칸에 대한 터키의 지배는 열등한 인종이 우월한 인종을 정복한 부자연스러운 결과로 생각하기 시작했다. 앞서 언급했듯이, 크리스티안 분젠은 자신의 역사적 인종 서열에서 '우랄알타이인' 혹은 터키인을 중국인과 이집트인 사이에 위치시켰다. 그는 19세기에 터키인의 지배는 결국 실패로 돌아갈 수밖에 없으며 어떠한 문명의 진보도 결코 이끌어낼 수 없다고 생각했다.

19세기 말엽에는 이러한 원리가 이미 역사 전체에 체계적으로 적용되고 있었는데, 아랍과 베르베르의 스페인 지배에 대한 인식은 그러한 변화의 뚜렷한 사례를 제공한다. 1860년 이전에 영국과 북아메리카의 저자는 무어인에 대해 호의적이었다. 왜냐하면 이슬람교는 가톨릭교에 비해 그들에게 덜 유해했기 때문이다. 19세기 말엽에는 이미 '인종적인' 고려가 종교적인 고려를 초월한 상태였다. 그러므로 아랍의 스페인 지배는 대체로 번성했던 8백 년 내내 아무 것도 이뤄낸 바 없는 '불운한' 지배로 취급되었다.[40]

그리스 독립 전쟁과 더불어 강화된 인종주의적 정서는 고대 모델에 직접적인 영향을 미쳤다. 우선 이집트인이, 다음으로 페니키아인이 점차 '인종적으로' 열등하게 인식되었으며, 그들이 '신성한 헬라스'를 식민화했을 뿐만 아니라 문명화했다는 그리스 전설은 혐오스러운 것일 뿐만 아니라 패러다임 상으로 불가능한 것이 되었다. 그 전설은 19세기 과학의 생물학적·역사학적 법칙에 어긋났기 때문에 세이렌*이나 켄타우로스* 이야기처럼 제거되어야 했다. 이러한 반발은 계몽주의에서 낭만주의로의 변화가 빚어낸 또 다른 국면으로 인해 한층 더 확대되었다. 계몽주의는 교화와 개선을 크게 강조했기 때문에 그리스 문명이 이집트와 페니키아에 의한 식민화 덕분이라고 해서 그리스인에게 커다란 오명이 씌워지는 것은 아니었다. 반면 낭만주의자는 자연과 개별적이고 영속적인 민족의 본질을 강조했기 때문에 그리스인이 아프리카인이나 아시아인보다 더욱 원시적이었던 때가 있었다고 시사하는 것은 이제 용납될 수 없었다.

불결한 그리스인 그리고 도리스인

그리스 애호주의자가 고전기 그리스인에게 보인 관심은 아주 컸지만, 그들의 불결한 후예인 영웅적이지만 미신적인 그리스도교도에게 보인 관심은 훨씬 작았다. 혹자는 이 '후예'를 '비잔틴화된 슬라브인'으로 설명하려 했다.41 그리스 애호주의자는 그리스가 오리엔트의 퇴폐로 얼룩지기 이전에 지닌 순수한 본질을 추구했으며, 훔볼트와 셸리의 경우에서 보았듯, 그러한 본질이 신격화됨에 따라 심지어 고대 그리스인조차 새로이 고양된 기준에 미달하기 시작했다. 이러한 기준은 점차 문화적이고 언어학적인, 그리고 결국 '인종적인' 순수성을 요구하기 시작했다. 일찍이 1790년대에 프리드리히 슐레겔은 그에 부합하는 새로운 본보기를 스파르타인이나, 혹은 스파르타인을 포괄하는 보다 큰 종족 집단인 도리스인에게서 발견했다. 스파르타의 이미지를 연구한 근대 역사가 엘리자베스 로손은 그들에 관한 슐레겔의 저술을 다음과 같이 묘사했다.

> 그러나 그리스인 일반에 관한 빙켈만의 견해를 상기시키는 용어는 처음부터 도리스인을 나타내기 위해 사용된다. 우리는 도리스인의 '고요한 위대함'에 관한 이야기를 듣는다. 더욱 쉽게 오리엔트화한 이오니아인과는 대조적으로, 사실상 도리스인은 보다 오래되고 순수한, 그리고 보다 진정한 그리스인의 분파를 형성한다. 이는 주로 그리스의 정신을 함양하는 두 가지의 핵심적인 과정인 음악과 체육 덕분이다.42

그리스 문화의 이러한 비언어적이며 불합리한 측면과, 감히 말하건대 '독일적인' 국면을, 슐레겔을 비롯한 많은 후기 저자가 핵심적인 것으로 이해했다는 점에 주목하라. 아폴론적인 이성보다 음악과 디오니소스적인 비극적 열정을 강조하는 니체의 『비극의 탄생』(1872년 출간)은 그리스인의 '고요한

'위대함'이라는 빙켈만의 관점에서 볼 때, 종종 급진적인 일탈로 여겨진다. 그러나 사실 『비극의 탄생』은 1840년대의 하인리히 하이네를 지나 18세기의 크리스티안 고트로프 하이네와 극작가 빌란트까지 거슬러 올라가는 독일 전통에 속한다.[43]

19세기와 20세기 내내 독일에서 꾸준히 확산된 도리스인과 라코니아인에 대한 숭배 및 그들과의 동일시는 제3제국에서 절정에 이르렀다.[44] 19세기 말엽에 몇몇 민족주의 작가는 도리스인을 북쪽에서 온, 심지어 독일에서 왔을지도 모르는 순수 혈통의 아리안으로 보았다. 도리스인은 아리안의 혈통과 특성을 지녔다는 점에서 확실히 독일인과 매우 가까운 종족으로 여겨졌다.[45]

그러한 열광은 독일인에게 국한되지 않았다. 존 배그넬 베리*는 1900년에 처음으로 출간되어 아직도 표준적인 저서로 여겨지는 자신의 『그리스사』에서 다음과 같이 썼다.

> 도리스인은 에우로타스Eurotas라는 풍요한 계곡을 소유했으며, 외부 혈통과 섞이지 않도록 자신들의 혈통을 순수하게 지켜가면서, 모든 주민을 예속 상태로 묶어두었다. … 도리스인의 두드러진 특성은 … 우리가 '인성'이라고 부르는 것이었는데, 이러한 특성이 가장 완전하게 드러나고 발전한 곳은 바로 라코니아였다. 왜냐하면 이곳의 도리스인이 가장 순수한 도리스인으로 남아 있었다고 보이기 때문이다.[46]

존 펜틀랜드 마하피와 윌리엄 리지웨이를 비롯한 1900년경 전후의 지도적인 영국 고전학자와 마찬가지로 베리가 아일랜드의 프로테스탄트 지배 계층 출신이라는 사실은 주목할 만하다. 세 사람 모두 도리스인의 순수한 북부 (그리고 아마도 독일) 혈통에 열광했다. 따라서 그 시기의 일반적인 인종주의에 참여했다는 점은 차치하더라도, 그들은 튜튼계 잉글랜드인이 아일랜드인('주변부 유럽인'으로 여겼다)에 대해 갖는 관계와 도리스인이 그 예속민 (펠라스고이와 고대 스파르타의 국가 소유 농노인 헤일로타이*)에 대해 갖는 관계

사이의 유사성을 인지했음에 틀림없다.[47] 거의 시종일관 인종주의를 고수했던 리지웨이는 비록 그의 가문이 200년 동안 아일랜드에서 살기는 했지만 '자신의 핏줄에 단 한 방울의 게일 피'도 흐르지 않는다는 점을 자랑했다.[48] 1900년경에는 스파르타인('진정한 그리스인)이 순수한 북부 인종으로 여겨졌다. 19세기 초에는 상황이 그렇게까지 극단적이지는 않았지만 압박은 계속해서 쌓여가고 있었다.

1820년대에 고대 모델에 가해진 전면적인 공격을 고찰하기 위해 필요한 또 다른 선행 조건은 전환기의 사상가를 주시하는 일이다. 내가 여기서 예로 든 인물은 헤겔과 마르크스, 헤렌, 그리고 바르톨트 니부어이다.

헤겔은 1770년에 태어나 1820년대에 절정의 지배력과 영향력을 행사했다. 그러나 언어학자가 그를 받아들이지 않은 탓에 여러 해 동안 프로이센 학술원에 발을 들이지 못했다. 그럼에도 불구하고 그는 당대 독일 철학의 중심이었을 뿐만 아니라 낭만주의 역사가에게도 심대한 영향을 끼쳤다.49 헤겔이 그의 시대를 대표했다는 점 또한 의문의 여지가 없다. 그는 유럽, 또는 그가 말했듯이 온화한 지역을 사랑했다. 그는 아시아 산맥 지대와 인도를 존중하고 이슬람을 싫어했으며, 아프리카는 완전히 경멸했다.50 그가 그린 세계 정신의 궤도는 동쪽에서 서쪽으로 움직였기 때문에, 서쪽에 더 가까운 이집트가 동쪽의 인도보다 더욱 진보했다고 주장할 수밖에 없었다.51

헤겔의 솔직한 심정은 1816년과 1830년 사이에 집필한 그의 『철학사 강의』에서 드러나는 것 같다. 그는 중국과 인도 사상을 상당히 길게 서술하면서, 이집트에 대해서는 다음과 같이 그리스 철학의 기원을 다룰 때에만 잠시 언급했다.52

> 따라서 피타고라스는 그의 결사 이념을 이집트에서 가져왔음에 틀림없다. 그가 창설한 결사는 과학적이고 도덕적인 문화를 목표로 집결된 정규 공동체였다. … 당시 이집트는 그리스와 비교할 때 고도의 문화를 지닌 나라로 간주되었다. 이 점은 심지어 계급 제도의 차이에서도 나타나는데, 이집트의 신분 계급은 산업과 과학, 그리고 종교 같은 삶과 일의 커다란 줄기에 따라 분화된다. 그러나 이 수준을 넘어 이집트인에게서 위대한 과학 지식을 구한다거나 피타고라스의 과학이 그곳에서 얻어진 것이

라고 생각할 필요는 없다. 아리스토텔레스(『형이상학』 제1권)는 단지 이렇게 말할 뿐이다. "이집트에서 수리 과학이 최초로 시작한 것은 사제 계층에게 여가가 있었기 때문이다."53

다른 곳에서 헤겔은 다음과 같이 썼다.

> 그리스라는 이름은 교육받은 유럽인을 깊이 감동시키며, 그 점은 우리 독일인의 경우에 더욱 각별하다. … 그들(그리스인)은 분명 그들 종교와 문화의 실질적인 단초를 … 아시아와 시리아, 그리고 이집트에서 얻었다. 그러나 그들은 이 기원의 이국적 본성을 대부분 제거했다. 따라서 그 기원은 크게 변화·개선·일변하여 전혀 다른 모습을 띠게 되었기 때문에, 그들이 우리와 마찬가지로 그 안에서 이끌어내고 이해하고 사랑한 것은 본질적으로 그들 자신의 것이다.54

따라서 그는 『에피노미스』에 담긴 전승에 따라 방대한 차용을 인정하기는 했지만, 그리스인이 그것을 질적으로 변형시켰다고 주장했다.55

오리엔트가 인류의 유년기였고 그리스가 인류의 청년기였다는 헤겔의 주장은 물론 청년 헤겔파인 칼 마르크스의 견해와 흡사하다.56 마르크스는 오로지 그리스에서만 개인이 공동체와 연결된 탯줄을 잘라내고 유적類的 존재에서 정치적 동물/폴리스 거주자로 변화했다고 주장했다. 그는 일생에 걸쳐 그리스를 사랑했으며 그리스 문명의 모든 측면이 선행한 모든 것과 범주적으로 달랐다(그리고 보다 우월했다)는 일반적인 견해를 완전히 수용했다.57 그러나 마르크스는 이 견해마저 뛰어넘어 셸리가 주장한 것만큼 명료하게 그리스가 그 후대보다도 한층 뛰어나다고 주장했다. 당시 그러한 주장은 그리스를 진보의 흐름에 역행하게 만든다는 점에서 문제를 일으켰다. 마르크스는 이 문제를 다루려고 시도하면서 『자본론』의 개요인 『정치경제학 비판 요강』의 서론에서 다음과 같이 썼다.

　　잘 알려져 있듯이, 예술이 번성한 어떤 시기는 일반적인 사회 발전에 전혀 비례하지 않으며, 따라서 물질적인 토대에도 비례하지 않는다. … 예를 들어, 그리스인은 근대인이나 또는 셰익스피어와 견주어보아도 두드러진다.

그럼에도 불구하고 그는 다음과 같은 역설을 인정했다. "세계적인 신기원을 이루는 고전적인 수준에서 나타나는 … 예술의 … 어떤 … 형태는 오로지 예술 발전의 낮은 단계에서만 가능하다."

　　마르크스는 계속해서 자본주의 산업이 승리한 경우처럼, 일단 실재에 압도당하면 신화는 불가능하다고 주장했다. 하지만 독특한 형태를 지닌 사회에서만 신화가 만들어질 수 있다는 그의 생각은 확고했다.

　　그리스 예술은 그리스 신화, 즉 대중적 상상력이 무의식적인 예술 방식으로 재가공해 낸 자연과 사회 형태를 전제한다. 이것이 그리스 예술의 질료이다. 자연을 임의로 선택하여 의도되지 않은 예술 방식으로 재구성한 신화란 없다. … 이집트 신화는 결코 그리스 예술의 토대나 혹은 모태가 될 수 없었을 것이다.[58]

나는 이 책의 주제에 관한 한 이 불분명한 구절을 이렇게 이해한다. 즉 『정치경제학 비판 요강』을 집필했던 1850년대에도 마르크스는 고대 모델을 충분히 알고 있었기 때문에, 그리스 신화(예술)가 그리스의 사회적 관계가 아니라 이집트에서 비롯되었을 가능성에 직면할 수밖에 없었다. 그러한 가능성을 받아들이는 것은 물론 그의 도식을 망쳐놓는 일이었을 것이다.[59] 그리고 그는 그리스가 이집트와 범주적으로 구분되며 이집트보다 우월하다고 누구나 뼛속 깊이 느끼던 시대에 살고 있었다. 따라서 고대 모델의 파괴는 이 문제에 관해 헤겔이 누릴 수 없던 자유를 마르크스 세대에 부여했다. 마르크스는 그리스에 끼친 이집트의 영향을 철저히 부정할 수 있었다.

헤렌은 헤겔보다 10년 일찍 태어났지만(1760년) 그보다 11년이나 더 살았다(1842년 사망). 헤렌은 하이네의 사위였으며, 1820년대와 1830년대에 괴팅겐의 역사학 교수로 이름을 날렸다. 경제적·기술적 발전에 집중한 그의 학문은 공인된 괴팅겐 학풍을 철저히 따랐다. 헤렌은 그의 장인인 하이네와 처남 게오르크 포르스터처럼 18세기의 탐험에 매료되었고, 그의 대작『고대 주요 민족의 정치와 외교, 그리고 교역에 관한 고찰』은 아프리카 및 근동 탐험을 그 지역에 관한 고대 기록과 결부시킨 것이었다. 결론적으로 그는 카르타고와 에티오피아, 그리고 이집트의 중요성을 강조했으며, 스스로 그리스를 대단히 숭앙했기 때문에 다소 변명하는 듯한 기분으로 이 지역의 문화와 그리스 문화 사이에서 나타나는 놀라운 유사성을 설명하기 위해 고대 모델을 유지할 수밖에 없다고 생각했다.[60]

후대까지 영향을 미친 그의 동시대인은 헤렌을 후대하지 않았다. 훔볼트는 그를 '다소 우둔한 사람'으로 여겼다. 오늘날 헤렌을 가장 널리 알린 것은 하인리히 하이네가 자신의『여행 그림』에 그려 넣은 그에 관한 무자비한 풍자화였다.[61] 낭만주의자는 헤렌의 주제 선택뿐만 아니라 그가 고대 모델에 너무 오래 머물렀다는 점을 들어 그를 응징했다. 오늘날 그의 저서를 읽는 사람은 흑인 역사가뿐이다.[62]

전환기의 인물 3 : 바르톨트 니부어

　　니부어는 헤렌보다 훨씬 더 좋은 평판을 얻었다. 그는 일반적으로 그리고 당연하게 근대 고대사의 창시자로 인정된다. 그러나 이 책의 관점에서 볼 때 흥미로운 것은 그가 고대 모델을 유지했다는 점이다. 나는 니부어를 다소 상세히 다룰 것이다. 왜냐하면 그는 1800년경 전후의 진보적인 독일 사상을 대변하며, 고대사와 적절한 역사학 '방법론'에 관한 19세기의 이해에 거대한 영향을 미쳤기 때문이다. 그를 통해 우리는 19세기의 고대사와 역사학 방법론이 낭만주의와 인종주의에 얼마나 물들었는지 알 수 있다.

　　그러나 나는 또한 니부어를 전환기의 인물에 포함시켰다. 왜냐하면 비록 그가 고대 모델을 무너뜨린 지적이고 이데올로기적인 세력에게 많은 도움을 제공하기는 했지만, 그 자신은 말년에 이르러서도 여전히 고대 모델을 유지했기 때문이다. 말년에 드러난 강렬한 보수주의나, 아니면 개인적인 혹은 직업적인 경쟁 관계 때문에 그랬을 수도 있다. 그러나 그의 고대 모델 옹호 주장에서 나타나는 설득력은 다른 이유를 시사한다.

　　1776년에 태어난 바르톨트 니부어는 폭넓은 튜튼적 배경을 지녔다. 그의 일족은 독일 문화를 지닌 프리지아*인으로 당시 덴마크 영토였던 홀슈타인에 거주했다. 그의 아버지인 카르스텐 니부어는 덴마크 궁정과 괴팅겐이 고용한 유명한 동방 여행가였다. 카르스텐 니부어는 또한 영국을 좋아했으며, 그의 아들이 배운 최초의 외국어는 영어였다. 바르톨트는 그의 세대 가운데 거의 유일하게 영국에서 공부한 사람이었다. 카르스텐 니부어는 또한 그의 아들에게 라틴어와 그리스어뿐만 아니라 아랍어와 페르시아어까지 배우도록 권했다. 따라서 바르톨트는 예외적으로 폭넓은 학문적 배경을 지니게 되었다. 신동이었던 그는 교양 있는 이웃으로부터 영향을 받았다. 그 이웃 중

에는 호메로스 학자인 포스*와 낭만주의 시인인 보이에*도 있었으며, 그들은 모두 괴팅겐 출신이었다.[63]

바르톨트는 하이네와 서신을 주고받았다. 하이네는 그가 괴팅겐에서 공부하기를 원했으며, 그 역시 마찬가지였다. 그러나 카르스텐 니부어는 바르톨트를 당시 덴마크 대학이던 킬* 대학에 보내고 싶어했다. 그렇게 되면 덴마크의 공직에 오를 가능성이 있었던 것이다. 킬을 졸업한 후 그는 에든버러에 1년간 가 있었다. 그런 다음 코펜하겐에 6년간 머물면서 재정 담당 공무원으로 큰 성공을 거두었으며, 그곳에서 연구를 지속했고 로마사에 집중했다. 1806년에 그는 쇠퇴할 대로 쇠퇴한 프로이센 정부에 합류하여 군주정을 지속시키기 위한 개혁에 종사했다. 여기서도 그는 틈틈이 연구를 지속하여 1810~1811년에 『로마사』를 집필했는데, 이 책은 곧바로 근대적이고 '과학적인' 고대사의 토대로 인정받았다. 1816년에 그는 프로이센 사절로 로마에 파견되어 1823년까지 그곳에 머물렀다. 그 후 니부어는 비록 여전히 정치에 깊이 관여하기는 했지만, 반半은퇴 상태로 본에 머물면서 1831년에 54세를 일기로 일찍이 생을 마감할 때까지 대부분의 시간을 학문 연구에 바쳤다.

니부어는 주로 로마사를 연구했다. 지성사가인 즈비 야베츠는 그가 로마에 관심을 둔 이유를 탐구했다. 야베츠는 20세기 초의 문학사가인 버틀러가 그녀의 위대한 저서 『독일을 뒤덮은 그리스의 폭정』에서 묘사한 정황에 약간의 수정이 필요하다고 지적한다. 야베츠도 인정하듯이, 그리스와 특별한 관계가 오랫동안 지속되었고, 그리스가 18세기 후반에 독일인을 사로잡았을 뿐만 아니라, 그 이미지가 계속해서 19세기 시인과 '진보주의자'를 지배한 것은 사실이었다. 그러나 보수적이며 자유주의적인 위대한 독일 역사가는 로마(로마의 몰락이 아니라 발흥)에 집중하면서 프로이센을 로마와 동일시했다.[64] 그럼에도 불구하고 니부어는 그리스에도 열정적인 관심을 보였다.

니부어의 일반적인 이데올로기적 입지를 고찰하는 일은 충분히 가치가 있다. 핀란드 학자인 세포 리트쾨넨은 니부어를 '계몽주의와 복고주의 사이에서 자신의 길을 발견한' 사람으로서 묘사했다. 그러나 '계몽주의'에 대한 리트쾨넨의 정의는 너무 넓어서 몽테스키외뿐만 아니라 에드먼드 버크*와 독일 보수주의자인 뫼저*까지 포함했다.65 반대로 그의 '복고주의' 개념은 너무 좁았다. 그것은 하이델베르크의 시적이고 친親인도적인 불합리한 점들에 국한되어서 니부어가 확실하게 속해 있던 훨씬 더 막강한 괴팅겐 전통을 배제하는 듯이 보인다.

고전학사의 한 획을 그은 위대한 고전학자 아르날도 모밀리아노 교수는 자신의 분야를 낭만주의와 독일 민족주의에서 떼어내고 싶어했다. 그는 니부어의 생각을 이루는 토대가 영국이 아니라 잉글랜드 경제학자에게서 연원한다고 주장했다.66 모밀리아노는 니부어의 추종자인 프랜시스 리버*의 말을 인용하여, 니부어가 리버에게 자신의 영국 친구 대부분이 휘그당원이며 휘그당이 1688년에 잉글랜드를 구했다고 말했다고 전한다.67 바르톨트 니부어의 영국 친구 대부분이 동인도회사 출신(이들은 카르스텐 니부어를 알고 있었다)이었으므로 그들의 정치적 신념은 놀라운 것이 아니다.

더욱이 니부어가 보기에 1688년의 명예혁명은 혼란을 최소화한 정치 변화의 본보기였다. 젊은 시절에 그는 이런 종류의 사건이 우월한 북부 인종에게서만 일어날 수 있다고 믿었다. 그러나 중년에 이르렀을 때에는 북부 인종조차 그럴 가망이 없다고 생각했다. 니부어의 비서이자 나중에 남작이 된 크리스티안 분젠의 아내 프랜시스 분젠은 1816년 이후로 니부어와 가까이 알고 지냈는데, 그녀는 니부어를 가장 완고한 반동주의자이자 '급진 토리당*원'으로 묘사했다. 그녀는 그가 대체로 '피치자被治者인 국민보다는 정부를 믿는 성향이었다고 썼다.68 1821년 나폴리에서 카르보나리*가 봉기했을 때, 니부어가 프로이센 관리로서 의례적인 방문 수준을 넘어서서 오스트리아인을 도와 봉기를 분쇄하는 일에 가담한 것은 이러한 원칙 및 남부 이탈리아의 '꼭두각시'에 대한 경멸에 입각한 행동이었다.69 또한 1830년에 일어난 프랑스와 벨기에 혁명이 그의 이른 죽음을 야기하지는 않았더라도 재촉한 것은 거의 틀림없어 보인다.[70] 따라서 1817년 이후에 니부어가 반혁명 시대의 기준에서 볼 때에도 반동적이었으며, 이러한 성향이 그의 역사 서술에 영향을 미쳤다는 점은 의심의 여지가 없다.

그렇다면 그가 『로마사』를 처음 집필한 1811년에 이미 보수적인 의식을 지녔다는 뜻인가? 리트쾨넨은 니부어의 이데올로기가 실제보다 더욱 보수적인 것처럼 보인다고 믿었다. 반면, 모밀리아노 교수는 니부어가 초기에 보여준 '민주주의적 공감과 덴마크·프로이센의 농노 해방에 대한 지원을 언급한다.[71] 사실 프랑스 혁명에 대한 니부어의 공감은 한때 대유행한 피상적이고 일시적인 공감에 지나지 않았다.[72] 게다가 그가 늘 근본적으로 보수적인 사상을 지녔다는 점은 그의 사상이 곧 그의 아버지인 카르스텐의 사상이었다는 사실로 인해 강화된다. 카르스텐 니부어는 항상 프랑스인을 싫어했으며 어떤 종류의 정치적 소요도 달갑게 여기지 않았다. 이 두 가지가 결합되자 그는 경악을 금치 못했다. 농부 출신이던 카르스텐은 고향인 디트마시*의 농부 계급에 크게 공감했다. 이는 물론 당시의 낭만주의에 부합했다. 바르톨트에게 이어진 그러한 정서는 카르스텐의 친구인 보이에로 인해 강화되었는데, 보이에는 시문학계 활동을 통해 진정한 '독일적' 자유를 열정적으로 지지함과 동시에 프랑스 계몽주의를 격렬하게 반대했다.[73]

모밀리아노는 니부어의 사상이 '대륙에서는 상당히 이례적으로 보수주의적인 태도와 자유주의적인 태도의 혼합'을 함유하며, 이것은 '영국에서 겪은 경험에서 비롯한 결과'라고 보았다.[74] 그러나 니부어의 사상은 그의 아버지를 비롯한 주변 인물의 사상과 동일했던 것으로 보이며, 또한 완벽하게 낭만주의적이었다. 청년기의 니부어는 북부 농부들이 진정한 전통적 자유를 누릴 만하다고 믿었을 뿐만 아니라, 그들이 혁명 세력과 가톨릭교 세력에 맞서는 방어 거점이 될 수 있다고 믿었던 것 같다.[75] 이러한 사상 조합은 영국에서 나타났지만, 그것은 동시에 독일적이었으며 스칸디나비아적이었다. 그러므로 니부어를 낭만주의자이자 보수주의자로 분류하는 사학사의 주류에 도전할 하등의 이유가 없어 보인다.[76]

니부어는 단 한 번도 아담 스미스나 벤담, 또는 제임스 밀*에 비견된 적이 없었다. 그가 의지한 영국인은 버크였다. 그는 『로마사』 제3판 서문에서 이렇게 썼다. "나의 저서에 수록된 정치적 판단은 몽테스키외나 버크에서 그 토대를 모두 찾아볼 수 있다."[77] 니부어와 버크 사이의 밀접한 유사성은 사실상 모밀리아노를 제외한 모든 저자(분젠 남작 부인과 19세기 후반의 보수적 독일 민족주의자인 하인리히 폰 트라이치케*로부터 현대 역사가인 비테와 브리덴틀에 이르기까지)가 받아들였다.[78] 따라서 모밀리아노 교수는 니부어의 계몽 정신을 보여주기 위해, 그가 에든버러에 간 것은 런던과 달리 그곳에 대학이 있었기 때문이라고 주장했다. 이러한 실용적 이유가 그의 결정에 영향을 미쳤을지도 모르지만, 니부어는 한 친구에게 스코틀랜드에 가서 오시안의 언어를 배울 생각이라고 말했다![79]

니부어는 지속적으로 낭만주의자였지만, 1810년경에는 개혁적 보수주의자로서 덴마크와 프로이센을 혁명에서 구해내기 위한 개혁을 부르짖었다(그의 농노제 폐지 장려는 이러한 맥락에서 보아야 한다). 이러한 주장 때문에 그는 이따금 철두철미한 반동주의자(나중에 그는 이들을 지지했다)로부터 공격을 받았다.[80] 예를 들어, 리트쾨넨은 니부어가 역사적 상대주의를 결여했으며 역사와 무관한 인간 본성을 믿었다는 점에서 계몽주의와 연결된다고 주장했다. 그러나 다른 점에서는 니부어가 낭만주의적 성장 개념을 지니고 있다고 보았다. 이후 그러한 성장 개념은 전통주의(계몽주의가 열망한 영원불변의 합리적 질서와는 전혀 다른 성격의 '균형 상태')로 인해 빛을 잃게 된다.[81]

한편 니부어가 행한 다른 문화들 사이의 비교는 엄격한 한계 안에 머물렀다. 그가 주된 대상으로 삼은 초기 로마와 사랑하는 고향 디트마시 사이의 비교는 그가 두 민족을 순수 정통 민족이자 그 환경의 산물로 보았기 때문에 비로소 가능했다. 따라서 여기서도 그는 주류 낭만주의 안에 머물렀다.

그 어떤 점에서도 그는 보편주의나 이신론 또는 무신론을 받아들이지 않았으며, 프랑스 혁명의 자유·평등·박애는 말할 것도 없고 계몽주의의 이성도 신뢰하지 않았다. 더욱이 니부어는 역사학에서만 낭만주의를 주창한 것이 아니었다. 제5장에서 언급했듯이, 그는 로마의 독일 공동체가 새로운 낭만주의 운동의 온상이었을 때 그 공동체를 이끌었다.[82]

니부어의 보수주의와 낭만주의는 그의 역사 서술에 어떠한 영향을 미쳤을까? 첫째, 그는 훔볼트와 마찬가지로 광범위한 고대 연구(그는 이를 여전히 고대 언어·문헌학이라고 불렀다)를 조국에 교양을 제공하여 조국을 향상시키는 방법으로 생각했다.[83] 그가 택한 방법론은 괴팅겐에서 쓰이는 사료 비평 방법론, 즉 "합리적인 비평을 원문 분석과 유추, 그리고 직관을 통한 상상의 재구성과 결합하는 것"이었다.[84] 또는, 『브리태니커 백과사전』제11판 '니부어' 항목에 묘사되어 있듯이, "그는 추론을 끌어들여 신뢰를 잃은 전승을 대체함으로써 … 서술의 가능성을 보여주었다."[85] 이 전승들이 어떻게 해서 '신뢰를 잃은' 것인지는 구체적으로 나오지 않지만, 인종주의적인 분파를 포함하여 19세기 초의 과학이 견지한 규범에서 벗어난 전승을 가장 불신했던 것만은 확실하다. 니부어의 방법론이 지니는 이러한 양상은 모밀리아노가 제시한 결정적인 논점, 즉 니부어가 위대한 고대 역사가의 영역에 도전한 최초의 인물이었다는 논점으로 이어진다. 심지어 기번조차도 타키투스*가 멈춰선 곳에서 시작했을 따름이지만, 니부어는 리비우스*를 비롯한 고대 역사가가 훌륭히 다룬 초기 로마에 관해 서술했다.[86]

니부어는 추론과 상상의 필요성에 관한 훔볼트의 견해를 한 단계 더 진전시켰다. 20세기 초의 지성사가인 조지 피보디 구치*는 니부어의 글을 이렇게 인용했다. "나는 역사가다. 왜냐하면 나는 개별적인 파편을 이용해서 완전한 그림을 만들어낼 수 있다. 일단 그 부분이 어디에서 빠진 것인지 그리고 그것을 어떻게 채워 넣어야 할지를 알고 나면, 소실된 것처럼 보이는 것을 그 누구도 믿지 못할 정도로 거의 대부분 복원할 수 있기 때문이다."[87]

니부어의 말은 비록 실증주의 용어로 표현하기는 했지만 정직한 고백이자 모든 역사가에게 해당하는 이야기처럼 보인다. 그러나 그의 방법론에 그토록 많은 주관성이 개입해 있다면, 어떻게 니부어를 최초의 '과학적' 역사가로 선언할 수 있는지, 그리고 그가 헤로도토스와 투키디데스, 사마천*, 타키투스, 이븐 할둔*, 볼테르, 기번 등과 같은 '전前과학적' 역사가를 넘어서서 자신의 분야를 한 단계 높은 수준으로 끌어올렸다고 주장할 수 있는지 이해하기 어렵다! 그들의 서술은 적어도 명료하기는 했다!

대체 무엇이 니부어의 특별한 공헌인가? 그의 저서에서 가장 잘 알려진 부분은, 리트쾨넨과 모밀리아노에게는 실례되는 이야기지만, 로마사가 실전된 '서정시'나 서사시에서 추출되었다는 가설이었다. 많은 저자가 지적했듯이, 니부어의 생각은 확실히 민족의 기원에서 차지하는 민요의 중심적인 위치에 대한 낭만주의적 믿음에서 유래했다.88 모밀리아노 교수가 '서정시'의 중요성을 경시하는 것은 전혀 놀라운 일이 아니다. 왜냐하면 그는 니부어가 본질적으로 스코틀랜드 계몽주의의 산물이라고 생각했기 때문이다. 그가 보기에 니부어의 저서에서 가장 중요한 혁신은 두 번째 주제인 초기 로마 토지법의 본질과 공유지에 관한 내용이었다. 그는 니부어가 이에 관한 생각을 아버지의 스코틀랜드 친구에게서 배운 인도 관련 지식에서 얻어냈다고 증명한다.89 그러나 모밀리아노는 니부어가 그 주제를 연구한 동기가 프랑스 혁명가들이 토지 개혁(매우 온건한)을 실시할 때 로마의 선례를 오용했음을 발견한 데 있음을 인정했다. 니부어는 자신이 말했듯 글을 통해 "범죄 집단이 농지법에 부여한 비정상적이고 혐오스러운 의미"를 논박했다.90

니부어에게 로마는 영국과 마찬가지로 내부 투쟁이 어떻게 점진적이고 합헌적인 방식으로 해결될 수 있는가를 보여주는 본보기였다. 이러한 생각을 발전시키는 가운데 그는 자신의 세 번째 주요 이론을 새로이 도입했다. 그 이론은 파트리키와 플레브스*가 서로 다른 계급일 뿐만 아니라 서로 다른 인종이라는 것이었다. 계급의 차이가 인종의 차이에서 비롯했다는 생각(니부어는 이를 다른 상황에도 적용했다)은 일찍이 프랑스에서 사용된 바 있었다. 귀족은 독일계 프랑크족의 후예이고 제3신분은 토착 갈리아계 로마인이라는 믿음은 1789년과 1830년의 혁명이 진전되는 데에 중요한 역할을 담당했다는 것이다. 니부어에게 영향을 미쳤을 가능성이 있는 또 다른 유형은 인도의 카스트 제도이다. 나는 이것이 아리안 정복에서 비롯한 것으로 정복자의 순수성을 유지하기 위한 시도였다고 생각한다.

그러나 이러한 이론에 학문적 권위를 부여한 인물은 바로 니부어였으며, 그는 그 이론을 도입한 공로자로 평가받았다. 프랑스의 위대한 낭만주의적 역사가 미슐레는 니부어가 '일찍이 1811년에' 역사의 인종학적 원리를 발견했다는 점에 경의를 표했다.[91] 이는 또한 유명한 럭비*의 교장이자 니부어의 영국인 제자인 토머스 아널드*가 니부어에게서 읽어낸 전언이기도 했다.[92] '서정시'와 공유지, 로마 계급의 인종적 기원, 그리고 에트루리아인*의 북부 기원에 관한 또 다른 이론을 둘러싼 의혹에도 불구하고, 1911년 판『브리태니커 백과사전』의 '니부어' 항목은 다음과 같이 나온다.

> 만약 니부어의 모든 긍정적인 결론이 논박된다 하더라도, 로마사를 과학적 정신의 견지에서 다룬 최초의 인물이라는 그의 입지는 손상되지 않을 것이며, 그가 역사 탐구에 도입한 새로운 원리는 조금도 중요성을 잃지 않을 것이다.

이 '새로운' 원리 가운데 하나는 괴팅겐에서 옹호한 낭만주의적 실증주의 원리로서, 즉 개인보다는 민족과 그 제도를 연구한다는 것이었다. 그러나 니부어는 역사학에 인종을 도입했다는 점에서 훨씬 더 칭송을 받았다.

> 파트리키와 플레브스 사이의 분쟁이 인종간의 본질적인 차이에서 기인한다는 이론을 통해, 그는 인종학적 구분의 막대한 중요성에 대해 주의를 환기시켰으며, 이러한 상이성을 근대사의 요소로 재생하는 데에 기여했다.

게다가 니부어는 민족적·인종적 순수성이 바람직하다고 굳게 믿었다.

> 정복과 여러 가지 혼합으로 인해 수많은 고유한 인종이 융합되는 것이 세계사의 과정인 듯하다. … 그러한 혼합을 통해 득을 보는 민족은 거의 없을 것이다. 민족의 고귀한 문명과 과학, 그리고 문학을 상실하여 돌이킬 수 없는 지경에 이르는 경우도 있다. 심지어 문명화 정도가 낮은 민족조차, 그렇게 수입된 세련된 문물(더구나 민족의 타고난 소질에 맞는 것이라면 스스로 획득했을지도 모를)이 민족 고유의 특성과 역사, 그리고 세습법의 상실을 보상하는 일은 거의 찾아볼 수 없을 것이다.[93]

그렇다면 나치 치하에서 활약한 고대사가 울리히 빌켄*이 니부어를 '비판적·발생적 역사 서술의 창시자'로 칭송했다는 것은 전혀 놀라운 일이 아니다.[94] 니부어는 18세이던 1794년에 부모에게 쓴 편지에서 인종 혼합의 유해한 영향을 기술했다. 이러한 낭만주의적 인종 개념이 그가 인종간의 근본적인 신체적 차이라고 여긴 것에 기초했다는 점은 의심의 여지가 없다. 그는 적어도 이 단계에서는 다원 발생을 믿었다.

> 우리는 언어의 차이를 인종 이론에 적용할 때 매우 유의해야 하며, 신체 구조에 훨씬 더 많은 관심을 기울여야 한다. … (인종은) 여전히 탐구되지 않은 채로 남아 있는 가장 중요한 역사 요소 가운데 하나이다. 사실 인종이야말로 모든 역사가 자라나는 첫 번째 토대이자 역사가 반드시 따르게 되는 제1원리이다.[95]

'언어적' 인종주의보다 신체적 인종주의를 선호하는 니부어의 태도는 당연히 그의 아버지로부터, 그리고 동방에 있는 영국인으로부터 아버지를 거쳐 전해졌을 것이다. 니부어의 이러한 태도는 훔볼트를 넘어서는 것이었다. 또한 니부어의 비서인 분젠과 프랑스의 위대한 셈학 학자이자 역사가인 에른스트 르낭이 지지한 전통, 즉 민족간의 명백한 차이가 신체 구조가 아니라 언어의 적절성에서 기인한다고 주장하는 전통을 넘어서는 것이었다.[96] 서로 다른 계급이나 심지어 서로 다른 카스트조차 동일한 언어를 사용한다는 점을 감안할 때, 신체적 인종주의는 계급의 인종적 본질에 관한 니부어의 원리에 필수적이었다. 그가 이 원리와 인종 혼합이 바람직하지 않다는 그의 생각을 얼마나 한결같이 고수했는지는 눈여겨볼 만하다.

니부어는 1790년대의 낭만주의와 인종주의를 결합시켰다. 그러한 결합은 쉬운 일이었다. 여러 가지 점에서 인종이나 종種은 낭만주의에서 말하는 민족이나 공동체를 뜻하는 '과학적인' 용어에 지나지 않았다. 헤르더는 역사주의와 진보적 상대주의에 관한 고전적 성명서『인류 교양을 위한 또 다른 역사 철학』(1774년)에서 민족이 모든 진리의 원천이라고 주장했다.[97] 이러한 생각은 19세기에 다른 모든 것을 대체하는 '인종적 진리'로 나타난다.[98]

낭만주의와 인종주의 사이의 근본적인 일치에도 불구하고, 인종적 확실성이라는 낭만주의적 이상과 지배 인종의 정복 권리라는 인종주의적 주장 사이에는 모순이 있다. 후진 민족, 즉 독일 민족이라도 토착 문화를 발전시키는 것이 바람직하다는 니부어의 초기 신념은 그보다 열등한 비유럽 종족에까지 미치지 않았다. 그는 11세이던 1787년에 터키인에 맞선 오스트리아인(이들에 대해 그가 달리 크나큰 사랑을 품고 있었던 것은 아니다)을 지지했으며, 1794년에 그가 혁명중인 프랑스에 대해 생각해낼 수 있는 가장 심한 모욕은 '새로운 타타르'였다.[99] 1814년에 그는 유럽과 그리스도교가 일치단결하여 이슬람교와 싸울 것을 촉구했고, 말년에 이르러 행한 강연에서는 다음과 같이 말한 것으로 기록되었다.

유럽의 지배는 당연히 과학 및 문학과 더불어 인간의 권리를 지탱하므로, 야만 정권의 파괴를 가로막는 짓은 지적인 문화와 인류에 대한 반역 행위가 될 것이다.[100]

이렇게 제국주의를 옹호하는 이유는 유럽이 미래에 이집트를 정복하기 위한 것이었다. 훔볼트 형제와 분젠처럼, 그러나 대부분의 독일 고전학자나 오리엔트학 학자와는 달리, 니부어는 샹폴리옹의 해독을 받아들였다. 그리하여 그는 위대한 볼프를 공격하였다. 그는 볼프가 "그리스인의 문자 사용이 얼마나 오래되었는지를 조사하면서 동방의 문자 사용 기술을 전혀 고려하지 않았다"고 말했다. 니부어는 이러한 일방적인 견해를 "동방의 문자 사용이 대단히 오래되었을 리 없다는 볼프의 편견" 탓으로 돌렸다.[101]

로마와 접촉한 니부어는 샹폴리옹이 교회와 타협한 연대 설정을 따랐다.[102] 따라서 그는 이집트 역사가 기원전 2200년까지 거슬러 올라간다고 보았는데, 이는 당시 힉소스의 추정 연대였다. 그러나 그는 비판적 방법론에 대한 문화적·인종적·세속적 오만(이는 그 이후 계속해서 고대사 서술에 해악을 미쳤다)을 드러내면서, 힉소스 이전으로 기록된 13개 왕조가 이집트인에 의해 날조된 것이라고 주장했다. 그에 따르면 이집트인은 "아브라함 시대까지 거슬러 올라가는 역사를 소유하는 것으로 만족했어야만 했다. 그러나 그들은 동방 민족의 기질에 따라 훨씬 더 오래전으로 거슬러 올라가고자 했다"[103]는 것이다.

니부어가 자유롭고 창조적인 그리스인과 이집트인("억압받는 다수의 사람이 그러하듯, 상당히 진보된 기술을 지니고는 있지만 지적 문화는 여전히 뒤처져 있는")을 범주적으로 구분한 것 또한 낭만주의적 인종주의의 양태에 속했다.[104] 그는 또한 페니키아인이 뿌리 없는 민족이라고 주장했다. 낭만주의의 규범을 크게 거스르는 이러한 주장은, 물론 낭만주의적 시오니즘이 승리를 거둘 때까지 반유대적 용도로 사용된 것이었다. 니부어가 그의 사교 모임에서 점증하던 반유대주의를 공유했다는 점도 또한 의심의 여지가 없다.[105]

그럼에도 불구하고, 앞서 말했듯이 니부어는 고대 모델을 유지했다. 그는 볼프를 공격하면서 다음과 같이 썼다.

그리스인에게 미친 동방 민족의 영향이 용납할 수 없을 정도로 과장되었다고 … 인정하면서 … 볼프는 그리스와 동방 사이에 관계가 존재했으며, 그리스인이 비록

나중에는 독립적이었지만 초기에는 동방 민족에서 영향과 가르침을 받았다는 사실을 지나치게 무시한다.[106]

니부어는 케크롭스의 아테네 정착에 관한 신화가 그곳에 미친 이집트의 영향을 어떤 식으로든 반영한다고 믿었다. 아르골리스와 관련된 다나오스와 아이깁토스의 전설도 마찬가지였다. 그는 카드모스의 테베 건설을 조금도 의심하지 않았다.[107] 한편 그의 이러한 주장은 수세적인 논조를 띠었다. 이는 볼프와 그의 사상, 그리고 1820년대에 볼프를 추종한 칼 오트프리트 뮐러의 영향 탓이었음에 틀림없다. 뮐러에 대해 살펴보기 전에, 우선 고대 모델에 가해진 19세기 최초의 공격, 즉 프티 라델 신부의 공격을 고찰해보자.

프티 라델, 그리고 고대 모델에 가해진 최초의 공격

프티 라델은 예술과 건축에 큰 관심을 지닌 학자였다. 1792년에 그는 당시 낭만주의 미학의 중심지였던 로마로 이주했으며, 이탈리아에 머무는 동안 그곳에 있는 로마 시대 이전의 유적에 매혹되었다. 그는 고대 전승을 따라 이 유적을 '키클롭스식'이라고 불렀으며, 이집트나 오리엔트 건축이 아니라는 점에서 이를 비양식적인, 즉 '자유로운' 양식이라고 생각했다.[108] 그는 이 건조물의 발견에 근거하여 유럽 공통의 문명이 이집트인과 페니키아인의 도착 이전에 이탈리아와 그리스에서 확립되었다고 확신하게 되었다.[109]

1806년에 프티 라델은 '아르고스 건설자의 그리스 기원에 관하여'라는 논문을 파리의 프랑스 학술원에 제출했다. 그의 논증은 일찍이 기원전 1세기의 그리스 역사가인 할리카르나소스*의 디오니시오스가 추정한 아르카디아인의 이탈리아 정착 연대에 근거했다. 프티 라델은 아르카디아인의 이탈리아 정착을 키클롭스식 건조물과 연결지었다. 그는 이집트인이 정착했을 당시 토착 그리스인의 문화적 수준과 관련하여, 고대 모델의 옹호자인 프레레와 바르텔르미를 공격했다. 그는 키클롭스식 건축이 이집트인의 도착보다 시기적으로 앞선다는 주장과 영예로운 그리스인이 절대 그토록 후진적이었을 리 없다는 낭만주의적 신념으로써 그러한 공격을 뒷받침했다.

게다가 프티 라델은 특히 아르고스의 이나코스와 포로네우스가 이집트인이었다는 전승에 도전했다.[110] 그는 이러한 전승이 고대에 얼마나 취약했는가를 보여주었는데, 전설 시대의 어렴풋한 인물 중에서도 이 둘이 유난히 어둠 속에 묻혀 있었던 것은 사실이다. 그가 말하던 바가 파리 청중에게 환영받았음을 시사한다는 점에서, 그 논문의 논조는 그가 드러낸 대담성의 정도에 다소의 의혹을 드리운다.[111] 그 논문은 기꺼이 수용된 것으로 보이며, 프티 라델은 반동기의 학계에서 지속적으로 뛰어난 역할을 수행했다.

칼 오트프리트 뮐러와 고대 모델의 전복

프티 라델이 고대 전거와 고대 모델을 우회했다면, 그것에 대한 최초의 직접적인 도전은 칼 오트프리트 뮐러에게서 비롯했다. 개괄적으로 말해서, 뮐러의 학문과 삶이 낭만주의에 근거했다는 점은 의심의 여지가 없다. 20세기 초의 고전학 역사가인 루돌프 파이퍼는 그를 '행복한 젊은 학자의 눈부신 표상'으로 여겼다. 영국의 지성사가인 조지 피보디 구치는 그를 '근대 르네상스의 셸리이자 역사학 판테온의 젊은 아폴론'으로 칭송했다.[112]

뮐러는 훔볼트의 교육 체제에서 양성된 첫 번째 세대 가운데 한 명이었다. 1797년에 슐레지엔에서 태어난 그는 슐레지엔의 수도인 브로추아프에서 공부하면서 베를린을 본떠 설립된 새로운 세미나에 참석했다. 그의 스승인 하인도르프는 볼프의 제자(사이는 좋지 않았다)였으며, 뮐러 자신도 베를린에서 볼프의 지도하에 1년간 연구했다. 비록 뮐러가 볼프를 매우 싫어하기는 했지만 그의 저술에는 볼프의 영향이 스며 있다.

두 사람 모두에게 핵심 단어는 칸트의 '프롤레고메나Prolegomena'와 '학學Wissenschaft'이었다.[113] 뮐러는 볼프의 진보적이고 과학적인 양식을 채택하면서 자신의 연구가 지니는 선구자적 성격을 강조했다. 그는 자신의 연구가 후기 학자의 집단적인 노력에 의해 대체될 것이라고 믿었다. 그러나 미래에 대해 경의를 표한 것과는 달리 과거에 대해서는 거만했다. 그가 호의적으로 주목할 만하다고 여긴 이전 연구는 괴팅겐에서 나온 출판물, 그리고 프티 라델과 고전학자인 라울 로셰트(샹폴리옹의 호적수) 같은 프랑스 왕당파 학자의 저술뿐이었다. 이렇듯 과거를 경멸했다는 점에서 뮐러는 18세기 교양 학자는 경멸하고 그 자리를 대체한 19세기 전문 문헌학자의 완벽한 본보기였다.[114]

밀러의 논제는 아이기나 섬*의 지역사地域史였다. 그것은 비록 아이기나에서 독일로 이송된 대리석 조각에서 부분적으로 영감을 받은 것이기는 했지만 낭만주의적 실증주의의 완벽한 사례였다. 첫째, 구치가 지적했듯이, 고대 그리스에 관한 이 최초의 지역사는 독일에 관한 최초의 지역사, 즉 낭만주의적 보수주의자인 뫼저가 쓴 오스나브뤼크* 지역사와 흡사했다.115 둘째, 아이기나는 섬은 철저한 연구가 용이한 완벽하게 한정된 공간이었다. 훨씬 더 의미심장한 것은, 그 섬의 거주민이 도리스인이었으며, 그 섬이 '타락한' 이오니아인의 주요 도시인 아테네를 마주하고 있다는 사실이었다.

밀러는 이 연구에 힘입어 놀랍도록 젊은 나이에 괴팅겐 교수로 임명되었다. 그는 이 괴팅겐 교수직을 히브리어적인 표현을 사용하여, '내게 맞는 자리 중의 자리'라고 일컬었다.116 그 이후로 그의 학문적 위치는 많은 동시대인의 경우와 달리 줄곧 확고했다. 그는 1840년에 아테네에서 열병으로 때 이른, 그러나 낭만적인 죽음을 맞이할 때까지 하노버 정부를 비롯한 여러 독일 정부로부터 인정받으면서 꾸준히 자금을 지원받았다.117

전문주의를 고수했음에도 불구하고 밀러의 학문 범위는 대단히 넓었다. 그는 공인된 새로운 방식으로 언어학을 다룰 수 있었으며, 에트루리아인에 관한 주저를 출간했을 뿐만 아니라 고대 예술과 고고학에 관한 많은 저서를 집필했다.118 그러나 고대학의 기둥이 된 그의 저서는 『그리스 종족과 도시의 역사』(1820~1824년)와 『학문적 신화 입문』(1825년)이었다. 고대 모델에 대한 그의 공격은 두 저서 모두에서 명시적으로 드러난다. 『그리스 종족과 도시의 역사』의 제1권인 『오르코메노스와 미니아이』는 파우사니아스의 글을 인용하면서 시작한다.

그리스인은 자국의 유적보다 외국의 유적에 더욱 경탄하는 경향이 있다. 뛰어난 역사가들은 이집트 피라미드를 더없이 상세하게 설명하면서도 (오르코메노스에 있는) 미니아스*의 보물 창고나 티린스*의 성벽에 관해서는 거의 언급하지 않았는데, 그

것들이 피라미드보다 덜 경이로운 것은 결코 아니다.[119]

이 인용문은 중추적인 의미를 지닌다. 왜냐하면 뮐러가 북쪽에서 침입한 민족으로 본 미니아이 및 그와 관련된 도리스인에게로 독자의 주의를 이끌면서도 동시에 뮐러가 그리스인을 끊임없이 유혹하는 죄악이라고 믿은 것, 즉 나중에 '이집트 열풍'과 '친親이민족 성향'이라는 병적인 이름으로 불린 죄악을 비난하고 있기 때문이다.[120] 그리스인의 이러한 질환은 이집트인을 비롯한 비유럽 '이민족'이 월등한 문화를 소유했으며, 이로부터 그리스인이 많은 부분을 차용했다는 그리스인의 '미망' 속에 뚜렷이 나타났다.

뮐러는 두 부류의 적과 대치했다. 하나는 고대 모델 및 고대 모델을 이용하는 프리메이슨과 뒤뛰였고, 다른 하나는 슐레겔의 친親인도 성향 및 신비주의 철학자이자 신화학자인 크로이처*와 괴레스*를 중심으로 한 하이델베르크 낭만파였다. 슐레겔은 이집트를 인도의 식민지로 여겼다. 반면 크로이처는 특히 상징 체계에서 나타나는 인도 종교와 그리스 종교의 불가사의한 유사성을 인정하면서도, 아무런 증거도 제시하지 않으며 인도 사제가 모종의 방법으로 자기 철학을 그리스로 들여왔다고 주장했다.[121] 비록 친親인도 성향 인사가 고대 모델의 옹호자와 달리 1815년 이후 독일에서 더욱 큰 영향력을 행사한 것은 확실하지만, 그들은 뮐러가 공격하는 '전파'를 입증할 만한 구체적인 증거를 제시할 수 없었다.[122]

뮐러는 고대 모델을 다루면서 그리스 사제와 이민족 사제의 '합치'와 '접촉'을 빈번히 언급했다. 그는 이 점이 다양한 종교 체제와 신화 사이의 근본적인 관련성을 시사한다고 주장했다. 뮐러에 따르면, '늦게 이루어진' 바로 이러한 접촉점이 그리스가 근동에서 종교와 신화, 그리고 문명 전반을 차용했다는 잘못된 인상을 만들어낸 것이라고 주장했다. 여기서 그가 뒤늦게 덧붙여진 것을 제거하기 위해 사용한 주요 기법이 '침묵의 논증'이었다.[123] 원칙적으로 그는 진정한 고대 전승이 때때로 '시기적으로 늦은' 사료에서만 나

타난다는 점을 알고 있었다. 게다가 그 자신도 때로는 그러한 증거에 의지
했다. 따라서 전설의 진정성을 부정하려면 부가적인 규준이 필요했다. 그는
당시 상황에서 전설을 꾸며내야 할 강력한 이유가 반드시 존재했다고 믿었
다.124 그러나 실제로는, 특히 뮐러가 고대 모델을 공격할 때에는, 증거의 결
여만으로도 충분한 확증이 된다고 생각했다. 게다가 그와 그의 계승자는 호
메로스와 헤시오도스의 작품을 광범위한 시가 아니라 백과사전으로 활용했
다. 이런 식으로 '**호메로스와 헤시오도스에게 알려지지 않은**'이라는 일반적
인 문구는 '현존하는 호메로스와 헤시오도스의 전집에 나타나지 않는'이라
는 의미가 아니라 '**호메로스와 헤시오도스의 시대에 존재하지 않던**'이라는
의미로 대체되었다.

　뮐러가 고대 모델을 분쇄하기 위해 사용한 두 번째 기법은 해체 혹은 분
석이었다. 그는 이 기법이 고대의 일반적인 통합주의 경향을 교정할 것이라
고 주장했다.125 그는 계몽주의의 보편주의에 맞서 낭만주의의 개별주의를
옹호하면서 이렇게 주장했다. "그러므로 분리는 신화학자의 주요 직무 가운
데 하나이다."126 초기 신화는 이렇게 지역적인 특수성으로 환원됨으로써
그리스 토양에 뿌리를 두고 있는 것으로 간주되었다. 그럼에도 불구하고 뮐
러는 앞서 언급한 '늦게 이루어진' 또는 사제 사이에서 이루어진 '합치'가 아
니라 정복 인종과 더불어 퍼져나간 제식·신화 유형에 대한 추적을 통해 이
루어지는 '합치'의 필요성을 주장했다.

　이러한 과정을 보여주는 가장 중요한 사례는 뮐러가 아폴론과 도리스인
사이의 제휴라고 여긴 것, 즉 아폴론 숭배가 도리스인의 정복과 더불어 퍼
져나갔다는 것이었다. 그러한 해석은 활기가 북쪽에서 남쪽으로 흐를 뿐 그
역은 성립하지 않는다는 일반적인 낭만주의적 믿음의 전형이었다.127 이런
식으로 뮐러는 만약 그리스와 근동에서 유사한 제식이나 신화, 또는 이름이
발견된다면 그것은 그리스의 것임에 틀림없다고 주장했다. 즉 그것이 그리
스와 트라키아, 또는 그리스와 프리기아에서 나타난다면(트라키아와 프리기

아는 그리스 북동쪽에 위치한다), 그것은 트라키아나 프리기아에서 기인한 것이라고 주장했다.[128] 뮐러에 따르면, 이는 그리스 내부에서도 마찬가지였다. 만약 유사한 특징이 그리스 북부와 남부에서 발견된다면, 그것은 거의 언제나 북부에서 온 것이었다. 더욱이 제식이나 이름이 그리스나 에게 해 유역에 널리 퍼져 있다면, 그것은 토착적인 것이지 결코 외국에서 도입된 결과가 아니었다.

뮐러의 첫 번째 공격 대상은 케크롭스와 그의 식민화, 즉 아테네와 보이오티아의 코파이스 호수 지역(여기에는 오르코메노스도 포함된다) 식민화를 둘러싼 전설이었다.[129] 이 전승은 '뒤늦은 시기에야 비로소 나타났으며, 따라서 뮐러가 이야기한 위조僞造의 첫 번째 조건을 충족시켰다. 또한 일반적으로는 그리스인, 그리고 구체적으로는 아테네인과 이집트 제26왕조(기원전 664~520년) 사이에 밀접한 관계가 있었다. 이 왕조의 수도는 아테네의 자매 도시인 사이스였으며, 따라서 그의 두 번째 조건을 만족시켰다. 더욱이 뮐러는 그 전설의 주요 출처가 파우사니아스가 위작이라고 주장한 책과 이집트인이 디오도로스에게 들려준 이야기(이는 이집트인의 명백한 자기 이해 관계로 인해 그 신뢰도가 저하된다는 것이다)라고 지적했다.[130] 더구나 다른 곳의 외국인 정착을 확고히 믿은 헤로도토스마저 케크롭스를 토착민으로 여겼다.[131] 마지막으로, 뮐러는 동방 사람이 식민화시킨 테베인이나 펠로폰네소스인과 달리 아테네인은 순수 혈통이라는 취지에서 플라톤의 대화편 가운데 하나인 『메넥세노스』를 인용했다.[132]

뮐러가 다나오스의 아르골리스 획득을 둘러싼 전설에 도전할 때는 이 구절을 언급하지 않았다. 대신 그는 일군의 신화에서 나타나는 계보상의 불일치를 제시했다. 그는 또한 다나오스가 이집트인일 리 없다고 주장했다. 왜냐하면 다나오스는 그리스인임에 분명한 다나오스라는 이름의 시조이기 때문이었다.[133] 그러나 그는 "케크롭스의 이집트 기원이 단지 역사적 궤변에 지나지 않는 반면, 다나오스의 이집트 기원은 순수한 신화"로 받아들였다.134 왜냐하면 서사시 『다나이스』에 나오는 다나오스의 딸들에 관한 시구 詩句를 알고 있었기 때문이다.135 그러나 그는 문화의 흐름이 대개 북쪽에서 남쪽으로 향한다는 '사실'과 '모든 이집트인이 여행과 항해를 싫어하는 점' 을 감안하여, 그 전설에 역사적 지위를 부여하지 않았다.136

뮐러는 카드모스를 둘러싼 전설이 훨씬 더 많은 어려움을 준다고 인정했 다. 우선 그 전설은 페니키아인과 관계되는데, 그가 보기에 페니키아인은 "활동적인 상인으로서, 이민족을 싫어하는 편협한 이집트인보다 더 고대의 민족"이었다.137 그럼에도 불구하고 뮐러는 민족적 특성의 영속성을 확신했 으며, 해양 상인이 내륙에 위치한 테베를 정복했다는 것은 도저히 상상할 수 없는 일이라고 생각했다. 그는 보이오티아에 있는 페니키아 식민지라고 주장되는 곳을 에게 해 지역에 있는 식민지와 분리시킴으로써 카드모스를 둘러싼 전설을 공격했다. 그런 다음 그는 페니키아인이 북부 에게 해의 사 모트라케와 타소스*에 정착한 것이 '나중의' 일이 아니라 고대의 일이라고 말하는 전설을 제외시켰다. 왜냐하면 그곳에서 있은 고대의 카베이로이 숭 배는 펠라스고이가 행한 것으로 헤로도토스가 생각했기 때문이다.

여기서 뮐러는 스스로 인정하지는 않았지만 곤란을 겪었다. 왜냐하면 17 세기와 18세기 학자는 카베이로이Kabeiroi라는 이름을 셈어 카비르kabir(위대 한 : 그리스인은 카베이로이를 메갈로이 테오이Megaloi Theoi라고 불렀고 로마인은 데이 마그니Dei Magni라고 불렀는데, 이는 모두 '위대한 신들'을 의미했다)에서 유 래한 것으로 이해했기 때문이다.138 뮐러는 카베이로이 숭배 의식이 금속을 가공하는 것과 명확하게 연관된다고 보았으며, 그 이름을 그리스어인 카이 오Kaiō(불태우다)에서 이끌어내고자 했다. 또한 그는 카드모스와 카드밀로 스Kadmilos(카베이로이 가운데 하나) 사이의 관련을 지적하면서, 카드밀로스 가 테베 인근에서 숭배되었다는 점에 주목했다. 그러나 두 곳 모두의 숭배 의식을 근동의 것으로 생각하는 대신, 그는 에게 해의 숭배 의식이 펠라스 고이의 것이라는 '증거'를 이용하여 테베에서 나타나는 숭배 의식과 카드모

스라는 이름이 동일한 '토대'에서 유래했으며 따라서 페니키아와는 아무런 관련이 없다고 주장했다.[139]

당시 이 혼란되고 또 혼란스럽게 만드는 논증은 뮐러가 가한 친親인도 성향 인사에 대한 공격과 마찬가지로 성공하지 못했다. 페니키아인에 대한 뮐러의 견해가 유력한 입지를 점하게 되는 것은 (친親인도 성향 인사에 대한 견해의 경우와 마찬가지로) 20세기에 이르러서의 일이었다. 예를 들어, 1882년에 위대한 고전학자이자 인도유럽어 학자인 헤르만 우제너는 뮐러가 '이제 명백한 중동의 영향을 부정했다는 점을 공격했다.[140] 뮐러의 견해는 이집트인의 경우에 보다 성공적이었다. 모베르스는 1840년대에 출간한 자신의 저서 『페니키아인』에서, 다나오스의 힉소스 연고가 그를 이집트인이 아니라 셈족으로 판단하게 만든다는 점을 근거로 다나오스의 전설을 구해내려 했다. 그러나 그의 주장은 대체로 불신당했으며, 1840년에 이르자 케크롭스의 이집트 기원설은 그 어느 것도 용납되지 않았다.[141] 따라서 뮐러 이후 모든 '저명한' 학자는 내가 '광의의 아리안 모델'이라고 부르는 것을 토대로 연구하면서, 그리스 본토에 페니키아인 정착지가 있었는지는 확실치 않지만 이집트인 정착지는 확실히 없었다고 믿게 되었다.

대부분의 후기 역사가는, 그리고 뮐러의 동시대인 일부는 그리스 문화와 그 밖의 문화 사이의 범주적 구분을 고수한다는 점에서 뮐러가 본질적으로 낭만주의적이라고 생각했다. 뮐러는 『오르코메노스와 미니아이』에서 그러한 평가를 거부했다. 그는 그리스 신화를 마치 그저 신화일 뿐인 양 취급한 점을 해명한 다음, 그리스가 세계의 일부이며 그러므로 그리스 신화는 그 이외의 다른 신화와 동일한 토대를 지닌다고 주장했다.[142] 그가 반대한 것은 그리스가 동방의 식민지였다는 믿음, 그리고 그리스의 종교와 신화가 동방에서 대대적으로 차용된 것이라는 믿음이었다. 그는 이러한 믿음이 이전의 모든 연구자를 미혹시켰지만, 자신은 그 믿음이 역사적 사실과 어긋난다는 점을 밝혀냈다고 확신했다.

뮐러는 『학문적 신화 입문』에서 학자들에게 자신이 하지 못한 일을 하라고, 모든 신화를 조사하여 그리스 신화에 대한 통찰을 얻으라고 설득력 있게 호소했다.[143] 케임브리지의 고전학자인 제임스 프레이저와 제인 해리슨의 '인류학 학파(이들은 20세기 초에 활약했다)는 결코 이러한 테두리를 넘지 않았다.[144] 뮐러가 금지한 것은 그리스 신화와 동방 신화 사이의 어떤 특별한 관계였다. 게다가 그는 이렇게 말했다. "책 전체에 걸쳐 반대하는 것은, 대다수 신화를 동방에서 온 수입품으로 여기는 이론이다." 그는 계속해서 더할 나위 없는 낭만주의적 실증주의의 본보기를 보여주었다.

> 단 하나의 신화에 대해서라도 그 이론을 적용하려면, 이식移植 이외에는 설명할 길이 없을 만큼 확고부동한 내적 일치나, 그 신화가 전혀 지역 전승의 토양에 근거하지 않는다는 점이나, 또는 이식이 전설 자체에 표현되어 있다는 점을 보여주는 뚜렷한 증거가 필요하다.[145]

경쟁적인 개연성에 대립하는 '뚜렷한 증거'를 요구하는 것은 그 어떤 학문 분야에서도 미심쩍은 것이다. 그리스 신화의 기원 같은 모호한 영역에서 그러한 요구는 터무니없다.

뮐러의 두 번째 술책은 그러한 '증거'의 부담을 고대 모델 지지자에게 지우는 것이었다. 20세기 초의 학자인 폴 푸카르가 주장했듯이, 근동이 그리스를 식민화했다는 고대의 일치된 견해를 방어하는 자들보다는 그러한 견해에 도전하는 자들에게 증거를 요구하는 것이 훨씬 이치에 맞다.[146] 뮐러의 허세가 그토록 성공적이었다는 사실은, 그리스 독립 전쟁 당시와 그 이후에 그의 독자가 그런 이야기를 얼마나 간절히 듣고 싶어했는가를 보여줄 뿐이다. 뮐러가 학계에서 '높은 위치'를 차지함으로써 도전자에게 '증거'를 요구할 수 있게 됨에 따라, 고대 모델의 파괴는 확실해졌다.

뮐러는 신화나 전설의 역사적 요소를 분별하는 최선의 방법 가운데 하나가 어원, 특히 이름의 어원을 이용하는 것이라고 말했다.[147] 그러나 그 자신은 그리스의 경우에 이러한 방법을 적용했으나 거의 진척을 이룰 수 없었는데, 몇 번의 박약한 시도 끝에 다음과 같이 외쳤다.

> 그러나 아, 슬프도다! 어원학이란 학문에서는 여전히 방법론적인 조사보다 맹목적인 어림짐작이 더 많이 쓰이고 있다. 어원학에서 우리는 너무나 성급하게 모든 것을 설명하려고 하기 때문에, 우리의 노력은 해명이 아니라 혼동으로 귀결되는 경우가 더욱 빈번하다.[148]

이러한 실패는, 근대의 뮐러 숭배자 가운데 두 사람이 말했듯이, 왜 "뮐러의 연구에서 통상적으로 언어학이 신화학에 종속되는지"를 설명해준다.[149] 그러나 뮐러는 과학의 진보에 대한 전형적인 믿음을 지니고 있었다. "그러나 … 이 분야에서 훨씬 더 중요한 해답을 기대하는 것은 전혀 어리석은 일이 아니다."[150] 그러나 아리안 모델의 입장에서는 불행하게도 지난 160년 동안 인도유럽어학을 통해 그리스 신화와 종교를 설명하는 데에 전혀 도움이 되지 못했다. 이러한 사태는 그리스어의 어원으로 추정되는 셈어 및 이집트어 단어가 수백에 이른다는 점과 뚜렷한 대조를 이룬다.[151] 이 가운데 다수(테베와 카드모스, 카베이로이, 그리고 '사모트라케'에 나타나는 삼Sam이라는 요소)의 어원은 뮐러도 알고 있었지만, 그는 즉각 제외시켰다.[152]

이제 우리는 뮐러와 그의 사상이 후대에 어떻게 받아들여졌는가 하는 문제에 이른다. 그는 자신의 시대에 칭송받았다. 1874년에 괴팅겐에 세워진 최초의 기념비는 그의 것이었으며, 19세기 말에 이르러 '근대적' 고대사의 선구자로 자리매김되었다.[153] 위대한 빌라모비츠 묄렌도르프는 1921년에 출간된 저서 『고전학의 역사』에서 뮐러의 이름을 거론한 다음 이렇게 말했다. "우리는 마침내 19세기의 출발점에 이르렀다. 이제 고대 세계는 과학에 의해 완전히 정복되었다."[154]

여기서 우리가 주목해야 할 것은, 이러한 진술이 (그것이 불러일으키는 식민적인 이미지와는 별개로) 뮐러를 전통적인 과학사의 영웅적 인물, 즉 카오스와 어둠을 질서와 빛으로 전환시키고 새로운 과학 분야를 창조하는 인물로 투사한다는 점이다. 이러한 그의 이미지는 신화학 분야에서 그의 생애 내내 확고히 자리 잡았다. 1831년에 출간된 토머스 케이틀리의 『고대 그리스·로마 신화』와 1844~1849년에 출간된 윌리엄 스미스의 『그리스와 로마 전기·신화 사전』은 모두 뮐러의 새로운 방법론을 채택했다. 고전학사가인 터너는 케이틀리와 스미스를 '영국의 진지한 그리스·로마 신화 주석자'라고 언급했다.[155] 한편 주류 신화학 학생은 계속해서 '과학적'이라는 뮐러의 자기 정의를 받아들이며, 그를 신화학의 '진지'하고 '면밀한' 창시자로 생각했다.[156]

그러나 지난 20년 동안 식견 있는 고전학자는 뮐러에게서 나타나는 보다 미심쩍은 측면에 더욱 촉각을 세우는 경향이 있었다. 예를 들어, 루돌프 파이퍼는 도리스인에 관한 뮐러의 방대한 두 권의 책이 "역사 서술이라기보다는 도리스적인 모든 것의 뛰어남을 칭송하는 인상적인 찬가"라고 주장했다.[157] 모밀리아노는 자기 분야의 이성적인 측면을 강조하려 애쓰면서 니부어(그는 니부어의 낭만주의를 부정했다)의 중요성을 강조한 반면, 여러 19세기 고전학자를 서술하면서 뮐러는 제외시켰다.[158]

뮐러의 연구에서 나타나는 특징 가운데 우리에게 가장 인상적인 것은 그의 연구가 학자들이 언제나 이용할 수 있던 전통적인 자료에 전적으로 근거했다는 점이다. 19세기에 확장된 지식은 전혀 포함되지 않았다. 그는 설형문자 독해나 슐리만의 고고학적 발견을 참작할 수 없었다. 이것은 그가 죽은 이후에 이루어졌기 때문이다. 그러나 하이네나 헤렌과 달리, 그는 18세기의 탐험에 별반 흥미를 느끼지 않았다. 또한 그는 훔볼트나 니부어, 또는 분젠과 달리 1815년과 1830년 사이에 이루어진 놀라운 학문적 발전을 무시했다. 그가 샹폴리옹의 해독에 주의를 기울였다고 판단할 만한 징후는 전혀 없다. 또한 그림 형제*를 비롯한 인도유럽어학자와의 긴밀한 접촉에도 불구하고, 인도에 대한 그의 적의는 그가 새로운 인도유럽어학을 그의 연구에 적용하지 않았음을 의미한다. 이 모든 것은 옛 모델의 파괴가 과학사가들이 '외재적' 이유라고 부르는 것 때문에 일어났다는 것을 의미한다. 고대 모델은 그 분야의 어떤 새로운 발전 때문이 아니라 유행하는 세계관에 부합하지 않았기 때문에 몰락했다. 보다 정확히 말해서, 고대 모델은 인종과 진보라는 19세기 초의 패러다임과 양립할 수 없었던 것이다.

제 7 장

그리스 열풍 2 : 새로운 학문의 영국 이전과 아리안 모델의 발흥

1830~1860

이번 장의 전반부는 뮐러의 연구가 영국에 전달되는 과정을 다룬다. 이는 영국에 고대학Altertumswissenschaft이 도입되어 고전학Classics이라는 분야가 확립되는 맥락에서 고찰해야 한다. 영국인은 그러한 맥락 안에서 그리스·로마의 모든 생활 양상에 대한 숙고를 통해 대영체국의 통치자가 될 소년에게 유익한 교육적·도덕적 효과를 끼칠 것으로 생각했다.

고전학은 개혁된 퍼블릭 스쿨 체제의 구심점이 되었으며, 대학에서도 유력한 위치를 차지했다. 토머스 아널드를 비롯한 초기 빅토리아 시대 개혁자들이 이러한 개혁을 주도했다. 이들은 독일 교육과 학문에서 '제3의 길' 즉 토리당과 휘그당이 이끄는 침체된 영국을 일깨우는 동시에 프랑스의 급진주의를 피할 수 있는 제3의 길을 발견했다. 그러나 30년 전 독일에서 훔볼트와 그의 동료들이 그랬던 것처럼, 영국 개혁자가 반동보다 혁명을 훨씬 더 두려워했다는 점은 의심의 여지가 없다. 그러나 그렇다고 해서 그들이 보수주의자의 공격을 모면할 수 있었던 것은 아니다.

미트퍼드의 고대 모델 옹호에 도전한 코놉 털월*과 조지 그로트는 서로 다른 개혁 엘리트 당파에 속했다. 두 사람 모두 뮐러의 연구에 깊은 인상을 받기는 했지만, 그의 인습 타파적 급진주의는 경원시했다. 털월은 페니키아인의 정착을 거부하지 않은 반면, 그로트는 아예 페니키아인의 과거에 관한 그리스 전설의 진상을 고려하지 않는 과격성을 보였다. 그들 연구의 궁극적인 취지는 접근 방식의 차이에도 불구하고 식민화에 관한 전승의 신뢰성을 훼손하고, 이제 반신半神으로 간주되는 그리스인의 독립적인 창조성을 앙양하는 것이었다. 이는 물론 여론의 뜨거운 환영을 받았다. 당시 여론은 점점 더 친親그리스적으로, 그리고 모든 비유럽 문화를 경멸하는 쪽으로 흐르고 있었다.

제7장의 후반부는 친親인도 성향 및 인도유럽어 연구가 그리스 애호주의 및 고대학과 조화를 이루는 과정을 다룬다. 뮐러가 고대 모델을 분쇄한 이후 그 공백을 북쪽으로부터 진행된 인도유럽어족의 정복이라는 모델로 메

우는 것은 비교적 쉬운 일이었다. 그럴 경우, 고대 모델을 파괴하는 것과는 달리 변화를 내재적으로 훌륭히 설명해낼 수 있었다. 따라서 그리스어의 인도유럽어 기반에 대한 설명이 필요했다. 그럼에도 불구하고 독일과 영국 학자가 북쪽의 침입이라는 생각에 특히 끌렸다는 점은 의심의 여지가 없다. 왜냐하면 그러한 생각이 만연한 인종주의와 니부어의 인종적 역사 도식에 너무나 잘 들어맞았기 때문이다. 당시의 유럽인은 인도에 대한 열정으로 북쪽에서 비롯한 아리안의 인도 침입에 주목했다는 점 또한 의심의 여지가 없다. 인도 전승에서 나타나는 이러한 침입을 그리스에서 일어난 일로 전환시키는 데에는 별다른 상상력이 필요치 않았다. 문제는 그리스에는 그런 정복에 관한 현존하는 기록이 없다는 점이었다.

독일 모델과 영국의 교육 개혁

기원전 4세기에 이소크라테스가 그랬던 것처럼, 19세기 초두에 독일인은 아테네인과 그리스인이 '인류의 지적 교사'라고 확신했다.[1] 이는 대부분의 '진보적' 유럽인과 북아메리카인이 받아들인 자기 평가였다. 독일의 철학과 교육은 파산한 전승과 프랑스 혁명 및 무신론 사이의 중도적 입장을 제공했다. 현대 문학사가인 엘리노어 셰이퍼는 그러한 중도적 입장 한 측면에 관해 다음과 같이 썼다.

> 독일 비판 철학은 학문적이고 기술적이어서, 노동 계급 운동의 안내서로는 적합지 않았다. … 더구나 그것은 여러 가지로 해석될 수 있었다. 그 중 교회 제도와 정치 제도를 전혀 손보지 않고 내부의 개혁을 추구하는 수정주의는 실질적인 권력을 예전 그대로 유지시키려는 것이었다. 1830년대부터 영국에서 가장 진보적인 대륙 학문에 관한 지식이 국교회 학술원의 약점을 파고들었다. … 이러한 사고 양식의 본질은 우리에게 정치적 낭만주의의 양면성에 관해 많은 것을 이야기해 주며, 빅토리아식 타협의 본질에 관해서는 훨씬 더 많은 것을 이야기해 준다. 어떤 관점에서 보면, 그것은 부르주아의 위선을 보여주는 주요한 지적 기념물로 여겨질 수도 있다.[2]

프랑스에서 이러한 독일적 풍조를 가장 잘 대변한 인물은 루이 필리프의 타협 정권인 그랑 부르주아* 하에서 활약한 대중적 철학자이자 정치가 빅토르 쿠쟁*이다. 쿠쟁은 프로이센 모델에 기초하여 프랑스 초등 교육을 확립했으며, 그가 대단히 칭송한 훔볼트처럼 고대인, 특히 그리스인에 관한 내용을 교육 체제 전반에 걸쳐 다루어져야 할 중요한 부분으로 자리매김했다. 그는 또한 동방의 원시적이고 '무의식적인' 철학과 이교 및 그리스도교 세계의 '반성적인' 철학이 범주적으로 구분된다는 믿음을 열렬히 신봉했다.[3]

일부 영국 개혁가는 프로이센의 교양이 형성되자마자 기꺼이 수용하려 했지만, 보수주의 권력은 수십 년 동안 교육의 '독일화'를 억제했다. 사실 교육의 '독일화'는 19세기가 1/3이나 지난 뒤에야, 즉 비국교도와 실업가 집단이 새로운 대학을 설립하라는 압력을 가함에 따라 퍼블릭 스쿨과 옥스브리지에 대한 개혁의 필요성이 도마 위에 오른 뒤에야 비로소 시작할 수 있었다. 그러나 대학 개혁 이후에도 세미나는 정착되지 않았다. 칼리지와 개혁가의 자유주의적 정서로 인해 독일 유형의 독재를 확립하려던 옥스브리지 교수의 시도는 저지당했다.[4] 더욱이 영국에서는 독일식 체제를 갖춘 교양이 연구 활동보다 훨씬 더 중대했다. 19세기 후반의 지도적인 고전학자인 벤저민 자우엣*이 비록 학생에게 지속적인 영향을 미치기는 했지만, 학자로서 볼 때 개혁 이전의 많은 선배보다 영향력이 훨씬 덜했다는 점은 인상적이다.[5] 영국 대학의 연구 성과는 막강한 독일 교수진의 연구 성과와 비교할 때 거의 무시할 만한 수준이었다.[6]

라틴어 연구와 고대 작품 독해는 중세 대학의 중심적인 기초 교과였다. 영국에서 이런 측면의 교육은 18세기 동안 종교와 신학에 대한 흥미가 쇠퇴하고 점점 더 증가하는 귀족층 학생이 수학을 무가치하게 여김에 따라 상대적인 중요성을 띠게 되었다. 더구나 앞서 보았듯이 1780년 이후 그리스어에 더욱 많은 주의가 기울여지기 시작했다. 라틴어 지식은 언제나 상류 계급의 표식이었으며, 이제 그리스어는 권력 중추부의 측근이 되었다. 그럼에도 불구하고 독일 유형에 따른(직접적으로든 혹은 간접적으로든) 고전학 활용(도덕적이고 지적인 엘리트 양성을 위한 모든 측면의 고대 연구)은 19세기 전반부에 이르러서야 처음으로 나타났다.

이런 식의 활용을 촉진한 가장 두드러진 인물은 '그리스도교도 신사Christian-Gentleman'라는 있을 법하지 않은 혼성어의 창시자로 가장 잘 알려진 토머스 아널드였다. 그는 럭비의 교장으로서 대학 개혁에 강력한 관심을 보였으며, 생애의 마지막 10여 년 동안(1832~1844년) 막대한 영향력을 행사했다. 아널드는 훔볼트와 쿠쟁처럼 소위 호전적인 중산층의 일원으로서 혁명과 반동 모두를 혐오했다.7 그의 모든 개혁 사상은 최상의 전통을 보존하기 위한 것으로서 그 중심에는 독일에 대한 애정이 자리하고 있었다. 그는 1827년에 로마에서 분젠을 만났으며 그 뒤로 두 사람은 변치 않는 친구가 되었다. 그리고 아널드는 비록 니부어의 역사적 회의론을 다소 염려하기는 했지만 열렬히 칭송했으며, 그의 『로마사』를 대중판으로 축약했다.8 아널드는 또한 인종에 대한 니부어의 열정을 공유하면서 역사 설명의 제1원리로 삼았는데, 그가 1841년에 옥스퍼드에서 행한 근대사 흠정欽定 강좌 교수 취임 강연은 이 주제에 관한 것이었다.9 토머스 아널드와 그의 아들 매슈 아널드*는 '최신 유행을 쫓는 경향' 때문에 특히 중요하다. 그들은 당대에 유행하는 견해에 나타나는 정서를 명료화하고 강화했다.10

훨씬 더 독창적인 학자 집단이 케임브리지에서 나타났다. 좀 더 유연한 이 휘그 대학이 취한 개혁의 가능성은 1822년 '전면적인' 근대 유형의 고전학 우등 졸업 시험이 제정되었다는 사실에서 드러난다. 그리고 새로운 독일 학문과 고대학이 영국에 도입된 것도 바로 케임브리지를 통해서였다. 그 핵심 인물은 중등 학교와 대학 시절 절친한 친구 사이였던 줄리어스 헤어와 코놉 덜월이었다. 어린 시절을 독일에서 보낸 헤어는 그곳에서 독일어를 익혔을 뿐만 아니라 독일 문화에 대한 일생의 열정을 싹틔웠다. 그러한 열정은 코놉 덜월에게 전해졌다. 수학자인 윌리엄 휴얼*과 함께 그들은 케임브리지 유니언을 창설하려는 첫 시도에 참여했다. 이 논쟁적인 학생회가 반체제적이라는 이유로 1817년에 폐쇄된 이후, 휴얼과 덜월은 헤어에게서 독일어를 배우는 데에 열중했다. 덜월은 다음해 케임브리지를 졸업할 무렵 독일어를 익혔을 뿐만 아니라, 이미 니부어의 『로마사』를 읽었다. 그는 곧 로마로 건너가 독일 공동체에 가입했으며, '그의 인생에 가장 중요한 영향을 미친' 분젠과 친분을 맺었다.11

영국으로 돌아온 덜월은 훔볼트와 분젠이 좋아했던 낭만주의적이고 '아리안주의적인' 신학자 슐라이어마허*의 난해한 신학 논문인 『루가복음에 관하여』를 번역했다.[12] 이는 모든 독일 신학에 반대하는 보수적인 성직자에게 가벼운 물의를 일으켰지만, 덜월이 트리니티 칼리지로 돌아와 필수적인 성직에 오르는 길을 가로막지는 않았다. 1827년에 그와 헤어는 니부어의 『로마사』를 번역하기 시작했다. 제1권은 1828년에, 제2권은 그로부터 3년 후에 출간했다. 그러나 그들의 비상한 인내와 헌신이 바닥나는 바람에 제3권은 완성하지 못했다.

1830년에 이르렀을 때, 덜월과 헤어는 소규모의 배타적이고 비밀스런 학생 모임인 '사도들'과 접촉하고 있었다. 이 모임은 10년 전에 그리스도교 사교 클럽으로 결성한 것이었다. 덜월과 헤어는 이 모임을 변형시키는 데에 조력하면서 거기에 뚜렷한 형이상학적 자유주의의 특성을 부여했다. 그러한 특성은 그 이후 얼마간의 일탈이 있기는 했지만 꾸준히 지속했다. 두 사람은 젊은 '형제들'에게 낭만주의 시인과 독일 학문을 숭상하도록 권장했다.[13] 1832년 선출된 한 회원에 따르면, "콜리지와 워즈워스*는 우리의 주요 신이었으며, 헤어와 덜월을 그들의 예언자로 생각했다." 또 다른 출처의 주장에 따르면, "그들에게 니부어는 오랜 시간 동안 그들의 정서를 형성시킨 신이었다."[14] 이 집단의 낭만주의적 기풍은 덜월을 비롯한 많은 형제에게 사랑받은 뛰어난 젊은이 핼럼이 1833년에 사망함으로써 한층 강화되었다. 그들 자신의 잃어버린 젊음과 아름다움을 상징화한 핼럼 숭배는 테니슨*의 시집 『인 메모리엄In Memoriam』에서 불멸성을 얻게 되었으며, 이후 40년 동안 그 모임의 구심점이 되었다.

덜월이 스스로를 그 집단의 소크라테스로 여기면서 젊은 세대 가운데 가장 뛰어난 지성을 지닌 이들에게 낭만주의적으로 느끼고 회의주의적으로 사고하는 훈련을 의도적으로 가했다는 점은 의심의 여지가 없다. 이렇듯 특히 '사도들'에서 그리고 일반적으로는 시대 정신에서 비롯된 낭만주의적 회의주의는, 현대 사회사가인 노엘 애넌Noel Annan이 '지적 귀족' 혹은 '새로운 인텔리겐치아*라고 부른 집단의 기풍이 되었다.[15] 게다가 덜월에게 붙여진 소크라테스라는 평판은 비국교도에게 케임브리지 학위를 허용하는 그의 원칙적인 입장으로 인해 한층 강화되었다. 그는 헤어에게 버림받고 휴얼에게 배신당하는 바람에 어쩔 수 없이 자리에서 물러나야 했다. 그러나 그것이 그렇게까지 견디기 힘든 결과를 초래한 것은 아니었다. 그에게는 고위직 휘그 친구들이 있었기 때문이다. 그는 즉시 동부 요크셔*에서 부유한 생활을 할 수 있는 제반 수단을 제공받았으며, 그 덕분에 『그리스사』를 집필할 여가를 얻게 되었다.

1840년에 덜월은 웨일스에서 가장 오래된 관구인 세인트 데이비드*의 주교로 임명되었다. 이는 독일적 경향을 강화하는 일련의 움직임 가운데 하나로 보아야 한다. 거기에는 토머스 아널드가 흠정 강좌 교수로 임명된 일과 분젠이 프로이센 정부의 특별 사절로 영국에 건너와 루터 교회와 영국 국교회를 통합하는 자신의 원대한 종교적 기획(이것은 강한 튜튼주의적 함축을 지니고 있었다)을 진전시킨 일이 포함된다. 분젠의 기획은 예루살렘에 복음주의 합동 주교 관구를 설립하는 것으로 구체화되었으며, 이러한 움직임은 결국 뉴먼*(그는 장차 추기경이 된다)을 가톨릭교로 내몰았다. 그의 개종은 낭만주의 운동 내부의 분열, 즉 그리스와 독일을 사랑하는 '진보주의자'와 깨어 있지 않은 이들을 로마로 이끌 수 있던 그리스도교 의식 및 중세 시대에 대한 열정을 품은 '반동주의자' 사이의 분열을 보여주는 훌륭한 사례를 제공한다.

주교로서 덜월은 '새로운 인텔리겐치아'의 자유주의와 그들의 교파인 '광교회Broad Church*'를 옹호했다. 이러한 가운데 그는 종종 외톨이가 되었으며, 그가 취한 첫 번째 행동은 동료들을 아연실색케 했다. 그것은 그가 주교로서는 유일하게 유대인에게 시민권을 부여하는 것에 대해 찬성했기 때문이다. 이런 대담한 입장을 취하게 된 동기는 복합적이었다. 거기에는 순수한 자유주의와 더불어 동화야말로 개종의 지름길이라는 믿음이 뒤섞여 있었다

(유대인 개종은 사실 예루살렘 복음주의 주교 관구의 주목적이었다).16 남은 생애 동안 덜월은 어린아이와 애완 동물을 제외하고 그를 둘러싼 모든 것을 불쾌하게 여기면서도 이러한 원칙적 자유주의를 견지하였다.

대담한 개혁주의(반反국교 제도 폐지론자를 패퇴시킨 대단히 설득력 있는 연설에서 정점에 이른다)를 지향하는 내내 덜월이 낭만주의자이자 반혁명주의자였다는 점은 반드시 강조되어야 한다. 그가 11세 때 쓴 에세이 『프리미티에 *Primitiae*』는 『안티자코뱅 리뷰』로부터 아첨에 가까운 칭찬을 받았으며 토머스 퍼시 주교에게 헌정되었다. 앞서 보았듯, 퍼시 주교의 『고대 영국 시풍』은 영국과 독일 모두에서 민요에 대한 낭만주의적 관심의 구심점을 이루었다. 그 후 1820년대에 덜월과 헤어는 워즈워스와 콜리지의 극도로 반동적인 시구를 숭배했다. 덜월은 또한 레베카의 딸들(여장을 하고서 혐오스런 통행 요금 징수소를 불태운 웨일스 사람들)에게서 혁명을 인지하고 경악했으며, 그가 노예제만큼이나 통탄한 미국 남북전쟁 기간에는 '가장 천한 자들이 지배하는 군사적 민주주의의 우세'를 훨씬 더 불안스럽게 전망했다.17 더욱이 그는 친구인 토머스 칼라일*이 '프랑스의 위협에 대한 거의 광적인 우려'라고 묘사한 것을 품고 있었다.18 덜월의 정치적 견해는 대체로 분젠과 토머스 아널드, 그리고 청년 니부어의 정치적 견해에 가까웠던 것으로 보인다.

1835년부터 출간되기 시작한 덜월의 『그리스사』(전8권)는 새로운 독일 학문의 성과를 반영한 최초의 영어권 주저主著였으며, 1784년과 1804년 사이에 출간된 미트퍼드의 방대한 『그리스사』를 대체한 최초의 저서였다. 그러나 그리스의 위업에 매우 회의적이었던 보수적 미트퍼드에 대한 공격은 10년 전, 즉 그리스 독립 전쟁 기간 중이던 1824년과 1826년에 발표한 평론에서 시작했다. 첫 번째 공격은 토머스 배빙턴 매콜리*의 공격으로 극히 반동적인 반反아테네·친親스파르타적 견해라고 파악된 미트퍼드의 견해에 대한 강렬한 비판이었다. 그러나 무엇보다도 매콜리는 미트퍼드가 그리스인을 특별히 다를 바 없는 그저 또 하나의 민족으로 취급한다는 점에 반대했다.

셸리나 혹은 독일의 실러와 훔볼트의 방식을 존중하는 매콜리는 그리스인을 그런 식으로 분석할 수 없다고 확신했다. 그가 그리스에 관해 생각하면서 말했듯이, 그는 "숭배자의 존경심으로 판단의 정확성을 잊기"를 좋아했다.[19]

1826년에 있은 두 번째 공격은 급진적인 젊은 은행가 조지 그로트가 행한 것이었다. 그로트의 미트퍼드 독해는 매콜리의 경우보다 더욱 세심했다. 그로트는 미트퍼드가 친親스파르타적이지 않으며, 아리스토텔레스처럼 사실상 혼합 정체를 지지했다고 인정했다. 그로트는 미트퍼드가 친영국적 편견을 지니고 있으며 그리스의 특별한 본질을 인지하지 못하고 있다고 비판했다. 그는 그리스의 본질을 다음과 같이 그리스의 자유로운 제도에서 이끌어냈다. "그리스사의 매력과 영광을 만들어내는 저 견줄 바 없이 뛰어나고 다양한 개인의 재능은 오로지 민주정(그리고 실제로는 민주주의와 거의 유사한 개방적인 귀족정) 덕분이다." 그는 이어 그리스의 특별한 위치가 이미 제도화되었기 때문에 그리스가 특별하게 취급되어야 한다는 순환 논증*을 펼쳤다. 그는 "영국 교육이 고전학으로 전환함에 따라 그리스의 모든 활동에 … 쏟아지는 비상한 관심"을 강조했다.[20] 따라서 두 비평가는 고대 그리스가 학문의 표준적인 테두리 너머에 위치해야 한다는 점에 의견을 같이했다. 매콜리는 다른 주제로 관심을 돌렸지만, 그로트는 연구를 지속하여 20년 후에 방대한 그리스 역사서를 출간했다.

그러나 그 이전에 덜월이 『그리스사』를 먼저 출간했다. 통상적으로 이루어지는 비교는 이렇다. 즉 그리스 민주정에 대한 보수주의적인 경멸로 인해 미트퍼드의 저서는 토리당을 위한 '다섯 권짜리 소책자'로 전락했다. 그로트의 『그리스사』는 이에 대한 급진적인 도전이었던 반면, 덜월의 『그리스사』는 균형을 유지한 것으로 평가되었다.[21] 그러나 우리의 관심사는 고대 모델에 대한 덜월 및 그로트의 공격과 미트퍼드의 방어 사이의 대조이다. 제3장에서 보았듯이 고대 모델을 의심 없이 받아들인 이전 학자들은 고대 모델을 정당화할 필요가 전혀 없었다. 그러나 1780년대에 이르러 미트퍼드는 그리스가 이집트인과 페니키아인에 의해 식민화되었다는 정통 견해를 분명하게 방어해야 한다고 느꼈다. 그는 식민화에 관한 그리스의 기록은 믿을 만한 이유가 충분히 있다고 주장했다. 왜냐하면 그러한 기록이 대단히 상세할 뿐만 아니라 널리 분포되었으며, 그리스인이 자신들의 이해 관계에 반하는 이야기를 꾸며냈을 리 없기 때문이라는 것이었다.[22]

이 그럴듯한 주장에 맞서 덜월은 비록 뮐러의 이름을 거론하지는 않았지만 그의 주장을 요약했다. 그는 또한 뮐러의 동기 부여에 관한 매혹적인 언급을 덧붙였다.

> 비교적 뒤늦은 시기(그리스인에게 역사 문헌이 대두한 시기에 뒤이은)에 일반 그리스인과 지식인 모두에게 다음과 같은 믿음이 널리 퍼져 있었음을 발견하게 된다. 펠라스고이라는 이름과 지배권이 그리스 종족에게 이양되기 이전인 아득한 고대에, 외국인이 여러 가지 원인으로 그리스 해안에 이르러 식민지를 건설하고 왕조를 창시하고 도시를 세웠으며, 야만적인 원주민이 그 이전까지 알지 못한 유용한 기술과 사회 제도를 도입했다는 것이다. 오늘날의 지식인도 동일한 믿음을 거의 보편적으로 받아들인다. … 그런 권위에 의해, 그리고 그토록 오랫동안 아무런 이의 없이 대중의 마음을 지배한 규범에 의해 공인된 견해라 해도, 그 진실성을 의심하는 일에는 약간의 대담성도 필요치 않다. **만약 그 견해에서 이끌어낸 추론이 그 근거를 밝히고자 하는 시샘어린 탐구를 유발하지 않았다면**, 아마도 그 견해의 진실성은 결코 의문시되지 않았을 것이다.[23] (버널 강조)

덜월은 그 추론이 무엇인지 구체적으로 명시하지는 않았다. 그러나 뮐러의 저서를 감안할 때 낭만주의적이고 인종주의적인 추론 이외의 다른 것이라고 보기는 힘들다. 중요한 것은 독일 학자와 긴밀히 접촉하고 있던 사람의 입에서 이런 진술이 나왔다는 점이다. 왜냐하면 그 진술은, 형식 논리적 모순 때문(뮐러 자신이 다나오스의 경우에 주장했던 것처럼)이 아니라 전설의 내용이 못마땅했기 때문에 비판이 가해진 것이라는 점을 암시하기 때문이다. 덜월은 계속해서 다음과 같이 썼다.

> 그러나 이러한 정신이 한번 일깨워지고 나자, 고대의 식민화에 관한 널리 알려진 이야기는 불신당할 만한 합당하고 크나큰 여지를 가진 것으로 인식되었다. 그러한 여지는, 단지 그 이야기가 보여주는 믿기 어려운 사건뿐만 아니라 훨씬 더 의혹을 자아내는 사실, 즉 시간이 흐름에 따라 그 이야기의 수가 증가하는 동시에 이야기의 세부 내용이 더욱 정확하게 알려진다는 것 때문이다. 또한 과거로 거슬러 올라갈수록 이야기의 수가 적어지다가 마침내 호메로스의 서사시에 이르는 순간 이야기의 흔적이 완전히 사라진다는 사실 때문이다.[24]

덜월은 뮐러와 마찬가지로 초기 그리스 작가들에게서 고대 모델에 대한 그 어떤 명시적인 도전도 발견할 수 없었기 때문에 '침묵의 논증'으로 대체할 수밖에 없었다. 따라서 그는 그리스 저자의 '암묵적 이의'를 간파했다고 자임했으며, 전설이 "더 오래된 시와 역사가의 침묵에 의해 거부되었다"고 믿었다.[25]

진정한 사도使徒의 정신을 지닌 덜월은 그 어떤 문제에 대해서도 통상 두 가지 이상의 측면을 고려할 수 있었다. 이 문제에 관해 그는 급진적이지만 만족스러운 뮐러의 결론과 니부어가 방어했던 정통론 사이에서 갈등했던 것으로 보인다. 그는 이렇게 썼다. "옛 견해와 새로운 견해 사이에서 중도를 취하는 것은 가능할 뿐만 아니라 필수적인 듯하다."[26] 그의 절충안은 표준적인 것(이집트인은 안 되고, 페니키아인은 아마도)이었다. 그는 인종적인 근거에서 이집트인인 케크롭스와 다나오스를 둘러싼 전설의 진실성을 부인했다. "순수한 이집트 혈통의 식민자가 에게 해를 건너와 해양 도시를 건설했다는 이야기는 우리가 민족적 특성에 관해 알고 있는 모든 것과 모순되는 것으로 보인다."[27] '순수한'과 '해양'이라는 단어에 주목하라! 덜월은 단어 선택에 세심한 주의를 기울임으로써 당시 무함마드 알리와 이브라힘이 펼친 활동 때문에 빚어지는 모순을 피했지만, 이러한 체계적인 인종주의는 이데올로기가 단순한 사실을 얼마나 쉽게 초월할 수 있는가를 보여준다.[28]

다른 한편, 덜월은 에게 해의 섬들과 보이오티아에서 활동한 카드모스와 페니키아인에 관한 전설을 받아들였다. 비록 '혈통'과 '인종'의 관점에서 이야기하는 진정한 낭만주의자이기는 했지만 1830년대에 다음과 같은 주장을 견지했다는 점에서, 덜월은 또 한 번 19세기 말과 20세기의 인종주의자 및 반유대주의자와 구별된다.

> 소수의 이집트인이나 페니키아인이 그리스 주민과 섞였는지 여부가 그 자체로 어떤 중요성을 띠는 것은 아니다. 이러한 탐구를 흥미롭게 만드는 것은 이 외국인의 도래가 그리스 사회에 불러일으켰을 것으로 추측되는 효과이다.[29]

이로부터 80년 뒤에는 순수성에 대한 관심을 결여한 이런 태도가 수용될 가능성이 훨씬 적었다.

조지 그로트

    덜월의 『그리스사』는 1846년에 출간된 조지 그로트의 『그리스사』때문에 곧 빛을 잃었다. 두 사람은 거의 비슷한 시기에 차터하우스*에서 수학했다. 그로트는 만약 자신이 덜월의 책에 대해 알았더라면 『그리스사』 집필에 착수하지 않았을 것이라고 공언했다. 한편 덜월은 자신의 책이 대체된다는 사실을 놀라우리만큼 진심어린 태도로 받아들였다.[30] 모밀리아노는 덜월을 둘러싼 집단과 그로트를 둘러싼 급진적인 은행업자 집단 사이의 유사성을 지적한 바 있다. "두 집단 모두 미트퍼드를 싫어했고, 독일어를 이해했으며, 『쿼털리 리뷰*Quarterly Review*』로부터 공격을 받았다. 또한 두 집단 모두 영국의 정치적·지적 관습이 지닌 제약을 완화하는 데에 목표를 두었으며, 그러한 관습이 확고한 철학적 원리에 근거하기를 바랐다."[31]

    그러나 모밀리아노는 계속해서 근본적인 차이를 주장했다. 즉 덜월과 헤어가 낭만주의 역사 철학을 도입하여 옥스브리지의 경험주의적인 연구를 대체하고자 했던 반면, 그로트는 그 자신이 경험주의자이자 실증주의자라는 것이었다.[32] 사실 두 집단을 너무 확연하게 구별해서는 안 된다. 많은 공리주의자가 그리스에 대한 낭만주의의 열정을 공유했다. 1830년대와 1840년대에 이르렀을 때에는 극단적 반동주의를 제외한 모든 견해의 지지자가 그러한 열정을 지니고 있었다. (모밀리아노는 그리스에 관한 존 스튜어트 밀*의 견해를 인용하지만, 그리스에 대한 열정은 공리주의자인 밀의 아버지[그는 세 살 나이의 밀에게 그리스어를 가르쳤다]에게서 훨씬 뚜렷하게 나타난다.)[33] 예를 들어, 그리스의 폴리스에 대한 그로트의 찬탄은 여러 가지 점에서 루소의 찬탄과 유사해 보인다. 게다가 모밀리아노가 지적하듯이, 그로트가 품었던 "소규모 국가에 대한 공감은 … 이후 스위스 정치에 관한 면밀한 연구로 이어졌다."[34]

다른 한편, 급진주의자이자 공리주의자로서 그로트는 당연히 1830년대에 프랑스에서 콩트의 실증주의로 명료화된 과학 정신에 동조했다. 따라서 그로트는 니부어나 뮐러보다 더욱 일관되게 고대사의 '증거'를 요구할 수 있었으며, 자칭 '독일인의 방만한 억측'을 개탄했다.[35]

모밀리아노는 그로트가 전설상의 그리스와 역사상의 그리스를 뚜렷이 구별함으로써 "칼 오트프리트 뮐러 및 그의 영국인 추종자와 결별했다"고 주장했다.[36] 그런데 뮐러의 『학문적 신화 입문』은 전설상의 그리스와 역사상의 그리스 사이에 '상당히 뚜렷한 경계'가 있다는 진술로 시작한다.[37] 또한 뮐러와 그로트 모두 볼프를 따라 기원전 8세기 이전에는 그리스에 문자가 존재하지 않았으며, 동방의 경우와는 달리 사제의 가르침도 없었다고 믿었다. 따라서 그 이전 시대와의 연결고리는 극도로 미약했다.[38] 더욱이 두 사람 모두 신화가 역사적인 요소를 포함할 수는 있지만 신화적인 요소의 토대가 되는 진정한 실재에 관해 생각하는 것은 유용하지 않으며, 오히려 두 가지 요소가 애초부터 통합되어 있는 것으로 보아야 한다는 데에 동의했다.[39] 여기서도 그로트와 낭만주의 역사가의 차이는 모밀리아노의 생각만큼 커 보이지 않는다. 그러나 그로트와 독일 낭만주의자 사이에는 중요한 차이점이 있었다. 독일 낭만주의자는 유럽의 유년기라는 관점에서 그리스에 관심을 가졌다. 그러나 보수주의자라기보다는 급진주의자였던 그로트는 지나간 신화시mytho-poeic 시대를 아쉬워하지 않았다. 한 세기 이전의 문법학자인 제임스 해리스의 경우와 마찬가지로, 그로트의 열정은 뒤늦게 갑자기 꽃핀 아테네의 민주정을 향한 것이었다. 앞서 보았듯이 그의 주요 관심사는 그리스 제도에 관한 미트퍼드의 토리적 회의주의를 논박하는 것이었다.[40]

모밀리아노는 그로트가 그리스 신화의 역사성이라는 문제에 관해 엄격하게 중립적이었다고 주장했다. 이는 그로트가 그리스 신화를 받아들이기에 앞서 '부수적인 증거'를 요구했다는 점에서 비롯한 것이다.[41] 이러한 '증거' 요구의 부당함은 차치하더라도, 그로트가 이 사안에 관해 중립적이었다는 점은 대단히 의심스럽다. 왜냐하면 역사성에 관한 그의 논조가 조소적이지는 않더라도 회의적이기 때문이다. 그는 18세기의 역사가이자 신화 작가인 제이콥 브라이언트를 긍정적으로 인용했는데, 브라이언트는 켄타우로스와 사티로스*, 님프*, 그리고 말하는 말(馬)의 존재를 믿는 사람의 이야기를 심각하게 취급하는 것이 불가능하다고 주장했다.42

브라이언트의 논증은 그럴듯하게 보일 수도 있다. 그러나 반드시 기억해야 할 것은, 어느 시기에나 다음 세대가 볼 때 터무니없게 여겨지는 일반적인 믿음이 존재한다는 점이다. 이 경우에 내가 주장하는 바는, 켄타우로스를 비롯한 신화적 존재에 대한 믿음이, (우리의 관심 사안에 관한 한) 인종과 변치 않는 민족적 특성, 순수한 피의 다산성, 그리고 인종 혼합의 유해한 효과(그리고 무엇보다도, 역사와 언어 법칙을 초월하도록 만드는 그리스인의 반半신적인 지위)에 관한 19세기의 신화에 비해 잘못된 판단을 유도할 가능성이 덜하다는 것이다. 따라서 우리는 고대의 기록을 주의 깊게 살펴야 하는 한편, 19세기와 20세기 초에 이루어진 기록의 해석에 대해 훨씬 더 큰 의심을 품어야만 한다.

모밀리아노는 그로트가 '중립'을 유지했기 때문에 전설적인 이야기를 확증하는 것으로 보일 수 있는 이후의 고고학적 발견으로 인해 신화에 관한 그의 견해가 무효화되는 일은 결코 없다고 주장했다.43 만약 내가 주장하듯이 그로트의 견해가 회의적이었다면 이러한 해명은 적합하지 않다. 더구나 그러한 회의주의는 20세기의 그로트 계승자보다 그로트 자신에게서 더욱 정당성을 얻는 것처럼 보인다. 트로이와 미케네, 그리고 크노소스 등등에 심취한 사람이라면, 고대에는 논쟁의 여지가 없던 이러한 전승에 대한 의혹만이라도 그로트의 계승자들이 풀어주기를 기대할 것이다. 예를 들어, 보이오티아가 페니키아와 특별한 관계를 맺고 있었다든가 전설상의 세소스트리스와 멤논(센우세레트와 암메네메스라고 불린 이집트 파라오들)이 기원전 20세기에 동부 지중해 일대를 원정했다는 생각을 터무니없다며 부정하는 것(이는 고고학 증거나 비문 증거가 발견되어 두 전승이 입증될 경우 창피를 당하게 될 뿐이다)이 아니라, 그러한 생각을 작업 가설로 삼는 것은 신중한 태도로 비쳐졌을 것이다.[44]

그럼에도 불구하고, 전승이 '증거' 요구를 충족시키지 못한다는 점에 대한 그로트의 경멸은 막대한 영향력을 미쳤다. 그리스가 중동으로부터 고립되었던 것으로 보아야 한다는 그의 주장(이는 뮐러의 주장에 덧붙여진 것이다)은 반대 증거가 나타날 때까지 아리안 모델에서 벗어난 이단을 학계에서 몰아내는 유용한 도구로 사용되었다.[45] 마찬가지로, 그로트는 그리스사를 기원전 776년의 첫 번째 올림픽부터 서술해나감으로써 고전기 그리스가 시공간적으로 고립된 지역이라는 인상을 크게 강화했다. 그리스 문명이 다른 무엇에서 유래한 것이 아니라, 다소 초인간적인 방식을 통해 거의 완전한 형태를 갖춘 상태에서 발생한 것으로 여겨지게 되었다.

그로트의 역사서는 영국뿐만 아니라 독일을 비롯한 대륙 각지에서도 즉각 학자들의 표준서가 되었다.[46] 그러나 신화에 대한 그로트의 작업은 설령 활력을 불어넣는 것이었을 수는 있어도, 여전히 초기 그리스사에 관한 견해를 제공해야 한다고 느낀 다른 역사가를 만족시키지는 못했다. 그들은 대체로 덜윌의 절충적인 입장, 즉 그리스 전설은 이집트인과 페니키아인의 침입이 있었다고 주장하지만 언어학의 '과학적' 증거는 그리스어가 순수한 자생 언어임을 시사한다는 입장을 따랐던 것으로 보인다. 1854년에 처음으로 출간된 이래 1880년대까지 그리스사에 관한 표준적인 영국 저서로 자리했던 윌리엄 스미스 경의 『그리스사』는 이러한 난점을 보여주었다.

그리스인이 문명화되고 그들의 언어가 발전된 과정은 자생적 발생의 자취를 드러내며, 필시 외국의 영향은 거의 없었다고 보인다. 그러나 그리스인의 전승은 정반대의 결론을 가리킨다. 그들의 일반적인 믿음에 따르면, 펠라스고이를 야만 상태에서 벗어나도록 만든 것은 그 지역에 정착하여 야만적인 주민에게 문명의 씨앗을 전래시킨 오리엔트 이방인이었다. 그러나 이러한 전승 가운데 다수는 고대의 전설이 아니라

그보다 뒤늦은 시기에 발생했다.[47]

제6장에서 논의한 바 있는 그리스어의 '순수성'이라는 개념의 이데올로기적인 뿌리를 감안할 때, 수십 년 뒤에는 언어가 고대 모델을 부정하는 '과학적' 토대로 작용했다는 점은 상당히 주목할 만하다. 덜월처럼 스미스는 카드모스가 이끄는 페니키아인의 테베 정착을 받아들이는 한편, 이집트의 식민화에 관해서는 그 어떤 것도 받아들이지는 않는 식으로 절충했다.

낭만주의자는 18세기 이래 그리스인이 북쪽에서 기원했다는 생각을 즐겼다. 반면, 새뮤얼 머스그레이브에서 칼 오트프리트 뮐러와 코놉 덜월 등의 학자는 고대 모델에 대해 그리스인의 토착성과 헬레네스와 펠라스고이 사이의 친근성을 주장하며 공격했다. 1850년대에 이르자 인도유럽어족과 아리안 인종은 이미 기정 '사실'로 취급되었다. 일관된 인종론과 아리안의 본고향이 중앙아시아 산맥 지대 어딘가라는 주장으로 인해 그리스인의 기원에 관한 생각이 바뀌게 되었다.

　　니부어와 뮐러, 그리고 인도유럽어 학자는 아리안 모델을 구성하는 데 필수적인 모든 요소를 제공했다. 니부어는 고대 사료를 제외시킬 수 있도록 합리화했으며, 북부 민족이 정복해 내려왔다는 프랑스 모델과 인도 모델을 고대 시대에 도입했다. 뮐러는 그리스에 씌워진 고대 모델을 벗겨냈다. 그러나 이보다 더욱 강력한 영향을 미친 것은 그리스어를 산스크리트어와 관련지음으로써 그리스어가 인도유럽어라는 점을 확실시하려는 언어학자들의 작업이었다. 그들은 이러한 관계를 역사적으로 설명할 필요가 있었다. 그런데 중앙아시아에서 비롯한 북부 민족의 정복이라는 모델은 이에 정확히 부합했다. 따라서 고대 모델의 몰락과 아리안 모델의 발흥은 뚜렷이 구별되어야 한다. 고대 모델의 몰락은 외재적 요인에 의해서만, 즉 사회·정치적의 견지에서만 설명될 수 있는 것이다. 반면에 아리안 모델의 발흥은 내재적 요인이 상당히 작용한 것인데, 학문 자체의 내적 발전이 이 새로운 모델의 진전에 중요한 역할을 했던 것이다.

　　나는 또한 고대 모델과 아리안 모델이 상호 배타적이지는 않다는 점을 강조하고자 한다. 사실 19세기의 상당 기간 동안 두 모델은 내가 '광의의 아리안 모델'이라고 부르는 틀 안에서 공존했다. 그 모델에 따르면 인도유럽인이 선先헬레네스를 정복한 결과 나타난 초기 그리스인은 아나톨리아인과 페니키아인에게 재차 정복당했으며, 이 두 번째 정복은 중요한 문화적 흔적을 남긴 것으로 본다. 수정 고대 모델에서 나 자신도 이집트인과 서부 셈족에 의한 식민화보다 앞서 인도유럽어 사용자가 에게 분지에 침입 혹은 침투했을 수 있다고 주장한다.[48] 그러나 전반적으로 볼 때, 아리안 모델 지지자는 인종적 위계와 순수성에 관심을 가졌으며, 이집트와 페니키아에 의

한 식민화라는 생각에 대해 늘 불쾌하게 여겼던 것으로 보인다.

새로운 아리안 모델에는 한 가지 큰 약점이 있었다. 즉 고대 사료를 통해 입증되지 않는다는 점이었다. 투키디데스는 종족 이동에 관해 언급하면서, 북부 그리스의 헬레네스가 남쪽으로 이동하여 다른 종족을 흡수했다고 말했다. 그런 일이 일어난 연대에 관해서는 명확한 언급이 없지만, 그는 트로이 전쟁 시기까지도 아직 그 과정이 완결되지 않았다고 강조했다. 이로써 다나오스인과 아르고스인, 그리고 아카이아인을 비롯한 많은 그리스인의 기원은 설명되지 않은 채로 남았다.49 연대가 늦어짐으로써 빚어지는 이와 유사한 문제들은, 북쪽의 정복이라는 모델에 걸맞는 다른 전승(헤라클레스 가문의 귀환이나 도리스인의 침입)을 훼손한다. 그 전승들에 따르면, 그리스 북서부의 종족이 남부를 휩쓸어 펠로폰네소스 대부분과 남부 에게 해 상당 지역을 점령했다는 것이다.

그 사건들은 한결같이 기원전 1200년경에 발발한 트로이 전쟁 이후에 일어난 것으로 전해진다. 따라서 그 사건들을 '아리안의 침입'의 일부분으로 받아들인다면, 아가멤논*과 메넬라오스* 그리고 호메로스의 영웅 대부분은 그리스인일 수 없었다. 선형 문자 B를 해독함으로써 트로이 전쟁 훨씬 이전에도 그리스에서 그리스어가 사용되었다는 사실이 증명되기 이전에조차도, 이런 대가를 기꺼이 치르려 한 그리스학 학자는 거의 없었다.50 그러므로 유일한 가능성은 도리스인의 침입이 단지 일련의 침입 가운데 마지막 사건에 지나지 않는다고 주장하는 것뿐이었다. 그러나 이럴 경우, 최초의 정복에 관한 기록은 여전히 확인되지 않는다.

뮐러의 헌신적인 후배 에른스트 쿠르티우스는 아리안의 정복을 뒷받침하는 고대 전거가 없으며 "자생성이라는 개념이 그들(그리스인) 사이에서, 그리고 가장 크게 변형된 전승 속에서 발전된다"고 인정했다.51 그러나 고대 언어문헌학은 이제 '과학적인' 학문 분야이므로 그것은 문제가 되지 않았다. 고대 전거가 없다는 점은 새로운 역사가를 괴롭히지 못했다. 19세기 중후반의 위대한 로마사가인 테오도르 몸젠*은 다음과 같이 썼다고 전해진다. "역사는 우선 이 모든 이야기를 일소해야 한다. 그 이야기는 비록 역사라고 칭해지기는 하지만 즉흥적으로 만들어진 것에 지나지 않는다."[52]

인도유럽어 연구의 발흥과 아리안의 정복이라는 인도 모델의 돌출, 그리고 뮐러의 고대 모델 파괴를 감안할 때, 대체로 1840년대와 1850년대에 아리안 모델이 그리스에 적용된 것은 분명하다. 그러나 그러한 적용을 누구의 행적으로 돌려야 할지 알기는 어렵다. 그러나 가장 그럴듯한 후보자는 쿠르티우스 형제다. 먼저 동생인 게오르크에 관해 살펴보자.

게오르크 쿠르티우스*는 1820년에 뤼베크에서 태어나 본과 베를린에서 수학했으며, 프라하(이미 언어학의 거대한 중심지였다)와 킬, 그리고 라이프치히의 교수로 활동했다. 그의 많은 저서는 인도유럽어학의 새로운 원리를 그리스어에 적용한 결과물이었다. 그는 비교 문법과 더불어 그리스어에 내재한 인도유럽어적인 요소를 연구했다. 그 두 가지 연구를 통해 그는 정밀하고 규칙적인 음운 변동을 상술했다. 그러한 음운 변동에 따르면 그리스어의 상당 부분은 가설상의 원元인도유럽어에서 파생할 수 있다.[53] 1850년대에 게오르크 쿠르티우스가 확립한 견고한 토대는 쉽게 넘어서기 어려운 것이었다. 20세기 초의 사전 편집자인 헨리 스튜어트 존스는 헨리 조지 리델*과 로버트 스콧의 표준 그리스어-영어 사전 제9판 서문에서 1920년대의 상황을 다음과 같이 묘사했다.

신중한 고려 끝에 어원학적 정보가 최소화되어야 한다는 결정을 내렸다. 보이자크의 『그리스어 어원사전』을 한번 살펴보면, 어원학자의 사색이 거의 억측에서 벗어나지 못했다는 것을 알 수 있다. 게오르크 쿠르티우스(그의 『그리스어의 어원』은 리델과 스콧이 의지한 주요 전거였다) 시대 이래 비교 언어학*이 이룩한 진보로 말미암아 대부분 잡동사니에 불과할 뿐 거의 믿을 만하지 못한 해석이 말끔히 제거되었다.[54]

이것은 그가 1925년에 이 글을 썼을 때만큼이나 오늘날에도 사실이다. 물론

위에서 말하는 '잡동사니'의 대부분은 1920년대에 결코 용납될 수 없던 셈이었다.[55]

　게오르크 쿠르티우스가 그리스를 언어적인 측면에서 인도유럽인과 연결지었다면, 그의 형인 에른스트의 연결고리는 역사였다. 에른스트 쿠르티우스는 1814년에 태어났다. 그는 본과 괴팅겐에서 수학했으며, 그곳에서 만난 뮐러를 존경했다. 1836~1840년에 그리스에 머물렀는데, 그 마지막 해에 뮐러의 임종을 지켰다. 쿠르티우스는 펠로폰네소스를 역사적으로 상세히 기술하여 베를린에서 자리를 얻었다. 그 후 1856년부터 1868년까지 괴팅겐 교수를 역임했다. 그런 다음에는 베를린에서 교수직을 얻었으며 생애의 마지막 28년을 그곳에서 보냈다.[56]

　에른스트 쿠르티우스는 그리스의 풍경과 기념물, 고고학, 그리고 예술을 향한 뮐러의 열정을 공유했다. 그의『그리스사』는 실제로 그리스에 다녀온 사람이 집필한 최초의 주요 그리스 역사서였다. 더구나 쿠르티우스는 그의 스승이 지닌 그리스에 대한 낭만주의적 관점을 항상 유지했다. 빌라모비츠 뮐렌도르프가 지적하듯이, 그는 "저 이상적인 생각에 대한 믿음에서 벗어나지 못한 채, 죽는 날까지 그러한 생각을 개진했다."[57] 그러나 쿠르티우스는 뮐러와는 달리 인도유럽인과 아리안에 대한 새로운 열광 속으로 휩쓸려 들었으며, 이로써 그의 낭만주의는 그들에게로 확대되었다.

　이러한 시각은 1857년에 출간된 그의『그리스사』제1권을 관류한다. 쿠르티우스는 인도유럽어의 본고향이 중앙아시아 산맥 지대 어딘가라는 언어학자의 생각을 받아들였다. 그는 아리안이 바로 이곳에서 남부로 휩쓸고 내려가 인도를 정복했던 것처럼, 헬레네스가 그리스로 내려왔다고 생각했다. 고대인이나 그의 선배와는 달리, 쿠르티우스는 펠라스고이와 헬레네스 사이의 구별을 강조했다. "펠라스고이 시대는 배후에 묻힌, 그야말로 단조로움으로 일관된 오랜 기간이다. 자극과 활동은 헬렌과 그의 아들들에 의해 처음으로 전해진다. 이들이 도착함과 동시에 역사가 시작한다."[58]

이러한 시각은 마치 아리안과 비非아리안 사이의 구별처럼 보일 수도 있다. 그러나 사실 쿠르티우스가 본 펠라스고이는 아나톨리아를 지나고 헬레스폰트를 건너 처음으로 그리스에 도착한, 그리고 프리기아에 그 자취가 남아 있는 열등한 아리안이었다. 뒤이은 헬레네스의 침입은 그보다 규모가 작았지만, "수적 열세에도 불구하고 그들은 우월한 지능으로 분산된 요소를 규합할 수 있었으며 … 그것을 보다 높은 수준으로 발전시켰다."59 도리스인 이전의 스파르타 및 메세니아 원주민과 '아리안의 범주에 속하지 않는' 아일랜드인 사이의 유사점은 415쪽에서 언급한 바 있다.60 아리안-헬레네스가 반半아리안인 펠라스고이를 정복했다는 쿠르티우스의 역사 도식은 이데올로기적으로 바람직한 두 가지 특징인 지배 인종에 의한 북쪽에서의 정복과 본질적인 인종적 순수성의 보존을 겸비하는 장점을 지닌다.

새로운 침입자는 전부 북쪽에서 온 사람이었다. 그 가운데 한 집단은 "고대 헬레스폰트 입구를 지나는 육로를 택했다. 그들은 트라키아를 지나 북부 그리스 고산 지대로 들어섰으며, 그곳에 산악 거주지canton를 마련해 특유의 사회 공동체 생활을 발전시켰는데 … 그들의 이름이 도리스인이었다."61 그들을 거의 스위스인처럼 보이게 만든 고립된 '산악 거주지'의 생활을 생생하게 묘사한 이유는 민족의 특성을 그 본고향의 풍경에서 이끌어내려는 오랜 낭만주의적 필요에서 비롯한 것으로 보인다. 그러한 관점을 옹호하는 입장에서 볼 때, '부드러운' 이오니아-아테네인은 바위 지형의 아티카에서 형성된 반면 스파르타인이 녹초지인 에우로타스 계곡에서 살았다는 사실을 발견하는 것은 당혹스러운 일이었다.

이오니아아인의 기원에 관한 쿠르티우스의 언급은 훨씬 간략했다. 그는 단지 이오니아인이 프리기아에서 곧장 에게 해 동부 해안으로 내려왔다고만 말했을 뿐이다.62 그리스 전승에 따르면, 그리스에서 건너온 이오니아인이 아나톨리아의 이오니아를 식민화한 것은 분명 기원전 11세기에 이르러서의 일이었지만, 니부어는 이 점에 관해 이미 고대인을 불신한 바 있었다. 이렇게 하여 쿠르티우스는 새로운 학문의 권위를 등에 업고 전승을 부정했으며 그리스인이 훨씬 더 일찍부터 그곳에서 살았다고 공언했다. 또한 그는 각기 별도로 이주했다는 점이 도리스인을 이오니아인과 구별짓게 만들었으며, 그리하여 "현재 이 민족의 모든 역사에 퍼져 있는 이원론의 토대가 처음으로 마련되었다"고 그 절의 결론부에서 주장했다. 그러나 그들은 인종적으로 맺어져 있었고, "내밀한 혈연감으로 인해 서로에게 끌렸다."[63]

다른 무엇보다도, 아리안-헬레네스를 둘러싼 쿠르티우스의 신비적인 감정은 언어와 관련되었다.

> 인도-게르만어라는 공동의 보물을 그토록 독특한 방식으로 발전시킬 줄 안 민족은 … 헬레네스였다. 그들이 행한 최초의 역사적 행위는 이 언어를 발전시킨 것이며, 이는 예술적인 행위이다. 왜냐하면 그 어떤 자매어보다도 특히 그리스어는 예술 작품으로 간주되어야 하기 때문이다. … 그들 언어의 문법이 우리에게 남아 있는 유일한 헬레네스의 유물이라 하더라도, 그것은 이 민족의 비상한 본질적 재능을 말해주는 충분하고도 유효한 증거가 될 것이다. … 완전한 언어는 단련된 운동 선수의 신체와 유사하다. 모든 근육이 완전히 작동될 수 있도록 발달되어 있으며, 과장되거나 지친 모습 없이 힘차고 생기가 넘친다.[64]

이 '순수한' 언어는 북부 산악 지대에서 완전한 형태를 갖춘 이후에 그리스로 내려온 것이어야 했다. 쿠르티우스는 이러한 이른 완성을 특히 필수적인 사항으로 생각했다. 왜냐하면 그는 언어가 풍경과 직접적으로 관련된다고 믿었기 때문이다. "어떤 부류의 소리는 언덕에서, 다른 부류는 계곡에서, 그리고 또 다른 부류는 평원에서 우세한 것이 보통이다."[65] 그는 그리스어처럼 아름답고 순수한 언어가 지중해에서 발전할 수도 있을 것이라고는 도저히 생각할 수 없었다. 하물며 이집트인과 셈족이 헬레네스와 뒤섞임으로써 나타난 결과일 수 있다는 생각은 더더욱 할 수 없었.

쿠르티우스는 페니키아인이 일찍이 그리스에서 교역했으며 몇 가지 새로운 발명품을 들여왔다고 인정했다. 그러나 그들은 곧바로 보다 역동적인 이오니아인에게 내쫓겼다고 쿠르티우스는 주장했다. 그리고 그는 '인종학'을 통해 이집트인과 페니키아인의 정착에 관한 전설이 터무니없는 것으로 밝혀졌다고 확신했다.

> 가나안인은 헬레네스의 진격 앞에서, 특히 고향에서 멀리 떠나온 그들과 마주쳤을 때 언제나 겁먹은 모습으로 퇴각했다. 헬레네스는 살라미스나 키프로스 같은 인종 혼합 지역에 거주하는 가나안인과 혼인하는 것을 수치스럽게 여길 정도로 그들을 경멸했다. 본래 그러한 가나안 인종의 한 부류인 페니키아인이 헬레네스 주민 사이에서 주권을 확립했다고는 도저히 상상할 수 없는 일이다.66

이 구절의 반유대주의적 함축과 당시 영국이 취한 페니키아인에 대한 전혀 상이한 태도는 다음 장에서 논의할 것이다. 쿠르티우스는 분젠이 선택한 것과 유사하며 그만큼 번거로운 방식으로 페니키아인에 관한 언급을 해명했다. 쿠르티우스에 따르면, 페니키아인의 정착에 관한 그리스 전설은 해외에 나가 외국의 방식을 습득한 이오니아인을 자연스레 페니키아인과 혼동한 데에서 비롯했다. 아니면 카리아를 포이니케Phoinikē라고 불렀으며, 카리아인을 동부 그리스인의 전형으로 보았다는 '사실'에서 비롯한 것이었다.67 그가 허용한 유일한 예외는 크레타였다. 그는 페니키아인이 결코 그곳 원주민인 펠라스고이를 몰아내지는 못했지만, 상당수가 정착했을지도 모른다고 인정했다.68 1850년대에는 크레타가 아직 터키 치하에 있었기 때문에, 이는 있을 수 있는 일로 보였다. 1900년에 에번스가 '미노아' 문명을 발견한 후에야 비로소 크레타는 페니키아인에게 넘겨지기엔 너무나 귀중한 지역이 되었다.

나는 이번 장을 짤막한 인물 묘사로 끝맺고자 한다. 대단히 완고한 윌리엄 리지웨이에 관해서는 앞서 얼스터 사람에게 붙여진 스파르타인이라는 이미지와 관련하여 언급한 바 있다. 그는 20세기 초두에 케임브리지의 초기 그리스사 연구를 주도한 인물이었다.[69] 그는 1901년에 출간된 『초기 그리스 시대』에서 다음과 같이 말함으로써 자신의 지적 계보를 드러냈다. "아직 어느 누구도 그 역사가들의 회의주의와 신중함을 문제삼지 않았다. 그들은 니부어와 덜월, 그로트, 그리고 에른스트 쿠르티우스이다."[70] 자신들이 좋아하지 않는 이론에 대한 그들의 회의주의는 누구도 의심할 수 없다. 다른 한편, 그로트는 예외일 수도 있지만, 그들 모두가 인종주의자였으며 그리스에 대해 자신들이 품은 이미지를 열정적으로 사랑한 낭만주의자였다는 점 또한 의심의 여지가 없다. 이제 분명한 것은, 내가 그들의 신중함과 균형 감각, 그리고 객관성을 문제 삼고자 한다는 점이다.

제8장

페니키아인의 흥망

1830~1885

이제 우리가 도착한 지점은 아리안 모델이 확립되어가는 중간 단계이다. 그리스의 형성에 이집트가 기여했다는 점은 기각되었지만, 페니키아인이 연루되었다는 점은 일반적으로 받아들여졌다. 나는 이번 장과 뒤이은 몇 장에 걸쳐 인종적인 반유대주의(종교적인 반유대주의의 반대 개념)의 발흥이야말로 페니키아가 초기 그리스에 방대한 영향을 미쳤다는 전승을 기각하도록 유도한 핵심적인 배후 영향력이었다고 주장한다. 왜냐하면 페니키아인과 유대인 사이의 문화적 근접성을 정확하게 인식했기 때문이다.

그러나 우리가 다루고자 하는 중간 시기는 과거와 현재, 즉 페니키아인과 영국인이 모두 훌륭한 제조업자이자 호상豪商이라는 유사점으로 인해 복잡한 상황에 놓였다. 이러한 동일시는 영국인뿐만 아니라 그 적들(19세기 초에는 프랑스인, 그리고 19세기 말에는 독일인)도 인정했다. 따라서 페니키아인을 다루는 역사적인 방식은 해협을 가운데 두고 뚜렷한 차이를 보였다. 영국인은 그들을 칭송하는 쪽으로 기울었던 반면, 대륙인은 다소 격하다 싶을 정도로 적대적이었다. 페니키아인에 대한 프랑스인의 관심은 프랑스가 레바논(옛 페니키아)과 북아프리카(지금 페니키아)에 대해 식민지적·군사적 이해관계를 갖게 되면서 한층 증대했다. 페니키아인에 대한 프랑스인의 적대감은 엄청난 성공을 거둔 플로베르의 역사 소설 『살람보』에서 절정에 이르렀다. 그 소설은 기원전 3세기 카르타고의 사치와 잔학상을 생생하게 묘사했다.

『살람보』는 생생한 장면 묘사를 통해 성서가 자주 언급한 무시무시한 몰록 숭배 제의와 장자 희생을 쟁점화했다. 플로베르가 카르타고인과 페니키아인이 이러한 극도로 혐오스런 행위와 관련된다는 점을 상기시킴에 따라, 영국 학자나 유대인 학자라 하더라도 페니키아인을 옹호하기란 쉽지 않은 일이 되었다.

이번 장의 마지막 세 절에서 다루는 내용은 각기 다음과 같다. 우선 그리스가 대부분 셈족화되었으며, 따라서 문화적으로 타락했다는 고비노의 견해를 다룬다. 그 다음, 슐리만이 청동기 시대 '미케네' 문명을 발견한 일과 그 문명의 지배자 및 주민의 인종적·언어적 본질을 둘러싼 논의를 다룬다. 특히 여기서 나는 미케네 문화 전체가 대단히 '셈족화'되었다는 널리 보급된 믿음에 관심을 기울일 것이다.

마지막 주제는, 설형 문자가 해독되고, 또 셈어를 사용하는 아시리아인과 바빌로니아인이 발견된 다음 비非셈족인 수메르인이 발견되면서 동부 지중해 역사 서술에 미친 영향이다. 1890년대에 이르러 고대사 서술 대부분을 지배한 반유대주의자는 메소포타미아 문명의 모든 국면을 수메르인에게 귀속시킴으로써 셈족이 본래 창의적이지 못하다는 자신들의 교의를 고수할 수 있었다.

페니키아인과 반유대주의

유대인에 대한 종교적인 혐오와 인종적인 적대감은 상당 부분 중복되었다. 그럼에도 불구하고 19세기를 거치는 동안 전통적인 그리스도교의 '유대인 혐오'에서 근대적인 '인종적' 반유대주의로 강조점이 옮겨진 것 또한 사실이다. 그러나 그러한 전이는 복합적인 과정이었으며 여러 곳에서 다양한 속도로 일어났다. 예를 들어, 독일에서는 그 두 가지 혐오 사이의 간극이 미세했을 뿐만 아니라, 그러한 간극이 존재한 것도 오로지 프랑스 혁명 이전의 계몽주의 집단이나 프리메이슨 집단뿐이었다. 19세기 초에 나타난 그리스도교로의 회귀 및 계몽주의의 혁명적인 결과에 대한 공포와 더불어 유대인 혐오가 부활하면서, 반유대주의의 싹이 급속히 자라났다. 반동주의자가 생각하기에, 계몽주의는 유대적인 합리주의와 밀접히 관련된 것이었다.

가장 교양 있는 엘리트 계층에서 일어난 변화는 독일 지배 계급 전체의 일면을 보여준다. 빌헬름 폰 훔볼트와 그의 아내 카롤리네는 혁명 이전에 유대 집단에서 활동했다. 그러나 카롤리네는 말년에 이르러 유대인에 격렬히 맞섰기 때문에, 나치는 그녀를 선구적인 반유대주의자로 생각했다. 훔볼트 자신은 유대인에게 시민권을 부여하자는 입장을 여전히 옹호했지만 1815년에 이렇게 썼다. "나는 유대인을 전체적으로 좋아하지만 개별적으로는 매우 조심스럽게 피한다."[1] 그러나 1870년대와 1880년대에는 상황이 훨씬 더 첨예해졌다. 빌라모비츠 묄렌도르프와 몸젠 같은 뛰어난 자유주의자, 그리고 니체 같은 사람이 새로이 강화된 반유대주의에 격렬히 반대했다는 점 또한 의심의 여지가 없다.

유대인의 수가 훨씬 적었던 프랑스의 경우, 유대 합리주의와 계몽주의 사이의 이중적인 관련과 프랑스 혁명 이후 유대인에게 시민권을 부여했다는 점으로 인해 유대인은 프랑스 공화주의 노선과 단단히 결합했다. 이는 왕당파와 가톨릭교파의 유대인 혐오가 유럽의 다른 어느 곳보다 프랑스에서 훨씬 더 컸다는 점을 의미했다. 반면 자유주의자와 '진보주의자'는 종종 새로운 인종주의와 반유대주의를 공유하곤 했지만, 때때로 유대인을 공화국의 외곽 방벽으로 여겼다. 따라서 유대인은 프랑스 사회 안에, 그리고 빈번히 프랑스 정부 안에 중요한 동맹자를 가지고 있었다.

1650년대까지 유대인을 추방한 영국의 경우는 반유대주의 경향뿐만 아니라 이론적인 친유대주의 경향도 존재했다. 영국인이 유럽인의 조상인 야벳의 후손이 아니라, 유대인의 선조인 셈의 후손이라는 중세 전승이 영국에 있었다. 또한 영국을 새로운 예루살렘으로 보는 청교도적인 시각도 있었다. 이는 블레이크의 감동적인 송가 안에서 오늘날까지 살아남아 있다.[2] 이러한 전승과 17세기 말과 18세기 영국의 재정적·식민지적 우위 확립에 기여한 유대인의 중요한 역할 덕분에, 프랑스에서와 마찬가지로 영국에서도 유대인 혐오에서 반유대주의로의 변화가 더디게 진행되었다. 그로 인해 19세기 중반에는 유대인에게 '기회의 창'이 전에 없이 활짝 열리게 되었다. 디즈레일리* 같은 개종자는 전무후무한 방식으로 최고위직에 오를 수 있었고, 개업한 유대인은 시민권을 얻음과 동시에 사회적으로도 용인받았다. 이러한 사회적 인정은 1950~1960년대까지 지속되었다.

셈족은 어느 인종이었는가?

앞서 '코카서스인'이라는 이름이 어떻게 프로메테우스를 거쳐 셈과 대립하는 야벳과 관련되었는지 살펴보았다. 하지만 그 용어의 고안자인 블루멘바흐는 1795년에 출간된 『인종의 자연 기원』 제3판에서야 비로소 이를 도입했다. 우리가 알고 있듯이, 그가 처음에 품었던 우월한 백인종이라는 개념은 아랍인과 유대인 모두를 포함한 것이었다. 19세기 말까지 많은 영국 저자는 코카서스인이라는 단어를 그러한 의미로 사용했다.3 예를 들어, 1840년대에 디즈레일리는 모세를 '모든 면에서 완벽한 코카서스인의 전형'으로 묘사하면서, 유럽의 유대인이 '순수한 코카서스 혈통'이 아니었으면 그 모든 고난을 견뎌내지 못했을 것이라고 썼다. 그 후 1870년대에 조지 엘리엇은 유대인을 '보다 순수한 코카서스인'이라고 지칭했다.4 심지어 독일의 격렬한 반유대주의자이자 슐레겔 형제의 제자인 크리스티안 라센도 유대인에게 코카서스인의 지위가 부여되는 것을 용인했다.5

그러나 바로 그 수십 년 동안에 새로운 태도가 자라나고 있었다. 해부학자인 로버트 녹스 교수는 도굴꾼인 버크와 헤어*의 고용인이라는 악명을 떨쳤다. 전하는 이야기로는 그 도굴꾼이 가져다 준 해부용 시신이 너무 오래되어 앙상하다고 불평하면서, 보다 싱싱한 시신을 요구했다는 것이다. 어쨌든 그는 그 살인자들의 희생자를 즐거이 건네받았다. 버크와 헤어는 결국 교수형을 당했다. 녹스는 비록 해부학계에서 쫓겨났으나, 이후 선구적인 인종주의 팸플릿의 저자가 되었다. 녹스는 1850년에 디즈레일리의 『탠크리드 *Tancred*』에 나오는 현명한 시도니아의 말인 "모든 것은 인종이며, 그 이외의 진리란 없습니다"를 풀이하면서 이렇게 단언했다. "인종은 모든 것이자 진정한 사실이며, 철학이 알려준 가장 주목할 만하고 가장 포괄적인 것이다.

인종은 모든 것, 즉 문학이자 과학이며, 예술이다. 한 마디로 말해서 문명은 인종에 의존한다."[6]

녹스는 백인에게 주어진 인종 근절의 기회를 다음과 같이 자랑으로 생각했다. "색슨-켈트 인종과 사르마티아(슬라브) 인종 앞에 절멸의 장이 펼쳐지다니!"[7] 그는 '유대인'을 '불모의 잡종'으로 묘사하면서, 그들은 항상 창조적이지 못한 기생적 존재라고 비난했다.

> 그러나 유대인 농부와 유대인 직공, (그리고) 노동자는 어디에 있는가? 그들은 왜 수세공 노동을 싫어하는가? 그들은 창의력도 없고, 기계적이거나 과학적인 재능도 없는가? … 그래서 나는 이 점을 탐구하기 시작했고, 그리하여 깨달았다. … 소명을 따른 유대인은 진정한 히브리인이 아니라, 유대인 아버지와 색슨 혹은 켈트인 어머니 사이에서 태어난 자라는 것을. 진정한 유대인은 가장 일찍이 기록된 시기 이래 결코 변하지 않았다는 것을. … 진정한 유대인은 음악을 들을 줄도, 과학이나 문학을 사랑할 줄도, 무언가를 탐구할 줄도 모른다는 것을.[8]

녹스는 확실히 유대인에 대한 종교적 혐오를 지나 근대적인 인종적 반유대주의 단계로 접어들었다. 현대의 반유대주의 역사가인 폴리아코프가 지적했듯이, 비록 그러한 인종적 논증이 영국에서는 기발한 것이었지만, 다윈과 허버트 스펜서*(사회 다윈주의의 창시자) 같은 선구적인 사상가는 매우 유사한 노선을 따르고 있었다. 특히 다윈은 녹스를 긍정적으로 인용했다.[9]

다시 프랑스로 돌아가 보자. 1856년에 위대한 셈학 학자 에른스트 르낭은 이렇게 불평했다. "프랑스는 인종을 거의 믿지 않는다. 프랑스인의 가슴속에서 인종이 거의 사라져버렸기 때문이다. … (인종과 관련된) 이 모든 것은 오로지 독일인 같은 민족에게서만 나타날 수 있다. 독일인은 여전히 자신들의 시원적 뿌리를 고수한다."[10] 프랑스와 독일을 그런 식으로 비교하는 것이 옳을지 모르지만, 프랑스인 역시 인종에 관심을 가졌다. 1850년대에 이르렀을 때에는 '셈족'이라는 개념이 프랑스의 새로운 인종주의에 편입된 지

오래였다. 역사를 아리안과 셈족 사이의 변증법적 관계로 보는 언어학적 기반의 역사 이론은 이미 언급한 바 있다. 다른 한편 니부어의 프랑스 제자인 미슐레는 이러한 관계를 죽음에 이르는 인종적 투쟁으로 보았다. 일찍이 1830년에 그는 자신의 『로마사』에서 다음과 같이 썼다.

> 포에니 전쟁*의 기억이 그토록 널리 그토록 생생하게 유지되어온 데는 그만한 이유가 있다. 그 싸움이 단지 두 도시 혹은 두 제국의 운명을 결정한 것만은 아니었다. 그 싸움은 인도-게르만 인종과 셈족 중에 어느 쪽이 세계를 지배할 것인가를 결정했다. … 한쪽은 영웅적 자질과 예술적·법적 재능을 지녔고, 다른 한쪽은 산업과 항해, 그리고 상업적 기질을 지녔다. … 영웅들은 근면하지만 믿을 수 없는 이웃과 쉴 새 없이 싸웠다. 그 이웃은 노동자, 대장장이, 광부, 마술사였다. 그들은 금과 가공원架空園, 그리고 마술 궁전을 사랑했다. … 그들은 거대한 야망을 품고서 탑을 건설했는데, 전사의 검이 그 탑을 분쇄하여 지상에서 없애버렸다.[11]

이 구절은 두 가지 수준에서 살펴보아야 하는데, 그 둘 모두 장차 크나큰 중요성을 띠게 된다. 첫째, 표면적인 수준에서 볼 때, 이것은 아리안과 셈족 사이의 인종적 투쟁을 의미한다. 둘째, 또 다른 수준에서 보면, '믿을 수 없는 이웃'은 '믿을 수 없는 알비옹Albion'(잉글랜드를 뜻하는 프랑스어)을 가리킨다. 미슐레가 포에니 전쟁에 관한 글을 쓰면서 자기 시대의 나폴레옹 전쟁을 염두에 두고 있었다는 점은 의심의 여지가 없다. 따라서 영웅적인 프랑스가 영국의 산업 혁명에 패하기는 했지만, 포에니 전쟁과의 유사성으로 보건대 복수는 약속된 것이었다. 이러한 유추는 잉글랜드와 셈족 일반(구체적으로는 페니키아인)이 밀접한 관련을 갖는다는 인식을 반영한 것이었다. 또한 바로 위에서 언급한 영국인이 지니고 있던 유대인에 대한 긍정적인 이미지를 어느 정도 설명한다. 앞으로 우리는 이러한 인식을 빈번히 마주하게 될 것이다.

페니키아인에 관한 미슐레의 생각은 고비노와 플로베르에게서 찾아보게 될 것이다. 여기서는 우선 프랑스에서 이루어진 인종적 반유대주의의 발전을 조금 더 살펴보자. 이러한 발전을 보여주는 가장 뚜렷한 예는 에밀 루이 뷔르누프*의 저서에서 찾아볼 수 있다. 아테네의 프랑스어 학교 교장이었던 에밀 뷔르누프는 뛰어난 그리스학 학자이자 산스크리트어 학자로서 인도와 유럽이 서로 관계가 있음을 열성적으로 믿는 인물이었다. 그는 또한, 프랑스의 인도학 창시자 가운데 한 명이자 슈바브가 쓴 『오리엔트 르네상스』의 주인공인 외젠 뷔르누프의 사촌이기도 했다. 에밀 뷔르누프는 1860대에 집필 활동을 하면서 셈족을 다음과 같이 묘사했다.

> 진정한 셈족은 끝이 말려 올라간 윤기 있는 머리칼에 코는 심한 매부리코이고, 입술은 두터운 데다가 앞으로 튀어나와 있으며, 굳센 팔다리와 가는 종아리, 그리고 평평한 발을 지녔다. 게다가 후두부 인종, 즉 머리의 앞부분보다 뒷부분이 더욱 발달한 인종에 속한다. 셈족은 성장이 매우 빨라서 15세나 16세가 되면 성장기가 끝난다. 그 나이가 되면 분할되어 있던 두개골의 각 부분이 이미 하나로 이어지고, 심지어 단단하게 붙어버리는 경우도 있다. 그 시기부터 두뇌의 성장이 억제된다. 아리안 인종의 경우, 그 나이 때에 이런 현상이나 이와 유사한 현상은 결코 나타나지 않는다.[12]

뷔르누프는 셈족이 백인종과 황인종의 혼혈이라고 주장했다. 그와 동시대인이며 후에 유럽 인종주의의 아버지로 인정된 지독한 반동주의자인 고비노는 유대인과 셈족에 대해 훨씬 더 복잡한 관점을 지니고 있었다. 고비노는 교회를 지지하는 자신의 보수적인 입장과 새로운 인종주의 이론이 불러일으킨 흥분 사이에서 갈등했다. 이러한 갈등은 온갖 난점을 야기했다. 가장 근본적인 난점은 인간이 단 한 차례 창조되었는가 아니면 여러 차례 창조되었는가라는 문제를 둘러싼 것이었다. 폴리아코프가 올바르게 평하듯이, 고비노는 '이론적으로는 일원론자이자, 실질적으로는 다원론자'였다. 왜냐하면 그는 백인종과 황인종, 그리고 흑인종 등 세 인종을 각기 개별적인 種으로 생각했기 때문이다.[13] 엄격하고 고매한 아버지와 '모험가' 어머니 사이에서 개인적인 갈등을 느꼈던 고비노는 인종을 성性과 연결 지었다.[14] 그에 따르면, '백인종'은 본질적으로 '남성'인 반면 '흑인종'은 '여성'이었다. 그는 흑인종을 혐오했음에도 불구하고 "흑인적 요소는 … 한 인종의 예술적 재능을 계발하는 데에 필수 불가결하다. 왜냐하면 우리는 예술혼이 본래 발랄함과 무의식을 어떤 식으로 분출하는지, 그리고 상상력이라는 저 관능의 거울과 물질적인 것에 대한 모든 갈망이 예술적 재능을 얼마나 많이 이끌어 내는지 알고 있기 때문이다."라고 주장했다.[15]

동일한 긴장이 고비노의 전체적인 역사관(성서와 새로운 인도유럽어학의 혼성물)에도 반영되었다. 그에 따르면, 노아의 세 아들인 함과 셈, 그리고 야벳으로 대변되는 세 인종은 모두 소그디아나*나 아니면 그와 비슷한 중앙아시아의 어떤 지역에서 기원했으며, 마치 '아기 돼지 삼형제'처럼 성공의 길을 찾아 나섰다.[16] 남쪽으로 향한 첫 번째 인종은 함족이었다. 그들은 어느 정도의 문명을 건설하면서 순수한 혈통을 유지하려 했지만 결국 열등한 토착 흑인과 뒤섞여 속절없이 잡종이 되어버리고 말았다.[17] 길을 나선 두 번째 인종은 셈족이었다. 이들 역시 혈통의 순수성을 보존하려 했음에도 결국 흑인의 피로 심하게 오염되고 말았다. 이는 흑인종과의 직접적인 접촉 때문이기도 하지만 그보다는 '혼혈' 함족과의 접촉에서 기인한 면이 더욱 컸다.[18] 오로지 야벳족 혹은 아리안만이 북쪽에 머물면서 순수성을 유지했다.

비록 고비노의 저서 전체가 잃어버린 순수성에 대한 비탄이기는 하지만 그의 도식을 이끄는 핵심은 혼혈이었다. 그는 인종 혼혈이 이루어졌을 때에야 비로소 그 인종의 장단점을 설명할 수 있다고 주장했다. 고비노는 유대인에 대해 그가 선호하는 점인 전장에서의 용맹함과 훌륭한 경작술은 셈족 혈통에 귀속시키고, 상술과 사치품 선호, 잔혹함, 그리고 용병 고용 등은 함족의 영향 탓으로 돌렸다.[19]

1856년에 고비노의 후원자인 토크빌은 고비노의 저서가 프랑스에서 별다른 반응을 얻지 못하자 그에게 위로 편지를 보냈다. 두 사람 모두의 친구인 에른스트 르낭과 마찬가지로, 토크빌은 '추상적 진리에 대한 열정'을 지닌 독일에서라면 그 책이 보다 좋은 대접을 받았을 것이라고 생각했다. 그래서 그는 고비노에게 그 저서가 "그 어느 곳보다도 독일을 거쳐서 프랑스로 돌아올 것"이라고 장담했다.[20] 실제로 그 책은 1940년 독일이 프랑스를 점령한 후 즉시 재발간되었다.

셈족의 언어적·지리적 열등성

유대인과 페니키아인이 밀접한 관련을 갖는다는 견해는 오랫동안 지속되었을 뿐만 아니라 옳은 것이기도 하다. 18세기 중반 바르텔르미가 페니키아 알파벳을 해독하기 훨씬 이전에 사무엘 보샤르 같은 17세기 학자는 히브리어와 페니키아어가 동일한 언어의 방언이라는 점을 충분히 인식하고 있었다.[21] 1780년대에 이르자 두 언어는 아랍어와 아람어 그리고 에티오피아어와 더불어 '셈어'로 분류되었다. 19세기 초의 많은 학자는 성서가 묘사하는 아담의 언어이자 바벨탑이 무너질 때까지 모든 인류가 쓰던 말이라는 히브리어의 이미지에 반대했다. 즉 그들은 히브리어가 완전한 언어라거나 본래의 언어라고 하는 주장에 대해 극렬하게 부인했다. 히브리어는 이제 원시적인 언어로 추락했다. 예를 들어, 훔볼트는 바로 그런 이유로 김나지움에서 히브리어를 가르쳐야 한다고 주장했다.[22] 제5장에서 살펴보았듯이, 프리드리히 슐레겔은 셈어를 가장 수준 높은 형태의 '동물적' 언어로 정의했지만, 어형 변화가 우월한 '정신적' 언어의 시금석으로 간주되었기 때문에 셈어가 빼어난 굴절어라는 사실을 외면할 길이 없었다[23] 따라서 훔볼트를 비롯한 학자들이 다소 '진보적인' 언어의 계급 체계를 만들어냈을 때, 셈어를 인도 유럽어와 동일한 최고 단계에 두어야만 했다. 19세기 초 유럽의 상대적인 유대인 관용을 반영하는 이러한 상황은 '진정한' 역사를 아리안과 셈족 사이의 변증법적 관계로 보는 학계의 관점을 뒷받침하는 토대로 이용되었다.

생리학적 인종주의자는 셈족을 '여성적'이면서도 '불모의' 인종, 즉 겉으로 보기엔 지적이고 상상력이 넘치지만 근본적으로는 창의적인 사고나 행위 능력이 없는 인종으로 인식했다. 친구인 고비노와 의견을 달리한 에른스트 르낭은 특정 인종의 무능력이 본질적으로 언어에서 기인한다는 보다 오래된 낭만주의 전승을 따랐다. 프랑스의 공인된 지도적 셈어 전문가이자 19세기의 페니키아학 창시자인 르낭은 자신이 생각하는 셈어의 부적절성에 큰 관심을 기울였다. 그는 자신이 그토록 경탄한 독일 학자의 장광설로 자신의 의중을 털어놓으면서 다음과 같이 썼다.

> 셈족의 통일성과 단순성은 셈어 자체에서 찾아볼 수 있다. 셈어에는 추상 개념이 없으며, 따라서 형이상학은 아예 불가능하다. 언어는 한 민족의 지적 작용을 위한 필수적인 틀이다. 구문론을 거의 갖추지 못한 관용구는 그 어떤 변형 구문도 낳지 못하며, 생각의 요소 사이의 미묘한 관계를 확립하는 접속사가 없으면 모든 대상을 외적 특징으로만 묘사하게 된다. 그런 언어는 분명 보는 사람의 풍부한 영감에, 그리고 일시적인 인상을 묘사하는 데에 대단히 적합하지만, 모든 철학과 순수한 지적 사색을 거부한다는 점 또한 분명하다. 그와 비슷한 도구를 사용하는 아리스토텔레스와 칸트를 상상할 수 있을는지…[24]

르낭이 셈족의 열등성을 초래한 또 다른 이유로 꼽은 것은 지리였다. 그에 따르면, 유럽인은 비가 많이 내리는 기후에서 살기 때문에(르낭은 브르타뉴* 사람이었다) 여러 가지 형태를 띠는 미묘한 기질을 지니게 된 반면, 셈족은 무자비한 태양 아래서 빛과 그림자가 뚜렷이 구분되는 사막 출신이기 때문에 단순하고 광적인 기질을 지니게 되었다는 것이다.

> 셈족은 그 단순성으로 인해 불완전하게 보인다. 감히 말하건대, 셈족과 인도유럽 인종의 관계는 소묘와 채화의 관계, 혹은 단旋선율 송가와 근대 음악의 관계와 같다. 셈족은 완전성에 필수적인 삶의 다양성과 규모, 그리고 풍요가 모자란다.[25]

다른 한편으로 그는 이러한 단순성과 강렬함이 종교의 원천이었으며, 셈족이 세상에 종교를 가져왔다고 주장했다. 르낭은 아리안의 과학을 셈족의 종교에 적용시키는 것을 자신의 사명으로 여겼다.[26] 그리스도교의 기원에 관한 그의 언어학적이고 인종적인 연구는 이러한 사명감에서 기인한다. 그러나 그는 종교가 셈족에게 동등성을 부여한다고 생각하지는 않았다.

> 따라서 거의 전적으로 존재하지 않는 특성을 통해 셈족을 알 수 있는 것이다. 셈족에게는 신화도, 서사시도, 과학도, 철학도, 소설도, 조형 미술도, 시민 생활도 없다. 그 어디에서도 복합성이나 미묘함, 혹은 감수성이라고는 전혀 찾아볼 수 없고, 오로지 단일성만이 존재한다. 셈족의 일신교에는 다양성이 존재하지 않는다.[27]

르낭의 태도는 대단히 중요하다. 왜냐하면 그가 대중적으로 크게 인정받았다는 점으로 보건대 그의 태도가 일반적인 견해를 명료화한 것일 뿐만이 아니라 그가 셈족, 성서, 페니키아 연구에서 지배적인 위치를 차지하고 있었기 때문이다. 이는 그가 이러한 분야에서 여론과 여러 학자의 견해를 규합해서 반영했다는 것을 뜻한다.[28] 게다가 르낭이 셈어에 대해 지닌 이해 관계는 훔볼트, 니부어, 분젠이 이집트학을 촉진시키면서 지닌 이해 관계와 놀랄 만큼 유사하다. 그들 모두 자신들의 연구 대상에 지나치게 동조한다는 비난을 받을까 봐 두려워했던 것으로 보인다. 그렇다고 해서 그들이 유럽에 대한 배반을 함축했던 것은 결코 아니었다. 왜냐하면 비유럽 문화를 '과학적으로' 연구한다는 행위 자체가 비유럽 문화를 질적으로 열등하고 이국적이며 활기 없는 문화로 만드는 일이었기 때문이다.[29] 그러나 르낭은 셈족이 특기할 만한 장점이 전혀 없는 다른 비非인도유럽인과는 다르다고 강조했다. 그는 셈족이 훌륭한 자질을 지녔으며, 그러한 자질은 영국인에게서도 공통적으로 나타난다고 주장했다. 따라서 셈족과 영국인에 대한 르낭의 적의는 미슐레의 경우와 달리 상당히 완화된 것이었다. 그는 셈족과 영국인은 "대단히 고결한 정신과 부러울 정도로 순박한 심성, 그리고 예민한 도덕적 정서"를 지녔다고 주장했다.[30]

토머스 아널드와 매슈 아널드 사이의 현저한 차이는 19세기에 영국 인종주의에서 일어나고 있던 변화를 보여주는 유익한 사례를 제공한다. 1820년대와 1830년대에 토머스 아널드는 튜튼인과 게일인(갈리아계 로마인을 포함)사이의 갈등과 특히 영국인과 프랑스인 및 아일랜드인 사이의 갈등에 몰두했다. 그는 '튜튼인 중의 튜튼인이자 켈트인을 증오하는 아널드 박사'로 알려진 것을 자랑스럽게 생각했다.[31] 그의 아들인 매슈는 1850년대와 1860년대, 그리고 1870년대에 아일랜드인과 프랑스인 모두를 호의적으로 다루면서 자신이 아버지의 편협함을 넘어섰다고 믿었다.[32] 그는 언어학 분야의 새로운 성과를 충분히 알고 있었으며, 인도유럽인과 아리안을 체계적으로 옹호했다. 그는 그들 모두를 좋아했다. 게다가 그는 19세기 중반의 또 다른 영국 사상 학파를 이끌었으며 집시 혹은 보헤미안에 열광하기까지 했다. 그는 이 인도유럽어 사용자가 이제 빙켈만이 언급한 그리스인과 다소 유사한, 명랑하고 매력적이며 무책임하고 어린애 같은(그러나 어쨌든 철학적인) 아리안의 사촌뻘로 생각했다. 그들은 인도유럽 문화의 보다 가벼운 측면이었다.[33]

매슈 아널드는 르낭이 자신의 삶에 아버지 다음으로 가장 큰 지적 영향을 미쳤다고 인정했다.[34] 그는 그리스인과 히브리인 사이에서, 즉 아리안과 셈족 사이에서 세계사의 근본적인 분기점이 형성된다는 르낭의 믿음을 받아들였다.[35] 당시 대부분의 선구적인 사상가들이 이러한 믿음을 공유했다. 그러나 그는 대륙 인종주의자에게는 영향을 주지 않았던 한가지 문제에 직면했다. 즉 그는 영국인이 셈족과 공통된 자질을 지녔다는 대륙 인종주의자의 비난이 타당하다는 점을 인정할 수밖에 없었던 것이다. 더욱이 영국에는 앞서 언급했듯이 19세기 중반에 부르주아지가 발흥함으로써 강화된 친親셈족 성향의 전승이 있었다. 따라서 많은 빅토리아 시대 영국인은 스스로를 성서에 나오는 족장으로 생각했으며 근면과 검약, 분별, 예절 존중, 그리고 무엇보다도 엄격한 정의감을 자랑으로 삼았다.

아널드는 언어적·인종적 계열과 어긋나는 영국인과 셈족 사이의 이러한 근접성 때문에 괴로워했다. 그는 영국인의 '히브리인' 기질을 종교 개혁과 청교도주의의 결과로 돌림으로써 이러한 변칙을 해명했다. 즉 그리스인과 히브리인 사이의 분기점이 곧 고교회파와 저교회파, 국교회와 비국교회, 그리고 공업 중심의 북부와 농업 중심의 남부 사이의 지속적인 투쟁인 영국 내란의 분기점이라는 것이었다.36 매슈 아널드는 르낭과 마찬가지로 '히브리인의' 전승에 많은 미덕이 담겨 있음을 인정해야 한다고 주장했다. 그럼에도 불구하고 그는 영국인에게 근래 청교도의 부르주아 속물 근성에서 벗어나 그리스인 쪽으로 눈을 돌리라고 호소했다. 그는 주요 전승인 빙켈만의 전승에 따라 그리스인을 꾸밈없고 경쾌하며 예술적이고 침착한 민족으로 여겼다. 그러나 아널드는 19세기 사람으로서 여기에 명석한 사고와 독특한 철학적 능력을 덧붙였다. 영국은 그리스인의 기질에 눈을 돌림으로써 이웃 유럽 국가의 진보에 합류할 수 있었다. 그는 자신의 유명한 저서 『문화와 아나키』에서 결국 다음과 같이 인종에 호소했다. "헬레니즘은 인도유럽 인종에서 발생한 것이고, 헤브라이즘은 셈족에게서 발생한 것이다. 우리 영국인은 인도유럽 혈통의 민족이므로 당연히 헬레니즘 운동에 속하는 것으로 보인다."37

빅토리아 시대의 헬레니즘은 여러 국면을 지닌 활발하고 복합적인 운동이었다. 그러나 1869년 아널드의 저서 『문화와 아나키』가 출간된 이후 그리스에 관한 모든 이미지는 독일의 신新헬레니즘에 관한 매슈의 재평가와 관련되었으며, 그것에 대한 반응에서 발전하였다는 점은 의심의 여지가 없다. 토머스 아널드의 그리스 사랑이 그의 프로테스탄트 신앙과 튜튼주의 그리고 반유대주의와 맞물렸다면, 매슈 아널드의 헬레니즘은 인도유럽 인종 혹은 아리안 인종이 셈족과 끊임없이 투쟁하고 있다는 시각 또는 '문명적' 가치와 부르주아 가치 사이의 대립과 뚜렷이 연결되었다. 물론 그는 이 와중에도 확고히 다져진 길을 따르고 있었다. 이론상 그는 미슐레와 르낭을 비롯한 학자와 마찬가지로, 분젠이 말한 "히브리계 셈족이 인류의 사제라면, 그리스-로마계 아리안은 인류의 영웅이며 앞으로도 그러할 것"이라는 점을 받아들였다.[38] 그러나 그가 셈족에게 종교를 부여하면서 너무 많은 것을 부여했다고 누구나 생각했다. 매슈 아널드는 자신의 어머니에게 보낸 편지에서 다음과 같이 말했다.

> 분젠은 그리스도교에 내재한 순수 셈족적인 모든 요소를 제거하여 인도-게르만적인 그리스도교를 만드는 것이 우리의 위대한 과업이라고 말하곤 했다. 슐라이어마허는 우리 서방 국가의 그리스도교에 실제로 여호수아와 다윗에 관한 내용보다 플라톤과 소크라테스에 관한 내용이 훨씬 더 많다고 말하곤 했습니다. 그리고 아버지는 전반적으로 분젠과 슐라이어마허의 이러한 생각을 따르는 방향에서 연구하셨는데, 아마도 그분의 시대에 그런 방향으로 연구한 유력한 영국인은 아버지가 유일할 겁니다.[39]

이 사안에 관한 토머스 아널드의 선구적인 정신을 폄하하려는 뜻은 아니지만, 앞서 언급했듯이 이미 1825년에 덜월은 이러한 생각을 상당 부분 담고 있는 슐라이어마허의 『루가복음에 관하여』를 번역했다. 더구나 프랑스에서는 일찍이 1818년에 빅토르 쿠쟁이 그리스도교의 그리스적 본질을 선언한 바 있었다.[40]

아들이 지은 죄를 가지고 항상 아버지를 탓할 수는 없는 일이지만, 1870년대에 분젠의 아들인 에른스트가 성서의 전승에 근거하여 아리안의 태양 숭배 의례를 날조해냈다는 점은 주목할 만하다. 그 의례에 따르면, 아담은 아리안이었고 뱀은 셈족이었다![41] 19세기 말에 이르기까지 아리안적인 또는 게르만적인 그리스도교를 확립하려는 수없이 다양한 시도가 있었다. 그러한 시도를 가장 성공적으로 이끌었던 인물은 비주류 셈학 학자이자 열렬한 독일 민족주의자인 파울 라가르데였다. 라가르데는 예수가 갈릴리 출신의 '아리안계 유대인'이었으며, 그를 십자가에 못 박은 자들은 유대 지방의 '셈족계 유대인'이었다고 주장했다. 그는 설상가상으로 그리스도교는 또 다른 유대인인 바울로가 곡해하였고, 따라서 진정한 아리안 종교에서 셈족의 군더더기를 벗겨낼 필요가 있다고 주장했다. 라가르데는 열렬한 반유대주의자로서, 유대교를 분쇄하고 유대인을 마다가스카르에서 추방할 것을 되풀이하여 요구했다. 이것은 이후 히틀러의 여러 계획 가운데 하나가 되었다. 따라서 라가르데의 운동이 나치즘의 원천 가운데 하나였다는 그동안의 평가는 대체로 납득할 만한 것이다.[42]

영국에서는 상황이 그렇게까지 노골적이지는 않았다. 그러나 19세기 말 무렵에 이르자 셈족이 인류에 기여한 단 한 가지를 제거하고자 하는 욕구가 나타났다. 1891년에 출간된 토머스 하디*의 소설 『테스』의 주요 테마 가운데 하나는, 늘 활기 넘치는 진정한 색슨족의 잉글랜드(그 중심 지역은 웨식스* 이다)와 정복자의 후예인 퇴폐적인 프랑스인 사이의 갈등이다. 그러나 하디의 독일주의는 헬레니즘과도 연결되었다. 그는 헬레니즘이 유대주의 및 신흥 부르주아지의 속물 근성과 대립한다고 생각했다. 남자 주인공인 엔젤 클레어는 시골로 돌아가 순수한 색슨족 처녀와 결혼하기를 원한다. 동시에 그는 그리스인의 디오니소스적인 기질을 지니고 있어서, 춤추고 먹고 마시기를 좋아하며, 행복이 가득한 시골에서 떠들썩하게 즐기는 것을 좋아하는 편이다. 엔젤의 아버지와 형제는 전형적인 셈족이다. 그들은 도덕적이고 강직하며, 자연이나 생명과는 완전히 동떨어져 있다. 하디는 그들이 갈등을 빚게 되는 결정적인 계기를 다음과 같이 묘사한다.

예전에 엔젤이 너무나 불행해서 그의 아버지에게 … 만약 팔레스타인이 아니라 그리스가 근대 문명에 걸맞은 종교의 원천이었다면 인류에게 더 유익했을지도 모른다고 말했다. 아버지는 무척 슬펐다. 자신의 아들이 온전한 진리나 절반의 진리는 고사하고 과연 천분의 일의 진리나마 알고 있을까 싶을 정도로 어처구니없는 말을 했기 때문이다.[43]

여기서 하디는 비록 게일인에 대한 애정을 공유하지는 않았지만 매슈 아널드와 르낭에게 동조했다.

페니키아인과 영국인 1 : 영국의 시각

영국인과 셈족의 관련에도 불구하고 영국인을 아랍인이나 에티오피아인과 견준 사람은 아무도 없었다. '셈족'이란 늘 유대인이나 페니키아인을 염두에 둔 용어였다. 이 절에서 우리는 페니키아인과 동일시된 셈족에 집중할 것이다. 인도유럽인과 셈족 사이의 끊임없는 전쟁에 관한 미슐레의 논의는 로마와 카르타고의 충돌에 초점이 맞춰졌지만, 19세기 해협 양측 독자에게 카르타고와 잉글랜드의 유사성은 너무나 분명했다. 빅토리아 시대의 많은 영국인은 페니키아인을 긍정적으로 생각했다. 그들이 보기에 페니키아인은 노예 매매도 약간 겸하면서 문명을 전파하는 한편으로 상당한 이익을 남기는 착실한 옷감 상인이었다. 따라서 바로 이러한 상인 집안 출신인 윌리엄 글래드스턴*은 페니키아인을 열렬히 옹호했다.44 어쩌면 이는 다소 의외의 일로 비쳐질지도 모른다. 왜냐하면 글래드스턴은 호메로스의 귀족적인 가치에 환호했으며, 유럽적인 그리스를 사랑하고 아시아적인 터키를 증오했기 때문이다.45 그러나 1840년대에는 그렇듯 모순되게 보이는 감정이 충분히 양립 가능했다. 장차 글래드스턴의 경쟁자가 될 디즈레일리는 셈족의 우수성을 선언하고 있었다. 그리고 1889년에 이르러서 존경받는 역사가인 롤린슨은 매우 호의적인 페니키아 역사서를 출간하면서 페니키아인을 '고대 민족 가운데 영국 및 영국인과 가장 공통점이 많은 민족'으로 평했다.46

또한 페니키아인이 콘월*에 와서 주석朱錫을 교역했다는 상당히 근거 있는 믿음이 널리 펴져 있었다. 매슈 아널드는 이것을 영국 헤브라이즘의 초기 원천으로 생각했던 듯하다. 그는 '어떤 근엄한 티로스 상인이…'라고 시작되는 그의 유명한 시에서, 그 페니키아인은 '젊고 낙천적인 바다의 정복자'에게, 즉 새로운 지배 인종인 그리스인에게 겁을 먹고서 슬그머니 사라져

간다. 그 후 페니키아인은 지중해에서 대서양과 영국으로 쫓겨갔다. 그런 불운을 겪은 그들에 대한 동정이 50여 년 후 T. S. 엘리엇*의 『황무지』에 실린 「물가의 죽음」에도 등장한다.

> 페니키아 사람 플레버스가 죽은 지 2주일,
> 갈매기 울음소리도 심해의 파도도
> 이익과 손실도 모두 잊었다.
>   바다 밑 조류가
> 속삭이며 그의 뼈를 골라냈다. 솟구쳤다 떨어지면서
> 그는 노년기와 청년기를 지나
> 소용돌이 속으로 들어갔다.
>   이교도이든 유대인이든
> 오 그대 키를 돌려 바람 부는 쪽으로 향하는 자여
> 플레버스를 생각하라, 한때 그대만큼 잘 생기고 훤칠했던 그를.[47]

『황무지』는 '베라르Bérard 이후' 시대에 속하며 이는 다음 장에서 논의할 것이다. 그럼에도 불구하고 『황무지』는 페니키아인을 해상 활동 및 은행업과 관련짓는다는 점에서 보다 오랫동안 지속된 앵글로-색슨의 견해를 드러낸다. 또한 이 시에는 페니키아인의 셈족 본성에 관한 모호한 태도도 두드러지게 나타난다. 왜냐하면 셈족이 기생성과 수동성의 전형이라면, 유대인의 '금융업'보다는 항해와 수공업, 그리고 무역 분야에서 활동한 페니키아인이 진정한 셈족이었을 리 없기 때문이다.

만년에 글래드스턴은, 페니키아인에게 씌워진 셈족이라는 혐의에 대한 근거가 훼손됨에 따라, 자신이 아끼는 페니키아인을 보호해야 할 필요성이 있다고 느끼며 다음과 같이 말했다. "나는 늘 페니키아인이 근본적으로 비非셈족 혈통이라고 믿었다."[48] 게다가 20세기 초에 이르러 영국은 다른 유럽 국가의 반유대주의를 급속히 따라잡고 있었다. 따라서 페니키아인에 대한 태도는 훨씬 더 복잡해졌다. 영국이 주변부 셈족과 특별한 관계를 맺었다는 믿음은 점점 더 의문시되었다. 그러한 관계를 찾는 일(셜록 홈스가 콘월에 은거하면서 하려 했던 바로 그 일), 즉 영국과 셈족의 관계를 찾는 일은 이제 괴팍함의 전형으로 여겨졌다. 그러나 다른 한편으로 보면, 괴팍함으로 돌린다는 것 자체도 그러한 생각에 대한 그리고 페니키아인에 대한 일종의 애정을 암시한다. 유럽의 다른 지역에서 발전한 페니키아인에 대한 태도는 이와 매우 달랐다.

미슐레가 암시한 프랑스인과 로마인 사이의, 그리고 영국인과 카르타고인 사이의 유비(이는 결국 위안을 주기 위한 것이었다)는 앞서 언급한 바 있다. 그러나 그는 다른 곳에서 다음과 같이 명시했다.

하나의 국민으로 구현된 인간의 긍지, 그것이 영국이다. 야만족(노르만족과 데인족*)이 이 강력한 섬으로 이주하면서 무슨 일이 일어났기에, 그들이 이곳에서 땅이 선사하는 풍요와 대양이 바치는 공물로 부유해지는가? 법도 없고 한계도 없는 세계인 바다의 왕은 데인족 해적의 야만적인 가혹함과 노르만족 왕자의 봉건적인 거만함을 겸비한다. … 티로스와 카르타고를 얼마나 많이 쌓아올려야 거대한 영국의 오만에 이를 수 있을까?49

이러한 비유 뒤에 숨겨진 광포함은 페니키아인에 관한 그의 언급을 통해 이해할 수 있다. "카르타고인은 자신의 모체인 페니키아인과 마찬가지로, 냉혹하고 침울하며 물질적이고 탐욕스러운, 그리고 모험적이지만 영웅적인 자질은 갖추지 못한 민족이었던 것으로 보인다." 두 가지를 한꺼번에 보여주는 이 훌륭한 예를 제시한 다음, 그는 계속해서 다음과 같은 견해를 피력했다. "카르타고에서는 종교 역시 잔학했으며, 무시무시한 관행으로 가득했다."50

영국인과 페니키아인(특히 카르타고인) 사이에 나타나는 유사성에 대한 악평은 19세기 내내 프랑스 사상의 한 줄기를 이루었다. 이것은 페니키아인이 유대인보다 낫다는 의미에서 글래드스턴이 페니키아인을 비非셈족으로 언급했다는 사실과 대비된다. 대부분의 프랑스와 독일 저자들은 페니키아인이 훨씬 더 못하다고 여겼는데, 여기서는 페니키아인에 대한 고비노의 견해를 살펴보는 것이 유용하다. 고비노가 중요한 이유는 두 가지다. 그는 프랑스와 독일 사상계뿐만 아니라 매슈 아널드에게도 상당한 영향을 미쳤기 때문이다. 또한 토크빌은 비록 고비노의 조야한 인종주의에 동의하지는 않았지만, 그의 친구이자 후원자로 남았기 때문이다.

함족과 셈족 그리고 야벳족 혹은 아리안이 세 차례에 걸쳐 각기 침입했다는 고비노의 도식에서 페니키아인이 차지하는 위치는 상당히 복잡했다. 성서에는 명백하게 그들이 함의 후손으로 나오지만, 앞서 제3장에서 보았듯이, 적어도 17세기 이래 학자들은 페니키아어와 히브리어 사이에 극도로 밀접한 관련이 존재한다는 사실을 알고 있었다.[51] 19세기의 인물인 고비노가 보기에 이 언어적 친근성은 중차대한 동시에 괴로운 문제였다. 그는 성서의 전승과 신성한 언어를 페니키아인의 언어와 너무 밀접하게 관련짓는 것에 대한 망설임, 그리고 유대인에 대한 다소 엇갈린 태도(그러나 다소 긍정정인) 때문에 결국 페니키아인을 셈족이 아니라 함족으로 묘사할 수밖에 없었다. 따라서 고비노가 성서의 전거와 언어학의 전거를 조화시킬 수 있는 유일한 길은 철저한 거짓말뿐이었다. 1815년에 독일의 위대한 셈어학 학자인 빌헬름 게제니우스*는 셈어를 세 개의 하위 어족으로 나누었다. (1) 아람어와 시리아어, (2) 히브리어와 페니키아어를 포함하는 가나안어 : 여기에서 카르타고어가 파생된다, (3) 아랍어 : 그는 이를 에티오피아어에서 이끌어냈다.[52] 그러나 또 다른 곳에서 게제니우스는 페니키아어가 광범위한 페니키아 식민지와 시장으로 퍼져나갔다고 말했다. 고비노는 이 부분을 인용하며 게제니우스가 셈어를 네 범주로 분류했다고 주장했다.

첫 번째는 페니키아어와 카르타고어, 그리고 리비아어를 포함하며, 이로부터 베르베르 방언이 파생된다. 두 번째는 히브리어와 그 변종이다. 세 번째는 … 아람어 … 네 번째는 아랍어 …[53]

여기서 고비노가 페니키아어와 히브리어를 분리한 것과는 달리 페니키아어를 베르베르어와 관련지은 것은 언어학을 거스르는 일이다. 그때나 지금이나 베르베르어를 셈어로 받아들이는 셈어학 학자는 아무도 없다. 그러나 언어학을 거스르는 그 두 가지 모두가 성서의 분류에 따라 페니키아인을 함족으로 정의하려는 그의 도식에 필수적인 사항이었다. 즉 그는 페니키아인이 처음에는 '백인'의 본성을 지녔기 때문에 일정 수준의 문명을 건설할 수 있었으나, 셈족이 북동쪽에서 도착했을 때는 사실상 '흑인'이 된 뒤였으므로, 유대인을 타락시킨 책임은 페니키아인에게 있다고 주장했다. "아브라함의 시대에 함족 문명은 그 완성도에서뿐만 아니라 그 악덕에서도 만개한 상태였다."[54]

고비노는 완성도보다 악덕에 훨씬 더 많은 시간을 할애했다. 그는 책 전체의 첫머리 부근에서 나치가 유대인에게 적용한 쥐와 질병의 이미지를 이용하여 수사적인 질문을 던졌다. "페니키아인의 몰락은 그들을 좀먹은, 그리고 그들이 도처에 퍼뜨린 부패 때문이었는가? 아니다. 정반대로, 그들의 부패는 그들의 권력과 영광을 유지한 주요 도구였다."[55] 그렇다면 그는 이 글을 쓰면서 영국을 얼마나 염두에 두고 있었을까? 고비노는 영어를 잘 알았으며 또 영어 자료를 자주 인용하곤 했다. 그는 자신의 『인종 불평등론』을 영국에서 태어난 하노버 왕에게 헌정했다. 그럼에도 불구하고 그가 스칸디나비아에서부터 페르시아와 브라질을 비롯한 여러 지역을 두루 여행하면서도 해협을 건너 영국에 가보지 않았다는 점은 주목할 만하다. 더욱이 고비노는 당시 세계를 지배한 영국에 대해 이상스러울 정도로 침묵했는데, 이는 독일을 향한 그의 들끓는 열정과 뚜렷한 대조를 이룬다.

고비노는 후원자인 토크빌의 견해를 따라 앵글로색슨족이 북아메리카의 아메리카 원주민과 흑인에 대해 범주적인 우월감을 지니고 있음을 분명하게 인정했다. 동시에 노예제를 둘러싼 위선에 대해서는 가차 없이 비판했다.[56] 그는 아메리카의 이민 정책에 많은 관심을 기울였으며, 그것에 대해 섬뜩함을 금치 못했다. 그는 이와 관련하여 비호의적인 의미에서 뉴욕을 카르타고에 견주었다. 그가 보기에 적어도 카르타고는 고결한 가나안 가문에 의해 식민화된 곳이었다. 더욱이 그는 "카르타고는 티로스와 시돈이 잃었던 모든 것을 얻었다. 그러나 카르타고는 셈족 문명에 보탠 것도 없고 셈족 문명이 결국 맞게 될 운명을 가로막지도 않았다"고 주장했다.[57] 다른 곳에서 고비노는 티로스와 시돈의 상업 기능을 런던과 함부르크에, 그리고 제조업 기능을 리버풀과 버밍햄에 비유했다.[58] 앵글로색슨족과 가나안인 사이의 유비나, 두 종족 모두에 대한 그의 혐오는 확실한 것으로 보인다. 그럼에도 불구하고 명백한 것은, 그가 함족과 순수하지 않은 혈통인 셈족을 몹시 혐오했다는 점이다. 그는 후기 페니키아인을 셈족과 '흑백 혼혈'인 함족이 혼합된 결과로 보았는데, 여기서 보다 우월한 쪽은 물론 '백인'에 더 가까운 셈족이라고 주장했다. 그러나 그가 역사 전체를 통해 발견한 것은 '검은 피부'를 지닌 열등한 '여성적' 인종이 '흰 피부'를 지닌 '남성적' 인종을 정복하고 타락시켰다는 비극적 아이러니였다. 그리하여 그가 보기에 페니키아인은 믿을 수 없을 정도의 사치와 화려함과 야만적인 관습이 뒤섞인 도시를 건설했다. 그 도시에는 무엇보다도 매춘과 인신 공희를 포함하는 끔찍한 종교 의식이 있었는데, 그는 그러한 종교 의식이 "백인종에 의해 전혀 실행된 바 없다"고 장담했다.[59]

페니키아인의 정체政體는 '백인'의 경우처럼 귀족적이거나 자유롭지 않았다. 그들은 독재자나 우중愚衆에 의해 지배되었다.[60] 최악의 도시는 카르타고였다. 그곳에는 역사라고 할 만한 것이 없었다. 그곳은 함족이 완전히 타락한 이후에 건설되었으며, 그 후에는 훨씬 더 아프리카적인 영향을 접하게 되었다.[61] 고비노는 셈족의 도착을 위대한 진일보로 여겼지만, 그들 역시 '흑인' 문화에 매혹되기는 마찬가지였다. 대체로 그는 유대인에 대해 엇갈린 태도를 보였다. 어떤 때는 그들이 백인의 본성을 유지했다고 주장하다가도, 또 어떤 때는 히브리인이 호전적인 유목민에서 유약한 상인으로 변모했다고 주장했다.62 그러나 그가 보기에 무엇보다 나쁜 것은 그들이 다른 민족을 용병으로 고용했다는 점이었다. 이러한 관행에 대해 고비노는 다음과 같이 썼다.

함족의 타락을 특징짓는 주요 요소 가운데 하나이자 그들의 몰락을 초래한 가장 명백한 원인은 … 전사의 용기를 상실한 채 더 이상 군사 행위에 참여하지 않는 관행을 확립했다는 점이다. 바빌론과 니네베*에 깊이 뿌리내린 이 불명예스런 관행은 티로스와 시돈에서도 결코 덜하지 않았다.63

소설 『살람보』

1830년에 미슐레는 이와 동일한 취지에서, 카르타고 용병이 기원전 241년의 제1차 포에니 전쟁에서 패배한 후 일으킨 반란을 묘사했다. 미슐레는 고전기 전거 중에서 주로 그리스 역사가인 폴리비오스*에 근거하여 흑인인 마토와 그리스인인 스펜디오스가 이끄는 여러 인종으로 구성된 이 군대의 폭동을 생생하게 전했다. 폭동은 엄청난 폭력과 잔학 행위를 동반한 교전 끝에 진압되었는데, 그 과정에서 용병뿐만 아니라 다수의 진압군이 유례없이 참혹하게 목숨을 잃었다.[64]

미슐레의 글은 플로베르의 소설 『살람보』의 토대가 되었다. 플로베르는 '오리엔트'의 이국 정서에 매혹된 지 이미 오래였다. 그는 이집트에 다녀왔으며, 『보바리 부인』이 성공을 거둔 후에는 아누비스라는 지역에 관한 소설을 쓰고 싶어했다.[65] 그러나 1857년 3월 이전의 어느 때엔가 마음을 바꾸어 다른 줄거리를 이용하기로 결정했고, 그것이 마침내 『살람보』가 되었다. 이탈리아 학자인 베네데토는 같은 해에 테오필 고티에*가 고대 이집트에 관한 소설을 발표하는 바람에 플로베르가 『아누비스』를 중도 포기하게 된 것이라고 말했다. 그러나 베네데토를 비롯한 그 어떤 플로베르 연구가도 플로베르가 왜 새로운 주제를 택했는지에 대해 결론을 내리지 못했다.[66]

그의 서신에 나타나지는 않지만, 그 이유는 1857년 2월에 일어난 '세포이 항쟁*'인 것으로 보인다. 영국(근대 페니키아인의 대제국)은 그 탐욕과 잔인함으로 인해, 그리고 병사들이 입으로 뜯어내야 하는 탄약 주머니에 쇠기름과 돼지기름을 발라 놓음으로써, 힌두교와 이슬람교 용병이 합심하여 반란을 일으키는 좀처럼 일어나기 힘든 결과를 초래했다. 항쟁이 발발하는 순간부터 양측이 유례없는 격렬함과 잔학함으로 맞서는 뚜렷한 양상을 드러냈다.

따라서 『살람보』에는 처음부터 영국과 카르타고 사이의 유사성이 담겨 있었다.

1861년 5월 플로베르는 자신의 책을 친구들에게 선보일 만하다고 생각해서 유명한 파리의 문인인 공쿠르 형제*를 다음과 같이 진행될 독서회에 초대했다.

1. 4시 정각, 때로는 3시경 낭독 시작.
2. 7시, 동양식 저녁 식사. 메뉴는 인육과 부르주아의 뇌, 코뿔소 버터에 튀긴 암호랑이 음핵.
3. 커피를 마신 다음 카르타고 이야기 낭독·재개. 청취자들이 불평할 때까지 계속.[67]

『살람보』를 집필하던 시기에 플로베르는 데카당*파 시인인 보들레르*와 각별한 친구 사이였는데, 『살람보』는 데카당파의 경향에 속하는 작품이라고 볼 수 있다.[68] 1850년대 프랑스 상류 계급의 관점에서, 플로베르는 가장 퇴폐적인 도시(카르타고)와 가장 퇴폐적인 민족(페니키아인)의 가장 퇴폐적인 면(용병)을 택했다. 달리 말하자면, 그는 품위 있는 백인 남성 사회와 반대되는 모든 것의 집합체를 묘사했다. 즉 그는 한 명의 흑인과 자기 인종을 배반한 또 한 명의 그리스인이 이끄는 인종 잡탕 같은 용병, 그들의 반대편에 서 있는 흑인·함족·셈족의 끔찍한 혼혈로 여겨지는 카르타고인, 사제와 환관과 감각적이며 타락한 여자를 포함하는 방종한 아열대 환경, 그리고 잔인하고 무시무시한 싸움에 필연적으로 수반되는 모든 것을 서술했다.

앞서 말했듯이, 이러한 정황은 믿을 만한 역사 자료를 통해 구성해볼 수 있는 것이었다. 플로베르는 카르타고 유적지를 직접 여행함으로써 미슐레와 폴리비오스에게서 얻은 지식을 보강했다. 그러나 훨씬 더 중요한 것은 그가 최근의 프랑스 오리엔트학, 특히 르낭에게서 얻은 자료를 이용했다는 점이다. 그럼으로써 그는 모든 가나안어 사용자 사이의 밀접한 문화적 관련을 충분히 인식할 수 있었고, 성서에 나오는 이스라엘인과 그 이웃에 관한 정보를 이용하여 페니키아인과 카르타고인 관련 자료의 부족분을 보충했다.69

베네데토는 1920년에 쓴 글에서 플로베르가 재구성한 것이 이후의 학문적 검증 과정을 통해서도 상당히 유효한 것으로 드러났다고 확인했다.70 베네데토가 유례없이 반유대적인 로마 고전학파와 관련되었으며, 인종주의가 힘을 얻고 반유대주의가 일반적이던 시기에 글을 썼다는 사실에도 불구하고, 그가 주장한 내용 가운데 상당 부분은 오늘날에도 여전히 옳은 것으로 보인다.71 그러나 나는 플로베르가 근본적으로 잘못된 두 가지 암시를 제공했다고 생각한다. 우선 그는 기원전 3세기의 카르타고가 어떤 식으로든 오리엔트 문화의 전형이었다고 암시했다. 그러므로 그는 카르타고가 90년 뒤에 로마인에게 말살당한 것은 마땅한 일이었으며, 19세기에 식민지의 비유럽 문명이 파괴된 일에도 도덕적 반대를 거의 가질 필요가 없다는 암시였다 (더구나 여기서 우리는 플로베르가 고대 이집트에 관한 저술 계획을 중도 포기한 또 다른 이유를 확인할 수 있다. 즉 고대 이집트는 그의 의도에 걸맞은 악덕과 잔혹성이 너무나 부족했다).

둘째, 플로베르는 영국인이라면 혹시 몰라도 유럽인은 그런 사태를 초래할 수 없다고 암시했다. 그러나 실상은 로마인은 카르타고인을 능가할 정도로 사치스럽고 난폭했으며, 마케도니아인도 그에 크게 뒤지지 않았다. 특히 기원전 3세기의 카르타고 용병 반란은 사회 혁명적 성격을 띤다는 점에서, 약 200년 뒤에 스파르타쿠스가 주도한 대對로마 노예 반란에 비견될 수 있다. 이 반란도 마찬가지로 참혹한 전투 끝에 진압되었다.72 플로베르가 몸담았던 사회, 즉 제2 제정기 프랑스는 중국과 인도차이나 주민, 그리고 특히 알제리 주민에게 믿을 수 없을 정도의 폭력을 가하고 있었다. 더욱이 『살람보』가 묘사한 카르타고의 착취와 사치, 그리고 타락은 여러 가지 점에서 에밀 졸라*의 소설에 너무나 생생하게 묘사된 것처럼 플로베르 시대 파리의

모습과 매우 유사했다.[73]

　『살람보』는 엄청난 성공을 거두었다. 플로베르가 『보바리 부인』에서 프랑스 부르주아의 삶을 사실적으로 묘사하려 했을 때, 출판업자는 그의 책을 일부 삭제했고, 그는 '공중 도덕을 침해했다'는 이유로 재판에 회부되었다. 『살람보』는 모든 면에서 훨씬 더 외설적이었지만, 이번에는 그 책이 플로베르를 파리 상류 사회의 총아이자 황가皇家의 친구로 만들었다.[74] 플로베르는 그야말로 대박을 터뜨렸다. '오리엔트'에 적용된 그의 '사실주의'는 독자에게 성적이고 사디즘*적인 전율을 안겨주는 한편, 백인 그리스도교도로서의 선천적이고 절대적인 우월감을 유지시켜주었다. 또한 다른 대륙의 민족을 잔혹함과 사악함에서 구해내야 한다는 프랑스의 문명화 사명을 더욱 절박하게 만들었다.[75]

몰록

　플로베르는 로마인에서도 또 19세기 유럽인에서도 찾아볼 수 없는 카르타고 문화의 끔찍한 한 측면을 강조했다. 그것은 목을 자르거나 태워서, 혹은 두 방법을 모두 사용해서 어린아이를 제물로 바치는 일이었다. 당시의 전통적인 해석에 따라, 그는 그것을 무시무시한 몰록 신에게 바치는 제물로 이해했다. 이후로 몰록의 어근 √mlk(말라크)는 신이 아니라 제물 자체를 가리키는 것으로 인정되었다.[76] 플로베르는 고전기 전거에 따라 카르타고에서 희생 제물로 바쳐진 아이들은 지배 가문의 아들이었지만, 일부 부자는 가난한 자나 노예의 아이를 대신 바쳤다고 부연했다.[77] 비록 자신이 만들어낸 섬뜩한 세부 사항을 덧붙이기는 했지만, 여기서 그는 그리스와 로마 역사가를 따르고 있었다. 그리고 카르타고와 여러 카르타고 식민지에서 이후에 발굴된 어린아이의 유골이 담긴 바알 신에게 봉헌된 수백 개의 단지 역시 그가 재구성한 내용을 확증해주는 것으로 보였다.[78]

　아이를 제물로 바치는 이 의식이 유대교와 그리스도교 전승 모두에서 엄청난 혐오의 대상이었음은 의심의 여지가 없다. 프랑스를 비롯한 유럽 전역에서 『살람보』가 거둔 막대한 성공(이는 부분적으로 몰록에 관한 묘사가 가져온 결과였다)은 성서에 기록된 혐오를 다시금 강력하게 불러일으켰다. 이러한 정서는 그 의식을 행하는 사회에 대한 전면적인 유죄 판결로 확대되었으며, 유대인 및 영국인과 관련된 카르타고인과 페니키아인을 증오하는 모든 이들에게 강력한 무기를 제공했다.

　더욱이 그러한 정서가 학계로 이어졌다는 점은 의심의 여지가 없다. 카르타고와 페니키아를 연구하는 20세기의 거의 모든 역사가는 플로베르를 반드시 고려했다.[79] 유대인에게는 『살람보』와 몰록에 대한 강조가 성서에 등장하는 가나안인과 그들의 혐오스런 행위에 대한 종교적인 증오를 되살리고 강화하는 것으로 보였고, 비종교적인 동화된 유대인에게도 가나안인과 페니키아인을 멀리하도록 만드는 것으로 보였다.

1870년에는 카르타고와 영국의 주적主敵이 바뀌었다. 제국이던 프랑스가 프랑스-프로이센 전쟁에 뛰어들었다가 일개 공화국으로 전락한 반면, 프로이센 왕은 독일 황제가 되었다. 많은 독일인은 이제 신성 로마 제국과 옛 로마의 권위가 자신들에게 드리워졌다고 믿었다. 18세기만 하더라도, 너무나 가증스런 행위를 일삼은 카르타고는 로마라는 암늑대가 죽여 마땅한 재칼에 비견된다는 헤르더의 말이 전해졌다. 하지만 19세기 후반에 이르자 카르타고가 파괴되어 마땅하다는 이야기는 이미 진부한 상투어가 되었다.[80] 강조점은 로마가 카르타고를 파괴했다는 결말 부분으로 모아졌다. "카르타고는 로마인에 의해 파괴되어 다시는 재건되지 않았다"라는 문장은 완전히 거짓인데도 불구하고 당시에는 흔한 표현이었던 것으로 보인다.[81]

이러한 최종 해결(민족 말살)의 원칙은 양차 세계 대전시에는 선전 활동 차원에서 영국에게, 그리고 유대인 대학살 당시에는 실질적으로 유대인에게 확대·적용되었다.[82] 이제 나는 강력한 '인종적' 반유대주의의 시기인 1880년대 이후로 나아갈 것이다. 여기서 반드시 고려해야 할 것은 페니키아인이 그리스에 정착했다는 것에 대한 19세기 중반의 태도이다.

그리스의 페니키아인 : 1820~1880년

그리스의 형성에 기여한 페니키아의 역할을 부정한 칼 오트프리트 뮐러는 필시 반유대주의자였을 것이다.[83] 그러나 우리가 이미 알고 있듯이 카드모스에 대한 그의 공격은 당시에 인정을 받지 못했다. 실제로는 이집트인에 대한 칭송이 감퇴하면서, 페니키아인에 대한 관심과 존경이 증대했다. 그러한 변화는 1840년대에 출간된 모베르스의 『페니키아인』에 반영되었으며, 그 책의 방대한 분량은 페니키아인에 관한 고전기의 언급 및 성서의 언급을 모두 수집한 결과였다. 다음 장에서 살펴볼 19세기의 율리우스 벨로흐와 20세기의 리스 카펜터*처럼, 모베르스*는 페니키아인의 역동성을 북쪽의 영향, 특히 아시리아인의 영향으로 돌리려 했다.[84] 그는 많은 후기 역사가처럼 이 잔인한 문화를 대단히 칭송했으며, 이 문화가 순수한 셈어를 사용했다는 점과 대조적으로 어떤 식으로든 덜 '셈족적인' 문화로 묘사했다. 19세기의 많은 사람은 아시리아의 전투적인 용맹성이 '백인'의 영향에서 기인한 것으로 생각했다.[85] 다른 한편, 셈족이 북쪽과 동쪽에서 신용을 잃은 대신 남쪽에서는 신용을 얻었다. 모베르스는 페니키아인이 그리스에 존재했는지 여부에 관한 한 고대인이 페니키아인에 보낸 신뢰를 모두 수용했을 뿐만 아니라, '이집트인' 다나오스에 대한 믿음까지 덧붙였다. 이러한 입장은 힉소스 지배기 하 이집트의 혼합 문화가 갖는 실질적인 복합성으로 인해 어느 정도 정당화될 수 있다. 그러나 그의 칭송자인 마이클 애스터가 말하듯이, 모베르스는 '이용 가능한 증거를 통해서가 아니라 직관을 통해서' 이 점을 파악했다.[86] 따라서 우리는 그의 결론을 역사 서술사의 차원에서 판단해야 한다. 그렇게 하면 그의 결론은 이집트인의 몰락 이후와 페니키아인의 몰락 이전 시대에 부합한다.

　우리는 그리스의 기원에 대한 고비노의 태도를 이 시기에 위치시켜야 한다. 고비노는 아리안 모델 안에서 연구했지만, 1850년대에는 아리안 모델이 아직 매우 '광의적'이어서 셈족의 영향을 인정했다. 그는 그리스인을 다음과 같이 분석했다.

1. 헬레네스 : 황인종의 성분으로 인해 부분적으로 변용된 아리안. 그러나 백인종의 본질이 압도적이며 셈족과의 친근성이 다소 드러난다.
2. 원주민 : 황인종의 본령을 지닌 슬라브족/켈트족.
3. 트라키아인 : 켈트족과 슬라브족의 피가 섞인 아리안.
4. 페니키아인 : 흑인 함족.
5. 아랍인과 히브리인 : 여러 혈통이 뒤섞인 셈족.
6. 필리스티아인 : 보다 순혈일 가능성이 높은 셈족.
7. 리비아인 : 거의 흑인에 가까운 함족.
8. 크레타인을 비롯한 섬사람 : 필리스티아인과 유사한 셈족.[87]

이 정도면 아무리 대담한 인종주의자라도 자포자기하여 두 손 들고 말 것이다! 그러나 고비노는 일관성을 유지할 수 없다는 점을 알면서도 이같이 복잡한 이론을 고수했다.

　그에 대해서 이렇게 말하는 것이 그를 전적으로 비방하려는 것은 아니다. '인종'을 문화로 해석할 경우, 문화 이동과 더불어 사실상 어느 정도의 혼혈이 이루어진다는 점은 의심의 여지가 없다. 고비노의 다음과 같은 언급은 매우 옳은 것이었다. "원시 시대의 그 어느 지역에서도, 그러한 인종적 격변과 그토록 급작스러운 대체 및 다각적인 이주를 찾아볼 수 없다."[88] 더욱이 그의 도식은 극단적 아리안 모델보다 훨씬 더 이해하기 쉬운 해석적 가치가 있다. 그는 그리스 원주민이 기원전 3000~2000년의 어느 시점에 북쪽에서 온 아리안 인종인 '티탄족*'의 침입을 받았다고 믿었다. 그러나 같은 무렵 남쪽에서 가나안인의 침입이 있었는데, 그는 이들을 셈족 아랍인과 히브리인으로 생각하기도 했고, 또 검은 피부의 페니키아인으로 추측하기도 했다.89 그는 모베르스를 따라, 페니키아인이 백인의 요소를 지닌 아시리아에서 문명을 입수했다고 여겼다.90

그리스인의 혈통이 검은 피부의 페니키아인에 의해 더럽혀진 이상 이집트 식민지가 존재했는지 여부는 고비노에게 그다지 중요한 문제가 아니었다. 그럼에도 불구하고 그는 그리스에 이집트 식민지가 존재했다는 점을 부정한 근래의 학문을 받아들였다.91 이집트 문명의 위대함이 인도가 그들을 식민화했기 때문이라는 슐레겔의 이론을 따르는 한편, 그는 또한 이집트 주민의 잡종화(흑인, 심지어 아프리카계 흑인의 요소가 상당 부분 포함된)로 인해 이집트가 정적이고 수동적인 본성을 지니게 되었다고 믿었다.92 왜냐하면 고비노는 그리스 역사를 테베 북쪽에 근거한 아리안계 그리스인 기질과 남쪽의 셈족 기질 사이의 투쟁(두 기질 모두 그리스 외부에 위치한 같은 계통 인종에 의해 강화되었다)으로 이해했기 때문이다.93 이렇게 하여 그는 카드모스와 다나오스의 전승이나 도리스인의 우수성과 관련하여 아무런 어려움도 겪지 않았다.94

그러나 반드시 주목해야 할 것은, 고비노가 아리안계 헬레네스의 특성과 제도에 열광했음에도 불구하고 고대 그리스 전체의 철저한 '흑인화'와 '셈족화'를 확신했다는 점이다. 그는 근대 그리스인이 너무나 잡종화되어 더 이상 고대인의 후손으로 취급할 수 없다고 주장한 사람 가운데 한 명이었다.95 게다가 그리스에 미친 페니키아의 영향에 대한 그의 믿음은, 남유럽이 돌이킬 수 없을 정도로 '셈족화'되었으며 오로지 북쪽의 게르만 민족만이 '백인 혈통'의 순수성을 유지했다는 그의 전체적인 믿음 가운데 일부분이었다.[96] 이 점에서 그는 분명 소수파에 속했다. 왜냐하면 대부분의 북유럽인은 아리안의 우월성에 관한 그의 견해를 공유했지만 그리스와 로마를 포기하려고 하지 않았다.

전반적으로 페니키아인의 정착을 믿지 않으려는 경향이 증가하는 추세였다. 우리는 앞 장에서, 그로트가 그 문제를 어떻게 회피했는지, 분젠과 쿠르티우스가 그 전설을 어떻게 빠져나갔는지, 그리고 윌리엄 스미스와 조지 롤린슨이 그 전설을 어떻게 얼버무렸는지 살펴보았다.[97] 그러나 일부는 비록 고비노만큼은 아니었지만 여전히 고대 모델의 페니키아인 관련 부분을 의심할 이유가 없다고 생각했다. 글래드스턴은 1869년에 다음과 같이 썼다.

… 페니키아인에 관한 주제를 더 밀고나간 결과, 내가 그저 과감한 추측이나 암시를 통해 그들에게 부여했던 것이 훨씬 더 명백하고 완전하게 드러났다. 내가 옳다면, 페니키아인은 그리스 국가의 형성 과정에서 대단히 영향력 있는 역할을 담당했을 것이다. 이 강력한 셈족의 영향이 호메로스 시대의 그리스에 미쳤으며 그 이전부터 작용해왔다는 발견은, 만약 사실일 경우, 고대 세계사에 대한 새로운 전망을 열어놓을 것이다.[98]

슐리만과 '미케네인'의 발견

글래드스턴은 본래 정치가이지 학자가 아니었다. 따라서 그의 견해는 최신 경향에 완벽하게 부합하지 못했다. 그러나 그가 이러한 소견을 피력한 직후에 하인리히 슐리만이 1870년대에 미케네와 티린스에서 놀라운 발견을 이루었다는 점은 주목할 만하다. 슐리만은 자신이 "아가멤논의 얼굴을 황홀하게 바라보았으며" 그 유물이 호메로스 시대 영웅들(물론 그리스인)의 것이라고 주장했다. 그러나 초기에는 그 유물이 정반대의 결과를 낳았다. 즉 페니키아가 그리스에 중대한 영향을 끼쳤다고 주장하는 자들의 입장을 강화했다.

미케네에서 발견된 유물은 그리스 예술에 관한 이전의 그 어떤 개념과도 확실히 달랐으며 대체로 추하게 여겨졌다. 그리하여 그 유물은 비잔틴이나 고트족, 또는 흔히 오리엔트의 것으로 간주되었다. 그리고 오리엔트 유물일 경우에는 수입된 것이거나, 아니면 동방의 장인이나 그리스인 도제가 그리스에서 만든 것으로 추정했다.[99]

그렇다면 결론은 명백했다. 그 유물은 그리스 전승이 말하는 페니키아에서 온 식민지 이주자의 흔적이었다. 독일의 뛰어난 고대사가 막스 둔커는 1880년에 다음과 같이 썼다.

그리스 땅에 남아 있는 가장 오래된 기념물을 조사한 결과, 페니키아인이 그리스 해안에서 광범위한 상업 활동을 펼쳤다는 증거가 나왔다. 기념물 내부에서 발견된 유물뿐만 아니라 그 기념물 자체가 페니키아인이 그리스에 미친 영향을, 따라서 페니키아인이 그리스에 존재했음을 명백히 입증했다. 페니키아인이 그리스 땅에 정착했음을, 그리고 그들이 그리스에 미친 영향을 나타내는 흔적과 징후, 그리고 유물은 그 외에도 더 있다. 그리스 전승은 한 페니키아 왕의 아들이 그리스에 건설한 도시에 관해 이야기한다. 전승이 언급하는 식민지는 이 도시뿐이지만, **우리는 페니키아 식민지가 헬라스 해안 전역에 존재했다는 사실을 증명할 수 있다.**[100] (버널 강조)

그리스사가인 아돌프 홀름*과 같은 다른 독일 학자는 의견을 달리했다. 홀름은 그리스인을 명백하게 '유례를 찾아보기 힘든 고등 인류의 표본'으로 생각했으며, 에른스트 쿠르티우스가 말한 '가장 최근에 과학적으로 재구성한 전설의 시대'를 따랐다. 그는 1880년대에 쓴 글에서 학문적 딜레마에 관한 자신의 관점을 다음과 같이 상술했다.

> 최근 들어 페니키아인이 그리스에 막대한 영향력을 행사했다는 통속 이론에 대해 결정적인 반론이 제기되었다. 그 반론은 타당하기는 하지만 종종 요점을 벗어나곤 한다. **페니키아인이 그리스에 존재했다는 점에 대해 사람들이 이의를 제기하는 진짜 이유는, 그리스인이 페니키아에 어떤 중요한 것을 빚졌다는 식의 구도가 만들어지지 않도록 하려는 데에 있다.** 우리는 페니키아인에게 돌려진 광범위한 영향이 … 단지 공상 속에서만 일어난다는 점을 우리 스스로 증명했다고 믿는다. 그러나 **다른 경우에서 타당한 역사학적 기준을 통해 뒷받침된다면**, 페니키아인의 단순한 정착지가 그리스에 존재했다는 점을 인정하지 않을 이유가 무엇인가? **페니키아인은 한때 그곳에 있었지만, 그들의 영향력은 보잘것없었다.**[101] (버널 강조)

홀름의 말은 고대사가에게 가해진 외부의 압력을, 그리고 1830년대의 코놉 덜월과 1960년대의 프랭크 스터빙스 같은 학자가 타협을 택한 이유를 놀랍도록 선명하게 보여준다.[102] 그러나 제국주의와 반유대주의가 절정이던 시기이자 고전 고고학이 전문화된 시기이기도 한 1885년부터 1945년 사이에는 이러한 타협도 받아들여지지 않았다.

그 시기 내내 세력을 떨치게 될 풍조는 이미 자리를 잡은 상태였다. 1885년에 발행된 『미국 고고학 저널』 창간호에서 한 저자는 다음과 같이 썼다.

우리가 아는 한, 페니키아인은 이 세계에 단 하나의 생산적인 생각도 가져다주지 못했다. … 그들의 예술은 … 차마 예술이라 할 수 없었다. 그들은 대부분 상인에 지나지 않았다. 그들의 건축과 조각, 그리고 회화는 조금의 상상력도 보여주지 못했다. 우리가 아는 한, 그들의 종교는 전적으로 감각에 호소했다.[103]

  1880년대에는 새로운 유형의 덜 못마땅한 '셈족'이 있었다. 19세기 초이래 메소포타미아 고대 유적에 대한 상당한 관심이 꾸준히 지속했으며, 앞서 언급했듯이 모베르스와 고비노 같은 학자는 매우 '비非셈적인' 방식으로 정복과 살육을 행한 아시리아인에게 호의를 표했다. 더욱이 1840년대와 1850년대에는 고대 페르시아어, 아카드어의 아시리아 및 바빌로니아 방언, 그리고 고대 비非셈어인 수메르어로 씌어진 설형 문자 기록이 점진적으로 해독되었다. 설형 문자 해독으로 촉발된 학문적 흥분은 성서의 내용과 매우 유사한 아카드어 원문을 이해하기 시작하면서 수십 년 동안 더욱 강렬해졌다.[104] 1870년대와 1880년대에 세속화가 진전되면서, 이 원문은 구약 성서의 배경을 제공하는 자료로 기꺼이 받아들여졌다. 그 원문은 또한 서부 셈족인 유대인과 페니키아인의 문화가, 우리가 셈족에게서 기대하는 바와 같이, 본래 자생적인 것이 아니라 파생된 것으로서 훨씬 더 오래된 바빌로니아 문명에서 유래했다는 믿음을 확증하는 데에 이용할 수 있었다. 이러한 경향은 1890년대에 한층 더 확대되었다. 누구나 그 시기에 메소포타미아 문명은 셈족이 아니라 수메르인이 창조하였으며 '셈족이 바빌로니아에 등장하면서 만개한' 것이라고 만족스런 결론을 내렸다.[105]

  여러 가지 이유에서 페니키아인을 신뢰하지 않은 학자는, 그리스를 비롯한 유럽 문화에 내재한 돌이킬 수 없는 셈적 요소를 아시리아인과 바빌로니아인에게 돌리기 시작했다.[106] 그러나 여기에도 통상적인 전달 경로가 페니키아 혹은 적어도 북시리아를 거치는 해로였다는 문제점이 있었다. 게다가 19세기 후반부터 그리스에 미친 오리엔트의 영향을 아나톨리아로 돌리는 경향이 나타났는데, 이곳의 '소아시아' 사람은 셈어를 사용하지 않았다. 고대 전승은 그리스가 소아시아와 접촉했다고 언급하는데, 펠롭스는 바로 이곳에서 시작하여 남부 그리스의 대부분을 정복한 것으로 여겨졌다. 그러나 고대 모델에 따르면, 펠롭스의 이러한 정복은 한결같이 카드모스와 다나오스의 정복 이후이며 그들은 전차 경주 외에 그 어떤 문화 혁신도 이루지 못했다고 한다. 히타이트의 고대 아나톨리아 제국에서 사용된 언어가 인도유럽어와 동족 관계를 이룬다는 사실을 1912년에 발견한 후, 독일 오리엔트학 학자는 이 언어의 연구에 열정적으로 착수했다. 그들과 고전학자 모두 그리스에 미친 '오리엔트'의 영향을 가능한 한 아나톨리아인의 공으로 돌리려 했다. 예를 들어, 영국의 고전학자이자 역사가인 피터 월콧*은 1966년에 출간한 자신의 중요 저서 『헤시오도스와 근동』 제1장을 히타이트에 할애했으며, 제2장에서는 바빌로니아인을 다루었다. 그러나 이들 중 어느 한쪽도 이집트인이나 페니키아인과는 전혀 달리 고대에 그리스 신화와 종교의 원천으로 언급된 바 없었다.[107] 게다가 다음 장에서 다룰 시기인 1885~1945년에는 그리스에 미친 오리엔트의 영향에 관한 얼마 되지 않는 학문적 관심을, 육로를 통해, 즉 시리아를 피해 그리스로 전파된 바빌로니아의 영향에 집중했다. 이는 해상보다 육상의 수송과 교류를 선호하는 독일의 경향을 따른 것이었다. 이제 이 시기로 눈을 돌려보자.

제9장

페니키아 문제의 최종 해결

1880~1945

이번 장은 아리안 모델이 공고화되면서, 그것이 그리스의 형성에 미친 이집트와 페니키아의 영향을 모두 부정하는 과정을 다룬다. 페니키아의 영향을 부정한 것은 분명 그 시기의 강력한 반유대주의와 관련이 있다. 반유대주의는 특히 1880년대와 1890년대, 그리고 1920년대와 1930년대의 두 차례에 걸쳐 절정을 이루었다. 첫 번째 시기에는 동유럽 유대인이 대거 서유럽으로 이주한 이후 드레퓌스 사건을 둘러싸고 반유대주의가 구체화되었다. 두 번째는 1920년대와 1930년대의 경제 위기 시기, 유대인이 국제적인 공산주의 운동과 러시아 혁명에서 결정적인 역할을 수행한 이후에 찾아왔다.

1890년대에 접어들자, 동화된 프랑스 유대인인 잘로몬 라이나흐와 이탈리아로 망명한 독일인 율리우스 벨로흐는, 페니키아가 그리스를 식민화했다는 전승에 대해 최초의 학문적인 공격을 가했다. 그러고는 잠시 소강 상태가 이어졌다. 이 시기에 위대한 프랑스 학자 빅토르 베라르*는 셈족의 영향이 그리스에 근본적으로 침투했다는 자신의 생각을 비록 고전학 동료에게 성공적으로 알리지는 못했지만, 일반 대중에게는 널리 알렸다.

같은 시기에, 아서 에번스는 크레타에서 놀라운 발견을 했다. 또 그는 '미노아인'을 크레타 원주민으로 여겨진 셈어 사용자와 구별했다. 이에 따라 에게 해 지역의 '선先헬레네스' 주민에 대한 큰 관심이 일었다. 인도유럽어족의 견지에서 설명할 수 없는 그리스 문화의 모든 국면을 이 신비로운 '미노아인'에게 귀속시켰다. 그리하여 문화적으로 자립할 수 있는 그리스의 능력이 인정되면서, 근동의 영향을 통해 그리스 문화의 발전을 설명할 필요성이 없어졌다.

이와 더불어, 1920년대에는 페니키아에서 들여온 결코 부인할 수 없는 단 하나의 차용물인 알파벳의 중요성까지 감소시키려는 시도가 놀라운 성공을 거두었다. 게다가 1939년에 이르러 극단적 아리안 모델 지지자가 그 분야를 지배하게 되자, 그리스의 페니키아인에 관한 전설이 진실의 핵심을 품고 있다는 의견을 제시하는 즉시, 학자로서의 지위를 잃는 상황에 이르렀다.

그리스 르네상스

1880년대 후반에 이르러 비로소 '미케네인'의 국적國籍에 관한 슐리만의 견해를 받아들이기 시작하면서, 그 유물을 유럽적인 것으로 분류하기 시작했다. 새로운 분류를 가장 적극적으로 지지한 인물은 그리스 고고학자인 크리스토스 춘타스였다.

그리스 지식인은 독립 이후 자기 나라를 과거 '헬레네스' 시대로 되돌리려고 초인적인 노력을 기울였다. 그들은 고전기의 지명을 부활하고, 터키와 베네치아풍 건물과 심지어 비잔틴풍 건물까지 철거하면서 고대 유적을 복원했다. 그러나 그리스인이 기원전 5세기 아테네인의 이상적인 모습을 한결같이 유지했다고 주장할 수는 없었다. 따라서 그들은 헬레네스의 진수는 비록 과거에 의해, 그리고 그리스의 기후와 풍경에 의해 항구적으로 형성된 것이기는 하지만, 여러 외양 속에서 민족적 본질을 유지한 것으로 생각했다. 이러한 배경을 감안할 때, 춘타스가 새로운 발견에 흥분한 것은 전혀 놀라운 일이 아니다. 그 발견은 그리스의 진수가 고전기의 외양에 국한하지 않고 동일한 진정성을 지닌 다른 외양을 취할 수 있음을 보여주는 것으로 해석할 수 있었기 때문이다.

춘타스는 미케네 유적이 고전 문명의 선조인 그리스인의 자취라고 확신했으며 다음과 같이 오리엔트와의 관련성을 강력히 부인했다. "독특하고 균질적인 특성을 보이는 이 토착 예술은, 강인하고 재능 있는 인종이 이루어 놓은 것임에 틀림없다. 우리는 그 예술이 헬레네스 혈통의 산물임을 자명한 것으로 받아들인다."[1] 그런데 그는 다른 측면에서 자신의 주장을 입증하려 했다. 1891년에 발행된 『미국 고고학 저널』에는 그의 논문의 개요가 실려 있다.

준타스 박사의 결론은 미케네 문명의 아시아 기원설에 호의적이지 않다. 그의 요점은 다음과 같다. (1) 신에 대한 묘사는 그리스적 개념에 따라 설명할 수 있다. (2) 미케네와 티린스에는 식용 물고기의 잔해가 없고 굴의 잔해가 있는데, 호메로스 시대 그리스인은 물고기를 먹고 사는 사람이 아니었지만 아리안 언어에는 굴을 가리키는 단어가 하나 있다. (3) 미케네인은 한편으로 이탈리아인을 비롯한 아리안과 연결되며, 다른 한편으로 역사 시대 미케네 문명의 연장인 그리스인과 연결된다. (4) 미케네 가옥의 유형은 비가 많이 내리는 기후를 고려해 채택된 것으로, 북쪽에서 도입했다.[2]

첫 번째 요점이 지니는 오류는 서론에서 간략히 언급한 바 있으며, 제2권과 제3권에서 상세히 다룰 것이다. 두 번째는 평가를 내릴 만한 근거 자체가 너무나 빈약하다. 세 번째는 순환 논증이며 크레타에서 '미노아' 문명을 발견함에 따라 완전히 시대에 뒤떨어진 견해가 되었다. 네 번째는 그 근거를 알 길이 없다. 왜냐하면 경사진 지붕은 시리아 전역에서 나타나고, 평평한 지붕은 청동기 시대 에게 해 지역에서 가장 흔했다고 보이기 때문이다. 오늘날 이러한 논거를 진지하게 취급하는 고대사가나 고고학자는 극히 드물 것이다. 비록 준타스가 이 논거를 통해 표면적으로 이끌어낸 결론은 거의 모두가 받아들일 테지만 말이다.

그리스에 미친 셈족의 영향에 대한 지지가 즉각 사라진 것은 아니었다. 대중적인 수준에서는 보다 상식적인 견해가 우세했다. 1895년에 출간한 미국 교과서에는 다음과 같은 글이 실려 있다.

이 모든 전설에 담겨 있는 핵심적인 사실은 유럽의 그리스인이 자신들 문화의 근본 요소를 동방에서 받아들였으며, 이는 두 가지 경로를 통해 이루어졌다는 것이다. 첫째, 선사 시대에 그리스에 정착한 셈족, 특히 페니키아인을 통해 직접적으로. 둘째, 소아시아 해안 지방과 크레타, 그리고 키프로스(아마도 하下이집트)에 정착하여 셈족 혹은 준準셈족과 접촉한 오리엔트의 그리스인을 통해 간접적으로. … 오리엔트의 그리스인은 이 문화의 싹을 유럽의 그리스에 있는 자신의 혈족에게 전했다.[3]

1898년에 독자적인 학자인 로버트 브라운은 이와 관련된 문제를 익히 알고 있었다. 그는 '아리안주의자'가 한 세기 동안 "아리안-셈족 학파가 헬라스 전역에서 발견할 수 있다고 주장하는 막대한 셈족의 영향을 전적으로 무시하거나 부정했다"고 비판했다.4 흥미로운 것은, 거의 19세기 내내 실질적으로 받아들여졌던 브라운의 관점이 이제 기이한 것으로 보인다는 점, 그리고 오늘날 읽어보면 그의 책이 전체적으로 호전적인 느낌을 준다는 점이다.

잘로몬 라이나흐

1880년대 이후 인종적 반유대주의가 독일과 오스트리아에서 승리를 거두고, 그 외의 지역에서도 급격히 대두함에 따라 유럽의 지적 분위기가 변화했다. 이러한 변화에는 분명 여러 원인이 있지만, 가장 중요한 것은 동유럽 유대인이 서유럽과 아메리카로 대거 이주한 일이었다. 그들을 도시 노동자의 고통을 무마시키기 위한 희생양으로 이용했던 것이다. 즉 도시 노동자와 농부를 '이방인'에 맞서게 함으로써, 자본가 및 지주와 일체감을 갖도록 하는 것이었다. 반유대주의는 또한 1850년대 후반 이후 세속화로 인해 신앙이 상실됨으로써, 그리고 다른 유형의 인종주의가 성공을 거둠으로써 이득을 보았다.

인종주의의 급증은 제국주의와 야만적인 비유럽 식민지의 '원주민'에 맞선 본국의 민족적 유대감으로 이어졌다. 역설적이게도, 1880년대와 1890년대는 유럽과 북아메리카가 세계를 완전히 장악한 시기였다. 아메리카와 오스트레일리아 원주민은 대부분 몰살당했으며, 아프리카와 아시아 원주민은 완전히 정복당하여 굴욕을 겪었다. 따라서 '백인'이 굳이 그들을 정치적으로 고려할 이유는 없었다. 이러한 점에서 반유대주의는 외부의 적이 없을 때 누릴 수 있는 유럽의 사치로 볼 수 있다.

이것이 프랑스의 박식가 잘로몬 라이나흐가 준타스의 저술에 대해 "이런 생각이 퍼져 있다"라고 썼을 당시인 1892년의 상황이었다.5 이듬해 그는 동일한 노선을 따르는 주요 논문을 발표했다. 라이나흐가 '이런 생각'을 옹호해야 했다는 사실은 더 이상 그 생각이 낭만주의자의 독점 영역에 속하지 않았음을 보여준다. 잘로몬 라이나흐와 그의 뛰어난 형제들은 충분히 낭만주의적일 수도 있었다. 그들은 파리 부유층에 속하는 동화된 유대인 가문 출신이며, 그들의 아버지 집에는 르낭을 비롯한 상류 지식인이 빈번히 드나들었다. 형제들은 유대교에 대해 복잡한 태도를 보였다. 그들은 종교 교육을 받지 않았으며, 유대교와 그리스도교 모두 시대에 뒤떨어진 미신이라고 믿었다. 다른 한편, 잘로몬은 유대 문화의 보존에 관심을 기울이면서 여러해 동안 『유대 연구 평론』을 후원했다. 그는 형 요제프와 함께 드레퓌스 사건에 적극 관여했으며, 프랑스에서 일어난 새로운 반유대주의의 배후 세력인 가톨릭 왕당파와 정면으로 대립했다.[6]

잘로몬 라이나흐는 보기 드물게 폭과 깊이를 겸비한 학자였으며 그의 주된 관심은 고고학과 인류학이라는 새로운 분야였다. 그는 인도와 근동에 관해서도 식견을 갖추고 있었지만, 북유럽과 중유럽, 그리고 서유럽에서 폭발적으로 쏟아져 나오는 고고학 정보에 가장 큰 관심을 기울였다. 그가 언어를 신체 유형과 결부시킬 수 없다고 늘 완강히 주장했다는 점을 감안할 때, 1890년대 초에 나온 그의 저술은 이중의 독립 선언, 즉 유럽이 오리엔트라는 신기루에서 벗어났음을 선언한 것이자 '과학적인' 고고학과 인류학이 언어학 및 그 낭만주의적 관련에서 벗어났음을 선언한 것이었다. 우리는 라이나흐에게서 20세기 고고학과 고전학의 미덕과 악덕을 모두 찾아볼 수 있다. 미덕은 상식과 회의주의이고, 악덕은 반대편 주장에 대한 증거 요구와 늦은 연대 추정, 그리고 고대인에 대한 경멸이다.

그의 긴 논문 「오리엔트라는 신기루」는 인도와 셈족의 근동을 동시에 겨냥한 공격이었다. 라이나흐 자신이 선호한 군사적인 유형의 유비를 사용하자면, 중국과 이집트 그리고 터키의 지위는 인도-유럽-셈족 동맹으로 격하되었다. 1820년대에는 라이나흐가 '늘 시대를 앞서가는 인물'로 평가한 칼 오트프리트 뮐러만이 유럽의 동맹국을 저버릴 만한 용기를 지니고 있었다.[7] 1885년에 이르러 유럽의 세계 정복이 완성됨에 따라 그런 용기는 흔한 일이 되었고, 이제 인도인과 셈족을 내던져 버릴 수 있었다.

19세기 역사학의 진전 과정에 관해 말하자면, 바로 1880년부터 1890년까지의 시기에 '오리엔트라는 신기루'에 대한 반발(처음에는 적극적이지 못했지만, 나중에는 사실에 의해 더욱더 훌륭히 정당화된 확신을 수반한)이 제기되었다는 점을 강조할 수 있다. 그러한 반발은 최초의 문명임을 자임하는 아시아의 불분명한 주장에 맞서 유럽의 권리를 다시금 정당화하는 것이었다.[8]

라이나흐는 세 가지 이유로 인도학 낭만주의자를 공격했다. 첫째, 그는 인도 신화를 그리스 신화와 연결하려는 시도가 실패했음을 보여주었다. 둘째, 언어와 관련해 그는 젊은 언어학자 페르디낭 드 소쉬르를 인용했는데, 소쉬르가 소위 신新문법학자*의 사상 가운데 하나를 발전시켰다고 생각했기 때문이다. 신문법학자는 구세대 학자에 대한 전반적인 반역으로 여겨졌다. 라이나흐는 소쉬르가 가장 오래되고 순수한 인도유럽어라는 왕좌에서 산스크리트어를 끌어내렸다고 주장했다. 그리하여 이제 소쉬르는 원元인도유럽어를 유럽어로 확인하면서, 특히 리투아니아어와 동일시했다. 이와 관련하여 원元인도유럽어족의 본고장이 우크라이나의 스텝 지대로, 또는 심지어 발트해 연안까지 옮겨진다고 주장했다.[9] 셋째, 어쨌든 라이나흐는 인도유럽어 사용자가 설령 하나의 '인종'이었다고 해도, 신체적으로는 토착 유럽 민족에게 흡수되었으며, 서유럽의 인상적인 선사 문화는 순수한 자생 문화라고 주장했다.[10]

라이나흐가 아리안 인종주의를 적대시하면서 유럽의 동화 능력을 신뢰한 외재적인 이유는 명백하지만, 셈족의 영향에 대한 그의 공격은 더욱 복잡하다. 이는 자신의 문화적 정체성을 동화된 유럽인으로 확인하려는, 그리하여 셈족 문화라는 부담을 덜어내려는 욕구와 관련이 있다고 볼 수 있다. 또한 부분적으로는, 유럽의 유대인을 앞서 몰록과 관련하여 살펴본 페니키아인과 카르타고인에게서 떼어놓으려는 새로운 세속적 욕구에서 기인한 것일지도 모른다. 그의 본심이 무엇인지는 차치하더라도, 유대 연구에 대한 그의 후원은 19세기 자연 과학 전체에 침투한, "죽여서 과학적으로 보존하는" 이중적 기능을 수행한 것으로 이해해야 한다.

　라이나흐는 후기 '철기 시대'에 이르기까지 셈족이나 '쿠시(이집트)'가 유럽에 영향을 미쳤다는 점을 '절대적으로' 부인했다. 그러나 그는 페니키아 상업이 시작한 시기를 기원전 13세기로 추산하며 "서양 문명이 … 어느 정도 … 오리엔트인의 문명에 예속되었다"고 인정했다.[11] 그럼에도 불구하고 그는 서양 문명의 토대가 확고한 고유성을 유지했다고 주장했다. 더욱이 그는 위대한 유럽 선사 문명이 오리엔트 문명에 영향을 끼쳤으며, 만약 학자들이 과감하게 시도한다면 이러한 '수세에서 공세로의 전환'이 성공할 것이라고 믿었다.[12] 라이나흐는 미케네 문명이 지중해와 흑해 부근에서 발견된 유사한 문화와 마찬가지로 유럽 문명이라고 주장한 점에서 준타스와 의견을 같이했다. 그는 시기적·지역적으로 나타나는 차이를 '상이한 문화 수준에 도달한 동일 혈통의' 여러 부족이 중첩된 결과로 이해했다.[13]

율리우스 벨로흐

비록 라이나흐는 급진주의를 견지하기는 했지만, 기원전 1300년 이후에 이루어진 셈족의 영향을 인정함으로써 칼 오트프리트 뮐러에게 완전히 되돌아가지는 않았다. 뮐러의 완전한 복귀는 이듬해 1894년에 발표된 율리우스 벨로흐의 짧지만 막대한 영향력을 끼친 논문 「에게 해의 페니키아인」에서 이루어졌다.[14] 벨로흐는 로마에 거주한 또 다른 독일인이었다. 그는 1879년부터 1929년까지 50년 동안 로마 대학에서 가르쳤으며, 훔볼트와 니부어, 그리고 분젠과 마찬가지로, 즐겨 이탈리아 여행을 즐겼으며 그 기념물 목록을 정리하곤 했다. 그러나 그 역시 "이탈리아 문화에 젖어들지는 않았다."[15]

벨로흐는 교사로서 거둔 성공과 방대한 분량의 출판물에도 불구하고 스스로를 추방당한 실패자로 자각했던 듯하다. 독일의 위대한 로마사가인 몸젠이 그를 독일 학계에서 내쫓은 것으로 보인다. 벨로흐가 독일에서 만족스러운 위치를 찾지 못한 또 다른 이유는, 사실이든 아니든 그가 유대인으로 의심받았다는 점이었다. 이러한 의혹에도 불구하고, 아니 오히려 이러한 의혹 때문에, 그는 열정적인 독일 민족주의자였을 뿐만 아니라 악독한 반유대주의자가 되었다.[16] 더욱이 그는 반유대주의를 다음과 같이 역사 서술로까지 확대했다. "영어를 사용하는 아프리카계 흑인은 그런 이유로 영국인이 아니며, 그리스어를 사용한 유대인은 오늘날 독일어를 사용하는 유대인이 독일인으로 통하지 않듯이 그리스인이 아니었다."[17]

율리우스 벨로흐는 그리스사와 이탈리아사 두 분야 모두에서 방대한 분량의 저술을 남겼는데, 그는 고대사에 근대적인 통계 방법론을 도입한 것으로 가장 널리 기억되고 존경받았다.[18] 유동적이지는 않지만 어쨌든 유연한 자료에 이렇듯 빈틈없는 방법론을 적용하는 태도는, 엄격한 증거 요구와 극도로 비판적인 고대 사료 접근법, 그리고 연대를 늦춰 잡으려는 열망과 병행한 것이었다. 또한 내가 서론에서 '고고학적 실증주의'라고 언급한 것, 즉 고고학이 고대 정보의 유일한 '과학적' 원천이라는 절대적인 신조와도 궤를 같이하는 것이었다. 이것은 유물object을 다루면 어쨌든 '객관적objective'이 된다는 말장난 같은 믿음과 관련이 있다. 벨로흐와 그의 후계자들은 고고학적 해석 역시 문서와 언어학, 그리고 신화의 해석과 마찬가지로 주관적인 영향에 노출될 수 있다는 사실을 거의 감지하지 못했다.

모밀리아노 교수는 벨로흐에 관한 에세이에서, "그의 자유주의와 민족주의 사이에 … 그의 인종주의와 수치數値 숭배 사이에 내재하는 모순"을 언급했다.[19] 그러한 내재적인 모순을 부정하지는 않지만, 나는 그 모순이 통상적으로 "서로 용납 불가능하지 않다"고 믿는다. '수치 숭배'를 실증주의의 증거 요구까지 포함하는 것으로 확대 해석한다면, 이 '내재적인 모순'은 19세기와 20세기 고전학의 주요소였다. 그것은 우익 고대사가인 빌켄이 니부어의 공적으로 정당하게 기렸던 '비판적-발생론적 역사 서술'을 구성한다.[20] 벨로흐는 비록 몸젠과 빌라모비츠 묄렌도르프 같은 보다 자유주의적인 동료들로부터 오늘날 모밀리아노가 가하는 것과 같은 공격을 받았지만, 그의 견해는 단지 극단적인 형태였을 뿐 그 분야의 전반적인 견해와 다를 바 없었다. 셈족 관련 부분을 논외로 한다면, "과학은 단순한 가능성과 아무 관련이 없다"는 그의 생각에 동의하지 않을 고전학자는 거의 없다. 그들은 벨로흐와 마찬가지로 단순한 가능성에 '필시'라는 단어를 빈번하게 덧붙여 사용한다.[21]

대부분의 20세기 고전학자처럼 벨로흐는 셈어를 전혀 알지 못했다. 그럼에도 불구하고 그는 최근의 독일 학문을 인용하면서, 그리스 언어와 지명에 차용된 페니키아어를 부인할 수 있다고 느꼈다. 그러한 일치점이 아무리 '유혹적'으로 보일지라도 말이다. 예를 들어, 그는 널리 인정되던 요르단과 이아르다노스라는 강 이름(크레타와 엘리스*에서 발견된다)의 관련성이나, 또는 이스라엘의 타보르Tabor 산*과 로도스의 아타비리온Atabyrion 산 사이의 관련성마저 부인했다.22 그는 완강한 독일 민족주의자인 에두아르트 마이어가 이 점에서 유용하다고 생각했다. 마이어는 아돌프 흘름과 마찬가지로 그리스에서 셈족의 영향을 말끔히 씻어내는 급진적인 태도를 보이는 한편, 페니키아인이 에게 해 지역에 정착했다는 점은 부인하지 않았다. 따라서 그는 이 문제에 관하여 객관적인 태도를 견지한 인물로 인용될 수 있었다.23 벨로흐는 칼 오트프리트 뮐러를 따라 제식의 기원에 관한 그리스와 근동의 공통된 언급을 후기 고전기나 헬레니즘 시대에 이루어진 접촉의 결과로 돌렸다.24

벨로흐는 또 다른 학자에서 다음과 같은 생각을 취했다. 즉 그 학자는 그리스어의 선박 용어 가운데 셈어 차용어가 없는 것으로 보이기 때문에 페니키아인이 그리스인에게 배 만드는 법을 가르쳤을 가능성은 없으며, 따라서 페니키아인이 일찍이 에게 해 지역에 도착했을 가능성도 없다고 주장했다.25 이러한 논증은 이중적으로 그릇된 판단을 포함한다. 우선, 페니키아인이 에게 해 지역에 출현한 시점이 기원전 2000~1000년이었다고 하더라도 그 이전의 원元그리스인에게 배가 없었다는 뜻은 아니다. 둘째, 공교롭게도 인도유럽어에서 어근이 발견되지 않은 그리스 선박 용어에 해당하는 상당히 그럴듯한 셈어 원어가 다수 존재한다. 바리스baris(소형 범선)라는 말이 이집트에서 유래했다는 점은 누구나 인정했지만, 벨로흐와 그의 동시대인은 바리스와 관련된 그 외의 단어들이 이집트어를 어근으로 삼고 있을 가능성을 고려하지 않았다. 실제로 이집트어 어근 역시 많은 용어를 설명해줄 수 있다. 그 용어들은 기원전 2000~1000년 중반 테라 벽화에 그려진 에게 해 지역에서 사용된 초기 선박의 세부적인 모습이 확실한 이집트 유형이라는 사실과 정확히 일치한다.26

벨로흐는 또한 페니키아 선박이 너무 작은데다가 항해술마저 미숙해서 먼 바다까지 나갈 수 없었다고 주장했다. 따라서 연안을 따라 조심스레 북아프리카에 도달할 수 있을지는 몰라도, 기원전 8세기 이전에 에게 해에 도달했을 리는 없다는 것이었다. 그러나 이에 상반되는 방대한 고대 전승은 차치하더라도, 이제 페니키아 선박이 기원전 8세기 이전에 에게 해에 도달했음을 보여주는 저항할 수 없는 고고학적 증거가 있다.[27] 여기서 당연히 벨로흐는 극단적 아리안주의자처럼, 어쩔 수 없는 오리엔트의 영향을 적어도 아나톨리아를 통해 육로로 전달된 것으로 돌리는 쪽을 선호했다.

대체로 극단적 아리안주의자와 광의의 아리안주의자를 구별하는 한 가지 방법은 투키디데스에 대한 태도를 살피는 것이다. 광의의 아리안주의자는 헤로도토스의 '이집트에 대한 열정'과 '그리스적 해석'을 언짢게 여기는 반면 투키디데스를 깊이 존경한다. 투키디데스는 그리스 본토에 위치한 이집트-페니키아 식민지를 전혀 거론하지 않았지만, 그리스 섬들과 시실리 주변에 산재한 페니키아 정착지를 언급했다. 벨로흐는 그러한 정착지의 존재를 전면 부인하면서 널리 유포되어 있기는 하지만 '구체적으로 입증되지 않은' 그 정착지에 관한 고대 증언을 뒷받침하는 고고학적 '증거'를 요구했다.[28] 그러나 그가 가장 염려한 것은 페니키아(인)와 시돈(인)에 관한 호메로스의 비교적 잦은 언급이었다. 벨로흐는 뮐러와 마찬가지로 포이닉스phoinix가 그리스어에서 여러 가지 상이한 의미를 지닌다는 점을 지적함으로써 페니키아에 관한 호메로스의 언급을 줄이려 했다. 그리고 더 이상 줄일 수 없는 언급에 대해서는 그것들이 호메로스 서사시(그는 볼프와 뮐러를 따라, 호메로스 서사시를 단독적인 창조물이라기보다는 누적된 결과물로 여겼다)의 가장 최근 단층에 속한다는 가정을 동원했다. 벨로흐는 페니키아인에 관한 언급이 서사시의 핵심부에 위치한다는 점을 단연코 부인했다. 그는 『일리아스』가 에게 해 지역과 아나톨리아를 총망라한다고 여겼으며 『일리아스』에 나오는 트로이의 이민족 동맹국 목록에 페니키아인이 없다는 점을 들어 자신의 주장을 정당화했다.[29] 따라서 그는 페니키아인이 기원전 8세기 말 이전에 에게 해에 도착했을 리 없으며, 따라서 그리스 문명의 형성 과정에 중대한 역할을 수행했을 리 없다고 주장할 수 있었다.

근대 벨기에 학자인 기 부넨*은 극단적 아리안주의를 창시한 사람에 관해 다음과 같이 썼다.

그들의 저서를 읽다 보면, 이 저자들이 늘 과학적 객관성만을 따르는 것은 아니라고 생각할 수밖에 없다. 라이나흐와 오트랑(유사한 견해를 지닌 프랑스 학자)은 가장 먼 과거에다가 당시 세계 정치를 지배한 민족, 즉 유럽인의 자리를 마련할 것을 고집했다. 그들은 오늘날 그토록 중요한 국가들이 과거에 아무런 역할도 하지 못했다고는 도저히 믿을 수 없다고 주장했다. 그러므로 "아시아의 권리 주장을 넘어서는 유럽의 권리를 옹호"할 필요가 있었다. 19세기 말과 20세기 초의 역사적 배경은 이 새로운 이론을 해명해준다. 왜냐하면 당시는 유럽 열강의 식민주의가 승리를 구가하던 시대였기 때문이다. … 그 외에 또 다른 비과학적 요인이 있었다. 19세기 말에 유럽, 특히 독일과 프랑스는 반유대주의라는 거대한 흐름에 휘말렸다. … 유대인에 대한 적의는 역사적으로 확대되어 또 다른 셈족인 페니키아인에 대한 적의로 이어졌다.[30]

빅토르 베라르

부넨이 묘사한 방식을 흥미롭게도 그 당시 지각 있는 사람들은 알아채고 있었다. 벨로흐가 자신의 논문을 발표한 해인 1894년에, 빅토르 베라르는 훨씬 더 견실한 저서인 『아르카디아 제식의 기원』을 내놓았다. 그는 이 책에서 그리스인과 페니키아인의 관계를 정반대로 해석했다.

스위스 국경 근처의 쥐라산맥*에서 태어난 베라르는 파리의 리세*와 고등사범학교에서 장학생으로 공부했다. 1887년에는 아테네의 프랑스 학교에 부임했으며, 펠로폰네소스 중심부에 위치한 전형적인 시골풍의 오래된 산악 지방인 아르카디아에서 3년 동안 발굴 작업에 참여했다. 그는 이 외진 지방을 포함하여 그리스와 발칸 전역을 두루 여행했다. 베라르는 남다른 에너지와 결단력을 지닌 사람이었다. 그는 학계에서 꾸준히 경력을 쌓아나갔을 뿐만 아니라 당시의 발칸과 근동, 그리고 러시아에 관한 많은 책을 출간했다. 또한 몇 년 동안 정치 잡지인 『르뷔 드 파리』를 편집했다. 나중에 그는 쥐라 주 상원의원으로 선출되었다. 그는 정치적으로는 급진적이었지만 프랑스 해군에 긴밀한 애착을 지니게 되었으며 점점 더 바다에 매혹당했다.31

그는 아르카디아 제식에 관한 자신의 첫 저서를 아르카디아에 사는 동안 새로이 알게 된 두 가지 사실 덕으로 돌렸다. 첫 번째는 파우사니아스의 저서 가운데 측량술이나 고고학으로 검토 가능한 부분에서 어김없이 나타나는 비상한 정확성이었다. 다소 이상하게 들릴지 모르지만, 미케네와 티린스에서 이루어진 슐리만의 발견이 기원후 2세기의 여행 안내서 내용을 극적으로 입증한 당시에 베라르가 있었다면, 파우사니아스의 정확성에 더욱 놀랐을 것이다. 파우사니아스는 중요한 유적지가 있을 것이라면서 바로 이 지역을 가리켰기 때문이다. 그러나 근대인이 고대인보다 더 잘 안다는 학문 정신의 전형인 라이나흐와 벨로흐는 쉽사리 당황하지 않았다. 그들은 다른 고대 역사가나 지리학자를 다룰 때와 마찬가지로 파우사니아스 역시 어른 이 어린아이를 대할 때나 어울릴 법한 애정으로 다루었다. 어쨌든 베라르는 파우사니아스가 그 자신의 말대로 그 유적지를 직접 방문하여 정확히 묘사 했을 것이라고 확신했다. 이에 힘입어 이 프랑스인은 다른 고대 작가도 신 뢰하게 되었다.32

베라르는 또한 아르카디아 제식이 헬레네스의 제식이 아니라는 점을 깨 달았다. 이는 논쟁의 여지가 없었다. 왜냐하면 아르카디아는 늘 펠라스고이 와 관련되었기 때문이다. 그의 동료들을 격분시켰을 뿐만 아니라 그 자신도 놀랄 수밖에 없었던 것은, 아르카디아의 제식이 셈족의 제식이라는 그의 결 론이었다. 왜냐하면 해양 민족인 페니키아인은 내륙으로 들어갈 수 없다는 것이 1880년대 후반에 이르러 하나의 공리처럼 여겨졌으며, 벨로흐는 단지 페니키아의 영향이 그리스에 미친 시기가 매우 뒤늦었다는 일반적 믿음을 체계화하고 있을 뿐이기 때문이었다. 고대 관습으로 유명한 내륙 지방에 셈 족의 영향이 실질적으로 미쳤다는 생각은 이 두 가지 가정 모두를 거스르는 것이었다.

베라르는 부조화의 요소를 충분히 자각했다. 그는 자신의 결론을 확신하 고 그 결론에 어긋나는 정통론을 의심하면서, 근대적인 유비를 찾기 시작했 다. 이로써 그는 아래에 인용된 글을 쓰게 되었는데, 이 글은 『블랙 아테나』 의 주요 테마를 훌륭하게 요약해준다. 가난하고 외딴 내륙 지역인 '펠라스 고이'의 아르카디아에 페니키아인이 존재했다는 점을 정당화하면서, 그는 다음과 같이 썼다.

… 오늘날 많은 유럽인은 틀림없이 먼 과거의 야만족인 펠라스고이에게 가서, 별 로 얻을 것이 없는데도 불구하고 아프리카의 아르카디아를 발견하려 한다. 항해와

모험 취향은 어느 한 시기나 어느 한 인종의 전유물이 아니며, 현대 세계에서 셈족이 예외적으로 널리 분산되어 있다는 점은 … 사실 근대 여행가는 시돈인이 지녔던 것으로 보이지 않는(적어도 같은 정도로는) 두 가지 동기, 즉 과학적 호기심과 종교적 열의를 지니고 있다. 더욱이 펠라스고이와 근대 콩고인 사이의 이러한 비교는 놀라울지도 모른다. 그러나 우리는 두 가지 선입견, 아니 이성이 결여된 거의 무의식적인 두 가지 정서를 경계해야 한다. … 우리 **유럽의 쇼비니즘**과, 너무 불경스럽게 들릴지 모르지만 우리의 **그리스 광신**이라고 부를 수 있는 것을.

스트라본(1세기의 지리학자)에서 칼 리터*(괴팅겐에서 공부한 19세기 초의 지리학자)에 이르기까지, 모든 지리학자는 **우리** 유럽을 다른 어느 곳보다 축복받은 땅이자 다른 어느 곳보다 독특하고 우월한 아름다움과 … 고상한 외양과 강력한 문명을 지닌 땅으로 생각하도록 우리를 가르쳤다. … 이러한 세계관은 어쩌면 우리의 본의와는 상관없이, 또는 우리가 거의 알지 못하는 사이에, 우리의 가장 습관적인 수많은 생각에 영향을 끼칠 수도 있다. 우리는 한쪽에 유럽을, 다른 한쪽에 아시아나 아프리카를, 그리고 그 사이에는 심연을 위치시킨다. 유럽 어느 지역에 끼친 아시아의 영향에 관해 이야기할 경우, 우리는 … 야만족이 우리에게 도달할 수 있으리라고 상상조차 할 수 없다. 가혹한 현실은 그들이 때때로 몰려들어왔음을 인정하라고 우리에게 강요한다. 어떤 사람은 심지어 우리 최초 선조의 요람이 우리 유럽에서 멀리 떨어진 아시아 중심부에 있었다고 주장하기까지 한다. 그러나 우리의 아리안 선조에 관한 한, 그들이 설령 아시아에서 왔더라도 아시아인이 아니라 영원히 인도유럽인이라는 점에서, 우리는 훌륭한 자손이라는 면죄부를 갖는다. 반면, 셈족의 아시아가 우리 아리안의 유럽을 침입했다는 이야기는 우리의 모든 편견과 배치된다. 정말이지 마치 페니키아 해안이 이란 고원보다도 더 먼 곳이었던 것만 같다. 또한 지중해 전역에 걸친 아랍의 침입은 단지 유일한 요행이자 불운에 지나지 않았던 것처럼 보인다. … 되풀이될 수 있으리라는 생각조차 잠시라도 품어서는 안 될 그런 유일한 불운 말이다. 페니키아인이 카르타고를 점령했으며 튀니지의 절반을 소유했다는 것은 오로지 아프리카와 관련된 일이다. 카르타고인이 스페인과 시실리의 3/4을 점령한 것도 (상관없다. 왜냐하면 그곳은) 흔히 말하듯 아프리카와 다를 바 없기 때문이다. 그러나 마르세유와 프라이네스테*, 키테라, 살라미스, 타소스, 사모트라케에서, 또 보이오티아와 라코니아, 로도스에서, 그리고 크레타에서 페니키아의 자취를 발견할 경우, 우리는 아프리카의 경우와 같은 실질적인 점령을 원하지 않는다. 우리는 그저 일시적인 상륙이나 단순한 무역 거점에 관해 이야기할 뿐이다. …

만약 **요새**나 **페니키아 속령**이라는 단어를 입에 담게 될 경우, 우리는 그것이 해안에 건설되었을 뿐이라고 서둘러 덧붙인다. … 이러한 유럽 쇼비니즘은 우리가 이방인을 만나는 곳이 갈리아나 에트루리아, 루카니아*, 또는 트라키아가 아니라 그리스일 경우 진정한 광신이 된다. 19세기 초에 전 유럽이 발홍했고 … 1820년의 관대한 친親그리스 성향은 더 이상 성행하지 않는다. 그러나 그러한 정서가 크게 변하지는 않았다고 말할 수 있다. … 우리는 단지 그리스를 영웅들과 신들의 나라로 상상할 수 있을 뿐이다. 흰 대리석 주랑柱廊 아래서…

헤로도토스는 우리에게 모든 것이 페니키아와 이집트에서 유래한다고 헛되이 말한다. 그러나 우리는 **사랑스런 노인** 헤로도토스를 어떻게 생각해야 할지를 안다. 지난 20년 동안 고고학이 우리에게 날마다, 그리고 모든 그리스 국가에서 오리엔트의 영향을 입증하는 명백한 증거를 제공했는데도, 우리가 여전히 그리스를 카리아나 리키아, 또는 키프로스 같은 오리엔트 지방으로 취급하지 못하는 것은 바로 이 때문이다. 우리의 지리학에서 유럽을 아시아와 분리시킬 경우, 그리스 역사는 우리가 고대사라고 부르는 것에서 분리된다. 그럼에도 불구하고 우리는 그리스의 물질적이고 유형적인 기념물을 통해 그리스인이 … 페니키아와 이집트의 제자였음을, 그리고 그들이 셈족의 오리엔트에서 알파벳까지 차용했음을 깨닫는다. 그러나 우리는 그리스인의 제도와 관습, 종교, 제의, 사상, 문학, 그리고 그들의 원시 문명 전체가 또한 오리엔트의 유산일 수 있다는 신성 모독적인 가설에 상당한 충격을 받고서 뒷걸음질 친다.[33] (강조 원저자)

대담한 태도에도 불구하고 베라르가 그의 동시대인인 푸카르와 달리 이집트의 영향을 심각하게 제안하지 않았다는 점은 주목할 만하다. 그는 또한 신성함 중의 신성함인 그리스어에도 도전하지 않았다.

나는 내 저서의 밑바탕을 이루는 믿음에 관한 이 명료한 진술이 제국주의가 절정에 이르고 극단적 아리안 모델이 발홍하던 시기에 씌어졌다는 사실을 알고서 무척 감동했다. 그러나 그 사실 자체는 외재적 견지(외부의 사회·정치적 발전과 전체적인 지적 분위기가 크나큰 영향을 미친다는 입장)에서 이 학문적 발전을 설명하는 나의 방법론에 도전을 제기하는 것으로 보인다. 이러한 도전을 극복하기 위해서는 학문의 세 가지 층위에 주목하는 것이 유용하다. 즉 학자 개개인의 생각, 그들의 교수 능력과 출간 능력, 전반적인 학문 경향이 그것이다. 나는 지식 사회학이 첫 번째 층위의 태도와 행동을 단지 대략적으로만 예견할 수 있을 뿐이라고 믿는다. 두 번째 층위에서는 훨씬 더 유용하다. 그러나 지식 사회학이 비로소 본래의 효능을 충분히 발휘할 수 있는 것은 세 번째의 가장 일반적인 층위에서이다.

베라르의 경우는 첫 번째와 두 번째 층위에 속한다. 나는 독일인 베라르는 불가능했을 것이고, 또 영국인 베라르도 있음직하지 않다고 믿는다. 슐리만의 경우, 가장 창의적인 급진성을 지닌 독일인조차 이 문제에 관한 한 벗어날 수 없던 낭만주의의 범위를 보여주는 적절한 사례를 제공한다. 글래드스턴과 프레이저, 그리고 해리슨의 경우에서 알 수 있듯이 영국에서는 가능 범위가 상대적으로 넓었음을 보여준다. 이단 학자이자 셈족 종교를 연구한 뛰어난 인류학자인 로버트슨 스미스*만이 그 범위를 넘어설 수 있었다. 오로지 프랑스에서(1870년 이후에 독일 아리안주의에 대한 의혹이 일면서)만, 그리고 공화주의자 사이에서만(가톨릭 왕당파의 반유대주의에 대한 혐오와 더불어) 그러한 생각을 고려할 수 있었다. 낭만주의 식으로 말하자면, 프랑스 쪽 쥐라와 스위스 쪽 쥐라 양측에는 세속적이면서도 사회적으로는 급진적인 강한 개인주의의 전통이 있었다. 이로 인해 '3대' 사회적 아나키스트인 프루동*과 바쿠닌* 그리고 크로포트킨*이 쥐라를 모범으로 삼았다는 점에서, 베라르의 지역적인 태생이 중요했다고 할 수 있을지도 모르겠다.34 또 다른 중요 요인은 베라르가 '순수한' 학계 인사가 아니었다는 점이다. 그에게는 보다 넓은 전망을 제공해주는 외부 세계, 즉 언론과 정치라는 세계가 있었는데, 여기서 주목해야 할 것은 슐리만과 글래드스턴에게서도 유사한 특징이 나타난다는 점이다.

이 마지막 요인은 두 번째 층위에서 결정적이다. 학계의 이단아는 보다 폭넓은 공적 위치를 차지할 때에야 비로소 자신의 '불건전한' 사상을 발표할 희망을 가져볼 수 있다. 19세기와 20세기 초의 체제 순응적인 학계는 '존경할 만한' 출판물(오늘날 정통파는 대학 출판사를 통해 이를 거의 독점하다시피 하면서, 학자들로 하여금 다른 곳에서 발표된 논증을 무시하도록 용인한다)을 독점하지 못했다. 하지만 그 당시에도 역시 체제 순응을 거부한 학자나 비학계 인사가 발언할 기회를 얻기란 힘든 일이었다.

학계의 규율에 따르지 않고 '혼자 힘으로 헤쳐 나가는' 학자의 경우, 정통학계의 범위를 벗어날 때 맞이하게 되는 또 다른 불리함은 어디서 멈춰야 할지를 알기 어렵다는 점이다. 즉 내친걸음에 끝까지 가게 되듯이, 청중의 선입견을 개의치 않고서 '있는 그대로 말하려는' 유혹에 빠지기 쉽다는 것이다. 그렇게 되면, 가장 편견이 적은 정통파 학자가 받아들일 수 있는 범위뿐만 아니라 자신의 생각을 엄밀히 발전시키는 데 유용한 범위마저 쉽사리 넘어설 수 있다.

예를 들어, 베라르는 그리스의 지중해 배후에 페니키아의 지중해가 있듯이 그리스의 『오디세이아』 배후에 페니키아의 『오디세이아』가 있다는 이론을 발전시켰다.[35] 이 터무니없는 가설은 '건전한 학자'에게 그와 그의 모든 사상을 깎아내릴 수 있는 이상적인 무기를 제공했다. 그럼에도 불구하고 그는 그 주제에 관한 방대하고 상세한 연구 과정을 통하여 그리스 지명의 수많은 어원을 셈어에서 발견했으며, 또한 지명학적 '이중어'라는 유용한 원리를 수립했다. 이 원리는 외견상 서로 다른 두 지명이 동일한 혹은 인접한 장소를 가리키는 경우에 관련되어 있다. 그런 경우, 그는 그 지명이 단순히 동일한 장소를 뜻하는 그리스어와 셈어 단어에 지나지 않는다고 주장했다.

펠로폰네소스 남동쪽에 위치한 키티라* 섬을 예로 들어보자. 기원전 18세기로 거슬러 올라가는 메소포타미아 비문이 1849년에 키티라 섬에서 발견되었다. 또 헤로도토스는 페니키아인이 그곳에 아프로디테 우라니아(하늘의 아프로디테)의 신전을 건립했다고 썼다. 그리고 아프로디테는 자주 왕관을 쓴 모습으로 그려졌다.[36] 베라르는 그 섬에 있는 주요 항구의 이름이 스칸데이아라는 점에 주목했다. 고대 그리스의 가장 뛰어난 사전 편찬자인 헤시키오스에 따르면, 스칸데이아는 '일종의 머리 장식'을 의미했다. 그런 다음 베라르는 그 섬의 이름이자 주요 도시의 이름이기도 한 키티라가 인도유럽어 어원을 갖지 않으며, 히브리어 케테르keter 또는 코테레트kōteret(왕관 또는 두건)에서 발견 되는 셈어 어근 √ktr(카타르)에서 유래했을 가능성이 높다고 지적했다.37

이를 비롯한 많은 지명학적·제의적 유사성이 매우 그럴듯함에도 불구하 고 정통파 학자는 오디세우스가 결코 페니키아인일 수 없다는 점을 이유로 베라르와 그의 모든 연구를 기각할 수 있었다. 베라르가 1931년에 죽었을 때, 그의 이름은 이미 학계에서 괴팍함의 별칭으로 사용되고 있었다. 그러 나 반드시 주목해야 할 것은 지하 운동을 통해 그의 생각이 비밀리에 꾸준 히 유지되었다는 점이다. 더욱이 그의 저작은 일반 대중 사이에서 널리 읽 히고 음미되었다. 일반 대중은 오디세우스가 어떤 식으로든 셈족이라는 인 상(고비노는 50년 이전에 이러한 인상을 피력한 바 있다)을 받았던 것으로 보인 다. 베라르는 영국(영국인은 여전히 스스로를 페니키아인과 동일시하면서 그들에 대한 애정을 드러냈다)에서 특히 환대받았으며, 그의 영향은 그리스인이 아니 라 유대인에 관한 작품인 제임스 조이스*의 『율리시즈』를 통해 문학 속에 영원한 흔적을 남겼다.

그럼에도 불구하고 베라르는 학문 전반에 가해진 극단적 아리안주의의 압박을 저지할 수 없었다. 여기에서 가장 중요한 세 번째 층위, 즉 전반적인 학문 경향의 측면에서 지식 사회학은 상당히 정확하게 사용될 수 있다. 나 는 유럽의 정치와 사회가 1880년부터 1939년까지 인종주의와 반유대주의에 흠뻑 젖어 있었으며 고전학이 교육 및 사회 제도의 중심을 이루었기 때문에 역사학적·고고학적 증거가 어떠하든 베라르가 원하는 식으로 고대 그리스 의 이미지를 바꾸기는 불가능했을 것이라고 확신한다. 1945년과 1960년 사 이에 식민주의가 쇠퇴하고 인종주의와 반유대주의가 공식적으로 불법화된 이후에야 비로소 그러한 신념에 기초한 고대사 모델이 약화될 수 있었다.

아크나톤*과 이집트 르네상스

베라르와 푸카르는 자기 저서에서 서로에 대해 언급하지 않는다. 단지 추측할 수 있을 따름이긴 하지만, 그들은 하나의 이설로도 충분하다고, 즉 이집트인과 페니키아인을 한꺼번에 옹호하기가 너무 벅차다고 느꼈던 것 같다. 그럼에도 불구하고 반유대주의와 페니키아인에 대한 적의가 고조됨에 따라 이집트인에 대한 관용의 여지가 커진 것은 분명했다. 전문적인 이집트학 학자는 이집트인이 절대적으로 열등하다는 정통 학설을 유지했다. 그러나 일반인은 이집트인을 유럽 문명에 전혀 위협이 되지 않은 이국적인 사람으로 생각했다.

이교도 왕 아크나톤이라는 인물은 각별히 칭송되었다. 기원전 14세기의 제18왕조 파라오인 아메노피스 4세는 자신의 가문과 왕조에서 숭배하던 아몬을 비롯한 여러 신을 버리고 태양 원반인 아톤(itn[이텐])에 기초한 일신교를 확립하려 했다. 아크나톤이라는 이름도 그가 아톤에게서 따온 것이었다. 그는 전통적인 수도인 테베를 떠나 오늘날의 아마르나* 유적지에 새로운 수도를 건설했다. 그러나 그의 사망 직후 개혁은 끝나고 아몬 숭배가 재확립되었으며 수도는 테베로 복귀되었다. 파괴되고 방치된 아마르나는 완벽한 고고학 유적지로 남았다. 그런데 1890년대에 플린더스 페트리가 그곳을 발굴하여 개혁 시도를 둘러싼 여러 사건의 윤곽이 드러남에 따라, 유럽은 아크나톤을 향한 크나큰 열정에 사로잡혔다.

이집트학 학자는 그와 그의 새로운 종교에 아리안적인, 혹은 적어도 북쪽의 성격을 부여하는 데 각별한 주의를 기울였다. 페트리는 그 종교가 후르루어를 사용한 미탄니*라는 북부 왕국에서 기원한다고 주장하면서, 아크나톤의 할아버지와 어머니 그리고 아내가 모두 그곳 출신이라고 추정했다.38

이러한 믿음(혹은 그 변형)은 이후 50년 동안 크게 유행했다. 아크나톤의 개혁을 인종적인 문제로 전환시킬 수 있었던 한 이집트학 학자는 이렇게 기술했다. "항상 기억해두어야 할 것은 그 왕의 몸속에 많은 양의 외국 피가 흘렀다는 점이다. 다른 한편, 그가 함께 이야기를 나누던 자들은 비록 고등 교육을 받기는 했지만 미신적인 이집트인이었다. …"[39]

제18왕조 왕가의 일원이 외국인이라면 누비아인이라는 데 오늘날 대체로 의견이 일치한다. 그러나 그들이 상上이집트인이었으며 초상화로 보건대 흑인이었을 것 같다는 점 역시 마찬가지로 그럴듯하다.[40] 새로운 종교에 관해서는, itn(이텐) 숭배가 셈족의 주主라는 의미의 'dn(아단), 'adon(아돈) 숭배에서 유래했다는 주장도 있다. 그럼에도 불구하고 이집트의 자생적 발전이라는 견지에서 종교 개혁을 더욱 그럴듯하게 설명할 수 있다. 또한 미탄니 기원설은 '정적인' 아프리카 이집트인이 격렬한 개혁을 수행하기란 인종적으로 '불가능하다'는 점을 설명하기 위해 고안되었다는 의견 역시 동의를 얻고 있다. 그리스도교도가 미탄니 기원설을 받아들인 데에는 어떤 의도가 있었던 것이다.[41]

다른 한편 아크나톤과 그의 개혁에 대한 열광은, 심지어 그가 이집트인임을 받아들이는 사람의 경우에도, 다른 영향력이 개입했음을 시사하는 것으로 보인다. 그 영향력 가운데 하나는 유대인이 민족적 차원에서, 혹은 모세라는 한 개인의 차원에서 이집트로부터 그 종교를 배웠다는 오랜 믿음의 재생이었다. 학자들은 그 문제에 신중을 기했지만, 기원전 14세기에 이웃 나라에 일신교가 존재했다는 점 때문에 그곳에서 이스라엘의 일신교가 유래했음을 아주 당연시했다. 일부 저자는 심지어 아톤 숭배가 유대교보다 우월하다고 믿기까지 했다. "이 세상의 다른 어떤 종교도 아크나톤의 신앙만큼 그리스도교에 근접하지 못한다."[42] 따라서 그리스도교는 정신적으로든 아니면 역사적으로든 궁극적으로 셈족이 아니라 실제 아리안 인종이나 혹은 명예 아리안 인종에서 유래한 것일 수 있었다. 1930년대 후반에 씌어진 프로이트의 『모세와 일신교』는 바로 이러한 맥락에서 이해해야 한다. 그러나 프로이트가 원했던 것은 아크나톤을 칭송하는 그리스도교도의 바람과 정반대였다. 그는 당시의 강렬한 반유대주의를 완화하기 위해 일신교인 그리스도교를 억압한 책임을 유대교와 유대인이 아니라 아크나톤과 이집트인에게 묻고자 했던 것으로 보인다.[43]

아서 에번스와 '미노아인'

20세기가 시작한 직후 학문적 논의는 새로운 요소인 크레타의 '미노아' 문명을 포함해야 했다. 미노아 문명은 1890년대에 아서 에번스가 크노소스에서 이뤄낸 놀라운 발견, 그리고 그 섬의 다른 곳에서 즉각 착수한 여러 발굴을 통해 입증되었다. 미케네 문화가 여러 가지 점에서 단지 크레타 문화의 변조 형태에 지나지 않는다는 자각과 더불어 고대 크레타 문화의 언어를 확인하는 일이 자연스레 결정적인 중요성을 띠게 되었다. 고전기 동안 '크레타인'을 가리키던 이집트어 이름 kftiw(케페티우)는 '페니키아인'을 가리키게 된 것으로 보이며, 그리스인은 페니키아인뿐만 아니라 '미노아인'도 포이니케라고 부른 것으로 보인다.[44] 이는 셈족과의 관련을 시사하는 것일 수도 있다. 어쨌든 적어도 헬레니즘 시대에는 페니키아어를 초기 크레타의 주요 언어로 받아들인 듯하다. 예를 들어, 기원후 4세기에 루키우스 셉티미우스*는 기원후 66년의 지진으로 인해 고대 크레타 문헌이 발견되었을 때, 네로 황제가 셈어학 학자를 불러들여 해석하도록 했다고 썼다.[45] 제7장에서 살펴보았듯이, 에른스트 쿠르티우스는 상당수의 셈족이 크레타에 정착한 것은 기꺼이 인정했지만, 그 지방의 펠라스고이가 완전히 정복당한 것은 인정하지 않았다.[46] 아서 에번스는 자신이 현재 '미노아인'(이는 크레타의 전설적인 왕인 미노스와 흔한 이름인 미노아에서 따온 것이다)이라고 부르는 고대 크레타인과 페니키아인은 서로 관련이 있다고 믿었다. 그러나 페니키아인은 순수한 셈족이 아니며 에게 해 지역의 영향을 받았다는 글래드스턴의 견해에 에번스가 동의한 것을 기억해야 한다.[47]

1851년에 태어난 에번스는 비록 옥스퍼드와 괴팅겐에서 교육받았지만 보다 편견이 적은 옛 세대에 속했다. 따라서 그는 셈족의 영향이 그리고 심지어 리비아의 영향이 크레타에서 나아가 에게 해 전체에 미쳤을 가능성을 받아들였다. 그럼에도 불구하고 사람들은 그가 만들어낸 '미노아'라는 이름 때문에, 크레타를 중동 문명과는 완전히 분리된 단일한 문화로 생각했다. 그러므로 학자들은 미노아 언어가 헬레네스어도 셈어도 아니라는 일치된 결론에 쉽사리 도달했다. 또한 크레타의 모든 지층에서 발견한 수많은 이집트 유물에도 불구하고, 이집트어 역시 미노아 언어로 생각하지 않았다. 일반적으로 '미노아 언어'는 여러 아나톨리아 언어와 관련이 있는 것으로 추측했다. 그러므로 미노아 언어가 인도유럽어인지 아닌지는 아나톨리아 언어를 어떻게 정의하느냐에 달린 문제였다.

동일한 해법으로, 미노아인은 '인종적으로' 셈족이 아니라는 주장이 제시되었다. 1911년에 어느 학자는 유명한 미노아 프레스코를 묘사하면서 다음과 같이 썼다.

> 술을 따라 올리는 사람을 보면, 그들의 체격과 검은 곱슬머리, 곧은 콧날, 그리고 긴 두개골을 볼 수 있다. 나로서는 이 훌륭한 사내가 이미 제시된 것처럼 셈족이나 페니키아인라고 믿고 싶지 않다. 우리는 이 사람들이, 특히 외형적인 측면에서 크게 축복받았으며, 매우 급속한 발전을 이룰 수 있었다는 것을 안다.[48]

이 시기에 이르러 미노아인을 가장 문명화한 펠라스고이로 여겼는데, 서아시아 역사를 연구한 두 역사가는 당시의 유력한 견해는 다음과 같이 명백하게 표현했다.

> 세계사 일반에 관한, 특히 우리 자신의 문화에 관한 지식에서 차지하는 광범위한 중요성을 따져본다면, 필시 슐리만의 미케네 발견과 거기에서 비롯되어 아서 에번스의 발견에서 정점에 이르는 보다 진전된 일련의 발견을 능가하는 것은 없다. 당연히 우리는 이러한 발견에 비상한 관심을 가지게 된다. 왜냐하면 그 발견은 오늘날의 유럽 문명이 시작되어 처음으로 꽃 피운 모습을 드러냈기 때문이다. 우리의 문화적 선

조는 이집트인도, 아시리아인도, 또 히브리인도 아니며(가능성의 차원에서마저 페니키아인이 빠져 있다는 점에 주목하라!), 바로 헬레네스이다. 그리고 그들 아리안계 그리스인은 자기 문명 대부분을, 그들보다 앞서 그 땅에 살았던 선先헬레네스에서 가져왔다.[49]

이제 모든 것이 선先헬레네스에게 달렸다!

나는 페니키아인이 그리스에 왔을지도 모르지만 그들이 그리스 문명의 발전에 아무런 영향을 끼치지 못했기 때문에 그 점은 중요하지 않다는 이전의 타협안에 대해 언급한 바 있다. 극단적 아리안 모델의 힘이 증대되고 있음에도 불구하고, 이러한 노선을 따르는 광의의 아리안 모델 지지자는 여전히 남아 있었다. 에번스를 포함하여 슐리만의 오랜 동료이자 뛰어난 건축가 겸 측량사인 빌헬름 되르펠트*와 위대한 박식가인 에두아르트 마이어도 그들에 속했다. 그들은 투키디데스에 근거하여 그리스 섬에 진짜 페니키아인이 있었고, 그리고 심지어 테베에도 있었을 가능성이 있다고 주장했다.[50] 그런 생각은 1885년 이후 원숙기에 접어든 보다 젊은 세대가 용납할 수 없는 것이었다. 20세기 초 영국의 지도적인 그리스사가이자 자유주의자인 베리는 1900년에 출간해 오늘날까지 표준서로 남아 있는 그의 『그리스사』에서 이렇게 썼다. "해안과 섬 여기저기에 페니키아인의 시장이 있었다는 점은 의심의 여지가 없지만, 가나안인이 그리스 땅에서 가정을 꾸렸다든가 그리스 주민 사이에 셈족의 피를 유입했다고 생각할 이유는 없다."[51] 낭만주의와 인종주의의 핵심 단어인 '땅'과 '피'에 주목하라! 그런 태도는 제2차 세계대전을 넘어 그 이후에도 잔존했다.

반유대주의의 정점, 1920~1939년

1920년대에는 분위기가 훨씬 더 험악해졌다. 유대인이 러시아 혁명에서 중심적인 역할을 담당했다는 인식이 퍼지고 실제로 그러함에 따라, 유럽과 북아메리카 전역에서 반유대주의가 강화되었다. 당시 사람들은 경제적인 위기와 국가적인 실패에 대해 늘 유대인 은행가와 금융업자의 탓으로 돌렸으며, 유대인이 그리스도교의 도덕과 질서를 파괴하여 전복시키려 한다는 이전의 모호한 이미지가 이제 볼셰비키 당에서 가시화한 것으로 생각했다.[52]

그러한 정서는 독일이나, 또는 나치 같은 속악俗惡한 극단주의자에 국한되지 않았다. 반유대주의는 북유럽과 북아메리카 전역에서 '훌륭한 사회'의 규범이 되었고 거기에는 대학도 포함되었다. 현대 사회사가인 댄 오렌 교수는 1920년대에 예일 대학 및 관련 전문학교에서 유대인 학생 수를 줄이기 위해 시행한 엄격한 할당제의 상세한 배경을 최근에 제시했다. 또한 그가 묘사하는 바를, 미국의 다른 칼리지나 대학 또는 보다 비체계적인 방식이긴 하지만 영국도 적용하지 않았다고 가정할 이유가 없다.[53]

사실 1930년대에는 뚜렷한 반파시즘을 표방한 고전학자가 많았다. 그리스의 자유에 대한 그들의 사랑은 나치와 파시스트의 폭정에 대한 반대와 병행했다. 그러나 앞서 살펴보았듯이, 친親그리스 성향은 늘 아리안주의와 인종주의를 함축했으며 고전학은 보수적으로 편향되어 있었다. 따라서 고전학은 반유대주의를 넘어서지 못하고 대체로 공유했음에 틀림없다. 당시 고전학계의 분위기는 1980년에 코넬 대학 교수인 해리 캐플런의 책상에서 발견된 다음의 편지에서 엿볼 수 있다. 아이비리그의 고전학과 종신교수 가운데 유대인이라고는 여러 해 동안 캐플런이 유일했다.

친애하는 캐플런. 나는 브리스틀 교수의 권고에 따라 당신이 중등 교육에 종사할 것을 촉구하고자 합니다. 대학 교수직은 본래 그다지 많지도 않으려니와, 현재로서는 거의 남아 있지 않으며, 앞으로는 더 줄어들 가능성이 큽니다. 나는 어느 누구에게도 교수직을 기대하라고 권할 수 없는 입장입니다. 사실 유대인에 대한 편견이 상당히 큽니다. 개인적으로 나는 그런 편견을 가지고 있지 않으며, 또한 이곳 교직원 모두 그러하리라고 확신합니다. 그러나 우리는 충분한 자격을 갖춘 많은 유대인이 임용되지 못하는 사례를 보아왔으며, 이러한 사실이 우리를 압박합니다. 나는 알프레드 구드만과 로우를 다시금 떠올립니다. 두 분 모두 국제적인 명성을 지닌 훌륭한 학자지만, 대학교수직을 얻을 수 없었습니다. 나는 부인할 수 없는 인종적 편견으로 앞길이 가로막힌 누군가에게, 수준 높은 학문의 길로 매진하라고 권하는 것은 잘못이라고 생각합니다. 이 점에서 나는 나의 고전학 동료들과 같은 생각입니다. 그들은 이 편지에 나의 서명과 더불어 그들의 서명을 첨부하도록 허락했습니다. (서명) 찰스 베넷, 더럼, 조지 브리스틀, 앤드루스. 1919년 3월 27일. 이타카.[54]

이러한 분위기 아래에서 그리스와 근동의 완전한 분리, 그리고 페니키아가 지중해에서 수행한 적극적인 문화적 역할에 대한 회의론을 학문이 강조했다 하더라도 결코 놀라운 일은 아니다.

20세기 아리안주의

　　인종주의에 대한 새로운 공격이 시작되었에도 불구하고, 나치로 대표되는 극단적이고 추악한 우익 진영뿐 아니라 정규 학계에서도 아리안 인종주의가 증대했다. 심지어 위대한 마르크스주의 선사학자인 고든 차일드*조차 거기에 가담하여 책 전체를 아리안 인종주의에 할애한 『아리안』을 집필했다. 그 책 서문에서 그는 신체적인 인종 유형과 언어를 연결지었다. "인도유럽어와 그 모어母語로 추측되는 언어는 시종 보기 드물게 정밀하고도 유연한 생각의 도구였다. … 그러므로 아리안은 비록 높은 수준의 물질 문화를 향유하지는 못했을지라도 예외적인 정신적 자질을 타고났음에 틀림없다." 차일드는 또한 공통의 언어를 사용하는 사람들의 '어떤 정신적 통일성'을 언급했다. 그는 아리안 정신의 우월성을 다음과 같이 설명했다. "이 점에 의문이 든다면, (아리안인) 다리우스*의 명에 따라 베히스툰 바위*에 새긴 위엄 있는 이야기를 (셈족인) 아슈르바니팔*이나 네부카드네자르* 비문의 과장되고 야단스러운 자기 미화와 비교하는 것이 좋다."55

　　1924년에 베리와 그의 동료들이 편집·출간한 『케임브리지 고대사』 초판에도 마찬가지로 노골적인 인종주의로 가득차 있었다. 각 분야의 전문가에 의해 공동 집필되는 '새롭고' '객관적인' 역사서 모델로 의도된 이 책은 금세 표준서의 지위를 획득했으며, 세계 여러 지역과 문화에 동일한 모델을 적용한 '케임브리지 역사' 시리즈가 오늘날까지 이어지고 있다. 『케임브리지 고대사』의 전체 도입부는 주로 인종을 다룬다. 제1장에서, 옥스퍼드의 고대사 교수인 존 마이어스는 자신의 입장이 니부어의 인종적인 고대사 전통에 속한다는 점을 분명히 했다.

> 고대인은 각기 맡게 될 역할에 어울리는 분장을 하고 … 어떤 순서에 따라 … 역사라는 무대에 오른다. … 역사는 먼 과거라는 분장실에서 … 등장 인물이 형성됨을 전제한다. 뒤이은 소묘의 의도는 … 이러한 특징적 체격과 기질을 지닌 사람이 어떻게 등장하게 되었는지를 설명하는 데에 있다. …56

마이어스는 인종을 세 부류로 나누는 일반적인 관점을 받아들이면서 '몽골족'에 대해 '기생적'이고 '유아기적'이며 '뒤에서 보면 네발짐승' 같다고 평했다! 몽골족의 소심함을 이렇듯 익살맞게 언급한 다음, 마이어스는 그러한 언급에 걸맞지 않게 이번에는 몽골족이 "인간 생명에 큰 가치를 부여하지" 않는 독특한 집단 심리를 가지고 있다면서 이렇게 기술했다. "거의 비인간적일 정도로 냉담한 몽골족은 돌연한 공포나 학대로 자극받을 경우 마치 야생마 같은 사나움을 드러낼 수 있다."57 흑인에 대해서는 놀라울 정도로 가볍게 넘어갔지만, '아프리카계 흑인'은 '육식에 적합해 보이는 턱'과 '엄청난 육체적 힘'을 지닌 것으로 평가했다.58

셈족에 관한 장에서 쿡 교수 또한 당시의 태도를 반영했다. 셈족이 아리안과 근본적으로 다르려면 그들에게는 뭔가 그릇된 면이 있어야 했다. 쿡은 셈족이 낙관주의와 염세주의, 그리고 금욕주의와 관능의 양극단을 오간다고 비난했다. 그는 그들이 엄청난 에너지와 열의, 공격성, 그리고 용기를 지녔지만, 인내심이나 도시나 국가에 대한 충성심은 거의 없으며 행위의 윤리적 가치도 거의 신경 쓰지 않는다고 주장했다. "행위의 원천은 상식이나 계획, 혹은 도덕성이 아니라 개인적인 감정이다."59

쿡의 '비윤리적인' 셈족은 60년 전 르낭이 말한 '도덕적인' 셈족과 뚜렷한 대조를 이룬다. 이는 '셈족'이라는 혼합체에 더해진 아랍의 영향과 히브리 예언자 마르크스를 따르는 유대인 주도하의 볼셰비키 무리에 대한 공포를 반영하는 것으로 볼 수 있다. 반면 셈족에게 추론하는 사고가 결여되었다는 다음과 같은 쿡의 주장은 르낭의 견해에 보다 가까웠다. "히브리 예언서와 모하메드의 코란에서 우리가 발견하는 것은 논리적 정확성이나 지속적인 사고, 또는 포괄적인 이해가 아니라 열의와 웅변, 그리고 상상력이다. … 사고는 순차적으로 진행되지 않으며, 공평하지도 객관적이지도 않다."[60]

이런 식의 생각은 제2차 세계대전 이후까지 지속했다. 고고학자이자 고대 예술사가이며 고대 철학자인 헨리 프랭크퍼트*는 이런 생각을 토대로 고대 이집트인과 셈족 그리고 '근대 야만인'의 '신화시神話詩적' 사고를 그와 반대되는 그리스인과 유럽인의 '합리적' 사고와 구분했다.[61] 물론 이러한 방식의 범주적인 구분은 현대 사회에 나타나는 엄청난 '신화시적' 사고를 경시한다. 그러나 보다 중요한 것은 메소포타미아인과 이집트인이 공간과 시간을 측량하는 과정에서 성취한 '객관적 정확성'과 측량을 통해 스스로의 삶을 지배한 정도를 고려할 때, 그 구분이 전혀 설득력이 없다는 점이다.

이제 또 다른 시각으로 넘어가자. 쿡은 『케임브리지 고대사』에서 셈족을 "외국 모델을 베껴서 … 모양을 바꾼 다음 … 자신의 인장을 찍어 출하하는 중간 상인"으로 묘사했다.[62] 여기서 우리는 역설적이게도 『에피노미스』의 전승과 대단히 유사한 내용을 발견할 수 있다. 『에피노미스』의 전승에 따르면 그리스인은 다른 문화에서 가져온 모든 것을 '완벽하게 개선했다.'[63] 그러나 쿡은 그리스인과 선先헬레네스를 더 이상 이런 식으로 바라보지 않았다. 그들은 자기 문화의 창시자였다.

『케임브리지 고대사』에 착수한 학자들의 기본 견해는 그 도입부 장에서 찾아볼 수 있다. 그들은 이제 모든 것이 선先헬레네스에 달려 있음을 분명히 했는데, 1920년대에 그들을 비롯한 '현대' 학자는 선先헬레네스 및 그들과 헬레네스의 관계에 관한 정보를 가능한 한 많이 찾고자 결연한 노력을 기울였다. 바로 이 시기에 위대한 스웨덴 학자 마르틴 닐손은 미케네 및 미노아 문명의 도상圖像이 고전기 그리스 신화와 연결되어 있음을 설명하기 시작했다. 이러한 연결성이 확립됨에 따라 미케네 및 미노아와 중동 사이의 접촉에 대한 에번스와 구세대의 안이한 태도를 그는 더 이상 받아들일 수 없었다. 동부 지중해를 가로질러 이루어진 청동기 시대의 근본적인 접촉이란 이제 불가능한 일이었다. 크레타와 이집트, 그리고 시리아 사이에서 나타나는 건축 및 물질 문화의 명백한 유사성이 이런 식의 부정에 걸림돌로 작용하기는 했지만, 그리스 문명 자체의 완전성과 순수성이라는 당면 문제와 비교할 때 그러한 유사성은 전혀 중요치 않았다.[64]

19세기 후반부터 선先헬레네스의 언어는 일종의 '아시아어'나 아나톨리아어라는 믿음이 널리 퍼졌다. 그러나 1920년대에 이르러 히타이트어가 해석되기 시작하고 리디아어와 리키아어, 그리고 카리아어 비문이 이용 가능해지면서 그 가설을 유지하기가 점점 더 어려워졌다. 그 언어들 속에서 그리스어에 내재한 비非그리스적 요소와의 유사성을 찾아낼 수 없었던 것이다. 그럼에도 불구하고 그 가설은 여전히 유일한 실마리로 여겨졌으며, 1927년에는 선先헬레네스를 지리적으로 정의하려는 시도에 이용되었다. 고고학자인 칼 블레전과 고전학자인 헤일리는 새로이 입증된 '과학적인' 공동 작업 방식에 따라 두 부분으로 나누어 한 논문을 집필했다. 거기에서 그들은 선先헬레네스어 지명 접사인 -i(s)sos(-이(스)소스)와 -nthos(-ㄴ토스)가 아나톨리아에서 발견되는 -ssa(-싸)와 -nda(-ㄴ다)라는 접사와 관련이 있는 것으로 생각할 수 있다는 독일 언어학자 파울 크레치머의 가설을 채택했다. 그들의 주장에 따르면 이 모든 지명이 고대 선先인도유럽어 기층에서 유래했음을 시사하는 것이었다. 나아가 그들은 이를 비롯한 비非헬레네스어 그리스 지명의 분포가 초기 청동기 시대 정착지의 분포와 일치한다고 주장했다. 그런데 당시 이러한 주장은 인도유럽인이 중기 청동기 시대 초기에 침입했다는 가설과 정확히 맞아떨어지는 것으로 여겨졌다.[65] (그 후 침입 시기에 관한 견해는 이 시점이 아니라, 초기 헬라딕 2기와 초기 헬라딕 3기 사이의 물질 문화에서 나타나는 고고학적 단절기와 일치했다.)

두 저자가 제시한 지명학적·고고학적 일치의 증거는 인상적이지 않다. 그들 스스로 인정했듯이 그 지명들은 후기 청동기 시대 미케네 문화 영역과도 밀접히 부합한다.[66] 그들의 언어학적 논증은 더더욱 취약했다. 우선, 지명 접미사는 예를 들어 -ville(-빌 : 시내), -ham(-햄 : 마을), -bourne(-번 : 개울), -ey(-에이 : 섬) 등처럼 통상적으로 어떤 의미를 지닌다. 그러나 -s(s)os(-소[쏘]스)와 -nthos(-ㄴ토스)는 모든 종류의 지형을 지칭하며, 따라서 이질적인 기원을 시사한다. 둘째, 현대 아나톨리어어 학자인 라로슈 교수가 주장했듯이 -ssa(-싸) 등의 접미사는 선先헬레네스어가 아니라 히타이트어나 루비어로 설명할 수 있다.[67] 이러한 주장은 이 아나톨리아어와 선先헬레네스어 사이의 밀접한 유사성을 확인할 경우(어렵기는 하겠지만, 그야말로 가능하기는 하다) 극복할 수 있다. 그러나 블레전과 헤일리의 저서가 출간되기 이전에 이용 가능했던 파울 크레치머의 후기 저서는 극복하기 어려운 장애물을 제기한다. 그 접미사들이 때때로 인도유럽어 어간에 부착되었다는 사실이 바로 그것이다.[68] 따라서 그 접미사들은, 어떤 상황에서는 매우 오래된 것일지도 모르지만, 인도유럽어를 사용하는 그리스인이 도래하기 이전에 에게 해 지역 주민이 사용한 언어와 문화를 암시하는 것으로 생각할 수는 없었다.[69] 근본적인 결점을 지닌 블레전과 헤일리의 논문이 고전으로 자리잡을 수 있었다는 사실과 그 주제에 흥미를 느끼는 학생이 여전히 그들의 논문을 참조한다는 것은 고대 그리스 지명 연구의 취약성을 보여준다.

블레전과 헤일리의 저서는 학자들이 '선先헬레네스'에 그토록 크게 의존했음에도 불구하고 그것을 제대로 파악하지 못했음을 예시한다. 또한 이집트나 페니키아가 절대 그리스의 형성에 근본적인 영향을 미쳤을 리 없다면 선先헬레네스는 여전히 핵심이었다. 그리하여 1920년대 후반과 1930년대 초에는 페니키아인에 대한 공격이 강화되었다. 미노아인의 비非셈족 본성은 이제 너무나 확고했으므로, 미노아인을 페니키아인과 동일시한 고대의 견해는 분젠과 쿠르티우스가 19세기에 제시한 노선에 따라 전복될 수 있었다. 그리고 이제 그리스 신화가 페니키아인을 언급할 경우 그것은 사실상 미노아인을 가리키는 것이 되었다.[70]

알파벳 길들이기 : 페니키아인에 대한 최종 공격

극단적 아리안 모델의 절정을 주도한 인물은 미국 고고학자 리스 카펜터였다. 그는 율리우스 벨로흐를 대단히 칭송했으며 평생 동안 오리엔트의 신기루를 적대시했다. 1930년에는 이미 페니키아인의 그리스 정착에 관한 전설이 대부분 불신되고 그리스어 이름과 단어의 셈어 어원이 거의 모두 배제된 상태였다. 남은 것이라곤 페니키아어 알파벳뿐이었다. 시인이자 소설가인 로버트 그레이브스는 알파벳의 아리안 기원을 주장할 수 있었지만, 학자들은 그리스어 문자가 셈어 문자와 비슷하게 생겼고, 발음도 비슷하며, 알파alpha/알레프’alep(소[牛])나 베타bē̄ta/베트bêt(집) 등처럼 대부분의 명칭이 서로 상응한다는 사실을 무시할 수 없었다. 후기 가나안어에서는 이 명칭들이 명백한 의미를 지녔지만 그리스어에서는 아무런 의미가 없었다.[71] 따라서 신예 학자는, 설령 그리스인이 페니키아인에게서 알파벳을 전해 받았다는 방대한 고대 증언을 아무런 거리낌 없이 기각했다 하더라도, 알파벳의 셈어 기원을 인정하지 않을 도리가 없었다.

그 주제에 관한 광범위한 고대 저술은 알파벳의 도입을 이집트에서 온 다나오스나 티로스에서 온 카드모스의 행적으로 돌렸다. 그렇다면 그 시기는 기원전 2000~1000년의 중반인 셈이었다. 그러나 유대교 호교론자인 요세푸스의 저술에는 그리스인이 카드모스에게서 문자를 배웠다고 주장하는 것은 단지 허풍에 지나지 않는다고 주장하는 구절(이는 그리스인에게 문화적 깊이가 없다는 점을 주로 공격하는 반反그리스적 장광설 안에 담겨 있다)도 있었다. 요세푸스에 따르면 그리스인은 트로이 전쟁 당시 문맹이었다.[72] 호메로스를 문맹 방랑 시인으로 생각한 낭만주의적 헬레니즘 학자는 당연히 요세푸스의 해석을 선호했다. 그럼에도 불구하고 대부분의 학자는 고대의 일치된 견해를 받아들이는 편이었다. 왜냐하면 19세기 말까지는 카드모스의 테베 창설을 둘러싼 전설의 진정성이 심각하게 도전받지 않았기 때문이다.

그러나 라이나흐와 벨로흐는 이 이른 연대를 받아들일 수 없었다. 왜냐하면 라이나흐는 알파벳의 전래 시점을 기원전 13~12세기 정도로 늦춰 잡았으며 페니키아의 영향이 이때 시작했다고 믿었기 때문이다.73 벨로흐는 최초 접촉 시점을 기원전 8세기로 제안하면서 네 가지 논거를 제시했다. 우선, 그는 기원전 7세기 이전 것으로 추정할 수 있는 그리스 비문이 없다고 주장했다. 둘째, 그는 호메로스 작품에 나오는 글쓰기에 관한 유일한 언급이 분명치 않다면서, 시인과 청중이 낭송에 익숙했다는 것은 가능한 일이라고 말했다. 셋째, 그는 페니키아에서 그리스로 전해지는 도중의 경유지인 키프로스가 알렉산드로스 시대에 접어들어서야 알파벳을 사용하기 시작했다고 주장했다. 넷째, 그는 문자의 명칭이 페니키아어가 아니라 아람어의 명칭과 흡사하며, 따라서 알파벳을 차용한 것은 아람어가 레반트에서 세력을 떨친 기원전 8세기 후반 이후가 틀림없다고 주장했다.74

벨로흐의 첫 번째 논거인 침묵의 논증에 관한 의혹은 『블랙 아테나』의 다른 곳에서 논의한 바 있으며, 앞으로 또다시 논의할 것이다. 두 번째 논거의 경우, 그러한 언급이 전혀 중요치 않다는 벨로흐와 많은 후기 학자의 확신에도 불구하고, 호메로스가 서판에 '쐬어진' 세마타 리그라sēmata lygra(재앙의 표지)를 한 차례 언급했다는 점은 의문의 여지가 없다.75 키프로스에 알파벳이 없었던 것은 지역적 여건에서 비롯한 결과이며, 이는 이 섬이 레반트에서 에게 해로 알파벳이 전래하던 시대 흐름에 부응하지 못했음을 의미한다. 그것은 어떤 식으로도 전래 시점의 지표가 되지 못한다. 마지막으로, 앞서 이미 살펴보았듯이 벨로흐는 셈어를 알지 못했으며, 그리스어 문자 명칭이 아람어 발음을 반영한다는 그의 주장은 그릇된 것이었다. 이오타 iōta(ι)와 로rhō(ρ)의 ō는 아람어가 아니라 가나안어에서 일어난 음운 변동을 반영한다.

어쨌든 벨로흐의 동시대인은 알파벳에 관한 그의 생각을 심각하게 취급하지 않았으며, 20세기의 첫 4반세기 동안 벌어진 알파벳 도입 연대 논쟁은 광의의 아리안 모델과 극단적 아리안 모델 사이의 논쟁 전체보다도 훨씬 더 유동적이었다. 이러한 편차는 주요 연대 추정과 관련하여 늘 핵심적인 역할을 담당한 셈어 비문碑文 연구에서 셈어학 학자들과 유대인이 비교적 큰 영향력을 행사했기 때문인 것으로 볼 수 있다. 그러나 일반적인 경향은 분명 전래 연대를 늦춰 잡으려는 쪽으로 기울었는데, 그 이유는 극단적 아리안 모델이 득세한 이유와 같았다. 즉 이미 잘 알려져 있는 것에 의존하려는 욕구, 점점 더 증대하는 '실증주의'의 '증거' 욕구, 그리고 자연 과학의 확실성이라고 생각되는 것을 고고학과 고대사에 부여하려는 욕구가 바로 그것이다.

연대를 늦춰 잡는 경향은 스스로 비문 연구에 대한 문외한이라고 자인한 리스 카펜터 교수가 1933년에 알파벳의 그리스 도입 연대를 기원전 720년경으로 제안하면서 극에 달했다. 그가 제시한 이유는 이중적이었다. 즉 가장 초기의 그리스어 문자가 기원전 8세기의 페니키아어 문자와 흡사하며, 기원전 720년경 이전에는 그리스어 알파벳으로 씌어진 비문이 전혀 발견되지 않는다는 것이었다. 즉 침묵의 논증이었다.[76] 이러한 연대 추정은 알파벳 도입의 중요성을 축소시키는 동시에 알파벳 도입과 더불어 그 외의 중요한 문화적 차용이 수반되었을 가능성을 약화시키려는 카펜터의 세 가지 시도 가운데 하나일 뿐이었다. 또 다른 시도는 자음 알파벳과 모음화된 알파벳을 명백히 구분하는 것이었다. 그는 모음의 발명을 그리스인의 공적(내가 보기에는 그릇된 생각이다)으로 돌렸다.[77] 카펜터는 모음이 셈족의 능력을 넘어선다고 확신하며 '그리스인의 저 뛰어난 모음 창조'를 언급했다. 그리하여 그리스인은 최초의 '진정한' 알파벳 발명자로 등극했다.[78]

카펜터의 세 번째 시도는 차용이 이루어진 장소를 되도록 그리스 본토에서 먼 곳으로 이동시키는 것이었다. 그는 크레타와 로도스를, 나중에는 키프로스(이 곳은 가장 받아들이기 어려운데, 왜냐하면 앞서 언급했듯이 이 곳은 알파벳을 사용하지 않았기 때문이다)를 제안했다. 그러나 1930년대 후반에 고고학자인 레오나드 울리* 경은 시리아 해안 알 미나에 기원전 8세기의 그리스 식민지가 있었음을 만족스럽다는 듯이 보여주면서 그리스인이 그곳에서 알파벳을 배웠을 수도 있다고 제안했다.[79] 카펜터를 포함한 고전학자와 고고학자는 이러한 주장의 취약성(알 미나 주변 800킬로미터 이내에 초기 그리스 비문이 전혀 없다는 사실)에도 불구하고 이곳을 전래 지점으로 받아들이는 데에 열성적이었다.[80]

시간에 관해서는 맹목적이라 할 정도로 철저한 증거를 요구한 카펜터가 장소에 관해서는 왜 그렇게 느슨한 태도를 보였을까? 우선, 알파벳을 수동적으로 받아들였다기보다 본국으로 가져왔다는 편이 '역동적'인 그리스 문화에 더욱 걸맞다고 생각했기 때문이다. 두 번째 이유는 훨씬 더 악의적이었다. 비문 연구 분야에서 그의 뒤를 이은 릴리언 제프리* 교수는 그 진상을 다음과 같이 요약했다.

> 카펜터 교수가 적절히 제기한 두 번째 요점은 이러하다. 즉 그리스 지역 어딘가에 있던 셈족의 일시적인 무역 거점 따위가 아니라 오로지 두 가지 언어가 상시적으로 사용되는 두 민족의 정착지에서만 한 민족의 알파벳이 다른 민족에게 인계될 수 있다는 것이다.[81]

이러한 가상은 '셈족'에 의한 식민화가 그리스인에 의한 식민화에 비해 단연코 더 '일시적'인 현상임을 공리화公理化하고 있다. 그러나 이를 뒷받침하는 고대 전거는 거의 없으며, 이에 관해서는 베라르의 논의를 보라.[82] 어떻든 페니키아인의 정착지가 소규모에 일시적인 성격을 띤다는 주장은 강력한 이데올로기적 맥락을 지닌다. 즉 그리스가 인종적으로 순수한 유럽의 유아기이자 정수로 남으려면, 페니키아 정착지는 반드시 그럴 수밖에 없었다.

나는 이것이 결코 지나친 과장이 아님을 입증하기 위해 알파벳의 전래와 관련된 베리의 글을 반복하고자 한다.

해안과 섬 여기저기에 페니키아인의 시장이 있었다는 점은 의심의 여지가 없지만, 가나안인이 그리스 땅에서 가정을 꾸렸다든가 그리스 주민 사이에 셈족의 혈통을 유입했다고 생각할 이유는 없다.[83]

알파벳의 전래는 그리스 밖에서 일어난 일이 되어야만 했다. 그렇지 않을 경우 실질적인 페니키아 정착과 그에 따른 '인종' 혼합을 피할 길이 없었다.

전래 시기의 문제로 돌아가자. 리스 카펜터는 왜 이후의 발견으로 쉽사리 거짓으로 입증될 수 있는, 그리고 실제로 그렇게 된 기원전 8세기 후반이라는 연대를 고집했을까? 우선, 그 연대는 본질적으로 '수동적인' 페니키아인이 서쪽으로 항해한 이유를 설명할 수 있었다. 즉 아시리아인이 페니키아 해안에 가한 압박이 이유라는 것인데, 이러한 압박은 기원전 8세기 중반에야 비로소 일어난 일이었다. 우리는 앞서 모베르스와 고비노를 논하면서 단지 '부분적으로만 셈족인' 아시리아인에 대한 선호를 목격한 바 있다.[84] 늦은 연대는 또한 그리스의 형성기가 아니라 폴리스가 확립되고 식민화가 시작한 이후에야 비로소 페니키아의 영향이 그리스에 미쳤다는 점을 함축했다. 그렇지 않을 경우 폴리스와 식민화는 페니키아의 제도로 해석될 수 있었다.[85]

리스 카펜터는 도전에 직면하자, 자신의 늦은 연대 설정에 따를 경우 에게 해뿐만 아니라 이탈리아와 아나톨리아 전역에서도 알파벳이 매우 급속하게 확산되어 다양화했어야 한다는 점을 인정했다. 그럼에도 불구하고 그는 다음과 같이 응수했다.

나는 그 점이 훨씬 더 터무니없다고 생각한다. 이 엄청나게 능동적인 민족이 상당

기간 동안 알파벳을 수동적으로 인지하고 있었을 뿐 이용하지 않았다는 것은 그리스적이지 않은 일이며, 따라서 생각할 수도 없는 일이다. 그리스의 기후는 진정 초기 알파벳에 기적을 행했다. 우리는 그것이 성장하는 것을 살펴볼 수 있다.[86]

이 구절은 기후와 나무, 젊음, 그리고 성장과 같은 낭만주의적 이미지는 차치하더라도 이미 훔볼트에게서 나타난 전통의 힘과 지속성을 보여준다. 즉 모든 일상적인 법칙과 유추가 고대 그리스인의 경우에는 적용되지 않으며 다른 민족을 판단하듯이 그리스인을 판단하는 것은 부당하다고까지 말할 수는 없더라도 적절치 못하다는 전통 말이다.

모든 학자가 카펜터의 수사학에 휩쓸린 것은 아니었다. 예를 들어 20세기의 가장 폭넓은 알파벳 연구자 한스 옌젠은 기원전 10세기나 11세기라는 연대를 고수했다.[87] 그러나 카펜터에 대한 직접적인 유일한 도전은 이미 한 논문(카펜터는 이를 인용하지 않았다)에서 기원전 12세기나 그 이전이라는 연대를 제안한 바 있는 미국의 셈학 학자 울만*에게서 비롯했다. 울만은 다수의 상고기 그리스어 문자가 기원전 9세기의 페니키아나 모압 비문*에 등장하는 형태와 차이를 보인다는 점에 동의했다. 그러나 그는 그리스어 문자가 후기 레반트 유형을 닮은 것이 아니라 초기 레반트 유형에서 유래했다고 여기면서, 알파벳이 그 가운데 가장 오래된 문자만큼 오래된 것이라고 주장했다. 울만은 가장 이른 시기의 것으로 추정할 수 있는 비문인 비블로스의 히람 왕 석관 비문의 문자가 기원전 9세기 문자와 매우 흡사하다고 판정했지만, 그 중에 보다 이른 시기의 문자가 그리스 문자꼴에 더 가깝다고 말했다.[88]

카펜터는 울만에 대한 답변에서 알파벳을 그 가운데 가장 최근의 문자만큼이나 최근의 것으로 보아야 한다고 주장하며 암암리에 정반대의 입장을 취했다. 그는 그리스어 형태와 후기 페니키아어 형태가 서로 유사한 K와 M에 초점을 맞추었다.[89] 울만은 카펜터가 비록 '더 오래된' 문자에 관한 그의 논증을 본격적으로 다루지는 않았지만, 카펜터의 격렬한 변론과 반유대주의적인 시대 정신 그리고 고전학과 셈학의 상대적인 우위를 견뎌낼 수 없었다. 게다가 고전학자들은 카펜터의 결론을 열정적으로 환대했다. 카펜터의 결론은 호메로스(들)가 문맹이었다는 고전학의 낭만주의적 핵심에 대한 믿음을 확증해주었다. 당시 에번스가 크레타에서 문자를 발견하고 본토에서 이와 동일한 경향의 증거를 발견함에 따라 다소의 혼란이 야기되던 터였다. 그러나 선형 문자는, 물론 그릇된 생각이었지만, 미케네 궁전의 파괴와 더불어 완전히 소멸한 것으로 여겨질 수 있었다. 따라서 카펜터가 늦은 연대를 설정한 것은 것은 기나긴 문맹의 '암흑기'(이 시기에 토착민 호메로스[들]가 야만적인 북쪽의 정기를 받아 노래하였다)를 확립할 수 있다는 점에서 크게 환영받았다. 『일리아스』와 『오디세이아』를 문서로 기록하지 않은 채 창작할 수 있다는 점을 보여주는 밀먼 패리* 교수의 세르비아 민속 서사시 연구가 바로 1920년대에 시작했다는 점은 주목할 만하다.90

카펜터가 확립한 들여다볼 수 없는 문맹의 '암흑기'는 또 다른 측면에서 아리안 모델 지지자를 매혹했다. 사람들은 이제 암흑기가 설정한 문화적 연속성의 단절을 통해 고전기와 헬레니즘 시대 그리스인이 자신의 먼 과거에 관해 기록한 내용까지 무시할 수 있었다. 이는 곧 고대 모델뿐만 아니라 광의의 아리안 모델까지도 완전히 불신할 수 있음을 의미했다.

카펜터가 당시 고전학자에게 설득력을 지닐 수 있던 밑바탕에는 그러한 시대 정신이 깔려 있었다. 1890년대에 벨로흐가 실패한 지점에서, 1930년대에 카펜터는 거의 동일한 논거를 사용하여 성공을 거두었다. 대부분의 셈학 학자는 주도권을 장악한 고전학의 노선에 순응했지만, 일부 특히 유대인 학자는 그다지 기꺼워하지 않았다. 울만은 여전히 납득할 수 없었으며, 예루살렘의 투르 시나이 교수를 비롯한 몇몇 학자는 그리스어 알파벳이 철기 시대 페니키아에서 유래했을 리 없으며, 그보다 이른 시기의 가나안어 문자에서 기원했음에 틀림없다는 생각을 고수했다.91

1938년부터 1973년 사이에는 카펜터가 극도로 늦춰 잡은 그리스의 알파벳 차용 연대에 대해 심각한 도전이 제기되지 않았다. 알파벳의 중요성이 축소함에 따라 극단적 아리안 모델의 확립을 심각하게 저해한 마지막 장애물이 제거되었다. 그리고 제2차 세계 대전 발발 무렵 고전학자와 고대사가는 자신의 학문이 과학 시대로 접어들었다고 확신했다. 현대적인 용어로 말하자면 패러다임을 확립한 것이었다. 이집트나 페니키아가 그리스의 형성에 중요한 영향을 미쳤다고 제안하는 '학자'는 더 이상 용납될 수 없었다. 이제 그런 제안을 하는 학자는 가능한 한 학계에서 추방되거나, 아니면 적어도 '괴짜'로 낙인찍혔다.

제 10장

전후 상황 :
광의의 아리안 모델로 돌아오다

1945~ 1985

이제 우리는 한 바퀴를 빙 돌아 제자리로 돌아왔다. 나는 현재에 대한 관심으로 제1권을 시작했지만, 지금까지는 가능한 한 현재에 대한 관심을 개입시키지 않으려 했다. 오늘날의 세계에 본질적인 관심을 지닌 독자라면 부디 이번 장에서 지금까지의 노고 어린 독서에 얼마간의 보상이나마 얻기를 희망한다. 또한 역사와 역사 편찬의 당시대적 관련을 확신하게 되기를 희망한다.

이번 장에는 두 가지 이야기가 담겨 있다. 첫 번째 이야기는 해피 엔딩에 가깝다고 믿는다. 그것은 고대사 서술에서 반유대주의를 제거하고 페니키아인이 그리스 문화의 형성에서 담당한 중심적인 역할을 인정하고자 하는, 주로 유대인 학자가 주도한 움직임이다. 여기서 사용하는 용어로 말하자면, 이 학자들의 시도는 광의의 아리안 모델을 재확립하는 일에 가깝다.

이러한 변화와 결부된 내재적 요인을 살피지 않더라도, 외재적 관점에서 볼 때 페니키아인의 성공적인 명성 회복은 필요한 두 가지 선결 조건을 모두 충족했다고 말할 수 있다. 그 첫째는 유대인이 유럽 사회에 재통합된 것이고, 둘째는 유대 문화 내부에서 지적 추구와 학계에 대한 존경이 크게 일어났다는 것이다. 전자는 페니키아와 가나안의 업적을 인정할 수 없게 만든 반유대주의라는 개념적 장벽을 제거했으며, 후자는 이 사안에 관여한 유대인 학자의 수가 미미하더라도 현 학계에 강력한 영향을 미칠 수 있게 만들었다.

이번 장에 담긴 두 번째 이야기는 이집트가 청동기 시대 그리스를 식민화했다는 전승을 거부하는 태도와 관련이 있다. 하지만 그 결말은 그다지 분명해 보이지 않는다. 한두 명의 독일 학자가 이집트가 식민화했다는 전승을 복권시키려 애쓰고 있다. 그러나 학계 내부에서는 이집트의 명성을 회복시키려는 폭넓은 움직임이 아직 포착되지 않고 있다. 더구나 페니키아인과는 달리 고대 이집트인에게는 '타고난' 옹호자가 없다. 이슬람교를 믿는 이집트인은 고대 이집트에 대해 뿌리 깊은 양가 감정을 가지고 있다. 이는 부패한 친親서방 정부가 비非아랍적인 근대 이집트 상을 촉진하기 위해, 고대 이집트의 이미지를 이용함으로써 더욱 첨예화되었다. 이집트 학자가 고대 이집트의 세계사적 역할에 관한 정통론에 도전하거나, 고대 이집트의 대외 영향력을 탐구하지 않는 것은 아마도 이 때문일 것이다. 물론 서구 학문의 방대한 영향력을 수용한 결과일 가능성이 더 높기는 하다.

고대 이집트를 옹호할 만한 유일한 후보자는 콥트인과 소규모의 아프리카 및 아메리카 흑인 집단이다. 전자는 이 문제에 관해 눈에 띄게 침묵했으며, 후자는 이집트가 그리스에 미친 영향보다 이집트가 진정한 아프리카 국가이자 흑인 국가임을 입증하는 데에 훨씬 더 많은 관심을 갖는다. 그리고 이집트가 그리스에 미친 영향에 관심을 기울일 경우에는, 이집트에서 수학한 그리스인을 통한 전래라든가, 알렉산드로스의 정복 이후에 발생한 이집트 철학 및 과학의 대규모 약탈과 전유라고 여겨지는 것에 초점을 맞춘다.

고대 모델의 이집트적 국면을 복원하는 데에 훨씬 더 큰 장애가 된 요인은, 이 흑인 학자들이 페니키아인을 옹호하는 학자와 달리 학계 밖에 머물렀다는 사실이다. 따라서 조지 제임스가 '도난당한 유산'(그리스인이 훔쳐간 이집트의 문화 업적)에 관해 쓴 대부분의 글은 친구들 사이에서 회람되거나 아주 적은 부수로 출간되었다. 그렇게 출간된 책은 열정적인 관심 독자에게 급속히 팔려나갔지만 학계에서는 학문으로 인정받지 못했으며, 심지어 도서관에도 비치되지 못했다. 이는 내가 이 문제를 8년이나 연구한 뒤에야 제임스의 『도난당한 유산』을 알게 되었다는 사실에서 잘 나타난다.

이 책을 접하고 나서 나는 몹시 갈등했다. 학자로서 훈련받아온 나는 이 책이 외견상 학문적 치장을 너무나 많이 결여하고 있다는 점에 우선 주춤할 수밖에 없었다. 반면 나의 지적 입장이 정통 고대사보다 흑인 문헌에 훨씬 더 가깝다는 사실을 깨닫게 되었다.

나는 내가 느낀 감정이 중요한 의미를 갖는다고 믿는다. 나 이외에도 그리스의 형성 과정에서 페니키아가 수행한 역할과 그러한 역할을 억누르는 정치적 양상이 드러남에 따라 마음이 뒤흔들린, 그리하여 극단적 아리안 모델뿐만 아니라 광의의 아리안 모델마저 의문시하기 시작한 학자들이 있었음에 틀림없다. 그리고 나는 이 주제에 관한 수백 차례의 토론을 통해 고대 모델에 대한 이데올로기적인 반대를 더 이상 공공연하게 언급할 수 없다는 점을 알고 있다. 개인적으로는 여전히 이데올로기적인 반대의 신념을 지니고 있을지 몰라도, 확신컨대 개방적인 학계에서는 그러한 태도(물론 사회 전반적으로는 흔한 것이지만)는 그다지 빈번하게 나타나지 않고 있다.

그러나 아리안 모델은 자체의 전통과 학계의 타성에 의해 매우 광범위하게 유지되고 있는 것으로 보인다. 이러한 영향력 가운데 그 어느 것도 과소평가되어서는 안 되지만, 그러한 영향력은 깜짝 놀랄 만한 수많은 학문 내적인 발전으로 인해 상당히 약화되었다. 우리는 이러한 발전을 통해 청동기 문명이 생각보다 훨씬 진보된 범세계적 문명이었으며, 고대 기록이 최근에 재구성된 내용보다 대체로 더 믿을 만하다는 점을 알 수 있게 되었다. 이러한 외재적·내재적 맥락을 감안할 때, 나는 심지어 광의의 아리안 모델조차 유지될 수 없으며, 21세기 초의 어느 시점에는 고대 모델이 복원될 것이라고 확신한다.

제2차 세계 대전과 유대인 대학살의 폭로는 반유대주의와 인종주의의 정당성을 제거했다. 하지만 새로이 천명된 인종 평등이라는 가치가 제도화하기에는 많은 시간이 걸렸다. 실제로 유럽과 북아메리카에서는 영국과 미국으로 피신한 유대인 학자가 두드러진 역할을 수행했음에도 불구하고, 학계를 포함한 대부분의 사회 집단에 걸쳐 반유대주의가 여전히 만연했다. 많은 미국 대학은 1950년대 후반이나 1960년대 초반까지 계속해서 유대인을 배척하거나, 유대인 할당제를 엄격하게 적용했다.[1] 양차 대전 사이에 만연한 반유대주의와 마찬가지로, 영국의 제도에 관해서는 이렇다 하게 정의내리기가 그다지 쉽지 않지만, 그곳 상황도 비슷했다고 볼 수 있다. 그러나 1950년대 후반부터는 지도적인 대학들이 유대인 학생과 학자를 전면적으로 받아들이게 되었다. 이러한 진전은 고전학에서도 나타났으며, 1970년대에는 고전학의 지배적인 인물 가운데 다수가 유대인이었다.

아프리카인과 아시아인에 대한 인종적 편견은 훨씬 더 극복하기 어려운 장애물이었으며 현재에도 그러하다. 미국 대법원은 1950년대 중반에 이르러서야 합법적인 인종 차별에 대해 공세를 취하기 시작했고, 전부는 아니지만 대부분의 미국 흑인이 투표권을 획득한 것은 1960년대에 이르러서의 일이었다. 이러한 법적·정치적 개혁이 흑인과 남부 아시아인의 상황을 여타 측면까지 변화시킨 것은 아니었다. 1945년부터 1973년까지 지속된 활황기 동안 산업 국가의 일부 흑인과 비非유럽계 이민자는 경제적으로는 상황이 나아졌지만 인종 차별은 여전하거나 더욱 악화되었다. 1970년대와 1980년대의 경기 침체와 더불어 비非유럽인은 유럽과 북아메리카 전역의 백인보다 더욱 많은 것을, 더욱 급속하게 잃어갔다.

역사 서술은 또한 제3세계에서 발생한 여러 사건에서 영향을 받았는데, 이는 아래에서 논의할 것이다. 여기서는 반유대주의의 귀결인 유대인 대학살의 폭로보다도 1949년 이후에 이루어진 이스라엘의 건국과 군사적 팽창이 반유대주의를 감소시키는 데에 보다 더 크게 기여했다는 점을 말해두는 것이 정당할 듯하다. 백인의 입장에서 볼 때, 1947년의 인도 독립이나 1950년대의 '변화의 바람'은 대체로 감동적인 일은 아니었다. 이 시기에 영국과 프랑스는 열대 지방 식민지의 정치적 독립을 허용하는 편이 유리하다고 생각했다. 어쨌든 신新식민주의는 식민지에 대한 본국의 경제적 영향력을 유지시켰다. 더구나 준準독립 혹은 신생 독립 국가가 안고 있는 실질적인 문제와 그 문제를 다루는 대중 매체의 인종주의적 접근법은 오로지 백인만이 자치 능력을 지닌다는 독단론을 지속적으로 뒷받침했다. 그러나 우리의 관점에서 훨씬 더 중요한 것은, 유럽이 문화적 헤게모니를 유지했다는 것과 역사를 이해하고 가르치는 데에 실질적으로 전혀 변화가 없었다는 점이다. 빅토르 베라르가 비난한 '유럽의 쇼비니즘'이 여전히 번성했다. 예를 들어, 1960년대까지도 케임브리지의 역사학 우등 졸업 시험 과정에서 가르친 제3세계 관련 과목은 '유럽의 팽창'이 유일했다.

그러나 중요한 변화가 생겼다. 우선 일본이 놀라운 경제적 성공을 일으켰다. 이어서 중국이 재통일을 이룩하고 1970년 이후에는 러시아에 맞설 서구의 동맹국으로 주목될 만큼 주요 강국으로 성장했다. 1930년대 히틀러는 일본인에게 '명예 아리안'의 지위를 부여한 바 있는데, 그의 시각은 1960년에 이르러 일반적으로 받아들여지게 되었다. 1970년대에는 중국인 역시 이러한 영예를 얻기 시작했다. 이제 동아시아인에 대한 서양의 일반적인 인식은, 다소 다르지만 동등한 사람이라는 수준에 이르렀다고 볼 수 있다. 인도인 역시 국토 분할의 비극을 딛고 일어선 아亞대륙으로서 좀더 많은 존경을 받았다. 반면 낭만주의적인 아랍 족장의 이미지는 거만한 석유 왕자와 팔레스타인 '테러리스트'로 변모했다. 이슬람교에 대한 그리스도교의 오랜 증오가 모조리 되살아나 아랍인으로 향했다. 19세기 유럽에서 페르시아인을 칭송하던 것과 달리 이슬람교 국가인 이란은 악마의 나라로 그려졌다. 더구나 아프리카와 아프리카인 이주자는 독립을 이루었음에도 불구하고, 여전히 가망 없으며 흑인은 가장 낮은 수준의 인류로 간주되었다.

내가 이 조야한 고정 관념을 열거하는 것은, 대부분의 학자가 그러한 관념을 받아들이기 때문이 아니라(일부 학자는 확실히 그러하지만), 우리 모두(이슬람교도를 제외한, 그러나 다수의 아시아인과 아프리카인을 포함하는)가 그러한 관념에서 어느 정도 영향을 받기 때문이다. 네그리튀드*를 비롯한 수많은 제3세계 운동은 오직 유럽인만이 분석적으로 생각할 수 있다는 유럽의 독단을 받아들였다. 그 결과 많은 흑인계 지식인은 자신의 분석적 지능을 부정하고 공동체와 온정, 직관, 그리고 예술적 창의성(흥미롭게도, 고비노는 이를 기꺼이 흑인의 특성으로 용인했다)이라는 '여성적' 특성 쪽으로 후퇴하는 경향을 보였다. 달리 말해, '그리스의 기적'에 관한 신화와 그에 따른 '서양 문명의 범주적 우월성을 수월하게 받아들인 이들이 반드시 백인 그리스도교도만은 아니었던 것이다. 그럼에도 불구하고 이러한 의견 일치에서 벗어나는 점도 있었다. 그에 관해서는 나중에 살펴볼 것이다.

고전학의 발전, 1945~1965년

심지어 19세기에도 주의 깊은 역사가는 종종 언어학적 경계와 인종적 경계가 항상 일치하는 것은 아니라는 말로 자신의 저서를 시작하곤 했다. 그러고는 곧바로 그 두 가지가 마치 동일한 것인 양 다루었지만 말이다.[2] 1945년 이후 이는 용납 가능한 유일한 접근법이 되었으며, 학자들은 언제나 인종적인 구분보다는 언어학적인 구분을 언급했다. 다른 한편, 세계 대전으로 인해 인종주의는 손상되었지만 과학은 승리를 거두었다. 그리하여 시간이 경과할수록 극단적 아리안 모델은 점점 더 확고한 정당성을 얻어갔다. 어느 누구도 극단적 아리안 모델이 고고학을 비롯한 현대적인 방법론을 통해 달성한 '과학적 진리'임을 의심하지 않았다. 고대 모델은 더 이상 맞서 싸워서 극복해야 할 일관된 도식으로 여겨지지 않았다. 따라서 '오늘날 어느 누구도' 진지하게 다루려고 하지 않는 우스꽝스런 일단의 전설로 분해되었다.

초기 그리스사에 관한 치열한 논쟁은 거의 전적으로 극단적 아리안 모델 내부에서 벌어졌다. 헬레네스의 그리스 도착 시기에 관한 대대적인 논의가 있었는데, 1950년대까지 소수의 주요 학자는 '헤라클레스 가문의 귀환'과 도리스인의 침입에 관한 전설에 근거하여 아리안이 청동기 말에 이르러서야 비로소 남부를 휩쓸었다고 주장했다. 마이클 벤트리스가 선형 문자 B를 그리스어로 해독함에 따라 이러한 시각은 완전히 불신당했지만, 그럼에도 불구하고 다수의 완고한 보수파는 1970년대까지 이러한 견해를 고수했다.[3]

선형 문자 B 해독은 슐리만과 에번스의 발견 이래 고전학의 가장 위대한 내적 발전으로 받아들여진다. 그런데 슐리만의 경우처럼 이것 역시 아마추어가 이루어낸 업적이었다. 건축가인 마이클 벤트리스는 전집으로 출간된 선형 문자 B 원문을 불가사의한 선先헬레네스의 언어로 씌어졌다는 가정하에 암호 해독법으로 풀어내려 시도했다. 이어 1952년에는 그리스어와 맞춰 보려 했으며, 그러한 조합을 통해 해독에 성공했다.

나는 이 책 서론에서 제기한 주제로 돌아가고자 한다. 이 획기적인 발견이 어찌하여 모두 비전문가에 의해 이루어졌는가? 슐리만은 당시 학자들이 어떻게 해서든 피해야 한다고 배운 단순함 및 고대인에 대한 믿음을 갖고 있었다. 또한 선형 문자 B를 난해하고 거의 이해되지 않는 아나톨리아 언어나, 또는 그리스어에 내재한 '선先헬레네스어' 요소로 구성된 혼합물과 병치시키지 않고 그리스어와 병치시켰다는 점에서, 벤트리스 역시 '단순'했다.4 더욱이 선형 문자 B는 그리스어를 극도로 투박하게 표기한 것이었다. 이러한 선형 문자 B를 그리스어로 읽어내는 것은 고전학자들이 일생을 통해 얻으려 애썼던 정교함을 완전히 거스르는 일이었다.

키프로스 음절 문자의 경우와 비교하면, 어느 고전학자도 그런 일을 해낼 수 없었으리라는 견해가 강화된다. 그리스어를 표기하기 위한 용도로 키프로스에서 헬레니즘 시대까지 사용되던 키프로스 음절 문자는 선형 문자 B와 거의 동등한 수준에서 대략 그리스어 발음에 근접했다. 키프로스 음절 문자를 해독한 두 사람 가운데 조지 스미스*는 그리스어를 거의 몰랐으며, 새뮤얼 버치는 비록 유능한 헬레니즘 학자이기는 했지만 본래 이집트학 학자이자 아시리아학 학자였다. 그러므로 키프로스 음절 문자는 그러한 연구에 요구되는 선형 문자 B와의 느슨한 연계를 밝히는 데에 이용될 수 있었던 것이다.5 헬레니즘 학자가 너무나 세련되기 때문에 적어도 초기 단계에서는 그런 작업을 수행할 수 없었다는 논증은 『블랙 아테나』 제3권에서 활용할 것이다. 거기에서 나는 대부분의 비교 언어학자에게는 받아들여지지만 헬레니즘 학자에게는 너무나 생경하게 여겨지는 여러 상응점을 통해, 그리스어에 내재한 이집트어와 셈어 차용어를 확립할 것이다.

벤트리스가 전문주의에 가한 위협을 감안할 때, 그의 작업이 그토록 급속히 우호적으로 받아들여졌다는 점은 주목할 만하다.6 이는 그의 개인적인 매력, 건전한 보수주의 고전학자인 존 채드윅*에게 공동 연구자가 되어줄 것을 요청하는 기민함, 그리고 새로이 발굴된 점토판에서 그의 해석을 뒷받침하는 확증적인 증거가 발견되었다는 점을 통해 부분적으로 설명할 수 있다. 다른 한편, 고전학자의 입장에서 볼 때 새로운 해독이 그리스인의 시간적인 깊이와 지리적 범위 모두를 확대했기 때문에 극단적 아리안 모델을 뒷받침하는 것으로 보였다는 점은 의문의 여지가 없다. 그러나 몇 가지 옥에 티가 있었다. 첫째, 디오니소스 신의 이름이 선형 문자 B 점토판에서 발견되었다. 그리스 전승에서 디오니소스는 보통 뒤늦게 등장하는 신으로 여겨졌다. 따라서 고전학자는 디오니소스 숭배가 기원전 6세기나 7세기에 도래했거나 발전했다고 주장해온 터였다. 디오니소스가 기원전 13세기에 등장한다면 상황은 거의 고대인이 제시한 연대, 즉 기원전 15세기까지 거슬러 올라가게 되는 것이었다. 그러나 이는 너무나 큰 혼란을 야기하기 때문에 비록 어느 누구도 그러한 증거를 부인할 수는 없었지만, 대부분의 학자는 지금까지도 옛 노선을 고수하고 있다.

그러나 더 심각한 문제는 선형 문자 B에서 셈어와 이집트어 인명을 비롯하여 외국산으로 추정되는 향료나 금 같은 상품(학자들은 1920년대 이래 이 상품들이 기원전 8세기 말로 추정되는 페니키아인의 도착 이후 그들에 의해 도입된 것으로 생각했다)을 지칭하는 공인된 셈어 차용어가 다수 발견된다는 점이었다. 여기서도 셈학 학자가 반론을 제기할 때까지 헬레니즘 학자는 극단적 아리안 모델과의 부조화를 주목하지 않았다. 대체로 선형 문자 B 해독은 극단적 아리안 모델을 강화했으며, 학자들로 하여금 침입의 기원을 북쪽에서 찾도록 고무했다. 1950년대에는 인도유럽어를 사용한 원元그리스인의 에게 해 지역 도착 시기가 토기 시대 구분인 초기 헬라딕 2기 말, 즉 대략 기원전 2200년경이라는 데에 의견이 일치했다.

자생적 기원 모델

선형 문자 B의 그리스어 해독을 받아들이면서 헬레네스의 침입에 관한 이러한 생각을 거부하는 학자는 자칭 '자생적 기원 모델' 지지자뿐이다. 불가리아의 저명한 고대사학자 블라디미르 게오르기에프와 뛰어나지만 극도로 고립주의적인 고고학자 콜린 렌프루가 이끄는 자생적 기원 모델 지지자는 인도유럽어가 흑해 북쪽의 본고장에서 그리스로 유입되었다는 주장을 부정했다. 대신 그들은 원元인도유럽어가 아나톨리아와 발칸 전역에서 사용된 여러 방언의 집적에 지나지 않으며, 그리스에서 사용된 그리스어도 그 가운데 하나라고 주장했다.7 이 모델은 1940년대 이래 고고학과 인류학을 지배한 고립주의 혹은 반反전파론의 패러다임에 속한다. 이러한 패러다임의 우세는 식민주의에 대한 반발과 관련된 것으로 보이며 전파론은 확실히 식민주의를 학문적으로 반영했다.8 그러나 언어학자와 고전학자는 다른 학자에 비해 전파 개념을 쉽사리 포기하려 들지 않았다. 왜냐하면 전파 개념이 기존 어족語族의 내부 관계를 만족스럽게 설명하는 경우가 빈번했기 때문이다. 그들은 또한 정복과 이주를 통한 전파가 역사 시대에 중요한 역할을 수행했다는 강력한 논증을 이용했다. 이러한 관점에서 선사 시대가 크게 달랐다고 생각할 이유는 없다.

자생적 기원 모델은 아리안 모델이 발전하기 이전인 1820년대와 1830년대에 칼 오트프리트 뮐러가 고수한 입장으로 되돌아가는 것을 의미한다. 그런데 자생적 기원 모델 지지자는 뮐러의 경우와 마찬가지로 북쪽과 유럽 중심의 사고 방식에 깊이 빠져 있으며, 중기 청동기 시대 말에 근동이 식민화했다는 전승에 대해서는 아리안주의자보다도 더 적대적일 정도였다. 그러나 식민화에 대한 부정과 선先헬레네스 토대의 결여로 말미암아 자생적 기원 모델은 그리스어에 내재한 비非인도유럽어 요소(아리안 모델 옹호자가 물고 늘어지는 약점)을 전혀 해명하지 못했다.9 그럼에도 불구하고 자생적 기원 모델 지지자는 그들이 고고학의 지배적인 패러다임 안에서 연구하고 있기 때문에 이러한 명백하고 근본적인 결함을 무시할 수 있다고 느꼈다. 자생적 기원 모델과 아리안 모델 모두 근동의 정착 가능성을 배제하기 때문에, 두 모델 사이의 충돌은 『블랙 아테나』의 주제(고대 모델과 아리안 모델 사이의 갈등)와 직접적으로 관련되지 않는다.

페니키아인에 대한 혐오는 1960년대 중반에 이르기까지 계속해서 증가한 것으로 보인다. 리스 카펜터는 알파벳 전래 연대를 늦추고 페니키아인의 식민화 정도를 제한하는 데에 매진했으며, 그의 제안은 일반적으로 받아들여졌다.[10] 테베의 식민화 가능성은 대체로 거부되었다. 사실 카드모스 전설에 대한 가장 단호한 아리안적 해석은 프랑스 학자 비앙에 의해 1963년에 등장했다.[11] 다수의 저자들은 계속해서 동부 지중해 주변의 접촉을 부정하거나 적어도 그 정도를 최소화했다. 1951년에 영국의 고대사가인 메이그스는 베리의 『그리스사』를 개정하면서 다음과 같이 썼다.

> 청동기 시대에 미케네인이 페니키아인이나 혹은 그 외의 다른 셈족과 밀접한 관계를 맺었다는 일관된 문헌 증거가 있는 것처럼 보일 수도 있다. 그러나 불행히도, 이러한 증거는 보기보다 일관적이지 않으며 설득력도 떨어진다. … 더욱 중요한 것은 청동기 시대에 에게 해나 서부 지중해로 들어온 근동 민족이 있었는지에 대한 의혹이 점점 더 증폭되고 있다는 점이다.[12]

에게 해와 레반트 사이의 접촉에 관한 고고학적 증거가 점점 더 쌓여가자, 이제 그러한 접촉은 다음과 같이 그리스인이 주도한 결과로 간주되었다. "중기 미노아 2기가 종결된 뒤로 기원전 2000~1000년의 후반부 전체에 걸쳐 오로지 미케네 그리스의 선원과 상인, 그리고 장인만이 에게 해를 오리엔트와 연결지은 공로를 정당하게 자처할 수 있다."[13] 제8장과 제9장에서 간략히 언급한 이유로 인해 페니키아사 연구를 꺼린 셈학 학자가 많았던 것으로 보인다. 따라서 1960년대에 이르기까지 페니키아사 연구는 주로 고전학자와 그리스 애호주의자의 몫이었다. 1961년에 레바논 학자인 바람키는 페니키아인이 거둔 성공은 아리안 혈통이 주입된 결과라는 이론(20세기 초에 에번스와 1920년대와 1930년대에 울리가 제안한 이론)을 재생시켰다. 한편 고전학 훈련을 받은 하든은 1962년에 출간된 자신의 저서 『페니키아인』에서 청동기 시대에 미케네가 바다를 장악했다는 생각을 받아들였다.14

접촉에 관한 새로운 고고학적 발견이 이루어졌다. 그로 인해 영향의 물결이 동쪽에서 서쪽으로 향한 것처럼 보인다는 사실에 직면하게 되었다. 그러자 모든 접촉을 부정하는 이론에 대해서만이 아니라, 그러한 접촉을 미케네인과 후기 그리스인의 전적인 활동으로 돌린 이들에 대해서도 반발이 일었다. 1971년에 사망할 때까지 셈학 연구의 일인자였던 위대한 미국 학자 윌리엄 폭스웰 올브라이트는 페니키아인에 의한 식민화가 기원전 9세기, 심지어 10세기의 일이라고까지 주장했다.15 오스트레일리아 고대사가인 윌리엄 컬리컨은 눈에 띠게 대담한 한 저서에서, 기원전 2000~1000년에 레반트가 지닌 중심성과 독창성 그리고 영향력을 강조했다. 그러나 그는 고대 모델을 외면했으며, 서부 셈족이 그리스 문명에 심대하고 지속적인 영향을 미쳤는지 여부에 관한 문제도 애써 외면했다.16

더욱이 카드모스 전승을 부정하는 데에서 비롯한 극단적 아리안 모델의 빈약한 연결고리는 계속해서 의혹을 불러일으켰다. 위대한 마르크스주의 고전학자 조지 톰슨과 그의 동료 월레츠는 각기 1949년과 1962년에 페니키아에서 크레타를 거쳐 테베로 건너간 셈족이 바로 카드모스인이라고 주장했다.17 또한 1960년대에는 레바논 역사가 바람키와 니나 지데지안 역시 테베에 페니키아 정착지가 건설되었다고 믿었다. 비록 그 시기를 철기 시대라고 주장했지만 말이다.18 일부 역사가는 여기서 더 나아가 카드모스 전설뿐만 아니라 다나오스 관련 전설도 받아들였다. 고전학자인 헉슬리*는 1961년에 출간된 자신의 저서 『크레타와 루비인』에서 이러한 제안을 지지했다. 그러나 책 제목이 암시하듯이 그의 관심사는 이집트 및 레반트와의 관련이 아니라 존경스런 아나톨리아와의 관련 쪽으로 기울었다. 이 책이 비매품으로 출간되었다는 점 또한 주목할 만하다.19 훨씬 더 놀라운 발전은 고전 고고학자인 프랭크 스터빙스 박사가 『케임브리지 고대사』 제2권 제3판에 집필한 「미케네 문명의 발흥」이라는 장章이 이듬해에 출간된 일이었다.20 여기서 스터빙스는 이집트의 침입을 지지하면서 그리스에 힉소스 공국들이 건립되었다고 주장할 정도로 고대 모델을 받아들였다. 또한 그는 이러한 해석이 미케네 시기 초에 근동과 이집트의 영향이 그리스에 미쳤음을 입증하는 최근의 고고학적 증거에 의해 뒷받침된다고 주장했다.21

또 다른 고전 고고학자는 여기서 한 걸음 더 나아갔다. 하버드의 고전 고고학 교수인 에밀리 베르묄은 미케네 문명이 현존하는 내내 이집트 및 페니키아와 접촉을 유지했다고 주장했다. 그녀는 1960년에 미케네 문명의 몰락 원인을 기술하면서 다음과 같이 썼다.

> … 사라진 것은 분명 미케네인이 아니라 미케네 문명이다. 미케네 문명의 힘은 수갱 분묘(슐리만이 미케네에서 발견한 가장 초기의 무덤) 시기 이래 줄곧 크레타 및 동방과의 활기찬 접촉에 크게 의존했다. 접촉이 끊기자 미케네 문화는 알아차리기 힘든 불모 상태에 깊숙이 빠져들었다.22

그러나 반드시 기억해야 할 것은 이것이 결코 대표적인 견해가 아니었으며 지금도 그러하다는 점이다. 미케네 그리스를 연구하는 대부분의 현대 영국 고고학자와 역사가(예를 들어, 채드윅, 디킨슨, 해먼드, 후커, 렌프루, 그리고 테일러)는 미케네 문명이 자생적 발전의 결과라고 주장했다. 그들은 그리스에서 나타나는 근동과 아프리카로부터의 뚜렷한 문화 차용은 그리스인의 주도 아래, 즉 중동으로 갔던 용병이나 교역자 또는 여행자가 돌아오는 과정에서 도입한 것으로 생각했다.23

기존 학계는 이집트나 가나안이 그리스 문화나 언어에 영향을 미칠 가능성을 완전히 배제함으로써, 그리스 전승이나 그에 상응하는 고고학적 발견에 근거한 침입 가설을 공격하는 데 이 '사실'을 이용할 수 있었다. 스터빙스는 힉소스와 관련된 침입 가설을 다음과 같이 피하려 했다.

> 힉소스의 도래와 더불어 더 이상의 전면적인 이집트화가 수반되지 않았다는 점은 이집트에 거주한 힉소스에 관해 우리가 알고 있는 내용과 완벽하게 양립한다. 그들이 도입한 것이라곤 새로운 군사 기술과 조직 외에 거의 아무 것도 없었다. 그들은 대대적인 인구 이동을 하지 않았다. 오히려 그들은 전사 계급이었다. … 그들은 새로운 언어를 도입하지도 않았다. …[24]

이집트에 미친 힉소스의 영향에 관한 그의 분석은 실질적인 문제점을 안고 있는 것으로 보인다. 우리는 힉소스가 이집트를 통치하던 시기에 관해 직접적으로 아는 바가 거의 없다. 그러나 장기적으로 볼 때, 제18왕조에서 이집트 민족주의와 문화가 부흥했음에도 불구하고, 외국 지배를 받던 시기에 주요한 문화적 변화가 일어났다는 점은 의문의 여지가 없다. 스터빙스가 힉소스를 전사 계급으로 이해한 것은 올바른 판단으로 보인다. 그러나 유라시아 문화를 휘저은 몽골족과 마찬가지로, 힉소스는 셈족 문화를 이집트에 전달하고 '미노아'와 이집트 문명을 그리스에 전달하는 등 다른 문명을 전달하는 가운데 문화적 구성력을 발휘했던 것으로 보인다. 그런데 이집트와 달리 문명의 전통이 얕던 그리스는 훨씬 더 변화되기 쉬웠다. 따라서 힉소스가 에게 해에 미친 영향은 훨씬 컸을 것이다.

한편, 스터빙스는 역사 서술의 측면에서 1830년대의 코놉 덜월과 1880년대의 아돌프 홀름의 입장으로 되돌아갔다. 즉 그는 그리스에 체류한 이집트인과 셈족이 있었을지 모르지만, 그들이 장기간의 효과를 미친 것은 아니기 때문에 중요한 문제가 아니라고 주장했다. 스터빙스는 비록 1885~1945년의 노골적인 인종주의와는 결별했지만, 그의 선임자들과 마찬가지로 고대 모델을 완강히 거부했다.

스터빙스가 자기 주장의 근거로 삼은 '최근의' 고고학적 증거는 확고히 자리잡은 극단적 아리안 모델을 뒤흔들기에 충분치 않았다. 그런데 1960년대에 새로이 이루어진 수많은 발굴은 동부 지중해에서 레반트인과 그리스인 중에서 누가 더 중요한가와 관계된 의미심장한 성격을 지닌 것이었다. 1967년에 해양 고고학자인 조지 배스는 당시 동부 지중해에서 발굴한 유일한 후기 청동기 시대 선박에 관한 보고서를 발표했다. 그는 남부 터키의 겔리도니아 곶에 가라앉은 이 교역선이 시리아 선박이라고 주장했다. 하지만 그렇다고 해서 이 시기의 모든 선박이 가나안 선박이라고까지 주장하지는 않았다. 그러나 이를 비롯한 여러 증거를 통해, 그는 레반트 교역이 후기 청동기 시대에 중심적인 중요성을 차지했음에 틀림없다고 주장했다.[25] 이러한 주장은 셈족과 무관한 미노아와 미케네의 제해권이나 해상 왕국에 관한 주장(널리 받아들여지기는 했지만 전혀 근거 없는 주장)을 무너뜨렸다. 그리하여 그는 결국 기원전 8세기 이전에는 페니키아 배가 에게 해에 도달할 수 없었다는 벨로흐의 논거를 분쇄했다.

1963년부터 뒤이은 몇 년 동안 38개의 원통형 인장을 비롯한 수많은 근동 유물을 기원전 1300년경 테베 왕궁의 지층에서 발견했다.[26] 대다수 고고학자는 신중을 기했지만, 페니키아에 대한 전승과 긴밀히 연결된 도시에서 이루어진 이 발견은, 카드모스를 둘러싼 전설에 일부 진실이 담겨 있을지 모른다는 가능성을 다시금 열어놓았다. 또한 이 발견은 아리안 모델의 반反 페니키아적 측면에 대한 근본적인 도전 수단을 제공했다.[27] 게다가 1960년대에 미술사가들이 후기 청동기 시대에 근동과 에게 해에서 공통적으로 나타나는 여러 모티프와 기법에 관한 연구를 통해 두 지역 사이의 긴밀한 접촉을 증명했다. 또한 그들은 이 시기 초기에 나타난 그러한 영향이 동쪽에서 서쪽으로 향했음을 시사했다.[28]

흥미롭게도 에게 해 지역을 연구하는 고전 고고학자는 이러한 연구에 대해 공공연한 적대감을 드러내지 않았다.[29] 한편 에게 해에 미친 근동의 영향을 나타내는 고고학적 징후가 대체로 과소평가되었다는 점은 의문의 여지가 없다. 이와 반대로, 레반트에서 발견된 다량의 미케네 토기(후기 청동기 시대 말의 유물)는 그 지역에 그리스 식민지까지는 아니더라도 그리스인이 존재했음을 보여주는 것으로 널리 해석되었다.[30] 마이클 애스터와 일부 셈학 비평가는 이에 반대하지만, 나는 기원전 14세기와 13세기에 그리스가 레반트에 상당한 문화적 영향을 미쳤다는 주장을 받아들인다. 그러나 학자들이 이러한 영향을 주장하면서 에게 해에 미친 서부 셈족의 영향을 부정할 때 적용하는 이중 잣대에 대해서는 여전히 주의를 기울여야 한다고 생각한다.[31]

  헬레니즘 학자들이 두 문명 사이의 접촉 증거를 신화와 언어 같은 더 근본적인 영역이 아니라 물질 문화에서 찾았다는 점은 반드시 강조해야 한다. 근동 신화와 에게 해 신화 사이의 뚜렷한 유사성에 관한 점증하는 증거들은 극단적 아리안 모델에서 벗어나지 않는 두 가지 방법을 통해 처리되었다. 그 첫 번째이자 가장 만족스러운 방법은 칼 오트프리트 뮐러가 주창하고 1900년 전후의 케임브리지 고전학자인 제임스 프레이저와 제인 해리슨이 개척한 '인류학적' 접근법이었다. 그들은 이러한 유사성을 인간 정신의 발현과 우연히 일치된 결과라고 주장했다. 신화 및 제의에서 나타나는 그리스와 중동 사이의 유사성은 전 세계적인 유사성에 관한 저서가 봇물을 이룸으로써 무시할 수 있었다.[32] 또 다른 주요 접근법은 앞서 513쪽에서 언급한 것으로, 현대 고전학자인 월콧 교수와 웨스트 교수가 채택한 것이었다. 이 접근법은 오리엔트의 영향을 바람직한 순서에 따라 인도인과 이란인, 히타이트, 후르루인, 그리고 바빌로니아인에게 귀속시켰다.[33]

  세 번째 기법은 미국 고전학자이자 신화 작가인 폰텐로즈* 교수의 접근법으로, 앞의 두 방법을 결합하여 인류 보편의 특성과 육로를 통한 차용 모두를 가정했다.[34] 그 외의 또 다른 접근법(그리스와 우가리트 사이의 밀접한 유사성에서 비롯한 문제를 처리하려는 시도)은 시리아 도시에 그리스 식민지가 있었으며 그 식민 이주자를 통해 셈족의 신화와 설화가 본국으로 전달되었다고 가정했다.[35] 이 모든 접근법이 취한 책략은 고대 모델이 제시한 방법(이집트와 페니키아에 의한 그리스 식민화)을 피해서 그러한 유사성을 설명하는 것이었다.

언어

　　나는 언어가 아리안 모델의 지성소임을 이 책 전체에 걸쳐 누누이 강조했다. 아리안 모델은 언어가 한 민족의 고유한 정신의 근본적 표현이라는 낭만주의적 믿음을 보유할 뿐만 아니라, 언어를 학문 분과의 핵심에 위치시켰다. 언어 사용 능력은 그 분야에서 어떤 진술을 만들어내기 위한 필수 조건이며, 부득이하게 권위적일 수밖에 없는 언어 교수 과정은 학생에게 그 분야의 한계를 주입한다. 따라서 물질 문화 영역에서 근동의 영향에 대한 금지령이 상당히 완화되었으며, 신화에 관해서도 일부 완화의 움직임이 있었던 반면, 언어에 관한 한 아프리카아시아의 근본적인 영향에 대한 금지령이 아직도 완고하게 유지된다는 것은 전혀 놀라운 일이 아니다. 여기서 '존경스러운' 학자들은 그리스 어휘에 내재한 어쩔 수 없는 '오리엔트' 단어들을 또다시 그 바람직한 순서에 따라 인도어, 이란어, 히타이트어, 후르루어, 바빌로니아어, 서부 셈어, 그리고 이집트어에 귀속시켰다.[36]

　　그러나 그리스어와 히브리어 구사 능력을 동일하게 겸비한 두 명의 현대 미국 학자 솔 레빈과 존 페어먼 브라운은 세심한 주의와 건전성을 유지하면서 그리스어로 유입된 수많은 가나안어 차용어를 재확립하려고 노력했다. 그러나 고전학자들은 그 연구 내용을 알고 있었기 때문에, 그들의 연구를 배제했다. 왜냐하면 레빈은 셈어와 인도유럽어 사이에 발생적 관계가 있다고 주장했기 때문이다. 이러한 입장은 극단적 아리안 모델이 확립됨과 동시에, 그리고 바로 그와 동일한 이유로 인해 혐오의 대상이 되었다.[37] 주로 셈학 학회지에 발표되는 브라운의 연구는 간단하게 무시당했다.[38] 이것은 사실상 반박 불가능한 연구를 처리하는 전통적인 방식이다.

　　선형 문자 B에서 발견되는 공인된 차용어를 청동기 시대에 도입한 것으로 인정하려는 움직임도 있었다. 그럼에도 불구하고 그리스어에 차용된 셈어 연구로서 가장 널리 인정받고 칭송된 것은 프랑스 언어학자 마송의 소책자였다.[39] 그는 확인된 차용어의 범위를 미미한 페니키아 비문 전집에서 찾아볼 수 있는 물질 명사로 국한하고 우가리트어나 성서에서 발견되는 물질 명사는 제외시켰다. 따라서 그나마 얼마 되지 않던 기존의 공인된 차용어 수가 더욱 줄어들었다.

우가리트

　그럼에도 불구하고 극단적 아리안주의에 반발하는 움직임이 일고 있었다. 우리는 그러한 움직임을 살피기에 앞서 먼저 극단적 아리안 모델을 약화시키는 주요한 내부적 발전, 즉 우가리트 문명의 발견을 간략히 고찰할 필요가 있다. 시리아 해안에 위치한 항구인 우가리트를 1929년에 발견한 이후 매우 철저하게 탐사했다. 제1차 고고학 탐사가 이루어지자 곧바로 기원전 14세기와 13세기로 소급하는 지층에서 수많은 점토판을 발굴했다. 그 가운데 일부는 후기 청동기 시대의 국제 언어인 아카드어로 쓴 것이었지만, 나머지는 알려지지 않은 설형 문자로 쓴 것이었다. 이 점토판은 대단히 빠르게 해독되었다. 왜냐하면 다른 설형 문자가 음절 문자 형태인 것과 달리 이 설형 문자는 알파벳이었기 때문이다. 또한 그 언어는 이전까지 알려지지 않은 형태의 서부 셈어로서 가나안어와 상당히 유사했기 때문이다.

　이 '새로운' 언어는 언어학자에게 더없이 값진 것이었다. 대부분의 원문은 경제에 관한 것으로 주요 화물 집산지의 구조와 교역에 관한 귀중한 정보를 제공했다. 나머지는 전설과 의식에 관한 것으로, 그 내용이 성서의 이야기 및 그리스 신화와 대단히 유사하기 때문에 특히 중요했다. 이로 인해 아리안 그리스인과 셈족 레반트인 사이의 명확한 분리를 주된 신조로 삼는 극단적 아리안 모델은 엄청난 문제에 봉착하게 되었다.

이스라엘의 건국과 군사적 팽창이 가나안어 사용자가 사실상 정복을 행하거나 해외 식민지를 건설할 능력이 없는 것은 아니라는 점을 뚜렷이 입증했다 하더라도, 그리스학은 그로부터 직접적인 영향을 받지 않았다. 대부분의 유대 역사가는 즉각 연구의 초점을 팔레스타인으로 제한하고 디아스포라를 무시했다. 마찬가지로 이스라엘인과 그 이웃인 가나안인 및 페니키아인 사이의 유사점보다는 차이점을 강조하는 경향이 점증했으며, 그리하여 극도로 중요한 비교 연구가 제한되었다.[40]

결정적으로 중요한 것은 이스라엘 건국으로 인한 간접적인 영향이었다. 이스라엘 건국은 세속적인 측면에서 유대인의 긍지를 회복시켰다. 더욱이 종교적 민족주의와 세속적 민족주의라는 양극을 제공함으로써 유대 전승 내에서 운신할 수 있는 여지를 넓혀주었다. 몇몇 학자는 이 새로운 여지를 이용하여 독자성을 확립할 수 있었는데, 우리의 관심 영역에서 가장 두드러진 두 학자는 미국에서 활동하고 있는 사이러스 고든과 마이클 애스터이다. 두 사람 모두 자의식이 강한 유대인이지만 주류 종교와 시오니즘에서 벗어나 있었다. 고든의 연구를 촉발한 주요 동기는 일종의 동화 욕구인 것으로 보인다. 그러나 이것은 유대인이 그리스도교 문화나 그리스 문화에 순응하기를 원한 라이나흐 같은 학자의 동화 개념과 구분된다. 고든이 이해하는 동화란 양측이 자신들의 뿌리에 대한 의식과 자긍심을 유지하면서, 더욱 비옥한 문명을 함께 창조해나가는 동반자 관계인 것으로 보인다.[41] 애스터의 견해도 이와 유사하지만, 그의 연구에는 범汎유대주의라는 더욱 강력한 요인과 더불어 인도유럽어나 이집트어 사용자에게 그 어떤 창의성도 용인하지 않으려는 성향이 내재했던 것으로 보인다.

사이러스 고든

사이러스 고든은 뛰어난 언어학자이자 현존하는 가장 위대한 셈학 학자 가운데 한 사람이다. 그의 선구적인 저서 『우가리트어 문법』은 적대적인 학자가 수차례 대체하고자 시도했음에도 불구하고 20세기에 새로이 발견한 셈어에 관한 첫 번째 표준서로 남아 있다. 그럼에도 불구하고 그는 지난 30년 동안 학계 주변부에 머물렀으며, 지금도 대부분의 학자는 그를 괴짜로 여긴다. 이는 부분적으로, 그의 과실이 부작위不作爲 과실(이에 대한 학계의 태도는 극도로 관대하다)이 아니라 구제할 수 없을 정도로 악질적인 작위作爲 과실이기 때문이다. 더구나 아메리카에 미친 페니키아나 심지어 초기 유대인의 영향을 입증하려는 그의 시도는 그를 우스운 인간으로 만들만큼 전통적인 지식과 너무나 동떨어진 것이었다. 그 결과 그의 모든 독창적인 연구가 경멸당하고 무시되었다.[42]

기존 학계에 가해진 훨씬 더 심각하고 즉각적인 위협은 고든이 셈족 문화와 그리스 문화를 연결지으려 시도한 데에서 비롯되었다. 그는 두 문화 사이의 가교를 우가리트와 크레타에서 확인했으며, 1955년에 출간한 그의 『호메로스와 성서』는 바로 이 방대한 우가리트 연구에 기초한 것이었다. 그는 이 책 말미에서 "그리스 문명과 히브리 문명은 모두 동부 지중해의 토대 위에 세워졌으며 유사한 구조를 지녔다"고 결론지었다. 이러한 결론은 20세기 초에 에번스가 생각한 바와 비교적 유사했지만 극단적 아리안 모델의 테두리 내에서 연구하는 학자로서는 용납할 수 없는 것이었다. 고든이 묘사했듯이 이 책에 대한 반응은 날카로웠다.

일부 평론가는 칭찬을 아끼지 않았지만, 나머지는 경멸적인 태도를 보였다. 그러나 이것만은 분명했다. 나는 더 이상 전문가에게 또 다른 조용한 전문가로 받아들여지는 그런 얌전한 학자가 아니었다. 나는 학계의 평화를 어지럽히는 사람이 되었으며, 동시에 더 폭넓은 대중을 독자와 청중으로 끌어들이는 학자가 되었다.[43]

50년 전 빅토르 베라르의 경우와 마찬가지로, 여기서도 단순하고 큰 덩어리로 '묶는' 쪽을 선호하는 일반인의 견해와 '쪼개는' 쪽을 선호하는 전문가의 견해가 분리되었다. 전문가는 개인적으로 연구하기에 적합하고 지식을 '사적으로 소유'하기에 적합한 좁은 범위의 개별적인 주제를 필요로 한다. 그들은 베라르와 고든에게 응수하면서 위협을 느꼈다. 왜냐하면 기존 학계에 맞서 제기한 두 사람의 주장이 그럴듯했기 때문이었다.

일반인의 입장에서 호메로스의 그리스와 우가리트, 그리고 성서의 팔레스타인이 서로 밀접하게 연결된다는 생각은 세 지역의 역사적·지리적 근접성을 고려할 때 대단히 그럴듯하게 보였다. 특히 나치로 인해 아리안의 범주적인 개별성과 우월성이라는 관념이 불신된 이후로는 더더욱 그러했다. 전문가의 입장에서 볼 때, 사태는 그렇게 간단하지 않았으며 연구 문헌에 수록된 세부 상황을 알지 못하는 일반인은 전문가에게 도전할 권리가 없었다. 그러나 불행히도 학자들의 간절한 바람(그들의 지위와 생계가 달린 문제이므로)과는 달리 금방 눈에 띄는 것이라고 해서 늘 그른 것은 아니다! 되돌아보면 때때로 일반 대중에 속하는 사람이 전문가보다 더 잘 안다고 말할 수 있는데, 대륙 이동설의 사례는 앞서 서론에서 언급한 바 있다.

고든이 셈족과 그리스인 사이의 두 번째 가교로 제시한 크레타는 훨씬 더 큰 혼란을 야기했다. 벤트리스의 선형 문자 B 해독에 자극받은 고든은 선형 문자 B의 기호가 최소한 후기 미노아 문명에서 사용된 문자 체계인 선형 문자 A와 동일한 음가를 지녔다는 가정(이는 당시 비판을 받았지만 오늘날에는 일반적으로 인정된다)에 의거했다.[44] 고든은 이러한 원리를 따름으로써 몇몇 셈어 단어를 읽어낼 수 있었으며 초기 문자에서 셈어 문장 유형을 식별할 수 있었다. 이를 위해 그는 선형 문자 B에서와 마찬가지로 유성 폐쇄음과 무성 폐쇄음(ps와 bs, ts와 ds, 그리고 ks와 gs) 사이에 거의 차이가 없다고 가정했다. 그는 또한 서부 셈어와 아카드어에서 끌어온 단어로 어휘를 구성했다. 1957년에 고든은 선형 문자 A를 해독한 예비 결과를 저명한 학회지인 『고대』에 발표했으며, 1960년대에는 이에 관한, 그리고 그리스어 알파벳으로 씌어진 후기 에테오크레타어 비문을 셈어로 읽는 것에 관한 자신의 생각을 발전시켰다.45 그가 채택한 절차는 대개 합당하지 못하다고 여겨졌지만, 기원전 3000~2000년의 서부 셈어인 에블라어가 1975년에 발견됨으로써 그 정당성이 극적으로 입증되었다. 에블라어는 아카드 고어에 우가리트어와 가나안어에서 발견되는 특징이 결합된 형태이다.46

호메로스와 성서 사이의 유사성에 관한 고든의 연구는 선형 문자 A에 관한 그의 연구처럼 '논쟁적'으로 여겨졌다. 그러나 고든은 흥미롭게도 남아프리카의 두 '영국계' 백인 학자로부터 즉각적인 지지를 받았다. 나는 이것을 외재적인 또는 이데올로기적인 영향력을 통해 설명할 수 있다고 믿는다. 1885년 이후 대부분의 북유럽인과 미국인이 거리낌 없이 반유대주의에 빠져들었던 것에 반해, 아프리카인은 근본주의 전통을 지니고 있었기 때문에 유대인에게서 애정과 증오를 동시에 느꼈다.47 그러나 그들은 자신들의 인종주의가 체계화되고 나치 독일과의 동맹이 체결되자 반유대주의로 돌아섰다.48

반면 '영국계' 남아프리카인은 비유럽의 위협을 결코 무시할 수 없었으며, 따라서 그들은 유대인에 대한 19세기의 상반되는 두 감정을 유지하고 있었다. 더욱이 그들은 거대한 석조 유적지인 짐바브웨를 설명해야 할 필요가 있었다. 1960년대에 탄소연대 측정법을 통해 그 연대가 기원전 15세기나 16세기로 추정되기 전에도, 이 유적지가 아직도 그 지역에 살고 있는 쇼나족*에 의해 건설되었다는 점은 비교적 분명했다. 그러나 그러한 결론은 불가능했다. 왜냐하면 아프리카인이 그러한 과업을 수행했다는 것은 불가능하다고 여긴 인종적 편견 때문이었다. 그리하여 그 건축물은 페니키아인의 업적으로 돌려졌다.[49] 따라서 남아프리카에서는 페니키아인을 긍정적으로 여기는 빅토리아 시대의 정서가 보존되었다. 아마도 이것이 남아프리카 고전학자가 이 문제에 관해 편견 없는 자세를 유지할 수 있게 된 한 요인인 것으로 보인다.

그러나 고든을 지지한 두 학자 모두 지지를 철회하고 선형 문자 A에 관한 더 정통적인 입장, 즉 불가지론 및 아나톨리아와의 관련성 쪽으로 선회했다. 이러한 변화를 이해하기 위해서는 유럽의 헬레니즘 학자, 특히 벤트리스의 공동 연구자이자 미케네 언어 연구의 일인자인 존 채드윅이 셈족과의 관련성에 대해 격렬히 반발했다는 점을 반드시 고려해야 한다. 채드윅은 『케임브리지 고대사』에 수록된 선형 문자 B 관련 논문과 그의 방대한 저서 『미케네 그리스어 문서』에서 대부분 표준적인 학회지에 발표된 고든의 선형 문자 A 연구를 전혀 언급하지 않았다. 흥미롭게도 채드윅은 자신의 참고 문헌에 수록되지 않았다는 점을 "비판으로 해석해서는 안 된다"고 분명하게 언급했다. 그럼에도 불구하고 고든의 가설(선형 문자 A의 해석에 관한 것뿐만 아니라 미케네 문자와 언어, 그리고 사회의 본질에 관한 것까지)이 지니는 중요성을 감안할 때, 그것을 참조하지 않았다는 점은 상당히 의미심장하다.[50]

적어도 지금까지, 고든은 수많은 급진 학자들과 동일한 운명을 겪어왔다. 심지어 고든이 1950년대에 공격했던 극단적인 아리안 모델이 이제 와해되기 시작하는데도, 즉 선형 문자 A가 선형 문자 B의 음가로 읽혀질 수 있다고, '혼합된' 셈어가 존재했다고, 그리고 선형 문자 A와 에테오크레타어에 셈어 단어가 있으며 그 단어를 셈어로 여기지 말아야 할 본질적인 이유가 없다고 인정되는데도, 선형 문자 A와 에테오크레타어가 셈어라는 점과 이를 제시한 공적이 고든에게 돌려져야 한다는 점은 여전히 부정되었다.[51]

사이러스 고든은 여러 가지 점에서 학계의 최하층민이었지만, 그의 제자들은 그의 언어 및 교수 능력으로 인해 당 세대 가운데 가장 뛰어난 자질을 갖추게 되었다. 그리하여 오늘날 미국 셈학 연구의 주요 세력을 이루게 되었다. 그들이 배운 교훈 가운데 하나는 줄에서 벗어날 경우 값비싼 대가를 치러야 한다는 것이었으며, 따라서 그들 가운데 크레타에 관한 저서를 출간한 사람은 단 한 사람뿐이었다.[52] 그럼에도 불구하고 그들 대부분은 그의 견해에 대한 기본적인 공감과 더불어 가나안인과 페니키아인의 역할을 구조적으로 경시했다는 확신을 보유하고 있다.[53] 분명한 것은 그들의 영향력이 기존 학계를 허물어뜨리고 있으며, 미국에서는 셈학에 대한 고전학의 지배를 거부하는 움직임으로까지 이어지고 있다는 점이다.

단기적으로는 고든의 동료인 마이클 애스터의 영향이 훨씬 더 컸다. 애스터는 1930년대에 파리에 머물면서 프랑스의 우가리트어 해독자인 샤를 비롤로드*에게 가르침을 받았다. 비롤로드는 베라르에게서 영향을 받았으며, 카드모스 신화 중에 페니키아에 대한 언급이 기본적으로 사실이라는 믿음을 개인적으로 지니고 있었다. 1939년부터 1950년까지 애스터는 소련군 포로수용소에 갇혀 있었다. 그 다음 6년간은 시베리아의 한 도시에서 보냈다. 그곳에서 그는 엄청난 역경을 이겨내며 자유 시간을 활용하여 그리스어와 셈어 관계에 대한 연구를 계속해나갈 수 있었다. 1956년에는 소련을 떠나 폴란드로 갔으며 일 년 뒤 그곳에서 선형 문자 A에 관한 고든의 첫 논문을 읽었다. 그 직후 미국으로 건너간 그는 고든의 추천으로 명문 유대교 대학인 브랜다이스에서 고든의 학과에 자리를 얻었다.[54] 그리고 1967년에 다나오스와 카드모스, 그리고 그가 '치료자 영웅들'이라고 부른 인물(이아손과 벨레로폰 등)의 신화에 관한 주요 연구를 담은 『헬레노세미티카』를 출판했다. 여기서 그는 구조와 명명법 측면에서 나타나는 그리스 신화와 우가리트 신화, 그리고 성서 사이의 세세한 유사점을 보여주려 했는데, 이것은 베라르의 연구를 따르는 동시에 넘어선 것이었다.

앞서 언급했듯이 1950년대 후반과 1960년대 초의 다른 학자(폰텐로즈와 윌콧 등)은 그리스 신화와 근동 신화 사이의 유사점을 세밀히 추적하면서 그리스 신화가 파생된 형태임을 결코 의심하지 않았다.[55] 그렇다면 애스터의 연구는 왜 훨씬 더 공격적으로 받아들여졌을까? 첫째, 애스터의 연구는 공식적인 차원에서 규범에 어긋났다. 왜냐하면 학계의 권력 체계에 도전했기 때문인데, 여기에는 두 학문의 상대적인 권력이 반영되어 있었다. 비록 고전학자가 그리스 신화에 대응하는 동방 신화를 논의한 바 있었다 하더라도, 오리엔트학 학자가 그리스에 관해 의견을 표명하는 것은 전적으로 다른 문제이자 도저히 용납할 수 없는 일이었다.

애스터의 연구 내용에 대한 근본적인 반대도 있었다. 폰텐로즈와 월콧 같은 학자는 전 세계 신화(인도와 이란 신화 등을 포함하여)를 두루 망라했으며 가능한 한 덜 거슬리는 원천을 선호했다. 이와 반대로, 애스터는 그리스어 이름을 셈어에서 이끌어냄으로써 언어의 성지聖地를 침범했을 뿐만 아니라, 불온하게도 서부 셈족과 그리스인을 특정적으로 밀접하게 관련지었다. 더욱이 그가 다룬 신화 가운데 카드모스 신화와 다나오스 신화는 근동의 그리스 식민화와 관련한 것이었다. 그는 두 신화가 역사적인 사실을 품고 있다는 그럴듯한 주장을 제기했다. 『헬레노세미티카』 제4부는 지식 사회학으로 접어든다는 점에서 훨씬 더 도발적이었는데, 여기서 개략적으로 묘사한 고전학 및 고전 고고학의 역사와 이데올로기는 이 주제에 관한 모든 후기 저술(『블랙 아테나』 제1권을 포함하여)의 토대가 되었다. 이러는 가운데 애스터는 개연론蓋然論과 불확실성의 힘(1890년대 이래 다른 학문 분야를 변모시킨)이 전혀 스며들지 못한 주제에 상대주의를 주입시켰다.

루스 에드워즈 같은 학자에게는 실례되는 이야기지만, 애스터는 서부 셈족 신화와 그리스 신화 사이의 근본적인 연결고리가 있음을 증명했다.[56] 그러나 이것은 명백하게 그의 목적 가운데 일부분일 뿐이다. 광의의 아리안 모델을 고수했던 모베르스를 비롯한 19세기 중반의 학자와 마찬가지로, 애스터는 본래 서부 셈족이 이룬 정복을 이집트인의 업적으로 돌린 부분을 제외하면 식민화에 관한 고대 모델의 묘사가 사실상 옳다고 믿었다. 그는 "미케네 그리스의 몇몇 지역에서 페니키아어가 사용되었을 뿐만 아니라, 미케네 문명 전체가 본래 고대 동방의 최서단 주변부 문화였다"[57]고 주장했다.

애스터는 선형 문자 B에 나타나는 차용어를 지적함으로써 기원전 14세기 이전에 셈족으로부터 중요한 영향이 미쳤음을 증명했지만, 그 외의 그리스어 발전 단계에서는 더 이상의 사례를 찾으려 하지 않았다. 더구나 그는 이집트 문화의 영향이 미쳤을 가능성도 고려하지 않았으며, 그리스 언어와 지명, 그리고 신화 용어에서 나타나는 대부분의 비非인도유럽어 요소를 설명할 수 있는, 따라서 선先헬레네스라는 가설적 토대의 필요성을 제거할 수 있는 근동 언어의 전반적인 유입 가능성도 전혀 고려하지 않았다. 그럼에도 불구하고 애스터는 고대 지중해에 관한 역사 서술을 영구히 바꿔놓았다.

『헬레노세미티카』는 전례 없이 높은 판매 부수를 기록했다. 그러나 애스터는 비평가들이 너무나 적대적인 태도를 표명했기 때문에 그 주제에 관한 연구를 포기하고 말았다. 비평가를 선도한 인물은 애스터와 토론을 벌일 만한 기량을 갖춘 몇 안 되는 학자 가운데 한 사람이자 그리스어와 아카드어 지식을 겸비한 미국 고고학자 뮬리*였다. 뮬리는 이렇게 공언했다. "『헬레노세미티카』는 뿌리 깊은 실망감을 안겨준다. 독자는 새로이 추가된 풍부한 자료에서 비롯되는 참신한 문제 제기 대신, 빅토르 베라르 이론의 재탕을 맛보게 될 뿐이다."58 뮬리에 따르면, 애스터는 청동기 시대에 그리스가 레반트와 맺은 관계를 전혀 입증하지 못했다. 뮬리는 또한 애스터가 벨로흐 같은 1890년대 학자의 과도한 반反페니키아 성향을 공격하면서 현대 고전학자와는 판이한 견해를 지닌 허수아비를 등장시켰다고 주장했다. 그러나 뮬리의 이러한 주장은 다음과 같은 그의 또 다른 진술로 인해 약화되었다. "나는 뛰어난 고전학자들이 발표해 왔으며 지금도 여전히 발표하고 있는 근동에 의한 식민화를 둘러싼 터무니없는 내용을 옹호하지 않을 생각이다."59

뮬리의 두 번째 진술은 검토되어야만 한다. 왜냐하면 벨로흐가 그 분야의 일부 진영에서 여전히 폭넓은 존경을 얻고 있으며, 그가 1890년대에 견지한 반反페니키아주의나 리스 카펜터가 1950년대에 견지한 반反페니키아주의나 별반 다를 것이 없기 때문이다.60 다른 한편, 뮬리는 현대 고전학자 대다수가 그들의 스승이나 그 스승의 스승 사이에서 만연했던 인종주의와 반유대주의를 공유하지 않는다고 옳게 지적했다. 그러나 여전히 그는 극단적 아리안 모델이, 그 모델을 형성시킨 시대 정신에 의해 또는 그 모델을 만들어 낸 이들의 견해에 의해 오염되지 않은 채, 순수하게 성장했다는 전혀 그럴 듯하지 않은 생각을 순순히 받아들이라고 독자들에게 요구했다.

뮬리는 3년 뒤인 1970년에 「호메로스와 페니키아인」이라는 논문을 통해 공격을 재개했다. 여기서 그가 펼친 주장은 이번 장 서두에 약술된 전통 지식의 노선, 즉 페니키아인이 기원전 8세기 이전에 지중해 지역에 등장했다는 고고학적 증거는 전혀 없으며 지중해 지역의 청동기 시대 지층에서 발견된 레반트 유물은 그리스인이 용병 복무나 무역을 통해, 또는 여행 기념품으로 가져온 것이라는 주장을 따른 것이었다. 그는 호메로스 서사시에 등장하는 페니키아인이 호메로스 시대(뮬리는 이 때를 기원전 8세기로 보았다)의 페니키아인이라고 단언했다. 즉 그들은 트로이 전쟁 당시나 후기 미케네 시기의 사람이 아니었다. 뮬리는 그리스에 미친 페니키아의 영향이 시기적으로 늦었으며 피상적이었다는 벨로흐와 리스 카펜터의 주장을 뚜렷하게, 그리고 열정적으로 고수했다.[61] 1980년대에 뮬리가 일으킨 부분적인 심경 변화는 나중에 다시 살펴보게 될 것이다.

애스터의 후계자? 빌리히마이어[*]

애스터는 비록 고전학에 즉각 큰 충격을 가하지는 못했지만 그의 연구는 고대사가 사이에서 상당한 반응을 이끌어냈다. 1976년에 빌리히마이어의 짤막한 박사학위 논문 『카드모스, 그리고 헬라딕 그리스에 셈족이 존재했을 가능성』이 캘리포니아 대학 샌타바버라 캠퍼스에서 통과되었다. 사실 이 학위 논문은 그 제목이 시사하는 것보다 더욱 대담했다. 왜냐하면 카드모스와 다나오스 전설에 관한 애스터의 연구를 받아들였을 뿐만 아니라 그것을 넘어 다나오스가 이집트 태생이라는 전승을 호의적으로 고려했기 때문이다. 빌리히마이어는 또한 이미 그리스어 단어 및 지명의 어원으로 받아들여진 수많은 셈어 어원을 다시 언급하면서, 19세기에 제외된 어원 가운데 몇몇을 되살려냈다.[62]

7년 뒤인 1983년에 소규모 네덜란드 출판사가 빌리히마이어의 연구를 출간하기로 했다는 공식 발표가 있었다. 그러나 예정된 책은 마지막 순간에 철회되었고, 그 후 지금까지도 출간되지 않았다. 세부적인 내막을 알지 못하기 때문에 뭔가 명확하게 말할 수 있는 것은 없지만, 그 전후 관계는 출판사들이 이 특정한 이단 학설을 옹호하는 책을 '단념'하게 되는 일반적인 유형과 일치하는 것으로 보인다.[63] 예를 들어, 솔 레빈은 다음과 같이 썼다.

책을 내줄 출판사를 찾는 일은 실제 연구보다 더 많은 시간을 요했으며, 연구가 북돋아 주었던 활력을 상쇄할 만큼의 불쾌감을 안겨주었다. 고작 짤막한 해명이 담긴, 아니 그나마도 없는 거절 편지를 받아보는 데에도 1년 이상의 시간을 기다려야 했다.[64]

내 경험도 이와 다르지 않은데, 사이러스 고든은 자신의 후기 저서를 모두
친척이 운영하는 소규모 출판사에서 출간했다. 다음에 논의할 루스 에드워
즈는 "대단히 어려운 시기임에도 불구하고 이 원고를 받아주신 데 대해" 출
판사 측에 감사를 표했다.65 이러한 사례는 현상 유지를 고수하는 학계가
대학 출판부를 장악하고 상업 출판사에 대해 압도적인 영향력을 행사함으
로써 어떻게 자칭 '기준을 유지'할 수 있었는가를, 달리 말해 어떻게 정통론
에 대한 반대를 억누를 수 있었는가를 보여준다.

절충 시도 : 루스 에드워즈

　고든과 애스터의 도전에 맞서 자신의 입장을 전면적으로 방어해야 할 필요성을 느낀 고전학자는 아무도 없었다. 그런 학자가 있었다 한들 방어할 수나 있었을까? 한편, 셈학 학자가 산출한 긍정적인 측면의 연구 성과를 '존경스런' 학문 안으로 끌어들이려 시도한 학자가 한 사람 있었는데, 바로 스터빙스(힉소스의 정복에 관한 그의 믿음은 앞서 언급한 바 있다)의 제자인 루스 에드워즈였다. 그의 학위 논문은 1968년에 완성되었으나 10여 년이 지난 뒤에야 책으로 출간되었다. 그녀의 저서 『페니키아인 카드모스』는 우리가 주목하는 주제에 관해서 핵심적인 중요성을 지닌다.

　그녀는 애스터에 대해 비판적인 태도를 취했다. 특히 그가 신화 상의 유사점을 통해서 연관 관계를 이끌어내는 대목을 매섭게 공격했다. 왜냐하면 그녀는 애스터가 지적한 유사점 가운데 상당수가 치밀하지 못하고 우가리트 원문에 대한 미덥지 않은 독해에 근거하고 있으며, 서로 다른 시기의 특징을 조합해 놓은 것들이라고, 또는 단지 모든 민간 전승에 공통된 모티프에서 비롯한 결과에 지나지 않는다고 생각했기 때문이다.[66] 그녀는 또한 그의 어원 추정에 대해서도 회의적이었다. 그것은 순전히 자음으로만 구성된 서부 셈어 알파벳을 다룰 경우에 불가피하게 개재되는 애매함 때문이었다. 다른 한편, 그녀는 카드모스와 다나오스 전설의 고대성을 부정하는 사료 비평가에 대해서도 마찬가지로 혹평을 퍼부었다. 즉 그 전설을 공격한 초기 그리스 저자가 아무도 없었기 때문에 사료 비평가들이 미심쩍은 침묵의 논증에 의지할 수밖에 없었다는 것이다. 이어 그녀는 페니키아에 의한 식민화 전설이 실은 매우 오래된 것임을 증명했다.[67]

　대체로 에드워즈는 모든 전설을 극도로 신중하게 다루어야 하며 모든 민간 전승에 공통된 모티프는 가능한 한 제외시켜야 한다고 주장했다. 그러나 그녀는 카드모스와 다나오스 관련 전설이 순수한 미케네 요소를 포함한다고 확신했을 뿐만 아니라, 다음과 같이 전설에서 추출된 증거가 다른 사료에서 추출된 증거만큼이나 주관적이지 않다고 주장하면서 애스터의 견해를 지지했다.

우리에게 전설을 버리고 다른 사료에 집중하라고 촉구하는 이들은 그 사료들이 어떤 식으로든 전승보다 더 **객관적**이라고 가정하곤 한다. 그러나 우리는 고고학과 언어, 그리고 문서가 매우 제한된 범위 내에서만, 즉 사실상 단순한 관찰과 자료 기술에 관련될 경우에 한해서만 객관적이라는 점을 반드시 강조해야 한다. 일단 해석의 차원으로 넘어가면 주관적인 요소가 개입된다. 이는 고고학에서 특히 두드러지며 같은 인공 유물군, 똑같은 발굴층이라도 고고학자에 따라 달리 해석될 수 있다. 더구나 고고학적 해석은 유행을 따르는 경향이 있다. 따라서 20세기 전반에는 영국 선사학에서 물질 문화의 특정한 변화를 침입 가설로 설명하는 것이 관례였던 반면, 오늘날 이러한 시각은 자생적 발전이라는 가설에 밀려 거부된다. 마찬가지로 우리는 그리스 선사학에서도, 어떻게 해서 1890년대까지는 청동기 시대의 수많은 위업을 페니키아인을 비롯한 오리엔트인의 업적으로 해석하려는 경향이 있다가 … 그 직후 크레타 가설이 거의 보편적으로 받아들여지게 되었으며, 오늘날에는 그리스 본토의 독립성이 일반적으로 강조되는가를 살펴볼 수 있다. 그렇다면 다른 사료 역시 **선사 시대를 재구성하는 데**에는 그 자체로 객관적이지 않다. 한계를 지니는 정도는 전설상의 전승과 전혀 다를 바 없다. 선사학자는 늘 불완전하고 모호한 재료를 가지고 연구하며, … 자신이 하고 있는 일을 인지하는 한, 전설상의 증거를 이용하는 데에 근본적으로 비논리적이거나 불합리한 점 따위는 존재하지 않는다.[68]

따라서 에드워즈는 카드모스 전설에 역사적 사실이 담겨 있다는 점과 암묵적으로는 다나오스 전설의 경우에도 그렇다는 점을 받아들이지만, 그러한 전설이 기원전 16세기의 힉소스에 의한 식민화를 가리키는지 아니면 기원전 14세기의 교역 정착을 가리키는지는 확신하지 못했다. 그녀는 또한 그 전설이 크레타나 근동(그녀는 근동 쪽을 선호한다)에서 건너온 카드모스의 테베 건설을 참작한 것이라고 믿었다.[69] 그러나 그녀는 스승인 스터빙스를 지지했으며, "셈족의 침입이 있었을지도 모르지만 별다른 영향을 미치는 못했다"는 '덜월의 전통'을 따랐다. 따라서 자신이 거의 확신할 수 있는 것이라고는 그리스로의 대규모 이주가 없었다는 점뿐이라고 다음과 같이 명시했다.

> 만약 오리엔트에서 미케네 그리스로의 **대규모** 이주 정착이 있었다면, 고고학 유물에 더 구체적인 흔적이 남아 있거나 오리엔트 문서에 그에 관한 기록이 남아 있을 것이다. 그러나 그런 종류의 증거가 없으며 언어 자료도 별다른 뒷받침이 되지 못한다는 점으로 볼 때, (애스터에게는 실례되는 이야기지만) 그리스어에서 나타나는 셈어 투는 비교적 미미한 편이며 차용어 정도로 설명될 수 있을 따름이다.[70]

여기서 우리는 고고학에 적용된 다음과 같은 침묵의 논증 및 언어학적 순환 논증에 주목해야 한다. "그리스어 단어의 근동 어원을 찾아봐야 소용없다. 두 문화가 지속적으로 접촉했다는 증거가 전혀 없기 때문이다. 차용어가 거의 없다는 점으로 볼 때 중요한 접촉이 있었을 리 없다. …"

그러나 신중함을 유지하면서 고든과 애스터를 멀리하려 했음에도 불구하고 루스 에드워즈가 그 연구에서 심대한 영향을 받았다는 점은 의심의 여지가 없다. 인상적인 것은 그녀의 학위 논문을 전혀 알지 못했던 빌리히마이어가 그토록 유사한 연구 노선을 따랐다는 점이다. 이는 종합적으로 볼 때 극단적 아리안 모델이 허물어지고 있다는 징후였다. 에드워즈와 빌리히마이어는 둘 다 당대의 반유대주의가 페니키아인에 관한 역사 서술에 영향을 주었다고 확실히 인정했다. 더욱이 두 사람 모두 전설이 선사 시대에 관한 합당한 정보 출처라고 주장했다. 이 점에서도 에드워즈는 스승인 스터빙스를 따랐다.

철기 시대 페니키아인의 귀환

애스터와 그의 계승자들이 청동기 시대 페니키아인 또는 가나안인을 되살려내고 있는 동안, 한편에서는 페니키아인을 초기 철기 시대 에게 해로 복귀시키려는 움직임이 있었다. 벨기에 고전학자 반 베르헴이 1967년에 발표한 논문 「헤라클레스-멜카르트 성소 : 페니키아인의 지중해 진출을 연구하는 데에 끼친 공헌」은 기원전 10세기경 지중해에서 페니키아의 영향이 어느 정도로 심대했는지, 그리고 그 연대가 얼마나 오래전으로 거슬러 올라가는지를 보여주었다.[71] 그 후 1979년에 또 다른 벨기에 학자 기 부넨이 페니키아의 확장에 관한 주요 저서를 출간했다. 여기서 그는 베라르의 프랑스적 친親페니키아 전통을 1960년대 학계의 자의식 및 애스터의 정치적인 고전학 분석과 결합시켰다.[72]

1980년에는 심지어 뮬리의 영역권인 펜실베이니아 대학마저도 이러한 영향에 물들었다. 그의 학생 가운데 한 사람인 헬름의 학위 논문은 페니키아인이 에게 해에 나타난 시기를 기원전 10세기로 제시하는 근래의 고고학적 증거를 상당수 열거했다. 그리고 그는 지도 교수의 견해를 확고하게 거스르는 결론에 도달했을 때 수반되는 곤란을 암시하는 한 구절에서 다음과 같이 썼다.

이 모든 것은 후기 청동기 시대의 에게 해와 오리엔트의 교역을 옹호하는 모델로 여겨져 거부된 근동의 해상 독점 이론을 초기 철기 시대의 여러 조건을 묘사하기 위해 재생해야 한다는 이야기가 아니다. 또한 "기원전 8세기에 페니키아 교역자가 에게 해 전역에 퍼져서 그리스로 상품을 들여오고 그리스인에게 더 수준 높은 문명을 가르쳤다고 생각한 학자들의 시대"(오늘날 페니키아 교역자는 '키프로스 페니키아인' 으로 지칭된다)를 부흥시키자는 이야기도 아니다. 기원전 8세기에 아테네를 비롯한 그리스 국가들이 정기적인 해상 무역에 종사했다는 풍부한 증거가 있다. **여기서 제시하는 것은 오리엔트 무역이 독점적이지는 않더라도 주로 키프로스(필시 레반트 해안[다른 곳에서 그는 키프로스 상품이 '실제로는 페니키아 산이라고 썼다] 출신 상인들의 수중에 놓여 있었다는 점이다. 이들은 남동부 에게 해 지역과 정기적으로 교역했으며, 키클라데스 제도나 에우보이아, 그리고 아티카와도 간헐적으로 교역했다.**[73] (버낼 강조)

뮬리는 1980년대 중반인 오늘날 자신의 입장을 변경하고 있다. 그는 고고학적 증거에 압도된 양상이 뚜렷하게 나타나는 1984년에 발표한 한 논문에서 미케네 그리스에 미친 서부 셈족의 방대한 영향을 인정했다.[74] 그러나 이러한 태도 변화 및 헬름의 결론에도 불구하고, 뮬리는 초기 철기 시대 에게 해의 페니키아인 문제에 관해서는 여전히 완고한 태도를 취했다.[75]

나베와 알파벳의 전래

셈학 학자들의 '반란'이 아리안 모델의 약점인 알파벳 부분에서 가장 성공적이었다는 것은 전혀 놀라운 일이 아니다. 앞서 살펴본 대로, 1950년대와 1960년대의 극단적 아리안 모델에 대한 공격은 이스라엘의 건국 이후에 고양된 유대인의 자의식과 뚜렷이 연결되었다. 더구나 알파벳에 대한 도전은 이스라엘 자체에서 비롯한 것이었다. 1940년대에 셈학 학자이자 예루살렘 대학 비문학 교수인 투르 시나이는 리스 카펜터가 극단적으로 늦춘 연대에 꾸준히 반대했다. 그 후 1973년 비문 연구학으로 전향한 고고학자 요셉 나베가 개척적인 논문 「그리스 알파벳에 관한 셈어 비문 연구 소고」를 발표함에 따라 새로운 출발점이 형성되었다.[76] 나베는 순전히 비문학적인 견지에서 초기 그리스 비문의 불분명한 쓰기 방향이 오른쪽에서 왼쪽으로 향하는 페니키아어 알파벳의 규칙성과는 다르며, 그보다 시기가 앞선 가나안어 알파벳의 불규칙성과 유사하다고 주장했다. 이와 마찬가지로 대다수 그리스어 철자, 특히 A와 Σ의 모양은 페니키아어 철자의 모양이 아니라 그보다 이른 시기의 철자 모양과 유사했다. 더 나아가 나베는 초기 그리스어의 H와 O가 페니키아어 형태가 아니라 가나안어 형태와 동일하며, Δ, E, N, Ξ, Π, O, P, 그리고 아마도 Θ까지도 비록 더 이른 시기의 셈어 철자 모양과 일치하지는 않지만 페니키아어 형태보다는 후기 가나안어 형태에서 파생되었을 가능성이 훨씬 크다고 주장했다.[77]

나베는 자신의 도식이 K와 M, 즉 기원전 850년경의 페니키아어 형태(그 이전 형태가 아니라)를 닮은 것으로 보이는 초기 사례에서 난관에 봉착한다는 점을 알 수 있었다. 그는 이를 다소 성가시고 복잡한 방식으로 설명하면서, 그러한 복잡성에도 불구하고 더 오래된 철자와 대부분의 증거는 결정적으로 페니키아어 알파벳이 표준화하기 이전의 어느 시점을 가리킨다고 확신했다. 그는 히람 비문의 연대를 기원전 1000년 직후로 늦춰 잡은 올브라이트의 견해(내 생각에는 잘못된 것이다)를 받아들였다. 이어 그는 침묵의 논증에 따라 이 연대를 조심스럽게 표준화 시점으로 가정함으로써 전래 연대를 이보다 50년 이른 1050년경으로 잡았다.[78]

나베의 논문은 카펜터와 울만의 논문이 실린 바 있는 『미국 고고학 저널』에 발표되었다. 그럼에도 불구하고, 학계 정통 견해에 대한 근본적인 도전의 경우에 종종 그러하듯이, 그의 주장은 거의 아무런 반응도 얻지 못했다. 리스 카펜터의 주요 계승자이며 옥스퍼드의 고전학자이자 초기 그리스어 알파벳 전문가인 릴리언 제프리는 다음과 같은 짤막한 논평으로 비평을 대신했다. "나베의 논문은 그리스 비문 연구자의 입장에서 진지하게 주목할 만하지만, 기원전 8세기 이전의 그리스 부분에 관한 내용이 빠져 있다는 점은 여전히 문제이다(그리고 그가 기선基線 아래로 내려오는 부분이 없는 M와 Ψ가 초기 철자라고 가정한 점도 잘못이다)."[79] 대체로 릴리언 제프리와 그 동료는 계속해서 '리스 카펜터의 기초적인 연구'에 근거했지만, 기원전 8세기의 것으로 추정할 수 있는 그리스 비문을 발견한 이래 기원전 700년보다 800년경을 기점으로 생각하는 경향이 있었다.[80] 부수적으로 이러한 양보는 카펜터의 주장을 지탱하는 주요 버팀목 가운데 하나인 아시리아인이 페니키아인을 서쪽으로 몰아냈어야 할 필요성을 제거했다. 더불어 그리스의 폴리스가 형성된 이후에 페니키아의 영향이 미쳤음을 보여주려 한 그의 주요 동기 가운데 하나를 덜어냈다.

셈학 학자의 입장은 다소 분분했다. 성서학자이자 비문 연구자인 카일 맥카터교수(그는 올브라이트의 계승자이자 하버드의 지도적인 셈어 비문 연구자인 프랭크 크로스의 제자이자 동료이다)는 나베와 카펜터 사이의 절충안을 찾아내려고 시도하면서 다음과 같은 불분명한 선언으로 마무리를 지었다.

그리스인이 일찍이 기원전 11세기에 페니키아 문자로 글쓰기를 시도했을지도 모르지만, 이유야 어찌되었든 그들은 기원전 8세기 초에 이르러서야 진정으로 독립적인 전승을 발전시켰다. 그러므로 그리스어 체계가 기원전 800년경의 페니키아 원형에서 유래했다는 설명이 가장 적절하다.[81]

나는 맥카터 교수가 두 번의 차용 시기를 강조한 점은 옳다고 생각한다. 그러나 그가 정통론에 이의를 제기하면서 표면적으로 카펜터를 수용한 것은 분명한 잘못이다. 맥카터는 사실상 나베의 논증(일찍이 알파벳을 차용하지 않았다면 알파벳 '실험'이 어떻게 가능할 수 있는가?)을 인정했다. 다른 한편으로 맥카터의 딜레마는 일반적인 것이었으며, 많은 셈학 학자가 기원전 1100년과 750년 사이의 어느 시점이라는 식으로 전래 연대를 점점 더 모호하게 만들어갔다.[82]

그러나 다른 셈학 학자는 더욱 이른 연대 쪽으로 기울어가고 있었다. 크로스 교수는 고전학자에 대해 점점 더 단호한 태도를 보였다. 그는 1979년에 쓴 글에서 늦춰진 알파벳의 전래 연대와 극단적 아리안 모델 사이의 상호 필수적인 관계를 다음과 같이 훌륭하게 보여주었다.

오리엔트 학자의 입장에서 볼 때, 차용 연대를 늦춰 잡는 고전학자의 표준적인 논증은 더 이상 무게감이 없다.

(1) 페니키아인이 기원전 8세기나 그 이후까지 서방에 나타나지 않았다는 주장은 침묵의 논증에서 기원하는 오류의 고전적 사례에 지나지 않는 그릇된 것이다. 페니키아인은 기원전 11세기부터 줄곧 서부 지중해 섬 및 해안과 접촉했다. …

(2) 문맹 상태가 장기간 지속된 그리스 암흑기 이론은 허물어지고 있는 듯하다. … 오리엔트 학자에게 이 이론은 … 가장 믿을 수 없는 것으로 보인다. …

(3) 현존하는 가장 초기의 그리스어 비문(이 비문의 연대는 오늘날 기원전 8세기 후반으로 추정된다)이 기록되기 직전에 그리스 문자가 차용되었다는 널리 알려진 견해는 그릇된 것이다. … 우리는 그 문자가 차용된 시점과 현존하는 가장 초기의 그리스어 비문에 등장한 시점 사이에 상당한 시간 간격을 두어야 한다. 그래야만 일련의

원元가나안 문자 및 페니키아 선형 문자 유형 가운데 한 유형과 가장 초기의 그리스 문자 사이의 간극을 설명할 수 있다. …

(4) 그리스 문자에 관한 그 어떠한 이론도 크레타와 테라, 그리고 멜로스의 알파벳에서 나타나는 옛 특징(즉 유형학적으로 오래된 특징)에 대한 적절한 설명을 제시하지 않고는 오래 지속될 수 없다. 나는 동방에 머물렀던 그리스인이 아니라 서방에 머물렀던 페니키아인이 초기에 알파벳을 확산시킨 주요 동인이었다고 믿고 싶다.[83]

크로스 교수의 확신은 최근 이스라엘에서 이루어진 발견, 특히 텔아비브* 외곽의 이즈벳 사르타라는 마을에서 발견된 기원전 12세기의 완전한 알파벳(이 알파벳 철자는 후기 페니키아 철자보다 그리스·로마 철자와 훨씬 더 유사하다)으로 인해 더더욱 강화되었다.[84]

그러나 일부 셈어 비문 연구자는 그러한 대담함에 여전히 경악했다. 그들은 최근 시리아-터키 국경에서 약 200킬로미터 정도 떨어진 텔 페케리예에서 비문이 발견되자 뛸 듯이 기뻐했다. 왜냐하면 그들은 이 비문에 씌어진 철자가 비非금석학적 근거에서 기원전 9세기 중반으로 임시 추정이 가능하고, '페니키아 이전' 특징을 많이 지니고 있기 때문에 초기 그리스어 알파벳에서 발견되는 고대적인 특성은 훨씬 뒤늦은 시기에 전래된 것일 수도 있다고 주장할 수 있기 때문이었다.[85] 그러나 이 학자들조차도 기원전 9세기에 이르기까지 레반트 해안과 그 인접 후배지後背地에서 표준 페니키아어 철자가 사용되었다는 점을 인정했다. 따라서 텔 페케리예 유형의 알파벳이 그리스에 도달했다면 당시 근동에서 가장 부유하고 가장 널리 알려진 지역인 페니키아를 건너뛰었어야 하는데, 전혀 그럴듯하지 않은 이러한 논증은 단지 보수주의와 기득권의 힘을 선명하게 드러낼 따름이었다.

그러나 이러한 역류에도 불구하고, 전래 연대가 높아지는 것이 일반적인 경향이며 나베에게 반대한다고 자임한 사람에게서도 이제 기원전 10세기라는 연대가 비교적 흔하게 나타난다는 점은 의문의 여지가 없다.[86] 심지어 그 연대를 기원전 11세기 이전으로 끌어올리려는 시도도 있었다. 고든의 제자인 로버트 스티글리츠는 1981년에 발표한 한 논문을 통해 나베가 페니키아어 알파벳 형성 이전의 시기 중에서도 가장 뒤늦은 시기로 알파벳 전래시기를 가정함으로써 지나치게 그 시기를 늦춰 잡았다고 주장했다. 여하튼 스티글리츠는 기원전 1400년까지 레반트에 22철자로 구성된 페니키아어 알파벳이 존재했다는 점을 후기 우가리트어 기록을 통해 보여주었다. 더욱이 그는 그리스인이 트로이 전쟁 이전에 알파벳을 가지고 있었다고 지적하는 강력한 그리스 전승이 존재한다는 점을 입증했다. 따라서 그는 기원전 14세기에 크레타에 거주하면서 셈어를 사용한 에테오크레타인을 통해 알파벳이 전래되었다고 주장했다.[87]

1983년에 나는 레바논 베카* 계곡의 카미드 엘 로츠에서 이루어진 새로운 발견에 근거하여 훨씬 더 이른 전래 연대를 제안했으며, 그 발견으로 인해 소위 남부 셈어 알파벳은 기원전 14세기의 것으로 확고히 자리 잡았다.[88] 남부 셈어 문자(이 가운데 오늘날 에티오피아 알파벳만이 유일하게 남아 있다)로 씌어진 비문은 아라비아와 시리아 사막 전역에서 발견된다. 22철자로 구성된 가나안어 알파벳 및 그로부터 파생된 알파벳들(여기에는 페니키아어와 아람어, 그리고 아람어에서 파생된 근대 아랍어 알파벳이 포함된다)과 남부 셈어 문자 사이의 가장 중요한 차이 가운데 하나는 남부 셈어 문자가 아랍어와 원元 셈어 자음으로 이루어진 것임에도 불구하고 30개 철자에 이른다는 점이다. 더구나 독일 셈학 학자이자 비문 연구자인 륄리히 교수와 만스펠트 교수는 카미드 엘 로츠에서의 발견을 근거로 가나안어 알파벳이 더 이른 시기의 남부 셈어 유형 알파벳에서 파생되었다는 그럴듯한 주장을 개진했다.[89]

1902년에 독일 셈학 학자인 프레토리우스는 타무드*어와 사파이어 철자(가장 오래된 남부 셈어 알파벳에 속하지만, 가나안어에는 나타나지 않는다)가 그리스어 알파벳 말미에 위치한 소위 '새로운 철자 Φ(피), X(키), Ψ(프시), Ω(오메가)'와 시각적·음성적으로 뚜렷이 상응한다고 지적했다. 이 철자들은 가장 이른 시기의 그리스 비문에서 두루 나타나지만 그 기원은 아직 알려진 바 없다. 프레토리우스는 계속해서 이 철자들이 더 이른 시기의 남부 셈어 유형 알파벳에서 파생했다고 주장했다. 그 가설은 비록 아서 에번스 경과 프랑스의 위대한 셈학 학자 르네 뒤소를 포함한 수많은 학자가 그러한 유사점을 인정하기는 했지만, 1920년대와 1930년대에는 전혀 고려되지 않았다.[90] 이는 그러한 생각이 극단적 아리안 모델 및 그 시기의 고고학적 실증주의와 양립할 수 없었기 때문인 것으로 보인다. 그 시기의 학자들은 고고학적 실증주의가 이끄는 대로 남부 셈어 알파벳이 일찍부터 존재했다는 **증거**를 요구했다.

이제 이른 시기의 남부 셈어 알파벳이 입증된 이상 논쟁을 재개할 기회는 충분히 무르익었다. 나는 아나톨리아와 에게 해 등지의 알파벳(그리고 지중해 유역에서 알파벳으로부터 파생된 음절 문자)은 기원전 15세기나 14세기 이전부터, 즉 22철자로 구성된 가나안어 알파벳이 페니키아 도시에서 발전하기 이전부터, 레반트에서 사용된 알파벳을 기원으로 한다고 제안한 바 있다.[91] 이러한 제안을 받아들일 경우, 우리는 곧 고대 모델로 즉 카드모스나 다나오스가 기원전 2000~1000년 중반의 어느 시점엔가 그리스에 알파벳을 도입했다고 주장하는 헤로도토스를 비롯한 고대 저자(요세푸스를 제외한)의 입장으로 회귀하게 된다. 이러한 회귀는 또한 문맹 암흑기라는 개념을 파괴한다. 또한 트로이 전쟁 이전부터 알파벳을 사용했다는 것은 과거 청동기 시대에 관한 고전기 그리스인의 기록(특히 식민화 전승)을 더욱 믿을 만한 것으로 만든다.

셈어 알파벳의 그리스 전래 연대를 늦춰잡는 것에 대한 공격은 극단적 아리안 모델 전체에 대한 전반적인 공격의 한 측면일 뿐이다. 뮬리 교수의 전향과 더불어 일찍이 에게 해에 서부 셈족이 존재했다는 데에 대한 반대 활동의 심장부가 무너졌다는 점은 의문의 여지가 없다. 그럼에도 불구하고 여전히 극단적 아리안 모델을 고수하는 타성적인 연구가 없다고는 말할 수 없다. 이러한 맥락에서 『케임브리지 고대사』 최신판 제3권 제1부 「중동과

에게 해, 기원전 10~8세기」에 아시리아, 바빌로니아, 우라르투*, 시리아와 아나톨리아의 신新히타이트 국가들, 이스라엘과 유대, 키프로스, 그리고 이집트에 관한 장들은 있지만 당시 지중해의 지배적인 세력이었던 페니키아에 관한 장이 없다는 점은 충격적이다.

이 책은 비록 1982년에 출간되었지만, 그 기획은 1970년대 후반 훨씬 이전의 전혀 재고되지 않은 학문을 반영한다. 예를 들어, 옥스퍼드 고전학자 오스윈 머리가 1980년에 작성한 그리스에 미친 동방의 영향에 관한 참고 문헌 목록은 이 결정적인 주제에 관한 연구가 얼마나 미미한가를 보여준다. 우리가 충분히 예상할 수 있듯이, 대부분의 저자들은 바빌로니아를 막연히 언급하고 '육로 가교'를 선호함으로써 페니키아를 회피한다. 머리 자신은 극단적 아리안 모델에서 벗어나는 추세를 반영하며, 페니키아의 영향이라는 주제에 관해 훨씬 더 개방적으로 보인다. 그러나 그 역시 페니키아의 영향이 그리스에 미친 연대를 기원전 750년 이후로 설정했다. 사실은 페니키아의 전성기도, 그리고 그리스가 도시 국가나 식민화 같은 페니키아 제도를 명시적으로 채택한 시기도 그 이전이었지만 말이다.92

　나베와 크로스의 생각이 받아들여지든 그렇지 않든, 그러한 생각이 논의되고 있다는 사실은 극단적 아리안 모델의 패러다임 독점이 이미 분쇄되었음을 의미한다. 그러므로 나는 1980년대의 보수적인 조류와 인종주의의 부활에도 불구하고, 극단적 아리안 모델에 대한 공격이 비교적 단시일 안에 성공을 거두리라 믿는다. 반면 고대 모델과 이집트인의 지위를 복원하는 데에는 좀 더 많은 시간이 필요할 것이다. 인정받는 학계 일원으로서 이집트 식민지가 존재했다는 것과, 이후 이집트에서 수학한 그리스인을 통해 중요한 차용이 이루어졌다는 것을 지지한 유일한 학자는 동독의 이집트학 학자 지크프리트 모렌츠였다. 그는 엄청나게 많은 저서를 집필했으며, 특히 이집트 종교에 관한 저서로 가장 잘 알려졌다. 1969년에『유럽과 이집트의 만남』이라는 매우 중요한 저서를 출간했다.

　이 저서는『블랙 아테나』제1권에서 접근한 몇몇 분야를 망라하고 있다. 그러나 수많은 중요 사항에서『블랙 아테나』와는 근본적인 차이를 보였다. 모렌츠의 저서는 고대 모델이나 아리안 모델에 견줄 만한 도식을 제시하지 않았으며, 일부 관련 영향력을 분명히 의식하고 있으면서도 지식 사회학으로 설명하지 않았다.[93] 더욱이 모렌츠는 중요한 언어 차용의 가능성을 고려하지 않았으며, 서부 셈족에서 그리스로의 문화 차용을 언급하지도 않았다. 그럼에도 불구하고 그는 특히 크레타를 통한 그리스와 이집트 사이의 중요한 문화 접촉이 있었다고 주장했다.[94] 또한 다나오스를 둘러싼 전설이 '역사적 사실'을 내포하고 있다고 뚜렷이 공언했다.[95] 그의 주장에 따르면, "그리스인은 이집트에서 뿐만 아니라, 예를 들어 이집트에 건설된 기원전 6세기의 그리스 식민지인 나우크라티스*에 머물렀던 장인과 상인의 경우 일찍이 자신의 영토에서도 이집트 신들에 관해 배웠다."[96] 그는 또한 플라톤이 이집트에서 수학하면서 체험을 통해 이집트 신들을 배웠다고 확신했다.[97]

관련된 사회적·지적·학문적 영향력을 감안할 때, 대담함과 학문적 세밀함을 겸비한 모렌츠 교수의 저서가 거의 반응을 얻지 못했다는 것은 전혀 놀라운 일이 아니다. 그 저서는 스위스 학자들과의 협력으로 씌어졌으며 서방에서 출간되었다. 그럼에도 불구하고, 고대 이집트의 대외 관계에 관한 유력한 전문가(지적 차원에서도 학계 차원에서도)인 헬크 교수로 대변되는 서독의 주류 이집트학에 중대한 충격을 가한 것으로 보이지는 않는다. 모렌츠의 이 저서는 영어나 불어로 번역되지 않았으며, 내가 아는 한 독일어권 중부 유럽 밖으로는 거의 알려지지 않았다.

『유럽과 이집트의 만남』은 이집트가 그리스에 주요한 문화적 영향을 미쳤다고 믿는 또다른 유일한 학자 집단인 미국 흑인 학자에게도 전혀 영향을 미치지 못했다. 유대인 셈학 학자가 학계 주변부에서 극단적 아리안 모델에 맞서 싸우는 동안, 주로 흑인인 미국의 이집트 옹호자는 함께 체제 외부에서 아리안 모델에 도전했다.

극소수의 흑인 학계 인사, 특히 주요 흑인 대학인 하워드의 지도적인 고전학 교수 프랭크 스노든은 고전학에서 성공을 거두었다. 그들은 아리안 모델이 금지한 두 가지 사항(이집트 문화의 흑인적 요소를 수용하지 말 것, 그리고 그리스 문명을 형성한 아프리카아시아적 요소를 부인할 것)을 받아들였으며, 아리안 모델이 흑인에게 부여한 극도로 미미한 명성을 주워모으는 일에 집중했다.[98] 19세기와 20세기의 유럽 및 북아메리카 문화에 빈틈없이 만연한 인종주의를 더 날카롭게 의식한 다른 학자는 더욱 민감한 반응을 보였다. 이러한 학자들의 선구자는 아칸소의 한 소규모 대학 교수인 조지 제임스였다. 그는 1954년에 『도난당한 유산 : 그리스 철학의 창시자는 그리스인이 아니라 흔히 이집트인이라고 불리는 북아프리카 사람이었다』라는 저서를 출간했다. 『도난당한 유산』은 그리스의 청동기 시대 기반에 관심을 기울이지 않앞으며, 주로 고대 사료에 근거하여 그리스인 스스로가 철기 시대에 이집트 인의 지식을 차용했다는 점을 어느 정도까지 인정했는가를 보여주었다.[99] 제임스는 이집트인이 흑인이었다고 다소 막연하게 주장했다. 그의 저서는 흑인의 의식 변화를 요구하는 다음과 같은 감동적인 호소로 끝을 맺었다.

그것은 실로 정신적인 해방을 의미한다. 그 안에서 흑인은, 수세기 동안 자신을 열등 콤플렉스의 감옥 안에 가둔, 그리고 세계적인 수치심과 모욕감의 굴레 안에 가 둔 전통적인 거짓의 사슬에서 자유로워질 것이다.[100] (원저자 강조)

내가 코넬 대학 도서관에 두 번이나 요청한 후에야 비로소 『도난당한 유산』 은 더 작은 규모의 분과 도서관에 비치되었다. 그 책은 적절한 도서로 인정 되지 않았으며, 흑인 사회 밖에서는 전혀 읽히지 않았다.[101] 그러나 그 책은 흑인 사회의 지성계 안에서 드높은 평가와 더불어 대단한 영향력을 지니고 있다.

사람들은 대개 『도난당한 유산』을 세네갈의 핵물리학자인 고故 체이크 안타 디오프가 개척한 학파와 연결해 생각한다. 디오프는 검은 아프리카와 이집트 사이에 상호 필수적인 관계가 있다는 견해를 여러 글을 통해 피력했 으며, 그 과정에서 그리스사의 고대 모델과 제임스가 『도난당한 유산』에서 제시한 이론을 대부분 사실로 가정했다. 그러나 그의 주요 관심사는 이집트 문명의 위대한 업적과 그 가치를 훼손시킨 유럽 학자들의 체계적인 작업, 그리고 헤로도토스가 상술한 것처럼 이집트인이 흑인이었다는 그 자신의 신념이었다.[102]

현대 흑인 학자인 제이콥 카루더는 한 흥미로운 분석적 에세이에서 이 주제를 다루는 흑인 학자를 세 부류로 나누었다. 그 첫 번째 부류인 '구세대 수집가'는,

특별한 훈련을 받지는 않았지만, 흑인의 과거에 관한 진실을 찾아내고 흑인이 역사적·문화적으로 열등하다는 거대한 거짓말을 분쇄하는 일에 헌신하면서, 입수 가능한 자료는 무엇이든 취하여 그로부터 상황이 허용하는 최대한의 진실을 짜냈다.[103]

조지 워싱턴 윌리엄스와 뒤부아, 존 호프 프랭클린*, 앤터니 노게라, 그리고 알리 마츠루이* 등을 포함하는 두 번째 부류는,

흑인이 다른 인종과 더불어 이집트 문명 건설에 단지 한몫을 했다고만 주장했다. 이러한 경향은 … 유럽의 역사 서술에 완전히 종속된 것으로 … 또한 고대 그리스에서도 흑인의 몫을 요구하는데, 이는 적절히 이해할 경우 사실이기는 하지만 이 '검둥이 지식인' 대부분은 그 진정한 의미를 파악하지 못한다.[104]

카루더는 세 번째 부류를 '구세대 수집가'의 확장 형태로 이해했다. 여기에는 디오프와 벤 요하난, 그리고 챈슬러 윌리엄스가 포함된다. 카루더는 이들이 "여러 전문 분야에 적용 가능한 기술을 발전시킴으로써 아프리카 역사 확립의 필수 요소인 아프리카의 과거에 관한 사실을 장악했다"고 보았다.[105]

그러나 '구세대 수집가'의 시대가 지나가고 이제 스노든 교수 같은 사람처럼 백인 학문에 순응할 흑인이 거의 없으리라는 점은 의문의 여지가 없다. 그러나 나는 흑인 지식인의 전투적인 입지에 필수불가결한 통합에 대한 호소에도 불구하고 카루더가 분류한 두 번째 부류와 세 번째 부류 사이의 싸움은 오랜 기간 지속될 것이라 생각한다.

따라서 나는 1980년대 말까지도 고대 이집트인의 '인종적' 본질에 관한 문제를 둘러싼 흑인 학자 사이의 싸움은 지속될 것으로 예상한다. 한편으로 흑인 학자들은 이집트 문명의 높은 질적 수준과 그리스의 형성에서 담당한 이집트의 중심적 역할에 관한 문제에서는 심각하게 분열하지 않았다. 또한 그들은 대체로 셈족 문화에 대해 적대적이었으며, 특히 셈족 문화가 이집트

에 영향을 미쳤다고 생각한 경우에 그러했다. 한편 백인 학자의 경우, 서부 셈족이 그리스 문화 창조에 실질적인 역할을 담당했다는 점은 점차 인정하려는 추세지만, 거기에 이집트의 근본적인 영향이 미쳤다는 점은 여전히 조금도 인정하려 들지 않는다.106 내 연구의 한 측면에는 바로 이 두 가지 상호 적대적인 접근법을 조화시키려는 시도가 자리한다.

수정 고대 모델

흥미롭게도 나는 학계 정설보다는 흑인 학문의 범주 안에 나 자신과 나의 수정 고대 모델을 위치지우는 편이 더욱 용이하다는 사실을 발견했다. 내가 보기에 나는 카루더가 '검둥이 지식인'이라고 매도한 두 번째 그룹에 속한다. 나는 모든 이집트인이 오늘날의 서아프리카인을 닮았다고 생각하지는 않지만, 이집트를 본래 아프리카적인 국가로 이해하는 뒤부아와 마츠루이를 비롯한 뛰어난 학자 집단에 속한다는 점을 무척이나 기쁘게 생각한다.

이는 곧 이 책의 배경이 된 이론을 고수하는 학계 내부에서 고립된다는 것을 의미한다. 그러나 나는 수정 고대 모델이 오늘날 고전학자와 일부 고대사가 사이에서 불러일으킨 격분은 일시적인 현상에 지나지 않는다고 믿는다. 왜냐하면 우선, 나는 극단적 아리안 모델이 와해되고 고대사에 외재적 요인을 중시하는 태도와 상대주의가 도입됨으로써 전체적인 현상 파괴 효과가 나타나고 있다고 믿는다. 그러나 수정 고대 모델이 비교적 가까운 미래에 성공할 것이라고 확신하는 근본적인 이유는 개방적인 여러 학계 집단 내부에서 아리안 모델의 정치적·지적 토대가 대부분 사라졌다는 점이다.

1940년대 이래 인종주의와 반유대주의는 나치 독일의 '인종적'이고 '반유대적인' 정책으로 인해 신용을 잃고 말았다. 그 후 반유대주의는 더욱 복잡한 양상을 띠면서 지하로 숨어들 수밖에 없었다. 인종주의 역시 제3세계의 대두 이래 더욱 우회적인 양상을 띨 수밖에 없었다. 1960년대 이래 신비로운 '과학'에 대한 믿음이 대체로 상실되고 실증주의에 대한 의구심이 깊어진 점도 마찬가지로 중요했다. 따라서 아마도 언어 분야를 제외하고는 극단적 아리안 모델이 전문가에 의해 과학적으로 증명된다고 하는 주장은 더 이상 상식의 공격을 막아내기에 충분치 않다.

　나는 연구를 지속해 나가면서 관련 분야에 속하지 않는 사람들로부터 나의 역사 도식이 기존 학계가 제시한 역사 도식보다 더욱 설득력 있다는 말을 빈번히 들었다. 그들은 전승이 이야기하는 식민화가 왜 그토록 있음직하지 않은 일이어야 하는지, 그리스어가 왜 다른 언어처럼 다루어져서는 안 되며 왜 이집트어와 서부 셈어에서 크게 영향 받지 않은 것이어야 하는지, 헤로도토스를 비롯한 고대 그리스인이 주장하는 것처럼 그리스인이 이집트에서 종교를 들여왔다고 여기면 왜 안 되는지, 그리고 그리스 과학자와 철학자가 자기 과학과 철학 대부분을 이집트에서 배웠다고 하면 왜 안 되는지를 이해할 수 없었다. 간단히 말해, 아리안 모델의 인종적·과학적 존재 근거는 더 이상 훌륭한 버팀목이 되지 못한다. 버팀목이 없으면 아리안 모델은 곧 무너질 것이다. 이 이야기는 결론에서 언급하겠다.

결론

이 책을 10여 개의 문단으로 요약한다는 것은 어리석은 짓이다. 앞의 수백 쪽에 수없이 가지를 쳐나가는 이 방대한 주제의 일부분이나마 담아보려 했지만 중국 속담처럼 역시 '말 타고 꽃구경'하는 격이다.

나는 서론에서 내가 지난 1만 년 동안의 서아시아와 북아프리카 역사를 바라보는 전반적인 방식, 그리고 좀더 상세하게는 기원전 2000~1000년에 동부 지중해를 가로질러 이루어진 문화 교환에 대한 나의 시각을 상술했다. 이 결론에서는 제1권의 주제인 날조된 고대 그리스, 즉 그리스 문명의 기원을 파악해온 모델의 변화 과정에 집중하고자 한다. 그러나 그에 앞서, 우선 고대 모델과 아리안 모델이 반드시 양립 불가능하지는 않다는 점을 다시 한번 언급하고 싶다. 더구나 내가 제안하는 수정 고대 모델은 그 이름에서 알 수 있듯이, 비록 고대 모델의 한 형태이기는 하지만 상당수의 인도유럽어 사용자가 어느 시점엔가 북쪽에서 그리스로 내려왔다는 믿음을 포함한 아리안 모델의 수많은 특징을 받아들인다. 한편, 실제로 두 모델 사이에 상당한 경쟁이 있었다는 점은 의심의 여지가 없으며, 바로 이 점이 내가 이 책에서 연구하고자 했던 것이다.

나는 이 책의 본문을 고전기와 헬레니즘 시대와 이후의 시기를 포괄하는, 기원전 5세기에서 기원후 5세기까지 이교도 그리스인이 자신의 먼 과거를 바라보는 방식에 대한 서술로 시작했다. 나는 그리스인 자신이 조상의 문명화가 이집트인과 페니키아인의 식민 활동을 통해, 그리고 이후 이집트에서 수학한 그리스인의 영향을 통해 이루어졌다는 점을 어떻게 생각했는지를 추적하려고 시도했다. 나는 그리스도교 및 유대 성서 전승과 이집트 종교 및 철학 사이의 양면적인 관계를 보여주려 했다. 여러 세기에 걸친 잠재적·실제적 경쟁에도 불구하고 18세기에 이르기까지 이집트가 그리스를 포함한 모든 '이방' 철학과 지식의 원천으로 여겨졌다는 점과 그리스인이 이 가운데 일부만을 보존했다는 점은 그 어느 쪽에서도 의문의 여지가 없었다. 이로 인한 상실감과 잃어버린 지혜를 되찾으려는 노력은 17세기 과학 발전의 주요 동기였다.

계속해서 나는 18세기 초에 이집트 철학이 어떻게 그리스도교에 날카로운 위협이 되었는가를 보여주었다. 프리메이슨은 이집트 지혜의 이미지를 많이 이용했으며 그리스도교 질서를 공격한 계몽주의의 중심부에 위치했다. 그리고 이집트 애호주의자의 입장에서 도출된 바로 이 18세기적 '이성' 개념에 반대하여 감정과 예술적 완전성이라는 그리스적 이상이 발전했다. 나아가 유럽 중심주의와 인종주의의 발전은, 같은 시기에 이루어진 식민지 확장과 더불어, 오직 온화한 기후에서 사는 사람(즉 유럽인)만이 진정한 사고를 할 수 있다는 오류로 이어졌다. 따라서 피부색은 불분명하지만 아프리카에 살았던 고대 이집트인은 철학자의 지위를 상실했다. 또한 그들은 이제까지 과거 속에서만 살아왔기 때문에 새로운 '진보' 패러다임이 확립됨으로써 고통을 겪었다.

이리하여 1800년경에 이르렀을 때, 사람들은 그리스인이 이집트인보다 더욱 민감하고 예술적이라고 생각했을 뿐만 아니라, 이제 더욱 훌륭한 철학가이자 나아가 철학의 창시자로 여겼다. 내가 앞서 제시했듯이, 영리한 반혁명적 지식인은 그리스인이 이제 지혜와 감수성의 전형으로 여겨지자 그리스인 연구를 근대적 삶에 의해 소외된 사람을 재통합하는 방법으로, 심지어 프랑스 혁명에 맞서 사회적인 조화를 재확립하는 방법으로 이해했다. 오늘날 우리가 알고 있는 고전학은 대단히 보수적인 시기인 1815년과 1830년 사이에 만들어졌다. 옛날부터 적敵인 아시아와 아프리카의 이슬람교도에 맞서 모든 유럽인을 하나로 묶은 그리스 독립 전쟁이 벌어진 것도 같은 시기였다.

이 전쟁과 독립 투쟁을 지지한 친親그리스적 움직임은 이미 강력하게 자리잡은 유럽의 축도라는 그리스의 이미지를 완성시켰다. 고대 그리스인은 이제 완벽한 사람이자 역사 및 언어 법칙을 초월한 사람으로 여겨졌다. 따라서 이제 그리스 문화의 어떤 측면을 다른 민족의 문화를 다룰 때처럼 연구하는 것은 불경스런 일로 생각했다. 더구나 19세기 초에 열정적이고 체계적인 인종주의가 대두함에 따라 그리스가 아프리카인과 셈족에 의해 문명화된 혼합 문화였다는 고대 관념은 혐오스러울 뿐만 아니라 비과학적인 것으로 취급당했다. '아무것이나 쉽게 믿는' 그리스인이 전하는 세이렌과 켄타우로스에 관한 이야기를 마땅히 무시해야 하듯이, 그리스인이 열등한 인종에 의해 식민화되었다는 전설도 당연히 거부되어야 했다. 역설적이게도, 그리스인이 칭송될수록 그들이 서술한 그들 자신의 역사는 덜 존중되었다.

나는 고대 모델의 파괴를 전적으로 이 같은 사회적 영향력에서 비롯한 결과이자, 19세기 북유럽인이 고대 그리스인에게 부과한 자격 요건으로 이해한다. 내재적 영향력 또는 고대 그리스에 관한 지식의 증진이라는 것만으로는 그러한 변화를 설명할 수 없다는 것이 나의 믿음이다. 그럼에도 불구하고 나는 아리안 모델의 확립이 낭만주의에서 영감을 얻은 것이기는 하지만, 내재적 성취인 인도유럽어족의 발견과 그리스어가 본래 인도유럽어라는 의심할 바 없는 사실에서 크게 힘입었다는 점은 인정한다. 그러나 1820년대에 고대 모델을 무너뜨린 그 사회적·지적 영향력은 1840년대와 1850년대에 훨씬 더 강렬했으며, 19세기 후반에 발전한 고대 그리스의 '북쪽' 이미지를 증진하는 데에도 분명한 일익을 담당했다. 동시에 학자(주로 독일 학자)는 19세기 사람만이 '과학적으로' 생각할 수 있다고 생각했으며, 따라서 초기 그리스사에 관한 고대 서술을 과감하게 무시하고 고대인과는 무관하게 그들 스스로 새로운 서술을 지어낼 수 있었다.

19세기에 인종주의의 심화와 더불어 이집트인에 대한 혐오가 점차 고조되면서, 사람들은 이집트인이 더 이상 그리스의 문화적 선조가 아니라 근본적인 이국인으로 취급했다. 그리하여 이 이국적인 문화를 연구하는 동시에 이집트가 '실재하는' 그리스·로마 문명과 거리가 멀다는 점을 주장하고 강화하는 완전히 새로운 학문 분야로서 이집트학이 성장할 수 있었다.

이집트의 지위는 1820년대에 인종주의가 대두하면서 추락했고, 페니키아인의 지위는 1880년대에 인종적 반유대주의가 대두하면서 기울었다가 1917년과 1939년 사이에 인종적 반유대주의가 정점에 이르면서 몰락했다. 그리하여 제2차 세계 대전 무렵에는, 그리스가 이집트와 페니키아에서 상당한 문화적·언어적 차용을 행한 바 없으며, 그리스 현자들이 이집트에서 수학했다는 이야기와 마찬가지로 식민화 전설 역시 흥미롭기는 하지만 터무니없는 소리에 불과하다는 생각이 확고히 자리잡았다. 게다가 이러한 믿음은 1945년 이래 인종주의와 반유대주의의 이데올로기적 토대가 학계에서 전반적으로 불신당했는데도 불구하고 1960년까지 꾸준히 지속했다.

그러나 1960년대 후반 이래 극단적 아리안 모델은 주로 유대인과 셈학 학자로부터 맹공을 받았다. 가나안인과 페니키아인이 고대 그리스 형성에서 담당한 중요한 역할은 이제 점차 인정받는 추세이다. 그러나 그리스 문명의 상당 부분을 이집트의 공으로 돌리는 전승은 여전히 부인되고 있으며, 낭만주의와 극단적 아리안 모델의 마지막 보루라고 할 수 있는 그리스어 연구에서는 아프리카아시아어가 그리스어에 중요한 영향을 미쳤다는 그 어떠한 이론도 터무니없는 것으로 규정된다.

내가 이 책 전체에 걸쳐 말하려 했던 요점은 이러하다. 고대 모델이 아리안 모델에 의해 파괴되고 대체된 것은 고대 모델 내부의 어떤 결점이나 또는 아리안 모델이 무언가를 보다 훌륭하고 보다 그럴듯하게 설명했기 때문이 아니었다. 아리안 모델은 그리스의 역사를, 그리고 그리스와 이집트 및 레반트의 관계를 19세기 세계관, 특히 체계적인 인종주의에 부합시켰다. 그 후 이러한 세계관의 핵심을 이룬 '인종' 개념과 유럽인의 범주적 우월성 개념은 도덕적으로, 또 자체적으로 불거진 문제 때문에 불신당했다. 말하자면 아리안 모델은 죄악과 과오 속에서 잉태되었던 것이다.

그러나 나는 아리안 모델이 죄악 속에서, 심지어 과오 속에서 잉태되었다 하더라도 그 점이 곧 아리안 모델을 무효화하지는 않는다고 생각한다. 거의 같은 시기에 마찬가지로 '불명예스런' 많은 동기에서 비롯한 다원주의는 여전히 매우 유용한 '새로운 것을 발견하게 해주는' 도식으로 남아 있다. 니부어와 뮐러, 그리고 쿠르티우스를 비롯한 여러 학자는 아서 케스틀러*가 말한 의미의 '몽유병자'(후대에 받아들여지지 않는 이질적인 근거와 의도에서 비롯한 유용한 '과학적' 발견을 설명하기 위한 용어)였다고 충분히 주장할 수 있다. 내가 이 책에 대해 자부할 수 있는 것은 답변되어야 할 문제를 제기했다는 점뿐이다. 즉 그 의심스런 기원이 아리안 모델을 그릇된 것으로 만들지 않는다 해도, 고대 모델에 대한 아리안 모델의 본질적 우월성은 여전히 의문시된다는 것이다. 바로 이러한 이유로 인해 나는 다음 권에서 고대 그리스를 이해하는 도구로서 두 모델 가운데 어느 쪽이 더 효과적인가에 초점을 맞출 것이다.

부록

필리스티아인은 그리스인이었나?

나는 펠라스고이와 페레세트 또는 필리스티아인이라는 두 인종 사이의
명칭에 관한 그럴듯한 연결고리를 제1장에서 논의했다. 따라서 필리스티아
인과 크레타 사이의 관련성을 고찰할 필요가 있다.[1] 이집트인이 Prst(페레세
트)라고 부른 한 민족이 북서쪽에서 왔다는 점은 전혀 의문시되지 않지만,
그들이 크레타를 비롯한 섬에서 왔는지 아니면 아나톨리아 본토에서 왔는
지는 상당한 논쟁거리이다.

영국 고고학자인 샌다스는 이집트 원문에 Prst(페레세트 : 필리스티아인)가
육로를 통해 레반트에 도착했다고 나온다고 주장했다. 그렇다면 이는 에게
해로부터의 침입이 아니라 아나톨리아로부터의 침입을 가리킨다. 더욱이
한 이집트 원문에 Prst(페레세트)는 북서 아나톨리아에서 온 트로이인(또는 티
르세노이Tyrsēnoi)으로 보이는 Trš(테레쉬)와 관련 있는 것으로 나온다.[2] 성서
에서 필리스티아인 왕자들은 세라님sᵉranîm으로 알려졌다. 이 명칭은 신新히
타이트어 사라와나스Sarawanas/타라와나스Tarawanas나 그리스어 티라노스
tyrannos(리디아어에서 차용한 것으로 추정된다)에서 유래했을 수 있다. 필리스
티아 거인 골리앗의 투구는 코바qôbaʿ라고 불렸는데, 이는 같은 의미의 히타
이트어 쿠파히kupaḫḫi에서 유래한 것일 수도 있다.[3] 골리앗이라는 이름 자
체는 리디아어 이름 알리아테스Alyattes와 연결된다.[4] 마지막으로, 리디아*의
역사가 크산토스는 리디아 영웅인 모프소스*가 리디아에서 필리스티아로
갔다고 말했다.[5] 이 모든 증거는 필리스티아인이 크레타가 아니라 아나톨리
아에서 왔음을 나타내고 있다.

그러나 이 논거들은 보기보다 강력하지 않다. 당시, 즉 기원전 13세기 후
반과 12세기에 그리스인이 키프로스와 남부 아나톨리아의 팜필리아* 및 킬
리키아에서 활동했다는 점을 감안할 때, 그들 가운데 일부가 육로로 건너오
지 않을 이유는 없다. 기원전 7세기에 활동한 시인 칼리노스에 따르면, "모
프소스(트로이 전쟁의 그리스 영웅)가 이끈 사람은 토로스를 통과했으며, 그들
가운데 일부는 팜필리아에 남았지만 나머지는 킬리키아와 페니키아만큼이

나 먼 곳인 시리아로 흩어졌다"고 한다.6 이러한 설명은 일찍이 기원전 12세기에 씌어진 람세스 3세의 비문과 대단히 유사해 보인다.

> … 그들은 자신들의 섬에서 외국에 대한 음모를 꾸몄다. 한꺼번에 온나라가 동요하더니 제각각 전쟁에 휩싸였다. 하티(중앙 아나톨리아의 히타이트)와 코데*(킬리키아), 카르케미시*(유프라테스 상류), 아르자와*, 그리고 알라시아*(키프로스), 그 어느 국가도 그들의 무기 앞에 버텨낼 수 없었다. 그 국가들은 고립되었고, 아무르(시리아)에 하나의 진지가 세워졌다. … 그들 동맹은 Prst(페레세트)와 Ṯkr(체케르), Šklš(세케레쉬), Dnn(다난), 그리고 Wšš(우세쉬)였다.7

람세스 3세가 이 음모를 '그들의 섬에서' 시작한 것으로 보았다는 점에 주목하라. 여기서 '섬'이란 에게 해나 시실리, 또는 사르디니아를 암시한다. 또한 이는 '해상 민족들'의 이 마지막 출정에 Prst(페레세트)가 가담했음을 가리키는 것으로 보인다.

마찬가지로 우리는 Prst(페레세트)가 팔레스타인에 정착했으며 그리스 영웅 테우크로스와 관련될 수도 있는 Ṯkr(체케르)와 연결된다는 점 역시 반드시 주목해야 한다. Šklš(세케레쉬)라는 이름은 확실히 시실리와 연결되며, Dnn(다난)은 다누나Danuna 및 다나오스인과 연결된다. Trš(테레쉬)는 이 경우 목록에 포함되지 않았다.8

우가리트 원문에는 '왕자'를 뜻하는 Srnm(세르넴)이라는 단어가 등장한다. 이는 세라님sᵉrānîm이라는 단어가 아나톨리아어와의 관련 여부와 상관없이 침입 이전에 레반트에서 통용되었으며, 따라서 침입자인 '해상 민족들'에 속해 있는 아나톨리아인과 직접적으로 관련지어질 수 없다는 점을 보여준다.9 코바qôbaʿ는 히타이트어 쿠파히kupaḫḫi와 관련지을 수도 있겠지만, 성서의 팔레스타인 지역에 히타이트가 빈번히 등장한다는 점으로 볼 때 히타이트어가 그곳에서 구어로 사용된 가나안어 방언에 영향을 미쳤다는 점은 거의 의문의 여지가 없다.10 더구나 코바를 착용하는 사람들은 필리스티아인만이 아니었다. 애스터는 사울과 이집트인, 바빌로니아인, 티로스 용병들, 심지어 야웨Yahwe 자신까지도 이 투구를 착용했다고 지적했다.11 골리앗과 알리아테스를 연결짓는 것도 가능하지만, 사무엘서*에 따르면 골리앗은 가트*의 레파임R°pa'im에 속했다고 나온다. 오늘날 이 주제를 연구하는 스트레인지는 이들이 가나안인일 수도 있다는 의견을 제시했다.12 내게는 그 의견이 그다지 그럴듯하게 보이지 않는다. 레파임은 서부 셈어의 디타누Ditanu나 그리스어의 티탄처럼 거대한 사자死者의 정령들이었을 가능성이 더욱 높다.13 그러므로 레파임이라는 명칭은 단지 골리앗의 몸집 크기를 가리키는 것이었을 수 있다. 골리앗과 알리아테스의 관련성도 하나의 가능성으로 남는다.

아나톨리아인의 이주를 뒷받침하는 가장 강력한 논거는 리디아인 모프소스가 리디아에서 필리스티아의 아슈켈론*으로 갔다는 리디아 전승이다. 그러나 이미 살펴보았듯이, 그리스인 모프소스나 또 다른 그리스 영웅들이 아나톨리아와 키프로스를 거쳐 레반트로 향하는 원정을 이끌었다는 전승도 있었다. 그리스인 모프소스의 전설은 히타이트 상형 문자 또는 루비어와 페니키아어로 씌어진 기원전 8세기 비문이 킬리키아의 카라테페*에서 발견됨에 따라 명백히 입증되었다. 이 비문은 Dnnym(단님)의 왕국과 더불어 루비어로는 무크사스Muksas, 페니키아어로는 Mps(메페스)로 불리는 선조를 언급하고 있다.14 혼란스럽게도, 인종 이름은 그리스인의 정착을 시사하는 반면, 왕조 창시자의 이름은 아나톨리아 전설을 뒷받침할 아나톨리아인의 정착을 가리킨다. 따라서 기원전 13세기와 12세기에 '해상 민족들이 침입'했을 당시 레반트에 아나톨리아 여러 요소가 뒤얽혀 있었던 것으로 보인다.

그리스어 사용자들이 연루되었다는 증거는 훨씬 더 강력하다. 우선, 필리스티아인이 카프토르, 즉 크레타나 남부 에게 해에서 왔다는 일관된 성서의 전승이 있다.15 또한 늘 함께 거론되면서 때때로 필리스티아인에 견주어지는 케레티K°rēti와 펠레티P°lēti라는 용병들(일반적으로 크레타인과 필리스티아인으로 여겨진다)에 관한 언급도 있다. 필리스티아인은 보통 다윗과 관련되는데, 다윗은 그들에 맞서 싸웠을 뿐만 아니라 그들을 위해 싸우기도 했다.16 히브리어에 아나톨리아 민족을 지칭하는 완벽할 정도로 적절한 이름이 있다는 점은 반드시 주목해야 한다. 즉 히티Hittî(빈번히 등장하는 히타이트), 투발Tûbal, 메세크Mešek, 티라스Tîras 등이 그것이다. 여기서 티라스는 당연히 이집트어의 Trš(테레쉬), 즉 트로이인을 가리킨다. 그럼에도 불구하고 필리스티아인은 이 이름 가운데 어느 것과도 연결되지 않으며, 반복적으로 명확하게 카프토르와 연결되었다. 따라서 필리스티아인과 크레타를 잇는 성서의 연결 고리를 의심할 이유가 전혀 없는 것으로 보인다.

고고학적 관점에서 인상적인 것은 성서의 필리스티아인과 관련된 지역에서 주로 발견되는 소위 '필리스티아 토기'가 그 지역에서 국지적으로 만들어지는 것인데도 미케네 3C기 1B(기원전 1100년경)로 알려진 유형과 유사하다는 점이다. 가장 근접한 형태는 킬리키아의 타르수스*와 키프로스, 그리고 크레타의 크노소스에서 출토된 토기들이다. 그런데 그 유형이 에게 해 지역에서 기원했다는 점, 그리고 그 유형이 발견된 다른 지역들이 이 시기의 그리스인 정착지에 관한 보고와 정확히 일치한다는 점은 의문의 여지가 없다.17 기원전 12~10세기의 필리스티아 문화가 강력한 이집트의 영향을 보여준다는 사실은 필리스티아와 이집트의 근접성 및 여러 해상 민족이 이집트 용병으로 복무했다는 사실에 비추어볼 때 결코 놀라운 일이 아니다. 따라서 필리스티아인을 에게 해와 연결짓는 기록 증거와 고고학 증거가 유일무이하지는 않더라도 드물다는 점에는 어느 정도 의견이 일치한다. 그럼에도 불구하고 이스라엘 고고학자인 도선 박사는 필리스티아인에 관한 자신의 방대한 저서에서 필리스티아인의 물질 문화가 에게 해에서 왔다고 인정했다. 그러나 필리스티아인이 일리리아*인이나 트라키아인 또는 아나톨리아인, 즉 사실상 그리스인이 아닌 어떤 민족이라고 주장했다.18

대부분의 필리스티아인이 크레타와 에게 해에서 기원했으며 미케네 토기를 만들었다는 그럴듯한 가정에 입각하면, 그들이 그리스어를 사용했을 가능성은 극도로 높아진다. 앞서 언급했듯이 우리는 비록 비非헬레네스 에테오크레타인이 헬레니즘 시대까지 크레타에 생존했지만, 선형 문자 B를 통해 Prst(페레세트)에 관한 가장 이른 언급보다 족히 한 세기 이상 앞선 시점에 그리스어가 크레타의 지배적 언어였다는 사실을 알 수 있다.

이 외에도 필리스티아인이 그리스와 관련된다는 또 다른 징후가 있다. 아시리아 원문은 아쉬도드*라는 필리스티아 도시의 왕권을 장악하고 기원전 712년 아시리아에 맞서 반란을 일으킨 야-마-니Ia-ma-ni 또는 야-아드-나Ia-ad-na(둘 다 '그리스인'을 의미한다)를 언급하고 있다. 이 사람이 그리스인인지 아니면 그 지역 지도자인지에 대해서는 상당한 논란이 지속되었다.19 그러나 필리스티아인의 급속한 셈족화가 확실히 입증되었다 하더라도 야-마-니Ia-ma-ni에 관한 문제는, 기원전 8세기의 일부 영향력 있는 필리스티아인이 그리스인의 후손이라는 가설을 따른다면 해결될 수 있을 것이다.

기원전 7세기의 스키티아의 침입과 기원전 6세기의 바빌론 유수 이후, '필리스티아인'이라는 이름은 그 지역의 두 주요 도시의 주민 명칭인 아자티'azzatî(가자 사람)와 아쉬도디'ašdôdî(아쉬도드 사람)라는 이름으로 일부 대체된 것 같다. 기원전 400년경에 느헤미야*는 유대인이 아쉬도드 여인과 결혼하는 것을 비난하면서, '아쉬도드의 언어'인 아쉬도디트'ašdôdît를 '유대인의 언어'인 예후디트Yᵉhûdît에 대한 위협으로 간주했다.20 예후디트의 의미는 분명치 않지만, 당시 유대인들이 아람어와 히브리어를 모두 사용했기 때문에 느헤미야가 한 가지 서부 셈어를 염두에 두었다고 보기는 어렵다. 한편 동부 지중해 전역으로 급속히 확산되던 그리스어는 충분히 위협적이었을 것이다. 성서에는 '그리스어'를 의미하는 단어가 없다. 그러므로 그가 사용한 아쉬도디트'ašdôdît가 '그리스어'를 뜻했을 것이라는 제안은 상당히 그럴듯해 보이며, 이는 그리스인과 필리스티아인이 관련되었다는 또 다른 징후이다.

이 시기에 필리스티아와 그리스가 접촉했다는 그 밖의 징후로는, 기원전 400년경에 아테네 동쪽 도시 가운데 유일하게 가자Gaza*만이 주화를 주조할 때 아티카의 무게 기준을 따랐다는 점이 있다. 그런데 그 주화에 페니키아 문자 및 심지어 일부에는 Yhd(예후드 : 유대인)나 Yhw(야후 : 야웨)로 읽을 수 있는 문자와 이스라엘의 신으로 보이는 인물의 좌상이 새겨져 있다는 점은 반드시 주목해야 한다.[21] 그 도시에서 출토된 다른 주화에는 MEINΩ(메이노)라는 조각 글자가 새겨져 있는데, 이는 크레타의 미노스와 관련된 것으로 추정된다.[22]

알렉산드로스에 맞선 자파*와 가자의 맹렬한 방어에도 불구하고, 이후 그 지역은 페니키아나 유대보다 훨씬 더 철저하게 그리스화되었다. 위대한 헬레니즘 역사가인 빅토르 체리코베르가 암시하듯이, 이 지역의 그리스 문화를 향한 성향을 가리키는 것으로 보인다.[23] 예를 들어, 기원후 5세기에 활동한 비잔티움의 스테파노스는 가자에서 숭배된 마르나Marna 신이 제우스 크레토게네스*(크레타 출생)라고 진술했다.[24]

요약해 보자. '해상 민족들'의 침입에 비견되는 가장 근접한 사례는 십자군의 침입으로 보인다. 커다란 혼란의 시기에 북쪽 침입자들이 육로와 해로를 통해 밀려들었고, 무리들은 약탈품과 정착할 땅을 찾아 서로 교차했다. 십자군은 주로 로망스어를 사용했지만 서로 다른 방언을 사용하는 국민들로 구성되었으며, 여기에는 독일인과 영국인도 포함되었다. 해상 민족들 역시 그리스어 사용자와 아나톨리아어 사용자를 포함한 서로 다른 언어 집단으로 구성된 것처럼 보인다. 다른 집단은 대부분 아나톨리아어 사용자들로 구성되었을지 모르지만, 필리스티아인은 거의 대부분 그리스인이었을 가능성이 높다. 그러나 선형 문자 B가 그리스어로 해독되기 전까지, 필리스티아인의 크레타 관련성은 아무런 당혹감도 자아내지 않았고, 필리스티아인은 쉽사리 선先헬레네스로 여겨졌다. 1952년 이래 학자들이 필리스티아인을 그리스인과 연결짓는 강력한 증거를 인정하지 않은 것은 '필리스티아인'을 헬레네스의 정반대편에 두고 문화의 적으로 바라본 19세기와 20세기의 관점을 통해 비로소 설명될 수 있다.

주석

서론

서-1. 제6장 주 143~144를 보라.

서-2. 8번 주를 보라. 또한 제10장 주 7~9를 보라.

서-3. 이 분야의 논의에 관해서는 96~97쪽과 제2권을 보라.

서-4. Bernal(1980). 우루크의 점토판에 관해서는, 1985년 12월 3일 코넬에서 G. Pettinato에게 개인적으로 정보를 얻었다.

서-5. 제10장 주 7~9를 보라.

서-6. Goodenough(1970).

서-7. Bernal(1989a).

서-8. Warren(1965, p. 8), Renfrew(1972, pp. 345~348).

서-9. Bernal(1983a, 1983b, 1987, 그리고 1990 전체).

서-10. Bernal (1980).

서-11. Spyropoulos(1972, 1973).

서-12. Bernal(1986a, pp. 73~74).

서-13. 제3권을 보라.

서-14. Herodotos, VI. 53~55.

서-15. Buck(1979, p. 43)는 스피로풀로스의 가설을 언급하기는 하지만 대수롭지 않게 처리한다. Symeonoglou(1985)는 자신의 방대한 참고 문헌에서 스피로풀로스의 가설을 담고 있는 이전의 논문을 인용하지 않는다. 피라미드의 형태나 이집트와의 연결성은 언급하지 않은 채, 그는 스피로풀로스의 연대 추정만을 표적으로 삼는다(pp. 273~274). Helck(1979)은 스피로풀로스의 저작을 전혀 언급하지 않는다.

서-16. Bernal(1988a).

서-17. Farag(1980).

서-18. La Marche and Hirschbeck(1984, p. 126). 아일랜드의 떡갈나무에 관해서는, M. G. L. Baillie가 P. Kuniholm에게 보낸 개인적인 전언(Athens, April 1985) 참조함.

서-19. Michael and Weinstein(1977, pp. 28~30).

서-20. 중국과의 대비에 관해서는, Pang and Chou(1985, p. 816)를 보라. 상 왕조의 연대에 관해서는, Fan(1962, p. 24)을 보라. 뒤늦은 연대를 주장하는 수정주의에 관해서는 Keightley(1978), 이른 연대를 주장하는 수정주의에 관해서는 Chang(1980, pp. 354~355)을 보라.

서-21. Stubbings(1973, pp. 635~638).

서-22. Bietak(1979).

서-23. C. Müller(1841~1870, vol. III, p. 639).

서-24. Hemmerdinger(1969), McGready(1969), Pierce(1971).

서-25. Foucart의 주장과 그 주장에 대한 반응에 관해서는, 제5장 주 45를 보라.

제1장

1-1. 원문은 아르고스와 스파르타의 왕권에 대해 언급하고 있다. 후기 스파르타 왕들이 자신들의 조상을 힉소스라고 믿었다는 점에 관해서는 제2권을 보라.

1-2. *Ilias*, II. 681. 펠라스고이에 관한 거의 완벽한 고전 목록은 F. Lochner-Hüttenbach(1960, pp. 1~93)를 보라.

1-3. *Ilias*, II. 841, X. 429, XVII. 290.

1-4. 텔 에드 다바Tel ed Daba'a(아바리스)의 발굴자인 Bietak 교수는 비문碑文을 근거로 이렇게 추정했다(1979, p. 255). R-3ḥt(레-아하트)에서 라리사(싸)Laris(s)a를 이끌어내는 데는 음성학적으로 문제될 것이 없다. 이집트어의 r은 보통 그리스어에서 l로 간주되었다. 중기 이집트어에서 이중 알레프 3은 셈어에서 r로 음역되었다. ḥ 같은 중간 후두음은 종종 사라졌고, 이집트어의 t는 그리스어에서 -is로 간주된 사례가 많다. 좀더 상세한 내용 및 음성학적 상응의 사례에 관해서는 제2권을 보라.

1-5. *Ilias*, II. 841, XVII. 301.

1-6. Strabon, XIII. 621. c. K. O. Müller는 라리사가 진흙과 비옥한 토양, 그리고 펠라스고이와 관련성이 있음을 보여주는 다른 사료와 더불어 Strabon을 인용했다(1820, p. 126).

1-7. 라리사 및 아르고스와 다나오스 사이의 관련성에 대해서는, Pausanias II. 19. 3을 보라(참고 문헌에 있는 Frazer와 Levi를 보라).

1-8. Strabon, VIII. 6. 9.

1-9. Ahl(1985, pp. 158~159)를 보라.

1-10. 'Inb ḥḏ(이넵 헤즈) 관해서는 Gauthier(1925, vol. I, p. 83)와 Gardiner(1947, vol. II, pp. 122~126)를 보라. 히타이트의 수도인 핫투스Hattus 또는 핫투사스Hattusas 역시 '은'을 의미했다. 그리스와 아나톨리아의 이름이 훨씬 더 오래된 이집트의 이름에서 차용한 것인지, 또는 그 이름이 도시나 성벽의 실제 색에서 유래한 것인지는 알 수 없다.

1-11. *Ilias*, II. 681.

1-12. *Ilias*, XVI. 233. 도도나에 관한 보다 상세한 논의는 제3권을 보라.

1-13. *Odysseia*, XIX. 175.

1-14. *Aigimios*, fr. 8, in White(1914, p. 275).

1-15. V. 80. 1.

1-16. Duhoux(1982, p. 232)에게는 실례되는 일이지만, 대체로 나는 C. Gordon(1962a, 1963a~b, 1966, 1967, 1968a~b, 1969, 1970a~b, 1973, 1975, 1980, 1981)의 주장을 받아들인다. '에테오크레타인'에 관한 납득하기 어려운 어원 분석에 대해서는, Duhoux pp. 16~20을 보라. *eteos(에테오스)라는 단어는 인도유럽어에서 어원을 찾을 수 없다. 그럴듯한 기원은 이집트 민용 문자에서 발견되는 이트it(콥트어로는 '보리'를 뜻하는 에이오트eiōt)이다. 중·후기 이집트어에서 이트 엠 이트(it m it)는 글자 그대로 '보리 안의 보리,' 즉 '진짜 보리'를 뜻하는데, 아마도 낟알을 가리키는 것으로 보인다. 그리스어에는 에테오크리토스eteokrithos(좋은 보리 혹은 순종 보리)라는 용어가 있다. 고대 문명에서 말장난이 갖는 중요성과 진지함에 관해서는 아래를 보라. 에테오크레테스eteokrētes가 에테오크리토스eteokrithos의 동음이의 기교이든 아니든, 이트it는 *eteos(에테오스)의 어원인 것으로 보인다. 그러나 여기에는 아마도 '선조'라는 뜻의 이집트어 이티it(y)(콥트어로는 에이오트eiōt)로부터의 의미 혼합이 있는 듯하다. 이는 아테네에 있는 아테나 폴리아스 신전의 세습 사제 부족을 가리키는 이름인 에테오부타데스Eteoboutadēs의 기원으로 보인다.

1-17. J. Bérard(1951, p. 129)와 Lochner-Hüttenbach, p. 142. 필리스티아인의 크레타 기원설에 관해서는 부록을 보라.

1-18. W. F. Albright(1950, p. 171). 알파벳의 초기 전래에 관해서는 Bernal(1987a)을 보라.

1-19. 구어에 미친 글쓰기의 영향에 관해서는 Lehmann(1973, pp. 178, 226)과 Polomé(1981, pp. 881~885)를 보라.

1-20. 부록을 보라.

1-21. Fr. 16, *The Great Eoiai*(White, p. 264).

1-22. Strabon, V. 2. 4.

1-23. Akousilaos, fr. 11, Ridgeway(1901, I, p. 90)에서 재인용. 그러나 다른 곳에서는, 4세기에 에포로스Ephoros가 그랬듯이, 아쿠실라오스 역시 그 의미를 펠로폰네소스로 국한했다. Apollodoros, II. 1. 1을 보라. 아이스킬로스와 관련된 부분은 *The Suppliants*, 251~260을 보라.

1-24. Herodotos, I. 58, II. 50.

1-25. Herodotos, II. 50~55, IV. 145, VII. 94. 펠로폰네소스인에 대한 그의 견해를 개관하려면 Abel(1966, pp. 34~44)과 A. B. Lloyd(1976, pp. 232~234)를 보라. 'Pelasger und Barbaren'으로서의 초기 아테네인에 관해서는 Meyer(1982, vol. I, p. 6)를 보라.

1-26. M. Pallotino(1978, pp. 72~73).

1-27. Thucydides, I. 3. 2.

1-28. Herodotos, II. 50~55, Diodoros, III. 61. 1.

1-29. Herodotos, VIII. 44. 이집트인 케크롭스에 관해서는 제2권을 보라. 에렉테우스에 대한 이러한 믿음에 관해서는 Diodoros, I. 29. 1 and schol. Burton(1972, p. 124)에 인용되어 있는 Aristeides, XIII. 95를 보라. 그가 토착민이었다는 견해가 지배적이었다.

1-30. Euripides, *Archelaos*, (lost) fragment. Strabon, V. 2. 4에서 재인용.

1-31. *The Suppliants*, 911~914.

1-32. Strabon, V. 2. 4, IX. 2. 3.

1-33. Pausanias, I. 28. 3, III. 20. 5, IV. 36. 1, VIII. 1. 4~5, VIII. 2. 1.

1-34. Pausanias, VIII. 1. 4.

1-35. Niebuhr(1847a, vol. 1, p. 28).

1-36. Meyer(1928, vol. 2, Pt 1, p. 237, n.).

1-37. 근대의 견해에 대해서는 Abel(1966, pp. 1~6)을 보라.

1-38. 제7장 주 59를 보라.

1-39. Thucydides, I. 3. 2.

1-40. Ridgeway(1901, vol. 1, pp. 280~92), Grumach(1968/9, pp. 73~103, 400~30), Hood (1967, pp. 60~63).

1-41. Herodotos, I. 58.

1-42. Grote(1846~1856, vol. 2, p. 350, etc.), Gobineau(1983, vol. 1, p. 663), Wilamowitz-Moellendorf(1931, vol. 1, pp. 60~3)를 보라.

1-43. V. Bérard(1894), ch. IX, Note 33.

1-44. 아래를 보라. 또한 제2권을 보라.

1-45. Sandars(1978, p. 185), Snodgrass(1971, pp. 180~186), Wardle(1973).

1-46. 부록을 보라.

1-47. Herodotos, I. 58. Abel(1966, p. 13)의 지적에 따르면, 이러한 내용이 불변화사 가르gar 뒤에 이어진다는 사실은 헤로도토스가 스스로의 발견이 아니라 전통적인 지식을 언급하고 있음을 시사한다.

1-48. Herodotos, VII. 94~95.

1-49. Chantraine(1968~1975, vol. 1, p. 475b), T. Braun(1982, pp. 1~4).

1-50. 그리스어 문자 윕실론(Y, υ)이 단어의 맨 앞에 놓이려면 기음氣音 기호(' 혹은 ')나 h가 붙어야 한다. 따라서 *Yantes(얀테스)라는 형태는 불가능했을 것이다. 그 어원이 이집트어라는 확신을 더욱 드높이는 것은 원시인(이들 또한 특히 아티카와 관련된다)을 나타내는 또 다른 그리스어 이름 파이온Paiōn이다. 학자들은 그 이름이 이온Iōn 또는 야온Iaōn과 동일한

어원을 갖는다는 점에 대해서는 대체로 동의하지만, 두 이름을 관련짓는 소위 '선先헬레네스적' 메커니즘을 이해할 수는 없다. Cromey(1978, p. 63)의 참고 문헌을 보라. 그 근원은 이집트어 p3 iwn(파 이운 : 이민족)으로 간단히 설명할 수 있다.

1-51. 크수토스에 대해서는, Herodotos, VII. 94, VIII. 44, Pausanias, VII. 1. 2를 보라. 이오니아인의 수호신으로서의 포세이돈에 관해서는, Farnell(1895~1909, vol. 4, pp. 10~11, 33~34 등)을 보라. 크수토스Xouthos와 제토스Zethos(이 또한 세트의 변형 가운데 하나일 것이다)의 첫 치찰음은 확실치 않은데, 이는 바다와 사냥의 신을 뜻하는 가나안어 시드Sid 및 셈어 어근 √swd(수드 : 사냥)와의 혼동에서 기인하는 듯하다. 사냥은 세트와 포세이돈 모두에게 가장 중심이 되는 행위였으며, 포세이돈Poṣeidon은 때때로 포테이돈Poṭeidon/an이라고 씌었다. 제3권을 보라.

1-52. Gomme(1913). 그가 미친 지속적인 영향에 관해서는, Muhly(1970, 특히 p. 40)와 R. Edwards(1979, p. 65, n. 63)를 보라.

1-53. R. Edwards(1979, p. 77, n. 70)를 보라.

1-54. K. O. Müller(1820~1824, vol. 1, pp. 113~121).

1-55. R. Edwards(1979, p. 77, n. 70), Chantraine(1968~1875, vol. 1. p. 21). 에블라어에서 최초로 발견된 서부 셈어 어근 아다나adana는 이집트어 idn(w)(이덴[이데누] : 대표자, 통치자)에서 유래한 것으로 보인다.

1-56. Merkelbach와 West(frs 141, 143).

1-57. *Catalogue of Women*, fr. 16과 이 부분에 관해 Strabon, VIII. 6. 8에서 인용된 것, 그리고 fr. 17. *Danais*의 단편에 관해서는, Kinkel(1877, fr. 1)과 R. Edwards(1979, p. 75)를 보라.

1-58. Parian Marble, I. 11. 44~45, Herodotos, IV. 53. 고대의 평가에 관해서는, Tatianos, I. 31을 보라. 고대인이 생각했던 두 시인의 생존 연대에 관해서는, Jacoby(1904, pp. 152~158)를 보라.

1-59. Forrest(1982, p. 286). 헤시오도스와 그의 생존 연대에 관한 잘 정리된 개관과 근대의 참고 문헌에 대해서는, G. P. Edwards(1971, pp. 1~10, 200~228)를 보라. 호메로스에 관한 보다 많은 정보는, 제6장 주 3을 참고하라. 알파벳의 전래 연대를 늦추어 잡는 논의에 관해서는, 제9장 주 74~91을 보라.

1-60. 이 모든 연대와 그 정치적 함의에 관해서는, Bernal(1987a, 1988)을 보라.

1-61. 널리 확산된 이 논쟁에 관해서는, Finley(1978, pp. 32~33)을 보라. 페니키아인에 대한 언급 때문에 일부 학자들은 『오디세이아』가 『일리아스』보다 훨씬 뒤늦게 씌어진 것이라고 주장했다(Nilsson, 1932, pp. 130~137, Muhly, 1970). Muhly(p. 20, n. 6)는 이러한 이론이 이미 고대 시기에 제기되었다고 지적한다(Longinus, *De Sublimitate*, IX. 13).

1-62. Albright(1950, pp. 173~176, 1975, pp. 516~526), Cross(1974, pp. 490~493, 1979, pp.

103~104, 1980, pp. 15~17), Sznycer(1979, pp. 89~93), Naveh(1982, pp. 40~41), Helm (1980, pp. 95~96, 126).

1-63. Finley(1978, p. 33).

1-64. 제3권을 보라.

1-65. Finley(1978, p. 33).

1-66. Forrest(1982, pp. 286~287).

1-67. Walcot(1966, p. 16)은 이러한 가능성을 받아들인다.

1-68. Walcot(1966, pp. 27~53). 반드시 지적되어야 할 것은, 그리스에서 제우스가 마르두크 Marduk와 혼동된 적은 결코 없었지만 아몬/암몬과는 종종 동일시되었다는 점이다. 그러므로 제우스에 초점을 맞춘 신들의 계보가 기원전 2000~1000년 시기의 이집트로부터 취해진 것이었을 가능성은 충분하다. Walcot이 이집트와 페니키아를 경시하는 취지에 관해서는, 제10장 주 33을 보라.

1-69. *Works and Days*, p. 589. Bibilinos의 의미가 비블로스에서 유래한다는 점은 의심의 여지가 없다.

1-70. 『탄원자』가 총 3부작 가운데 한 작품이라는 생각은 빌헬름 폰 슐레겔이 1811년에 처음 제시했다. Garvie(1969, p. 163)를 보라. 탄원자의 주제에 관해서는, Apollodoros, II. 1. 3, III. 1. 1, Nonnos(*Dionysiaka*, II. 679~698, III. 266~319), 그리고 에우리피데스의 『페니키아 여인들*Phoenician Women*』에 관한 고전 주석자들의 주석을 보라. 이 모든 내용은 R. Edwards(1979, pp. 27~28)에 정연하게 요약되어 있다. 또한 Garvie (1969, p. 163)를 보라. 아미모네 이야기에 대한 언급에 관해서는, Frazer(1921, vol. 1, p. 138, n. 2)를 보라.

1-71. F. R. Earp(1953, p. 119), Gavie(1969, p. 29)에서 재인용.

1-72. Garvie(1969, pp. 1~28).

1-73. Garvie (1969, pp. 29~140).

1-74. *The Suppliants*, 1. 154. 이에 관한 논의에 대해서는 Johansen and Whittle(1980, vol. 2, p. 128)을 보라.

1-75. *Hekabe* 886에 관한 고전 주석. *Pauly-Wissowa*, IV, 2, 2094~2098의 항목을 보라. 그 모호성에 관해서는, Garvie(1969, p. 164, n. 3)를 보라.

1-76. *The Suppliants*, 1s. 911~914.

1-77. Diodoros, I. 24. 8. 그에게 정보를 제공한 사람은 분명 이오를 이시스와 동일시했다.

1-78. 예레미야 46 : 20. Astour(1967a, pp. 86~87, 388).

1-79. Johansen and Whittle(1980, vol 2, p. 171).

1-80. 155~158, 228~234, 822~824행. Johansen and Whittle(1980, vol. 2, p. 184)를 보라.

1-81. Ahl(1985, 특히 pp. 17~63).

1-82. Garvie(1969, pp. 71~72). Herodotos(IV. 199)에 따르면, 부노스bounos(언덕 : 현대 그리스어에서는 산을 뜻하는 표준 용어이지만, 고전 그리스어서에는 거의 찾아볼 수 없다)는 오늘날의 리비아 지역에 위치한 키레네에서 유래했다. Garvie(p. 71)와 Johansen and Whittle(1980, vol. 2, pp. 105~106)을 보라. 적어도 동음이의 기교 차원에서는 부노스 bounos를 wbn(우벤 : 태양처럼 떠오르다)과 bnbn(벤벤 : 점 혹은 꼭대기, 태고의 언덕) 등에서 찾아볼 수 있는 이집트어 어근 √bn(벤)과 연결시키는 것이 옳다고 여겨진다. A. B. Lloyd(1976, pp. 318~319)를 보라.

1-83. Garvie(1969, p. 72).

1-84. J. Bérard(1952, p. 35).

1-85. Astour(1967a, p. 94). Johansen and Whittle(1980, vol. 2, p. 45)은 이 모음의 장단에 대한 J. R. Harris의 이의를 별다른 언급 없이 인용하는데, 모음 변천과 추정상의 차용 과정에서 비롯한 왜곡을 감안할 경우 이러한 이의는 전혀 설득력이 없는 듯하다. Johansen 과 Whittle 스스로는 '아이스킬로스의 어원 추정에서 나타나는 장단의 무시'에 대해 언급한 다(p. 105). 그러나 Harris의 주된 비난은 에파포스Epaphos와 아포피스Aphophis 사이의 연결성이 '이치에 닿지 않는다'는 순전히 이데올로기적인 근거에서 이루어진 것이다.

1-86. *Ilias*, 1. 270, 3.49, *Odysseia*, 7. 25, 16. 18. Johansen and Whittle(1980, vol. 2, p. 105)에서 재인용.

1-87. 고대인의 인식에 관해서는 Fréret(1784, p. 37)를, 근대인의 인식에 관해서는 Sheppard (1911, p. 226)를 보라.

1-88. Vercoutter(1975, cols 338~350).

1-89. Van Voss(1980, cols 52~53).

1-90. *The Suppliants*, 260~270.

1-91. Van Voss(1980, cols 52~53), Budge(1904, vol. 1, p. 198).

1-92. Eusebius, 1866, p. 177에 인용된 Castor. 유세비우스의 원문이 지닌 복잡성에 관해서는, A. A. Mosshammer(1979, pp. 29~112)를 보라. 또한 Fréret(1784, p. 20)를 보라. 아르고스라는 이름이 지닌 다른 많은 의미에 관해서는, 위의 주 33~35를 보라.

1-93. 민수기 13 : 22~33, 신명기 1 : 28, 2 : 10~21, 9 : 2, 여호수아 11 : 21~2, 14 : 12~15, 1 5 : 14, 15 : 13~14, 판관기 1 : 20. 필리스티아인에 관해서는 부록을 보라. Gobineau (1983, vol. 1, p. 663)는 이나코스Inachos와 아낙스anax가 셈어 아나크ʿānâq에서 유래한 다고 본다.

1-94. 민수기 13 : 22에는, 헤브론Hebron(이는 필시 키리야트Qiriat 아르바ʼArba의 후기 이름이었을 것이다)이 조안Zoan보다 7년 먼저 건설되었다고 기록되어 있다. 조안은 기원전

17세기나 혹은 그 이전에 건설된 힉소스의 수도 아바리스였던 것으로 보인다.

1-95. Fréret(1784 p. 37). √'nq(아나크 : 목걸이 또는 아마도 목)에서 유래했다는 것은 민간 어원인 듯하다.

1-96. 차용어의 상세한 발음학은 제2권에서 논의할 것이다.

1-97. Apollodoros, II. 1, 4. 이름의 변형에 관해서는, Frazer(1921, vol. 1, pp. 134~135)를 보라. '생명'의 물이나 '살아 있는' 혹은 흐르는 물이라는 생각은 물론 자연스럽다. 그러한 생각은 후기 그리스 사상에서 휘도르ὕδωρ 존ζῶν으로 나타나며, 유대교와 그리스도교 전승에서 훨씬 강하게 나타난다. 예를 들어 히브리어 마임 하임(מים חיים : 레위기 14 : 5~6 등)에서 찾아볼 수 있다. 또한 Daniélou(1964, pp. 42~57)를 보라. 오비디우스의 『변신이야기 Metamorphosis』에서는 이오가 그녀의 아버지인 이나코스(라틴어로 flumen) 및 그녀를 겁탈한 제우스의 번개(라틴어로 fulmen)와 맺는 관계가 복잡하게 얽혀 있다. 이에 관해서는, Ahl(1985, pp. 144~146)을 보라.

1-98. Astour(1967a, p. 86)를 보라.

1-99. Johansen and Whittle(1980, vol. 2, p. 65).

1-100. 나는 T. T. Duke(1965, p. 133)의 논지를 받아들인다.

1-101. Ahl(1985, pp. 151~154). 이시스를 달과 동일시하는 이집트어와 그리스어 어근에 관해서는, Hani(1976, p. 220)를 보라.

1-102. 아테나의 이집트어 기원은 리비아의 남편 포세이돈의 기원과 마찬가지로 서론에서 간략히 다루어졌으며, 제2권에서 좀더 상세하게 논의할 것이다.

1-103. Meyer(1892, vol. 1, p. 81). Astour(1967a, p. 80)에서 재인용. Meyer는, 벨로스Bēlos의 모음화가 시사하는 바에 따를 경우 그 이름이 가나안어 바알ba'al에서 유래했을 수는 없지만 아람어 베엘bᵉel에서 유래한 것은 분명하며, 그러므로 그것은 후기의 이름이라고 주장한다. 그러나 마찬가지로 그리스어 *Bālos(발로스)가 벨로스Bēlos로 변화했을 수 있다.

1-104. 이집트-셈어 어근들과 포이닉스라는 단어가 대단히 복잡하게 얽혀 있다는 점에 대해서는 제2권에서 논의할 것이다.

1-105. Astour(1967a, p. 81).

1-106. 기원전 2500년경의 유물로 추정되는 유사한 두 원문, 즉 시리아의 에블라에서 발굴된 원문과 메소포타미아의 아부 살라비크Abu Salabikh 유적지에서 발굴된 원문을 보면, 서부 지방이라고 여겨지는 장소에서 암-니Am-ni와 다-네DA-neᵏⁱ라는 이름이 등장한다(G. Pettinato, 1978, p. 69, no. 186). Pettinato는 내게(1983년 3월의 사적인 의견 교환을 통해서) 암-니Am-ni가 크레타의 도시 암니소스Amnisos와 관련될 수 있다고 시사했다. 암니소스라는 이름은 오늘날 선형 문자 B와 기원전 2000~1000년에 사용된 이집트어에서 입증된다. 이럴 경우, 또는 비록 암-니Am-ni가 단지 '서쪽'을 지칭하는 포괄적인 용어(이집트어로는

'imn[이멘])라 할지라도, 다-네Da-ne라는 곳은 충분히 크레타를 지칭할 수 있다.

1-107. Helck(1979, pp. 31~35), Gardiner(1947, vol. I, pp. 124~126)를 보라. 이 문제들에 관한 보다 자세한 내용은, 제2권을 보라.

1-108. Astour(1967a, pp. 1~80).

1-109. Gordon(1962b, p. 21), Yadin(1968)을 보라. 이와 더불어 몇몇 새로운 주요 관점에 관한 연구를 개관하려면, Arbeitman and Rendsburg(1981)를 보라.

1-110. Gardiner(1947, vol. I, p. 126), Morenz(1969, p. 49). 죽음을 둘러싼 일반적인 완곡어법의 견지에서 볼 때, tni(테니 : 늙다)라는 어근은 타나토스thanatos를 비롯한 여러 단어에서 발견되는 그리스어 어근 $\sqrt{\theta\nu}$(텐 : '죽다'는 뜻이지만 나이 듦이라는 함의를 지닌다)의 기원으로 보인다. 이집트어에서 나타나는 노년과 죽음의 혼동에 관해서는, Hornung(1983, pp. 151~153)을 보라.

1-111. 이 전승에 대한 의문에 관해서는, 43~45쪽을 보라.

1-112. Johansen and Whittle(1980, vol. 2, p. 5).

1-113. Farnell(1895, vol. 1, pp. 72~74), A. B. Cook(1925, vol. 2, pt 2, pp. 1093~1098).

1-114. 다른 하나는 에우리피데스의 작품이다.

1-115. *The Phoenician Women*, 202~249. 다른 연극들에 관해서는, *The Bakchai*, 170~172, 1025와 *Phrixos*, frs 819, 820을 보라.

1-116. 전반적인 개괄을 위해서는, R. Edwards(1979, pp. 45~47)를 보라.

1-117. Herodotos, II. 182.

1-118. Herodotos, IV. 147.

1-119. Herodotos, II. 171.

1-120. Herodotos, V. 58.

1-121. Herodotos, II. 49~52. 이 모든 내용을 설명해 내려는 최근의 세밀한 시도들에 관해서는, Froidefond(1971, pp. 145~169), A. B. Lloyd(1976, vol. 2, pp. 224~226)를 보라.

1-122. Herodotos, II. 55~58.

1-123. Plutarchos, *De Malig*. 지난 15년 동안 헤로도토스를 다루기 시작한 몇몇 근대 학자들의 진지함에 관해서는, A. B. Lloyd(1976)를 보라.

1-124. Herodotos, II. 49.

1-125. Thucydides, I. 3. 2.

1-126. Herodotos, VI. 53~54.

1-127. Thucydides, I. 3. 2.

1-128. 예를 들어, Snodgrass(1971, p. 19)를 보라.

1-129. Thucydides, I. 3. 2, 이에 대한 논의에 관해서는, Strabon, VIII. 6. 6을 보라. 카트καθ 엘라다'Ελλάδα 카이καί 메손μέσον 아르고스Αργος(헬라스와 중부 아르고스에 걸쳐)라는 관용 표현은 『오디세이아』(I. 343~344, IV. 726, 816, XV. 80)에서 그리스를 지칭하는 표현 으로 빈번하게 사용된다.

1-130. Thucydides, I. 1.

1-131. *Panegyrikos*, 50(trans. Norlin, p. 149). 연설의 전후 맥락에 관해서는, Bury(1900, pp. 540 ~541, 568~569)를 보라. 또한 Snowden(1970, p. 170)을 보라. Snowden은 그 연 설을 그리스에 인종주의가 없었다는 징표로 받아들인다.

1-132. Diogenes Laertius, VIII. 86~89, de Santillana(1963, pp. 813~815).

1-133. *Helen*, X. 68.

1-134. *Bousiris*, 30. 실례되는 이야기지만, Smelik and Hemelrijk(1984, p. 1877)는 명백히 반反 이집트적인 색채를 드러낸다.

1-135. *Bousiris*, 16~23.

1-136. *Bousiris*, 28.

1-137. Cicero, *Tusculanae Disputationes*, V.3.9를 보라. 소피아sophia라는 단어가 이집트어 sb3(세 바 : 가르침, 배움)에서 파생되었다는 점은 제2권에서 논의할 것이다.

1-138. Bury(1900, p. 541), Gardiner(1961, p. 374), Strauss(근간, ch. 6). 살라미스라는 이름(아 테네 바로 서쪽의 키프로스와 살라미스에 있는 대피 항구들을 가리켰다)은 오늘날 다르 에 스 살람Dar es Salam(평화의 항구)라는 아랍 지명에서 발견되는 셈어 살람salam(평화)에서 유래한 것이 분명하다. 아테네는 동맹에 충실하지 않은 것으로 드러났다.

1-139. Wilamowitz-Moellendorf(1919, vol. 1, pp. 243~244, vol. 2, p. 116, n. 3).

1-140. Plutarchos, *de Iside*, 10, *Lykourgos*, 4, Froidefond(1971, pp. 243~246). Froidefond는 각주 77에서, 스트라본 또한 리쿠르고스가 이집트에 빚졌음을 언급했다고 인정한다.

1-141. 제2권을 보라.

1-142. *Bousiris*, 18.

1-143. Froidefond(1971, p. 247).

1-144. Herodotos, II.81. 이에 관한 후대의 긍정에 관해서는, Diogenes Laertius, VIII. 2~3을 보라. 부정하려는 시도에 관해서는, Delatte(1922, p. 152 등등)를 보라.

1-145. *Bousiris*, 28. Isokrates, p. 119.

1-146. 예를 들어, Norlin의 번역, p. 112, n. 1을 보라.

1-147. Froidefond(1971, pp. 240~243)에서 개진된 논의를 보라.

1-148. 플라톤이 이집트에 갔는지 여부를 놓고 아리안주의 학자들 사이에서 벌어진 논쟁에 대

해서는, Froidefond(1971, p. 269, n. 24)와 Davis(1979, p. 122, n. 3)를 보라. 그러나 Davis가 지적하듯이, "어느 고전학 권위자라 하더라도 결코 전승을 명쾌하게 반박하지는 못한다"는 점은 반드시 주목해야 한다. 또한 플라톤의 이집트 방문에 대한 가장 큰 의혹 가운데 일부가 T. Hopfner의 저서(특히 그의 *Plutarch über Isis und Osiris*)에서 연유했다는 점도 주목되어야 한다.

1-149. *Phaidros*, 274 D.

1-150. *Philebos*, 16 C, *Epinomis*, 986E~987A.

1-151. Davis, 1979, pp. 121~127.

1-152. Proklos, *In Tim.* LXXVI(trans. Festugière, 1966~8, vol. 1, p. 111)에서 재인용. 플라톤이 이야기한 아틀란티스 전설은 아래에서 언급할 것이다.

1-153. Marx, *Kapital*, vol. 1, Pt 4(1983, p. 299).

1-154. Popper(1950, pp. 495, 662).

1-155. 전자에 관해서는, A. E. Taylor(1929, pp. 275~286)를 보라. 후자에 관해서는, 예를 들어 Lee(1955, Introduction)를 보라.

1-156. Herodotos, II. 29, 62, Plato, *Timaios*, 21E. 사이스와 아테네의 실질적인 관계에 관한 자세한 내용은, 제2권을 보라. 또한 Bernal(1985a, pp. 78~79)을 보라.

1-157. *Timaios*, 22B.

1-158. *Timaios*, 23A. 플라톤이 여기서 실제로 옛 전승을 기록하고 있는 것일 수도 있다. 재앙에 관한 전설의 내용은 제2권에서 논의할 것이다. 또한 사제가 아테네라고 말한 것은 사실상 Ht Nt(헤트 네트 : 사이스의 종교적[그러므로 초기의] 이름)의 신성한 유음법 혹은 동음이의 기교였을 수도 있다. 서론과 제2권을 보라. 또한 Bernal(1985a, p. 78)을 보라.

1-159. 이소크라테스에 관해서는, 위의 주 157을 보라. 플라톤에 관해서는, *Menexenos*, 245D를 보라.

1-160. 위의 주 157을 보라.

1-161. *Meteorologika*, I. 14. 351b, 28.

1-162. *Metaphysika*, I. 1. 981b.

1-163. *De Caelo*, II. 14. 298a. 수리 기술의 목록에서 천문학을 제외시키려는 근대의 시도에 관해서는, Froidefond(1971, p. 347. n. 35)을 보라.

1-164. Froidefond(1971, p. 350, n. 61).

1-165. G. G. M. James(1954, pp. 112~130)는 이러한 지위 덕에 아리스토텔레스가 이집트 도서관에 접근할 수 있었고, 그 때문에 믿을 수 없을 만큼 방대한 양과 범위의 저술을 남길 수 있었다고 주장한다. 이 주장과 더불어, 그리스의 중동 정복이 1천 년 후에 이루어진 아

랍의 중동 정복과 유사하다(두 정복 모두 초기 문화를 접수하여 상당 부분을 그리스화/아랍화하고 나머지는 상실했다는 점에서)는 일반적인 주장은, 비록 입증하기는 대단히 어렵지만 진지하게 검토해 볼 만하다.

1-166. H.-J. Thissen(1980, cols 1180~1181).

1-167. Diodoros, XL. 3. 2에서 재인용.

1-168. 이 편지는 I Maccabees XII : 20~22와 Josephus, *Antiquities*, XII. 226 모두에 인용되어 있다. 모밀리아노 교수는 I Maccabees에 수록된 문서 대부분이 확실한 출처를 갖는다고 믿지만, 이 편지는 출처가 의심스럽다고 주장한다. 그는 아리안 모델에 근거하고 있기 때문에, 당연히 유대인과 스파르타인 사이의 관계라는 생각을 우스꽝스럽게 여긴다(1968, p. 146). E. Rawson(1966, p. 96)도 마찬가지로 회의적이다. 두 사람 모두 이에 관한 E. Meyer의 주의 깊은 연구(1921, p. 30)를 언급하지 않는다. 마이어는 그 편지가 실재했다고 인정하면서 그것을 헤카타이오스의 저서와 연결짓는다. J. Klausner(1976, p. 195)도 그 편지의 출처를 의심치 않는다. 또한 Astour(1967a, p. 98)도 보라.

1-169. 카드모스가 이집트인인지 아니면 페니키아인인지에 대한 논쟁에 관해서는, Pausanias, IX. 12. 2를 보라. 고대의 연대기 작가들이 각기 다르게 추정한 상륙 시기에 관해서는, R. Edwards(1979, p. 167)를 보라.

1-170. Zenodotos. Diogenes Laertius, VII. 3, 30에서 재인용.

1-171. Diodoros Sikeliotes, I. 9. 5~6.

1-172. Diodoros Sikeliotes, V. 57. 1~5.

1-173. Diodoros Sikeliotes, V. 58.

1-174. Oldfather, vol. III, pp. 252~253.

1-175. Diodoros Sikeliotes, I. 9. 5~6.

1-176. Diodoros Sikeliotes, I. 28~30.

1-177. Pausanias, II. 30. 6.

1-178. Pausanias, II. 38. 4.

1-179. 포세이돈과 세트의 동일시는 이미 서문에서 간략히 언급되었으며, 제3권에서 상세히 논의할 것이다.

1-180. Pausanias, IV. 35. 2.

1-181. Pausanias, IX. 5. 1.

1-182. 위의 주 75를 보라.

1-183. *De Malig*. 13~14.

1-184. L. Pearson and F. H. Sandbach, p. 5.

1-185. Pausanias, IX. 16. 1.

1-186. Pausanias, III. 18. 3. 이 신탁소는 제3권에서 논의할 것이다.

1-187. Pausanias, III. 18. 3.

1-188. F. Dunand(1973, p. 3), S. Dow(1937, pp. 183~232).

1-189. Arrian, *Alexander*, III. 3. 2, Lane-Fox, 1980, pp. 202, 207. 뿔에 관해서는, 알렉산드리아 주화와 리비아 해안의 그리스 식민지인 키레네에서 발굴된 보다 이른 시기의 암몬 주화 사이의 놀랄 만한 유사점들을 보라(Lane-Fox, 1980, pp. 200~1). 키레네 주화는 종종 '흑인 혈통의 기운'을 암시하는 방식으로 암몬을 묘사했다. Seltman(1933, pp. 388~389)을 보라.

1-190. Arrian, IV. 9. 9, Lane-Fox(1980, pp. 388~389).

1-191. Hornung(1983, pp. 93~95).

1-192. Diodoros Sikeliotes, III. 68~74. 그리스, 특히 크레타 종교에서 나타나는 매우 중요한 이 통합주의에 관한 논의는 제3권을 보라.

1-193. Diodoros Sikeliotes, I. 17. 3~I. 20. 항해하는 개화자 오시리스와 디오니소스 사이의 관련에 대해서는, Plutarchos, *On Isis and Osiris*, 13, 365B를 보라. Helck(1962, col. 505)는 오시리스의 정복 전설이 이집트 전승에 근거한다는 점을 부인한다. J. Hani(1976, p. 44)가 서술하듯이, 그 전승을 언급하는 『오시리스 송가』(루브르 박물관 소장)를 Helck가 빠뜨렸다는 점은 "주목할 만하다." 아리안 모델의 성채인 Pauly Wissowa 백과사전에서 이런 종류의 생략은 전혀 놀라운 일이 아니다.

1-194. *Bakchai*, 13~20. Frazer(1921, pp. 324~325)의 논의를 보라.

1-195. Arrian, IV. 9. 5, 10. 6, VII. 20. 1.

1-196. Arrian, V. 2. 1.

1-197. Arrian, VI. 27. 2.

1-198. Lane-Fox(1980, pp. 121~123, 그의 장례 행렬이 이집트 양식으로 꾸며졌다는 점에 관해서는, 408~409를 보라).

1-199. Parke(1967, pp. 222~230)를 보라. 훨씬 더 극단적인 아리안주의자의 견해에 관해서는, Wilcken(1928, 1930)을 보라. 제3제국 하에서 거둔 빌켄의 성공에 관해서는, Canfora(1980, p. 136)를 보라.

1-200. 이 과정에 관한 참고 문헌은, Hani(1976, p. 8)를 보라. M. J. Vermaseren가 편집한 일련의 방대한 책들은 정확히 이 주제를 다루고 있다(*Études préliminaires aux religions orientales dans l'empire romain*. Leiden : 1961).

1-201. Zucker(1950, pp. 151~152), Froidefond(1971, p. 228), Dunand(1973, p. 5).

1-202. Pausanias, I. 41. 4, Dunand(1973, pp. 13, 99).

1-203. Dunand(1973, p. 89).

1-204. Pausanias, I. 41. 4, II. 3. 3, II. 32. 6, III. 9. 13, III. 14. 5, III. 18. 3, IV. 32. 6, VII. 25. 3, X. 32. 9.

1-205. 예를 들어, 이시스 숭배의 확산에 관해서는, J. Leclant(1972, 1974)의 방대하지만 불완전한 참고 문헌을 보라.

1-206. Smelik and Hemelrijk, 1984, pp. 1931~1938.

1-207. R. Lambert, 1984, 특히 pp. 121~127과 157~160을 보라.

1-208. Smelik and Hemelrijk(1984, pp. 1943~1944).

1-209. *De Republica*, III. 9. 14.

1-210. Smelik and Hemelrijk(1984, pp. 1965~1971).

1-211. 한 가지 예로, 오시리스를 '태양의 품안에 숨겨진' 자라고 부르는 송가에 대한 플루타르코스의 언급(54. 372B), 그리고 레Re의 영혼과 오시리스의 영혼이 서로 껴안고 있다는 고대 이집트의 암시적인 언급들을 보라. Hani(1976, p. 219)는 이에 대해 다음과 같이 쓰고 있다. "여기서 다시 한 번 플루타르코스의 보고가 신뢰할 만하다는 점을 알아차릴 수 있다."

1-212. Gwyn Griffiths(1980, col. 167). Griffiths가 Froidefond 같은 학자들과 마찬가지로 이집트 문명에 관한 그리스 사료를 도외시하는 데에 강력하게 반대했다는 점은 반드시 지적되어야 한다.

1-213. Froidefond(1971).

1-214. Plutarchos, *On Isis and Osiris*, 35. 364. E. 델포이 종교와 이집트 종교 사이의 특히 밀접한 관련을 나타내는 다른 사료들이 이 작품뿐 아니라 다른 곳에서도 상당수 발견된다. Jeanmaire(1951, p. 385), Hani(1976, p. 177)를 보라. 또한 Heliodoros, II. 28을 보라.

1-215. 13, 356B, 28, 362B.

1-216. Griffiths(1970, pp. 320~321).

1-217. Titus Flavius Clemens, *Protreptikos*, II. 13을 보라.

1-218. Snodgrass(1971, pp. 116~117).

1-219. Heliodoros, II. 27. 3.

1-220. Apuleius, XI. 5.

1-221. Iamblichos, VII. 5. 3.

제2장

2-1. Gibbon(1776~1788, vol. 3, pp. 28, 199~200, vol. 5, pp. 109~110). 여기서 지적해야 할 것은, 프톨레마이오스 왕조의 제1 도서관을 율리우스 카이사르의 군대가 뜻하지 않게 파괴했다는 점이다. 그러나 제2 도서관은 여전히 당시 세계에서 가장 큰 도서관이었다.

2-2. 예를 들어, Baldwin Smith(1918, p. 169)를 보라.

2-3. Juster(1914, vol. 1, pp. 209~211, 253~290).

2-4. Juster(1914, vol. 1, p. 211), Baron(1952, vol. 2, pp. 93~98, 103~108).

2-5. Herodotos, III. 27~43.

2-6. 이집트 신전 소유의 거대한 부와 수많은 노예에 관해서는, Cumont(1937, pp. 115~144)를 보라.

2-7. 에즈라 1 : 2~4.

2-8. Neusner(1965, vol. 1, pp. 70~73).

2-9. 이에 관한 상반된 두 견해에 대해서는, Santillana(1969)와 Neugebauer(1950, pp. 1~8)를 보라.

2-10. Vergilius, *Eclogues*, IV. 4~10행.

2-11. Pulleybank(1955, pp. 7~18).

2-12. Finkelstein(1970, p. 269)을 보라.

2-13. 특히 41~45장, 367C~369C를 보라. 기원전 2세기에 이집트에 살았던 히파르코스 Hipparchos가 그 현상을 발견했다고 여기는 것이 일반적인 관례이다.

2-14. Gardiner(1961, pp. 64~65), von Bekarath(pp. 297~299).

2-15. Griffiths(1970, p. 34)를 보라. 콥트어에는 하시에hasie라는 흥미로운 용어가 있는데, 체르니는 그 용어를 보다 오래된 용어인 ḥsi(헤시 : 칭송되는 익사자)에서 이끌어낸다. 이는 분명 이러한 전설과 연결된다. 그리스어 어간 호시오hosio-(신성한, 오염되지 않은)는 인도유럽어 어근 √es(에스 : 존재하다)가 아니라 ḥsi(헤시)에서 유래하는 듯하다. 이에 관한 보다 상세한 내용은 제3권에서 논의할 것이다.

2-16. Lambert(1984, pp. 126~142).

2-17. Gamer-Wallert(1977, pp. 228~234), Griffiths(1970, pp. 342~343, 422~423).

2-18. 비록 다곤Dagôn이 그리스어 드라콘drakōn-(물고기 또는 용)과 관련되는 것처럼 보이지만, 그것은 전통적으로 히브리어 다그dāg(물고기)와 동일시되었다. 그러나 다간dāgan은 '곡물'을 뜻하며, 사실상 기원전 3000~2000년의 에블라에서 특히 두드러졌던 것으로 보이는 다간Dagan이라는 옛 셈족의 신이 있다(Pettinato, 1981, pp. 246~248). 확실히 두 단어 사

이에는 동음이의 기교가 지속되었다. 어쨌든 이스라엘인은 물고기를 신성한 것으로도 금기로도 여기지 않았다.

2-19. 요한복음 21 : 1~4.

2-20. Baldwin Smith(1918, pp. 129~137).

2-21. *De Baptismo*, I. 초기 그리스도교 사상에서 나타나는 '살아 있는 물'에 사는 물고기에 관한 보다 많은 내용은, Daniélou(1964, pp. 42~57)를 보라. 또 다른 차원에서 테르툴리아누스는 물고기자리가 물병자리의 뒤를 잇거나 혹은 그로부터 나온다는 사실을 암시했다.

2-22. Hornung(1983, p. 163).

2-23. *Corpus Hermeticum*, II. 326~328.

2-24. 이에 관해서는, 여전히 탁월한 개관인 Dupuis(1822, vol. 1, pp. 75~322)를 보라. 그 유사성의 양상은 제8장에서 논의할 것이다.

2-25. 헤르메스주의와 그 주변의 철학을 하나의 체계로 환원하려는 시도가, 이 분야에 대해 나보다 훨씬 더 방대한 지식을 지닌 몇몇 학자들(특히 J. Kroll)에 의해 이루어진 바 있다. 그러나 근대 학문은 대체로 점점 더 세밀한 구분을 만들어 나가는 데 의존하는 터라, 이 분야에서도 지금까지는 세분파가 병합파를 좌절시켰다. Blanco(1984, p. 2268)를 보라.

2-26. 후기 고대와 르네상스 시대의 3 개념을 개관하려면, Wind(1980, pp. 41~46)를 보라.

2-27. Des Places(1984, p. 2308).

2-28. Hobein(vol. 2, p. 10), Wind(1968, pp. 219~220)에서 재인용.

2-29. Pagels(1979, p. xix).

2-30. Porphery, *Vita Plotini*, X.

2-31. Des Places(1975, pp. 78~82).

2-32. Platon, *Republic*, XI을 보라.

2-33. 영지주의 신학에서, 그리고 영지주의자 자체에서 여성이 두드러지게 나타나는 것은 후기 고대의 상류 계급 여성이 획득한 자유와 정확히 부합한다. Pagels(1979, pp. 48~69)을 보라. 마찬가지로, 가나안이나 그리스에 비해 전통적으로 이집트에서 여성의 사회적 지위가 훨씬 더 높았다는 점 또한 의문의 여지가 없다. Pagels(pp. 63~64)은 종교 내부의 지배적인 사회 계급이 하층 계급(하층 계급의 여성들은 가족 경제의 필수적인 부분이었기 때문에 어느 정도 동등성을 지녔다)에서 중간 계급(중간 계급의 여성들은 집안에 격리되었다)으로 이동함에 따라 여성에 대한 그리스도교의 태도가 완고해졌다는 Morton Smith 교수의 견해를 그럴듯한 것으로 인용한다.

2-34. Blanco(1984, p. 2242).

2-35. 예를 들어, 나그 하만디Nag Hammandi의 영지주의 도서관에서 발견된 많이 읽혀진 헤

르메스 원문(때로는 한 권으로 묶여 있기도 하다)을 보라(Blanco, 1984, pp. 2248~2249, 2252). 헤르메스주의 및 헤르메스주의가 다른 유파들과 맺은 관계에 관한 최근의 참고 문헌으로는, Blanco, pp. 2243~2244를 보라. 플라톤주의가 헤르메스주의와 맺은 관계를 보여 주는 예는, Des Places(1975, pp. 336~337), Dieckmann(1970, pp. 18~25)을 보라.

2-36. 영지주의에 미친 헤르메스주의의 영향에 관한 참고 문헌으로는, Blanco(1984, p. 2278, n. 102)를 보라. 신플라톤주의에 미친 영향에 관해서는, Des Places(1975, pp. 76~77, 1984, p. 2308)를 보라.

2-37. Bloomfield(1952, p. 342), Yates(1964, p. 2, n. 4)에서 재인용.

2-38. Blanco(1984, p. 2264).

2-39. Blanco(1984, p. 2272). 일레인 페이젤이 영지주의에 관한 자신의 탁월한 대중 저작에서 영지주의에 미친 이집트 혹은 헤르메스 사상의 영향은 언급하지 않은 반면, 미미한 단편적 증거를 토대로 인도의 영향이 미쳤을 가능성을 숙고한다는 점은 주목할 만하다(1979, pp. xxi~xxii). 또한 Schwab(1984, p. 3)을 보라.

2-40. Yates(1964, p. 3). 20세기의 헤르메스 연구를 개관하려면, 또한 페스튀기에가 그 주제에 관해 저술한 책의 참고 문헌을 살펴보려면, Dieckmann(1970, pp. 18~19), Blanco(1984, pp. 2268~2279)를 보라.

2-41. 영지주의 원문이 본래 콥트어로 씌어졌다는 점에 관해서는, Doresse(1960, pp. 255~260)를 보라.

2-42. Blanco(1984, p. 2273).

2-43. 카조봉의 연구를 개괄하려면, Yates(1964, pp. 398~403), Blanco(1984, pp. 2263~2264)를 보라. 현존하는 문헌에서 입증되지 않는다는 이유로 어떤 것의 존재를 부정하는 기술은 아래에서 논의할 것이다.

2-44. Festugière(1944~1949, vol. 1, p. 76).

2-45. Kroll(1923, pp. 213~225).

2-46. Cumont(1937, pp. 22~23).

2-47. 퀴몽의 역사적인 역할과 업적에 관해서는, Beck(1984, pp. 2003~2008)을 보라.

2-48. Petrie(1908, pp. 196, 224~225, 1909, pp. 85~91). 페트리의 주장 및 그에 대한 나의 인정은 확실성에 근거한다기보다 오히려 개연성에 근거한다. 헬리오도로스가 자신의 소설 『아이티오피카』에서 그랬던 것으로 보이는 바와 같이, 2세기의 저자들이 일부러 페르시아 시기를 배경으로 저술했을 가능성이 있다. 그러나 헤르메스 원문에서 나타나는 겉치장의 결여와 그 배경의 복잡함과 일관성, 그 원문이 고대의 것이라는 보편적인 추정, 그리고 그 원문의 연대를 낮추어 잡으려는 사람의 명백한 이데올로기적 목적으로 볼 때, 보다 이른 연대일 가능성이 더욱 높다.

2-49. Scott(1924~1936, vol. 1, pp. 45~46).

2-50. Stricker(1949, pp. 79~88), P. Derchain(1962, pp. 175~198). Griffiths(1979, p. 520)와 Morenz(1969, p. 24)를 보라.

2-51. T. G. Allen(1974, p. 280), Boylan(1922, p. 96). 보일런은 연대를 말하지는 않는다. 또한 Baumgarten(1981, p. 73)을 보라.

2-52. Plutarchos, 61, 375F. Clemens, *Stromala*, VI. 4. 37. 이에 관한 플루타르코스의 논의에 대해서는, Griffiths(1970, pp. 519~520)를 보라.

2-53. 에스나 비문에 관해서는, M.-T. and P. Derchain(1975, pp. 7~10)을 보라. 사카라에 관해서는, Ray(1976, p. 159)를 보라. 또한 Morenz(1973, p. 222)를 보라.

2-54. Ray(1976, pp. 136~145).

2-55. T. G. Allen(1974, p. 280).

2-56. 요한복음 1 : 1. 페스튀기에와 보일런의 부인에 관해서는, Festugière(1944~1949, vol. 1, p. 73), Boylan(1922, p. 182)을 보라.

2-57. Breasted(1901, p. 54). G. G. M. James(1954, pp. 139~151)는 『멤피스 신학』의 중요성을 충분히 깨닫고 있다. 그리스어 누스νόος(사고와 인식에 사용되는 정신)는 이집트어 nw(누) 또는 nw3(누아 : 보다, 쳐다보다)에서 유래하는 것으로 보이는데, 이는 또한 노에오νοέω(인지하다, 관찰하다)의 어원이기도 하다.

2-58. 레이가 "수수께끼 같다"고 생각한 p3 nb n p3 ḥ3ty(파 네브 엔 파 하티 : 심장의 주인)라는 별칭을 보라(1976, p. 161). 토트는 또한 라의 심장으로 여겨지기도 했다(Budge, 1904, vol. 1, pp. 400~401).

2-59. Budge(1904, vol. 1, pp. 400~401).

2-60. *Pyramid Texts*, 1713 C. Griffiths(1970, p. 517)를 보라. 이보다 앞서 입증된 사례에 대해서는, Hani(1976, pp. 60~61)를 보라.

2-61. 이러한 언급에 관해서는, Froidefond(1971, pp. 279~284)을 보라.

2-62. Jacoby(1923~1929, vol. 3, p. 264), frags 25, 15, 9 ; 16, 1.

2-63. 필론의 저서의 단편들은 기원후 3세기에 교부 유세비우스에 의해 인용되었다(*Praeparatio Evangelica*, I. 9. 20~29, I. 10).

2-64. Albright(1968, pp. 194~196, 212~213), Eissfeldt(1960, pp. 1~15). 타우토스의 우주 창조설이 가지고 있는 셈족적이고 이집트적인 근원에 대해서는, 제3권에서 논의할 것이다.

2-65. Baumgarten(1981, pp. 1~7, 122~123). 제3권에서는 필론의 책에 등장하는 많은 이름들이 우가리트어와 셈어의 견지에서 설명될 수 없으며, 대신 그럴듯한 이집트 어원을 갖는다는 점을 보여주고자 할 것이다.

2-66. Albright(1968, p. 225). Baumgarten(1981, pp. 108~119)은 또한 두 우주 창조설 사이의 밀접한 유사점에 주목한다.

2-67. Budge(1904, vol. 1, pp. 292~293), Hani(1976, pp. 17~19). Derchain(1980, cols 747~756).

2-68. Gardiner(1961, pp. 47~48).

2-69. Renan(1868, p. 263), Albright(1968, p. 223). 다른 학자들에 관해서는, Baumgarten(1981, p. 92, n. 94)을 보라.

2-70. Albright(1968, p. 193), Eissfeldt(1960, pp. 7~8). 또한 Baumgarten(1981, pp. 107~110)을 보라. 가나안 문화에서 나타나는 에우헤메리즘과 그것이 그리스에 미친 영향에 관해서는, G. Rosen(1929, p. 12)을 보라.

2-71. Jacoby(1923~1929, vol. 3, p. 812, 15~17). 또한 Baumgarten(1981, p. 69)을 보라.

2-72. Jacoby(1923~1929, vol. 3, p. 810, 2~5). 또한 Baumgarten(1981, p. 192)을 보라.

2-73. Pope(1973, p. 302). 나는 수탉을 제외시키는 그의 일원주의를 받아들이지 않는다. 후기 이집트 종교에서 수탉은 토트 숭배와 어떤 관련을 맺은 것으로 보인다. 토트·아누비스·헤르메스와 수성 사이의 결정적인 연관은 제2권에서 논의할 것이다.

2-74. Seznec(1953, p. 12).

2-75. Devisse(1979, pp. 39~40), Morenz(1969, p. 115)를 보라.

2-76. *De civitate Dei*, 18. 39.

2-77. Blanco(1984, pp. 2253~2258).

2-78. Scholem(1974, p. 11). 사해 두루마리에 관해서는 Gaster(1964)를 보라.

2-79. Festugière(1961~1965, esp. vol. 1).

2-80. Scholem(1974, p. 9). 또한 Sandmel(1979)을 보라.

2-81. Scholem(1974, pp. 8~30).

2-82. Scholem(1974, p. 9).

2-83. Scholem(1974, pp. 30~42).

2-84. Lafont et al.(1982, pp. 207~268).

2-85. Scholem(1974, p. 45).

2-86. Scholem(1974, p. 31).

2-87. Zervos(1920, p. 168). 프셀로스에 관한 후기의 참고 문헌에 관해서도 이 책을 보라.

2-88. 이 스카라바이우스에 관한 이야기는 아리안 모델이 작용하는 훌륭한 실례를 제공한다. 매우 화려하게 장식된 힐데리히 1세의 무덤은 1653년에 발견되었다. 비록 유물 일부가 순식간에 사라졌지만, 대부분은 고고학에 관심을 가졌던 뛰어난 의사 장 자크 시플레

Jean-Jacques Chiflet에 의해 삽화로 그려져 곧 책으로 출간되었다. 19세기에 그 유물들은 많은 부침을 겪었다. 따라서 비록 일부 보물이 현재 파리의 카비네 드 메다이유Cabinet des Medailles에 보관되어 있기는 하지만, 근대 학자들은 17세기와 18세기 출판물에 의지해야만 했다. 전체적으로, 그리고 아직 비교해 볼 유물이 남아 있는 경우, 근대 학자들은 그 출판물에 실려 있는 초기 관찰 기록들의 정확성에 깊은 인상을 받는다. 그러나 그 주제에 관한 가장 최근의 저자인 뒤마Dumas 박사는 황소 머리를 아피스의 것으로 추정하는 시플레의 견해를 거부하면서, 굳이 그 기원을 이집트나 로마에서 찾을 필요는 없으며 오히려 스키티아인과 페르시아인, 그리고 히타이트에게서 발견할 수 있다고 말한다. 스키티아에 '다소 유사한' 대응물이 있다는 뒤마의 지적은 옳다(1976, pp. 42~43). 히타이트(이들의 아나톨리아 문화는 그보다 1천여 년 앞서 완전히 사라졌다)를 거론하는 이유는, 오직 그들의 예술에서 나타나는 강한 야만적 특성과 그들이 인도유럽어를 사용했다는 사실뿐일 수 있다. 힐데리히가 거의 평생 동안 로마에 예속된 상태였으며 한동안 헝가리의 아틸라 궁정에서 지냈다는 사실, 그리고 이집트 종교가 오늘날의 독일, 오스트리아, 헝가리에 걸친 후기 제국의 북부 속주들에서 족히 5세기에 이르기까지 영향력을 미쳤다는 사실(Selem, 1980, Wessetzky, 1961), 뿐만 아니라 그리스도교도인 샤를마뉴가 세라피스를 중요하게 여겨졌다는 사실을 감안할 때, 이집트의 영향이 있었으리라는 생각은 터무니없는 것이 아니다. 그러나 뒤마의 이러한 도발은 무덤에서 발견된 스카라바이우스에 관한 시플레의 보고를 고찰할 때에도 나타난다. 그녀는 이 '곡哭꾼'을 다음과 같이 설명한다.

> 일부 구멍이 뚫린 은화를 다루면서, 시플레는 일종의 비교 대상으로 그의 수집품 가운데 몇 가지를 그려 넣었는데, 거기에는 스카라바이우스도 포함되었다. 18세기에 베네딕트 수도회의 몽포콩Bernard de Montfaucon(당대의 가장 위대한 학자 가운데 한 명)은 이 스카라바이우스를 프랑크 주화로 여기고는 무심코 포함시켰다. … 이 실수는 몽포콩이 누린 권위 때문에 반복되었다. 바로 이런 연유로 힐데리히의 무덤에 20개 정도의 스카라바이우스가 덧붙여지게 되었던 것이다!(1976, p. 6)

그녀는 왜 선배들이 그런 있음직하지 않은 실수를 계속해서 저질렀다고 여겨야만 했을까? 사실 19세기와 20세기 학자들이 스카라바이우스를 제거하고자 했던 강력한 이데올로기적 이유들이 있다. '프랑스의 권리'를 가슴 깊이 새긴 사람에게, 그리고 프랑스와 독일 사이의 협력을 믿는 사람에게, 프랑스 군주정을 확립한 독일 출신의 프랑크 왕들은 대단히 소중한 존재들이다. 비시 프랑스의 상징이 프랑크의 양날 도끼인 프랑시스크francisque였으며, 힐데리히의 무덤에서 프랑시스크가 발견되었다는 점은 결코 단순한 우연의 일치가 아니다. 따라서 북부 이민족의 활력인 아리안에게 바쳐진 무덤에 이집트의 스카라바이우스가 존재한다는 것은 참을 수 없는 일이었다.

2-89. Seznec(1953, p. 55).

2-90. Blanco(1984, p. 2260), Wigtil(1984, pp. 2282~2297).

2-91. Festugière(1945, vol. 1, pp. xv~xvi, vol. 2, pp. 267~75). Scott(1924~36, vol. 1, pp. 48~
50). Dieckmann(1970, pp. 30~31)에게는 실례되는 말이지만, 그는 이 사본들과 15세기 이
전 인문주의의 헤르메스적 양상들을 알고 있지 못한 듯하다.

2-92. Blunt(1940, pp. 20~21).

2-93. Wind(1980), p. 10에서 재인용.

2-94. Blanco(1984, pp. 2256~2260).

2-95. Dieckmann(1970, pp. 27~30), Iversen(1961, p. 65), Seznec(1953, pp. 99~100), Boas
(1950).

2-96. Gardiner(1927, p. 11).

2-97. Blunt(1940, pp. 1~22)에게는 실례지만, Wind(1980, pp. 230~235)와 Dieckmann(1970,
pp. 32~34)를 보라.

2-98. Wind(1980, p. 7).

2-99. Bruno, *Spaccio*, Dial. 3, in *Dialeghi italiani*, pp. 799~800. Yates(1964, p. 223)에서 재인용.

2-100. Yates(1964, pp. 12~14). 예이츠가 『향연』과 『국가』를 예로 든 것은 시대착오이다. 후
기 고대의 경우와 마찬가지로 르네상스의 경우에도 플라톤의 원문 가운데 가장 잘 알려진
것은 『티마이오스』였는데, 거기에는 『향연』이나 『국가』와는 달리 이집트 지혜에 대한 명시
적인 언급이 들어 있었다.

2-101. Wind(1980, p. 245).

2-102. 그러한 비전과 전수가 고왕국 이집트에는 존재하지 않았더라도 중왕국 이집트에 존재
했다는 주장을 제3권에서 제기할 것이다.

2-103. Yates(1964, pp. 84~116), Dieckmann(1970, pp. 38~44).

2-104. Yates(1964, p. 116).

2-105. Yates(1964, pp. 360~397).

2-106. Yates(1964, p. 85).

2-107. Yates(1964, p. 1540). 또한 Rattansi(1975, pp. 149~166)와 Kuhn(1970, esp. pp. 128~
130)을 보라.

2-108. Festugière(1945~1954, vol. 2, p. 319). Yates(1694, p. 36)에서 재인용.

2-109. E. Rosen(1970, 1983).

2-110. 이러한 영향을 개관하려면, Swerdlow and Neugebauer(1984, pp. 41~48)를 보라. 이 부
분에 도움을 준 자밀 라겝Jamil Ragep 박사에게 심심한 감사를 표한다.

2-111. Swerdlow and Neugebauer(1984, pp. 50~51)를 보라. 천문학에 미친 헤르메스주의의

영향은 코페르니쿠스에게서 끝나지 않았다. 한 세기가 지난 후, 위대한 천문학자인 케플러는 신플라톤주의 혹은 신피타고라스주의에 깊이 몰두했다. Haase(1975, pp. 427~438)와 Fleckenstein(1975, pp. 519~533)을 보라. 브루노와 17세기 과학자들의 헤르메스주의는 아래에서 논의할 것이다.

2-112. Blanco(1984, p. 2261).

2-113. Eliot(1906, ch. 6, pp. 80~84).

2-114. Sauneron et al.(1970~1, Introduction)을 보라. 또한 Khattab(1982)를 보라.

2-115. Hill(1976, p. 3), Rattansi(1963, pp. 24~32).

2-116. Seznec(1953, pp. 238).

2-117. Seznec(1953, pp. 253~254).

2-118. Yates(1964, p. 6).

2-119. 위의 주 345를 보라.

2-120. Yates(1964, p. 351).

2-121. Yates(1964, pp. 164~165).

2-122. Daneau, 1578, p. 9. Manuel(1983, p. 6)에서 재인용. 나는 그러한 관련을 Warburton (1736~1739, vol. 3, p. 398)만큼 늦은 시기까지 추적할 수 있었다. 또한 McGuire and Rattansi(1966, p. 130)를 보라. 이들은 뒤로 거슬러 올라가 프리슬란트 학자 아르케리우스 Arcerius가 번역하여 1598년에 출간한 이암블리코스의 『피타고라스의 생애 *De vita Pythagorae*』 에 붙인 주석에서 그러한 관련을 찾아낸다. 그들은 또한 아르케리우스가 모스코스를 모코스와 연결시키고 있음을 지적한다(위의 주 70을 보라). 이러한 주장은 보기보다 그렇게 무모하지 않다. 분명 이집트가 '시리아'에서 지식을 차용했다는 전승이 있었는데, 이제 우리는 그 '시리아'를 페니키아와 시리아, 그리고 메소포타미아와 합리적으로 동일시할 수 있다. 더욱이 모스코스Moschos를 히브리어나 아람어의 모세Mōseh와 연결시키는 데에 반대할 만한 실질적인 이유가 없다. 왜냐하면 sĭn(쉰)은 때때로 그리스어에서 스크sch로 표기되었으며, -os는 명백히 그리스의 명사형 어미이기 때문이다. 그렇다고 해서 이스라엘인이 이집트인에게 견줄(능가는 고사하고) 만한 '과학적' 지식을 가지고 있었다는 이야기는 아니다. 더욱이 sⁱsch라는 표기는 후기에 옮겨진 것인데, 이는 이러한 전승이 헬레니즘 시기 즉 유대인이 위대한 천문학자였다는 믿음이 있던 때로부터 유래한다는 가설을 음성학적으로 뒷받침한다(Theophrastos, *Peri Euseb*, 1.8. M. Stern, 1974, vol. i, p. 10에서 재인용). 또한 Momigliano (1975, pp. 86~86)를 보라.

3-1. Yates(1964, p. 401). 또한 Dieckmann(1970, pp. 104~105)를 보라.

3-2. Scott(1924~1936, vol. 1, pp. 41~43), Blanco(1984, pp. 2263~2264).

3-3. Cudworth(1743, p. 320), Yates(1964, p. 429)에서 재인용. Dieckmann(1970, pp. 105~107). 케임브리지 플라톤 학파와 헤르메스주의에 관한 보다 상세한 내용은, Rattansi(1975, pp. 160~165)와 Patrides(1969, pp. 4~6)를 보라. 프랜시스 예이츠 이전에 저술 활동을 한 학자들은 케임브리지 플라톤 학파가 가지고 있던 헤르메스에 대한 관심을 중요하게 여기지 않은 것으로 보인다. Cassirer(1970, 저술된 때는 여러 해 전이다)와 Colie(1957)를 보라.

3-4. 2장 주 48을 보라.

3-5. Yates(1964, pp. 398~399). 또한 Blanco(1984, p. 2264)와 Scott(1924~1936, vol. 1, p. 43)을 보라.

3-6. Yates(1964, pp. 432~455), Blanco(1984, p. 2264). 플러드와 상형 문자에 관해서는, Dieck- mann(1970, pp. 76~77)을 보라.

3-7. Godwin(1979), Iversen(1961, pp. 89~90), Dieckmann(1970, pp. 97~99).

3-8. Kircher(1652, vol. 3, p. 568).

3-9. Tompkins(1973, p. 30). 톰프킨스의 뛰어난 학문적 저서에 학문적인 장치가 결여되어 있다는 사실은 비극이다. 또한 Iversen(1961, pp. 94~96)을 보라.

3-10. Gardiner(1957, pp. 11~12), Iversen(1961, pp. 90~98).

3-11. 그러한 관련 가능성에 관해서는, Yates(1964, pp. 407~415)와 Dieckmann(1970, pp. 71~75)을 보라.

3-12. Yates(1972, pp. 180~192). 또한 Dieckmann(1970, pp. 103~104)을 보라.

3-13. Hill(1976, p. 8).

3-14. Hill(1968, p. 290), Rattansi(1963, pp. 24~26).

3-15. 이들 집단에도 역시 매우 중요했던 천년왕국설의 영향력에 관해서는, Popkin(1985, pp. xi~xix)을 보라. 나는 그 주제에 관한 모든 문헌을 섭렵하지는 못했지만, 누군가는 이러한 종류의 천년왕국설과 천지창조 때 흩어졌던 빛을 (연구를 통해) 복원하려는 카발라의 시도를 관련지었어야 한다고 확신한다.

3-16. Yates(1964, pp. 423~431), Popkin(1985, p. xii).

3-17. Bullough(1931, p. 12), Patrides(1969, p. 6)에서 재인용. 커드워스와 상형 문자에 관해서는, Dieckmann(1970, pp. 105~107)을 보라.

3-18. 뉴턴이 헤르메스주의자임을 지지하는 논증에 관해서는, Rattansi(1973, pp. 160~165)를

보라. 반대 입장에 대해서는, McGuire(1977, pp. 95~142)를 보라.

3-19. Manuel(1974, pp. 44~45).

3-20. Tompkins(1978, pp. 30~33).

3-21. McGuire and Rattansi(1966, p. 110)를 보라.

3-22. 참고 문헌의 문제에 관해서는, Westfall(1980, p. 434)을 보라. 또한 Pappademos(1984, p. 94)를 보라.

3-23. 오늘날 시샤크는 기원전 9세기 사람으로 여겨진다. 상세한 모든 논의는, Manuel(1963, esp. pp. 101~102)을 보라. 또한 Westfall(1980, pp. 812~821)과 Iversen(1961, p. 103)을 보라.

3-24. Friedrich(1951, p. 4)는 페니키아어와 히브리어 사이의 관계가 네덜란드어와 고지高地 독일어 사이의 관계와 흡사하다고 보았다. Albright(1970, p. 10)는 히브리어를 "가나안어의 방언적 변형으로" 보았다. Menahem Stern(1974, p. 12)은 이렇게 쓴다. "히브리어와 페니키아어 사이에는 실질적으로 아무런 차이가 없으므로…"

3-25. 이 주제는 제2권에서 자세히 논의할 것이다.

3-26. Bodin(1945, p. 341).

3-27. Bochart(1646).

3-28. Fénelon(1833, Bk 2, pp. 22~40).

3-29. Charles-Roux(1929, p. 4)에서 재인용.

3-30. 비코는 1721년에 이르러 이러한 생각의 기반을 형성했는데, 그것은 그 해에 출간된 『불변의 법학De Constantia Jurisprudentia』에 나타났다. 문자 체계의 유사성은 1725년 『신과학 Scienza Nuova』(Bk 4, ch. 3을 보라) 초판에 등장했다. 카드모스에 관한 논의에 대해서는, 『불변의 법학』, ch. 17을 보라. 또한 Dieckmann(1970, pp. 119~124)을 보라. 이 참고 문헌들은 그레고리 블루Gregory Blue의 덕이다.

3-31. Montesquieu(1748, 15. 5).

3-32. Gibbon(1794, vol 1, pp. 41~42). 이집트에 대한 18세기의 열광과 관련된 보다 상세한 내용은, Iversen(1961, pp. 106~123)을 보라.

3-33. Barthélemy(1763, p. 222).

3-34. Barthélemy(1763, p. 226). 이 논문에 대한 적대적인 평가에 관해서는, Badolle(1926, pp. 76~78)를 보라.

3-35. Banier(1739).

3-36. Bryant(1774, esp. vol. 1, p. xv).

3-37. Frye(1962, pp. 173~175), F. M. Turner(1981, pp. 78~79).

3-38. Braun(1973, pp. 119~127), Pocock(1985, pp. 19~23).

3-39. 일찍이 1712년에 de la Croze는 두 나라의 문자를 연결하려 했다. Barthélemy(1763, p. 216)에 인용된 그의 편지를 보라. 이러한 시도 가운데 가장 유명한 것은 de Guignes(1758) 와 J. T. Needham(1761)의 시도였다.

3-40. 놀랄 일은 아니지만, 19세기와 20세기의 역사가들은 너무나도 풍요로운 이 분야를 거의 주목하지 않았다. 그러나 Pinot(1932), Maverick(1946), Appleton(1951), Honour(1961)를 보라. Raymond Schwab(1950)은 이러한 측면에서 심각하게 오도하고 있다. 아래의 제5장 주 7~10을 보라.

3-41. R. F. Gould(1904, pp. 240~245).

3-42. Knoop and Jones(1948, pp. 64~66).

3-43. 이 수고들에 관한 광범위한 논의는, Gould(1904, pp. 262~285)를 보라.

3-44. Lumpkin(1984, p. 111)을 보라.

3-45. 이는 1540년대에 커버데일Coverdale이 번역한 성서에서 그 장인이 히람 아비프로 불렸 다는 사실에 의해 시사된다. 17세기 초의 킹 제임스 판에는 그 이름이 나타나지 않는다.

3-46. Gould(1904, p. 243).

3-47. Yates(1972, pl. 210). 이 두 가지 신념은 성전 기사단에게도 중심적인 것이었다. 성전 기 사단은 바위의 돔 사원Dome of the Rock을 예루살렘 성전의 계승자로 여기며 숭배했다. 그 들은 또한 스스로를 엘리트로 여기면서, 대중의 종교적인 차이(이 경우에는 그리스도교와 이슬람 사이의 차이)를 초월했다. 그들은 1118년부터 활동하기 시작했으며, 그들의 마지막 팔레스타인 본거지인 아코Akko가 함락된 이후 프랑스 왕에 의해 이단으로 몰려 해체되었 다. 프리메이슨은 스스로를 성전 기사단의 후예라고 생각한다(Steel-Maret, 1893, p. 2).

3-48. Popkin(1985, pp. xii~xiii).

3-49. 스피노자와 그가 케임브리지 신플라톤 학파에 미친 영향에 관해서는, Colie(1957, pp. 66 ~116)를 보라.

3-50. Jacob(1976, pp. 201~250. 1981, esp. pp. 151~157), Manuel(1983, pp. 36~37), Force (1985, pp. 100, 113).

3-51. Manuel(1983, p. 36). 후기 프리메이슨은 톨런드가 프리메이슨의 개혁에서 담당한 중요 한 역할을 탐탁찮게 여겼는데, 이는 그들의 표준적인 역사에 톨런드가 등장하지 않는다는 점에서 찾아볼 수 있다.

3-52. Force(1985, p. 100).

3-53. Knight(1984, pp. 236~240).

3-54. Diogenes Laertius, VIII. 90.

3-55. Tompkins(1973, p. 214).

3-56. 이에 관한 논의는, Yates(1964, pp. 55~57)를 보라.

3-57. Yates(1964, pp. 370~372).

3-58. Yates(1964, pp. 370~372)를 보라.

3-59. 논쟁의 복잡한 정황에 관해서는, Farnham(1976, pp. 171~180), Furhmann(1979, pp. 107
~128), Simonsuuri(1979, pp. 1~45)를 보라.

3-60. 두 가지 제식을 병합하려는 초기의 시도에 관해서는, Farnham(1976, p. 39)을 보라. 국가
적인 종교 축제를 확립하려는 다른 시도에 관해서는, Bloch(1924, pp. 360~370)를 보라.

3-61. 일부 사상가들은 청나라 강희제의 궁정이 더욱 화려하다는 사실을 알고 있었다(Honour,
1961, pp. 21~25, 93).

3-62. Marin(1981, pp. 246~247).

3-63. Voltaire(1886, ch. 32, pp. 408~409).

3-64. Fuhrmann(1979, p. 114). Farnham(1976, p. 177)은 페늘롱이 호메로스와 고대인 편에 섰
다고 과장한다.

3-65. Beuchot(1854, pp. 169~171).

3-66. Terrasson(1715).

3-67. Josephus, *Contra Apionem*, I. 98에서 재인용.

3-68. Terrasson(1731). 세토스에 대한 완전히 적대적인 평가는, Badolle(1926, pp. 275~276)을
보라. 또한 Iversen(1961, pp. 121~122)을 보라. 18세기 교양 소설의 주제라는 맥락에서 다
루어진 이에 관한 논의는, Honolka(1984, pp. 144~154)를 보라.

3-69. Terrasson(1731, esp. Bk 2).

3-70. Terrasson(1731, Bk 7, p. 4).

3-71. Chailley(1971), Nettl(1957). ≪마술 피리≫의 또 다른 주요 전거는 *Journal für Freymaurer*,
vol. 1(1784)에 수록된 Ignaz von Born의 'Über die Mysterien der Ägyptier'였다.
Iversen(1961, p. 122)과 Honolka(1984, p. 144)를 보라. 프리메이슨이 되기 전인 1773년, 당
시 17세였던 모차르트는 ≪이집트 왕 타모스Thamos≫라는 오페라의 악보를 썼는데, 이 또
한 세토스에 근거한 작품이었다. K. Thomseon(1977, pp. 24~31), Honolka(1984, pp. 142~
144)를 보라. 작품의 본질적인 우수성을 제외한다면, ≪마술 피리≫가 살아남게 된 것(대본
이 낭만주의 시대에 적합하지 않았음에도 불구하고)은 그 작품이 독일어로 공연된 최초의
주요 오페라였다는 사실과 관계가 있는 것으로 보인다. 공연 이후 여러 해 동안 그 작품의
주제에 대한 반대 의견은 없었다. 괴테는 1795년에 그 작품의 후속편을 썼다. Iversen(1961,
p. 122)을 보라.

3-72. Rheghellini de Schio(1833, pp. 7~8).

3-73. Manuel(1959, pp. 85~125).

3-74. Manuel(1959, pp. 44~45).

3-75. Manuel(1959, pp. 245~258).

3-76. De Santillana(1963, p. 819).

3-77. Manuel(1959, pp. 259~270).

3-78. De Santillana(1963, p. 819).

3-79. Dupuis(1795, vol. 1, p. 14). 그는 2세기의 아시리아 그리스도교도인 타티아노스Tatianos 를 인용했다. 타티아노스는 『그리스인에게 보내는 편지』를 썼는데, 그 안에서 그는 페르시 아 마법과 페니키아 문자, 그리고 이집트의 기하학과 역사 저술을 언급했다(제1장).

3-80. Auguis(1922, p. 10).

3-81. Charles-Roux(1929, p. 13, 1937, p. 2). 또 다른 요인(덜 중요하기는 하지만)은 십자군 원 정 당시 생 루이St Louis의 불운했던 이집트 원정에 관한 전승이었다.

3-82. R. F. Gould(1904, pp. 451~455), Beddaride(1845, pp. 96~140).

3-83. Iversen(1961, p. 132)을 보라.

3-84. Madelin(1937, pp. 235~237). *La Décade Egyptienne*(1798, vol. I, pp. 1~4), Tompkins (1978, pp. 49~50).

3-85. Said(1978, pp. 113~226).

3-86. Tompkins(1978, pp. 45~51, 201~206).

3-87. 저자로서의 크세노폰의 부족함과 그리스어 입문서로서의 『아나바시스』에 부족함에 관 해서는, Pharr(1959, pp. xvii~xxxii)를 보라. 크세노폰의 『아나바시스』에 상당하는 라틴어 작품은 카이사르의 『갈리아 전기』였다.

3-88. Madelin(1937, vol. 2, p. 248).

3-89. Gibbon(1974, pp. 41, 137). 그의 일관된 반유대주의에 관해서는, Pocock(1985, p. 12)를 보라.

3-90. 『세토스』와의 비교에 관해서는, Badolle(1926, p. 275)을 보라.

3-91. Badolle(1926, pp. 397~398).

3-92. Barthélemy(1789, pp. 2~5). 프레레의 견해에 관해서는, 제1장 주 92를 보라.

3-93. Barthélemy(1789, p. 62).

3-94. Mitford(1784, vol. 1, p. 6). 미트퍼드의 역사서가 미친 영향에 관해서는, F. M. Turner (1981, pp. 203~207)를 보라.

3-95. Mitford(1784, vol. 1, p. 19). 이제 우리는 크레타의 궁정 문명이 미트퍼드가 말한 '이집트

의 격변'보다 훨씬 앞서 형성되었음을 알고 있다. 미트퍼드가 말한 이집트의 격변은 힉소스 시기와 관련되어야 한다.

3-96. Musgrave(1782, pp. 4~5).

제4장

4-1. 제3장 주 7, Iversen(1961, pp. 5, 89~99), Blanco(1984, pp. 2263~2264), Godwin(1979, esp. pp. 15~24)을 보라.

4-2. Colie(1957, pp. 2~4), Pocock(1985, p. 12).

4-3. Pocock(1985, p. 13). 그렇다고 해서 케임브리지 플라톤 학파가 스피노자와 그의 범신론적 혹은 '물활론적' 무신론을 우려하지 않았다는 이야기는 아니다(Colie, 1957, pp. 96~97).

4-4. Westfall(1980, p. 815).

4-5. *Ibid.*, Manuel(1959, pp. 90~95).

4-6. Pocock(1985, p. 23), Colie(1957, p. 96).

4-7. Josephus, *Against Apion*와 Clemens, *Stromata*를 보라. 타티아노스에 관해서는, 또한 제2장 주 76을 보라.

4-8. 제2장 주 121을 보라.

4-9. Hare(1647, pp. 12~13), MacDougall(1982, p. 60)에서 재인용.

4-10. 프로테스탄트교와 그리스어 연구 사이의 이러한 연관에 관한 연구사를 개관하려면, Lloyd-Jones(1982b, p. 19)를 보라.

4-11. Pfeiffer(1976, pp. 143~158), Wilamowitz-Moellendorf(1982, pp. 79~81). 펠로폰네소스 전쟁이 끝난 기원전 403년에야 비로소 그리스어의 표준이 된 이오니아 알파벳에 디감마가 존재하지 않는다는 이유로, 디감마는 대개 고대의 문자로 여겨진다. 나는 Bernal (1987a, 1988)에서, F가 나타나는 도리스 알파벳보다 이오니아 알파벳이 훨씬 더 오래된 것이며, 따라서 디감마는 알파벳 전체가 전래된 기원전 1600년경보다 훨씬 뒤인 기원전 1000년경에 그리스어 알파벳으로 도입되었다고 주장한다. 그렇다고 해서 음소 w에 관한 벤틀리의 발견을 부정하는 것은 아니다. 나는 다만, 모음 생략이 되지 않는 경우 가운데 일부는 셈어나 이집트어 문자 아인'ayin을 차용하거나 적어도 그것을 반영 혹은 의식한 결과일 수도 있다고 믿는 것뿐이다. 제2권을 보라.

4-12. Bentley(1693).

4-13. Jacob(1981, p. 89).

4-14. Bentley(1693). 벤틀리와 보일의 강의에 관한 보다 자세한 내용은, Pfeiffer(1976, pp. 146~147)를 보라.

4-15. 벤틀리의 강의가 지니는 이신론적 함의에 관해서는, Force(1985, pp. 65~66)를 보라. 그의 정통성에 대한 그 외의 의문에 관해서는, Westfall(1980, pp. 650~651)을 보라. 물론 뉴턴과 벤틀리 모두에게 반대했던 그리스도교도도 있었다. 이에 관해서는, Force(1985, p. 64)를 보라.

4-16. Potter(1697), B. H. Stern(1940, p. 38, n. 49), Smith(1848). 고대 그리스와 그리스도교 사이의 제휴를 시도한 후기 분파에 관해서는, Bernal(1986, pp. 11~12)을 보라.

4-17. *De Rerum Nat*, VI. 1. 앞서 언급했듯이, 루크레티우스는 에피쿠로스 학파였다. 이 학파의 그리스 민족주의 혹은 쇼비니즘에 관해서는, 제1장 주 170을 보라.

4-18. Potter(1697, Bk 1, pp. 1~3, Bk 2, pp. 1~2).

4-19. Warburton(1739, vol. 4, p. 403). 워버턴과 이집트에 관한 보다 자세한 내용은, Dieckmann(1970, pp. 125~128), Iversen(1961, pp. 103~105)을 보라.

4-20. Pocock(1985, p. 11).

4-21. Manuel(1959, pp. 69, 191~193).

4-22. Warburton(1739, vol. 4, pp. 5~26), Manuel(1959, pp. 107~112).

4-23. Warburton(1739, vol. 4, pp. 229~241).

4-24. Brucker에 관한 참고 문헌은, L. Braun(1973, p. 120)을 보라.

4-25. Pocock(1985, p. 22).

4-26. *Ibid.*

4-27. Montesquieu(1721, Letters 97, 104, 135). Rashed(1980, p. 9)에서 재인용.

4-28. *Epinomis*, 987D.

4-29. 예를 들어, 1870년대와 1980년대 일본의 급격한 서구화에 대한 반작용으로 일어난 코쿠사이 운동(국민 본체 운동)을 보라(Pyle, 1969, pp. 60~69, Teters, 1962, pp. 359~371).

4-30. Goldsmith(1774, vol 2, pp. 230~231).

4-31. Turgot(1808~1815, vol. 2, pp. 52~92, 255~328).

4-32. Turgot(1808~1815, vol. 2, pp. 55, 315).

4-33. Manuel(1959, p. 69).

4-34. Montesquieu(1748, Bk 18, ch. VI). 이는 물론 하천 통제가 '오리엔트 전제 정치'로 이어진다는 후기의 '수리 이론hydraulic theory'(이는 마르크스에 의해 암시되고 비트포겔 Wittfogel에 의해 전개되었다)에 정면으로 배치된다. 19세기와 20세기의 사상가들과는 달리, 몽테스키외는 네덜란드를 예로 들었다. 아시아의 생산 양식에 관한 참고 문헌은, Bernal(1987b)을 보라.

4-35. Turgot(1808~1815, vol 2, pp. 65, 253, 314~316). 다른 곳(p. 71)에서 그는 이렇게

썼다. "플라톤은 사화詞華를 흩뿌렸다. 그의 능변이 지닌 매력은 그의 오류조차 아름답게 만들었다." 플라톤을 철학자보다는 오히려 매력적인 시인으로 보는 견해가 19세기까지 지속되었다는 점에 관해서는, Wismann(1983, p. 496)을 보라.

4-36. Turgot(1808~1815, vol. 2, pp. 276~279).

4-37. Turgot(1808~1815, vol. 2, p. 70).

4-38. Turgot(1808~1815, vol. 2, pp. 66~67).

4-39. 제3장 주 34, 35를 보라.

4-40. Turgot(1808~1815, vol. 2, pp. 330~332).

4-41. Child(1882~1898, vol. 3, pp. 233~254). 유대인의 피부색에 대한 이러한 무관심은, 월터 스콧의 『아이반호Ivanhoe』가 재구성하고 있는 그 시기의 상황과 완벽한 대조를 이룬다. 『아이반호』에서는 유대인의 어두운 피부색이 되풀이 강조된다. 물론 이 작품이 씌어진 19세기 초에는 '인종적' 차이에 대한 관심이 거의 강박적일 정도였다.

4-42. 흑인에 대한 중세의 태도를 대체적으로 살펴보려면, Devisse(1979, pt 1)를 보라. 또한 Child(1882~1898, vol. 1, pp. 119~121)를 보라.

4-43. Child(1882~1898, vol. 3, pp. 51~74).

4-44. *Politics*, VII. 7.

4-45. Bracken(1973, pp. 81~96. 1978, pp. 241~260). 또한 Poliakov(1974, pp. 145~146)를 보라.

4-46. 예를 들어, Locke(1689, Bk 5, p. 41)를 보라.

4-47. Locke(1689, Bk 4).

4-48. Locke(1689, Bk 5, pp. 25~45). 이에 관한 논의로는, Bracken(1973, p. 86)을 보라.

4-49. Jordan(1969, p. 229).

4-50. Locke(1688, Bk 3, p. 6.). 또한 Jordan(1969, pp. 235~236)을 보라. 로크의 인종주의를 보여주는 다른 예들에 관해서는, Bracken(1978, p. 246)을 보라.

4-51. Bracken(1978, p. 253)을 보라.

4-52. 'Of National Characters'에 붙여진 주석. Jordan(1969, p. 253), Bracken(1973, p. 82), Popkin(1974, p. 143), S. J. Gould(1981, pp. 40~41)에서 재인용.

4-53. 위僞플라톤에 관한 언급들은, *Epinomis*, 987D를 보라. 보댕에 관해서는, 제3장 주 26을 보라.

4-54. 예를 들어, Montesquieu(1748, Bk 8, p. 21)를 보라.

4-55. 나무에 대한 보다 광범위한 논박은, Bernal(1988)을 보라.

4-56. 프랑스인과 더불어 이탈리아인도 18세기 유럽 문화를 어느 정도 장악하고 있었다. 이탈리아인은 대개 뛰어난 음악가와 미술가로 인정받았으며, 게다가 만만찮은 과학적 전통까지

지니고 있었다.

4-57. Blackall(1958, pp. 1~35)을 보라.

4-58. Berlin(1976, pp. 145~216), Iggers(1968, pp. 34~37).

4-59. Trevor-Roper(1983).

4-60. Berlin(1957, pp. 145~216).

4-61. 고전기 그리스 문화에서 호메로스가 차지하는 역할에 대한 서술로는, Finley(1978, pp. 19~25)를 보라. 호메로스에게 붙여진 '시인'이라는 호칭은, 호메로스라는 이름이 이집트어 ḥm(w)t-r(헤무트-라)와 콥트어 hmēr(헤메르 : 주문呪文, 말하는 행위 혹은 사람)에서 유래한 다는 그럴듯한 추정과 연관된다.

4-62. LeFèvre(1664, p. 6). Farnham(1976, p. 146)에서 재인용.

4-63. Dacier(1714, pp. 10~12). Simonsuuri(1979, pp. 53~55)에서 재인용. 또한 Farnham(1976, pp. 171~179)를 보라.

4-64. Voltaire(letter to M. Damilaville, 4. Nov. 1765). Santagelo(n.d., p. 6)에서 재인용.

4-65. Vico(1730). 이에 관한 논의로는, Manuel(1959, pp. 154~155)과 Simonsuuri(1979, pp. 90~98)을 보라.

4-66. Blackwell(1735)과 Simonsurri(1979, pp. 53~55)를 보라.

4-67. Timaios, 22B. id(이드 : child)가 이른 시기의 단어로 추정되고 p3(파 : the)가 뒤늦은 시기의 단어로 추정된다는 문제점에도 불구하고, 그리스어 단어 파이스pais, 파이도스paidos의 그럴듯한 어원은 p3 id(파 이드 : the child)이다. 인도유럽어 어근인 *pu(푸) 혹은 *pur(푸르)는 훨씬 가능성이 떨어진다. 이집트어 id(이드)는 그리스어 접미사 아드-ad(어린아이들)와 아버지의 이름을 따서 이름을 붙일 때 쓰이는 이데스-ides의 어원임이 거의 확실하다.

4-68. '낭만주의적 헬레니즘'이라는 용어의 등장에 관해서는, H. Levin(1931)을 보라. 또한 B. H. Stern(1940, p. vii)을 보라.

4-69. Simonsuuri(1979, pp. 104~106). 샤프츠버리는 또한 이집트와 상형 문자에 대해 적대적 이었다.

4-70. St Clair(1983, p. 176). 또한 Jenkyns(1980, pp. 8~9), B. H. Stern(1940), Simonsuuri (1979, pp. 133~142)를 보라.

4-71. 이러한 과정에 대한 생생한 묘사와 그 과정에서 비롯할 수 있는 결과에 관해서는, 역사가 미슐레에 대한 Edmund Wilson의 묘사를 보라(1960, pp. 12~31).

4-72. Jenkyns(1980, pp. 8~9), Turner(1981, pp. 138~140), Simonsuuri(1979, pp. 133~142), Wilamowitz-Moellendorff(1982, p. 82).

4-73. Harris(1751, p. 417).

4-74. Duff(1767, pp. 27~29).

4-75. Wilamowitz-Moellendorff(1982, p. 82).

4-76. Musgrave(1782, esp. pp. 4~5). 그는 이 논문을 뉴턴의 연대기에 대한 또 다른 비판과 결부시켰다.

4-77. Winckelmann(1764, p. 128).

4-78. Winckelmann(1764, p. 97).

4-79. Turgot(1808~1815, vol. 2, pp. 256~261). 또한 L. Braun(1973, pp. 256~261), Comte(1830~1842)를 보라.

4-80. 이 우스꽝스런 견해에 대한 통렬한 비판으로는, Jean Capart(1942, pp. 80~119)를 보라. 상형 문자에 대한 빙켈만의 생각이 혼란스러웠다는 점에 관해서는, Dieckmann(1979, pp. 137~141)을 보라.

4-81. 이러한 견해는 아리스토텔레스에게 국한된 것이 아니었다. 예를 들면, 부시리스의 전설을 그림으로 묘사하고 있는 Caeretan hydria(기원전 525년경에 만들어진 그리스 물병. 이탈리아의 Caere에서 발굴되었다)에 있는 그대로 그려진 이집트인의 초상을 보라(Boardman, 1964, plate 11 그리고 p. 149). 두 사람 모두 부시리스가 흑인 시종들을 거느리고 있고 부시리스 자신도 또다른 화병에 흑인으로 그려지고 있음을 지적하고 있지만, Boardman도 Snowden(1970, p. 159)도 '그리스의 영웅 헤라클레스'가 곱슬머리를 한 아프리카 흑인으로서 묘사되었다는 사실을 언급하지 않고 있다! 이것은 아리안 모델이 완벽하게 설명할 수 없는 부분이다. 헤라클레스가 이렇게 보여진 이유에 관해, 제3권을 보라.

4-82. Winckelmann(1764, Bks 1 and 2). 또한 Iversen(1961, pp. 114~15)을 보라. 빙켈만 이전에 이러한 일반적인 믿음을 지니고 있었던 영국 학자들에 관해서는, B. H. Stern(1940, pp. 79~81)을 보라.

4-83. 19세기의 '이집트적인 죽음의 방식'에 관해서는, 제5장 주 155~156을 보라.

4-84. Pfeiffer(1976, p. 169)에게는 실례지만, Butler(1935, pp. 11~48)를 보라.

4-85. Jenkyns(1980, pp. 148~154), F. M. Turner(1981, pp. 39~41)를 보라.

4-86. Butler(1935, pp. 294~300), Kistler(1960, pp. 83~92)를 보라.

4-87. Pfeiffer(1976, p. 170).

4-88. Pfeiffer(1976, p. 169)에서 재인용.

4-89. Butler(1935, pp. 11~48).

4-90. Clark(1954)를 보라.

4-91. Trevelyan(1981, p. 50), Lloyd-Jones(1981, pp. xii~xiii).

4-92. Trevelyan(1981, pp. 50~54), Butler(1935, pp. 70~80), Pfeiffer(1976, p. 169).

4-93. L. Braun(1973, p. 165).

4-94. 18세기 후반 독일의 낭만주의에 관해서는, 위를 보라. 인종주의에 관해서는, Gilman (1982, pp. 19~82)을 보라.

4-95. 필로소피아에 관한 가장 초기의 네 가지 언급 가운데 세 가지가 이집트와 관련된다. 앞서 언급했듯이(제1장 주 136), 이소크라테스는 필로소피아를 명확히 이집트로부터 이끌어냈다. 근대 학자들이 이 점을 인지하면서 겪는 어려움은 Malingrey(1961)에서 확인할 수 있는데, 그는 필로소피아를 줄곧 이집트의 '문명'으로 번역했다. Froidefond(1971, pp. 252~253)을 보라.

4-96. Heumann(1715, p. 95). L. Braun(1973, p. 111)에서 재인용.

4-97. *Stromateis*, I.4. 에피쿠로스의 쇼비니즘 및 그것이 '페니키아' 스토아 철학자들과의 경쟁과 연관되었을 가능성에 관해서는, 위의 주 17을 보라.

4-98. 위의 주 28을 보라.

4-99. 18세기 초에 독일어가 차지하고 있던 낮은 지위에 관해서는, 위의 주 57을 보라.

4-100. Heumann(1715, vol. 1, p. 637). L. Braun(1973, p. 113)에서 재인용.

4-101. 위의 주 24~26을 보라.

4-102. Tiedemann(1780), L. Braun(1973, p. 113)을 보라.

4-103. Hunger(1933), Butterfield(1955, esp. p. 33), Marino(1975, pp. 103~112)를 보라.

4-104. Marino(1975, pp. 103~112), L. Braun(1973, pp. 165~167).

4-105. 18세기의 독일인이 비코의 저서를 어느 정도나 알고 있었는지, 그리고 그의 영향을 어느 정도나 부정했는지에 관해서는, Croce(1947, vol. 1, pp. 504~515)를 보라. 또한 Momigliano(1966, pp. 253~276)를 보라.

4-106. Meiners(1781~1782, vol. 1, p. xxx). L. Braun(1973, pp. 175~176)에서 재인용.

4-107. De Santillana(1963, p. 823).

4-108. 제7장 주 25를 보라.

4-109. Meiners (1781~1782 vol. 1, pp. 123~124, 1811~1815). 또한 Poliakov(1974, pp. 178~9)를 보라.

4-110. Baker(1974, pp. 24~27), Jordan(1969, p. 222), Bracken(1973, p. 86), Berbi(1973, pp. 3~34).

4-111. 비코와 홍수 이후의 세계 인구에 관해서는, Manuel(1955, pp. 154~155)을 보라.

4-112. Herder(1784~1791, Bk 6, p. 2 and Bk 10, pp. 4~7). Harris-Schenz(1984, p. 28)에서 재인용. 괴팅겐 학파에서 매우 큰 비중을 차지한 게오르크 포르스터는 '백인'이 코카서스에서 유래한다고 추정했다(Forster, 1786).

4-113. 물론 아리아Arya는 인도아리안어와 그리스어에서 사용된 고대 용어이다. 근대에 이르러 이 용어를 가장 일찍이 사용한 인물은 윌리엄 존스 경으로 보인다(1794, sect. 45).

4-114. Gobineau(1983, p. 656), Graves(1955, vol. 2, p. 407).

4-115. Moscati *et al*.(1969, p. 3). 히브리어와 아람어, 그리고 아랍어 사이에 어떤 관계가 있다는 생각은, 물론 고대부터 알려져 있었으며 슐뢰처 훨씬 이전의 학자들에 의해 이용되었다. 예를 들어, 마지막 장에 실려 있는 바르텔르미에 대한 언급을 보라.

4-116. Poliakov(1974, p. 188).

4-117. R. S. Turner(1985)를 보라.

4-118. 하이네에 관한 간단한 참고 문헌은, Pfeiffer(1976, p. 171, n. 5)를 보라.

4-119. 예를 들어, 이집트 테베의 풍요를 칭송한 『일리아스』, IX. 383~4의 신빙성에 가해진 하이네의 주도적인 공격을 보라(P. Von der Mühl, 1952, p. 173).

4-120. S. Gould(1981, p. 238).

4-121. Wilamowitz-Moellendorff(1982, p. 96).

4-122. Pfeiffer(1976, p. 171).

4-123. R. S. Turner(1983a, p. 460).

4-124. Manuel(1959, p. 302).

4-125. 포르스터와 하이네에 관해서는, Leuschner(1958~82, esp. vol. 14)를 보라. 포르스터의 인류학에 관해서는, Leuschner(vol. 8, pp. 133, 149~153), Harris-Schenz(1984, pp. 30~31)를 보라.

4-126. 하이네의 격정과 개인적인 해명에 관해서는, Momigliano(1982, p. 10)를 보라. 괴팅겐이 혁명과 반동이라는 양극단 사이의 '중도'를 취했다는 주장에 관해서는, Marino(1975, pp. 358~371)를 보라. 혁명에 대한 괴팅겐 학파의 적대감에 관해서는, 제6장 주 9~16을 보라. 포르스터가 파리에 간 또 다른 이유는, 인도어를 연구하고 그곳에서 여행을 준비하려는 것이었다. 이와 더불어 낭만주의적 연루에 관해서는, Schwab(1984, p. 59)를 보라. 포르스터가 죽은 뒤 카롤리네는 셰익스피어와 산스크리트어의 번역자인 아우구스트 빌헬름 슐레겔과 함께 작업했으며, 그와 결혼했다. 그 후 그녀는 슐레겔과 이혼하고서 철학자인 프리드리히 빌헬름 셸링과 결혼했다. 오늘날 그녀의 명성은 그녀의 편지에서 비롯되는데, 그 편지들은 초기 독일 낭만주의자의 모습을 훌륭하게 묘사한다(Nissen, 1962, pp. 108~109).

제5장

5-1. 사실 헤르더는 이집트와 상형 문자에 관해 길게 서술했다. 그러나 리셀로테 디크만이 말하듯, "이집트에 관한 긴 논의는 오로지 창조의 노래가 어떻게 이집트 전역으로 확대하는가를 보여주는 데에만 초점이 맞추어져 있다."(1970, p. 153. 또한 pp. 146~154를 보라). 그리스어를 순전히 시적 언어로 보는 18세기의 태도에 관해서는, 제4장 주38을 보라.

5-2. 전통적인 접근법에 대한 공격으로는, Masica(1978, pp. 1~11)를 보라. 또한 Scollon and Scollon(1980, pp. 73~176)을 보라.

5-3. 라스크와 보프에 관해서는, Pedersen(1959, pp. 241~258)을 보라.

5-4. 인도게르만어에 관해서는, Pliakov(1974, p. 191)에 인용된 Meyer(1892, pp. 125~130)를 보라.

5-5. 인도유럽어에 관해서는, Poliakov(1974, p. 191)에 인용된 Siegert(1941~1942, pp. 73~99)를 보라. 보프가 '인도유럽어'라는 명칭을 사용한 사례로는, Poliakov(1974, p. 191)와 Pedersen(1959, p. 262, n. 2)에 인용된 Bopp(1833)의 서문을 보라.

5-6. Schlegel(1808, p. x, trans. Millington, 1849, p. 10).

5-7. Schwab(1984, p. 11), Rashed(1980, p. 10).

5-8. 예를 들어, 윌리엄 존스 경은 1784년에 다음과 같이 썼다. "이집트는 서방 세계의, 그리고 인도는 동방 세계의 웅대한 지식원이었던 것으로 보이기 때문에…"(1807, p. 387). 하이네에 의해 설립된 당시인 1760년대와 1770년대의 괴팅겐 도서관 목록에는, 이집트 신화가 '서양' 항목에 있었다. 이집트 신화가 '오리엔트' 항목으로 옮겨진 것은 19세기의 어느 시점이었다.

5-9. Boon(1978, pp. 334~338), Schwab(1984, pp. 27~33). 그는 이를 단지 '진정한' 학문 이전의 '선사先史'로 묘사한다.

5-10. Jones(1807, p. 34). 또한 Schwab(1984, pp. 33~42)를 보라.

5-11. Thapar(1975, 1977, pp. 1~19)를 보라. 또한 Leach(1986)를 보라.

5-12. Schwab(1984, pp. 51~80).

5-13. Schwab(1984, pp. 195~197).

5-14. Schwab(1984, p. 59)와 앞의 제3장 주 88을 보라.

5-15. Schwab(1984, pp. 78~80).

5-16. 이 책의 제6장과 제9장을 보라.

5-17. Schwab(1984, p. 59).

5-18. Letter to Ludvig Tieck, 15 Dec. 1803(Tieck, 1930, p. 140). Poliakov(1974, p. 191)에서

재인용.

5-19. Schlegel(1808, p. 85). Schwab(1984, p. 175)와 Timpanaro(1977, pp. xxii~xxiii)를 보라. 나는 이에 관해 존스가 옳았고 슐레겔(그리고 이후 보프)이 틀렸다고 확신한다. 이 책의 서론 11쪽과 제2권을 보라.

5-20. Schlegel(1808, trans. Millington, 1849, pp. 506~507). Poliakov(1974, p. 191)에서 재인용.

5-21. Schlegel(1808, pp. 60~70). 또한 Timpanaro(1977, pp. xxii~xxiii)를 보라.

5-22. Schlegel(1808, pp. 68~69, trans. Millington, 1849, pp. 456~457). 또한 Rashed(1980, p. 11)를 보라.

5-23. Poliakov(1974, pp. 191).

5-24. Schlegel(1808, p. 55, trans. Millington, 1849, p. 451).

5-25. Timpanaro(1977, p. xix).

5-26. Poliakov(1974, p. 191).

5-27. Timpanaro(1977, p. xx~xxi).

5-28. 이 책의 제7장과 제8장을 보라.

5-29. Schlegel(1808, pp. 41~59, trans. Millington, 1849, pp. 439~453), Timpanaro(1977, p. ix).

5-30. Timpanaro(1977, p. xix).

5-31. 아프리카아시아어족에 관해서는, 이 책의 서문과 제2권을 보라. 바르텔르미에 관해서는, 이 책의 제3장 주 34를 보라.

5-32. Schlegel(1808, pp. 55~59, trans. Millington, 1849, pp. 451~453).

5-33. Humboldt(1903~1936, vol. 4, pp. 284~313). Sweet(1978~1980, vol. 2, pp. 403~404)를 보라. 로이드-존스 교수는 스위트의 저서에 대한 논평에서, 훔볼트가 이 점에 관해 늘 일관적이지는 않았다고 지적한다(1982a, p. 73).

5-34. Humboldt(1903~1936, vol. 5, pp. 282~292).

5-35. Humboldt(1903~1936, vol. 5, p. 293). 슐레겔도 두 언어를 유사한 방식으로 비교한 바 있다(1808, pp. 45~50).

5-36. Schlesier(1838~1840, vol. 5, p. 300)와 von Sydow(1906~1916, ol. 7, p. 283)에 수록된 훔볼트의 편지를 보라. 또한 Sweet(1978~1980, vol. 2, pp. 418~425)를 보라.

5-37. Schwab(1984, pp. 482~486)

5-38. 그로테펜트와 그의 계승자에 관해서는, Pedersen(1959, pp. 153~158)과 Friedrich(1957, pp. 50~68)를 보라.

5-39. Said(1974, pp. 123~130). 그의 책 124쪽에 나오는 '1769년'은 '1799년'의 오자다.

5-40. Said(1974, pp. 59~92).

5-41. Cordier(1904~1924)를 보라.

5-42. Cordier(1898, p. 46).

5-43. Schwab(1984, p. 488). 슈바브는 자신이 서술한 인물의 편견을 상당 부분 공유했다. 이집트에 대한 그의 혐오는 책 전체에 걸쳐 분명하게 나타난다.

5-44. Schwab(1984, p. 488). 슈바브는 여기서 러시아 저자인 바실리 바르톨트를 인용한다.

5-45. Said(1974, pp. 122~148), Rashed(1980, pp. 10~11).

5-46. Rahman(1982, pp. 1~9)을 보라.

5-47. 이슬람 문명과 인도 문명 그리고 중국 문명의 경우, 이 문명의 후기 형태를 차용했다는 점은 상당히 분명하다. 심지어 설형 문자로 된 언어를 읽고 이해하는 데에서 거둔 의심할 바 없는 서구의 업적조차, 페르시아 문화와 유대 문화 그리고 아랍 문화가 지속하지 않았으면 불가능했을 것이다. 상폴리옹이 상형 문자를 해독하는 데에 헤르메스 전승과 콥트어를 이용했다는 점에 관해서는, 아래를 보라.

5-48. 사마천과 그 뒤를 잇는 중국의 왕조사 저자 및 편찬자에게, 또는 위대한 이븐 할둔과 그 이후의 이슬람 '역사가'에게 '역사가'라는 칭호를 허용하지 않는다는 것은 말도 안 되는 소리다. 이슬람의 맥락에서 이루어진 이에 관한 논의로는, Abdel-Malek(1969, pp. 199~230)을 보라. 오로지 아리안만이 역사를 쓸 수 있다는 시각은, 인도유럽어를 말하는 히타이트가 고대 근동에서 역사를 발명했다는 주장에 여전히 남아 있다. 예를 들어, Butterfield(1981, pp. 60~71)를 보라.

5-49. 고대 유럽에 미친 아프리카와 아시아의 영향은 이 책의 주제이다. 나는 비유럽 지역이 미친 그 이후의 영향에 관해 앞으로 연구할 수 있기를 희망한다. 유일한 '과학적' 대륙으로서의 유럽에 관해서는, Rashed(1980)를 보라.

5-50. Gobineau(1983, vol. 1, p. 221).

5-51. Said(1974, esp. pp. 73~110).

5-52. Chaudhuri(1974).

5-53. De Tocqueville(1877, p. 241, trans. Gilbert, 1955, p. 163). 이 변환에 관한 탁월한 개요로는, Blue(1984, p. 3)를 보라.

5-54. Humboldt(1826, 1903~1936, vol. 5, p. 294).

5-55. Schleicher(1865). Jespersen(1922, pp. 73~74)에서 재인용.

5-56. C. Bunsen(1848~1860, vol. 4, p. 485). 동방에 진정한 역사가 존재하지 않았다는 생각은 적어도 헤겔까지 거슬러 올라간다.

5-57. 이와 관련한 정통 그리스도교도의 고투에 대해서는, Curtin(1964, pp. 228~243)을 보라. 19세기의 다원 발생설 지지자에 관해서는, Gould(1981, pp. 30~72)를 보라. 또한 Curtin(1971, pp. 1~33)을 보라.

5-58. 니부어를 비롯한 역사가들이 민족성을 이용한 사례는, 이 책의 제6장을 보라.

5-59. Cordier(1899, p. 382).

5-60. 예를 들어, Poliakov(1974, p. 143)에 인용된 Bernier(1684)를 보라.

5-61. *Punch*, 10 April. 1858. Dawson(1967, p. 133)과 Blue(1984, p. 3)에서 재인용.

5-62. Cuvier(1831, vol. 1, p. 53). Curtin(1971, p. 8)에서 재인용.

5-63. Gobineau(1983, vol. 1, pp. 340~341).

5-64. Cuvier(1831, vol. 1, p. 53). Curtin(1971, p. 143)에서 재인용.

5-65. Gobineau(1983, vol. 1, pp. 339~340).

5-66. 고비노는 이렇게 썼다. "명예라는 단어가, 그것을 포함하는 문명이라는 개념과 마찬가지로, 황인종과 흑인종에게 알려져 있지 않다는 점은 덧붙일 필요 없다."(1983, vol. 1, p. 342).

5-67. 이 책의 서문을 보라.

5-68. *Herodotos*, II. 104.

5-69. 이 책의 제4장 주 81을 보라.

5-70. 초기 그리스도교 회화에 관해서는, Devise(1979) 1, p. 43과 2, pp. 82~84를 보라.

5-71. Devisse 2, pp. 136~194.

5-72. Yates(1964, Frontispiece and pls 3~5)를 보라.

5-73. 흑인에 대한 이미지와 집시에 대한 이미지 사이의 유사점에 관해서는, Child(1882~1898, vol. 3, pp. 51~74)를 보라. 이 영역에서 분명 상당한 혼동이 있었다는 사실은, 터키인의 머리를 아프리카 흑인의 머리로 그리는 영국의 전통에서 확인된다. 이 책의 제4장 주 42~50을 보라.

5-74. 이러한 전승 및 이러한 전승이 17세기에 어떻게 이용되었는가에 대해서는, Jordan(1969, p. 18)을 보라.

5-75. Bernier(1684), Poliakov(1974, p. 143)에서 재인용.

5-76. Gilman(1982, pp. 61~69).

5-77. Johnson(1768). 또한 Moorehead(1962, p. 38)를 보라. 50년 후에도 콜리지는 여전히 아비시니아를 이상적인 오리엔트의 중심으로 여기곤 했다. Shaffer(1975, pp. 119~121)를 보라.

5-78. Cuvier(1831, vol. 1, p. 53). Curtin(1971, pp. 8~9)에서 재인용.

5-79. Hartleben(1909, vol. 2, p. 185), Bruce(1795, vol. 1, pp. 377~400), Volney(1787, pp. 74~77), Dupuis(1822, p. 26)를 보라.

5-80. Winckelmann(1964, p. 43), trans. in Gilman(1982, p. 26).

5-81. De Brosses(1760). Manuel(1959, pp. 184~209)를 보라. 나는 18세기나 혹은 20세기의 언급 가운데에서, '흑인의 물신' 자체가 상징적이거나 비유적인 기능을 가질 수 있다는 명백한

생각이 제시되는 경우를 찾아볼 수 없었다. Horton(1967, 1973)을 보라. 그런 것이 바로 인종주의의 힘이다!

5-82. Herder(1784, vol.1, p. 43).

5-83. Rawson(1969, pp. 350~351), Jordan(1969, p. 237)을 보라.

5-84. Blumenbach(1865, pp. 264~265)를 보라.

5-85. Curtin(1971, p. 9).

5-86. Gobineau(1983, vol. 1, p. 347). 슐레겔의 이론에 관해서는, 아래를 보라.

5-87. Jordan(1969, pp. 580~581).

5-88. Wells(1818, pp. 438~431). Curtin(1964, p. 238)에서 재인용.

5-89. 예레미야 13 : 23.

5-90. 이 스케치는 Diop(1974)의 권두화로, 그리고 Tompkins(1973, p. 76)에 재현되어 있다.

5-91. Gran(1979, pp. 11~27).

5-92. Abdel-Malek(1969, pp. 23~64), Gran(1979, pp. 111~131).

5-93. Abdel-Malek(1969, p. 31).

5-94. Sabry(1930, pp. 80~82), St Clair(1972, pp. 232~238).

5-95. Sabry(1930, pp. 95~97), St Clair(1972, pp. 240~243).

5-96. Sabry(1930, p. 135)에서 재인용.

5-97. Sabry(1930, p. 396).

5-98. Sabry(1930, pp. 395~401).

5-99. Sabry(1930, pp. 405~541), R. and G. Cattaui(1950, pp. 138~216).

5-100. Abdel-Malek(1969, pp. 32~46).

5-101. Abdel-Malek(1969, pp. 47~64).

5-102. 토크빌은 체로키 인디언의 진보를 백인 혼혈의 공으로 돌림으로써, 자신의 인종주의와 체로키 인디언이 거둔 부인할 수 없는 경제·사회적 성공을 양립시켰다(1837, vol. 3, p. 142). Gobineau(1983, vol. 1, p. 207, 각주)를 보라.
이러한 유형에서 벗어나는 두드러진 사례는 일본이다. 일본의 규모와 힘은 식민 체제와 조화를 이루기가 극도로 어려웠을 것이며, 또한 일본은 서양인에게 훨씬 더 큰 낚싯감이었던 중국과의 관련 하에서 고려되었음에 틀림없다. 그렇다 하더라도 일본의 명백한 성공은 '속임수' 같은 것으로 설명되었다. 그리고 제2차 세계대전이 일어나기 전까지, 일본인은 서구인과 싸울 만한 육체적 능력이 없다고 주장되었다.

5-103. 이 책의 제7장 주 27을 보라.

5-104. 예를 들어, 들라크루아의 유명한 그림 ≪메솔롱기온의 폐허에서 한숨쉬는 그리스≫에

서 가슴을 열어젖힌 백인 그리스 뒤에 서 있는 승리한 흑인을 보라.

5-105. 뒤퓌를 읽었다는 점에 관해서는, 'Letter to Thelwall,' 19 Nov. 1796을 보라. 또한 버클리를 선호했다는 점에 관해서는, 'Letter to Poole,' 1 Nov. 1796과 'Letter to Thelwall,' 17 Dec. 1796을 보라. 이 부분과 이에 이어지는 부분은 Bernal(1986, pp. 21~23)에 긴밀히 근거한다.

5-106. 4 Nov. 1816, Manuel(1959, p. 278)에서 재인용.

5-107. Hartleben(1906, vol. 1, p. 140). Iversen(1961, p. 143)은 왕과 샹폴리옹의 화해에 주목하기는 하지만, 그에 대한 설명을 덧붙이지는 않는다.

5-108. Gardiner(1957, p. 14).

5-109. 황도대에 대한 조마르의 해석은, Tompkins(1973, p. 49)를 보라. 그것이 사실상 훨씬 더 오래전의 전승을 표현했을 가능성에 관해서는, pp. 168~175를 보라.

5-110. Letter of Montmorency-Laval, 22 Jun. 1825, in Hartleben(1909, vol. 1. p. 228).

5-111. 예를 들어, 샹폴리옹이 가체라Gazzera 신부에게 보낸 1826년 3월 29일과 8월 19일자 편지와 그의 일지 1829년 6월 18일자를 보라(Hartleben, 1909, vol. 1, pp. 304, 348, vol. 2, p. 335). 또한 Marichal(1982, pp. 14~15)을 보라.

5-112. Marichal(1982, p. 28), Leclant(1982, p. 42).

5-113. *Middlemarch*. 엘리엇은 전혀 혼치 않은 카조봉이라는 이름을 선택함으로써 이중의 전언을 훌륭하게 전달했다. 그녀는 친구인 마크 러더퍼드 덕분에 그 17세기 학자(카조봉)에 대해 자세히 알고 있었다. 러더퍼드는 엘리엇이 『미들마치』를 집필하던 1870년대 초에 카조봉의 전기를 집필중이었다.

5-114. Humboldt, Gegen Aenderung des Museumsstatuts, 14 Juni 1833(1903~1936, vol. 12, pp. 573~581). Sweet(1978~1980, vol. 2, pp. 453~454)에서 재인용.

5-115. F. Bunsen(1868, vol. 1, p. 254). 고대 이집트를 연구하려면 콥트어를 익혀야 했다는 점이, 적어도 부분적으로는 그 이유가 되었을 것이다.

5-116. F. Bunsen(1868, vol. 1, p. 254).

5-117. 누이인 크리스티나에게 보내는 1817년 12월 28일자 편지, F. Bunsen(1868, vol. 1, p. 137).

5-118. F. Bunsen(1868, vol. 1, p. 244), C. Bunsen(1848~1880, vol. 1, pp. i, ix).

5-119. C. Bunsen(1868~1870, vol. 1, p. 210).

5-120. 예를 들어, R. Brown(1898)의 전투적인 어조를 보라. 후기의 발전에 관해서는, 이 책의 제9장 주 4를 보라.

5-121. 보다 최근의 방대한 정보에 비추어볼 때 이러한 견해가 지니는 타당성에 관해서는, 제

2권에 수록된 이 주제에 관한 참고 문헌을 보라.

5-122. C. Bunsen(1848~1860, vol. 4, p. 485).

5-123. Hegel(1975, pp. 196~202).

5-124. Hegel(1892, vol. 1, pp. 117~147, 198).

5-125. C. Bunsen(1848~1860, vol. 4, pp. 440~443).

5-126. Beth(1916, p. 182).

5-127. De Rougé(1869, p. 330), Hornung(1983, p. 18)에서 재인용. Budge(1904, vol. 1, p. 142)에 따르면, 장 프랑수아 샹폴리옹의 헌신적인 형 샹폴리옹 피자크는 이집트의 일신교를 믿었다. Hornung(1983, p. 18)은 '이미 제기되었던'이라는 의미심장한 구절을 사용한다. 이는 이집트학이라는 근대적인 학문 분야가 자신의 '선사先史'와 완전히 단절되어야 하며, 근대 이집트학의 모든 내용이 새로운 발견이었다고 가정한다.

5-128. Brugsch(1891, p. 90), Hornung(1983, p. 22)과 Renouf(1880, p. 89)에서 재인용. Hornung(1983, p. 23).

5-129. 제2판 서문, Hornung(1983, p. 19)에서 재인용.

5-130. Hornung(1983, p. 24).

5-131. Lieblein(1884), Budge(1904, vol. 1, pp. 69~70)에서 재인용.

5-132. Maspero(1893, p. 277).

5-133. 마스페로의 아들 앙리가 뛰어난 중국학 학자가 되었을 때 비유럽 문명에 대한 계몽적인 관심을 지니고 있었다는 점은 주목할 만하다. 그는 제2차 세계대전 당시 게슈타포에 의해 살해되었다.

5-134. Maspero(1893, p. 277, trans. Budge, 1904, vol. 1, p. 142).

5-135. *Ibid*.

5-136. Budge(1904, vol. 1, p. 143).

5-137. Budge(1904, vol. 1, p. 68). 그리스어 안도스ἄνθος('꽃'을 뜻하지만 본래는 '성장'이라는 뜻)가 nṭr(네체르)에서 유래했다는 점에 관해서는, 제2권을 보라.

5-138. Honung(1983, pp. 24~32)을 보라.

5-139. Bezzenberger(1883, p. 96).

5-140. Erman(1883, p. 336). 도전은 Weise(1883, p. 170)에서 제기되었다.

5-141. Erman(1883, pp. 336~338). 당연히 나는, 그리스어 어휘의 20~25%가 사실상 이집트어에서 유래한 것이기 때문에 이집트어 단어와 그리스어 단어 사이의 일치를 발견하기가 그토록 쉬울 수밖에 없는 것이라고 주장한다.

5-142. Gardiner(1986, p. 23).

5-143. 이 책의 제2장 주 57을 보라.

5-144. 이 책의 제2장 주 57을 보라.

5-145. Kern(1926, p. 136, n. 1).

5-146. Gardiner(1927, pp. 4, 24). 반드시 강조되어야 할 것은, 시와 영성이 결여되어 있다는 점에서 가디너의 이집트인이 빙켈만의 그리스인과 명백히 달랐다는 점이다. 19세기 후반과 20세기 초의 이집트학은 이집트 문학의 세련됨을 좀처럼 인정하려 들지 않았다. '산문체의' 『시누헤 이야기*Tale of Sinuhe*』에 관한 최근의 논의를 보라(Baines, 1982). 마찬가지로, 이집트의 '지혜서'를 종교적인 것이 아니라 실용적인 것으로 묘사하려는 경향이 있었다. 이러한 경향은 지난 20년 사이에 사라졌다. R. J. Williams(1981, p. 1)를 보라.

5-147. Gardiner(1942, p. 53).

5-148. Gardiner(1942, p. 65).

5-149. Hornung(1983, p. 24).

5-150. Murray(1931, 1949). Cerny(1952, p. 1)를 보라.

5-151. Drioton(1948).

5-152. Brunner(1957, pp. 269~270). 또한 Hornung(1983, pp. 28~29)에 수록된 참고 문헌을 보라.

5-153. Curl은 이 점을 주장한다(1987, p. 107).

5-154. Iversen(1961, pp. 131~133), Curl(1982, pp. 107~152), Tompkins(1978, pp. 37~55)를 보라.

5-155. Curl(1982, pp. 153~172).

5-156. Farrell(1980, pp. 162~170). 그는 프리메이슨의 영향으로 미국의 장례 관습이 '이집트화'되었을 가능성을 논하지 않는다. 예를 들어, 워싱턴의 화려한 프리메이슨 장례식이 미친 영향은 흥미로운 고려 사항일 것이다. 선배에게 심한 짓을 하는 것이 불가피하기는 학자 역시 다른 모든 사람과 마찬가지일지 모르지만, 파렐 교수가 이 중요한 분야를 개창한 제시카 미트퍼드에게 그토록 경멸적인 태도를 취했으며(p. 213), 또한 자신의 책 제목을 미트퍼드에게서 훔쳤다는 것은 여전히 슬픈 일이다.

5-157. Mayes(1959, p. 295), Wortham(1971, p. 92).

5-158. Brodie(1945, pp. 50~53), Franklin(1963, pp. 70~79), Irwin(1980). 그렇다고 해서 상형 문자가 19세기 유럽 문학에서 차지하는 중요성을 부정하는 것은 아니다(Dieckmann, 1970, pp. 128~137을 보라). 단지 상형 문자가 미국에서 보다 중심적인 위치에 놓여 있었다고 주장하는 것뿐이다.

5-159. Iversen(1961, p. 121).

5-160. Manuel(1956, pp. 155~156). 스베덴보리의 사상에서 이집트가 차지하는 중심적인 위

치에 관해서는, Dieckmann(1970, pp. 155~160)을 보라. 신지학에 관해서는, Blavatsky(1930, 1931)를 보라.

5-161. Abdel-Malek(1969, pp. 190). 그 쪽의 주 4에서, 그는 장 도트리Jean Dautry가 쓴 편지를 인용한다. "출간된 저작에서도, 그리고 출간되지 않은 저작에서도 생시몽은 수에즈 운하를 언급한 적이 없지만, 대양을 가로지는 교류에 관한 이야기를 나누면서 수에즈 운하를 언급하지 않을 수는 없었을 것이다."

5-162. Abdel-Malek(1969, pp. 189~198). 일깨우는 모습을 시각적으로 나타낸 이미지는 『이집트 묘사La Description de l'Égypte』의 발간을 기념하기 위해 주조된 청동 메달(1826년)을 보라. 앞면은 이집트의 재발견을 그린 것으로, 로마의 승전 장군으로 표현된 갈리아Gallia가 선 채로 이집트 여왕의 베일을 걷는 장면을 묘사한다. 그리고 뒷면은 일련의 이집트 남신과 여신을 보여준다. 이는 Curl(1982)의 책표지에 등장한다.

5-163. Abdel-Malek(1969, p. 302), Crul(1982, p. 187)을 보라. 베르디는 또한 이집트 국가를 작곡했다.

5-164. Curl(1982, pp. 173~194).

5-165. Black(1974, pp. 4~6).

5-166. Elliot Smith(1911, pp. 63~110).

5-167. 그러나 그렇다고 해서, 실베리 힐Silbury Hill 같은 기원전 3000~2000년 시기의 기념물이나 후기 단계의 스톤헨지Stonehenge 같은 기원전 2000~1000년 시기의 기념물이 이집트와 동부 지중해 유역의 발전으로부터 영향받았을 가능성마저 배제하는 것은 아니다.

5-168. 이는 아메리카 농업과 그 농업에 기초한 문명이 지닌 근본적으로 지역적인 성격이나, 혹은 아타카마 사막에서 발견된 미라가 기원전 4000~3000년 시기의 것일 가능성, 즉 토착적인 것일 가능성을 결코 부정하지 않는다. 다른 한편 적어도 올멕Olmec 문화(동부 멕시코에서 발굴된 문화로, 그 연대는 기원전 첫 번째 천년기 초반으로 추정된다)이래의 아메리카 문화 역시 아프리카에서 상당한 영향을 받았을 가능성이 매우 높다. Van Sertima(1976, 1984)를 보라. 아메리카에 미친 동아시아의 영향을 보여주는 강력한 증거에 관해서는, Needham and Lu(1985)를 보라. 콜럼버스 이전 아메리카에 미친 다른 대륙의 영향에 대한 논박은, Davies(1979)를 보라. 그는 아프리카의 주도권과 영향이라는 개념에 특히 적대적이다(pp. 87~93). '전파론'이 제국주의로부터 커다란 영향을 받았다면, 이 경우 고립론은 오직 '보편적 대륙'인 유럽만이 다른 대륙을 연결시킬 수 있다는 믿음과 관련된 것으로 보인다.

5-169. Langham(1981, pp. 134~199).

5-170. Elkin(1974, pp. 13~14), Langham(1981, pp. 194~199).

5-171. Jomard(1829a, 1829b), Tompkins(1978, pp. 44~51)도 보라.

5-172. 위의 주 109를 보라.

5-173. Tompkins(1978, pp. 93~94)를 보라.

5-174. Tompkins(1978, p. 169).

5-175. Tompkins(1978, pp. 77~146).

5-176. Tompkins(1978, pp. 96~107).

5-177. Petrie(1931), Tompkins(1978, p. 107).

5-178. Schwaller de Lubicz(1958, 1961, 1968). 또한 Tompkins(1978, pp. 168~175)를 보라.

5-179. Stecchini(1957, 1961, 1978).

5-180. de Santillana(1963), de Santillana and von Derchend(1969)를 보라. 분점 세차에 관해서는, 제2장 주9를 보라.

5-181. Neugebauer(1945)를 보라. 코페르니쿠스에 관해서는, 제2장 주 110~111을 보라.

5-182. Neugebauer and Parker(1960~1969). 경멸적인 태도에 관해서는, 예를 들어 Neugebauer(1957, pp. 71~74)를 보라.

5-183. Neugebauer(1957, p. 78).

5-184. Neugebauer(1957, p. 96).

5-185. *Ibid.*

5-186. Lauer(1960, p. 11).

5-187. Lauer(1960, p. 10).

5-188. Lauer(1960, pp. 4~5, 13~14, 21~24). 큐빗 문제에 관해서는, Tompkins(1978, p. 208)를 보라.

5-189. Lauer(1960, pp. 1~3).

5-190. Brunner(1957, pp. 269~270). 그는 여기서 구체적으로 피라미드를 언급하지는 않는다.

5-191. Lauer(1960, p. 10).

5-192. Drioton and Vandier(1946, p. 129). Lauer(1960, p. 4)에서 재인용.

5-193. Drioton, Lauer(1948) 서문. Tompkins(1978, p. 208)에서 재인용.

5-194. Brunner(1957), Brunner-Traut(1971)를 보라.

제6장

6-1. 이에 관해서는, 제4장 주 123, 124를 보라.

6-2. 제4장 주 63~67을 보라. 볼프와 벤틀리에 관해서는, Wilamowitz-Moellendorf(1982, pp. 81~82)를 보라.

6-3. 고대에 호메로스가 구두 시인으로 여겨졌다는 데에는 의심의 여지가 없다. 이러한 전승은 그의 이름의 가장 그럴듯한 이집트어 어원이나 시인을 뜻하는 일반적인 단어가 '말의 기술'이라는 뜻에서 유래한다는 사실에 의해 강화된다. 제3장 주 61을 보라. 볼프는 그리스어 알파벳의 기원 연대라는 문제를 다루지 않았다. 20세기의 극단적 아리안 모델 창시자는 이에 관한 그의 가정을 따랐다. 호메로스 서사시의 분명한 구전 관련성에도 불구하고, 나는 그 서사시가 글자를 사용해온 오랜 전통에서 비롯된 세련된 기록 문서라고 믿는다. 호메로스에 관한 더 많은 내용은, 제1장 주 59를 보라. 그리스어 알파벳이 호메로스 훨씬 이전인 기원전 2000~1000년 중반에 도입되었다고 보는 20세기 학자의 논의와 나의 논증에 관해서는, Bernal(1987a, 1988)을 보라.

6-4. Wolf(1804). 또한 Pfeiffer(1976, pp. 173~177), F. M. Turner(1981, pp. 138~139)를 보라.

6-5. 스코틀랜드 저자와 로버트 우드에 관해서는, 제4장 주 71~2를 보라. 전문화에 관해서는, R. S. Turner(1983a, 1985)를 보라.

6-6. Monro(1911, p. 771).

6-7. Pfeiffer(1976, p. 173)를 보라.

6-8. 제4장 주 122~123을 보라.

6-9. Humboldt(1793).

6-10. Humboldt(1793). 또한 Sweet(1978~1980, vol. 1, p. 126)를 보라.

6-11. 대중 교양에 관한 최초의 생각은, Hohendahl(1981, pp. 250~272)을 보라. 그 실제 결과에 관해서는, R. S. Turner(1983b, p. 486)를 보라.

6-12. Letter, 6 Feb. 1793, in Humboldt(1841~1852, vol. 5, p. 34), Sweet(1978~1980, vol. 1, p. 131)에서 재인용. 보다 상세한 내용은, Seidel(1962, pp. xix~xxix)을 보라.

6-13. 제3장 주 91을 보라. 빌라모비츠 묄렌도르프는 그리스인 연구가 거둔 성공을 주로 당대 프랑스인에 관한 모호한 언급 덕으로 돌린다. 그러나 그는 또한 그리스인 연구가 훌륭한 고전기 아테네 상을 제공했다고 인정했다(1982, p. 103).

6-14. Schiller(1967, pp. 24~43). 혁명적 극단과 반동적 극단 사이에서 괴팅겐이 염두에 둔 중도에 관해서는, Marino(1975, pp. 358~371)를 보라.

6-15. Sweet(1978~1980, vol. 2. p. 46).

6-16. Wolf(1804, 2nd den, p. xxvi). Pfeiffer(1976, p. 174)에서 재인용.

6-17. Humboldt(1903~1936, vol. 4, p. 37, trans. Iggers, 1967, p. 59). 이 단편 에세이에 관한 보다 진전된 논의는, Iggers(1968, pp. 56~62), Sweet(1978~1980, vol. 2, pp. 431~440)를 보라.

6-18. Humboldt(1903~1936, vol. 3, p. 188, trans. in Cowan, 1963, p. 79).

6-19. 제4장 주 102를 보라.

6-20. 제4장 주 57~8, 제5장 주 1~3을 보라.

6-21. R. L. Brown(1967, pp. 12~13), Humboldt(1903~1936, vol. IV, p. 294).

6-22. 제4장 주 9를 보라.

6-23. Poliakov(1974, p. 77). 이와 관련된 시인 클롭슈토크에 대해서는, p. 96을 보라. 이에 관한 피히테의 연설 가운데 하나가 R. L. Brown(1967, pp. 75~76)에 번역되어 있다.

6-24. Humboldt(1903~1936, vol. 1, p. 266).

6-25. Iggers(1967, p. 59). 이러한 유형의 생각은 헤겔을 비롯한 많은 동시대 사상가에게서 나타난다.

6-26. 이에 대해 제기될 수 있는 유일한 반대는 훔볼트의 교양 개념이 본래 유토피아적인 측면을 지녔다는 점이다(위의 주 11을 보라). Canfora(1980, pp. 39~56)는 1800년경 전후에 우익이 고전학을 찬탈했다고 주장한다. 그러나 그는 자코뱅이 고대를 이용했다는 점을 근거로 삼는다. 북유럽의 전통적인 지혜를 따라, 나는 이를 고대학/고전학의 전통에 포함시키지 않는다.

6-27. 또 다른 보수적 선회로는 물론 '오리엔트'와 인도였다. 제5장 주 6~36을 보라. 이 부분은 Bernal(1986, pp. 24~27)에 기초한다.

6-28. Highet(1949, pp. 377~436), St Clair(1972, pp. 251~262).

6-29. 퍼블릭 스쿨에 관해서는, 제7장 주 4~10을 보라. 아리안 그리스도교에 관해서는, 제8장 주 38~42를 보라.

6-30. 그리스 독립 전쟁 이전에 이 집단에게서 나타난 불화 및 지중해 지역에 대한 관심의 정도에 관해서는, M. Butler(1981, pp. 113~137)를 보라.

6-31. St Clair(1972, pp. 119~127).

6-32. St Clair(1972, pp. 334~347). 여기에서 벗어난 두드러진 예외는 ΦBK인데, 이는 다른 클럽에 앞서 설립되었으며, 매우 다른 성향을 한결같이 유지했다. 얀과 그의 체조, 그리고 그의 분서에 관해서는, Mosse(1964, pp. 13~30), F. R. Stern(1961, pp. 1~25)을 보라.

6-33. 이 시기에 그리스 예술과 그리스 자체에 관한 영국인의 인식에 미친 엘긴마블스의 영향에 관해서는, St Clair(1983, pp. 166~202)를 보라.

6-34. Haydon(1926, p. 68).

6-35. Knowles(1831, p. 241).

6-36. Shelley(1821, Preface).

6-37. 1820년대를 배경으로 한 플로베르의 『보바리 부인』에서, 여주인공은 스콧을 읽고서 스코틀랜드인의 여왕 메리를 숭배했다(제6장). 전설을 꾸며내는 일에 관해서는, Trevor-Roper(1983, pp. 29~30)를 보라.

6-38. St Clair(1972, pp. 164~84).

6-39. *Courrier Français*, 7 Jun. 1821, p. 2b, Dimakis(1968, p. 123)에서 재인용.

6-40. 첫 번째 견해에 관해서는, Borrow(1843)와 Irving(1829), 그리고 스페인 역사에 관한 Prescott의 여러 저서를 보라. 나중의 '인종주의적' 해석에 관해서는, Hannay(1911)를 보라.

6-41. Fallmerayer(1835), St Clair(1972, esp. pp. 82~84)를 보라.

6-42. Rawson(1969, p. 319).

6-43. Kistler(1960), E. M. Butler(1935, pp. 294~300)를 보라.

6-44. Rawson(1969, pp. 338~343)을 보라. Speer(1970, esp. pp. 63, 159)는 한결같이 도리스인을 모범으로 삼는다.

6-45. Rawson(1969, pp. 330~343).

6-46. Bury(1900, p. 62).

6-47. Cartledge(1979, p. 119)는, 웨이드 기어리Wade-Geary 교수가 모돈Mothone(스파르타인에 의해 정복된 메세니아의 도시)을 '메세니아의 얼스터Ulster(북아일랜드의 옛 지방)'라고 언급한 방주旁註를 인용한다. 카트리지 자신은 다른 곳에서 그러한 유비를 사용하지만(p. 116), 그것은 반反잉글랜드/스파르타적인 의미이다.

6-48. 리지웨이는 또한 스코틀랜드의 역사와 민요에 관한 책을 썼다(Conway, 1937). 또한 Stewart(1959, pp. 17~18)를 보라.

6-49. 미슐레는 그의 학생이었다. Hegel(1892, vol. 1, 역주).

6-50. Hegel(1975, pp. 154~209).

6-51. Hegel(1975, ch. 6, n. 127).

6-52. Hegel(1892, vol. 1, pp. 117~147).

6-53. Hegel(1892, vol. 1, pp. 197~198).

6-54. Hegel(1892, vol. 1, pp. 149~150).

6-55. 제4장 주 28을 보라.

6-56. 이에 관한 보다 상세한 내용은, Bernal(1988a)을 보라.

6-57. Marx(1939, pp. 375~413, trans. 1973, pp. 471~513). 이에 관한 보다 상세한 내용은, Bernal(1987b)을 보라.

6-58. Marx(trans. 1973, p. 110).

6-59. 나는 그리스 신화의 대다수 주제가 이집트나 페니키아에서 유래했다고 확신하지만, 그것을 선택하고 다루는 과정이 다분히 그리스적이었으며, 그 정도로 그리스 사회를 반영했다는 점 또한 마찬가지로 분명하다.

6-60. 특히 Heeren(1832~1834, vol. 1, pp. 470~471, vol. 2, pp. 122~123)을 보라.

6-61. 훔볼트가 그의 아내 카롤리네에게 보낸 1823년 11월 18일자 편지(Sydow, 1906~1916, vol. 7, pp. 173~174). 또한 Heine(1830~1831, vol. 2, p. 193)를 보라.

6-62. 예를 들어, Hansberry(1977, pp. 27, 104, 109)를 보라.

6-63. C. Bunsen(1859, pp. 30~35), Witte(1979, pp. 17~19).

6-64. Yavetz(1976, pp. 276~296).

6-65. Rytkönen(1968, pp. 21, 222). 또한 Witte(1979, p. 191)를 보라.

6-66. Momigliano(1980, p. 567).

6-67. Momigliano(1982, p. 8).

6-68. C. Bunsen(1859, pp. 336~337, 340), F. Bunsen(1868, vol. 1, p. 195).

6-69. Witte(1979, p. 136). 헨슬러 부인에게 보낸 1821년 3월 17일자 편지.

6-70. Rytkönen(1968, pp. 280~282), C. Bunsen(1859, pp. 485~489).

6-71. Rytkönen(1968, p. 220), Momigliano(1982, pp. 8~9).

6-72. Witte(1979, p. 21), C. Bunsen(1859, pp. 38~42).

6-73. Witte(1979, p. 18).

6-74. Momigliano(1982, p. 7).

6-75. 그는 가톨릭 세력이 보다 덜한 악임을 확실히 했다. C. Bunsen(1859, p. 125)을 보라.

6-76. E. Fueter(1936, pp. 467~470), C. P. Gooch(1913, pp. 16~17), H. Trevor-Roper(1969).

6-77. p. xiii. Rythkönen(1968, p. 306)에서 재인용.

6-78. F. Bunsen(1868, vol. 1, p. 337). 그 밖의 저자에 관해서는, Witte(1979, p. 185)와 Bridenthal(1970, p. 98)을 보라.

6-79. 몰트케에게 보내는 1796년 12월 9일자 편지, Briedenthal(1970, p. 98)에서 재인용.

6-80. Witte(1979, p. 167).

6-81. Rythkönen(1968, pp. 67, 219).

6-82. 제5장 주 115를 보라.

6-83. 알텐슈타인에게 보내는 1808년 1월 4일자 편지와 슈크만에게 보내는 1811년 5월 2일자 편지를 보라. Witte(1978, p. 20)와 Rytkönen(1968, pp. 175~176)을 보라.

6-84. Witte(1979, p. 185).

6-85. 『브리태니커 백과사전』 제11판(1911년)에 수록된 '니부어' 항목.

6-86. Momigliano(1966d, pp. 6~9). M. Pallotino(1984, p. 15)는 고대 이탈리아를 연구한 역사
가인 미트퍼드와 주세페 미칼리가 니부어의 '근대적인' 역사학 방법론을 앞서 사용했다고
올바르게 지적한다.

6-87. Gooch(1913, p. 19)에 참고 문헌 없이 인용된 구절.

6-88. Briedenthal(1970, p. 2), Fueter(1936, p. 467), Witte(1978, p. 82), Trevor-Roper(1969). 니
부어가 옳았을 수 있다는 모밀리아노 교수의 주장(1957, pp. 104~114, 1977, pp. 231~251)
은 낭만주의의 영향의 중요성을 결코 감하지 않는다. 1842년에 첫판이 나온 맥콜리의 Lays
of Ancient Rome은 Niebuhr의 가설에 근거했다.

6-89. Momiagliano(1982, pp. 3~15).

6-90. Momigliano(1982, p. 9)에서 재인용.

6-91. Michelet(1831, vol. 1, p. xi).

6-92. 제7장 주 7~10을 보라.

6-93. Niebuhr(1847~1851, vol. 1, pp. xxix~xxxi).

6-94. Wilcken(1931). Witte(1979, p. 85)에서 재인용. 나치 치하의 빌켄에 관해서는, Canfora
(1980, p. 136)를 보라.

6-95. 킬에서 보낸 편지, C. Bunsen(1868, pp. 35~40).

6-96. 제5장 주 56~58을 보라. 또한 제8장 주 24~28을 보라.

6-97. Iggers(1968, p. 30), Shaffer(1975, p. 85)를 보라.

6-98. 디즈레일리의 『탠크리드』(제3권 제1장)에 나오는 현명한 시도니아의 말을 보라.
"모든 것은 인종이며, 그 이외의 진리란 없습니다."
"그것이 다른 모든 것을 포함하기 때문이지요"라고 헨리 경이 말했다.
"바로 그대로입니다."

6-99. Witte(1979, p. 20).

6-100. Rytkönen(1968, p. 182), Niebuhr(1852, Lecture, VII, Pt 1, vol. 1, pp. 98~99)를 보라.
그보다 몇 해 앞서 니부어는 유럽인이 아시아를 식민화했으면 하는 바람을 피력한 바 있다.
"나는 비티니아 등지에 독일 식민지가 건설되는 것을 상상한다." 그가 헨슬러 부인에게 보
낸 1821년 8월 16일자 편지를 보라(C. Bunsen, 1859, p. 410).

6-101. Niebuhr(1852, Lecture, XX vol. 1, pp. 222~223).

6-102. 제5장 주 111~112를 보라.

6-103. Niebuhr(1852, Lecture, V, vol. 1, pp. 77). 또한 Lecture, VII, pp. 97~99를 보라.

6-104. Niebuhr(1852, Lecture, VI, vol. 1, pp. 83~84).

6-105. 예를 들어, 그가 헨슬러 부인에게 보낸 1811년 3월 17일자 편지를 보라(C. Bunsen, 1859, p. 405).

6-106. Niebuhr(1852, Lecture, XX, vol. 1, p. 223).

6-107. Niebuhr(1852, Lecture, IX, vol. 1, p. 117).

6-108. Hoefer(1852~1877, vol. 8, cols 721~725).

6-109. 이 '키클롭스식' 건조물은 당연히 아나톨리아에서 기원한다. 미케네의 성벽과 성문, 그리고 다른 미케네 문명 도시와 요새는 아나톨리아에서 밀려온 영향 조류(이는 기원전 14세기에 펠롭스의 정복이 있었다는 전설을 연상시킨다)의 결과로 보인다. 이탈리아에 있는 이런 유형의 건조물은 에트루리아인과 관련지어질 수 있는데, 고대 전승은 이들이 북서 아나톨리아에서 왔다고 주장했다. 따라서 나는 이 양식이 후기 청동기 시대 초기에 이집트가 그리스에 주된 영향을 미친 이후에, 그리고 기원전 10세기와 9세기에 페니키아가 주된 영향을 미치기 이전에 도입되었다고 믿는다.

6-110. 이나코스에 관한 논의는, 제1장 주 93~97을 보라.

6-111. Petit-Radel(1815)를 보라.

6-112. Pfeiffer(1976, p. 186), Gooch(1913, pp. 16~17). Wilamowitz-Moellendorf(1959, pp. 67, 1982, p. 127)도 그를 비슷하게 묘사한다.

6-113. 뮐러의 저서 제목은 '학문적 신화 입문Prolegomena zu einer wissenschaftlichen Mythologie'이다. 이에 관한 논의 및 그 용어를 사용하는 칸트의 용법에 관해서는, Neschke-Hentschke(1984, p. 484)를 보라.

6-114. R. S. Turner(1983a)를 보라.

6-115. Gooch(1913, p. 35).

6-116. Donaldson(1858, p. vii).

6-117. Donaldson(1858, pp. vii~xxxix). 뮐러가 그의 친구 및 동료(그림 형제를 포함하여)인 '괴팅겐 7인'과 함께 면직되지 않았다는 것은 놀라운 일이다. 1837년에 '괴팅겐 7인'은 하노버 왕이 취한 반자유주의적 조치에 항의했다.

6-118. 에트루리아인에 관한 그의 저서는 "에트루리아 민족 교육의 본질과 구성을 비판적으로 설명하고 제시했다"는 점을 인정받아 프로이센 학술원 상을 받았다. Donaldson(1858, p. xxii)을 보라. 일부 독일인은, 보나파르트 가문(이들은 스스로를 에트루리아인으로 여겼던 듯하다)에 의해 각별히 장려된 1800년경 전후의 에트루리아 열풍을 반영하는 데에 그치지 않고, 스스로를 에트루리아인과 동일시했다(Poliakov, 1974, pp. 65~66, Borsi, 1985를 보라). 니부어는 자신의 저서 초판에서 에트루리아인이 알프스 북부에서 왔다고 주장했는데, 이는 프로이센 학술원의 관심을 설명해준다. 또한 에트루리아인의 교양(이에 관해서는 실질적으

로 알려져 있는 것이 전혀 없었다)에 대한 관심을 주목하라.

6-119. Pausanias, XI. 36. 3(trans. P. Levi, 1971, vol. 1, p. 387).

6-120. 플루타르코스는 '친親이민족 성향이라는 용어를 사용하여 헤로도토스를 공격했다. 제1장 주 183을 보라. 이에 해당하는 또 다른 근대 용어는 '그리스적 해석'인데, 이 용어를 바라보는 대단히 균형 잡힌 관점에 대해서는, Griffiths(1980)를 보라. 나는 미니아이라는 이름(이 이름은 보이오티아[소의 지방]와 메세니아의 비옥한 평원에서 발견된다)가 '소치는 사람'을 뜻하는 이집트어 mniw(메니우)에서 유래했다고 주장한다(제2권을 보라).

6-121. 친親인도 성향에 관해서는 제5장 주 6~17을 보라. 또한 Creuzer(1810~1812), Momigliano(1946, pp. 152~163, repr. 1966, pp. 75~90)를 보라. 프리드리히 슐레겔과 크로이처, 그리고 괴레스에 관한 짧은 참고 문헌으로는, Feldman and Richardson(1972, pp. 383, 389)을 보라.

6-122. 크로이처에 대한 공격에 관해서는, Müller(1825, pp. 331~336)를 보라. 뒤퓌에 대한 공격에 관해서는, Müller(1834, pp. 1~30)를 보라.

6-123. '침묵의 논증'에 관해서는, 42쪽을 보라.

6-124. Müller(1825, pp. 128~129, trans. 1844, pp. 68~69).

6-125. Müller(1825, pp. 218~219, trans. 1844, pp. 158~159). 고대에 통합주의가 존재했던 것은 확실하지만, 어느 정도 동등한 분화의 힘이 있었다는 점을 의심할 이유는 없다.

6-126. Müller(1825, p. 221, trans. 1844, p. 161).

6-127. Müller(1825, pp. 232~234, trans. 1844, p. 173~174).

6-128. Müller(1825, pp. 239~240, trans. 1844, p. 179).

6-129. 케크롭스의 식민화가 제12왕조 시기의 원정으로 인한 이집트의 영향을 대변할 가능성에 관해서는, 제2권을 보라. 또한 서론 p. 19를 보라.

6-130. Müller(1820~1824, vol. 1, pp. 106~108).

6-131. 이 이외의 식민 정착에 관한 헤로도토스의 견해는, 제1장 주 117~124를 보라. 케크롭스에 관해서는, Herodotos, VIII. 44를 보라.

6-132. *Menexenos*, 245.C~D, Müller(1820~1824, vol. 1, p. 107). 아테네의 '순수성'과 다른 그리스 지역에 대한 동방의 정복 사이의 구분에 관해서는, 제4장 주 18을 보라.

6-133. 다나오스라는 이름에 관한 나의 견해는, 제1장 주 107~110을 보라.

6-134. Müller(1820~1824, vol. 1, p. 120).

6-135. 이에 관해서는, 제1장 주 57을 보라.

6-136. Müller(1820~1824, vol. 1, p. 112).

6-137. Müller(1820~1824, vol. 1, p. 120).

6-138. Herodotos, II. 51. 카조봉은 카베이로이가 지니는 이러한 관련을 알고 있었다 (*Middlemarch*, ch. 20을 보라). 또한 Astour(1967a, p. 155), Dupuis(1795, vol. 1, p. 95)를 보라.

6-139. 뮐러는 헤로도토스(III. 37)가 카베이로이와 프타(이집트의 대장장이 신) 숭배 사이의 관련성을 암시했다는 점을 언급하지 않았다.

6-140. Usener(1907, p. 11). 우제너의 매혹적인 연구에 관해서는, Momigliano(1982, pp. 33~48)를 보라.

6-141. 모베르스에 관해서는, 제8장 주 86을 보라.

6-142. Müller(1820~1824, vol. 1, p. 122).

6-143. Müller(1825, pp. 282~283, trans. 1844, pp. 221~222).

6-144. 그리스 신화에 미친 근동의 영향에 관해 발표한 글은 명료하지 못했지만, Jane Harrison(1925, p. 84)은 뛰어난 셈학 학자인 로버트슨 스미스(그는 자신의 종교적 배경 때문에 광의의 아리안 모델 내에 머물면서도 그리스에 미친 근동의 영향을 주장할 수 있었다)와 고전학자인 프레이저(그는 인류학적 유사성을 훨씬 덜 위협적인 방식으로 주장했다)를 비교하면서 그 너머를 보았다.

　“이단으로 추방된 로버트슨 스미스는 동방에서 별을 보았다. 헛되이, 우리 고전학의 귀머거리 뱀들은 귀를 닫고 눈을 감았다. 그러나 단지 ‘황금 가지’라는 주문 소리에 허물이 벗겨지면서, 우리는 듣고 이해했다.”

6-145. Müller(1825, p. 285, trans. 1844, p. 224).

6-146. Foucart(1914, pp. 2~3). 푸카르에 관한 보다 상세한 내용은, 제5장 주 145와 제3권을 보라.

6-147. Müller(1825, pp. 285~286, trans. 1844, p. 229).

6-148. Müller(1825, p. 290, trans. 1844, p. 229).

6-149. Feldman and Richardson(1972, p. 417).

6-150. Müller(1825, p. 290, trans. 1844, p. 229).

6-151. 서론과 제2권, 그리고 제3권을 보라.

6-152. Astour(1967a, pp. 128~158), R. Edwards(1979, pp. 64~114)를 보라.

6-153. Nissen(1962, pp. 12, 117)을 보라.

6-154. Wilamowitz-Moellendorf(1982, p. 105).

6-155. F. M. Turner(1981, p. 79).

6-156. Feldman and Richardson(1972, pp. 416~418). 또한 F. M. Turner(1981, p. 79)에 수록된

참고 문헌을 보라. 터너 역시 뮐러를 매우 진지하게 취급한다.

6-157. Pfeiffer(1976, p. 187).

6-158. 이를 정당화하려는 시도에 관해서는, Momigliano(1982, p. 33)를 보라.

제7장

7-1 이소크라테스의 주장에 관해서는, 제1장 주 131을 보라. 인용구는 크리스티안 분젠의 말
이다. F. Bunsen(1868, vol. 1, p. 111)을 보라.

7-2. Shaffer(1975, p. 25).

7-3. Cousin(1841, pp. 35~45). 쿠쟁은 '절충주의'와 플라톤의 중심적인 역할에 관한 자신의 주
된 사상을 19세기의 초의 저자인 콩브 두누에게서 발전시킨 것으로 보인다. Wismann
(1983, pp. 503~507)을 보라. 비록 그러고 싶은 마음은 없었던 것으로 보이지만, 콩브 두누
는 플라톤이 영혼 불멸 사상을 이집트와 동방에서 차용했다는 점을 부정할 수 없었다.
Coubes-Dounous(1809, esp. vol. 1, p. 141)를 보라. 1830년대에 쿠쟁의 입장에서는 영혼불멸
사상을 그리스인의 천재적인 발명으로 여기는 편이 안전했다.

7-4. Bunsen, 아널드에게 보낸 1836년 3월 4일자 편지(F. Bunsen, 1868, vol. 1, pp. 420~422).
프로이센의 교수 독재에 관해서는, R. S. Turner(1983a, 1985)를 보라.

7-5. Lloyd-Jones(1982a, pp. 16~17)를 보라.

7-6. 헨리 조지 리델(최초의 그리스어-영어 대사전 편집자)이 H. H. 본에게 보낸 1853년 12월
8일자 편지, Bill(1973, p. 136)을 보라.

7-7. 이 점은 Bolgar(1979, pp. 327~338)에 의해 상술되었다.

7-8. 그는 독일인이 덜 매력적이라고 생각했다. 그가 1828년 부활 주일 다음날 분젠에게 보낸
편지(F. Bunsen, 1868, pp. 316~319)를 보라.

7-9. T. Arnold(1845, pp. 44~50)를 보라. 인종은 또한 아널드가 가장 아꼈던 제자인 본이 옥
스퍼드 교수가 되었을 때 지니고 있었던 유일한 역사 원리였다. Bill(1973, pp. 182~185)을
보라.

7-10. Bill(1973, pp. 8~10)을 보라.

7-11. 『브리태니커 백과사전』(1911) '덜월' 항목과 J. C. Thirlwall(1936, pp. 1~24)을 보라.

7-12. 슐라이어마허에 관한 보다 상세한 내용은, Shaffer(1975, pp. 85~87)를 보라. 아리안 그
리스도교에 대한 그의 믿음에 관해서는, 제8장 주 29~30을 보라.

7-13. J. C. Thirlwall(1936, pp. 56~57).

7-14. Merrivale(1899, p. 80), J. C. Thirlwall(1936, p. 57)과 Brookfield(1907, p. 8)에서 재인용.

7-15. Annan(1955, pp. 243~287)과 P. Allen(1978, p. 257)을 보라.

7-16. Thirlwall(1936, p. 200), F. Bunsen(1968, vol. 1, p. 601).

7-17. Thirlwall(1936, p. 165). 이는 1987년의 상황을 나쁘게 묘사하고 있는 것이 아니다!

7-18. Thirlwall(1936, p. 164)에서 재인용.

7-19. Macaulay(1866~1871, vol. 7, pp. 684~685), Jenkyns(1980, p. 14)에서 재인용. F. M. Turner(1981, pp. 207~208)의 흥미로운 논의를 보라.

7-20. Grote(1826, p. 280). F. M. Turner(1981, pp. 207~208)를 보라.

7-21. Thirlwall(1936, p. 97), F. M. Turner(1981, pp. 203~216), Momigliano(1966b, pp. 57~61)에서 재인용.

7-22. 이러한 논중에 관해서는, 제3장 주 94~95를 보라.

7-23. C. Thirlwall(1835, vol. 1, p. 63).

7-24. C. Thirlwall(1835, vol. 1, p. 64).

7-25. C. Thirlwall(1835, vol. 1, p. 67).

7-26. C. Thirlwall(1835, vol. 1, p. 71).

7-27. C. Thirlwall(1835, vol. 1, p. 74).

7-28. 당시 이집트가 에게 해에서 펼친 활동에 관해서는, 제5장 주 91~99를 보라.

7-29. C. Thirlwall(1835, vol. 1, p. 74).

7-30. J. C. Thirlwall(1936, pp. 98~101).

7-31. Momigliano(1966b, p. 61).

7-32. *Ibid.*

7-33. Momigliano(1966b, p. 60), Pappe(1979, pp. 297~302).

7-34. Momigliano(1966b, p. 61).

7-35. Momigliano(1966b, p. 62).

7-36. Momigliano(1966b, p. 63).

7-37. K. O. Müller(1825, p. 59, trans. 1844, p. 1).

7-38. Müller(1825, pp. 249~251, trans. 1844, pp. 189~190), Grote(1846~1856, vol. 2, pp. 157~159, 182~204).

7-39. Müller(1825, p. 108, trans. 1844, pp. 189~190), Grote(1846~1856, vol. 2, p. 477).

7-40. F. M. Turner(1981, pp. 90~91), Momigliano(1966b, pp. 56~74).

7-41. Momigliano(1966b, p. 63). 그로트의 신화 접근법과 그에 미친 뮐러의 영향에 관한 논의는, F. M. Turner(1981, pp. 87~88)를 보라.

7-42. Grote(1846~1856, vol. 1, p. 440).

7-43. Momigliano(1966b, pp. 63~64).

7-44. 테베에서 발견된 가나안과 페니키아 유물에 관한 참고 문헌은, R. Edwards(1979, p. 132, n. 145), Porada(1981)를 보라. 제12왕조의 원정에 관해서는, Farag(1980, pp. 75~81)를 보라. 이에 관한 나의 생각은, 서론(p. 19)과 제2권을 보라.

7-45. 이는 폴 푸카르와 빅토르 베라르, 사이러스 고든, 마이클 애스터, 솔 레빈, 루스 에드워즈 등에 대한 취급을 가리킨다.

7-46. Momigliano(1966b, pp. 64~67).

7-47. Smith(1854, pp. 14~15).

7-48. 서론, pp. 14~21을 보라. 수정 고대 모델은 제2권에서 보다 상세히 논의할 것이다.

7-49. Thucydides, I. 3.

7-50. 제1장 주 39~41을 보라.

7-51. Curtius(1857~1867, vol. 1, p. 26, trans. 1886, vol. 1, p. 39).

7-52. Pallotino(1978, p. 37)에 별다른 언급 없이 인용되었다. 몸젠의 회의적인 입장과 그에 대한 다른 학자들의 반대 입장에 관한 흥미로운 묘사는, Gossman(1983, esp. pp. 21~41)을 보라.

7-53. Sandys(1908, vol. 3, p. 207)를 보라.

7-54. Stuart-Jones(1968, p. x).

7-55. 이에 관한 보다 상세한 논의는, 제2권을 보라.

7-56. Sandys(1908, vol. 3, pp. 228~229)를 보라.

7-57. Wilamowitz-Moellendorf(1982, p. 153).

7-58. Curtius(1857~1867, vol. 1, p. 27, trans. 1886, vol. 1, p. 41).

7-59. Curtius(1857~1867, vol. 1, p. 30, trans. 1886, vol. 1, p. 45).

7-60. 제6장 주 46~47을 보라.

7-61. Curtius(1857~1867, vol. 1, pp. 30~31, trans. 1886, vol. 1, pp. 45~46). 나는 그것에 관한 명백한 언급을 발견할 수 없지만, 쿠르티우스와 그밖의 독일학자는 토지에 근거를 두고 도덕적으로 월등한 독일인 및 도리스인 그리고 바다에 기초를 둔 재능은 있지만 믿을 수 없는 '사촌'인 영국인 및 이오니아인 사이에서 유사점을 보았을 가능성이 대단히 많다.

7-62. Curtius(1857~1867, vol. 1, p. 31, trans. 1886, vol. 1, pp. 45~46).

7-63. *Ibid.*

7-64. Curtius(1857~1867, vol. 1, p. 20, trans. 1886, vol. 1, p. 32).

7-65. Curtius(1857~1867, vol. 1, p. 19, trans. 1886, vol. 1, p. 32).

7-66. Curtius(1857~1867, vol. 1, p. 41, trans. 1886, vol. 1, p. 58).

7-67. Curtius(1857~1867, vol. 1, pp. 41~43, trans. 1886, vol. 1, pp. 58~61). 분젠의 도식에 관해서는, 제5장 주 125를 보라. '이민족'(즉 비非그리스인)에 관한 호메로스의 유일한 언급은 카리아인에 관한 것이었다(*Ilias*, II. 867).

7-68. Curtius(1857~1867, vol. 1, pp. 58~61, trans. 1886, vol. 1, pp. 81~83).

7-69. 그에 관한 생생한 묘사는, Stewart(1959, pp. 16~18)를 보라.

7-70. Ridgeway(1901, vol. 1, p. 88).

제8장

8-1. 훔볼트가 카롤리네에게 보내는 1816년 2월 29일자 편지(Sydow, 1906~1916, vol. 5, pp. 194~195), Sweet(1978~1980, vol. 2, p. 208)에서 재인용.

8-2. Poliakov(1974, pp. 37~46, 210~213).

8-3. 제4장 주 113~114를 보라.

8-4. Disraeli(1847, Bk 3, ch. 7, Bk 5, ch. 6), Eliot(1876, Bk 5, ch. 40).

8-5. Poliakov(1974, p. 197).

8-6. Knox(1862, p. 1). Poliakov(1974, p. 232)에서 재인용.

8-7. Curtin(1971, p. 16)에서 재인용. 또한 Curtin(1964, pp. 375~380)을 보라.

8-8. Knox(1862, p. 194). Poliakov(1974, p. 232)에서 재인용.

8-9. Poliakov(1974, p. 233).

8-10. 고비노에게 보내는 1856년 6월 26일 편지, Boissel(1983, pp. 1249~1250)에서 재인용.

8-11. Michelet(1981, Bk 2, ch. 30).

8-12. Burnouf(1872, pp. 318~319, trans. 1888, pp. 190~191).

8-13. Poliakov(1974, p. 234). 고비노가 황인종과 흑인종에 대해 지니고 있던 이미지에 관해서는, 제5장 주 63~65를 보라.

8-14. Gaulmier(1983, pp. lxxii~xi)를 보라.

8-15. Poliakov(1974, p. 235)에서 재인용. 19세기에 인지된, 정상적인 백인 성인 남성이라는 기준에서 벗어나는 사람, 즉 비非백인과 어린아이, 미친 사람, 그리고 여성 사이의 관계에 관해서는, Gilman(1982, pp. 1~18)을 보라.

8-16. 고비노의 도식에 관한 일반적인 개요는, Poliakov(1974, p. 234)를 보라.

8-17. Gobineau(1983, pp. 349~363).

8-18. Gobineau(1983, pp. 364~478).

8-19. *Ibid.*, 특히 pp. 415~417.

8-20. 1856년 7월 30일자 편지. Poliakov(1974, p. 238)에서 재인용.

8-21. 바르텔르미에 관해서는, 제3장 주 24를 보라. 보샤르에 관해서는, 제3장 주 27을 보라.

8-22. R. L. Brown(1967, p. 57).

8-23. 제5장 주 25를 보라.

8-24. Renan(1855). Gaulmier(1977, p. 48)에서 재인용. 이 대부분이 Rashed(1980, p. 12)에 인용되어 있다. 또한 Said(1978, p. 139)를 보라. 흥미로운 것은, 르낭이 진정한 유럽 철학자의 예를 들면서 그리스인과 독일인을 언급했다는 점이다. 주로 영어로, 즉 고립어로 글을 쓴 로크나 흄을 인용했다면, 그는 난관에 봉착했을 것이다.

8-25. Renan(1855). Gaulmier(1977, p. 47)에서 재인용.

8-26. 르낭은 셈족 문화를 연구함으로써 어떤 의미에서는 자신이 셈족 문화를 창조하고 있다고 생각했다. Said(1978, p. 140)를 보라.

8-27. Renan(1855). Gaulmier(1978, p. 47)에서 재인용. 또한 Faverty(1951, p. 169)를 보라.

8-28. Faverty(1951, pp. 167~174)와 Said(1978, pp. 137~148)를 보라.

8-29. 제5장 주 117~120을 보라. 이는 물론 Said(1978)의 주제이다.

8-30. Renan(1858, p. 359). 내가 아는 한, 르낭은 이러한 유사점이 기후 결정론에 제기하는 문제를 전혀 직시하지 않았다. 영국인은 작열하는 태양에서 기인하는 이러한 특성을 결코 계발할 수 없었을 테니까!

8-31. Faverty(1951, p. 76)에서 재인용.

8-32. Faverty(1951, esp. pp. 111~161)를 보라.

8-33. M. Arnold(1906)를 보라. 집시를 낭만적으로 묘사한 19세기의 조지 보로는 그들의 언어를 비롯하여 아르메니아인 같은 동부 인도유럽어 사용자의 언어에 큰 관심을 기울였다(1851, chs 27, 47). 집시 자연 철학자인 Jasper Petulengro를 묘사한 보로의 글(1857, ch. 9)은 빅토리아 시대와 에드워드 시대 영국에서 대단한 인기를 끌었다. Borrow(1851, 1857)를 보라. 독일에서는 영국의 집시/보헤미안 예찬이 받아들여지지 않았다. 유대인 대학살 당시, 집시의 인도유럽어는 유대인의 게르만어인 이디시어가 유대인을 보호하지 못했듯 그들을 보호하지 못했다.

8-34. Faverty(1951, p. 167)를 보라.

8-35. Faverty(1951, pp. 162~185).

8-36. 19세기 후반과 20세기 초에 영국이 쇠퇴하게 된 주요인이 헬레니즘이었다는 매슈 아널드의 견해에 관해서는, Wiener(1981, pp. 30~37)를 보라.

8-37. M. Arnold(1869, p. 69). 색슨 단어인 '발생growth'의 용법과 '운동movement'에 내포된

역동성에 주목하라. 헬레니즘과 아리안주의 사이의 연결고리에 관해서는, Hersey(1976)를 보라.

8-38. 제5장 주 119를 보라.

8-39. Russell(1895, vol. 1, p. 383).

8-40. 슐라이어마허가 영국에서 어떻게 받아들여졌는가에 관해서는, Shaffer(1975, esp. pp. 85~87)를 보라. 쿠쟁에 관해서는, Gaulmier(1978, p. 21)를 보라.

8-41. Poliakov(1974, p. 310). 20세기에도 이에 필적할 만한 흥미로운 사례가 있다. 케네스 클라크의 '온순한' 인종주의가 그 아들의 '노골적인' 인종주의로 진전된 사례가 그것이다.

8-42. Poliakov(1974, p. 310), Mosse(1964, pp. 15~30), F. R. Stern(1961, pp. 35~52)을 보라. 라가르데의 사상 중 많은 부분은 르낭의 사상을 확장한 것이었다.

8-43. Hardy(1891, ch. 25).

8-44. Gladstone(1869).

8-45. F. M. Turner(1981, pp. 159~170), Lloyd-Jones(1982a, pp. 110~125)를 보라.

8-46. Rawlinson(1889, p. 23).

8-47. M. Arnold(1906, p. 25). 여기에 사용된 단어 가운데 상당수는 아널드의 동시대인인 에른스트 쿠르티우스가 셈족의 '퇴각'에 관한 글을 쓰면서 사용했던 것이다. 제7장 주 6을 보라. 또한 T. S. Eliot(1971, pp. 46~47)을 보라.

8-48. Evans(1909, p. 94)에서 재인용. 이 시기에 페니키아를 비롯한 모든 곳에 비非셈족인 미노아인이라는 개념을 투사하고 있던 에번스는, 이 위대한 노인의 견해에 동의했다.

8-49. Michelet(1962, p. 68).

8-50. Michelet(1831, pp. 177~178).

8-51. 제3장 주 27을 보라.

8-52. Gesenius(1815, p. 6). 셈어 분류는 사실 매우 논쟁적인 주제로서, 보다 오래된 셈어와 보다 최근에 속하는 셈어 몇몇이 추가적으로 발견됨에 따라 오늘날 훨씬 더 복잡해졌다. 이에 관한 나의 견해는, Bernal(1980)을 보라. 게제니우스가 페니키아어를 베르베르어가 아니라 히브리어와 동일시한 데 대해서는 아무런 의혹도 제기된 바 없다.

8-53. Gesenius(1815, p. 4), Gobineau(1983, pp. 380~381)

8-54. Gobineau(1983, p. 338)

8-55. Gobineau(1983, p. 149).

8-56. Gobineau(1983, p. 1135).

8-57. Gobineau(1983, p. 1141).

8-58. Gobineau(1983, p. 396).

8-59. Gobineau(1983, pp. 369~372).

8-60. Gobineau(1983, pp. 399~401).

8-61. Gobineau(1983, pp. 401~405).

8-62. Gobineau(1983, pp. 195, 413~417).

8-63. Gobineau(1983, pp. 378~379, 379, n.2).

8-64. Michelet(1831, pp. 203~211). 폴리비오스에 따르면, 스펜디오스는 남부 이탈리아 출신의 캄파니아 사람이었다.

8-65. Benedetto(1920, pp. 21~39), A. Green(1982, pp. 28~31)을 보라. Said(1978, esp. pp. 189~197)는 이러한 매혹을 비판적으로 다룬다. 장 브루노가 지적하듯이(Flaubert, 1973, vol. 2, p. 1354), "『살람보』는 플로베르의 모든 작품 가운데 가장 연구가 덜 된 작품임에 틀림없다. 좋은 판본도 없고, 그 기원도 잘못 알려져 있다." 이 주제에 관한 브루노의 참고 문헌을 보라.

8-66. Benedetto(1920, p. 39), A. Green(1982, p. 28), Starkie(1971, p. 14). 세포이 항쟁이 이 주제에 관한 플로베르의 관심을 촉발했으며 그가 이 사건을 현대판 카르타고 용병 반란으로 생각했다는 나의 주장은, A. 그린이 보여준 바 있는 『살람보』와 1848년 프랑스 혁명 사이의 중요한 유사성을 훼손하려는 것이 아니다. A. Green(1982, pp. 73~93)을 보라.

8-67. 1861년 5월 초의 편지. Starkie(1971, p. 22)에서 재인용.

8-68. Starkie(1971, pp. 20~22)를 보라.

8-69. Starkie(1971, pp. 58~59)를 보라.

8-70. Benedetto(1920)를 보라. 율리우스 벨로흐가 주도한 이 학파의 반유대주의에 관해서는, 아래를 보라.

8-71. 나는 이 점에서 로이드 존스 교수의 의견에 동의한다. Wilamowitz-Moellendorf(1982, p. 103, n. 405)를 보라.

8-72. 용병 반란의 참사를 묘사하는 일에 몰두했던 미슐레는, 제3차 노예 반란을 매우 사무적으로 묘사한다. 그는 로마가 승리를 거둔 후 6천 명에 달하는 노예가 십자가에 못 박힌 채 카푸아에서 로마까지 줄지어 늘어서 있었다는 사실을 전혀 언급하지 않는다(1831, vol. 2, pp. 198~203).

8-73. 졸라의 『나나』는 1880년에야 비로소 출간되었지만, 그는 1860년대에 파리 사람의 삶과 타락을 묘사한 사실주의적 소설을 쓰기 시작했다.

8-74. Starkie(1971, pp. 23~26)를 보라.

8-75. Said(1978, pp. 182~185)를 보라.

8-76. 이는 Eissfeldt(1935)에 의해 확립되었다. 또한 Spiegel(1967, p. 63)과 A. R. W. Green

(1975, pp. 179~183)을 보라.

8-77. Flaubert(1982, ch. 13). 이 주제에서 파생된 수많은 중차대한 사항은, 명백한 이유로 인해 거의 연구된 바 없다. 그 사항은 진지하고도 상세하게 다룰 만한 가치가 있지만, 내가 여기서 다루기는 불가능하다.

8-78. Benedetto(1920, pp. 196~215), Spiegel(1967, pp. 62~63), A. R. W. Green(1975, pp. 182~183)을 보라.

8-79. Harden(1971, p. 95), Herm(1975, pp. 118~119)을 보라. Warmington(1960, p. 164)은 플로베르에 대해 매우 적대적이다.

8-80. Herm(1975, p. 118)에서 재인용. 의혹을 가질 만한 이유는 없지만, 어쨌든 원문 출처는 찾아낼 수 없었다. Kunzl(1976, pp. 15~20)을 보라.

8-81. Lohnes and Strothmann(1980, p. 563)을 보라. 이들은 가능한 한 독일 자료를 인용하는 것을 원칙으로 삼는다.

8-82. 1918년에 독일 제국이 몰락하고 1922년에 무솔리니가 대두한 이후, 무솔리니가 이탈리아를 로마 제국과 동일시함에 따라 이탈리아에서는 적국인 영국을 카르타고와 동일시하는 경향이 되살아났다. Cagnetta(1979, pp. 92~95)를 보라.

8-83. 예를 들어, 1820~1824, vol. 1, p. 8을 보라.

8-84. Movers(1840~1850, vol. 2, pt 1, pp. 265~302).

8-85. Movers(1840~1850, vol. 2, pt 1, pp. 300~303, 420).

8-86. Astour(1967a, p. 93).

8-87. Gobineau(1983, vol. 1, pp. 664~665).

8-88. Gobineau(1983, vol. 1, p. 663).

8-89. Gobineau(1983, vol. 1, p. 663).

8-90. Gobineau(1983, vol. 1, p. 367).

8-91. Gobineau(1983, vol. 1, p. 662).

8-92. Gobineau(1983, vol. 1, pp. 420~463). 이에 관한 슐레겔의 견해는, 제5장 주 20을 보라.

8-93. Gobineau(1983, vol. 1, pp. 660~685).

8-94. 그는 셈족적인 그리스의 축도인 북부 이타케 출신의 오디세우스를 설명하면서 더욱 많은 어려움을 겪었다.(vol. 1, p. 661).

8-95. Gaulmier(1983, p. lxx)에 언급되어 있는, 이 주제에 관한 고비노의 논문을 보라.

8-96. Gobineau(1983, vol. 1, pp. 716~932).

8-97. 분젠에 관해서는, 제5장 주 125를 보라. 쿠르티우스에 관해서는, 제7장 주 67~68을 보라. 스미스에 관해선, 제7장 주 47을 보라. 그리고 Rawlinson(1869, pp. 119~120)을 보라.

8-98. Gladstone(1869, p. 129).

8-99. Gardner(1880, p. 97), Vermeule(1975, p. 4).

8-100. Dunker(trans. 1883, vol. 1, p. 59).

8-101. Holm(trans. 1893, pp. 47, 101~102).

8-102. 덜월에 관해서는, 제7장 주 29를 보라. 스터빙스에 관해서는, 제10장 주 24를 보라.

8-103. Marsh(1885, p. 191).

8-104. Friedrich(1957, pp. 59~69)를 보라.

8-105. Winckler(1907, p. 17). 또한 T. Jones(1969, pp. 1~47)를 보라. 이에 관한 나의 견해는, 서론 11, 12쪽을 보라.

8-106. 예를 들어, Reinach(1893, pp. 699~701)를 보라.

8-107. Walcot(1966, pp. 1~54).

제9장

9-1. Tsountas and Manatt(1897, p. 326).

9-2. Frothingham(1891, p. 528).

9-3. Van Ness Myers(1895, p. 16).

9-4. R. Brown(1898, p. ix).

9-5. Reinach(1892b, p. 93). Reinach(1893, p. 724)에서 재인용.

9-6. Necrologue, *Revue Archéologique* 36(1932)과 *Encyclopaedia Judaica*에 실린 라이나흐에 관한 익명 저자의 논문.

9-7. Reinach(1893, p. 543).

9-8. Reinach(1893, p. 541).

9-9. Reinach(1892b, 1893, pp. 541~542). 리투아니아인의 상승과 소쉬르의 역사 언어학, 그리고 신문법학자에 관해서는, Pedersen(1959, pp. 64~7, 277~300)을 보라.

9-10. Reinach(1893, pp. 561~577).

9-11. Reinach(1893, p. 572).

9-12. Reinach(1893, p. 704).

9-13. Reinach(1893, p. 726).

9-14. Beloch(1894).

9-15. Momigliano(1966a, p. 247).

9-16. Momigliano(1966a, p. 259~260).

9-17. Beloch(1893, vol. 1, p. 34, n. 1).

9-18. Lloyd-Jones(1982c, p. xx).

9-19. Mimigliano(1966a, p. 258).

9-20. 제6장 주 94를 보라.

9-21. Beloch(1894, p. 114)는 이 두 가지의 결합을 인상적으로 보여준다.

9-22. Beloch(1894, p. 126).

9-23. Beloch(1894, p. 125).

9-24. Beloch(1894, p. 128).

9-25. Beloch(1894, p. 112).

9-26. 가나안어 용어에 관해서는, 예를 들어, 비블로스라는 도시 이름과 관련된 비블리노스 byblinos(삭구素具)와 엘라ʿēlåh, 엘라테elatē(노)의 기원인 엘라ʿēlåh/엘라트ʿēlat(강한 나무, 기둥), 그리고 가울로스gaulos(배)의 기원인 굴라gullåh(배)를 보라. 내가 생각하기에, Chantraine(1928, p. 18)은 인도유럽어 *ku(m)bara(쿠[ㅁ]바라 : 축)가 쿠베른kubern-(키)의 원어라는 점을 너무 쉽게 포기한다. 그러나 셈어 어근 √kbr(카바르 : 큰)에서 영향을 받은 것으로 보일 수도 있다. 샹트렌은 바리스baris의 어원이 이집트어일 가능성을 인정했다. 그러나 1920년대에 그는 셈어 차용어를 부정하면서, 인도유럽어로 설명될 수 없는 대부분의 해양 단어들을 '선先헬레네스'나 '지중해 지역 종족'에게 귀속시켰다. 이집트어 어원에 관해서는, 제2권을 보라. 이집트 배의 형상에 관해서는, *Thera and the Aegean World: Papers presented at the Second International Scientific Congress, Santorini, Greece, August 1978*(ed. C. Doumas, London, 1979)에 실린 테라 벽화를 보라.

9-27. Bass(1967), Helm(1980, pp. 95, 223~226)을 보라.

9-28. Beloch(1894, pp. 124~125).

9-29. 제1장 주 58~68과 Beloch(1894, p. 112)를 보라.

9-30. Bunnens(1979, pp. 6~7).

9-31. Armand Bérard(1971, pp. vii~xviii).

9-32. V. Bérard(1894, pp. 3~5).

9-33. V. Bérard(1894, pp. 7~10).

9-34. Kropotkin(1899, pp. 385~400).

9-35. V. Bérard(1902~1903, 1927~1929).

9-36. *Herodotos*, I.105.

9-37. Bérard(1902~1903, vol. 2, pp. 207~210), Astour(1967a, p. 143). 이들 중 누구도 중차대

한 이집트의 영향을 믿지 않았다. 그래서 이들은 인도유럽어 어원을 갖지 않는 스칸데이아가 필시 이집트어 sḫmty(세케메티 : 이집트의 이중 왕관, 그리스어로는 관사 p3[파]가 덧붙여져 psent[프센트]라고 표기되었다)에서 유래한다는 점에 주목하지 못했다. 나는 베라르의 이중어 가운데 대부분은 아닐지라도 어쨌든 다수가 그리스어와 셈어 사이의 이중어라기보다는 사실상 이집트어와 셈어 사이의 이중어라고 믿는다.

9-38. Petrie(1894~1905, vol. 2, pp. 181~183).

9-39. Weigall(1923, p. 69).

9-40. Gardiner(1961, pp. 213~214).

9-41. King and Hall(1907, pp. 385~386).

9-42. Wigall(1923, p. 127).

9-43. Freud(1939).

9-44. Vercoutter(1953, pp. 98~122), Helck(1979, pp. 26~30).

9-45. Evans(1909, p. 109)를 보라. 그는 셉티미우스의 기록을 받아들이는 근거를 밝혔다. 또한 Gordon(1966b, p. 16)을 보라.

9-46. 제7장 주 68을 보라.

9-47. 제8장 주 48을 보라. 에번스가 '미노아'라는 용어를 고안해낸 데에 관해서는, 1909(p. 94)를 보라.

9-48. Stobart(1911, p. 32). Steinberg(1981, p. 34)에서 재인용.

9-49. King and Hall(1907, p. 363).

9-50. Dörpfeldt(1966, pp. 366~394), E. Meyer(1928~1936, vol. 2, pat 2, pp. 113~122)를 보라. 또한 Giles(1924, p. 27)를 보라.

9-51. Bury(1900, p. 77). 이 구절은 R. Meiggs가 개정한 제3판(1951, p. 77)에 남아 있다.

9-52. 예를 들어, Baron(1976, pp. 168~171)을 보라.

9-53. Oren(1985, pp. 38~63).

9-54. *Cornell Alumni News* 84(1981년 7월 9일자, p. 7). 이 인용문은 폴 호흐 박사의 도움이 컸다.

9-55. Childe(1926, p. 4).

9-56. Myres(1924, p. 3).

9-57. Myres(1924, pp. 21~23).

9-58. Myres(1924, pp. 26~27).

9-59. S. A. Cook(1924, p. 195).

9-60. S. A. Cook(1924, p. 196).

9-61. Frankfort(1946, pp. 3~27). 19세기 후반과 20세기 초 유럽 사상에서 제기되는 이 사안에 관한 뛰어난 논의는, Horton(1973, pp. 249~305)을 보라.

9-62. S. A. Cook(1924, p. 203).

9-63. 이 점은 Barnard(1981, p. 29)에서 주장된다.

9-64. Nilsson(1950, p. 391).

9-65. Blegen and Haley(1927, pp. 141~154).

9-66. Blegen and Haley(1927, p. 151).

9-67. Laroche(1977?, p. 213).

9-68. Kretschmer(1924, pp. 84~106). 또한 Georgiev(1973, p. 244)를 보라.

9-69. 이 '접미사'에 관한 상세한 논의는, 제2권을 보라.

9-70. 제5장 주 125와 제7장 주 68을 보라. 페니키아인과 미노아인 사이의 혼동에 관해서는, Burns(1949, p. 687)를 보라.

9-71. 이를 입증하려는 독일 학자의 시도에 관한 참고 문헌은, Jensen(1969, p. 574)을 보라. 또한 Waddell(1927), Graves(1948, pp. 1~124), Georgiev(1952, pp. 487~495)를 보라.

9-72. Josephus, *Contra Apionem*, I.11.

9-73. 제9장 주 11을 보라.

9-74. Beloch(1894, pp. 113~114).

9-75. *Ilias*, VI.168~169.

9-76. Carpenter(1933, pp. 8~28).

9-77. 적어도 외국 음운을 표기하기 위해 모음을 사용한 셈어 알파벳에서 최초의 그리스어 알파벳이 형성되었다는 나의 확신에 관해서는, Bernal(1987a, 1989년에 출간 예정)을 보라.

9-78. Carpenter(1933, p. 20).

9-79. Woolley(1938, p. 29).

9-80. Jeffery(1961, p. 7)를 보라.

9-81. Jeffery(1961, p. 7).

9-82. 제9장 주 33을 보라.

9-83. Bury(1900, p. 77). 제9장 주 51을 보라.

9-84. 제8장 주 83~85를 보라.

9-85. 적어도 기원전 10세기부터 페니키아가 에게 해에 크나큰 영향을 미쳤으며, 그리스의 폴리스와 노예제 사회 전체가 페니키아에서 유래했다는 나의 주장에 관해서는, Bernal(1987b)을 보라.

9-86. Carpenter(1938, p. 69).

9-87. Jensen(1969, p. 456).

9-88. Ullman(1934, p. 366).

9-89. Carpenter(1938, pp. 58~69).

9-90. Parry(1971)를 보라.

9-91. Z. S. Harris(1939, p. 61)를 보라. 올브라이트가 히람의 석관에 씌어진 중요한 비문의 연대를 지배적인 연대에 부합하도록 늦춰 잡은 점에 관해서는, Garbini(1977, pp. 81~83)를 보라. 또한 Bernal(1987a, 1988년에 출간될 책), Tur-Sinai(1950, pp. 83~84)를 보라.

제10장

10-1. Oren(1985, pp. 173~286)

10-2. 예를 들어, Holm(1894, vol. 1, p. 13)을 보라.

10-3. Grumach(1968/9), Hood(1967)를 보라.

10-4. 해독에 관한 상세한 내용은, Chadwick(1973a, pp. 17~27)을 보라.

10-5. Friedrich(1957, pp. 124~131)를 보라.

10-6. Chadwick(1973a, pp. 24~27)을 보라.

10-7. Georgiev(1966, 1973, pp. 243~254), Renfrew(1973, pp. 265~279)를 보라. 이에 관한 나의 견해를 개관하려면, 서론, pp. 13~17을 보라.

10-8. 그렇다고 해서 고립주의 패러다임을 지지하는 사람이 모두 반反식민주의자였다거나, 전파론자가 모두 식민주의에 적대적이었다는 뜻은 아니다.

10-9. Crossland and Birchall(1973, pp. 276~278).

10-10. Carpenter(1958, 1966)를 보라. 또한 Snodgrass(1971, pp. 18~23)를 보라.

10-11. Vian(1963).

10-12. Bury(1951, p. 66).

10-13. Kantor(1947, p. 103).

10-14. Baramki(1961, p. 10).

10-15. Albright(1950, 1975).

10-16. Culican(1966).

10-17. Thomson(1949, pp. 124, 376~377), Willetts(1962, pp. 156~158).

10-18. Baramki(1961, pp. 11, 59), Jidejian(1969, pp. 34~37, 62).

10-19. Huxley(1961, esp. pp. 36~37). 또한 제10장 주 64~65를 보라.

10-20. Stubbings(1973, vol. 2, pt 1, pp. 627~658). 이 분책본은 1962년에 처음으로 출간되었다.

10-21. Stubbings(1973, pp. 631~635).

10-22. Vermeule(1960, p. 74). Astour(1967a, p. 358)에서 재인용.

10-23. Chadwick(1976), Dickinson(1977), Hammond(1967), Hooker(1976), Renfrew(1972), Taylour(1964)를 보라. Muhly(1970b, pp. 19~64)는 이러한 시각을 가장 훌륭하게 표현한다. 그러나 그의 입장 변화는 아래에서 논의할 것이다. Vermeule(1964) 또한 이러한 견해를 지녔지만, 그녀 역시 그 이후로 자신의 입장을 크게 확장시켰다.

10-24. Stubbings(1973, p. 637). 이집트에서 일어난 변화에는, 보통 새로운 언어로 인정되는 후기 이집트어의 발전과 최초의 광범위한 청동기 사용, 그리고 말, 전차, 검, 절충식 활, 셰도프(물을 길어 올리는 간단한 관개 장치) 등의 도입이 포함된다.

10-25. Bass(1967). 그의 예비 보고서에 관해서는, 1961(pp. 267~286)을 보라.

10-26. Symeonoglou(1985, pp. 226~227)를 보라.

10-27. 이에 관한 개요는, R. Edwards(1979, pp. 132~133)를 보라.

10-28. 이에 관한 참고 문헌은, R. Edwards(1979, p. 118, 주 122~123)를 보라.

10-29. 스티븐슨 스미스의 저서에 관한 Mellink(1967, pp. 92~94)와 Muhly(1970a, pl. 305)의 비평을 보라.

10-30. 예를 들어, Akurgal(1968, p. 162), Stubbings(1975, pp. 181~182)를 보라.

10-31. Astour(1967a, pp. 350~355)를 보라.

10-32. 예를 들어, G. S. 커크 교수의 저서를 보라.

10-33. Walcot(1966), West(1971)을 보라.

10-34. Fontenrose(1959)를 보라.

10-35. Webster(1958, p. 37).

10-36. Szemerenyi(1964, 1966, 1974), Mayer(1964, 1967)를 보라. 그들의 연구에 관한 진전된 논의는, 제2권을 보라.

10-37. Levin(1968, 1971a, 1971b, 1973, 1977, 1978, 1979, 1984)을 보라. 두 어족에 관한 그의 연구는, 1971a를 보라. 서론(54쪽)에서 언급했듯이, 아프리카아시아어와 인도유럽어 사이에 발생적 관계가 있다는 생각이 지난 몇 년 동안 실질적으로 되살아났다.

10-38. Brown(1965, 1968a, 1968b, 1969, 1971)을 보라.

10-39. Masson(1967)을 보라. 이에 대한 칭송에 관해서는, 예를 들어 Rosenthal(1970, p. 338)을 보라.

10-40. 물론 중요한 예외가 있었다. 특히 Umberto Cassuto(1971)와 Spiegel(1967)의 저서가 그

러한 예외였다.

10-41. Gordon(1971, pp. 144~159)의 자전적인 내용을 보라.

10-42. Cross(1968, pp. 437~460), Friedrich(1968, pp. 421~424), Bunnens(1959, pp. 43~44), Davies(1979, pp. 157~158)를 보라. 이에 관한 나의 견해는, 제5장 주 168을 보라.

10-43. Gordon(1971, p. 157).

10-44. Gordon(1971, p. 158). 오늘날의 인정에 관해서는, Chadwick(1973a, pp. 387~388)을 보라.

10-45. Gordon(1962a, 1963a, 1968a, 1968b, 1969, 1970a, 1970b, 1975, 1980, 1981)을 보라. 또한 Astour(1967b, pp. 290~295)를 보라. 에테오크레타인에 관해서는, 제1장 주 16을 보라.

10-46. Dahood(1981a, 1981b), Garbini(1981), Gelb(1977, 1981), Kienast(in Cagni, 1981)를 보라.

10-47. Gordon(1971, p. 161)을 보라.

10-48. 이 때문에 아프리카인 지도자들이 자신들과 고대 이스라엘인 사이의 매우 실질적인 친근성을 재발견하지 못한 것은 아니었다. 그들은 근대 이스라엘과의 동맹 체결을 정치적인 문제로 생각했다.

10-49. Chanaiwa(1973)를 보라.

10-50. Chadwick(1973b, vol. 2, pt 1, pp. 609~626, 1973a, pp. 595~605)을 보라.

10-51. 예를 들어, Duhoux(1982, pp. 223~233)를 보라.

10-52. Stieglitz(1981, pp. 606~616)를 보라.

10-53. Neiman(1965, pp. 113~115), Sasson(1966, pp. 126~138)을 보라.

10-54. Astour(1967a, pp. xii~xvii).

10-55. 제10장 주 33을 보라. 얼마 지나지 않아 Kirk(1970)는 거의 동일한 주제를 다루었다.

10-56. 에드워즈의 반대에 관해서는, 1979(pp. 139~161)를 보라. 그녀는 애스터의 전반적인 주장을 훼손하지 않는 선에서 몇 가지 타당한 논점을 제시한다.

10-57. Astour(1967a, pp. 357~358).

10-58. Muhly(1968, p. 585).

10-59. Muhly(1968, p. 586).

10-60. 오늘날의 찬사에 관해서는, 제9장 주 18을 보라.

10-61. Muhly(1970b, pp. 19~64).

10-62. Billigmeier(1976, esp. pp. 46~73).

10-63. 출판사는 암스테르담의 J. C. Gieben이었고, 예정된 책 제목은 『카드모스와 다나오스 : 후기 청동기 시대 에게 해 지역에 미친 근동의 영향에 관한 연구*Kadmos and Danaos: A Study of Near Eastern Influence on the Late Bronze Age Aegean*』였다.

10-64. Levin(1971a, p. ix).

10-65. R. Edwards(1979, p. x).

10-66. R. Edwards(1979, p. 39~61).

10-67. R. Edwards(1979, pp. 17~113). 그녀의 구체적인 주장에 관해서는, 제1장 주 52~57을
보라.

10-68. R. Edwards(1979, pp. 201~203).

10-69. R. Edwards(1979, pp. 172~173).

10-70. R. Edwards(1979, p. 171, n. 182).

10-71. Van Berchem(1967, pp. 73~109, 307~338).

10-72. Bunnens(1979, esp. pp. 5~26).

10-73. Helm(1980, pp. 97~126).

10-74. Muhly(1984, pp. 39~56).

10-75. Muhly(1985, pp. 177~191).

10-76. Tur-Sinai(1950, pp. 83~110, 159~180, 277~302), Naveh(1973, pp. 1~8). 1960년대에
분드가르드가 행한 독창적이지만 영향력을 발휘하지 못한 연구에 관해서는, Bernal(1988년
출간 예정)을 보라.

10-77. Naveh(1973, pp. 1~8).

10-78. 그 비문의 연대를 기원전 13세기로 잡는 견해에 관해서는, Garbini(1977)와 Bernal
(1985b, 1987, 1988b)을 보라.

10-79. Jeffery(1982, p. 823, n. 8).

10-80. Jeffery(1982, p. 832).

10-81. McCarter(1975, p. 126).

10-82. 예를 들어, Millard(1976, p. 144)를 보라.

10-83. Cross(1979, pp. 108~111). 나는 이 눈부신 진술에 담긴 거의 모든 내용을 지지하지만,
크레타 등지의 알파벳이 특히 오래되었다는 그의 믿음에는 동의하지 않는다. Bernal(1987b,
1988년 출간 예정)을 보라.

10-84. Cross(1980, p. 17).

10-85. Millard and Bordreuil(1982, p. 140), Kaufman(1982)을 보라. 그들의 환호에 관해서는,
pp. 142, 144, n. 18을 보라.

10-86. 예를 들어, Burzachechi(1976, pp. 82~102)를 보라.

10-87. Stieglitiz(1981, pp. 606~616).

10-88. Bernal(1983a, 1983b).

10-89. Röllig and Mansfeld(1970, pp. 265~270).

10-90. Evans(1909, pp. 91~100), Dussaud(1907, pp. 57~62).

10-91. Bernal(1983a, 1983b, 1985b, 1987, 1988b)을 보라.

10-92. Murray(1980, pp. 300~301, 80~99)를 보라. 그리스가 이 제도를 차용했다는 점에 관해서는, Bernal(1988a)을 보라. 출간 예정인 『케임브리지 고대사』 제3권 제2부에는 페니키아인에 관한 논문이 수록될 것이다. 그러나 그 범위는 기원전 8세기에서 6세기까지로 한정될 예정이다. 제3권 제1부에서 페니키아인에 관한 내용이 빠져 있다는 것은, 페니키아가 그리스에 미친 기원전 750년 이전의 영향을 대단치 않게 여긴다는 뜻이다.

10-93. Morenz(1969, p. 44, 언어에 관해서는, pp. 20, 175를 보라).

10-94. Morenz(1969, pp. 38, 39).

10-95. Morenz(1969, p. 49).

10-96. Morenz(1969, pp. 56~57).

10-97. Morenz(1969, pp. 44~48).

10-98. Snowden(1970).

10-99. James(1954).

10-100. James(1954, p. 158).

10-101. 나는 이 분야에서 여러 해 동안 연구한 뒤에야 제임스 터너 박사를 통해 이 책을 알게 되었다.

10-102. Diop(1974, 1978, 1985a, 1985b). 특히 1974, pp. xii~xvii, p. 1을 보라. 이 주제에 관한 나의 견해는, 제5장 주 65~90을 보라.

10-103. Carruthers(1984, p. 34).

10-104. Carruthers(1984, p. 35). Dubois(1975, pp. 40~42, 1976, pp. 120~147), J. J. Franklin(1947), Noguera(1976)를 보라.

10-105. Carruthers(1984, p. 35). Diop(1974, 1978, 1985a, 1985b), Ben Jochannan(1971), C. Williams(1971)를 보라.

10-106. 모렌츠 이외에도, 이에 대한 예외를 보여주는 학자가 한두 명 있다. 빌리히마이어가 이집트인 다나오스에 관한 신화를 수용했다는 점은 앞서 언급한 바 있다(위의 주 62를 보라). 훨씬 더 의미심장한 것은 에밀리 베르뮐 교수가 그리스에 미친 이집트의 주된 영향을 가능한 일로 고려하고 있다는 징후이다. 이집트와 그리스의 죽음에 관한 믿음에서 나타나는 근본적인 유사성에 대한 그녀의 언급(1979, pp. 69~80)을 보라.

부록

부-1. 제1장 주 17, 18을 보라. 또한 Macalister(1914, p. 2), Mazar(1971, p. 166). Joffe(1980, p. 2)에서 재인용.

부-2. Sandars(1978, p. 145). 여기서는 이집트 부조에 생생하게 묘사된 머리장식에 관한 문제를 다루지 않을 것이다. 왜냐하면 그 머리장식을 착용한 사람이 에게 해 출신인지 아니면 아나톨리아 출신인지가 분명하게 드러나지 않기 때문이다.

부-3. Barnett(1975, p. 373).

부-4. Albright(1975, p. 513).

부-5. Barnett(1975, pp. 363~366). 보다 회의적인 접근에 관해서는, Astour(1967a, pp. 53~67, 1972, pp. 454~455)를 보라.

부-6. Strabo, XIV. 4. 3에서 재인용(trans. Jones, p. 325). Astour(1972, pp. 454~455)가 옳게 지적하듯이, 그리스인과 리디아 모프소스의 다양한 이주 기록으로 인해 엄청난 혼동이 야기된다.

부-7. Astour(1967a, p. 11)와 Sandars(1978, p. 119)에서 재인용.

부-8. Gardiner(1947, vol. 1, pp. 124~125)를 보라. 다나오스인에 관해서는, 제1장 주 106~111을 보라.

부-9. Astour(1972, p. 457).

부-10. Rendsberg(1982)를 보라.

부-11. Astour(1972, p. 458).

부-12. Strange(1973).

부-13. Lipinsky(1978, pp. 91~97), Pope(1980, pp. 170~175). 또한 『블랙 아테나』 제3권을 보라.

부-14. Astour(1967a, pp. 1~4)를 보라. 무크사스Muksas와 Mps(메페스) 사이의 음성학적 관계에 관한 논의는, 제2권과 Bernal(1988b)을 보라.

부-15. 아모스 9:7, 예레미야 47 : 4, 창세기 10 : 14, 에제키엘 25 : 15~17, 스바니야 2 : 4~7.

부-16. 사무엘하 15 : 18~22, 사무엘상 27. 다윗과 필리스티아인의 관계에 관한 나의 견해는 J. Strange(1973)와 다르다.

부-17. M. Dothan(1973), Muhly(1973), Popham(1965)을 보라. T. Dothan(1982, pp. 291~296), Snodgrass(1971, pp. 107~109), Helck(1979, pp. 135~146).

부-18. T. Dothan(1982, pp. 20~22, 291~296). 그녀는 Prst(페레스트)가 쓴 '깃털 왕관'이나 그런 식의 빳빳한 털 장식이 그리스에서 입증되지 않았다는 사실에 호감을 갖는다. 그러나 그것은 발칸이나 서부 아나톨리아에서도 입증되지 않았다. 더욱이 그리스 출신이 틀림없는 T(t)kr(테[체]케르)와 Dnn(다난)은 동일한 유형을 공유했다. Sandars(1978, p. 134)를 보라.

부-19. 이에 관한 최근의 개관은, Helm(1980, p. 209)을 보라.

부-20. 느헤미야 13 : 23~24.

부-21. Yhd(예후드)에 관해서는, J. Naveh(personal communication, Jerusalem, Jun. 1983). Yhw (야후)에 관해서는, Seltman(1933, p. 154)을 보라.

부-22. Gardiner(1947, vol. 1, p. 202).

부-23. Tcherikover(1976, pp. 87~114).

부-24. Gardiner(1947, vol. 1, p. 202). 나는 마르나가, 크레타에 적용될 수 있었던 이름인 신비로운 '서쪽의 일몰 산이라는 뜻의 이집트어 M3nw(마누)에서 유래한다고 믿는다. 결정적이지는 않더라도 충분히 미노스 및 크레타와 동일시될 수 있는 신왕국 지명 Mnnws(멘누스)는, 이로부터 유래했을 가능성이 농후하다. Vercoutter(1956, pp. 159~182)를 보라. 이에 관한 보다 상세한 내용은, 제2권을 보라.

『블랙 아테나』를 읽는

작은 사전

『블랙 아테나』에 등장하는 인명, 지명, 사건, 용어 읽기에 도움을 주고자
원저자 버널의 설명에 덧붙여 역자와 편집자가 작은 사전을 만들었습니다.
맨 처음 나오는 단어에 * 표시를 하였습니다.
『엔사이클로피디아 브리태니커(한글판)』를 주로 참고했습니다.
『블랙 아테나』의 열독에 도움이 되길 바랍니다.

【가】

가나안Canaanite
요르단의 팔레스타인 서쪽 전역을 뜻한다.
또는 후기 청동기 시대(기원전 1500~1100경)
의 남부 시리아와 팔레스타인 문화를 가리키
기도 한다. 가나안어는 이집트어의 영향을
받은 셈어를 말하는데, 기원전 1500~500년에
남부 시리아와 팔레스타인에서 사용되다가
아람어로 대체되었다.

가스통 마스페로 Gaston Maspero(1846~1916)
이집트 유적과 유물의 총 관리를 맡아 고대
무덤들의 모습과 명문을 기록으로 많이 남겼
다. 람세스 2세를 포함한 파라오의 석관과
많은 부장품을 발견해 책으로 펴내기도 했다.
1880년 11월 고고학 원정대를 이끌고 이집트
를 방문했으며, 이 원정대는 뒤에 프랑스 동
양 고고학 연구소가 되었다.

가자Gaza
팔레스타인 남서부에 있는 가자 지구 최대의
도시이다. 이곳은 3,000년 전부터 사람이 거
주했다는 기록이 있다. 가장 오래된 것은 파
라오 투트모세 3세(기원전 15세기)가 기록한
것이며, 고대 이집트의 외교·행정문서인 텔
엘 아마르나 서판書板에도 언급되어 있다.

가트Gath
성서에서는 갓 또는 가드로 나타난다. 필리
스티아(블레셋)의 5개 도시 왕국 가운데 하나
이나, 이스라엘의 어느 곳인지는 정확하게
밝혀지지 않았다.

갈레노스Claudios Galenos(129~216?)
고대 그리스의 의사. 유명한 건축가의 아들
로 태어나 철학과 의학, 문학을 두루 공부했

다. 생체 해부를 통해 학문적 업적을 이루었
으며 현대 의학에도 중요한 영향을 끼쳤다.

게르만적 해석interpretatio Germanica
로마의 이름이나 개념, 또는 이미지를 게르
만 문화 내에서 그와 가장 유사한 것으로
번역하는 관습을 가리킨다.

게르만-프랑크어 Germanic Frankish
인도유럽어족에서 게르만어 계통의 언어를
가리킨다.

게르솜 숄렘 Gershom Scholem
20세기 유대교 신비주의 학자이다.

게브Geb
케브Keb 혹은 세브Seb라고도 한다. 고대 이집
트 종교에서 대지의 신이며 만물을 보호하는
신이다.

게오르크 쿠르티우스 Georg Curtius(1820~1885)
독일의 언어학자. 그리스어 연구의 기초가
되었던 저서로는 『고전 언어학과 관련한 비
교언어학 Die Sprachvergleichung in ihrem Verhä
ltnis zur classischen Philolgie』(1846)이 있다.

게오르크 프리드리히 그로테펜트 Georg
Friedrich Grotefend(1775~1853)
독일의 언어학자. 고대 페르시아 설형 문자
해독에 중요한 역할을 했다. 저서로 『페르세
폴리스 설형문자의 주석에 대한 새 공헌 Neue
Beiträge zur Erläuterung der persepolitanischen
Keilschrift』(1873)이 있다.

게일Gael
스코틀랜드의 고지인을 가리킨다.

고교회파High Church
개신교 전통보다는 가톨릭 전통을 강조하는
영국 성공회의 한 분파이다. 성례전, 전례
예배, 주교 제도 등 형식을 매우 중요하게
여겨 '고교회'라고 불렸다. 17세기 말 영국
성공회 내에서 주교제 형태를 강조하는 경향
에서 나타난 용어이다.

고대 교회 슬라브어Old Church Slavonic
Old Bulgarian, Old Slavonic이라고도 한다. 테살
로니카 주변에서 쓰던 마케도니아 방언에
바탕을 둔 슬라브어이다. 성 키릴루스(콘스
탄티누스)와 성 메토디오스가 9세기에 모라
비아 슬라브인에게 설교하기 위해, 그리고
슬라브어로 성서를 번역하기 위해 이 언어를
사용했다.

고든 차일드Gordon Childe(1892~1957)
오스트레일리아 태생의 역사가. 기원전
3000~2000년대 선사 시대의 유럽과 중동의
관계, 그리고 문자 사용 이전의 고대 서양의
문화 구조와 특징을 연구했다. 저서로 『유럽
문명의 시작 The Dawn of European Civilization』
(1925, 6판 1957)을 비롯해, 유럽 선사 시대의
고전이라 할 수 있는 『선사 시대의 도나우
강 The Danube in Prehistory』(1929)이 있다.

고립어isolating language
중국어와 영어처럼 문장 내 단어 위치의 변동
으로써 의미를 전달하는 언어를 말하며, 굴
절어 및 첨가어와는 상반되는 개념의 언어.

고비노Joseph Arthur Gobineau(1816~1882)
프랑스의 외교관이자 작가·민족학자·사상가
이다. 저서 『인종의 불평등에 관한 에세이
Essai sur l'inégalité des races humaines』(4권,
1853~1855)에서 인종 결정론을 주장했다. 바

그녀와 니체를 비롯해서 체임벌린과 히틀러
같은 인종 차별주의 정치인에게 큰 영향을
끼쳤다.

고전기 그리스Classical Greece
기원전 5세기에서 4세기까지의 그리스를 가
리킨다.

고트Goth어
고트족이 사용한 언어로 지금은 사라지고
없는 동부 게르만어를 말한다. 고트족은 원
래 스칸디나비아 남부에서 살다가 동유럽으
로 이주한 뒤 다시 유럽 남부와 남서부로
이주했다. 이 언어는 게르만 어족의 역사를
연구하는 데 매우 중요한데, 고트어의 기록
이 다른 게르만어의 기록보다 약 400년이나
앞서기 때문이다.

공쿠르 형제Edmond and Jules Goncourt
프랑스의 E. 공쿠르(1822~1896)와 J. 공쿠르
(1830~1870) 형제를 말한다. 이들 형제는 자
연주의 소설과 사회사, 미술 비평 등에 크게
기여했으며, 매년 뛰어난 프랑스 문학가에게
주는 공쿠르 상으로 특히 유명하다.

광교회Broad Church
16세기 후반 3파로 갈라진 영국 국교회 가운
데 중도파 운동을 뜻한다. '폭 넓은' 관점으로
앵글로-가톨릭(고교회)과 반反로마 복음주
의(저교회)의 중도에서 정치보다는 사회 운
동을 활발히 했다. 20세기에는 모더니즘 운동
을 활발히 하면서 보수적인 성공회를 사회
복음에 앞장서는 교회로 바꾸어놓았다.

괴레스Joseph von Görres(1776~1848)
독일의 작가. 후기 가톨릭 낭만주의와 정치
언론을 이끌었으며, 프랑스 혁명의 이상에

따라 1817년 공화주의 신문인 「로테 블라트
Das rote Blatt」를 발행했다.

교착어膠着語
첨가어라고도 한다. 언어의 형태상 유형의
하나. 어떤 말에 독립성이 없는 조사나 접사
接辭 등을 붙여, 그 기능에 의하여 문법적
관계를 나타내는 언어를 말한다. 한국어·일
본어·터키어 등이 이에 속한다.

구티Guti족
고대 메소포타미아 산악 민족이다. 중부 자
그로스 산맥의 하마단 주위에 주로 살았으며,
기원전 3000~2000년에 강성했다. 특히 기원
전 2230년경에는 바빌로니아(남부 메소포타
미아)로 쳐들어가 아카드 왕국을 무너뜨리고
이 지역 대부분을 차지했다고 전해진다.

굴절어inflected Language
문장 속의 문법적 기능에 따라 단어의 형태가
변하는 언어이다. 라틴어를 비롯한 인도유럽
어족과 셈어족에 속하는 많은 언어가 굴절어
로 분류된다.

그노시스gnōsis
영지주의Gnosticism를 가리키며, 그리스어 ‘그
노스티코스’(‘비밀스런 지식’을 소유한 사람)
에서 유래했다. 2세기 그리스·로마 시대에
활발했던 철학적·종교적 운동이다.

그랑 부르주아grand bourgeois
프랑스의 마지막 왕인 루이 필립(1830~1848
재위)이 상류층 유산 계급을 위해 펼친 정책
및 그 계급을 가리킨다.

그루지야Georgia
카프카스 산맥 주변에 위치하여 흑해를 끼고
있다. 옛 소련을 구성한 공화국의 하나이다.

그리스도교 암흑기Christian Dark Ages
5세기 서로마 제국이 몰락한 후부터 중세
시대(대개 9세기 혹은 10세기부터 시작) 이전
까지의 시기를 가리킨다.

그리스 암흑기Greek Dark Ages
그리스 역사에서 기원전 12세기 미케네 궁정
이 몰락한 후부터 기원전 8세기 상고기 그리
스가 발흥하기 전까지의 시기를 가리킨다.

그리스적 해석interpretatio Graeca
고대 그리스에서 다른 민족이 쓰는 신의 명칭
을 자신들이 쓰는 신의 명칭으로 대체하는
경향을 가리킨다.

그리핀griffin
날개가 달린(때론 없다) 사자의 몸에 새 머리
(주로 독수리)를 한 신화적인 동물이다. 고대
근동 지방과 지중해 지방의 장식 미술에서
즐겨 나타난다. 기원전 2000년경 레반트 지방
에서 처음 생겨나 서아시아 전역에 퍼져 기원
전 14세기에는 그리스까지 전파되었다.

그림 문자pictogram
상형 문자보다 앞선 문자로, 뼈, 나무, 바위
등에 색이나 선, 도형 등으로 표시했다.

그림 형제Jacob Ludwig Carl Grimm(1785~1863)
and Wilhelm Carl Grimm(1786~1859)
독일의 형제 작가로, 민요와 민담집을 많이
썼으며, 특히 『어린이와 가정을 위한 옛날이
야기Kinder und Hausmärchen』(1812~1822)가
유명하다. 이 책은 보통 『그림 동화 Grimm's
Fairy Tales』로 알려져 있으며 민속학적 연구
를 탄생시킨 계기가 되었다. 특히 역사 언어

학과 게르만 문헌학에 중요한 공헌을 했다.

기 부넨Guy Bunnens
벨기에 태생의 학자로, 페니키아가 고대 그리스 문명에 끼친 영향을 연구했다. 저서로 1979년 발행된『페니키아의 지중해 지역 확장 : 문헌학적 전승에 기초한 시험적 해석 L'expansion phénicienne en méditerrane: essai d'interprétation fondé sur une analyse des traditions littéraires』이 있다.

김나지움Gymnasium
독일의 국립 중등학교이다. 인문계 고등교육 준비과정(대학진학 예비학교)으로 9년제이며, 1537년 스트라스부르에서 시작되었다.

꼬마 성인 휴Little Saint Hugh
1246~1255년경 유대인에게 고문을 받고 가시관이 씌워진 채 십자가에 못 박혀 순교했다는 영국 소년. 그의 순교는 많은 중세 담시의 주제가 되었다.

【나】

나바리노Navarino
그리스 메세니아 주 필리아 군의 중심지. 필로스라고도 하며 그 지방에서는 네오카스트로라고 불린다. 이곳은 펠로폰네소스 반도의 남서 해안이자 수심이 깊어 항로로 이용되는 나바리누 만의 남쪽 돌출부에 위치한다.

나시르 웃딘 투시Naṣīr al-Din Tūsī(1197?~1274?)
아랍 천문학자. 마라가에 천문대를 설치했다.

나우크라티스Naukratis
나일 강 삼각주 서부에 있던 고대 그리스의 식민지. 상업의 중심지로 이집트에서 독점 교역권을 갖고 있었으며, 헬레니즘 시대 이전에는 그리스와 이집트 문화 교류의 중심지였다.

나우팍토스Naupaktos
그리스의 펠로폰네소스 반도의 아카이아 북부 지대와 코린트만 사이에 바다를 끼고 마주하고 있는 도시.

나우플리아Nauplia
그리스 펠로폰네소스 반도에 있는 아르골리스 주의 주요 소도시이다.

네그리튀드Négritude
1930~1950년대 파리에서 활동하던 아프리카와 카리브 해 출신 작가들이 프랑스 식민 통치와 동화 정책에 저항하여 일으킨 문학 운동이다.

네부카드네자르Nebuchadnezzar(기원전 630경~562)
신新바빌로니아(칼데아 제국)의 왕으로, 성

서에는 느부갓네살로 나온다. 칼데아 왕조에서 가장 위대한 왕으로 역사상 큰 영향을 미쳤다. 뛰어난 군대를 거느렸으며, 수도 바빌론을 장대하게 장식한 것으로 유명하다.

네프티스Nephtys
이집트의 여신. 오시리스의 동생인 세트의 여동생이자 아내이다.

노먼 로키어Sir Joseph Norman Lockyer(1836~1920)
영국의 천문학자. 1868년 태양 대기에서 헬륨을 발견했으며, 1869년 정기 간행물 『네이처 Nature』를 창간했다.

노모스nomos
고대 이집트의 행정 구역.

노암 촘스키Noam Chomsky(1928~)
미국의 언어학자·작가·반전反戰 운동가이다. 독창적 언어 분석 체계인 변형 생성 문법의 창시자 가운데 한 사람이다. 1960~1970년대에 걸쳐 미국의 베트남 개입에 반대한 것으로 유명하다.

누비아Nubia
고대 아프리카 북동부에 있던 지방이다. 대략 나일강 하곡(상上이집트의 제1폭포 부근)에서부터 동쪽으로는 홍해, 남쪽으로는 하르툼(지금은 수단에 속함), 서쪽으로는 리비아 사막에 걸쳐 있었다.

누스nous
그리스의 자연철학자인 아낙사고라스의 독창적 우주론을 나타내는 용어로, 정신 또는 이성을 뜻한다. 아낙사고라스에 따르면, 생물체의 성장은 유기체 속에 있는 정신의 힘에 기인하는데, 이 힘에 의해 유기체는 주변의 물체로부터 영양분을 흡수할 수 있다고 한다.

누트 요정Nut Fairies
이집트 종교에서 하늘 혹은 창공의 여신이다.

뉘른베르크 법
1935년 나치가 뉘른베르크에서 만든 유대인 차별법. 유대인의 피가 섞인 정도에 따라 유대인이나 반半유대인으로 분류하여 차별했으며, 독일인과의 결혼을 금지하고, 심지어 키스를 해도 처벌했다.

뉴먼John Henry Newman(1801~1890)
19세기 성직자이자 저술가. 영국 국교회의 옥스퍼드 운동을 이끌었으며, 나중에는 로마 가톨릭 교회의 추기경이 되었다.

느헤미야Nehemiah
기원전 5세기에 활동한 유대인 지도자. 페르시아 왕 아르닥사사 1세가 유대인 포로들을 풀어주자(기원전 444경) 그들과 함께 예루살렘을 재건했다.

니네베Nineveh
성서에는 니느웨라고 나온다. 고대 아시리아 제국에서 가장 오래되고 인구가 많았던 도시이다. 티그리스 강의 동쪽, 오늘날의 모술(이라크에 있음) 맞은편에 위치했다.

니사Nysa
영어로 Neisse라고도 한다. 폴란드 남서부에 있는 2개의 강이다.

니콜라스 프레레Nicolas Fréret
18세기 프랑스의 학자. 고대 모델을 옹호했으며 무신론자였다.

님프nymph
그리스 신화에 나오는 하위의 여성 신이다.
대개 나무처럼 번식력을 지니고 성장하는
것이나 물 등과 관계가 있었다. 불사不死의
존재는 아니지만 수명이 대단히 길고 남자들
에게 매우 친절한 편이다.

【다】

다곤Dagon
Dagan이라고도 한다. 서부 셈족의 신이자 풍
작의 신으로, 고대 근동에서 널리 숭배했다.

다나오스Danaos
그리스 전설에 나오는 이집트 왕 벨루스의
아들이자 아이깁토스의 쌍둥이 동생. 형의 명
령으로 이집트에서 쫓겨나 50명의 딸들(다나
이스)을 데리고 아르고스로 달아나서 그곳의
왕이 되었다. 그러자 아이깁토스의 아들 50명
이 아르고스로 달려와 딸들과 결혼을 승낙하
라고 강요했다. 그러나 다나오스는 딸들에게
결혼 첫날밤에 남편들을 죽이라고 명령했다.
49명의 딸들은 모두 아버지의 명령에 따랐지
만, 히페르메스트라만은 남편인 린케우스를
살려주었다. 49명의 딸들에게 구혼하는 남자
가 없었기 때문에 다나오스는 딸들을 아르고
스 지역의 젊은이들에게 시집보냈다.

다나이스Danaids
형의 명령으로 이집트에서 쫓겨나 아르고스
의 왕이 된 다나오스Danaos의 50명의 딸들.

다리우스Darius(기원전 550~486)
고대 페르시아 아케메네스 왕조의 위대한
왕. 뛰어난 행정 조직과 대규모 건축 사업으
로 유명하다. 몇 차례에 걸쳐 그리스 정복을
꾀했으나 기원전 492년에는 폭풍으로 함대
가 파괴되었으며, 기원전 490년에는 마라톤
에서 아테네에 패했다.

다마스키오스Damaskios(480경~550경)
그리스의 신플라톤주의 철학자. 플라톤이 기
원전 387년경 아테네에 설립한 아카데메이
아에서 플라톤 학파를 계승한 최후의 학자.

다시에Anne Dacier(1654~1720)
프랑스의 고전 주석가, 번역가, 편집자.『일리아스Ilias』(1699)와 『오디세이아 Odyssey』(1708)의 번역과 신구 논쟁이라는 프랑스 문학 논쟁에 참여한 것으로 유명하다. 남편 앙드레 다시에와 편집한『라틴 고전 프랑스 왕자판 Delphin series of editions of Latin classics』(루이 14세 때 왕자 교육을 위해 편집한 라틴 문집)으로 온 유럽에 명성을 떨쳤다.

다이달로스Daidalos
영어로는 Daedalus라고 한다. 그리스 신화에 나오는 건축가이자 조각가. '교묘하게 세공한'이라는 뜻이 있다. 크레타 섬의 미노스 왕을 위하여 전형적인 미궁을 지었다고 한다.

단Dan
이스라엘 12지파 가운데 한 지파이다. 이 12지파는 구약 성서 시대에 이스라엘을 이루었으며, 이들 가운데 일부가 후에 유대 민족이 되었다. 단 지파의 이름은 야곱(이스라엘이라고도 함)과 야곱의 두 번째 아내 라헬의 여종인 빌라 사이에서 태어난 두 아들 중 큰아들의 이름을 딴 것이다. 단 지파의 위대한 영웅은 삼손이다.

대륙 이동설Continental Drift
다른 대륙이나 해양 분지를 향해 대륙이 대규모 수평 이동을 한다는 개념이다.

대여행Grand Tours
영국 상류층 자녀의 유럽 주유 여행을 가리키며, 보통 프랑스와 스위스, 이탈리아, 독일이 포함되었다.

데메테르Demeter
그리스 신화에 나오는 농업의 여신. 크로노스 신과 레아 여신의 딸로 주신主神 제우스의 누이동생이자 배우자이다. 데메테르라는 이름은 '곡식의 어머니' 또는 '어머니인 대지'를 뜻한다.

데메테르 신비 의식Demeter Mysteries
엘레우시스 신비 의식이라고도 한다. 고대 그리스에서 가장 유명한 비밀 종교 의식이다.

데모스테네스Demosthenes(기원전 384~322)
아테네의 정치가. 고대 그리스에서 가장 뛰어난 웅변가로, 아테네 시민을 선동해 마케도니아 왕 필리포스와 그의 아들 알렉산드로스 대왕에 대항하도록 했다. 그의 연설문은 기원전 4세기 아테네의 정치·사회·경제 생활에 관한 귀중한 자료이다.

데모크리토스Demokritos((기원전 460경~370경)
그리스의 철학자이며, 원자론 발전에 중요한 역할을 했다. 디오게네스 라에르티오스에 따르면, 그는 지식의 거의 모든 분야를 다룬 73권의 책을 썼는데, 오늘날에는 윤리학에 관한 글의 일부만이 남아있다.

데우칼리온Deucalion
그리스 전설에서 프로메테우스(인류의 창조자)의 아들로, 테살리아에 위치한 프티아 왕국의 왕이자 피라의 남편이다. 그리스(헬레네)인의 조상인 헬렌의 아버지이기도 하다.

데이비드 흄David Hume(1711~1776)
18세기 스코틀랜드의 경험론 철학자, 역사가, 경제학자, 저술가이다. 철학을 인간 본성에 대한 귀납적 실험 과학으로 보고, 뉴턴의 과학 방법과 존 로크의 인식론을 기초로 해서

인식이 생겨날 때 정신이 어떻게 작용하는지
를 설명하려 했다.

데인족Danes
덴마크(계) 사람을 가리킨다. 9세기 말에는
데인족 군대가 잉글랜드의 상당 부분을 식민
지로 삼기도 했다.

데카당Décadent
영어로는 Decadent라고 한다. 19세기 말 프랑
스의 상징주의 시인과 영국 심미주의 운동의
후세대에 속하는 시인들을 말한다. 이 두 집
단은 문학과 예술을 산업 사회의 물질 만능주
의로부터 해방시키고자 했으며, 일부는 도덕
적인 면에서도 자유분방함을 추구했기 때문
에 ‘데카당’의 의미가 확대되어 ‘세기말世紀
末’과 거의 같은 뜻으로 쓰였다.

데카르트René Descartes(1596~1650)
프랑스의 수학자·과학자·철학자이다. 근대
철학의 아버지로 알려져 있다. 모든 형태의
지식을 방법적으로 의심하고 나서 “나는 생
각한다. 그러므로 나는 존재한다”라는 직관
이 확실한 지식임을 발견했다. 주요 저서로
『방법서설 Discours de la méthode』(1637), 『철학
의 원리 Principia Philosophiae』(1644) 등이 있다.

덴데라Dendera
단다라Dandarah라고도 쓴다. 상上이집트 키
나 주의 나일 강 서안에 있는 농업 도시이다.

델로스Delos
그리스 키클라데스 제도의 작은 섬들 가운데
하나. 에게 해 지역에서 고대 종교·정치·상업
의 중심지였다.

델포이Delphoe
영어로는 Delphi라고 한다. 고대 그리스의 아
폴론 신전과 신탁소가 있던 곳이다. 그리스
중부의 포키스 지방에 위치했으며, 고대 그
리스인은 델포이가 세계의 중심이라고 생각
했다.

도도나Dodona
제우스의 고대 신전이 있던 곳이다.

도리스인Dorians
언어학상 다른 그리스 민족과 뚜렷이 구별되
는 민족이다. 원래 중부 그리스의 작은 지방
인 도리스에 살았던 것으로 추정되며 기원전
1100년경(학자에 따라서는 1200년경) 펠로폰
네소스 반도를 정복했다.

도미티아누스Caesar Domitianus Augustus(51~96)
본명은 Titus Flavius Domitianus이며 로마의 황
제(81~96 재위)다.

도상학圖像學iconography
시각 예술에서 쓰인 상징·주제·소재를 식별·
묘사·분류하고 해석하는 학문. 미술가가 특
정 작품에서 이런 심상心像을 사용하는 것을
가리키기도 한다.

뒤퓌Charles François Dupuis
프랑스 혁명기의 정치가이자 학자. 학자로서
의 명성과 온건한 혁명적 성향을 지녔으며,
총재 정부 기간에는 문화상을, 나폴레옹의
통령 정부에서는 입법부의 의장을 역임했다.
저서로는 1795년에 나온 방대한 『모든 제례
의 기원』이 있다. 이 책에서 그는 모든 신화와
종교는 하나의 근원 즉, 이집트로 거슬러 올
라갈 수 있다고 주장했다.

디감마digamma
초기 그리스 문자의 하나. 벤틀리는 호메로스의 원문 연구를 통해 사리진 글자 디감마가 호메로스가 살았던 시간대의 상, 하한선을 결정해주는 요소임을 발견했다.

디아스포라Diaspora
'분산'이라는 뜻의 그리스어. 유대 왕국이 패망하여 바빌로니아로 유배당한 뒤 흩어져 살게 된 유대인, 또는 '유배당하여' 팔레스타인 곧 오늘날 이스라엘 지역 밖에 흩어진 유대인이나 유대인 공동체를 총칭한다.

디오도로스 시켈로스 Diodros Sikelos
기원전 1세기 시칠리아 아기리움에서 활동한 그리스의 역사가. 『세계사 Bibliotheca historica』를 썼다.

디오클레티아누스Gaius Aurelius Valerius Diocletianus(245～316)
본명은 디오클레스Diocles. 로마의 황제(285~305 재위)로서 로마 제국을 부흥시켰다. 재무·행정·군사 기구를 만들어 비잔틴 제국의 기틀을 마련했으며, 그리스도교에 대해 강력한 탄압 정책을 실시했다.

디즈레일리Benjamin Disraeli(1804～1881)
영국의 정치가이자 소설가. 두 차례 총리를 지내면서(1868, 1874~1880) 보수당을 이끌고 제국주의 정책을 폈다.

디트마시Dithmarsch
유틀란트 반도 서쪽 해안에 있는 한 지역.

【라】

라다만티스Rhadamanthys
제우스와 에우로파 사이에서 태어난 아들이자 미노스와 형제이다.

라리사Laris(s)a
그리스 테살리아 지방 라리사 주의 주도이며, 피니오스 강을 끼고 있다.

라비린토스labyrinthos
미궁迷宮을 뜻한다. 이집트인의 설계에 따라 다이달로스가 만들었다고 전해지는 크레타의 미궁은 미노타우로스 신화에 나오지만, 실제 존재했는지는 확실하지 않다.

라이프니츠Gottfried Wilhelm Leibniz(1646～1716)
독일의 철학자·수학자·정치학자. 탁월한 형이상학자이자 논리학자로서 미·적분의 독창적 발명으로 유명하다.

라케다이몬Lakedaimōn
스파르타라고도 한다. 펠로폰네소스 반도 남동부 라코니아 지방에 있던 고대 도시 국가이며, 오늘날에는 에브로타스 강 오른쪽 연안에 있는 라코니아 주의 주도이다.

라코니아Lakonia
그리스 남부 펠로폰네소스 반도의 남동부에 있는 주로, 역사적으로 중요한 지역이다. 오늘날 라코니아 주의 북쪽은 아르카디아와 아르골리스, 서쪽은 메시니아가 각각 경계를 이루었던 고대 국가와 거의 일치하며 주도인 스파르타는 한때 고대 국가의 수도였다.

라Ra
Re, Phra라고도 쓴다. 고대 이집트 종교에서

태양신이자 창조신이다.

락탄티우스Lucius Caecilius Firmianus Lactantius(240
경~320경)
그리스도교 변증가. 저서 『신의 교훈 Divinae
institutiones』은 4세기 초 반그리스도교적인
글에 대한 고전적인 철학적 반론으로, 로마
가톨릭 교회 최초로 그리스도인의 생활 태도
를 체계적으로 설명한 글이다.

람세스Ramses 2세
기원전 13세기 이집트 제19왕조의 3번째 왕
(기원전 1279~1213 재위). 이집트 역사상 두
번째로 오랫동안 왕위에 있었다. 히타이트족
리비아족과의 전쟁 이외에도 방대한 건설
사업과 이집트 여러 곳에 거대한 자신의 조상
彫像을 만든 것으로 유명하다.

랑그도크Languedoc
프랑스 남부에 위치한 역사·문화의 중심지.
에로·가르·아르데슈 주州와 오트루아르·로
제르·타른·타른에가론·오트가론·아리에주
주의 일부를 포함하며 옛 랑그도크 지방과
일치한다.

랠프 커드워스 Ralph Cudworth(1617~1688)
영국의 신학자이자 윤리학자. 케임브리지 플
라톤 학파를 대표한다.

랭커셔Lancashire
영국 잉글랜드 북서부에 있는 주.

럭비Rugby
영국 잉글랜드 워릭셔 주의 행정구와 도시.
19세기에 철도가 생기기 전까지는 별로 중요
하지 않은 지역이었다. 철도의 교차점이 되
면서, 특히 전기제품 공장을 비롯한 많은 공

장이 들어섰다. 1567년 이 지역 주민인 로렌
스 쉐리프는 소년들을 위해 납부금이 없는
공립학교인 유명한 럭비 학교를 세우고, 자
신의 집을 포함한 몇 가지 재산을 기증했다.
이 학교는 토머스 아놀드가 교장으로 있을
때인 1828~42년에 크게 발전하여, 그의 가르
침 아래서 자라나는 세대를 위한 영국 공립학
교의 모범이 되었다. 럭비가 생겨난 곳이기도
하다.

레기오몬타누스Regiomontanus(1436~1476)
본명은 Johann Müller이다. 독일의 천문학자이
자 수학자이다. 유럽에서 삼각법三角法을 부
흥·발전시키는 데 크게 기여했다.

레르나Lerna
'타일의 집'이라 부르는 고대 그리스 본토의
정착지이다.

레반트Levant
'동쪽'의 뜻이 함축되어 있는, '해가 뜨다'라는
뜻의 프랑스어 'lever'에서 유래했다. 동부 지
중해 연안을 가리키는 역사적인 이름이다.

레싱Gotthold Ephraim Lessing(1729~1781)
독일의 극작가, 비평가, 철학 및 미학 저술가.
독일에서 처음으로 희곡을 썼으며, 독일 연
극이 고전주의 극과 프랑스 극의 영향에서
벗어나는 데 이바지했다.

레아Rhea
그리스 종교에 나오는 고대 여신. 레아는 결
실과 관련된 신이라는 점에서 가이아(대지)
나 대모신大母神과 유사하다.

레오나드 울리 Leonard Woolley(1880~1960)
영국의 고고학자. 고대 수메르의 도시 우르

(지금의 이라크에 있음)를 발굴하여 고대 메소포타미아 문명에 대한 지식을 크게 진전시켰다. 그가 발견한 대홍수의 지질학적 증거는 『창세기』에 기술된 대홍수의 가능성을 시사해준다.

레오네 바티스타 알베르티|Leone Battista Alberti(1404~1472)
이탈리아의 인문주의자이자 건축가로서 르네상스 예술론의 주요 주창자이다.

레이몽 슈바브Raymond Schwab
프랑스의 학자. 저서에 『오리엔트 르네상스 The Oriental Renaissance』(1950)가 있다.

렘노스Lemnos
에게 해에 있는 그리스의 외딴 섬. 그리스 본토 북동쪽의 아토스 산과 터키 해안 사이의 중간 지점에 위치하며 레스보스 주에 속한다.

로고스logos
'말', '이성', '계획'을 뜻하는 그리스어. 그리스 철학과 신학에서 우주에 내재하면서 우주를 다스리고, 우주에 형식과 의미를 부여하는 신神의 이성으로 이해되는 개념.

로도스Rodhos
그리스 로도스 섬의 주요 도시이자 도데카니소스 주의 주도이다.

로망스어Romance languages
통속 라틴어에서 파생한 언어이며, 인도유럽어족에 속하는 이탈이아 어파語派의 하위 어군을 이루면서, 서로 친족 관계를 맺고 있는 언어 집단.

로버트 그레이브스Robert Graves(1895~1985)
영국의 시인·소설가·비평가·고전학자. 당시

새로운 문학을 시도하려는 풍토 속에서도 영국 시의 전통 형식을 고수했다. 유명한 역사소설 『나, 클라우디우스 I, Claudius』(1934), 제1차 세계 대전에 관한 자서전적 고전 『모든 것과의 이별 Good-Bye to All That』(1929, 개정판 1957)이 있으며, 다수의 신화학 연구서가 있다.

로버트 보일Robert Boyle(1627~1691)
아일랜드의 화학자·자연철학자. 기체의 특성에 관해 선구적인 실험을 하였고, 현대 화학 원소 이론의 앞선 형태인 입자적 물질관을 신봉한 것으로 유명하다.

로버트 우드Robert Wood
1775년 『최초의 천재 호머와 그 작품에 관한 수필 Essay on the Original Genius and Writing of Homer』을 출간했으며, 현장에서 일리아드를 읽었던 낭만주의적 문학 애호가.

로버트 플러드Robert Fludd(1574~1637)
영국의 의사이며 작가, 신비주의 철학자. 고대부터 유래한 비밀 지식을 전수하는 종교 단체인 장미십자회를 신봉하고, 신비주의 관점에서 과학적 태도에 반대했다.

로버트슨 스미스Robertson Smith(1846~1894)
스코틀랜드의 셈어 학자이자 사회인류학 연구가. 그의 논문 "희생 Sacrifice"(1886)과 저서 『초기 아랍의 친족관계와 결혼 Kinship and Marriage in Early Arabia』(1885)은 비교종교학 연구의 중요한 지침서이다. 1889년에는 『셈족 종교에 관한 강의 Lectures on the Religion of the Semites』라는 독창적 저서를 썼다.

로베르 튀르고Anne Robert Turgot(1727~1781)
프랑스의 경제학자. 루이 15세와 16세 시절 행정관과 재정총감을 지냈으며, 금융 개혁을 표방했으나 특권 계층의 저지로 무산되었다.

로제타석Rosetta Stone
비문이 새겨져 있는 고대 이집트의 돌이다.
프톨레마이오스 5세(기원전 205~180)의 은
총이 기록되어 있으며, 그의 즉위를 기념해
재위 9년에 씌어졌다. 이집트어와 그리스어
의 두 가지 언어와 상형 문자, 민용 문자,
그리스 알파벳 등 세 가지 방식으로 쓰여
있으며, 이집트 상형 문자를 해석하는 열쇠
가 되었다.

루돌프 파이퍼 Rudolf Pfeiffer
독일의 고전학 역사가. 1976년 고전학의 역사
에 관한 책인 『고전학사:1300~1850 History
of Classical Scholarship: From 1300~1850』를 출간
했다.

루비어Luwian language
인도유럽어족에 속하며 주로 고대 아나톨리
아 남부 지방에서 썼으나 지금은 사라진 언
어. 히타이트어·팔라이어·리디아어 등과 가
까운 친족 관계에 있으며 리키아어의 원조元
祖이다. 터키 보아즈쾨이의 유적지인 히타이
트어 문서 보관소에 있던 설형 문자판에 기록
된 ‘루빌리’(‘루비어로’라는 뜻)라는 문구를 통
해 알려졌다. 에밀 포러가 1922년 처음으로
연구했다.

루소Jean-Jacques Rousseau(1712~1778)
프랑스의 철학자·교육학자·음악가·음악평론
가. 주요 저서로는 『인간 불평등 기원론』
(1755), 『사회계약론』(1762), 『에밀』(1762), 『고백
록』(1780) 등이 있다.

루이Louis 14세(1638~1715)
‘태양왕’(1643~1715 재위)이라고도 하며, 그

의 통치 기간은 프랑스 역사에서 최전성기를
이루었다. 고전 시대 절대 왕정의 상징적인
인물이다.

루이Louis 15세(1710~1774)
프랑스의 왕(1715~1774 재위). 무기력한 통치
로 왕권을 약화시켰고, 이로 인해 1789년 프
랑스 대혁명이 일어나게 되었다.

루이Louis 16세(1754~1793)
프랑스 혁명 이전에 통치한 부르봉 왕조의
마지막 왕(1774~1793 재위). 1792년 9월 21일
왕정이 무너지자 루이 16세와 왕비 마리 앙투
아네트는 반反혁명죄로 처형당했다.

루이 필리프 Louis Philippe(1773~1850)
‘시민왕’이라고도 한다. 상층부 부르주아지
계급을 배경으로 통치 기반을 두었으나, 신
흥 산업 계층의 지지를 받지 못해 결국 권좌
에서 밀려났다.

루카니아Lucania
고대 이탈리아 남부 지역의 명칭. 현재의 바
실리카타와 살레르노 주의 대부분, 코센차
주의 일부가 해당된다.

루크레티우스Titus Lucretius Carus
기원전 1세기 로마의 시인이며 철학자. 장편
시 『사물의 본성에 관하여 De rerum natura』로
유명하다. 이 시는 윤리학과 논리학에 대해
서도 언급하고 있어 에피쿠로스의 자연학을
가장 완벽하게 보존하고 있는 작품이다.

루키아노스Lucianos(120경~180)
고대 그리스의 웅변가이자 풍자 작가. 『신들
의 대화 Dialogues of the Gods』와 『죽은 사람들
의 대화 Dialogues of the Dead』를 썼다.

루키우스 셉티미우스Lucius Septimius Severus(146
~211)
로마의 황제(193~211 재위). 그의 통치 기간
동안 후기 로마 제국의 특징인 절대적 전제
정치로 발전했다.

리노스Linos
그리스 신화에서 아폴론과 프사마테의 아들
로 태어났으며, ‘애가哀歌의 화신化身’이다.
리노스라는 이름은 장례식을 치를 때 후렴으
로 되풀이하여 외치는 ‘아일리노스ailinos’에
서 유래했다.

리디아Lydia
아나톨리아 서부의 고대 국가. 에게 해에서
동쪽으로 뻗어 나가 헤르무스 계곡과 카이스
테르 강 유역에 걸쳐 있었다. 기원전 7세기
중반에서 6세기 중반까지 잠시 소아시아를
지배하는 동안, 리디아인은 이오니아계 그리
스인에게 깊은 영향을 주었다. 기원전 7세기
에는 킴메르족의 프리지아 파괴로 생긴 공백
을 메우고, 전설적인 기게스 왕의 통치 아래
사르디스에 왕조를 세웠다.

리디아어Lydian language
고대 리디아 왕국에서 사용했으나 지금은
사라진 인도유럽어. 오늘날 남아 있는 대부
분의 문헌은 미국 발굴단이 리디아의 수도였
던 사르데스에서 찾아낸 것으로서, 가장 오
래된 것은 기원전 5세기나 6세기까지 거슬러
올라가지만 대다수는 기원전 4세기의 것이
다. 이 리디아 문헌에 사용된 문자의 원형은
동부 그리스 문자였다.

리바이어던Leviathan
영국의 철학자 토머스 홉스가 1651년 쓴 책이
다. 국가를 성서에 나오는 괴물 리바이어던

에 비유하여 전제 군주제를 옹호했다.

리버스W. H. R. Rivers(1864~1922)
영국의 정신의학자이자 인류학자. 한 인류
집단에 대한 정확한 서술 모델을 제시한 『토
다족 The Todas』(1906)과 『멜라네시아 사회의
역사 History of Melanesian Society』(1914)를 썼다.

리비우스Titus Livius(기원전 64/59~17)
살루스티우스, 타키투스와 함께 로마의 위대
한 3대 역사가로 손꼽히는 인물. 그의 『로마
사 Ab Urbe Condjta Libri』는 당대에 이미 고전
이 되었으며, 18세기에 이르기까지 역사를
서술하는 방식과 원칙에 큰 영향을 미쳤다.

리산드로스Lisandros(?~기원전 395)
그리스의 군사·정치 지도자. 펠로폰네소스
전쟁에서 스파르타를 승리로 이끌었으며, 전
쟁이 끝날 무렵에는 그리스 전역에서 권력을
장악했다.

리세lycée
프랑스의 대학 입학 자격 시험인 바칼로레아
를 준비하는 7년 과정의 중등 교육 기관이다.

리스 카펜터Rhys Carpenter
미국의 고고학자로 극단적인 아리안 모델을
주장했다.

리처드 벤틀리Richard Bentley(1662~1742)
영국의 성직자이자 역사 고전학자. 고전 원
문을 복원하기 위해 노력했으며, 원문 비평
과 고전 학문의 발전에 새 방향을 제시했다.

리쿠르고스Lykourgos
기원전 7세기경 고대 스파르타의 입법자로
스파르타 제도의 대부분을 제정했다고 한다.

리키아Lycia
아나톨리아 남부에 위치한 지역. 리키아어는
아나톨리아어족에 속하며 히타이트어의 방
계 후손이었다. 알파벳으로 쓴 비문은 기원
전 5세기부터 나타난다.

리투아니아Lithuania
유럽 북서부에 위치한 국가.

리프트 계곡Rift Valley
동아프리카에 위치한 단층분지斷層盆地.

리플라인Jens Lieblein
1884년 출간된 『이집트 종교 Egyptian Religion』
에서, 이집트인에게는 기껏해야 원시적인 유
일신proto-God이 있었거나 아니면 전혀 유일
신이란 존재가 없었다고 주장했다.

리하르트 레프시우스Richard Lepsius(1810～
1884)
독일의 이집트학 학자이자 근대 고고학의
창시자. 이집트의 고고학 유물 목록을 작성
했고, 이집트 역사의 연대기를 만드는 데 크
게 이바지했다.

린네Carl von Linn'e(1707～1778)
스웨덴의 식물학자이자 탐험가. 처음으로 생
물의 종種과 속屬을 정의하는 원리를 만들었
으며, 또한 생물의 이름을 붙일 때 필요한
일정한 체계를 만들었다.

린도스Lindhos
그리스 로도스 섬 동부 해안에 위치한 도시.
기원전 408년 이곳에 있던 도시 국가가 다른
두 도시 국가와 통합되어 로도스를 구성했다.

릴리언 제프리Lilian Jeffery
영국의 고전학자이자 초기 그리스 알파벳

전문가. 알파벳의 전래 시기가 기원전 8세기
라는 리스 카펜터의 주장을 계승했다.

링구아 프랑카lingua franca
공통 언어가 없는 집단이 서로 의사를 전달하
기 위해 쓰는 보조 언어를 말한다. 외교 관계
에서 쓰는 영어와 프랑스어를 그 예로 들
수 있다.

【마】

마그리브Maghreb
'서쪽'이라는 뜻의 아랍어. 지중해에 접해 있는 북아프리카 지역을 가리키며, 모로코, 알제리, 튀니지(때로 리비아까지)를 포함한다.

마네토Manetho
기원전 300년경에 활동한 이집트의 성직자이다.

마니교Manichaeism
3세기 페르시아의 종교 개혁가인 마니가 창시한 종교. 조로아스터교의 이원론을 한층 진전시켰으며, 모든 물질과 육신을 악으로 보고 거부했다. 신자들은 엄격한 금욕과 독신 생활을 실천하는 엘리트와, 결혼과 속세의 삶이 허용되는 평신도로 나뉘었다. 마니교는 6세기 그리스도교에 의해 붕괴되었다. 그러나 중세 시대에는 마니교 '이단'이 비교적 흔했다. 가장 잘 알려진 마니교 이단은 카타르파 혹은 알비파였다.

마랭 메르센Marin Mersenne(1588 ~ 1648)
프랑스의 수학자·자연철학자·신학자. 그가 발견한 메르센 수는 비록 몇 개의 소수만을 나타낼 뿐이지만, 이 공식은 정수론에 커다란 발전을 가져왔다.

마르실리오 피치노Marsilio Ficino(1433 ~ 1499)
이탈리아의 철학자·신학자·언어학자. 플라톤과 그리스 고전을 번역해 유럽이 사상적으로 발전하는 데 영향을 끼쳤으며, 피렌체 지방에서 플라톤 사상을 부흥시켰다.

마르쿠스 아우렐리우스Marcus Aurelius(121 ~ 180)
로마의 황제(161~180 재위). 스토아 철학이 담긴 『명상록』의 저자로 잘 알려져 있으며, 로마 제국의 황금 시대를 이룬 인물이다.

마르쿠스 안토니우스Marcus Antonius(기원전 82/81 ~ 30)
율리우스 카이사르 휘하의 로마 장군이며, 제2차 삼두정三頭政(기원전 43~30)의 세 실력자 중 한 사람. 로마 공화정을 무너뜨린 최후의 내전에서 이집트 여왕 클레오파트라와 함께 옥타비아누스(훗날의 아우구스투스 황제)에게 패배했다.

마르크스Karl Marx(1818 ~ 1883)
독일의 사회학자·경제학자·정치이론가. '마르크스주의'(공산주의)의 창시자로서 프리드리히 엥겔스와 함께 『공산당선언』(1848), 『자본론』(1867, 1885, 1894)을 집필했다.

마르틴 루터Martin Luther(1483 ~ 1546)
독일의 성직자·성서학자·언어학자. 교회의 부패를 비판하고 프로테스탄트 개혁을 촉진시켰다. 그의 사상과 저술에서 비롯된 종교 개혁 운동은 개신교를 낳았으며, 사회·경제·정치사상에 커다란 영향을 끼쳤다.

마소라 사본Masoretic Text
유대교 성서의 전통적인 히브리어 사본. 꼼꼼하게 수집되어 성문화되었으며, 정확한 발음을 나타내기 위해 음성 구별 표시를 했다.

마이클 벤트리스Michael Ventris(1922 ~ 1956)
영국의 건축가이자 문자 해독가. 1952년 미노아 선형線形 B문자를 해독했으며, 이 문자가 기원전 1500~1200년경에 쓰였던 가장 오래된 그리스어 형태임을 밝혔다.

마이클 애스터Michael Astour
미국 브랜다이스 대학의 오리엔트학 교수.
1967년 출간된 저서 『헬레노세미티카』에서
서부 셈족의 신화와 그리스 신화의 상응 관계
를 보여주었다.

막스 뮐러Max Müller(1823～1900)
독일의 동양학자이자 언어학자. 언어학·신화
학·종교학에 많은 영향을 끼쳤다. 주요 업적
으로 51권의 『동양의 경전 The Sacred Books
of the East』(1879~1904)이 있다.

만자형 십자가swastika
오른쪽 또는 왼쪽으로 꺾인 등변等邊 십자가
이다. 보통 시계 방향으로 꺾여 있다. 오랜
옛날부터 오늘날까지 부와 행운의 상징으로
널리 사용되고 있다.

말레이-폴리네시아어Malay-Polynesian language
말레이시아와 인도네시아 열도, 필리핀, 베
트남, 캄보디아, 타이완, 마다가스카르의 일
부 지역, 그리고 오스트레일리아와 뉴기니를
제외한 중앙 태평양과 남태평양의 주요 섬들
에서 사용하는 언어이다.

맘루크Mamluk
노예를 뜻하는 아랍어에서 유래했다. 중세
시대에 여러 이슬람 국가들의 통제권을 장악
했던 노예 군단의 병사를 일컫는다.

매슈 아널드Matthew Arnold(1822～1888)
영국 빅토리아 시대 시인이자 문학·사회 비
평가. 『교양과 무질서 Culture and Anarchy』
(1869)와 같은 작품을 통해 '교양을 주장했다.

메가라Megara
기원전 4세기 초 그리스에서 에우클레이데
스(수학자 에우클레이데스와는 다른 사람)
가 창시한 철학 학파이다. 아리스토텔레스를
비판했으며, 스토아 학파의 논리학에 영향을
미친 것으로 유명하다.

메네스Mēnēs
기원전 2925년경 통일 이집트의 첫 번째 왕.
전승에 따르면 그는 상·하 이집트를 통일해
중앙 집권 군주국으로 만들었다고 한다.

메넬라오스Menelaos
그리스 신화에 나오는 인물. 스파르타, 미케
네 왕인 아트레우스의 작은 아들이다. 트로
이 전쟁은 그의 아름다운 아내 헬레네를 트로
이의 왕자 파리스에게 빼앗긴 데서 일어났다.

메넬라이온Menelaion
미케네 문명기 스파르타 메넬라오스 궁의
중심부로 여겨진다. 스파르타에서 남동쪽으
로 5Km 떨어진, 에우로타스 강 동쪽 연안의
파르논 산 정상에 위치하며, 기원전 15세기경
부터 인간 거주의 흔적이 있다.

메르쿠리우스Mercurius
로마 종교에서 상품 및 상인의 수호신. 그리
스 신화에서 신들의 심부름꾼인 헤르메스에
해당한다. 로마에서는 일찍부터 메르쿠리우
스를 섬겼고, 기원전 495년 아벤티누스 언덕
에 있는 신전을 그에게 봉헌했다. 미술가들
은 헤르메스의 속성을 빌려 날개달린 신발을
신거나 날개 달린 모자를 쓰고, 두 마리 뱀이
감겨 있으며 꼭대기에 두 날개가 있는 지팡이
를 갖고 다니는 것으로 묘사했다.

메솔롱기온Mesolongion
메세니아Messenia, 메시니아Messinía라고도 한
다. 그리스 펠로폰네소스 반도 남서부에 있
었던 고대 지역을 가리킨다.

메시아messiah
'기름부음을 받은'이라는 뜻의 히브리어
mashia에서 유래했다. 이스라엘을 외국의 압
제에서 구원하고 황금기의 영광을 되찾아
주리라고 유대교에서 기대하는 왕을 가리킨
다. 형용사 메시아적(messianic)이라는 말은 넓
은 의미에서 인류, 또는 세계가 종말에 더
나은 상태에 이를 것이라는 신념이나 이론을
언급할 때 쓰인다.

메테르니히Fürst von Metternich Klemens(1773~
1859)
오스트리아의 보수주의 정치가. 나폴레옹을
격파한 유럽 국가들의 동맹 형성을 도왔고,
1814~1815년 빈 회의를 주재하면서 오스트
리아를 유럽의 주도국으로 복귀시켰다.

멘트호트페Menthotpe
이집트 제11왕조의 왕(기원전 2060~2010 재
위). 기원전 2060년경 남쪽 지역의 통치를 시
작으로, 이집트를 재통일하여 중왕국 시대를
열었다.

멘추Mntw
고대 이집트의 전쟁신. 테베의 신이며, 태양
신의 성격을 지녔다. 황소 꼬리와 태양 원반
圓盤 및 매의 머리를 가진 인간의 모습을
했으며 황소 머리를 지닌 인간(부키스)의 모
습으로 표현되기도 했다. 중왕국 시대 초기
에 등장하여, 특히 11왕조 왕들의 숭상을 받
았다.

멜람푸스Melampous
그리스 신화에 나오는 예언가. 어렸을 때 구
해준 어린 뱀 두 마리가 그의 귀를 핥은 뒤로
는 새들의 말을 알아들을 수 있었다고 한다.

멜리소스Melissos
기원전 5세기 그리스 엘레아 학파의 마지막
주요 철학자이다.

멜빌Herman Melville(1819~1891)
미국의 소설가·시인. 『백경 Moby Dick』(1851)
을 비롯해 바다를 소재로 한 소설들로 특히
유명하다.

멤논Memnon
그리스 신화에 나오는 인물. 티토노스(트로
이의 전설적인 왕 라오메돈의 아들)와 새벽
의 여신 에오스의 아들이며 에티오피아의
왕이다.

멤피스Memphis
고대 이집트 고왕국 시대의 수도. 기원전 2925
년 상上이집트와 하下이집트를 통일한 메네
스가 세웠다고 전한다. 이 고대 도시의 유적
과 밀접하게 관련이 있는 곳으로는 피라미드
와 거대한 스핑크스가 있는 멤피스 묘역墓域
이 있다

명목론nominalism
이상적인 형태나 보편적인 것은 단지 이름에
불과하다는 견해. 실재론이나 본질주의와 상
반된다.

모레아Morea
그리스 펠로폰네소스 반도에 위치 한 지역
명칭.

모르몬교Mormonism
말일 성도 예수 그리스도 교회라고도 한다.
1830년 미국에서 조지프 스미스 2세가 세운
종교이다. 모든 모르몬교인은 신성神性을 획
득할 수 있는 자격을 가진다고 주장한다.

모베르스Franz Carl Movers
1840년대 출간된 그의 방대한 저서는 페니키
아 민족에 대한 고전적·성서적 기록을 집대
성했으며, 다나오스가 이집트인이 아니라 셈
족이라고 주장했다.

모아브Moabite 비문
1868년 사해 동쪽 디본에서 발견된 메샤의
돌(프랑스 파리 루브르 박물관 소장)에 새겨
진 비문으로서 지금까지 남아 있는 알파벳
비문 가운데 가장 오래된 것으로 추정된다.
여기에 초기 셈 문자에서 갈라져 나온 동부
가나안 문자인 모아브 문자가 새겨져 있다.

모제스 멘델존Moses Mendelsohn(1729~1786)
독일계 유대인 철학자·비평가·성서번역가·
해설가이다.

모프소스Mopsos
그리스인이자 트로이 전쟁의 영웅. 8세기 킬
리키아의 카라테페에서 히타이트 상형문자
와 페니키아어로 씌여진 명문이 발견되면서
전설이 확인되었다. 그런데 리디아의 역사가
크산토스Xanthos는 리디아의 영웅 모프소스
가 리디아로부터 필리스티아의 아쉬켈론에
갔다고 기록하고 있다. 버낼을 포함한 학자
들은 그리스 사람 모프소스와 리디아 사람
모프소스를 동일 인물로 보고 있다.

몬보도James Burnett Monboddo(1714~1799)
스코틀랜드의 법률가이자 선구적인 인류학

자. 언어와 사회의 기원을 탐구했으며, 다윈
의 진화론 원리 가운데 몇 가지를 예견하기도
했다. 주요저서로는 『언어의 기원과 발전에
관하여 Of the Origin and Progress of Language』(6
권, 1773~1792)가 있다.

몰록Moloch
고대 중동 지역에서 유아를 희생 제물로 바치
는 신을 가리킨다. 이 이름은 히브리어 '멜
렉'(melech: 왕)의 자음과 '보셰트'(boshet: 수치)
의 모음을 합한 데서 유래했으며, '보셰트'라
는 단어는 구약성서에서 바알('주인'이라는
뜻)이라는 유명한 신을 가리키는 다른 이름
으로 종종 사용된다.

몽테스키외Montesquieu(1689~1755)
프랑스의 정치철학자. 저서 『법의 정신 De
l'esprit des lois』(1748)은 현대 정치 이론 확립에
크게 이바지했다.

뫼저Justus Möser(1720~1794)
독일의 정치평론가이자 시인. 저서 『애국적
환상 Patriotischen Phantasien』은 괴테가 벤저민
프랭클린의 저서에 필적할 만하다고 평했다.

무사이오스Mousaios(Musaeus)
오르페우스의 아들 또는 제자. 아테네의 예
언자이자 사제였다.

무스테리안Mousterian기期
제4 빙하기(뷔름기) 초기인 기원전 4만 년경
을 가리킨다.

무옹족Muong
베트남의 소수 민족. 하노이 남서쪽 산악 지
대에 살고 있으며, 초기 베트남의 유일한 후
손으로 추정된다. 북부 저지대 민족과는 달

리 중국의 영향을 거의 받지 않았다.

물고기자리|Pisces
물병자리와 양자리 사이에 있는 황도 12궁
가운데 하나. 점성학에서 물고기자리는 제12
궁으로, 약 2월 19일에서 3월 20일까지의 기간
을 관장한다.

물병자리|Aquarius
염소자리와 물고기자리 사이에 있는 황도
12궁 가운데 하나. 점성학에서 물병자리는
제11궁이며, 약 1월 20일에서 2월 18일까지의
기간을 관장한다. 지구가 황도 12궁의 영향권
을 차례로 지나는 데 2만 5,000년이 걸린다는
'플라톤 년'(Great year)의 개념 체계로 볼 때
지구는 19세기 초에 물병자리 시기에 들어섰
다고 한다.

물리|J. D. Muhly
미국의 고고학자. 1967년 마이클 애스터의
『헬레노세미티카』에서 주장한 서부 셈족의
신화와 그리스 신화 사이의 연계성에 대해
적대적인 비평을 했다.

므네비스|Mnevis
이집트의 성스러운 황소 중 하나. 태양신 헬
리오폴리스의 레 아툼과 관련이 있다. 므네
비스 황소의 색깔은 검정색이거나 얼룩이
져 있으며, 조각과 회화에서는 뿔 사이에 태
양 원반이 있는 형상으로 묘사된다.

므테사|Mtesa
잠비아의 정치인.

미네르바|Minerva
로마 신화에 나오는 공예·직업·예술의 여신.
나중에는 전쟁의 여신이 되었으며, 그리스의
아테나 여신과 동일시된다.

미노스|Minos
크레타 섬의 전설적인 지배자. 신들의 왕인
제우스와 유럽 대륙의 화신化身 에우로파
사이에 태어난 아들로, 그리스 신 포세이돈
의 도움으로 크레타 섬의 왕이 되었다. 크노
소스(또는 고르틴)로부터 에게 해 섬들에 대
한 통치권을 얻어 많은 섬들을 식민지로 만들
고 해적을 없앴다. 아테네의 희곡과 전설에
서 미노스 왕은 어린이들을 공물로 바치게
하여 미노타우로스에게 먹이는 포악한 인물
로 나온다. 아테네인은 전통적으로 미노스에
대해 적대적인 감정을 지니고 있었지만, 일
반적으로 미노스를 강력하고 공정한 통치자
이며 종교나 의식과 밀접히 관련된 존재로
보았다. 크레타 섬의 유적 발굴에 비추어 많
은 학자들은 미노스가 청동기시대 또는 미노
스 문명기에 크노소스의 사제 통치자들을
지칭하는 왕 또는 왕가의 이름이었을 것으로
보고 있다.

미니아스|Minyas
그리스 신화에서 오르코메노스 왕의 아들이
자 그리스의 보이오티아 북쪽 도시인 오르코
메노스의 창설자로 나온다.

미슐레|Jules Michelet(1798~1874)
프랑스의 역사가. 저서로 『프랑스사 Histoire
de France』(1833~1867), 『로마사 Histoire romaine』(2
권,1831)가 있다.

미케나이|Mykēnai(미케네)
미케네 문명의 중심지. 기원전 1400년경~
1200년경에 번영을 누렸으며, 트로이 원정의
총지휘관으로 출전한 아가멤논과 그의 아버
지 아트레우스가 지배했다고 전해진다. 미케

네는 19세기 후반 독일인 슐리만의 발굴로
단순한 전설 속의 나라가 아님이 밝혀졌다.

미케네 문명Mycenaean

미케네에서 최초로 발굴된 청동기 문화를
가리키며, 나아가서 후기 청동기 시대의 그
리스 문화를 의미한다.

미탄니Mitanni

북부 메소포타미아에 중심을 두었던 인도이
란족의 제국. 기원전 1500년경~1360년경에
번성했고, 전성기에는 키르쿠크와 자그로스
산맥에서 아시리아를 지나 지중해까지 세력
을 확장했다.

미트 라히네Mit Rahineh(Mit Rahina) 비문

카이로 남쪽 미트 라히네(옛 멤피스)에서 발
굴된 비문으로, 제12왕조 중반(기원전 19세기
초)에 만들어졌다. 비문의 내용은 이집트 파
라오들이 육로와 해로를 통해 레반트와 그
너머 지역을 원정한 것을 기록하고 있다.

미트라교Mithraism

'서약의 신' '태양의 신' '왕들의 신' '전쟁의
신' '정의의 신'으로 불리는 미트라를 숭배하
는 종교. 사람들이 정의와 계약을 준수할 때
는 항상 미트라에 경배했다. 4세기 초 황제
콘스탄티누스가 그리스도교를 받아들인 뒤
급속히 쇠퇴했다

민용 문자Demotic

필기체로 된 이집트 신성문자. 초기의 그림
신성문자와 필기체 신관서체神官書體에서
유래한 문자로 기원전 7세기 이후 이집트에
서 사용되었다. '민용 문자'라는 용어는 이
시기의 언어를 가리키기도 한다.

밀레토스Miletus

아나톨리아 서부에 있는 그리스의 고대 도시.
오늘날 터키 쇠케 시 남쪽에 있다. 원래 카리
아족이 살던 곳에 이오니아 지방의 그리스인
이 이주해왔으며, 필로스에서 온 넬레오스와
그의 추종자들이 이 도시를 세웠던 것으로
추정된다.

밀먼 패리Milman Parry(1902~1935)

미국의 호메로스 학자. 세르비아의 서사시를
기록으로 남겼으며, 호메로스의 서사시를 연
구했다.

【바】

바니에Banier
그리스 신화에 관한 18세기 표준서를 저술한 프랑스 신부. 이집트의 신들에서 그리스의 신들이 유래했다고 인정했다.

바르 코크바Bar Kokhba(?~135)
유대인 지도자. 로마의 지배에 대항해 팔레스타인에서 반란(132~135)을 일으켰으나 실패했다.

바르텔르미Barthélemy
고대 페니키아어 해독에 능통했으며, 1763년에 쓴 논문 "이집트어, 페니키아어, 그리스어에 관한 일반적 고찰"에서, 곱트어가 고대 이집트어의 한 형태라고 서술했다.

바르톨트 니부어Barthold Niebuhr(1776~1831)
사료史料 비평 방법으로 역사 연구에 새 시대를 연 독일의 역사가. 사료 특히 전승시傳承詩와 전승 신화들을 시기적으로 분석하여, 가치 없는 사료들은 버리고 필요한 것을 골라내어 역사적 사실을 재구성함으로써, 19세기 독일에서 역사학이 크게 발전할 수 있는 기초를 닦았다. 저서로『로마사 Römische Geschichte』(3권, 1811~32)가 있다.

바빌론Babylon
기원전 2000년대부터 1000년대까지 남부 메소포타미아(바빌로니아)의 수도였고, 기원전 7세기와 6세기의 전성기 때 신바빌로니아(칼데아) 제국의 수도였다. 바그다드 남쪽의 유프라테스 강변에 위치한 바빌론의 광대한 유적은 현재 이라크의 알히라 시 근처이다.

바스크어Basque language
유럽 남서부 지역에서 로마의 영향을 받기 전에 바스크족이 쓰던 유일한 언어.

바실레우스Basileus
그리스 아테네의 관직 이름. 종교 업무와 관련한 관할권을 가졌다.

바알Ba'al
고대 근동 지방에서 섬기던 신. 특히 가나안 사람들이 풍요의 신으로 숭배했으며, 만신전萬神殿의 신 가운데 매우 중요한 신이다.

바이런George Gordon Byron(1788~1824)
영국의 낭만파 시인이자 풍자 작가. 대표작으로『차일드 해럴드의 여행 Childe Harold's Pilgrimage』(1812~1818) 과『돈 주안 Don Juan』(1819~1824)이 있다. 그리스 독립 전쟁에 참여했고, 이때 병을 얻어 죽었다.

바쿠닌Mikhail Aleksandrovich Bakunin(1814~1876)
러시아의 작가·혁명가·무정부주의자. 조제프 프루동과 함께 19세기 무정부주의의 주창자로 평가받고 있다. 마르크스와 논쟁한『압제의 제국 독일과 사회혁명 L'Empire Knouto-germanique et la révolution sociale』(1871) 및『무정부주의 사회 Staat en anarchie』(1873)가 있다.

바킬리데스Bacchylides
기원전 5세기 그리스의 서정 시인.

반종교개혁Counter Reformation
가톨릭 종교 개혁 또는 가톨릭 부흥 운동이라고도 한다. 16세기에서 17세기 초 그리스도교 역사에서, 프로테스탄트 종교 개혁에 대응해 내적 갱신을 목표로 추진한 로마 가톨릭 교회의 개혁 운동이다.

반투어Bantu language
니제르콩고어족의 베누에콩고어파에 속하
는 언어. 아프리카의 대부분 지역에서 쓰인
다. 4개의 중요한 언어인 르완다어·마쿠아어·
코사어·줄루어가 반투어군에 속한다.

발생적 관계
언어들이 하나의 모태 혹은 조상 언어에서
유래한 것으로 여겨지는 관계를 가리킨다.
예로, 프랑스어와 루마니아어는 '발생적' 관
계에 있는데, 많은 차이점에도 불구하고 둘
다 통속 라틴어에서 유래했기 때문이다.

방랑 시인bard
시를 짓고 낭송하는 재주가 있는 부족 시인
겸 가수. 영웅과 그의 행적을 주로 노래했다.
원래는 송덕문과 풍자시를 짓던 켈트족 작가
를 일컫는 말이다.

버크와 헤어Burke and Hare
18세기 영국의 악명 높은 살인자들. 돈벌이를
위해 사람들을 죽여 그 시체를 해부 실험용으
로 팔기도 했다.

버클리George Berkeley(1685~1753)
영국계 아일랜드의 성공회 주교, 철학자, 과
학자. 정신적인 것을 제외한 모든 것은 감각
기관에 의해 지각되는 경우에만 존재한다고
주장하는 경험론 철학으로 유명하다.

범신론pantheism
우주를 하나의 전체로 보고 그것을 신으로
보는 교리. 즉 신이란 없고 대신 현존하는
우주 안에 나타나 있는 실재·힘·이법理法 들
의 총합이 있을 뿐이라는 교리이다.

베들레헴의 별Star of Bethlehem
『마태오 복음서』에서 동방에서 온 박사들을
예수 그리스도가 태어난 곳으로 인도했다는
천체 현상.

베라르, 장Jean Bérard
1952년 논문 "힉소스와 이오 전설: 미케네
이전 시기 연구Les hyksos et la légende d'io:
Recherches sur la péirode pré-mycenienne"에서 고
대 그리스인이 말하는 다나오스의 선조 에파
포스는 힉소스 왕 아포피스라고 주장했다.

베라르, 빅터Victor Bérard
프랑스의 고전학자. 1894년 "아르카디아 제
식들의 기원에 관하여"라는 논문에서, 아르
카디아 제식이 헬레네스의 것이 아니라 셈족
의 제식이라고 주장했다. 그의 영향을 받아
마이클 애스터가 쓴 『헬로노세미티카』는 버
낼에게도 새로운 길을 안내해 주었다.

베르길리우스Vergilius(기원전 70~19)
로마의 위대한 시인. 서사시 『아이네이스
Aeneid』(기원전 30년경 집필을 시작했으나 미
완성작)로 널리 알려져 있다.

베르디Giuseppe Verdi(1813~1901)
19세기 이탈리아의 대표적 오페라 작곡가.
『리골레토 Rigoletto』(1851), 『일 트로바토레
Il trovatore』(1853), 『라 트라비아타 La traviata』
(1853), 『운명의 힘 La forza del destino』(1862),
『아이다 Aida』(1871), 『오텔로 Otello』(1887) 등
의 작품으로 유명하다.

베르베르어Berber language
북서 아프리카의 원주민들이 사용했던 언어.
이집트 서부 사막에서 모로코에 이르는 지역
에서 아직도 사용되고 있다.

베수비오Vesuvio
이탈리아 남부 캄파니아 평원의 나폴리 만에
있는 활화산.

베스타Vesta
가장 밝은 소행성으로 유일하게 육안으로
볼 수 있다. 1807년 3월 29일 하인리히 올베르
스가 발견했다. 4번째로 발견된 소행성이다.

베이컨Francis Bacon(1561～1626)
르네상스 후의 근대 철학, 특히 영국 고전
경험론의 창시자. 사상사적으로 모든 지식을
두루 통달하여 자연을 정당하게 지배할 수
있는 새로운 방식을 내세운 것으로 유명하다.

베카Beqaa
레바논 중부에 있는 넓은 골짜기.

베히스툰Behistun 바위
이란 케르만샤 지역의 자그로스 산맥 기슭에
있는 마을의 절벽 이름. 고대 메디아 왕국의
수도 엑바타나에서 바빌론으로 이어지는 도
로 연변에 위치한다. 이곳의 가파른 절벽에
는 아케메네스 왕조의 다리우스 대왕(기원전
522~486 재위)이 남긴 3가지 언어로 된 유명
한 비문이 있는데, 이 비문이 해독되면서 설
형 문자 연구가 큰 진전을 이루었다.

벤저민 자우엣Benjamin Jowett(1817～1893)
19세기 영국의 고전학자이자 교육자. 플라톤
의 작품 번역으로 명성을 날렸으며, 옥스퍼
드대학교 베일리얼 칼리지 학장으로 교육에
큰 영향을 끼쳤다. 『플라톤의 대화편 The
Dialogues of Plato』(1871), 투키디데스의 『역사
History』(1881), 아리스토텔레스의 『정치학
Politics』을 번역했다.

벤저민 프랭클린Benjamin Franklin(1706～1790)
미국의 과학자·외교관·정치가. 식민지의 대
변인으로 영국과의 회담에 참여했으며, 독립
선언서 작성과 미국 헌법의 뼈대를 만들었다.
또 난로, 복초점 안경, 피뢰침 등을 발명했다.

벤틀리Richard Bentley(1662～1742)
영국의 성직자, 역사 고전학자. 고전 원문을
복원하기 위해 많은 노력을 기울여, 원문 비
평과 고전 학문의 발전에 새로운 방향을 제시
했다.

벨로나Bellona
로마 신화에서 전쟁의 여신으로 나오며, 그
리스의 에니오와 동일시되었다. 마르스 신의
누이나 아내로 알려졌으며, 마르스와 함께
숭배되는 여신 네리오와 동일시되기도 했다.

벨로스Belos
고대 근동 지방의 신인 바알Baal의 그리스어
이름이다.

별과 행성의 합슴
지구에서 볼 때 2개 이상의 천체가 겹쳐 보이
는 현상. 회합會슴이라고도 한다. 일식, 월식
이 그 예이다.

보나파르트파Bonapartist
나폴레옹 1세와 나폴레옹 3세 또는 이들의
정치 이론과 정책을 지지한 19세기 사람들을
일컫는 말.

보들레르Charles(Pierre) Baudelaire(1821～1867)
프랑스의 시인. 대표적인 시집으로 『악의 꽃
Les Fleurs du mal』이 있다.

보르자Lucrezia Borgia(1480~1519)
이탈리아 르네상스 시대 유명한 보르자가家
의 중심 인물. 1503년 정치에서 물러나면서
페라라 궁에서 살았는데, 이곳은 이탈리아
르네상스 시대의 예술과 문학의 중심지가
되었다.

보이에Heinrich Christian Boie(1744~1806)
독일의 시인이자 편집자. 예나대학에서 신학
과 법학을 공부한 뒤 크리스티안 폰 돔과
함께 1776년 문학지『도이체 무제움 Deutsche
Museum』을 창간했다.

보이오티아Boeotia
고대 그리스의 지방. 방위 동맹을 결성해 아
테네와 스파르타 사이의 경쟁에 중요한 역할
을 했다. 코린트 전쟁(기원전 395~387) 때는
스파르타에 대항해 봉기했고, 카이로네아 전
투(기원전 338)에서는 마케도니아에 맞서 그
리스의 독립을 주창하다가 전인구의 1/10을
잃었다. 기원전 335년 알렉산드로스 대왕 3세
에 의해 파괴되었다.

보하이르어Bohairic
서부 삼각주에서 사용되었던 콥트어 방언.
나중에는 그리스도교권 이집트 전역에서 표
준어가 되었다.

볼네Volney(1757~1820)
프랑스의 역사가·철학자. 저서『폐허 : 제국의
혁명들 Les Ruines, ou Méditations sur les révolutions
des empires』에서 18세기의 합리주의적 역사정
치 사상을 함축적으로 그렸다.

볼테르Voltaire(1694~1778)
프랑스의 작가·사상가로 계몽주의 시대를 대
표하는 인물. 18세기 유럽의 전제 정치와 종

교적 맹신에 저항하고 진보의 이상을 고취한
인물로 유명하다.

부시리스Bousiris
그리스 신화에 나오는 이집트의 왕. 바다의
신 포세이돈과 전설적인 이집트 왕 에파푸스
의 딸 리시아나사 사이에 태어난 아들이다.

뷔퐁Georges-Louis Leclerc Comte de Buffon(1707~
1788)
프랑스의 박물학자. 1749년에 쓰기 시작한
자연사에 관한『박물지 Histoire naturelle, géné
-rale et particulière』로 유명하다.

불변화사不變化詞
관사나 전치사, 혹은 접속사처럼 어형 변화
가 없는 품사.

브룩커Jacob Brucker
18세기 중반 철학의 역사를 연구한 독일학자.
진정한 철학은 '소크라테스 이전의' 이오니
아인에게서 시작되었다고 주장했다.

브르타뉴Bretagne
프랑스 북서부에 위치하며, 영어로는 브리타
니Brittany라 한다. 주도州都는 렌이며, 일레
빌렌·모르비앙·코트뒤노르·피니스테르의 4
개 현縣으로 구성되어 있다. 5세기 색슨인의
압박을 피하여 브리타니아로부터 이주한 후,
정착한 켈트인을 브리튼인Britons, 그 지방을
브리타니아라고 부르게 되었다. 오늘날의 지
방명 브르타뉴는 여기에서 유래하였다

블루멘바흐Johann Friedrich Blumenbach(1752~
1840)
독일의 생리학자·비교 해부학자. 형질 인류
학의 아버지라 불리며 최초로 인종의 분류
방식을 제시했다.『생리학 원리 Institutiones

Physiologicae』(1787)와 비교 해부학·생리학에 관한 교본을 출간했다(1824).

블뤼허Gebhard Leberecht von Blücher(1742~1819) 프로이센의 사령관. 워털루 전투를 승리로 이끄는 데 중요한 역할을 했다.

비교 언어학comparative linguistics
언어가 갖는 상호 대응 관계나 유사성을 분석하여, 그 언어들이 공통된 조어祖語에서 파생된 말인지 아닌지를 알아내기 위한 방법을 연구하는 학문.

비문 연구 및 문학 아카데미Académiedes Inscriptions et Belles Lettres
프랑스 학술원 회원인 콜베르가 1663년 왕의 승리를 기념하는 훈장과 기념비에 새길 명문을 선정하기 위해 창설한 프랑스의 학술 기관이다.

비블로스Byblos
오늘날의 남부 레바논에 있었던 고대 항구 도시. 기원전 4000~3000년 이래 지속된 이집트와의 밀접한 접촉에서 가장 중요한 역할을 담당한 레반트 도시였다. 기원전 2000~1000년 말 시돈이 융성하면서 중요성을 잃었다.

비음nasal
코를 통해서 나오는 자음. 예를 들어, m과 n이 있다. 비음화는 폐쇄음 앞에 비음이 도입되는 통상적인 특징이다. 예를 들어, b나 p 앞에 m이 오거나 d나 t 앞에 n이 오거나, 또는 g나 k 앞에 ng가 오는 것 등이다.

비잔틴 제국Byzantine Empire
서로마 제국이 멸망한 뒤에 약 1,000년 동안 존속했던 동로마 제국. 비잔틴 제국이라는 이름은 유스티니아누스 왕조가 지중해 탈환을 위해 벌였던 게르만족 세력과의 전쟁에서 패배한 610년 이후부터, 오스만 투르크에 의해 팔라이올로구스 왕조의 마지막 황제가 퇴위한 1453년까지를 일컫는, 중세 그리스의 동로마 문화권을 의미한다.

빅토르 쿠쟁Victor Cousin(1792~1867)
프랑스의 철학자·교육개혁가·역사가로 체계적 절충주의를 주장했다. 저서로는 『아리스토텔레스의 형이상학에 대하여 De la mé-taphysique d'Aristote』(1835), 『진·미·선에 대하여 Du vrai, du beau et du bien』(1836), 『현대 철학사 Cours d'histoire de la philosophie moderne』(1841~1846) 등이 있다.

빌라모비츠 묄렌도르프 Wilamowitz Moellendorff (1848~1931)
독일의 고전학자·교사. 고대 세계를 여러 각도에서 새롭게 조명했으며, 풍부한 상상력을 학문과 결합하여 운율학, 비문 연구학, 파피루스 고문서학, 활판 인쇄술, 그리고 성서 본문 비평 등 역사학 분야의 지식을 새롭게 발전시켰다.

빌란트Christoph Martin Wieland(1733~1813)
독일의 시인이자 문필가로, 로코코 시대에 활동했다. 그의 작품은 합리주의와 계몽주의에서부터 고전주의와 낭만주의 전파前派에 이르기까지 그 당시 유행했던 주요 예술 운동 양식을 모두 포괄하고 있다. 『아가톤의 이야기 Geschichte des Agathon』(2권, 1766~1767)는 '교양 소설(Bildungsroman)'의 시초로 평가받고 있다.

빌리히마이어J. C. Billigmeier
1976년 논문 "카드모스 그리고 헬라딕 그리스에서 셈족이 있었을 가능성Kadmos and the

Possibility of a Semitic Presence in Helladic Greece"
에서, 카드모스 전설이나 다나오스 전설의 역사적 사실을, 그리고 다나오스의 이집트 기원을 인정했다.

빌헬름 게제니우스 Wilhelm Gesenius(1786~1842)
독일의 성서 비평학자. 히브리어와 셈어 연구에 큰 기여를 했다. 인도게르만 언어학에서 발전된 현대 문헌학적 접근방법을 셈어 연구에 도입했는데, 저서 『히브리어 문법』(1813), 『히브리어·칼데아어(아람어라고도 함) 사전』(1810~1813)은 수세대에 걸쳐 교재로 사용되고 있다.

빌헬름 되르펠트 Wilhelm Dörpfeld(1853~1940)
독일의 고고학자이자 그리스 건축의 권위자. 그리스 티린스에서 미케네 왕궁을 발굴하고, 고대 트로이 유적지인 터키 히사를리크에서 하인리히 슐리만의 뒤를 이어 유적 발굴을 이어갔다.

빌헬름 폰 슐레겔 Wilhelm von Schlegel(1767~1845)
독일의 비평가·동양 학자이자 시인. 독일 낭만주의 운동의 이념을 전파했다.

빌헬름 폰 훔볼트 Wilhelm von Humboldt(1767~1835)
독일의 언어학자·철학자·외교관·교육개혁가. 언어학 발전에 크게 이바지했으며, 특히 근대 민속언어학 발달에 기여했다.

빙켈만Johann Winckelmann(1717~1768)
독일의 고고학자·미술사가. 그의 저서 『고대 예술사 Geschichte der Kunst des Altertums』(1764)는 처음으로 고대 예술을 성장·성숙·쇠퇴의 유기체적 발전 과정으로 정의한 개설서이다.

【사】

사도 바울로 The Apostle Paul
그리스 문화의 교육을 받은 로마 시민권자이자 율법학자 가믈리엘의 제자였다. 유대교에서 그리스도교 사도로 개종한 뒤 대전도여행大傳道旅行을 하였으며, 그리스도교가 유대교의 한계를 넘어 세계 종교로 발전하는 데 결정적인 역할을 했다.

사디즘sadism
가학성 음란증이라 하며, 다른 사람에게 고통을 줌으로써 성적 만족을 하는 이상異常 성 심리를 가리키는 용어. 19세기 말 독일의 심리학자 리하르트 폰 크라프트 에빙이 18세기 프랑스의 귀족 사드 후작의 이름을 따서 만든 말로, 사드는 이런 자신의 행위를 기록으로 남겼다.

사라Sarah
구약성서에 나오는 아브라함의 아내이자 이삭의 어머니.

사료 비평source criticism
사료가 쓸 만한지 아닌지, 사료 중에서 어느 정도까지 받아들여야 할지를 비판적으로 판단하는 것.

사마천司馬遷(기원전 145경~85경)
중국의 천문관, 역관曆官, 최초의 역사가. 『사기史記』는 과거의 복잡한 사건들을 질서 정연하게 기술했다는 점에서, 2세기까지 중국에서 나온 역사서 가운데 가장 중요한 책으로 꼽힌다.

사모스Samos
그리스의 섬. 이 부근에서 기원전 5세기 말의

것으로 보이는 헤라 여신의 신전 유적이 발견
되었다.

사모트라케|Samothráki

그리스의 섬으로 Samothrace라 한다. 헤로도
토스가 언급한, 그리스 이전의 펠라스기족族
의 종교인 카베이리교 의식이 행해지던 장소
로 알려져 있다. 1856년 이후 발굴을 통해,
기원전 700년경 그리스인들이 들어와 신전
을 건설했음이 밝혀졌다.

사무엘 보샤르Samuel Bochart

1640년대 히브리와 페니키아어가 본질적으
로 동일한 언어였다는 가정을 근거로, 지중
해 주변에 있는 셈어에 기원을 둔 것으로
보이는 지명들을 연구했다.

사무엘서books of Samuel

구약성서 중에 고대 이스라엘 왕정의 기원과
초기 역사를 다루고 있다.

사변적 석공단Speculative Masonry

정신적 리더 역할을 한 프리메이슨의 일원.
프리메이슨은 크게 작업 석공Operative Mason
과 사변적 석공Speculative Mason으로 나뉜다.
작업 석공은 실제 석공으로 일한 일원들 을
가리킨다.

사이러스 고든Cyrus Gordon

시리아 해안의 고대 항구인 우가리트Ugarit
와 크레타를 중심으로, 히브리 문화와 헬레
네스 문화의 상호 교류를 연구했다. 1955년에
는 기원전 14세기와 13세기에 우가리트의 가
나안어 신화가 성서 및 호메로스와 관계가
있다고 주장하는 논문을 발표했다.

사이스Sais

이집트 나일 강 삼각주에 있는 고대 도시.
선사시대부터 전쟁과 베틀의 여신으로 숭배
되고 있는 네이스의 신전이 있다. 프삼티크
1세와 제26왕조의 통치 하에서 이집트의 수
도로 정치적으로 중요한 지역이다. 사이스
왕조는 사원과 궁전, 그들의 무덤을 축조해
부를 자랑했으며, 헤로도토스가 방문했을 때
사이스는 여전히 이집트에서 가장 훌륭한
도시의 하나로 남아 있었다.

사자의 서Book of the Dead

고대 이집트의 장례식에 관한 본문 모음. 내
용은 '관 본문'(Coffin Texts), '피라미드 본
문'(Pyramid Texts), 태양신 레Re에게 바치는
찬송으로, 죽은 이를 내세에서 보호하고 돕
는다고 믿어 무덤에 넣어주었다.

사카라Saqqara

고대 도시 멤피스의 고분 지역. 이곳에서 이
집트의 초기 것으로 보이는 대규모 진흙 벽돌
무덤(마스타바)들이 발견되었다. 제1왕조 이
후 많은 왕들이 피라미드 무덤을 지었으며,
신왕국시대(기원전 1539~1075) 이후 멤피스
가 행정과 군사의 중심지가 됨에 따라, 수많
은 무덤들이 사카라에 만들어졌다.

사트라프Satrap

아케메네스 제국의 지방 총독. 다리우스 1세
(기원전 522~486 재위)는 제국을 20개의 사트
라프 통치 구역(사트라프령)으로 나누고, 그
들에게 연공年貢을 바치게 했다.

사티로스Satyros

그리스 신화에 나오는 반인반수半人半獸의
괴물. 고대에는 디오니소스 신과 밀접한 관
계를 가지고 있었다.

산스크리트어Sanskrit
고대 인도아리아어로서 인도 힌두교도들이
사용한 문어文語. 인도 북서부 방언에 바탕
을 둔 베다 산스크리트는 그 기원이 기원전
1800년으로 거슬러 올라가며, 『리그베다』에
나온다.

살라미스Salamis
고대 키프로스의 수도. 호메로스의 서사시에
는 테우케르가 트로이 전쟁이 끝난 뒤 세웠다
고 전한다. 기원전 525년 페르시아의 지배를
받았고, 115~117년 유대인 반란 때는 약탈당
하기도 했으며, 지진으로 여러 번 파괴되었
으나, 콘스탄티누스 2세(337~361 재위)가 다
시 복구하고 콘스탄티아라 했다.

삼단노선trieme
노 하나에 사람 셋이 배치되는 그리스의 배.

상고 그리스Archaic Greece
기원전 8~6세기의 그리스. 이 시기에 그리스
의 도시 혹은 폴리스와 마르크스주의자들이
노예 사회라고 부르는 용어가 확립되었다.

상형문자/신성문자Hieroglyphic
고대 이집트 기념비에 쓰인 문자. 상형문자
기호는 그 기호가 묘사하는 대상을 나타낼
수도 있지만, 대개는 특정한 소리나 소리 집
단을 나타낸다. ‘신성한 새김’을 뜻하는 히에
로글리프hieroglyph는 ‘신의 말씀을 뜻하는 이
집트어를 그리스어로 번역한 것이다.

**새뮤얼 머스그레이브Samuel Musgrave(1732~
1780)**
영국의 고전문학가이자 의사. 여러 편의 글
가운데 특히 4권으로 이루어진 에우리피데
스 작품의 주석판은 매우 뛰어나며, 소포클

레스의 작품에 대한 주석판도 그의 사후에
출간되었다.

새뮤얼 존슨Samuel Johnson(1709~1784)
영국의 시인·비평가·수필가·사전편찬자. 셰
익스피어 이후 영국 문학에서 가장 많이 인용
되는 인물이다. 1755년 출간된 영어 사전은,
유럽 사전 편찬에 있어 새로운 전형과 자료를
제시했을 뿐만 아니라, 웹스터 사전(1828)이
나오기 전까지 최고의 사전이었다.

샤를 비롤로드Charles Virolleaud
빅토르 베라르의 제자이자 마이클 에스터의
스승이다.

샤를 페로Charles Perrault(1628~1703)
프랑스의 시인·산문작가·소설가. 아카데미
프랑세즈의 주요 회원이며 ‘신구 논쟁’에서
주도적 역할을 했다. 동화집 『어미 거위 이야
기 Contes de ma mère l'oye』(1697)가 유명하다.

샤프츠버리Shaftesbury 백작 3세(1671~1713)
영국의 정치가이자 철학자. 영국의 이신론理
神論을 대표하는 인물이다.

샹폴리옹Jean François Champollion(1790~1832)
프랑스의 역사가·언어학자. 이집트학 연구의
체계를 확립하고, 상형문자를 해독하는 데
중요한 역할을 했다. 저서로 『상형문자 입문
Précis du système hiéroglyphique, etc.』(1824), 『이
집트 신전, 고대 이집트의 신화적 인물집
Panthéon égyptien, ou collection des personnages
mythologiques de l'ancienne Égypte』(1823~1825,
미완성) 등이 있다.

서부 셈어
대표적인 서부 셈어는 가나안어로, 히브리어,

페니키아어 등이 이에 속한다. 에블라어도
서부 셈어 중 하나이다.

선사학先史學

문자의 발명과 그에 따른 기록이 남겨지기
이전의 시대를 연구하는 학문.

선先헬레네스pre-Hellenes

헬레네스 이전 그리스에 살았던 사람들을
말한다. 헬레네스는 고대 그리스인이 자기
민족을 부르던 이름이다.

선형문자Linear A

기원전 1700~1600년경 크레타 섬에서 쓰였
으나 아직까지 해독되지 않고 있다.

선형문자Linear B

기원전 1400~1150년경 그리스어를 표기하
는 데 사용된 음절 문자(선형 B문자로 쓴 그리
스어를 흔히 미케네그리스어라고 함). 1952년
에 영국 건축가 마이클 벤트리스가 해독했다.

설형楔形 문자cuneiform

고대 중동에서 사용한 문자 체계로 기원전
3000년대 말부터 기원전 1세기경까지 사용했
다. 설형 문자로 작성된 최초의 문서는 수메
르어로 씌어졌는데, 기원전 3000~1000년대
에 메소포타미아 남부와 칼데아 주민들이
사용하던 언어이다.

성 게오르기우스St. Georgius

성 조지라고도 하며 영국의 수호 성인. 주로
용을 무찌르는 모습으로 묘사되며, 로마 제
국의 디오클레티아누스 황제가 그리스도교
를 박해할 때, 천부장의 신분으로 박해의 부
당함을 탄원하다 순교했다.

성 카타리나St. Catharina

이탈리아 시에나에서 태어나, 도미니크 제3
회에 소속되어 병자들을 간호하였으며, 오상
성혼을 받았다. 교황청이 '교황의 바빌론 유
수' 기간(1309~1377) 동안 아비뇽에 있었으
나, 성 카타리나의 노력으로 다시 로마로 옮
겼다.

성 크리스토포루스St. Christophorus

3세기경 활동한 여행자들의 수호 성인. 20세
기에는 자동차 운전자들의 수호 성인으로
불린다. 유명한 성인으로 손꼽히지만, 실제
존재한 인물인지는 확실하지 않다.

세라피스Serapis

원래 지하 세계의 신이었으나, 태양신이자
치료와 풍요의 신으로 숭배되었다. 로마에서
시작되어 상업 도시를 중심으로 무역로를
따라 지중해 연안에 두루 퍼져나갔다.

세소스트리스Sesōstris

기원전 20세기 이집트의 왕(기원전 1918~
1875 재위). 그의 통치 기간 동안 이집트는
전성기를 맞이했다. 세소스트리스는 고대 그
리스인이 부른 이름이고, 이집트어로는 센우
세레트이다. 이 파라오의 또 다른 이름은 케
페르카라인데, 고대 그리스인들이 말하는,
아테네를 건국한 케크롭스Kekrops와 동일 인
물로 여기는 학자들도 있다.

세이렌Seiren

그리스 신화에 나오는 몸의 반은 새이며 반은
사람인 마녀. 아름다운 노래를 불러 뱃사람
들을 유혹해 난파시켰다고 한다. 호메로스에
따르면 아이아이아와 스킬라의 바위섬들 사
이에 있는 서쪽 바다의 섬에 2명의 세이렌이
살았다고 한다.

세인트 데이비드Saint Davids
영국 웨일스 디버드 주의 프레셀리 행정구에
있는 성당 마을. 웨일스의 수호성인인 다비
드의 이름을 따서 마을 이름을 지었으며, 켈
트족의 그리스도교 중심지이기도 한 이곳은
순례지로 유명하다.

세차歲差procession of the equinoxes
지구 자전축自轉軸의 주기적인 세차에 의한
황도 위에서의 분점 이동. 그리스의 천문학
자 히파르코스가 자신의 항성 목록을 편집할
때, 별의 위치가 고대 바빌로니아인이 측정
한 위치로부터 이동했음을 발견했다. 이것은
별이 움직이는 것이 아니라 관측 위치, 즉
지구가 움직이고 있음을 나타낸다. 이러한
운동을 세차라고 하며, 약 2만 6,000년을 한
주기로 지구 자전축의 방향이 주기적으로
회전하는 것이다. 세차는 자전과 공전公轉
다음으로 3번째로 발견된 지구의 운동이다.

세트Seth
고대 이집트의 신. 상上이집트 제11주州의
수호신이다.

세파르디Sephardi
중세부터 스페인과 포르투갈에서 살다가, 15
세기 후반 집단으로 추방된 유대인과 그들의
후손을 말한다.

세포이 항쟁Sepoy Mutiny
영국 동인도회사에 고용된 인도인 병사들(세
포이들)이 영국의 지배에 저항하여 일으킨
반란(1857~1858).

센우세레트Senwosret
'세소스트리스' 항목 참조.

셀레우코스 왕조Seleucid(기원전 312~64)
알렉산드로스 대왕의 휘하 장군이었던 셀레
우코스가 세운 왕조 가장 강성했을 때는 트
라키아(트라케) 지방에서 인도 변경 지역에
이르는 광대한 영토를 소유했으며, 헬레니즘
문화의 풍습과 관습을 따랐다.

셈어Semitic
아프리카 북부와 서아시아에서 사용하는 언
어. 이집트어파·베르베르어파·쿠시어파·차
드어파와 함께 함셈어족의 5개 어파 중 하나
이다.

셉티미우스 세베루스Septimius Severus(146~
211)
로마 황제(193~211 재위). 마르쿠스 아우렐리
우스 밑에서 재무관·집정관을 지냈으며, 판
노니아 및 알제리 주둔군 사령관으로 있다가
병사들에 의해 황제로 추대되었다.

셸리Percy Bysshe Shelley(1792~1822)
영국의 낭만파 시인. 시집으로 『프로메테우
스의 해방 Prometheus Unbound』, 『첸치가家
The Cenci』, 『아도네이스 Adonais』와 서정시
『종달새에게 To a Skylark』, 『구름 The Cloud』
등이 있다.

소그디아나Sogdiana
중앙 아시아의 고대 국가. 지금의 우즈베키
스탄에 있었다.

소말릴란드Somaliland
지금의 소말리아와 지부티를 포함하는 역사
적인 지역. 이 지역은 고대 이집트인에게 '푼
트의 땅'(Land of Punt)으로 알려져 있던 지역의
일부로 추정된다.

소쉬르Ferdinand de Saussure(1857~1913)
스위스의 언어학자. 언어 구조에 관한 이론
을 폈으며, 언어학에 대한 새로운 접근 방식
으로 20세기 언어학이 진보하는 밑거름이
되었다. 저서 『일반 언어학 강의 Cours de
linguistique générale』(1916)가 유명하다.

솔 레빈Saul Levin
그리스어에 수많은 가나안어가 차용되었음
을 조사, 연구하였다. 참고 문헌을 보시오.

솔론Solon(기원전 630경~560경)
아테네의 시인·정치가. 정치와 경제에서 많
은 개혁을 이루었으며, 그가 만든 법전은 아
테네 성문법의 기본이 되었다. 그리스의 7현
인 중 한 사람으로 알려져 있다.

쇼나족Shona
반투어를 쓰며, 짐바브웨 동부 룬디 강 북쪽
에 모여 사는 부족.

쇼비니즘chauvinism
맹목적이고 불합리한 애국주의. 어원인
'chauvin'은 군인으로서의 명예와 약간의 연금
에 만족하며, 일편단심으로 나폴레옹에게 헌
신한 니콜라 쇼뱅에서 유래한 말이다.

수갱竪坑 분묘Shaft Graves
수직으로 파 내려간 분묘 형태로, 그리스가
크레타 문화의 영향을 받게 된 시기부터 나타
나는 후기 청동기시대(기원전 1600~1500경)
의 무덤 유적.

수령 연대학dendrochronology
나이테를 통해 나무의 나이와 고고학적 연대
를 결정하는 방법.

수메르Sumer
가장 오래된 문명의 발상지. 티그리스 강과
유프라테스 강 사이 메소포타미아 남부, 후
에 바빌로니아가 된 지역(바그다드에서 페르
시아만에 이르는 지금의 이라크 남부)을 가
리킨다. 기원전 4500~4000년 수메르어를 쓰
지 않는 비非셈계 종족인 우바이드인이 처음
으로 정착하여 선先수메르 문명을 만들었다.
그 후 수메르어를 사용하는 수메르인들이
기원전 3300년경 들어왔으며, 이들은 바퀴가
달린 최초의 운송 기구를 만들었고, 설형 문
자와 법전을 최초로 만들어 도시 국가로서의
체제를 이루었다.

수메르어Sumerian language
역사상 가장 먼저 문자로 표기된 언어. 기원
전 3000년대에 메소포타미아 남부 지방에서
사용된 이 언어는 설형 문자로 표기되었다.

순연구개음Labiovelar
입술 모양을 둥글게 하면서 발음하는 연구개
음. 예를 들어, 우리말로 '쿠'라고 발음되는
k^w와 g^w가 있다.

순환 논증circular argument
겉으로 보면 타당한 것 같지만 사실은 오류인
추론 규칙. 선결 문제 요구의 오류라고도 한
다. 예컨대 영혼은 불멸이기 때문에 영혼은
육체가 죽은 뒤에도 계속 존재한다는 '증명'
과 같은 논리이다.

쉬블림포르트Sublime Porte
오스만투르크 정부를 가리키는 말. 터키어의
바비알리(Bâbiâli : 높은 문, 고관들의 문)를
프랑스어로 번역한 것인데, 한때 유럽인이
오스만투르크 정부를 지칭하는 용어로 사용
했다.

슐라이어마허Friedrich schleiermacher(1768~1834)
근대 프로테스탄트 신학의 기초를 놓은 독일의 신학자·설교가·문헌학자. 저서 『그리스도교 신앙 Der christliche Glaube』(1821~1822)에서 그리스도교 교리를 체계적으로 해석했다.

슐레겔 형제August Wilhelm von Schlegel and Friedrich von Schlegel
독일의 작가·비평가. 독일 낭만주의 운동의 이념을 전파하는 데 매우 큰 역할을 했다. 『인도의 언어와 지혜에 대해 Über die Sprache und Weisheit der Indier』(1808)는 인도게르만어에 대한 최초의 비교언어학적 시도로서, 인도어와 비교언어학 연구의 출발점이 되었다.

슐뢰처August Ludwig Schlözer(1735~1809)
독일의 역사 문헌학자.

슐리만Heinrich Schliemann(1822~1890)
독일의 고고학자. 호메로스의 트로이뿐 아니라, 호메로스보다 훨씬 이전 시대의 도시, 즉 선사 시대 투르크의 청동기 문명을 발견했고, 미케네에서도 같은 시기의 문명을 발견했다. 그때까지 알려진 그리스·로마·이집트와 바빌로니아·아시리아라는 4개의 제국에, 슐리만은 새로운 두 문명을 발견하여 역사의 지평을 크게 넓혔다.

스베덴보리주의자Swedenborgian
18세기 스웨덴의 과학자·철학자·신학자인 에마누엘 스베덴보리의 신학 사상을 따르는 사람들. 성서를 하느님의 직접적인 말씀으로 해석했다.

스와힐리어Swahili language
아프리카 북쪽 케냐에서 남쪽 탄자니아에 이르는 지역에서 모국어나 제2언어로 쓰는 반투어를 가리킨다. 스와힐리어는 아랍어의 영향을 받았는데, '스와힐리'는 아랍어의 '사와힐리'(아랍어로 '해안의'라는 뜻)에서 유래된 말이다

스윈번Algernon Charles Swinburne(1837~1909)
영국의 시인이자 비평가. 시·산문·희곡, 그리고 비평 분야의 책을 다수 출간했다. 선율과 주제가 뛰어난 시를 발표한 것으로 유명하다.

스카라바이우스scarabaeus
고대 이집트 종교에서 풍뎅이 모양을 한 중요한 상징물. 불멸하는 인간 영혼의 상징이 되었으며, 상고 시대의 묘지들에서는 수많은 죽은 풍뎅이가 발견되었다. 이집트 사람들은 풍뎅이의 생명 주기를 자연에서 벌어지는 각종 순환 과정, 특히 태양이 매일 다시 태어나는 과정의 축소판으로 보았다.

스칼리게르Joseph Justus Scaliger(1540~1609)
네덜란드의 문헌학자·역사가. 달력에 관해 연구한 『시간의 개량에 관한 연구 Opus de emendatione tempore』(1583)에서 여러 고대 문명의 시간 계산법을 비교했고, 그 계산법의 오류를 수정하는 한편, 연대학을 처음으로 과학적 토대 위에 올려놓았다.

스콜라 철학Scholasticism
근본적으로는 '획득 가능한 진리 전체'에 그리스도교 신앙의 가르침을 포함시키는 것을 목표로 한다. 또한 중세 종교 교리의 근원을 찾고, 신앙과 이성, 의지와 지성, 실재론과 유명론, 신 존재의 증명과 같은 철학 문제를 해결하려고 했다. 토마스 아퀴나스의 『신학대전』이 대표적인 저서이다.

스키티아인Scythian
기원전 8~7세기 중앙아시아에서 러시아 남부지방으로 이주했던 유목 민족. 원래 이란인에 속했으며, 현재의 크림 지역을 중심으로 기원전 4~2세기에 사르마티아인에 흡수될 때까지 강력한 제국을 형성하여 5세기 이상 유지했다.

스타디움stadium
길이의 단위.

스터빙스Frank Stubbings
케임브리지 대학의 고대사 역사가.

스텝Steppe
헝가리에서 시작하여 동쪽으로 우크라이나와 남부 러시아를 지나 중앙 아시아와 만주까지 뻗어 있는 넓은 초지를 말한다. 스텝은 민족과 문화가 전파되는 통로 역할을 했다.

스토아 철학Stoicism
키티온의 제논이 창시한 철학으로 헬레니즘 시대와 로마 시대에 융성했다. 세계가 물질이며, 보편적인 작용력(신)이 만물에 고루 미친다고 주장했다. 그들은 열정보다는 의무를 행함으로써, 진정한 자유를 얻을 것을 역설했다. 세네카, 에픽테토스, 로마황제 마르쿠스 아우렐리우스가 주요 인물들이다

스트라본Strabon(기원전 64/63~23경)
그리스의 지리학자·역사학자. 17권으로 정리한 『지리학 Geography』은 유럽·아시아·아프리카의 전설 및 정치적인 사건, 중심 도시, 주요 인물 등을 역사적으로 서술하여 중요한 사료로 평가받고 있다.

스티븐 굴드Stephen Gould(1941~2002)
미국의 생물학자·저술가. 저서로 『개체발생과 계통발생 Ontogeny and Phylogeny』(1977), 『인간에 대한 잘못된 측정 The Mismeasure of Man』(1981), 『시간의 화살, 시간의 순환 Time's Arrow, Time's Cycle』(1987) 등이 있다.

스피노자Spinoza(1632~1677)
네덜란드의 유대인 철학자, 17세기 합리론의 주요 이론가. 사물에는 자기 존재를 유지하려는 경향(자존성)이 있다고 생각했으며, 이것을 근거로 정치와 도덕에 관한 사상을 전개하였다. 저서로 『신, 인간, 그리고 인간의 행복에 관한 소고 Korte Verhandeling van God, de Mensch en deszelfs Welstand』(1662경, 초판 1852), 『지성 정화론 Tractatus de Intellectus Emendatione』(1677), 『기하학적 방식의 윤리학 Ethica in Ordine Geometrico Demonstrata』(1662~1675, 출판 1677) 등이 있다.

시돈Sidon
레바논의 지중해 연안에 있으며, 바다의 신 시드에게 봉헌된 고대 페니키아 도시. 호메로스의 작품과 구약성서에 자주 등장한다.

시리우스Sirius
밤하늘에서 가장 밝은 별. 고대 이집트인들은 이 별을 천랑성(天狼星 Sothis)이라 했으며, 나일 삼각주에서 해마다 되풀이되는 홍수와 관계가 있다고 믿었다. 로마인들도 이 별이 태양과 함께 출몰할 때 1년 중 가장 더운 시기로 생각했다.

시샤크Shishak
기원전 10세기 이집트 제22왕조의 초대 왕(기원전 945~924 재위). 구약성서에는 기원전 930년경 솔로몬의 아들 르호보암에 맞서 여

로보암을 지원하기 위해 "이집트의 시삭 왕
이 예루살렘을 침공했다"(I 열왕 14 : 25~26)
고 나온다.

시와 오아시스 Siwa oasis
이집트에 있는 오아시스. 시와는 고대 이집
트어로 '야자수의 땅'이라는 뜻에서 유래했
으며, 아몬 신(제우스 암몬)의 신탁을 받는
사원이 있는 곳으로, 알렉산더 대왕이 아몬
신의 아들로 받아들여진 곳이다.

시죄법試罪法
고대 튜튼족 사이에서 행해진 재판 방법. 시
련을 견딘 자를 무죄 방면했다.

시칠리아Sicilia
지중해에서 가장 크고 인구가 많은 이탈리아
의 섬.

신新문법학자들Neo-Grammarians
1875년경 독일에서 생겨난 학파. 언어 변화에
대한 그들의 주요 명제는 음성 법칙에는 어떠
한 예외도 없다는 것이었다.

신新인문주의New Humanism
1910~1930년 미국에서 일어난 비평 운동. 영
국의 시인이자 평론가인 매슈 아널드의 문학
및 사회 이론을 근거로 했으며, 산업화와 물
질주의의 시대에 살면서 과거 문명의 도덕성
을 되찾으려고 노력했다.

신지학Theosophy
신비주의에 관심을 기울이는 종교 철학. 신
지학이라는 용어는 그리스어 '테오스'(theos
: 신)와 '소피아'(sophia : 지혜)라는 단어에
서 유래했다. 보통 '신적 지혜'라고 번역된다.
모든 신지학적 사색의 근거는 신을 직접적인

체험으로 알 수 있다는 신비주의에 있다.

신플라톤주의Neoplatonism
3세기 철학자이자 종교가인 플로티노스가
완성한 그리스 철학의 마지막 학파. 6세기
후반 비그리스도교적인 철학이 금지될 때까
지 지배적인 위치를 점유했다.

실러Friedrich von Schille(1759～1805)
독일의 극작가·시인·문학이론가. 『군도群盜
Die Räuber』(1781), 『발렌슈타인 Wallenstein』(3
부작, 1800~1801), 『빌헬름 텔 Wilhelm Tell』
(1804) 등의 작품이 있다.

실베스트르 드 사시 Sylvestre de Sacy
프랑스 나폴레옹 시대의 이집트학 학자. 낭
만주의적이면서 보수적인 오리엔탈리즘의
기초를 이루었다. 샹폴리옹의 라이벌이었다.

CaCoC식 모음 삽입
C는 Consonant(자음자)의 첫째 글자이며 자음
-a-자음-o-자음으로 발음되는 것을 가리킨다.
Dadon과 같은 경우를 예로 들 수 있다.

【아】

아가멤논Agamemnon
그리스 신화에 나오는 미케네 또는 아르고스
의 왕. 실제 인물이었을 가능성이 있으며,
그리스 본토의 미케네나 아르카이아의 대군
주인 듯하다. 스파르타 인들은 제우스 아가
멤논이라는 칭호를 붙이고 숭배했다.

아게노르Agenor
고대 페니키아의 티로스 왕으로 에우로파와
카드모스의 아버지이다.

아나톨리아Anatolia
소小아시아라고도 함. 현재 터키의 아시아
지역을 이루는 반도 지역을 가리킨다. 아시
아 대륙과 유럽 대륙이 만나는 입지 조건
때문에, 문명 초기부터 양쪽 대륙에서 이주
하거나 정복 전쟁을 위해 수많은 민족들이
지나는 교차로였다.

아나톨리아어Anatolian
인도히타이트어에 속하지만 인도유럽어에
는 속하지 않는 아나톨리아의 언어들. 히타
이트어, 팔라어, 루비어, 리키아어, 리디아어,
그리고 아마도 카리아어와 에트루리아어가
포함된다.

아나트'Anat
서부 셈족의 신. 사랑과 전쟁의 여신이며,
바알 신의 여동생이자 조력자이다. 젊고 아
름다운 여신으로 묘사되었으며, 고대 문헌에
서는 종종 '동정녀'로 일컬어진다. 가나안족
에게 가장 잘 알려진 신이며, 전투에서 보여
준 젊은 기개와 용맹으로 유명하다.

아누비스Anubis
고대 이집트 죽음의 신. 재칼의 머리와 인간
의 몸을 지닌 모습으로 묘사되었다. 고왕국
초기에 아누비스는 중요한 위치를 차지했으
나, 뒤에 오시리스에게 밀려났다.

아도니스Adonis
그리스 신화에 나오는 미소년으로, 여신 아
프로디테의 애인. 전설에 따르면 시리아의
왕 테이아스와 그의 딸 스미르나(미르하) 사
이에서 태어난 아들이다.

아돌프 에르만Adolph Erman
19세기 후반 독일의 이집트학 학자. 그리스어
가 이집트어에서 단어를 차용한 흔적은 없다
고 주장했다.

아돌프 홀름Adolf Holm
19세기 후반 독일의 그리스 역사학자. 그리스
인에 대해 '인류 가운데가장 위대한 유형의
사람들'이라고 확언했다.

아라라트 산Ararat mountain
터키 동쪽 끝에 있는 사화산死火山. 홍수가
끝난 뒤 노아의 방주가 머물렀던 곳으로 전해
진다.

아람어Aramaic language
아람어는 기원전 300년경부터 기원후 650년
경까지 가장 큰 영향력을 가졌으며, 유대인
이 히브리어 대신 사용했다. 예수와 그의 제
자들도 이 언어를 사용했으며, 구약성서와
탈무드가 이 언어로 쓰였다. 그 후 아람어는
아랍어로 대체되었다.

아르고스Argos
그리스 펠로폰네소스 북동부 아르골리스 주

에 있는 도시. 도리스족이 펠로폰네소스 반
도에서의 작전 기지(기원전 1100~1000경)로
사용한 것으로 추측되며, 역사가 헤로도토스
에 따르면, 기원전 7세기 중엽 스파르타가
이곳을 침입했으나, 아르고스의 왕 페이돈이
올림피아를 점령하고 올림픽 대회를 열었다
고 한다.

아르골리스Argolis
그리스 남부 펠로폰네소스 반도 북동부에
있는 주. 아르고스는 이 지역의 주요 도시.

아르날도 모밀리아노Arnaldo Momigliano
20세기 고전학의 대가. 참고 문헌에서 연구
업적을 참조 하시오.

아르메니아어Armenian
아나톨리아 동부의 고대인들이 사용하던 인
도유럽어. 그리스어와 관계 있는 것으로 추
정되나, 그것은 그리스어의 영향 혹은 셈어
와의 통상적인 접촉의 결과일 수 있다.

아르자와Arzawa
아나톨리아에 있던 고대 왕국. 기원전 1500년
경 세력이 가장 강성했다.

아르카디아Arcadia
펠로폰네소스 반도에 있는 고대 그리스의
산악 지역. 목가적이고 고립된 곳으로 그리
스·로마 시대의 전원시와 르네상스 시대의
문학에 ·낙원·으로 묘사되었다.

아르테미스Artemis
그리스 신화에서 야생동물·사냥·식물·순결·
출산의 여신으로, 로마 신화의 디아나와 동
일하다.

아리스토텔레스Aristoteles(기원전 384~322)
고대 그리스의 철학자이자 과학자. 플라톤과
함께 그리스 최고의 사상가로 꼽히는 인물로
서양 지성사에 큰 영향을 끼쳤다. 그가 세운
철학과 과학의 체계는 수 세기 동안 중세
그리스도교 사상과 스콜라주의 사상을 뒷받
침했다. 17세기 말까지 서양 문화는 아리스토
텔레스주의였으며, 수백 년에 걸친 과학 혁
명 뒤에도 아리스토텔레스주의는 서양 사상
에 여전히 뿌리깊게 남아 있다.

아리안Aryan
선사 시대 이란과 인도 북부 지역에 살던
민족. 산스크리트어 아리아('고귀한'이라는
뜻)에서 유래했으며, 19세기까지 '인도유럽'
이라는 말과 동의어로 사용되었다.

아리우스주의Arianism
4세기 초 알렉산드리아 사제 아리우스가 처
음 주장한 그리스도교 이단설. 그리스도가
신이 아니라 피조물이라고 주장했다.

아마르나 유적지El Amarna
상上이집트의 고대 도시인 아케타톤(아톤의
지평선)의 무덤 유적지. 기원전 1375년경 아
크나톤이 아몬 신을 버리고 아톤 신에 헌신하
기로 결정한 후, 나일 강 동쪽의 미개척지인
이곳에 새 수도를 건설했다.

아메노피스Amenöphis
아크나톤Akhnaton이라고도 하며, 기원전 14
세기 이집트의 제18왕조의 왕(기원전
1353~1336 재위). 아톤을 유일신으로 숭배했
으며, 자신의 이름도 '아톤에게 이익이 되는
사람'이라는 뜻의 아크나톤으로 지었다.

아모세Ahmose 1세
제18왕조를 연 이집트 왕(기원전 1539
경~1514 재위). 힉소스인을 축출하고 이집트
를 통합시켰다. 팔레스타인에 이어 남쪽의
누비아까지 지배했다.

아모세Ahmose 2세
기원전 6세기 이집트 제26왕조의 왕(기원전
570~526 재위). 아프리에스 왕에 대한 반란이
일어났을 때, 왕위를 찬탈했다. 기원전 5세기
헤로도토스의 기록에는, 이집트와 그리스의
교역을 장려하면서도 다른 한편으로 엄격하
게 규제하는, 기회주의적인 통치자로 나온다.

아몬Amon
암몬을 참조하시오.

아바리스Avaris
힉소스의 수도. 1960년대 이후 지금까지 발굴
작업이 이루어지고 있으며, 삼각주 동부, 즉
오늘날의 텔 에드 다바에 위치한다.

아브데라Abdera
트라키아, 에게 해 연안에 위치한 고대 도시.

아브라함Abraham
기원전 2000년경 히브리 족장 가운데 최초의
인물. 『창세기』에 따르면 아브라함은 미지
의 땅에 새 민족을 세우겠다는 하느님의 부름
을 받고, 메소포타미아(갈대아) 우르를 떠나
하란을 거쳐 가나안에 도착했다고 한다.

아비시니아Abyssinia
에티오피아의 옛 이름. 매우 오래 전부터 인
간이 거주해 왔다. 오스트랄로피테쿠스 속屬
으로 보이는 인류 유적들이 이곳에서 발견되
었는데, 그 중에는 400만 년 전으로 추정되는

것도 있다. 기원전 8000~6000년 쿠시어족과
셈어족(아프리카 아시아어족)이 목축과 농업
을 했다. 그들은 함셈어족의 문화적 후손이다.

아서 에번스Arthur Evans
영국의 고고학자. '미노타우로스 신화'를 근
거로 1900년 크레타 문명을 발굴했다.

아시리아Assyria
메소포타미아의 북부에서 일어나, 고대 오리
엔트 최초의 세계 제국을 세운 셈족계 국가.
기원전 2000~1000년과 기원전 900~600년에
가장 강성했다. 아시리아의 언어는 본래 아
카드어의 방언이었다.

아서 케스틀러Arthur Koestler(1905 ~ 1983)
헝가리 태생의 영국 소설가·언론인·비평가.
소설 『정오의 어둠 Darkness at Noon』(1940)이
유명하다.

아쉬도드Ashdod
팔레스타인 남부에 있는 도시. 고대 필리스
티아(블레셋)의 해안 평야에 위치하며, 1948
년 이스라엘에 합병된 후 주요한 산업 중심지
이자 이스라엘의 3대 국제 무역항이 되었다.

아슈르바니팔Ashurbanipal
기원전 7세기 아시리아의 마지막 대왕(기원
전 668~627경 재위). 예술과 문학에 관심을
가져, 고대 중동 지역에서 체계를 갖춘 도서
관을 니네베에 처음으로 건립했다.

아슈케나지Ashkenazi
라인란트 유역 및 인접한 프랑스 지역에 살다
가 십자군 전쟁(11~13세기)이 끝난 뒤 슬라브
지역(폴란드·리투아니아·러시아)으로 이주
한 유대인을 통틀어 일컫는 말.

아슈켈론Ashkelon
팔레스타인의 해안 평야에 있는 도시. 1948년 이후 이스라엘에 합병되었다. 기원전 2000년 전부터 사람이 거주한 흔적이 있으며, 기원전 19세기 무렵의 이집트 문헌에 이 도시의 이름이 나타난다.

아우구스투스Caesar Augustus(기원전 63~14)
로마의 초대 황제. 본명은 Gaius Octavius이다. 율리우스 카이사르의 공화제가 무너진 뒤, 아우구스투스라는 칭호로 황제가 되었다.

아우구스트 슐라이허August Schleicher(1821~1868)
독일의 언어학자. 헤겔의 역사 이론과 다윈의 자연 도태설을 결합하여, 논리적이고 과학적인 언어 이론을 개발하고자 했다.

아우구스트 피크August Fick(1833~1916)
독일의 언어학자. 인도유럽어의 공통 어휘를 포괄적으로 연구하고, 그 원형을 결정하려 한 최초의 학자였다.

아우구스티누스 Aurelius Augustinus (354~430)
아프리카에 있는 로마의 식민 도시인 히포의 주교(396~430). 서방 교회의 지도자이자 고대 그리스도교의 위대한 사상가. 『고백록』의 저자이다.

아이기나Aegina 섬
그리스 아티카 반도의 수니온 곶과 펠로폰네소스 아르골리스 반도의 스킬라이온 곶 사이에 있는 에게 해의 섬.

아이깁토스Aigyptos
그리스 전설에 나오는 이집트 왕. 벨루스의 아들이자 다나오스의 쌍둥이 형이며, 동생 다나오스를 이집트에서 쫓아냈다.

아이스킬로스Aeschylos(기원전525/524~456/455)
아테네의 3대 비극 작가 가운데 최초의 인물. 주요 작품으로 『아가멤논 Agamemnon』, 『묶인 프로메테우스』 등이 있다.

아이올리아Aiolia
기원전 20세기 아이올리스 방언을 쓰는 그리스인이, 아나톨리아 서쪽 해안에 세운 고대 도시들.

아카데미 프랑세즈Académie Française
프랑스의 문학 아카데미. 1634년 리슐리외 추기경이 세웠으며, 문학의 내용과 형식에 있어서 보수적인 입장을 취했다. 코르네유·라신·볼테르·샤토브리앙·위고·르낭·베르그송 등이 회원이었다.

아카드어Akkadian language
기원전 3000~1000년 메소포타미아 지방에서 썼으나, 지금은 사라진 셈어. 기원전 2334~2279년경 아카드의 사르곤 왕 당시에 지중해에서 페르시아 만에 이르는 지역에서 널리 쓰였다.

아카이아Akhaia
펠로폰네소스 반도와 코린트 만 사이에 있는 그리스의 사적지. 기원전 4세기 아카이아의 12개 도시가 결성한 아카이아 동맹은, 다른 도시들도 동맹국으로 받아들여 그리스에서 가장 중요한 정치 세력이 되었다.

아카이아인Achaians
아카이오스족Achaios이라고도 한다. 호메로스의 글에 다나오이족 및 아르게이오이족과 더불어 트로이를 포위 공격한 그리스인으로 나온다. 호메로스가 그들 거주 지역으로 기술한 곳(그리스 본토, 서쪽 섬들인 레타 섬, 로도스 섬, 키클라데스 섬을 제외한 이웃 섬들)은 고고학이 밝혀낸 바에 따르면 기원전 14~13세기 미케네인이 활동했던 지역과 정확히 일치한다.

아크나톤Akhnaton
기원전 14세기 이집트 제18왕조의 왕(기원전 1353~1336 재위).

아키바Akiba ben Joseph
40~135경 유대교 현인. 성서 이후 최초의 유대교 법전인 미슈나의 기초를 세웠다.

아킬레우스Achileus
그리스 신화에 나오는, 미르미돈족의 왕인 펠레우스와 바다의 님프(네레이스)인 테티스의 아들. 전설에 따르면 어릴 때 테티스가 스틱스 강물에 그를 담가서 불사신不死身으로 만들었지만, 그녀가 잡고 있었던 발꿈치만은 물에 젖지 않아서 그의 약점이 되었다고 하며, 거기서 '아킬레스건'이라는 말이 생겼다고 한다.

아타나시우스 키르허Athanasius Kircher(1601~1680)
독일 태생의 예수회 성직자이자 학자. 지식을 전파하기 위해 노력했으며, 44권의 저서와 2,000편이 넘는 원고와 서한집이 지금까지 전해지고 있다.

아테나Athena
도시의 수호신이자 전쟁, 공예, 실천적 이성의 여신으로, 로마 신화의 미네르바와 동일하다. 도시적이며 문명적인 성격을 지녀, 전원적인 성격의 아르테미스와는 대조적이다. 헬레니즘 이전의 여신으로, 뒤에 그리스인이 자신들의 신으로 받아들인 것으로 보인다. 그리스는 미노아와는 달리 군사 경제가 발달했기 때문에 아테나는 초기의 가정적인 모습을 지니면서도 전쟁의 여신이 되었다

아톤Aton
고대 이집트 종교의 태양신으로, 짧은 기간이지만 이집트의 국가 종교였다. 아크나톤(기원전 1353~1336 재위)은 아톤이 위대한 신임을 재천명하고 아크나톤 시市를 아톤 숭배의 중심지로 건설했다.

아툼Atum
헬리오폴리스의 지역 신. 아툼 신화는 태양신 '레Re'와 합하여 '아툼 레'라는 신을 만들었다. 아툼은 태양신의 최초 형태였으며, 혼돈의 바다인 '누' 속에 살다가 자기 의지로 '레처럼 구체적인 모습으로 나타났다. 그러므로 태양에 관한 전설에서 '레'는 중천에 떠 있는 태양으로 묘사되는 반면, '아툼'은 지는 해나 새벽에 '다시 태어나기 위하여' 땅으로 돌아오는 태양으로 묘사된다.

아틀란티스atlantis
지중해와 대서양을 연결하는 해협인 지브롤터Gibraltar의 서쪽, 대서양 해저에 있다고 플라톤이 말한 전설상의 섬.

아티카Attica
아테네가 중심 도시인, 그리스 고대 지방. 바다에 접해 있어 해상 무역이 번성했고, 초기에는 엘레우시스·아테네·마라톤을 중심으로 여러 개의 독립 도시가 있었다.

아폴로도로스Apollodoros
2세기 초 그리스 건축가·기술자. 로마 황제 트라야누스를 위해 일했으며, 하드리아누스 황제에 의해 추방되어, 130년경 처형되었다. 로마의 트라야누스 광장과 트라야누스 기념주가 유명하다.

아폴론Apollon
올림포스 12신 중 하나로, 그리스의 신 가운데 가장 널리 숭상되고 있는 신. 도덕이나 법률을 주관하고, 예언의 신이기도 하며, 태양의 신이라고도 한다. 특히 사랑에 관한 신화가 많다. 아우구스투스 황제가 아폴론을 위해 파라티누스 언덕에 신전을 세웠고, 로마 신화에서는 아폴로와 동일시된다.

아풀레이우스Lucius Apuleius(124경~170)
플라톤주의 철학자이자 작가. 산문체 이야기 『황금 당나귀 The Golden Ass』가 유명하다.

아프로디테Aphrodite
그리스 신화에서 성애性愛와 미의 여신으로, 로마인들에게는 베누스가 된다. 그리스어로 아프로스aphros는 '거품'을 의미하는데, 우라노스(하늘)의 아들 크로노스가 아버지의 생식기를 잘라 바다에 던져서 생긴 하얀 거품에서 태어났다고 한다.

아프리카아시아어Afroasiatic
기원전 8000~6000년경 지금의 사하라 사막에 존재했던 것으로 추정되며, 함셈어족 Hamito-Semitic이라고도 한다. 북아프리카와 서남아시아에서 주류를 이루는 어족이며, 아랍어·히브리어·암하라어·하우사어 같은 언어들이 여기에 포함된다.

아피스Apis
고대 이집트 종교에 나오는 신성한 황소 신. 멤피스에서 숭배되었다.

안크ankh
'생명'을 의미하는 고대 이집트의 신성문자. 윗부분이 고리인 십자 모양으로, 라틴어로는 자루가 달린 십자가을 뜻하는 '크룩스 안사타 crux ansata'라고 불린다.

안녹산安祿山(703~757)
이란계 돌궐족의 후예인 중국의 장군. 안사安史의 난(755~763)을 일으켜서 스스로 황제임을 선포하고 대연大燕 제국을 세워 당나라를 전복시키려고 했으나 실패했다.

안티노우스Antinoüs(110경~130)
로마 황제 하드리아누스의 총신으로, 죽은 후 황제에 의해 신격화되었다.

알 미나Al Mina
1930년대 고고학자 레오나드 울리 경이, 기원전 8세기 이곳에 그리스인이 만든 식민지가 있었으며, 이로부터 그리스인이 알파벳을 배웠다고 주장했다. 그런데 알 미나 부근에는 초기 그리스 비문들이 전혀 없다고 한다.

알공킨Algonquin
알공킨어를 쓰는 부족으로, 캐나다 오타와 강 상류 밀림에 흩어져 살았다. 유럽인이 전한 질병으로 떼죽음을 당했으며, 현재는 약 2,000명 정도 남아 있다.

알라시아Alashiya
키프로스를 참조하시오.

알로게네스Allogenes
그리스 도시에 거주한 외국인. 노예보다 낫
지만 그리스 시민보다 적은 권리를 가졌다.

알리 마츠루이Ali Mazrui
1933년 케냐에서 태어나, 옥스퍼드 대학교
'이슬람과 민주주의 연구소'에서 박사학위를
받았다. 지금은 뉴욕 주립대학인 빙햄튼대학
'세계 문화 연구소'의 소장이자 교수이다. 아
프리카의 문화와 종교(이슬람교와 그리스도
교) 및 정치를 연구하는 세계적인 학자이다.

알비파Albigenses
12~13세기 프랑스 남부에서 시작된 이단 분
파. 로마 가톨릭 교회와 대립하여 반反성직
자파를 결성하고, 당시 성직자들의 부패를
끊임없이 비판했다.

알자스Alsace
프랑스 북동부에 위치한 주. 역사적인 알자
스 지방과 거의 일치하며 주도는 스트라스부
르이다.

알프레드 베게너Alfred Wegener(1880~1930)
독일의 기상학자이자 지구 물리학자. 대륙
이동설을 최초로 완벽히 설명했다. 저서로
『대륙과 대양의 기원 Die Entstehung der
Kontinente und Ozeane』(1915)이 있다.

암메네메스Ammenemēs
멤논을 참조하시오.

암몬Ammon
이집트에서 신들의 왕으로 숭배된 신으로,
아몬이라고도 한다. 멘트호트페 2세(기원전
2007~1956 재위) 때에는 파라오의 수호신이
되었으며 헬리오폴리스의 태양신 레와 동일

시되었다.

암피온과 제토스Amphion and Zethus
그리스 신화에서 제우스와 안티오페의 쌍둥
이 아들. 어렸을 때 키타이론 산에 버려졌으
나, 양치기가 데려다 길러 암피온은 위대한
음악가가, 제토스는 사냥꾼이 되었다.

앙팡탱Prosper Enfantin(1796~1864)
프랑스의 정치·사회·경제 이론가. 생시몽 운
동을 주도했으며, 19세기 프랑스의 경제적·
기술적 혁신에 큰 영향을 미쳤다.

양자리Aries
점성학에서 황도 12궁의 첫 번째 별자리로서,
3월 21일경~4월 19일경을 관장한다. 양이라
는 표현은 이집트의 신 아멘과 같이 여겨지
며, 그리스 신화에서는 황금 털을 가진 양으
로 여겨진다. 아타마스 왕의 아들인 프릭소
스가 양을 타고 테살리아에서 콜키스로 안전
하게 달아난 후 이 양을 다시 제우스에게
봉헌했다. 제우스는 이 양을 하늘에 별자리
로 만들었고, 양의 황금 털은 아르고선船의
지도자인 이아손이 되찾았다고 한다.

애버딘Aberdeen
영국 스코틀랜드의 옛 주.

앨런 가디너Alan Gardiner
마틴 버낼의 외할아버지이자 유명한 이집트
학 학자. 기념비적인 저서 『이집트어 문법
Egyptian Grammar, Oxford: Clarendon』(1927)을
저술했다.

야르덴Yardēn
요르단 강이라고도 하며, 세계에서 수면이
가장 낮은 강. 그리스인들은 이 강을 아울롱

이라 불렀으며, 아랍인들은 앗샤리아(‘물 긷는 곳’이란 뜻)라고 했다. 그리스도교도·유대교도·이슬람교도 모두가 이 강을 신성하게 여긴다.

야벳Japhet
성서에 나오는 노아의 세 아들 중 하나.

야웨Yahweh
이스라엘의 신. 이 이름은 모세에게 4개의 히브리어 자음(YHWH)으로 계시되었다. 바빌론 유수(기원전 6세기)가 끝난 뒤, 특히 기원전 3세기부터 유대인은 ‘야웨’라는 이름을 더 이상 사용하지 않았다. ‘야훼’라는 한글 표기는 잘못된 것이다.

얀Friedrich Ludwig Jahn(1778~1852)
독일 ‘체조의 아버지’. 독일에 체조 운동을 널리 보급했다. 체육 교육은 국민 건강과 체력의 초석이며, 개인의 인격과 민족의 동질성을 강화하는 데 중요하다고 믿었다.

얌Yam
고대 셈족의 신. 대양·강·호수·지하수를 관장했다.

어구 차용calque
어떤 표현이나 관용구를 다른 언어에서 글자 그대로 차용하는 것.

에게 문화 Aegean culture
에게 해 지역에서 기원전 7000~3000년과 기원전 3000~1000년에 절정을 이룬 석기 시대와 청동기 시대 문명을 뜻한다. 에게 문명이 꽃핀 지역은 크레타 섬, 키클라데스 제도의 섬들, 펠로폰네소스 반도와 그리스 중부 및 테살리아를 포함하는 그리스 본토로 이루어져 있다.

에녹Enoch
헬레니즘 시대 유대교(기원전 3세기~기원후 3세기) 묵시 문학의 주인공으로, 하느님으로부터 비밀 지식을 받았다고 전한다. 에녹이 환상가로 묘사된 것은 노아 대홍수 이전으로, 태양신을 숭배하고 계시를 받은 제7대 왕 엔멘두라나에 관한 바빌로니아 전승에서 영향을 받은 결과이다. 에녹 이야기에는 바빌로니아 신화의 특징이 많이 담겨 있다.

에두아르트 마이어 Eduard Meyer
19세기 후반 고대사학계를 지배했던 대학자. 투키디데스에 근거하여 그리스 섬들과 테베에 순수한 페니키아인이 있었다고 주장했다.

에드가 키네 Edgar Quinet(1803~1875)
프랑스의 시인·역사가·정치 철학자. 프랑스 자유주의의 발전에 크게 공헌했다.

에드먼드 버크 Edmund Burke(1729~1797)
영국의 정치가이자 사상가. 1790년 자코뱅주의에 반대한 『프랑스 혁명론 Reflections on the Revolution in France』을 발표해 보수주의의 옹호자로 부상했다.

에드메 프랑수아 조마르 Edmé François Jomard
19세기 프랑스의 수학자. 이집트의 길이 척도는 지구 둘레에 대한 상세한 지식에 근거한다고 확신했다. 샹폴리옹과 라이벌 관계였다.

에드워드 기번 Edward Gibbon(1737~1794)
영국의 합리주의 역사가. 2세기부터 1453년 콘스탄티노플 멸망까지의 로마 역사를 다룬 『로마 제국 쇠망사The History of the Decline and Fall of the Roman Empire』(6권, 1776~1788)로

잘 알려져 있다.

에드워드 사이드Edward Said
『오리엔탈리즘』의 저자. 19세기 서양인의 오
리엔탈리즘이, 근본적인 차원에서 그리고 시
초부터, 아시아 사회에 대한 경멸과 ‘오리엔
트인’이 그들 자신의 문화를 분석하고 정리할
수 없다는 확신과 연계되었다고 보았다.

에드워드 영Edward Young(1683～1765)
영국의 시인·극작가·문학비평가.『탄식 : 삶
과 죽음과 영생에 대한 야상시夜想詩The
Complaint : or, Night Thoughts』(1742~1745)를
썼다.

에라스무스Desiderius Erasmus(1469～1536)
네덜란드의 인문주의자. 북유럽 르네상스의
위대한 학자로 신약성서를 최초로 편집했고,
교부학과 고전 문학에서도 중요한 인물이다.

에라토스테네스Eratosthenes(기원전 275경～195)
그리스 학자. 알렉산드리아 도서관 관장을
지냈으며, 지구의 둘레와 기울기를 최초로
측정했다. 윤년이 포함된 달력을 만들었고,
트로이 전쟁 당시 문학적·정치적 사건의 발
생 날짜를 알아내고자했다.

에렉테우스Erechtheus
『일리아스』에는 옥수수 밭에서 태어났고 아
테나 여신에 의해 양육되었으며 뒤에 아테나
신전을 세웠다고 한다. 그런데 고대 왕권과
밀접하게 연관되었던 대지와 대지의 생산력,
왕실에 대한 아테나 여신의 수호를 신화적으
로 표현한 것일 수도 있다.

에른스트 르낭Ernest Renan(1823～1892)
프랑스의 철학자·역사가·종교학자. 프랑스

비판 철학의 대표적 인물이다.

에른스트 쿠르티우스Ernst Curtius(1814～1896)
독일의 고고학자이자 역사가. 올림픽 경기로
유명한 올림피아의 발굴을 지휘했다. 저서로
『그리스사 Griechische Geschichte』(3권, 1857~
1867) 가 있다.

에마누엘 시카네더Emanuel Schikaneder(1751～
1812)
독일의 배우이자 극작가. 모차르트의 오페라
‘마술피리 Die Zauberflöte’의 작사자로 알려져
있다.

에밀 루이 뷔르누프Émile Louis Burnouf
프랑스 고고학자. 1879년 슐리만과 제2차 트
로이 발굴에 참여했다.

에밀 졸라Émile Zola(1840～1902)
프랑스의 소설가이자 비평가. 자연주의 문학
운동의 창시자이다. ‘제2제정 시대 어느 집안의
자연적·사회적 역사’라는 부제가 붙은, 20권의
연작 소설『루공 마카르 Rougon-Macquart』총서
에는 고급 창녀의 인생을 다룬『나나 Nana』
(1880)와 광산촌 노동자의 비참한 생활상을 폭
로한『제르미날Germinal』(1885)이 수록되어 있
다. 또한 드레퓌스 사건 때 유명한 평론「나는
고발한다J'accuse」를 발표하여 알프레드 드레퓌
스를 옹호한 것으로 유명하다.

에바고라스Evagoras
키프로스 섬에 있는 살라미스의 지배자로
페니키아인이다.

에블라Ebla
1970년대 최초로 발굴된 시리아의 고대 도시.
기원전 2500년경 시리아·팔레스타인 전역에

걸처 방대한 교역망과 통치권을 갖고 있었다.

에블라어Eblaite language
고대 셈어. 기원전 2500~2250년경 사용되어, 지금까지 전하는 언어 중 가장 오래된 언어로 보인다. 1970년대 중엽 고고학자들이 시리아 알레포 근처의 탈마르디흐에서 발굴한 서판에는 에블라어가 설형 문자로 기록되어 있다.

에세네파Essene
그리스도교가 전파되던 때, 유대 지방을 비롯한 사막에서 공동체 생활을 했던 금욕주의 유대교 분파. 사해 두루마리가 이들의 것으로 생각되며, 이는 에세네파의 종교 조직과 신앙이 그리스도교 탄생에 중요한 역할을 했다는 이론을 뒷받침한다.

에우독소스Eudoxos of Cnidos(기원전 400경~350경)
고대 그리스의 수학자이자 천문학자. 정수론을 발전시켰으며, 처음으로 태양·달·행성의 운동에 대해 체계적으로 설명했다. 또한 천문학 분야에 기하학을 도입하여 관측했으며, 이는 천문학이 발달하는 계기가 되었다.

에우로파Europa
그리스 신화에 나오는 포이닉스 혹은 페니키아 왕 아게노르의 딸. 제우스는 에우로파의 아름다움에 반해 흰 소로 변해서 그녀에게 접근하여 포이닉스에서 크레타로 데려갔다. 거기에서 그녀는 크레타 왕 미노스와 키클라데스 제도의 왕 라다만투스를 낳았으며, 전설에 따르면 리키아의 사르페돈 왕자도 낳았다고 한다.

에우리피데스Euripides(기원전 484경~406)
아이스킬로스, 소포클레스와 함께 고대 아테네의 3대 비극 작가.

에우클레이데스Eucleides
기원전 300년경 알렉산드리아에서 활동한 그리스·로마 시대의 으뜸가는 수학자. 『기하학 원본 Stoicheia』이 유명하다.

에우헤메로스Euhemeros
기원전 300년경 그리스의 신화 작가. 신화적 존재와 사건들을 실제 역사에 기초해서 발굴하려고 했다. 『성스러운 역사 Sacred History』는 그가 그리스의 여러 지방을 여행하면서 쓴 것이며, 고대 비문들에 기초한 철학적 로맨스이다. 신들은 원래 백성에게 숭배 받는 영웅이나 정복자였다고 주장했다. 에우헤메로스 설이란 종교적인 믿음을 합리적인 용어로 설명 또는 환원하는 것을 의미한다.

에콜 폴리테크니크École Polytechnique
프랑스의 종합 기술 학교로 1794년 세워졌다.

에테오크레타인
'크레타 원주민'이라는 뜻으로, 에테오는 '진실한, 사실의, 순수한'의 뜻을 가진다.

에트루리아Etruscan
고대 이탈리아의 문명. 에트루리아인은 아나톨리아의 리디아에서 왔다고 하는데, 에트루리아어는 아직 명확하지 않으나 아나톨리아어일 가능성이 높다. 가까운 친족 관계에 있는 언어가 렘노스 인근 섬에서 발견되었다. 에트루리아는 기원전 9세기부터 6세기까지 페니키아 문명으로부터 크게 영향을 받은 것으로 보이며, 라틴 문화의 형성 과정에도 커다란 영향을 미쳤다.

에트루리아어Etruscan language
고대 에트루리아인이 사용한 언어. 인도유럽어족의 영향을 받은 것으로 보인다.

에피로스Epirus
그리스와 알바니아 사이의 해안 지역. 이피로스Ípiros 또는 에페이로스Epeiros라고도 하며, 이곳의 오래된 신전에서 미케네 문명의 유적이 발견되기도 했다.

에포로스Ephoros
스파르타의 최고 행정관. 모두 5명이며 2명의 왕과 함께 국가의 행정부를 구성했다. 게루시아(원로원)와 아펠라(민회)를 주재했으며, 이들 기구에서 제정한 법령을 집행하는 책임을 맡았다. 또한 막강한 경찰권을 가지고 노예에 대한 전쟁을 매년 선포할 수 있었으며, 비상시에는 왕을 체포하고 감금하며 재판할 수 있었다.

에피쿠로스Epicouros(기원전 341~270)
그리스의 철학자. 윤리 철학의 창시자이며, 또한 기원전 4세기~기원후 4세기에 있었던 철학 학원들의 창시자이기도 하다. 그의 원자론 이론은 자연학의 연구 수단이 아닌, 궁극적으로 윤리적 목적을 추구하는 철학 체계의 기초로 사용되었다.

엘긴마블스Elgin Marbles
런던의 대영 박물관에 소장되어 있는 고대 그리스의 조각품이나 건축 조각. 대부분 아테네의 파르테논 신전을 비롯한 고대의 건축물에서 옮겨온 것으로, 오스만 제국의 영국 대사를 지낸 토머스 부르스 7세 엘긴이 영국으로 반출했다.

엘레우시스Eleusis
고대 그리스 도시. 기원전 7세기 아테네에 병합되었다.

엘레우시스 신비 의식Eleusian Mysteries
고대 그리스에서 가장 유명한 비밀 종교 의식. 호메로스의 시 ·데메테르 찬가에 따르면 엘레우시스 신비 의식은 데메테르의 생애에 관한 2가지 이야기(딸과 헤어진 뒤 다시 만난 이야기와 여왕의 아들을 불멸의 존재로 만드는 데 실패한 이야기)에서 비롯했다.

엘리스Elis
펠로폰네소스 반도에 있던 고대 그리스 도시 국가. 기원전 776년 이곳에서 시작했다고 전해지는 올림픽 경기와 말 사육으로 유명하다. 기민한 외교와 올림픽 경기 개최지로서 중립성을 강조함으로써 로마 제국이 멸망할 때까지 영토와 독립을 지켰다

엘리야Elijah
기원전 9세기 히브리 예언자. 하느님의 초월성을 가르치고 이스라엘의 정결한 ·남은 자들에게 구원이 베풀어진다는 사상을 가르친 선구자이기도 했다.

엘리엇 스미스Elliot Smith
해부학자이자이면서 인류학자. ·전파론傳播論(diffusionism)'을 주창하고, 고대 이집트가 유럽 문화의 근원일 뿐만 아니라 세계의 다른 지역 문화의 근원이라고 주장했다. 멕시코 피라미드의 기원과, 페루와 뉴기니아 근처 토레스 제도의 미이라 기술의 기원이, 이집트로부터 유래했다고 보았다.

엘리엇T. S. Eliot(1888~1965)
미국 태생 영국의 시인·극작가·문학비평가. 시집 『황무지 The Waste Land』(1922)와 『성당의 살인 Murder in the Cathedral』(1935), 『칵테일 파티 The Cocktail Party』(1950) 등의 희곡을 통해 모더니즘 운동을 주도했다. 제1차, 제2차

세계대전 기간 동안 20세기 문화에 지대한 영향을 끼쳤다. 『4개의 4중주 Four Quartets』로 1948년 메리트 훈장과 노벨 문학상을 받았다.

연구개음velas
혀를 입 뒤쪽에 위치시켜 소리 내는 폐쇄음. 예를 들어, k와 g가 있다.

열심당Zealot
유대교 분파. 로마와 그들이 신봉하는 다신교에 대해 조금도 타협하지 않고 배척한 것으로 유명하다. 로마에 대한 제1차 반란(66~70) 당시 주도적인 역할을 했고, 73년 마사다 요새가 함락당하자 집단 자살을 했다.

영지주의Gnosticism
2세기 그리스·로마에서 활발했던 철학적·종교적 운동. 여러 전통 종교로부터 영향을 주고받았지만, 초대 그리스도교에 가장 심오한 영향을 미쳐 교회법·신조·주교 조직의 밑바탕이 되었다. 이 명칭은 그리스어 '그노스티코스'(그노시스 즉, '비밀스런 지식'을 소유한 사람)에서 유래했다.

오귀스트 마리에트Auguste Mariette(1821~1881)
프랑스의 고고학자. 이집트 전역의 발굴을 통해 초기 이집트 역사에 대한 많은 것을 밝혀냈다. 『아비도스 Abydos』(1869), 『이집트 역사 연구 Aperçu de l'histoire d'Égypte』(1874), 『고왕국의 무덤들 Les Mastabas de l'Ancien Empire』(1889) 등을 썼다.

오귀스트 콩트Auguste Comte(1798~1857)
프랑스의 철학자. 사회학과 실증주의의 창시자이며, 사회학과 실증주의는 현대 산업사회에서 정치 조직의 기초를 제공하기 위해 제시한 사상과 지식의 체계이다. 저서로 『실증철

학 강의 Cours de philosophie positive』(1942), 『주관적 종합 Synthèse subjective』(1856) 등이 있다.

오디세우스Odysseus
호메로스의 서사시 『오디세이아 Odyssey』의 주인공. 뛰어난 지혜·언변·기략·용기·인내를 지닌 인물로 그려졌다.

오르코메노스Orchomenos
코피아스 평원에 위치한 고대 보이오티아 지방의 도시. 미케네의 최북단에 있는 요새화된 도시로 미니아이 왕가가 다스린 곳이다.

오르페우스Orpheus
그리스 전설에, 초인적인 음악적 재능을 갖고 있어서, 동물뿐 아니라 나무와 바위들, 마녀, 지하 세계의 왕까지도 그의 노래와 연주로 감동시켰다고 전한다.

오르페우스교Orphism
오르페우스의 가르침과 노래에 기반을 둔 고대 그리스의 신비종교. 오르페우스교의 종말론은 죽음 뒤에 오는 보상과 벌에 대해 강조하며, 이 보상과 벌을 받은 후 영혼은 해방되어 진정한 삶을 성취하게 된다고 한다.

오리엔탈리즘orientalism
서구가 서구 이외의 지역, 특히 아프리카, 아시아에 대한 취미나 관심을 가리킨다.

오스나브뤼크Osnabrück
독일 북서부 니더작센 주에 있는 도시.

오스만 제국Ottoman Empire
14세기 비잔틴 제국의 쇠퇴로부터 1922년 터키 공화국이 건설될 때까지 지속된 아나톨리아의 투르크족이 세운 제국. 비시니아의 아

미르였던 오스만(아랍어로는 Uthmn)의 이름
을 딴 명칭이다. 오스만 제국사의 제1기인
1300~1481년은 전쟁과 동맹, 그리고 영토의
매입으로 가장 번창한 시기였다.

오시리스Osiris
고대 이집트의 중요한 신으로, 기원은 잘 알
려져 있지 않다. 하下이집트에 있는 부시리
스의 지방신이었다고도 전해지며, 지하 세계
다산의 화신이라고도 하고, 단순히 신성시된
영웅이라고도 한다. 그러나 기원전 2400년경
에는 다산의 신과 죽은 왕들의 화신이라는
두 가지 역할을 행한 것으로 보인다.

오시안Ossian
아일랜드의 전사 시인. 오시안이라는 이름은
1762년 스코틀랜드의 시인 제임스 맥퍼슨이
오이신Oisín의 시들을 발견함으로써 유럽 전
역에 알려지게 되었다.

오이디푸스Oedipus
그리스 신화의 테베의 왕. 부모인 줄 모르고
아버지를 살해한 뒤 어머니와 결혼했다. 호
메로스에 따르면, 그의 어머니는 오이디푸스
와의 관계가 밝혀지자 목을 매 자살했으나
오이디푸스는 죽을 때까지 테베를 통치했다
고 한다. 프로이트는 아들이 어머니에 대해
애정의 감정을 느끼면서 아버지에 대해서는
질투와 혐오를 지니는 경향을 오이디푸스
콤플렉스라고 했다.

올리버 골드스미스Oliver Goldsmith(1730~1774)
영국의 수필가·시인·소설가·극작가. 수필집
『세계의 시민 The Citizen of the World, or, Letters
from a Chinese Philosopher』(1762)으로 유명하다.

올림픽 제전과 경기Olympic Festival and Games
펠로폰네소스의 올림피아에서 기원전 776년
부터 4년마다 개최된 제전과 경기. 그리스도
교도 황제인 테오도시우스가 기원후 4세기
말 중단시켰으며, 19세기에 이르러 쿠베르탱
남작에 의해 다시 부활되었다.

요제프 스칼리게르Joseph Scaliger(1540~1609)
네덜란드의 문헌학자이자 역사가. 그의 연대
기에 관한 연구는 역사 및 고전 연구에 크게
이바지했으며, 저서로 당시까지의 달력을 연
구한 『시간의 개량에 관한 연구 Opus de
emendatione tempore』(1583)와 『에우세비우스
팜필루스 연대기를 포함한 시간의 백과사전
Thesaurus temporum, complectens Eusebi Pamphili
Chronicon』(1609)이 있다.

요크셔Yorkshire
영국 잉글랜드의 옛 주. 1974년까지 잉글랜드
에서 가장 큰 주였다.

요하네스 파베르 스타플렌시스Johannes Faber
Stapulensis(1455경~1536)
프랑스의 인문주의자·신학자·번역가. 종교
개혁기의 성서 연구에 큰 업적을 남겼다.

요한 게오르크 하만Johann Georg Hamann(1730~
1788)
독일의 프로테스탄트 사상가. 이성을 신뢰하
지 않았으며, 신에 대한 어린아이 같은 믿음
만이 철학적 난제를 해결할 수 있는 유일한
방법이라고 결론지었다.

요한 고트프리트 헤르더Johann Gottfried Herder
(1744~1803)
독일의 비평가·신학자·철학자. 괴테에게 영
향을 받아 낭만주의 운동의 선구자가 되었다.

우가리트Ugarit
시리아의 거대한 인공산 라스샴라 위에 세워
진 고대 도시. 가장 번성하고 기록을 많이
남긴 시대는 기원전 1450~1200년경이다.
1929년 클로드 셰페르가 이끈 프랑스 고고학
발굴단에 의해 설형문자로 된 많은 고대의
기록물들이 발견되었다.

우가리트 사료(문자)Ugaritic alphabet
시리아 해안 지방에서 기원전 15~13세기에
사용한 설형 문자. 현존하는 문서로는 1929년
시리아 해안의 우가리트에서 발견한, 기원전
15~14세기에 쐐기 형태의 첨필로 점토판에
쓴 것이 있다.

우라르투Urartu
흑해와 카스피해의 산악 지역에 중심을 두었
던 서남아시아의 고대 국가. 기원전 13세기
초 아시리아 자료에 의하면, 기원전 9세기에
서 8세기까지 근동 지방에서 상당한 세력을
갖고 있었으며, 기원전 6세기에 이르러 아르
메니아인이 이 지역을 장악했다.

우루크Uruk
이라크에 있는 고대 메소포타미아의 도시.
1928년 이후 독일의 발굴단이 이 유적지를
조사했는데, 전설에 의하면 신화적인 영웅
길가메시가 축조했다고 한다. 지속적인 발굴
을 통해 기원전 5000년경 이전인 우바이드
선사시대로부터 파르티아 시대(기원전 126~
기원후224)에 이르기까지 연속적으로 도시
가 건설된 흔적을 찾을 수 있었다.

우바이드Ubaid
이라크 남부에 있는 기원전 4,000~기원전
3,500년의 청동기 시대 유적. 메소포타미아의
수메르 도시 문명이 이룩되기 직전의 모습을
보여준다.

울리히 빌켄Ulrich Wilcken
나찌 치하에서 명성이 높았던 고대사가.

울만B. J. Ullman
미국의 셈학 학자. 알파벳이 기원전 8세기에
전해졌다는 카펜터의 주장에 대해, 기원전
12세기나 그 이전의 연대를 제시했다.

워즈워스William Wordsworth(1770~1850)
영국의 낭만주의 시인으로 1843년 계관 시인
을 지냈다. 자연에 대한 미적 관심이 동양에
비하여 희박했던 유럽에서 그의 범신론적
자연관은 영문학에만 그치지 않고 유럽 문화
에도 커다란 영향을 끼쳤다

원元그리스어Proto-Greek
그리스어의 기원으로 재구성한, 입증되지 않
은 언어.

원자론atomism
물질이 더 이상 세분할 수 없는 미세한 분자
로 구성되어 있다는 믿음. 피타고라스 학파
와 함께 공부했으며 또한 이집트에서 수학한
데모크리토스가 기원전 5세기에 주장했다.
이후 에피쿠로스 학파에서 유행했으며, 19세
기에 존 돌턴이 부활시켰다.

월리스 버지Wallis Budge(1857~1934)
영국의 동양학 학자. 런던 대영박물관의 이
집트·아시리아 부문 담당관(1894~1924)을 역
임했다.

월콧Peter Walcot
영국의 고전학자이자 역사가. 1866년 출간된
저서 『헤시오도스와 근동 Hesiod and the Near

East』에서 미케네 문명 시대의 그리스에 영향을 끼친 것은, 페니키아와 이집트가 아니라 히타이트와 바빌로니아라고 주장했다.

월터 스콧Walter Scott
20세기 헤르메스주의를 연구한 영국의 그리스학 학자.

웨식스Wessex
앵글로색슨족이 세운 잉글랜드 왕국 가운데 하나. 웨식스 왕은 결국 잉글랜드 전체의 통치자가 되었다.

웨일스어Welsh
켈트어파의 브리톤어군에 소속된 언어. 영국의 웨일스 지방에서 사용한다. 근대 웨일스어는 영어와 마찬가지로 어미의 어형 변화가 거의 없다. 그러나 웨일스어의 조상 언어인 브리톤어군의 고대 브리톤어는 라틴어와 마찬가지인 굴절어로서 낱말의 어미가 명사의 격이나 동사의 시제 같은 문법적 범주를 나타낸다.

웰링턴Arthur Wellesley Wellington(1769~1852)
워털루에서 나폴레옹에 승리한 영국군 총사령관. 후에 영국 총리(1828~1830)가 되었다.

위그노Huguenot
프랑스의 프로테스탄트를 지칭한다. 16세기 프랑스에서 종교 개혁이 진행되는 동안에 성장했으며, 여러 해 동안 극심한 박해를 받았다.

윌리엄 글래드스턴William Gladstone(1809~1898)
영국의 정치가. 4차례(1868~1874, 1880~1885, 1886, 1892~1894)에 걸쳐 영국 총리를 지냈다.

윌리엄 리지웨이William Ridgeway
1900년 경 고고학계를 대표했던 영국의 학자.

윌리엄 미트퍼트William Mitford
18세기 영국의 역사학자. 저서 『그리스사 History of Greece』는 학계에 큰 영향을 끼쳤다. 그리스 문명이 오리엔트에 기원하며, 그리스가 이집트와 페니키아의 식민지였다는 고대 그리스인들의 기록을 받아들였다.

윌리엄 블레이크William Blake(1757~1827)
영국의 시인·화가·판화가·신비주의자. 『순수의 노래 Songs of Innocence』(1789), 『경험의 노래 Songs of Experience』(1794)와 같은 작품으로, 낭만주의 시를 서유럽 문화에 처음으로 전파했다.

윌리엄 올브라이트William Foxwell Albright(1891~1971)
미국의 성서 고고학자이자 중동학자. 성서시대 유적 발굴로 유명하다. 저서로 『팔레스타인의 고고학과 성서 The Archaeology of Palestine and the Bible』(1932~1935), 『이집트 분절 철자의 발성법 The Vocalization of the Egyptian Syllabic Orthography』(1934), 등이 있다.

윌리엄 휘스턴William Whiston(1667~1752)
영국 성공회 사제이자 수학자. 종교와 과학을 조화시키려고 노력했고, 아리우스주의에 관한 이단설을 부활시킨 것으로 유명하다. 저서로 『성서 예언의 성취 The Accomplishment of Scripture Prophecies』(1708), 『부활된 원시 그리스도교 Primitive Christianity Revived』(5권, 1711~1712) 등이 있다.

윌리엄 휴얼William Whewell(1794~1866)
영국의 철학자이자 역사가. 윤리학에 관한

글과 특칭 명제를 철학적으로 분석하여 과학적 일반화에 도달하는 귀납 이론을 연구했다. 저서로『귀납 과학의 역사, 초기부터 현재까지 History of the Inductive Sciences, from the Earliest to the Present Time』(3권, 1837),『귀납 과학의 철학 The Philosophy of the Inductive Sciences, Founded upon Their History』(1840) 등이 있다.

유노Juno
로마 신화에 나오는 최고 여신이며 주피터의 아내. 그리스 신화의 헤라와 동일시된다. 주피터·미네르바와 함께 카피톨 신전의 세 신 중 하나이다.

유대아Judaea
고대 이스라엘의 분할된 세 지역 가운데 고대 팔레스타인의 남단 부분. 나머지 두 지역은 북쪽의 갈릴리와 중앙의 사마리아이다.

유베날리스Decimus Junius Juvenalis(55/60～127경)
로마의 풍자 시인. 조반니 보카치오와 니콜라 부알로 및 바이런 경을 비롯한 많은 풍자 작가들이 그를 모방했다.

유세비우스Eusebius
4세기 팔레스타인 카이사리아 팔레스티나이 지방에서 활동한 주교·해석가·변증가·역사가. 저서『교회사 Ecclesiastical History』의 그리스도교에 관한 기록은 그리스도교 역사 기록의 이정표가 되었다.

유음liquid
'흐르는' 자음. 예를 들어, l과 r.

윤회전생metempsychosis
인간은 해탈하기 전까지 생사를 끊임없이 반복하는데, 이때 몸과 태어나는 세계는 자신의 행위에 따라 결정된다는 인도 특유의 관념에서 생겼으며, 특히 불교에서 발전된 이론.

율리우스 벨로흐Julius Beloch
독일의 고전학자. 1894년 논문 "에게 해의 페니키아인들"에서 페니키아인이 기원전 8세기 이전에는 에게 해에 도달할 수 없었을 것이라고 보고, 알파벳의 전래시기를 기원전 8세기로 주장했다. 그의 주장이 실패한 반면, 그와 비슷한 카펜터의 주장은 1930년대에 성공을 거둔다.

율리우스 카이사르Julius Caesar(기원전 100～44)
로마의 장군이자 정치가. 갈리아를 정복했으며(기원전 58~50), 기원전 49~46년의 내전에서 승리해 딕타토르(독재관)가 된 뒤, 일련의 정치적·사회적 개혁을 추진하다가 귀족들에게 암살당했다.

음위 전환Metathesis
언어에서 자음이나 모음의 위치를 교체 또는 변경하는 것.

음절 문자
표음 문자의 한 종류. 단어들을 모두 나타내기 위해 무수한 방법으로 기호를 결합할 수 있기 때문에 기호 글자 체계보다 훨씬 적은 기호로도 가능하다. 선형 문자 A와 B는 모두 음절 문자이다.

이나코스Inachos
아르고스 왕. 제우스가 납치한 이오는 그의 딸이다.

이드리스Idris
『코란』에서 예언자로 언급되고, 이슬람 전

설에 나오는 불멸의 인물. 수니파의 전승에 따르면, 이드리스는 신성한 계시를 전하며, 죽지 않고 육체를 지닌 채 천국에 가서 신과 함께 영원히 산다. 민간 전설에서도 그는 작문, 재봉과 점술의 발명자로 나타난다. 그는 장인匠人들과 이슬람교도 기사들의 수호 성인으로 여겨진다.

이브라힘 파샤Ibrahim Pasha(1789~1848)
오스만 제국 지배하의 이집트 부왕이자 장군. 유명한 무하마드 알리의 친아들 또는 양아들로 추정되며, 카이로 총독이 되었다.

이븐 할둔Ibn Khaldun(1332~1406)
아라비아의 역사가. 최초로 비종교적인 측면에서 역사철학을 연구했으며, 걸작『역사서설歷史序說 Muqaddimah』을 썼다.

이사벨Isabel 1세(1451~1504)
카스티야(1474~1504)와 아라곤(1479~1504)의 여왕. 1479년부터는 남편인 아라곤의 페르난도 2세와 함께 두 왕국을 공동으로 통치했다. 집권기에 스페인의 영구적인 통일이 이루어졌으며, 이사벨의 후원을 받은 크리스토퍼 콜럼버스가 신대륙을 발견함으로써 스페인의 해외 식민 제국 시대가 개막되었다.

이소크라테스Isokrates(기원전 436~338)
고대 아테네의 웅변가·수사학자·교사. 그의 저술은 당시 아테네의 정치적·지적 생활에 대한 중요한 사료로 꼽힌다.

이스마엘Ishmael
성서에서 아브라함과 그의 몸종 하갈 사이에서 난 아들이다.

이시도루스Isidorus Hispalensis(560경~636)
신학자, 대주교, 백과사전 편찬자이며, 서방의 라틴 교부敎父 가운데 마지막 인물. 인간과 신에 관한 주제를 다룬 백과사전『어원사전Originum sive Etymologiarum』은 용어 해설 분야에 중요한 업적을 남겼다.

이시스Isis
고대 이집트의 여신. 이시스는 '왕좌'를 뜻하는 고대 이집트의 상형 문자를 그리스어로 바꾼 것이다. 왕좌는 성이 여성이기 때문에, 그 화신은 여자, 즉 왕의 어머니였으며 사실상 왕의 창조주였다.

이신론理神論Deism
비정통적인 종교적 태도 중 하나. 대체로 자연 종교라고 부를 수 있는 개념이며, 자연 종교란 계시나 교회의 가르침을 통하여 얻는 지식이 아니라, 모든 사람이 타고났거나 이성을 사용하여 얻을 수 있는 종교적 지식 체계를 그대로 인정하는 것이다.

이암블리코스Iamblichos(250경~330경)
시리아의 철학자. 신플라톤주의 시리아파의 창시자이다.

이오Io
그리스 신화에서 아르고스 강의 신 이나코스의 딸. 이오는 칼리티아라는 이름으로, 제우스의 아내 헤라를 섬기는 수석 여사제가 되었다. 제우스는 이오를 사랑하게 되었고, 이오를 아내 헤라의 복수에서 보호하기 위해 흰 암소로 변신시켰다. 헤라는 제우스를 졸라 그 암소를 얻은 다음, 아르고스 파놉테스(100개의 눈을 가진 거인)를 보내 암소를 감시하게 했다. 그러자 제우스는 헤르메스를 보냈고, 헤르메스는 자장가를 불러 아르고스를 잠재운 다음 죽였다. 그러자 헤라는 쇠파리를 보내 이오를 괴롭혔고, 견디다 못한 이오는 온 땅을 헤매다가 이오니아 해를 건너 마침내 이집트에 이르렀다. 이 해협은 그후 보스포루스 해협('소의 여울'이라는 뜻)이라고 불리게 되었으며, 이집트에 도착한 이오는 원래의 모습을 되찾고 에파포스의 어머니가 되었다. 이오는 이집트 여신 이시스와 동일시되었고, 에파포스는 이집트의 신성한 황소인 아피스와 동일시되었다. 에파포스는 헤라의 명령에 따라 시리아의 비블로스로 납치당했으며, 이오가 이곳에서 다시 아들을 찾아냈다고 한다. 전설의 이 부분은 이오를 시리아 여신 아스타르테와 결부시키고 있다. 실제로 전설의 이집트 부분과 시리아 부분은 그리스와 동양의 교류를 반영하고 있으며, 이국의 신을 그리스 신과 동일시한 경향을 보여준다.

이오니아Ionia

아나톨리아의 고대 지방. 도리스족의 침략으로 그리스에서 아카이아가 붕괴된 후 비로소 이곳의 지명으로 쓰였다. 당시 이오니아의 그리스 난민들이 에게 해를 건너 동쪽으로 이주했으며, 이 사실은 그리스인들이 기원전 1000년경~900년에 아나톨리아로 이주했다는 것을 밝혀주는 고고학적 자료와 일치한다.

이오니아인Ionian

중남부 그리스 민족. 도리스인의 정복에서 살아남았으며, 일부는 아나톨리아 서부 해안으로 이주했다. 이들 국가 가운데 아테네가 가장 유명하다.

이자크 카조봉Isaac Casaubon(1559~1614)

프랑스의 고전학자·신학자. 아테나이우스의 작품을 편집하고 주석을 썼으며, 『일기 Ephemerides』(2권, 1850)를 저술했다.

이집트어Egyptian

이 책에서 말하는 이집트어는 오늘날 이집트에서 사용하는 아랍어 방언이 아니라, 독립된 아프리카아시아어인 고대 이집트의 언어를 가리킨다. 고대 이집트어는 대략 기원전 3250~2200년의 고왕국 시기에 쓰였던 초기 이집트어와, 기원전 2200~1750년의 중왕국 시기에 쓰였으며 이후 1500년 동안 공식 언어로 남아 있던 중기 이집트어로 나뉜다. 보통 '이집트어'라 하면 중기 이집트어를 가리킨다. 후기 이집트어는 기원전 16세기부터 쓰였지만, 기원전 1000년경에 이를 때까지는 구어로만 사용되었을 뿐 문어로는 사용되지 않았다. 그리스어에 가장 큰 영향을 준 것은 후기 이집트어인 듯하다. 이후 단계에 대해서는 민용 문자와 콥트어를 참조하라.

이집트-이교주의Egypto-paganism

헬레니즘과 로마 시대의 이교를 지칭하는 용어. 다신교에서 나타나는 이집트의 중심성과 독창성을 강조하기 위한 것이다.

인구 통계학demography

인구의 크기·밀도·분포 및 출생·사망·결혼 등을 통계적으로 연구하는 학문.

인도유럽어Indo-European

바스크어와 핀란드어, 헝가리어를 제외한 모든 유럽어와, 이란어 및 북부 인도어, 토카라어를 포함하는 어족.

인도히타이트어Indo-Hittite

아나톨리아어족과 인도유럽어족을 포함하는 상위 어족.

인민주의populism
민중의 이익과 전통적인 가치관을 중시하는
대중주의.

인자분석법
비교적 소수의 인자로 많은 변량變量 사이의
관계를 설명하기 위해 고안된 통계 분석법.

인종주의racism
유전되는 신체적 특징과 성격·지능·문화 사
이에 인과 관계가 있다는 이론 또는 사상.
이 이론에는 어떤 인종은 선천적으로 다른
인종보다 우수하다는 관념이 깔려 있다.

인지학Anthroposophy
인간 지성이 영적인 세계와 접촉 능력을 가지
고 있다는 전제에 기초한 철학. 오스트리아
의 루돌프 슈타이너가 창안했는데, 그는 이
를 영학靈學이라고 불렀다.

인텔리겐치아intelligentsia
제정 러시아 시대의 혁명적인 지식인 계급.
기본적으로 우수한 근대 교육을 받고, 정치
적·사회적 이념에 열렬히 경도된 사람들로
구성되었다.

일리리아Illyria
발칸 반도의 북서부 지역. 기원전 10세기경부
터 인도유럽인에 속하는 일리리아인이 이곳
에 정착했다. 유럽 중·서부의 후기 청동기시
대 및 초기 철기 시대 문화인 할슈타트 문화
를 이룩했다.

일리아스Ilias
고대 그리스 시인 호메로스의 작품으로 전해
지는 24권으로 된 서사시. 그리스인은 이 작
품이 『오디세이아 Odyssey』와 더불어 그리스

민족의 단일성과 영웅적 자질을 나타내는
상징이자 도덕적이며 현실적 교훈까지도 전
한다고 믿었다.

일원론monism
이 책에서 일원론은 모든 것이 필연적으로
한 가지 원인을 갖는다는 사상을 가리킨다.

임마누엘 벨리코프스키Immanuel Velikovsky
(1895 ~ 1979)
러시아 태생의 미국 고대사 연구가. 우주 창
조설과 역사에 대해 믿기 어려운 이론을 폈는
데, 목성에서 튀어나온 혜성이 지구 가까이
날아와 금성이 되었다고 주장하기도 했다.

임호텝Imhotep
기원전 27세기 멤피스에서 활동한 이집트
제3왕조의 대신. 제3왕조의 두 번째 왕 조세
르(기원전 2630~2611 재위)의 총리를 지냈으
며 건축가·천문학자로도 활약했다. 나중에
이집트와 그리스에서 의술의 신으로 숭배되
었으며, 그리스 의술의 신 아스클레피오스와
동일시되었다. 나일 강 상류 에드푸에 있는
첫 번째 신전을 설계한 것으로 추정되며, 고
古왕국(기원전 2575경~2130경) 때 시작된 멤
피스 시 사카라 묘지 공사에 계단식 피라미드
를 지은 건축가로 간주된다. 이 피라미드는
지금까지 전해 내려오는 석조 기념물 중 세계
에서 가장 오래되었으며 6개의 계단에 높이
는 61m에 이른다.

【자】

자파Jaffa
텔아비브야포라고도 함. 지중해 연안에 있으
며, 이스라엘의 대 도시 가운데 하나이다.
1950년 고대 야파(야포) 항과 텔아비브가 합
쳐서 형성되었다.

잘로몬 라이나흐Salomon Reinach
알사스 출신의 유대인으로, 파리의 사교계와
학계의 중심 인물이었다.

장 베라르Jean Bérard
‘베라르’ 항목을 참조하시오.

장 보댕Jean Bodin(1530~1596)
프랑스의 정치사상가. 국왕과 의회가 상호
균형을 이루며, 신법과 자연법에 근거한 입
법권이 보장되는 이상주의적 군주제 이론을
전개했다. 저서 『국가론Six Livres de la Ré
-publique』(1576)은 영국의 토머스 홉스에게도
영향을 끼쳤다.

장 프랑수아 샹폴리옹Jean François Champollion
(1790~1832)
프랑스의 역사가이자 언어학자. 이집트학 연
구의 체계를 확립했고, 이집트 상형 문자 해
독에 중요한 역할을 했다. 저서로『상형 문자
입문 Précis du système hiéroglyphique, etc.』(1824),
『이집트 신전, 고대 이집트의 신화적 인물집
Panthéon égyptien, ou collection des personnages
mythologiques de l'ancienne Égypte』(1823~1825,
미완성) 등이 있다.

장 피카르Jean Picard(1620~1682)
프랑스의 천문학자. 처음으로 자오선子午線
의 1° 크기를 정확하게 측정하고, 이것으로

지구의 크기를 계산했다.

장미십자회Rosicrucian
고대부터 전해 내려온 비밀스런 지식을 알고
있다고 주장하는 비밀 결사. 1484년 로젠크로
이츠가 독일에서 창설한 것으로 전해진다.
명칭은 이 단체의 상징인 장미와 십자가가
결합된 문양에서 나왔다. 이 회의 가르침은
여러 종교의 신앙과 관행을 연상시키는 신비
주의 요소들을 결합하고 있다.

저교회파Low church
성서에 바탕을 둔 신앙과 개인적 회개, 그리
고 경건을 강조하는 성공회 복음주의 분파.
주교제도 형태의 교회정치, 성례전, 예배 의
식의 중요성을 ‘낮게’ 평가했기 때문에 ‘저교
회’라고 불렸다. 이 용어가 사용되기 시작한
것은 17세기 말경부터이다.

전치모음prothetic vowel
어두語頭에 자음이 오는 것을 피하기 위해
그 앞에 놓이는 모음. 특히 두 개의 자음이
연속될 때 주로 나타난다.

제인 해리슨Jane Harrison
케임브리지의 고전학자. 그리스 신화와 고대
중동의 신화가 유사성을 띤 것을 인간 심성에
서 기인하는 것으로 설명하였다. 이러한 설
명 방식을 쓰는 학파를 ‘인류학 학파라 한다.

제임스 2세(1633~1701)
영국의 마지막 가톨릭교도 왕(1685~1688 재
위). 명예혁명으로 폐위되었다.

제임스 맥퍼슨James MacPherson(1736~1796)
스코틀랜드의 시인. 오시안 논쟁으로 더 많
이 알려져, 게일 문학 연구에 끼친 공헌은

제대로 인정받지 못했다.

제임스 밀 James Mill(1773 ~ 1836)
스코틀랜드의   철학자·역사학자·경제학자.
인간본위로 정치·경제를 다룰 것과 철학에
과학적 기초가 있어야 한다고 강조한 철학적
급진주의 또는 공리주의로 알려진 학파의
대표자였다. 유명한 존 스튜어트 밀이 그의
장남이다.

제임스 브루스 James Bruce(1730 ~ 1794)
스코틀랜드 출신의 탐험가. 에티오피아 여행
을 하면서, 당시 나일 강의 발원지로 생각되
는 청靑나일 강의 원류를 찾았다.

제임스 에드워드 James Edward(1688 ~ 1766)
폐위된 영국의 가톨릭교도 국왕 제임스 2세
의 아들이며, 잉글랜드와 스코틀랜드 왕위
계승권을 주장한 인물.

제임스 조이스 James Joyce(1882 ~ 1941)
아일랜드의   소설가. 『율리시스 Ulysses』
(1922), 『피네건의 경야經夜 Finnegans Wake』
(1939)와 같은 장편 소설에서 실험적 언어와
새로운 문학 양식을 개척한 것으로 유명하다.

제임스 프레이저 James Frazer
1900년경 케임브리지의 고전학자. 제인 해리
슨과 함께, 그리스 신화와 중동 신화가 유사
한 것을 인간의 심성에서 기인하는 것으로
설명한 소위 ·인류학 학파에 속한다.

제임스 헨리 브리스테드 James Henry Breasted
(1865 ~ 1935)
미국의 이집트학 학자·고고학자·역사가. 고
대 이집트와 서아시아 고대 문명에 대한 연구
를 했으며, 당시 알려진 모든 이집트 상형

문자의 명문銘文을 편찬하여 5권으로 된 『고
대 이집트의 기록 Ancient Records of Egypt』
(1906)을 번역·출간했다.

조로아스터교Zoroastrianism
페르시아 제국의 국교. 기원전 1000년 이전에
시작된 것으로 보이며, 우주는 선과 악 사이
의 끊임없는 투쟁(정교한 균형을 이루기도
한다)의 장이라고 주장했다. 알렉산드로스의
정복으로 약화된 후, 이슬람교에 의해 사실
상 붕괴되었다.

조르다노 브루노 Giordano Bruno(1548 ~ 1600)
이탈리아의 철학자·천문학자·수학자·신비주
의자. 현대 과학을 예상하는 이론, 특히 무한
한 우주와 다양한 세계에 관한 이론을 전개했
다. 로마의 교회들이 엄격한 아리스토텔레스
와 스콜라 학파의 원리를 따르던 시기에, 비
정통 사상을 주장하여 화형당했다.

조반니 바티스타 비코 Giovanni Battista Vico(1668
~ 1744)
이탈리아의 문화학자·철학자·법철학자. 문
화인류학, 민속학의 선구자로 인정받고 있으
며, 『새로운 과학 Scienza nuova』(1725)에서 역
사와 사회과학의 관계를 체계적으로 상호
연구하여 단일한 인간 과학을 만들려 했다.

조지 2세(1683 ~ 1760)
영국 하노버 왕조의 제2대 왕(재위 1727 ~
1760). 독일의 하노버가家에서 태어나, 1714
년 아버지 조지 1세가 영국의 왕위를 계승할
때 함께 영국으로 건너갔다. 그 후 부왕이
사망하자 뒤를 이어 1727년에 즉위하였다.

조지 그로트 George Grote(1794 ~ 1871)
영국의 고대 그리스 역사가. 『그리스 역사

History of Greece』(1846~1856) 12권을 출간.

조지 스미스George Smith(1840~1876)
영국의 아시리아 연구가. 아카드어로 쓰여진
『길가메시 서사시 Epic of Gilgamesh』를 발견
해, 초기 메소포타미아 문명인 수메르를 연
구하는 데 기여했다.

조지 엘리엇George Eliot(1819~1880)
빅토리아 여왕 시대의 영국 여류소설가. 근
대 소설의 특징인 심리 분석 기법을 썼으며,
작품으로 『애덤 비드 Adam Bede』(1859), 『플
로스 강변의 물방앗간 The Mill on the Floss』
(1860) 등이 있다.

조지 피보디 구치George Peabody Gooch(1873~
1968)
영국의 근대 외교사가外交史家. 18세기 이후
독일 역사를 영어로 썼으며, 저서 『19세기
역사와 역사가 History and Historians in the
Nineteenth Century』(1913)가 유명하다.

존 로크John Locke(1632~1704)
영국의 철학자. 영국과 프랑스 계몽주의의
선구자로, 미국 헌법의 기초가 되는 사상을
제공했다. 근대 과학을 포함한 인식의 문제
를 다룬 『인간 오성론』이 유명하다.

존 배그넬 베리John Bagnell Bury(1861~1927)
영국의 고전학자이자 역사가. 저서 『사상의
자유의 역사 A History of Freedom of Thought』
(1914)에서, 역사를 인간 이성의 투쟁과 진보
의 기록으로 파악했으며, 특히 비잔틴 연구
서가 유명하다.

존 스튜어트 밀John Stuart Mil(1806~1873)
영국의 철학자이자 경제학자. 19세기 개혁

시대에 시사 평론가로 이름이 높았다. 저서
로 『논리학 체계 A System of Logic』(1843), 『정
치경제학의 원리 Principles of Political Economy』
(1848), 『자유론 On Liberty』(1859) 등이 있다.

존 채드윅John Chadwick
1950년 선형문자B를 해독한 마이클 벤트리
스의 공동 연구자. 저서로 『미케네 그리스어
로 쓰인 문헌들 Documents in Mycenaean Greek』
이 있다.

존 톨런드John Toland(1670~1722)
영국의 논쟁적인 자유 사상가. 성서의 교리
가 항상 신앙이 있어야 이해할 수 있는 것은
아니며, 오히려 인간의 이성만으로도 완전히
이해할 수 있음을 밝히고자 했다.

존 호프 프랭클린John Hope Franklin(1915~)
미국의 역사가이자 교육가. 미국 남북전쟁
시대를 재조명하고, 현대 미국의 정체성 형
성에 미친 흑인 투쟁의 중요성을 학구적으로
재평가했다. 또한 공립학교의 인종 차별이
불법이라는 대법원의 판결을 이끌어내기도
했다

존재의 거대한 사슬Great Chain of Being
서양 사상, 특히 고대 그리스의 신플라톤주
의와 이를 잇는 유럽 르네상스 및 17, 18세기
의 여러 철학 사상에 광범한 영향을 미친
우주관. 우주의 보편적 특징을 충만성·연속
성·계층성의 3가지로 설명했다.

중기 미노아Middle Minoan
크레타 문명을 구분할 때 사용하는 토기 시기
를 말한다. 대략 기원전 2000~1650년으로,
이집트 중왕국 시대와 같은 시기이다.

중기 헬라딕Middle Helladic
그리스 본토를 구분할 때 사용하는 토기 시기
를 말한다. 대략 기원전 2000~1650년이다.

중농학파physiocracy
국가의 부의 원천을 중상주의가 아닌 농업
생산에서 찾으려 했던 18세기 경제 사상. 중
상학파가 국력은 공업과 교역에 의해 더 많이
좌우된다고 본 반면, 중농학파는 오직 농업
만이 확실한 잉여를 생산한다고 봄으로써,
토지와 농업을 모든 부의 원천이라고 생각했
다. 창시자는 루이 15세 때 궁정 의사였던
프랑수아 케네이다.

쥐라Jura 산맥
프랑스와 스위스 국경을 사이에 두고 론 강에
서 라인 강까지 활 모양으로 펼쳐져 있는
산맥.

쥘 미슐레Jules Michelet(1798 ~ 1874)
프랑스의 역사가. 저서 『프랑스사 Histoire de
France』(1833~1867)는 민족주의 시각으로 서
술한 역사적인 책이다.

지모신地母神Earth Mother
고대와 현대의 원시 종교에서 번식의 원천을
뜻한다. 지모신은 여성인 대지가 되어, 남성
인 하늘의 배우자가 되기도 한다.

【차】

차드어Chadic
아프리카 일부 지역에서 사용하는 언어. 학
자들은 차드어군을 일반적으로 함셈어족의
한 갈래로 분류한다.

차드 호Lake Chad
차드·카메룬·나이지리아·니제르 등의
국경선이 맞닿은 곳에 위치한 서아프리카
최대의 호수.

차터하우스Charterhouse
영국 서리 고들밍에 있는 유명한 학교이자
자선 재단.

천년왕국millennium
그리스도교 신학에서 그리스도가 재림하여
지상에 건설하고 1,000년간 통치하는 왕국을
가리킨다. 초기 그리스도교도의 천년왕국 신
앙은 주로 유대교의 종말론에서 비롯된 것으
로, 흔히 그리스도교도가 세상에서 승리할
날이 다가왔음을 의미했다.

철자 바꾸기anagram
한 단어나 어구에 있는 단어 철자들의 순서를
바꾸어, 원래 의미와 논리적으로 연관이 있
는 다른 단어 또는 어구를 만드는 일.

첨가affixing 또는 교착agglutination
어근에 영향을 주지 않으면서 단어에 접두사
나 접미사, 또는 삽입사를 덧붙이는 것. 굴절
어나 고립어에 포함되지 않는 언어들을 가리
키는 데 사용하는 용어이다. 가장 잘 알려진
첨가어는 터키어나 몽골어로 대표되는 알타
이어들이지만, 이 어족은 일본어나 헝가리어
같은 전혀 별개의 언어를 포함할 수도 있다.

초기 미노아 Early Minoan
청동기 시대 초기 크레타 문명을 구분할 때 적용
된 토기 시기. 대략 기원전 3000~2000년이다.

초기 헬라딕 Early Helladic
그리스 본토를 토기 유형에 따라 구분할 때
적용한 세 시기 중 한 시기. 대략 크레타의
미노아 시기 구분과 유사하다. 초기 헬라딕
은 청동기 시대 초기인 대략 기원전
2900~2000년이다.

총재정부Directoire
프랑스 혁명력 제3년 헌법으로 설립된 혁명
기의 정부. 1795년 11월부터 1799년 11월까지
3년간 존속했으며, 입법원(Corps Législatif)이
라 불리던 양원제 의회를 갖추고 있었다.

치음dental
혀가 치아에 닿으면서 만들어지는 자음. 예
를 들어, d와 t가 있다.

칠십인역Septuagint
가장 오래된 구약 성서 번역본으로, 히브리어
성서 원문을 그리스어로 번역한 것이다. 기원
전 3세기 중반에서 2세기에 번역된 것으로 보이
며, '70인'이라는 명칭은 이스라엘 12지파에서
6명씩 뽑은 72명의 번역자들이 구약 성서 전체
를 번역했기에 붙여졌다. 후대의 전설에 따르
면, 그들의 번역이 모두 동일했다고 한다.

【카】

카노푸스 단지 Canopic jar
고대 이집트의 장례 의식에서 미라를 만드는
도중 시체에서 내장을 꺼내 향료로 방부 처리
한 후 보관했던 뚜껑 달린 그릇.

카두케우스Caduceus
신의 사자使者인 헤르메스가 평화의 상징으
로 들고 다니던 지팡이. 고대 그리스·로마에
서 사자와 대사들이 그들의 비폭력성을 나타
내기 위하여 가지고 다니는 상징물이 되었다.
오늘날에는 의사의 상징으로 사용되고 있으
며 미 육군 의무대의 기장으로 사용되기도
한다.

카드모스Kadmos
그리스 신화에서 포이닉스 또는 아게노르(포
이니키아 왕)의 아들이며 에우로파의 형제.

카라이트Karaite
유대교의 한 분파로서 '성경주의자'들이라고
할 수 있다. 탈무드를 거부하고 오로지 성경
만을 인정했다.

카라칼라Caracalla(188~217)
로마의 황제. 198~211년에는 아버지인 셉티
미우스 세베루스와 공동으로 통치하다가 211
년부터 217년 암살당하기까지는 단독으로
통치했다. 주요 업적으로는 로마에 거대한
목욕탕을 짓고, 212년 로마 제국의 모든 자유
민에게 로마 시민권을 주는 칙령을 발표한
것을 들 수 있다. 그의 재위 기간 은 로마
제국이 몰락하는 시기였으며, 그는 로마 역
사상 가장 잔인한 폭군 가운데 한 사람으로
꼽힌다.

카라테페Karatepe

터키어로 '검은 언덕'이라는 뜻. 후기 히타이트 요새의 도시 유적. 터키 남중부 타우루스 산맥의 산록 지대에 있다. 그 연대는 기원전 8세기로 측정되며 1945년 헬무트 보서트와 할레트 캄벨이 발견했다. 카라테페의 중요성은 여기서 발견된 명문에 있다. 발굴 초기에 장문의 페니키아 글이 발견되었고 대문에서도 페니키아 문자와 하타이트 상형 문자로 쓴 페니키아 글이 발견되었다. 이 2가지 명문을 비교함으로써 고고학자들은 히타이트 상형 문자와 언어에 대한 지식을 크게 넓힐 수 있었다.

카르보나리Carbonari

19세기 초 이탈리아의 비밀 결사. 자유주의적·애국적 이념을 신봉했고, 1815년 나폴레옹의 패전 이후 승전한 연합국들이 이탈리아에 강요한 보수주의 정치체제에 대한 반대 운동을 주도했으며, 이탈리아의 통일(1861)에 공헌했다.

카르케미시Carchemish

지금의 시리아 할라브무하파자 주 자라불루스 근처에 있던 고대 도시 국가. 시리아·메소포타미아·아나톨리아와의 무역에 종사하는 카라반들이 유프라테스 강을 건너가는 전략상 중요한 곳에 위치했다. 데이비드 호거스와 레너드 울리에 의해 발굴되었다(1911~1920).

카르타고Carthago

고대의 대도시. 기원전 814년 티레의 페니키아인들이 아프리카 북쪽 해안에 전통적인 양식으로 건설했으며, 지금은 튀니스 시의 교외 거주 구역이다.

카르타고어(문자) Punic alphabet

페니키아 말과 문자의 한 형태. 페니키아의 교역상들에 의해 지중해 지역으로 퍼진 말과 문자이다. 이 문자는 그리스 문자의 조상 문자일 가능성이 있고 따라서 모든 서양 문자의 조상 문자일 가능성이 있다.

카리아Caria

고대 아나톨리아 남서부에 위치했으며, 그리스 문화에 가장 철저하게 동화된 지역의 하나. 에게 해 연안의 그리스 도시들과 내륙의 산악지방으로 이루어져 있었다.

카리아어Carian

학자들은 카리아어를 아나톨리아어로 추정하나 인도히타이트어는 아니라고 보았다.

카발라Kabbalah

히브리어로 '전승'이라는 뜻. 유대교의 비의적秘儀的 신비주의. 12세기에 나타나 수세기 동안 유행했으며 구전으로 전승되었다.

카타르파Cathari

그리스어 Kathar-(순수한)에서 유래한 이름으로, 중세 마니교 이단 가운데 한 집단을 가리킨다. 9세기에 불가리아에서 처음 보고되었으며, 가장 유명한 핵심 분파는 알비파라고도 불린 12세기의 랑그도크 카타르파였다.

카탈 휘이크 Catal Hüyük

터키 중남부 코니아 근처에 있는 중동 지방의 주요 신석기 유적지. 영국의 고고학자 제임스 멜라트가 1961~1965년에 걸쳐 발굴한 결과 이곳을 포함하는 아나톨리아 지방이 신석기 시대 선진 문화의 중심지였다는 사실이 밝혀졌다. 가장 오래된 건축물은 기원전 6700년경, 그리고 가장 후기의 건축물은 기원전

5650년경의 것으로 추정된다.

카탈루냐Cataluña
스페인에서 가장 부유하고 공업이 발달한
지방이며 중심 도시는 바르셀로나이다. 옛날
에는 아라곤 왕국의 한 공국이었으며, 이베
리아 반도의 역사에서 중요한 지역이었다.

칸트Immanuel Kant(1724~1804)
독일의 계몽주의 사상가. 데카르트에서 시작
한 합리론과 베이컨에서 시작한 경험론을
종합했다. 철학적 사유의 새로운 시대를 열
었다. 인식론·윤리학·미학에 걸친 종합적·체
계적인 작업은 뒤에 생겨난 철학에 큰 영향을
주었다. 저서로 『순수이성비판』(1781), 『실
천이성비판』(1788), 『판단력비판』(1790) 등
이 있다.

칼 리터 Carl Ritter(1779~1859)
독일의 지리학자. 훔볼트와 함께 근대 지리
학의 토대를 세웠다. 지리학을 경험 과학으
로 여겼기 때문에 지리학 방법론은 하나의
관찰에서 시작해 다음의 관찰로 넘어가야
한다고 지적했다. 또한 지리학적 해석으로
역사를 기술했다.

칼 블레전 Carl Blegen(1887~1971)
미국의 고고학자. 호메로스의 『일리아스』에
기술된 트로이의 함락을 증명하고 그 연대를
추정할 수 있는 놀라운 증거를 발견했다. 1939
년에는 유럽에서 알려진 것 중 가장 오래된
글이 새겨져 있는 기원전 1250년경의 점토판
도 발견했다.

칼 오트프리트 뮐러 Karl Otfried Muller(1797~
1840)
고대 그리스의 고전을 연구한 독일의 학자.

칼 포퍼 Karl Popper(1902~1994)
오스트리아 태생 영국의 과학 철학자. 지식
은 정신의 경험에서 진화한다고 믿음으로써
결정론에 반대하는 형이상학을 내세웠다. 주
요 저서로 『탐구의 논리 Logik der Forschung』
(1934), 『열린 사회와 그 적들 The Open Society
and Its Enemies』(1945) 등이 있다.

칼뱅주의Calvinism
프로테스탄트에서 장 칼뱅이 세우고 발전시
킨 신학. 칼뱅주의는 칼뱅의 추종자들이 칼
뱅의 교리 중 일부를 발전시킨 것을 가리키기
도 하며, 칼뱅과 그의 추종자들의 저서에서
유래하여 개혁 교회와 장로 교회의 뚜렷한
특징이 된 교리와 신앙 생활을 가리키기도
한다.

캔터베리 대주교archbishop of Canterbury
영국 국교회에서 전 영국을 대표하는 수석
주교. 옛 행정 구역상 체셔 주와 요크셔 주
이남의 영국 전역을 거의 포괄하는 캔터베리
교구의 대주교이다.

케레스Ceres
로마 종교에서 식용 식물의 성장을 관장하는
여신.

케임브리지 플라톤 학파 Cambridge Platonists
17세기 영국의 철학·종교 사상가 집단. 그리
스도교 윤리와 르네상스 인문주의, 종교와
신과학, 그리고 신앙과 합리성을 조화시키려
노력했다. 벤저민 휘치커트가 그리스도교 인
문주의를 역설함으로써 이 집단이 결성되는
계기를 마련했다.

케크롭스Kekrops
고대 그리스 아티카의 최초의 왕이라고 전해

지는 인물. 결혼과 재산에 관한 법과 새로운
형태의 제례를 제도화했다고 한다. 또한 아
티카 원주민의 한 사람으로서 상반신은 인간
의 모습이지만 하반신은 뱀 모습이었다고
한다.

케플러Johannes Kepler(1571 ~ 1630)
독일의 천문학자. 지구 및 여러 행성들이 태
양을 중심으로 타원 궤도를 그리면서 공전한
다는 사실을 밝혔다. 우주에 대해 기하학적
설명을 했던 고대의 천문학을 역학적 천문학
으로 전환시켰다.

켄타우로스Kentauros
그리스 신화에 나오는 상반신은 사람이고
하반신은 말의 형상인 괴물 족속..

켈트어Celtic
인도유럽어족의 한 갈래. 로마 이전 시대와
로마 시대에 서유럽의 대부분 지역에서 사용
되었고, 지금은 주로 영국에서 쓰인다.

코놉 덜월Connop Thirlwall(1797 ~ 1875)
영국의 주교이자 역사가. 1840년에 웨일즈에
서 가장 오래된 교구인 세인트 데이비즈의
주교로 임명되었다.

코니아Konya
코니아는 터키 중부 코니아 주의 주도. 코니
아 평원은 중앙 아나톨리아 고원의 남서쪽
가장자리 해발 1,027m 지점에 좁고 기름진
평원으로 둘러싸여 있다.

코데Qode
페니키아 북쪽 지역인 킬리키아를 가리킨다.

코린토스Korinthos
그리스 본토의 남부와 펠로폰네소스 반도에
걸쳐 있는 주. 남동쪽으로 사로니코스 만과
북서쪽으로 코린트 만에 면해 있는데, 이 두
만은 코린트 지협에 설치된 항해 가능한 운하
를 통해 연결된다.

코시모 디 메디치Cosimo di Medici(1434 ~ 1537)
피렌체를 지배한 메디치 가문의 중심 가계家
系를 창시한 인물.

코카서스인Caucasian
코카서스(카프카스) 지역에서 유래했다고
일부에서 주장하는 순수 백인 혈통을 말한다.
코카서스는 러시아 남서부 끝에 있는 유럽권
산계山界, 서쪽으로는 흑해와 아조프 해, 동
쪽으로는 카스피 해와 접한다.

코파이스 호수Lake Kopais
그리스 보이오티아에 있는 호수.

코페르니쿠스Copernicus(1473 ~ 1543)
폴란드의 천문학자. 1543년『천구의 회전에
관하여 De revolutionibus orbium coelestium, libri
VI』를 출간하여 서구 사상에 커다란 공헌을
했다. 지구의 자전과 공전을 주장함으로써,
근대 과학의 출현에 지대한 의미를 가지는
개념을 발전시켰다. 그 후 지구는 더 이상
우주의 중심이 아닌 수많은 천체 중 하나로
여겨지게 되었고 수학적으로도 기술할 수
있게 되었다.

콘술Consul
고대 로마 공화정 시대 2명의 최고 행정관
중 한 사람. 보통 집정관으로 번역한다. 콘술
의 명령권은 절대적 권위를 가졌지만, 자의
적인 권한 행사는 제한되었다.

콘월Cornwall
영국 잉글랜드 남서부에 있는 주. 대서양으로 돌출되어 있는 반도에 위치하고 있다.

콜레주 드 프랑스 Collège de France
파리에 있는 국립 성인 교육 기구 및 연구소

콜리지Samuel Taylor Coleridge(1772~1834)
영국의 서정시인·비평가·철학자. 윌리엄 워즈워스와 함께 쓴 『서정 민요집 Lyrical Ballads』은 영국 낭만주의 운동의 시발이 되었다.

콜린 렌프루 Colin Renfrew
미케네 문명이 자생적으로 발생했다고 주장하는 케임브리지 대학의 고고학자.

콥트어Coptic language
2세기경부터 이집트에서 쓰인 고대 이집트어의 마지막 단계에 해당하는 함셈어. 이보다 더 이른 단계의 이집트어는 명문銘文 상형 문자나 신관 문자 또는 민중 문자로 표기되었지만, 콥트어는 민중 문자에서 차용한 7개 자모를 보충한 그리스 문자로 표기되었다.

콩도르세Condorcet(1743~1794)
프랑스의 계몽주의 철학자이자 교육 개혁 옹호자. 인류가 무한히 완전해질 수 있는 능력을 가지고 있다는 진보 이념을 내세웠다.

쿠르간 문화 Kurgan Culture
기원전 3500년경 러시아 대초원 지대에서 유럽 도나우 강까지 퍼져 있던 반半 유목 문화. 쿠르간인은 기원전 2300년경에 에게 해와 아드리아 해까지 진출했다. 쿠르간이라는 이름은 투르크어와 러시아어로 '무덤' 또는 '인공 둔덕'이라는 뜻이다.

쿠르디스탄Kurdistan
주로 쿠르드족이 살던 넓은 고원과 산악 지방으로 이루어진 지역. 오늘날의 터키 동부와 이라크 북부 및 이란 북서부 지역의 대부분, 시리아 북부 및 아르메니아 공화국의 일부를 포함한다.

쿠에르 드 제블랭 Court de Gebelin(1719~1784)
스위스의 프로테스탄트 목사. 프리메이슨이었다.

퀴비에Cuvier
19세기 초의 위대한 박물학자.

큐빗cubit
완척腕尺, 즉 팔꿈치에서 가운데 손가락 끝까지의 길이를 가리킨다.

크노소스Knossos
고대 크레타의 도시. 전설적인 미노스 왕국의 수도이자, 가장 오래된 에게 문명인 미노아 문명의 중심지였다. 1900년 아서 에번스 경이 발굴 작업을 시작하여, 기원전 1600~1400년경 에게 해를 지배한 세련된 청동기시대 문화의 중심지였던 궁전과 그 주변의 건축물을 발굴했다.

크니도스Knidos
아나톨리아 남서 해안의 카리아 반도에 있던 그리스의 고대 도시.

크라카토아Krakatoa 화산
인도네시아 자바 섬과 수마트라 섬 사이의 순다 해협에 있는 라카타 섬의 화산. 1883년의 폭발은 유사 이래 가장 큰 화산 활동 가운데 하나였다.

크리티아스Kritias(기원전 460~403)
철학자 플라톤의 삼촌이자 30인 과두정(기원
전404~403)의 일원.

크란토르Krantor
기원전 4~3세기에 킬리키아에서 활동한 철
학자. 저작『슬픔에 대하여 On Grief』는 죽음
과 같은 재난이 일어날 때 읽는 '위안 문학'이
라는 새로운 문학 장르를 낳았다. 플라톤의
『티마이오스 Timaeus』에 대한 해설서를 최초
로 썼다. 크세노크라테스의 제자이며 아르케
실라우스의 스승이었다.

크레타Crete
지중해에 있는 섬으로 지금은 그리스에 속한
다. 기원전 3000년경 전설적인 지배자 미노스
의 통치하에서 청동기 시대의 문화인 미노아
문명을 꽃피웠다고 전한다.

크레토게네스Kretogenes
'크레타 섬에서 태어난 자'라는 뜻의 그리스어.

크로노스Kronos
농업과 관계된 신으로 자기 아이들을 잡아먹
었다는 점에서 이방신과 자주 동일시되었다.
고대 그리스 시대 이전의 주민들에게서 숭배
를 받았으나 그리스인에게는 그렇지 못했다.
후에 로마의 사투르누스 신과 동일시되었다.
크로노스는 그 대표적인 예가 셈족의 바알림
과 인간 제물을 받았던 몰록 등이다.

크로머Cromer(1841~1917)
영국의 행정가이자 외교관. 영국 정부의 대
리인 겸 총영사로서 24년간(1883~1907) 이집
트를 통치하면서, 이집트가 현대적인 국가로
발전하는 데 큰 영향을 끼쳤다.

크로이처Georg Friedrich Creuzer(1771~1858)
독일의 고전학자. 호메로스와 헤시오도스 신
화가 동양에서 유래했으며 상징적 요소를
간직하고 있다는 이론을 제시했다.

크로포트킨Peter Kropotkin(1842~1921)
러시아의 혁명가, 지리학자, 무정부주의 이
론가. 지리학·동물학·사회학·역사학 등 다양
한 분야에서 명성을 얻었지만, 세속적인 출
세의 길을 버리고 혁명가의 생애를 택했다.

크롤 J. Kroll(1821~1890)
스코틀랜드의 과학자. 지구의 빙하기는 춘분
점 세차와 함께 지구 궤도의 이심률 변화에
의해 발생한다는 이론을 발전시켰다.

크리스티안 고트로프 하이네Christian Gottlob
Heyne
1763~1812년까지 괴팅겐 대학의 교수를 역
임. 소크라테스의 방법론을 받아들여 세미나
라는 방법을 개발하고, 사료 비평을 발전시
켰다.

크리스티안 라스크Christian Rask(1787~1832)
덴마크의 언어학자이자 비교언어학의 주요
창시자. 1818년 게르만어의 자음이 음성 측면
에서 인도유럽어 내의 대응 자음과 달라지는
데에 어떤 규칙이 있는지 처음으로 제시했다.

크리스티안 분젠Christian Bunsen(1791~1860)
프로이센의 자유주의적 외교관, 학자, 신학
자. 독일의 입헌주의 운동을 지지했으며 당
대의 교회 정치 분야에서 두드러진 역할을
했다.

크세노폰Xenophon(기원전 431~350경)
그리스의 역사가. 『소아시아 원정기 Anabasis』

는 고대 문학 비평가들에게 높은 평가를 받았
고, 라틴 문학에 강한 영향을 미쳤다.

크수토스Xouthos
그리스 민족의 한 갈래인 이오니아인의 시조
가 되는 이온의 아버지.

클레오파트라Cleopatra 7세(기원전 69~30)
이집트의 여왕. 율리우스 카이사르의 정부였
으며, 후에 마르쿠스 안토니우스의 아내가
되었다. 부왕이 죽은 뒤(기원전 51) 왕위에
올라 두 남동생인 프톨레마이오스 13세(기원
전 51~47 재위), 프톨레마이오스 14세(기원전
47~44 재위) 및 자기 아들 프톨레마이오스
15세 카이사르(기원전 44~30 재위)와 함께
나라를 다스렸다. 옥타비아누스(후에 아우구
스투스 황제가 됨)가 이끄는 로마군에게 패
배한 뒤에 안토니우스와 함께 자살했고, 이
집트는 로마의 지배를 받게 되었다.

클로비스Clovis 1세(466경~511)
프랑크 왕국 메로빙거 왕조의 창시자. 그가
세운 프랑크 왕국은 중세 초기에 서유럽의
대부분 지역을 지배했다. 그는 로마인이 아
닌 이방인 왕으로는 처음으로 로마 가톨릭교
도가 되었다.

키도네스Kydōnes(1324경~1398경)
비잔틴 제국의 인문주의 학자, 정치가, 신학
자. 비잔틴 제국과 서유럽이 정치적 동맹을
맺도록 노력했으며, 그리스 교회와 라틴 교
회(가톨릭 교회)의 통합을 주장했다.

키레네Cyrene
그리스 신화에 나오는 요정. 히프세우스(라
피테스족의 왕)와 클리다노페(물의 요정) 사
이에서 태어난 딸이다. 어느날 키레네는 아
버지의 가축떼를 공격한 사자와 씨름을 했다.
그것을 보고 있던 아폴론은 사랑에 빠져, 키
레네를 테살리아에 있는 펠리온 산에서 리비
아로 데려갔다. 이곳에 그는 키레네 시를 건
설하고, 키레네를 이 도시의 여왕으로 삼았
다. 키레네와 아폴론 사이에서는 아리스타이
오스와 예언자 이드몬이 태어났고, 키레네와
아레스 사이에서는 트라키아의 왕 디오메데
스가 태어났다.

키루스Cyrus
기원전 7세기말 페르시아의 아케메네스 왕
조의 왕. 테이스페스의 아들이며 키루스 2세
의 할아버지이다.

키릴루스Cyrilus of Jerusalem(315경~386경)
예루살렘의 주교이자 교회 박사. 예루살렘을
모든 그리스도교도의 순례지로 개발하는 일
을 추진했다. 그의 성찬에 관한 신학은 초기
학자들의 성찬 신학보다 앞선 것이었다.

키케로Cicero
로마의 정치가·법률가·학자·작가. 가장 위대
한 로마의 웅변가이자 수사학의 혁신자로
알려져 있다. 저술로는 『수사법 및 웅변에
관한 책』, 『철학과 정치에 관한 논문 및 편지』
등이 있다.

키클라데스 제도 Kikladhes
키클라데스란 원형圓形을 뜻하는 그리스어
이며, 아폴로의 탄생지로 알려진 델로스 섬
을 가운데 두고 섬들이 고리 모양으로 둘러싸
고 있다. 에게 해의 아티키주 근해에 있으며
주도 에르무폴리스(헤르무폴리스)는 시로스
섬에 있다. 고대에 청동기 문화인 키클라데
스 문화의 중심지였으며, 흰 대리석 신상神像
들로 유명했다.

키톤chiton
초기 그리스 시대(기원전 750~500경)부터 헬
레니즘 시대(기원전 323~30)까지 그리스의
남녀가 입었던 의복.

키티라 섬
이오니아 제도에 있는 섬. 그리스 아티키 주
의 군郡으로 펠로폰네소스 반도 남부 해안에
있다.

키티온의 제논Zenon of Kition
기원전 300년경 스토아학파를 창설한 페니
키아 사람.

키프로스Kípros
지중해 북동부에 있는 섬나라. 신석기 시대
말기(기원전 1만~9000)에 인간이 거주했으
며, 청동기 말기(약 기원전 1600~1050)에 이
르러서는 교역 중심지가 되어, 미케네인과
아카이아인이 찾아와 정착했다. 이들로 인해
그리스 문화와 언어가 들어왔다. 기원전 800
년에 페니키아인이 정착한 이후 기원전 7세
기경에는 11개의 키프로스 왕국들이 아시리
아의 영향력 아래에서 크게 번영하면서 세력
을 떨쳤다.

킬Kiel
독일 북동부 슐레스비히홀슈타인 주의 주도
이자 항구 도시.

킬리키아Cilicia
페니키아의 북쪽 지역.

【타】

타르수스Tarsus
터키 타르수스 이르마이 강변에 있는 고대
도시. 기독교 사도인 바울로의 고향이다.

타무드Thamūd
예멘(아덴)의 북쪽 중심부에 있는 행정구.

타무즈Tamuz
수메르의 신 두무지, 즉 물의 신인 에아의
아들의 이름이 아시리아와 바빌로니아로 건
너오면서 변형되었다. 겨울에 말라죽었다가
여름에 무성하는 식물처럼 1년의 반은 지하
세계에서, 나머지 반은 하늘에서 지냈다고
한다.

타보르 산Har Tavor
이스라엘 북부에 위치한 역사적으로 유명한
고지대.

타소스Thásos
그리스 카발라 주의 에게 해 북단에 있는
수목이 우거진 큰 섬.

타우토스Taautos
이집트 신 토트에서 유래한 페니키아 영웅.
기원후 1세기 페니키아의 비블로스 출신 필
론은, 그를 문자를 발명한 페니키아의 문화
적 영웅으로 언급하고 있으며, 그리스식 이
름으로는 헤르메스 트리스메기스토스로 기
술하고 있다.

타키투스Tacitus(56경~120경)
로마의 웅변가이자 역사가. 라틴어로 글을
쓴 사람 가운데 가장 뛰어난 산문 작가이다.
저서로는 『게르마니아 Germania』, 69~96년

의 로마 제국을 서술한 『역사 Historiae』,
14~68년의 로마 역사를 다룬 『연대기 Annals』
등이 있다.

타티아노스Tatianos(120경~173)

신약 성서 중 4개의 복음서를 하나의 연속된
이야기로 편찬한 시리아인. 디아테사론(그리
스어로 '넷으로부터'라는 뜻)이라는 제목을
가진 이 책의 시리아어 판은 수백 년 동안
시리아 교회의 성서와 신학 교재로 이용되었
으며, 이 책의 그리스어 판과 라틴어 판은
복음서에 많은 영향을 미쳤다.

탄탈로스Tantalos

그리스 전설에 나오는 인물. 제우스 또는 트
몰로스(리디아의 통치자)와 플루톤(크로노
스와 레아의 딸) 사이에서 난 아들로 니오베
와 펠롭스의 아버지이다. 리디아에 있는 시
필로스나 프리지아의 왕이었으며 신들과 가
까운 사이여서 신들의 만찬에 참석할 수 있었
다. 탄탈로스가 지하 세계에 감금되어 벌을
받는 이유를 고대의 작가들은 여러 가지로
설명하고 있다. 첫째, 하늘의 세계에서 엿들
은 비밀을 인간에게 누설함으로써 신들의
호의를 잘못 사용했으며 둘째, 신들의 통찰
력을 시험하기 위해 신들에게 자기 아들 펠롭
스를 죽여 음식을 접대하여 노여움을 샀다.
셋째, 신들이 먹는 음식인 넥타르와 암브로
시아를 훔쳐 인간에게 주었다는 것이다.

태즈메이니아Tasmania

오스트레일리아 대륙 남동쪽에 섬으로 이루
어진 주.

테니슨Alfred Tennyson(1809~1892)

영국의 시인. 빅토리아 시대의 대표적인 시
인이다.

테라Thera

크레타 북쪽에 위치한 화산섬.

테르툴리아누스Tertullianus(155/160경~220)

초기 그리스도교의 주요 신학자이자 도덕주
의자. 최초의 라틴 교부敎父로서 그 뒤 1,000
년 동안 서방 그리스도교의 어휘 및 사상
형성의 기초를 세웠다.

테베Thebes

고대 그리스의 테베가 있고 이집트의 수도
테베가 있다. 그리스의 테베는 아테네 북서
쪽, 보이오티아 동부에 있었다. 오이디푸스
왕의 전설이 서린 곳으로 고대 그리스 비극의
대부분과 오이디푸스, 그의 아내이자 어머니,
그의 자녀들의 운명에 대한 여러 이야기가
이곳을 무대로 하고 있다. 고대 이집트 제국
의 수도 테베는 나일 강 양안에 있었다.

테살리아Thessalía

그리스 북부에 있는 지방. 마케도니아 남쪽
으로 이피로스 고원과 에게 해 사이에 있고,
주로 비옥한 트리칼라 저지와 라리사 저지를
이루고 있다.

테오도르 몸젠Theodor Mommsen(1817~1903)

독일의 역사가이자 작가. 『로마사Römische
Geschichte』로 유명하며 1902년 노벨 문학상
을 받았다.

테오필 고티에Théophile Gautier(1811~1872)

프랑스의 시인·소설가·비평가·저널리스트.
별칭은 '착한 테오'였다. 프랑스 문학의 경향
이 초기 낭만주의 시대에서 19세기말의 탐미
주의와 자연주의로 바뀌던 시절에 강력한
영향력을 발휘했다.

텔아비브Tel Aviv
지중해 연안에 있는 이스라엘의 도시. 이스
라엘에서 가장 큰 도시 가운데 하나이다. 1950
년 고대 야파(야포) 항과 그 교외 지역 텔아비
브가 합병되어 텔아비브야포가 되었다.

토리노 파피루스Torino Papyrus
이집트 제19왕조의 신성 문서. 최초의 이집트
왕조부터 람세스 2세까지 이집트 역대 왕들
에 대해 기록하고 있으며, Torino Canon이라고
도 한다.

토카라어Thokarian
터키어를 사용하는 오늘날의 중국 서부·신장
웨이우얼 자치구에서 기원 이후 1천 년 동안
사용되었던 인도유럽어. 인도아리안어에는
나타나지 않는 서부 인도유럽어의 몇몇 특징
들을 가지고 있다. 따라서 초기 인도유럽어의
본래 모습에 관한 결정적인 정보를 제공한다.

토러스 해협 제도Torres Strait Islands
오스트레일리아 퀸즐랜드 주의 케이프요크
반도 북쪽과 뉴기니 섬 남쪽의 토러스 해협에
있는 제도.

토리당Tory Party
18세기 영국의 정당 또는 정파. 영국 국교주
의를 옹호하고 지주 계급을 대변했다.

토머스 배빙턴 매콜리Thomas Babington Macaulay
(1800~1859)
영국의 휘그당 정치가, 수필가, 시인, 역사가.
그의 『영국사 History of England』는 1688~1702
년의 영국 역사를 다루고 있으며 이른바 '휘
그식 역사 해석'의 창시자로서 그의 위치를
굳힌 책이다.

토머스 블랙웰Thomas Blackwell
호머를 스코틀랜드와 연계시킨 스코틀랜드
학자. 고대 그리스를 유럽의 유년 시대로 보
았다.

토머스 아널드Thomas Arnold(1795~1842)
영국의 교육자. 럭비 학교의 교장으로서 퍼
블릭 스쿨 교육에 많은 영향을 끼쳤다. 시인
이자 비평가인 매슈 아널드의 아버지이기도
하다.

토머스 아퀴나스Thomas Aquinas(1224/25~1274)
그리스도교 철학자이자 성인. 『신학대전
Summa Theologiae』, 『이단 논박 대전 Summa
contra gentiles』이라는 2편의 걸작을 써서 라틴
신학을 고전적으로 체계화한 신학자이다.

토머스 영Thomas Young(1773~1829)
영국의 내과의사이자 물리학자. 빛의 간섭
원리를 확립하여 1세기가 넘게 내려오던 빛
의 파동설을 재정립했다. 또한 이집트학 학
자로서 로제타석의 판독을 도왔다.

토머스 제퍼슨Thomas Jefferson(1743~1826)
미국의 정치가. 미국 독립 선언문을 기초했
으며, 제3대 미국 대통령을 지냈다.

토머스 칼라일Thomas Carlyle(1795~1881)
영국의 역사가이자 수필가. 주요 저서로 『프
랑스 혁명』과 『영웅숭배론』이 있다.

토머스 쿤Thomas Kuhn(1922~1996)
미국의 과학 철학자. 20세기 사회 과학과 인
문 과학 및 철학 분야에서 가장 널리 읽혔고
가장 영향력을 끼친 저서 『과학 혁명의 구조
The Structure of Scientific Revolutions』(1962)의 저
자이다.

토머스 퍼시|Thomas Percy(1729～1811)
영국의 주교이자 골동품 수집가. 발라드 모음집『고대 영국 시풍 Reliques of Ancient English Poetry』(1765)은 잉글랜드와 스코틀랜드의 전통적인 노래에 대해 폭넓은 관심을 일깨웠다. 또한 그것은 고대 시가의 풍부한 모음으로 '발라드 부흥'을 촉발시켰고, 낭만주의 시의 영감의 원천이 되었다.

토머스 하디|Thomas Hardy(1840～1928)
영국의 시인이자 지방주의 소설가. 대부분의 작품들이 영국 남서부 지역의 한 가공의 시골 '웨식스'를 배경으로 씌어졌다. 작품으로는 『귀향 The Return of the Native』, 『테스 Tess of the D'Urbervilles』 등이 유명하다.

토머스 홉스|Thomas Hobbes(1588～1679)
영국의 철학자이자 정치 이론가. 초기 자유주의와 절대주의의 중대한 이론적 전제가 되는 개인의 안전과 사회 계약에 관한 저서 『리바이어던』이 유명하다.

토크빌|Alexis de Tocqueville(1805～1859)
프랑스의 정치학자·역사가·정치가. 19세기 초 미국의 정치·사회 제도에 대한 예리한 분석서『미국의 민주주의 De la démocratie』(4권, 1835～1840)의 저자로 잘 알려져 있다.

토트|Thoth
이집트의 신. 원래는 이집트 종교에서 달의 신이었으나 나중에 계산의 신, 일반적으로는 학문의 신이 되었다. 필기법을 발명하고 사회질서를 만들었으며, 언어·서기書記·해석법을 창안하고 신들의 자문 역할을 했다.

톰마소 캄파넬라|Tommaso Campanella(1568～1639)
이탈리아의 시인, 저술가, 플라톤주의 철학자. 가톨릭 신학과 르네상스 인문주의를 융합하려 했다. 스페인의 종교 재판소 감옥에 갇혀 있는 동안(1599～1626)에 쓴 사회주의적 저술『태양의 나라 La cittàdel sole』(1602)로 유명하다.

통령정부|Consulat
프랑스에서 1799년 나폴레옹의 쿠데타로 수립된 이후 1804년까지 이어진 정부.

투키디데스|Thucydides
기원전 5세기 고대 그리스의 역사가. 기원전 5세기에 일어난 아테네와 스파르타의 전쟁을 다룬『펠로폰네소스 전쟁사 History of the Peloponnesian War』의 저자이다. 이 책은 한 국가의 전쟁 수행 정책을 정치적·도덕적으로 분석한 최초의 기록이다.

투트모세|Thutmose 3세
이집트 제18왕조의 왕(기원전 1479～1426 재위). 고대 이집트의 가장 위대한 통치자로 평가받고 있다. 노련한 전사로서 시리아 전역을 정복하고 유프라테스 강을 건너 미탄니 왕국을 무찔렀으며, 나일 강을 따라 남쪽으로 수단 지방의 나파타까지 점령해서 이집트 제국의 번영을 절정에 올려놓았다. 또한 자신의 위업을 기리기 위해 수많은 신전과 기념비를 세웠다.

튀르고|Anne Robert Jacques Turgot(1727～1781)
프랑스의 경제학자. 루이 15세 때 행정관, 루이 16세 때 재정총감을 지냈다. 금융 개혁을 표방했으나 특권 계급에 좌절되었다.

튜튼족Teutonic people
고대 유틀란트 반도에 살았던 테우토니족을
일컫는 말. 그러나 이들이 사멸한 뒤에도 라
틴 작가들은 게르만족을 가리켜 튜튼족이라
불렀으며 현대까지 답습되고 있다.

트라키아Thracia
발칸 반도 남동부의 지역. 고대 그리스 시대
에는 발칸 반도에서 북쪽으로 도나우 강, 남
쪽으로 에게 해, 동쪽으로 흑해와 마르마라
해, 서쪽으로 바르다르 강 동쪽 산맥까지 미
쳤다.

트로이Troy
아나톨리아 북서부에 있던 고대 도시. 트로
이 전설은 고대 그리스 문학에서 가장 중요한
주제였으며, 호메로스 서사시의 근간을 이룬
다. 광활한 유적 덕분에 트로이는 고대 세계
를 보여주는 가장 중요한 사적지가 되었다.

트로이젠Troizen
그리스의 펠로폰네소스 반도 북서부에 위치
한 도시.

티로스Tyros
고대 페니키아 도시. 가장 번성했던 시기는
기원전 10세기부터 9세기까지였다. 기원전
333년에 알렉산드로스 대왕이 파괴하기 전
까지 중요한 정치 · 문화적 중심지로 남았다.

티린스Tiryns
그리스 아르골리스의 선사 시대 도시. 호메
로스 시대의 건축 유물로 유명하다. 발굴을
통해 신석기 시대부터 이 지역에 사람이 살았
음이 밝혀졌다.

티베리우스Tiberius
제2대 로마의 황제(14~37 재위). 아우구스투
스의 양자로 그가 이룩한 제국의 제도와 영토
를 보존하기 위해 노력했다. 말년에 폭군적
인 은둔 생활을 하면서 공포 정치를 했다.

티탄족Titans
그리스 신화에서 우라노스(하늘)와 가이아
(땅)의 모든 자녀들과 그 후손들.

티투스 플라비우스 클레멘스Titus Flavius Clemens
(150경 ～ 211/215)
그리스도교 변증가로서 헬레니즘 세계를 대
상으로 활동한 선교사이자 신학자.

티폰Typhon
그리스 신화에 나오는 가이아(대지)와 타르
타로스(저승) 사이에 태어난 막내아들. 100개
의 용 머리를 가진 무시무시한 괴물로 묘사되
며, 제우스에게 패배해 지하 세계로 추방되
었다고 한다.

【파】

파라켈수스Paracelsus(1493~1541)
스위스의 의사이자 연금술사. 독일 태생으로
의학에서 화학의 역할을 확립했다. 1536년
『대大외과서 Die grosse Wundartzney』를 출판
했으며, 정신과 치료를 비롯하여 근대 의학
전반에 크게 공헌했다.

파르메니데스Parmenides(기원전 515경~?)
이탈리아 태생의 그리스 철학자. 소크라테스
이전 그리스의 주요 학파 중 하나인 엘레아
학파를 세웠다. '모든 것은 하나라는 이른바
파르메니데스의 원리를 수립했다.

파르티아Parthia
현재 이란의 호라산 지역과 대략 일치하는
고대 지역을 가리키나 때때로 파르티아 제국
(기원전 247~224)을 지칭할 때도 사용한다.
이 명칭은 아케메네스 왕 다리우스 1세의
비시툰 비문(기원전 520경)에 나오는 파르타
바Parthava라는 말에 처음 언급되지만, 이는
단지 파르사(Parsa : 페르시아)라는 이름의
방언일 것으로 학자들은 추측한다.

파우사니아스Pausanias(143~176)
그리스의 지리학자이자 여행가. 그리스 여행
기 형식을 취하고 있는 『그리스 기행
Description of Greece』은 고대의 유적에 대한
귀중한 안내서이다.

파울 크레치머Paul Kretschmer(1866~1956)
언어학자. 인도유럽어족의 초기 역사와 상호
관계, 그리고 에트루리아어 같은 언어들이
인도유럽어족에 미친 영향에 대해 연구했다.
그의 『그리스어 역사 개론 Einleitung in die
Geschichte der griechischen Sprache』(1896)은 고대

그리스어에 남아 있는 그리스 이전의 요소들
에 대한 획기적 연구서이다.

파트리티우스Patritius
초기 로마 시대의 특권 시민 계급. 초기 로마
원로원 지도자들이 그 시초이며, 기원전 400
년경에는 행정직과 성직 대부분을 독점했다.
그러나 평민인 플레브스가 등장하면서 정치
적 영향력이 줄어들어, 초기 공화제가 끝날
무렵에는 몇몇 오래된 사제직, 국가의 임시
지도자, 원로원 지도자와 같은 한정된 영역
에서만 권력을 유지했다.

파포스Páfos
키프로스 공화국 서해안에 있는 고대 도시.

팔라어Palaic language
아나톨리아 북서부 지방에서 쓰이던 고대
인도유럽어. 보가즈쾨이(고대의 하투사, 지
금의 터키에 있는 작은 마을)에 있는 히타이
트 기록 보관소 유적에서 발견된 설형 문자
점토판에 적혀 있다.

팔미라 문자Palmyrenian alphabet
기원전 3~2세기에서 272년 로마가 정복한
직후에 이르기까지, 시리아와 메소포타미아
의 통상로에 있던 도시 팔미라에서 쓰인 셈
문자.

팜필리아Pamphylia
고대 아나톨리아 남부의 해안 지역.

페늘롱François de Salignac de La Mothe Fénelon(1651
~1715)
프랑스의 대주교·신학자·저술가. 정치와 교
육에 관한 자유주의적 시각을 견지했으며
그의 교육관과 문학작품은 프랑스 문화에

지속적인 영향을 끼쳤다.

페니키아Phoenicia
레바논을 중심으로 시리아와 이스라엘의 일부 지역을 포함하는 고대 지역을 가리킨다. 가장 많이 알려진 도시는 비블로스와 티로스, 그리고 시돈이다. 고대 시기 전체에 걸쳐 이 지역이 페니키아라는 이름으로 불렸으나, 일반적으로는 이 도시들이 가장 융성했던 시기인 기원전 110~750년으로 한정된다. 페니키아의 '언어'는 히브리어와 마찬가지로 가나안 방언이었다.

페르가몬Pergamon
터키 이즈미르주州 베르가마에 있었던 고대 그리스 도시.

페르난도Fernando 2세(1452~1516)
아라곤의 왕. 1479년부터 여왕 이사벨 1세와 공동 군주로서 카스티야의 왕을 겸했다. 스페인의 여러 왕국을 통일하여 스페인을 단일 국가로 만들었고, 이때부터 스페인은 근대 제국주의 팽창기로 들어서기 시작했다.

페르디낭 드 레셉스Ferdinand de Lesseps(1805~1894)
프랑스의 외교관. 수에즈 지협地峽을 가로지르는 수에즈 운하를 건설한 것으로 유명하다.

페르디낭 드 소쉬르Ferdinand de Saussure(1857~1913)
스위스의 언어학자. 언어 구조에 관한 그의 개념은 20세기 언어학의 진보와 언어학에 대한 접근 방식의 토대가 되었다.

페르세우스Perseus
그리스 신화에 나오는 영웅. 고르곤 중 하나인 메두사를 죽였으며, 바다 괴물로부터 안드로메다를 구출했다.

페르세포네Persephone
그리스 신화에 나오는 인물. 제우스와 농업의 여신 데메테르의 딸이며 지하세계의 왕 하데스의 아내이다.

페르시아 제국Persian Empire
기원전 6세기 중엽에 키루스 대왕이 건설한 제국. 중동과 소아시아, 그리고 에게 해를 지배하다가 그리스인들에게 밀려났으며, 결국 기원전 4세기 후반 알렉산드로스 대왕에 의해 멸망했다.

페리클레스Pericles(기원전 495경~429)
아테네의 정치가. 기원전 5세기 후반에 민주주의와 정치 체제를 발전시켜 아테네를 그리스의 정치적·문화적 중심지로 만들었으며, 기원전 447년에 착공된 아크로폴리스를 건설했다.

페이디아스Pheidias
기원전 5세기 아테네의 대표적인 조각가. 파르테논 신전의 '아테나 파르테노스'를 비롯한 주요 장식 조각들을 제작했다.

펠라스고스Pelasgos
펠라스고이인들의 통치자. 펠라스고스의 복수형이 펠라스고이인데, 그 뜻은 '펠라스고스의 백성'이라는 뜻이다.

펠라스고이Pelasgoi
기원전 12세기에 그리스에 살던 종족. 호메로스·헤로도토스·투키디데스 같은 몇몇 그리스인에 의하면, 트라케·아르고스·크레타·칼키디키 등지에 살았다고 한다.

펠로폰네소스Peloponnesos
고대부터 그리스의 주요 지역이었으며, 코린
트 지협을 통해서 그리스 본토와 이어져 있는
반도이다.

펠롭스Pelops
제우스의 손자이자 펠롭스 왕조를 세운 전설
적인 인물. 그리스에 있는 반도 펠로폰네소
스는 그의 이름을 딴 것으로 보인다. 여러
가지 전설에 따르면, 그의 아버지 탄탈로스
는 신들을 연회에 초대해 아들 펠롭스를 죽여
서 요리한 후, 그것을 내놓고 신들이 알아내
는지 시험했는데 딸을 잃은 슬픔에 잠겨 있던
여신 데메테르만이 그것을 모르고 어깨살을
먹었다. 나중에 신들이 펠롭스의 몸을 되살
려냈으나 데메테르가 먹은 부분은 없어졌으
므로 여신은 대신 상아로 어깨를 만들어주었
다고 한다.

폐쇄음stop
구강을 잠시 막았다가 터뜨리는 자음 소리.
파열음(plosive)이라고도 함.

포로네우스Phoroneus
신화 시대 아르고스의 초대 왕 이나코스의
아들.

포르피리Porphyry(234경~305경)
그리스의 신플라톤주의 철학자. 포르피리오
스Porphyrios라고도 하며, 플로티노스의 저작
을 편집하고 전기를 쓴 중요한 인물이다. 또
아리스토텔레스의 『범주론』에 관한 해설로
유명하다. 이 해설서의 서문을 보이티우스가
라틴어로 번역한 『이사고게 Isagoge』는 중세
의 표준 교과서가 되었다.

포세이돈Poseidon
그리스 신화에서 일반적으로 바다와 물의
신으로 나온다.

포스Johann Heinrich Voss(1751~1826)
독일의 시인. 주로 호메로스 작품의 번역자
로 알려져 있다.

포에니 전쟁
로마 공화국과 카르타고 제국 사이에 벌어진
3차례 전쟁. 이로 인해 카르타고는 큰 손실을
입었다.

포이닉스Phoinix
그리스 신화에서 테살리아의 헬라스 왕 아민
토르의 아들.

포이만드레스Poimandres
헤르메스 문헌집의 일부분을 가리킨다.

포키스Phokis
고대 그리스의 중부 지역. 코린트 만으로부
터 북쪽을 향해 파르나소스 산을 넘어 북쪽
경계가 되는 로크리스 산맥까지 펼쳐져 있다.

폰텐로즈J. Fontenrose
미국의 고전학자이자 신화 연구가.

폴리비오스Polybios(기원전 200경~118경)
그리스의 정치가이자 역사가. 로마가 세계적
인 강대국으로 등장하는 과정을 역사로 썼다

폴리오Gaius Asinius Pollio(기원전 76~4)
로마의 웅변가·시인·역사가. 현재 전해지지
않지만 그가 기록한 당대의 역사는 아피안과
플루타르코스의 역사서들에 많은 자료를 제
공해주었다고 한다.

폼페이|Pompeii
이탈리아 캄파니아 지방에 있는 고대 도시.
79년 베수비오 화산의 격렬한 폭발에 의해
헤르쿨라네움 및 스타비아이와 함께 매몰되
었다.

퐁트넬|Fontenelle(1657~1757)
프랑스의 과학자이자 문필가. 볼테르는 그를
루이 14세 시대가 낳은 가장 박식한 인물로
평가했다. 계몽주의의 독특한 사상 중 많은
부분이 그의 작품 속에 이미 배태되어 있다.

표트르 대제|Pyotr Veliky(1682~1725 재위)
러시아의 차르. 러시아 역사상 가장 뛰어난
통치자이자 개혁가였다.

프라이네스테|Praeneste
이탈리아 고대 국가인 라티움의 도시. 운명
의 여신인 포르투나 프리미게니아 신전이
있다.

프란츠 보프|Franz Bopp(1791~1867)
독일의 언어학자. 인도유럽어족의 비교 연구
에서 산스크리트의 중요성을 확립하고, 언어
분석의 중요한 기법을 개발했다.

프란츠 퀴몽|Franz Cumont(1868~1947)
벨기에의 고고학자이자 언어학자. 로마의 이
교 숭배에 대한 기초 연구를 통해서 종교사에
대한 오늘날 개신교 학파의 입장에 큰 영향을
미쳤다. 점성술 연구를 위한 시리아와 터키
탐사에서 기념비에 새겨진 그림과 명문銘文
을 발견했으며, 지중해 지역의 미트라 숭배
와 동방에서 행해지던 조로아스터교의 아류
인 마즈다크교 사이에 중요한 관계가 있음을
밝혔다.

프랜시스 리버|Francis Lieber(1798~1872)
독일 태생 미국의 정치 철학자이자 법학자.
'전쟁의 법칙'을 정식화한 것으로 유명하다.
그가 쓴 『전쟁법 Code for the Government of
Armies in the Field』(1863)은 이후 전쟁 행위에
관한 국제 규약의 기초로 쓰였다.

프랜시스 예이츠|Frances Yates
르네상스 헤르메스주의에 관한 연구를 개척
하고 탁월한 연구 성과를 냈다. 브루노와 코
페르니쿠스가 고대 이집트에 근거를 둔 헤르
메스주의로부터 영감을 받았으며, 이후 장미
십자회의 정신도 그러하다고 주장했다.

프레스터 요한|Prester John
중세 연대기와 전승에 등장하는 전설적인
동방 정교회 지도자. 페르시아와 아르메니아
너머의 극동 지역을 다스린 사제 겸 왕이었던
것으로 추측된다.

프로메테우스|Prometheus
그리스 종교에서 티탄족 출신의 최고 책략가
이자 불의 신. 그의 지적인 면은 '미리 생각하
는 사람'이라는 뜻의 이름을 통해 알 수 있다.
일반적으로 그는 최고의 장인匠人이 되었고,
이러한 인연으로 불 및 인간의 창조와도 관계
를 맺었다고 한다.

프로방스|Provence
프랑스 남동부의 부슈뒤론·보클뤼즈·알프드
오트프로방스·바르 주들을 포함하고 있는 역
사적·문화적 지역.

프로세르피네|Proserpine
그리스 신화에 나오는 인물. 제우스와 농업
의 여신 데메테르의 딸이며 지하 세계의 왕
하데스의 아내이다.

프롱드Fronde의 난
프랑스에서 1648~1653년에 발생했던 내란.
프롱드란 말은 당시 파리의 어린이들이 관헌
에 반항하여 돌을 던지는 놀이에 사용한 '투
석기'에서 유래했다. 왕권을 견제하기 위한
시도였으나 실패함으로써 오히려 루이 14세
의 절대주의 왕권을 강화시켰다.

프루동Pierre Joseph Proudhon(1809~1865)
프랑스의 자유주의적 사회주의자이자 저널
리스트. 그의 사상은 급진적·무정부주의적
이론의 기초가 되었다.

프리기아Phrygia
아나톨리아 중서부에 있는 고대 지역. 이 지
명은 기원전 12세기에 히타이트가 몰락할
때부터 기원전 7세기에 리디아가 지배할 때
까지 소아시아를 지배한 사람들을 부르는
이름에서 유래했다.

프리기아어Phrygian language
소아시아 북중부와 리디아 동쪽에서 사용했
던 고대어. 대부분의 학자들은 프리기아어가
그리스어·아르메니아어와 어느 정도 관련이
있는 인도유럽어라고 믿고 있다.

프리드리히 대왕Friedrich der Grosse(1740~1786
재위)
프로이센의 왕. 오스트리아와 주변 강국에
맞선 외교 전략과 전쟁을 통해 영토를 확장
하고 프로이센을 유럽 최강의 군사 대국으로
만든 특출한 군사 전략가였다.

프리드리히 아우구스트 볼프Friedrich August
Wolf(1759~1824)
독일의 고전학자이자 근대 문헌학의 창시자.
저서 『호메로스에 붙이는 서문 Prolegomena
ad Homerum』(1795)으로 유명하다.

프리드리히 폰 슐레겔Friedrich von Schlegel(1772
~1829)
독일의 작가이자 비평가. 초기 독일 낭만주
의 운동을 고취하는 많은 철학 이념과 보편문
학·역사문학·비교문학의 개념을 창안했다.

프리메이슨Freemason
세계 최대의 박애주의 비밀 결사체. 그리스
도교 조직은 아니지만 도덕성, 박애 및 준법
을 강조하는 등 종교적 요소를 많이 포함하고
있다. 그 기원은 중세 석공과 성당 건축업자
길드에서 찾을 수 있다. 성당 건축업이 쇠퇴
하자 석공들의 일부 집회소에서는 사회적
명사들을 회원으로 가입시켜 세력을 강화하
기 시작했다. 17~18세기에 걸쳐 이 지부들
중 일부에서 고전적인 종교 조직의 의식과
복장을 채택하고 기사도적인 동료 의식을
중시하는 근대의 상징적 또는 이론적인 프리
메이슨단이 생겨났다. 1717년 영국에서 몇
개의 지부가 모여 최초로 본부를 세웠다. 프
리메이슨단은 거의 처음부터 기존의 종교
조직들, 특히 로마 가톨릭 교회와 여러 국가
들로부터 심한 탄압을 받았기 때문에 비밀
결사의 성격을 띠는 것이 일반적이었다. 회
원 자격은 절대자의 존재와 영혼의 불멸을
믿는 성인 남자에게만 주어졌다.

프리스카 테올로기아prisca theologia
고대의 혹은 으뜸가는 신학을 뜻한다.

프리지아Frisia
오늘날 네덜란드·독일에 속해 있는 지역의
옛 이름. 북해에 면해 있으며, 프리지아 제도
를 포함한다.

프셀로스Psellos(1018~1078경)
비잔틴의 철학자·신학자·정치가. 플라톤 철

학을 그리스도교 교리와 이상적으로 통합할 수 있다고 주장함으로써 뒷날 이탈리아 르네상스에 영향을 미친 비잔틴 고전 학문을 부흥시켰다.

프타Ptah
이집트 종교에서 우주의 창조자이자 만물의 제조자이며 장인匠人들, 특히 조각가들의 수호자였다.

프톨레마이오스Ptolemaeos
127~145년 사이에 알렉산드리아에서 활동한 고대 그리스의 천문학자·지리학자·수학자. 지구가 우주의 중심이라고 생각했다.

프톨레마이오스Ptolemaeos 왕조
알렉산드로스 대왕의 장군으로서, 알렉산드로스 사후 이집트의 권력을 장악한 프톨레마이오스 1세로부터 시작된 왕조. 이 왕조의 마지막 군주는, 카이사르와 안토니우스에게 사랑받았으며 기원전 30년에 극적인 죽음을 맞이한 클레오파트라 7세였다.

프티아Phthia
그리스 테살리아에 있는 지역으로 아킬레우스의 고향이다. 프티오티스Phthiotis라고도 부른다.

플라비우스 요세푸스Flavius Josephus(37/ 38~100경)
유대인 제사장·학자·역사가이다. 66~70년에 일어난 유대인 반란과 고대 유대교의 역사에 대해서 중요한 책들을 썼다. 그 가운데 중요한 책은 『유대 전쟁사 Bellum Judaicum』, 『유대 고대사 Antiquitates Judaicae』 등이다.

플레브스plebs
고대 로마에서 특권을 가진 귀족 계급과 대립한 일반 시민.

플로베르Gustave Flaubert(1821~1880)
프랑스의 소설가. 프랑스 사실주의 문학의 창시자로서, 걸작 『보바리 부인Madame Bovary』(1857)으로 유명하다.

플로티노스Plotinos(205~270)
고대 철학자. 3세기경 로마의 영향력 있는 지식인·문필가 집단의 중심 인물. 신플라톤주의 철학학파의 창시자로 여겨진다.

플루타르코스Plutarchos(46경~119경)
그리스의 전기 작가. 유럽의 수필·전기·역사 저술의 발전에 큰 영향을 주었다. 약 227편에 달하는 그의 작품 중에서 가장 중요한 것은 『영웅전 Bioi parallloi』이다.

플린더스 페트리 경Sir Flinders Petrie(1853~1942)
근대 고고학의 기초를 놓은 영국의 고고학자, 1880년 기자의 대피라미드를 탐사하여 괄목할만한 성과를 내놓았다. 또한 발굴지에서 나오는 토기를 시기별로 유형을 구분하여 연대를 책정하는 혁신적인 방법을 창안했다.

『피네건의 경야Finnegans Wake』
제임스 조이스의 마지막 소설로, 그가 죽기 2년 전인 1939년에 출간되었다.

피코 델라 미란돌라Pico della Mirandola(1463~1494)
이탈리아의 인문학자이자 플라톤주의 철학자. 1486년에 지은 『인간의 존엄성에 대한 연설 De hominis dignitate oratio』은 르네상스 시대의 특징적인 저서로서 여러 철학에서

가장 훌륭한 요소들을 뽑아 자신의 작품 안에
서 결합하는 혼합주의적 방법을 사용했다.

피타고라스Pythagoras(기원전 582경 ~ 500)
그리스의 철학자이자 수학자. 이집트에서 공
부한 후 이집트의 수학과 종교 원리를 가지고
돌아와 피타고라스 학파를 창시했다.

피타고라스주의Pythagoreanism
이오니아 사모스 태생의 피타고라스가 창설
했다고 여겨지는 철학 학파이자 종교 결사체.

피타고라스 학파 Pythagoreans
‘형제애’로 결합된 피타고라스 추종자들. 이
들은 기원전 5세기와 4세기에 시실리와 남부
이탈리아의 그리스인 사회에서 정치적·종교
적·과학적으로 중요한 역할을 담당했다.

피터 월콧 Peter Walcot
영국의 고전학자이자 역사가. 1950년대 후반
과 1960년대에 그리스 신화와 근동 신화 사이
의 유사점에 관해 연구했다.

피톤Python
그리스 신화에 나오는 거대한 뱀. 아폴론이
델포이에 신탁소를 세우는 것을 방해하고
아폴론을 잉태한 레토를 괴롭혔기 때문에,
델포이에서 아폴론 신에게 죽음을 당했다.

피히테Johann Gottlieb Fichte(1762 ~ 1814)
독일의 철학자이자 애국주의 사상가. 초월적
관념론을 주장했다.

핀다로스Pindaros(기원전 522/518 ~ 446/438경)
고대 그리스의 가장 위대한 서정 시인이자
에피니키온의 대가. 에피니키온이란 피티아
제전, 올림피아 제전, 이스트미아 제전 및

네메아 제전에서 거둔 승리를 축하하는 합창
용 송가를 말한다.

필론Philon(기원전 15/10 ~ 기원후 45/50)
그리스어를 사용한 유대 철학자. 헬레니즘
유대주의를 대표하는 가장 중요한 인물이다.
그의 저작은 디아스포라에서 발전한 유대주
의에 관한 가장 명확한 견해를 제공했다. 계
시 신앙과 철학적 이성을 종합하려고 한 최초
의 인물로 철학사에서 독특한 위치를 차지하
며, 그리스도교 신학의 선구자로 평가받는다.

필리스티아인Philistines
기원전 13세기 말과 12세기에 아나톨리아와
에게 해에서 이집트와 레반트로 침입한 사람
들을 일컫는다.

필리포스Philippos 2세
마케도니아의 제18대 왕. 기원전 339년 군사
적·외교적 수단을 동원하여 그리스 전역에
대한 지배권을 확립함으로써, 아들 알렉산드
로스 3세 대왕이 대제국을 이룰 수 있는 토대
를 마련했다.

【하】

하갈Hagar

구약성서 『창세기』에 나오는 아브라함의 첩
이자 이스마엘의 어머니. 유대인은 이스마엘
을 팔레스타인 남부에 사는 많은 베두인 민족
의 조상으로 믿었으며, 전승에 의하면 이스
마엘은 마호메트의 조상이라고 한다.

하노버 선제후Hanover Kurfürst

선제후選帝侯는 신성 로마 황제를 선출할
권리를 지닌 제후들을 가리킨다. 하노버 선
제후인 게오르크 루트비히는 1714년 조지 1
세로 영국 왕에 즉위했다. 이후 조지 1세
(1714~1727 재위)를 비롯해 조지 2세
(1727~1760 재위), 조지 3세(1760~1820 재위),
조지 4세(1820~1830 재위), 윌리엄 4세
(1830~1837 재위), 빅토리아 여왕(1837~1901
재위) 등 6명의 영국 군주를 배출했다.

하데스Hades

그리스 신화에서 지하 세계의 왕. ‘보이지
않는 자’라는 뜻을 갖고 있다. 티탄족 크로노
스와 레아의 아들이며 제우스와 포세이돈과
형제이다. 크로노스가 살해당하자 지하 왕국
은 제비뽑기로 하데스에게 돌아갔다.

하드리아누스Hadrianus

로마의 황제(117~138 재위). 트라야누스 황제
의 조카이며 후계자로 그리스 문명의 예찬자
였다. 로마 제국을 통합하여 강력한 국가로
만들었다

하라파Harappa

모헨조다로와 더불어, 대략 기원전 2500~1700
년 인도 북서부에서 융성했던 고대 문명의
유적지. 기원전 1700년경에 이 문명이 파괴된
것은 필시 북쪽으로부터 침입해온 아리안 때
문이었을 것이다. 이곳에서 발굴된 글자는 아
직 해독되지 못한 상태지만, 아마도 오늘날
인도 남부에서 주로 사용하는 드라비다
Dravidian 어족에 속했을 가능성이 높다.

하시디즘Hasidism

유대교의 경건주의 운동. ‘경건한 자’라는 뜻
의 히브리어 ‘하시드’에서 유래했으며, 금욕
과 신비주의를 결합시켰다. 운동의 지도자는
이탈리아에서 이주해 온 사무엘 벤 칼로니모
스와 유다 벤 사무엘 등이었다.

하이네Heinrich Heine(1797~1856)

독일 후기 낭만주의의 대표적 시인. 『노래책
Buch der Lieder』(1827)으로 국제적인 명성과
영향력을 확고히 했다.

하인리히 율리우스 클라프로트Heinrich Julius Klaproth(1783~1835)

독일의 동양학자이자 탐험가. 저서 『언어 지
도를 첨부한 아시아의 여러 언어Asia Polyglotta
nebst Sprachatlas』(1823)는 동양 언어, 특히 지금
은 사라진 카프카스어에 대한 중요한 초기
연구서이자 유일한 자료이다.

하인리히 폰 트라이치케Heinrich von Treitschke(1834~1896)

독일의 역사가이자 정치학자. 힘의 정치를
옹호하여 국내에 큰 영향을 미쳤으나, 이 때
문에 독일의 대외적인 신뢰가 손상되었다.

한정기호determinative

이집트어나 수메르어 등에서 일정한 범주를
나타낼 때 사용하는 기호. 예를 들어 알이라
는 상형 문자가 어떤 단어와 함께 쓰이면
그 단어는 알과 관련된다.

할리카르나소스Halicarnassos

케라메이코스 만(지금의 터키 케르메 만) 연안에 위치한 카리아 지방에 있었던 고대 그리스 도시. 전설에 따르면 이 도시를 세운 것은 펠로폰네소스 반도에서 온 도리아인 트로이젠이라고 한다.

함Ham

성서 『창세기』에 나오는 노아의 세 아들 가운데 하나. 노아는 셈, 함, 야벳 세 아들의 도움으로 방주를 만들어 대홍수에서 살아남았으나, 함이 자신에게 불경을 저질렀다고 하여 함과 그 자손들(가나안인)을 저주했다고 성서는 전한다.

허버트 스펜서 Herbert Spencer(1820 ~ 1903)

영국의 사회학자이자 철학자. 다윈에 앞서 사회진화론을 주장했으며 빅토리아 시대 영국에서 가장 많은 논쟁을 불러일으킨 사상가들 중 한 사람이었다. 과학적인 방법을 통해 사회현상을 연구하는 것이 중요하다고 역설하고, 주저 『종합 철학체계 The Synthetic Philosophy』에서 사회보다 개인이, 종교보다 과학이 우월하다고 주장했다.

헉슬리Aldous(Leonard) Huxley(1894 ~ 1963)

영국의 소설가이자 비평가. 다방면에 걸친 해박한 지식과 번뜩이는 재치로 유명하다. 대표작 『멋진 신세계』에서 정치와 과학 만능주의를 신랄하게 비판했다.

헤겔Georg Wilhelm Friedrich Hegel(1770 ~ 1831)

독일의 관념 철학자. 주저 『정신 현상학』에서 인간의 인식은 단순한 자기의식에서 절대 정신으로 상승한다고 주장했다. 또한 『역사 철학』에서 인간 역사 전체가 정신적·도덕적 진보와 자기인식으로 나아가는 과정이라고

전제했으며, 역사는 인간 자유의 점진적 실현 과정이라고 주장했다.

헤겔 좌파

마르크스로 대표되는 사회혁명적 헤겔주의자를 가리킨다. 청년 헤겔 학파라고도 하며 헤겔주의를 혁명적인 의미로 해석했다. 헤겔 변증법을 유물 변증법과 사회 혁명론으로 바꾸었다.

헤라클레스Heraklids

그리스·로마 신화의 가장 유명한 전설적인 영웅. 전설에 따르면 헤라클레스는 제우스와 페르세우스의 손녀딸 알크메네(암피트리온)의 아들이다.

헤라Hera

그리스 신화에 나오는 여신이자 질투의 화신. 티탄족 크로노스와 레아의 딸이며 제우스의 누이이자 유일한 아내로, 올림포스 신들의 여왕이다. 로마인들은 헤라를 여신 '주노'와 동일시했다.

헤로도토스Herodotos(기원전 484? ~ 430/420)

그리스의 역사가. 고대 서양에서 창작된 최초의 위대한 이야기체 역사서로서 그리스와 페르시아 전쟁을 다룬 『역사 Historiae』(『페르시아 전쟁사』라고도 함)를 썼다. 역사학의 아버지라고 불린다.

헤르마누비스Hermanubis 숭배

헤르메스(토트)와 아누비스를 합쳐서 숭배하는 것.

헤르메스hermes

그리스의 신. 제우스와 마이아 사이에서 태어난 아들이다. 헤르메스라는 이름은 돌무더

기를 뜻하는 그리스어 헤르마herma에서 유래한 것으로 추측되는데, 그리스에서 돌무더기는 이정표나 경계를 가리키는 데 썼다. 『오디세이아 Odyssey』에서는 주로 신들의 사자使者이자 죽은 사람을 하데스로 인도하는 안내자로 나온다.

헤르메스 트리스메기스토스 Hermes Trismegistos
이집트 지혜의 신神인 토트Thoth의 현신現身으로서, 토트와 관련된 수많은 글의 저자로 여겨진다. 중세 서양에서는 비성서적이며 '이교적'인 철학과 문화의 기초자로서 여겨졌다.

헤르메스 원문 Hermetic Texts
토트 혹은 헤르메스가 쓴 것이라고 전하는 신비적이고 마술적이며 철학적인 문서 모음. 아마도 기원전 1~기원후 5세기에 민용 문자(또는 기원후 200~400년 콥트어)로 처음 쓰인 것으로 보이며, 이후 헤르메스주의의 중심이 되었다.

헤르메스주의Hermeticism
헤르메스의 문헌들이 마술적이고 신비적이며 철학적인 힘을 지닌다는 믿음. 헤르메스주의 운동은 후기 고대에 나타났으며, 르네상스 시대에 다시 일어났다.

헤르모폴리스Hermopolis
하下이집트의 수도 멤피스와 상上이집트의 수도 테베의 중간쯤에 있는 도시.

헤시오도스Hesiodos
기원전 700년경 그리스의 시인. 흔히 '그리스 교훈시의 아버지'라고 불린다.

헤시키오스Hesychios

5세기 그리스의 사전 편찬자. 고대부터 가장 완벽하다고 알려진 그리스어 사전을 편찬했다. 이 사전은 고대의 금석문과 시 및 그리스의 그리스도교 교부들이 사용한 방언과 어휘에 대한 기본적인 전거로 인정받고 있다. '자모 순서에 따른 단어집 Synagōgē pasōn lexeōn kata stoicheion'이라는 제목이 붙은 이 사전은 기원전 1세기에 만들어진 다른 전문 사전에 바탕을 두었지만, 특히 2세기에 이탈리아 남부의 그리스 식민지인 헤라클레아에서 활동한 언어학자 디오게니아누스에게서 많은 것을 차용했다.

헤일로타이Heilotai
도리스족과 스파르타에 의해 노예가 된 메세니아인을 가리킨다. 개인이 아니라 국가 소유의 노예였다.

헤카타이오스Hekataios
트라키아 압데라 시 출신으로 기원전 300년경 프톨레마이오스 1세 치하의 이집트 역사를 저술했으며, 이집트 문명을 모든 문명의 근원으로 보았다.

헤카테Hecate
'자신의 뜻대로 행동하는 여자'라는 뜻을 가진 그리스 신화의 여신. 초기 그리스 종교에 도입된 여신으로, 소아시아 남서부의 카리아 신화에서 유래한 것으로 보인다.

헨리 모어 Henry More(1614~1687)
영국의 시인이자 종교 철학자. 플라톤의 형이상학에 몰두해 케임브리지 플라톤 학파로 알려진 사상가 집단의 일원이 되었다. 데카르트의 이원론과 홉스의 무신론을 비판하고, 유심론唯心論을 주창했다.

헨리 조지 리델Henry George Liddell(1811~1898)
영국의 사전 편집자. 『그리스어-영어 사전
Greek-English Lexicon』을 공동 편집했다.

헨리 푸젤리Henry Fuseli(1741~1825)
스위스 태생의 화가. 당대에 가장 이색적이
고 독창적이며 감각적 유형의 작품을 그렸다.

헨리 프랭크퍼트Henri Frankfort(1897~1954)
미국의 고고학자. 충분한 문헌 자료에 근거
해 고대 메소포타미아 문화를 복원했으며,
이집트와 메소포타미아 사이에 긴밀한 관계
가 있음을 밝혔다.

헬레네스/헬레네스어/헬라스
Hellenes/Hellenic /Hellas
일반적으로 그리스인/그리스어/그리스를 뜻
하지만, 특히 그리스 북부의 테살리아와 관
련된다. 18세기 후반 이래, 이 용어들은 고귀
함이나 북부 아리안 '혈통' 같은 많은 함의를
지니게 되었다.

헬레니즘Hellenism/Hellenistic
기원전 4세기 후반 알렉산더 대왕에게 정복
당했을 때부터 기원전 1세기 로마 제국에
합병될 때까지 동부 지중해 전역에 걸쳤던
그리스 문화를 가리킨다.

헬레스폰트Hellespont
지중해와 흑해를 잇고 아시아와 유럽을 구분
하는 해협.

헬렌Hellen
그리스 신화에 나오는 인물. 프티아(에우보
이아 만의 북쪽 끝에 있음)의 왕이자 프로메
테우스의 손자였다. 그리스인은 자신들을 헬
렌의 후손이라고 여겨서 헬레네스라 불렀다.

헬레네스는 아이올리아족·도리아족·이오니
아족·아카이아족으로 구성되었으며, 전설에
따르면 이 부족들은 헬렌의 아들들인 아이올
로스와 도루스, 손자들인 이온과 아카이오스
의 자손들이라고 한다.

헬리아데스Heliades
태양 신 헬리오스의 딸들.

헬리오도로스Heliodoros
3세기 시리아 출신의 그리스 작가. 현존하는
『아이티오피카Aethiopica』를 썼다.

헬리오폴리스Heliopolis
고대 이집트의 도시. '기둥 도시'라는 뜻으로
태양신 레를 숭배했으며 하下이집트의 15번
째 수도였다. 종교적 중심지로 매우 중요한
곳이었다.

호루스Horus
고대 이집트 종교에서 태양과 달 모양의 눈과
매 형상을 갖고 있는 신. 원래는 하下이집트
의 신이었다. 왕이 호루스의 화신이라는 개
념이 네켄(그리스어로는 히에라콘폴리스)에
서 생긴 후 그 곳 출신 왕들이 이집트를 통일
하자 이 개념은 교리로서 수용되었다. 이집
트 왕의 5개 별칭 중 첫 번째가 호루스였고,
그 별칭으로 왕과 호루스는 동일시되었다.

호메로스Homeros
기원전 9세기(또는 8세기경)경 고대 그리스
의 시인. 서사시의 걸작 『일리아스Iliad』와
『오디세이아Odyssey』의 저자로 추정된다. 그
리스인이 이 2편의 서사시에다 호메로스라
는 이름을 결부시켰다는 사실 외에는 알려진
것이 거의 없다.

호손Nathaniel Hawthorne(1804 ~ 1864)
미국의 소설가. 우의적·상징적인 이야기를
잘 묘사한 『주홍 글씨The Scarlet Letter』, 『일곱
박공의 집The House of the Seven Gables』을 썼다.

호텐토트족Hottentot
아프리카 남부에 사는 종족으로 코이코이족
이라고도 한다. 유럽 탐험가들이 처음 발견
했을 때는 내륙 지방에서 살았으나, 오늘날
에는 남아프리카 공화국 또는 나미비아(남서
아프리카)의 공식 보호 구역 또는 유럽인 거
주 지역에 산다. '남자 중에 남자'라는 뜻의
코이코이는 이들 스스로가 사용하는 이름이
고, 호텐토트는 네덜란드의 이주민이 코이코
이족이 쓰는 말 중 독특한 혀 차는 소리를
흉내 내어 붙인 이름으로서 경멸하는 의미가
담겨 있다.

홍강(紅河)
중국어로는 위안장 강(元江). 베트남 북부를
흐르는 큰 강으로 총길이는 1,200km이다.

화체설化體說transubstantiation
성변화聖變化라고도 함. 그리스도교에서 성
찬식 때 빵과 포도주의 외형은 변하지 않지만
그 실체가 그리스도의 살과 피로 변한다는
교리.

황금수golden number
연대학에서 달의 위상이 같은 날짜에 다시
나타나는 메톤 주기(19년)를 갖는 태양년의
위치. 부활절의 날짜를 정하는 데 사용하는
황금수의 수열은 1월 1일에 신월新月이 되는
해를 1로 시작한다.

회당synagogue
유대교에서 예배 의식과 집회 및 학습 장소로
쓰이는 공동체 예배당.

횔덜린Friedrich Hölderlin(1770 ~ 1843)
독일의 서정 시인. 고대 그리스 시의 고전적
형식을 독일 시詩에 도입하고 그리스도교와
고전이라는 두 주제를 융합했다.

후기 미노아Late Minoan
그리스어 사용자들이 도착하기 전의 크레타
문화를 가리킨다. 미노아는 아서 에번스가
전설적인 크레타 왕 미노스에서 따온 이름이
며, 토기 유형에 따라 다시 세 시기로 구분된
다. 후기 미노아는 크레타가 그리스인들의
지배를 받게 된 기원전 1650~1450년경부터
시작된다.

후두음laryngeal
후두부나 목구멍 전체를 통해 나오는 소리.
h와 g 같은 연구개 마찰음, ḥ와 ʿ 같은 인두음,
그리고 ʾ와 h 같은 후두음으로 나뉜다. g를
제외한 모든 음들은 셈어와 이집트어에 현존
하지만, 인도유럽어에서는 h를 제외한 모든
음들이 사라졌다.

후르루인(어)Hurrian
기원전 2000년경 중동의 문화와 역사에서 중
요한 역할을 했던 족속과 그들의 언어. 기원
전 3000년 말의 기록에 따르면 티그리스 강
동쪽과 자그로스의 산악 지대에 살았다. 그
후로 특히 기원전 2000년 초에는 서쪽에 흩어
져 살았다는 산발적인 증거가 있다.

휘그Whig
18세기 영국의 정당. 귀족, 토지 소유 계층,
부유한 중산층의 이익을 대변했다. 상대 정
당은 토리당이었다.

휴런족Huron
이로쿼이어를 사용하는 북아메리카 인디언.
1534년경 프랑스의 탐험가 자크 카르티에가
발견했을 당시에는 세인트로렌스 강 유역에
서 살았다. 휴런족은 울타리를 친 마을에 거
주했는데, 나무껍질로 만든 큰 집에서 모계
친족들이 함께 생활했다.

히람 아비프 Hiram Abif
예루살렘의 솔로몬 성전을 건축한 기술자로
알려졌으며, 중세 프리메이슨의 원조라고도
한다.

히람Hiram 왕(기원전 969~936 재위)
티루스의 페니키아인 왕. 성서에는 다윗 왕
과 솔로몬 왕의 동맹자로 나오며 이스라엘과
매우 우호적인 관계를 유지했다고 한다. 솔
로몬이 예루살렘에 신전을 지을 때 인력과
물자를 제공했으며, 그와 협력해 지중해와
홍해에서 해상 무역을 했다.

히브리어Hebrew
기원전 1500~500년 이스라엘과 유대, 모압
왕국에서 쓰인 가나안어 방언. 히브리어는
종교적인 이유로 종종 개별 언어로 취급되는
데, 개별 언어처럼 보이는 것은 다른 가나안
어 방언들이 사라졌기 때문이다.

히타이트Hittite
기원전 2000년 초 아나톨리아에 등장해 기원
전 1340년경 근동을 지배했던 인도유럽어족.
흑해 너머에 있는 지역에서 기원한 것으로
보이며, 아나톨리아 중부를 장악하여 하투스
(지금의 보아즈쾨이)에 수도를 마련했다. 하
투실리스 1세(기원전 1650경~1620경 재위)
같은 히타이트 고古왕국의 초기 왕들은 힘을
규합하여 아나톨리아와 시리아 북부로 세력

을 확장했으며, 하투실리스의 손자인 무르실
리스 1세는 유프라테스 강을 따라 바빌론을
공격하여 이곳의 아모리테 왕조를 멸망시키
기도 했다(기원전 1590경).

히타이트 상형문자hieroglyph
기원전 10~8세기에 시리아와 히타이트 등
여러 나라에서 루비어의 동부 방언을 기록하
는 데 사용한 상형 문자 체계. 학자들은 상형
문자로 쓴 초기 루비어의 문자가 중부 방언이
라고 생각했다.

히타이트어Hittite language
아나톨리아에서 쓰이던 인도유럽어 가운데
가장 중요한 언어. 루비어·리디아어·리키아
어 등과 밀접하게 연관되어 있다. 보아즈쾨
이(터키의 옛 하투사)의 기록 보관소에 보존
된 약 2만 5,000개의 상형문자 서판이나 서판
조각을 통해 주로 알려졌다. 이 서판 가운데
대다수는 히타이트 제국(기원전 1400
경~1190경) 시대에 만들어진 것으로서, 종교
와 여러 다른 주제에 관해 기록한 것들이다.
기원전 1650~1595년경의 것인 고대 히타이
트 문서가 사본으로 보존되어 있고, 이 기록
은 지금까지 발견된 것 가운데 가장 오래된
인도유럽어 문서이다.

히파티아Hypatia(370경~415)
이집트의 신플라톤주의 철학자. 여성 수학자
로는 주목할 만한 첫 인물이다. 역시 수학자
이며 철학자인 테온의 딸로서 알렉산드리아
에서 신플라톤주의 학파의 지도자로 인정받
았으며 뛰어난 지적 재능과 달변·품위·미모
를 두루 갖추어 따르는 제자들이 많았다.

힉소스Hyksos
기원전 17세기에 나일 강 유역으로 점차 침투

해 들어와 결국 하下이집트를 다스리게 된
셈족과 아시아인의 혼합 집단. 제15왕조(기
원전 1674경~1567경) 때 통치했다. 힉소스라
는 이름은 이집트의 역사가 마네토(기원전
300 활동)가 붙인 것이다.

힌두스탄Hindustan
페르시아어로 ‘힌두인의 땅’이라는 뜻. 역사
적으로 남부의 데칸과 대비되는 인도 북부
지역의 길쭉한 회랑 지대를 가리키며, 펀자

브의 5개 강 유역과 상上갠지스 평야로 이루
어진 분지이다.

힐데리히Childerich 1세
잘리어 프랑크족의 왕. 메로빙거 왕조의 시
조 가운데 한 사람이며 클로비스 1세의 아버
지이다. 잘리어 프랑크족은 로마 제국과 맺
은 조약에 따라 뫼즈 강과 솜 강 사이에 있는
벨기카세쿤다에 정착하여 투르네를 수도로
삼았다.

『블랙 아테나』라는 책

마틴 버널(Martin Bernal, 1937~2005년 현재.
유대계 영국인으로 런던에서 출생.
17세기 아일랜드에 정착한 세파르디 유대인 가문 출신.
1957년, 캠브리지 대학 킹스칼리지 입학.
이후 캠브리지 대학 동양학과에서 박사 학위 취득.
1966~1972, 캠브리지 대학과 런던 대학에서
중국현대사를 강의.
1972~2001, 미국 코넬 대학교 정치학과 정교수.
1987, *Black Athena : The Afroasiatic Roots of Classical
Civilization, Vol. I The Fabrication of Ancient Greece 1785-1985*
출간.

1991, *Black Athena II : The Archaeological and Documentary Evidence* 출간.

2001, *Black Athena Writes Back* 출간.

2002~현재, 코넬 대학교 명예교수.

그리고, *Black Athena III : The Linguistic Argument*, 2006년 출간 예정.

Black Athena IV : Solving the Riddle of the Sphinx(집필 중)

I. 4권으로 구성된 『블랙 아테나』

책 제목이 대단히 인상적이다. 그리스 신화에 나오는 아테나 여신의 피부 색이 검다는, 즉 원래는 검은 대륙 아프리카의 여신, 특히 이집트의 여신이라는 의미를 지니고 있기 때문이다. 더 크게는 고대 그리스 문명 중에서 가장 초기의 문명인 미케네 문명(기원전 2100년경~기원전 1100년 경)이 이집트 문명, 더 나아가서는 고대 페니키아를 포함하는 고대 동방(오리엔트) 문명의 영향을 받아 형성되었음을 저자 마틴 버널은 『블랙 아테나』라는 제목으로 말하고 있는 것이다. 그 영향이라는 것도 단순한 교역과 같은 접촉을 통해서가 아니라, 고대 동방 사람들이 그리스 땅의 아르고스나 테베 등지를 수백 년간 식민 통치함으로써, 선진 동방 문명을 그리스인들에게 전하여 미케네 문명의 싹을 틔웠다는 이야기이다.

『블랙 아테나』는 모두 4권으로 되어 있는데, 현재 제1권과 제2권이 출간된 상태이며, 나머지 제3권과 제4권은 집필 중이다. '블랙 아테나 : 고전 문명의 아프리카아시아적 뿌리'가 시리즈 전체 제목이고, 제 1권의 제목은 '날조된 고대 그리스, 1785~1985년'이다. 제1권은 1987년에 미국의 러트거스 대학 출판사에서 출판될 당시 일반 독자와 학계에 비상한 관심을 불러일으켰다. 흑인을 비롯한 미국의 소수 인종은 이 책에 대해 호의적인 반응을 보인 반면, 학계의 반응은 극히 비판적이었다. 학계의 반응은 그럴 수밖에 없었을 것이다. 서양인은 서양 문명의 모태가 고대 그리스 문명이라고 보고 있는데, 기존 학설에 따르면 고대 그리스 문명은 그리스인 스스로가 창조하거나 도리스인 같은 아리안 인종의 영향을 받아서 형성되었다는 것이 정설이었다. 그런데 고대 그리스 문명의 뿌리가 고대 이집트·페니키아 문명이라니! 적지 않은 서양인이, 서양 고대사를 전공하는 역자가 이 책을 처음 읽었을 때 받은 것과 비슷한 충격을 느꼈을 것이다.

원래 『블랙 아테나』는 총 3권으로 계획되었지만, 학계의 논박에 대한 반론으로 버널은 자기 이론의 증거를 보여야 한다고 생각했다. 그리하여 본래의 계획에서 11장으로 구성된 제2권의 제1장이 문헌적 증거에 관한 것이고 제2장이 고고학적 증거에 관한 것이었지만, 제1장과 제2장을 확대하여 한권의 독립된 책으로 1991년에 『블랙 아테나 II : 고고학적 및 문헌적 증거』를 러트거스대학 출판사에서 출간했다. 여기서 그는 고대 역사가들의 증거를 내보였고, 이로 인해 학계의 비판은 더욱 거세졌다. 당시 제3권을 집필하고 있었지만 그는 제3권의 집필을 잠시 미루고, 이러한 비판에 대하여 2001년에 『블랙 아테나의 답장 : 비평가들에 대한 마틴 버널의 반론』이라는 책을 듀크대학 출판사에서 출간했다. 550쪽에 이르는 방대한 분량의 책이다. 이집트학, 고전학, 언어학, 사학사, 과학 분야들의 전문가 16인의 비판에 대한 그의 답변이 수록되었다.

2006년에는 『블랙 아테나 III : 언어학적 논증』의 출판이 예정되어 있다. 제2권이 출판된 지 15년 만이 될 것이다. 『블랙 아테나』에 대한 서양 학계의 비판이 극심하여 그것에 대한 반론을 하다 보니 늦어지게 된 것이다. 제1권에 소개된 제3권의 내용에 따르면, 그리스의 강과 산의 이름, 도시 이름 따위가 이집트어나 셈어에서 유래했음을 보여주고 있다. 예컨대, 아테나 여신의 이름에서 나온 아테네라는 도시명은 아테나 여신의 이름에서 나온 것인데, 아테나라는 이름은 이집트의 네이트 여신에서 유래했음을 언어학적으로 증명하고 있다. 더 나아가 네이트 여신이 곧 아테나 여신이라고 말하고 있다. 그리고 그는 기원전 1500년을 전후한 기간에 서부 셈어권(페니키아, 가나안 포함) 문화와 그리스 문화의 상당한 접촉을 가정한다.

현재 집필 중인 『블랙 아테나 IV : 스핑크스 수수께끼 풀기』도 머지않아 출간될 것으로 보인다. 여기서는 그리스 종교와 신화 중에서 전에는 설명할 수 없던 국면들, 특히 영웅들이나 신들의 이름을 해명하기 위해 자신의 수정 고대 모델을 사용해 보이고 있다. '미의 여신'이라고 불리는 아프로디테,

힉소스가 신봉했던 신인 세트Seth와 포세이돈의 유사성, 쌍둥이 아폴론과 아르테미스, 엘레우시스 신비 의식을 이집트 및 셈의 종교와 연관하여 그 기원을 따지고 있다.

II. 고대 그리스인이 말하는 미케네 문명의 형성에 미친 고대 동방 문명의 영향[1]

역자는 『블랙 아테나』를 읽어가면서 버널의 주장은 근거를 가지고 있다는 것을 느끼게 되었다. 그의 주장은 여러 세기에 걸친 다양한 폴리스 출신의 고대 그리스인들의 기록을 그 근거로 삼고 있었던 것이다. 고대 그리스인들 스스로가 미케네 문명의 형성에 고대 이집트와 고대 페니키아의 영향이 컸음을 기록으로 남기고 있었다. 그런데 그러한 기록들은 역사적 진실을 담고 있지 않다는 서양 학자들의 판결이 내려진 소위 '그리스 신화'가 큰 부분을 차지하고 있다. 우선 그리스 민족의 자긍심에 금이 갈 수도 있는 이야기를 고대 그리스인들 스스로가 남기고 있다는 것이 역자의 관심을 더욱 불러일으켰다. 그리고 그 기록들은 서로 모순되지 않고 대부분 일치하며, 한 기록에서 모자라는 것은 다른 기록에 의해 보완될 수 있었다. 역자는 우

---

1) II의 내용은 역자의 4개의 논문과 1개의 짧은 글에 근거하고 있다.
오홍식, "아르고스왕 다나오스와 그 후손들," 『서양고대사연구』 12집(2003. 6), 25~59쪽.
──────, "논단 『검은 아테나 여신』에 대한 반론," 『창작과 비평』 121호(2003/가을), 13~15쪽.
──────, "테베 왕 카드모스와 그 후손들," 『역사와 경계』 53호(2004. 12), 77~103쪽.
──────, "카드모스와 알파벳의 전래," 『서양사론』 83호(2004. 12), 33~55쪽.
──────, "스파르타 왕가의 힉소스的 기원," 『서양고대사연구』 16집(2005. 6), 45~68쪽.
그리고 『블랙 아테나』를 비판적인 입장에서 다룬 국내 학자들의 글로는,
김봉철, "서양 고대사학의 새로운 역사해석?─마틴 버날(M. Bernal)의 그리스식민지론에 대한 비판적 고찰─," 『서양고전학연구』 제13집(1999), 363-390쪽.
김경현, "검은 아테나 여신 : 오늘의 미국과 고대 그리스," 『창작과 비평』 120호(2003/여름), 248~264쪽.
『블랙 아테나』를 지지하는 입장에서 다룬 국내 학자들의 글로는, 역자의 글 이외에,
유윤종, "선형 상형 문자 A에서 본 『블랙 아테나』," 『서양고대사연구』 16집(2005. 6), 25~43.

선 고대 그리스인이 고대 동방 문명에 대해 어떻게 말하고 있는가를 알아보고자 그 동안 네 편의 논문을 썼다. 논문의 대상이 된 인물은 다나오스와 카드모스이다. 두 인물에 관련된 기록을 남기고 있는 그리스인만 하더라도 호메로스, 헤시오도스, 핀다로스, 아이스킬로스, 소포클레스, 에우리피데스, 헤로도토스, 투키디데스, 플라톤, 파우사니아스, 스트라본, 디오도로스, 아폴로도로스 등등 많은 그리스인이 상당히 풍부한 기록을 남기고 있다.

아르고스, 티린스, 미케네 등지를 다스린 다나오스 왕가

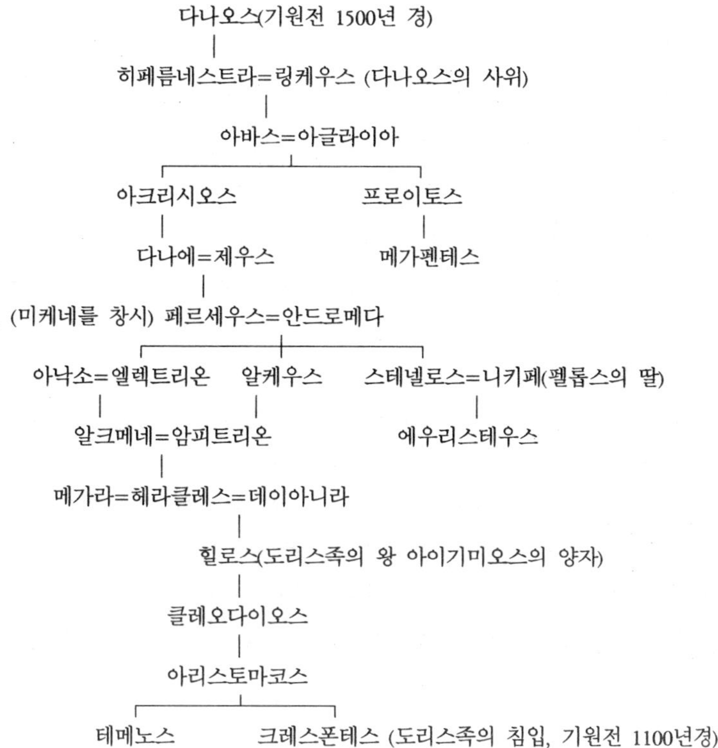

옮긴이 해설 : 『블랙 아테나』라는 책 783

구체적인 예를 들어보자.

고대 그리스인의 기록에 따르면, 다나오스는 이집트 왕족으로 정권 다툼에 밀려 그리스 땅 아르고스에 와서 자신의 왕조를 세운다. 기원전 3세기 고대 그리스 비문인 파로스 비문에 따르면, 다나오스의 아르고스 도래는 기원전 1511/10년이다. 이러한 다나오스의 후손 중에는 그 유명한 5대손 페르세우스와 8대손 헤라클레스가 있다. 그러다가 기원전 1100년경의 '도리스인의 침입'이 있기 1백여 년 전쯤에 소아시아에서 건너온 아트레우스 가문에게 다나오스의 후손들은 지배권을 넘겨주게 되지만, 도리스인의 도움을 받아 다시 그 지배권을 회복한다는 것이 고대 그리스인들의 일치된 기록이다. 고대 그리스인에게는 '도리스인의 침입'보다는 '헤라클레스 왕가의 복귀'라고 더 많이 알려진 사건을 통해, 3~4대 동안 쫓겨나 있었던 헤라클레스의 후손이 도리스인의 지도자가 되어 도리스인을 이끌고 아트레우스 왕가를 내쫓고 복귀했기 때문이다. '역사의 아버지' 헤로도토스의 기록을 예로 들어보자. 그는 미케네 문명을 몰락시킨 도리스인의 침입 때, 도리스인의 지도자는 순수한 혈통의 이집트인이라는 엄청난 발언을 다음과 같이 한다.

> 필자는 페르세우스에 이르기까지 그 혈통을 추적해 말했지만 페르세우스 이전으로 거슬러 올라가는 것을 보류한 이유는, 헤라클레스의 아버지로 암피트리온이라는 인간이 거명되는 것과는 달리, 페르세우스의 인간 아버지는 거명되지 않고 있기 때문이다. 그리스인의 기록이 페르세우스에 이르기까지는 올바르다고 필자가 말했을 때, 필자는 올바른 생각을 했던 것이다. 그런데 이보다 더 윗대로 거슬러 올라가, 아크리시오스 왕의 딸 다나에로부터 시작하여 페르세우스 왕의 조상을 따져본다면, 도리스인의 지도자들은 순수한 혈통의 이집트인임을 보여주게 될 것이다. (헤로도토스 6권 53장 2절)

이 인용문의 전반부에서는 헤로도토스의 역사가적인 측면이 잘 나타나고 있다. 그는 헤라클레스의 아버지를 제우스라고 보지 않고 암피트리온이라는 인간으로 보고 있다. 그런데 페르세우스의 아버지는 헤로도토스 당시에 많은 그리스인이 제우스로 여기고 있었던 것 같다. 그러나 그는 페르세우스의 아버지는 역사가로서 인정할 수 없다고 말하고 있다. 그런데 페르세우스의 인간 어머니 다나에를 통해 다시 거슬러 올라가 확인해 본다면 도리스인의 지도자들은 순수한 이집트인 혈통을 지니고 있다는 것을 알게 된다는 말이다. 페르세우스의 원 조상으로 헤로도토스는 누구를 생각하고 있는 것일까? 다나오스이다.

그러면 당연히 헤라클레스의 후손들은 이집트 사람인데 아리안 인종에 속하는 도리스인이 왜 그들을 도운 것일까 하는 의문이 떠오를 것이다. 이에 대해 헤로도토스는 다음과 같이 기록하고 있다. "이집트 사람들인데도 이 사람들이 왜 그리고 무엇을 이루기 위해 도리스인들로부터 왕권을 얻었는지는 다른 자들에 의해 이야기되어 왔기 때문에, 필자는 그것은 언급하지 않고 다른 자들이 다루지 않았던 것들을 언급할 것이다(헤로도토스 6. 55. 1)." 그런데 다행스럽게도 스트라본(9. 4. 10)과 아폴로도로스(2. 7. 7)는 헤로도토스가 그리스 사람들에게는 널리 알려진 이야기라고 하여 언급조차 하지 않은 이야기를 자세히 기록하고 있다. 왕위에서 쫓겨날 위기에 처한 도리스족의 왕 아이기미오스를 헤라클레스가 도와서 왕위에 복귀시키고 아무런 보상도 받지 않고 후에 죽자, 그 왕은 헤라클레스의 자식을 양자로 삼고 왕위를 물려주면서 헤라클레스에게 은혜를 갚았다는 이야기이다. 후에 헤라클레스의 3~4대 손孫들이 도리스인을 이끌고 왕권을 되찾기 위해 펠로폰네소스 반도로 침입했던 것이다.

에우로파가 사라지자 그녀의 아버지 아게노르는 그녀를 찾으라고 아들들을 보냈는데, 찾지 못한다면 돌아오지 말라고 말했다. … 그러나 열심히 찾아보았지만 에우로파를 찾을 수가 없자, 그들은 귀향할 생각을 단념하고 여러 곳에 거주하게 되었다. 포이닉스는 페니키아에 정착하였고, 킬릭스는 페니키아 근처에 정착하고는 피라모스 강 부근 그에게 복속된 모든 지역을 킬리키아라고 명명하였다. 카드모스와 텔레파사

는 트라키아에 정착했다. (아폴로도로스 3. 1. 1)

이집트에서 페니키아로 이주한 아게노르는 자신의 딸 에우로파가 제우스에게 납치되자 아들들을 보내어 찾아오라고 명한다. 그들이 그녀를 찾지 못하자 아버지의 질책이 두려워 귀국하지 못하고 여러 지역에 정착하게 되는데, 그 중 한 아들인 카드모스는 처음에는 그리스 땅 트라키아에 거주했다고 인용문은 말하고 있다. 아폴로도로스의 이야기는 계속된다.

> 카드모스는 트라키아인의 환대를 받은 후 에우로파에 관해 묻고자 델피에 갔다. 신은 그에게 에우로파에 관해 걱정하지 말 것이며, 암소의 인도를 받다가 그 암소가 지쳐 쓰러지는 곳에 도시를 세우라고 말했다. 그러한 신탁을 받은 후, 그는 포키스를 여행했다. 그 후 펠라곤의 소떼 가운데에서 암소 한 마리를 우연히 보게 되었고 그 뒤를 따랐다. 암소는 보이오티아를 가로지르더니만, 오늘날 테베 시에서 주저앉았다. (아폴로도로스 3. 4. 1)

카드모스는 암소가 쓰러진 곳에 도시를 세우고, 그 도시 이름을 자신의 이름을 따 카드메이아라고 불렀는데, 몇 세대 후에 산꼭대기에 자리 잡은 카드메이아가 산기슭 아래로 확장되면서 테베라고 불리게 된다.

두 역사가 헤로도토스와 디오도로스는 바로 카드모스가 알파벳을 그리스인에게 전했다고 기록하고 있는데, 헤로도토스의 기록을 옮겨보자.

> 카드모스가 거느리고 온 페니키아인들은 … 그리스 땅에 다양한 문물을, 특히 문자를 들여왔다. 필자의 생각으론, 문자는 이전에는 그리스인에게 없었다. 처음에는 모든 페니키아인이 이 문자를 사용했다. 그러나 세월이 지남에 따라 철자들의 소리와 형태가 바뀌었다. 이 당시 그들 주위에 살고 있던 그리스인은 대부분 이오니아인이었고, 페니키아인으로부터 그 문자를 배운 후, 그들은 그것을 약간의 형태를 변화시켜 사용했다. (헤로도토스 5. 58. 1~2)

위 인용문의 요지는 카드모스가 페니키아 문자를 그리스 땅에 최초로 들여왔고, 그 문자는 세월이 지나면서 음가音價와 형태가 조금 바뀌기는 했지만 그리스인에게 전해져 사용되었다는 이야기이다. 다나오스 그리고 카드모스와 관련된 이야기는 소위 신화의 영역에만 있는 것이 아니라 역사가 헤로도토스 같은 역사 기록에도 나온다는 것을 알 수 있다.

III. 마틴 버낼의 주장에 대한 역자의 견해

마틴 버낼의 주장의 요점은 그리스 신화가 역사적 사실을 담고 있는 정당한 사료로서 취급되어야 한다는 것이다. 바로 앞 절에서 다나오스와 카드모스의 경우를 보면, 그의 주장에는 근거가 있음을 알 수 있다. 그런데 왜 신화라는 고대 그리스인의 기록이 사료로서 가치가 없다고 여겨진 것일까? 고대부터 18세기까지는 미케네 문명이 고대 동방 문명의 영향을 받아 형성되었다는 것이 서양인들의 일반론이었다. 우리가 알고 있는 미케네 문명에 관한 것은 19세기 전반에 서양 학자들, 특히 독일 학자들에 의해 만들어진 것이라는 주장이 『블랙 아테나』 제1권의 내용이다. 그 부제 '날조된 고대 그리스, 1785~1985년'에 잘 나타나 있다. 서양에서 19세기는 아프리카와 아시아에 대한 제국주의 정책이 활발하던 때였고, 그런 제국주의 침입을 정당화하는 것으로서 인종주의가 팽배하던 때였다. 그리고 서양은 1789년 프랑스 대혁명을 거치면서 정치적으로는 보수와 진보로 나뉘게 되는데, 독일과 영국의 지배 계층은 중도적인 길을 모색하게 되었고, 그 대안을 고대 그리스에서 찾았다고 버낼은 보고 있다. 이제 고대 그리스 문명 또는 헬레니즘은 서양 문명의 모태가 되었다. 그런데 그 그리스 문명이 인종적으로 열등한 이집트인과 셈족에 속하는 페니키아인에 의해 형성되었다는 것을 서양 학자들은 용인할 수 없었고, 그것을 기록하고 있는 고대 그리스인의 기록을 믿을 수 없는 허황된 신화로 만들어 버렸다는 것이다.

그는 오늘날 알려져 있는 고대 그리스사의 기본 틀은 19세기 전반기에 만들어진 것이라며, 그것을 '아리안 모델'이라고 부른다.

> 이 책은 그리스사를 파악하는 두 모델을 다룬다. 한 모델은 그리스를 본질적으로 유럽인 혹은 아리안과 연결짓는 반면, 다른 모델은 이집트와 셈 문화의 주변부라는 시각에서 레반트와 연결짓는다. 이 두 모델을 각각 '아리안 모델'과 '고대 모델'이라고 부르겠다. 고대 모델은 고전기와 헬레니즘 시대의 그리스인이 지닌 전통적 견해였다. 이에 따르면, 그리스 문화는 기원전 1500년경 이집트인과 페니키아인이 그리스 원주민을 식민화한 결과 발생했다. 또한 이후에도 그리스인은 중동 문화를 계속해서 차용했다.

그는 '고대 모델'을 자신의 기본 틀로 받아들이지만, 다음과 같은 약간의 수정을 한다.

> 고대 모델의 수정에 관한 나의 첫 번째 제안은, 기원전 4000~2000년에 인도유럽어를 말하는 사람이 북쪽에서 그리스로 침입 혹은 침투했다는 생각을 받아들이자는 것이다. 두 번째는, 다나오스가 그리스에 도착한 시기를 고대 연대기가 기록한 바와 같이 힉소스 시대가 끝나는 기원전 1575년이나 그 이후로 잡을 것이 아니라, 힉소스 시대가 시작하는 기원전 1720년경으로 잡자는 것이다.

첫 번째 수정에 관해 언급하자면, 고대 그리스인이 말하는 북쪽으로부터 인도유럽어를 말하는 침입자들은 도리스인을 말한다. 그러나 미케네 문명 시기에 그리스인이 사용한 선형 문자 B는 1950년대에 마이클 벤트리스가 해독한 결과 그리스어였다. 그리스어는 인도유럽어에 속하는데, 그렇다면 아리안 인종인 도리스인의 침입 이전에 또 다른 아리안 인종이 그리스를 침입했음을 의미한다. 비록 고대 그리스인은 그것을 기록하고 있지 않지만 말이다. 마틴 버낼은 아리안 모델에서 말하는 1100년경 도리스인 침입 이전의 또 다른 침입을, 인도유럽어를 사용하는 아리안 인종의 침입을 받아들이고 있는 것이다. 타당성이 있다.

두 번째 수정에 대해서는 역자의 견해는 다르다. 먼저 힉소스에 관해서 간단히 말할 필요가 있겠다.[2] 힉소스는 기원전 18세기부터 기원전 16세기에 이르기까지 이집트를 지배한 외래 민족의 지배자를 이른다. 이집트인은 이들을 '외국 땅의 통치자'라는 뜻의 'ḥk3w ḥ3swt(헤카 카세트)'로 불렀고 기원전 300년 경(이 때는 헬레니즘 시대 초창기이다) 이집트인으로서 그리스어를 배워 이집트 역사를 쓴 사제 마네토는 이들을 그리스 어식으로 힉소스로 표기하였다. 힉소스는 '양치기 왕'이라는 뜻으로도 사용되었다. 디오도로스(40. 3. 2)와 같은 고대 그리스인의 기록에 따르면, 다나오스와 카드모스 모두 이집트인에 의해 쫓겨난 자로 보고 있다. 일반적으로 카드모스는 페니키아로부터 누이 에우로파를 찾으러 그리스 땅에 가게 된 것으로는 알고 있지만, 고대 그리스인의 기록에 따르면 그가 페니키아에 정착하기 전에는 이집트에 있었음을 알 수 있다. 앞서 언급한 파로스 비문에 따르면, 다나오스와 카드모스의 그리스 땅으로의 도래는 각각 기원전 1511/10년, 1519/18년이다. 시기적으로 보아도 두 사람 모두 힉소스의 축출과 관련된 인물이다.

마틴 버낼은 다나오스가 그리스 땅에 도래한 것을 힉소스의 이집트 지배 초기라고 고고학적 증거의 해석을 통해 주장하고 있지만, 역자는 고대 그리스인의 모든 기록이 카드모스와 다나오스를 동시대 사람으로 그리고 힉소스 축출기의 사람으로 기록하고 있는 것으로 보아, 그의 '수정 고대 모델'을 떠받치는 두 기둥 중에 하나는 문헌학적 근거가 약하다고 생각한다.[3] 그리고 세부적인 면에서도 그를 논박할 수 있는 점이 적지 않다. 그러나 역자는

---

2) 힉소스에 관한 자세한 설명과 사료를 알려면, 김성, "'외국 땅의 통치자들': 힉소스Hyksos에 관한 역사 전승 연구," 『서양고대사연구』 16집 (2005.6), 1~24쪽을 보시오.

3) 그러나 힉소스의 축출기 이전에도 힉소스의 영향이 그리스에 미쳤다는 버낼의 주장은 필자도 받아들인다. 고대 그리스 작가들의 기록에 따르면, 렐렉스는 미케네 문명 시기에 스파르타 왕가의 시조가 되는 인물이다. 파우사니아스(1. 44. 3)의 기록을 보면, 렐렉스도 힉소스와 관련된 인물로 보이며 다나오스보다 윗대의 인물이다.

고대 동방 문명이 미케네 문명에 미친 영향을 전하고 있는 고대 그리스인들 (수세기에 걸쳐 다양한 폴리스 출신의 그리스인들)의 기록을 정당하게 받아들여야 한다는, 그가 제시한 커다란 틀은 존중되어야만 한다고 생각한다.

최근의 고고학적 증거들도 고대 그리스인의 기록에 또는 버널의 주장에 무게를 실어주고 있다. 1960년대 이래 이집트 고고학과 성서 고고학에 지대한 영향을 끼치고 있는 힉소스의 수도 아바리스가 오늘날 지명으로 이집트의 삼각주에 위치한 텔 에드 다바라는 곳에서 발굴되고 있고, 1997년에는 여러 학자들의 연구 결과가 『힉소스 : 새로운 역사학적 고고학적 전망』4)이라는 책으로 나왔다. 이전에는 후르루인과 같은 아리안 인종이 힉소스의 주류라는 설이 있었지만, 이제는 힉소스의 주류는 서부 셈족이라는 것이 정설이 되었다. 서부 셈족에는 유대인과 페니키아인이 포함된다. 이는 카드모스에 관해 이야기하고 있는 고대 그리스인의 기록과 일치하는 것이었다. 카드모스는 이집트에서 태어나서 아버지 아게노르 때에 이집트 원주민에 의해 축출되어 페니키아에 정착했다가 아버지의 명으로 누이 에우로파를 찾으려다가 그리스 땅에 테베를 건국한 것으로 되어 있기 때문이다.

그리고 파로스 비문에 따르면 카드모스가 그리스 땅에 도래한 연도는 기원전 1519/18년이다. 그런데 버널이 1987년에 『블랙 아테나 I』을 출간했을 당시만 하더라도, 학계에서 말하고 있는 힉소스의 축출 연도는 기원전 1575년경이었다. 그리하여 힉소스의 축출년도와 카드모스의 그리스 땅으로의 도래 연도 사이에는 50~60년이라는 무시할 수 없는 시간적 간격이 있었다. 그러나 아바리스의 고고학적 증거에 대한 연구가 더욱 진전된 2000년에 출간된 『케임브리지 고대 이집트사』에는 이집트의 원주민 파라오 아모세가 아바리스를 정복한 연대를 "아모세 18년과 22년 사이에, 즉 기원전 1532년과 1528년 사이로 훨씬 더 정확하게" 연대가 책정되었다. 그렇다면 카드모

---

4) 원제는, *The Hyksos : New Historical and Archaeological Perspectives*, Elizer D. Oren(ed.), The University Museum, University of Pennsylvania, Philadelphia

스와 다나오스는 축출된 힉소스와 관련되어 있음에 틀림없다. 더욱이 카드모스는 이집트에서 직접 그리스 땅으로 도래한 것이 아니라 아버지를 따라 이집트에서 페니키아로 이주한 후 아버지 아게노르의 명으로 페니키아를 떠나 로도스, 테라, 타소스, 트라키아를 거쳐 테베에 이르러 자신의 왕조를 수립했으니, 그가 이집트에서 나온 연도는 아바리스의 함락 연도와 거의 일치하는 셈이다.

버널의 '수정 고대 모델'은 약간의 수정을 가하기는 하였지만, 결국 그의 기본틀은 고대 모델이다. 고대 모델을 받아들인다는 것은 고대 그리스인의 기록을, 특히 그리스 신화를 정당한 사료로서 받아들인다는 의미인 것이다.

III. 마틴 버널은 어떤 사람인가

책의 내용을 좀 더 자세히 소개하기 전에 마틴 버널이라는 사람을 소개하고자 한다. 그는 1937년 런던에서 태어난 유대인이었다. 그는 캠브리지 대학 동양학과에서 박사학위를 받은 후 1966년에서 1972년까지 캠브리지 대학과 런던대학에서 중국 현대사를 강의하였다. 그 후에 그는 미국으로 건너가 1972년 코넬 대학교 정치학과 정교수가 되었다.

1961~1976년 약 15년간 그는 중국 현대사, 베트남, 동북아의 사회주의사 등에 대하여 폭넓은 다수의 글을 썼다. 이 기간 내내 그는 자주 「뉴욕 북 리뷰」에 자신의 젊었을 때의 성향을 드러내는 글들을 투고하였다. 그가 쓴 에세이와 비평은 그의 과격한 학문을 잘 드러내고 있다. 그는 완전히 무비판적이지는 않아도, 마오쩌뚱의 열렬한 지지자였으며, 베트남 저항 운동의 무비판적 지지자였고, 동남아시아에 대한 미국의 군사적 개입을 끊임없이 비판하였다. 정치적 성향을 띤 투고 외에도, 버널은 학문적인 글도 썼다. 이러한 노력의 결정판은 그의 저서 『1907년에 이르기까지의 중국 사회주의』

이다. 1976년에 출판된 이 책은 학술지에서 호평을 받았으며, 그를 이 분야에서 가장 뛰어난 인물로 만들었다.[5]

이 책은 원래 3부작으로 계획되었으나 그 계획은 폐기되었다. 그 이유가 『블랙 아테나 I』 '머리말과 감사의 말'에 다음과 같이 쓰여 있다.

> 1975년에 나는 중년의 위기를 맞았다. 각별히 홍미로울 만한 개인적인 사연은 없었다. 위기는 정치적으로 인도차이나에서 미국의 개입이 끝났다는 점, 그리고 중국에서 마오쩌둥 시대가 막바지에 다다르고 있다는 점을 깨달으면서 더 깊어졌다. 이제 세계에서 위험과 관심이 집중하는 곳은 더 이상 동아시아가 아니라 동부 지중해 연안 지역이었던 것이다.

그가 1937년생이니, 이 때 그의 나이는 삼십 팔구세쯤 되었을 것이다. 그는 자신의 전공 분야의 연구가 이제는 연구될 만큼 연구되었다고 보았고, 그래서 그는 새로운 연구 주제를 찾고 있었다. 그것이 동부 지중해 연안 지역이었다. 이미 자신의 연구 분야에서 명성을 얻은 30대 후반의 학자가 전혀 다른 연구 분야로 들어선다는 것은 쉬운 일이 아니었을 것이다. 그러한 전향에는 그가 알아채지 못했을지도 모르는 배경이 있었다. 그의 가계는 17세기 아일랜드에 정착하였던 세르파디 유대인[6]이었으며, 그의 외조부는 유명한 이집트학 학자로 기념비적인 저서 『이집트어 문법』을 쓴 앨런 가디너경이다. 새로운 연구 목표를 정한 후, 조상에 대한 관심으로 인하여 그는 고대 히브리어를 공부하였으며, 히브리어와 같은 셈어족에 속하는 페니키아어도 공부하였다. 그는 고대 페니키아와 그리스 사이의 접촉에 관심을 갖게 되었고, 이어서 청동기 시대에 에게 해 지역에 대한 이집트의 영향의 가능

---

5) III은 2005년 역사학대회에서 서양고대문화사학회가 하나의 분과로 참석하여 '블랙 아테나'라는 주제로 연구발표를 한 적이 있었는데, 발표자들 중의 한 분인 평택대의 유윤종 교수가 Jacques Berlinerblau, Heresy in the University (New Brunswick, NJ: Rutgers University Press, 1999), pp. 13-15을 우리말로 옮겨 버널을 소개하였는데, 그 글을 역자가 정리한 것이다.

6) Sephardi, 이슬람교의 영향 아래 살던 유대인으로 스페인이나 포르투갈과 같은 지역에 살았다.

성에도 관심을 주게 되었다. 1975년부터 1986년까지 그는 「블랙 아테나」 집필과 관련된 모든 고대 언어를 직접 공부하는 거대한 작업에 몰두하였다. 마침내 1987년에 「블랙 아테나」의 제1권이 러트거스 대학출판사에서 간행되었다.

IV. 『블랙 아테나』 제1권의 주요 내용

고대 그리스인이 스스로 미케네 문명의 형성에 동방 문명의 영향을 받았다고 말하는 데도 오늘날 학자들은 왜 그것을 거부하는 것일까? 「블랙 아테나」 제1권은 고대, 중세, 근대, 오늘날에 이르기까지 각 시대의 시대적 상황에 따라 고대 그리스인의 기록이 서양에서 어떻게 받아들여졌는가를 담고 있다. '지식 사회학'이 제1권의 핵심이다. 지식이라는 것도, 학문이라는 것도 그 사회의 분위기 또는 시대적 상황 또는 역사적 배경과 밀접한 관련을 맺고 있다는 것이다.

그러면 제1권의 큰 흐름을 말한 후, 각 장들을 순차적으로 소개하고자 한다. 버낼은 그리스도교 및 유대교와 이집트 종교 및 철학이 모든 세기에 걸쳐 잠재적·실제적 경쟁 관계임에도 불구하고, 18세기에 이르기까지 그리스도교 세계는 이집트가 그리스를 포함한 모든 '이방' 철학과 지식의 원천으로 여겨졌다는 점에 주목하고 있다(제2, 3장). 그러나 18세기에 이르러 이집트의 종교와 철학은 그리스도교 세계인 서양에 위협이 되었다. 이집트 지혜의 이미지를 많이 이용한 프리메이슨주의자들이 그리스도교 세계의 질서를 공격한 계몽주의의 중심부에 위치했던 것이다. 이러한 이집트 애호주의자들의 입장에서 도출된 바로 이 18세기적 '이성' 개념에 반대하여, 감정과 예술적 완전성이라는 그리스적 이상이 발전되면서, 그리스도교와 고대 그리스는 손을 잡게 되었다. 나아가 유럽의 식민지 확장과 더불어, 유럽 중심

주의와 인종주의의 발전은 유럽인만이 진정한 사고를 할 수 있다는 오류로
이어졌다. 새로운 '진보' 패러다임도 이러한 경향에 한 몫을 하였다. 이리하
여 1800년경에 이르렀을 때, 그리스인은 이집트인보다 더욱 민감하고 예술
적이었던 것으로 생각되었을 뿐만 아니라, 이제 더욱 훌륭한 철학가이자 나
아가 철학의 창시자로 여겨졌다(제4, 5장).

한편 유럽의 내부에서는, 1789년 프랑스 혁명으로 말미암아 독일과 영국
의 반혁명적 지식인과 지배계층은 고대 그리스 연구를 프랑스 혁명으로 인
해 충격을 받고 있는 사회를 재통합하는 방법으로, 심지어 프랑스 혁명에
맞서 사회적인 조화를 재확립하는 방법으로 받아들였다. 양국의 지배 계층
은 그리스도교적인 정치 질서를 유지시킬 수도 없었고, 그렇다고 프랑스
혁명의 자유주의적 이념을 받아들일 수도 없었다. 그들은 제3의 길을 찾게
되었고 헬레니즘을 새로운 질서를 위한 이데올로기로 채택하였다. 오늘날
우리가 알고 있는 서양 고대사의 뿌리인 고전학은 나폴레옹이 몰락하면서
보수 체제가 부활한 1815년과 1830년 사이의 시기에 만들어졌으며, 학문적
으로 유럽 중심적인 이데올로기를 띤 고전학은 이렇게 유럽 사회에 정치·사
회적으로도 깊이 뿌리를 내리게 되었다는 것이다(제6, 7장).

제8, 9, 10장은 고대 페니키아가 고대 그리스 문명에 미친 영향이 19세기
부터 오늘날에 이르기까지 시기별로 학자들에 의해 어떻게 받아들여지는지
기록하고 있다. 그러면 제1권의 내용을 각 장별로 좀 더 자세히 소개해보도
록 하겠다.

제1장 '고대 시기의 고대 모델'은 고전기와 헬레니즘 시기 그리스인이 자
신의 먼 과거를 어떻게 인식했는가에 관한 것이다. 테베와 아테네에 있던
이집트 식민지를 언급함으로써 고대 모델을 확인해 주는 고대 저자들의 저
술에 관한 고찰과 더불어, 이집트의 아르고스 정복과 페니키아의 테베 건설
에 관한 이야기가 담겨 있다.

제2장 '이집트의 지혜와 그리스인에 의한 전달, 암흑기에서 르네상스까

지'는 그리스도교가 로마의 국교였던 시기, 그리고 중세와 르네상스 시기에도 고대 모델이 지속되었음을 보여주고 있다. 물론 그리스도교가 서양의 종교가 되면서 이집트 종교는 분쇄되고 철학으로 변모되고 무력화된다. 종교적으로는 무력화되었지만 이집트의 지혜는 이집트의 지혜의 신 토트의 합리화된 모습인 헤르메스 트리스메기스토스를 중심으로 결집되어 살아남는다. 트리스메기스토스는 이집트 종교의 마지막 수세기에 씌어진 토트와 관련된 수많은 글의 저자로 추정되는 인물이었다. 교부들은 그가 모세와 성서보다 시기적으로 앞섰는지 여부에 따라 나뉘었다. 모세와 성서의 우선성, 즉 우월성을 지지하는 성 아우구스투스의 비중 있는 견해가 확고히 전해 내려오기는 했다. 그러나 교부들은 고전기의 전설에 따라 그리스인이 그들 철학의 대부분을 이집트인에게 배웠다고 믿었다.

이러한 믿음은 르네상스 시기에도 내내 지속되었다. 15세기에 그리스에 관한 연구가 부활하자 그리스 문학과 언어에 대한 애호 및 스스로를 그리스인과 동일시하는 풍조가 일었다. 그러나 그리스인이 이집트인의 제자였다는 사실에 의문을 제기하는 사람은 아무도 없었다. 르네상스 시기에 그리스인이 찬양된 것은 고대 이집트 지혜의 일부분을 보존하여 전달했다는 점 때문이었다. 많은 헤르메스의 문헌들이 1460년에 발견되어 피렌체에 있는 코시모 디 메디치의 궁정에서 마르실리오 피치노에 의해 번역되었다. 이 번역물과 그 안에 담긴 생각은 피치노가 시작한 신플라톤주의 운동의 중심이 되었는데, 인간을 무한한 잠재력을 지닌 존재로 보았다는 점에서 신플라톤주의 운동은 곧 르네상스 인문주의의 심장부였다.

비록 코페르니쿠스의 수학이 이슬람 과학으로부터 이끌어내진 것이기는 하지만, 그의 태양 중심설은 그의 사상을 형성한 헤르메스주의라는 새로운 지적 환경 속에서 신성한 태양이라는 이집트적 개념이 부활함과 더불어 비롯된 것으로 보인다. 16세기 말 그의 옹호자인 조르다노 브루노는 이에 대해 보다 노골적인 태도를 보이면서 피치노의 그리스도교적이고 신플라톤주의적인 훌륭한 헤르메스주의의 한계를 벗어났다. 종교 전쟁과 그리스도교의 불관용에 질린 그는 본래적이고 자연적인 종교, 즉 이집트 종교로 복귀할 것을 천명했으며, 이 때문에 1600년 종교 재판에 회부되어 화형에 처해졌다.

제3장 '이집트의 승리 : 17세기와 18세기'에서는 고대 이집트를 종교와 철학의 원천으로 삼은 신비주의적 단체인 17세기 장미십자회와 18세기 프리메이슨을 다루고 있다.

일반적으로 18세기에는 옛 유럽의 봉건 제도와 미신적인 그리스도교에서 벗어나기 위한 목적으로 다른 비유럽 문명에 대한 큰 관심이 일었다. 이 세기에 단연 돋보이는 영향력을 발휘한 것은 이집트와 중국의 문명이었다. 가장 매력적인 면은, 두 나라가 도덕성을 기준으로 선발되어 엄격한 입문식과 훈련을 거친 일단의 사람들에 의해 합리적으로 통치되었다는 점이었던 것으로 보인다. 이집트의 사제 계층은, 적어도 플라톤에 의해 이상 국가의 제2계급인 '수호자'의 모델이 된 이래 사실상 보수적 사상가의 관심을 끌어왔다. 18세기에 이러한 노선은 프리메이슨에 의해 채택되었다. 프리메이슨은 장미십자회의 정신과 브루노의 사상을 끌어들여 '이중二重 철학'을 확립했다. '이중 철학'이란, 대중은 미신적이고 제한된 종교에 한정될 수밖에 없지만, '깨달은 자들'은 본래의 순수한 이집트 종교(다른 모든 종교는 이 이집트 종교의 파편에서 생성된 것으로 여겨졌다)로 복귀해야 한다는 것이었다. 계몽 시대의 주요 인물이 거의 모두 속해 있던 프리메이슨은 이렇듯 자신들의 종교를 이집트 종교로 여겼고, 자신들의 표식을 상형 문자로, 집회소를 이집트 신전으로, 그리고 스스로를 이집트 사제 계층으로 여겼다.

제4장은 '이집트에 대한 적의 : 18세기'이다. 17세기 말 프리메이슨이 재편되면서 급진적인 성격을 띠어 가자 상황은 다시 한 번 첨예해졌다. 이 '급진적 계몽주의'가 제기한 위협은 이집트에 대한 뉴턴의 태도에서 나타나는 뚜렷한 변화를 설명한다. 초기의 저서에서 뉴턴은 케임브리지의 신플라톤

주의 스승들을 따라 이집트에 대해 경의를 표했다. 그러나 생애 마지막 몇십 년 동안은 이집트의 건립 연대를 트로이 전쟁 직전으로 끌어내림으로써 이집트의 중요성을 감소시키고자 노력했다. 뉴턴은 물리적 질서라는 자신의 개념 및 그 신학적·정치적 함의(규칙성을 지닌 신성과 휘그적인 입헌 군주제)에 대한 위협에 관심을 가졌다. '급진적 계몽주의'가 유럽의 기존 체제에 가한 위협은 조정자나 심지어 창조자 없이도 스스로 움직이는 우주를 필연적으로 수반하는 범신론이었다.

이러한 범신론은 스피노자에서 브루노를 넘어 신플라톤주의자와 이집트까지 거슬러 올라갈 수 있다. 급진적 계몽주의의 도전에 대한 최초의 뚜렷한 거부는 1693년 뉴턴의 친구이자 위대한 회의적 고전주의자인 리처드 벤틀리에 의해 이루어졌다. 벤틀리가 자신 및 뉴턴의 적을 공격한 방법 중 하나는, 자신의 학식을 통해 이집트인의 고대성 및 지혜에 관한 그리스 사료의 신뢰성을 훼손시키는 것이었다.

뉴턴은 단지 그리스도교와의 관련 하에서 이집트의 지위를 낮추고자 했다. 그는 그리스를 추켜올리려고 하지 않았다. 그러나 18세기 중반에 이르자, 수많은 그리스도교 옹호자가 당시 막 떠오르고 있던 '진보'라는 패러다임(이 패러다임의 전제는 '나중 것이 더 낫다'이다)을 이용해 이집트인을 낮추고 그리스인을 높이는 상황이었다. 이러한 경향은 같은 시기에 힘을 얻어가고 있던 다른 두 사상, 즉 인종주의 및 낭만주의와 곧바로 융합했다. 아메리카 원주민의 절멸과 아프리카 흑인의 노예화라는 양면책과 더불어 점증한 아메리카 식민지의 중요성과 나란히, 17세기 후반 영국에서는 피부색을 근거로 인종주의가 발전한다. 이러한 인종주의는 로크와 흄 및 그 외 영국 사상가들의 생각에 스며들었다.

인종주의는 1734년 하노버 선제후이자 영국 국왕인 조지 2세가 건립하고 영국과 독일의 문화적 가교를 형성한 괴팅겐대학에 중요한 영향을 미쳤다. 인종적 인간 분류에 관한 최초의 '학문적' 저작이 괴팅겐대학 교수인 요한 프리드리히 블루멘바흐에 의해 씌어진 것은 전혀 놀라운 일이 아니다. 괴팅 겐대학은 근대적인 분과 학문의 확립을 선도했다. 같은 시기의 10년 동안 괴팅겐대학의 다른 교수들은 개인의 역사가 아니라 민족과 인종 및 그들의 제도에 관한 역사를 출간하기 시작했다. 사료를 총망라하며 비평적으로 접 근한 이 '근대적' 기획들은, 당시 독일과 영국 사회에서 유행하던 민족성에 관한 새로운 낭만주의적 관심을 학문적으로 표출한 것이라고 볼 수 있다.

1780년대에 역사 연구도 특히 괴팅겐에서 변혁을 겪고 있었다. 더더욱 중 요한 것은, 역사가이자 인류학자이며 이후 나치에 의해 인종론의 창시자로 추앙된 마이너스의 연구였다. 1770년과 1810년 사이에 마이너스는 시대 정 신이라는 개념에 근거하여 '사료 비평'이라는 사료를 취급하는 혁신적인 방 법을 제안하였다. 이는 사료를 기록자가 살던 시대의 정신을 고려하여 그 가치를 평가한 후 믿을 만하다고 판단이 설 때, 그 사료를 해석의 기반으로 삼는 것이었다. 이제 괴팅겐의 역사가들은 널리 유포된 다량의 그럴듯한 역 사 기록에 담겨 있는 정보를 거부했으며, 그로써 고대 모델을 부정할 수 있 는 길을 열었다. 이집트와 페니키아에 의한 식민화 및 이후의 문화적 차용 에 관한 수많은 고대의 언급은 '뒤늦게 기록된 것'이거나 '쉽게 속아 넘어간 것,' 혹은 단순히 '믿을 만하지 못한 것'으로 기각될 수 있었다. 더욱이 이제 학자들은 많은 고대 원문들이 서로 모순되거나 혹은 새로이 확립된 자연 과 학의 규범에 역행한다는 사실을 이용해, 자신들이 싫어하는 것들은 그 무엇 이든 믿을 만하지 못한 것으로 만들어 버릴 수 있었다.

1775년부터 1800년에 이르는 시기에 괴팅겐의 교수들은 이후 새로운 전 문 분야에서 이루어진 지적 체제를 거의 확립했다. 이 뛰어난 학자들 사이 에서 지적 효소의 역할을 한 학문이 고전 문헌학이었다는 데에는 의문의 여 지가 없다. 그 분야를 주도한 인물은, 블루멘바흐의 처남인 크리스티안 고 트로프 하이네였다. 하이네는 사료 비판을 세미나를 통해 발전시켰다. 사료 비평의 대상으로 가장 빈번하게 등장한 것 가운데 하나는 고대 모델과 그리스어 원문에 수록된 이집트에 대한 호의적 언급이었다.

제5장 '낭만주의 언어학 : 인도의 융성과 이집트의 몰락, 1740~1880년'은 역사 언어학의 낭만주의적 기원과 인도유럽어의 존재가 인식되면서 18세기 말엽 고대 인도에 쏟아진 열망을 개괄하면서 시작한다. 이집트의 명성이 몰락했음에도 불구하고, 이집트에 대한 관심은 19세기에도 지속되었다. 사실 이러한 관심은 1798년 나폴레옹의 이집트 원정 이후, 특히 1822년 장 프랑수아 샹폴리옹이 이집트 상형 문자를 해독하면서 이집트에 관한 지식과 관심이 여러 가지 점에서 오히려 더 늘어나기까지 했다. 샹폴리옹의 동기와 학문적 경력의 복잡한 사정 일부를 프리메이슨적 전통 및 고대 이집트, 고대 그리스, 그리스도교 사이의 삼각 관계와 관련하여 살펴본다. 여기서 1831년에 그가 사망할 때까지 그의 이집트 옹호가 그리스도교의 정치적 확립 및 새롭고 열정적인 헬레니즘의 학문적 확립과 반목했음을 주목할 필요가 있다. 그런 까닭에 초기의 열광 이후로 샹폴리옹의 상형 문자 해독은 4반세기 동안 경시되었다.

제6장의 제목은 '그리스 열풍 1 : 고대 모델의 몰락, 1790~1830년'이다. 이 장은 독일의 고대학Altertumswissenschaft이나 영국의 고전학이 어떤 상황 속에서 형성되었는지를 알 수 있는 장이다.

1806년 예나에서 나폴레옹 군대에 대패한 후 프로이센 정부는 개혁을 절감했다. 훔볼트가 자신의 교양 개념 중심부에 위치시킨 새로운 독일 고대학의 발전과 광범위한 진전은 이러한 개혁 가운데 하나로 보아야 한다. 그와 그의 친구들은 '일반적으로 고대, 구체적으로는 그리스인'에 관한 연구를 학생과 국민 전체를 통합하는 수단으로 여겼다. 그리고 보다 직접적으로는, 그러한 연구를 '확실한' 개혁, 즉 독일로 하여금 프랑스와 같은 끔찍한 혁명을 피할 수 있게 하는 개혁을 증진시키는 방책으로 여겼다. 그래서 애초부터 독일의 고대학은, 영국의 고전학처럼, 반동과 혁명 사이의 '제3의 길'로 인식되었다. 그러나 사실상 그것은 현상을 유지하기 위한 것이었다. 교육 제도와 거기에 주입된 고전적인 교양은 19세기 프로이센과 독일의 사회 질서를 떠받치는 기둥이 되었다.

고대학의 핵심에는 예술적이고 철학적인 신성한 그리스어의 이미지가 자리했다. 그리스인 또한 독일인 자신의 이상화된 이미지처럼 순수해야만 했다. 따라서 그리스인이 겪은 여러 차례의 침입과 잦은 문화적 차용, 그리고 인종적·언어적 혼합의 잠재적인 결과들을 주장하는 고대 모델은 점점 더 용인될 수 없었다. 바로 이러한 정치·사회적 맥락 속에서야 비로소, 새로운 체제의 첫 소산 가운데 한 명인 칼 오트프리트 뮐러가 고대 모델과 관련된 고대 전거에 가한 공격을 이해할 수 있다.

고대 모델이 1815~1830년에 처음으로 도전받았다는 사실은 깊은 의미를 지닌다. 왜냐하면 이 때는 프랑스 혁명에 대한 강렬한 반동이 일었던 시기이자 낭만주의와 그리스도교가 되살아난 시기였기 때문이다. 1820년대에 괴팅겐대학의 칼 오트프리트 뮐러 교수는 사료 비판이라는 새로운 기법을 이용해 이집트가 그리스를 식민지화했다는 고대의 모든 언급에 의문을 제기했으며, 페니키아인에 관한 고대의 언급들을 희석시켰다. 고대 모델은 그리스 문화가 본질적으로 유럽적이며 철학과 문명이 그리스에서 기원했다는 새로운 믿음을 방해하는 장애물이었던 것이다.

제7장의 제목은 '그리스 열풍 2 : 영국으로 옮겨 간 새로운 학문과 아리안 모델의 발흥, 1830~1860년'이다. 이번 장의 전반부는 뮐러의 연구가 영국으로 전달되는 과정을 다룬다. 이는 영국에 독일 고대학이 도입되어 영국 고전학이라는 분야가 확립되는 맥락에서 고찰된다. 그리스·로마의 모든 생활 양상에 대한 숙고는 대영제국의 통치자가 될 소년들에게 유익한 교육적·도덕적 효과를 미칠 것으로 여겨졌다. 고전학은 개혁된 퍼블릭 스쿨 체제의 구심점이 되었으며, 대학에서도 유력한 위치를 차지했다. 이러한 개혁은 토머스 아널드를 비롯한 초기 빅토리아 시대 개혁자에 의해 주도되었는데, 이들은 독일 교육과 학문에서 '제3의 길,' 즉 토리당과 휘그당이 이끄는 침체

된 영국을 일깨우는 동시에 프랑스의 급진주의를 피할 수 있는 제3의 길을 보았다. 그러나 30년 전에 독일에서 훔볼트와 그의 동료들이 그랬던 것처럼, 영국 개혁자들이 반동보다 혁명을 훨씬 더 두려워했다는 점은 의심의 여지가 없다.

아리안 모델의 제안자들의 입장에서 볼 때, 세계사에서 가장 위대한 '인종'이 유럽인 혹은 아리안 인종임은 자명했다. 오로지 유럽 인종만이 다른 모든 인종을 정복하고 진보하는 역동적 문명을 창조할 능력을 가졌으며, 앞으로도 항상 그러할 것이었다. '인종'과 '진보'의 패러다임 및 그러한 패러다임의 당연한 결과인 '인종적 순수성', 그리고 유일하게 유익한 정복은 피지배 인종에 대한 '지배 인종'의 정복이라는 개념은 고대 모델을 용납할 수 없었다. 그런 까닭에 이집트인이 그리스를 식민화했다는 전설에 대한 뮐러의 논박은 재빨리 받아들여졌다. 그의 논박이 성공을 거둠에 따라 새로운 패러다임들 내부에서 아리안 모델이 만들어졌는데, 이는 다음과 같은 수많은 요인에 의해 장려되었다. 즉 곧장 하나의 '인종'으로 여겨진 인도유럽인 또는 아리안에 부합하는 인도유럽어족의 발견, 인도유럽인의 원거주지가 중앙아시아라는 그럴듯한 가정, 그리고 그리스어가 근본적으로 인도유럽어였다는 점을 설명할 필요성 등이 바로 그것이다. 더군다나 바로 같은 시기인 19세기 초에, 기원후 5세기 게르만족의 서로마 제국 전복과 기원전 2000~1000년 아리안의 인도 정복에 대한 역사적 관심이 강하게 일었다. 북쪽으로부터의 정복이라는 모델을 그리스에 적용하는 것은 이렇듯 명백하고 매우 매혹적인 일이었다.

제8장 '페니키아인의 흥망, 1830~1885년.' 칼 오트프리트 뮐러는 1820년대 저작에서 페니키아인이 그리스에 영향을 미쳤다는 점을 전면 부정했다. 하지만 그는 극단적인 낭만주의자였으며, 인종적 본질에 관한 그의 강렬한 믿음은 시대를 앞선 것이었다. 19세기 중반의 세계사에 관한 지배적인 관심은 아리안과 셈족 사이의 대화였다. 셈족은 종교와 시를 창조했고, 아리안

은 정복, 과학, 철학, 자유, 그 밖의 가치 있는 모든 것을 창조했다. 이 시기는 유대인에 대한 종교적 증오심이 사라졌지만 아직은 '인종적인' 반유대주의가 대두하기 전이었던 것이다.

그러나 곧 인종적인 반유대주의가 대두하였다. 그것을 1861년에 출간되어 어마어마한 판매 부수를 기록한 플로베르의 역사 소설 『살람보』를 통해 엿볼 수 있다. 셈족인 페니키아인이 세운 나라인 카르타고의 가장 퇴폐적인 모습을 생생하게 묘사한 『살람보』는 이미 널리 퍼져 있던 반유대적이고 반오리엔트적인 편견을 한층 강화했다.

제9장 '페니키아 문제의 최종 해결, 1880~1945년'으로 이어진다. 반유대주의의 발흥과 더불어 페니키아인에 대한 공격이 잇달았다. 특히 페니키아인이 그리스인과 접촉하면서 영향을 미쳤다는 전설과 관련해서는 더더욱 맹렬한 공격이 가해졌다. 10년 후, 즉 1890년대에 짧지만 대단히 영향력 있는 두 편의 글이 출간되었다. 글쓴이는 이탈리아에서 가르쳤던 독일인 율리우스 벨로흐와 파리 사교계와 학계의 중심에 있었던 알자스 출신의 동화된 유대인 잘로몬 라이나흐였다. 두 사람은 뮐러를 선구자로 인정하면서, 그리스 문명이 순수하게 유럽적이며 페니키아인은 알파벳 자음을 전해 준 것을 빼면 고대 그리스문화에 기여한 바가 아무 것도 없다고 주장했다. 비록 이후 20년 동안 많은 학자들이 이러한 입장을 받아들이기를 꺼려하기는 했지만, 20세기 초엽에 이르러서는 버널이 '극단적 아리안 모델'이라고 부르는 것의 기반이 확고히 자리잡았다.

이제 모든 노력은, 유일하게 부인할 수 없는 셈 문화로부터의 차용물인 알파벳의 중요성을 제한하는 데 집중되었다. 우선, 그리스인이 모음을 발명했다는 추정이 크게 강조되었다. 모음이야말로 '진정한' 알파벳의 본질이라고 주장되었으며, 모음 없이는 논리적으로 생각하는 것이 불가능하다고 넌지시 암시되었다. 둘째, 알파벳을 차용해 온 지역이 로도스로, 또 키프로스로 옮겨지더니 마침내는 그 존재마저 의심스러운 시리아 해안의 일 미나가 그리스 식민지라고 주장되었다. 이는 전설이 전하는 것처럼 알파벳을 '셈족'으로부터 수동적으로 받아들였다는 것보다는 중동에서 가져왔다는 편이 '역동적인' 그리스인의 성격에 보다 걸맞게 보였기 때문이기도 하지만, 또한 차용이 사회적 혼합을 수반하는 것으로 인식되면서 그로부터 야기되었을지도 모르는 그리스의 인종적 오염을 용납할 수 없었기 때문이기도 하다. 셋째, 알파벳이 전래된 시기가 기원전 720년경으로, 즉 상고 그리스 문화의 형성기 이후로 안전하게 낮춰졌다. 이로써 선형 문자 B가 사라지고 나서 알파벳이 도입되기까지의 오랜 문맹 시기가 열리게 되었는데, 이는 다시 이중의 이점을 가져왔다. 호메로스는 문맹 사회의 까막눈 방랑 시인으로 여겨졌고, 미케네 시대와 상고 시대 사이에는 완전한 그리스 암흑기라는 뜯어낼 수 없는 봉인이 설정되었던 것이다. 이렇게 하여 그리스의 초기 역사에 관한 후기 그리스인의 기록과 고대 모델은 더더욱 의문시되었다.

제10장 '전후 상황 : 광의의 아리안 모델로 돌아오다, 1945~1985년'에 기술되어 있다. 아마도 유대인 대학살보다는 1948년 이스라엘의 건국이 페니키아인의 복권에 보다 큰 영향을 미쳤던 것으로 보인다.

셈(학) 학자인 사이러스 고든과 마이클 애스터는 서부 셈 문명 전체를 옹호하면서 극단적 아리안 모델을 공격하기 시작했다. 현존하는 그 누구보다도 고대 동부 지중해의 언어에 정통한 고든은, 히브리 문화와 헬레네스 문화 사이의 상호 교류를 증명하는 일을 늘 자신의 사명으로 여겨 왔다. 이 과정에서 그가 상정한 가교는 시리아 해안의 고대 항구인 우가리트와 크레타였다. 그는 기원전 14세기와 13세기에 우가리트에서 기록된 가나안어로 기록된 신화들(이 신화들은 1940년대와 1950년대에 번역되었다)에서 성서 및 호메로스와의 연결점을 발견했다. 이 주제에 관해 그가 1955년에 발표한 논문은 '건전한' 학자로서의 그의 명성을 해쳤지만, 고대사 전공이 아닌 일부 역사가들과 일반 대중을 매혹시켰다. 곧이어 그는 정통 견해를 거슬러 크레타의 선형 문자 A를 셈어로 읽어 냄으로써 즉각 반론 공세에 직면했다. 선형 문자 A, 그리고 결과적으로 미노아 문명을 셈어 사용자들의 자취로 받아들이는 것은, 헬레네스의 고유성, 따라서 유럽의 고유성에 관한 모든 개념을 뒤엎는 것이었다.

전통적인 학설의 지지자들은 1967년에 처음으로 출간된 고든의 동료 마이클 애스터의 주저 『헬레노세미티카』에 대해서도 마찬가지로 당혹해 했다. 서부 셈 신화와 그리스 신화 사이의 놀랄 만한 유사성에 관한 일련의 연구인 『헬레노세미티카』는, 인간 정신의 유사한 발현으로 해명하기엔 너무나도 밀접한 구조와 명명 체계를 보여주었다. 이러한 기본 논제가 제기하는 도전 외에도 애스터는 세 가지 근본적인 공격을 가했다. 첫째, 그가 그 책을 썼다는 사실 자체가 이미 기존 학계를 뒤흔드는 일이었다. 주류 고전학자가 그리스 및 로마와 관련하여 중동에 대해 논의하는 것은 허용될 수 있었지만, 그 역은 성립되지 않았다. 셈 학자는 그리스에 관해 글을 쓸 권리가 없는 것으로 여겨졌다. 둘째, 애스터는 선사 시대에 관한 다른 모든 사료(신화와 전설, 언어, 그리고 이름)를 압도하는 고고학의 절대적 우월성에 의문을 제기함으로써 고대사의 '과학적' 위상을 위협했다. 셋째, 그는 고전학과 관련하여 '지식 사회학'을 개괄하면서 학문의 발전과 사회의 발전 사이에 연결 고리가 있음을 지적했다. 심지어 그는 반유대주의와 페니키아인에 대한 적대감 사이의 연결성을 시사하면서 지식이 꾸준한 축적을 통해 진보한다는 개념에 대해서까지 의문을 제기했다. 그러나 가장 심각한 위협은 다나오스와 카드모스의 전설들이 그 핵심에 분명한 역사적 사실을 품고 있다는 그의 기본 메시지로부터 비롯되었다.

그 많은 이론異論들이 아무런 제재도 받지 않은 채 지나갈 수는 없었다. 애스터는 비평가들로부터 엄청난 혹평을 받고는, 결국 자신이 그토록 눈부시게 열어젖힌 분야에 관한 연구를 중단하고 말았다. 그럼에도 불구하고 그의 저서는 고든의 저서와 마찬가지로 깊은 영향을 미쳤다. 후기 청동기 시대와 초기 철기 시대에 속하는 에게 해 지역 유적지에서 레반트 유물들이 점점 더 많이 발견됨에 따라, 그의 저서는 극단적 아리안 모델을 전복시키게 되었다. 1985년에 이르렀을 때에는 이 분야의 대다수 연구자들이 이미 광의의 아리안 모델로 후퇴했다고 말하는 것이 옳을 듯하다. 즉 그들은 청동기 시대에 서부 셈족이 그리스의 섬들뿐 아니라 본토(적어도 테베)에도 정착했을 수 있다는 점을 받아들였다. 또한 철기 시대 그리스에 대한 페니키아의 영향이 족히 기원전 8세기 이전에, 아마도 이르게는 기원전 10세기에 시작한 것으로 믿었다.

이번 절은 버낼 연구의 독창적인 측면에 관한 것이다. 그런데, 고든과 애스터는 자신들의 지적 대담성에도 불구하고 아리안 모델 자체에는 도전하지 않았다. 둘 중 누구도 그리스어 어휘에 셈어의 요소가 상당량 포함되어 있을 가능성을 고려하지 않았다(버낼은 그리스어 어휘의 1/2가량은 인도유럽어에, 1/4가량은 셈어에, 1/4가량은 이집트어에 기원을 두고 있는 것으로 보고 있다). 또한 셈에 대해서만 전념한 탓인지, 이집트가 그리스를 식민화했을 가능성이나 이집트의 언어 및 문화가 그리스 문명의 형성 과정에서 셈의 언어 및 문화 못지않은, 혹은 심지어 보다 중심적인 역할을 했다는 가설 역시 검토하지 않았다. 버낼은 『블랙 아테나』에서 그러한 가설을 검토하고 있다.

V. 맺음말과 감사의 글

역자가 『블랙 아테나 I』을 읽었을 때, 처음에는 왜 고대 그리스인의 기록을 제1장에만 소개하고 제2장부터 제10장까지 각 시대에 따라 고대 그리스인의 기록이 어떻게 받아들여졌는지를 기록하였는지, 왜 그런 식으로 구성했는지를 다소 의아하게 생각한 적이 있다. 책에서 고대 그리스인의 기록이 훨씬 많은 비중을 차지해야 한다고 생각했던 것이다. 그러나 책을 다 읽었을 때, 저자가 왜 그런 구성 방식을 썼는지를 이해할 수 있게 되었다. 그런 구성 방식을 쓰지 않았다면, "고대 그리스 문명의 뿌리가 고대 이집트 문명과 셈 문명이라니!"라는 역자의 초기 놀라움이 섞인 의혹에서 벗어나오기가 쉽지 않았을 것이기 때문이다.

한 학자가 서양 문명의 뿌리에 관한 이토록 커다란 주제를 기존 학설에 맞서가며 다룬다는 것은 거의 불가능한 일이다. 큰 주제를 부각시키기 위한 수 십 개의 소 주제, 그리고 그 분량도 상당하다. 그의 주장의 세부에는 각 분야의 전공자로부터 논박을 받을 수 있는 면이 적지 않을 것이다. 그러나 그의 주장의 기본틀은 무시되어서는 안 된다. 고대 그리스인의 기록이 그의 논거가 되고 있기 때문이다. 수 세기에 걸쳐, 그것도 한 두 명이 아닌 여러 도시 출신의 고대 그리스인이 미케네 문명의 뿌리로서 고대 동방 문명을 말하고 있기 때문이다. 이에 대해, 19세기와 20세기의 '아리안모델'을 지지하는 서양학자들은 "이집트 열풍Egyptomania, 이민족 애호barbarophilia, 그리스적 해석interpretatio Graeca이라는 원인 불명의 악폐가 똑똑하고 균형잡히고 박식한 고대 그리스인을 기만하여 이집트인과 페니키아인이 그리스 문화형성에 중심 역할을 했다"고 믿게끔 만들었다는 말로 반론을 편다. 그러나 그리스인들이 민족적 자긍심에 불리한 기록을 역사적 사실에 반反하면서까지 남겨 놓는다는 것은 생각하기 힘든 일이다. 오히려 아리안 모델을 지지하는 서양학자들이 인종적·문화적 편견으로 고대 그리스인의 기록을 왜곡하고 있는 것이다. 마틴 버낼의 다음의 문장은 인상적이다. "그리고『블랙 아테나』의 정치적인 목적은, 물론 유럽의 문화적 오만을 줄이는 것이다." 유럽인의 그러한 오만은 유럽인에게만 국한되지 않는 인간의 보편적인 속성에서 기인한 것이기도 할 것이다. 그렇다 하더라도 역사적 진실은 그것대로 또한 밝혀져야 한다.

역자가 감사를 표할 몇 사람이 있다. 우선『블랙 아테나』의 번역을 권한 한양대의 임지현 교수에게 감사를 표한다. 그리고 5개월간 밤을 새워 역자의 초고를 원문과 대조하며 세밀하게, 소신있게, 올바르게 교열해준 김윤창

선생에게 감사를 표한다. 또 이집트어를 비롯한 여러 언어의 한국어 음역을
도와주고 언어 입증 부분을 감수해준 수메르어 전공자 조철수 선생님께 깊
은 감사를 전한다. 역자가 고마움을 표할 사람이 또 있다. 바로『블랙 아테
나』의 저자 마틴 버널이다. 그는 서양 고대사를 전공하는 역자에게 미케네
문명과 고대 동방 문명의 관계라는 새로운 공부거리를 제공해주었고, 또한
이 책을 통해서 역자에게 적어도 이 분야에서만은 서양 학자들의 엄청난 학
문적 축적으로부터 느끼는 중압감을 선용善用하여 고대 그리스인의 기록에
나의 시각으로 접근해보라는 자극을 주었기 때문이다.

참고 문헌

Abdel-Malek, A. (1969) *Idéologie et renaissance nationale: l'Egypte moderne.* Paris: Éditions Anthoropos, 2nd edn.

Abel, L. S. (1966) *Fifth century BC Concepts of the Pelasgians.* Standford University, MA thesis.

Abou-Assaf, A., Bordreuil, P. and Millard, A. R. D. (1982) *La Statue de Tell Fekherié: et son inscription bilingue assyro-araméenne.* Études Assyriologiques Éditions recherche sur les civilisations no. 7, Paris.

Ahl, F. (1985) *Metaformations: Soundplay and Wordplay in Ovid and other Classical Poets.* Ithaca, NY: Cornell University Press.

Akurgal, E. (1968) *The Art of Greece: Its Origins in the Mediterranean and the Near East.* New York: Crown Publishers.

Albright, W. F. (1950) 'Some Oriental glosses on the Homeric problem', *American Journal of Archaeology* 54:162-76.

— (1968) *Yaweh and the Gods of Canaan: A Historical Analysis of Two Contrasting Faiths,* London: Athlone.

— (1970) 'The biblical period', in L. Finkelstein, *The Jews Their History.* New York: Schocken, pp. 1-71.

— (1975) 'Syria, the Philistines and Phoenicia', *Cambridge Ancient History,* 3rd edn, vol. II, pt 2, *History of the Middle East and the Aegean Region 1380-1000 BC,* pp. 507-36.

Allen, P. (1978) *The Cambridge Apostles: The Early Years.* Cambridge University Press.

Allen, T. G. (1974) (trans.) *The Book of the Dead or Going Forth by Day.* Chicago: Oriental Institute.

Annan, N. (1955) 'The intellectual aristocracy', in J. H. Plumb, ed., *Studies in Social History: A Tribute to G. M. Trevelyan.* London: Longman, pp. 243-87.

Apollodoros (1921) *The Library,* J. G. Frazer, trans., 2 vols. Cambridge, Mass.: Loeb.

Appleton, W. W. (1951) *A Cycle in Cathay, The Chinese Vogue in England in the 17th and 18th Centuries.* New York: Columbia University Press.

Arbeitman, Y. and Bomhard A. R., eds (1981) *Bono Homini Donum: Essays in Historical*

Linguistics, in Memory of J. Alexander Kerns, 2 vols. Amsterdam: John Benjamin.

Arbeitman, Y. and Rendsburg, G. (1981) 'Adana revisited: 30 years later', *Archiv Orientá Iní* 49: 145-57.

Aristotle, *De Caelo.*

— *Metaphysica.*

— *Meteriologica.*

— (1962) *Politics*, T. A. Sinclair, trans. London: Penguin.

Arnod, M. (1869) Culture and Anarchy. London: Smith Elder.

— (1883) *Literature and Dogma*. London: Smith Elder.

— (1906) *The Scholar Gypsy and Thyrsis*. London: Macmillan. See F. W. E. Russell.

Arnold, T. (1845) Introductory Lectures on Modern History. New York.

— (1864) *A French Eton*. London.

Arrian (1929) *Anabisis of Alexander*, E. Iliff, trans. Robson. New York: Putnam.

Astour, M. C. (1967a) *Hellenosemitica: An Ethnic and Cultural Study in West Semitic Impact on Mycenaean Greece*. Leiden: Brill.

— (1967b) 'The problem of Semitic in Ancient Crete', *Journal of the American Oriental Society* 87: 290-5.

— (1972) 'Some recent works on Ancient Syria and the Sea People', *Journal of the American Oriental Society* 92.3: 447-59.

Auguis, P. R. (1822) Introduction, in vol. 7(pp. 1-26) of Dupuis, *Origine de tous les cultes, ou la religion universelle*, 12 vols. Paris.

Badolle, M. (1926) *L'Abbe Jean-Jaques Barthélemy(1716-1795) et l'Hellénisme en France dans la seconde moitié du XVIII siècle*. Paris: Press Universitaires de France.

Baines, J. (1982) 'Interpreting Sinuhe', *Journal of Egyptian Archaeology* 68: 31-44.

Baker, J. R. (1974) *Race*. London: Oxford University Press.

Baldwin Smith, E. (1918) *Early Christian Iconography and the School of Provence*. Princeton: University Press.

Banier, A. (1739) *The Mythology of the Ancients Explained*, anon. trans. London: A. Millar.

Baramki, D. (1961) *Phoenicia and the Phoenicians*. Beirut: Khayats.

Barnard, K. (1981) *The Paradigm of Race and Early Greek History*, paper for an Undergraduate course, Government 352. Cornell.

Barnett, R. D. (1956) 'Ancient Oriental influence on Archaic Greece', *The Aegean and the Near-East, Studies Presented to Hetty Goldman*, ed. S. Weinberg. Locust Valley, NY: Augustine, pp. 212-38.

— (1960) 'Some contacts between Greek and Oriental religions', *Éléments orientaux dans la religion grecque ancienne*, ed. O. Eissfeldt. Paris: Presses Universitaires de France, pp. 143-53.

— (1975) 'The Sea Peoples', *Cambridge Ancient History*, 3rd edn, vol. II, pt2, pp. 359-78.

Baron, S. W. (1952) *A Socail and Religious History of the Jews*. New York: Columbia University Press, vols 1-2.

— (1976) *The Russian Jew under Tsar and Soviets*. New York: 2nd enl. edn.

Barthélemy, J-J. (1750) 'Réflexions sur quelques monuments et sur les alphabets qui en résultent', *Recueils des Mémoires de l'Académie des Inscriptions 30*: 302-456.

— (1763) 'Réflexions générales sur les rapports des langues égyptienne phénicienne et grecque', *Recueils des Mémoires de l'Académie des Inscriptions 32*: 212-33.

— (1789) (1788) *Voyage du jeune Anacharsis en Grèce vers le milieu du IVe siècle avant l'ère vulgaire*. Paris.

Bass, G. (1961) 'Cape Gelidonya Wreck: preliminary report', *American Journal of Archaeology 65*: 267-86.

— (1967) 'Cape Gelidonya: a Bronze Age shipwreck', *Transactions of the American Philosophical Society 57*: pt 8.

Baumgarten A. J. (1981) *The Phoenican History of Philo of Byblos: A Commentary*. Leiden: Brill.

Beck, R. (1984) 'Mithraism since Franz Cumont', in H. Temporini and W. Haase, eds(1972-) *Aufstieg und Niedergang der römischen Welt: Geschichte und Kultur Roms im Spiegel der neueren Forschung*, 21 vols. Berlin/New York. vol. 17.4. Religion: (*Heidentum: römische Götterkulte, orientalische Kulte in der römischen Welt[Forts.]*) ed. W. Haase, pp. 2003-112.

Beckarath, J. von (1980) *Kalender*, in Helck and Otto, cols 297-9.

Beddaride, M. (1845) *De l'Ordre Maçonique de Misraim*. Paris.

Beer, A. and Beer, P. (1975) *Kepler Four Hundred Years: Proceedings of Conferences Held in Honour of Johannes Kepler*. Oxford: Pergamon.

Beloch, J.(1893) *Griechische Geschichte*, Strasbourg.

— (1894) 'Die Phoeniker am aegäischen Meer', *Rheinsches Musem 49*: 111-32.

Benedetto, L. F.(1920) *Le Origini di 'Salammbo'*. Florence: Istituto di Studi Superiori Pratici in Firenzi Sezione di filologia e filosofia.

Ben Jochannan, Y. (1971) *Black Man of the Nile, Africa, Africa the Mother of Civilization*. New Yprk: Alkebu Lan Books.

Bentley, R. (1693) *A Confutation of Atheism from the Structure and Origin of Human Bodies*. London.

Benz, F. L. (1972) *Personal Names in the Phoenician and Punic Inscriptions*. Rome: Biblical Institute.

Bérard, A. (1971) Préface, in V. Bérard, *Les Navigations d'Ulysse*, 3 vols. Paris: Librairie

Armand colin.

Bérard, J. (1951) 'Philistines et préhellénes', *Revue Archéologique*, série 6: 129-42.

— (1952) 'Les hyksos et la légende d'io: Recherches sur la péirode pré-mycenienne', *Syria* 29: 1-43.

Bérard, V.(1894) *De l'origine des cultes arcadiens: Essai de méthode en mythologie grecque*. Paris: Bibliothèques des Ecoles Françaises d'Athènes et de Rome.

— (1902-3) *Les Phéniciens et l'Odysée*, 2 vols. Paris: Librairie Armand·colin.

— (1927-9) *Les Navigations d'Ulysse*. Paris: Librairie Armand Colin.

Berlin, I. (1976) *Vico and Herder: Two Studies in the History of Ideas*. London: Hogarth.

Bernal, M. (1980) 'Speculations on the disintegration of Afroasiatic', paper presented at the 8th conference of the North American Conference of Afroasiatic Linguistics, San Francisco, April and to the 1st International Conference of Somali Studies, Mogadishu, July.

— (1983a) 'On the westward transmission of the Canaanite alphabet before 1500 BC', paper presented to the American Oriental Society, Baltimore(April).

— (1983b) 'On the westward transmission of the Semitic alphabet before 1500 BCE', paper read at the Hebrew University, Jerusalem(June).

— (1985a) 'Black Athena: the African and Levantine roots of Greece', *African Presence in Early Europe. Journal of African Civilizations* 7.5: 66-82.

— (1985b) *Review of Sign, Symbol, Script: An Exhibition on the Origins of the Alphabet*, in *Journal of the American Oriental Society* 105.4: 736-7.

— (1986) 'Black Athena denied: the tyranny of Germany over Greece', *Comparative Criticism* 8:3-69.

— (1987) 'On the transmission of the alphabet to the Aegean before 1400 BC', *Bulletin of the American Schools of Oriental Research* 267:1-19.

— (1989) 'First land then sea: thoughts about the social formation of the Mediterranean and Greece', in E. Genovese and L. Hochberg, eds. *Geography in Historical Perspective*. Oxford: Blackwell.

— (1990) *Cadmean Letters: The Westward Diffusion of the Semitic Alphabet Before 1400 BC*. Winona Lake: Eisenbrauns.

Bernier, F. (1684) *Nouvelle Division de la terre par les différentes espèces ou races qui l'habitent*. Paris.

Beth, K. (1916) 'El und Neter', *Zeitschrift für die alttestamentliche Wissenschaft* 36: 129-86.

Beuchot, A. 'Jean Terrasson, 1852-77', *Biographie Universelle: Ancienne et Moderne*. Paris, vol. 41, pp. 169-71.

Bezzenberger, A. (1883) 'Aus einem briefe des herrn dr. Adolf Erman', *Beiträge zur*

Kunde der indogermanischen Sprachen 7: 96.

Bietak, M. (1979) *Avaris and Piramesse: Archaeological Exploration in the Eastern Nile Delta. Proceedings of the British Academy* 65. London.

Bill, E. G. W. (1973) *University Reform in Nineteenth Century Oxofrd: A Study of Henry Halford Vaughan.* Oxford: Clarendon.

Billigmeier, J. C. (1976) *Kadmos and the Possibility of a Semitic Presence in Helladic Greece.* University of California, Santa Barbara, thesis.

Black, H. D. (1974) 'Welcome to the centenary commemoration', in Elkin and Macintosh, eds *Grafton Elliot Smith.* Sydney University Press, pp. 3-7.

Blackall, E. (1958) *The Emergence of German as a Literary Language,* 1700-1775. Cambridge University Press.

Blackwell, T. (1735) *Enquiry into the Life and Writings of Homer.* London.

Blanco, A. G. (1984) 'Hermeticism: bibliographical approach', in H. Temporini and W. Haase, eds(1972-) *Aufstieg und Niedergang der römischen Welt: Geschichte und Kultur Roms im Spiegel der neueren Forschung,* 21 vols. Berlin/New York. Vol. 17.4. *Religion: (Heidentum: römische Götterkulte, orientalische Kulte in der römischen Welt[Forts.])* ed. W. Haase, pp. 2240-81.

Blavatsky, H. P. (1930) *The Secret Doctrine...* Los Angeles: The Theosophy Co.

— (1931) *Isis Unveiled...* Los Angeles: The Theosophy Co.

Blegen, C. W. and Haley, J. (1927) 'The coming o the Greeks: the geographical distribution of prehistoric remains in Greece', *American Journal of Archaeology* 32: 141-52.

Bloch, M. (1924) *Les Rois Thaumaturges: Étude sur le caractère surnaturel attribué à la puissance royale particulièrement en France et en Angleterre.* Strasbourg and Paris: Publications de la Faculté des Lettres de l'Université de Strasbourg.

Bloomfield, M. W. (1952) *The Seven Deadly Sins.* East Lansing: Michigan State University Press.

Blue, G. (1984) *Western Perceptions of China in Historical Perspective.* Talk at the China Summer School, Selwyn College, Cambridge.

Blumenbach, J. F. (1795) *De Generis Humani Varietate Nativa.* Göttingen, 3rd. edn.

— (1865) *Anthropoligical Treatises of Johann Friedrich Blumenbach,* ed. and trans. T. Bendyshe. London.

Blunt, A. (1940) *Artistic Theory in Italy: 1450-1600.* Oxford: Clarendon.

Boardman, J. (1964) *The Greeks Overseas: The Archaeology of Their Early Colonies and Trade.* London: Penguin.

Boas, G. (1950) trans. *The Hieroglyphics of Horapollo.* New York: Pantheon.

Bochart, S. (1646) *Geographia Sacroe Pars Prior: Phaleg seu de Disipersione Gentium et*

Terrarum Divisione Facta in Aedificatione Turris Babel etc. Pars Altera: Chanaan, seu de Coloniis et Sermone Phoenicum. Munich.

Bodin, J. (1945) *Method for the Easy Comprehension of History,* B. Reynolds, trans. New York: Columbia University Press.

Boissel, J. (1983) 'Notices, notes et variantes', in Gobineau, *Oeuvres,* vol. 1, pp. 1177-471.

Bolgar, R. R. (1979) 'Classical influences in the social political and educational thought of Thomas and Matthew Arnold', in Bolgar, ed., *Classical influences on Western Thought AD 1650-1870: Proceedings of an International Conference held at King's College, Cambridge, March 1977.* Cambridge University Press, pp. 327-38.

— (1981) 'The Greek legacy', in Finley, pp. 429-72.

Bollack, M. and Wismann, H. (1983) *Philologie und Hermeneutik im 19 Jahrhundert II: Philologie et herméneutique au 19ème siècle.* Göttingen: Vandenhoek und Ruprecht.

Bomhard, A. (1976) 'The placing of the Anatolian languages', *Orbis* 25.2:199-239.

— (1984) *Toward Proto-Nostratic: A New Approach to the Comparison of Indo-European and Afroasiatic.* Amsterdam: John Benjamin.

Boon, J. (1978) 'An endogamy of pets and vice versa; exotic ideas in Romanticism and Structuralism', *Studies in Romanticism* 18: 336-61.

Bopp, F. (1833) *Vergleichende Grammatik des Sanskrit, Zend, Griechischen, Lateinischen, Litthauschen, Gothischen und Deutschen.* Berlin, trans. E. B. Eastwick, as *A Comparative Grammar of the Sanskrit, Zend, Greek, Latin, Lithuanian, Gothic, German and Slavonic Languages,* 3 vols. London, 1845-50.

Boerdreuil, P. (1982) see Abou-Assaf.

Borrow, G. (1843) *The Bible in Spain.* London: John Murray.

— (1851) *Lavengro.* London: John Murray.

— (1857) *Romany Rye.* London: John Murray.

Borsi, F. et al. (1985) *Fortuna degli etruschi.* Milan: Electa.

Boylan, P. (1922) *Thoth the Hermes of Egypt: A Study of Some Aspects of Theological Thought in Ancient Egypt.* London: Oxford University Press.

Bracken, H. (1973) 'Essence, accident and race', *Hermathena* 116: 91-6.

— (1978) 'Philosophy and racism' *Philosophia* 8: 241-60.

Brady, T. H. (1935) 'The reception of Egyptian cults by the Greeks(330-300 BC)', *The University of Missouri Studies* 10:1.

Braun, L. (1973) *Historie de l'histoire de la philosophie.* Paris: Ophrys.

Braun, T. F. R. G. (1982) 'The Greeks in the Near East', *Cambridge Ancient History,* 2nd edn, vol. 3, pt 3, *The Expansion of the Greek World, Eighth to Sixth Centuries BC,* pp. 1-31.

Breasted, H. H. (1901) 'The philosophy of a Memphite priest', *Zeitschrift für ägyptische*

Sprache und Altertumskunde 39: 39-54.

— (1912) *The Development of Religion and Thoguht in Ancient Egypt*. Chicago: Scribner.

Bridenthal, R. (1970) *Barthold George Niebuhr, historian of Rome: a Study in Methodology*. Columbia University, thesis.

Brodie, F. M (1945) *No Man Knows My History: The Life of Joseph Smith the Mormon Prophet*. New York: Knopf.

Brookfield, F. (1907) *The Cambridge Apostles*. New York: Scribner.

Brosses, C. de (1760) *Du Culte des dieux fétiches ou parallèle de l'ancienne religion de l'Egypte avec la religion actuelle de Nigritie*. Paris.

Brown, J. P. (1965) 'Kothar, Kinyras and Kytheria', *Journal of Semitic Studies* 10: 197-219.

— (1968a) 'Literary contexts of the common Hebrew Greek vocabulary', *Journal of Semitic Studies* 13: 163-91.

— (1968b) 'Cosmological myth and the Tuna of Gibraltar', *Transactions of the American Philological Association* 99: 37-62.

— (1969) 'The Mediterranean vocabulary of the vine', *Vetus Testamentum* 19: 146-70.

— (1971) 'Peace symbolism in ancient military vocabulary', *Vetus Testamentum* 21: 1-23.

— (1979-80) 'The sacrificial cult and its critique in Greek and Hebrew', pt 1, *Journal of Semitic Studies* 24: 159-74; pt 2 *Journal of Semitic Studies* 25:1-21.

Brown, R. (1898) *Semitic Influences in Hellenic Mythology*. London: Williams and Norgate.

Brown, R. L. (1967) *Wilhelm von Humboldt's Conception of Linguistic Relativity*. The Hague and Paris: Mouton.

Bruce, J. (1795) *Travels to Discover the Sources of the Nile, In the Years 1768, 1769, 1770, 1771, 1772 and 1773*, 5 vols. London: G. G. and J. Robinson.

Brugsch, H. (1879-80) *Dictionnaire géographique de l'ancienne Egypte*. Leipzig.

— (1891) *Religion und Mythologie der alten Ägypter*. Leipzig.

Brunner, H. (1957) 'New aspects of Ancient Egypt', *Universitas* 1.3: 267-79.

Brunner-Traut, E.(1971) 'The origin of the concept of the immortality of the soul in Ancient Egypt', *Universitas* 14.1:47-56.

Bryant, J. (1774) *A New System or an Analysis of Ancient Mythology*, 3 vols. London.

Buck, R. J. (1979) *A History of Boiotia*. Edmonton: University of Alberta Press.

Budge, W. (1904) *The Gods of the Egyptians: or Studies in Ancient Egptian Mythology*, 2 vols. London: Methuen.

Bullough, G. (1931) *Philosophical Poems of Henry More, Comprising Psychozoia and Minor Poems*. Manchester University Press.

Bunnens, G. (1979) *L'expansion phénicienne en méditerranée: essai d'interpré tation fond *é sur une analyse des traditions littéraires.* Brussels and Rome: Institut historique belge de Rome.

Bunsen, C. (1848-60) *Egypt's Place in Universal History*, C. H. Cotrell, trans 5 vols. London: longman.

— (1852) *The Life and Letters of Barthold George Niebuhr, with Essays on his Character and Influence*, 2 vols. London.

— (1859) *The Life and Letters of Barthold George Niebuhr.* New York.

— (1868) *Statement of a Plan of Intelledtual Labour Laid Before Niebuhr, at Berlin, January 1816.* Trans. F. Bunsen, vol. 1, pp. 85-90.

— (1868-70) *God in History, or the Progress of Man's Faith in the Moral Order of the World*, S. Winckworth, trans., 3 vols. London: Longman.

Bunsen, F. (1868) *A Memoir of Baron Bunsen... Drawn chiefly from family papers by his widow Frances Baroness Bunsen*, 2 vols. London: Longman.

Burnouf, E. (1872) 'La science des religions', Paris, trans. J. Liebe(1888) as *The Science of Religion*, London.

Burns, A. R. (1949) 'Phoenicians', *Oxofrd Classical Dictionary*, pp. 686-88.

Burton, A. (1972) *Diodorus Siculus, Book 1: a Commentary.* Leiden: Brill.

Bury, J. B. (1900) *A History of Greece to the Death of Alexander the Great.* London: Macmillan.

— (1951) *A History of Greece to the Death of Alexander the Great.* London: Macmillan, 3rd edn., rev. R. Meiggs.

Burzachechi, C. (1976) 'L'adozione dell'alfabeto nel mondo greco', *Parola del Passato* 31: 82-102.

Butler, E. M. (1935) *The Tyranny of Greece over Germany. A Study on the Influence Exercised by Greek Art and Poetry over the Great German Writers of the Eighteenth, Nineteenth and Twentieth Centuries.* Cambridge University Press.

Butler, M. (1981) *Romantic Rebels and Reactionaries: English LIterature and its Background, 1760-1830.* Oxford University Press.

Butterfield, H. (1955) *Man and His Past: the Study of Historical Scholarship.* Cambridge University Press.

— (1981) *The Origins of Hisgory.* ed. A. Watson. New York: Basic Books.

Cagnetta, A. (1979) *Antichisti e impero fascista.* Bari: Dedalo.

Cagni, L., ed. (1981) *La lingua di Ebla: Atti del convegno internationale* (Napoli, 21-23 aprile 1980). Naples: Istituto Universitario Orientale, Seminario di Studi Asiatici, 14.

Canfora, L. (1980) *Ideologie del Classicismo.* Turin: Einaudi.

Capart, J. (1942) 'Egyptian art', in Glanville, *Legacy of Egypt.* Oxford: Clarendon, pp. 80-119.

Carpenter, R. (1933) 'The antiquity of the Greek alphabet', *American Journal of Archaeology* 37: 8-29.

— (1938) 'The Greek alphabet again', *American Journal of Archaeology* 42: 58-69.

— (1958) 'Phoenicians in the west', *American Journal of Archaeology* 62: 35-53.

— (1966) *Discontinuity in Greek Civilization.* Cambridge.

Carruthers, J. (1984) *Essays in Ancient Egyptian Studies.* Los Angeles.

Cartledge, P. (1979) *Sparta and Lakonia: A Regional History 1300-362 BC.* London: Routledge & Kegan Paul.

Cassirer, E. (1970) *The Platonic Renaissance in England,* J. P. Pettegrove, trans. New York: Gordian Press.

Cassuto, U. (1971) *The Goddess Anath: Canaanite Epics of the Patriarchal Age,* I. Abraham, trans. Jerusalem: Magness.

Cattaui, R. and G. (1950) *Mohamed-Aly en Europe.* Paris: Geuthner.

Černy, J. (1952) *Egyptian Religion.* London: Hutchinson.

Chadwick, J. (1973a) *Documents in Mycenaean Greek.* 2nd edn. Cambridge University Press.

— (1973b) 'The ₁Linear B tablets as historical documents', *Cambridge Ancient History,* 3rd edn, vol. 2, pt 1, *The Middle East and the Aegean Region, c.1800-1380 BC,* pp. 609-26.

— (1976) *The Mycenaean World.* London: Cambridge University Press.

Chailley, J. (1971) The Magic Flute, Masonic Opera, H. Weinstock, trans. New York: Knopf.

Champollion, J. F. (1814) *L'Egypte sous les Pharaons: ou recherches sur la géographie, la religion, la langue, les écritures et l'histoire de l'Egypte avant l'invasion de Cambyse.* Grenoble.

— (1909) see Hartleben, H.

Chanaiwa, D. (1973) *The Zimbabwe Controversy: A Case of Colonial Historiography.* Syracuse, NY: Program of Easter African Studies.

Chandler, R. (1769) *Ionian Antiquities, Published with Permission with the Society of Dilletanti.* London.

Chang, K. C. (1980) *Shang Civilization.* New Haven: Yale University Press.

Chantraine, P.(1928) 'Sur le vocabulaire maritime des grec', in Etrennes *de linguistique: offertes part quelques amis à Emile Benveniste.* Paris: Geuthner, pp. 1-25.

— (1968-75) Dictionnaire étymologique de la langue grecque, 4 vols. Paris: Klincksieck.

Charles-Roux, F. (1929) 'Le projet français de conqête de l'Egypte sous le règne de Louis XVI', *Mémoires de lInstitut d'Egypte* 14: 1-85.

— (1937) *Bonaparte Governor of Egypt,* E. W. Dickes, trans. London: Methuen.

Chaudhuri, N. C. (1974) *Scholar Extraordinary: The Life of Professor the Right Honourable Max Müller PC*. London: Chatto & Windus.

Child, F. J. (1882-98) *The English and Scottish Popular Ballads*, 5 vols. Boston.

Childe, G. F. (1926) *The Aryans*. London: Kegan Paul.

Cicero, *The Nature of the Gods*.

— *Tusculanae Disputationes*.

Clark, W. M. (1954) *Christoph-Martin Wieland and the Legacy of Greece: Aspects of his Relationship to Greek Culture*, Columbia University, PhD thesis.

Clement of Alexandria, *Stromata*.

— *Protrepticus*.

Coleridge, S. T., see Griggs, E. L.

Colie, R. L. (1957) *Light and Enlightenment: A Study of the Cambridge Platonists and the Dutch Arminians*. Cambridge University Press.

Combes-Dounous (1809) *Essai Historique sur Platon, et coup d'oeil rapide sur l'histoire du Platonisme depuis Platon jusqu'à nous*. Paris.

Comte, A. (1830-42) *Cours de philosophie positive*, 6 vols. Paris: Bachelier.

Conan-Doyle, A. (1968) *The Adventure of the Devil's Foot*, in The Annotated Sherlock Homes, 2 vols. London: Murray, pp. 508-26.

Conway, R. S. (1937) 'William Ridgeway', *Dictionary of National Biography: Twentieth Century 1922-1930*. Oxford University Press, pp. 720-2.

Cook, A. B. (1914-40) *Zeus: A Study in Ancient Religion*, 3 vols, 5pts. Cambridge University Press.

Cook, R. M. (1937) 'Amasis and the Greeks in Egypt', *Journal of Hellenic Studies* 57: 227-37.

Cook, S. A. (1924) 'The Semites', *Cambridge Ancient History*, 1st edn, vol. 1, pp. 181-237.

Cordier, H. (1898) 'Les études chinoises: 1895-1898', Suppl. to *Toung-Pao* 9: 44-51.

— (1899) 'Deux voyageurs dan l'Extreme Orient au . XVe et au XVIe siècles: essai bibliographique, Nicolò de Conti-Lodovico de Varthema', *Toung-Pao*, 10: 380-404.

— (1904-24) *Bibliotheca Sinica: dictionnaire bibliographique des ouvrages relatifs à l'Empire Chinois*, 2nd edn, 5 vols. Paris: Librairie Orientale et Américaine.

Corpus Hermeticum (1945-54) text established by A. D. Nock, trans(into French) by A. -J. Festugière, 4 vols. Paris.

Cory, I. P. (1832) *Sanchunation, Ancient Fragments of the Phoenician, Chaldaean, Egyptian, Tyrian, Carthaginian, Indian, Persian and Other writers, With an Introductory Dissertation and an Inquiry into the Philosophy and Trinity of the Ancients*. London.

Cousin, V. (1841) *Cours de l'histoire de la philosophie: Introduction a l'histoire de la philosophie*. Paris.

Cowan, M. (1963) *An Anthology of the Writings of Wilhelm von Humboldt: Humanist Without Portfolio*. Detroit: Wayne State University Press.

Cramer, M. (1955) *Das altägyptische Lebenszeichen(Ankh) im christlichen (koptischen) Ägypten*. Wiesbaden: Harrasowitz.

Creutzer, F. (1810-12) *Symbolik und Mythologie der altern Völker besonders der Griechen*, 4 vols. Leipzig/Darmstadt.

Croce, B. (1947) *Bibliographica Vichiana*, 2 vols. Naples: Atti dell'Accademia Pontaniana.

Crombie, A. C. (1963) ed. *Scientific Change: Historical Studies in the Intellectual, Social and Technical Conditions for Scientific Discovery and Technical Invention, from Antiquity to the Present: Symposium on the History of Science Held at the University of Oxford, 9-15 July 1961*. London: Heinemann.

Cromey, R. D. (1978) 'Attic Παιανια and Παιονιδαι', *Glotta* 56: 62-9.

Cross, F. M. (1968) 'Phoenician inscription from Brazil. A nineteenth century forgery', *Orientalia* 37: 437-60.

— (1974) 'Leaves from an epigraphist's notebook', *The Catholic Biblical Quarterly* 36: 490-3.

— (1979) 'The early alphabetic scripts', in Cross, ed. *Symposia, Celebrating the Seventy-Fifth Anniversary of the American Schools of Oriental Research(1900-1975)*. Cambridge, Mass., p. 97-123.

— (1980) 'Newly found inscriptions in Old Canaanite and Early Phoenician scripts', *Bulletin of the American Schools of Oriental Research* 238: 1-21.

Crossland, R. A. and Birchall, C.(1973) *Bronze Age Migrations in the Aegean: Archaeological and Linguistic Problems of Greek Prehistory*. London: Duckworth.

Crum, W.(1930) *A Coptic Dictionary*. Oxford: Clarendon.

Cudworth, R.(1743) (1676) *The True Intellectual System of the Universe*, 2nd edn. London.

Culican, W. (1966) *The First Merchant Venturers: The Ancient Levant in History and Commerce*. London: Thames & Hudson.

Cumont, F. (1929) *Les religions orietales dans le paganisme romain*, 3rd edn. Paris: Annales du Musée Guimet, Bibliothèque de Vulgarisation.

— (1937) *L'Egypte des Astrologues*. Brussel: Fondation Egyptologique de La Reine Elizabeth.

Curl, J. S. (1982) *The Egyptian Revival, An Introductory Study of a Recurring Theme in the History of Taste*. London: Allen & Unwin.

Curtin, P.(1964) *The Image of Africa: British Ideals and Action, 1780-1850*. Madison:

Wisconsin University Press.

— (1971) *Imperialism: the Documentary History of Western Civilization.* New York: Harper & Row.

Curtius, E. (1857-67) *Griechische Geschichte,* 4 vols. Berlin, trans. A. W. Ward (1886) as *History of Greece,* 5 vols. New York.

Curvier, G. (1817) *Le règne animal distribué d'après son organisation.* Paris, trans. M. Mac Murtrie(1831) as *The Animal Kingdom,* 4 vols. New York.

Dacier, A. Le F. (1714) *Des Causes de la Corruption du goût.* Paris.

Dahood, M. (1981a) 'The linguistic classification of Eblaite', in Cagni, pp. 177-89.

— (1981b) 'Afterward: Ebla, Ugarit and the Bible', in *Pettinato, The Archives of Ebla,* pp. 271-321.

Daniélou, J. (1964) *Primitive Christian Symbols,* D. Attwater, trans. Baltimore: Helicon.

Dart, R. A. (1974) 'Sir Grafton Elliot Smith and the evolution of man', *Grafton Elliot Smith: The Man and his Work.* Sydney University Press, pp. 25-38.

Davis, N. (1979) Voyagers to the New World. London: Macmillan.

Davis, W. M. (1979) 'Plato on Egyptian art', *Journal of Egyptian Archaeology* 66: 121-7.

Dawson, R. (1967) *The Chinese Chameleon: An Analysis of European Conceptions of Chinese Civilization.* London: Oxford University Press.

Delatte, A. (1922) *La vie de Pythagore de Diogène Laerce.* Brussels: Académie Royale de Belgique, Classe de Lettres etc.

Delia, R. (1980) *A Study in the Reign of Senwosret III,* Columbia University, PhD thesis.

Derchain, M.-T. & P. (1975) 'Noch einmal "Hermes Trismegistos"', *Göttinger Miszellen* 15: 7-10.

Derchain, P. (1962) 'L'authenticité de l'inspiration égyptienne dans le "Corpus Hermeticum"', *Revue de l'Historie des Religions*: 175-98.

— (1980) 'Kosmogonie'. Helck and Otto, cols 747-56.

Des Places, E. (1964) 'Les Mystères d'Egypte et les Oracles Chaldaïques', *Oikumene*: 455-60.

— (1975) 'La religion de Jamblique', *Entretiens sur l'Antiquité classique* 21: 69-94.

— (1984) 'Les oracles Chaldaïques', in H. Temporini and W. Haase, eds (1972-) *Aufstieg und Niedergang der römischen Welt: Geschichte und Kultur Roms im Spiegel der neueren Forschung,* 21 vols. Berlin/New York, vol. 17.4. *Religion: (Heidentum: Rö mische Götterkulte, orientalische Kulte in der römischen Welt [Forts.]),* ed. W. Haase, pp. 2300-35.

Devisse, J. (1979) *L'image du noir: dans l'art occidental 2. Des premiers siècles chrétiens aux 'grand découverts'* pt 1: *De la menace démoniaque à l'incarnation de la sainteté;* pt 2: *Les Africains dans l'ordonnance chrétienne du monde (XIVe-XVIe siècle)*

Lausanne: Fondation de la menil.

Dickinson, O. T. P. K. (1977) *The Origins of Mycenaean Civilization*. Gotenborg: Studies in Mediterranean Archaeology No. 49.

Dieckmann, L. (1970) *Hieroglyphic: The History of a literary Symbol*. St Louis: Washington University Press.

Dimakis, J. (1968) *La guerre de l'indepéndance grecque vue par la presse française (pé riode 1821-1824): contribution a l'étude de l'opinion publique et du mouvement philhellénique en France*. Thessalonika.

Diodoros Sikeliotes (1933-67) *The Library of History*, 12 vols, C. H. Oldfather, trans. Cambridge, Mass (vols 11 and 12 trans. F. R. Walton and R. M. Geer).

Diogenes Laertius (1925) *Lives of Eminent Philosophers*, R. D. Hicks, trans. 2 vols. Cambridge, Mass.

Diop, C. A. (1974) *The African Origin of Civilization: Myth or Reality?*, M. Cook, trans. Westport, Conn.: L. Hill.

— (1978) *The Cultural Unity of Black Africa*. Chicago.

— (1985a) 'Africa: cradle of humanity', *Nile Valley Civilizations*: pp. 23-8.

— (1985b) 'Africa's contribution to world civilization: the exact sciences', *Nile Valley Civilizations*: pp. 69-83.

Disraeli, B. I. (1847) *Tancred; or the New Crusade*. Leipzig: Tauschnitz.

Dods, M. and Smith, T.(trans)(1867) *Tatian, Theophilus and the Clementine Recognition*, vol 3, The Ante-Nicene Christian Library. Edinburgh, pp. 1-39, esp. 35-6.

Dolgopolskii, A. B. (1973) *Sravitelno-istoricheskaya fonetika kushchitskikh yazykov*. Moscow: Nauka.

Donaldson, J. W. (1858) *Introduction in Müller, A History of the Literature of Ancient Greece*, 3 vols. London, vol. 1, pp. i-xxxix.

Doresse, J.(1960) *The Secret Books of the Egyptian Gnostics*. London: Hollis & Carter.

Dörpfeldt, W. (1966)(1935) *Alt-Olympia: Untersuchungen und Ausgrabungen zur Geschichte des ältesten Heiligtums von Olympia und der älteren griechischen Kunst* (reprint). Osnabrück: Zeller.

Dothan, M. (1973) 'Philistine material culture and its Mycenaean affinities', in Karageorghis, ed. *The Mycenaeans in the East Mediterranean*. Nicosia.

Dothan, T. (1982) *The Philistines and their Material Culture*. Jerusalem and New Haven: Yale University Press.

Doumas, C. (1979) *Thera and the Aegean World: Papers Presented at the Second International Scientific Congress, Santorini, Greece, August 1978*. London.

Dow, S. (1937) 'The Egyptian cults in Athens', *Harvard Theological Review* 30, 4: 183-232.

Drioton, E. (1948) 'Le monothéisme de l'ancienne Égypte', *Cahiers d'histoire égyptienne* 1: 149-68.

— (1948a) Preface, in Lauer, *Le Problème des Pyramides d'Égypte*.

Drioton, E. and Vandier,J. (1946) *L'Égypte*. Clio. Paris: Introduction aux études historiques.

Dubois, W. E. B. (1975) *The Negro*. New York: Kraus-Thompson Organization.

— (1976) *The World and Africa*. New York: Kraus-Thompson Organization.

Duff, W. (1767) *An Essay on Original Genius: and its various Modes of Exertion in Philosophy and the Fine Arts, Particularly in Poetry*. London.

Duhoux, Y. (1982) *L'Etéocrétois: Les textes, la langue*. Amsterdam: J. C. Gieben.

Duke, T. T. (1965) review, *The Classical Journal* 61.3:131-6(p. 133).

Dumas, F.(1976) *Le Tombeau de Childéric*. Paris: Le Cabinet.

Dunand, F. (1973) *Le culte d'isis dans le bassin de la Méditerranée*, 3 vols. Vol. II: *Le culte d'isis en Grèce*. Leiden: Brill.

Dunker, M. (1880) *Griechische Geshichte*, S. F. Alleyne, trans.(1883), 3 vols. London.

Dupuis, C. F. (1822)(1795) *Origine de tous les cultes, ou la religion universelle*, 12 vols in 7. Paris.

— (An XII) Discours prononcé à la rentrée du Collége de France Le 1er Frimaire.

Dussaud, R. (1907) *Les Arabes en Syrie avant l'Islam*. Paris: Leroux.

— (1931) 'Victor Bérard(necrologue)', *Syria* 12: 392-3.

Earp, F. R. (1953) 'The date of the Supplices of Aeschylus', *Greece and Rome*, 118-23.

Edwards, G. P.(1971) *The Languages of Hesiod in its Traditional Context*. Oxford: Blackwell.

Edwards, I. E. S. (1947) *The Pyramids of Egypt*. London: Penguin.

Edwards, R. (1979) *Kadmos the Phoenician: A Study in Greek Legends and the Mycenaean Age*. Amsterdam: Hakkert.

Eissfeldt, O.(1935) 'Molk als Opferbegriff im Punischen und Hebräischen und das Ende des Gottes Moloch', *Beiträge zur Religiongeschichte des Altertums*, vol. 3.

— (1960) 'Phönikische und griechische Kosmogonie', in *Éléments orientaux dans la religion grecque ancienne*. Paris, pp. 1-15.

Eliot, G. (1906)(1864) *Romola*, 2 vols, Chicago: McClarg.

— (1871-2) *Middlemarch*, 2 vols. Edinburgh and London.

— (1876) *Daniel Deronda*, 2 vols. Edinburgh and London.

Eliot, T. S.(1971) *The Complete Poems and Plays: 1909-1950*. New York: Harcourt Brace.

Elkin, A. P. (1974) 'Sir Grafton Elliot Smith: the man and his work; a personal testimony', in *Grafton Elliot Smith: the Man and His Work*. Sydney University Press, pp. 8-15.

— (1974a) 'Elliot Smith and the diffusion of culture', in *Grafton Elliot Smith: the Man and His Work*. Sydney University Press, pp. 139-59.

Elliot Smith, G. (1911) *The Ancient Egyptians and their Influence Upon the Civilization of Europe*. London: Harper.

— (1923) *The Ancient Egyptians and the Origin of Civilization*. London: Harper.

Erman, A.(1883) 'Aegyptische Lehnwörte im Griechischen', *Beiträge zur Kunde der indogermanischen Sprachen* 7: 336-8.

Erman, A. and Grapow, H.(1982) *Wörterbuch der ägyptischen Sprache*, 7vols. Berlin: Akademie Verlag.

Eusebius(1886) *Chronicorum*, trans. from the Armenian by H. Petermann, ed. A. Schoene. Berlin: Weidmann.

Evans, A.(1909) *Scripta Minoa*. Oxford: Clarendon.

— (1921-35) *The Palace of Minos*, 4 vols in 6. London: Macmillan.

Fallmerayer, J. P. (1835) *Welchern Einfluss hatte die Besetzung Griechenlands durch die Slawen auf das Schicksal der Städte Athen und der Landschaft Attika*. Stuttgard and Tübingen.

Fan Xiangyong (1962) *Guben Zhushu Jinian Jixiao Dipu*. Shanghai.

Farag, S. (1980) 'Une inscription memphite de la XIIe dynastie', *Revue d'Egptologie* 32: 75-81.

Farnell, L. R. (1895-1909) *The Cults of the Greek States*, 5 vols. Oxford: Clarendon.

Farnham, F. (1976) *Madame Dacier: Scholar and Humanist*. Monterey: Angel Press.

Farrell, J. J. (1980) *Inventing the American Way of Death*. Philadelphia: Temple University Press.

Faverty, F. (1951) *Matthew Arnold: The Ethnologist*. Evanston, III: Northwestern University Press.

Fay, B. (1961) *La francmaçonnerie et la révolution intellectuelle du XVIIIe siècle*. Paris: Libraire Français.

Feldman, B. and Richardson R. D. (1972) *The Rise of Modern Mythology 1680-1860*. Bloomington and London: Indiana University Press.

Fénelon, F. de S. de la M. (1833)(1699) *Télémaque, fils d'Ulysse*. Philadelphia.

Festugière, R. P. (1944-9) *La révélation d'Hermès Trismégiste*, 3vols. Paris: Lecoffre, vol. 1, *L'astrologie et les sciences occultes*.

— (1945) trans. *Corpus Hermeticum*, 4 vols in 3. Paris: Société d'édition 'Les Belles Lettres'.

— (1961-5) *Les Moines d'Orient*, 4 vols in 3. Paris: Éditions ou Cerf.

— (1966-8) *Prolius*, Commentaire sur le Timée, 5 vols. Paris.

Finkelstein, L. (1970) *Akiba: Scholar, Saint and Martyr*. New York: Atheneum.

Finley, M. I. (1978) *The World of Odysseus*. New York, rev. reset edn.

— (1980) *Ancient Slavery and Modern Ideology*. New York.

— (1981) *The Legacy of Greece: A New Appraisal*. Oxford: Clarendon.

Flaubert, G. (1857) *Madame Bovary*. Paris.

— (1862) *Salammbô*. Paris.

— (1973) *Oeuvres*, 3 vols., ed. and ann. J. Bruneau. Paris: Pléiades.

Fleckenstein (1975) 'Kepler and Neoplatonism', in Beer, pp. 519-33.

Fontenrose, J. (1959) *Python: a Study in Delphic Myth and its Origins*, Berkeley: University of California Press.

Force, J. E. (1985) *William Whiston: Honest Newtonian*. Cambridge University Press.

Forrest, W. G. G.(1982) 'Central Greece and Thessaly', *Cambridge Ancient History*, 2nd edn, vol. 3 pt 3, *The Expansion of the Greek World, Eighth to Sixth Centuries BC*. eds. J. Boardman and N. G. L. Hammond, pp. 286-99.

Forster, G. (1786) 'Noch etwas über die Menschenraßen', *Der Teutsche Merkur*. Aug.

— (1958-) *Georg Forsters Werke*. Berlin: Akademie der Wissenschaften der D. D.R. Zentralisnstitut für Literaturgeschichte.

Foucart, P. (1914) *Les Mystères d'Eleusis*. Paris: A. Picard.

Frankfort, H. and H. A. (1946) 'Myth and reality', in *The Intellectual Adventure of Ancient Man*. University of Chicago Press.

Franklin, J. H. (1947) *From Slavery to Freedom: A History of American Negroes*. New York: Knopf.

Franklin, H. B. (1963) *The Wake of the Gods: Melville's Mythology*. Stanford: Stanford University Press.

Frazer, J. (1890-1915) *The Golden Bough: A Study in Magic and Religion*, 9 vols. London: Macmillan.

— (1898) *Pausanias's Description of Greece*, 6 vols. London.

— (1911) *The Dying God, The Golden Bough*, vol. 3. London: Macmillan.

— (1921) *Apollodoros: The Library*, 2 vols. Cambridge, Mass. See Apollodoros.

Freeman-Greville, G. S. P. (1962) *The East African Coast: Select Documents from the First to the Earlier Nineteenth Centuries*. Oxford: Clarendon.

Fréret, N. (1784) 'Observations générales sur l'origine et sur l'ancienne histoire des premiers habitants de la Grèce', *Académie des Inscriptions, 1784-1793* 47(published 1809). Mémoire de Littérature: 1-149.

Freud, S. (1939) *Moses and Monotheism*, Katherine Jones, trans. London: Hogarth.

Friedrich, J. (1951) *Phönizisch-punische Grammatik*. Rome: Analecta Orientalia.

— (1957) *Extinct Languages*, F. Gaynor, trans. New York: Philosophical Library.

— (1968) 'Die Unechtheit der phönizischen Inschrift aus Parahyba', *Orientalia* 37: 421-4.

Froidefond, C. (1971) *Le mirage égyptien dans la littérature grecque d'Homère à Aristote.* Paris: Ophrys.

Frothingham, A. (1891) 'Archaeological news', *American Journal of Archaeology* 6: 476-566.

Frye, N. (1962) *Fearful Symmetry.* Boston: Beacon.

Fueter, E. (1936) *Geschichte der neueren Historiographie.* Berlin and Munich: R. Oldenberg.

Fuhrmann, M. (1979) 'Querelle des Anciens et des Modernes, der Nationalismus and die deutsche Klassik', in Bolgar, *Classical Influences*, pp. 107-28.

Fung Yu-lan(1952) *A History of Chinese Philosophy*, D. Bodde, trans., 2 vols. Princeton University Press.

Gamer-Wallert, I. (1977) 'Fische, religiös', in Helck and Otto, cols 228-34.

Garbini, G. (1977) 'Sulla datazione dell'iscrizione di Ahiram', *Annali dell'Istituto Orientale di Napoli* 627: 81-9.

— (1978) 'La Lingua di Ebla', *La Parola del Passato* 181: 241-51.

— (1981) 'Considerations on the language of Ebla', In Cagni, pp. 75-82.

Gardiner, A. H. (1927) *Egyptian Grammar*, Oxford: Clarendon.

— (1942) 'Writing and literature', in S. R. A. Glanville, ed., *The Legacy of Egypt.* Oxford: Clarendon, pp. 53-79.

— (1947) *Ancient Egyptian Onomastica*, 3 vols. Oxford University Press.

— (1957) *Egyptian Grammar*, 3rd edn. Oxford: Clarendon.

— (1961) *Egypt of the Pharaohs.* Oxford: Clarendon.

— (1986)(1945-55) *My Early Years*, ed. J. Gardiner. Isle of Man: Andreas.

Gardiner, p. (1880) 'Stephani on the tombs at Mycenae', *Journal of Hellenic Studies* 1: 94-106.

Garvie, A. F. (1969) *Aeschylus' Supplices: Play and Trilogy.* Cambridge University Press.

Gaster, T. H. (1964) *The Dead Sea Scriptures: In English Translation.* Garden City New York: Anchor Books.

Gaulmier, J. (1978) *Ernest Renan: Judaisme et Chrsitianisme: tesxts présentés par Jean Gaulmier.* Paris.

— (1983) Introduction to Gobineau, Oeuvres, vol. 1, pp. i-lxxxvii.

Gauthier, H. (1925-31) *Dictionnaire des noms géographiques contenus dans les textes hié - roglyphiques*, 5 vols. Cairo: L'Institut Français d'archéologie orientale.

Gelb, I. J. (1977) 'Thoughts about *Ibla*: A Preliminary Evaluation, March 1977', *Syro-Mesopotamian Studies* 1.1:1-26.

— (1981) 'Ebla and the Kish civilization', in Cagni, pp. 9.73.

Georgiev, V. I.(1952) 'L'originine minoenne de l'alphabet phénicienne', *Archiv Orientální* 20: 487-95.

— (1966) *Introduzione alla storia delle lingue indoeuropee.* Rome: Edizione de l'Ateneo.

— (1973) 'The arrival of the Greeks in Greece: the linguistic evidence', in Crossland and Birchall, pp. 243-54.

Gerbi, A. (1973) *Dispute of the New World: The History of a Polemic, 1750- 1900*, rev. and enl. edn. Pittsburgh: University of Pittsburgh Press.

Gesenius, F. H. W. (1815) *Geschichte der hebräischen Sprache und Schrift.* Leipzig.

Gibbon, E. (1766-88) *The decline and Fall of the Roman Empire*, 6 vols. London.

— (1794) 'Memoirs of my life and writings', *Miscellaneous Works of Edward Gibbon Esquire with Memoirs of His Life and Writings, Composed by Himself: Illustrated from His Letters with Occasional Notes and Narrative by John Lord Sheffield*, 2 vols. London, vol. 1, pp. 1-185.

Giles, P. (1924) 'The peoples of Europe', *Cambridge Ancient History*, vol. 2, *The Egyptian and Hittite Empires to c.1000 BC.* Cambridge University Press, pp. 20-40.

Gillings, R. J. (1973) *Mathematics in the times of the Pharaohs.* Cambridge, Mass.

Gilman, S. (1982) *On Blackness without Blacks: Essays on the Image of the Black in Germany.* Boston.

Gimbutas, M.(1970) 'Proto-Indo_European culture: the Kurgan culture during the fifth, fourth and third millennia', *Indo- European and Indo-Europeans: Papers Presented at the Third Indo-European Conference at the University of Pennsylvania*, eds. G. Cardona, H. M. Hoenigswald and A. Senn. Philadelphia: University of Pennsylvania Press, pp. 155-97.

Gladstone, W. (1869) *Juventus Mundi: The gods and men of the heroic age.* London: Macmillan.

Glanville, S. (1942) *The Legacy of Egypt.* Oxford: Clarendon.

Gobineau, J. A. de (1983) Oeuvres, 2 vols. Paris: Pléiades.

Godwin, J. (1979) *Athanasius Kircher: A Renaissance Man and the Quest for Lost Knowledge.* London: Thames & Hudson.

Goldin, J. (1967) Introduction, in Spiegel, *The Last Trial*, pp. i-xxvi.

Goldsmith, O. (1774) *History of the Earth*, 8 vols. London.

Gomme, A. W. (1913) 'The legend of Cadmus and the Logographi', *Journal of Hellenic Studies* 13, pp. 53-72, 223-45.

Gooch, C. P. (1913) *History and Historians in the Nineteenth Century.* London: Longman.

Goodenough, W. H. (1970) 'The evolution and pastoralism and Indo- European origins', in *Indo-European and Indo-Europeans: Papers Presented at the Third Indo-European*

Conference at the University of Pennsylvania, eds. G. Cardona, H. M. Hoenigswald and A. Senn, pp. 253-65.

Gordon, C. (1962a) 'Eteocretan', *Journal of Near Eastern Studies* 21: 211-14.

— (1962b) *Before the Bible: The Common Background of Greek and Hebrew Civilization*, New York: Harper & Row.

— (1963a) 'The Dreros bilingual', *Journal of Semitic Studies* 8: 76-9.

— (1963b) 'The Mediterranean factor in the Old Testament', *Supplements to Vetus Testamentum* 9: 19-31.

— (1965) *Ugaritic Textbook, Analecta Orientalia* 18. Rome: Pontificum Institutum Biblicum.

— (1966) *Evidence for the Minoan Language*. Ventnor.

— (1968a) 'The present status of Minoan studies', *Atti*: 383-8.

— (1968b) 'Northwest Semitic texts in Latin and Greek letters' *Journal of the American Oriental Society* 88: 285-9.

— (1968c) 'The Canaanite text from Brazil', *Orientalia* 37: 425-36.

— (1968d) 'Reply to Professor Cross', *Orientalia* 37: 461-3.

— (1969) 'Minoan', *Athenaeum* 47: 125-35.

— (1970a) 'Greek and Eteocretan unilingulas from Praisos and Dreros', *Berytus* 19: 95-8.

— (1970b) 'In the wake of Minoan and Eteocretan', Πραχτικά του Α' Διεθνουσ 'Ανθρωπιστ ικού Συμποσίου ἐν Δελφοίς 1: 63-71.

— (1971) *Forgotten Scripts: The Story of their Decipherment*. London: Penguin.

— (1975) 'The decipherment of Minoan and Eteocretan', *Journal of the Royal Asiatic Society*: 145-58.

— (1980) 'A new light on the Minoan language', Πεπραγμένα:205-9.

— (1981) 'The Semitic language of Minoan Crete', in Arbeitman and Bomhard, pp. 761-82.

— (1983) 'The Greek uniliguals from Praisos and Dreros and their bearing on Eteocretan and Minoan', Πεπραγμένα τού Γ" Διέθνους Κρητολογικού Συνεδρίου: 97-103.

Gossman, L. (1983) 'Orpheus Philologus: Bachofen versus Mommsen on the study of Antiquity', *Transactions of the American Philsophical Society* 73: pt 5.

Gould, R. F. (1904) *A Concise History of Freemasonry*. London: Gale and Polden.

Gould, S. J. (1981) *The Mismeasure of Man*. New York: Norton.

Gran, P. (1979) *Islamic Roots of Capitalism: Egypt 1760-1840*. Austin: University of Texas Press.

Graves, R. (1948) *The White Goddess*. London: Faber & Faber.

— (1955) *Greek Myths*, 2 vols. London: Penguin.

Green, A. (1982) *Flaubert and the Historical Novel*. Cambridge University Press.

Green, A. R. W. (1975) *The Role of Human Sacrifice in the Ancient Near East*. Missoula, Montana: Scholars Press for the American Schools of Oriental Research.

Griffiths, J. G. (1970) *Plutarch's De Iside et Osiride*. Cambridge University Press.

— (1975) *Apuleius of Madauros, The Isis Book* (Metamorphosis, Book XI). Leiden: Brill.

— (1980) 'Interpretation Graeca', in Helck and Otto, vol. III, cols 167-72.

— (1982) 'Plutarch', in Helck and Otto, vol. IV, cols 1065-7.

Griggs, E. L. (1956-71) *Collected Letters of Samuel Taylor Coleridge*, 5 vols. Princeton University Press and Oxford: Clarendon.

Grimm, G. (1969) *Die Zeugnisse ägyptischer Religion und Kunstelemente in römischen Deutschland*. Leiden: Brill.

Grote, G. (1826) 'Mitford's History of Greece', in the *Westminster Review* 5: 280-331.

— (1846-56) *A History of Greece*, 12 vols. London.

Grumach, E.(1968/9) 'The coming of the Greeks', *Bulletin of the John Rylands Library* 51: 73-103, 400-30.

Guignes, C. L. J. de (1758) *Mémoire dans lequel on prouve que les chinois sont une colonie égyptienne*. Paris.

Haase, R. (1975) 'Kepler's harmonies between Pansophia and Mathesis Universalis', in Beer and Beer, pp. 427-38.

Hammond, N. G. L. (1967) *A History of Greece to 322 BC*, 2nd edn. Oxford: Clarendon.

Hani, J. (1976) *La Religion égyptienne dans la pensée de Plutarque, collection d'études mythologiques*. Centre de Rechercher Mythologique de l'Université de Paris. Paris: 'Les Belles Lettres'.

Hanny, D. (1911) 'Spain, history', *Encyclopaedia Britannica*, 11th edn.

Hansberry, L. W. (1977) *Africa and the Africans as seen by Classical Writers: The Leo William Hansberry African History Notebook*, 2 vols, ed. J.E. Harris. Washington: Howard University Press.

Harden, D. (1971) *The Phoenicians*. London: Penguin.

Hardy, T. (1891) *Tess of the d'Urbervilles*.

Hare, J. (1647) *St Edward's Ghost: or, Anti-Normanisme. Being a Pathetical Complaint and Motion in the behalfe of our English Nation against her grand(yet neglected) grievance, Normanisme*. London.

Harris, J. (1751) *Hermes: Or, a Political Inquiry, Concerning Language and Universal Grammar*. London.

Harris, Z. S. (1939) *The Development of the Canaanite Dialects: An Investigation in Linguistic History*. New Haven: American Oriental Society.

Harris-Schenz, B. (1984) *Black Images in Eighteenth Century German Literature*. Stuttgart: Heinz.

Harrison, J. (1903) *Prolegomena*. Cambridge University Press.

— (1925) *Reminiscences of a Student's Life*. London: Hogarth.

Hartleben, H. (1906) *Champollion sein Leben und sein Werk*, 2 vols. Berlin: Weidmann.

— (1909) *Lettres de Champollion le Jeune recuellies et annotées*, 2vols. Paris: Bibliothèque Egyptologique.

Havelock, A. E. (1982) *The Literate Revolution in Greece and its Cultural Consequences*. Princeton University Press.

Haydon, B. R. (1926) *Autobiography and Memoirs*, new edn, ed. Aldous Huxley. London: P. Davies.

Heeren, A. H. L. (1824) *Ideen über die Politik, den Vehrkehr und den Handel der vornehmsten Völker der alten Welt*, 2 vols, Göttingen, trans. B. W. Talboys(1832-4) as *Reflections on the Politics, Intercourse, and Trade of the Principal Nations of Antiquity*, 2 vols. Oxford.

Hegel, G. W. F. (1892) *Lectures on the History of Philosophy, E. S. Haldane and F. H. Simson*, trans., 3 vols. London.

— (1967) *Philosophy of Right*, trans. with notes by T. M. Knox. London: Oxford University Press.

— (1975) *Lectures on the Philosophy of World History: Introduction: Reason in History*, H. B. Nisbet, trans. Cambridge University Press.

Heine, H. (1830-1) *Reisebilder*, 2 vols. Hamburg.

Helck, W. (1962) 'Osiris', in *Pauley Wissowa*, suppl. 469-513.

— (1971) *Die Beziehungen Ägyptens zu Vorderasien im 3. und 2. Jahrtausend v. Chr.* 2nd improved edn, Wiesbaden.

— (1979) *Die Beziehungen Ägyptens und Vorderasiens zur Ägäis bis ins 7. Jahrhundert v. Chr.* Darmstadt: Wissenschaftliche Buchgesellschaft.

Helck, W. and Otto, E. (1975) *Lexikon der Ägyptologie*, vol. 1. Wiesbaden: Harrasowitz.

— (1977)— vol. II.

— (1980)— vol. III.

— (1982)— vol. IV.

Heliodoros (1935) *Aithiopika*, J. Maillon, trans., 2 vols. Paris: 'Belles Lettres'.

Helm, P. R.(1980) *'Greeks' in the Neo-Syrian Levant and 'Assyria' in Early Greek Writers*. Philadelphia, PhD thesis.

Hemmerdinger, B. (1969) 'Noms communs d'origine égyptienne', *Glotta* 44: 238-47.

Herder, J. G.(1784-91) *Ideen zur Philosophie der Geschichte der Menschheit*, 4 vols. Riga and Leipzig.

Herm, G. (1975) *The Phoenicians: The Purple Empire of the Ancient World*, C. Hillier, trans. New York.

Herodotos (1954) *Herodotus: The Histories*, A. de Selincourt, trans. London.

Hersey, G. (1976) '"Aryanism" in Victorian England', *Yale Review* 66: 104-13.

Hester, D. A. (1965) 'Pelasgian a new Indo-European language?' *Lingua* 13: 335-84.

Heumann (1715) *Acta Philosophorum*. Halle.

Highet, G. (1949) *The Classical Tradition: Greek and Roman Influences on Western Literature*. New York and London: Oxford University Press.

Hill, C. (1968) *The World Turned Upside Down*. London: Temple Smith.

— (1976) *Science and Magic in Seventeenth Century England*, text of a lecture given at the J. D. Bernal Peace Library, 19 Oct. 1976.

Hodge, C. (1976) 'Lisramic(Afroasiatic): an overview', in M. L. Bender, ed., *The Non-Semitic Languages of Ethiopia*. East Lansing, Mich., pp. 43-65.

Hoefer (1852-77) *Nouvelle Biographie générale*, 46 vols. Paris.

Hohendahl, P. U.(1981) 'Reform als Utopie: Die preußiche Bildungspolitik 1809- 1917', in W. Voßkamp, ed., *Utopieforschung: Interdisziplinäre Studien zur neuzeitlichen Utopie*, vol. 3, pp. 250-72.

Holm, A. (1886-94) *Griechische Geschichte von ihrem Urspunge bis zum Untergange der Selbständigheit des griechischen Volkes*, 4 vols, Berlin, trans. 1894 as *History of Greece*. London: Macmillan.

Honolka, K. (1984) *Papageno: Emanuel Schikaneder: Der Große Theartermann der Mozart-Zeit*. Salzburg: Residenz Verlag.

Honour, H. (1961) *Chinoiserie: The Vision of Cathay*. London: John Murray.

Hood, S. (1967) *Home of the Heroes: The Aegean Before the Greeks*. London: Thames & Hudson.

Hooker, J. T. (1976) *Mycenaean Greece*. London: Routledge & Kegan Paul.

Hopfner, T. (1922/3) *Fontes Historiae Religonis Aegyptiacae*, 2 vols. Bonn: Marci et Weberi.

— (1940-1) *Plutarch über Isis und Osiris*, 2 vols. Prague: Orientalisches Institut.

Hornung, E. (1971) *Der Eine und die Vielen: Ägyptische Gottesvorstellungen*. Darmstadt, trans. J. Baines(1983) as *Conceptions of God in Ancient Egypt: The one and the Many*. London: Routledge & Kegan Paul.

Horton, R. (1967) 'African traditional thought and Western science', *Africa* 37: 50-71, 155-87.

— (1973) 'Lévy-Brühl, Durkheim and the scientific revolution', in R. Horton and R. Finnegan, eds *Modes of Thought: Essays on Thinking in Western and non-Western Societies*. London: Faber & Faber.

Humboldt, W. von (1793) 'Über das Studium des Altertums und des Griechischen insbesondre', *Gesammelte Schriften*, vol. I, pp. 255-81.

— (1821) 'Ueber die Aufgabe des Geschichtsschreibers', *Gesammelte Schriften*, vol. 4, pp. 35-56.

— (1826) 'Lettre à Monsieur Abel-Remusat sur la nature des formes grammaticales en générale, et sur la génie de la langue chinoise en particulier', *Journal Asiatique* 9:115; reprinted, *Gesammelte Schriften*, vol. 5, pp. 254-308.

— (1841-52) *Wilhelm von Humboldts gesammelte Werke*, ed. C. Brandes, 7 vols in 4. Berlin.

— (1903-36) *Wilhelm von Humboldts gesammelte Schriften*, 17 vols. Berlin: Leitzmann and Gebhardt.

Hunger, K. (1933) *Die Bedeutung der Universität Göttingen für die Geschichtsforschung am Ausgang des achtzehnten Jahrhunderts*. Berlin: E. Ebering.

Huxley, G. (1961) *Crete and the Luvians*. Oxford: the author.

Iggers, G. I. (1967) [trans. of W. von Humboldt's] 'The task of the historian', *History and Theory* 6: 57-71.

— (1968) *The German Conception of History: The National Traditions of Historical Thought from Herder to the Present*. Middletown, Conn.: Wesleyan University Press.

Irving, W. (1829) *The Conquest of Granada*. New York.

— (1852) *The Alhambra*, New York.

Irwin, J. T. (1980) *American Hieroglyphics: the Symbol of Egyptians Hieroglyphics in the American Renaissance*. New Haven: Yale University Press.

Isokrates (1928-44), 3 vols, 1 & 2 trans. G. Norlin; 3, trans. L. Van Hook. Cambridge, Mass.: Loeb.

Iversen, E. (1957) 'The Egyptian origin of the Archaic Greek canon', *Mitteilungen des Deutschen Archäeologischen Instituts Abt. Kairo* 15: 134-47.

— (1961) *The Myth of Egypt and its Hieroglyphs in European Tradition*. Copenhagen: Gad.

Jacob, M. C. (1976) *The Newtonians and the English Revolution 1689-1720*. Ithaca, NY: Cornell University Press.

— (1981) *The Radical Enlightenment: Pantheists, Freemasons and Republicans*. London: Allen & Unwin.

Jacoby, F. (1904) *Das Marmor Parium*, ed. and ann. Weidmann. Berlin.

— (1923-9) *Fragmente der griechischen Historiker*, ed. and ann. Weidmann. Berlin.

James, G. G. M. (1954) *Stolen Legacy, The Greeks were not the authors of Greek Philosophy, but the people of North Africa, commonly called the Egyptians*. New York: Philosophical Library.

Jeanmaire, H. (1951) *Dionysos*. Paris: Payot.

Jeffery, L. H. (1961) *The Local Scripts of Archaic Greece: A Study in the Origin of the*

Greek Alphabet and its Development from the Eighth to the Fifth Centuries BC.
Oxford: Clarendon.

— (1976) *Archaic Greece: The City-States c. 700-500 BC.* London/New York: St
Martin's.

— (1982) 'alphabetic writing', *Cambridge Ancient History*, vol. 3, pt 1, pp. 819-33.

Jenkyns, R. (1980) *The Victorians and Ancient Greece.* Oxford: Blackwell.

Jensen, H. (1969) *Sign, Symbol and Script: An Account of Efforts to Write*, 3rd rev. edn,
trans. G. Unwin. New York: Putnam.

Jespersen, O. (1922) *Language: its Nature, Development and Origin.* London: Allen &
Unwin.

Jidejian, N. (1969) *Tyre Through the Ages.* Beirut: Dar el-machreq.

Joffe, A. H. (1980) *Sea Peoples in the Levant.* Cornell, Department of Near Eastern
Studies, undergraduate thesis.

Johansen, H. F. and Whittle, E. W. (1980) *Aeschylus: the Suppliants*, 3 vols. Aarhus:
Gyldenda.

Johnson, S. (1768) *The History of Rasselas Prince of Abissinia: An Asiatic Tale.*
Philadelphia.

Jomard, E. F. (1829a) *Description générale de memphis et ses pyramids.* Paris.

— (1829b) *Remarque sur les pyramides.* Paris.

Jones, T. (1969) *The Sumerian Problem.* London, New York, Toronto and Sydney: John
Wiley & Sons.

Jones, W.(1784) 'On the gods of Greece, Italy and India', in *The Works of Sir William
Jones, with the Life of the Author by Lord Teignmouth*, 13 vols, London, 1807, vol.
1, pp. 319-97.

— (1786) 'Third anniversary discourse before the Asiatick Society (of Bengal)', in *The
Works of Sir William Jones, with the Life of the Author by Lord Teignmouth*, 13
vols, London, 1907, vol. 1, pp. 25-39.

— (1794) *The Laws of Manu.* Calcutta.

Jordan, W.D. (1969) *White Over Black: American Attitudes Toward the Negro:
1550-1812.* Baltimore: Penguin.

Josephus, *Contra Apionem.*

— *Antiquitates Judaicae.*

Juster, J. (1914) *Les Juifs dans l'Empire romaine*, 2 vols. Paris: Geuthner.

Kantor, H. J. (1947) 'The Aegean and the Orient in the second millennium BC', *American
Journal of Archaeology* 51: 1-103.

Kaufman, S. A. (1982) 'Reflections on the Assyrian-Aramaic bilingual from Tell
Fakhariyeh', *MAARAV* 3/2:137-75.

Keightly, D. N. (1978) *Sources of Shang History: The Oracle Bone Inscriptions of Bronze Age China.* Berkeley: University of California Press.

— (1983) ed., *The Origins of Chinese Civilization.* Berkeley: University of California Press.

Kern, O. (1926) *Die Religion der Griechen.* Berlin: Weidmann.

Khattab, A. (1982) *Das Ägypthenbild in den deutschsprachigen Reisebeschreibungen der Zeit von 1285-1500.* Frankfort a. M.: Europäische Hochschulschriften Reihe 1 Deutsche Sprache und Literatur.

Kienast, B. (1981) 'Die Sprache von Ebla und das Altsemitische', in Cagni, pp. 83-98.)

King, L. W. and Hall, H. R. (1907) *Egypt and western Asia in the Light of Recent Discoveries.* London: Grolier Socienty.

Kinkel, I. G. (1877) *Epicorum Graecorum Fragmenta.* Leipzig.

Kircher, A. (1652) *Oedipus Aegptiacus.* Rome.

Kirk, G. S. (1970) *Myth: its Meaning and Functions in Ancient and Other Culture.* Berkeley and Cambridge: University of California Press.

Kistler, M. O. (1960) 'Dionysian elements in Wieland', Germanic Review 25.1: 83-92.

Klausner, J. (1976) 'The First Hasmonean rulers: Jonathan and Simeon', in A. Schalit, ed. *World History of the Jewish People*: VI, *The Hellenistic Age.* London: W. H. Allen, pp. 183-210.

Knight, S. (1984) *The Brotherhood: The Secret World of the Freemasons.* London, New York: Granada.

Knoop, D. and Jones, G. P. (1948) *The Genesis of Freemasonry: An Account of the Rise and Development of Freemasonry in its Operative, Accepted and Early Speculative Phases.* University of Manchester Publications.

Knowles, J. (1831) *The Life and Writings of Henry Fuseli*, Esq. M. A., R. A. London.

Knox, R. (1862) *The Races of Men: A Philosophical Inquiry into the Influence of Race over the Destinies of Nations.* London, 2nd edn.

Kretschmer, P. (1924) 'Das nt-suffix', *Glotta* 13:84-106.

Kroll, J. (1923) 'Kulturhistorisches aus astrologischen Texten', *Klio* 18: 213-25.

Kropotkin, P. (1899) *Memoirs of a Revolutionist.* New York and Boston: Houghton Mifflin.

Kuhn, T. (1970) *The Structure of Scientific Revolutions*, 2nd edn. Chicago University Press.

Kunzl, A. (1976) *Der Gegensatz Rom-Kartago im Spiegel historisch-politischer Ausserungen der Zeit um den Ersten Weltkrig.* Erlangen, thesis.

Lafont, R., Labal, P., Duvernoy, J., Roquebert Martel, P. and Pech, R. (1982) *Les Cathares en Occitanie.* Paris: Fayard.

La Marche, V. C. and Hirschbeck, K. K. (1984) 'Frost rings in trees as records of major volcanic eruptions', *Nature* 307, 12 Jan. pp. 121-6.

Lambert, R. (1984) Beloved and God: the Story of Hadrian and Antinous. New York: Viking.

Lane-Fox, R. (1980) *The Search for Alexander*. Boston and Toronto: Little Brown.

Langham, I. (1981) The Building of British Social Anthropology: W. H. R. Rivers and his Cambridge Disciples in the Development of Kinship Studies, 1898-1931. Dordrecht, Boston and London: J. D. Reidel.

Laroche, E. (1977?) 'Toponymes et frontières linguistiques en Asie Mineure', in *La Toponymie Antique: Actes du Colloque de Strasbourg*. 12-14 jin 1975. Leiden: Brill, pp. 205-13.

Lattimore, R. (1939) 'Herodotus and the names of the Egyptian gods', *Classical Philology* 34:357-65.

Lauer, J. F. (1948) *Le Problème des Pyramides d'Egypte*. Paris: Payot.

— (1960) *Observations sur les pyramides*. Cairo: Institut Français d'Archéologie Orientlae.

Leach, E. (1966) 'The legitimacy of Solomon, some structural aspects of Old Testament history', *European Journal of Sociology* 7:58-101.

— (1986) *Aryan Invasions over Four Millennia*, Wenner-Gren Symposium no. 100, 'Symbolism Through Time'. Fez:12-21 Jan.

Leclant, J. (1972) *Inventaire Bibliographique des Isiaca: Répertoire analytique des travaux relatifs à la diffusion des cultes isiaques, A-D*. Leiden: Brill.

— (1974) *E-K*.

— (1982) 'Champollion et le Collège de France', *Bulletin de la Société Française d'Egyptologie* 95:32-46.

Lee, H. D. P. (1955) *Plato: The Republic*. London: Penguin.

Le Fèvre, T. (1664) *Lex Poètes grecs*. Saumur.

Lehmann, W. P. (1973) *Historical Linguistics: an Introduction*. New York: Holt, Reinhart & Winston.

Levi, P. (1971) *Pausanias' Guide to Greece*, 2 vols. London: Penguin.

Levin, H. (1931) *The Broken Column; a Study in Romantic Hellenism*. Cambridge, Mass.: Harvard University Press.

Levin, S. (1968) 'Indo-European penetration of the civilized Aegean world as seen in the "Horse" tablet of Knossos(Ca895)', *Attie memoire del 1 congresso internazionale di micinilogia. Roma, 27 Settembre-3 Ottobre 1967*, pp. 1179-85.

— (1971a) *The Indo-European and Semitic Languages*. Albany: State University of New York Press.

— (1971b) 'The etymology of νέκταρ exotic scents in early Greece', *Studi Micenei ed Egeo-Anatolici* 13:31-50.

— (1973) 'The accentual system of Hebrew, in comparison with the ancient Indo-European languages', *Fifth World Congress of Jewish Studies*, 4:71-7.

— (1977) 'Something stolen: a Semitic participle and an Indo- European neuter substantive', in P. Hopper, ed., *Studies in Descriptive and Historical Linguistics: Festschrift for Winfred P. Lehmann.* Amsterdam: John Benjamin, pp. 317-39.

— (1978) 'The perfumed goddess', *Bucknell Review* 24:49-59.

— (1979) 'Jocasta and Moses' mother Jochabed, Teiresias-Teipesias, suppl. 2: 49-61.

— (1984) 'Indo-European descriptive adjectives with 'Oxytone' accent and Semitic stative verbs', *General Lingusitics* 24.2:83-110.

Lewy, H. (1895) *Die semitischen Fremdwörter im Griechischen.* Berlin.

Lieblein, J. (1884) *Egyptian Religion.* Christiania and Leipzig.

Linforth, I. M. (1911-16) 'Epaphos and the Egyptian Apis', *University of California Publications in Classical Philology* 2:81-92.

— (1926) 'Greek gods and foreign gods in Herodotus', *University of California Publications in Classical Philology* 9.1:1-25.

— (1940) 'Greek and Egyptian gods(Herodotus II, 50, 52)', *Classical Philology* 35: 300-1.

Lipinsky, E. (1978) 'Ditanu', *Studies in Bible; and the Ancient Near East, Separatum*: 91-110.

Lloyd, A. B. (1976) *Herodotos Book II*, vol. II: *Commentary 1-98.* Leiden: Brill.

Lloyd-Jones, H (1981) Foreword, in Trevelyan, *Goethe and the Greeks*, pp. i-xlvii.

— (1982a) *Blood for the Ghosts: Classical Influences in the Nineteenth and Twentieth Centuries.* London: Duckworth.

— (1982b) *Classical Survivals: The Classics in the Modern World.* London: Duckworth.

— (1982c) 'Introduction to Wilamowitz-Moellendorf', *History of Classical Scholarship*: i-xxxii.

Lochner-Hüttenbach, F. (1960) *Die Pelasger.* Vienna.

Locke, J. (1688) *Essay Concerning Human Understanding.* London.

— (1689) *The True End of Civil Government.* London.

Lockyer, J. N. (1893) *The Early Temple and Pyramid Builders.* Washington.

— (1894) *The Dawn of Astronomy.* London.

Lohnes, W. F. W. and Strothmann, F. W. (1980) *German: a Structural Approach*, 3rd edn. New York: Norton.

Lorimer, H. L. (1950) *Homer and the Monuments.* London: Macmillan.

Lucretius, De Rerum Natura.

Lumpkin, B. (1984) 'Mathematics and engineering in the Nile Valley', *Journal of African*

Civilizations 6.2:102-19.

Macaulay, T. B. (1842) *Lays of Ancient Rome.* London.

— (1866-71) *The Works of Lord Macaulay Edited by His Sister, Lady Trevelyan,* 8 vols. London.

McCarter, K. (1975) *The Antiquity of the Greek Alphabet and the Early Phoenician Scripts.* Missoula, Montana: Scholars Press for Harvard Semitic Museum.

MacDougall, H. A. (1982) *Racial Myth in English History.* Montreal, Hanover Vt. and London: Harvest House, University Press of New England.

Macqueen, J. G. (1975) *The Hittites and Their Contemporaries in Asia Minor.* London: Thames & Hudson.

McGready, A. G. (1969) 'Egyptian words in the Greek vocabulary', *Glotta* 44:247-54.

McGuire, J. E. (1977) 'Neoplatonism and Active Principles: Newtonand the Corpus Hermeticum', in Westman and McGuire, pp. 95-142.

McGurie, J. E. and Rattansi, P. M. (1966) 'Newton and the pipes of Pan', *Notes and Records of the Royal Society* 21:108-43.

Madelin, L. (1937) *Historie du consulat et de l'empire,* 8 vols. Paris: Hachette, vol. 2, *L'ascension de Bonaparte.*

Malingrey, A. M. (1961) *Philosophy: Étude d'un groupe de mots dans la littérature grecque des Présocratiques au IVe s. ap. J. -C.* Paris: Klincksieck.

Mallet, D. (1888) *Le Culte de Neith à Sais.* Paris.

Manuel, F. E. (1956) *The New World of Henri Saint Simon.* Cambridge, Mass.: Harvard University Press.

— (1959) *The Eighteenth Century Confronts the Gods.* Cambridge, Mass.: Harvard University Press.

— (1963) *Isaac Newton, Historian.* Cambridge, Mass.: Harvard University Press.

— (1974) *The Religion of Isaac Newton.* Oxford: Clarendon.

— (1983) *The Changing of the Gods.* Hanover Vt. and London.

Marichal, R. (1982) 'Champollion et l'Acaémie', *Bulletin de la Société Française d'Egyptologie* 95:12-31.

Marin, L. (1981) *Le Portrait du Roi.* Paris: Minuit.

Marino, L. (1975) *I maestri della Germania, Göttingen 1770-1820.* Turin: Einaudi.

Marsh, (1885) 'Review of A History of Art in Phoenician and its Dependencies, by G. Perrot and C. Chipiez', *American Journal of Archaeology* 1:190-5.

Marx, K. (1939) *Grudrisse der Kritik der politischen Ökonomie, Verlag für fremdsprachige Literatur.* Moscow and Berlin. trans. Martin Nicolaus (1973) as *Karl Marx, Grundrisse.* New York: Vintage Books.

— (1983) *Das Kapital: Kritik der politischen Ökonomie,* erster Band, Hamburg 1867 Text.

Ser. 2, vol. 5, in *Karl Marx-Friedrich Engels, Gesamtausgabe(MEGA)* 1975-1983. Berlin: Dietz Verlag.

Masica, C. P. (1978) *Defining a Linguistic Area: South Asia.* Chicago University Press.

Maspero, G. (1893) *Études de mythologie et d'archéologie égyptiennes.* Paris.

Masson, E. (1967) *Recherches sur les plus anciens emprunts sémitiques en grec.* Paris: Klincksieck.

Matz, F. (1973) 'The zenith of Minoan civilization', *The Cambridge Ancient History*, 3rd edn, vol. 2, pt 1, *The Middle East and the Aegean c. 1800-1380 BC*, pp. 557-81.

Maverick, L. (1946) *China a Model for Europe.* San Antonio: Paul Anderson.

Maximus of Tyre (1910) ed. H. Hobein. Leipzig: Teubner.

Mayer, M. L. (1964) 'Note etimologiche III', *Acme* 17:223-9.

— (1967) 'Note etimologiche IV', *Acme* 20:287-91.

Mayes, S. (1959) *The Great Belzoni.* London: Putnam.

Mazar, B. (1971) *World History of the Jewish People*, vol. 3. London: W. H. Allen.

Meiners, C. (1781-2) *Geschichte des Ursprungs, Fortgangs und Verfalls der Wissenschaft in Griechenland und Rom.* Lemgo.

— (1811-15) *Untersuchungen über die Verscheidenheiten der Menschenrassen*, 3 vols. Tü bingen.

Mellink, M. J. (1967) Review of *Interconnections in the Bronze Age* by W. S. Smith. *American Journal of Archaeology* 71:92-4.

Merkelbach, R. and West, M. L. (1967) *Fragmenta Hesiodea.* Oxford: Clarendon.

Meyer, E. (1892) *Forschungen zur alten Geschichte*, 2 vols. Halle.

— (1921) *Ursprung und Anfange des Christentums, II. Die Entwicklung des Judentums und Jesus von Nazaret.* Stuttgart and Berlin: Cotta.

— (1928-36) *Geschichte des Altertums*, 4 vols. Stuttgart and Berlin: Cotta.

Meyer, G. (1892) 'Von wem stammt die Bezeichnung Indogermanen?', *Indogermanische Forschungen* 2:125-30.

Michael, H. N. and Weinstein, G. A. (1977) 'New radio carbon dates from Akrotiri', *Thera.* Temple University Aegean Symposium 2: 27-30.

Michaelet, J.(1831) *Histoire Romaine*, 2 vols. Paris.

— (1962)(1831) *Introduction à l'histoire universelle.* Paris: A. Colin.

Nillard, A. R. (1976) 'The Canaanite linear alphabet and its passage to the Greeks', *Kadmos* 15: 130-44.

Millard, A. R. and Bordreuil, P. (1982) 'A statue from Syria with Assyrian and Aramaic inscriptions', *Biblical Archaeologist* 45.3:135-41. See also under Abou-Assif.

Mitford, W. (1784-1804) *The History of Greece*, 8 vols. London.

Momigliano, A. (1946) 'Friedrich Greuzer and Greek historiography', *Journal of the*

Warburg and Courtauld Institute 9: 152-63.

— (1957) 'Perizonus, Niebuhr and the character of the early Roman tradition', *Journal of Roman Studies* 47:104-14, repr. in his *Essays on Ancient and Modern Historiography* (1977). Oxford, pp. 231-51.

— (1958) 'The Place of Herodotos in the History of Historiography,' *History* 4:1-13.

— (1966a) 'Giulio Beloch' in *Dizionario Biografico degli Italiani*, vol. 8, pp. 32-45, repr. in *Terzo Contributo alla storia degli studi classici e del mondo antico*, 1966. Rome, pp. 239-65.

— (1966b) 'George Grote and the study of Greek history', *Studies in Historiography* (1966) London, pp. 56-74.

— (1966c) 'Vico's scienza nuova: Roman "Bestioni" and Roman "Eroi"', *History and Theory* 5:3-23, repr. in *Essays on Ancient and Modern Historiography* (1977), pp. 253-76.

— (1966d) 'Ancient history and the antiquarian', *Studies in Historiography*, pp. 6-9.

— (1968) *Prime linee di storia della tradizione Maccabaica*. Amsterdam: Hakkert.

— (1975) *Alien Wisdom: The Limits of Hellenization*. Cambridge University Press.

— (1980) 'Alle origini dell'interesse su Roma arcaica, Niebuhr e l'India', *Rivista Storica Italiana* 92:561-71.

— (1982) 'New paths of Classicism in the nineteenth century', *History and Theory* Beiheft 21.

Monro, D. B. (1911) 'Wolf, Friedrich August', *Encyclopaedia Britannica*, 11th edn, vol. 28, pp. 770-1.

Montesquieu, C. de (1721) *Letters Persanes*. Paris.

— (1748) *L'esprit des lois*. Paris.

Moorehead, A. (1962) *The Blue Nile*. New York: Harper & Row.

More, H. (1931) *Philosophical Poems of Henry More*. G. Bullough, ed. Manchester University Press.

Morenz, S. (1969) *Die Begegnung Europas mit Agypten*. Zürich and Stuttgart: Artemis.

— (1973) *Egytpian Religion*, A. E. Keep, trans. London: Methuen.

Moscati, S. (1968) *Fenici e cartaginesi in Sardegna*. Milan: A. Mondadori.

Moscati, S., Spitaler, A., Ullendorf, E., and von Soden, W. (1969) *An Introduction to the Comparative Grammar of the Semitic Language: Phonology and Morphology*. Wiesbaden: Harrasowitz.

Mosse, G. (1964) *The Crisis of German Ideology: Intellectual Origins of the Third Reich*. New York: Grosse & Dunlap.

Mosshammer, A. A. (1979) *The Chronicle of Eusebius and the Greek Chronographic Tradition*. Lewisburg: Bucknell University Press.

Movers, F. C. (1841-50) *Die Phönizier*, 2 vols, 4 books. Bonn and Berlin.

Muhly, J. D. (1968) Review of *Hellenosemitica*, by M. C. Astour. *Journal of the American Oriental Society* 88:585-8.

— (1970a) Review of *Interconnections in the Ancient Near East*, by W. S. Smith. *Journal of the American Oriental Society* 90:305-9.

— (1970b) 'Homer and the Phoenicians: The relations between Greece and the Near East in the Late Bronze Age and Early Iron Ages', *Berytus* 19:19-64.

— (1973) 'The Philistines and their pottery', paper presented to the *Third International Colloquium on Aegean Prehistory*. Sheffield.

— (1979) 'On the Shaft Graves at Mycenae', *Studies in Honor of Tom B. Jones*, M. A. Powell and R. M. Sack, eds. Neukirchen- vlugn: Butzon & Bercker kevelaer, pp. 311-23.

— (1984) 'The role of the Sea Peoples in Cyprus during the L.C. 111 period,' in *Cyprus at the Close of the Late Bronze Age*, V. Karageorgis, ed. Nicosia: G. Leventis Foundation, pp. 39-56.

— (1985) 'Phoenicia and the Phoenicians', *Biblical Archaeology Today: Proceedings of the International Congress on Biblical Archaeology, Jerusalem, April 1984*, A. Biran et al, eds Jerusalem: Israel Exploration Society, Israel Academy of Sciences and Humanities American Schools of Oriental Research, pp. 177-91.

Müller, C (1841-70) *Fragmenta Historicorum Graecorum*. Paris.

Müller, K. O. (1980-4) *Geschichten bellenischer Stämme und Städte*, 3 vols. Breslau, Vol. 1, *Orchomenos und die Minyer*, vols II and III, *Die Dorier*, vols 2 and 3 trans. H. Tufnell and G. C. Lewis as *The History and Antiquities of the Doric Race* (1830) 2 vols. London.

— (1825) *Prolegomena zu einer wissenschaftlichen Mythologie*. Göttingen. trans. J. Leitch as *Introduction to a Scientific System of Mythology* (1844) London.

— (1834) 'Orion', Rheinisches Museum 2:1-30.

— (1858) *A History of the Literature of Ancient Greece*, Continued by J. W. Donaldson, 3 vols. London.

Murray, G. (1951) *Five Stages of Greek Religion*. Oxford: Clarendon.

Murray, M. (1931) *Egyptian Temples*. Marston, London: Sampson Low.

— (1949) *The Splendour that was Egypt*. London: Sidgwick & Jackson.

Murray, O. (1980) *Early Greece*. Brighton: Harvester/Atlantic Highlands, NJ: Humanities.

Musgrave, S. (1782) *Two Dissertations: 1) On the Grecian Mythology: 2) An Examination of Sir Isaac Newton's Objections to the Chronology of the Olympiads.* London.

Myres, J. L. (1924) 'Primitive man in geological time', *Cambridge Ancient History*, 1st edn, vol. 1, pp. 1-97.

Naveh, J. (1973) 'Some Semitic epigraphical considerations on the antiquity of the Greek alphabet', *American Journal of Archaeology*: 1-8.

— (1982) *Early History of the Alphabet: An Introduction to West Semtic Epigraphy and Paleography*. Jerusalem: Magnes/Leiden: Brill.

Needham, J. and Lu, G. D. (1958) *Transpacific Echoes and Resonances: Listening Once Again*. Singapore: World Scientific.

Needham, J. T. (1761) *De Inscriptione quadam Aegyptiaca Taurini inventa et Characteribus Aegptiis olim et Sinis communibus exarata idolo cuidam antiquo in regia universitate servato ad ultrasque Academias Londonensem et Parisiensem Rerum antiquarum, investigationi et studio praepositas data Epistola*. Rome.

Neiman, D. (1965) 'Phoenician place names', *Journal of Near Eastern Studies* 24: 113-15.

Neschke-Hetschke, A. B. (1984) 'Discussion', in Bollack and Wismann, pp. 483-4.

Nettl, P. (1957) *Mozart and Masonry*. New York: Philosophical Library.

Neugebauer, O. (1945) *Mathematical Cuneiform Texts*. New Haven: American Oriental Society and the American Schools of Oriental Research.

— (1950) 'The alleged Bablylonian discovery of the precession of the equinoxes', *Journal of the American Oriental Society* 70:1-8.

— (1957) *The Exact Sciences in Antiquity*. Providence.

Neugebauer, O. and Parker, R. A. (1960-9) *Egyptian Astronomical Texts*, 4 vols. Providence and London: Brown University Press. See also Swerdlow.

Neusner, J. (1965-70) *A History of the Jews in Babylonia*, 5 vols. Leiden: Brill.

Newton, I. *A Dissertation upon the Sacred Cubit of the Jews and the Cubits of Several Nations: in which from the dimensions of the Greatest Pyramid as taken by Mr. John Greaves, the ancient Cubit of Memphis is determined.*

— *Principia Mathematica.*

— *The Origins of Gentile Theology.*

Niebuhr, B. (1828-31, enl. edn) *Romische Geschichte*, 2 vols. Berlin.

— (1847) *Vorträge über alte Geschichte an der Universität zu Bonn gehalten*, 3 vols. London.

— (1847-51) *The History of Rome*, J. C. Hare and C. Thiewall, trans. 4th edn, 3 vols. London.

Nilsson, M. P. (1932) *The Mycenaean Origin of Greek Mythology*. Berkeley: University of California Press.

— (1950) *The Minoan Mycenaean Religion*. 2nd edn. Lund. C. W. K. Gleerup.

Nissen, W. (1962) *Göttinger Gedenktafeln: Ein biographischer Wegweiser*. Göttingen: Vandenhoek & Ruprecht.

— (1975) 'Ergänzungen', *Göttinger Dedenktafeln: Ein biographischer Wegweiser*. Göttingen.

Noguera, A. (1976) *How African was Egypt: A Comparative Study of Egyptian and Black African Cultures*. New York: Vantage Press.

Nonnos, (1940) *Dionysiaca*, 3 vols, trans. W. H. D. Rouse, notes by H. J. Rose and L. R. Lind(Loeb). Cambridge, Mass.

Oren, D. A. (1985) *Joining the Club: A History of Jews at Yale*. New Haven: Yale University Press.

Otto, E. (1975) 'Ägypten im Selbstbewusstsein des Ägypters', in Helck and Otto, cols 76-8.

Paaw, C. de (1773) *Recherches philosophiques sur les Égyptiens et les Chinois*. Berlin.

Pages, E. (1979) *The Gnostic Gospels*. New York: Random House.

Pallottino, M. (1978) *The Etruscans*, rev. and enl. edn. trnas. J. Cremona, ed. D. Ridgeway. London: Penguin.

— (1984) *Storia della Prima Italia*. Milan: Rusconi.

Pang, K. D. and Chou, H. H. 'Three very large volcanic eruptions in Antiquity and their effects on the climate of the Ancient World', paper abstract in *Eos* 66.46. 12 Nov. 1985: 816.

Pappademos, J. (1984) 'The Newtonian synthesis in physical science and its roots in the Nile Valley', *Journal of African Civilization* 6.2: 84-101.

Pappe, H. O. (1979) 'The English Utilitarians and Athenian democracy', in Bolgar, *Classical Influence...*, pp. 297-302.

Parke, H. W. (1967) *The Oracles of Zeus: Dōdōna, Olympia and Ammon*. Oxford: Blackwell.

Parker, R. A. and Neugebauer, O. (1960-4) *Egyptian Astronomical Texts*, 4 vols. London: Lund Humphries for Brown University Press.

Parmentier, L. (1913) *Recherches sur le traité d'Isis et d'Osiris de Plutarque*. Brussels: Academie Royale de Belgique.

Parry, M. (1971) *The Making of Homeric Verse: The Collected Papers of Milman Parry*. Oxford: Clarendon.

Patrides, C. A. (1969) *The Cambridge Platonists*. Cambridge University Press.

Paulys Real-Encyclopädie der classischen Altertumswissenschaft, ed. G. Wissama et al. (1894-). Stuttgart, München.

Pausanias, *Guide to Greece*, see Frazer and Levi.

Pedersen, H. (1959) *The Discovery of Language: Linguistic Science in the Nineteenth Century*, J. W. Spargo, trans. Bloomington: Indiana University Press.

Pendlebury, J. D. S. (1930a) *Aegypticaca*. Cambridge University Press.

— (1930b) 'Egypt and the Aegean in the Late Bronze Age', *Journal of Egyptian Archaeology* 16: 75-92.

Petit-Radel. F. (1815) 'Sur l'origine grecque du fondateur d'Argos', *Mémoires de l'Institut Royal de France, Classe d'Historie et de Litterature Ancienne* 2:1-43.

Petrie, W. M. F. (1883) *The Pyramids and Temples of Gizeh.* London.

— (1893) *The Great Pyramid.* London

— (1894-1905) *A History of Egypt*, 3 vols. London.

— (1908) 'Historical references in Hermetic writings', in *Transaction of the Third International Congress of the History of Religions*, Oxford 1: 196-225.

— (1909) *Personal Religion in Egypt before Christianity.* New York: Harpers Library of Living Thought.

— (1931) *70 Years of Archaeology.* London: Sampson Low.

Pettinato, G. (1978) 'L'Atante Geografico nel Vicino Oriente antico Attestate ad Ebla ed ad Abu Salabikh', *Orientalia* 46: 50-73.

— (1979) *Ebla: un impero inciso nell'argilla.* Milan: Mondadori, trnas. (1981) as *The Archives of Ebla: An Empire inscribed in Clay, with an Afterword by Mitchell Dahood S. J.* Garden City: Doubleday.

Pfeiffer, R. (1976) *History of Classical Scholarship: From 1300-1850.* Oxford: Clarendon.

Pharr, C. (1959) *Homeric Greek: A Handbook for Beginners*, 2nd edn. Norman, Okla.: University of Oklahoma Press.

Picard, C. (1937) 'Homère et les religions de l'Egypte', *Revue archéologique* 6me Série, 10: 110-13.

— (1948) *Les Religions Préhellenique.* Paris: Presses Universitaires de France.

Pierce, R. H. (1971) 'Egyptian loan words in Ancient Greek', *Symbolae Osloenses* 46: 96-107.

Pinot, V. (1932) *La Chine et l'esprit philosophique en Europe 1640-1740.* Paris: Geuthner.

Plato, (1914-192?) 12 vols, H. N. Fowler, trans. Kratylos.

— *Kritias.*

— *Menexenos.*

— *Republic.*

— *Timaiso*, see Lee, 1953.

Platon, N. and Stassinopouloutouloupa, E. (1964) 'Oriental seals from the Palace of Cadmus: unique discoveries in Boeotian Thebes', *Illustrated London News*, 28 November: 859-61.

Plutarch, *De Iside et Osiride*, trans. F. C. Babbit(1934-5) in *Plutarch's Moralia*, 16 vols(Loeb). Cambridge, Mass.: Havard University Press/London: Heinemann, vol. 5, pp. 7-191.

— *De Herodoti Malignitate*, trans. L. Pearson and F. H. Sandbach in *Plutarch's Moralia*, vol. 11, pp. 9-133.

Pocock, J. G. A.(1985) 'Gibbon as an Anglican manqué: clerical culture and the *Decline and Fall*', Miriam Leranbaum Memorial Lecture, SUNY, Binghamton, 17 April.

Poliakov, L. (1974) *The Aryan Myth: A History of Racist and Nationalist Ideas in Europe*, E. Howard, trans. London: Chatto & Windus and Heinemann for Sussex University Press.

Polomé, E. C. (1981) 'Can graphemic change cause phonemic change?', in Arbeitman and Bomhard, pp. 881-8.

Pope, M. (1973) *Job: A New Translation with Introduction and Commentary*, 3rd edn. Garden City, NY: Anchor.

— (1980) 'The cult of the dead at Ugarit', in G. Young, ed. *Ugarit in Retrospect: 50 Years of Ugarit and Ugaritic*. Winona Lake: Eisenbraun, pp. 170-5.

Popham, M. (1965) 'Some Late Minoan pottery from Crete', *Annual of the British School at Athens* 60:316-42.

Popkin, R. H. (1974) 'The philosophical basis of modern racism', in C. Walton and J. P. Anton, eds *Philosophy and the Civilizing Arts*, pp. 126-65.

— (1985) Introduction to Force, pp. xi-xix.

Popper, K. R. (1950) *The Open Society and its Enemies*, 2 vols. Princeton University Press.

Porada, E. (1965) 'Cylinder seals from Thebes: a preliminary report', *American Journal of Archaeology* 69:173.

— (1966) 'Further notes on the cylinders from Thebes', *American Journal of Archaeology* 70:194.

— (1981) 'The cylinder seals found at Thebes in Boiotia, with contributions on the inscriptions from Hans G. Güterbock and John A. Brinkman', *Archiv für Orientforschung* 28:1-78.

Porphery, *Vita Plotini*.

Potter, J. (1697) *Archaeologia Graeca, or the Antiquities of Greece*, 4 vols. London.

Praetorius, G. F. (1902) 'Zur Geschichte des griechischen Alphabets', *Zeitschrift der Deutschen Morgenländischen Gesellschaft* 56:676-80.

Pulleybank, E. G. (1955) *The Background of the Rebellion of An Lu-shan*. Cambridge University Press.

Pyle, K. B. (1969) *The New Generation in Meiji Japan: Problems of Cultural Identity 1885-1895*. Stanford University Press.

Rahman, A. (1982) *Science and Technology in Medieval India*. New Delhi: Vikas.

— (1983) *Intellectual Colonization: Science and Technology in West- East Relations*. New

Delhi: Vikas.

Rashed, R. (1980) 'Science as a Western phenomenon', *Fundamenta Scientiae* 1:7-21.

Rattansi, P. M. (1963) 'Paracelsus and the Puritan revolution', *Ambix* 11:24-32.

— (1973) 'Some evaluations of reason in sixteenth-and seventeenth century natural philosophy', in Teich and Young, pp. 148-66.

Rawlinson, G. (1869) *A Manual of Ancient History.* Oxford.

— (1889) *History of Phoenicia.* London.

Rawson, E. (1969) *The Spartan Tradition in European Thought.* Oxford: Clarendon.

Ray, J. D. (1976) *The Archive of Hor.* London: Egypt Exploration Society.

Reghellini de Schio (1833) *La Maçonnerie considérée comme le résultat des religions é gyptienne, juive et chrétienne.* Paris.

Reinach, S. (1892a) *L'Origine des Aryens: Historie d'une Controverse.* Paris.

— (1892b) 'Résumé of Tsountas', in Revue Archéologique 1: p. 93.

— (1893) 'Le mirage oriental', *Anthorpologie* 4:539-78, 699-732.

Renan, E. (1855) *Historie générale et système composée des langues sémitiques.* Paris.

— (1858) *Études d'historie religiouse*, 3rd edn. Paris.

— (1858) 'Mémore sur l'origine et caractère véritable de l'historie phénicienne qui porte le nom de Sanchunation' *Mémoires de l'Académie des inscriptions et Beeles-Lettres* 23:241-334.

Rendsburg, G (1982) 'A new look at Pentateuchal HW', *Biblica* 63:351-69.

Renfrew, C. (1972) *The Emergence of Civilization: The Cyclades and the Aegean in the Third Millennium BC.* London: Methuen.

— (1973) 'Problems in the general correlation of archaeological and linguistic strata in prehistoric Greece: the model of autochthonous origin', in Crossland and Birchall, pp. 265-79.

Renouf, P. I. P. (1880) *Lectures on the Origin and Growth of Religion.* London.

Ridgeway, W. (1901) *The Early Age of Greece*, 2 vols. Cambridge University Press.

Robertson Smith, W. (1894) *The Religion of the Semites: The Fundamental Institutions.* Cambridge.

Röllig, V. W. and Mansfeld, G. (1970) 'Zwei Ostraka vom TEll Kāmid el Loz und ein neuer Aspekt für die Entstehung des kanaanäischen Alphabets', *Die Welt des Orients* 5.2:265-70.

Rosen, E. (1970) 'Was Copernicus a Hermeticist?', *Minnesota Studies in the Philosophy of Science* 5:164-9.

— (1983) 'Was Copernicus a Neoplatonist?', *Journal of the History of Ideas* 44.3:667-9.

Rosen, G. (1920) *Juden und Phönizeier.* Tübingen: Mohr.

Rosenthal, F. (1970) Review of *Recherches sur les plus anciens emprunts sémitiques en grec*, by E. Masson, in *Journal of the American Oriental Society* 90:338-9.

Rothblatt, S. *The Revolution of the Dons: Cambridge and Society in Victorian England.* Cambridge University Press.

Rougé, E de (1869) 'Conférence sur la religion des anciens Egyptiens', *Annales de philosophie chrétienne*, 5th ser. 328-20.

Russell, B. (1961) *History of Western Philosophy: and its Connections with Political and Social Circumstances from the Earliest Times to the Present Day*, new edn. London: Allen & Unwin.

Russell, F. W. E. (1895) *The Letters of Matthew Arnod*, 2 vols. New York.

Rykönen, S. (1968) B. G. *Niebuhr als Politiker und Historiker.* Helsinki: Annales Academiae Scientiarum Fennicae, ser. B. vol. 156.

Sabry, M. (1930) *L'Empire Egyptien sous Mohamed-Ali et La Question d'Orient (1811-1849).* Paris: Geuthner.

Saggs, H. W. F.(1962) *The Greatness that was Babylon.* New York: Hawthorn Books.

Said, E. (1978) *Orientalism.* New York and London: Vintage.

St Clair, W. (1972) *That Greece Might Still be Free: The Philhellenes in the Greek War of Independence.* London: Oxford University Press.

— (1983) *Lord Elgin and the Marbles.* 2nd rev. edn. Oxford University Press.

Saldit-Trappmann, R. (1970) *Tempel der ägyptischen Götter in Griechen land und an der Westüste Kleinasiens.* Leiden : Brill.

Sandars, N. K. (1978) *The Sea Peoples: Warriors of the Ancient Mediterranean 1250-1150 BC.* London: Thames & Hudson.

Sandmel, S. (1979) *Philo of Alexandria: An Introduction.* New York/ Oxford: Oxford University Press.

Sandys, J. E. (1908) *A History of Classical Scholarship*, 3 vols. Cambridge University Press.

Santangelo, G. S. (1984) *Madame Dacier, una filologa nella 'Cristi' (1672- 1720).* Rome: Bulzoni.

Santillana, G. de (1963) 'On forgotten sources in the hsitory of science', A. C. Crombie, ed. *Scientific Change: Historical Studies in the Intellectual, Social and Technical Conditions for Scientific Discovery and Technical Invention, from Antiquity to the Present.* London, pp. 813-28.

Santillana, G. de and von Dechend, H. (1969) *Hamlet's Mill: an Essay in Myth and the France of Time.* Boston: Gambit.

Sasson, J. M. (1966) 'Canaanite maritime involvement in the second millennium BC', *Journal of the American Oriental Society* 86: 126-38.

Sauneron, S. et al. (1970-) *Collection des voyageurs occidentaux en Égypte.* Cairo:

Institut Français d'archéologie orientale.

Schiller, F. von (1967) *Über die ästhetische Erziehung des Menschen: in einer Reihe von Briefen(On the Aesthetic Education of Man: In a Series of Letters)*, E. M. Wilkinson and L. A. Willoughby, trans. Oxford.

Schlegel, F. von (1808) *Über die Sprache und Weisheit der Indier*. Heidelberg. trans. as 'On the language and philosophy of the Indians', by E. J .Millington(1949) in *Aesthetic and Miscellaneous Works of Friedrich von Schlegel*. London.

— (1939) *Cours d'histoire universelle (1805-1806)*. J. J. Anstett, ed. Paris: Patissier.

Schleicher, A. (1865) *Über die Bedeutung der Sprache für die Naturgeschichte des Menschen*. Weimar: H. Böhlen.

Schlesier, G. (1838-40) *Schriften von Friedrich von Gentz*, 5 vols. Mannheim.

Scholem, G. G. (1960) *Jewish Gnosticism, Merkehbah Mysticism and the Talmudic Tradition*. New York: Jewish Theological Seminary of America.

— (1965) *On the Kabbalah and its Symbolism*, R. Mannheim, trans. New York: Schocken.

— (1970) *Kabbalah*, New York: Quadrangle.

— (1974) *Major Trends in Jewish Mysticism*. New York: Schocken.

Schwab, R. (1950) *La Renaissance Orientale*. Paris: Bibliothèque Historique.

— (1984) G. Patterson-Black and V. Reinking, trans. New York: Columbia University Press.

Schwaller de Lubicz, R. A. (1958) *Le Temple de l'homme: Apet du sud à Louqsor*. Paris: Caractére.

— (1961) *Le Roi de la théocratie pharaonique*. Paris: 'Homo Sapiens'.

— (1968) *Le Miracle égyptien*. Paris: Flammarion.

Scollon, R. and S. B. K. (1980) *Linguistic Convergence: An Ethnography of Speaking: At Fort Chipewyan, Alberta*. New York, San Francisco and London: New York Academic Press.

Scott, W. (1924-36) *Hermetica*, 4 vols. Oxford: Clarendon.

Seidel, S. (1962) *Der Briefwechsel zwischen Friedrich Schiller und Wilhelm von Humboldt*, 2 vols. Berlin: Aufban Verlag.

Selem, P. (1980) *Les Religions orientales dans la Pannonie Romaine: Partie en Yougoslavie*. Leiden: Brill.

Seltman, C. (1933) *Greek Coins: A History of Metallic Currency and Coinage Down to the Fall of the Hellenistic Kingdoms*. London: Methuen.

Seznec, J. (1953) *The Survival of the Pagan Gods: The Mythological Tradition and its Place in Renaissance Humanism and Art*, B. E. Sessions, trans. New York: Pantheon.

Shaffer, E. S. (1975) *Kublai Khan and the Fall of Jerusalem: The Mythological School of Biblical Criticism and Secular Literature 1770-1880*. Cambridge University Press.

Shelley, P. B. (1821) *Hellas*. London.

Sheppard, J. T. (1911) 'The first scene of the Suppliants of Aeschylus', *Classical Quarterly* 5:220-9.

Siegert, H. (1941-2) 'Zur Geschichte der Begriffe "Arische" und "arich"', *Wörter und Sachen* 4:73-99.

Simonsuuri, K. (1979) *Homer's Original Genius: Eighteenth Century Notions of the Early Greek Epic(1688-1798)*. Cambridge University Press.

Smelik, K. A. D. and Hemelrijk, E. A. (1984) "Who knows not what monsters demented Egypt worships?" Opinions on Egyptian animal worship in Antiquity as part of the ancient conception of Egypt', in H. Temporini and W. Haase, eds *Aufstieg und Niedergang der römischen Welt: Geschichte und Kultur Romas im Spiegel der neueren Foschung. 17.4*, Religion: (Heidentum: *römische Götterkulte, orientalische Kulte in der römischen Welt[Forts]*), ed. W. Haase, pp. 1852-2000.

Smith, W. (1848) *A Classical Dictionary of Greek and Roman Biography, Mythology and Geography*. London.

— (1854) *A History of Greece: From the Earliest Times to the Roman Conquest*. New York.

Smyth, C. P. (1864) *Our Inheritance in the Great Pyramid*. London.

— (1867) *Life and Work at the Great Pyramid*. Edinburgh.

— (1874) *The Great Pyramid & the Royal Society*. London.

Snodgrass, A. (1971) *The Dark Age of Greece: An Archaeological Survey of the Eleventh to the Eighth centuries BC*. Edinburgh University Press.

Snowden, F. M. S. (1970) *Blacks in Antiquity: Ethiopians in the Greco- Roman Experience*. Cambridge, Mass.: Harvard University Press.

Souvinou-Inwood, C. (1973) 'The problem of the Dorians in tradition and archaeology', paper presented to *the Third International Colloquium on Aegean Prehistory*, Sheffield.

Speer, A. (1970) *Inside the Third Reich*, R. and C. Winston, trans. London: Weidenfeld & Nicolson.

Spiegel, S. (1967) *The Last Trial: On the Legends and Lore of the Command to Abraham to Offer Isaac as a Sacrifice: The Akedah*, J. Goldin, trans. New York: Pantheon.

Spyropoulos, T. (1972) 'Αἰγυπτιακός Εποικισμός ἐν Βοιωτίαι', **Αρχαιολογικά Ανάλεκτα ἐξ Αθηνών** 5: 16-27.

— (1973) Εισαγωγη εις την Μελέτην τού Μελέτην τού Κωπαίκου Χώρου', **Αρχαιολογικά Ανάλεκτα εξ Αθηνών** 6:2-1-14.

Starkie, E. (1971) *Flaubert the Master: A Critical and Biographical Study (1856-1880)*.

New York: Atheneum.

Stecchini, (1957) 'The Delphian column of the dancers', *American Journal of Archaeology* 61: 187, note.

— (1961) 'A history of measures', *American Behavioral Scientist* 4.7: 18-21.

— (1978) 'Notes on the relation of ancient measures to the Great Pyramid', in Tompkins, *The Secrets of the Great Pyramid*, pp. 287-382.

Steel-Maret (1893) 'La Frac-Maçconnerie: ses origines, ses mystères et son but', in *Archives Secrètes de la Franc- Maçonneries*. Lyon.

Steinberg, R. (1981) *Modern Shadows on Ancient Greece: Aegean- Levantine Connections in the Late Bronze Age*. Cornell University, MA Thesis.

Stella, L. A. (1951-2) 'Chi furono I Populi del Mare', *Rivista di antropologia* 39: 3-17.

Stern, B. H. (1940) *The Rise of Romantic Hellenism in English Literature, 1732-1786.* Menasha, Wisconsin: G. Banta.

Stern, F. R. (1961) *The Politics of Cultural Despair; a Study in the rise of the Germanic ideology*. Berkeley: University of California Press.

Stern, M. (1974) *Greek and Latin Authors on Jews and Judaism*, vol. 1, *From Herodotus to Plutarch*. Jerusalem: Israel Academy of Humanities and Sciences.

Stewart, J. G. (1959) *Jane Ellen Harrison: A Portrait from Letters*. London: Merlin.

Stieglitz, R. R. (1981) 'The letters of Kadmos: mythology, archaeology and eteocretan', ανντιψπο απο τον α' (2) τομο των πεπραγμενων τον δ' διέΘνονσ κρητολογικού συνεδ ριδυ('Ηράκλεισ, 29, Αύγούστου-3 Σεπτεμβρίου 1976) Athens, vol. 2, pp. 606-16.

Stobart, J. C. (1911) *The Glory that was Greece*. Philadelphia: Lippincott.

Strabo (1929) *The Geography*, H. L. Jones, trans. 8 vols. Cambridge, Mass.: Loeb.

Strange, J. (1973) 'Biblical material on the origin of the Philistines', paper presented to the *Third International Colloquium on Aegean Prehistory*, Sheffield.

Strauss, B. S. (forthcoming) *Politics and Society in Athens After the Peloponnesian War, 403-386 BC*. Ithaca: Cornell University Press.

Stricker, B. H. (1949) 'The Corpus Hermeticum', *Mnemosyne*, Series 4 vol. 2: 79-80.

Stuart-Jones, H. (1968) Preface, *Greek-English Lexicon*: Liddell and Scott. Oxford, pp. i-xii.

Stubbings, F. H. (1973) 'The rise of Mycenaean civilization', *The Cambridge Ancient History*, 3rd, edn, vol. 2, pt 1, *The Middle East and the Aegean 1800-1380 BC*, pp. 627-58.

— (1975) 'The expansion of Mycenaean civilization', *The Cambridge Ancient History*, 3rd edn, vol. 2, pt 11, *The Middle East and the Aegean Region c. 1380-1000 BC*, pp. 165-87.

Sturtevant, E. H. (1942) *Indo-Hittite Laryngeals*. Baltimore: Linguistic Society of

America.

Sweet, P. R. (1978-80) *Wilhelm von Humboldt: A Biography*, 2 vols. Columbus: Ohio State University Press.

Swerdlow, N. M. and Neugebauer, O. (1984) *Mathematical Astronomy in Copernicus's De Revolutionibus*, 2 pts. New York/Berlin: Springer.

Sydow, A. von (1906-16) *Wilhelm und Caroline ihren Briefe*, 7 vols. Berlin: Mittler und Sohn.

Symeonoglou, S. (1985) *The Topography of Thebes: From the Bronze Age to Modern Times*. Princeton University Press.

Szemerényi, O. (1964) 'Structuralism and substratum: Indo-Europeans and Aryans in the Ancient Near East,' *Lingua* 13:1-29.

— (1966) 'Iranica ÍI', *Die Sprache* 12: 190-226.

— (1974) 'The origins of the Greek lexicon: Ex Oriente Lux', *Journal of Hellenic Studies* 94: 114-57.

Sznycer, M. (1979) 'L'inscription phénicienne de Tekké près de Cnossos', *Kadmos* 18: 89-93.

Tatian, see Dods and Smith.

Taylor, A. E. (1929) *Plato: The Man and His Work*, 3rd edn. London: Methuen.

Taylor, T. (1821) *Iamblichus on the Mysteries of the Egyptians, Chaldaeans and Assyrians*. Walworth.

Taylour, W. (1964) *The Mycaeneans*. London: Thames & Hudson.

Tcherikover, V. (1959) *Hellenistic Civilization and the Jews*, S. Applebaum, trans. Philadelphia.

— (1976) *Hellenistic Palestine in the Hellenistic Age: Political History of Jewish People*. London: W. H. Allen.

Teich, M. and Young, R. (1973) *Changing Perspectives in the History of Science: Essays in Honour of Joseph Needham*. London: Heinemann.

Terrasson, J. (1715) *Dissertation critique sur l'Iliad d'homère, où à l'occasion de ce poè me, on cherche les règles d'une poétique fondée sur la raison et sur les exemples des anciens et des modernes*, 2 vols. Paris.

— (1731) *Sèthos, histoire ou vie tirée des monuments de l'ancienne Egypte*. Paris.

Teters, B. (1962) 'The Genro In and the National Essence Movement', *Pacific Historical Review* 31: 359-71.

Thapar, R. (1975) *The Past and Prejudice*. New Delhi: National Book Trust.

— (1977) 'Ideology and the interpretation of early Indian history', in *Society and Change: Essays in Honour of Sachin Chaudhuri*. New Delhi, pp. 1-19.

Thirlwall, C. (1835-44) *A History of Greece*, 8 vols. London.

Thirlwall, J. C. Jr (1936) *Connop Thirlwall, Historian and Theologian*. London: Society for the Promotion of Christian Knowledge.

Thissen, H.-J. (1980) 'Manetho', in Helck and Otto, Lexikon, vol. III, cols 1179-81.

Thomson, G. (1941) *Aeschylus and Athens - A Study in the Social Origin of Drama*. London: Lawrence & Wishart.

— (1949) *Studies in Ancient Greek Society I: The Prehistoric Aegean*. London: Lawrence & Wishart.

Thomson, K. (1977) *The Masonic Thread in Mozart*. London: Lawrence & Wishart.

Thucydides, (1954) *The Peloponnesian War*, R. Warner, trans. London: Penguin.

— (1980) *Histories*, C. F. Smith, trans. (Loeb). London: Heinemann/ Cambridge, Mass.: Harvard University Press.

Tieck, L. (1930) *Ludwig Tieck und die Brüder Schlegel, Brife mit Einleitung und Anmerkungen*, H. Lüdete, ed., Frankfurt a. M.: Baer.

Tiedemann, P. (1780) *Griechenlands erste Philosophen oder Leben und System des Orpheus, Pherekydes, Thales und Pythagoras*. Leipzig.

— (1793) *Geist der spekulativen Philosophie*. Marburg.

Timpanaro, S. (1977) *Introduction to Schlegel, Über die Sprache und Weisheit der Indier*. Amsterdam.

Tocqueville, A. de (1837) *De la Démocratie en Amérique*, 3 vols. Brussels.

— (1877) *L'ancien régime et la révolution*, 8th edn. Paris; trans. S. Gilbert (1955) as *The Old Regime and the French Revolution*, New York.

Tompkins, R. (1978) *The Secrets of the Great Pyramid*. London: Penguin.

Trevelyan, H. (1981) *Goethe and the Greeks*, 2nd edn: Cambridge University Press.

Trevor-Roper, H. (1969) *The Romantic Movement and the Study of History* (John Coffin Memorial Lecture). London: Athlone.

— (1983) 'The Highland tradition of Scotland', in Hobsbawm and Ranger, *The Invention of Tradition*. Cambridge University Press, pp. 15-41.

Tsountas, C. and Manatt, J. (1897) *The Mycenaean Age*. Boston.

Turgot, A. (1808-15) *Oeuvres de M. Turgot Ministre d'Etat, Précédées et accompagnées de Mémoires et de Notes sur sa Vie, son Administration et ses Ouvrages*, 9 vols. Paris.

Turner, F. M. (1981) *The Greek Heritage in Victorian Britain*. New Haven: Yale University Press.

Turner, R. S. (1983a) 'Historicism, Kritik, and the Prussian professoriate', in Bollack and Wismann, pp. 450-78.

— (1983b) 'Discussion', in Bollack and Wismann, p. 486.

— (1985) 'Classical philology in Germany: toward a history of the discipline', Paper presented to *The Fabrication of Ancient Greece 1780-1880*, Conference held at Cornell 22-23 April 1985.

Tur-Sinai, S. (1950) 'The origin of the alphabet', *The Jewish Quarterly Review* 61: 83-110, 159-80, 277-302.

Ullman, B. L. (1934) 'How old is the Greek alphabet?', *American Journal of Archeology* 38: 359-81.

Usener, H. (1907) 'Philologie und Geshichtswissenschaft', in *Vorträge und Aufsätze*, 2 vols. Leipzig, vol. 2, p. 11.

Van Berchem, D. (1967) 'Sanctuaries d'Hercule-Melquart: contribution à l'étude de l'expansion Phénicienne en Méditerranée', *Syria* 44: 73-109, 307-38.

Van Ness Myers, P. (1895) *A History of Greece for Colleges and High Schools*. Boston.

Van Sertima, I. (1976) *They Came Before Columbus*. New York: Random House.

— (1984) 'Nile Valley presence in America BC', *Journal of African Civilization* 6.2: 221-46.

Vaux de Foletier, F. de (1970) *Mile ans d'historie dex Tsiganes*. Paris: Fayard.

Vercoutter, J. (1956) *L'Égypte et le monde égéen préhellénique*. Paris: Maisonneuve.

— (1975) 'Apis', in Helck and Otto, vol. I, cols 338-50.

Vermeule, E. (1960) 'The fall of the Mycenaean Empire', *Archaeology* 13.1: 66-75.

— (1964) *Greece in the Bronze Age*. Chicago University Press.

— (1975) *The Art of the Schaft Graves of Mycenae*. Cincinnati: University of Cincinnati.

— (1979) *Aspects of Death in Early Greek Art and Poetry.* Berkeley and Los Angeles: University of California Press.

Vesey-Fitz-Gerald, B. (1973) *Gypsies of Britain: an Introduction to their History*, 2nd edn. Newton Abbot: David and Charles.

Vian, F. (1963) *Les origines de Thèbes: Cadmos et les Spartes*. Paris: Études et Commentaires No. 48.

Vico, G. B. (1721) *De Constantia Jurisprudenta*. Napels.

— (1725) *La Scienza Nuova*. Naples.

— (1730) *La Scienza Nuova Seconda*. Naples.

Virgil (1935) *Works*, H. R. Fairclough, trans., 2 vols (Loeb). London: Heinemann/ Cambridge, Mass.: Harvard University Press.

Volney, C. F. C. (1787) *Voyages en Syrie et en Egypte*. Paris.

Voltaire, F. M. (1886)(1768) *Siècle de Louis XIV*. Paris.

Von der Mühll, p. (1952) *Kritisches Hypomnema zur Ilias*. Basel: Rheinhardt.

Voss, von M. H. (1980) 'Horuskinder', in Helck and Otto, vol. III, cols 52-3.

Wace, A. J. B. (1924) 'Greece and Mycenae', *Cambridge Ancient History*, 1st edn, vol. 2, *The Egyptian and Hittite Empires to c.1000 BC*, pp. 431-72.

Waddell, L. A. (1927) *The Aryan Origin of the Alphabet*. London: Luzac.

Walcot, P. (1966) *Hesiod and the Near East*. Cardiff: University of Wales Press.

Wallace, W. P. (1966) 'The early coinages of Athens and Euboia', *Numismatic Chronicle*, 7th series. 6: 23-44.

Walton, C. and Anton, J. P. (1974) *Philosophy and the Civilizing Arts*.

Warburton, W. (1738-41) *The Divine Legation of Moses, demonstrated, on the principles of a religious deist from the omission of the doctrine of a future state of reward and punishment in the Jewish dispensation*. London.

Wardle, K. A. (1973) 'North West Greece in the Late Bronze Age: the archaeological background', paper presented to the *Third International Colloquium on Aegean Prehistory*, Sheffield.

Warmington, B. H. (1960) *Carthage*. London: Robert Hale.

Warren, P. M. (1965) 'The first Minoan stone vases and early Minoan Chronology', *Kretika Chronika* 19: 7-43.

— (1967) 'Minoan stone vases as evidence for Minoan foreign connections in the Aegean Late Bronze Age', *Proceedings of the Prehistoric Society* 33: 37-48.

Webster, T. B. L. (1958) *From Mycenae to Homer*. London: Methuen.

Weigall, A. (1923) *The Life and Times of Akhnaton*. New York: Putnam.

Weir Smyth, H. (1922) *Aeschylus*, 2 volss (Loeb). London: Heinemann/ Cambridge, Nass.: Harvard University Press.

Weise, O. (1883) 'Miscellen', *Beiträge zur Kunde der Indogermanischen Sprachen* 7: 167-71.

Wells, W. C. (1818) *An Account of the Female of the White Race of Mankind, Part of Whose Skin Resembles that of a Negro; with some Observations on the Causes of the Differences in Colour and Form Between the White and the Negro Races of Men Appended to Two Essays: One upon Single Vision with Two Eyes and the other...* London.

Wessetzky, V. (1961) *Die ägyptische Kultur zur Römerzeit in Ungarn*. Leidn: Brill.

West, M. L. (1971) *Early Greek Philosophy and the Orient*. Oxford; Clarendon.

Westfall, R. S. (1980) *Never at Rest: A Biography of Isaac Newton*. Cambridge University Press.

Westman, R. S. and McGuire, J. E. (1977) *Hermeticism and the Scientific Revolution: Papers read at a Clark Library Seminar Los Angeles: William Andrews Clark Memorial Library*. Los Angeles: University of California Press.

Whiston, W. (1957) (1720?) *Concerning God's Command to Abraham to Offer up Isaac, his Son, for a Scarifice. Dissertation II added to The Life and Works of Flavius Josephus*. Philadelphia, pp. 914-21.

White, H. G. E. (1914) *Hesiod: The Homeric Hymns and Homerica*. Cambridge, Mass.:

Loeb edn.

Wiener, Ml J. (1981) *English Culture and the Decline of the Industrial Spirit, 1850-1980.* Cambridge University Press.

Wigtil, D. N. (1984) 'Incorrect apocalyptic: The Hermetic "Asclepius" as an improvement on the Greek original', in H. Temporini and W. Haase, eds *Aufstieg und Niedergang der römischen Welt: Geschichte und Kultur Roms im Spiegel der neueren Forschung. 17.4. Religion: (Heidentum: römische Götterkulte, orientalische Kulte in der Rö mischen Welt [Forts.]),* ed. W. Haase, pp. 2282-97.

Wilamowitz-Moellendorff, U. von(1919) *Platon.* Berlin: Weidmann.

— (1931) *Der Glaube der Hellenen,* 2 vols. Berlin: Weidmann.

— (1959) *Geschichte der Philologie,* 3rd. edn(1927) repr. Leipzig: Teubner.

— (1982) *History of Classical Scholarship,* A. Harris, trans. London and Baltimore: Johns Hopkins University Press.

Wilcken, U. (1928) 'Alexander Zug in die Oase Siwa', *Sitzungberichte der preußischen Akademier der Wissenschaften* VIII: 576-603.

— (1930) 'Alexander Zug von Ammon: Epiteg', *Sitzungberichte der Preußischen Akademie der Wissenschaften* X: 159-76.

— (1931) 'Eine Gedächtnisrede auf Barthold Georg Niebuhr', *Bonner akademische Reder* 10. Bonn.

Willetts, R. (1962) *Cretan Cults and Festivals.* London: Routledge & Kegan Paul.

Williams, C. (1971) *The Destruction of Black Civilization: great issues of a race from 4500 BC to 2000 BC.* Dubugne, Iowa: Kendall/Hunt.

Williams, R. J. (1981) 'The sages of Ancient Egypt in the light of recent scholarship', *Journal of the American Oriental Society* 101/1: 1-19.

Wilson, E. (1960) *To the Finland Station.* New York: p. b. edn.

Winckelmann, J. (1964)(1764) *Geschichte der Kunst des Altertums,* ed. W. Senff. Weimar.

Winckler, H. (1907) *The History of Babylonia and Assyria,* J. A. Craig, trans. New York: Scribner.

Wind, E. (1968) *Pagan Mysteries in the Renaissance,* rev. edn. (1980) p. b. Oxford: Oxford University Press.

Wismann, H. (1983) 'Modus operandi, analyse comparé des études platonisciennes en France et en Allemagne au 19ème siècle', in Bollack and Wismann, pp. 490-513.

Witte, B. C. (1979) *Der preußische Tacitus: Aufstieg, Ruhm und Ende des Historikers Barthold Georg Niebuhr 1776-1831.* Düsseldorf: Droste.

Wolf, F. A. (1804) *Prolegomena ad Homerum.* 2nd edn. Halle.

Wood, R. (1767) *A Comparative View of the Ancient and Present State of the Troade.*

To which is Prefixed an Essay on the Original Genius and Writings of Homer. London.

— (1775) *An Essay on the Original Genius of Homer, with a Comparative View of the Ancient and Present State of the Troade*, ed. J. Bryant. London.

Woolley, L. (1938) 'Excavations at Al Mina, Sueidia, 1 & 2', *Journal of Hellenic Studies* 58: 1-30, 133-70.

Wortham, J. D. (1971) *British Egyptology 1549-1906*. Newton Abbot: David & Charles.

Yadin, Y. (1965) '"And Dan, why did he remain in the ships?"', *Australian Journal of Biblical Archaeology*, 1.1.: 19-23.

— (1973) 'And Dan, why did he remain in the ships?', in J. Best, ed. *The Arrival of the Greeks*. Amsterdam: Hakkert, pp. 55-74.

Yates, F. (1964) Giordano Bruno and the Hermetic Tradition. London: Routledge & Kegan Paul.

— (1967) 'The Hermetic tradition in Renaissance science', in C. S. Singleton, ed., *Art, Science and History in the Renaissance*. Baltimore, pp. 255-74.

— (1972) *The Rosicrucian Enlightenment*. London: Routledge & Kegan Paul.

Yavetz, Z. (1976) 'Why Rome? Zeitgeist and Ancient historians in early 19th century Germany', *American Journal of PHilology* 97: 276-96.

Yoyotte, J. (1982) 'Le Panthéon égyptien de J.-F. Champollion', *Bulletin de la Société Française d'Egyptologie: séance solennelle consacrée à la commémoration du cent-cinquantenaire de la mort de J.-F. Champollion* 95: 76-108.

Zafiropulo, J. and Monod, C. (1976) *Sensorium Dei dans l'hermétisme et la science*. Paris: 'Les Belles Lettres'.

Zervos, C. (1920) *Un Philosophe néoplatonicien du XI^s.: Michel Psellos, sa vie, son oeuvre, ses luttes philosophiques, son influence*. Paris: Letroux.

Zucker, F. (1950) 'Athen und Aegypten bis auf den Beginn der hellenistischer Zeit', *Antike und Orient*: 140-65. Leipzig.

말레이-폴리네시아어Malay-Polynesian
    language 336
맘루크Mamluk 355
매콜리Macaulay, Thomas Babington 453 454
맥카터McCarter, Kyle 595 596
맥퍼슨MacPherson, James 303 305
머리Murray, Margaret 380
머리Murray, Oswyn 600
머스그레이브Musgrave, Samuel 275 309 310
    462
메가라Megara 92 628
메네스Mēnēs 109
메넥세노스Menexenos 438
메넬라오스Menelaos 464
메넬라이온Menelaion 96
메디치Medici, Cosimo di 61 229 642
메르센Mersenne, Marin 243
메르쿠리우스Mercurius 216 235
메소포타미아Mesopotamia 46 47 49 50 52 61
    66 109 167 192 199 204 205 208 217 242
    288 393 473 511 532 544 662 676
메솔룽기온Mesolongion 357 693
메시니아Messinia 128 178 467 701 705
메시아messiah 191-194 220
메이그스Meiggs, R. 567
메테르니히Metternich, Klemens F. 357
메데스Medēs 54 110
멘델존Mendelsöhn, Moses 335
멘추Mntw 53 54 108 109 110
멘트호트페Menthotpe 108
멜람푸스Melampous 154 173
멜로스Melos 597
멜리소스Melissos 244
멜빌Melville, Herman 382
멤논Memnon 55 110 460
멤피스Memphis 55 95 109 124 146 149 210-
    212 251 265 377 672

모노스타토스Monostatos 351
모레아Morea 356 357
모렌츠Morenz, Siegfried 601 602 723
모르몬교Mormonism 382
메밀리아노Momigliano, Arnaldo 422-426 443
    458-460 523 666 703
모베르스Movers, Franz Carl 440 504 506 511
    551 584 706
모세Moses 61 168 218 238 260 288 476 535
    536 641 676
모스코스Moschos 238 676
모아브 비문Moabite inscriptions 552
모어More, Henry 246
모차르트Mozart, Wolfang Amadeus 265 272
    351 352 384 680
모코스Mochos 215 676
모프소스Mopsos 615 617 724
몬보도Monboddo, James Burnett 353
몬트Mont 53 108
몰록Moloch 72 472 502 520
몸젠Mommsen, Theodor 464 474 522 523 709
몽골의 평화Pax Tartarica 85
몽테스키외Montesquieu 66 252 254 291 293
    298 312 316 422 424 683
몽포콩Montfaucon, Bernard de 674
뫼저Möser, Justus 422 435
묄렌도르프Moellendorff, Wilamowitz 129 162
    309 442 466 474 523 699
무사이오스Mousaios(Musaeus) 244
무스테리안기期Mousterian period 45
무신론atheism 64 258 281 282 285 289 408
    424 448 682
무어인Moors 351 411
무옹족Muong 130
물고기자리Pisces 192 193 196 670
물병자리Aquarius 193 670
뮐러Müller, Max 342

버치Birch, Samuel 365 563
버크와 헤어Burke and Hare 476
버크Burke, Edmund 422
버크Burke, William 424
버클리Berkeley, George 361 694
버틀러Butler, E. M. 313 421
범신론pantheism 64 201 223 258 282 288
  643 682
베게너Wegener, Alfred L. 39
베네데토Benedetto, L. F. 498 500
베넷Bennet, Charles E. 541
베다Vedas 272 332
베들레헴의 별Star of Bethlehem 194
베라르Bérard, Jean 125 145
베라르Bérard, Victor 491 514 527 528
  530-534 560 579 583 585 592 709 717
베르길리우스Vergilius 193
베르니에Bernier, F. 350
베르디Verdi, Giuseppe 383 384 697
베르뮐Vermeule, Emily 569 723
베르베르어Berber language 46 494 495 712
베르헴Berchem, Van D. 592
베리Bury, John Bagnell 414 539 542 550 567
베수비오 화산the eruption of Vesuvio 178
베스타Vesta 248
베이컨Bacon, Francis 293
베일리Baillie, M. G. L. 655
베첸베르거Bezzenberger, Adalbert 375
베카 계곡Beqaa valley 598
베트남Vietnam 103 130 291 637
베트Beth, Karl 370
베히스툰Behistun 542
벤트리스Ventris, Michael 38-40 75 562 563
  579 581 633
벤틀리Bentley, Richard 64 285-287 361 400
  644 682 683 699
벨로나Bellona 183

벨로스Belos 140 149 662
벨로흐Beloch, Julius 72 91 504 514 522-525
  527 528 547 548 553 571 585 586 649
  713
벨리코프스키Velikovsky, Immanuel 39
별과 행성의 합슴 202
보나파르트파Bonapartist 326
보댕Bodin, Jean 249 250 298 684
보들레르Baudelaire, Charles(Pierre) 499
보르자Borgia, Lucrezia 231
보른Born, Ignaz von 680
보샤르Bochart, Samuel 250 253 482 711
보이에Boie, Heinrich Christian 421 423
보이오티아Boeotia 54 81 128 133 154 157
  173 438 439 456 460 529 631 705
보이자크Boisacq, Emile 465
보일Boyle, Robert 285 692
보일런Boylan, P. 210 211 672
보편자universal 405 407
보프Bopp, Franz 329 689 690
보하이르어Bohairic 149
본Vaughn, H. H. 709
볼네Volney 352
볼테르Voltaire 263 305 426
볼프Wolf, Friedrich August 400-402 404 405
  429-431 434 459 525 699
부넨Bunnens, Guy 526 527 592
부라티니Burattini 247
부시리스Bousiris 160-164 350 686
부토스Boutōs 111
분젠Bunsen, Christian 342 344 365-368 411
  422 424 428 429 443 450 452 453 469
  484 487 507 522 546 707 709
불멸성immortality 117 118 230 451
불변화사不變化詞particles 107 284 335 658
뷔르누프Burnouf, Émile Louis 479
뷔르누프Burnouf, Eugène 479

전파론傳播論diffusionism 69 167 327 385 387
　　388 565 697 719
제3세계Third World 37 560 561 606
제논Zeno(n) 169 170
제블랭Gebelin, Court de 267
제이콥Jacob, Margaret 248 253 258 460 603
제임스James, G. M. 77 557 602 603
제임스 2세James Ⅱ 258
제토스Zethos 53 54 135 659
제퍼슨Jefferson, Thomas 361
제프리Jeffery, Lilian 550 595
조로아스터교Zoroastrianism 205 208 223 229
조마르Jomard, Edmé François 271 361-363
　　388- 392 394-396 694
조이스Joyce, James 533
조지 2세Geroge Ⅱ 65 315 644
존스Jones, Henry Stuart 465
존스Jones, William 331 332 334 688 689
존슨Johnson, Samuel 351
존재의 거대한 사슬Great Chain of Being 297
졸라Zola, Émile 500 713
준타스Tsountas, Christos 515 516 518 521
중국China 34 63 67 82 83 85 87 103 130
　　189 193 240 255 256 279 292 293 299
　　307 331 337 339 342-346 358 367 368
　　408 416 500 519 560 609 623 637 638
　　642 656 691 693 695
중국인Chinese 189 292 309 320 328 343 345-
　　348 359 368 411 560
중기 미노아Middle Minoan 83 85 112 567
중기 헬라딕Middle Helladic 85 131
중농학파physiocracy 255 256 292 293 343
쥐라Jura 527 531
지능 측정법 322
지데지안Jidejian, Nina 568
지모신地母神Earth Mother 101
지시사指示詞demonstrative 98 99

진보progress 41 65 66 68-70 76 158 229 262
　　263 267 272 274 278 288 291-294
　　299-301 305 306 309 312 319 324 328
　　336 343 354 367 379 389 395 401 411
　　416 417 420 421 429 430 434 442 444
　　448 452 465 475 482 486 558 610 632
　　640 644 648 651 693
질풍노도 운동storm and stress school 304
짐바브웨Zimbabwe 580
집시Gypsies 295 350 485 692 711

【ㅊ】
차드어Chadic 46
차드 호Lake Chad 46
차일드Childe, Gordon 542
채드윅Chadwick, John 564 569 581
천년왕국millennium 191 246 257 258 264
　　677
천랑성天狼星Sothis 194
천랑성 역년Sothic year 194 196
철자 바꾸기anagram 144
첨가 또는 교착affixing or agglutination 336
체르보스Zervos, C. 225
체리코베르Tcherikover, Victor 620
초기 미노아Early Minoan 50 108
초기 헬라딕Early Helladic 52 54 545 564
촘스키Chomsky, Noam 297
총재정부Directoire 268
치음dental 90
칠십인역Septuagint 147

【ㅋ】
카노포스Kanōpos 96
카노푸스 단지Canopic jar 146
카두케우스Caduceus 235
카드메이스Kadmeis 157 631
카드모스Kadmos 54 56 76 115 127 135-137